Économie industrielle

OUVERTURES ◀▶ ÉCONOMIQUES

Économie industrielle

Dennis W. Carlton, Jeffrey M. Perloff

Traduction de la 2e édition américaine
par Fabrice Mazerolle

2e édition

OUVERTURES ÉCONOMIQUES

de boeck

Ouvrage original :
Modern Industrial Organization, Second Edition, by Dennis W. Carlton, Jeffrey M. Perloff

2e édition
6e tirage 2014

Imprimé en Belgique

Dépôt légal :
Bibliothèque nationale, Paris : juin 2008
Bibliothèque royale de Belgique, Bruxelles : 2008/0074/358

ISSN 2030-501X
ISBN 978-2-8041-5969-6

Préface

Si la courbe en U n'existait pas, il faudrait l'inventer.
Dicton d'économie industrielle

Cette seconde édition d'*Économie industrielle* incorpore les théories les plus récentes sur l'organisation des entreprises et des marchés. Dépassant le paradigme traditionnel structure-conduite-performance, elle fait une large place aux nouveaux développements de la microéconomie : théories des coûts de transaction, des jeux, des marchés contestables et de l'information. Chaque question théorique est illustrée par des exemples concrets. Ces exemples concernent notamment la contribution des fusions à l'efficience économique (chapitre 2), l'importance effective des politiques de prédation par les prix (chapitre 10), les effets sur les consommateurs des restrictions verticales imposées par les producteurs à leurs distributeurs (chapitre 13), les effets sur le bien-être des consommateurs d'une meilleure information sur les prix ou la qualité des produits (chapitre 14), les effets de la publicité (chapitre 15), l'efficacité des joint venture comme moyen de stimuler la recherche (chapitre 17), l'impact des lois antitrust américaines sur le bien-être et la concurrence (chapitres 6, 13 et 21) et les aspects positifs ou négatifs de l'intervention de l'État dans le fonctionnement des marchés (chapitre 21).

Cet ouvrage est conçu à la fois pour les étudiants du premier et du second cycle des universités. Les théories présentées ne présupposent que des connaissances de base en microéconomie. Les démonstrations formelles qui nécessitent l'emploi du calcul différentiel et intégral sont réunies dans les annexes.

Nous avons employé cet ouvrage dans nos enseignements des deux cycles, en réservant l'étude des annexes et l'approfondissement de la bibliographie figurant à la fin des chapitres à notre enseignement de second cycle.

1 Structure de l'ouvrage

La première partie de l'ouvrage est consacrée aux bases microéconomiques de l'économie industrielle : théorie de la concurrence, du monopole, de l'oligopole et de la concurrence monopolistique.

Le chapitre 1 expose notre démarche d'ensemble. Le chapitre 2 traite de l'origine des entreprises, de la structure générale des marchés et des fusions. Les chapitres 3 à 5 sont respectivement consacrés à la théorie des coûts, de la concurrence et du monopole. Ils traitent également des barrières à l'entrée et des externalités, ainsi que de diverses variantes de ces modèles de base (comme la théorie de l'entreprise dominante face à une frange concurrentielle). Ces chapitres sont essentiels à la compréhension du reste de l'ouvrage.

Les chapitres 6 à 8 présentent les développements récents de la théorie de l'oligopole et de la concurrence monopolistique. Le chapitre 6 traite des comportements coopératifs d'oligopole (cartels) et le chapitre 7 des comportements coopératifs et non coopératifs sous l'angle de la théorie des jeux. Le chapitre 8 est consacré aux modèles de concurrence monopolistique et de différenciation des produits. Le chapitre 9, qui termine la première partie de l'ouvrage propose un examen systématique des travaux empiriques consacrés à la structure des marchés.

La seconde partie de l'ouvrage s'intéresse à la « nouvelle économie industrielle », un sujet qui est rarement évoqué dans les manuels traditionnels. Pourtant, les thèmes traités sont au cœur des débats publics et une partie importante de la recherche contemporaine en économie industrielle leur est consacrée.

Le chapitre 10 traite du comportement stratégique, c'est-à-dire de la façon dont les entreprises rivalisent entre elles sur les marchés. Les chapitres 11 et 12 sont consacrés aux politiques de prix des entreprises, telles que la discrimination et les ventes liées. Le chapitre 13 analyse les relations entre producteurs et distributeurs (intégration verticale et restrictions verticales) et rend compte des modifications récentes de la politique de la concurrence américaine dans ce domaine.

Les chapitres 14 et 15 traite de l'information — souvent imparfaite — des consommateurs, ainsi que de la publicité. Le chapitre 16 examine la façon dont les entreprises déterminent la durée de vie de leurs produits et l'impact de ce choix sur la structure du marché. Le chapitre 17 est consacré à l'innovation et aux politiques destinées à la stimuler. Le chapitre 18 passe en revue les données empiriques consacrées au fonctionnement des marchés et à l'impact de l'économie industrielle sur la macroéconomie. Les chapitres 20 et 21 traitent de la politique antitrust et de la réglementation des marchés aux États-Unis.[(1)]

---

[1] Il arrive parfois que des mots ou des concepts aient un sens juridique différent du sens qu'ils ont dans le jargon de l'économie industrielle. Pour dissiper ces ambiguïtés, nous avons essayé de clarifer au maximum le sens économique des mots employés, suivant le contexte. Par exemple, si nous écrivons « le prix du blé sur le marché de Chicago a une influence sur celui du blé à Kansas City », nous nous attachons davantage à souligner l'interdépendance des prix qu'à définir précisément le terme

Dans cet ouvrage, nous abordons des idées et des problématiques originales, mais nous puisons aussi largement dans les travaux d'autres économistes. Bien que nous ayons apporté le plus grand soin à mentionner les noms des économistes dont nous exposons les thèses, il peut arriver que certaines références soient omises, ce dont nous nous excusons par avance auprès des auteurs concernés.

2 Modifications par rapport à la première édition

La principale innovation de la présente édition concerne l'ajout d'un chapitre sur le commerce international (chapitre 19). D'autre part, nous avons fait une plus large place à la théorie des jeux, notamment dans le chapitre 7 sur l'oligopole et dans le chapitre 10 sur le comportement stratégique. Par ailleurs, les développements théoriques postérieurs à 1990 ont été intégrés dans cette nouvelle édition. Cette édition s'accompagne d'un nouveau manuel destiné aux enseignants (par Perloff et Klass van't Veld) et d'un supplément à l'attention du public canadien (par Doug West).

Nous avons supprimé le chapitre sur les externalités. La théorie des externalités et son application au problème de la pollution sont maintenant traités dans les chapitres 4 et 5. Certaines sous-sections qui étaient fréquemment sautées par les lecteurs de la précédente édition ont aussi été supprimées. Enfin, pour améliorer l'organisation de l'ouvrage, le contenu de deux chapitres de la première édition qui portaient sur les entreprises dominantes et sur la structure des marchés aux États-Unis a été intégré aux chapitres 2, 4, 5, 9 et 10.

3 Modes d'emploi de l'ouvrage

L'ouvrage correspond au minimum à un cours annuel mais peut sans problème être employé pendant deux années consécutives. Il peut également être utilisé dans le cadre d'un cours semestriel si l'enseignant effectue l'un ou l'autre des découpages thématiques que nous proposons ci-après.

Les chapitres 2 à 5 constituent une révision et un recadrage des concepts généralement étudiés dans un cours de microéconomie de base : théorie de l'entreprise, des coûts, de la concurrence, du monopole et des externalités. Ces chapitres peuvent donc être lus assez rapidement (mais non superficiellement) par des étudiants de deuxième année de sciences économiques (qui ont déja suivi un cours

« marché » . En revanche, lors de l'étude d'affaires antitrust (chapitre 20 en particulier), il est souvent essentiel de savoir si deux produits appartiennent ou non au même marché, ce qui implique alors une définition beaucoup plus précise de ce terme.

d'introduction à la microéconomie). Les chapitres 6 à 9 sont plus denses mais forment, avec les chapitres 2 à 5, le cœur de l'ouvrage. Les autres chapitres du livre peuvent être lus ou sautés, selon la durée, le niveau ou l'intitulé du cours.

Voici maintenant quelques exemples de découpages thématiques.

- *Les chapitres 2, 6, 7, 8 et 9 doivent être abordés dans tous les cas.*

  Les chapitres 3 à 5 ne sont à étudier de façon approfondie que dans le cadre d'un cours s'adressant à des étudiants de deuxième année. Dans les autres cas, il peuvent simplement être donnés en lecture.

- Les nombreuses annexes ne sont à étudier de façon approfondie que dans le cadre d'un cours qui s'adresse à des étudiants ayant de bonnes bases microéconomiques (ce qui est en principe le cas des étudiants de deuxième année de sciences économiques et au-delà).

- Pour les cours orientés vers les politiques industrielles, les chapitres suivants sont plus particulièrement conseillés : les chapitres 19 (le commerce international), 20 (lois et politiques antitrust) et 21 (la réglementation des marchés). S'il reste du temps, voir les chapitres 10 (le comportement stratégique), 11 (la discrimination par le prix) et 13 (intégration verticale et restrictions verticales), 14 et 15 (information et publicité), 17 (brevets et progrès technique) et 18 (l'ajustement des marchés : théories et faits).

- Pour les cours orientés vers l'administration économique, les chapitres suivants sont plus particulièrement conseillés : chapitres 4 et 5 (pour les externalités), 13 (pour les restrictions verticales), 14 et 15 (information et publicité), 17 (pour les politiques d'innovation), 19 (pour la politique commerciale et le commerce international) et 21 (réglementation et déréglementation des marchés).

- Pour les cours qui s'adressent à des étudiants de gestion, les chapitres suivants sont plus particulièrement conseillés : chapitre 10 (le comportement stratégique), 11 (la discrimination par le prix), 12 ([en option], les politiques de prix plus élaborées), 13 (pour l'analyse des restrictions verticales), 14 et 15 (information et publicité) et 19 (commerce international).

- Pour les cours qui s'adressent à des étudiants qui envisagent une spécialisation en économie industrielle : chapitre 10 (le comportement stratégique), 13 (pour les restrictions verticales), 14 et 15 (information et publicité), 17 (pour les politiques de l'innovation), 18 (pour les recherches empiriques sur le fonctionnement des marchés et 19 (le commerce international).

- Les chapitres 12 (politiques de prix plus élaborées) et 16 (le choix de la durée de vie des produits) sont à conseiller aux étudiants qui s'intéressent plus particulièrement à la théorie économique.

4 Remerciements

Nous sommes particulièrement reconnaissants à George Stigler, notre regretté collègue, pour ses conseils et ses encouragements. Sa contribution à l'économie industrielle a largement influencé la conception de cet ouvrage et de bien d'autres. Parmi les nombreuses personnes qui nous ont aidé pour l'organisation, les recherches, la rédaction, les révisions et le travail d'édition nécessaires à la réalisation de cet ouvrage, nous souhaitons tout particulièrement remercier :

Mark Bagnoli, Université du Michigan
Kyle Bagwell, Université de Northwestern
Gustavo Bamberger, Lexecon, Inc.
Francis Bloch, Université de Brown
Ralph Bradburd, Williams College
Reuven Brenner, Université de Montréal
Timothy Bresnahan, Université de Stanford
Jeremy Bulow, Université de Stanford
David Butz, Université de Californie, Los Angeles
Richard Clarke, AT&T Bell Laboratories
Ron Cotterill, Université du Connecticut
Keith Crocker, Université d'État de Pennsylvanie
Frank Easterbrook, Université de Chicago et juge fédéral de cour d'appel
Nicholas Economides, Université de New York
Gregory Ellis, Université de Washington, Seattle
Daniel Fischel, Université de Chicago
Trey Fleisher, Metropolitan State College de Denver
Alan Frankel, Lexecon, Inc.
Drew Fudenberg, Université de Harvard
Anita Garten, A. Garten Consulting
Robert Gertner, Université de Chicago
Richard Gilbert, Université de Californie, Berkeley
Luis Guash, Université de Californie, San Diego
Timothy Guimond, Lexecon, Inc.
Jonathan Hamilton, Université de Floride, Gainesville
Gloria Helfand, Université de Californie, Davis
James Holcolm, Université du Texas, El Paso
Charles Holt, Université de Virginie
Adam Jaffe, Université de Harvard
Larry Karp, Université de Californie, Berkeley
Theodore Keeler, Université de Californie, Berkeley
Alvin Klevorick, Université de Yale
John Kwoka, Université George Washington

William Landes, Université de Chicago
Bart Lipman, Université de Carnegie-Mellon
Nancy Lutz, Université de Yale
William Lynk, Lexecon, Inc.
James Meehan, Colby College
John Menge, Dartmouth College
David E. Mills, Université de Virginie
Herbert Mohring, Université du Minnesota
Marty Perry, Université Rutgers
Russell Pittman, Ministère américain de la Justice
Richard Posner, Université de Chicago et juge fédéral de cour d'appel
Stanley Reynolds, Université de l'Arizona
Richard Rogers, Université du Massachusetts
Andrew Rosenfield, Lexecon, Inc.
Thomas Ross, Université de Colombie Britannique
Stephen Salant, Université du Michigan
Garth Saloner, Université de Stanford
Steve Salop, Université de Georgetown
Richard Schmalensee, Massachusetts Institute of Technology
Suzanne Scotchmer, Université de Californie, Berkeley
Robert Sherwin, Analysis Group
Steven Sklivas, Université de Columbia
Edward Snyder, Université du Michigan
Pablo Spiller, Université de California, Berkeley
Mark Stegman, Université de Caroline du Nord
George Stigler, Université de Chicago
Stephen Stigler, Université de Chicago
Joseph Stiglitz, Université de Stanford, Conseiller économique du Président
Valarie Suslow, Université du Michigan
Ming-Je Tang, Université de l'Illinois
Lien Tran, Université de Californie, Berkeley
Klaas van't Veld, University de Californie, Berkeley
John Vernon, Université Duke
Roger Ware, Université de Queen's
Avi Weiss, Bar-Ilan
Leonard Weiss, Université du Wisconsin
Douglas West, Université de l'Alberta
Lawrence White, Université de New York
Oliver Williamson, Université de California, Berkeley
Robert Willig, Université de Princeton
Asher Wolinsky, Université de Northwestern

Brian Wright, Université de Californie, Berkeley
Edwin Zimmerman, Covington & Burling

Nous sommes particulièrement reconnaissants à l'égard de Keith Crocker et de Stan Reynolds pour leurs commentaires des deux éditions. Nous remercions David Buschena, Gary Casterline, George Frisvold, Carolyn Harper, Colleen Loughlin, David Mitchell, Margaret Sheridan, Laona Tanner et Deborah Zimmerman pour leur assistance précieuse dans nos recherches. Nous remercions Joel Adlen, Karen Coddington, Nila Davis, Tara Marin, Joy Riggio, Dawn Thompson et Sheila Watson, pour les travaux de secrétariat.

Nous remercions George Lobell pour son aide à la conception et à l'organisation de l'ouvrage. Nous remercions également l'équipe d'HarperCollins et de York Production Services, en particulier John Greenman (HarperCollins), Barbara Conover (HarperCollins), Terry-lynn Grayson et Angela Gladfelter (York Production Services).

Mais avant tout, ce sont nos étudiants qu'il faut remercier, pour leur rôle de « cochons truffiers » bénévoles pour la lecture des manuscrits successifs, ainsi que nos familles pour leur soutien.

Chacun des auteurs tient à préciser que les bonnes blagues qui parsèment l'ouvrage sont toutes de lui et qu'il laisse à son collègue l'entière responsabilité des erreurs qui restent. Enfin, ayant découvert pour qui l'autre avait voté à la dernière élection présidentielle, chacun des auteurs désavoue par avance les politiques industrielles qui pourraient être préconisées par son collègue.

Dennis W. Carlton et Jeffrey M. Perloff

1

Introduction

Que celui qui entre ici perde tout espoir !
Dante Alighieri

Ce manuel traite à la fois des théories traditionnelles et nouvelles de l'**économie industrielle**, c'est-à-dire l'étude de la structure des entreprises et des marchés, ainsi que de leurs interactions. Il développe une approche réaliste et détaillée du fonctionnement des entreprises et des marchés, complétant ainsi un cours de microéconomie de base où seuls les modèles idéaux sont abordés.[1] Quand on débute l'étude de la physique, on se concentre d'abord sur le mouvement des corps dans le vide absolu. Ensuite, la gravité et les phénomènes frictionnels sont ajoutés au modèle de base. De la même façon, l'économie industrielle vient compléter le modèle de la concurrence parfaite par l'introduction des imperfections du monde réel : information limitée, coûts de transaction, coûts d'ajustement des prix, interventions publiques et barrières à l'entrée de nouvelles entreprises sur un marché. En effet, l'économie industrielle étudie l'organisation des entreprises et la façon dont elles entrent en concurrence dans le monde réel. Dans ce chapitre introductif, nous indiquons quelles sont les lignes conductrices du manuel et présentons brièvement le contenu des chapitres suivants ainsi que certains des outils d'analyse utilisés.

[1] Dans le sens large où nous les utiliserons le plus souvent, les termes *marché* et *industrie* peuvent être considérés comme synonymes. Cependant, lorsque nous étudierons les politiques antitrust, nous devrons préciser leurs sens respectifs.

1.1 Modèles de base

Il existe au moins deux approches majeures de l'économie industrielle et, dans la mesure où elles sont compatibles, cet ouvrage s'y réfère simultanément. La première, dite « *structure-conduite-performance* », est essentiellement descriptive et sert de toile de fond à notre présentation de l'économie industrielle. La seconde est la *théorie des prix*, qui recourt systématiquement à la microéconomie pour expliquer le comportement des entreprises et la structure des marchés.

Dans l'approche structure-conduite-performance, la **performance** d'une industrie (sa capacité à satisfaire les consommateurs) dépend de la **conduite** (ou comportement) des entreprises, laquelle est elle-même déterminée par la **structure** du marché, c'est-à-dire l'ensemble des facteurs qui concourent à la compétitivité d'un marché.[(2)] La structure d'une industrie dépend de conditions fondamentales telles que la technologie et la demande d'un produit. Prenons le cas d'une industrie dont la technologie est caractérisée par une courbe de coût moyen décroissante en fonction de la production. Cette donnée technologique implique un marché dominé par une seule entreprise ou en tout cas par un petit nombre d'entreprises. Or, lorsqu'une entreprise est seule à produire pour un marché (monopole), le prix qu'elle fixe est supérieur à son coût marginal de production. Si la demande qui s'adresse au monopole est inélastique (ce qui signifie que les clients sont relativement peu sensibles aux prix), le prix fixé sera plus élevé que si la demande était relativement élastique (c'est-à-dire si les clients étaient relativement sensibles au prix).

La figure 1.1 illustre les relations entre cinq blocs : structure, conduite, performance, conditions fondementales d'une industrie et politique du gouvernement. Ces relations sont complexes. Par exemple, l'intervention du gouvernement peut avoir une influence sur le nombre d'entreprises composant une industrie, mais les entreprises peuvent également essayer d'obtenir du gouvernement qu'il adopte une politique favorable aux profits. De même, s'il est vrai que les barrières à l'entrée favorisent les monopoles et les profits de monopole, il est vrai aussi qu'elles favorisent le développement de nouveaux produits qui ont un impact sur la demande du produit original, dans la mesure où ils peuvent lui être substitués. Les économistes qui se fondent sur ce paradigme pour faire des recherches empiriques utilisent généralement des données par industrie. Ils essaient par exemple de vérifier si les prix sont plus élevés dans les industries possédant certaines caractéristiques structurelles telles qu'un nombre peu élevé d'entreprises.

Le paradigme structure-conduite-performance est suffisamment large et ouvert pour servir de base à l'étude de l'économie industrielle. C'est pourquoi nous l'avons adopté, avec la théorie des prix, comme cadre d'organisation et d'interprétation.

---

[2] Le paradigme *structure-conduite-performance* fut développé à Harvard par Edward S. Mason (1939, 1949), puis poursuivi par ses collègues et ses étudiants, dont Joe S. Bain (1959).

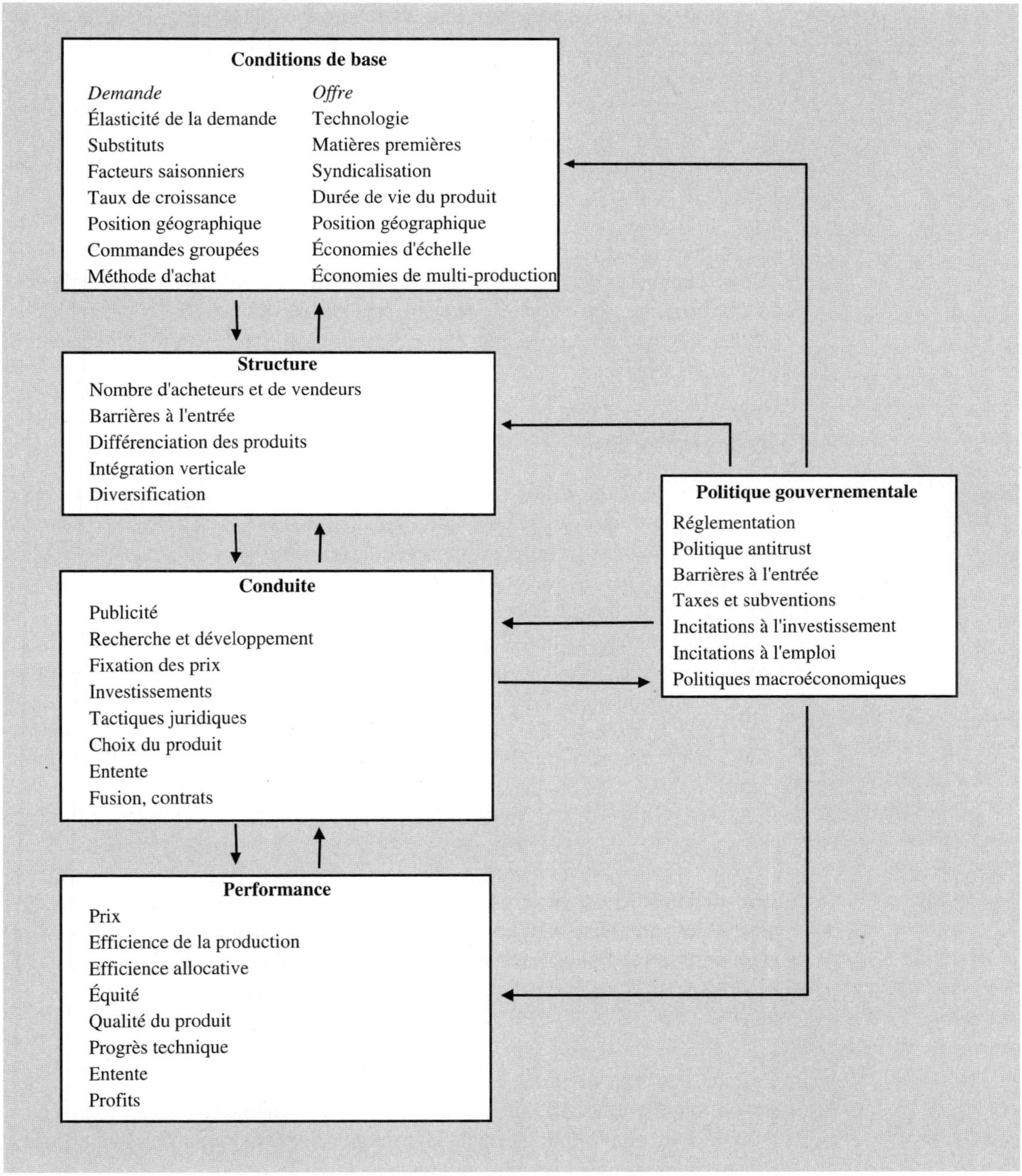

Figure 1.1: *Structure, conduite et performance*

1.1.1 Théorie des prix

Les modèles de la théorie des prix cherchent à expliquer les phénomènes de marché par les incitations économiques auxquelles les individus sont confrontés. En 1968, George J. Stigler, l'un des précurseurs de cette approche, demandait que les chercheurs en économie industrielle prennent la théorie microéconomique pour cadre d'analyse du fonctionnement des marchés et de l'effet des interventions publiques. Aujourd'hui, ce souhait est exaucé et la plupart des recherches en économie industrielle — ainsi que les cours qui portent sur cette matière — s'inspirent largement de la théorie formelle. Ceci s'explique par la disponibilité de statistiques plus précises, ainsi que par les avancées de la théorie elle-même. Ces dernières années, trois variantes spécifiques de la théorie des prix — la théorie des coûts de transaction, la théorie des jeux et la théorie des marchés contestables — ont connu un grand développement et permis d'approfondir le paradigme structure-conduite-performance.

1.1.2 Coûts de transaction

Les **coûts de transaction** sont des dépenses liées aux échanges effectués par les agents économiques entre eux, qui s'ajoutent aux prix des biens eux-mêmes, comme les coûts de rédaction et d'application des contrats. Leur importance plus ou moins grande peut expliquer pourquoi les structures, conduites et performances, varient d'une industrie à l'autre.

Il y a plus de 50 ans que Ronald H. Coase (1937) a écrit que l'entreprise et le marché étaient deux moyens alternatifs d'organiser l'activité économique. Pour Coase, le recours au marché implique des coûts et ceux-ci contribuent à déterminer la structure d'un marché. Par exemple, plus le coût d'approvisionnement auprès d'autres entreprises est faible, moins une entreprise donnée a tendance à produire elle-même ce dont elle a besoin.

Pour Oliver Williamson (1975, p. 8–10), l'un des partisans les plus connus de cette approche, quatre principes de base sont à retenir :

1. Les marchés et les entreprises sont deux moyens alternatifs de réaliser des ensembles interdépendants de transactions. Ainsi, une entreprise qui a besoin d'un produit ou d'un service peut l'acheter ou le produire elle-même.

2. Le choix précédent est déterminé par le coût du recours au marché par comparaison avec celui des ressources de l'entreprise.

3. Le coût de transaction lié à la rédaction et à l'exécution de contrats complexes sur un marché « varie d'une part en fonction des caractéristiques propres aux individus qui sont impliqués dans la transaction et d'autre part en fonction des caractéristiques objectives du marché » (p. 8).

4. Ces données individuelles et environnementales affectent aussi bien les transactions effectuées sur le marché que celles internes aux entreprises.

Cette approche cherche à identifier les facteurs liés à l'environnement global ou proprement humain, qui expliquent à la fois l'organisation interne de l'entreprise et l'économie industrielle. Les facteurs environnementaux essentiels sont l'*incertitude* et le *nombre* d'entreprises. Les facteurs humains essentiels sont la *rationalité limitée* et l'*opportunisme*. La **rationalité limitée** désigne les limites de la capacité humaine à anticiper et à résoudre les problèmes complexes. Des difficultés naissent par exemple de la combinaison de l'incertitude et de la rationalité limitée, ou bien lorsque les quelques entreprises qui se partagent un marché sont dirigées par des individus au comportement opportuniste.

Dans un monde incertain, il est difficile ou coûteux de négocier des contrats qui prévoient toutes les éventualités, ce qui explique que même lorsque le recours au marché apparaît comme un moyen de réduire les coûts, les entreprises sont tentées de l'éviter.

Lorsqu'il y a peu d'entreprises sur un marché et que les individus ont un comportement opportuniste, les entreprises évitent de négocier des contrats à long terme par crainte des conséquences futures. Par exemple, une entreprise dont les approvisionnements essentiels dépendent d'une autre entreprise, peut être victime de chantage dans la mesure ou sa production peut être stoppée par l'arrêt des approvisonnements. Le problème est encore plus aigü lorsque les sources alternatives d'approvisonnement sont peu nombreuses.

Le recours au marché est donc d'autant plus probable que : (1) l'incertitude est moindre et (2) qu'il y a beaucoup d'entreprises (concurrence) et peu de comportements opportunistes. Lorsque ces conditions ne sont pas réunies, les entreprises préfèrent produire par elles-mêmes plutôt que de recourir au marché. L'approche par les coûts de transaction a connu un important succès du fait de son vaste pouvoir explicatif.

1.1.3 Théorie des jeux

La seconde approche qui a connu une audience croissante parmi les économistes est la **théorie des jeux** (von Neuman et Morgenstern, 1944), qui tente de formaliser les processus de conflit et de coopération entre individus et entreprises. La concurrence des entreprises est alors considérée comme un jeu de **stratégies**, ou plans de bataille qui décrivent le comportement de chaque entreprise. La stratégie d'une entreprise consiste par exemple à déterminer sa production, le prix et le niveau des dépenses publicitaires. Pour les entreprises, le but du jeu est le profit. La théorie des jeux décrit comment les entreprises forment leurs stratégies et comment ces stratégies déterminent les profits.

La théorie des jeux fournit d'intéressantes analyses des situations où il y a peu d'entreprises et une grande partie de ce manuel est consacré à l'étude de ces situations. De ce fait, plusieurs des modèles que nous étudierons sont des applications de la théorie de jeux.

1.1.4 *Marchés contestables*

L'importance de la liberté d'entrer sur un marché, en tant que facteur de concurrence, est depuis longtemps reconnue. Demsetz (1968) et Baumol, Panzar et Willig (1982) ont souligné que des marchés composés de quelques entreprises (ou une seule) peuvent être très concurrentiels pourvu que la menace de l'entrée d'autres entreprises pèse sur ces marchés. Un marché où les entreprises peuvent entrer rapidement lorsque les prix sont supérieurs aux coûts, et sortir rapidement s'ils deviennent inférieurs aux coûts, est dit **contestable**. Comme Baumol, Panzar et Willig l'ont montré, les entreprises répugent à pénétrer sur les marchés s'il est très coûteux d'en sortir.

S'il y a peu d'entreprises dans une industrie et que l'entrée et la sortie sont difficiles, le marché n'est pas contestable et les comportements stratégiques étudiés par la théorie des jeux reviennent au premier plan. Mais lorsqu'il y a peu d'entreprises et que l'entrée et la sortie sont faciles, le marché est alors contestable et peut avoir les propriétés d'un marché concurrentiel : le prix est égal au coût marginal et les comportements stratégiques n'ont pas d'importance.

1.2 Organisation de l'ouvrage

Les passages obscurs [de mon livre] *doivent être considérés comme contenant des vérités essentielles et profondes.* – Jonathan Swift

Notre objectif principal est de présenter systématiquement les théories de base — traditionnelles et récentes — de l'organisation et du fonctionnement des entreprises et des marchés. Plutôt que de considérer les structures et les conduites comme des données, nous les relions aux comportements de maximisation des individus. Autrement dit, nous montrons comment les modèles de la théorie des prix fournissent la structure sous-jacente du paradigme structure-conduite-performance. Les deux aspects se complètent et contribuent utilement au développement et à la compréhension de l'économie industrielle.

1.2.1 *Théorie de base*

Les chapitres 2 et 3 constituent une révision et un approfondissement de la théorie microéconomique des coûts, ainsi qu'une introduction à la théorie de l'entreprise. Une attention particulière est accordée aux coûts parce qu'ils sont essentiels à l'explication de la structure du marché. Par exemple, les coûts (en particulier les coûts de transaction) servent à déterminer en grande partie s'il est intéressant pour une entreprise de produire elle-même un facteur de production plutôt que de l'acheter sur un marché. Lorsqu'une entreprise produit elle-même un facteur de production, celle-ci est dite *verticalement intégrée*. Les coûts contribuent ainsi à déterminer si une entreprise est verticalement intégrée ou non. Le chapitre 2 sur la théorie de l'entreprise introduit l'intégration verticale, mais celle-ci est étudiée de façon approfondie au chapitre 13.

Le chapitre 2 traite aussi de l'organisation interne des entreprises, ainsi que des problèmes liés à leur propriété. Il insiste sur la distinction parfois floue entre le marché et l'entreprise, ainsi que sur l'effet souvent très rapide des variations de coûts sur l'évolution de la structure d'une industrie. Il explique également les origines des fusions d'entreprises et dresse un tableau historique de ces fusions aux États-Unis.

Le chapitre 3 est consacré à l'analyse des différents concepts de coût et à la présentations des indications empiriques disponibles sur les coûts de production.

1.2.2 Structures de marché

La théorie et les données empiriques sur les structures de base des marchés sont traités dans les chapitres 4 à 9. Le tableau 1.1 expose la classification de base utilisée dans ce livre pour décrire ces structures. Le nombre d'entreprises composant un marché et la facilité d'entrée de nouvelles entreprises sont les deux critères retenus.

Tableau 1.1: *Quelques structures de marché fondamentales*

	Vendeurs		Acheteurs	
Structure de marché	Barrières à l'entrée	Nombre	Barrières à l'entrée	Nombre
Concurrence	non	beaucoup	non	beaucoup
Monopole	oui	un	non	beaucoup
Monopsone	non	beaucoup	oui	un
Oligopole	oui	peu	non	beaucoup
Oligopsone	non	beaucoup	oui	peu
Concurrence Monopolistique	non	beaucoup	non	beaucoup

La **concurrence** est une structure de marché caractérisée par un grand nombre d'acheteurs et de vendeurs potentiels, sans barrières à l'entrée ni à la sortie. Lorsqu'une seule entreprise vend son produit à de nombreux acheteurs et qu'aucune autre entreprise ne peut entrer sur le marché, celle-ci est un **monopole**. Réciproquement, lorsqu'une seule entreprise acheteuse est face à de nombreux vendeurs, il s'agit d'un **monopsone**. Si les vendeurs peuvent influencer le prix même lorsqu'ils sont confrontés à la concurrence d'autres entreprises, la structure du marché est soit celle de la concurrence oligopolistique, soit celle de la concurrence monopolistique. Un **oligopole** est un petit groupe d'entreprises sur un marché où existent d'importantes barrières qui empêchent d'autres vendeurs de s'installer sur le marché. Si les barrières à l'entrée ou à la sortie sont peu importantes, il s'agit d'un marché de **concurrence monopolistique**. Dans ce dernier cas, bien que le prix fixé par les entreprises soit supérieur au coût marginal, celles-ci ne font pas de profit.

Les chapitres 4 et 5 approfondissent les théories de la concurrence et du monopole. Le chapitre 4 est consacré à la théorie de base de la concurrence : les entreprises sont trop petites pour influencer le prix du marché (elles sont **preneuses de prix**) et se contentent de choisir la quantité à produire. Nous verrons dans ce chapitre que ce type de comportement à des conséquences positives sur le bien-être social. Cette structure de marché sert de base de comparaison pour évaluer les autres. Lorsqu'il n'y a pas de barrières à l'entrée, les entreprises pénètrent sur les marchés concurrentiels dès qu'une opportunité de profit s'y présente. C'est ce flux de vendeurs qui, à long terme, fait tendre les profits de toutes les entreprises du marché vers zéro.

Par opposition, un monopole (voir le chapitre 5) est un **faiseur de prix**, car c'est la seule entreprise du marché : il peut fixer le prix et le fixe en général à un niveau supérieur à celui de concurrence. La capacité de fixer le prix au-dessus du niveau concurrentiel est appelée **pouvoir de marché** et ce type de conduite engendre des effets négatifs sur le bien-être social. L'existence de barrrières à l'entrée permet au monopole de réaliser des profits économiques positifs, même à long terme. De la même manière, l'existence d'un monopsone abaisse le prix au-dessous du niveau concurrentiel, ce qui entraîne également des effets négatifs sur le bien-être.

Le chapitre 5 introduit aussi une structure de marché qui n'est pas mentionnée dans le tableau 1.1. Il s'agit d'une forme hybride — alliant monopole et concurrence — où coexistent une *entreprise dominante* et une *frange concurrentielle*. L'entreprise dominante possède un certain pouvoir de marché qui lui permet de fixer le prix, tandis que les autres entreprises (de la frange) prennent le prix comme une donnée. Ce type de structure correspond par exemple au cas d'un monopole national en concurrence sur des marchés étrangers avec une industrie étrangère concurrentielle mais aux coûts plus élevés.

Les chapitres 4 et 5 prolongent les théories de base de la concurrence et du monopole en présence d'**externalités**, c'est-à-dire lorsqu'il existe des biens ou des maux (comme la pollution) qui n'ont pas de prix de marché. Si les agents économiques polluent trop, c'est parce qu'ils ne paient pas lorsqu'ils polluent (le prix est nul). En présence d'externalités, la concurrence ne maximise pas le bien-être social et peut avoir des conséquences plus néfastes que le monopole.

Le chapitre 6 montre comment des conduites analogues au monopole peuvent exister même s'il y a plusieurs entreprises, quand celles-ci forment par exemple un **cartel**, c'est-à-dire une association d'entreprises qui coordonnent explicitement leurs activités, en général pour maximiser leurs profits joints (*oligopole coopératif*). Quoique séparées, les entreprises ont alors un comportement collectif semblable à celui d'un monopole. Si elle réduisent toutes leurs niveaux de production et élèvent le prix du marché au-dessus du prix concurrentiel, elles peuvent augmenter leurs profits. Les lois antitrust sont parfois utilisées pour empêcher la formation de cartels explicites. Dans le chapitre 6, nous étudierons pourquoi les cartels se forment plus particulièrement dans certaines industries et comment — du fait de l'incitation qui poussent certains membres du cartel à tricher — ils finissent par se disloquer.

Le chapitre 7 étudie des comportements oligopolistiques plus généraux. Contrairement aux entreprises en concurrence, les entreprises oligopolistiques s'attendent à ce que leurs rivaux réagissent à leurs comportements ou stratégies. Nous verrons, au moyen de la théorie des jeux, ce qui se produit selon que les oligopoles coopèrent ou non. Cette théorie explique pourquoi des entreprises qui savent qu'elles ont intérêt à agir collectivement comme un cartel, sont néanmoins tentées de dévier du comportement impliqué par l'accord de cartel. Ce chapitre passe également en revue certaines données expérimentales sur les comportements oligopolistiques.

Le chapitre 8 modifie le modèle d'oligopole du chapitre 7 de deux façons. D'une part, en tenant compte de l'arrivée éventuelle de nouvelles entreprises sur le marché. En concurrence monopolistique, contrairement à l'oligopole, l'entrée de nouvelles entreprises fait tendre les profits économiques vers zéro. Donc, toutes choses égales par ailleurs, la suppression des barrières à l'entrée augmente généralement la production. D'autre part, le chapitre 8 étudie les implications de la différenciation des produits sur le bien-être social ainsi que les effets de l'intervention publique sur ces marchés. Ainsi, une intervention publique qui va dans le sens d'une réduction du nombre d'entreprises et de la variété des produits mais abaisse les prix moyens peut avoir des effets mitigés. En effet, comment savoir si les consommateurs ne préfèrent pas des prix légèrement plus élevés et une plus grande variété de produits ? C'est une question qui ne peut être résolue que de façon empirique, en examinant la situation spécifique de chaque marché.

Le chapitre 9 donne un aperçu d'ensemble sur les données empiriques concernant les performances et la structure des marchés aux États-Unis et dans d'autres pays. Il expose également des tests empiriques des théories des structures de marché exposées dans les chapitres 4 à 9.

1.2.3 Autres stratégies et conduites observées en économie industrielle

Les chapitres 10 à 13 appliquent les recherches les plus récentes de la théorie des jeux et des coûts de transaction à l'analyse des stratégies généralement observées en économie industrielle, autres que celles présentées dans les chapitres précédents. En effet, ceux-ci se concentrent seulement sur des structures de base où les entreprises n'ont qu'une action ponctuelle sur quelques variables (prix, niveaux de production et degré de différenciation des produits). Le chapitre 10 étudie d'autres formes plus complexes de comportements stratégiques dans le cadre de modèles dynamiques de théorie des jeux. Par exemple, une entreprise peut décider de fixer un prix suffisamment bas pour exclure ses concurrentes du marché, puis augmenter ensuite le prix lorsque cet objectif est atteint. De même, une entreprise peut délibérément tenter d'augmenter le coût de production de ses concurrentes afin de réduire leur compétitivité. D'autres stratégies, plus subtiles encore, font intervenir l'échange (ou l'absence d'échange) d'informations avec les concurrentes.

Les chapitres 11 et 12 se concentrent sur un comportement plus complexe de fixation des prix. Le chapitre 11 est consacré à la **discrimination par le prix**, lorsqu'une entreprise pratique un prix unitaire particulier pour chaque catégorie de consommateur d'un produit, bien qu'il s'agisse d'un même produit. En effet, les entreprises qui ont un pouvoir de marché peuvent accroître leurs profits en faisant payer un prix plus élevé, pour un même produit, aux catégories de consommateurs qui sont moins sensibles que d'autres au prix. Le chapitre 12 approfondit ce thème en étudiant d'autres formules de discrimination par le prix. Citons par exemple le cas des compagnies d'électricité qui appliquent un tarif forfaitaire de connexion, puis un prix par kilowatt consommé, ou le cas des entreprises qui vendent un de leurs produits sous la condition de l'achat simultané d'un autre de leurs produits.

Le chapitre 13 est consacré à l'étude des causes de l'intégration verticale. L'observation qu'une entreprise a parfois la possibilité d'acheter un produit ou de fabriquer elle-même (voir le chapitre 2) est approfondie dans le but d'expliquer pourquoi le degré d'intégration verticale varie d'une industrie à l'autre. Ce chapitre aborde également les implications de l'intégration verticale sur le bien-être. D'autre part, le chapitre 13 étudie aussi pourquoi, plutôt que d'adopter l'intégration verticale, certaines entreprises recourent à des *restrictions verticales*. Ainsi, un fabricant automobile peut-il obliger contractuellement les entreprises indépendantes qui commercialisent sa marque, à suivre des lignes directrices précises (en France, cette forme contractuelle est la concession : celle-ci délimite un territoire donné et oblige le concessionnaire à ne commercialiser qu'une seule marque). Dans ce cas de figure, le fabricant utilise la restriction verticale de préférence à l'intégration verticale. Ce chapitre évoque également l'évolution récente de l'attitude des États à l'égard de ces restrictions verticales.

1.2.4 Publicité : information ou désinformation ?

Les chapitres 14 et 15 étudient les effets d'une limitation de l'information concernant un marché et la façon dont le comportement stratégique des entreprises peut altérer cette information. Le chapitre 14 traite des effets de l'information concernant la qualité et les prix et montre que de nombreuses propriétés d'un marché concurrentiel disparaissent lorsque l'information est limitée. Les consommateurs n'ont souvent qu'une information incomplète, ce qui donne un certain pouvoir de marché aux entreprises. Par conséquent, en améliorant l'information, on réduit le pouvoir de marché et on augmente la concurrence.

Le chapitre 15 est consacré à l'étude de la publicité et à la façon dont celle-ci affecte le bien-être. Ce chapitre explique aussi comment les lois qui limitent la désinformation ou la dissimulation de faits importants aux consommateurs peuvent engendrer des conséquences paradoxales.

1.2.5 Modèles dynamiques d'ajustement du marché

Pratiquement tous les modèles étudiés jusqu'au chapitre 16 sont des modèles **d'analyse statique**, c'est-à-dire qui considère le fonctionnement des marchés au cours d'une période seulement.[3] À la façon d'un cliché photographique, les modèles statiques nous renseignent sur ce qui se produit en un point du temps. Les modèles statiques sont généralement utilisés pour l'étude du long terme. Par opposition, les modèles à plusieurs périodes ou dynamiques décrivent l'évolution des marchés et des entreprises au cours du temps. S'ils sont souvent d'une utilisation plus complexes que les modèles statiques, ils permettent aussi d'en savoir plus.

Les chapitres 16, 17 et 18 utilisent des modèles dans lesquels les actions de la période courante ont un impact sur les profits futurs. Le chapitre 16 étudie le processus de décision des entreprises produisant des biens durables : une automobile conçue pour durer 10 ans génère-t-elle des profits plus élevés que si elle est conçue pour durer 15 ans ? L'un des résultats les plus surprenants de ce chapitre est qu'une entreprise qui possède un monopole sur la production de biens durables peut augmenter son pouvoir de marché en louant son produit au lieu de le vendre.

Le chapitre 17 étudie comment l'action du gouvernement peut influencer le progrès technique. Les nouvelles découvertes qui réduisent les coûts de production ou créent de nouveaux produits sont à l'évidence bienvenues. Malheureusement, une industrie concurrentielle engendre trop peu d'inventions car les inventeurs ne peuvent pas bénéficier de la totalité du fruit de leurs découvertes. Les gouvernements peuvent encourager l'activité inventive de nombreuse façons, par exemple en renforçant la protection des inventions par des brevets qui permettent aux inventeurs de conserver le monopole de la vente de leurs produits.

Le chapitre 18 est le seul à étudier explicitement des questions macroéconomiques. Néanmoins, la théorie des prix y conserve un rôle central, comme dans les autres chapitres. Ce chapitre s'intéresse à la façon dont un marché s'ajuste au cours du temps en fonction de sa structure. Des formes d'*ajustement du marché* autres que par le prix sont envisagées (comme la répartition administrative de la quantité disponible entre les usagers).

1.2.6 Formes et effets de l'intervention publique

Les chapitres 19, 20 et 21 analysent les effets des actions publiques sur le bien-être. Le chapitre 19 étudie la façon dont les structures de marché et l'intervention publique influencent le commerce international.

Le chapitre 20 étudie les *lois antitrust* édictées dans le but de limiter les conduites d'entreprises qui ont un effet négatif sur le bien-être, comme la formation de cartels ou les fusions, qui peuvent conduire à une forte augmentation du pouvoir de marché. Cependant, ce chapitre souligne en contrepoint que les lois antitrust ont parfois

---

[3] Sauf les modèles d'oligopoles et d'entreprises dominantes à plusieurs périodes des chapitres 7 et 10.

été utilisées dans le but de limiter, plutôt que d'encourager, les comportements concurrentiels.

Le chapitre 21 étudie les moyens des gouvernements pour agir sur la conduite des entreprises et la structure des marchés, ainsi que les effets de la tendance récente en faveur de la déréglementation des marchés, montrant que si une certaine dose d'intervention est désirable, l'excès d'intervention engendre l'inefficacité.

Termes clés

Analyse statique	Faiseur de prix
Cartel	Monopole
Concurrence	Monopsone
Concurrence monopolistique	Performance
Conduite	Pouvoir de marché
Contestabilité	Preneur de prix
Coût de transaction	Rationalité limitée
Discrimination par le prix	Stratégie
Économie industrielle	Structure
Externalités	Théorie des jeux

Bibliographie

BAIN, Joe S. 1959. *Industrial Organization*, New York : John Wiley and Sons.

BAUMOL, William J., John C. PANZAR et Robert WILLIG. 1982. *Contestable Markets and the Theory of Industry Structure*. New York : Harcourt Brace Jovanovich.

COASE, Ronald H. 1937. « The Nature of the Firm ». *Economica*, n.s. 4 : 386-405.

DEMSETZ, Harold. 1968. « Why Regulate Utilities ? ». *Journal of Law and Economics* 11 : 55-65.

MASON, Edward S. 1939. « Price and Production Policies of Large-Scale Enterprise ». *American Economic Review*, suppl. 29 : 61-74.

MASON, Edward S. 1949. « The Current State of the Monopoly Problem in the United States ». *Harvard Law Review* 62 : 1265-1285.

STIGLER, George J. 1968. *The Organization of Industry*. Homewood, Ill. : Richard D. Irwin.

von NEUMAN, John et Oskar MORGENSTERN. 1944. *Theory of Games and Economic Behavior*. Princeton, N.J. : Princeton University Press.

WILLIAMSON, Oliver E. 1975. *Markets and Hierarchies : Analysis and Antitrust Implications*. New York : The Free Press.

PREMIÈRE PARTIE

Concepts de base

2

Théorie de l'entreprise

Mieux vaut savoir poser quelques questions que d'avoir réponse à toutes.

James Thurber

L'entreprise est une organisation qui transforme des *facteurs de production* (c'est-à-dire des ressources) en *production* (vendue sur le marché). La différence entre les recettes et les dépenses liées au processus de production et de commercialisation correspond au profit. Soit, par exemple, une nouvelle aciérie qui recrute des employés, achète des matières premières et produit de l'acier. Elle doit décider de la quantité de ressources qu'elle achète, de la manière de les combiner pour fabriquer l'acier, de la façon de vendre le produit, ainsi que du lieu de vente. Elle obtiendra un profit si elle vend son acier à un prix supérieur au coût de production et de commercialisation de l'acier.

Dans ce chapitre, nous débutons par l'étude de l'objectif de maximisation du profit de la plupart des entreprises. Celui-ci implique que les entreprises soient gérées de façon efficiente et que les dirigeants et les employés se conforment à cet objectif.

Nous verrons qu'une entreprise est d'autant plus performante qu'elle n'effectue que les activités qu'elle maîtrise bien et qu'elle se repose sur d'autres pour le reste. Le marché et l'entreprise sont ainsi des moyens alternatifs de fournir des biens et des services. Moins le coût de faire effectuer certains travaux par d'autres entreprises est élevé, plus l'entreprise y aura recours. C'est ainsi qu'à la suite des modifications de ce coût, le constructeur d'automobiles General Motors fit à nouveau fabriquer ses carrosseries par des équipementiers — ce qui était le cas jusqu'en 1926 — plutôt que les produire lui-même.

Le désir d'effectuer un plus grand volume d'activités pour éviter le recours au marché est contrebalancé par la difficulté de gérer de façon efficiente un plus grand nombre de cadres et d'employés. La taille optimale d'une entreprise dépend en fait de ces deux forces contraires. Ainsi, Bill Gates, le patron de Microsoft a-t-il pu affirmer :[1]

> [Toutes] les grosses organisations sont en un certain sens moins efficientes que les petites. Mais elles permettent d'accomplir des tâches qui sont extrêmement importantes et nécessaires. À l'époque ou j'écrivais et contrôlais moi-même chaque ligne de programme, la qualité moyenne du code était supérieure à ce qu'elle est maintenant. J'ai dû accepter des compromis.

Nous analyserons la structure des entreprises qui fabriquent un ou plusieurs produits et pourquoi celle-ci varie selon les entreprises. Ainsi, les divisions d'une entreprises peuvent-elles être organisées par fonction (production, comptabilité, etc.) ou par produit. Nous verrons quelles sont les principales formes de propriété des entreprises (entreprise familiale, entreprise contrôlée par quelques associés ou société anonyme avec actionnariat diversifié) ainsi que les rôles respectifs de l'endettement par émission d'obligations et de l'actionnariat dans le financement d'une entreprise. Nous évoquerons également les difficultés liées au contrôle de l'activité des dirigeants de grandes entreprises afin de déterminer si ces entreprises ont réellement pour objectif la maximisation du profit.

Nous verrons que plusieurs facteurs s'opposent au mauvais fonctionnement des entreprises. Ainsi, de nouvelles entreprises peuvent saisir les opportunités de profit qui naissent de l'inefficience des entreprises installées et s'emparer de leur activité. De même, les entreprises inefficientes sont menacées de passer sous le contrôle d'autres entreprises qui se chargent rétablir une gestion efficiente.

Le chapitre 4 — entièrement consacré à la concurrence — étudie l'effet sur les entreprises inefficientes de l'arrivée sur le marché de nouvelles entreprises. C'est pourquoi le présent chapitre se concentre sur un seul moyen de rétablir l'efficience : la **fusion** ou mise en commun des actifs de deux (ou plusieurs) entreprises, donnant naissance à une nouvelle entreprise. Si nous considérons que les acquisitions ou absorptions d'entreprises sont des variantes de la *fusion*, on peut distinguer trois types de fusions :

- La **fusion verticale** combine une entreprise et son fournisseur.
- La **fusion horizontale** combine des entreprises ayant la même activité.
- Le **fusion conglomérale** combine des entreprises pour des raisons diverses.

Ce chapitre résume les tendances historiques des fusions et explique dans quelles conditions les fusions augmentent ou diminuent l'efficience et la profitabilité des

[1] « Gates : Our Only Advantage is We Bet on Windows. » *Infoworld*, 3 août 1992, p. 102.

entreprises. Des indications empiriques sur ce point sont présentées en fin de chapitre.

Les questions essentielles abordées dans ce chapitre peuvent être résumées ainsi :

1. Les entreprises maximisent-elles réellement leurs profits ?
2. Qu'est-ce qui détermine la taille optimale et l'organisation d'une entreprise ? Faut-il qu'une entreprise ait une taille moyenne et se procure sur le marché les ressources dont elle a besoin, ou faut-il qu'elle se développe par intégration verticale et produise elle-même les ressources dont elle a besoin ?
3. Les acquisitions et autres fusions provoquent-elles une amélioration de l'efficience et de la profitabilité des entreprises ?

2.1 Objectif de l'entreprise

La raison d'être de la plupart des entreprises est le profit. On dit qu'elles ont un *but lucratif*. Dans cet ouvrage, sauf indication contraire, nous n'étudierons que des entreprises à but lucratif et non pas celles qui ont des buts charitables ou autres (voir cependant l'exemple 2.1).

La plupart des modèles économiques postulent que l'objectif essentiel d'un dirigeant est de maximiser le profit de son entreprise. Cela suppose de vendre et donc de *produire avec efficience*, c'est-à-dire à dire d'obtenir le maximum de biens avec une technologie et des ressources données.

Les dirigeants ont peut-être d'autres objectifs que de maximiser les profits, comme par exemple de maximiser les ventes, dans le but d'affirmer leur pouvoir au sein d'une grande entreprise. Ils peuvent aussi gaspiller de l'argent pour avoir un bureau luxueux, faire des voyages coûteux, etc., ce qui réduit les profits. Divers facteurs les empêchent cependant de trop s'écarter de la maximisation des profits. En effet, si une entreprise est dirigée de façon trop inefficiente et génère trop peu de profits, elle finit inévitablement par être éliminée par des entreprises concurrentes qui ont pour objectif la maximisation de leurs profits. De plus, les cadres renvoyés pour cause d'inefficience ou de paresse ont ensuite des difficultés à retrouver du travail ailleurs. Enfin, des incitations, telles que la distribution d'actions au personnel ou autres bonus, favorisent la motivation. C'est pourquoi nous admettrons en général que la maximisation du profit correspond approximativement à l'objectif des entreprises.(2)

---

2 Les interventions publiques ont une incidence sur la capacité des entreprises à réaliser cet objectif. Voir le chapitre 20.

EXEMPLE 2.1 Entreprises à but non lucratif

Bien que la plupart des entreprises américaines aient pour objectif de faire des profits, il existe aussi des organismes à but non lucratif : missions de charité, congrégations religieuses, collèges, etc. Une entreprise qui sollicite et obtient le statut d'organisme à but non lucratif ne paie pas l'impôt sur les profits des sociétés. Naturellement, ce statut n'est conféré qu'aux entreprises qui s'engagent dans certaines activités et qui acceptent de se conformer à certaines règles. Contrairement aux entreprises normales, les organismes à but non lucratif n'ont pas de propriétaires qui perçoivent la différence entre les revenus et les coûts. En effet, la loi les obligent à affecter tout profit éventuel au fonctionnement de leurs œuvres.

Beaucoup d'organismes à but non lucratif, comme les missions caritatives et les collèges, sont financées par des donations. Les donateurs ont la possibilité de déduire les dons qu'ils font de l'impôt sur le revenu. D'autre part, les donateurs ont en théorie la garantie que leur argent est utilisé à des fins altruistes plutôt qu'au profit des dirigeants de l'organisme en question, du fait de l'interdiction légale de faire des bénéfices.

Les objectifs d'une entreprise à but non lucratif sont plus difficiles à cerner que celui d'une entreprise ordinaire. En effet, la maximisation du profit n'est pas remplacée par un objectif simple. Le collège, par exemple, ne cherche pas à maximiser la différence entre les frais d'inscription payés par les étudiants et les coûts. Au contraire, son objectif est de veiller tout à la fois au bien-être des étudiants, du corps enseignant, de l'administration et de complaire aux donateurs. Dans ces conditions, les décisions prises reflètent nécessairement des arbitrages complexes entre ces groupes aux intérêts parfois opposés.

Dans ce chapitre, nous étudierons comment les entreprises s'organisent pour être aussi efficientes et profitables que possible, pourquoi l'absence de contrôle engendre des difficultés et comment les minimiser. Nous verrons également comment le mécanisme du marché permet l'élimination des dirigeants improductifs. [3]

2.2 Coûts de transaction et intégration verticale

Pour que le consommateur puisse acheter un produit final, certaines activités doivent être réalisées par une ou plusieurs entreprises. Ainsi, pour produire une automobile, il faut parfois faire venir des composants de très loin. Puis, ceux-ci sont assemblés en voitures qui sont expédiées vers les lieux de consommation. Pour certains biens, les différentes étapes de la production sont entièrement réalisées par une seule entreprise. Pour d'autres, une entreprise différente est responsable de la réalisation de chaque étape. On dit qu'une entreprise est *verticalement intégrée* lorsqu'elle fabrique elle-même un facteur de production plutôt que de l'acquérir auprès d'autres entreprises (voir le chapitre 13).

---

[3] Les travaux classiques sur ces questions sont ceux de March et Simon (1958), Cyert et March (1963), Marris (1964) et Williamson (1964).

Les entreprises cherchent à réduire les coûts et réalisent les différentes étapes de la production si cela revient moins cher que de les faire effectuer à l'extérieur. La solution la moins coûteuse dépend des *coûts de transaction* c'est-à-dire des coûts du recours au marché, en plus du prix. Ces coûts sont liés à la rédaction et à l'exécution des contrats, ainsi qu'au temps passé à rechercher le meilleur prix.

2.2.1 Coûts de transaction et comportements opportunistes

La production interne peut s'avérer moins coûteuse que le recours au marché pour une raison majeure : le recours au marché implique des coûts de transaction.[(4)] Ces coûts incluent les frais de négociation d'un accord ainsi que les dépenses ultérieures liées à l'exécution du contrat. De plus, comme aucun contrat ne peut prévoir toutes les éventualités, il est souvent nécessaire de renégocier les accords, ce qui représente là encore des sommes à débourser.

Supposons par exemple qu'un fournisseur fabrique une partie d'équipement et que le contrat stipule l'utilisation de l'aluminium comme matière première. Si le prix de l'aluminium venait à augmenter soudainement, il se peut que le fournisseur souhaite alors utiliser du cuivre, moins coûteux. Mais la rénégociation du contrat implique la prise en compte éventuelle de nouveaux délais de livraison, la fixation de nouveaux prix, ainsi que de nouvelles procédures de contrôle de la qualité. Tout ceci prend du temps et, de plus, le client peut menacer le fournisseur de l'obliger à respecter les termes initiaux du contrat s'il n'obtient pas de nouvelles conditions plus favorables.

À chaque fois que deux parties d'un contrat s'accordent sur une transaction future, la tentation existe pour ces parties d'adopter un **comportement opportuniste**, c'est-à-dire de tirer parti de circonstances favorables pour exploiter le partenaire. En particulier, lorsque les termes d'un contrat sont vagues ou bien si des questions importantes ne sont pas évoquées, chaque partie est tentée d'interpréter le contrat dans un sens qui lui est favorable.

Lorsqu'un contrat est simple (par exemple un contrat concernant la vente d'un boisseau d'une variété particulière de blé sur le marché de Chicago à une date convenue), les comportements opportunistes sont peu probables. En revanche, lorsqu'un contrat est complexe, il peut s'avérer difficiler d'en stipuler tous les aspects. Il se peut alors qu'une partie signe un contrat contenant des clauses qui se retournent ensuite contre elle (voir l'exemple 2.2).

L'exemple 2.2 illustre également comment les comportements opportunistes se modifient lorsque les activités sont organisées à l'intérieur de l'entreprise plutôt

[4] Coase (1937) fut le premier à expliquer clairement pourquoi la production interne permet de réduire les coûts de transaction. Son analyse fut ensuite développée par Williamson (1975, 1985). Alchian et Demsetz (1972) et Klein, Crawford et Alchian (1978) ont également fourni d'excellentes analyses. Le récent renouveau d'intérêt pour la théorie de l'entreprise est principalement dû aux travaux de Williamson (1975, 1985) et ce chapitre s'appuie en grande partie sur elles.

EXEMPLE 2.2 Comment éviter l'opportunisme ?

En 1919 General Motors (GM) avait signé un contrat avec le fabricant de carosseries Fisher stipulant la fabrication exclusive de corrosseries pour GM. Ceci obligeait Fisher à mettre en place des moyens de production spécifiquement conçus pour la fabrication de carrosseries convenant aux automobiles produites par GM. Aussi Fisher répugnait-il à la signature d'un contrat à court terme, craignant d'être à la merci de GM au moment du renouvellement. D'un autre côté, GM acceptait mal de dépendre aussi exclusivement d'un seul fournisseur, craignant lui aussi d'être à la merci de Fisher au moment du renouvellement d'un contrat qui n'aurait été signé que pour une courte période. Ainsi, comme chaque entreprise avait peur d'être vulnérable au moment de la renégociation du contrat, elles décidèrent de signer un acord pour dix ans, comprenant une formule spécifique de fixation des prix durant cette période.

Cependant, après 1919, les conditions de la demande se modifièrent considérablement et les prix contractuellement fixés parurent trop élevés à GM. Finalement, en 1926, GM absorba Fisher, ce qui lui permit de supprimer les coûts de transaction liés à cet accord. L'expérience de GM illustre les difficultés inhérentes à tout contrat à long terme : il est difficile de prévoir tous les changements qui peuvent se produire durant la période du contrat et notamment de prévoir les clauses adaptées à l'évolution des prix.

SOURCE : Klein, Crawford et Alchian (1978, p. 309–10).

que par accord négocié entre deux entreprises. Dans une entreprise, si une division tente de se comporter de façon opportuniste par rapport à une autre, le responsable peut agir en sorte que ce comportement n'ait pas d'incidence sur le profit global. De plus, les conflits sont souvent plus faciles à résoudre à l'intérieur d'une entreprise qu'entre deux entreprises. Les moyens légaux et autres qui servent à résoudre les conflits entre les entreprises sont souvent plus inadéquats et plus coûteux que ceux à la disposition d'un responsable d'entreprise. Aussi les conflits qui surgissent à l'intérieur de l'entreprise ne se résolvent-ils pas de la même façon que ceux qui opposent deux entreprises (Williamson, 1979).

2.2.2 Coûts de transaction élevés

Une entreprise choisit de produire elle-même plutôt que de recourir au marché quand les coûts de transaction semblent élevés. Ces coûts sont d'autant plus importants qu'il est difficile de rédiger un contrat limitant l'opportunisme. Les coûts de transaction sont particulièrement élevés dans les cas suivants : produits spécialisés, marché fluctuant, informations coûteuses à obtenir.

A. Produits spécialisés

Un produit possède les propriétés d'un **actif spécifique** lorsqu'il est spécialisé ou conçu pour un utilisateur particulier. Un acheteur qui signe un contrat avec un fournisseur unique pour la fourniture d'un produit spécialisé n'a qu'une seule source immédiate d'approvisionnement. De même, il est difficile pour le fournisseur de trouver un autre acheteur pour ce produit spécialisé. D'autre part, la

EXEMPLE 2.3 Actifs spécifiques et contrats à long terme

Certaines centrales électriques sont situées à proximité d'une usine de charbon et n'ont guère d'autres possibilités que d'utiliser le charbon de cette mine : ce sont des « bouches à charbon ». Il s'agit là d'un cas extrême d'actif spécifique, car ces mines n'ont parfois que la centrale comme cliente.

La fusion des activité minières et électriques au sein d'une entreprise unique permettrait d'éviter les problèmes liés aux négociations contractuelles. Cependant, les instances fédérales et étatiques chargées de la réglementation de la production électrique s'y opposent le plus souvent car elles ne veulent pas s'encombrer d'une activité (la production de charbon) qui ne relève pas de leur compétence. Il est alors nécessaire de conclure un contrat à long terme. Joskow (1987) a montré que dans ce cas, la durée du contrat est directement fonction de l'importance de la centrale en tant que débouché pour la mine. Il a ainsi établi qu'une centrale du type « bouche à charbon » négociait des contrats de fourniture de charbon dont la durée était de 16 ans supérieure à celle des contrats négociés par des centrales électriques ordinaires.

fabrication de produits spécialisés (voir l'exemple des carrosseries fabriquées pour GM) nécessite généralement un équipement particulier (comme des machines à emboutir) qui ne peuvent servir qu'à fabriquer ce produit. Une fois le contrat signé, le client comme le fournisseur, deviennent très vulnérables en cas de comportements opportunistes.

En cas d'actif spécifique, il est préférable pour les deux entreprises que l'acheteur soit le propriétaire de l'équipement servant à fabriquer le produit (Williamson, 1979), car cela limite les comportements opportunistes des deux côtés. Dans l'exemple des automobiles, les constructeurs qui ont recours à des fournisseurs extérieurs pour la fabrication d'articles sur mesure sont souvent propriétaires des machines nécessaires à leur fabrication. Monteverde et Teece (1982) ont montré que plus l'équipement nécessaire était spécifique, plus il était fréquent que le constructeur en soit le propriétaire.[5] Nous reviendrons sur ces questions au chapitre 13.

Le contrôle de la propriété des actifs spécifiques est souvent le moyen d'éviter les problèmes d'opportunisme. Par exemple, il est fréquent qu'un hôtel d'un certain standing possède sa propre piscine. On peut cependant imaginer un contrat entre une piscine privée et l'hôtel, créant ainsi un risque d'opportunisme. De même, les usines chimiques sont fréquemment propriétaires de wagons de transport, plutôt que d'en négocier la location auprès des compagnies ferroviaires. Lorsque les comportements opportunistes ne sont pas résolus par le contrôle de la propriété des actifs spécifiques, il faut alors prévoir des accords à long terme très détaillés (voir l'exemple 2.3).

[5] Voir aussi Masten (1984), qui a montré qu'il existait également un lien entre la spécificité d'un actif et sa propriété dans le cas de l'industrie aéronautique. Anderson et Schmittlein (1984) ont étudié le lien entre la spécificité des actifs et la possession par une entreprise de son propre réseau de vente et Crocker et Reynolds (1993) ont étudié l'influence de la spécificité des actifs sur les procédures d'approvisionnement de l'armée de l'air américaine.

B. Marché fluctuant

Aucun contrat ne peut prévoir toutes les éventualités. Plus l'avenir est incertain, plus les termes du contrats sont difficiles à établir. En effet, la *rationalité* des agents économiques est *limitée*, ce qui limite du même coup leur capacité à concevoir les éventualités futures.

Si, du fait de leur rationalité limitée, les parties ne s'accordent pas sur l'adaptation du contrat aux évolutions, l'acheteur comme le vendeur seront en situation de risque lors de la renégociation du contrat. Même des formules de prix compliquées n'autorisent pas la flexibilité nécessaire à des réactions efficientes en cas de fluctuations. Si les coûts changent, il est difficile de spécifier comment les prix doivent évoluer, pour au moins deux raisons. Premièrement, un acheteur ne peut pas se contenter d'une information verbale concernant les coûts du vendeur, surtout s'il ne peut pas les observer. Beaucoup de contrats évitent ce problème en indexant l'évolution du prix sur celle d'informations publiquement disponibles concernant les coûts (indice des prix à la consommation du *Bureau of Labor Statistics*, par exemple). Deuxièmement, un acheteur qui n'aime pas les risques ne signera un contrat que s'il stipule précisément les prix futurs, mais non s'il ne prévoit qu'une formule d'indexation.

C. L'information en tant que produit

Les transactions qui nécessitent la connaissance de certaines informations posent des problèmes particuliers. Supposons qu'une entreprise recrute un consultant pour découvrir un nouveau processus de production plus économique et lui verse une réumération forfaitaire pour cette tâche. Après plusieurs mois de recherche, le consultant indique qu'il n'existe pas de façon moins coûteuse de fabriquer ce produit. L'entreprise, ne sachant pas si le consultant a réellement travaillé, paie la somme forfaitaire convenue. L'année suivante, l'entreprise recrute à nouveau le même consultant, mais propose cette fois une rémunération correspondant à 1% des profits supplémentaires de l'entreprise, si ceux-ci sont attribuables aux suggestions du consultant. Après de nouvelles recherches, le consultant fait alors une suggestion et, sur sa proposition, l'entreprise ouvre une nouvelle usine qui rapporte 100 F de profit de plus que l'ancienne. Au moment de calculer la rémunération du consultant, l'entreprise estime que la moitié au moins de l'augmentation des profits est imputable à la suggestion du consultant et lui verse par conséquent 50 F. Dans les deux formules de rémunération successivement envisagées, chaque partie peut agir honnêtement et cependant l'autre se sentir lésée. De même, chaque partie peut agir malhonnêtement et cependant l'autre ne peut rien y faire. Appliquer des contrats de cette sorte est parfois coûteux et c'est la raison pour laquelle les recherches en développement de produits et de procédés sont souvent confiées au personnel permanent de l'entreprise.

2.2.3 Coûts de contrôle

Si les coûts de transaction sont moins élevés lorsqu'une entreprise évite de recourir au marché, peut-on envisager d'éliminer le marché et d'avoir une seule entreprise, très grande, à la place ? La réponse est négative, car il arrive aussi que l'allocation interne des ressources soit plus coûteuse que le recours au marché (Grossman et Hart, 1986). Si une entreprise qui utilise un comptable indépendant décide de le recruter, celui-ci ne suivra pas nécessairement mieux qu'avant les instructions de l'entreprise. Il se peut même qu'il travaille moins une fois qu'il sera salarié par l'entreprise.

De même, un employé qui reçoit un salaire fixe et dont la production est difficilement observable, sera peu incité à fournir des efforts. Un artisan est souvent beaucoup plus productif car toute réduction des coûts de production a un impact direct sur ses profits. En revanche, l'ouvrier spécialisé d'une chaîne sur laquelle travaillent cinquante ouvriers n'a pas du tout les mêmes raisons d'être productif. Si ses efforts ne peuvent pas être distingués de ceux des autres, il n'en tirera aucun bénéfice et, par conséquent, travaillera moins. Les entreprises sont donc obligées de consacrer des ressources au contrôle de l'allocation efficiente des ressources internes.

Plus une entreprise est grande, plus il y a d'interactions entre les employés et plus il est nécessaire de coordonner leurs activités. Le coût du contrôle des ressources augmente donc avec la taille de l'entreprise. Par exemple, s'il y a trois employés affectés chacun à une tâche spécialisée, il y a trois façons différentes de les mettre en relation deux par deux, ce qui implique trois interactions possibles. Suivant le même principe, quatre employés impliquent six interactions et N employés engendrent $N(N-1)/2$ interactions. Si $N = 10$, il y a 45 interactions et si $N = 100$, il y en a 4950. À mesure que l'échelle de l'entreprise s'agrandit, la difficulté de contrôler les interactions peut engendrer des effets négatifs qui annulent les bénéfices de l'allocation interne. Il n'est donc pas efficient d'avoir une seule entreprise géante.

Un bon exemple des difficultés liées au contrôle est fourni par la vente des voitures. Aux États-Unis, la plupart des constructeurs ne commercialisent pas eux-mêmes les automobiles mais passent par des agents indépendants qui achètent les voitures en grosse quantité et les revendent au détail. Par conséquent, si le revendeur fixe des prix de vente trop bas, il subit directement des pertes, tandis que s'il recevait un salaire fixe du constructeur, il ne se soucierait pas autant du prix de vente. D'autre part, le constructeur ne pourrait pas déterminer si une voiture vendue à bas prix l'est par négligeance du vendeur ou par la nécessité de satisfaire un acheteur particulier. Citons l'ancien président de General Motors, Alfred Sloan (1963, p. 282) :

> Les constructeurs automobiles auraient connu les pires difficultés s'ils avaient dû organiser eux-mêmes la vente au détail. Lorsqu'à partir des années 1920 les voitures d'occasion vinrent sérieusement concurrencer les voitures neuves, la vente d'une automobile devint davantage une proposition commerciale qu'une simple vente de produit ordinaire. Il aurait été très difficile aux constructeurs d'organiser et de superviser un réseau constitué de milliers de points de vente. Le commerce d'automobiles est un métier spécifique qui nécessite des compétences très différentes de celles habituellement requises pour l'oganisation et le contrôle de la production

d'automobiles. C'est la raison pour laquelle la vente d'automobile au détail s'est développée par l'intermédiaire d'un réseau d'agents franchisés.

Les entreprises choisissent d'effectuer elles-mêmes certaines activités plutôt que de recourir au marché lorsque les coûts de contrôle internes sont inférieurs aux coûts de transaction impliqués par le recours au marché. Cependant, il est beaucoup trop simple de considérer que l'allocation des ressources par le marché se fait exclusivement par les prix tandis qu'elle se fait uniquement par l'organisation et le contrôle interne dans l'entreprise. En effet, de très nombreux contrats passés sur les marchés contiennent des clauses détaillées relatives au contrôle. Réciproquement, beaucoup de grandes entreprises calculent des prix internes, dit **prix de transfert**, qui servent de base à la répartition interne des ressources entre les divisions. Toutefois, il est bon de préciser que les prix de transfert ne sont pas nécessairement équivalents aux prix de marché.

Dans certains cas, il est facile d'expliquer pourquoi une entreprise n'a pas recours au marché, comme dans l'exemple de la fabrication par Fisher de carosseries automobiles pour General Motors. Dans d'autres cas, l'explication est moins évidente. Ainsi, les coûts de nettoyage des locaux de l'entreprise par une entreprise spécialisées peuvent être identiques à ce que coûterait un salarié maison affecté à cette tâche.

Il arrive parfois qu'une entreprise considère qu'elle a eu tort de s'agrandir et procède à une scission. Par exemple lorsque le Pacific Telesis Group (qui comprend Pacific Bell, Nevada Bell et PacTel Cellular) annonça qu'il envisageait une scission en plusieurs unités de taille inférieure parce qu'il estimait que la somme des parties avait une valeur supérieure à celle du groupe, le cours de ses actions augmenta

Tableau 2.1

Pourcentage des établissements et des employés du secteur manufacturier en fonction du nombre d'employés

Nombre d'employés	% d'établissements	% d'employés
1–4	33	1
5–9	17	2
10–19	16	5
20–49	16	10
50–99	8	11
100–249	6	19
250–499	0,9	15
00–999	0,4	11
2500 et plus	0,1	1

SOURCE : U.S. Department of Commerce, Bureau of the Census, *1987 Census of manufactures.*

Tableau 2.2: *Concentration de l'emploi et des actifs du secteur privé*

Plus grosses entreprises	1970	1975	1980	1984
Part de l'emploi du secteur manufacturier privé (%)				
25	10	10	9	7
100	19	18	17	15
200	25	23	22	21
Part des actifs détenus par les entreprises du secteur non financier (%)				
25	17	17	16	13
100	29	29	28	27
200	38	38	36	34

SOURCE : Golbe et White (1988, tab. 9.4) *in* Alan J. Auerbach, ed. *Corporate Takeovers.* Copyright 1988, *National Bureau of Economic Research.* All rights reserved.

brusquement de 4%. Certains analystes avaient calculé que la scission aurait pour effet d'augmenter le cours de 25% .(6)

Beaucoup d'entreprises américaines sont de petite taille : 90% des 7 millions d'entreprises du pays emploient moins de 20 salariés (Birch, 1987, p. 7). Mais les petites entreprises n'emploient qu'une part relativement faible de la main-d'œuvre du secteur manufacturier (voir le tableau 2.1). En 1984, les 200 entreprises américaines qui réalisaient le plus gros chiffre d'affaires représentaient 21% de l'emploi manufacturier et 34% des actifs des entreprises non financières (voir le tableau 2.2). Ces pourcentages sont en baisse depuis 1970. En effet, la productivité des machines a réduit l'emploi dans le secteur manufacturier. Ainsi, la part de la population active employée dans ce secteur a baissé de 34% à 17% entre 1950 et 1992 (*Economic Report of the President*, 1992, tableau B-41). L'emploi s'est déplacé vers les services, où la taille des entreprises est plus faible.

2.2.4 Motivation des employés

Les entreprises veillent à encourager les comportements efficients. L'utilisation à bon escient d'incitations peut augmenter la production et réduire les coûts de contrôle. L'augmentation régulière des salaires, la constitution de fonds de pension, la rémunération à la pièce, les bonus, les concours et la distribution d'actions aux employés sont autant de moyens pour accroître l'efficience interne en incitant le personnel à travailler plus.

Terry Fairbanks, le propriétaire de CopyMat (une chaîne de magasins de reprographie) s'est aperçu qu'il obtenait de bien meilleurs résultats en accordant un

[6] Hall, Carl, T., 1992. « Spinoffs Could Raise the Worth of Telesis. » *San Francisco Chronicle*, 17 avril : B1.

EXEMPLE 2.4 Rémunération au poids contre rémunération horaire

Les cueilleurs de prunes payés au poids travaillent beaucoup plus vite que ceux qui sont payés à l'heure et, de l'avis des entreprises qui les emploient, font néanmoins du bon travail. Les travailleurs payés à l'heure mettent 26 heures par acre alors que ceux qui sont payé au poids font le même travail en 19 heures. Autrement dit, la rapidité des cueilleurs payés au poids est supérieure de 73% à celle de ceux qui sont payés à l'heure.

Les cueilleurs payés au poids travaillent à la même vitesse jour après jour. Les cueilleurs payés à l'heure travaillent tous à peu près à la même vitesse.

SOURCE : Billikopf et Norton (1992).

pourcentage du chiffre d'affaires à ses employés. Par exemple, les employés qui travaillaient la nuit et qui avaient coutume de n'utiliser qu'une seule machine se mirent à en faire fonctionner plusieurs à la fois.[7] En général, lorsque les modifications organisationnelles incitent les employés à être plus efficaces, les coûts de contrôle des activités réalisées au sein de l'entreprise se réduisent.

La rémunération à la pièce, par exemple, encourage les employés à travailler plus vite. Certains travaux agricoles sont payés de cette façon pour encourager la rapidité du travail. L'exemple 2.4 montre que les ouvriers agricoles payés à la pièce cueillent plus de fruits que ceux payés à l'heure.

Cependant, l'entreprise ne privilégie pas toujours uniquement la rapidité, mais souhaite également que les fruits soient cueillis avec soin pour ne pas recevoir de chocs susceptibles de les gâter. Quand il s'agit de fruits délicats, comme les fraises, les entreprises préfèrent payer un salaire horaire pour encourager le travail soigné. Il est également possible de concevoir une rémunération à la pièce et d'effectuer des contrôles aléatoires pour vérifier la qualité des fraises. Les travailleurs dont les fraises sont de qualité supérieure à la moyenne reçoivent alors un bonus (ou ceux dont les fraises sont de qualité inférieure à la moyenne sont pénalisés).

Beaucoup d'entreprises offrent des récompenses ou organisent des concours pour motiver leurs employés. Un excellent exemple est fourni par le concours du meilleur cadre. En effet, dans les grandes entreprises américaines, les cadres supérieurs sont en général choisis parmi les cadres moyens par des concours internes de ce type et beaucoup mieux payés. Ces concours existent à différents degrés et, de ce fait, même au plus haut niveau, on trouve parfois de très grandes différences entre les rémunérations.

Ces différences sont illustrées par l'exemple suivant, tiré de l'actualité. En 1991, le président de la Bank of America a gagné 1 600 000 dollars (salaire augmenté des primes) alors que le vice-président n'a gagné « que » 1 000 000 de dollars.[8] Ces récompenses incitent les salariés à travailler dur. Même si le salaire élevé est sans

---

[7] *San Francisco Chronicle*, 26 octobre 1987 : C1.

[8] *Business Week*, 4 mai 1992 : p. 149.

lien avec la valeur réelle de l'individu, il est néanmoins économiquement justifié parce qu'il motive l'ensemble des cadres à travailler plus dans l'espoir d'empocher la prime.

Plus un employé demeure longtemps dans une entreprise, mieux l'encadrement peut connaître ses qualités. Par conséquent, même si ses aptitudes n'augmentent pas avec le temps, il devient de plus en plus précieux pour l'entreprise à mesure que les responsables découvrent exactement quelles tâches cet employé accomplit avec le plus de compétence. De ce fait, afin de réduire le taux de rotation des employés, les entreprises paient des salaires faibles aux employés nouvellement recrutés et les augmentent régulièrement avec le temps. Ainsi, les employés jeunes choisissent-ils de rester car ils s'attendent à voir leurs salaires progresser. D'autre part, plus le temps passe, moins ils acceptent de renoncer aux avantages qui s'acquièrent avec l'ancienneté, comme la possibilité de bénéficier d'une pension de retraite (Becker et Stigler, 1974 ; Lazear, 1979).

La distribution d'actions est un autre moyen bien connu de motiver le personnel de l'entreprise. Les employés ou les cadres qui possèdent des actions d'une entreprise sont d'autant plus prospères que l'entreprise fait des bénéfices. La distribution d'actions au personnel crée donc une incitation à travailler plus, même en l'absence de contrôle du travail effectué. Les cadres supérieurs des petites et moyennes entreprises qui figurent parmi les 500 entreprises américaines du classement publié chaque année par le magazine *Fortune* représentent environ 20% de l'actionnariat (Demsetz, 1983). D'autre part, Demsetz et Lehn (1985) ont établi que la possession d'actions par les responsables de l'entreprise est d'autant plus probable qu'il est difficile de faire effectuer un contrôle de leur performance par une entreprise extérieure spécialisée.[9]

2.3 Organisation des entreprises

Étant donné qu'une entreprise doit réaliser simultanément plusieurs tâches, quelle organisation doit-elle adopter ? Chaque employé doit-il en effectuer plusieurs ou bien se concentrer sur un petit nombre d'entre elles, voire sur une seule ? Par exemple, dans une usine de chaussures, il faut que quelqu'un décide d'abord combien de paires de chaussures produire, puis à quel prix il faut les mettre en vente. Une fois ces décisions prises, il faut choisir le processus de production des chaussures, évaluer les coûts de production et tenir l'encadrement informé de toute évolution de ces coûts. Enfin, pour que l'entreprise puisse maximiser ses profits, toutes ses décisions doivent être coordonnées.

---

[9] Notons cependant un résultat discordant : selon Demsetz, les dirigeants au plus haut niveau des entreprises du classement des 500 du magazine *Fortune* ne possèdent qu'environ 2% des actions.

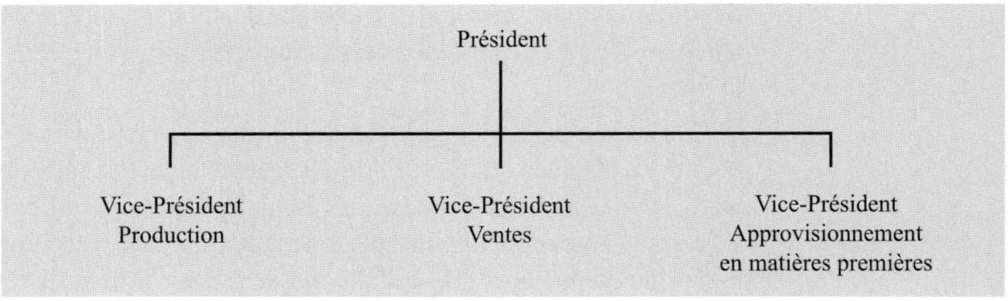

Figure 2.1: *Organigramme de l'entreprise*

2.3.1 Organigrammes hiérarchiques

Quelle doit être l'organisation interne d'une entreprise ? Faut-il qu'un cadre soit responsable de la politique de prix, un autre du contrôle des coûts de production et un autre encore pour l'achat des matières premières ? Ou bien tous ces cadres doivent-ils être responsables de certaines phases de ces trois fonctions ? On peut concevoir plusieurs **organigrammes hiérarchiques**, c'est-à-dire plusieurs façons d'organiser le contrôle au sein de l'entreprise. La figure 2.1 illustre un organigramme hiérarchique type où trois directeurs contrôlent chacun une division dont ils rendent compte au président.

Étant donné que les individus ont une capacité de traitement de l'information limitée, il est impossible que chaque directeur fasse remonter toute l'information pertinente au président. Au contraire, à chaque fois que de l'information est transmise, il s'en perd une certaine quantité. Mais l'individu qui se trouve au sommet (le président) peut tirer profit de la remontée de l'information à travers le circuit hiérarchique : en combinant les informations qu'il reçoit de chaque division, il prend des décisions coordonnées qui reflètent des arbitrages entre coûts et bénéfices au niveau de l'*ensemble* des divisions. Toute organisation hiérarchique implique l'existence d'un arbitrage entre le montant d'information provenant de chaque division et la nécessité de prendre des décisions coordonnées.[10] Plus l'information en provenance de chaque division est détaillée, plus la personne qui reçoit l'ensemble des informations éprouve des difficultés à l'absorber, ce qui nuit à la coordination des décisions.

En général, le président d'une entreprise en sait beaucoup moins sur les caractéristiques d'un marché particulier qu'un responsable des approvisionnements sur ce marché. Il en sait également beaucoup moins sur le fonctionnement d'une machine particulière qu'un ingénieur de production. Le rôle du président est d'assimiler l'information en provenance des diverses sources et de prendre les décisions

[10] Voir Williamson (1967, 1975) pour une analyse détaillée des systèmes hiérarchiques internes aux entreprises. Voir aussi Milgrom et Roberts (1992).

EXEMPLE 2.5 L'organisation interne de General Motors

Il y a des décennies, GM avait une forme fonctionnelle et possédait des divisions achats, production, comptabilité et marketing communes à la fabrication des Oldsmobiles et des Cadillacs. Puis GM adopta la forme en M : une division pour les Oldsmobiles, une autre pour les Cadillacs, chacune d'elle prenant en charge ses décisions d'achat, de production, de comptabilité et de marketing. La direction générale de GM ne prenait plus que les décisions les plus importantes concernant la stratégie commune.

En 1984, sous la présidence de Roger Smith, GM fut en partie réorganisée suivant l'ancien schéma : les fonctions d'ingénierie, de conception et la production, qui avaient été dispersées au cours des diverses réorganisations en M, furent consolidées sur une base fonctionnelle. En 1992, sous la direction de Robert Stempel, GM fut une fois de plus réorganisée. Maintenant, il y a deux groupes de développement de base : un pour les voitures, l'autre pour les petits camions. De plus, les divisions ventes, marketing, composants et services ont chacune à leur tête un directeur responsable pour les deux lignes de produits. L'objectif annoncé de cette réorganisation était de réduire les coûts et d'accélérer le développement de nouvelles voitures et de nouveaux camions légers. Cette réorganisation ne concerne pas la division expérimentale de GM, Saturn Corp., consacrée aux petites voitures.

L'organisation actuelle de GM combine donc les formes fonctionnelle et multidivisionnelle. Il y a trois divisions de base : les voitures Saturn, les autres voitures et les petits camions. Pour la plupart des produits relevant de ces trois divisions, les fonctions de base sont gérées de façon centralisée.

SOURCE : Bryant Adam. « GM reorganising into 2 divisions. » *San Francisco Chronicle*, 25 avril 1992 : B1-B2.

essentielles — celles qui sont difficilement réversibles à court terme. Ainsi, il est plus probable de voir un président décider de la construction d'un établissement très spécialisé que de décider de l'achat d'une grosse machine qui peut, le cas échéant, être facilement revendue.

2.3.2 *Organisation interne des grandes entreprises*

Les grandes entreprises qui produisent plusieurs produits sont organisées de différentes façons. Nous allons en étudier deux :[(11)] La **forme fonctionnelle**, ou division en activités telles que production ou ventes, dont l'un des avantages est d'augmenter l'efficience par la spécialisation du travail au sein des unités, et la **forme multidivisionnelle (forme en M)**, ou division sur la base des produits (voir l'exemple 2.5).

Bien que les tâches à accomplir soient en général les mêmes quelle que soit la forme organisationnelle adoptée, le contrôle hiérarchique est différent et, par conséquent, les coûts d'organisation (du contrôle de l'efficience) le sont également. En particulier, dans le cas de la forme fonctionnelle, l'objectif de maximisation des

[11] Pour une excellente analyse détaillée de la structure interne des entreprises, voir Williamson (1975, chapitre 8).

profits globaux est moins évident à faire partager par l'ensemble des divisions. En effet, il est difficile de calculer les profits réalisés séparément par la comptabilité, la production ou la division marketing. En revanche, il est beaucoup plus facile de déterminer les profits réalisés par une division spécialisée dans un produit. Aussi, bien qu'elle n'autorise pas une division du travail aussi poussée que la forme fonctionnelle, la forme multidivisionnelle permet davantage de sensibiliser chaque division à la maximisation du profit et de tenir chaque chef de division plus directement responsable des pertes éventuelles.

Jusqu'aux années 1920, les grandes entreprises qui fabriquaient de multiples produits étaient organisées suivant la forme fonctionnelle. Certaines, comme DuPont, General Motors, Standard Oil of New Jersey et Sears Roebuck commencèrent cependant à adopter la forme en M pour contenir leur croissance et leur diversification. Selon Chandler (1962, p. 48–49), « la structure administrative multidivisionnelle, peu répandue dans les années 1920, était devenue, dans les années 1960, la forme d'organisation d'organisation préférée des entreprises américaines les plus complexes et les plus diversifiées ».

Aux États-Unis, la forme en M est devenu prédominante vers les années 1950 (Williamson et Bhargava, 1972), son adoption dans les autres pays semble s'être faite plus progressivement. Par exemple, elle ne s'est largement diffusée au Royaume-Uni qu'à partir des années 1960 (Steer et Cable, 1978 ; Marginson, 1985). Au début des années 1970, la forme en M semblait être utilisée par 70% des grandes entreprises anglaises, 50% des grandes entreprises allemandes et 42% des grandes entreprises japonaises (Cable et Yasuki, 1985).

Armour et Teece (1978) ont effectué un test de la thèse de Williamson (1975) suivant laquelle l'adoption de la forme en M augmentait les profits. En étudiant un échantillon d'entreprises pétrolières, ils ont établi que le pourcentage de celles qui avaient adopté la forme en M était passé de 16% à 78% entre 1955 et 1973. En comparant la profitabilité des entreprises qui avaient adopté la forme en M avec celle des autres, ils ont pu montrer que celles ayant adopté la forme en M avaient bénéficié de profits initialement plus élevés (environ 30% d'amélioration de leurs profits). Cependant, vers la fin de la période considérée, les différences de profits entre les quelques entreprises qui n'avaient toujours pas adopté la forme en M et les autres, avaient disparu. Ce résultat semble indiquer que certaines entreprises ont des raisons particulières de ne pas adopter la forme en M.

2.4 Propriété et contrôle

Il existe différentes formes de propriété et de contrôle des entreprises. Toute entreprise doit se financer, déterminer la façon dont elle organise ses activités et distribuer des revenus à ceux qui ont contribué à son fonctionnement.

2.4.1 Formes de la propriété des entreprises

Aux États-Unis, comme en France, les trois formes principales d'entreprises sont l'entreprise individuelle (un seul propriétaire, qui correspond à la société en nom propre du droit français), le «partnership» (qui correspond à la société en nom collectif du droit français), et la société par actions. Lorsque les entreprises ont la forme de société individuelle ou en nom collectif, comme c'était le cas de la plupart d'entre elles avant le vingtième siècle, le propriétaire ou les associés sont personnellement et — le cas échéant — solidairement responsables des dettes de l'entreprise. Autrement dit, *tous* les biens du (ou des) propriétaire(s), et pas seulement ceux directement investis dans l'entreprise, servent de garantie en cas de faillite. Par exemple, un associé est indéfiniment responsable sur ses biens propres, en cas de faillite de l'entreprise, lorsque les autres associés, ne possédant rien (ou plus rien), sont dans l'impossibilité de rembourser les dettes de la société.

La société en nom collectif a également une autre limite : lorsqu'un associé décide de quitter l'entreprise, la dissolution de l'entreprise est automatique. Pour continuer, les autres associés doivent fonder une nouvelle association.

En général, les entreprises individuelles ou en nom collectif sont de petite taille, et il s'en constitue (comme il en disparaît) un grand nombre chaque année. Bien qu'environ 80% des entreprises américaines soient en nom propre ou collectif, elles ne représentent qu'environ 10% des ventes (*Statistical Abstract of the United States*, 1992, p. 519).

Les **sociétés par actions** sont des entreprises dont le capital est composé d'actions détenues par des personnes dont la responsabilité dans les dettes éventuelles de la société est limitée au montant des actions qu'ils possèdent. L'actionnaire a donc une **responsabilité limitée** : si l'entreprise fait faillite (si elle est dans l'impossibilité de faire face à ses dettes), il n'est pas tenu de rembourser les dettes avec ses biens propres. La perte d'un actionnaire est limitée à l'argent qu'il dépensé pour acquérir l'action. Comme leur responsabilité est limitée, les individus sont davantage incités à acheter des actions.

Aujourd'hui, aux États-Unis comme dans la plupart des pays, la plus grosse part des transactions commerciales est effectuée par des sociétés par actions. Les grandes entreprises dont les actions sont côtées et échangées sur les marchés boursiers représente l'essentiel de l'activité économique et possèdent un large pourcentage de la totalité de l'ensemble des actifs. D'après le *1987 Census of Manufactures*, 287 388 des 368 897 entreprises manufacturières (soit 78%) sont des sociétés par actions. Dans l'industrie manufacturière, les sociétés par actions produisent 98% de la valeur ajoutée, réalisent 98% des investissements en biens d'équipement, emploient 97% de la main-d'œuvre totale et 96% des ouvriers de la production. Les entreprises individuelles représentent environ 10% des entreprises du secteur manufacturier mais produisent moins de 1% de la valeur ajoutée. Enfin, les entreprises en nom collectif représentent 3,6% des entreprises manufacturières mais ne produisent qu'un peu plus de 1% de la valeur ajoutée.

EXEMPLE 2.6 L'essor de la responsabilité limitée

Le développement de la responsabilité limitée est contemporain de l'augmentation de la taille des entreprises. L'efficacité pousse les entreprises à croître et la responsabilité limitée est la meilleure structure possible pour les grandes entreprises. Il était donc de l'intérêt d'un groupe d'entreprise d'obtenir le vote d'une loi n'accordant qu'à elles seules le droit d'adopter cette forme juridique. Ainsi, en Écosse, il n'y avait que trois banques d'Edinbourg qui en bénéficiaient jusqu'en 1879. Les propriétaires des autres banques devaient assumer une responsabilité illimitée en cas de faillite.

Les banques ayant le statut de responsabilité limitée grandirent plus vite que les autres et réussirent mieux. En fait, alors que 50 banques à responsabilité illimitée firent faillite entre 1845 et 1879, aucune des trois ayant la responsabilité limitée ne connut la banqueroute. En outre, des chiffres de 1825 révèlent que les trois banques à responsabilité limitée possédaient un stock d'actif en moyenne 10 fois plus élevé que les autres banques. Après 1879, les lois furent modifiées et toutes les banques purent jouir du statut de la responsabilité limitée.

SOURCE : Carr et Mathewson (1988). (Voir aussi Rasmusen (1988) pour une analyse des formes de propriété et des banques.)

L'importance des sociétés par actions n'a cessé de s'accroître au cours du temps. En 1947, elle ne représentaient que 49% des entreprises manufacturières (contre 78% en 1987) et produisaient 92% de la valeur ajoutée (contre 98% en 1987).

Cet essor coïncide avec l'augmentation de la taille des entreprises (voir l'exemple 2.6). L'argent nécessaire au financement du développement de grandes entreprises ne pouvait être obtenu que par l'organisation en société par actions. En effet, les investisseurs n'accepteraient jamais le risque d'être responsables sur leurs biens propres de décisions prises par des dirigeants qu'ils ne connaissent pas, et dont ils ne savent pas s'ils ont les compétences requises pour diriger une entreprise.

Le développement des sociétés par actions et celui des marchés boursiers sont des phénomènes relativement récents, qui datent de moins de 100 ans. En 1900, seules 113 entreprises étaient cotées à la bourse de New York. En 1920, il y en avait 391. Aujourd'hui, il y en a plus de 1900.[12]

Une société par actions peut se financer en émettant de nouvelles actions. Les actionnaires élisent un conseil d'administration qui dirige l'entreprise. En pratique, le conseil d'administration n'est que rarement impliqué dans le fonctionnement quotidien de l'entreprise, car il délègue ses responsabilités à des dirigeants. Les actions émises par les grandes entreprises peuvent s'échanger très facilement (c'est le cas par exemple des actions d'IBM, qui s'échangent à la bourse de New York)

[12] *Wall Street Journal*, 24 décembre 1900, 1920, ainsi qu'une communication téléphonique avec la bourse de New York pour le chiffre le plus récent. Le nombre des entreprises cotées est égal à celui des entreprises dont le nom est publié dans la rubrique quotidienne du *Wall Street Journal* intitulée « Closing Bids and Asked Prices » (c'est-à-dire prix maximum et minimum offerts [pour chaque action]). Par conséquent, certaines entreprises dont les titres ne se sont pas échangés n'apparaissent pas dans ce tableau.

Tableau 2.3: *Rendement des obligations et rendement des actions*

Résultat du projet	Probabilité	gain des obligations	Gain des actions
Réussite	0,5	600 000 F	700 000 F
Échec	0,5	500 000 F	0 F
Gain anticipé		550 000 F	700 000 F
Investissement initial		500 000 F	500 000 F
Gain/Investissement		50 000 F	200 000 F
Rendement anticipé		10%	40%

et ne sont pas seulement disponibles auprès de quelques intermédiaires spécialisés. Une fois qu'une actions émise à été placée, ses reventes successives éventuelles ne rapportent plus rien à l'entreprise.

Les actionnaires (ou *propriétaires de parts* de l'entreprise) reçoivent normalement des dividendes, qui proviennent des profits réalisés par l'entreprise. Le dividende est un aspect important de la rentabilité d'une action, mais ce n'est pas le seul. En effet, même si l'entreprise ne distribue pas de dividendes, l'action est rentable dès l'instant où elle peut être revendue plus cher que son prix d'acquisition.

Les entreprises peuvent aussi se financer par emprunt. Dans ce cas, elles émettent des *obligations*, c'est-à-dire des promesses de verser à leurs prêteurs (ou *créditeurs*) une somme déterminée, ou intérêt, en plus du remboursement de l'argent prêté. Ainsi, l'entreprise General Electric peut-elle par exemple émettre un *emprunt* de 1 million de dollars à 10% sur 3 ans, ce qui signifie que les prêteurs recevront 10% de la somme prêtée chaque année pendant trois et seront remboursés du principal à cette date. D'autre part, si l'entreprise est en difficulté, ils seront remboursés avant les actionnaires.

Le tableau 2.3 illustre la différence de traitement entre le prêteur simple — ou possesseur d'obligation — et l'actionnaire. Supposons qu'une entreprise se procure 1 million de francs en émettant 500 000 francs d'obligations à 20% et en émettant 500 000 actions valant 1 F chacune. Supposons qu'elle investisse ensuite cet argent dans un projet dont les chances de réussite sont de 50%. En cas de succès, l'entreprise gagne 2 millions de francs, dont 100 000 F servent à payer les intérêts de l'emprunt et 500 000 F à rembourser le principal. Le reste, soit 1 400 000 F va aux actionnaires sous forme de dividendes. En cas d'échec, l'entreprise fait faillite et vend ses équipements. Elle en tire 500 000 F, c'est-à-dire juste de quoi rembourser le principal de l'emprunt.

L'espérance de gain des prêteurs est égale à 550 000 F (c'est-à-dire $1/2 \times 600\,000$ F $+ 1/2 \times 500\,000$ F), alors que celle des actionnaires est de 700 000 F (c'est-à-dire $1/2 \times 1\,400\,000$ F $+ 1/2 \times 0$). Le rendement espéré d'un investissement est égal au gain espéré de cet investissement, divisé par le montant de l'investissement initial. Le tableau 2.3 montre que le rendement espéré est de 10% pour les prêteurs (détenteurs d'obligations) et de 40% pour les actionnaires.

Cet exemple montre que le rendement espéré est plus élevé pour les actionnaires que pour les prêteurs mais que le rendement espéré est moins variable pour les prêteurs que pour les actionnaires. Étant donné que les prêteurs sont remboursés avant les actionnaires, il est en général moins risqué de détenir des obligations. Mais dans la mesure où les obligations sont moins risquées, leur rendement espéré est en général moins élevé que celui des actions (si ce n'était pas le cas, personne ne voudrait détenir d'actions). Plus le ratio d'endettement (c'est-à-dire le rapport des emprunts à la valeur du capital) d'une entreprise s'élève, plus le rendement des actionnaires devient incertain. C'est la raison pour laquelle, toutes choses égales par ailleurs, la valeur des actions des entreprises qui ont un fort taux d'endettement fluctue davantage que celles des entreprises qui ont un faible taux d'endettement.

Aux États-Unis, les impôts payés par les entreprises dépendent de leur statut juridique. Par exemple, l'impôt sur les sociétés par actions est prélevé avant le paiement des dividendes, lesquels sont ensuite soumis à l'impôt sur le revenu. En revanche, les bénéfices réalisés par des entreprises n'ayant pas le statut de société anonyme (en nom propre ou collectif) ne sont pas soumis à l'impôt sur le profit des sociétés et ne sont donc taxés qu'au titre de l'impôt sur le revenu.

2.4.2 Séparation de la propriété et du contrôle

Société par actions. nom féminin, *Moyen ingénieux d'obtenir un profit individuel sans responsabilité individuelle.* – Ambrose Pierce

Au cours des années 1930, le développement considérable des sociétés par actions a donné lieu à un grand débat sur l'efficience de cette nouvelle forme d'organisation. Ce débat fut en partie alimenté par la publication en 1932 de l'ouvrage de Berle et Means, *The Modern Corporation and Private Property*, qui expliquait que l'organisation en société par actions avait pour effet de séparer la propriété d'une entreprise de son contrôle.

La séparation de la propriété et du contrôle implique que l'entreprise n'est pas — en général — dirigée par ses propriétaires, qui sont les actionnaires, mais par des responsables qui sont simplement des employés de la société. En revanche, les entreprises individuelles et en nom collectif sont dirigées par leurs propriétaires. Lorsque le contrôle est indépendant de la propriété, les cadres peuvent être tentés de poursuivre d'autres objectifs que la maximisation du profit, comme par exemple de maximiser leurs propres revenus, travailler moins et avoir de luxueux bureaux.

Si les sociétés par actions n'avaient qu'un seul actionnaire, celui-ci pourrait davantage contrôler l'activité des dirigeants. Mais la plupart ont de nombreux actionnaires différents, qui élisent un conseil d'administration. Ce conseil a pour but de minimiser les conflits qui naissent de la séparation de la propriété et du contrôle. Sa première fonction est d'agir en tant que représentant des actionnaires et de veiller à la gestion efficiente de l'entreprise. Mais par qui les membres du

Tableau 2.4: *Rendement des obligations et rendement des actions*

Résultat du projet	Probabilité	gain des obligations	Gain des actions
Réussite	0,5	600 000 F	1 300 000 F
Échec	0,5	600 000 F	0 F
Gain anticipé		600 000 F	650 000 F
Investissement initial		500 000 F	500 000 F
Gain/Investissement		100 000 F	150 000 F
Rendement anticipé		20%	30%

conseil d'administration sont-ils contrôlés ? Qui les sanctionne si leur travail ne donne pas satisfaction ? Leur non réelection est-elle une forme de sanction qui nuit à leur réputation et les empêche de trouver ensuite d'autres situations aussi fructueuses. Ainsi en 1992, R.H. Macy & Co., une grande entreprise de vente au détail, fut confrontée à un endettement massif, menaçant l'entreprise de faillite. Poussé par la crainte que le conseil d'administration ne soit composé en trop grande partie d'employés de l'entreprise, les actionnaires y nommèrent une majorité de membres extérieurs.[(13)]

Mais ce contrôle exercé sur les membres du conseil d'administration et donc sur les dirigeants ne permet pas forcément de garantir la maximisation des profits. Selon Berle et Means, l'analyse économique traditionnelle fondée sur la maximisation du profit ne permet pas de prévoir le comportement de ce type d'entreprises. Ils soutiennent que la sévérité de la Grande Dépression fut en partie attribuable à la montée de cette forme d'activité nouvelle et inefficace.[(14)]

Outre le conflit entre actionnaires et dirigeants souligné par Berle et Means, il peut aussi y avoir un conflit entre les actionnaires et les autres créanciers. Supposons par exemple que l'entreprise du tableau 2.3 ait déja obtenu 500 000 F de ses actionnaires et 500 000 F sous forme d'obligations. Elle doit maintenant décider entre deux projets : l'un est celui décrit par le tableau 2.3 ; l'autre rapporte 600 000 F s'il échoue et 1 900 000 F s'il réussit. Le gain anticipé total de ce dernier projet est de 1 250 000 F, comme le précédent. Cependant, la répartition de ce gain entre les actionnaires et les porteurs d'obligations est différente : les porteurs d'obligations reçoivent maintenant 600 000 F en tout, quoiqu'il arrive, alors que les actionnaires ont un gain anticipé égal à 650 000 F. Le calcul des gains liés à ce nouveau projet est résumé dans le tableau 2.4.

[13] Evanson, Laura. « Macy's Board Facing Major Shakeup, » *San Francisco Chronicle*, 25 avril 1992 : B1-B2.

[14] Leur livre eut un grand retentissement à sa publication et exerce encore aujourd'hui une grande influence. Voir aussi, Leibenstein (1966) et « The Symposium on Berle and Means » dans le *Journal of Law and Economics,* 26 juin 1983.

Les porteurs d'obligations préféreront ce nouveau projet, tandis que les actionnaires préféreront l'ancien. Étant donné que les porteurs d'obligations s'attendent à ce que ce type de conflits d'intérêt les opposent aux actionnaires, ils sont très attentifs à ce que les obligations émises soient **conditionnées** tant en ce qui concerne la destination des fonds que pour le recours ultérieur à l'endettement.

Berle et Means ont concentré leur attention sur les problèmes de contrôle et les conflits qui naissent au cours du processus de croissance des entreprises. Mais tant que les coûts de contôle ne sont pas supérieurs aux bénéfices de l'entreprise, leur existence ne suffit pas à démontrer l'inefficience de l'entreprise. Autrement dit, si les grandes entreprises sont inefficientes, ce n'est pas uniquement à cause des coûts de contrôle. De plus, ces coûts peuvent être compensés par les bénéfices d'une plus grande dimension ainsi que par une plus grande facilité à se procurer des fonds.

2.5 Fusions et acquisitions

Créer une holding, c'est prendre la production de biens en otage pour échapper au fisc. – Will Rogers

Là où des opportunités de profit existent, de nouvelles entreprises sont créées afin d'en tirer parti. Une entreprise mal gérée ou qui ne fait pas de profit laisse bientôt sa place à une nouvelle entreprise qui la concurrence, ou bien qui tente d'en prendre le contrôle afin de la gérer de façon plus rentable.

Dans le chapitre 4 consacré à la concurrence, nous étudierons comment l'entrée de nouvelles entreprises sur un marché affecte l'efficience et la profitabilité de toutes les entreprises. Pour l'instant, nous allons examiner comment les changements de propriété, comme dans le cas de fusion, exercent une influence sur l'efficience et la profitablilité des entreprises.

Nous allons étudier maintenant les formes d'acquisition des entreprises, ainsi que l'historique des fusions aux États-Unis. Ensuite, nous analyserons les facteurs qui augmentent ou diminuent l'efficience des fusions, ainsi que les indications empiriques concernant la rentabilité et l'utilité des fusions.

2.5.1 *Comment prendre le contrôle d'une entreprise ?*

Supposez que vous découvriez une entreprise mal gérée dont les actions ne côtent que 100 F l'unité, mais dont le prix pourrait monter à 200 F si l'entreprise était correctement gérée. Il existe trois façons principales de prendre le contrôle de cette entreprise :

- Vous pouvez contacter les dirigeants, négocier et obtenir d'eux qu'ils persuadent les actionnaires d'accepter votre proposition.

- Vous pouvez faire une **offre publique d'achat (OPA)** directement adressée aux actionnaires, au terme de laquelle vous vous engagez à leur acheter leurs actions à un prix déterminé.

- Vous pouvez essayer de convaincre les actionnaires que vous êtes capables de mieux gérer l'entreprise que les dirigeants actuels, afin qu'ils vous nomment à la tête de l'entreprise.

Ces trois moyens sont également utilisables lorsqu'une entreprise souhaite fusionner avec une autre.

2.5.2 Historique des fusions aux États-Unis

Notre ignorance de l'histoire nous rend injustes à l'égard de notre temps. Les gens ont toujours été ainsi. – Gustave Flaubert

Certains articles récents ont prétendu qu'aux États-Unis, la présidence de Ronald Reagan fut caractérisée par l'activité de fusions d'entreprises la plus grande jamais atteinte. Mais des périodes antérieures ont connu une activité de fusions plus intense encore. Aussi surprenant que cela paraisse, il est difficile de se procurer des données cohérentes sur l'évolution historique des fusions.[15] Au début, ces données n'étaient recencées que pour l'industrie manufacturière et minière. Or, le poids de ces industries dans l'économie américaine a diminué au cours du temps. De plus, ces données ne portent que sur les fusions « importantes », ignorant celles concernant les petites entreprises. Par conséquent, les indications disponibles (figures 2.2 à 2.4) sous-estiment l'activité passée de fusions d'entreprises, lorsque celles-ci concernaient souvent des petites entreprises.

Les périodes de fusions intenses coïncident avec celles d'expansion du marché boursier. La figure 2.2 illustre l'évolution du nombre des fusions depuis 1900, à partir de données provenant de sources diverses. La figure révèle l'existence de quatre périodes de grande activité : la première au début du vingtième siècle, la seconde vers la fin des années 1920, la troisième vers la fin des années 1960 et la quatrième au cours des années 1980. George Stigler (1950) a qualifié la première vague de fusions de mouvement de *fusions monopolistiques*. Durant cette période, l'économie américaine a connu de grands changements sous l'impulsion du développement des chemins de fer et des communications. Le rôle de fournisseur de capital du marché boursier devint plus important et cette période a connu la création d'énormes entreprises qui, aujourd'hui encore, sont florissantes, comme General Electric et U.S. Steel. La fin de cette première vague de fusions coïncide avec un retournement de l'activité, ainsi qu'avec un arrêt de la Cour Suprême des États-Unis

[15] Cette partie est basée sur Golbe et White (1988).

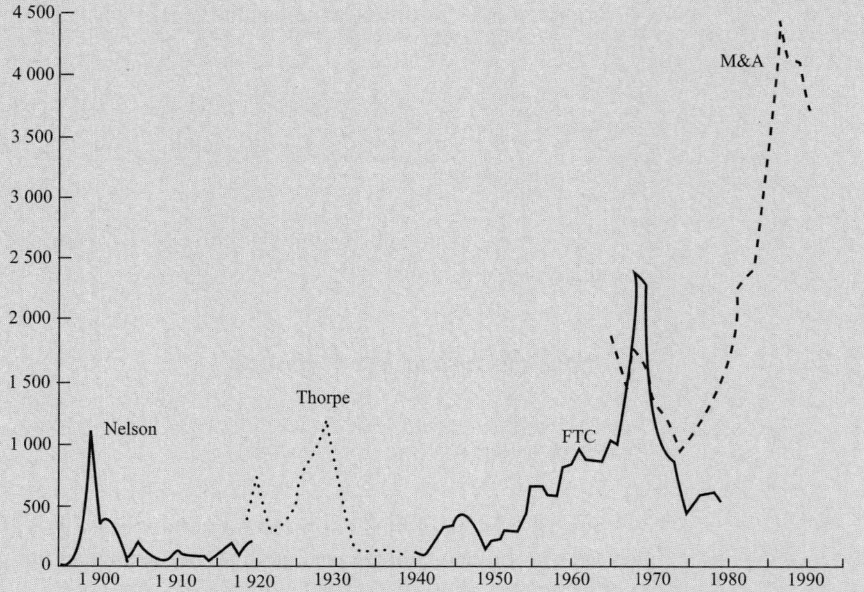

NOTES: Nelson: données calculées par Nelson (1959) pour les secteurs manufacturier et minier. Thorpe: données calculées par W. Thorpe, reproduite dans Nelson (1959, P. 166) pour les secteurs manufacturier et minier. FTC: continuation par la *Federal Trade Commission* de la série de Thorpe. M&A: données extraites de *Mergers and Acquisitions*, données nationales (incluent tous les secteurs de l'économie).

SOURCE: adapté de Golbe et White (1988), ainsi que de la figure 9.6 dans Alan J. Auerbach, ed. Corporate Takeovers. Copyright 1988 by the *National Bureau of Economic Research.* Tous droits réservés.

Figure 2.2: *Nombre annuel de fusions-acquisitions*

concernant Northern Securities, condamnant certaines fusions (horizontales) pour violation de la loi antitrust (Sherman Act) de 1890.[16]

La seconde vague qui se produisit au cours des années 1920 est qualifiée par Stigler de mouvement de *fusions oligopolistiques*. La troisième vague des années 1960 est appelée mouvement de *fusions conglomérales* car beaucoup de ces fusions ont donné naissance à des conglomérats ou holdings, c'est-à-dire des groupes contrôlant de nombreuses entreprises situées dans des secteurs d'activité différents. La quatrième vague, la plus récente, n'a pas encore reçu de nom particulier.

Les années 1980 ont connu une activité de fusions très importante, mais qui doit être relativisée. En effet, l'économie américaine d'aujourd'hui est bien plus importante qu'au début du vingtième siècle. Or, si l'on ramène le nombre des

[16] *Northern Securities Co. vs U.S.*, 193 U.S. 197 (1904).

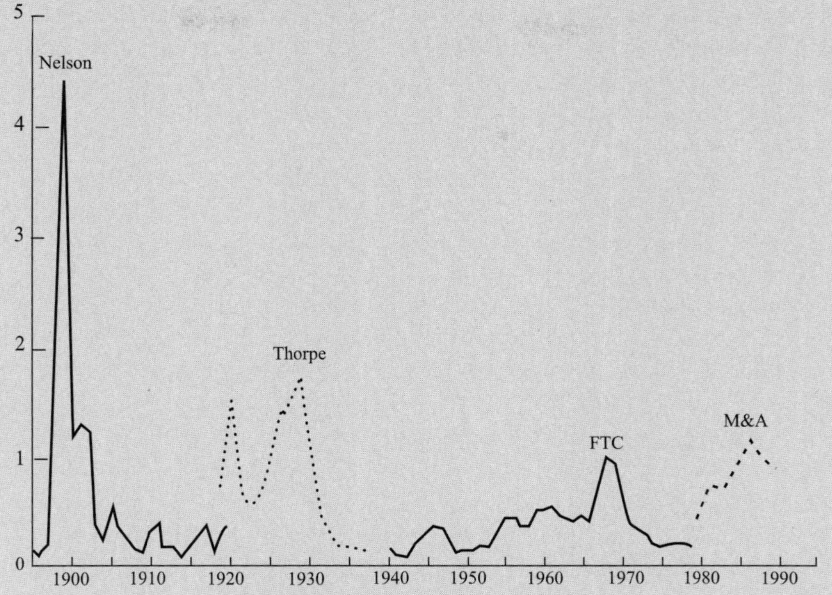

NOTES: Nombre annuel de fusions-acquisitions par milliards de dollars du PIB réel (en dollars de 1982): séries provenant de Nelson, des séries «générales» de la FTC, ainsi que de *Mergers and Acquisitions*, séries nationales.

SOURCE: adapté de Golbe et White (1988), ainsi que de la figure 9.7 dans Alan J. Auerbach, ed. *Corporate Takeovers*. Copyright 1988 by the *National Bureau of Economic Research*. Tous droits réservés.

Figure 2.3: *Nombre annuel de fusions-acquisitions par milliards de dollars de PIB réel*

fusions à la taille de l'économie, il apparaît que l'activité de fusions du début de siècle était plus intense que celle des années 1980.

La figure 2.3 montre l'évolution du ratio du nombre de fusions par milliards de dollars de PIB (mesurés en termes « réels », c'est-à-dire ajustés pour tenir compte de l'inflation). La figure 2.4 illustre l'évolution des actifs acquis par les entreprises ayant fusionné, par milliards de dollars de PIB. Ainsi, l'activité de fusions des années 1980, quoiqu'importante, n'est pas un phénomène sans précédent.

2.5.3 Motifs des fusions et acquisitions

Il y a de nombreuses explications aux fusions, à commencer par l'augmentation du profit qu'elles permettent. Cependant, toutes les fusions n'entraînent pas une augmentation des profits. De plus, certaines fusions peuvent augmenter les profits, mais réduire l'efficience. Nous allons donc effectuer une distinction entre les fusions qui augmentent l'efficience et les autres.

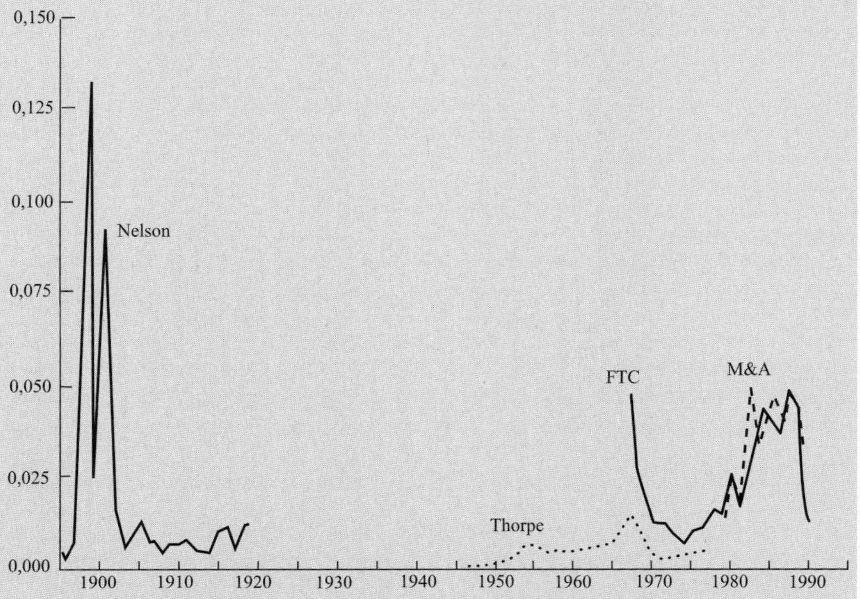

NOTES: Valeur annuelle des actifs acquis rapportée au PIB. Série de Nelson, série « grandes entreprises» de la *Federal Trade Commission, Mergerstat Review*, 1991 (anciennement Grimm) et série de *Mergers and Acquisitions*, données nationales (incluent tous les secteurs de l'économie).
SOURCE: adapté de Golbe et White (1988), ainsi que de la figure 9.8 dans Alan J. Auerbach, ed. *Corporate Takeovers*. Copyright 1988 by the *National Bureau of Economic Research.* Tous droits réservés.

Figure 2.4: *Ratio des actifs acquis au PIB*

A. Fusions qui améliorent l'efficience

Les fusions et acquisitions qui augmentent l'efficience sont socialement bénéfiques. Plusieurs raisons laissent penser que la prise de contrôle d'une entreprise par une autre peut améliorer son efficience.(17)

a. Accroissement de la taille optimale. La fusion d'entreprises peut permettre de réduire les doublons et de bénéficier d'autres effets liés à l'augmentation de la taille (voir le chapitre 3). Par exemple, on peut économiser sur les frais de gestion en n'utilisant qu'une seule équipe de cadres pour diriger les deux entreprises.

---

[17] Alors que les fusions sont fréquentes aux États-Unis et au Royaume-Uni, elles sont pratiquement inexistantes au Japon. En ce qui concerne l'Allemagne, les fusions étaient rares avant l'unification. La privatisation des entreprises étatisées de l'Allemagne de l'Est s'est faite par acquisitions : « Bidding for Europe's Takeover Business. » *The Economist,* 12 septembre 1992, p. 81.

EXEMPLE 2.7 Remise à flot de Famous Amos

En 1992, quatre ans après que le groupe Shanby ait acheté Famous Amos Chocolate Chip Cookie Corp. pour 3 millions de dollars, il le revendit 60,6 millions de dollars. Le groupe Shanby est un fond d'investissement crée pour acheter des entreprises déficitaires du secteur des biens de consommation, les remettre à flot et les revendre avec profit.

Wally Amos, le créateur de l'entreprise de gâteaux, la vendit en 1984. Par la suite, l'entreprise changea de main à plusieurs reprises avant d'être acquis par le groupe Shanby. L'empire du gâteau était à ce moment-là en piteux état. Ses ventes annuelles atteignaient 6 millions de dollars, mais il perdait de l'argent à cause d'investissement non rentables effectués dans les crèmes glacées et dans quelques autres secteurs. Le groupe Shanby recentra l'entreprise et améliora son circuit de distribution. Lorsque l'entreprise fut revendue, le chiffre d'affaire était passé à 75 millions de dollars. Famous Amos fut racheté par le président de Baking Co., l'une des 6 entreprises fabricants sous contrat des gâteaux de la marque Famous Amos.

SOURCE : Kenneth Howe, « S.F. Group Sells Famous Amos After Turning it Around, » *San Francisco Chronicle*, 18 septembre 1992 : B2.

À mesure que le coût des facteurs de production change, la taille optimale de l'entreprise (c'est-à-dire le niveau de production qui correspond au minimum du coût moyen de production) peut augmenter. Au début des années 1800, les coûts de transports ont baissé grâce au développement des chemins de fer, de même que le coût des communications, du fait du développement du télégraphe et du téléphone. De plus, le développement des marchés financiers (obligations et actions, par exemple) a réduit le coût d'obtention des grosses quantités de fonds. Ces évolutions ont probablement conduit à l'augmentation de la taille optimale des entreprises et fait de la grande entreprise la forme d'organisation la plus fréquente de l'économie américaine.

La réduction des coûts de transaction peut expliquer pourquoi deux entreprises aux activités différentes fusionnent. Bittlingmayer (1985) a soutenu que le Sherman Act de 1890 avait crée une incertitude quant à la légalité de certains contrats et incité des entreprises jusque-là liées par contrat à fusionner.

b. Synergies. Les entreprises ayant des activités différentes mais complémentaires peuvent également fusionner pour bénéficier d'**économie de multi-production** : il est moins coûteux pour une entreprise de développer deux activités que pour deux entreprises de développer chacune une activité (voir le chapitre 3). Si une entreprise est habile à produire des voitures rapides tandis qu'une autre excelle à concevoir des voitures bien carrossées, la fusion des deux entreprises peut être bénéfique.

c. Amélioration de la gestion. Le fait d'acquérir une entreprise mal gérée et d'y installer une équipe de cadres compétents est bénéfique (voir l'exemple 2.7).

Supposons qu'une entreprise dispose d'une trésorierie abondante, mais que ses dirigeants investissent l'argent disponible dans des projets peu rentables ou s'en servent pour augmenter leurs salaires, de sorte que les actionnaires ne reçoivent que peu ou pas du tout de dividendes. Les actionnaires peuvent sommer le conseil d'administration d'effectuer un contrôle, mais cela peut s'avérer difficile, notamment si certains des dirigeants font également partie du conseil d'administration.[18]

Une autre façon de discipliner les dirigeants est d'attirer l'attention d'investisseurs perspicaces sur les entreprises mal gérées afin qu'il puissent les acquérir à bas prix, améliorer leur gestion et soit les revendre, soit payer des dividendes plus élevés aux actionnaires.

Imaginons que les actions d'une entreprise valent 100 F l'unité, ce prix correspondant aux faibles dividendes actuellement payés aux actionnaires. Vous découvrez que l'entreprise est mal gérée, vous l'achetez et vous licenciez le personnel dirigeant. Puis, grâce à une meilleure gestion, vous parvenez à faire doubler le prix de l'action. La simple menace que vous puissiez acquérir suffisamment d'actions pour prendre le contrôle de l'entreprise et les renvoyer pour que la gestion demeure efficace.

Pour obtenir le contrôle de l'entreprise, vous devez lancer une offre publique d'achat portant sur les actions actuellement sur le marché. Les actionnaires sont gagnants (a) s'ils ont conservé leurs actions et qu'après avoir pris le contrôle de l'entreprise, vous améliorez sa gestion et leur distribuez plus de dividendes ; (b) s'ils vous vendent leurs actions à un prix supérieur à 100 F l'unité ; ou (c) s'ils conservent leurs actions, que votre prise de contrôle échoue mais que votre tentative provoque un ressaisissement des dirigeants et une amélioration de la gestion de l'entreprise. Bien sûr, il se peut aussi les dirigeants continuent à ignorer les actionnaires et consacrent leur énergie à faire échouer la prise de contrôle pour conserver leurs postes enviables. Mais s'ils échouent, c'est une **OPA hostile** qui se produit. Les combats menés contre les OPA hostiles sont sans merci et les dirigeants en place mettent souvent en œuvre des tactiques subtiles pour se défendre. Nous reviendrons sur cette question dans la section suivante.

Il est également possible que les dirigeants de l'entreprise estiment qu'ils peuvent notablement améliorer les profits si le conseil d'administration approuve un plan de licenciement des employés, de liquidation d'une partie des activités et de mise en œuvre de nouveaux projets. Si un tel plan ne satisfait pas les actionnaires ou le conseil d'administration, il peut arriver que les dirigeants prennent eux-mêmes le contrôle de l'entreprise auquel cas on parle de **prise de contrôle par les dirigeants**, ceux-ci n'ayant plus alors à répondre de leur gestion devant aucun actionnaire extérieur. Mais comment un groupe de cadres peut-il s'offrir d'acheter une entreprise ? Le **LMBO** (de l'anglais « Leveraged Management ByOut » qui signifie « rachat par les dirigeants au moyen de l'effet de levier ») est l'un de ces moyens. L'*effet de levier* consiste à émettre des obligations gagées sur les actifs

---

[18] L'action des groupements d'investisseurs peut avoir un impact positif sur la performance des entreprises. Une étude de Lilly Gordon effectuée pour le *California Public Employees' Retirement System* a montré que les investisseurs qui jouent un rôle actif dans les conseils d'administration pouvaient obtenir de meilleurs rendements que ceux du marché. « A Fund in Wolf's Clothing ? » *The Economist*, 30 janvier 1993, p. 68.

possédés par l'entreprise pour se procurer les sommes énormes nécessaires au rachat des actions. Ces **obligations à haut risque**, comme on les appelle parfois, sont aussi plus rentables que celles émises habituellement par les entreprises. Il peut néanmoins être préférable de posséder une obligation à haut risque qu'une action, car le possesseur d'une obligation — qu'elle soit pourrie ou non — est payé avant l'actionnaire.

B. Fusions qui n'améliorent pas l'efficience

Certaines fusions réduisent simultanément l'efficacité de l'entreprise et ses profits.(19) Nous nous limiterons cependant à l'étude des cas ou la fusion est profitable mais où elle se traduit par des pertes d'efficacité liées à la production ou autres.

a. La fiscalité. Du fait de la complexité des systèmes fiscaux, les entreprises peuvent être financièrement incitées à fusionner même si cela n'entraîne aucun gain d'efficacité. Supposons que l'entreprise 1 ait réalisé un profit de 100 F et l'entreprise 2 une perte de 100 F. Si l'impôt sur le profit des sociétés est de 50%, l'entreprise 1 doit payer 50 F, alors que l'entreprise 2 n'a rien à payer. Si les deux entreprises fusionnent, le profit de la nouvelle entreprise est nul. En effet, les profits de l'entreprise 1 sont compensés par les pertes de l'entreprise 2. Le gouvernement perd 50 F d'impôts, tandis que le profit de la nouvelle entreprise est supérieur de 50 F à la somme des profits réalisés séparément par les deux entreprises. Ainsi, bien que cette fusion n'engendre aucune efficience (le même montant de ressources est toujours utilisé pour produire la même quantité totale), elle est profitable. Cependant, la fiscalité n'explique qu'une faible part de l'activité des fusions (Auerbach et Reishus, 1988).

b. L'exploitation de gains à court terme. Certaines entreprises ne sont rachetées que parce qu'elles permettent de réaliser des gains à court terme, même si elles sont déficitaires à long terme. Supposons qu'une entreprise ait accepté implicitement de ne pas se séparer de ses employés les plus loyaux en période de difficultés. Au terme de cet accord, les employés reçoivent des salaires moins élevés en période de difficultés et travaillent moins longtemps. Si la direction reniait cet accord et renvoyait une partie des employés en période de difficultés, plus aucun n'aurait ensuite confiance en elle. Mais le financier qui rachète une entreprise inefficiente et se débarrasse du surplus de personnel en période difficile peut cependant réaliser un gain à court terme. Certes, les employés restant ne tarderont pas à réclamer des salaires plus élevés pour compenser l'augmentation de leur charge de travail, mais entre temps, il aura pu réaliser quelques profits. Son action aura un effet négatif à long terme, à mesure que la masse salariale s'ajustera en hausse. Il est néanmoins

---

[19] Les dirigeants peuvent par exemple souhaiter être à la tête de grandes entreprises par goût du pouvoir et donc poursuivre une politique d'acquisition, non pas parce qu'elle est rentable, mais tout bonnement pour satisfaire leur ego, ce qui peut avoir un effet négatif sur leurs appréciations (Roll, 1986).

possible que ses gains à court terme l'emportent sur les pertes à long terme. (Shleifer et Summers, 1988).[(20)]

c. Pouvoir de marché, pouvoir politique. Si des entreprises d'un même marché fusionnent en nombre suffisant, la nouvelle entreprise ainsi créée devrait affronter une concurrence moindre. Son *pouvoir de marché* (capacité à fixer avec profit un prix supérieur au prix concurrentiel) serait renforcé. Comme nous le verrons au chapitre 4, si le prix est supérieur à son niveau concurrentiel, la production est insuffisante. Par conséquent, l'élimination de la concurrence par l'intermédiaire des fusions peut se traduire par des prix plus élevés pour les consommateurs. Les lois américaines (et européennes) antitrust interdisent les fusions qui réduisent la concurrence et élèvent les prix.

Certains observateurs ont souligné que la baisse de vigilance antitrust était l'une des raisons de la vague de fusions enregistrée au cours des années 1980. Même lorsque les entreprises qui fusionnent appartiennent à des industries différentes, de sorte qu'en principe la fusion n'a pas d'impact sur le degré de concurrence, leur amalgame peut contribuer à la création d'une force politique qui influence la législation à son profit et aux dépens du reste de la société.

2.5.4 Tactiques anti-fusions

Même lorsqu'il existe une opportunité de gérer plus profitablement une entreprise, il n'est pas certain qu'elle puisse être saisie. En effet, la direction en place s'oppose fréquemment aux tentatives de fusion. Quant aux actionnaires, ils peuvent hésiter à vendre. Enfin, il se peut également que plusieurs repreneurs soient en concurrence.

A. Tactiques de défense

Par peur d'être renvoyés, les cadres d'une entreprise mal gérée s'opposeront à sa prise de contrôle. Il existe un éventail de *tactiques de défense* leur permettant de déjouer les OPA hostiles. Même s'ils sont assurés de rester à leur poste et s'ils acceptent l'idée d'une prise de contrôle, ils peuvent s'y opposer temporairement dans l'espoir de faire monter les enchères.

a. Rendre l'entreprise inintéressante. La direction en place peut tenter de décourager la prise de contrôle en rendant l'entreprise peu attractive. Elle peut ainsi disposer un ensemble d'obstacles légaux, désagréables et coûteux, une fois la prise de contrôle effectuée. En voici un échantillon :

- **Politique de la terre brûlée :** vente des meilleurs actifs de la société.
- **Parachutes dorés :** fortes indemnités de licienciement pour les cadres de la direction.

[20] Même si la politique de l'entreprise est inefficace, les pertes à long terme de l'entreprise dues à l'augmentation des salaires peuvent être compensées par les gains à court terme.

- **Pilule empoisonnée :** offre d'options sur actions à des prix très intéressants aux actionnaires actuels (mais non à celui qui cherche à prendre le contrôle) afin que, une fois la prise de contrôle effectuée, ils exercent leurs options et diluent ainsi le pouvoir de l'actionnaire nouvellement majoritaire.

Aux États-Unis, les entreprises peuvent également changer l'État où l'entreprise est enregistrée pour pouvoir éventuellement bénéficier de lois antitrust plus sévères.

De même, la direction en place peut rendre les actifs de l'entreprise illiquides (c'est-à-dire longs et difficiles à vendre) afin d'augmenter le coût d'obtention des fonds nécessaires à la prise de contrôle. Supposons que vous souhaitiez prendre le contrôle d'une entreprise sans avoir suffisamment d'argent pour le faire. Vous pourriez envisager d'emprunter de l'argent en émettant des obligations pourries gagées sur les actifs de l'entreprise ainsi que sur ses gains potentiels. Si l'entreprise que vous convoitez possède un important volant de trésorerie ou des *actifs liquides* (qui peuvent être vendus rapidement), les acquéreurs des obligations seront rassurés de voir que vous pouvez les rembourser facilement. Mais si la direction a investi toute la trésorerie dans des biens immobiliers, qui mettent longtemps à se vendre et dont il est difficile de prévoir la valeur, vous aurez plus de difficultés pour placer vos obligations, à moins d'élever leur rémunération. Donc, si les actifs de l'entreprise sont illiquides, cela réduit l'incitation à prendre son contrôle.

b. Trouver un nouvel acheteur. Face à une OPA hostile, les dirigeants peuvent tenter de trouver un allié, appelé **chevalier blanc** qui viendra à leur aide, obtiendra le contrôle de l'entreprise et leur permettra de conserver leur poste.

c. Chantage aux actions. Les dirigeants peuvent céder à (ou susciter) un **chantage aux actions** de la part de la personne qui tente de prendre le contrôle de l'entreprise. L'entreprise propose alors de racheter à un prix plus élevé les actions en possession du maître-chanteur. On comprend ainsi pourquoi il arrive que certains individus laissent entendre qu'ils cherchent à prendre le contrôle d'une entreprise, dans le but de bénéficier de ce type de chantage.

d. Règles de vote. Les dirigeants (qui possèdent fréquemment quelques actions) peuvent tenter d'obtenir des actionnaires un règlement intérieur stipulant que toute personne désireuse de prendre le contrôle de l'entreprise doit avoir une majorité écrasante (supérieure à 50%) des actions. Ce type de règle facilite la conservation du pouvoir par un petit groupe de dirigeants.

e. Harcèlement. La direction peut poursuivre l'acquéreur ou invoquer les lois antitrust, afin d'accroître la difficulté de contrôler l'entreprise.

f. Demander aux actionnaires d'être solidaires avec la direction. Les dirigeants peuvent tenter de convaincre les actionnaires que leurs intérêts à long terme seront mieux servis en s'opposant à toute prise de contrôle (même si l'offre d'achat des actions est faite à un prix supérieur au prix actuel). On leur demande alors de croire que la direction en place est mieux à même de gérer l'entreprise que ceux qui tentent d'en prendre le contrôle.

De telles affirmations sont cependant difficiles à faire admettre. Le prix actuel de l'action reflète en principe l'évaluation par le marché de la gestion de l'équipe en place. Pour être crédible face à une offre d'achat à un prix supérieur à celui du marché, la direction doit faire la preuve que le marché a mal évalué les perspectives de profit ouvertes par la gestion actuelle.

B. Autres problèmes liés aux prises de contrôle

Les spécialistes des fusions et acquisitions passent beaucoup de temps et dépensent énormément d'argent pour découvrir les entreprises dont ils pourraient améliorer la gestion. S'ils s'emparent du contrôle d'une entreprise et qu'ils améliorent ses performances, ils peuvent en tirer d'importants bénéfices. Mais, précisément du fait de ces bénéfices potentiels, l'acquisition s'avère souvent difficile. Même si au départ ils sont seuls à connaître une opportunité, leurs manœuvres d'approche risquent d'attirer l'attention de concurrents.

Supposons que vous tentiez de prendre le contrôle d'une entreprise en proposant d'acheter 51% des parts. Lorsque les actionnaires comprennent que vous désirez le contrôle de l'entreprise, certains peuvent décider de conserver leurs actions, spéculant sur le fait que votre politique augmentera les profits. S'ils sont trop nombreux à penser ainsi, votre tentative risque d'échouer (Grossman et Hart, 1980). Pour contourner cette difficulté, vous pouvez faire une **offre à prix conditionné** : vous offrez un prix élevé par action (120 F par exemple) pour un premier lot d'actions (dont le nombre vous paraît suffisant), puis un prix plus bas (100 F par exemple) pour les autres actions. L'offre est assortie d'une condition : l'offre achat est annulée et les actions rendues à leur propriétaires si vous n'obtenez pas le total d'actions vous permettant d'accéder au contrôle de l'entreprise. Ce type d'offre crée un effet de panique car tous les vendeurs veulent faire partie du premier lot à 120 F.

Vous prenez cependant toujours le risque que d'autres réorganisateurs d'entreprises observent votre manœuvre et fassent une offre supérieure à la vôtre. Ce type de surenchère peut vous porter préjudice car c'est vous qui avez travaillé dur pour découvrir cette opportunité.

Plus les obstacles au contrôle s'amoncèlent sur votre chemin, moins vous serez incités à dépenser des sommes importantes pour découvrir des entreprises à valoriser. En revanche, si vous pouviez pénétrer instantanément dans l'entreprise en achetant toutes les actions, vous n'auriez pas à vous soucier du risque que d'autres investisseurs tirent profit de votre découverte.

Les guerres liées aux OPA étaient rares avant 1968. Aux États-Unis, leur augmentation est due en partie à une modification de la législation. En effet, il existe maintenant une loi (à l'exemple du William Act de 1968) qui oblige l'acquéreur éventuel à révéler son intention de contrôler les intérêts d'une entreprise. Cette loi impose aussi certains délais permettant aux dirigeants de mettre en place leur défense. Il s'ensuit qu'une bonne part des profits potentiels liés à la prise de contrôle doit en fait être partagée avec les actionnaires, ce qui réduit l'intérêt de ce type d'activité.

2.5.5 Données empiriques sur l'efficience et la profitabilité des fusions

La vague récente de fusions et d'acquisitions a soulevé de nombreux débats concernant son bénéfice pour l'économie. Il semble évident que les fusions et acquisitions qui améliorent l'efficience des entreprises sont bénéfiques pour l'économie. Mais certains soulignent que beaucoup de fusions n'entraînent qu'une redistribution de la propriété et des gains à court terme pour des spéculateurs qui ne s'intéressent pas à la santé à long terme de l'entreprise. D'autres sont attentifs au fait que les fusions augmentent le pouvoir de marché des entreprises, ce qui nuit aux consommateurs du fait de la hausse des prix qui s'ensuit. L'analyse des données empiriques sur les fusions et acquisitions rassemblées par Bradley, Desai et Kim (1988), Jarrel, Brickley et Netter (1988), Jarrel et Poulsen (1987), Jensen (1988), Jensen et Ruback (1983), Romano (1985), Scherer (1988) et Shleifer et Vishny (1988) fait apparaître les résultats résumés ci-après.

A. Rentabilité pour l'entreprise acquise

Les actionnaires des entreprises qui font l'objet d'une prise de contrôle recoivent une prime allant de 16% à 35% du prix de l'action qui prévalait avant l'acquisition. L'essentiel de l'augmentation du prix de l'action de l'entreprise concernée se produit *juste avant* l'annonce publique de la transaction. Cette prime s'est accrue sensiblement à la suite du William Act et, par conséquent, les gains des actionnaires d'entreprises ayant fait l'objet d'OPA se sont améliorés au cours du temps.

B. Effet des tactiques anti-fusions

Les tactiques des dirigeants visant à empêcher les prises de contrôle extérieures réduisent la probabilité d'une prise de contrôle mais augmentent le prix d'acquisition en cas de réussite. En cas d'échec, l'augmentation du prix de l'action causée par l'offre d'achat se résorbe complètement et le prix revient à son niveau antérieur.

Les indications concernant l'effet des tactiques de défense sur le prix des actions sont contradictoires. Ainsi, il semble que l'adoption de règles majoritaires renforcées réduise le prix de l'action, sans doute parce que cela diminue le risque de prise de contrôle. Le chantage aux actions a également un effet négatif sur le prix des actions. Une entreprise qui change d'État pour bénéficier d'une loi antitrust plus efficace semble bénéficier d'une légère augmentation (non significative sur le plan statistique) du prix de son action.

Les pilules empoisonnées ont un effet nettement négatif sur le prix de l'action. Elles réduisent l'intérêt d'une prise de contrôle, augmentent son coût d'acquisition et réduisent donc le risque d'acquisition.

C. Rentabilité pour les acquéreurs

Les actionnaires acquéreurs n'obtiennent pas un rendement particulièrement supérieur à la moyenne du fait de l'acquisition. Leur rendement est légèrement plus important en cas d'OPA hostile qu'en cas d'OPA amicale. Le rendement des actionnaires d'une entreprise acquéreuse a baissé, passant de 4% en 1960 à 3% en 1980. Les chevaliers blancs paient en moyenne leurs acquisitions à un prix trop élevé.

Les données sur la rentabilité des entreprises acquéreuses sont paradoxales. Ces entreprises paient-elle trop cher leurs acquisitions ? Plutôt que d'utiliser des données concernant le prix des actions, certains chercheurs ont pris directement les données comptables consolidées des entreprises pour voir si les acquisitions amélioraient l'efficience des entreprises. Les difficultés sont encore plus sévères en utilisant ces données qu'en recourant aux prix des actions. En effet, les données comptables sont souvent difficiles à interpréter. De plus, l'estimation des gains d'efficacité pour l'entreprise est sans doute plus faible que celle obtenue à partir des prix d'actions car ces derniers ne reflètent que l'augmentation de la valeurs des *parts* qui résulte de l'acquisition (non la valeur totale, qui inclut l'endettement). Se fondant sur l'examen des chiffres de profits par produits des années 1960 et 1970, Scherer (1988) et Ravenscraft et Scherer (1987) ne sont pas parvenus à détecter de hausse des profits à la suite d'acquisitions. En revanche, Lichtenberg et Siegel (1987) qui ont étudié des données plus récentes sur la productivité individuelle d'usines ont détecté de fortes améliorations d'efficience dans les usines ayant changé de propriétaire. Ils ont aussi établi que les usines ayant la probabilité la plus grande de faire l'objet d'acquisitions étaient celles aux performances médiocres.

D. Rentabilité sociale

Globalement, la valeur boursière après consolidation des sociétés ayant fusionné augmente d'environ 7,5% . En général, cette augmentation n'est pas due à l'accroissement du pouvoir de marché de l'entreprise consolidée.

Si une entreprise issue d'une fusion augmente son pouvoir de marché, le prix augmente pour le consommateur. Mais cet accroissement du pouvoir de marché bénéficie également aux entreprises restées en dehors de la fusion, qui devraient voir s'élever le prix de leurs actions. Cependant, si la fusion est motivée par le désir d'améliorer l'efficience productive, la nouvelle entreprise devrait devenir plus efficiente et les prix des actions de ses concurrents baisser par anticipation d'une concurrence accrue. Stillman (1983) et Eckbo (1983) concluent que la seconde explication est plus cohérente que la première avec les indications empiriques.

Les fusions n'ont augmenté le niveau global de concentration (défini comme la part de la production ou de la valeur ajoutée réalisée par les plus grandes entreprises d'une industrie) ni dans l'industrie manufacturière, ni dans l'économie toute entière. Comme nous le verrons au chapitre 9, la concentration a peu ou pas augmenté depuis 1970. Moins de 15% (en pourcentage des livraisons) des fusions opérées par les grandes entreprises manufacturières et minières entre 1977 et 1982 furent purement horizontales et ce chiffre semble inférieur à ce qu'il était avant (McGuckin, Nguyen et Andrew, 1991).

De plus, contrairement à certaines allégations, rien n'indique que les entreprises constituées par fusion soient « myopes » et réduisent leurs dépenses de recherche et développement (R&D). En effet, Hall (1988) a établi que les dépenses de R&D n'étaient pas influencées par les modifications du contrôle des entreprises.

En résumé, les indications tirées du marché boursier confirment l'idée que les fusions sont créatrices de valeur et améliorent l'efficience. Les actionnaires des entreprises menacées d'OPA sont les premiers bénéficiaires de ces améliorations. À mesure que la législation et les tactiques anti-OPA se sont renforcées, rendant les prises de contrôle plus difficiles, le rendement des actionnaires des entreprises visées ont augmenté et ceux des actionnaires acquéreurs ont diminué. De plus, il ne semble pas y avoir eu d'augmentation de la concentration ni du pouvoir de marché, de sorte que les consommateurs n'ont pas été lésés. Enfin, l'activité de fusion n'a pas réduit la R&D.

D'autres recherches sur l'évolution des profits après consolidation — et non plus sur le prix des actions — sont nécessaires pour confirmer l'existence de gains d'efficacité. En l'absence de ces recherches, il reste possible d'affirmer que ces fusions et autres prises de contrôle créent une augmentation illusoire de la valeur des actions et représentent en fait soit un transfert injustifié de richesse des employés de l'entreprise victime vers les actionnaires, soit des erreurs d'évaluation du marché boursier.

Résumé

1. Les entreprises sont incitées à produire de façon efficiente et à maximiser leurs profits. Leur taille et leur mode d'organisation sont déterminés par la nécessité de maximiser les profits.
2. Certaines activités peuvent être réalisées plus efficacement à l'intérieur de l'entreprise qu'en recourant au marché. Par exemple, une entreprise peut produire un facteur de production nécessaire à la fabrication de son produit final à un coût moins élevé que si elle devait l'acheter, si l'on tient non seulement compte du prix de ce facteur de production, mais aussi des coût de transaction.
3. Cette tendance qu'a l'entreprise à développer toujours plus d'activité en son sein pour éviter les coûts de transaction est contrebalancée par les coûts de contrôle et de gestion qui augmentent avec la taille de l'entreprise. Une entreprise doit adopter une organisation interne lui permettant de faire travailler ses employés et ses cadres avec efficience. La structure multidivisionnelle est née du besoin des entreprises de contrôler l'efficience des actions de leurs employés.
4. Les grandes entreprises des États-Unis et de nombreux pays sont organisées sous forme de sociétés à responsabilité limitée. Ces entreprises se procurent généralement des fonds en émettant soit des obligations, soit des actions (parts de la société). L'entreprise doit s'assurer que ses cadres cherchent bien à maximiser les profits et non à poursuivre des buts différents qui auraient un effet négatif sur les autres parties prenantes de l'entreprise, comme les porteurs d'obligations et les actionnaires.
5. Les grandes entreprises sont dirigées par des cadres et non par les actionnaires. Si ces cadres ne dirigent pas efficacement l'entreprise et ne maximisent pas les profits, celle-ci

risque de faire faillite ou d'être reprise par d'autres. Cependant, toutes les fusions ou acquisitions d'entreprises n'améliorent pas l'efficacité ou la profitabilité.

6. Dans les années 1980, l'activité de fusions d'entreprises a atteint un niveau relativement élevé (mais pas aussi élevé qu'au tournant du vingtième siècle). Devant le développement des tentatives de prise de contrôle hostiles, les dirigeants d'entreprises ont développé de nombreuses tactiques défensives. Dans leur grande majorité, les analyses empiriques indiquent que les prises de contrôle favorisent la création de valeur ajoutée et que ce sont les actionnaires des compagnies faisant l'objet de prise de contrôle qui tirent le plus de gains de ces opérations.

Termes clés

Actif spécifique	LMBO
Chantage aux actions	Obligations conditionnées
Chevalier blanc	Obligations à haut risque
Comportement opportuniste	Offre à prix conditionné
Division fonctionnelle	Offre Publique d'Achat (OPA)
Économies de multi-production	OPA hostile
Efficacité de la production	Organigramme hiérarchique
Entreprise	Parachute doré
Forme multi-divisionnelle (en M)	Pilule empoisonnée
Fusion	Politique de la terre brûlée
Fusion conglomérale	Prix de transfert
Fusion verticale	Responsabilité limitée
LBO (rachat par effet de levier)	Société par actions

Questions

Q.2.1 La responsabilité limitée constitue-t-elle un avantage face aux créanciers ?

Q.2.2 Discutez l'affirmation suivante : les entreprises ne devraient pas être autorisées à faire des dons aux organisations de charité. Elles devraient verser plus de dividendes aux actionnaires, afin que ceux-ci puissent faire des dons, s'ils le souhaitent.

Q.2.3 Discutez l'affirmation suivante : on devrait instaurer un salaire maximum pour les dirigeants d'entreprise, afin d'éviter les conflits avec les actionnaires.

Q.2.4 Les employés d'une entreprise doivent-ils être autorisés à intervenir sur le marché boursier en utilisant l'information privilégiée dont ils disposent ? L'interdiction éventuelle doit-elle concerner tous les employés ?

Q.2.5 En quoi le problème du contrôle est-il lié au statut juridique de l'entreprise ? En quoi ne l'est-il pas ?

Q.2.6 Qui profiterait d'une loi interdisant l'émission d'obligations à haut risque ?

Q.2.7 Expliquez comment l'acquisition d'une entreprise et la vente par appartements de ses meilleurs actifs peuvent être une opération fructueuse ?

Q.2.8 Faut-il empêcher les fusions dont l'unique objectif est de contourner les lois fiscales ? Si oui, la confiscation des bénéfices fiscaux d'une fusion est-elle un moyen d'y parvenir ?

Problèmes [21]

P.2.1 Le problème du contrôle est-il plus important dans les grandes entreprises ? Si oui, pourquoi existe-t-il quand même des grandes entreprises ?

P.2.2 Aujourd'hui, les entreprises peuvent se financer en émettant des obligations, c'est-à-dire des reconnaissances de dette (portant intérêt). Pourquoi ce mode de financement était-il peu répandu dans les années 1920, alors que la plupart des entreprises étaient individuelles ou en nom collectif ?

P.2.3 Pour chacun des cas proposés ci-dessous, étudiez comment les deux activités pourraient être réalisées séparément par deux entreprises différentes. Indiquez pour quelles activités les coûts de transaction vous semblent les plus élevés et où il est donc probable que les deux activités soient réalisées au sein d'une seule entreprise.

a. Une centrale électrique alimentée au pétrole. Le pipeline, une fois construit, ne peut être déplacé.
b. Un terrain de golf situé à proximité d'un hôtel.
c. Un fabricant de cartes postales qui a besoin en continu d'un papier sur-mesure.
d. Un confiseur qui a besoin quotidiennement de sucre.

P.2.4 Imaginez qu'une loi oblige les entreprises à faire effectuer certaines activités — qu'elles pourraient réaliser elles-mêmes — par des entreprises extérieures. Indiquez quels seraient les effets de cette loi.

P.2.5 Parmi les décisions suivantes, indiquez celles qui relèvent de la compétence du pdg de l'entreprise. Expliquez pourquoi ?

a. Choix d'un site d'implantation pour une nouvelle usine spécialisée.
b. Achat de matières premières.
c. Fixation du prix d'un produit.

---

[21] Les solutions des problèmes impairs sont données en fin de livre.

P.2.6 (*Difficile*) Afin de diversifier les activités de l'entreprise A, ses dirigeants préconisent de faire l'acquisition de l'entreprise B. Les actionnaires sont intéressés par la diversification des risques, mais ils peuvent aussi le faire en détenant directement des parts dans chaque entreprise. Dans ces conditions, y a-t-il des raisons d'effectuer l'acquisition ? Supposez que les coûts de rotation du personnel soient élevés. L'acquisition envisagée pourrait-elle permettre de réaliser des économies à ce niveau ? (*suggestion* : lorsque la production est moins variable, l'emploi l'est aussi.)

P.2.7 Grâce à des investissements en recherche et développement (R&D) l'entreprise A est parvenue à réduire son coût marginal de 10 F à 5 F. Si une entreprise dont le coût marginal est égal à 10 F cherche à pénétrer sur le marché, son désavantage de coût constitue-t-il une barrière à l'entrée ? Peut-on parler de barrière à l'entrée lorsque la R&D est très spécialisée ?

Lectures complémentaires

Coase (1937) fut le premier à s'interroger sur la nature de l'entreprise et à expliquer son existence. Williamson (1975, 1985), Alchian et Demsetz (1972), ainsi que Klein, Crawford et Alchian (1978) ont développé ce thème. La plupart des analyses contenues dans ces livres et articles sont relativement peu techniques. Calvo et Wellisz (1979) et Holmstrom (1979) adoptent une approche plus formelle pour rendre compte des problèmes de vérification et de contrôle. L'article peu formalisé d'Auerbach (1988a) donne un aperçu d'ensemble des principales théories et des indications empiriques sur les fusions et acquisitions.

Bibliographie

ALCHIAN, Armen A. et Harold DEMSETZ, 1972. « Production, Information Costs and Economic Organization ». *American Economic Review* 62 : 775–95.

ANDERSON, Erin, et David C. SCHMITTLEIN. 1984. « Integration of the Sales Force : An Empirical Examination ». *Rand Journal of Economics* 15 : 385–95.

ARMOUR, Henry O. et David J. TEECE. 1978. « Organization Structure and Economic Performance : A Test of The Multidivisional Hypothesis ». *Bell Journal of Economics* 9 : 106–22.

AUERBACH, Alan J., éd. 1988a. *Mergers and Acquisitions*. Chicago : University of Chicago Press.

AUERBACH, Alan J. et D. REISHUS. 1988. « The Effects of Taxation on the Merger Decision », *in* AUERBACH 1988b.

BECKER, Gary S., et Georges J. STIGLER. 1974. « Law Enforcement, Malfeasance, and Compensation of Enforcement ». *Journal of Legal Studies* 3 : 1–18.

BERLE, Adolph A. Jr. et Gardiner C. MEANS. 1932. *The Modern Corporation and Private Property*. New York : Macmillan.

Billikopf, Gregory E. et Maxwell V. Norton. 1992. « Pay Method Affects Vineyard Pruner Performance ». *California Agriculture* 46 : 12–13.

Birch, David. 1987. *Job Creation in America : How Our Smallest Companies Put the Most People to Work*. New York : The Free Press.

Bittlingmayer, George. 1985. « Did Antitrust Policy Cause the Great Merger Wave ? ». *Journal of Law and Economics* 28 : 77–118.

Bradley, Michael, Amand Desai et E. Han Kim. 1988. « Synergistic Gains from Corporate Acquisitions and Their Division Between the Stockholders of Target and Acquiring Firms ». *Journal of Financial Economics* 21 : 3–40.

Cable, John et Hirohiki Yasuki. 1985. « Internal Organisation, Business Group and Corporate Performance : An Empirical Test of the Multidivisional Hypothesis in Japan ». *International Journal of Industrial Organization* 3 : 401–20.

Calvo, Guillermo et Stanislas Wellisz. 1979. « Supervision, Loss of Control and the Optimal Size of the Firm ». *Journal of Political Economy* 86 : 943–52.

Carr, Jack L. et G. Frank Mathewson. 1988 « Unlimited Liability as a Barrier to Entry ». *Journal of Political Economy* 96 : 766–84.

Chandler, Alfred D., Jr. 1962. *Strategy and Structure : Chapters in the History of the American Industrial Experience*. Cambridge, Mass. : The MIT Press.

Coase, Ronald H. 1937. « The Nature of the Firm ». *Economica* 4 n.s. : 386–405.

Crocker, Keith J. et Kenneth J. Reynolds. 1993. « The Efficiency of Incomplete Contracts : An Empirical Analysis of Air Force Engine Procurement ». *Rand Journal of Economics* 24 : 126–46.

Cyert, Richard M. et James G. March, éds. 1963. *Behavioral Theory of the Firm*. Englewood Cliffs, N.J. : Prentice-Hall.

Demsetz, Harold. 1983. « The Structure of Ownership and the Theory of the Firm ». *Journal of Law and Economics* 26 : 375–90.

Demsetz, Harold et Kenneth Lehn. 1985. « The Structure of Corporate Ownership : Causes and Consequences ». *Journal of Political Economy* 93 : 1155–77.

Eckbo, Espen B. 1983. « Horizontal Mergers, Collusion, and Stokholder Wealth ». *Journal of Financial Economics* 11 : 241–73.

Golbe, Devra L., et Lawrence J. White 1988. « A Time Series Analysis of Mergers and Acquisitions in the U.S. Economy », *in* Auerbach 1988b.

Grossman, Sanford J. et Oliver D. Hart. 1980. « Takeover Bids, the Free Rider Problem, and the Theory of the Corporation ». *The Bell Journal of Economics* 11 : 42–64.

Grossman, Sanford J. 1986. « The Costs and Benefits of Ownership : A Theory of Vertical Integration ». *Journal of Political Economy* 94 : 691–719.

Hall, Bronwyn H. 1988. « The Effect of Takeover Activity on Corporate Research and Development », in Auerbach 1988b.

Holmstrom, Bengt. 1979. « Moral Hasard and Observability ». *Bell Journal of Economics and Management* 10 : 74–91.

Jarrell, Gregg A. et Annette B. Poulsen. 1987. « Shark Repellents and Stock Prices : The Effects of Antitakeover Amendments Since 1980 ». *Journal of Financial Economics* 19 : 127–68.

JENSEN, Michael C. 1988. « Takeovers : Their Causes and Consequences ». *Journal of Economic Perspectives* 2 : 21–48.

JENSEN, Michael C. et Richard S. RUBACK. 1983. « The Market for Corporate Control : The Scientific Evidence ». *Journal of Financial Economics* 11 : 5–50.

JOSKOW, Paul L. 1987. « Contract Duration and Relationship-Specific Investment : Empirical Evidence from Coal markets ». *American Economic Review* 77 : 168–85.

KLEIN, Benjamin, Robert G. CRAWFORD et Armen A. ALCHIAN. 1978. « Vertical Integration, Appropriable rents, and the Competitive Contracting Process ». *Journal of Law and Economics* 21 : 297–326.

LAZEAR, Edward P. 1979. « Why is There Mandatory Retirement ? ». *Journal of Political Economy* 87 : 1261–84.

LEIBENSTEIN, Harvey. 1966. « Allocative Efficiency vs. X-Efficiency ». *American Economic Review* 56 : 392–412.

LICHTENBERG, Frank R. et Donald SIEGEL. 1987. « Productivity and Changes in Ownership of Manufacturing Plants ». *Brookings Papers on Economic Activity* 3 : 643–83.

MARCH, James G. et Herbert A. SIMON. 1958. *Organizations*. New York : John Wiley & Sons.

MARGISON, Paul. 1985. « The Multidivisional Firm and Control over the Work Process ». *International Journal of Industrial Organization* 3 : 37–56.

MASTEN, Scott E. 1984. « The organization of Production : Evidence from the Aerospace Industry ». *Journal of Law and Economics* 27 : 403–17.

MARRIS, Robin. 1964. *The Economic Theory of Managerial Capitalism*. Glencoe, Ill. : Free Press of Glencoe.

MCGUCKIN, Robert, Sang NGUYEN et Stephen ANDREW. 1991. « The Relationship Among Acquiring and Acquired Firms' Product Lines ». *Journal of Law and Economics* 24 : 477–502.

MILGROM, Paul et John ROBERTS. 1992. *Economics, Organization & Management*. Englewood Cliffs, N.J. : Prentice Hall. Trad. fr. *Économie, organisation et management*. De Boek Université et P.V. Grenoble, Paris, 1997.

MONTEVERDE, Kirk et David J. TEECE. 1982. « Supplier-Switching Costs and Vertical Integration in the Automobile Industry ». *Bell Journal of Economics* 13 : 206–13.

RASMUSEN, Eric. 1988. « Mutual Banks and Stocks Banks ». *Journal of Law & Economics* 31 : 395–421.

RAVENSCRAFT, David J. et Frederic M. SCHERER. 1987. *Mergers, Sell-offs and Economic Efficiency*. Washington : Brookings Institution.

ROLL, Richard. 1986. « The Hubris Hypothesis of Corporate Takeovers ». *Journal of Business* 59 : 197–216.

ROMANO, Roberta. 1985. « Law as a Product : Some Pieces of the Incorporation Puzzle ». *Journal of Law Economics and Organization* 1 : 225–83.

SCHERER, Frederic M. 1988. « Corporate Takeovers : The Effiiciency Arguments ». *Journal of Economic Perspectives* 2 : 69–82.

SHLEIFER, Andrei et Lawrence SUMMERS. 1988. « Hostile Takeovers as Breaches of Trust », in Auerbach 1988b.

SHLEIFER, Andrei et Robert W. VISHNY. 1988. « Value Maximization and the Acquisition Process » *Journal of Economic Perspectives* 2 : 7–20.

SLOAN, Alfred P. Jr. 1963. *My Years with General Motors*. New York : Doubleday.

STIGLER, George. 1950. « Monopoly and Oligopoly by Merger ». *American Economic Review* 40 : 23–34.

STILLMAN, Robert S. 1983. « Examining Antitrust Policy Toward Horizontal Mergers ». *Journal of Financial Economics* 11 : 225–40.

STEER, Peter S. et John R. CABLE. 1978. « Internal Organization and profit : An Empirical Analysis of Large UK Companies ». *Journal of Industrial Economics* 27 : 13–20.

WILLIAMSON, Oliver E. 1985. *The Economic Institutions of Capitalism : Firms, Markets, Relational Contracting*. New York : The Free Press.

WILLIAMSON, Oliver E. 1979. « Transaction-Cost Economics : The Governance of Contractual Relations ». *Journal of Law and Economics* 22 (octobre) : 233–61. Repris dans WILLIAMSON (1985).

WILLIAMSON, Oliver E. 1975. *Markets and Hierarchies — Analysis and Antitrust Implications : A Study in the Economics of Internal Organization*. New York : The Free Press.

WILLIAMSON, Oliver E. 1967. « Hierarchical Control and Optimum Firm Size ». *Journal of Political Economy*, 75 : 123–38.

WILLIAMSON, Oliver E. 1964. « The Economics of Discretionary Behavior : Managerial Objectives in a Theory of the Firm ». Englewood Cliffs, N.J. : Prentice-Hall.

WILLIAMSON, Oliver E. et N. BHARGAVA. 1972. « Assessing and Classifying the Internal Structure and Control Apparatus of the Modern Corporation », *in* K. COWLING, éd. *Market Structure and Corporate Behavior : Theory and Empirical Analysis of the Firm*. London : Gray-Mills Publishing Ltd.

3

Les coûts de production

Bien peu de gens savent que l'inventeur de la comptabilité en partie double s'appelait Fra Luca Parioli. Pourtant, son influence sur la vie des hommes est probablement beaucoup plus grande que celle de Dante ou de Michel-Ange.

Herbert J. Muller

Pour plusieurs raisons, la compréhension de l'économie industrielle passe par celle des coûts. Premièrement, beaucoup de prévisions économiques portant sur les prix ou la taille des entreprises, se réfèrent aux notions de coûts marginaux ou de profits. De ce fait, sans la maîtrise des concepts de coûts, il est difficile de comprendre ou de vérifier empiriquement ces prévisions. Deuxièmement, des recherches théoriques récentes (Baumol, Panzar et Willig, 1982) ont établi que les comportements oligopolistiques étaient très liés à certains coûts fixes. Troisièmement, les gouvernements doivent fréquemment intervenir dans les secteurs où les coûts d'entrée sont trop élevés. Pour le faire efficacement, il leur est nécessaire de bien maîtriser les notions de coûts (voir chapitre 21).

Ce chapitre introduit aux concepts de coûts marginal, moyen et variable, ainsi qu'à certains des raffinements de l'approche économique des coûts. Il est également consacré à l'analyse des aspects théoriques et empiriques des économies d'échelle et se termine par l'étude des coûts de l'entreprise multi-produits. L'annexe A traite du coût des investissements à long terme et l'annexe B de la définition du concept de coût dans le cas de l'entreprise multi-produits.

Les questions essentielles abordées dans ce chapitre peuvent être résumées ainsi :

1. Le coût d'opportunité, concept fondamental en économie, tient compte d'un profit normal pour calculer le coût réel d'un actif.

2. Le coût d'une entreprise qui ne produit qu'un seul bien dépend du coût des facteurs de production utilisés, ainsi que du niveau de la production.

3. Le coût de production d'un bien par une entreprise multi-produits dépend du prix des facteurs, du niveau de production de ce bien, mais aussi du niveau de production des autres biens.

4. Les notions d'économies d'échelle ou d'économies de multi-production servent à caractériser les processus de production.

3.1 Définitions des coûts

Pour prendre des décisions économiques sensées, toute entreprise a besoin de connaître ce que lui coûtent les biens qu'elle produit. Parmi les différentes façons de mesurer les coûts, il en est qui sont mieux appropriées que d'autres à l'étude de certains problèmes. Dans cette section, nous allons découvrir les nuances subtiles qui les distinguent.

3.1.1 Typologie des coûts

Certains des coûts supportés par les entreprises varient avec la production, d'autres non. Un **coût fixe** (F) est une dépense qui ne varie pas en fonction du niveau de la production. Un bon exemple de coût fixe est l'ensemble des droits prélevés par l'État pour la constitution d'une entreprise, l'enregistrement de sa forme juridique et la délivrance du droit d'exercer une activité. En effet, aux États-Unis, le montant de ces droits est indépendant du niveau de production envisagé par l'entreprise. Un autre exemple est fourni par le loyer mensuel qu'un avocat doit payer s'il a loué un bureau pour un an. Ce loyer doit être payé chaque mois, que les affaires marchent ou non.

Si l'entreprise cesse son activité, elle n'a plus à payer certaines taxes fixes l'année suivante. De même, l'avocat qui n'exerce plus n'a pas besoin de renouveler son bail. Mais que se passe-t-il si l'entreprise ou l'avocat interrompent leur activité au bout d'un mois ? Que deviennent les droits ou le loyer ? Ce qui a été payé d'avance sera-t-il remboursé ? La réponse dépend du cadre légal et de la nature des contrats. En ce qui concerne l'entreprise, il est probable que la somme qu'elle a payé d'avance au titre des droits d'enregistrement ne lui sera pas remboursée. En revanche, l'avocat qui paie son loyer mensuellement peut espérer sous-louer son bureau et rentrer ainsi en partie dans ses frais. La part des coûts fixes qui n'est pas recouvrable est dite **irrécupérable**. Lorsque les dépenses effectuées pour couvrir des frais fixes irrécupérables s'avèrent infructueuses, il est inutile de se lamenter et cela ne doit pas influencer les décisions ultérieures. Ce qui est fait est fait : le lait répandu sur le carrelage ne peut pas être remis dans sa bouteille ! Il en va différemment lorsque les dépenses en coûts fixes sont récupérables, car elles peuvent alors exercer une *influence* sur les décisions ultérieures. Par exemple, la décision de l'avocat de poursuivre ou de cesser son activité dépend en partie du coût de rupture du bail (c'est-à-dire des pénalités auxquelles il s'expose s'il dénonce son bail avant le terme). Les coûts, qu'ils soient fixes ou non, sont qualifiés de **récupérables** quand ils sont recouvrables en cas de cessation d'activité.

Les coûts variables (CV) sont des coûts qui se modifient avec la production (q). Aussi sont-ils souvent exprimés en fonction du niveau de celle-ci : $CV(q)$. Généralement, lorsque la production augmente, la demande de travail, d'électricité et de matériaux augmente aussi. Par conséquent, les coûts variables dépendent des salaires, ainsi que du prix des produits nécessaires à la production.

Les **coûts totaux** sont la somme des coûts fixes et variables : $C = F + CV$. Les concepts de coût total et de coût variable sont liés à celui de **coût marginal** (Cm), qui se définit comme le *supplément* ou l'augmentation de coût qui découle de la production d'une unité additionnelle.[1] Comme le coût fixe est indépendant de l'augmentation de la production, l'accroissement du coût total dépend uniquement de l'évolution du coût variable.

Il est important de distinguer entre le concept de coût marginal et les divers concepts de coût moyen, dont les trois plus connus sont le *coût moyen total* (souvent appelé *coût moyen*), le *coût variable moyen* et le *coût fixe moyen* :

- Le **coût moyen** (CM), parfois appelé **coût moyen total** (CMT) est égal au coût total divisé par la production : $CMT = C(q)/q$.

- Le **coût variable moyen** (CVM) est égal au coût variable divisé par la production : $CVM = CV(q)/q$.

- Le **coût fixe moyen** (CFM) est égal au coût fixe divisé par la production : $CFM = F/q$.

CVM et CFM ne peuvent chacun être supérieurs à CM puisque CM est égal à leur somme :

$$CM(q) = \frac{C(q)}{q} = \frac{CV(q) + F}{q} = \frac{CV(q)}{q} + \frac{F}{q} = CV(q) + CF(q).$$

S'il est vrai que le coût marginal est indépendant du coût fixe et que le coût moyen ne l'est pas, il *n'est pas* nécessairement vrai pour autant qu'à tous les niveaux de production le coût marginal est inférieur au coût moyen. En effet, le coût marginal

[1] Si $C(q)$ est le coût total de production de q unités, $Cm = dC(q)/q$.

Tableau 3.1: *Exemples de coûts*

Production	Coût fixe	Coût fixe moyen	Coût variable total	Coût variable moyen	Coût total	Coût moyen	Coût marginal
0	100		0		100		
1	100	100	10	10	110	110	10
2	100	50	19	9,5	119	59,5	9
3	100	33,3	25	8,3	125	41,7	6
4	100	25	32	8	132	33	7
5	100	20	40	8	140	28	8
6	100	16,7	49	8,2	149	24,8	9
7	100	14,2	60	8,6	160	22,9	11
8	100	12,5	73	9,1	173	21,6	13
9	100	11,1	88	9,8	188	20,9	15
10	100	10	108	10,8	208	20,8	20

peut être supérieur au coût moyen parce que ce dernier dépend des *variations* du coût total, non du niveau du coût total.

Imaginons que nous allions au supermarché acheter des pommes et que nous en remplissions notre panier. Le poids total des pommes du panier, ainsi que le poids moyen d'une pomme, peuvent facilement être déterminés. À chaque fois que nous *ajoutons* une pomme, le poids de cette pomme est égal, par définition, à l'augmentation du poids total (ou poids marginal) engendré par son entrée dans le panier. Bien évidemment, la pomme que nous ajoutons augmente ou diminue le poids moyen des pommes du panier (calculé en comptant la pomme supplémentaire) suivant qu'elle pèse plus ou moins que le poids moyen des pommes du panier. Cet exemple montre que le poids marginal ne dépend que de la pomme *supplémentaire*, alors que le poids moyen dépend en grande partie des pommes qui étaient déjà dans le panier. Il permet également de comprendre intuitivement que le coût marginal peut être supérieur ou inférieur au coût moyen.

Le tableau 3.1 illustre plus précisément la relation entre le coût marginal, le coût moyen et le coût variable moyen. Il indique comment ces différents coûts varient avec l'augmentation de la production. Le coût fixe est de 100 F, quelle que soit la production (y compris quand la production est égale à 0), ce qui suppose qu'il s'agit d'une dépense inévitable même en cas de fermeture, c'est-à-dire d'un coût irrécupérable. Si une partie du coût fixe était partiellement récupérable, le coût correspondant à une production nulle serait alors seulement égal à la partie irrécupérable. Par exemple, une entreprise qui cesse son activité et qui récupère 60 F sur les 100 F de droits fixes d'enregistrement ne supporte qu'un coût de 40 F en cas de production nulle.

Le tableau indique que le coût variable augmente de 0 à 108 lorsque la production s'accroît de 0 à 10. Le coût total (la somme du coût fixe et du coût variable) passe

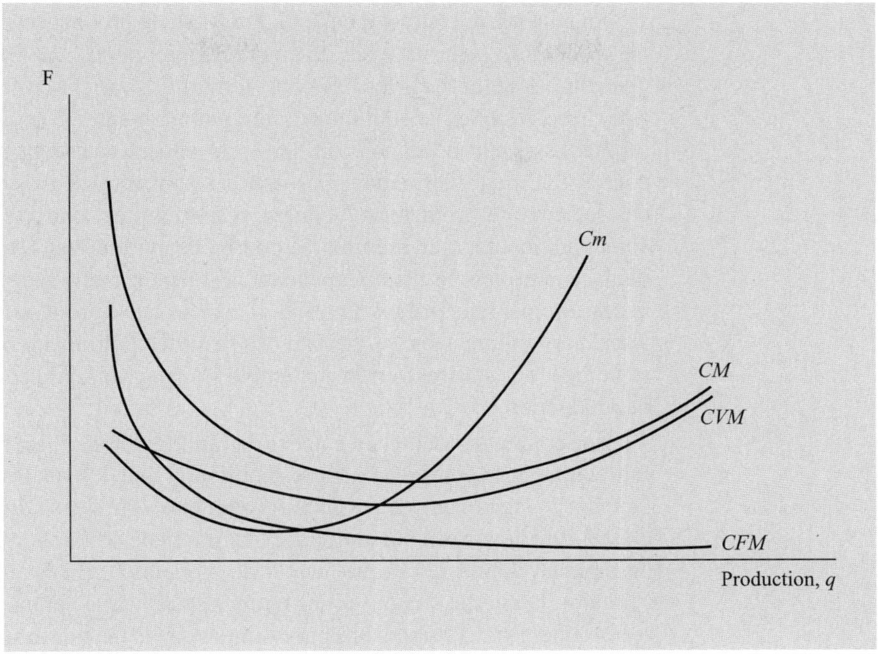

Figure 3.1 : *Courbes de coûts*

de 100 à 128 lorsque la production augmente de 0 à 10. Le coût marginal est égal à l'augmentation du coût total qui résulte de la production d'une unité additionnelle. Il baisse au départ, atteint un minimum lorsque la production est égale à 6, puis augmente à nouveau.

Le coût variable moyen est égal au coût variable total divisé par la production et le coût variable total est égal au coût total divisé par la production. Le coût moyen total est toujours supérieur au coût variable total alors que, comme l'indique le tableau, le coût marginal peut être inférieur, égal, ou supérieur au coût variable total ou au coût variable moyen.

La figure 3.1 illustre la relation géométrique entre Cm, CVM et CM. Quand Cm est inférieur à CVM, CVM diminue. Lorsque Cm est supérieur à CVM, CVM augmente. Enfin, si Cm est égal à CVM, CVM est à son niveau minimum. La même relation existe entre Cm et CM. La figure 3.1 montre aussi que le coût moyen fixe (CFM) tend vers zéro — et donc que CVM et CM se rapprochent — à mesure que la production augmente.

L'exemple des pommes illustre l'augmentation de CM quand Cm lui est supérieur et sa diminution lorsque Cm lui est inférieur. Si l'on ajoute une pomme plus lourde que la pomme moyenne, le poids moyen du panier augmente. Inversement, si l'on ajoute une pomme moins lourde que la moyenne, le poids moyen baisse.

En général, le coût total dépend du niveau de production et du prix des facteurs de production (salaires, prix des matières premières, etc.). La figure 3.1 illustre des courbes de coût typique (à court terme) qui varient en fonction de la production. En particulier, le coût moyen finit par augmenter avec la production car pour un établissement de dimension fixe, la production devient progressivement plus coûteuse à mettre en œuvre. Les courbes sont tracées en supposant que les prix des facteurs de production (salaires, par exemple) sont fixes. Si les salaires devaient augmenter, par exemple, la courbe de coût moyen toute entière subirait un déplacement vers le haut. Cependant, ce déplacement vers le haut *ne serait pas* nécessairement horizontal. En effet, il se peut que le coût minimum de production varie, car la dimension qui permet d'obtenir le coût moyen minimum dépend non seulement des salaires versés aux employés, mais aussi du coût des autres facteurs de production.

Une courbe de coût résume une très grande quantité d'information. Ainsi, si l'on sait comment la courbe de coût se modifie lorsque les salaires ou d'autres prix de facteurs changent, on peut en déduire la **technologie de production** de l'entreprise, c'est-à-dire la relation qui indique le maximum de production que permet d'obtenir un montant donné de chaque facteur de production. En d'autres termes, le fait de connaître la courbe de coût d'une entreprise revient à connaître sa technologie, et réciproquement.[(2)] Supposons par exemple que le taux de salaire horaire soit égal à 10 F et que le travail soit l'unique facteur de production utilisé dans la production de blé (on admet que les graines, la terre et les engrais sont gratuits). L'obtention d'un boisseau de blé coûte 10 F, celle de deux boisseaux coûte 20 F, et ainsi de suite. Cette information sur les coûts et les salaires, nous permet de déduire que la technologie de production est telle qu'un travailleur peut planter un boisseau de blé par heure.

3.1.2 Approfondissement de la définition des coûts

Bien que les définitions des différentes formes de coûts puissent paraître évidentes, leur examen approfondi fait apparaître plusieurs difficultés. Voyons quelles sont les plus importantes d'entre elles.

A. Autres élements ayant une influence sur le coût

Nous avons vu que le coût d'une entreprise dépend du niveau de production et du prix des facteurs de production, ces derniers étant supposés donnés. Mais d'autres facteurs influencent également le coût (Alchian, 1959). Ainsi, le coût ne dépend-il

---

[2] Soit x, un vecteur de facteurs de production (travail, matières premières, par exemple), q, la production, w, le taux de salaire (ainsi que d'autres prix unitaires pour les autres facteurs de production), $F(x)$ la fonction de production (c'est-à-dire la production en fonction des facteurs de production). La fonction de coût $C(q, w)$ se déduit par résolution du problème suivant : minimiser le coût de production de q unités en respectant la contrainte d'après laquelle les q unités sont produites conformément à la relation technique reliant q et x. La connaissance de $C(q, w)$ permet de déduire $F(x)$ sous des postulats raisonnables (en appliquant la « théorie de la dualité » expliquée dans Varian, 1984, Ch. 4).

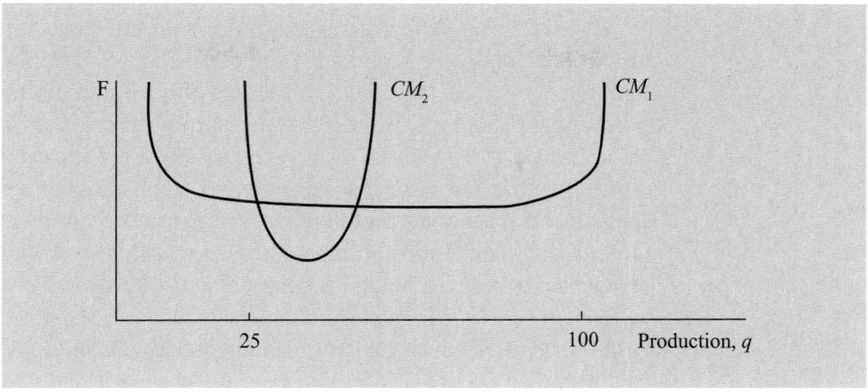

Figure 3.2: *Courbes de coûts associées à différentes technologies*

pas seulement de la quantité produite, mais aussi de la *cadence de production*. Produire rapidement coûte plus cher que de produire plus lentement. De plus, les variations du rythme de production ont également une influence. Par exemple, produire constamment 60 unités par heure pendant 10 heures peut revenir moins cher que de produire 100 unités par heure pendant 2 heures et 50 unités par heures pendant 8 heures, même si dans les deux cas la production totale est égale à 600 unités.

Il peut également s'avérer coûteux pour une entreprise de s'adapter rapidement à différents niveaux de production. Lorsqu'une activité est fortement saisonnière (la production de cartes de nouvel an, par exemple), le coût qu'il faut calculer n'est pas celui de la production d'une quantité déterminée, mais le coût de production des différents niveaux de production enregistrés au cours de l'année. La figure 3.2 montre que lorsque la production fluctue entre 25 et 100 unités par mois, une entreprise ayant une courbe de coût comme CM_1 peut être plus efficiente (c'est-à-dire avoir un coût total inférieur) qu'une entreprise ayant une courbe de coût comme CM_2, même si le minimum de la courbe CM_2 est inférieur à celui de la courbe CM_1.

B. Court terme et long terme

Le **court terme** est une période suffisamment courte pour que la quantité de certains facteurs de production ne puisse pas être modifiée sans que cela comporte des coûts (autres que ceux liés au volume des facteurs utilisés). Le **long terme** est une période de temps suffisamment longue pour que la quantité de tous les facteurs de production puisse être modifiée sans coûts (autres que ceux liés au volume utilisé). Par exemple, à la fin de l'année, l'avocat qui loue un local est libre de renouveler son bail ou de choisir un autre local. En revanche, durant l'année, il ne peut pas rompre son bail sans supporter des pénalités (c'est-à-dire des coûts irrécupérables). Dans cet exemple, le court terme est inférieur à un an et le long terme est supérieur à un an.

Un autre exemple permettant d'illustrer la différence entre le court et le long terme est celui de l'utilisation de machines coûteuses à déplacer et à réinstaller. Si la durée de vie des machines est d'un an et qu'il faut ensuite les remplacer, leur nombre peut être considéré comme fixe sur un an (court terme) et variable au-delà (long terme). Plus généralement, le court terme est la période durant laquelle le nombre de machine et l'espace physique (l'établissement) ne sont pas modifiables sans supporter des coûts prohibitifs. À court terme, l'entreprise ne peut pas modifier la taille de l'établissement, ni son stock de machines. À long terme, elle peut en revanche modifier ce capital : acheter de nouvelles machines, mettre les anciennes au rebut, ou encore emménager dans des locaux plus spacieux. Ainsi, à long terme, l'entreprise peut envisager pratiquement n'importe quel niveau de production à coût minimum.

Comme la distinction entre le court et le long terme est imprécise, il faut se la représenter comme un continuum de périodes de production, où les ajustements deviennent d'autant plus faciles que la durée des périodes s'allonge. Lorsque l'entreprise veut accélérer la vitesse de ces ajustements, elle doit accepter que les **coûts d'ajustement** soient plus important. (L'annexe A analyse ces coûts d'ajustement de façon plus détaillée.)

Puisqu'à long terme l'entreprise peut choisir pratiquement n'importe quelle taille pour ses établissements alors qu'à court terme ses choix sont contraints, le coût moyen à long terme est toujours au moins aussi bas que le coût moyen à court terme. Cette relation entre les coûts à court et long terme implique que la courbe à long terme est l'*enveloppe* des courbes de coût à court terme. Autrement dit, la courbe de coût moyen à long terme ($CMLT$) est constituée des portions des courbes de coût moyen à court terme ($CMCT$) les plus avantageuses pour le niveau de production considéré (voir la figure 3.3). Supposons qu'à court terme, l'entreprise ne puisse disposer que d'un établissement de taille déterminée. La figure illustre trois courbes de coût moyen à court terme ($CMCT$), CM_1, CM_2 et CM_3. Notons que le $CMLT$ qui les enveloppe ne correspond pas en tout point au minimum de l'une de ces courbes de coût à court terme. La figure 3.3 montre ainsi que la façon la moins coûteuse de produire 100 unités est d'utiliser l'établissement 2. Et pourtant, ce niveau de production ne minimise pas le coût moyen de cet établissement, mais minimise en revanche le coût moyen de l'établissement 3. Dans les manuels, la courbe de coût moyen à long terme est habituellement tracée de telle sorte qu'elle finit par augmenter avec le niveau de production, impliquant aussi que la taille efficiente de l'entreprise (le niveau de production le plus élevé minimisant le coût moyen) est finie.

C. Coût d'opportunité

Comme Adam Smith l'a écrit, « le prix réel de toute chose correspond à la peine et aux efforts nécessaires pour l'obtenir ». Autrement dit, le **coût d'opportunité** d'une action est égal à la valeur du meilleur emploi alternatif possible des ressources investies pour l'accomplissement de cette action. Par exemple, si une

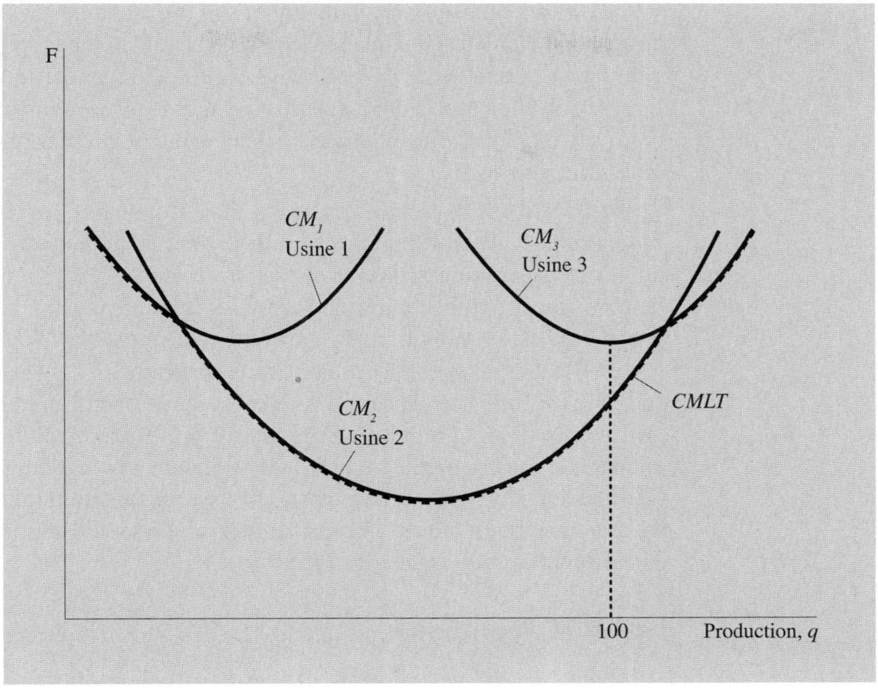

Figure 3.3: *Courbes de coûts*

entreprise recrute trois employés au taux de salaire horaire courant de 10 F, son coût salarial horaire est alors de 30 F. Dans cet exemple, le coût d'opportunité est égal au coût effectif. Mais supposons maintenant que l'un des trois employés soit le propriétaire de l'entreprise et qu'il ne reçoive pas de salaire. Pour l'économiste, le coût d'opportunité des trois employés reste malgré tout égal à 30 F de l'heure, car c'est ce que le travail utilisé dans cette entreprise vaudrait aux yeux de toute autre entreprise utilisant le même montant de travail.

La connaissance du coût d'opportunité permet de savoir s'il est rentable de poursuivre une activité. Pour revenir à notre exemple, supposons que chaque employé produise 1 unité par heure et que cette unité se vende 9 F. Le profit horaire du propriétaire se calcule en déduisant les 30 F de coût d'opportunité des 27 F de revenu, ce qui implique une perte de 3 F. Cette perte indique au propriétaire qu'il a intérêt à stopper la production et à travailler pour le compte de quelqu'un d'autre moyennant un salaire horaire de 10 F. En effet, il est préférable pour lui de gagner 10 F que de gagner 7 F (27 F − 20 F).

Le concept de coût d'opportunité est très utile pour déterminer si une entreprise doit continuer à utiliser un bien qu'elle possède ou bien le louer. Supposons par exemple qu'une entreprise possède l'immeuble qu'elle occupe. Si cet immeuble peut être loué à quelqu'un d'autre moyennant 1 000 F par mois, l'entreprise devrait compter cette somme en tant que coût d'occupation de l'immeuble, car cela correspond aux gains auxquels elle renonce en ne le louant pas. Si l'entreprise ne peut pas se permettre de payer un loyer équivalent (car cela engendrerait un profit négatif), elle doit en conclure que l'usage qu'elle fait de l'immeuble ne correspond pas à son emploi le plus productif. Mieux vaudrait en effet cesser toute activité et louer l'immeuble.

Paradoxalement, si tous les coûts étaient calculés par la méthode du coût d'opportunité, il serait rentable qu'une entreprise poursuive son activité dès lors qu'elle dégagerait un profit *nul*. En effet, les coûts d'opportunité se calculent en déterminant la rémunération de *toutes* les ressources dans leur meilleur emploi possible. Dans ces conditions, si les revenus couvrent juste les coûts, c'est que toutes les ressources (par exemple le temps du propriétaire ou l'immeuble de l'entreprise) sont utilisées efficacement et ne seraient pas mieux utilisées ailleurs. Étant donné que le coût d'opportunité d'une ressource correspond à la rémunération qu'elle obtiendrait dans sa meilleure utilisation possible, les économistes ont coutume de dire que le coût d'opportunité incorpore un **profit normal** (déterminé en fonction de la rémunération offerte à la ressource dans son meilleur emploi possible) quand ils calculent le coût d'une ressource.

D. Durée de l'amortissement

Supposons qu'une entreprise puisse louer une machine pour 100 F par mois, mais qu'elle décide de l'acheter au prix du marché, fixé à 10 000 F. Doit-elle compter ces 10 000 F comme un coût fixe supporté le mois de l'acquisition ou bien étaler ce coût sur la durée de vie de la machine ? On voit par cet exemple que les coûts peuvent être amortis **en une seule fois** comme **en plusieurs fois**. D'autre part, si la machine est amortie sur plusieurs exercices, on doit en déterminer le nombre. Il est clair que ce choix exerce une influence sur la façon dont l'entreprise évalue ses performances.

La réponse la plus simple à toute question concernant le juste coût d'un actif durable est de considérer que ce coût est égal à la *rente* que le propriétaire de l'actif peut en obtenir en le louant à quelqu'un d'autre. Ce calcul est facile à effectuer lorsqu'une entreprise possède un immeuble de bureau et qu'elle en utilise une partie pour ses propres besoins, car elle peut déterminer la rente par comparaison avec la partie de l'immeuble qui est louée. Mais dans certains cas, la rente appropriée n'est pas directement observable sur le marché. Il n'existe pas, par exemple, de marché de location des hauts-fourneaux. Dans ces conditions, comment faut-il procéder ? L'une des réponses consiste à calculer le coût de détention d'un actif sur la base des intérêts que pourraient rapporter le placement de l'argent obtenu par la vente de cet actif (s'il se vend 100 F, cette somme peut être placée et rapporter des intérêts), déduction faite de la dépréciation de l'actif. Pour l'économiste, la **dépréciation** est égale à la diminution de valeur d'un actif au cours de l'année (par exemple, le fait d'utiliser une machine provoque une usure, ce qui réduit sa valeur). Même lorsque les actifs installés ne peuvent pas être revendus, cette méthode de calcul reste valable car elle indique à l'entreprise si sa décision d'acquérir la machine était bonne et donc si de nouveaux investissements seraient profitables (voir l'annexe A pour une analyse plus détaillée).

3.2 Économies d'échelle

Le coût moyen d'une entreprise peut demeurer constant, augmenter, ou diminuer à mesure que la production s'accroît. Si le coût moyen baisse quand la production augmente, on dit que l'entreprise réalise des **économies d'échelle** (ou que les **rendements d'échelle** sont **croissants**) ; si le coût moyen ne varie pas avec la production on dit que les **rendements d'échelle** sont **constants**) ; si le coût moyen augmente avec la production, on dit que l'entreprise subit des **déséconomies d'échelle** (ou que les **rendements d'échelle** sont **décroissants**). La figure 3.1 illustre un cas où l'entreprise bénéficie d'abord d'économies d'échelle. Ensuite, les rendements d'échelle deviennent constants (cette situation ne se produit que pour un seul niveau de production). Au delà de ce niveau, les rendements d'échelle deviennent décroissants. Lorsqu'une entreprise bénéficie de rendements d'échelle constants quel que soit son niveau de production, le niveau efficient de production de cette entreprise coïncide avec celui de l'industrie (voir les chapitres 5 et 21).

3.2.1 *Origine des économies d'échelle*

De nombreux facteurs peuvent expliquer que les coûts moyens d'une entreprise baissent avec le niveau de la production. Tout d'abord, les coûts fixes de mise en place ne varient pas avec la production. Par exemple, une entreprise d'édition supporte d'importants coûts lors de la première édition d'un ouvrage (rémunération des auteurs, saisie du texte, etc.). Mais le fait d'augmenter le tirage de 50 à 100 exemplaires ne double pas ces coûts, car la production des livres supplémentaires ne provoque en fait qu'une faible augmentation des coûts. Un autre exemple concerne la fabrication des carosseries d'automobiles. En général, il faut des machines à emboutir spécialement conçues pour donner aux éléments leur forme unique. Par conséquent, plus on produit d'éléments par machine, plus le coût total de production diminue.

Les coûts moyen tendent aussi à baisser avec l'augmentation de la production pour une seconde raison. Lorsque la production s'accroît, l'entreprise peut employer son personnel à des tâches plus spécialisées. Par exemple, un avocat qui a trop peu de clients pour être spécialisé devra s'occuper d'affaires aussi diverses que les faillites ou les divorces. En revanche, dans les cabinets importants, on trouve un avocat spécialisé dans les faillites, un autre dans les divorces, etc. Cela permet à chaque avocat d'avoir une meilleure connaissance de sa spécialité. De plus, lorsque la maîtrise d'un savoir-faire implique des coûts de formation, seules les entreprises

EXEMPLE 3.1 La spécialisation du travail

Pourquoi chaque individu ne fabrique-t-il pas tout seul les produits finis qu'il souhaite utiliser ou vendre en fonction de ses besoins ? L'une des réponses à cette question est qu'il peut s'avérer plus efficace de décomposer les processus de production en plusieurs tâches, plus petites, chaque travailleur étant spécialisé dans l'une d'entre elles. Prenons deux exemples illustrant les avantages de la division du travail.

Adam Smith (1937, 4–5), a donné un exemple célèbre, celui de l'organisation et du fonctionnement d'une manufacture d'épingle de « la plus petite importance », qui illustre très bien les avantages de la division du travail :

> Un homme qui ne serait pas façonné à ce genre d'ouvrage [...] ni accoutumé à se servir des instruments qui y sont en usage [...], quelqu'adroit qu'il fût, pourrait peut-être à peine faire une épingle dans toute sa journée, et certainement, il n'en ferait pas une vingtaine. Mais de la manière dont cette industrie est maintenant conduite, non seulement l'ouvrage entier forme un métier particulier, mais même cet ouvrage est divisé en un grand nombre de branches, dont la plupart constituent autant de métiers particuliers. Un ouvrier tire le fil à la bobille, un autre le dresse, un troisième coupe la dressée, un quatrième empointe, un cinquième est employé à émoudre le bout qui doit recevoir la tête. Cette tête est elle-même l'objet de deux ou trois opérations séparées. La frapper est une besogne particulière, blanchir les épingles en est une autre ; c'est même un métier distinct et séparé que de piquer les papiers et d'y bouter les épingles ; enfin l'important travail de faire une épingle est divisé en dix-huit opérations distinctes ou environ, lesquelles dans certaines fabriques sont remplies par autant de mains différentes, quoique dans d'autres le même ouvrier en remplisse deux ou trois. J'ai vu une petite manufacture de ce genre qui n'employait que dix ouvriers, et où par conséquent quelques-uns d'eux étaient chargés de deux ou trois opérations. [...] Ils venaient à bout de faire entre eux environ douze livres d'épingles par jour : or, chaque livre contient au delà de quatre mille épingle de taille moyenne. Ainsi ces dix ouvriers pouvaient faire entre eux plus de quarante-huit milliers d'épingles dans une journée.

De même, en développant la production de masse, Henry Ford devint-il le plus grand fabricant d'automobile dans les années 1900, et sans doute faisait-il les plus grands profits. Il adapta le tapis roulant et la chaîne de montage à la production des voitures standardisées et peu coûteuses et divisa le travail en une série de tâches accomplies chacune par des individus spécialisés. En dépit des salaires très supérieurs à la moyenne qu'il versait à ses ouvriers, Ford put ainsi réaliser des économies de coût. En 1914, il créa même un système de répartition des profits entre ses employés qui distribua jusqu'à 30 millions de dollars par an.

qui utilisent régulièrement ce savoir-faire auront intérêt à financer les formations nécessaires (voir l'exemple 3.1).

Lorsqu'une entreprise fabrique plusieurs produits au sein d'un même établissement, il se peut que la durée du processus de production augmente avec la production. Prenons l'exemple d'un fabricant de papier qui vend trois qualités de papier dont la production séparée nécessite trois configurations particulières de la chaîne de production. Si l'entreprise est petite et n'a qu'une seule chaîne de production, deux changements sont nécessaires pour produire chaque jour les trois qualités de papier. En revanche, si l'entreprise triple de taille, elle peut envisager de

Tableau 3.2: *Exemple d'une demande aléatoire*

Probabilité	Demande du consommateur 1	Demande du consommateur 2	Demande totale	Demande satisfaite
0,25	1	1	2	3
0,25	1	2	3	3
0,25	2	1	3	3
0,25	2	2	4	3

spécialiser une chaîne dans la production de chaque qualité de papier et supprimer ainsi les coûts de changement.

Les économies d'échelle s'expliquent parfois par des lois physiques. La plus connue d'entre elles concerne la relation entre le volume et la surface. Supposons qu'une entreprise chimique décide de produire un certain liquide dans un container sphérique. Le volume de la sphère est égal à $(4\phi r^3)/3$ où r est le rayon de la sphère. Le coût de la sphère dépend de la quantité d'acier nécessaire à sa fabrication. Or ce coût ne dépend pas du volume de la sphère, mais de sa surface, qui est donnée par $4\phi r^2$. Par conséquent, en doublant le rayon on multiplie le volume (et donc la production) par 8, alors que la surface est seulement multipliée par 4.

Il existe aussi une économie d'échelle naturelle dans le domaine de la gestion des stocks ou de celle des pièces de rechange, du fait de la loi des grands nombres. Cette loi statistique implique que les événements aléatoires se compensent d'autant plus qu'ils sont nombreux. Pour l'illustrer, imaginons une situation où la demande de pain des consommateurs est aléatoirement égale à 1 ou 2 baguettes par jour et par client. Chaque boulanger n'a que deux clients et doit décider tous les matins combien produire de baguettes, celles invendues devant être jetées. Les probabilités de demande des consommateurs, ainsi que l'offre des boulangers, sont données par le tableau 3.2.

Nous admettrons que les consommateurs sont mécontents lorsqu'ils ne sont pas servis dans plus de 15 pour cent des cas. Dans ces conditions, si un boulanger fabrique 3 baguettes, l'un de ses 2 clients n'aura pas de pain dans 25 pour cent des cas. ce qui fait qu'un client ne pourra pas être servi dans 12,5 pour cent des cas. Pour maintenir ce taux d'approvisionnement, le boulanger doit détenir un stock de baguettes supérieur de $0{,}25/2{,}75 = 1/11 = 9\%$ à ses ventes moyennes.

Étudions maintenant le cas où chaque boulanger a 4 clients. Pour simplifier, admettons que chaque boulanger puisse toujours servir au moins 1 baguette à chaque client. Les différentes possibilités sont alors indiquées par le tableau 3.3.

Si le boulanger a un stock de 6 baguettes, 2 clients sur 4 ne peuvent pas être complètement servis 1 fois sur 16 (et 1 client sur 4, 1 fois sur 4). Un client a donc environ 10% de chances d'être insatisfait $(1/16 \times 2/4 + 1/4 \times 1/4 = 3/32)$, ce qui fait qu'aucun n'est vraiment mécontent puisque le seuil de 15% n'est pas franchi. Les ventes moyennes de chaque boulanger sont égales à 5,6

Tableau 3.3: *Exemple d'une demande aléatoire*

	Demande du consommateur :				
Probabilité	**1**	**2**	**3**	**4**	**Demande totale**
1/16	1	1	1	1	4
1/4	1	1	1	2	5
	1	1	2	1	5
	1	2	1	1	5
	2	1	1	1	5
3/8	2	2	1	1	6
	2	1	2	1	6
	2	1	1	2	6
	1	2	1	2	6
	1	2	2	1	6
	1	1	2	2	6
1/4	2	2	2	1	7
	1	2	2	2	7
	2	1	2	2	7
	2	2	1	2	7
1/16	2	2	2	2	8

baguettes ($1/16 \times 4 + 1/4 \times 5 + 3/8 \times 6 + 1/4 \times 6 + 1/16 \times 6 = 90/16$). Le boulanger peut donc satisfaire sa clientèle en ayant un stock de 6 baguettes, soit un stock supérieur de 6 pour cent à ses ventes moyennes (et non plus 9 pour cent comme précédemment). Cette diminution est due à l'augmentation du nombre de consommateurs, la demande élevée des uns ayant plus de chances d'être compensée par la faible demande des autres, de sorte que la demande totale devient moins volatile en pourcentage. La satisfaction des consommateurs peut alors assurée en détenant un stock moins important.

3.2.2 Économies d'échelle et coûts totaux

Si certaines fonctions d'une entreprise bénéficient d'économies d'échelle, d'autres peuvent être soumises à des déséconomies d'échelle. Pour savoir si l'entreprise dans son ensemble bénéficie d'économie d'échelle, il est nécessaire d'apprécier la contribution de chaque fonction aux coûts totaux. Par exemple, il ne faut pas conclure du fait qu'un site particulier réalise des économies d'échelle qu'il est plus rentable de concentrer la production sur ce site. Cette conclusion ne tiendrait pas compte des autres types de coûts, tels que les coûts de contrôle ou de transport.

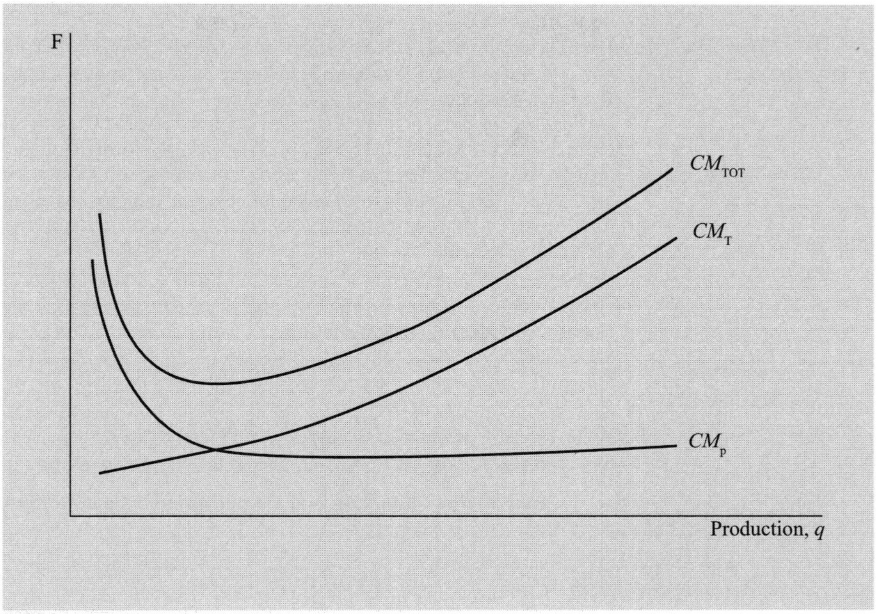

Figure 3.4: *Coût moyen total*

Supposons qu'une entreprise produise du lait pasteurisé et le livre aux épiceries. Moins l'entreprise possède de sites de production, plus le lait doit être transporté loin, en moyenne, pour être livré, ce qui élève les coûts de transport. Ainsi, même lorsqu'on peut réaliser d'importantes économies d'échelle en concentrant la production sur un seul site, il n'est pas nécessairement efficient de le faire lorsque les coûts de transport sont très élevés. La courbe de coût moyen qu'il faut prendre en compte dans ce cas est donnée par la somme du coût de production de lait et du coût de transport aux clients.

La figure 3.4 montre la courbe de coût moyen correspondant à la production, soit CM_P. Elle est fortement décroissante au départ, indiquant la présence d'économies d'échelle dans la production. Le coût moyen de transport des matières premières jusqu'à l'usine, puis du lait pasteurisé au client, est donné par la courbe CM_T. Plus la quantité de lait produite dans une seule usine est grande, plus celui-ci doit être livré loin, de sorte que le coût moyen de transport augmente avec la production. La somme de ces deux courbes donne le coût global moyen, CM_{TOT}, permettant de déterminer le coût d'ensemble de cette activité. Si le coût de transport augmentait, élevant de ce fait la pente de la courbe CM_T, le niveau de production qui correspond au minimum de la courbe CM_{TOT} se réduirait. Ce qui signifie, toutes choses égales par ailleurs, que la taille optimale de l'usine se réduit à mesure que les coûts de transport deviennent plus importants. Ceci explique que dans les industries caractérisées par des coûts de transport élevés on trouve fréquemment des entreprises de petite taille.

EXEMPLE 3.2 La taille optimale d'un établissement : étude de cas

L'industrie du carbone noir (variante de goudron dérivée de l'anthracène) fournit un cas intéressant pour l'étude de l'évolution dans le temps de la taille des entreprises. Bien que le carbone noir ait différents usages, il sert principalement comme élement de fabrication des pneus en caoutchouc. La figure ci-après indique quelle était la capacité annuelle en 1983 (ou pour l'année antérieure la plus proche quand les chiffres de 1983 ne sont pas disponibles) de chacune des usines de carbone noir qui existaient en 1976 et indique également si l'usine fonctionnait toujours en 1983. Ainsi qu'on peut le remarquer, les risques de fermeture sont plus grands dans le cas des établissements de faible taille. Deux raisons peuvent expliquer ce résultat.

Premièrement, en réaction à la crise pétrolière, les entreprises ont adopté des technologies de production du noir de carbone plus économiques en énergie, dont l'efficience est d'autant plus grande que le niveau de production est élevé. De ce fait, les économies d'échelle liées à la production se sont accrues par rapport aux coûts de transport, rendant les entreprises de grande taille relativement plus efficientes.

Deuxièmement, dans cette industrie, le pétrole a progressivement remplacé le gaz. Or les prix du pétrole varient plus d'une région à l'autre. Cela a favorisé la localisation des entreprises près du golfe du Mexique, où le pétrole est peu coûteux.

Capacité des usines de noir de carbone ; classement par taille (1983)

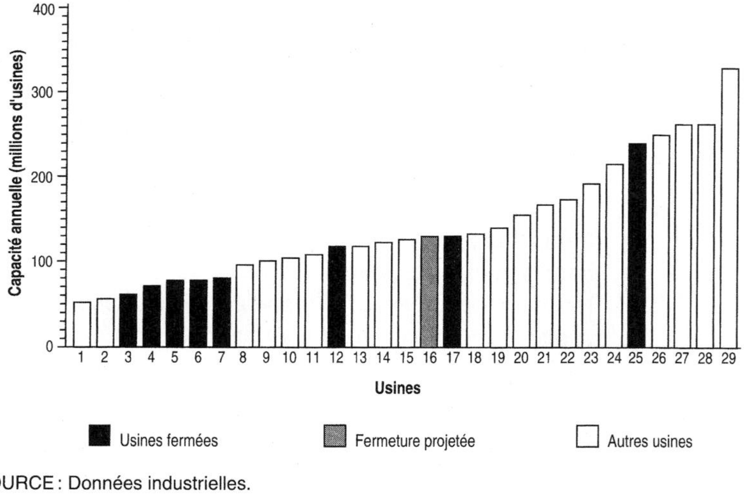

SOURCE : Données industrielles.

La localisation d'une usine dépend en partie de la comparaison du coût d'acheminement des matières premières avec celui de la livraison du produit fini. Plus le coût de transport des matières premières est élevé, plus l'usine sera située près de ses sources d'approvisionnement. Par exemple, il est plus coûteux (parce que dangereux) de transporter du bromure que les produits qui en sont dérivés. Donc, les usines chimiques qui fabriquent ces produits dérivés tendent à être situées près des lieux de production du bromure.

Inversement, lorsque les matières premières proviennent d'endroits variés, ou si elles sont faciles à acheminer là où elles sont demandées, les différences de localisation n'engendrent que des écarts négligeables de coûts de transport. Dans ce cas, les sites n'ont pas besoin d'être proches des lieux de production des matières premières et sont plutôt situés près des lieux de consommation. Le ciment, par exemple, est coûteux à transporter, tandis que la pierre — matière première essentielle à la construction — est disponible à peu près partout. Les usines de ciment ont donc intérêt à être situées à proximité de leurs clients.

Le nombre d'établissements d'une entreprise dépend donc à la fois des coûts de transport (matières premières et produits finis) et des économies d'échelle dans la production.[3] Plus les économies d'échelle sont importantes, plus la production est concentrée sur un petit nombre de sites. D'un autre côté, plus les coûts de transport sont élevés (forte dispersion de la clientèle, par exemple), plus la production doit être répartie sur de nombreux sites (voir l'exemple 3.2).

3.2.3 *Comment mesurer les économies d'échelle ?*

Si le coût moyen diminue quand la production augmente, c'est qu'il y a des économies d'échelle. Par ailleurs, s'il y a des économies d'échelle, c'est que le coût marginal est inférieur au coût moyen. Et s'il y a des déséconomies d'échelle, c'est que le coût marginal est supérieur au coût moyen. On peut donc mesurer les économies d'échelle en calculant le rapport du coût moyen au coût marginal.[4] Soit $s = CM/Cm$. Si $s > 1$, il y a des économies d'échelle. Les rendements d'échelle constants quand $s = 1$ et il y a des déséconomies d'échelle si $s < 1$ (voir l'annexe B).[5]

3.3 Études empiriques des courbes de coûts

L'estimation empirique des courbes de coûts et des économies d'échelle est un exercice fréquent en économie. Comme les économies d'échelle traduisent les

---

[3] Voir Scherer *et al.* (1975), pour une analyse détaillée.

[4] Ici, nous mesurons les économies d'échelle en partant de la fonction de coût. Comme celle-ci indique le coût minimum d'une production donnée, il est naturel de mesurer les économies d'échelle par le rapport du coût moyen au coût marginal. Mais on peut aussi définir les économies d'échelle à partir de la fonction de production. Puisque celle-ci indique la production maximale que l'on peut obtenir avec une quantité donnée de travail et de matières premières, l'existence d'économies d'échelle implique qu'une augmentation proportionnelle de l'utilisation des facteurs de production entraîne un accroissement plus que proportionnel de la production. Par exemple, si une entreprise augmente de 10% l'utilisation de ses facteurs de production, travail et matières premières, et que la production augmente de plus de 10%, c'est qu'il y a des économies d'échelle. On peut donc aussi mesurer les économies d'échelle par le pourcentage d'augmentation de la production engendré par un accroissement de 1% de l'utilisation de tous les facteurs de production. Dans le cas d'une industrie concurrentielle, ces deux façons de mesurer les économies d'échelle sont équivalentes.

[5] Si l'entreprise fixe son prix au niveau du coût marginal, s mesure le ratio des coûts aux revenus.

économies de coût permises par l'augmentation de la production, toute étude des économies d'échelle doit impérativement s'assurer qu'elle isole le rôle *spécifique* de la production dans l'explication des différences de coûts observées entre les entreprises (ou des différences de coûts observées au cours du temps pour une même entreprise). En effet, les grandes entreprises diffèrent des petites de bien des façons, les premières pouvant par exemple produire une plus grande variété de produits ou disposer de fonctions supplémentaires comme le marketing.

Les différences de coût entre deux entreprises ne sont dues aux économies d'échelle que si les deux entreprises produisent les mêmes variétés et qu'elles ont la même organisation interne. Par exemple, si une entreprise commercialise elle-même ses produits, tandis que l'autre — plus petite — ne le fait pas, une analyse qui ne tient pas compte de ces différences pourrait conclure qu'il existe des déséconomies d'échelle dans la production. En effet, le coût moyen peut augmenter avec la production du fait de la mise en œuvre de fonctions supplémentaires telles que la commercialisation des produits par l'entreprise elle-même, masquant ainsi l'existence d'économies d'échelle dans la production.

Certaines études que nous allons maintenant passer en revue cherchent à déterminer si les économies d'échelle sont concentrées sur des fonctions particulières de l'entreprise, comme l'achat de biens d'équipement où les dépenses d'exploitation. D'autres études, en revanche, cherchent à déceler si les économies d'échelle existent au niveau de l'activité globale de l'entreprise.

3.3.1 Économies d'échelle liées à l'achat d'équipements neufs

Haldi et Whitcomb (1967) ont cherché à évaluer la relation entre le coût des nouveaux équipements et leur capacité (c'est-à-dire le niveau maximum de production qu'ils permettent), $\overline{K}$:

$$\text{Coût d'un équipement neuf} = a\overline{K}^{b}.$$

Si b est égal à un, le coût augmente proportionnellement à la production. Si b est inférieur à 1, le coût augmente moins que proportionnellement à la production. b peut s'interpréter commme le pourcentage d'augmentation des coûts qui résultent d'une augmentation de 1 pour cent de la capacité.

Haldi et Whitcomb ont évalué séparément cette relation pour 687 sortes d'équipements industriels et établi que les coûts n'augmentaient pas proportionnellement aux capacités, même lorsque celles-ci étaient considérables. Les résultats résumés dans le tableau 3.4 indiquent que b est en général inférieur à 1, sauf pour 5,4% des produits, ce qui dénote l'existence d'économies d'échelle dans l'achat d'équipements neufs. Ces résultats « confirment la conclusion d'après laquelle il existe bien des rendements croissants pour ce qui concerne les équipements, y compris lorsqu'il s'agit de très grosses installations » (p. 377). Ce résultat n'implique pas nécessairement que toutes les autres composantes du coût moyen de l'entreprise

Tableau 3.4
Estimation des économies d'échelle lors de l'achat de biens d'équipement neufs

Valeur de *b*	Pourcentage de produits
0,00 – 0,49	24,4
0,50 – 0,79	56,8
0,80 – 0,99	13,4
1,0 et plus	5,4

SOURCE : Haldi et Whitcomb (1967, p. 376).

diminuent avec l'augmentation de la production, mais seulement que c'est le cas pour les équipements nouveaux.

3.3.2 Économies d'échelles liées aux coûts d'exploitation

Haldi et Whitcomb ont également effectué une estimation des économies d'échelle liées aux coûts d'exploitation. Selon leur définition, les coûts d'exploitation sont égaux aux coûts de production de l'établissement, moins les impôts et les dépenses d'investissement. Leur analyse se fonde sur des estimations de coût faites par des ingénieurs de la production. Leurs résultats révèlent le même type de relation que dans le cas des biens d'équipement neufs et montrent (tableau 3.5) que la valeur de b est très inférieure à 1 pour un fort pourcentage de produits, ce qui traduit à nouveau la présence d'importantes économies d'échelle. Par exemple, pour plus de 70 % des produits, une augmentation de 10 pour cent de la production entraîne une augmentation des coûts d'exploitation inférieure à 8 pour cent.

Tableau 3.5: *Économies d'échelle dans les coûts d'exploitation*

Valeur de *b*	Pourcentage de produits
0,00 – 0,49	15,1
0,50 – 0,79	56,3
0,80 – 1,00	28,1

SOURCE : Haldi et Whitcomb (1967, p. 382).

3.3.3 Économies d'échelle liées aux coûts industriels totaux

Johnston (1960) a effectué l'estimation de courbes de coût pour un échantillon comprenant des entreprises industrielles très diverses et établi que la forme prédominante était celle d'un « L » (voir la figure 3.5). Cette forme implique que lorsque

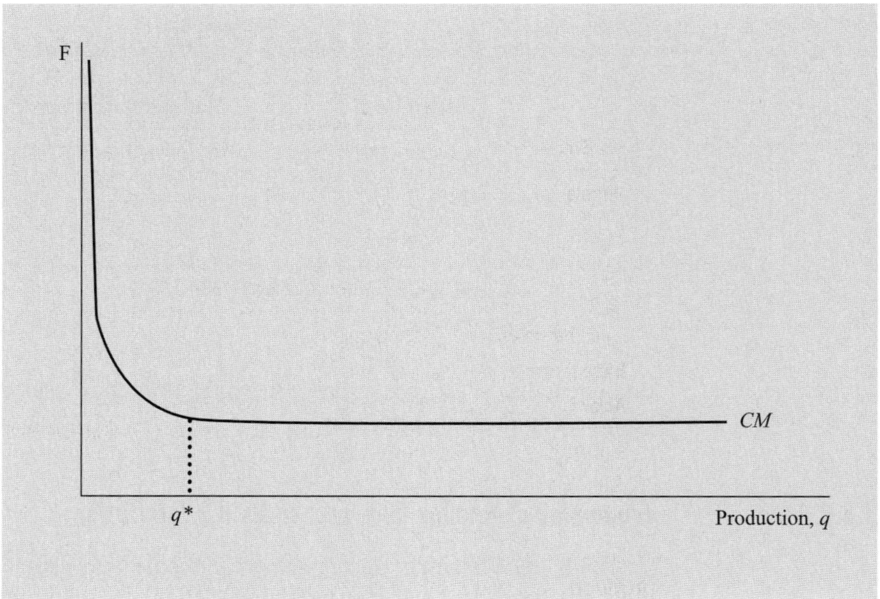

Figure 3.5: *Courbe de coût moyen en forme de « L »*

les niveaux de production sont bas, toute augmentation engendre d'importantes économies d'échelle. Mais lorsque la production est déjà élevée, ces économies s'épuisent et les coûts moyen deviennent alors constants.

Si les courbes de coût ont la forme illustrée par la figure 3.5, cela signifie que le coût moyen est pratiquement constant dès lors que le niveau de production est supérieur à q^*. La **taille minimale optimale** (TMO) d'un établissement est le plus petit niveau de production (q^*) qu'il peut produire en minimisant son coût moyen à long terme. La comparaison de la TMO d'une usine avec l'importance du marché permet de se faire une idée du nombre d'entreprises pouvant exploiter ce marché.

Pour juger de l'importance des économies d'échelle, il est également utile de pouvoir mesurer le désavantage de coût subi par un établissement de taille inférieure à la TMO. Si ce désavantage est faible, c'est que les économies d'échelle sont peu importantes.

Le tableau 3.6 regroupe un certain nombre d'estimations de la TMO dans différentes industries du Royaume-Uni, effectuées par des ingénieurs de production. Ces estimations s'accompagnent d'un calcul du désavantage de coût supporté par des établissements qui seraient construits avec une capacité de production égale à 50 pour cent de la TMO. Selon les résultats de Pratten (1971), environ 25 pour cent seulement des cas examinés font apparaître un désavantage de coût de production supérieur à 10 pour cent du fait d'une taille d'établissement inférieure à l'optimum. Weiss (1976) a utilisé les résultats de Pratten pour montrer que, pour la plupart des industries, la TMO d'établissement ne représente qu'un faible pourcentage de la

Tableau 3.6: *Estimations de la taille minimale optimale*

Produits	TMO production/an (volume)	TMO en % du marché (Royame-Uni)	% d'augmentation du coût par unité (taille < à 50% de TMO)
Pétrole	10 millions (tonnes)	10	5
Chimie			
- Éthylène	300 000 (tonnes)	9	25
- Colorants	grande	100	22
- Acide sulfurique	1 million (tonnes)	30	1
Bière (brasseries)	> à 1 million (barils)	3	9
Acier	9 Millions (tonnes)	33	5–10

SOURCE : Siberston (1972, p. 380), d'après Pratten (1971).

production américaine totale pour l'industrie concernée. Ce résultat implique que dans la plupart des industries, les économies d'échelle au niveau des établissements ne sont pas suffisamment importantes pour faire obstacle à la présence d'un grand nombre d'entreprises dans une industrie.

3.3.4 Études portant sur les taux de survie des entreprises

Stigler (1968) part d'une observation simple mais aux implications très grandes : s'il existe une taille optimale dans une industrie donnée, toutes les usines de cette branche doivent à la longue se rapprocher de cette taille, car toute taille d'usine ou d'établissement qui survit très longtemps démontre par là-même son efficience. Partant de ce constat, Stigler a classifié la part de la production réalisée par des usines de raffinement du pétrole de différentes tailles (voir le tableau 3.7). Comme la part des entreprises de taille extrême (les plus petites comme les plus grandes) diminue dans le temps, il en a déduit que les tailles d'entreprise correspondantes étaient inefficientes.

Si les entreprises sont placées dans les mêmes conditions, le taux de survie révèle la taille optimale dans une industrie à mesure que les établissements obsolètes sont remplacés. Mais si les entreprises sont confrontées à différentes conditions de coûts ou produisent des biens *différents*, le taux de survie ne peut donner d'indications que sur l'*intervalle* de variation de la taille minimale optimale. En effet, les économies d'échelle indiquent comment les coûts se réduisent lorsque la production augmente, *toutes choses égales par ailleurs*. Si d'autres facteurs agissent aussi sur les usines, le taux de survie ne révèle rien sur la taille minimale optimale, mais donne simplement une idée dans l'intervalle dans lequel elle se situe.

Tableau 3.7: *Répartition des raffineries de pétrole par taille d'établissement*

Taille d'établissement	% de la capacité de l'industrie		
(% du total de l'industrie)	1947	1950	1954
inférieur à 0,1	8,22	7,39	6,06
0,1 – 0,2	9,06	7,60	7,13
0,2 – 0,3	5,45	4,99	7,28
1,5 – 2,5	17,39	23,64	22,45
1,5 – 2,5	21,08	16,96	15,54

SOURCE : Stigler (1968, p. 69).

D'autres études ont appliqué la méthode de Stigler à différentes industries (Saving, 1964 ; Weiss, 1964 ; Rogers, 1992). Le tableau 3.8 révèle que dans l'industrie de la brasserie, le nombre d'usines a chuté depuis 1947.

Tableau 3.8: *Nombre d'établissements dans l'industrie de la bière*

Années	Nombre d'établissements
1947	465
1954	310
1958	252
1963	211
1974	108
1978	96
1983	80

SOURCE : Adapté de *Breweries Authorized to Operate*, Department of Treasury, Bureau of Alcohol, and Firearms, Washington D.C. U.S. Government Printing Office, diverses années ; *Modern Brewery Age*, Blue Book, Standford Ct. ; *Modern Brewery Age Pub.*, diverses années ; et *The Brewery Industry*, Staff Report of the Federal Trade Commission, Bureau of Economics, Washington D.C., U.S. Government Printing Office, 1978.

Le tableau 3.9 montre l'évolution de 1959 à 1979 du nombre d'usines de bière en fonction de leur taille (capacité de production annuelle). On peut constater que le nombre des usines les plus petites diminue alors que celui des plus grandes augmente. Ceci suggère que dans l'industrie de la bière, les économies d'échelle au niveau de l'établissement ont pris une plus grande importance. Cependant, au cours des années 1980 et 1990, de nombreuses usines de bière de très faible taille ont également été créées, ce qui dénote le développement de nouvelles technologies.

Tableau 3.9: *Classement des usines de bière en fonction de la capacité de production*

Capacité annuelle (milliers de barils)	1959	1971	1979
0–25	11	2	2
26–100	57	19	8
101–250	51	19	6
251–2000	88	67	26
2000–3000	5	9	6
3001–4000	3	3	7
4001 et +	2	7	20

SOURCE : Elzinga (1986, p. 215).

3.4 Les coûts de l'entreprise multi-produits

Le plus souvent, les entreprises fabriquent plusieurs produits différents, qui ont souvent des points communs. Par exemple, un magasin qui fabrique des beignets en proposera différentes variétés : beignets fourrés, beignets nature, etc. De même, un médecin généraliste peut soigner les maux de gorge comme les petites infections cutanées. Quand au plombier, il répare aussi bien des toilettes que des baignoires. Une entreprise qui fabrique plusieurs produits est qualifiée d'entreprise *multi-produits.*[(6)]. Le fait qu'une entreprise produise plusieurs produits ne modifie pas fondamentalement les analyses précédentes, mais il faut garder présent à l'esprit qu'il est plus réaliste de raisonner sur le cas d'entreprises multi-produits. Parfois, le fait d'ignorer cette caractéristique essentielle peut conduire à des conclusions ou à des actions erronées (voir le chapitre 21).

3.4.1 La définition des coûts de l'entreprise multi-produits

Lorsqu'une entreprise fabrique plus de 2 produits, il n'est plus possible de mesurer *le* coût moyen, ni *le coût marginal* car il n'y a plus de mesure homogène de la production. Il est cependant possible de définir des concepts analogues à ceux de l'entreprise ne produisant qu'un seul produit. Par exemple, si q_1 unités du produit 1 et q_2 unités du produit 2 sont fabriquées, le coût marginal de production du produit 1 est égal au coût supplémentaire dû au passage de q_1 à q_1+1, la production du produit 2 demeurant fixée à q_2. Dans cette définition, le coût marginal du produit 1 ne dépend pas seulement du niveau de production du produit 1, mais aussi de q_2. Le coût marginal du produit 2 est défini de façon analogue.

[6] Voir Baumol, Panzar et Willig (1982), ainsi que Panzar (1989) pour une étude détaillée des entreprises multi-produits.

Contrairement au coût marginal, le (ou les) coût(s) moyen(s) n'est (ne sont) pas aussi facile à définir dans le cas de l'entreprise multi-produits. Il faut en effet décider si l'on doit diviser le coût total par q_1, la production du produit 1, ou par q_2, la production du produit 2, ou même éventuellement par la somme $q_1 + q_2$ (ce qui n'a guère de sens). Il existe en fait plusieurs définitions plausibles du coût moyen (voir l'annexe B).

En plus de l'extrapolation des concepts de coût marginal et moyen au cas de l'entreprise multi-produits, certains concepts de coût sont spécifiques à ce contexte. Le plus important d'entre eux est celui d'économies de multi-production (voir l'annexe B pour les autres).

3.4.2 Économies de multi-production

S'il est moins coûteux de fabriquer deux produits ensemble (production jointe) plutôt que séparément, on dit qu'il y a une **économie de multi-production** (Baumol, Panzar et Willig, 1982 ; Panzar et Willig, 1977). Par exemple, l'élevage d'un bœuf permet de produire de la viande et du cuir. Il est bien sûr possible de ne produire que de la viande. Mais, étant donné les techniques qui existent aujourd'hui, ce serait du gaspillage.

S'il est vrai que les économies de multi-production impliquent qu'il est plus efficient de produire conjointement deux ou plusieurs produits, il ne faut pas en conclure que ces produits sont nécessairement fabriqués dans la même entreprise. Prenons par exemple le cas de la production d'acier. Le minerai de fer est d'abord transformé en fonte brute dans un haut-fourneau. Puis la fonte liquide est transformée en acier dans une chambre incandescente.

On peut donc concevoir que deux entreprises soient situées côte à côte, l'une produisant de la fonte, l'autre de l'acier, avec un pipeline pour transférer la fonte en fusion d'une entreprise à l'autre.[7] Toutefois, ainsi que nous l'avons vu au chapitre 2, lorsque des entreprises dépendent fortement les unes des autres, les coûts de transaction sont élevés et chaque entreprise prend le risque de se faire exploiter. L'importance des coûts de transaction explique pourquoi c'est généralement une seule entreprise qui fabrique les produits pour lesquels il existe des économies de multi-production.

De nombreux facteurs contribuent à l'existence d'économies de multi-production. L'un des plus importants est l'utilisation commune de facteurs de production. Dans l'exemple de la viande et de cuir, on voit facilement pourquoi il est préférable

[7] Dans certaines industries, les pipes-lines sont effectivement utilisés pour connecter deux entreprises. Par exemple, pour prévenir certains accidents mécaniques, un additif à base de plomb est ajouté à l'essence. Au début des années 1980, une raffinerie de pétrole d'Exxon en Louisiane était située à côté d'une usine appartenant au groupe Ethyl, qui fabriquait l'additif en question et le livrait ensuite à Exxon par l'intermédiaire d'un pipe-line.

EXEMPLE 3.3 Acheter de l'agneau, vendre du mouton et de la laine

Un autre exemple de multi-production est fourni par l'élevage de l'agneau, permettant d'obtenir simultanément de la viande de mouton et de la laine. La viande de mouton se dégrade très vite si elle n'est pas réfrigérée. Avant le développement des technologies du froid, il arrivait qu'on ne produise pas simultanément de la viande et de la laine à partir du mouton. Il semble ainsi qu'au douzième siècle, il existait dans les Flandres une ferme d'élevage d'agneaux uniquement destinés à produire de la laine. En effet, la ferme était trop éloignée des lieux de peuplement pour que la viande puisse y parvenir sans être avariée. D'autre part, il n'était pas rentable d'acheminer les moutons vivants (et rasés) pour les tuer ensuite, car il existait déjà des fermes d'élevage à proximité des villes.

SOURCE : Bailey et Friedlaender (1982, p. 1026).

de produire les deux ensemble plutôt que d'utiliser un bœuf pour produire de la viande et un autre pour fabriquer du cuir (voir cependant, l'exemple 3.3).

Les connaissances sont un facteur de production utilisé conjointement pour la production et la commercialisation de plusieurs produits interdépendants. Une bonne connaissance du marché des barres d'acier (comme de savoir où se trouvent les entreprises clientes) peut servir à la vente d'acier laminé. De même, le fait de savoir fabriquer efficacement des barres d'acier (savoir se procurer la fonte au meilleur prix) peut servir à fabriquer efficacement de l'acier laminé. Dans ce cas, il est plus rentable de produire et de vendre simultanément les deux produits, car la production séparée nécessiterait la duplication des connaissances. Le fait que le commerce des connaissances est difficilement réalisable est une raison supplémentaire expliquant que les produits interdépendants soient fabriqués au sein d'une même entreprise.

Un dernier exemple d'utilisation commune d'un facteur de production concerne le cas où la présence physique du facteur est nécessaire à la production, comme pour la prestation de certains services. Prenons l'exemple d'un plombier qui doit être capable de faire face à une grande variété de pannes, de l'évier bouché à la fuite située sous le carrelage de la salle de bain. Un plombier spécialisé dans les éviers bouchés serait peut-être plus efficace qu'un généraliste, parce que la spécialisation permet de mieux connaître un domaine particulier. Mais peut-on imaginer qu'il y ait des plombiers spécialisés dans la réparation des toilettes, tandis que d'autres ne s'occuperaient que de tuyauterie, et ainsi de suite ? Une telle situation ne ferait certainement pas l'affaire des propriétaires. En effet, à chaque panne, il leur faudrait appeler plusieurs plombiers, simplement pour faire un diagnostic précis. Autrement dit, du fait de l'*indivisibilité* du diagnostic (le spécialiste qui est physiquement présent pour effectuer le diagnostic doit savoir repérer n'importe quel type de panne), il ne serait pas efficient que le plombier venu pour effectuer le diagnostic ne puisse ni localiser la panne si elle ne relève pas de son domaine de compétence, ni réparer. Certes, si les gains de la spécialisation étaient très importants, il pourrait être rentable qu'il y ait des plombiers spécialisés (y compris dans le diagnostic des

EXEMPLE 3.4 L'industrie américaine du pain

L'industrie américaine du pain fournit un excellent exemple de multi-production où la spécialisation se fait entre les établissements de l'entreprise. Jusqu'à une période récente, les boulangeries fabriquaient généralement une large variété de produits (pains, sandwichs, gâteaux, etc.) pour une zone géographique restreinte. Mais l'arrivée sur le marché d'une génération de conservateurs plus puissants a permis d'augmenter la durée de vie des produits et donc de les livrer plus loin. Certaines boulangeries ont alors saisi cette opportunité pour s'agrandir en rachetant d'établissements situés à proximité et développèrent un nouveau système de production et de livraison basé sur la *réciprocité*: chaque boulangerie ne fabrique plus désormais qu'un seul type de produit et approvisionne toutes les autres qui peuvent ainsi commercialiser des produits variés. De ce fait, chaque boulangerie bénéficie simultanément d'économies d'échelle liées à la production d'une seule spécialité et d'économies de multi-production liées à la commercialisation d'une gamme complète.

pannes). mais dès lors que ces gains sont peu importants, une telle spécialisation est improbable.

3.4.3 Économies d'échelle et économies de multi-production

Les entreprises produisent souvent plusieurs produits afin de réaliser des économies de multi-production sur des fonctions telles que le marketing et la distribution. En effet, quelqu'un qui vend du pain peut également vendre des sandwichs. De plus, il peut être préférable pour le magasin de n'engager qu'une seule personne. Par ailleurs, lorsqu'une entreprise fabrique et vend plusieurs produits, elle peut spécialiser chacune de ses usines dans une production particulière pour bénéficier d'économies d'échelle, tout en conservant une gamme complète de produits. Ce type d'organisation implique cependant des coûts de transports de plus en plus élevés à mesure que les produits finis doivent être expédiés loin. Voir l'exemple 3.4.

3.4.4 Spécialisation dans l'industrie manufacturière

Les entreprises fabriquent souvent plusieurs produits à l'intérieur d'une même usine. L'*U.S. Bureau of Census* publie un indicateur du degré de spécialisation des usines dans chaque industrie. Cet indicateur est égal aux ventes du produit principal divisées par l'ensemble des ventes de tous les produits éventuellement fabriqués dans cette industrie. Par exemple, supposons qu'il n'existe qu'une seule usine produisant de l'acier en barres et que cette usine produise également du fil de fer en acier. Si elle vend pour 100 F de barres en acier et pour 50 F de fil de fer en acier, elle sera classée dans la sous-catégorie industrielle « acier en barre » et le ratio de spécialisation de cette industrie sera égal à 2/3, soit 66,7%. Les chiffres montrent que ratio de spécialisation d'une industrie est généralement supérieur à 80%. Ce pourcentage élevé indique que les usines manufacturières sont relativement spécialisées (mais cela ne signifie pas nécessairement que les entreprises le soient).

La tabulation du nombre des secteurs industriels auxquels appartient une entreprise indique qu'en 1968, 146 des 200 plus grandes entreprises manufacturières américaines (en termes de ventes) opéraient au moins dans 11 secteurs différents (Scherer, 1980, p. 76). Dunne, Roberts et Samuelson (1988) ont étudié toutes les entreprises manufacturières (qui sont majoritairement composées de très petites entreprises) et établi qu'en 1982, le nombre moyen de produits différents fabriqués par une entreprise oscillait entre un et deux. Si l'on ne compte que les entreprises ayant plusieurs usines, ce chiffre varie alors entre trois et quatre.

3.4.5 Exemple d'industrie avec économies de multi-production

Friedlaender, Winston et Wang (1983) ont estimé la fonction de coût multi-produits de quatre constructeurs américains d'automobiles. Ils postulent que les coûts dépendent des prix des différents facteurs de production (salaires et matières premières, par exemple) ainsi que des différents produits fabriqués (petits et gros modèles, camions, par exemple). Leur méthode statistique tient également compte des différents modèles dans chacune de ces catégories.

L'indicateur d'économie d'échelle qu'ils ont utilisé généralise s au cas de l'entreprise multi-produits (équation 3B.1 de l'annexe B). Pour GM, $s = 1{,}23$ (évaluation basée sur un niveau de production type), indiquant que cette entreprise bénéficie d'économies d'échelle. Donc, si GM augmentait simultanément de 10% sa production de petits et gros modèles, ainsi que de camions, les coûts augmenteraient d'environ 8% (10/1,23).

Ils ont également mesuré le degré d'économie de multi-production (équation 3B.2 de l'annexe B), spécifique à un groupe de produits donné. Ainsi, les économies de multi-production (MP) liées au fait de produire des grosses voitures en même temps que des petites et des camions sont mesurées par :

$$MP = \frac{C(GV) + C(PV + C) - C(GV + PV + C)}{C(PV + C)}$$

où C désigne le coût total des productions spécifiées à l'intérieur de la parenthèse. GV et PV désignent respectivement les grosses et les petites voitures et C les camions. MP indique quel serait le pourcentage d'augmentation des coûts si l'on produisait les grosses voitures séparément des petites voitures et des camions. Pour GM, ce chiffre est égal à 25%, montrant que la production de grosses voitures en parallèle avec les petites et les camions procure d'importants bénéfices. De façon surprenante, il n'y a pas d'économies de multi-production liées à la production de camions conjointement à celle des grosses et petites voitures, ce qui signifie que les camions pourraient être produits par une autre entreprise sans réduction d'efficience.

Résumé

1. La définition économique des coûts se fonde sur la notion de coût d'opportunité et inclut de ce fait un profit normal dans tout calcul de coût.
2. Une fonction de coût indique à l'entreprise quel est le coût associé aux différents niveaux de production d'un ou de plusieurs produits. Cette fonction de coût ne dépend pas uniquement de la production, mais également du prix des facteurs : salaires, coût des matières premières, etc.
3. On distingue de nombreuses sortes de coûts : coût irrécupérable, côut fixe, coût variable, coût récupérable, coût marginal, coût variable moyen et coût moyen total.
4. Certaines fonctions de coûts reflètent l'existence d'économies d'échelle, d'autres non. Généralement, un processus de production industriel bénéficie, au moins au départ, d'économies d'échelle. Mais d'autres fonctions de l'entreprise, comme l'administration, le contrôle, le marketing et la commercialisation génèrent des coût qui compensent progressivement ces économies d'échelle, expliquant l'existence d'une taille d'entreprise optimale.
5. Lorsqu'une entreprise fabrique des produits différents, l'analyse des coûts nécessite l'utilisation de concepts analogues à ceux employés dans le cas d'une entreprise mono-productrice, mais également des concepts nouveaux, comme celui d'économies de multi-production. La définition des coûts de l'entreprise multi-produits doit explicitement prendre en compte la dépendance entre le coût de production d'un produit et le niveau de production des autres produits.

Termes clés

Amortissement	Coût d'ajustement
Court terme	Coût fixe (CF)
Coût d'opportunité	Dépréciation
Coût fixe moyen (CFM)	Déséconomies d'échelle
Coût marginal (Cm)	Économies d'échelle
Coût moyen (CM)	Économies de multi-production
Coût moyen total (CMT)	Long terme
Coût (ir-)récupérable	Profit normal
Coût total (CT)	Rendements d'échelle constants
Coût variable (CV)	Taille minimale optimale (TMO)
Coût variable moyen (CVM)	Technologie de production

Questions

Q.3.1 L'existence d'économies de multi-production implique-t-elle qu'il est efficient de n'avoir qu'une seule entreprise par industrie ?

Q.3.2 La notion de fraction de production n'a-t-elle de sens que si l'on raisonne sur un taux de production par unité de temps ?

Q.3.3 Expliquez pourquoi une entreprise ne peut pas comparer directement le prix d'une machine avec le taux de salaire pour déterminer le nombre de machines et la quantité de travail qu'elle doit utiliser.

Q.3.4 La note de bas de page n° 7 de la section consacrée aux économies de multi-production analyse l'exemple du pipe-line reliant une usine du groupe Ethyl à une usine d'Exxon. D'après ce qui a été vu au chapitre 2 concernant les comportements opportunistes, peut-on affirmer qu'Exxon forme une large composante de la demande qui s'adresse à Ethyl ? Est-il probable que l'additif à base de plomb soit une composante importante des coûts d'Exxon ?

Q.3.5 Discutez l'affirmation suivante : si les coûts irrécupérables sont nuls et que l'entrée et la sortie d'une industrie peuvent se faire presque instantanément, c'est que les rendements d'échelle sont constants, puisqu'une entreprise ayant la taille optimale peut entrer et sortir de la branche.

Problèmes [8]

P.3.1 À très court terme, pratiquement tous les coûts sont fixes. Faut-il en déduire que le coût marginal est nul aussi ?

P.3.2 S'il y a des économies de multi-production et que le prix de chaque produit est égal à son coût marginal, est-il possible à une entreprise de couvrir tous ses coûts ? Si le coût moyen de production d'une entreprise baisse avec l'augmentation de sa production, la fixation du prix au niveau du coût marginal lui permet-elle de couvrir tous ses coûts ?

P.3.3 Supposez que le coût de produire q_1 voitures et q_2 camions soit égal à $10\,000 + 70q_1 + 80q_2$. Calculez le coût marginal de production des voitures ainsi que l'indicateur d'économies de multi-production pour $q_1 = 100$ et $q_2 = 200$.

P.3.4 Pourquoi l'indicateur d'économies de multi-production ne peut-il être supérieur à un si les coûts marginaux sont toujours positifs ?

P.3.5 Supposez qu'une industrie soit caractérisée par une large variété de tailles d'entreprises. Si toutes les usines sont situées dans la même région, que peut-on en conclure s'agissant de la forme de la courbe de coût moyen ? Supposez que des usines situées dans la même région soient confrontées aux mêmes conditions de coût. En quoi la réponse précédente est-elle modifiée si les usines sont situées dans différents pays.

---

[8] Les solutions des problèmes impairs sont données en fin de livre.

Bibliographie

ALCHIAN, Armen A. 1959. « Cost and Outputs », *in* M. ABRAMOWITZ, éd. *The Allocation of Economic Resources*. Standford : Standford Univ. Press.

BAILEY , Elizabeth E., et Ann F. FRIEDLAENDER. 1982. « Market Structure and Multi-Product Industries ». *Journal of Economic Litterature* 20 : 1024–48.

BAUMOL, William J., John C. PANZAR et Robert D. WILLIG. 1982. *Contestable Markets and The Theory of Industry Structure*. New York : Harcourt Brace Jovanovich.

DUNNE, Thimothy, Mark ROBERTS et Larry SAMUELSON. 1988. « Patterns of Firm Entry and Exit in U.S. Manufacturing Industries ». *Rand Journal of Economics* 19 : 495–515.

ELZINGA, Kenneth G. 1986. « The Beer Industry », *in* Walter ADAMS, éd. *The Structure of American Industry »*. New York : MacMillan 203–38.

FRIEDLAENDER, Ann F., Clifford WINSTON et Kung WANG. 1983. « Costs, Technologie, and Productivity in the U.S. Automobile Industry ». *Bell Journal of Economics* 14 : 1–20.

HALDI, John et David Whithcomb. 1967. « Economies of Scale in Industrial Plants ». *Journal of Political economy* 75 : 373–85.

JOHNSTON, John. 1960. *Statistical Cost Analysis*. New York : McGraw-Hill.

PANZAR, John C. 1989. « Determinants of Firm and Industry Structure », *in* Richard SCHMALENSEE, éd. *Handbook of Industrial Organization* : North Holland.

PANZAR, John C. et Robert D. WILLIG. 1977. « Economies of Scale in Multi-Output Production ». *Quarterly Journal of Economics* 91 : 481–93.

PRATTEN, C.F. 1971. « Economies of Scale in Manufacturing Industry ». Occasional Paper, N° 28. Cambridge : Cambridge University Press (Department of Applied Economics).

ROGERS, Robert P. 1992. « The Minimum Optimal Steel Plant and the Survivor Technique of Cost estimation ». Federal Trade Commission, Bureau of Economics Working Paper N° 197.

SAVINGS, Thomas R. 1964. « Estimation of the Optimal Size of Plant by the Survivor Technique ». *Quarterly Journal of Economics* 75 : 569–607.

SCHERER, Frederic M. 1980. *Industrial Market Structure and Economic Performance*. Boston : Houghton Mifflin.

SCHERER Frederic M., Alan BECKENSTEIN, Erich KAUFER et R. Dennis MURPHY. 1975. *The Economics of Multi-Plant Operation : An International Comparison Study*. Cambridge : Harvard University Press.

SIBERSTON, Aubrey. 1972. « Economies of Scale in Theory and Practice ». *Economic Journal* 82 : 369–91.

SMITH Adam. 1937. *The Wealth of Nations*. New York : The Modern Library.

STIGLER, Georges. 1968. « Economics of Scale ». *Journal of Law and Economics* 1, 54–71. Reprinted in *The Organization of Industry*. Chicago : University of Chicago Press, 1968.

VARIAN, Hal. 1984. *Microeconomic Analysis*. New York : W.W. Norton.

WEISS, Leonard W. 1964. « The Survival Technique and the Extent of Suboptimal Capacity ». *Journal of Political Economy* 72 : 246–61.

WEISS, Leonard W. 1976. « Optimal Plant Size and the extent of Suboptimal Capacity », *in* MASSON and QUALLS, éds. *Essays on Industrial Organization in Honor of Joe S. Bain*. Mass. : Ballinger.

Annexe A au chapitre 3

Relation entre le prix d'un actif et son taux de rémunération

Tout ce qui dure est du capital. Les biens d'équipements et les connaissances sont deux exemples de capital. Étant donné que la durée de vie du capital s'étale généralement sur plus d'une période, le concept qu'il faut lui appliquer lorsqu'on raisonne sur une période donnée est celui de rente. Si une entreprise possède une unité de capital, $K(t) = 1$, en période t, elle peut louer cette unité contre $u(t)$ F, où $u(t)$ désigne le coût d'usage du capital.

Les seules industries pour lesquelles il existe des données sur la rente du capital sont celles où existe un marché de location sur capital. Pour les autres, il faut considérer que l'entreprise se verse elle-même une rente pour l'utilisation de ce capital. Si p_k, le prix d'une unité de capital, existe, on peut en déduire la rente.

Le prix d'un actif est égal à la valeur actualisée de la rente que cet actif permet d'obtenir. Supposons que le stock initial de capital soit égal à un : $K(0) = 1$. À toute période t, la rente du capital est donnée par $u(t)K(t)$. La somme actualisée des rentes successives produites jusqu'à cette période t est égale à :

$$p_k(0)K(0) = p_k(0) = \int_0^\infty u(s)K(s)e^{-rs}ds \tag{3A.1}$$

où r est le taux d'intérêt et s la variable d'intégration (le temps).

Cette formule de détermination du prix d'un actif ne s'applique pas nécessairement à partir du temps 0, mais à partir de toute période t. Donc,

$$p_k(t)K(t) = \int_t^\infty u(t)K(t)e^{-r(s-t)}ds. \tag{3A.2}$$

Différentions l'équation (3A.2) par rapport à t (un point placé au-dessus d'une variable représente la dérivée de cette variable par rapport au temps). Nous obtenons :

$$\begin{aligned} p_k(t)\dot{K}(t) + \dot{p}(t)K(t) &= -u(t)K(t) + r\int_t^\infty u(t)K(t)e^{-r(s-t)}ds \\ &= -u(t)K(t) + rp_k(t)K(t), \end{aligned}$$

c'est-à-dire :

$$u(t) = rp(t) - \frac{p_k(t)\dot{K}(t)}{K(t)} - \dot{p}(t).$$

Donc,

$$u(t) = \left(r + \delta - \frac{\dot{p}_k}{p_k}\right)p_k(t) \tag{3A.3}$$

où δ représente la dépréciation physique du capital (le taux de déclin de la capacité productive du capital) — soit $\dot{K}/K$ — qui est supposée indépendante de t. $\dot{p}_k/p_k$ représente le taux d'appréciation du stock de capital (c'est-à-dire le pourcentage de variation du prix de l'actif au cours de la période considérée). $\delta - \dot{p}_K/p_K$ est parfois appelé *dépréciation économique*.

Annexe B au chapitre 3

Définitions des coûts de l'entreprise multi-produits

Le passage d'un à plusieurs produits nécessite de modifier les définitions des coûts. D'autre part, de nouveaux concepts doivent également être développés.[1]

Coûts totaux

Soit $C(q_1, q_2)$ la fonction de coût d'une entreprise qui fabrique q_1 unités du produit 1 et q_2 unités du produit 2. Comme dans le cas de l'entreprise qui produit un seul bien, le coût marginal de production du produit 1 se définit, pour tout niveau de production donné, par l'augmentation du coût total due à l'accroissement d'une unité de la production du bien 1. Bien entendu, il est maintenant nécessaire de définir le niveau donné de la production du bien 1, mais aussi celui de la production du bien 2. Mathématiquement, le coût marginal du produit 1 est simplement la dérivée (partielle) de $C(q_1, q_2)$ par rapport à q_1.

Coûts moyens

Que signifie un coût moyen pour l'entreprise multi-produits ? Il n'y a pas de réponse unique à cette question et, par conséquent, pas d'indicateur unique du coût moyen. Le coût total est clairement défini, mais il dépend de deux quantités, dont l'addition, $q_2 + q_2$ n'a pas plus de sens que d'additionner des pommes et des oranges. Il est donc nécessaire de pondérer les quantités avant des les additionner, mais aucune combinaison linéaire $a_1q_1 + a_2q_2$, où a_1 et a_2 sont deux nombres quelconques, n'est préférable aux autres.

Si l'on précise les proportions dans lesquelles les produits 1 et 2 sont produits, il devient possible de définir un concept de coût moyen, celui *coût moyen d'une proportion* (CMP). Si λ_1 et λ_2 sont les proportions dans lesquelles les produits 1 et 2 sont fabriqués, alors $q_1 = \lambda_1 q$ définit implicitement q, l'échelle de mesure de la production. On définit alors le CMP comme le coût total (en fonction de q et des λ_i) divisé par q. Autrement dit :

$$CMP(q) = \frac{C(\lambda_1 q, \lambda_2)}{q}.$$

L'étude de $CMP(q)$ permet de savoir si le coût moyen d'une proportion est croissant, constant ou décroissant. Naturellement, $CMP(q)$ dépend des valeurs de λ_1 et λ_2. Si λ_1 et λ_2 sont donnés (arbitrairement choisis), on se retrouve dans une situation similaire à celle d'un seul produit. En effet, pour toute valeur donnée de λ_1 et λ_2, nous pouvons calculer CMP puis déterminer l'échelle q qui minimise CMP, comme lorsqu'il n'y a qu'un seul

[1] Voir Baumol, Panzar et Willig (1982, Chapitres 3 et 4), et Panzar (1989) pour une analyse détaillée de ces questions.

produit. Cependant, l'échelle de production qui minimise CMP varie en général avec λ_1 et λ_2.

Prenons par exemple le cas d'une entreprise automobile qui fabrique des petites et des grosses voitures. S'il faut qu'elle en produise une combinaison comprenant 50% de chaque modèle, il se peut que par exemple que son coût moyen de proportion soit minimisé pour un niveau de production de chaque modèle égal à 1 million. Cependant, si la proportion est de 25% un modèle et de 75% pour l'autre, il se peut alors que le coût moyen de cette nouvelle proportion soit minimisé pour des niveaux de production différents pour chaque modèle : 1 million pour les petites et 3 millions pour les grosses, par exemple.

On peut montrer que $CMP(q)$ baisse, diminue ou reste constant en fonction de l'augmentation de q, suivant que l'indicateur d'économies d'échelle s (défini ci-après) est supérieur, inférieur ou égal à 1. Cet indicateur se définit[(2)] :

$$s = \frac{C(q)}{q_1 \dfrac{\partial C}{\partial q_1} + q_2 \dfrac{\partial C}{\partial q_2}}. \tag{3B.1}$$

Ainsi s est l'analogue pour l'entreprise multi-produits du ratio du coût moyen au coût marginal dans le cas de l'entreprise à un seul produit. Comme dans ce dernier cas, si les entreprises fixent les prix égaux aux coûts marginaux, s est alors égal au ratio des coûts aux revenus. Lorsqu'il n'y a qu'un seul produit, si s est supérieur à 1 et donc que CM est supérieur à Cm, alors CM décroît quand q augmente. En revanche, si s est inférieur à 1 et donc que CM est inférieur à Cm, alors CM croît quand q augmente. De même, lorsqu'il y a plusieurs produits, si s est supérieur à 1, CMP baisse quand q augmente. Inversement, si s est inférieur à 1, CMP augmente quand q augmente. Ainsi, s peut-il être considéré comme une mesure de l'augmentation proportionnelle des coûts totaux due à une augmentation en pourcentage des quantités produites de *tous* les biens.

D'autres concepts de coûts de multi-production n'ont pas de correspondance claire avec la production dans le cas d'un seul bien. Prenons l'exemple du produit 2 :

- Le *coût supplémentaire* de production du bien 2 entre 0 et q_2 (à production du bien 1 constante) est $CS_2 = C(q_1, q_2) - c(q_1, 0)$.

---

[2] *Preuve* :

$$\begin{aligned}
\frac{dCMP(q)}{dq} &= \frac{1}{q}\left[\lambda_1 \frac{\partial C}{\partial q_1} + \lambda_2 \frac{\partial C}{\partial q_2}\right] - \frac{1}{q^2} C(q) \\
&= \frac{1}{q^2}\left[\lambda_1 q \frac{\partial C}{\partial q_1} + \lambda_2 q \frac{\partial C}{\partial q_2}\right] - \frac{1}{q^2} C(q) \\
&= \frac{1}{q^2}\left[\lambda_1 q \frac{\partial C}{\partial q_1} + \lambda_2 q \frac{\partial C}{\partial q_2} - C(q)\right].
\end{aligned}$$

Donc, $dCMP(q)/dq > 0$ si

$$\sum q_i \frac{\partial C}{\partial q_i} > C(q)$$

c'est-à-dire si

$$1 > \frac{C(q)}{\sum q_i \dfrac{\partial C}{\partial q_i}}$$

où $1 > S$.

- Le *coût supplémentaire moyen* de production du bien 2 entre 0 et q_2 (à production du bien 1 constante) est $CSM_2 = [C(q_1, q_2) - c(q_1, 0)]/q2$.

Le coût supplémentaire de q_2 unités du bien 2 comprend tous les coûts fixes éventuels de production de q_2 ainsi que du niveau de production de q_1 considéré.

Économies d'échelle

Les économies d'échelle spécifiques au produit i (ESP_i) quand la quantité q_i de ce produit augmente et que celle de l'autre produit q_j reste constante, sont définies à partir ce CMS :

$$ESP_i \equiv \frac{CMS_i}{Cm_i}.$$

ESP_i est identique à s, l'indicateur d'économies d'échelle que nous avons juste défini, mais s'applique au cas particulier où tous les niveaux de production, sauf un, sont maintenus constants. La fonction de coût CMS ressemble à une fonction de coût moyen type. La fonction de coût multi-produits est ainsi convertie en fonction de coût à un seul produit en fixant tous les niveaux de production sauf un.

Économies de multi-production

La plupart de entreprises fabriquent plus d'un seul produit parce qu'il est moins coûteux de les produire ensemble plutôt que séparément. Le terme *économies de multi-production* désigne l'économie réalisée grâce à la multi-production. Considérons la production de q_1 unités du produit 1 et de q_2 unités du produit 2. Le coût de les produire séparément est égal à $C(q_1, 0) + C(0, q_2)$ et le coût de les produire ensemble est égal à $C(q_1, q_2)$. Par conséquent, les économies de multi-production, MP, sont mesurées par :

$$MP = \frac{[C(q_1, 0) + C(0, q_2) - C(q_1, q_2)]}{C(q_1, q_2)}. \quad (3B.2)$$

MP indique l'augmentation relative de coût qui résulterait de la production séparée des produits.[3] Lorsque MP est positif quels que soient les niveaux de production considérés, c'est qu'il est moins coûteux de fabriquer les deux produits ensemble. Lorsque les coûts marginaux sont positifs, MP ne peut pas être supérieur à 1.[4]

Lorsqu'une entreprise augmente sa production de plusieurs produits, elle peut peut bénéficier simultanément, le cas échéant, d'économies d'échelle et de multiproduction. Si l'une des deux formes d'économie est négative (déséconomies d'échelle par exemple), les deux peuvent se compenser. Dans le cas contraire, la fonction de coût est dite convexe *pour une proportion de production donnée*, ce qui signifie que pour toute proportion donnée de production des deux biens, le coût de production d'une combinaison linéaire des productions

[3] Si $\partial^2 C/\partial q_1 \partial q_2 < 0$, les produits 1 et 2 ont une *faible complémentarité de coût*. L'augmentation de la production des deux produits réduit la coût marginal de l'autre. Dans ce cas, il y a nécessairement des économies d'échelle (Panzar, 1989).

[4] *Preuve* : si $MP > 1$, alors $C(q_1, 0)+C(0, q_2)-C(q_1, q_2) > C(q_1, q_2)$, ou $[C(q_1, 0) - C(q_1, q_2)]+ [C(0, q_2) - C(q_1, q_2)] > 0$. Mais chacun des termes entre crochets est négatif si le coût marginal est positif. Par conséquent, cette inégalité ne peut pas être vérifiée et donc MP ne peut pas être supérieur à 1.

de cette proportion est inférieure au coût pondéré d'un même niveau des deux biens produits séparément.[5]

Exemple

Supposons que la location d'une machine permettant de produire soit des ballons rouges, soit des ballons bleus, coûte 100 F. Soit q_1 le nombre de ballons rouges et q_2 le nombre de ballons bleus. La fonction de coût est donnée par $C(q_1, q_2) = 100 + q_1 + 2q_2$.

L'examen de la fonction de coût indique qu'une fois la machine achetée, cela coûte 1 F de produire un ballon rouge de plus, mais 2 F de produire un ballon bleu de plus. À partir de cet exemple, nous pouvons illustrer plusieurs des concepts que nous venons de définir.

Coût marginal. Le coût marginal du produit 1 s'obtient en calculant la dérivée de $C(q_1, q_2)$ par rapport à q_1. Dans ce cas, le coût marginal du produit 1 est constant et égal à 1. Le coût marginal du produit 2 est également constant et égal à 2.

Coût moyen d'une proportion. Supposons que $\lambda_1 = 0{,}5$ et que $\lambda_2 = 0{,}5$. Dans ce cas,

$$C(0{,}5q, 0{,}5q) = 100 + 0{,}5q + 2 \times 0{,}5 = 100 + 1{,}5q.$$

Donc

$$CMP(q) = \frac{100 + 1{,}5q}{q} = \frac{100}{q} + 1{,}5\,.$$

Dans cet exemple, CMP baisse quand q augmente.

Économies d'échelle. L'indicateur s d'économies d'échelle est :

$$\begin{aligned} s &= \frac{C(q_1, q_2)}{q_1 \frac{\partial C}{\partial q_1} + q_2 \frac{\partial C}{\partial q_2}} \\ &= \frac{100 + q_1 + 2q_2}{q_1 + 2q_2} = \frac{100}{q_1 + 2q_2} + 1. \end{aligned}$$

Comme nous pouvons le constater, l'indicateur d'économies d'échelle est toujours supérieur à 1, ce qui montre que dans cet exemple il y a des économies d'échelle à tous les niveaux de production.

Économies de multi-production. Si la production de q_1 unités de bien 1 était effectuée séparément, le coût serait égal à $C(q_1, 0) = 100 + q_1$. De même, si q_2 était produit séparément, le coût serait égal à $C(0, q_2) = 100 + 2/q_2$. Le coût de produire séparément q_1 et q_2 est donc :

$$C(q_1, 0) + C(0, q_2) = 200 + q_1 + 2q_2.$$

---

[5] La définition formelle de la convexité d'une proportion de production donnée (voir Baumol, Panzar et Willig, 1982, Ch. 4, définition 4D1) est : « Une fonction de coût est localement convexe pour une proportion de production donnée s'il existe, au voisinage d'un point quelconque $q^* = (q_1^*, \ldots, q_n^*)$, un vecteur de constantes positives $w_1, \ldots, w_n$, tel que tout couple quelconque de vecteurs de production $(q_1^a, \ldots, q_n^b)$ et $(q_1^b, \ldots, q_n^b)$ situés sur l'hyperplan $\sum w_i q_i = w_0$ tangent au point q^* (pour qu'ils satisfassent $\sum w_i q_i^a = \sum w_i q_i^b = \sum w_i q_i^*$) et pour tout k tel que $k < 1$ l'on ait :

$$C(kq^a + [1 - k]q^b \leq kC(q^a) + [1 - k]c\left(q^b\right).\text{»}$$

Il est possible d'établir un lien entre un processus de production caractérisé par la convexité d'une proportion de production donnée et l'existence d'un monopole naturel (Panzar, 1989).

Ce coût est clairement supérieur à $C(q_1, q_2)$, le coût de produire les deux biens ensemble. L'équation (3B.2) nous permet de calculer l'indicateur d'économies de multi-production :

$$\begin{aligned} MP &= \frac{[c(q_1, 0) + C(0, q_2) - C(q_1, q_2)]}{C(q_1, q_2)} \\ &= \frac{[200 + q_1 + 2q_2 - (100 + q_1 + 2q_2)]}{[100 + q_1 + 2q_2]} \\ &= \frac{100}{100 + q_1 + 2q_2}. \end{aligned}$$

Économies spécifiques à un produit. En fixant par exemple q_2, nous pouvons calculer $ESP(q_1) = [C(q_1, q_2) - C(0, q_2)]$, c'est-à-dire :

$$\begin{aligned} ESP(q_1) &= \frac{[(100 + q_1 + 2q_2) - (100 + 2q_2)]}{q_1} \\ &= \frac{q_1}{q_1} = 1. \end{aligned}$$

L'indicateur ESP est donc constant puisqu'égal à 1. Notons que le coût marginal de produire le bien 1 est également égal à 1 et constant. Ainsi, il n'y a pas d'économies spécifiques à la production de q_1 (ni d'ailleurs, comme on peut le calculer, à la production de q_2), bien qu'il y ait des économies d'échelle globales.

DEUXIÈME PARTIE

Structures de marché

4

La concurrence parfaite

Il est écrit : tu ne convoiteras pas. Malgré cela, la tradition approuve toutes les formes de concurrence.

Arthur Hugh Clough

La concurrence parfaite sert à évaluer les autres formes de marché. C'est pourquoi nous l'étudions dans ce chapitre, malgré les postulats très restrictifs sur lesquels elle se fonde et bien qu'elle ne s'applique qu'à quelques marchés. Nous introduirons également deux outils d'analyse très utiles : les élasticités et les courbes de demande résiduelles. Nous montrerons ensuite que la concurrence a des propriétés particulièrement bénéfiques concernant l'efficience et le bien-être, mais que ces propriétés sont très dépendantes des deux conditions de libre entrée (ou libre sortie) du marché et d'absence d'externalités (les entreprises supportent la totalité du coût des leurs actions). Nous verrons que lorsque ces conditions ne sont pas vérifiées, certains conséquences négatives en résultent. Enfin, nous terminerons ce chapitre en évoquant des exemples de marchés que la plupart des économistes considèrent comme concurrentiels.

Les points essentiels de ce chapitre peuvent être résumés ainsi :

1. La concurrence a de nombreuses propriétés bénéfiques.

2. La liberté d'entrée (ou de sortie) du marché est une condition essentielle de l'efficacité du mécanisme concurrentiel.

3. La concurrence maximise le bien-être.

4. Les effets positifs de la concurrence se réduisent en présence d'externalités telles que la pollution.

5. Lorsque toutes les conditions de la concurrence parfaite ne sont pas réunies, les marchés conservent cependant certaines des propriétés de la concurrence parfaite.

4.1 Concurrence parfaite

La concurrence parfaite est rare. Peut-être même n'existe-elle pas en réalité. Nous l'étudions malgré tout car c'est un modèle idéal servant de référence pour évaluer les autres formes de concurrence. Dans les chapitres suivants, nous examinerons comment les marchés réels s'écartent de la concurrence parfaite et quels sont ceux qui s'en écartent le plus. Les économistes valorisent généralement la concurrence, car cette structure de marché a des propriétés particulièrement intéressantes. Toutefois, comme nous le verrons à maintes reprises dans ce livre, il faut se garder de penser qu'un marché qui n'est pas parfaitement concurrentiel serait nécessairement plus performant s'il devenait concurrentiel.

4.1.1 *Postulats*

La **concurrence parfaite** est une forme de marché dans laquelle toutes les entreprises produisent un bien homogène, parfaitement divisible. Il n'y a ni barrières à l'entrée, ni barrières à la sortie, les producteurs et les consommateurs sont pleinement informés, ne supportent aucun coût de transaction et n'ont pas d'influence sur le prix. Enfin, il n'y a pas d'externalités. Pour résumer, les principaux postulats de la concurrence parfaite sont :

- *Produit homogène.* Toutes les entreprises vendent un produit identique. Les consommateurs considèrent que les produits fournis par les différentes entreprises sont les mêmes. Ils sont donc indifférents à l'origine du produit.

- *Information parfaite.* Les acheteurs et les vendeurs disposent de toutes les informations utiles concernant le marché. En particulier, ils connaissent le prix et la qualité du produit.

- *Prix donné.* Ni les acheteurs, ni les vendeurs ne peuvent individuellement influencer le prix auquel le produit peut être acheté ou vendu. Le prix est déterminé par le marché. Tous les acheteurs et vendeurs le considèrent comme fixé.

- *Coûts de transactions nuls.* Ni les acheteurs, ni les vendeurs ne supportent de coûts ou de droits d'entrée pour accéder au marché.

- *Absence d'externalités.* Chaque entreprise supporte la totalité des coûts de sa production. Autrement dit, il n'y a pas d'externalités, c'est-à-dire de coûts qu'une entreprise impose à la société au lieu de les assumer. *A contrario*, quand une entreprise pollue l'environnement sans avoir besoin d'indemniser ceux qu'elle incommode, il s'agit d'une externalité.

- *Liberté d'entrée et de sortie.* Les entreprises peuvent pénétrer un marché et le quitter, rapidement et à tout moment, sans avoir à supporter de dépenses particulières. Autrement dit, il n'y a ni barrières à l'entrée, ni barrières à la sortie.

- *Divisibilité parfaite de la production.* Les entreprises peuvent produire et les consommateurs acheter n'importe quelle fraction d'unité produite. De ce fait, la quantité produite peut être considérée comme une fonction continue du prix. Il s'agit d'un postulat technique qui évite d'avoir à se préoccuper des problèmes causés par de larges variations ponctuelles d'offre et de demande en réaction à de faibles variations de prix.

Certains économistes postulent également qu'un marché parfaitement concurrentiel est composé d'un grand nombre d'acheteurs et de vendeurs. S'il y a beaucoup d'entreprises, aucune ne peut fixer un prix plus élevé que celui du marché sans perdre tous ses clients, ce qui signifie que le prix est une donnée hors du contrôle de l'entreprise. De même, les consommateurs ne peuvent pas acheter à un prix inférieur à celui du marché, de sorte que le prix est également une donnée qu'ils ne contrôlent pas. Même s'il y a peu d'entreprises sur un marché, aucune ne pourra élever son prix au-dessus de celui du marché. En effet, si c'était le cas, une entreprise extérieure pourrait immédiatement entrer sur le marché, fixer un prix plus bas et attirer la clientèle. Ainsi, en postulant que les entreprises comme les consommateurs sont des preneurs de prix et que l'entrée comme la sortie du marché sont libres, nous n'avons pas besoin de postuler que le marché est composé d'un grand nombre d'entreprises.[(1)] Les marchés concurrentiels sont généralement composés d'un grand nombre d'entreprises et de consommateurs, mais certains marchés sont concurrentiels même s'il n'y a que quelques entreprises.

4.1.2 Comportement de l'entreprise représentative

Commençons par étudier le cas d'une entreprise type, dont les courbes de coûts à court terme sont illustrées à la figure 4.1. Combien doit-elle produire ? Doit-elle même produire quelque chose ?

[1] Le fait que les entreprises prennent le prix comme une donnée peut se déduire des autres postulats (libre entrée et libre sortie, en particulier). Ce n'est que pour des raisons pédagogiques que nous l'avons rangé parmi les postulats de base.

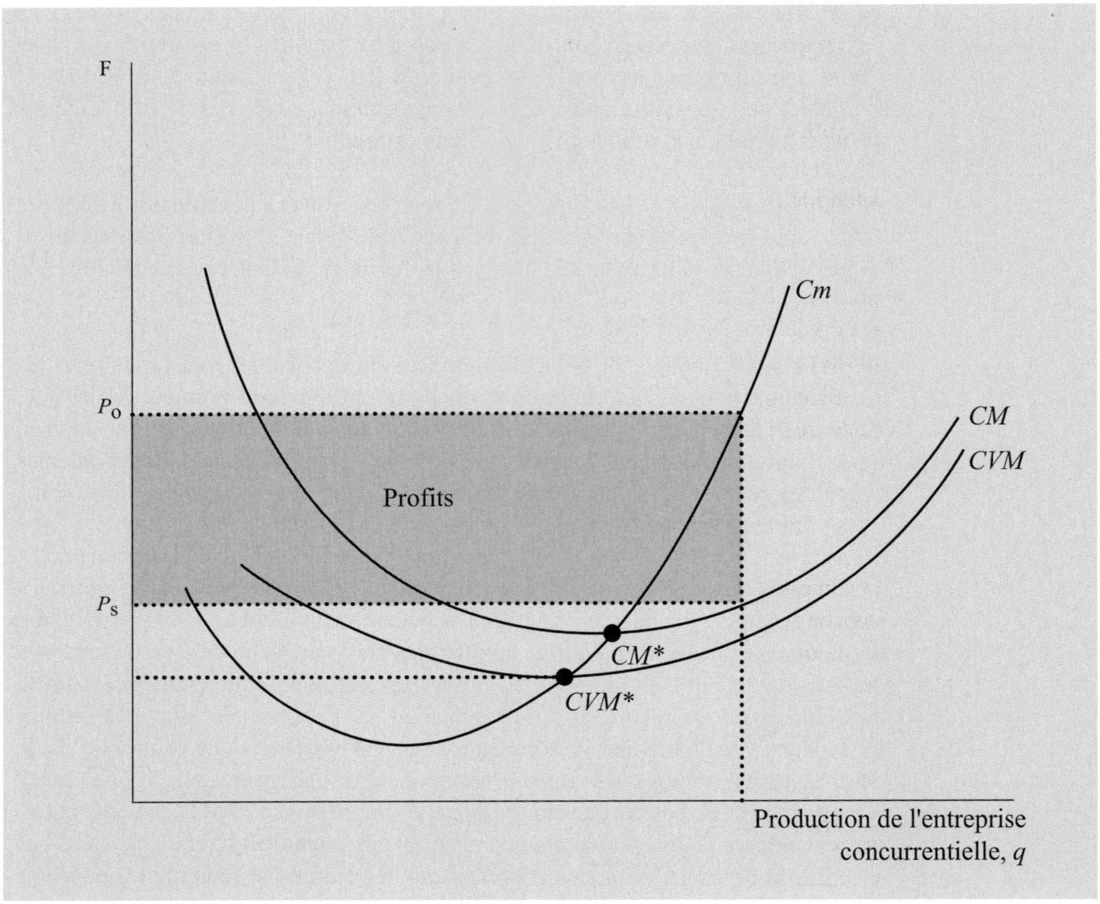

Figure 4.1: *Courbes de coûts et maximisation du profit*

A. Maximisation du profit

L'objectif de toute entreprise, y compris l'entreprise concurrentielle, est de maximiser ses profits (ou, de façon équivalente, de minimiser ses pertes). En concurrence, le profit d'une entreprise est donné par :

$$\pi = pq - C(q),$$

où p est le prix, q la quantité et $C(q)$ le coût total. Au prix p donné, l'entreprise peut écouler sur le marché la quantité qu'elle souhaite car elle est trop petite par rapport au marché pour influencer le prix. Par conséquent, sa courbe de demande correspond à un droite horizontale de niveau p.

Tant que la recette tirée de la vente d'une unité supplémentaire est supérieure au coût de production de cette unité, l'entreprise réalise un profit. Le supplément de recette lié à la vente d'une unité de plus est égal au *prix*, tandis que le coût supplémentaire engendré par la production de cette unité est égal au *coût marginal* (Cm). Pour une entreprise en situation de concurrence, la règle optimale de production (permettant de maximiser le profit) consiste à augmenter la production jusqu'à ce que le coût marginal, Cm, soit égal au prix p.

La figure 4.1 illustre la décision de maximisation du profit d'une entreprise en situation de concurrence, lorsque le prix est égal à p_0. Si l'entreprise produisait plus que q_0, Cm serait supérieur à p_0 et elle pourrait augmenter son profit en réduisant sa production. Si l'entreprise produisait moins que q_0, Cm serait inférieur à p_0 et elle pourrait accroître son profit en augmentant sa production. Lorsque la production est égale à q_0, p est égal à Cm et le profit est maximum.[2] Sur la figure 4.1, le profit est illustré par la surface en gris foncé.[3]

Si le prix p dépasse p_0, le profit de l'entreprise augmente même si sa production reste constante, mais celui-ci peut augmenter davantage encore si l'entreprise accroît sa production jusqu'à ce que $p = Cm$. Si le prix est inférieur à p_0, le profit de l'entreprise baisse si la production demeure au niveau q_0, mais le profit baisse moins si l'entreprise diminue sa production jusqu'à ce que $p = Cm$. Ainsi, lorsque le prix s'élève, l'entreprise « monte » le long de sa courbe de coût marginal et son profit augmente. Lorsque le prix baisse, l'entreprise« descend » le long de sa courbe de coût marginal afin de minimiser la réduction de son profit. L'augmentation ou la diminution du profit signalent à l'entreprise s'il faut accroître ou réduire sa production.

B. Seuil de fermeture de l'entreprise

Une entreprise ne produit que si c'est profitable, c'est-à-dire si ses recettes sont supérieures aux **coûts récupérables** (les sommes que l'entreprise récupère si elle

---

[2] L'objectif de l'entreprise peut se formuler ainsi :

$$\max_q \pi = pq - C(q).$$

La condition du premier-ordre de ce problème de maximisation s'obtient en annulant la dérivée de π par rapport à q : $p - C'(q) = 0$ où $C'(q) = dC(q)/dq$, c'est-à-dire Cm. Cette condition du premier-ordre — prix égal coût marginal — est une condition nécessaire de maximisation du profit. La condition du second-ordre est $-C''(q) < 0$. Cette condition du second-ordre — Cm croissant au point d'équilibre — est une condition suffisante de maximisation du profit.

[3] Le profit d'une entreprise est égal à la recette totale moins le coût total, soit :

$$\pi = pq - C,$$

où pq (prix multiplié par quantité) représente la recette totale. Le profit peut se reformuler sous forme du profit moyen par unité (recette moyenne, p, moins coût moyen, $CM = C/q$) multiplié par le nombre d'unités vendues (q). Autrement dit,

$$\pi = (p - CM)q.$$

Ainsi, le profit peut se représenter graphiquement par un rectangle dont la largeur est égale au profit moyen par unité, $p - CM$, et la longueur égale au nombre d'unités vendues par l'entreprise, q.

arrête de produire et vend ce qu'elle possède). Au-delà du montant correspondant aux coûts récupérables, tout supplément de recette correspond à une **quasi-rente**, c'est-à-dire un revenu supplémentaire à ce qui est strictement nécessaire au fonctionnement à court terme de l'entreprise. Pour simplifier, supposons maintenant que tous les coûts sont irrécupérables. Un exemple de coût irrécupérable, déjà évoqué au chapitre 3, est celui des droits qu'une entreprise doit payer pour son inscription au registre du commerce. Ses droits ne sont pas remboursés en cas de cessation d'activité. Si tous les coûts fixes sont irrécupérables, la partie récupérable des coûts est juste égale aux coûts variables car ceux-ci sont *évités* si l'entreprise décide de stopper sa production. Aussi la règle qui préside à la décision de produire ou non doit être : ne produire et vendre que si les recettes sont au moins aussi élevées que l'ensemble des coûts variables. De façon équivalente, l'entreprise ne doit produire et vendre au prix p que si p est égal ou supérieur au coût variable moyen (CVM).

À court terme, le coût moyen minimum (le point le plus bas de la courbe CM), CM^*, est supérieur à CVM^*, le minimum de CVM, parce que le coût moyen est égal à la somme du coût variable moyen et du coût fixe moyen. Il est donc profitable pour une entreprise de produire plutôt que de fermer si le prix est inférieur au minimum du coût moyen ($p < CM^*$) mais supérieur au minimum du coût variable moyen ($p > CVM^*$). Autrement dit, il vaut mieux produire et encaisser l'excédent des revenus sur les coûts variables que de fermer et de n'avoir plus aucun revenu (car cela permet en partie de compenser les coûts irrécupérables). Dans ce cas, bien bien qu'elle perde de l'argent si l'on considère l'ensemble des coûts, l'entreprise continue son activité. Un exemple va nous aider à clarifier cette contradiction apparente.

Supposons que le coût fixe d'une entreprise, 200 F, soit irrécupérable. Son coût marginal (Cm) est constant, soit 10 F, tant que la quantité produite ne dépasse pas 100 unités. Au-delà de 100 unités, le Cm devient très élevé. Si le prix est égal à 10 F, l'entreprise produit et vend 100 unités. L'entreprise couvre alors juste ses coûts de production variables, mais ne reçoit rien pour compenser les 200 F de frais fixes : elle perd donc 200 F.

Si le prix est égal à 9 F, mieux vaut que l'entreprise cesse de produire, car elle perd 1 F par unité supplémentaire et elle perdrait en tout 300 F si elle produisait les 100 unités (200 F de coût fixe + 100 F de coût variable). Mieux vaut fermer et ne perdre que 200 F, plutôt que de produire et perdre davantage encore.

Supposons maintenant que le prix soit égal à 11 F. Dans ce cas, en produisant 100 unités, l'entreprise gagne 100 F de plus qu'elle n'a besoin pour couvrir son coût variable. Elle perd toujours de l'argent si l'on tient compte du coût fixe ($-200F + 100F = -100F$), mais il est préférable de perdre 100 F que de perdre 200 F. Cet exemple illustre que la décision de produire est *indépendante* du coût fixe irrécupérable. Lorsque le coût fixe n'est pas récupérable (l'argent est perdu, que la production soit positive ou nulle), il ne doit pas intervenir dans la décision de produire.

Quand tous les coûts fixes sont irrécupérables, l'entreprise produit si p est supérieur ou égal à CVM^*, mais non si p est inférieur à CVM. Le point de production nulle (p_s sur la figure 4.1) est appelé **seuil de fermeture**. Lorsque le prix est supérieur à CVM^*, la courbe Cm correspond à la **courbe d'offre de l'entreprise**, c'est-à-dire la quantité que l'entreprise offre aux différents prix. En concurrence, la courbe d'offre d'une entreprise est égale à la partie de la courbe Cm située au-dessus du seuil de fermeture, CVM^*.

Lorsqu'une entreprise subit des pertes à court terme (période au cours de laquelle les coûts sont irrécupérables), doit-elle continuer à produire et demeurer non rentable ?[(4)] La réponse est négative. À long terme, une entreprise qui perd de l'argent ne réinvestira pas, car se serait à fonds perdus. Les pertes à court terme sont pour l'entreprise le signal qu'elle ne devrait pas investir dans le renouvellement de ses installations. À long terme, une entreprise rationnelle ferme ses portes si elle s'attend à supporter des pertes permanentes. Elle préférera cesser de produire plutôt que d'effectuer des investissements en maintenance ou en nouveaux équipements, ce qui ne pourrait que lui faire perdre encore davantage d'argent.

Lorsqu'une entreprise perd de l'argent à court terme, c'est que ses recettes sont inférieures au coût d'opportunité à long terme de ses ressources. Étant donné que le coût d'opportunité inclut un profit normal, il se peut qu'une entreprise qui fait des pertes ne dépense pas plus d'argent qu'elle n'en reçoit, mais simplement qu'elle gagne moins d'argent qu'elle n'aurait pu si l'argent (déjà) investi en coûts irrécupérables l'avait été ailleurs.

Lorsque les coûts fixes sont irrécupérables, la décision de fermeture doit être prise si les recettes sont inférieures aux coûts récupérables. Comme nous l'avons déjà expliqué au chapitre 3, un avocat qui cesse d'exercer, peut payer des pénalités pour être dégagé de l'obligation de payer pour la location d'un bureau qu'il n'a plus besoin d'occuper. Il s'agit là d'un bon exemple de coût partiellement évitable ou récupérable. Lorsqu'une partie des coûts fixes est récupérable, un prix égal à CVM^* ne suffit pas à empêcher la fermeture. Reprenons l'exemple chiffré précédent et supposons que le coût fixe de 200 F représente maintenant le prix d'une location annuelle et qu'il faille payer une pénalité de 100 F pour être dégagé de l'obligation de payer la location. Dans ce cas, l'entreprise compare la perte certaine de 100 F (pénalité de rupture) avec les recettes issues de la production déduction faite des 200 F de loyer annuel. Si le prix est égal à 10 F, l'entreprise gagne 0 F sur chaque unité, mais supporte 200 F de coût fixe. Par conséquent, elle préfèrera payer 100 F de pénalités et cesser son activité. Même si le prix était égal à 10,50 F et que l'entreprise puisse gagner 0,50 F pour chacune de ses 100 unités vendues, il serait malgré tout préférable de payer la pénalité de 100 F et de cesser son activité.

---

[4] Comme expliqué au chapitre 3, le court terme et le long terme ne sont que des abstractions utiles. Mais, en réalité, ce sont les coûts d'ajustement qui déterminent la rapidité d'adaptation d'une industrie aux changements. Le temps nécessaire pour s'adapter à tout changement donné dépend de l'état de l'industrie au moment du changement, ainsi que de l'ampleur de l'ajustement nécessaire. Voir l'annexe A à ce chapitre.

Le prix correspondant au seuil de fermeture est supérieur au coût variable moyen et d'autant plus proche du coût moyen que les coûts fixes sont récupérables. À la limite, lorsque tous les coûts fixes sont récupérables, le seuil de fermeture correspond avec le point minimum de la courbe CM. Ainsi, en l'absence de coûts fixes irrécupérables, l'entreprise atteint le seuil de fermeture avant de subir des pertes économiques.

4.1.3 Fonctionnement d'une industrie concurrentielle

Nous pouvons déduire la courbe d'offre de l'industrie à partir du comportement des entreprises individuelles. L'intersection de la courbe d'offre de l'industrie avec la courbe de demande correspondante détermine l'équilibre concurrentiel.

A. La courbe d'offre à court terme de l'industrie

Supposons qu'à court terme il y ait n entreprises identiques et que tous les coûts fixes soient irrécupérables. La **courbe d'offre de l'industrie** est égale à la somme horizontale des courbes d'offre des entreprises composant l'industrie (voir la figure 4.2). La partie horizontale de la courbe d'offre de l'industrie correspond : (1) à l'absence de production pour tous les prix inférieurs au seuil de fermeture et (2) à un prix légèrement supérieur au seuil de fermeture pour lequel toutes les entreprises produisent. L'intersection de la courbe de demande avec la courbe d'offre à court terme de l'industrie détermine le *prix d'équilibre à court terme*, p_0, et la quantité correspondante, Q_0.

L'équilibre illustré par la figure 4.2 fait apparaître que l'entreprise représentative réalise un profit, ce qui incite d'autres entreprises à entrer sur le marché. À long terme, les entreprises peuvent entrer jusqu'à ce que les entreprises déjà présentes sur le marché aient atteint la taille optimale (celle qui minimise le coût moyen à long terme). Si le minimum du coût moyen à long terme correspond au point A^*, il est profitable d'entrer quand le prix est plus élevé que A^* (voir la figure 4.3). À long terme, lorsque les entreprises peuvent entrer et sortir sans supporter de coûts irrécupérables, la courbe d'offre à long terme de l'industrie est parfaitement horizontale au niveau A^* (si toutes les entreprises potentielles sont identiques), le minimum du coût de production.

B. L'équilibre à long terme

Les profits ou les pertes à court terme incitent les entreprises à entrer ou quitter l'industrie jusqu'à ce que le prix atteigne le niveau A^*. L'existence de profits positifs à court terme attire de nouvelles entreprises et encourage celles déjà présentes à accroître leurs capacités de production. Il s'ensuit une augmentation de l'offre qui réduit le prix jusqu'à ce que, à long terme, toute opportunité de profit disparaisse. Inversement, les pertes à court terme incitent les entreprises à quitter l'industrie et à réduire leur production jusqu'à ce que le prix augmente à nouveau jusqu'au niveau du profit normal (nul). À long terme, les entreprises obtiennent un profit

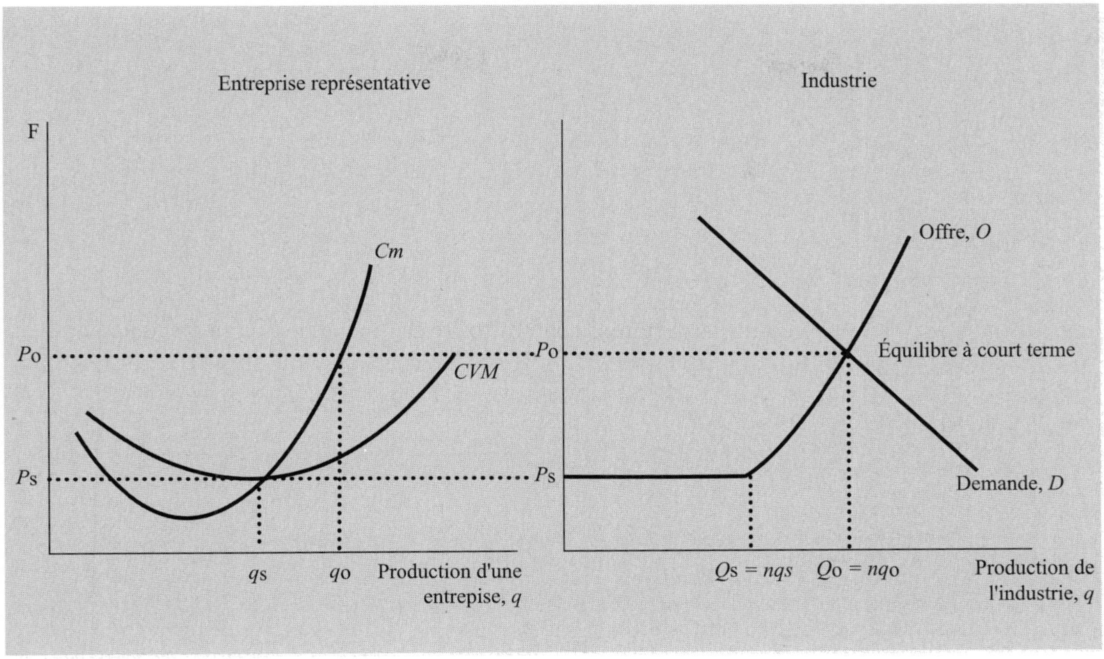

Figure 4.2: *Équilibre à court terme*

économique nul à l'équilibre : juste assez pour les encourager à demeurer sur le marché.[5]

L'équilibre à long terme est déterminé par l'intersection des courbes de demande et d'offre à long terme de l'industrie. À long terme, le nombre d'entreprises de l'industrie, n^*, est tel que l'industrie est *simultanément* en équilibre à court et long terme (voir la figure 4.3). En effet, à long terme, la courbe de demande D entre à la fois en intersection avec la courbe d'offre à long terme et à court terme. Cette intersection détermine le nombre d'entreprises à l'équilibre, n^*, ainsi que le prix d'équilibre, p^* (qui est au même niveau que A^* sur la figure 4.3), et la quantité d'équilibre, Q^*. À l'équilibre, la production totale de l'industrie est $Q^* = n^*q^*$.

Il existe un prix unique tel que la quantité que les entreprises souhaitent offrir correspond à la quantité demandée par les consommateurs. Il n'y a pas d'acheteurs ni de vendeurs insatisfaits. Tous les vendeurs pratiquent le même prix et donc tous les acheteurs paient le même prix.

---

[5] S'il n'y a pas d'autre entreprise pouvant produire à un coût inférieur à celles qui sont déjà dans l'industrie, ces dernières peuvent alors réaliser un profit positif (parfois appelé rente). Dans ce cas, les entreprises produisent néanmoins au niveau qui correspond à l'égalité du prix au coût marginal.

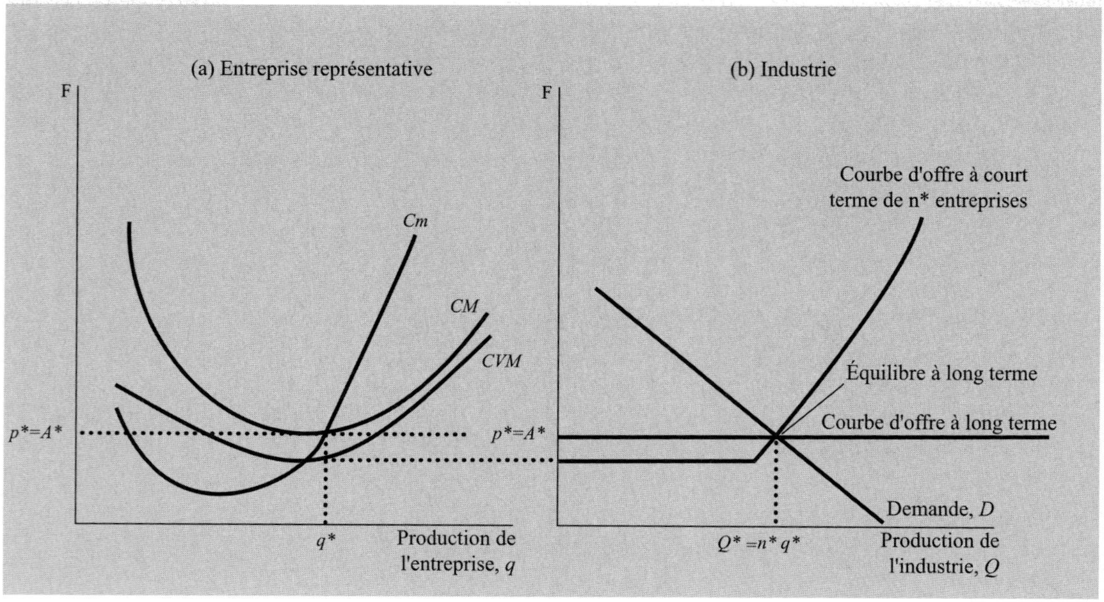

Figure 4.3: *Équilibre à long terme*

C. Forme de la courbe d'offre à long terme

Ainsi que nous venons de l'expliquer, s'il y a de nombreuses entreprises identiques, la courbe d'offre à long terme est parfaitement horizontale au point A^*, le minimum du coût moyen de production (figure 4.3). Ce n'est plus vrai si l'industrie n'est composée que d'un nombre limité d'entreprises.

Supposons que toutes les entreprises aient une courbe de coût moyen habituelle en forme de U comme celle illustrée par la figure 4.4. Le coût moyen minimum de chaque entreprise est donc égal à 10 F lorsque 10 unités sont produites. Autrement dit, la taille minimale optimale d'une entreprise est égale à 10 unités de production. D'autre part, quel que soit le nombre d'entreprises de l'industrie, le coût moyen de production d'une quantité inférieure à 10 unités est supérieur à 10 F. De même, si une entreprise produit entre 10 et 20 unités, le coût de production est aussi supérieur à 10 F. En revanche, si l'industrie est composée de deux entreprises qui produisent chacune 10 unités, le coût moyen de production est égal à 10 F, car chaque entreprise produit alors le niveau qui correspond à la taille minimale optimale.

Si des entreprises peuvent entrer dans l'industrie à mesure que la production augmente, l'industrie sera composée d'un nombre croissant d'entreprises ayant la taille optimale (pour simplifier, nous supposons qu'au moment ou chaque entreprise entre sur le marché, la production globale est un multiple de 10). Le coût moyen d'une production multiple de 10 (10, 20, 30, etc.) sera donc toujours égal à 10 F. Par contre, si la production n'est pas un multiple de 10, le coût moyen sera supérieur à

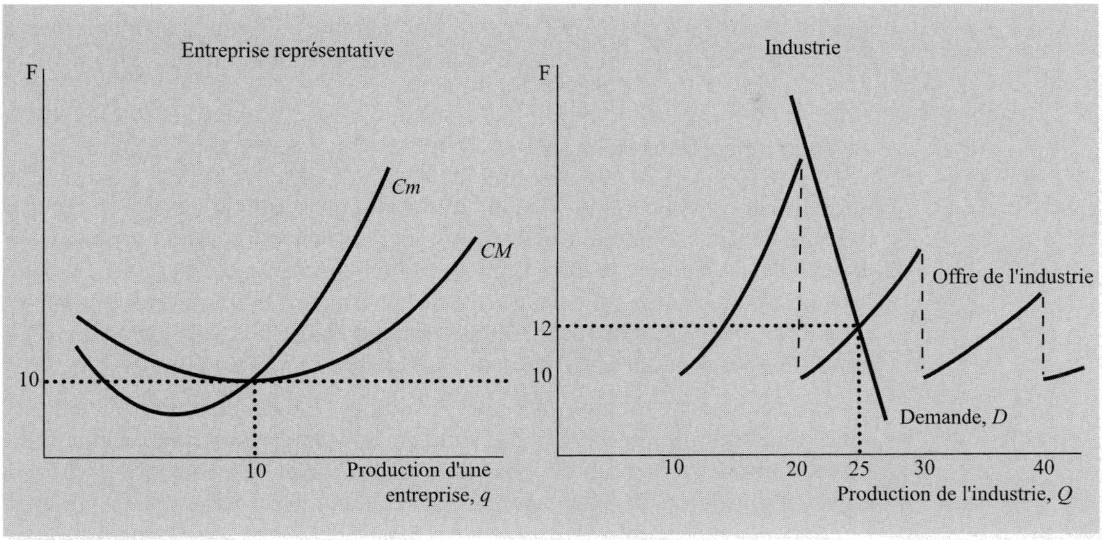

Figure 4.4: *Offre à long terme*

10 F, car cela signifie que certaines entreprises — voire toutes — ont un niveau de production différent de celui qui minimise le coût moyen.

Plus le niveau de production d'une industrie est faible, plus la courbe d'offre correspondante a une pente élevée. Sur la figure 4.4, la courbe d'offre à long terme est en dents de scie. Elle est formée d'une succession de portions de courbes qui tendent toujours davantage vers l'horizontale car elles correspondent à la somme des courbes de coût marginal d'un nombre croissant d'entreprises composant l'industrie. Lorsque le prix est inférieur à 10 F, l'offre est nulle.

Le coût supplémentaire de production d'une quantité qui n'est pas un multiple de 10 diminue avec le nombre d'entreprises. Ceci tient au fait que cette quantité supplémentaire est répartie sur un nombre de plus en plus *grand* d'entreprises qui fonctionnent à un niveau très proche de leur taille minimale optimale. Ainsi, pour obtenir 11 unités, il faut que l'unique entreprise présente sur le marché dans ce cas, produise 10% de plus que la taille minimale optimale (qui est de 10 unités). En revanche, si la production de l'industrie est de 101 unités et qu'elle est composée de 10 entreprises, on peut imaginer que chaque entreprise n'est que légèrement au-dessus de sa taille minimale optimale (avec une production de 10,1 unités). Dans ce cas, le coût moyen de production n'est guère supérieur à 10 F. Ainsi, la courbe d'offre à long terme illustrée sur la figure 4.4 tend-elle à devenir horizontale à mesure que la production de l'industrie — et donc le nombre d'entreprises — augmente.[6] *À la limite*, la courbe d'offre à long terme est parfaitement horizontale,

[6] Si l'entrée et la sortie se font à coût nul, les entreprises peuvent produire la quantité optimale. Les courbes de coûts sont alors strictement horizontales. Voir Weitzman (1983).

comme illustré par la figure 4.3. Nous allons voir maintenant pourquoi une courbe d'offre en dents de scie peut empêcher la réalisation d'un équilibre concurrentiel.

D. Absence d'équilibre concurrentiel

L'une des conditions de l'équilibre concurrentiel est qu'un acheteur et un vendeur n'ont jamais intérêt à quitter le marché pour conclure une transaction à leurs propres conditions. On montre que l'équilibre concurrentiel détermine l'unique paire prix-quantité telle qu'aucun ensemble de vendeurs et d'acheteurs n'a intérêt à sortir du marché pour conclure un accord particulier. L'étude des incitations à former des coalitions de ce type est appelée *théorie du noyau* (Telser, 1968).

Revenons à notre exemple précédent. Sur la figure 4.4, où toutes les entreprises ont des courbes de coût moyen en forme de U, l'entrée est supposée libre et la courbe d'offre à long terme de l'industrie n'est pas horizontale. Supposons, comme la figure l'illustre, que la demande entre en intersection avec l'offre pour un prix égal à 12 F et une production égale à 25 unités. Puisque le coût minimum de production, 10 F, ne peut être obtenu que si une entreprise produit 10 unités, il n'est pas rentable de produire la quantité demandée à 10 F l'unité.

Un prix de 12 F et une quantité de 25 unités constituent-ils réellement un équilibre concurrentiel ? Supposons que certains acheteurs se réunissent et décident d'acheter collectivement 10 unités en négociant un accord séparé avec une des nombreuses entreprises prêtes à produire. Le groupe est alors en mesure d'obtenir ses 10 unités pour un coût moyen minimum de 10 F. Les acheteurs sont donc incités à négocier un accord séparé avec une entreprise quelconque. En effet, l'accord est plus avantageux que ce qui est proposé par le marché. De plus, cette incitation est d'autant plus grande que la courbe d'offre est composée de portions dont la pente s'écarte de l'horizontale (ce qui est le cas lorsque les coûts fixes sont élevés). Si les acheteurs concrétisent ce type de proposition et négocient directement avec des entreprises particulières, c'est que l'équilibre concurrentiel n'existe pas.

Pour démontrer plus formellement ce point supposons d'abord que l'intersection de la figure 4.4 correspond à un équilibre concurrentiel. Cet équilibre supposé est caractérisé par l'existence de profits positifs à long terme. Or, si l'entrée est libre, il est impossible d'avoir un équilibre concurrentiel caractérisé par des profits positifs à long terme. En effet, les profits positifs attireraient de nouvelles entreprises, ce qui implique que l'équilibre supposé ne peut pas exister.

L'exemple 4.1, qui traite du transport maritime intercontinental, illustre un cas d'absence d'équilibre concurrentiel. Lorsqu'il n'y a de place dans une industrie que pour quelques entreprises (qui supportent des coûts irrécupérables), le postulat concurrentiel d'un prix exogène donné n'est plus vérifié. D'autres modèles (que nous étudierons dans les prochains chapitres) doivent alors être construits.

L'absence d'équilibre concurrentiel est impossible lorsque la courbe d'offre de l'industrie est parfaitement horizontale pour un niveau fini de production plutôt qu'à

EXEMPLE 4.1
Que se passe-t-il lorsque l'équilibre concurrentiel n'existe pas ?

Sur certains marchés, la réalisation de l'équilibre concurrentiel est impossible. Autrement dit, les offreurs et les demandeurs ne parviennent pas à négocier un accord acceptable par tous. Quel que soit le prix envisagé, il existe toujours une coalition prête à quitter le marché pour négocier un accord séparé, plus avantageux. Le chaos en résulte. Certains économistes (Clark, 1923) ont qualifié cette situation de concurrence destructrice. Une industrie prédisposée à ce type d'instabilité aura tendance à promouvoir la stabilité par l'instauration de règles, lois et institutions, ou la création d'associations.

Pirrong (1987, 1992) a montré que les petits cargos se livraient à une concurrence destructrice pour le transport des marchandises, alors que ce n'est pas le cas pour les gros transporteurs : la courbe d'offre de transport par les petits cargos est en dents de scie tandis que celle des gros navires est continue et régulière. Pirrong a mis en évidence plusieurs cas de concurrence destructrice dans le secteur des petits cargos. C'est ce qui explique qu'il s'agisse d'un secteur très organisé, dominé par des cartels (groupe de constructeurs) qui fixent les prix et répartissent la demande entre leurs membres. Il est fréquent que des entreprises signent des accords avec un cartel particulier par lesquelles elles acceptent de recourir exclusivement aux bateaux du cartel. En revanche, le transport intercontinental effectué par les gros cargos fonctionne sur un mode typiquement concurrentiel.

la limite. Si chaque courbe de coût moyen d'entreprise à une portion horizontale, l'offre à long terme est alors parfaitement horizontale pour un niveau de production *fini*.

Par exemple, si la courbe de coût de l'entreprise illustrée à la figure 4.4 était horizontale au niveau de 10 F pour une production comprise entre 9 et 11 unités, la courbe d'offre à long terme de l'industrie serait parfaitement horizontale pour une production égale ou supérieure à 45 unités. Si l'industrie est composée de cinq entreprises, celles-ci peuvent produire de 45 à 55 unités au coût moyen minimum. S'il y a 6 entreprises, celles-ci peuvent produire de 54 à 66 unités au coût moyen minimum. Tant que l'intersection avec la courbe de demande à lieu dans la partie horizontale de la courbe d'offre de l'industrie, l'équilibre existe.

E. Courbe d'offre à long terme croissante

Une augmentation de la production provoque parfois une augmentation du prix de certains facteurs de production. Par exemple, à mesure que la production de blé augmente, les terres à blé prennent de la valeur et la rente (ou coût d'opportunité) de la terre s'accroît. Par conséquent, la courbe de coût moyen de chaque agriculteur — et en particulier son point minimum — s'élève. De ce fait, la courbe d'offre à long terme de l'industrie (dont les niveaux sont donnés par les valeurs successives prises par le minimum du coût moyen) augmente avec la production.

Si certains facteurs de production (comme la terre fertile) sont disponibles en quantités fixes, leur prix s'élève avec la production de l'industrie. Le prix des

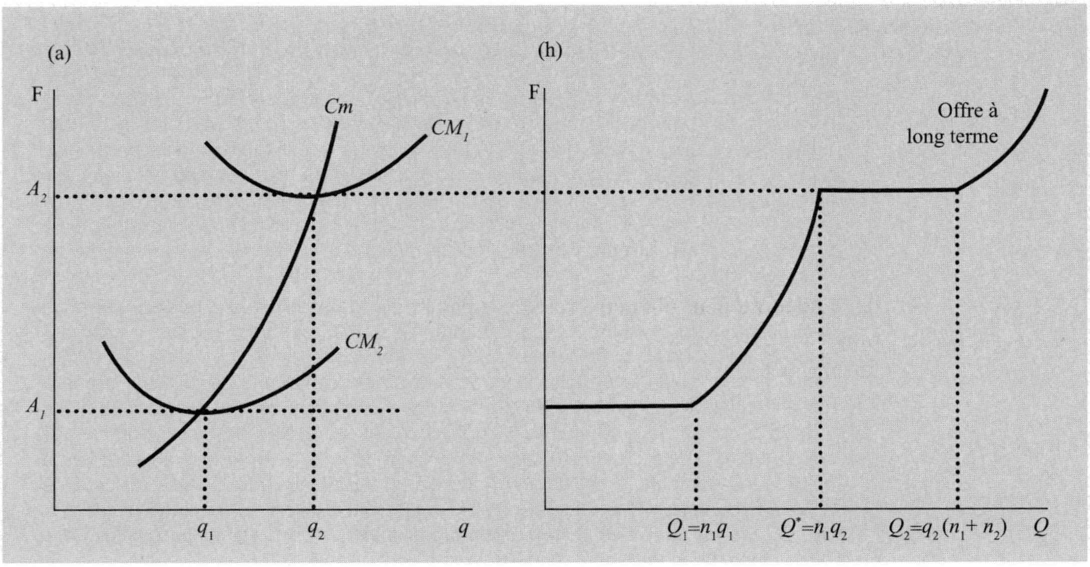

Figure 4.5: *Courbe d'offre croissante à long terme*

facteurs peut aussi diminuer avec la production quand il y a des économies d'échelle. Si le prix des facteurs baisse lorsque la production augmente la courbe d'offre à long terme de l'industrie est décroissante. La courbe d'offre à long terme est horizontale tant que l'industrie considérée n'emploie qu'une faible partie de la quantité totale des facteurs de production dont elle a besoin.

La courbe d'offre à long terme peut être croissante pour une raison simple : lorsqu'il n'y a que quelques entreprises capables de produire à bas prix. Dans ce cas, l'augmentation de la production passe par l'entrée sur le marché d'entreprises moins efficaces. Supposons qu'il existe n_1 entreprises à faibles coûts. Sur la figure 4.5a, leur courbe de coût marginal est donnée par Cm et leur courbe de coût moyen par CM_1. Le point minimum de CM_1, A_1, est obtenu quand l'entreprise produit q_1. Pour une production totale de l'industrie inférieure ou égale à $Q_1 = n_1q_1$, ces entreprises à bas coût peuvent produire au niveau du coût moyen minimum, A_1, de sorte que la courbe d'offre à long terme est horizontale au niveau A_1 jusqu'à Q_1 (voir la figure 4.5b). Si la quantité demandée est inférieure à Q_1, certaines entreprises doivent quitter l'industrie.

Si la demande de l'industrie est légèrement plus élevée que Q_1, le coût moyen de production augmente. La courbe d'offre de l'industrie est la somme horizontale des courbes d'offre des n_1 entreprises, ces courbes d'offre étant les portions des courbes de coût marginal correspondantes situées au-dessus de A_1. Ainsi, comme il n'y a pas assez d'entreprises performantes, la courbe d'offre de l'industrie augmente au-delà de Q_1.

Supposons maintenant qu'il y ait n_2 autres entreprises qui peuvent fabriquer ce produit avec le même coût marginal que les n_1 premières, mais avec un coût moyen donné par CM_2, dont le minimum, A_2 est supérieur à A_1. Ceci revient à supposer que ces nouvelles entreprises ont des coûts plus élevés du fait de coûts fixes plus importants.

Si la quantité demandée est supérieure à $Q^* = n_1 q_2$, le prix est A_2 et certaines des entreprises nouvelles peuvent accéder au marché. Toute augmentation de la demande au-delà de Q^* est satisfaite par l'arrivée de nouvelles entreprises à coûts plus élevés et produisant chacune q_2 pour un coût moyen A_2. Lorsque la quantité demandée ne peut plus être satisfaite par l'entrée de nouvelles entreprises à coût plus élevé, la courbe d'offre à long terme augmente à nouveau. Elle s'obtient en faisant la somme des courbes de coût marginal de l'ensemble des entreprises de l'industrie. Autrement dit, la courbe à long terme de l'industrie augmente lorsque la production est supérieure à $Q_2 = Q^* + n_2 q_2 = q_2(n_1 + n_2)$.

Si la quantité demandée est supérieure à $n_1 q_1$, mais inférieure à Q^* (c'est-à-dire si les nouvelles entreprises ne sont pas encore arrivées sur le marché), les entreprises à bas coûts obtiennent des profits positifs dus à la rareté de leur savoir-faire ou à tout autre ressources rares qui les rend capable de produire à bas coût. Elles bénéficient ainsi d'une **rente**, c'est-à-dire d'un gain supérieur au coût minimum d'utilisation de la ressource en question. Si la quantité demandée est supérieure à Q_2, les deux groupes d'entreprises tirent une rente de leur savoir-faire ou de tout autre facteur de production rare.

4.2 Élasticités et courbe de demande résiduelle

Pour analyser les industries, qu'elles soient concurrentielles ou non, nous allons fréquemment recourir à deux concepts interdépendants : (1) l'élasticité-prix de la demande ou de l'offre et (2) la courbe de demande adressée à l'entreprise ou courbe de demande résiduelle. L'élasticité-prix de l'offre ou de la demande permet de préciser comment une industrie réagit aux variations de l'offre ou de la demande, tandis que la notion de demande résiduelle adressée à une entreprise donnée permet comprendre le comportement de cette entreprise. Nous allons étudier comment ces deux concepts sont reliés dans le cas de l'entreprise concurrentielle, preneuse de prix.

4.2.1 *Élasticité de l'offre et de la demande*

Lorsque la courbe d'offre ou la courbe de demande se déplacent, l'équilibre concurrentiel est modifié. La forme des courbes d'offre et de demande influence la façon dont le nouvel équilibre se compare à l'ancien. Si la courbe de demande est parfaitement horizontale, par exemple, le prix concurrentiel demeure inchangé, même lorsque la courbe d'offre subit un très important déplacement.

L'élasticité-prix (on omet souvent le mot *prix*) permet de caractériser la forme des courbes d'offre et de demande. L'**élasticité de la demande** est (approximativement) égale au pourcentage de variation de la quantité demandée en réponse à une variation de 1 pour cent du prix.[7] De même, l'**élasticité de l'offre** est (approximativement) égale au pourcentage de variation de la quantité offerte en réponse à une variation de 1 pour cent du prix. L'élasticité de la demande est un chiffre négatif et l'élasticité de l'offre est habituellement (mais pas toujours) positive.

Si une augmentation de 1% du prix entraîne une réduction de la quantité demandée supérieure à 1% (de sorte que la valeur des ventes totales sur le marché baisse), la courbe de demande est dite **élastique**. Une courbe de demande élastique a donc une élasticité supérieure à un en valeur absolue (les valeurs absolues de 1 et de -1 sont toutes deux égales à 1). Lorsqu'on parle de l'élasticité de la demande, on omet souvent de préciser que le chiffre indiqué est *en valeur absolue*. Ainsi, l'affirmation : « l'élasticité de la demande est égale à 2 » signifie-t-elle en fait que l'élasticité-prix de la demande est égale à -2.

Si une augmentation de 1% du prix entraîne une réduction de la quantité demandée de 1% (de sorte que la recette totale ne change pas), l'élasticité est dite **unitaire**. Enfin, si l'élasticité de la demande est inférieure à 1 en valeur absolue, la demande est réputée **inélastique** car une augmentation de 1% du prix entraîne une réduction de la quantité demandée inférieure à 1% (la recette totale augmente).

L'élasticité des courbes d'offre et de demande dépend généralement d'un grand nombre de facteurs économiques tels que le niveau de la production, l'existence de produits substituts et la capacité de réponse des producteurs. Par exemple, si le prix d'un produit augmente, les consommateurs s'en détourneront d'autant plus facilement qu'il existe beaucoup de substituts, ce qui rend la demande de ce produit plus élastique. De même, plus le processus de production d'une entreprise est flexible, plus elle est en mesure d'augmenter sa production en cas d'augmentation du prix, ce qui augmente l'élasticité de l'offre.

4.2.2 Concurrence, prix exogène et courbe de demande résiduelle

Les entreprises en concurrence ne peuvent pas agir individuellement sur le prix du marché. Elles sont *preneuses de prix*. Dans ce chapitre, nous utiliserons 3 versions équivalentes de ce postulat :

- Une entreprise en concurrence est preneuse de prix.

---

[7] L'élasticité-prix de la demande évaluée au prix p et à la quantité Q est approximativement égale au pourcentage de variation de la quantité divisé par le pourcentage de variation du prix : $(\Delta Q/Q) \div (\Delta p/p) = (p/Q)(\Delta Q/\Delta p)$. Étant donné que l'élasticité est égale au ratio de deux pourcentages, elle est invariante par rapport aux changements d'échelle de prix ou de quantité (c'est un nombre *sans dimension*). Par exemple, si le prix est mesuré en centimes plutôt qu'en francs, cela ne modifie pas l'élasticité, même si cela change la pente de la courbe de demande, $\Delta Q/\Delta p$. La définition précise de l'élasticité est $(p/q)(dQ/dp)$.

- La courbe de demande qui s'adresse à une entreprise en concurrence est horizontale et d'un niveau égal au prix du marché.
- L'élasticité de la demande adressée à une entreprise en situation de concurrence est infinie.

Une entreprise en concurrence (prix fixé par le marché) est confrontée à une courbe de demande horizontale parce que l'élasticité-prix d'une courbe de demande horizontale est infinie : si elle augmentait le prix, même très légèrement, elle ne vendrait plus rien. Autrement dit, elle ne peut pas augmenter son prix. En revanche, une entreprise confrontée à une courbe de demande décroissante peut augmenter son prix moyennant une baisse de ses ventes et donc de sa production.

Si le nombre d'entreprises composant une industrie est élevé, la courbe de demande qui s'adresse à l'une quelconque d'entre elles *est* approximativement horizontale (d'élasticité infinie) alors que la demande à l'industrie est décroissante (c'est-à-dire que l'élasticité-prix correspondante a une valeur finie). En fait, bien souvent, il n'est pas nécessaire qu'une industrie soit composée d'un grande nombre d'entreprises pour que l'élasticité-prix de la demande qui s'adresse à une entreprise particulière soit très élevée.

Pour démontrer ce dernier résultat, nous allons introduire le concept de **courbe de demande résiduelle**. Par définition, la demande satisfaite par une entreprise correspond à celle qui n'est pas satisfaite par toutes les autres. Partant de là, la demande résiduelle, $D_r(p)$, est égale à la demande du marché, $D(p)$, moins l'offre des autres entreprises, $S_o(p)$ (on ne s'intéresse qu'aux quantités résiduelles positives) :

$$D_r(p) = D(p) - S_o(p).$$

Si $S_o(p)$ est supérieur à $D(p)$, $D_r(p)$ est égal à zéro.

La figure 4.6b illustre la courbe de demande du marché, ainsi que la courbe d'offre de l'ensemble des entreprises *moins une*. La demande résiduelle d'une entreprise (figure 4.6a) est donnée par la différence horizontale entre la courbe de demande et l'offre des autres entreprises. Cette différence horizontale correspond à la quantité demandée par le marché pour un prix donné, moins l'offre des autres entreprises à ce prix.

Par exemple, sur la figure 4.6b, pour un prix de 5 F, la demande du marché est égale à 10 050 unités et l'offre des autres entreprises est égale à 9 950 unités. Autrement dit, lorsque le prix est égal à 5 F, les autres entreprises ne satisfont pas la demande du marché. La différence entre cette demande et l'offre des autres entreprises est égale à 100 unités. Donc, lorsque le prix est égal à 5 F, la demande résiduelle est égale à 100 unités.

Lorsque le prix est égal à 6 F, l'offre des autres entreprises est égale à la demande du marché. Par conséquent, la demande résiduelle illustrée à la figure 4.6*a* est égale à zéro. Si le prix augmentait davantage encore, les autres entreprises souhaiteraient même offrir plus que la demande du marché. Dans ces conditions, pour tout prix

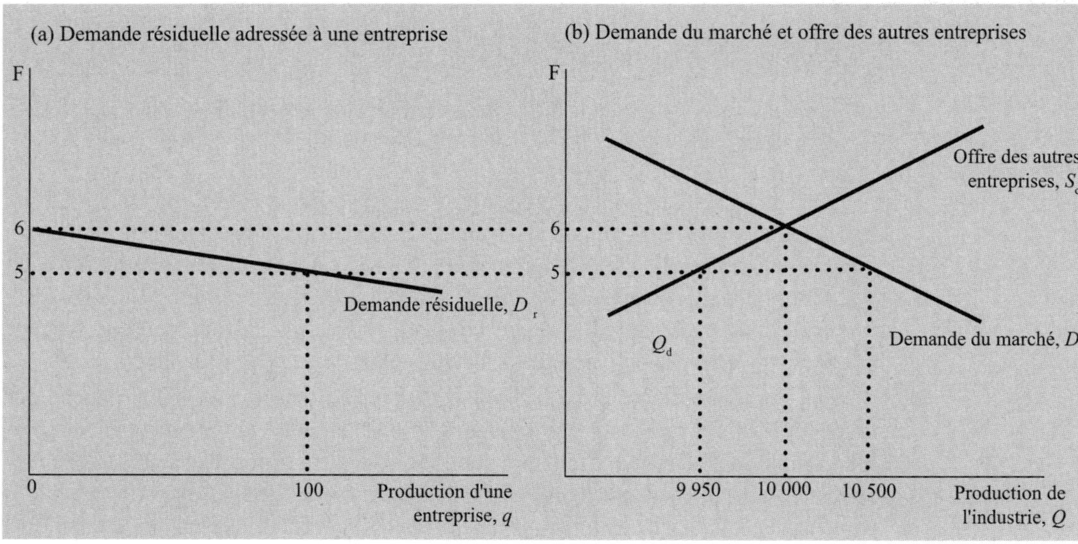

Figure 4.6: *Dérivation de la courbe de demande résiduelle*

supérieur à 6 F, l'entreprise dont la demande résiduelle est illustrée sur la figure 4.6a ne vend plus rien.

La courbe de demande résiduelle adressé à l'entreprise (figure 4.6a) est beaucoup plus proche de l'horizontale que celle du marché (figure 4.6b), car l'élasticité de la demande adressée à une seule entreprise est bien plus élevée que celle du marché. D'après la figure, lorsque le prix passe de 5 F à 6 F, l'élasticité de la demande adressée à l'entreprise est égale à -11 alors que l'élasticité de la demande du marché est égale à $-0{,}025$.[8] Autrement dit, la demande résiduelle est 440 fois aussi élastique que l'élasticité de la demande du marché.

Plus généralement, s'il y a n entreprises identiques sur un marché, l'élasticité de la demande adressée à une entreprise i quelconque est

$$\varepsilon_i = \varepsilon n - \eta_o(n-1), \tag{4.1}$$

[8] Ce calcul est effectué d'après la formule de l'élasticité d'arc, que l'on utilise parfois pour calculer l'élasticité à partir de données discrètes. Sa définition est :

$$\left(\frac{\Delta q}{\Delta p}\right)\left(\frac{\frac{p_1+p_2}{2}}{\frac{q_1+q_2}{2}}\right)$$

où $\Delta q \equiv q_2 - q_1$ est la variation de la quantité et $\Delta p \equiv p_2 - p_1$ est la variation du prix. Notons que plus Δp est petit, plus l'élasticité d'arc tend vers la définition technique de l'élasticité-prix : $(dq/dp)(p/q)$.

Tableau 4.1: *Élasticité-prix de la demande adressée à une entreprise particulière*

	Élasticité du marché		
Nombre d'entreprises (n)	**Inélastique** $\eta = -0,5$	**Unitaire** $eta = -1$	**Élastique** $\eta = -5$
10	-5	-10	-50
25	-12,5	-25	-125
50	-25	-50	-250
100	-50	-100	-500
500	-250	-500	-2500
1000	-500	-1000	-5000

NOTE : Étant donné que l'élasticité de l'offre des autres entreprises identiques est supposée complètement inélastique ($\eta_0 = 0$), l'élasticité de la demande adressée à une entreprise particulière est égale à $\eta_i = n\eta$).

où ε est l'élasticité (négative) de la demande du marché, ε_0 l'élasticité (positive) de l'offre des autres entreprises et $(n - 1)$ le nombre des autres entreprises.[9]

Donc, pour une élasticité de marché donnée, l'augmentation de n, le nombre des entreprises composant l'industrie, accroît la valeur absolue de ε_i, l'élasticité de la demande adressée à une entreprise i. De même, l'augmentation de η_o, l'élasticité de l'offre de l'ensemble des autres entreprises, accroît la valeur absolue de l'élasticité de la demande adressée à une entreprise i.

Le tableau 4.1 illustre comment l'élasticité de la demande adressée à une entreprise particulière varie en fonction du nombre d'entreprises et de l'élasticité de la demande du marché dans le cas où l'offre des autres entreprises est supposée totalement élastique ($\eta_o = 0$). Par exemple, si l'élasticité de la demande du marché est unitaire ($\varepsilon = 1$) et qu'il y a 50 entreprises, $\varepsilon_i = -50$. Autrement dit, si une entreprise augmentait son prix de 1%, la quantité qu'elle vendrait baisserait

[9] La demande résiduelle adressée à une entreprise particulière, $D_r(p)$ est donnée par $D_r(p) = D(p) - S_o(p)$. Dérivons $D_r(p)$ par rapport à p. Nous obtenons :

$$\frac{dD_r}{dp} = \frac{dD}{dp} - \frac{dS_o}{dp}.$$

Désignons par $q = Q/n$ la quantité produite par une seule entreprise et par $Q_o = (n-1)q$ celle produite par l'ensemble des autres entreprises. Multiplions chaque membre de l'expression ci-dessus par p/q, puis le premier terme du membre de droite par Q/Q et le second par Q_o/Q_o :

$$\frac{dD_r}{dp}\frac{p}{q} = \frac{dD}{dp}\frac{p}{Q}\frac{Q}{p} - \frac{dS_o}{dp}\cdot\frac{p}{Q_o}\frac{Q_o}{q},$$

où $q = D_r(p)$, $Q = D(p)$ et $Q_o = S_o(p)$. Cette expression peut se reformuler ainsi : $\varepsilon_i = \varepsilon/s - \eta_o/s_o = n\varepsilon - \eta_o(n-1)$ où $s = q/Q = 1/n$ désigne la part d'une entreprise dans la production totale et où $s_o = q/Q_o = 1/(n-1)$ est le ratio de la production d'une entreprise à l'offre totale des autres entreprises.

EXEMPLE 4.2 Les agriculteurs américains sont-ils preneurs de prix ?

Dans la plupart des cas, un grand nombre d'exploitations agricoles interviennent sur les marchés agricoles américains et celles-ci ne contrôlent jamais plus d'1% du marché. Chacune est donc confrontée à une demande d'élasticité approximativement infinie, ce qui revient à considérer que le prix est fixé par le marché.

Il est possible de déterminer grossièrement l'élasticité-prix de la demande adressée à une exploitation agricole particulière. Pour simplifier, nous supposons que toutes les autres exploitations ont une offre inélastique ($\eta_o = 0$), ce qui est vraisemblable à court terme. Nous supposons aussi que toutes les exploitations sont approximativement de même taille, ce qui est faux mais nous permet d'exprimer facilement la taille d'une exploitation quelconque : cette taille est égale à 1 divisé par le nombre d'entreprises.

Le tableau ci-dessous indique quelle est à peu près l'élasticité de la demande qui s'adresse à une exploitation agricole. En ce qui concerne l'élasticité du marché, les chiffres du tableau sont ceux de l'élasticité la plus basse calculée par d'autres études pour le marché des fruits et légumes.

Type de récolte	Élasticité de la demande du marché (estimation la plus basse)	Nombre d'exploitations	Élasticité de la demande adressée à chaque exploitation
Fruits			
Pommes	−0,21	41 187	−8,649
Cerises	−0,77	14 078	−10,840
Raisins	−0,16	24 982	−3,997
Pêches	−0,24	23 121	−5,813
Poires	−1,64	13 244	−21,649
Prunes	−0,63	11 186	−7,047
Légumes			
Haricots secs	−0,94	12 260	−11,544
Blé tendre	−1,06	29 260	−31,353
Concombres	−0,57	9 935	−5,663
Laitues	−0,33	2 452	−809
Oignons	−0,59	3 516	−2,074
Petits pois	−0,68	17 290	−5,579
Tomates	−0,16	41 187	−2,766

SOURCES : Nombre d'exploitations agricoles : *U.S. Department of Commerce, Bureau of Census*, 1982, *Census of Agriculture* ; Ensemble des élasticités présentées : Nuckton (1982, 1980).

Le tableau montre que chaque exploitation est confrontée à une demande d'élasticité énorme. Par exemple, si une entreprise produisant du blé tendre élevait seulement son prix de 0,001% (soit un millième de pour cent) la demande qui s'adresse à elle se réduirait de 31%. Chaque entreprise est donc preneuse de prix.

d'environ 50%. S'il y a 1 000 entreprises, $\varepsilon_i = -500$. Dans ce cas, si une entreprise augmentait son prix de 0,1%, la quantité qu'elle vendrait baisserait d'environ 50%. Ainsi, même si la demande du marché est complètement inélastique, l'élasticité de la demande adressée à une seule entreprise est très élevée (exemple 4.2).

4.3 Efficience et bien-être

Le bien-être du peuple passe avant tout. – Cicéron

S'agissant d'efficience et de bien-être, les marchés concurrentiels ont des propriétés bénéfiques. Rappelons qu'un équilibre concurrentiel est caractérisé par l'équilibre de l'offre et de la demande et, si toutes les entreprises sont identiques, le profit de chacune est nul à long terme.

4.3.1 *Efficience*

Le prix et la quantité qui caractérisent l'équilibre concurrentiel reflètent deux propriétés de cet équilibre : l'efficience de la production et l'efficience de la consommation.

A. Efficience de la production

La production est efficiente dans le sens où tous les produits sont fabriqués au coût minimum. Autrement dit, aucun réagencement des ressources (telles que le travail, les machines et les matières premières) entre les entreprises ne permettrait d'augmenter la production d'un produit sans réduire celle d'au moins un autre.

B. Efficience de la consommation

La quantité consommée (et produite) de chaque bien correspond aussi au critère de l'efficience : la valeur qu'un acheteur accorde à la consommation d'un bien est exactement égale au coût marginal de production de ce bien. Aucune autre répartition des biens entre les consommateurs ne pourrait améliorer le bien-être d'un consommateur sans réduire celui d'au moins un autre.

4.3.2 *Bien-être*

Pour toute distribution donnée du revenu, la concurrence maximise le bien-être. Pour le montrer, nous allons commencer par expliquer de quelle façon l'on mesure les gains et les pertes des consommateurs et des producteurs, de façon à comparer les différentes structures de marché sous ce rapport. Nous pourrons alors utiliser ces instruments pour évaluer les effets socialement négatifs de tout écart par rapport à la situation de concurrence (comme l'écart introduit par le prélèvement d'impôts). Dans la section suivante, nous étudierons comment les obstacles qui empêchent les entreprises de pénétrer un marché réduisent également le bien-être.

A. Surplus des consommateurs

À l'aide d'une courbe de demande, on peut déterminer quelle valeur les consommateurs accordent à la consommation d'une unité supplémentaire d'un produit. Par exemple, la courbe de demande de la figure 4.7 indique que les consommateurs

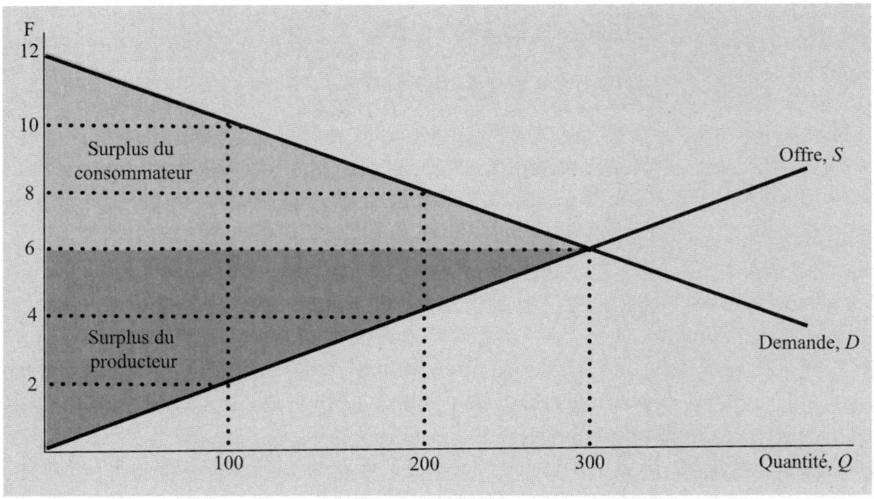

Figure 4.7: *Surplus du consommateur et surplus du producteur*

sont disposés à payer 10 F pour 100 unités du bien, 8 F pour 200 unités et 6 F pour 300 unités. Le **surplus du consommateur** est égal au montant qu'un consommateur est disposé à dépenser au-delà du prix, si cela était nécessaire, pour acquérir une unité d'un produit.

La figure 4.7 illustre un équilibre de concurrence où les consommateurs paient 6 F pour 300 unités. Ils auraient été disposés à payer 4 F de plus pour consommer seulement 100 unités, 2 F de plus pour consommer seulement 200 unités, mais rien de plus pour consommer 300 unités, comme c'est le cas ici. Sur la figure 4.7, le surplus total du consommateur correspond à la surface située sous la courbe de demande et au-dessus du prix d'équilibre (6 F).[10] Cette surface est égale à 900 F (6F $\times$ 300 $\div$ 2). Les consommateurs ont payé 1 800 F pour acheter 300 unités. Mais, s'ils n'avaient pas bénéficié du prix du marché, les entreprises auraient pu obtenir d'eux qu'ils dépensent jusqu'à 900 F de plus, c'est-à-dire 2 700 F en tout. Dans cet exemple, le surplus des consommateurs représente 50% de ce que les consommateurs ont effectivement payé.

B. Surplus des producteurs

À l'aide d'une courbe d'offre, on peut déterminer le coût marginal de production d'un bien. Le **surplus du producteur** est égal au montant maximum que l'on pourrait soustraire des recettes des producteurs sans les décourager de produire.

[10] Le surplus du consommateur n'est une mesure appropriée du bien-être qu'en l'absence d'effet de revenu (lorsqu'une variation du revenu du consommateur ne modifie pas la demande). Cependant, même en présence d'effets de revenu, le surplus du consommateur donne une idée assez proche du bien-être (Willig, 1976).

Sur la figure 4.7, par exemple, cela coûte 2 F pour produire 100 unités, 4 F pour produire 200 unités et 6 F pour produire 300 unités. Au prix d'équilibre de concurrence, 6 F, les entreprises obtiennent 4 F de plus que le coût marginal pour les 100 premières unités, 2 F de plus pour les 100 unités suivantes et rien de plus pour les 100 dernières unités. Sur la figure 4.7, le surplus des producteurs — donné par la surface située au-dessus de la courbe d'offre et au-dessous du prix (6 F) — est égal à 900 F. Autrement dit, les entreprises sont disposées à payer 900 F pour avoir le droit de vendre 300 unités à 6 F, plutôt que de ne rien vendre du tout.

C. Perte sèche

On appelle **perte sèche** (PS) le coût social d'un mauvais fonctionnement du marché. La perte sèche est égale à la réduction des surplus du consommateur et du producteur causée une déviation par rapport à l'équilibre concurrentiel.

Par exemple, sur la figure 4.8, l'équilibre concurrentiel est caractérisé par le prix p_0 et la quantité Q_0. En Q_0, la valeur qu'un consommateur accorde à une unité supplémentaire de consommation est égale au coût marginal de production de cette unité. Si la production était limitée à $Q^* < Q_0$, la valeur de l'unité supplémentaire pour les consommateurs serait p^*, donc supérieure au coût marginal de cette unité (égal à $p^* - T$ sur la figure 4.8).

Supposons, par exemple, que le gouvernement lève un impôt égal à T par unité de bien vendue. Ainsi, lorsque le consommateur paie p l'unité, le gouvernement prend T et l'entreprise reçoit $p - T$. L'impôt crée un écart de T entre la valeur que le consommateur de la dernière unité (ou consommateur marginal) accorde à cette unité (donné par la courbe de demande de la figure 4.8) et le coût que l'offreur de la dernière unité (ou offreur marginal) est prêt à supporter pour produire cette unité (ce coût est donné par la courbe d'offre de la figure 4.8). Le fait d'instaurer un impôt réduit la quantité vendue de Q_0 à Q^*. Le prix payé par le consommateur augmente à p^* et celui que l'entreprise reçoit diminue à $p^* - T$.

Le gouvernement perçoit TQ^* de recettes fiscales, ce qui correspond aux rectangles A et C de la figure 4.8. Les consommateurs subissent une perte de surplus égale aux surfaces A et B (zone comprise entre p^* et p_0, à gauche de la courbe de demande). Les producteurs supportent une perte de leur surplus égale aux surfaces C plus D (zone comprise entre p_0 et $p^* - T$, à gauche de la courbe d'offre). Ainsi, le transfert des consommateurs et des producteurs en faveur du gouvernement (recettes fiscales = rectangles A et C) est inférieur aux pertes combinées des producteurs et des consommateurs. Ce coût social supplémentaire dû à la réduction de la production correspond à la perte sèche et est égal à la somme des triangles B et D (voir la figure 4.8).[11]

[11] Le triangle qui correspond à la perte sèche peut être formulé en termes des élasticités de demande et d'offre. Pour simplifier, supposons que la courbe d'offre soit parfaitement horizontale (infiniment élastique). Dans ce cas, le triangle de perte sèche est égal à $-1/2\Delta p\Delta Q$, où $\Delta p = p^* - p_0$ et $\Delta Q = Q^* - Q_0$. L'élasticité de la demande, ε, est approximativement égale à $(\Delta Q/Q_0)(p_0/\Delta p)$.

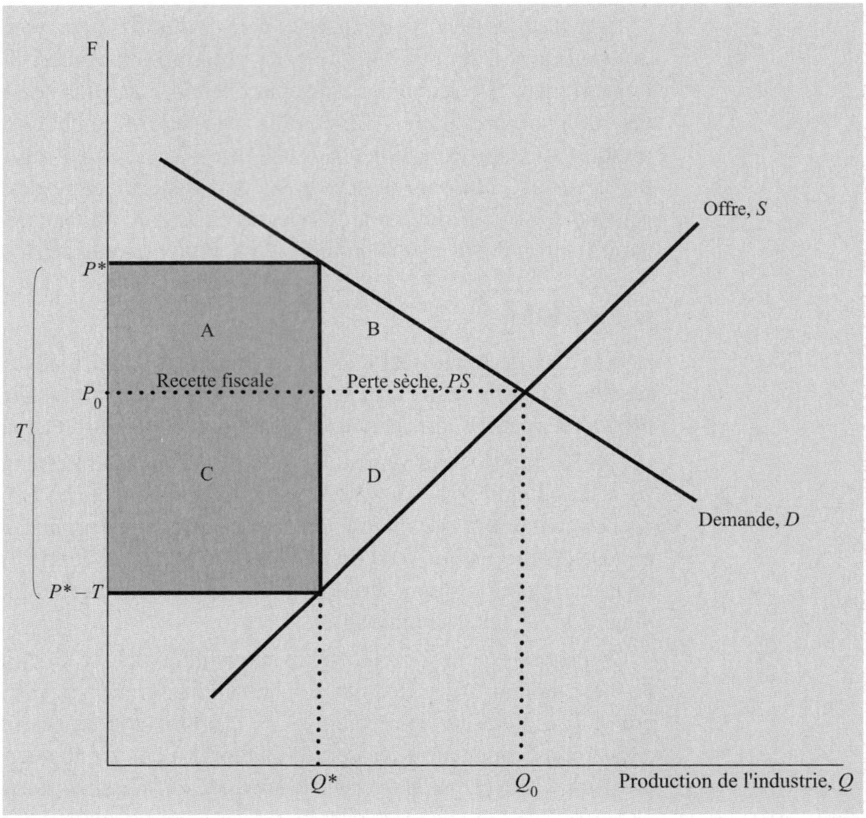

Figure 4.8: *Perte sèche due à l'impôt*

Le triangle de perte sèche indique quelle est la perte totale pour la société de l'instauration d'un impôt par le gouvernement. Dans la mesure où le gouvernement utilise efficacement le produit de cet impôt, le transfert ne traduit pas une réduction d'efficacité, mais simplement une redistribution du revenu. En revanche, le triangle PS correspond à une réduction d'efficacité due au fait qu'à cause de l'impôt, le coût marginal de production d'un bien est maintenant inférieur à ce que les consommateurs sont prêts à payer pour la dernière unité.

Définissons t par $\Delta p / p_0$, le pourcentage de variation du prix dû à l'impôt. Le triangle de perte sèche est égal à :

$$-\frac{1}{2}\Delta p \Delta Q \approx -\frac{1}{2}\frac{\Delta p}{p_0}Q_0\left(\frac{\Delta Q}{Q_0}\frac{p_0}{\Delta p}\right)\frac{\Delta p}{p_0} \approx -\frac{1}{2}t^2 R\varepsilon$$

où R représente $p_0 Q_0$, le revenu. Le signe $\approx$ signifie *approximativement égal à*. La formule permet de voir que la perte sèche varie non seulement en fonction de t et de ε, mais aussi de R, la taille du marché.

Du fait de l'impôt, les consommateurs paient un prix plus élevé que p_0 et les producteurs reçoivent un prix inférieur à p_0. L'**incidence de l'impôt** est l'effet de l'impôt sur le prix payé ou reçu, par comparaison avec le prix d'équilibre avant impôt, p_0. La figure 4.8 illustre l'incidence que l'impôt exerce sur les consommateurs et les producteurs : par rapport à l'équilibre concurrentiel, les consommateurs paient $p^* - p_0$ en plus et les producteurs reçoivent $p_0^* - (p^* - T)$ en moins. Plus généralement, l'incidence de l'impôt dépend des formes des courbes d'offre et de demande.(12)

Le gouvernement peut comparer la perte sèche due à l'impôt avec son besoin d'augmenter les recettes fiscales. On peut penser qu'il est attaché à augmenter ses recettes fiscales de façon à minimiser la perte sèche pour la société. Si c'est le cas, il devrait taxer plus lourdement les produits dont l'offre ou la demande est inélastique (Ramsey, 1927). Si la courbe d'offre est complètement inélastique, l'impôt ne réduira pas la production et il n'y aura pas de perte sèche.

4.4 Entrée et sortie

Libre entrée et libre sortie sont des postulats essentiels à l'existence des propriétés bénéfiques d'un marché concurrentiel. La facilité d'entrée et de sortie joue un rôle critique dans la détermination de la structure du marché et des performances qui en découlent pour les entreprises. Si des entreprises aussi efficaces que celles déjà installées ne peuvent pas pénétrer librement sur le marché, les entreprises installées peuvent exercer leur pouvoir de marché, c'est-à-dire fixer des prix plus élevés que le coût marginal, comme nous le verrons en détail dans les chapitres suivants.

4.4.1 *Restrictions à l'entrée*

Dans beaucoup d'industries, l'entrée dans un secteur nécessite une autorisation particulière ou licence. Ce type de restrictions à l'entrée est instaurée par les gouvernements, souvent sous la pression de groupements d'entreprises (voir l'exemple 4.3). Un exemple de restriction à l'entrée est le nombre de taxis qui sont autorisés à circuler dans une ville. Ce type de barrières élève les prix au-dessus des niveaux concurrentiels (voir le chapitre 21).

La figure 4.9 illustre comment une restriction à l'entrée conduit à la détermination d'un prix supérieur à l'équilibre concurrentiel à long terme. La figure 4.9a

---

(12) Si l'élasticité de la demande est donnée par ε et l'élasticité de l'offre par η, le prix payé par les consommateurs augmente approximativement de $\eta/(\eta - \varepsilon)$ et le prix reçu par les producteurs diminue d'à peu près $\varepsilon/(\eta - \varepsilon)$. À long terme, dans la mesure où la courbe d'offre devient plus élastique (et que la courbe de demande ne change pas), l'incidence de l'impôt sur les producteurs diminue et celle sur les consommateurs augmente.

EXEMPLE 4.3 Barrières à l'entrée dans le secteur de la petite restauration

Après avoir passé onze mois et dépensé au moins 5 000 dollars, Just Desserts a finalement décidé de renoncer à sa demande de permis d'ouverture d'un café et d'une patisserie dans le district de Berkeley Elmwood. Pour obtenir ce permis, il aurait fallu que l'administration de Berkeley annule une loi instaurant un quota géographique concernant le nombre autorisé de restaurants de ce type, fixé à 9. Ce quota était explicitement destiné à protéger les 9 établissements de la concurrence des grandes chaînes de restauration rapide. L'échec de Just Desserts s'explique en particulier par l'opiniâtreté du propriétaire de Nabolom Bakery, l'un des restaurateurs concerné, qui a su fédérer l'opposition au projet de changer la réglementation.

illustre un courbe de coût d'une entreprise type appartenant à une industrie composée d'un grand nombre d'entreprises identiques.

La figure 4.9b illustre deux courbes d'offre de cette industrie composée d'entreprises identiques. La première est celle où il y a un nombre minimum d'entreprises pour que toutes puissent offrir le produit à un coût moyen minimum (soit 150 entreprises). Le prix d'équilibre est alors p_0. La seconde courbe d'offre est celle où l'entrée sur le marché est restreinte (100 entreprises). Dans ce dernier cas, le prix d'équilibre est égal à p^*. La restriction à l'entrée se traduit par un prix p^* payé par les consommateurs, plus élevé que p_0. De même, la quantité consommée, Q^*, est inférieure à Q_0, la quantité qui aurait été consommée en situation d'équilibre de concurrence sans restrictions à l'entrée.

Toute restriction à l'entrée provoque une perte sèche analogue à celle causée par un impôt. La diminution d'efficacité due à la restriction a deux causes. Premièrement, une partie de la réduction d'efficacité découle de la baisse de production de Q_0 à Q^*. Deuxièmement, la restriction augmente le coût moyen de production. Lorsque l'entrée est libre, chaque entreprise produit q_0 et les coûts moyen et marginal sont égaux à p_0. En cas de restriction, les entreprises produisent q^* unités à un coût marginal égal à p^* et à un coût moyen supérieur à p_0 (voir la figure 4.9a). La surface comprise entre 0 et Q^* sur la figure 4.9b représente cette augmentation de coût. La surface en gris foncé de la figure 4.9b correspond à la perte sèche due à ces deux causes d'inefficacité engendrée par la restriction à l'entrée.

Toute entreprise faisant partie des 100 entreprises autorisées à opérer sur le marché bénéficie de la restriction. Le prix plus élevé accroît le profit de chacune des 100 entreprises (surface en gris foncé de la figure 4.9a) au-dessus du niveau qui aurait prévalu à l'équilibre avec libre entrée, si les 150 entreprises avait pu entrer sur le marché. En situation de libre entrée, chaque entreprise produit la quantité qui correspond au coût moyen minimum et son profit est nul. Ainsi, une restriction à l'entrée agit comme un impôt à la consommation. Cependant, l'impôt entraîne un transfert des consommateurs et des producteurs au gouvernement, alors que la restriction à l'entrée provoque un transfert des consommateurs aux entreprises protégées.

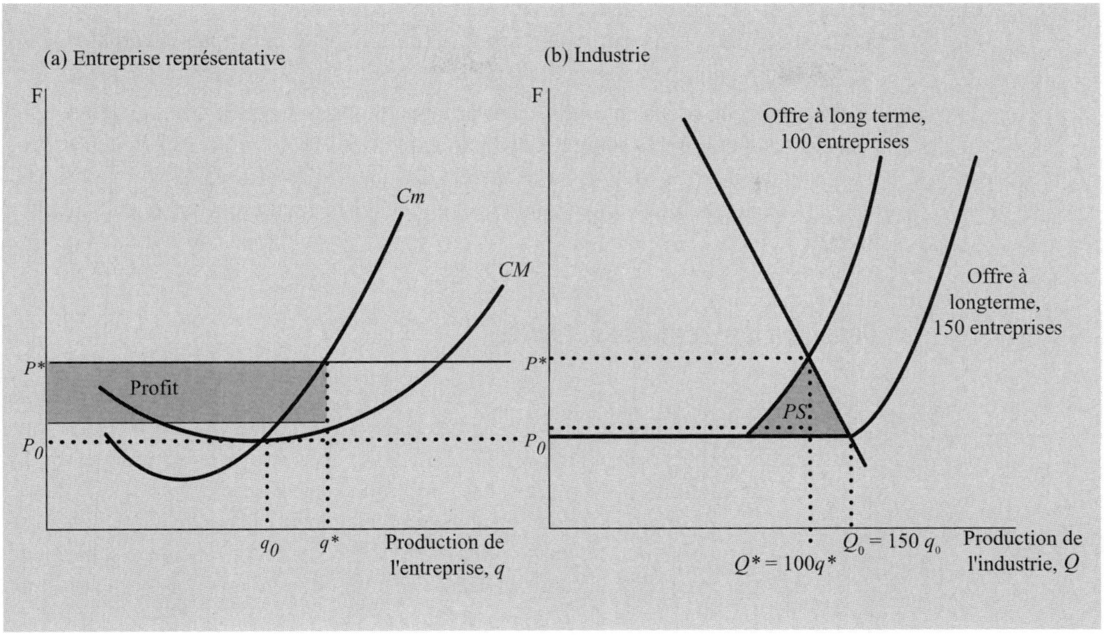

Figure 4.9: *Équilibre à long terme et restrictions à l'entrée*

4.4.2 Contestabilité : la concurrence malgré un petit nombre d'entreprises

Dans certaines industries, la production totale est faible par comparaison avec la taille optimale des entreprises. Les économies d'échelle liées à la production et à la vente sont importantes et seules quelques entreprises peuvent produire efficacement. Même dans ce cas, la concurrence peut fonctionner, quoique d'une façon différente (Demsetz, 1968 ; Baumol, Panzar et Willig, 1982).

Si beaucoup d'entreprises peuvent entrer sur un marché et produire, aucune ne pourra obtenir plus qu'un profit normal à long terme. Autrement dit, une industrie ou l'entrée et la sortie sont aisées (pas de coûts irrécupérables), les entreprises sont incitées à entrer dès lors que le prix est supérieur au coût moyen. Les marchés où l'entrée et la sortie sont libres sont dits parfaitement *contestables* (Baumol, Panzar et Willig, 1982).[13]

Le ramassage des ordures aux États-Unis est un exemple de marché contestable. Le ramassage urbain des ordures est caractérisé par des économies d'échelle (voir l'exemple 21.5). En effet, il serait inefficace que ce ramassage soit effectué par plusieurs entreprises dont les camions sillonneraient les mêmes quartiers. Aussi les municipalités font-elles un appel d'offre et choisissent-elles l'entreprise qui fait la

[13] Weitzman (1983) a montré que si l'entrée et la sortie instantanées sont possibles (pas de coûts irrécupérables), les courbes de coûts sont horizontales. Par conséquent, pour être intéressante, la théorie de la contestabilité doit supposer l'existence temporaire de coûts irrécupérables.

meilleure offre. La concurrence entre les entreprises garantit que le ramassage se fera au coût le plus bas possible, même si une entreprise seulement s'en occupe.[14]

En revanche, dans les industries protégées par des restrictions à l'entrée, le prix reste supérieur au coût marginal parce que l'absence d'entrée empêche le prix de diminuer. Les restrictions à l'entrée expliquent que beaucoup de marchés ne soient pas parfaitement concurrentiels et que les prix demeurent supérieurs au coût marginal.

4.4.3 Définition des barrières à l'entrée

Avant de savoir s'il existe d'importantes barrières à l'entrée d'un marché, il est nécessaire de définir le terme. Une **barrière à l'entrée** est constituée par tout obstacle qui empêche un entrepreneur d'installer une nouvelle entreprise sur le marché. Cette définition est vague. Elle implique, par exemple, que les coûts de recrutement de la main d'œuvre ou ceux de construction d'une usine, sont des barrières à l'entrée. Ainsi, le terme *barrière à l'entrée* recouvre-t-il non seulement le coût d'entrée, mais aussi le temps nécessaire pour entrer. Cette polysémie produit parfois des confusions, mais tous les partisans de cette approche admettent que des coûts d'entrée élevés augmentent les prix.

Ce n'est qu'à long terme que l'entrée amenuise les profits. Il est donc naturel de se concentrer sur les barrières à l'entrée durables, c'est-à-dire celles qui empêchent de nouvelles entreprises d'entrer sur un marché où des entreprises installées réalisent des profits à long terme.

S'il y a beaucoup d'entreprises aux coûts identiques confrontées aux mêmes conditions de prix, aucune ne réussira à long terme à réaliser des profits supérieurs aux coûts sans attirer de nouvelles concurrentes. Ce n'est que si elle possède certains avantages spécifiques qu'une entreprise peut durablement obtenir des profits plus élevés que les autres (déjà installées ou non). Étant donné que les profits ne peuvent durer à long terme que si une entreprise possède un avantage sur les nouveaux entrants, nous définirons une **barrière à l'entrée durable** comme le coût qu'un nouvel entrant doit supporter alors que les entreprises installées n'ont pas (ou n'ont pas eu) à l'assumer.[15]

---

[14] Les économies d'échelle entraînent cependant une complication. La concurrence pour l'appel d'offre réduit les profits à zéro et le prix tend vers le coût marginal. Mais s'il y a des économies d'échelle, le prix est *supérieur* au coût marginal. Dans ce cas, l'allocation efficace des ressources est impossible. Il est alors plus efficace de financer le ramassage des ordures en fixant une somme par ramassage égale au coût marginal et de prélever par ailleurs une somme fixe pour le droit d'enlèvement des ordures. Par exemple, si les résidents veulent que les ordures soient ramassées deux fois par semaine, ils devront payer le droit d'enlèvement plus deux fois le montant d'un ramassage. Ce schéma complexe de fixation du prix en deux étapes est étudié au chapitre 12.

[15] Cette définition est adaptée de Stigler (1968). Voir aussi von Weizsäker (1980) qui ajoute comme condition qu'une barrière à l'entrée doit aussi réduire le bien-être du consommateur.

A. Barrières à l'entrée

Le brevet est un bon exemple de barrière à l'entrée durable. Aux États-Unis, la loi protège l'inventeur pendant 17 ans. Pendant cette période, il jouit du droit exclusif de vendre son invention. Un brevet crée un monopole légal qui constitue une barrière à l'entrée. Pour concurrencer une entreprise déjà installée qui exploite un brevet, un entrant potentiel doit soit inventer lui-même quelque chose de similaire, soit payer pour obtenir le droit d'exploiter le brevet.(16) Étant donné que l'entreprise installée a le droit d'interdire à n'importe qui d'utiliser son brevet, elle peut bloquer l'entrée. L'entreprise installée a sans doute investi en recherche et développement pour mettre au point son invention brevetée. Cependant, sauf si ce secteur de la recherche est très prometteur, les autres entreprises devront supporter un coût de recherche et développement encore plus élevé si elles veulent faire d'autres découvertes.(17)

Une entreprise installée dispose d'un ensemble de stratégies permettant d'augmenter le coût d'entrée. Ces stratégies requièrent toutes que l'entreprise installée expoite une forme d'asymétrie entre elle et l'entreprise candidate à l'entrée. Lorsque l'entreprise installée parvient à élever le coût de l'entreprise candidate au-dessus du sien, c'est qu'elle a crée une barrière à l'entrée durable. Ces stratégies sont étudiées en détail au chapitre 10.

B. Barrières à la sortie

Paradoxalement, la possibilité de quitter facilement le marché est un facteur important pour comprendre la décision d'entrée d'une entreprise sur un marché. S'il est coûteux de quitter une industrie, les incitations à y entrer sont moindres. Il est onéreux de quitter une industrie si certains coûts sont irrécupérables. Supposons par exemple qu'une entreprise qui souhaite entrer dans une certaine industrie ait besoin d'équipements très spécialisés et difficiles à revendre. L'entreprise risque de ne pas entrer si elle à l'impression que les profits inhabituellement élevés qu'elle observe sont transitoires. En revanche, lorsqu'il n'y a pas de coûts d'entrée et que l'entrée et la sortie se font instantanément, on assiste à des entrées du type *raid éclair* qui garantissent qu'à tout instant les prix sont égaux aux coûts.(18) Les coûts de sortie limitent donc l'entrée, au même titre que les coûts d'entrée.

---

[16] Comme nous le verrons au chapitre 17 qui est consacré aux brevets, le titulaire d'un brevet peut autoriser les autres entreprises à utiliser son brevet moyennant le versement de droits. Cependant, ces droits forment une barrière à l'entrée puisque c'est une somme payée par l'entreprise qui souhaite entrer sur le marché et non par l'entreprise installée.

[17] Toutefois, les brevets ont aussi un aspect positif (voir le chapitre 17). Si les découvertes n'étaient pas protégées par des brevets permettant d'en tirer un profit inhabituellement élevé, les entreprises n'investiraient pas autant en recherche et développement et il n'y aurait pas de découvertes. On peut donc penser que le bien-être social serait réduit par l'absence de barrières à l'entrée de ce type.

[18] Baumol, Panzar et Willig (1982) ont été les premiers à souligner cet aspect et à populariser les notions de raid éclair et de contestabilité. Voir aussi Eaton et Lipsey (1980)

C. Données générales sur l'entrée et la sortie

L'agriculture, la construction, le commerce de gros et de détail, ainsi que les services sont généralement considérés comme des secteurs où les coûts d'entrée sont faibles. En revanche, dans certaines industries manufacturières, dans l'industrie extractive et dans certaines industries sous contrôle public ou encore dans certaines branches de l'assurance, l'entrée et la sortie sont parfois plus difficiles. Selon le *Statistical Abstract of the United States* (1992, tableau 674), la décomposition par secteur du produit intérieur brut américain est : agriculture, 2% ; construction, 4% ; services, 16% ; industrie extractive, 3% ; industrie manufacturière, 23% ; transport et services publics, 10% ; gouvernement, 10%.

Plusieurs études récentes ont été faites sur l'entrée et la sortie. Citons celles de Bresnahan et Reiss (1988, 1990, 1991), Dixit (1989), Liberman (1990) et Schary (1991). Bresnahan et Reiss, par exemple, ont sélectionné les marchés où n'interviennent que quelques prestataires de services (comme le marché des médecins de campagne aux États-Unis) et étudié quelle taille un marché devait atteindre pour que deux entreprises, trois ou davantage, y pénètrent. Ils ont établi que la concurrence réduisait très rapidement le prix et les profits. La première entreprise installée pratique généralement un prix élevé, mais l'entrée d'une ou deux suivantes engendre un fort climat de concurrence. Ils ont calculé un indicateur des coûts irrécupérables en comparant la taille des entreprises avec la taille de celles qui sortent. Plus les coûts irrécupérables sont élevés, plus la taille du marché qui déclenche la sortie est faible par rapport à celle qui induit l'entrée.

Dunne, Roberts et Samuelson (1988) ont trouvé que dans l'industrie manufacturière la taille des nouvelles entreprises était bien moindre que celles des entreprises installées. Les nouvelles entreprises représentent 17% de la production des entreprises installées et en moyenne 11% de la production de l'industrie.[19] Les entreprises qui cessent leur activité représentent 11% de la production industrielle et environ un cinquième de la production d'une entreprise moyenne. À partir de la base de données portant sur l'ensemble des secteurs (et non seulement l'industrie manufacturière) de Dunne et Bradstreet, Birch (1987) a établi qu'environ la moitié des nouvelles entreprises échouait dans les cinq ans et que malgré ce fort taux d'échec les entrées sont en peu d'années une source non négligeable de création (nette) d'emplois nouveaux.

4.4.4 Identification des barrières à l'entrée

Bain (1956) fut le premier à développer une approche moderne des barrières à l'entrée. Il distinguait trois types de barrières à l'entrée :

[19] Il y a peu de modèles économiques du processus d'entrée et de croissance des entreprises au sein d'une industrie. Des applications simples du modèle concurrentiel suggèrent qu'il n'y a pas de différence entre les entreprises nouvellement arrivées et les autres. Des modèles plus réalistes basés sur les écarts de connaissances génèrent des processus spécifiques de croissance des nouvelles entreprises (Jovanovic, 1982). Voir aussi Evans (1987a, b) et Hall (1987).

- L'avantage absolu de coût.
- Les économies d'échelle, nécessitant souvent de gros investissements.
- La différenciation des produits : les produits similaires ont des caractéristiques qui les différencient, de sorte qu'ils ne sont pas parfaitement substituables (par exemple, les ordinateurs Apple et IBM ne sont pas des substituts parfaits).

Un avantage absolu de coût permet à une entreprise installée de réaliser des profits plus élevés que la normale sans craindre l'entrée. Supposons par exemple que l'entreprise A puisse produire au coût constant de 2 F l'unité, alors que toutes les autres entreprises potentielles ne peuvent produire qu'au coût constant de 5 F l'unité. L'entreprise A peut alors fixer son prix à 4 F, ce qui est supérieur à son coût de production par unité, réaliser un profit inhabituellement élevé et cependant ne pas craindre l'entrée. Examinons maintenant les deux autres barrières à l'entrée car il peut paraître moins évident qu'elles correspondent à notre définition d'une barrière à l'entrée durable.

Dans la mesure où l'entreprise installée et la nouvelle entreprise peuvent tirer le même parti d'économies d'échelle, pourquoi l'entreprise installée bénéficierait-elle de profits supérieurs à la normale ? Certains soutiennent qu'une nouvelle entreprise aura plus de difficultés à trouver des fonds (ou répugnera davantage à investir les siens propres) pour financer de gros investissements.[(20)] Si les marchés de capitaux fonctionnent correctement (lorsque les banques et autres institutions financières prêtent dès l'instant où une activité est rentable), le fait de trouver des fonds ne devrait pas être plus difficile pour un projet à grande échelle que pour un petit projet.

Mais est-il plausible que la taille d'une entreprise soit sans incidence sur l'incitation à entrer dans une activité ? Si l'entrée implique d'importants coûts *irrécupérables* et que celle-ci s'avère non rentable, les pertes de la nouvelle entreprise seront très élevées. Si l'on ajoute la menace de comportements stratégiques de la part d'entreprises installée (guerres de prix, par exemple), cela peut dissuader l'entrée. De fait, plus la probabilité de comportements stratégiques augmente — et avec elle la probabilité de pertes éventuelles — plus la menace est dissuasive. Ainsi, quand l'entrée suppose des investissements à grande échelle sous forme de dépenses irrécupérables, les pertes en cas d'échec sont si élevées qu'elle peuvent décourager les candidats (voir le chapitre 10).

La différenciation du produit (lorsque les entreprises fabriquent des produits différents mais cependant très proches) peut constituer une barrière à l'entrée durable. Par exemple, l'attachement des consommateurs à une marque peut com-

---

[20] D'après les résultats de Dunne, Roberts et Samuelson (1988), la taille des entreprises installées qui développent une nouvelle activité est plus importante que celles des entreprises nouvellement créées dans ce même secteur. Est-ce parce que les imperfections des marchés de capitaux sont plus facilement surmontées par les entreprises existantes que par des entrepreneurs inconnus, ou bien parce que les entreprises existantes ont davantage confiance dans la réussite de leurs projets ?

pliquer la tâche d'une entreprise qui souhaite lancer une nouvelle marque. Bien entendu, la marque est un atout supplémentaire pour l'entreprise installée qui souhaite lancer un nouveau produit. C'est l'**avantage du pionnier** : la première entreprise qui pénètre sur le marché supporte des coûts de marketing moins élevés car il n'y a pas encore de concurrents (voir le chapitre 10). Les entreprises suivantes ont des coûts de marketing plus élevés car elles doivent lutter contre l'entreprise installée.[(21)] Si la présence de l'entreprise installée augmente les coûts de marketing de la seconde entreprise, la première bénéficie d'un avantage permanent — une barrière à l'entrée durable — et peut maintenir des prix élevés.[(22)] Par exemple, si le produit de l'entreprise installée est familier aux consommateurs, ils répugneront à adopter une nouvelle marque (Schmalensee, 1982).

4.4.5 Importance des barrières à l'entrée selon les industries

L'évaluation de l'importance des barrières à l'entrée peut se faire à l'aide de différentes méthodes. Certains économistes se fondent sur des jugements subjectifs pour déterminer si l'entrée d'une nouvelle entreprise sur un marché est aisée ou non. Il est aussi possible de fonder cette opinion sur la fréquence des entrées passées.

D'autres indicateurs des barrières à l'entrée se basent sur la réponse à des questions comme celle-ci : quel serait le désavantage de coût d'une nouvelle entreprise dont l'usine aurait une taille inférieure de moitié à celle de l'entreprise installée ? De combien les coûts de la nouvelle entreprise s'élèvent-ils du fait des compétences d'expertise et des brevets détenus par l'entreprise installée. Les tableaux 4.2 et 4.3 reproduisent les résultats de Bain concernant l'importance des barrières à l'entrée dans certaines industries.

Harris (1976) a étudié le taux d'entrée dans les industries que Bain et par la suite Mann (1966) avaient considéré comme d'un accès difficile et découvert que certaines d'entre elles connaissaient un fort taux d'entrée. Les barrières à l'entrée identifiées par Bain et Mann qui semblaient le plus sûrement restreindre l'entrée étaient celles relatives à la différenciation des produits. Son étude confirme d'autre part que seules les barrières à l'entrée durables peuvent empêcher le prix de tendre vers le coût marginal.

[21] Il arrive aussi que la seconde entreprise ait des coûts de marketing moins élevés que la première qui a dû dépenser de l'argent pour former le consommateur à utiliser et à apprécier ce nouveau type de produit.

[22] Caves et Porter (1977) ont souligné l'importance des *barrières à la mobilité* qui empêchent une entreprise opérant sur un segment de marché de pénétrer les autres segments.

Tableau 4.2: *Barrières à l'entrée selon Bain*

Industrie	Économies d'échelle	Différenciation du produit	Avantage-coût absolu	Investissements nécessaires
Automobiles	3	3	1	3
Cigarettes	1	3	1	3
Liqueurs	1	3	1	2
Chaussures	2	1-2	1	0
Savon	2	2	1	2
Acier	2	1	3	3
Tracteurs	3	3	1	3
Pneus et chambres	1	2	1	2
Emballage (viande)	2	2	2	0-1
Ciment	2	1	1	2
Farine	1	1-2	1	0

NOTE : L'importance des barrières varie de 0 (faible) à 3 (forte).
SOURCE : Bain (1956, p. 169)

Tableau 4.3: *Barrières à l'entrée selon Bain, évaluation globale*

Industrie	Barrières globales
Automobiles	Très élevées
Cigarettes	Très élevées
Liqueurs	Très élevées
Savon	Importantes
Acier	Importantes
Tracteurs	Très élevées
Farine	Modérées à faibles
Ciment	Modérées à faibles
Emballage (de la nourriture)	Modérées à faibles
Pneus	Modérées à faibles
Rayonne	Modérées à faibles

NOTE : Les industries ont de très fortes barrières à l'entrée si elles peuvent élever leurs prix de 10% au-dessus du niveau concurrentiel. Les barrières sont importantes ou modérées à faibles lorsque les prix dépassent les seuils concurrentiel de 7% à 4% respectivement.
SOURCE : Bain (1956, p. 170).

4.5 Externalités

D'autres facteurs que les impôts et les barrières à l'entrée peuvent expliquer qu'un marché concurrentiel n'ait pas les propriétés bénéfiques habituelles. Ainsi, un équilibre concurrentiel est sous-optimal lorsqu'un bien de valeur n'a pas de prix ou un prix anormal. Malheureusement, le prix de nombreux *biens* (tels que l'information ou l'air pur) ou «*maux*» (tels que la pollution ou les ordures) n'est pas généralement pas fixé. Ces biens ou ces maux sont qualifiés d'**externalités**.

La pollution est probablement l'exemple le plus connu d'une **externalité négative**, c'est-à-dire d'un mal dont le prix n'est pas fixé par le marché. De fait, en l'absence de contrôle public, les entreprises de l'industrie manufacturière, par exemple, ne paient pas pour la pollution qu'elles engendrent, de sorte que leurs décisions de production ignorent le coût social de la pollution. Il s'ensuit qu'elles produisent trop par rapport à l'optimum social. Ces distortions ou ces productions inefficientes sont la manifestation d'**échecs du marché**.

Une action qui engendre des bénéfices pour d'autres que son auteur est une **externalité positive**. Par exemple, celui qui a un beau jardin en fait bénéficier gratuitement ses voisins. L'information et les découvertes scientifiques sont deux exemples notables d'externalités positives, en ce qu'elles peuvent bénéficier à un grand nombre d'hommes et de femmes en même temps. Ainsi, lorsque Ford créa les chaînes de montage, cette découverte bénéficia gratuitement à de nombreuses entreprises. De même, puisqu'on peut écouter (« consommer ») des informations sans empêcher d'autres de le faire en même temps, les informations sont une externalité positive pour tous les auditeurs qui en bénéficient sans payer. Les industries caractérisées par des externalités négatives en produisent toujours trop, alors que celles qui sont caractérisées par des externalités positives n'en produisent jamais assez.

L'information est également un **bien public** : le fait de la produire pour un agent économique particulier permet ensuite de la mettre à disposition d'autres agents économiques sans coût supplémentaire. La défense nationale est un autre exemple de bien public. Non seulement la pollution est une externalité (négative), mais en plus, c'est un mal public (ou « bien » public indésirable). Par opposition, un *bien privé*, comme un hot-dog, ne peut être consommé que par une seule personne. Une externalité peut être un bien ou un mal privé ou public.

Nous allons maintenant montrer que les externalités résultent de l'insuffisante définition des droits de propriété. Puis nous illustrerons les conséquences indésirables sur le bien-être qui résultent de la mauvaise définition des droits de propriété en situation de concurrence. Nous étudierons en particulier les cas de la pollution et de l'industrie de la pêche.

4.5.1 Droits de propriété

Les **droits de propriété** sont des droits qui portent sur l'utilisation exclusive d'un actif, bien ou service. Les autres ne peuvent jouir de cet actif, bien ou service qu'avec votre accord et moyennant une compensation. Ainsi, celui qui possède une voiture à un droit de propriété bien défini sur son utilisation, bien qu'il ne possède aucune partie de l'autoroute. Il doit partager l'autoroute avec d'autres usagers. Dès l'instant où une voiture occupe une portion d'autoroute, son conducteur est en quelque sorte son propriétaire provisoire (dans la mesure ou sa

EXEMPLE 4.4 Les embouteillages

Les embouteillages représentent un coût social élevé en termes de temps, de carburant et de pollution. Les californiens perdent 400 000 heures par jour sur des rocades congestionnées. D'après des estimations optimistes, le temps perdu dans les embouteillages devrait augmenter de 200% d'ici 2005. Selon d'autres estimations, une augmentation de 500% est à prévoir, ce qui représente 11 milliards d'heures perdues au niveau national. Chaque année, environ 2 milliards de gallons d'essence sont gaspillés dans les embouteillages. Les émissions toxiques sont trois fois plus importantes quand les véhicules circulent au ralenti que lorsqu'ils vont à une vitesse moyenne de 55 miles par heures. Il n'est donc pas surprenant que 80% des américains considèrent les embouteillages comme un problème majeur.

SOURCE : Marinucci, Carla. « Bumper to Bumper Beaters »
San Francisco Examiner, 5 juillet 1992 : p. 5.

présence empêche une autre voiture d'être au même endroit). La concurrence pour l'espace finit par engendrer des embouteillages qui sont une externalité négative puisqu'ils ralentissent l'ensemble du trafic. Voir l'exemple 4.4.

Lorsque les droits de propriété sont clairement définis, il n'y a pas d'externalités et, par conséquent, les marchés concurrentiels sont efficients. Par exemple, le fait qu'une exploitation agricole cultive du blé n'a généralement pas d'effet sur l'entourage. De plus, les agriculteurs ont le droit de produire et de vendre le blé. En revanche, si les droits de propriétés ne sont pas bien définis, les marchés peuvent être inefficients. Par exemple, si une entreprise qui fabrique des logiciels ne peut pas protéger efficacement son droit de propriété sur ses programmes, ceux-ci constituent une externalité positive pour tous ceux qui auront obtenu des copies gratuites par des amis. Il s'agit d'une externalité positive pour le bénéficiaire car l'entreprise fournit un service pour lequel elle n'obtient aucune compensation. C'est ce qui explique que la production de logiciel soit inférieure à l'optimum social. Les externalités sont un phénomène fréquent et nous allons maintenant en étudier quelques exemples importants.

4.5.2 Pollution

Environ 80% de la pollution de l'air est causée par l'émission d'hydrocarbones d'origine végétale. Alors pourquoi prendre des mesures draconiennes pour limiter les émissions d'origine industrielle ? – Ronald Reagan[(23)]

Lorsqu'une industrie produit des pneus en polluant l'air, cette pollution est un co-produit de l'activité manufacturière et augmente avec la production de pneus.

[23] *Sierra*. 10 septembre 1980, cité dans Green, Mark et Gail MacColl. 1983. *There He Goes Again : Ronald Reagan's Reign of Error*. New York : Pantheon Books, p. 99–100. Les auteurs notent que les émissions d'oxyde d'azote produites par les arbres ne sont pas un danger direct pour la santé, alors que les émissions d'origine humaine le sont. De plus, d'après le Docteur Michael Oppenheimer de l'*Environmental Defense Fund*, l'industrie américaine est responsable d'au moins 65% et peut-être de 90% des émissions d'oxyde d'azote.

Les consommateurs apprécient les pneus mais non la pollution — fumée épaisse et noirâtre qui nuit à la santé, détruit la végétation, salit vêtements et maisons. Supposons pour simplifier que les équipements non polluants soient trop coûteux et que le seul moyen de réduire la pollution soit de réduire la production. Nous pourrions nous affranchir de ce postulat au prix d'une complication de l'analyse, mais cela ne changerait pas les conclusions essentielles.

Comme les entreprises ne supportent pas le coût de la pollution, elles sous-estiment le coût réel de production et fixent un prix trop bas pour les pneus, ce qui a pour effet de gonfler les ventes et d'accroître la pollution.C'est ce que nous allons maintenant démontrer. Sur la figure 4.10, la courbe de demande, D, indique le prix que les consommateurs sont prêts à payer pour les pneus.

Chaque entreprise a une courbe de **coût marginal privé** qui ne tient compte que des coûts de production des pneus (travail, capital, équipements et matériaux) payés par l'entreprise, mais n'incluent le coût social global, qui tient compte de la pollution. Sur la figure 4.10 la courbe Cm_p est égale à la somme horizontale des courbes de coût marginal privé de toutes les entreprises productrices de pneus. Cette courbe ignore donc les dommages causés par la pollution de l'air.

Si l'industrie est concurrentielle, Cm_p représente la courbe d'offre de l'industrie. En l'absence d'intervention publique, l'industrie concurrentielle ignore les dommages causés par la pollution et le niveau de production est déterminé par l'intersection de la courbe d'offre, Cm_p et de la courbe de demande, D. Comme on peut le voir sur la figure, la production de l'industrie est alors égale à Q_c et le prix à p_c.

Les entreprises ne se préoccupent pas des nuisances créées par la pollution de l'air. Le coût financier (coût médical, atteinte aux droits de propriété, réduction de la production agricole, etc.) créée par chaque unité supplémentaire de production est appelé *coût marginal de la pollution* et la courbe correspondante est tracée sur la figure 4.10. L'ordonnée de chaque point de cette courbe indique quelles indemnités les victimes de la pollution devraient recevoir pour qu'elles tolèrent la pollution supplémentaire due à la production de l'unité considérée. En concurrence, où le prix et la quantité d'équilibre sont donnés respectivement par p_c et Q_c, le coût marginal de la pollution est égal à E_c.

Le coût total pour la société d'un pneu supplémentaire ou **coût marginal social** est égal au coût de fabrication du pneu supplémentaire (ordonnée de la courbe Cm_p) plus la nuisance marginale associée, due à la pollution. Le coût maginal social est donné par Cm_s, qui est la somme verticale des courbes de coût marginal de pollution Cm_p d'une part et des courbes de coût marginal de pollution, d'autre part.

Viscusi (1992, p. 17) a cherché à mesurer le coût des externalités en pourcentage du prix des différentes combinaisons produit-pollution. Ses résultats traduisent l'écart entre Cm_p et Cm_s à l'équilibre. Il a établi par exemple que le coût des émissions de particules représentait 9% du prix de l'essence, 23% du prix du diesel, 11% du prix du carburant pour avion et 147% du prix du bois. Le coût en termes

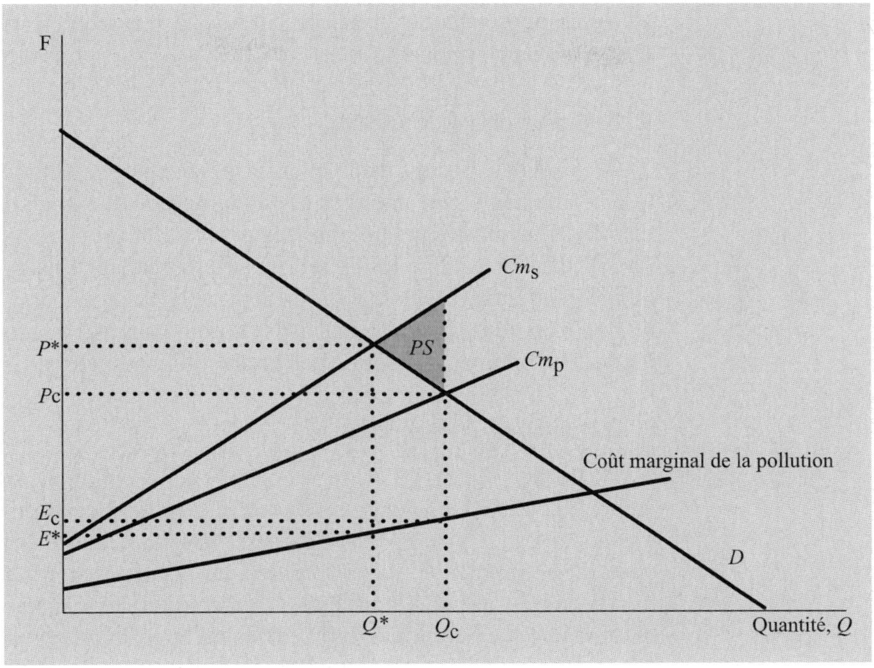

Figure 4.10: *Marché intégrant la pollution*

de mortalité de l'oxyde de souffre représente 53% du prix du chauffage au gaz et 464% du prix du charbon.

La solution socialement optimale tient compte d'un certain niveau de pollution, car le seul moyen d'éliminer complètement celle-ci serait d'arrêter la production de pneus. Or, dans la mesure où les consommateurs accordent une valeur aux pneus, supprimer cette industrie causerait plus de mal que de bien. La solution socialement optimale est donc de restreindre la production en Q^*, où le bénéfice social marginal (c'est-à-dire la valeur du dernier pneu produit) est égal au coût social marginal (le coût marginal de production et de pollution nécessaire pour fabriquer ce pneu). Autrement dit, la solution socialement optimale consiste à produire la quantité Q^* au prix p^*, qui correspond au point d'intersection des courbes Cm_s et D. Le coût marginal social optimal de pollution est donc égal à E^* : il est inférieur à E_c, mais demeure positif.

À ce point optimum, le bien-être (surplus des consommateurs et surplus des producteurs) est maximum. Autrement dit, la surface située sous la courbe de demande et au-dessus de la courbe Cm_s est maximale. Pour calculer le bien-être social en tenant compte du coût réel de production, il faut partir de la courbe Cm_s plutôt que de la courbe Cm_p. L'équilibre concurrentiel est caractérisé par une perte sèche (la surface en gris foncé de la figure 4.10) qui représente l'inefficacité liée à l'excès de production dans cette industrie. Cette inefficacité provient du fait que Cm_s est plus élevé que p_c.

A. Réglementation de la pollution

Il existe deux façons habituelles de réglementer la pollution.[(24)] Premièrement, le gouvernement peut interdire de produire plus que la quantité Q^*.[(25)] Deuxièmement, il peut prélever un impôt égal au coût maginal de pollution des entreprises.[(26)]. L'impôt oblige les entreprises à **internaliser l'externalité**. En effet, elle oblige l'entreprise à tenir compte du coût social de production. Dans notre exemple, un impôt par unité produite égal à E^*, le coût marginal de production au niveau de production optimal, détermine une production optimale, Q^*.

B. Coût social net de la pollution

Avant les années 1970, le problème de la pollution était en grande partie ignoré aux États-Unis, que ce soit par le gouvernement fédéral, les États ou les municipalités. Il y a 100 ans, par exemple, la ville de New York était sur le point d'être submergée par les ordures, les odeurs d'égoûts et, par-dessus tout, le fumier de cheval. Les éditorialistes stigmatisaient les « puanteurs épouvantables ». Ils doutaient que ces endroits puissent jamais être habités à nouveau, mais espéraient que le développement de l'automobile pourrait réduire cette pollution.[(27)]

Étant donné l'absence de lutte contre la pollution avant les années 1970, il ne faisait de doute pour personne à cette époque, que l'intervention de l'État serait bénéfique pour la société. La loi américaine de 1970 sur la pureté de l'air, qui obligeait à une importante restriction des émissions de particules liés à la combustion des carburants et aux processus industriels, réduisit effectivement la pollution. D'après l'EPA (*Environmental Protection Agency*), le total des particules en suspension dans l'atmosphère (moyenne annuel de données composites) a baissé de 13,4% de 1970 à 1977, tandis que le pourcentage d'oxyde de souffre baissait de 15,7% au cours de la même période (Freeman, 1982, p. 29–33).

L'intervention du gouvernement — particulièrement stricte en ce qui concerne la pollution des automobiles et des motos — a notablement réduit le smog endémique de la Californie du Sud. De 1981 à 1991, la pollution de l'air a chuté de 50% et

---

[24] Dans ce qui suit, nous supposons que l'organisme chargé de la réglementation connaît à la fois la courbe de demande et la courbe Cm_s, ce qui lui permet d'agir de façon optimale et sans frais. Mais ce n'est pas toujours le cas en réalité.

[25] Alternativement, le gouvernement peut mettre aux enchères des parts représentant chacune un certain volume de pollution autorisé. Ces droits peuvent ensuite s'échanger entre les entreprises. La loi américaine de 1990 sur la pureté de l'air permet ce type d'enchères depuis 1993. Celles-ci ont d'ailleurs commencé dès 1992.

[26] Mais un impôt ne conduit pas toujours à une solution optimale si la réglementation tient également compte de la taille des entreprises (voir Carlton et Loury, 1980, 1986).

[27] Boyd, L. M. « Grab Bag ». *San Francisco Chronicle*, 30 juin 1984 : p. 33.

les pics de pollution considérés comme dangereux pour la santé ont baissé de 25% d'après le *California Air Resources Board.*

Beaucoup d'autres pays développés réglementent la pollution, parfois même plus que les États-Unis. Par exemple, contrairement aux États-Unis, l'Australie, l'Autriche, le Canada, le Danemark, la France, l'Allemagne, le Japon, les Pays-Bas, la Nouvelle-Zélande, la Norvège, la Suède et le Royaume-Uni ont des objectifs de stabilisation ou de réduction des émissions de CO_2, afin de réduire l'effet de serre (Morrisette et Plantinga, 1991).

Dans le cas des pays en développement, les bénéfices de la réglementation sont peut-être encore plus grands. Ces pays contribuent pour 29% environ aux émissions globales de CO_2 provenant de la combustion du pétrole et peut-être 45% si l'on inclut les effets de la déforestation (Morrisette et Plantinga, 1991). De nombreux experts prévoient que les changements politiques et économiques radicaux qui se déroulent actuellement en Europe de l'Est vont accroître les problèmes de pollution de ces pays.

Les habitants des pays en développement souffrent gravement de la pollution. Par exemple, en mars 1992, la pollution de l'air à Mexico fut si élevée (la pollution à l'ozone atteignit 4 fois le seuil de sécurité) que les écoles furent fermées et la circulation automobile réduite de 40% chaque jour. Les travaux publics furent arrêtés et l'on conseilla à plus de 200 usines de la vallée environnante de réduire leur production de 75%.

C. Une alternative à la réglementation publique

Lorsque les droits de propriété sont mal définis, le fonctionnement concurrentiel des marchés entraîne une trop grande pollution. Si le droit de polluer l'air était clairement défini (c'est-à-dire si l'on savait précisément qui a le droit de polluer et qui a le droit de ne pas être incommodé par la pollution) et si certaines autres conditions étaient réunies, les niveaux optimaux de pollution et de production seraient obtenus par la négociation collective. Ce résultat est connu sous le nom de *théorème de Coase* (Coase, 1960). L'implication essentielle de ce théorème est que si certaines conditions sont réunies, le gouvernement n'a pas besoin de réglementer la pollution pour atteindre l'optimum social.

Pour illustrer le théorème de Coase, prenons l'exemple de deux entreprises installées au bord d'un petit lac. L'une de ces entreprises a une activité industrielle et évacue ses déchets dans le lac. L'autre loue des bateaux aux touristes, lesquels n'apprécient pas du tout l'odeur désagréable provoquée par les rejets polluants. Si les droits de propriétés sont mal définis, les deux entreprises risquent fort de ne pas trouver de terrain d'entente. Après tout, pourquoi le loueur de bateaux devrait-il payer l'entreprise pour qu'elle accepte de limiter ou de retraiter ses rejets alors qu'un tribunal pourrait lui donner raison et exiger que l'entreprise cesse de déverser ses rejets ?

En revanche, si l'entreprise manufacturière à un droit clairement conféré de polluer, le loueur de bateaux peut la payer pour qu'elle réduise le montant des rejets déversés dans le lac. Le loueur sera disposé à le faire jusqu'au point où son bénéfice marginal dû à la réduction de pollution (c'est-à-dire les recettes touristiques supplémentaires) devienne égal au coût marginal de la pollution pour l'entreprise manufacturière (coût supplémentaire de traitement des déchets ou baisse des profits due à la diminution des ventes). Si les deux entreprises peuvent négocier un accord, l'optimum social de pollution (caractérisé par l'égalité du bénéfice et du coût marginal) sera atteint par un transfert de revenu du loueur à l'entreprise manufacturière.

Alternativement, si le loueur de bateau possède un droit de propriété sur le lac et qu'il peut en contrôler le niveau de pollution, il est de l'intérêt bien compris de l'entreprise manufacturière d'acquérir des droits de polluer jusqu'au point où son bénéfice marginal devient égal au coût marginal du loueur de bateaux. Le niveau optimal de pollution sera le même dans ce cas que dans le cas précédent, mais c'est le loueur de bateau qui bénéficiera du transfert de revenu. En d'autres termes, la répartition des droits de propriété affecte la répartition des revenus mais pas le niveau de pollution.[28]

Malheureusement, cette solution n'est généralement pas réalisable, même lorsque les droits de propriété sont clairement définis. Pour atteindre le résultat optimal, les deux parties doivent parvenir à un accord satisfaisant en négociant. Trois raisons, au moins, font qu'on n'aboutit pas toujours à un accord (Polinsky, 1979). Premièrement, si les coûts de transaction sont très élevés, il n'est pas forcément intéressant pour les deux parties de se rencontrer. Dans le cas d'une entreprise manufacturière qui pollue l'air, des milliers de gens, voire des millions, peuvent être incommodés. Le coût de les réunir pour négocier est sans aucun doute prohibitif.[29] Deuxièmement, si les entreprises ne font pas les concessions nécessaires au cours de la négociation, elles ne parviendront peut-être pas à un accord. Troisièmement, si l'un ou l'autre des parties n'est pas clairement informée des coûts et des bénéfices d'une réduction de la pollution, l'accord obtenu ne sera probablement pas optimal.

4.5.3 Exemple d'une propriété commune : les zones de pêche

Lorsque les droits de propriétés ne sont pas clairement définis, le fonctionnement du marché est généralement inefficient. Ainsi, quand une ressource est possédée en commun, le fonctionnement du marché est mis en échec. Une ressource est en **propriété commune** si elle peut être utilisée gratuitement par tous, c'est-à-dire s'il s'agit d'une propriété publique.

---

[28] Lorsque l'effet revenu est suffisamment important, la répartition des revenus peut avoir un effet sur le résultat. Par exemple, si le fait de ne pas être incommodé par la pollution est considéré comme un bien de luxe, les gens seront d'autant moins disposé à se débarrasser de la pollution qu'ils sont pauvres.

[29] La mise en place d'un marché des droits de pollution réduirait ces coûts dans des proportions importantes.

Les zones de pêche sont un exemple notoire de ressource en propriété commune. Dès l'instant où tout le monde peut pêcher dans une zone déterminée, les droits de propriété ne sont définis qu'à partir du moment où les poissons sont pêchés. Dans ces conditions, les pêcheurs sont beaucoup plus nombreux et tendent à pêcher de plus grosses quantités que si l'accès à la zone était réglementé. Autrement dit, comme dans l'exemple de la pollution, lorsque les entreprises ne tiennent compte que de leur coût privé (le coût présent de capture des poissons) et non du coût social réel (le coût privé plus les effets de la quantité pêchée sur les disponibles pour les autres pêcheurs ainsi que sur la quantité de poissons futurs).

La plupart des zones de pêche commerciales sont surexploitées. En fait, les prises seraient beaucoup plus aisées (moins d'efforts et moins d'investissements) si la pêche était davantage réglementée. Les gains seraient très importants : 50 millions de dollars pour la zone de pêche au saumon du Pacifique exploitée par les États-Unis et le Canada, 55 millions de dollars pour la zone de pêche du Pacifique exploitée par le Pérou et entre 50 et 100 millions de dollar pour la pêche à la morue dans l'Atlantique Nord (Howe, 1979, p. 270–71).

Des gains encore plus importants seraient permis par un retour au niveau de pêche optimal. D'après les estimations, le supplément moyen de coût dû à la surexploitation des zones de pêche est de 20% au moins à 60% de la pêche marine mondiale. Par conséquent, si on instaurait une taxe optimale sur la pêche en mer internationale, celle-ci procurerait des recettes annuelles de l'ordre de 2,5 milliards de dollars.[30]

Cependant, la plupart des pays n'applique pas une réglementation optimale. Aux États-Unis, ce sont le plus souvent les pêcheurs eux-mêmes qui sont responsables de la gestion des zones de pêche (Dewar, 1983). Beaucoup de zones de pêche sont particulièrement difficiles à contrôler car elles relèvent à la fois des États et du gouvernement fédéral, ou de plusieurs pays différents. Les incidents entre pays, comme celui portant sur la pêche à la morue d'Islande en mer du nord, sont fréquents. Ainsi, il est arrivé que le Canada interdise aux bateaux américains de venir pêcher dans certaines zones et que les États-Unis agissent de même en représailles. L'essentiel du conflit portait sur une conception différente de la gestion des zones (les États-Unis étant favorables à une réglementation plus souple).

La surexploitation des zones de pêche pourrait être réduite de bien des façons. L'attribution de droits de propriété résoudrait le problème des externalités mais malheureusement, cette solution n'est pas réaliste, le plus souvent, dans le cas de la pêche en océan. Le gouvernement peut également contrôler une zone de pêche concurrentielle par l'instauration de taxes ou par des contrôles quantitatifs directs.

Si l'on instaurait un impôt par poisson, la courbe de demande — telle qu'elle est perçue par les marins-pêcheurs — serait déplacée vers le bas du montant de l'impôt. Le gouvernement pourrait aussi taxer les bateaux, ce qui obligerait les marins-pêcheurs à internaliser cette externalité.

---

[30] Ces chiffres proviennent des travaux de Cooper et sont résumés dans Dasgupta (1982, p. 137–8).

Alternativement, le gouvernement pourrait directement réglementer le nombre et la taille des bateaux et, par ce biais, limiter la surexploitation des bancs. Une autre approche, moins efficiente, serait de racourcir la durée de la saison de pêche ou les volumes pêchés. Mais ce type de mesures se traduirait par une inactivité forcée des bateaux durant une bonne partie de l'année (sur-équipement). Curieusement, cependant, ce sont les mesures les plus fréquemment adoptées par les gouvernements.

Dans quelques cas, le problème a été partiellement résolu en attribuant les droits de propriété de la zone entière à un groupe. Lorsque les droits de propriété sont clairement définis, chaque entreprise de pêche tient compte du véritable coût social (y compris les effets sur les bancs futurs des prélèvements actuels), ce qui élimine le problème de la surexploitation des bancs. Certaines petites zones (en général des ports) de l'État du Maine ont effectivement été appropriées par des groupes de pêcheurs qui en ont l'usage exclusif (Wilson, 1977). Le fait d'attribuer les droits de propriété à certains groupes de pêcheurs permet de limiter le « braconnage ». Dans certains cas, le groupe de pêcheurs propriétaires était suffisamment restreint pour qu'ils puissent constituer une société en nom collectif. Bien que l'attribution de droits de propriété à un groupe d'individus ne soit pas aussi efficace que son attribution à un seul individu (car des disputes peuvent surgir à l'intérieur du groupe), ce type de solution a permi de réduire le problème de la surexploitation des bancs dans plusieurs régions.

4.5.4 Autres activités où la propriété de certaines ressources est commune

Le problème de la propriété commune qui se pose dans l'industrie de la pêche existe aussi dans bien d'autres activités, parmi lesquelles (Weitzman, 1974) :

- *Ressources agricoles et animales naturelles :* chasse, pêche, cuillette.
- *Partage de ressources tirées d'un gisement commun :* pétrole, eau ou autres fluides et gazs provenant d'un gisement commun. Les propriétaires de puits alimentés par un gisement commun cherche à prélever la ressource le plus rapidement possible pour augmenter leur part. Cette concurrence entre les propriétaires de puits réduit la pression et accroît la difficulté des prélèvements ultérieurs pour tous.
- *Recherche :* Le stock potentiel de connaissances dans un domaine de recherche particulier (gisement de connaissances) est moins que proportionnel à l'effort de recherche entrepris, du fait des rendements décroissants. Il se peut donc qu'un trop grand nombre d'entreprises cherchent à découvrir la même chose. En cela, le stock de connaissances est semblable à une zone de pêche. On aboutit éventuellement à un sur-investissement dans la recherche. D'un autre côté, comme il est souvent impossible de garantir les droits de propriété sur l'information, il se peut également que les investissements en recherche soient

insuffisants. Seules les recherches empiriques permettent de déterminer si l'un de ces deux effets contraires prédomine (voir le chapitre 17).

- *Lignes de transport commerciales :* Frêt, communications, routes, pipe-lines, etc. Lorsque les droits de propriété ne sont pas clairement définis, trop d'entreprises peuvent être en concurrence sur ces lignes.
- *Phénomènes de files d'attente :* embouteillage aux entrées d'échangeurs ou recherche d'emploi. La présence des autres crée une externalité. En fait, l'analyse des embouteillages d'autoroutes est très proche de l'analyse précédente des zones de pêche. Chaque conducteur de plus empêche davantage les autres de circuler.

4.6 Limites de la concurrence parfaite

Certaines industries répondent à la plupart des critères du modèle de la concurrence parfaite. Par exemple, à la bourse de New York, beaucoup de gens achètent et vendent des actions d'entreprises comme IBM. Ceux qui veulent vendre les actions qu'ils possèdent, de même que ceux qui veulent acheter des actions, passent par un agent de change qui effectue la transaction en leur nom. Les participants au marché des actions sont nombreux et bien informés. Le prix d'une action particulière est déterminé par les forces de l'offre et de la demande. La plupart des participants pensent à juste titre qu'ils n'ont pas d'influence sur le prix du marché. Mais si le marché boursier correspond de très près aux postulats de la concurrence parfaite, ce n'est pas le cas de la plupart des marchés.

Seuls quelques marchés fonctionnent sur le mode de la concurrence parfaite. C'est pourquoi la plus grande partie de ce livre est consacrée à l'analyse de modèles plus réalistes du comportement économique. Le modèle de la concurrence parfaite postule que les entreprises ne peuvent pas influencer le prix du marché et qu'elles peuvent vendre autant qu'elles le souhaitent au prix du marché. Les chapitres 5 à 12 montrent que les propriétés bénéfiques de la concurrence ne sont plus nécessairement vérifiées lorsque les entreprises ont un pouvoir de fixation des prix (voir cependant l'exemple 4.5). Les chapitres 10 à 15 et 18 étudient les stratégies de prix et la politique de marketing des entreprises visant à augmenter les ventes et les profits, lorsqu'elles sont confrontées à des courbes de demande décroissante.

En postulant que les consommateurs sont parfaitement informés, le modèle de la concurrence parfaite ignore implicitement la publicité et le marketing. Les chapitres 13 à 15 et 18 approfondissent cette question : analyse des pertes d'efficience qui résultent d'une information imparfaite des consommateurs et des entreprises et effets de la publicité et des autres techniques de marketing sur les préférences des consommateurs.

Le modèle de la concurrence parfaite suppose que la technologie est donnée et n'assigne par conséquent aucun rôle à l'innovation et au développement de

EXEMPLE 4.5 Économie expérimentale

Lorsqu'on s'affranchit des postulats de la concurence parfaite, il est souvent difficile d'en prévoir théoriquement les effets. On peut cependant conduire des expériences de groupe dans lesquelles les participants sont incités à se conduire conformément au modèle concurrentiel. Par exemple, Plott (1982) relate des expériences au cours desquelles on a incité des étudiants à se comporter suivant un schéma connu de courbes d'offre et de demande. Puis, pour étudier les effets de la suppression du postulat d'un prix donné et exogène, les acheteurs et les vendeurs ont été autorisé à annoncer les prix auxquels ils désiraient vendre ou acheter. Les résultats de ces expériences ont montré que même dans les groupes composés d'un très petit nombre d'étudiants, le prix qui s'imposait généralement était très proche de celui prévu par le modèle de concurrence parfaite. Par conséquent, les prévisions du modèle de concurrence parfaite semblent solides et ne sont pas altérées par ce type de modifications des postulats sous-jacents.

nouveaux produits ou de nouvelles techniques de production. Remédiant à ce manque, le chapitre 17 montre que l'innovation est essentielle et que la concurrence n'engendre pas le volume optimal d'innovation parce que l'information est un bien collectif.

On objecte souvent que même quand les marchés sont parfaitement concurrentiels, le bien-être ne peut pas être optimal si la répartition des revenus est« injuste ». La richesse d'un individu dépend de ses actifs (comme la monnaie, les machines) et de ses compétences. Il faut noter, cependant, que la concurrence ne récompense pas nécessairement ceux qui le mériteraient, mais seulement ceux qui détiennent des actifs ou qui sont productifs.

Si la distribution des revenus est injuste, pourquoi se préoccuper d'efficience ? Après tout, l'efficience implique seulement qu'il est impossible que le bien-être d'un individu soit amélioré sans que cela se traduise par une détérioration du bien-être d'un autre individu. S'il faut répartir 10 000 F entre Maé et Lizenn, une répartition qui donnerait 9 999 F à Maé et 1 F seulement à Lizenn serait tout aussi efficiente qu'une répartition qui donnerait 1 F à Maé et 9 999 F à Lizenn. En effet, ce qui importe pour l'efficience, c'est que tout soit distribué. D'ailleurs, *toute* division arbitraire des 10 000 F entre Maé et Lizenn est efficiente. Le point d'efficience automatiquement sélectionné par l'équilibre concurrentiel dépend de la propriété initiale des actifs. Le gouvernement peut décider qu'il est injuste que l'une reçoive 1 F et l'autre 9 999 F et préferer que chacune reçoive 5 000 F. Mais il peut aussi préférer que chacune reçoive 4 999 F. Ce dernier exemple montre qu'une politique *inefficiente* peut être préférée à une politique efficiente ! On peut alors se demander pourquoi les économistes insistent tant sur l'efficience.

L'une des réponses est qu'une répartition moralement juste (quelle que soit la façon dont ce terme est défini) peut être obtenue par la concurrence et une redistribution appropriée du revenu : au gouvernement de répartir la richesse initiale en fonction des valeurs morales de la société, à la concurrence de conduire ensuite à l'optimum. Selon une interprétation, c'est la fiscalité (sans distorsions) qui permettrait d'atteindre la répartition de la richesse conforme aux critères moraux, permettant au processus concurrentiel d'aboutir à l'efficience.

Les économistes disposent d'instruments objectifs qui leur permettent de décider si l'efficacité économique est ou non atteinte, mais ils ne sont pas mieux placés que d'autres pour décider de la répartition des revenus la plus morale. Ils peuvent éventuellement analyser comment certaines politiques modifient la répartition des revenus, mais ils ne peuvent pas déterminer scientifiquement si une répartition des revenus est éthiquement supérieure à une autre.

4.7 Différentes conceptions de la concurrence

Notre définition de la concurrence parfaite est précise, mais beaucoup de non-économistes, et même certains économistes appliquent le mot *concurrence* à des marchés qui ne sont pas concurrentiel au sens de notre définition.

Certains utilisent le terme *concurrence* pour décrire le fonctionnement d'un marché composé de quelques entreprises qui fixent elles-mêmes le prix de leurs produits et qui se livrent à une compétition acharnée pour les ventes. Chaque entreprise cherche à prendre des clients à ses rivales. Dans cette interprétation, la concurrence désigne une rivalité entre plusieurs entreprises ayant un pouvoir sur le prix du marché. Cette définition diffère de la nôtre selon laquelle l'entreprise concurrentielle est preneuse de prix et peut écouler la quantité qu'elle désire au prix du marché.

Peu d'industries remplissent les conditions de la concurrence parfaite, mais les économistes considèrent que certaines d'entre elles ont des caractéristiques qui les rapprochent suffisamment du modèle concurrentiel. Les critères les plus fréquents du caractère concurrentiel d'une industrie sont la faible influence des entreprises sur le prix, le nombre important d'entreprises et la libre entrée (libre sortie) de l'industrie. Libre entrée et libre sortie font tendre les profits des entreprises vers zéro. Dans certains États américains, il est facile de s'installer comme coiffeur et de ce fait, on trouve beaucoup de coiffeurs dans une aire géographique donnée. Tous n'offrent pas la même qualité de service ou ne pratiquent pas les mêmes prix et, d'autre part, les consommateurs ne choisissent pas leur coiffeur parmi un ensemble qu'ils connaissent parfaitement. Néanmoins, la plupart des économistes pensent que cette activité est raisonnablement concurrentielle.

Une autre exemple d'activité à peu près concurrentielle est l'industrie de la ferraille. Les entreprises de ce secteur utilisent de l'acier de récupération, le traite et le revendent aux aciéries. L'entrée dans ce secteur est facile et rapide, le produit vendu est relativement homogène et les offres de prix sont largement diffusées. Même si le prix des transactions varie sans doute un peu d'une entreprise à l'autre, le grand nombre d'offreurs indépendants conduirait beaucoup d'économistes à conclure qu'il s'agit d'une industrie plutôt concurrentielle.

Certaines analyses faisant intervenir les politiques publiques utilisent le terme *concurrence* avec un sens différent de ceux déjà évoqués : est alors qualifiée de concurrentielle toute industrie qui ne nécessite aucune intervention pour améliorer ses performances. Inversement, une industrie non concurrentielle a des défauts qu'une intervention publique est susceptible de corriger. L'utilisation des termes *concurrentiel* et *non concurrentiel* peut donner lieu à des confusions. En effet, l'intervention de l'État améliore parfois les performances d'une industrie qui répond déjà à tous les critères de la concurrence parfaite. C'est le cas, par exemple, lorsque l'État encourage l'activité inventive. Inversement, lorsqu'une industrie ne répond pas à tous les postulats de la concurrence parfaite, il ne s'ensuit pas nécessairement qu'une intervention publique puisse améliorer ses performances.

Résumé

1. En concurrence parfaite, toutes les entreprises produisent un bien homogène, parfaitement divisible, et ne doivent surmonter aucune barrière à l'entrée ni à la sortie. Les producteurs et les consommateurs sont pleinement informés, ne supportent aucun coût de transaction et sont preneurs de prix. Enfin, il n'y a pas d'externalités. Si toutes ces conditions sont réunies, l'utilisation des ressources est efficiente. Le bien-être, défini comme la somme des surplus des consommateurs et des producteurs, est maximisé.
2. Si le gouvernement intervient sur ces marchés au moyen de la fiscalité ou en instaurant des restrictions à l'entrée ou à la sortie, il réduit l'efficience. L'intervention de l'État peut cependant s'avérer utile si certains des postulats de la concurrence parfaite ne sont pas vérifiés. Par exemple, lorsque les droits de propriété ne sont pas clairement définis ou que des coûts de transaction élevés font obstacle à l'obtention de solutions négociées, les entreprises qui polluent ne paient pas pour les nuisances qu'elles créent et engendrent de ce fait trop de pollution. Une politique optimale permet alors de réduire la pollution.
3. Dans beaucoup d'industries, les postulats de la concurrence parfaite ne sont pas vérifiés. Les chapitres suivants approfondissent les comportements des entreprises et leurs conséquences lorsque l'on s'écarte de la concurrence parfaite.

Termes clés

Avantage du pionnier	Élasticité unitaire
Barrière à l'entrée	Élastique
Barrière à l'entrée durable	Externalité négative
Bien public	Externalité positive
Concurrence parfaite	Externalités
Courbe d'offre de l'entreprise	Incidence d'un impôt
Courbe d'offre de l'industrie	Inélastique
Courbe de demande résiduelle	Internaliser une externalité
Coût évitable	Perte sèche
Coût marginal privé	Propriété commune
Coût marginal social	Quasi-rente
Différenciation du produit	Rente
Droit de propriété	Seuil de fermeture
Échec du marché	Surplus du consommateur
Élasticité de l'offre	Surplus du producteur
Élasticité de la demande	

Questions

Q.4.1 Analysez l'affirmation suivante : la concurrence parfaite, quand elle existe, implique l'optimum social.

Q.4.2 Analysez l'affirmation suivante : la concurrence parfaite est un concept sans intérêt car il ne s'applique qu'à quelques industries.

Q.4.3 Analysez l'affirmation suivante : les industries sont en perpétuelle évolution. De ce fait, la notion de long terme ne sert à rien.

Q.4.4 Comment un impôt peut-il entraîner une perte sèche lorsque la demande est infiniment élastique au prix (et que le prix payé par les consommateurs n'est pas modifié par l'impôt) ?

Q.4.5 Analysez l'affirmation suivante : à long terme, une entreprise en concurrence ne peut pas faire de profits.

Q.4.6 Les mesures visant à réduire la pollution réduisent du même coup la production manufacturière au profit de la production de services. Dans ces conditions, faut-il continuer à réglementer la pollution ?

Q.4.7 Si le gouvernement n'est pas suffisamment informé pour prendre des mesures éclairées de réduction de la pollution, que doit-il faire ?

Q.4.8 Peut-on imaginer une situation caractérisée par trop peu de pollution ? Expliquez votre réponse.

Q.4.9 Quels sont les avantages et les inconvénients d'une réglementation fiscale de la pollution. Proposez des mesures au coût réaliste de réduction de la pollution automobile. Indiquez quels seraient les résultats positifs de ces mesures.

Q.4.10 Y-a-t-il trop ou pas assez de pêche commerciale ? Expliquez votre réponse. Quel type de réglementation proposeriez-vous pour résoudre ce problème ?

Q.4.11 Existe-t-il des cas où les barrières à l'entrée sont souhaitables ?

Problèmes [31]

P.4.1 Une taxe de 1 F par unité produite modifie-t-elle l'échelle optimale de production si toutes les entreprises sont identiques et que l'entrée dans l'industrie est libre ?

P.4.2 Supposez que le gouvernement prélève un montant forfaitaire annuel sur toutes les entreprises d'une industrie concurrentielle. Quels en sont les effets sur la production, l'échelle optimale de l'entreprise et le prix si l'entrée dans l'industrie est libre ?

P.4.3 Supposez qu'une industrie concurrentielle soit composée d'entreprises identiques ayant un coût marginal à long terme constant de 10 F (à long terme, il n'y a pas de coûts fixes). Supposez aussi que la courbe de demande associée à tout prix, p, soit donnée par $Q = 1000 - p$.

a. Déterminez le prix et la quantité consommée à long terme.

b. Supposez qu'une nouvelle entreprise différente des autres s'installe dans cette industrie : son coût marginal est de 9 F et elle n'a pas de coûts fixes non plus, mais elle ne peut produire que 10 unités au plus. Déterminez le prix et la quantitée consommée à long terme. Le résultat est-il le même qu'en (a). Expliquez votre réponse.

c. Des profits économiques positifs sont-ils compatibles avec l'équilibre concurrentiel à long terme ?

d. Dans la question (b), déterminez le coût marginal de la dernière unité vendue : est-ce 10 F ou 9 F ? Autrement dit, si la demande baissait d'une unité, la nouvelle entreprise ou les autres entreprises réduirait-elles leur production ?

e. Dans la question (b), déterminez le profit de l'entreprise la moins efficace.

f. À l'équilibre concurrentiel à long terme, le profit de l'entreprise marginale (c'est-à-dire la dernière qui entre sur le marché à la suite d'une augmentation de la demande ou, alternativement, la première qui quitte le marché si la demande diminue) est-il nul ?

[31] Les solutions des problèmes impairs sont données en fin de livre.

P.4.4 Déterminez l'élasticité-prix de la demande du marché lorsque la courbe de demande est donnée par $Q = 100 - p$. Tracez la courbe de demande résiduelle d'une entreprise lorsque l'industrie est composée de 50 entreprises identiques. À l'équilibre, quelle est l'élasticité de la demande résiduelle d'une entreprise ?

P.4.5 Que signifie l'égalité du seuil de fermeture d'une entreprise avec le minimum de sa courbe de coût moyen ?

P.4.6 Supposez que le gouvernement connaisse parfaitement les courbes de coût marginal privé (Cm_p) et social (Cm_s), mais non la courbe de demande qui peut être soit $a_1 - bQ$, soit $a_2 - bQ$. En revanche, les entreprises connaissent la courbe de demande. Dans ces conditions, le gouvernement doit-il taxer ou restreindre la production ? Expliquez votre réponse.

Lectures complémentaires

Cropper et Oates (1992) sont les auteurs d'une synthèse récente sur l'économie de l'environnement (problèmes de pollution notamment). Sur l'importance cruciale d'une entrée aisée dans une industrie, voir Demsetz (1968) et Baumol, Panzar et Willig (1982).

Bibliographie

BAIN, Joe S. 1956. *Barriers to New Competition.* Cambridge : Harvard University Press.

BAUMOL, William, John C. PANZAR et Robert D. WILLIG. 1982. *Contestable Markets and the Theory of Industry Structure.* New York : Harcourt Brace Jovanovich.

BIRCH, David. 1987. *Job Creation in America : How Our Smallest Companies Put the Most People to Work.* New York : The Free Press.

BRESNAHAN, Timothy F. et Peter C. REISS. 1988. « Do Entry Conditions Vary AcrossMarkets ? ». *Micro Brookings Papers on Economic Activity* 1 : 833–82.

BRESNAHAN, Timothy F. et Peter C. REISS. 1990. « Entry in Monopoly Markets ». *Review of Economic Studies* 57 : 531–53.

BRESNAHAN, Timothy F. et Peter C. REISS. 1991. « Entry and Competition in Concentrated Markets ». *Journal of Political Economy* 99 : 977–1009.

CARLTON, Dennis W. et Glenn C. LOURY. 1980. « The Limitation of Pigovian Taxes as a Long-Run Remedy for Externalities ». *Quarterly Journal of Economics* 95 : 559–66.

CARLTON, Dennis W. et Glenn C. LOURY. 1986. « The Limitation of Pigovian Taxes as a Long-Run Remedy for Externalities : An Extension of Results ». *Quarterly Journal of Economics* 101 : 631–4.

CAVES, Richard E. et Michael E. PORTER. 1977. « From Entry Barriers to Mobility Barriers : Conjectural Decisions and Contrived Deterrence to New Competition ». *Quarterly Journal of Economics.* 91 : 241–61.

CLARK, James M. 1923. *Studies in the Economics of Overhead Costs.* Chicago : University of Chicago Press.

COASE, Ronald H. 1960. « The Problem of Social Cost ». *The Journal of Law and Economics* 3 : 1–44.

CONNOLLY, Robert, A. et Stephen SCHWARTZ. 1985. « The Intertemporal Behavior of Economic Profits. *International Journal of Industrial Organization* 3 : 379–400.

CROPPER, Maureen L. et Wallace E. OATES. 1992. « Environmental Economics : A Survey ». *Journal of Economic Litterature* 30 : 675–740.

DASGUPTA, Partha. 1982. *The Control of Resources.* Cambridge : Harvard University Press.

DEMSETZ, Harold. 1968. « Why Regulate Utilities ? ». *Journal of Law and Economics* 11 : 55–65.

DEWAR, Margaret E. 1983. *Industry in Trouble : The Federal Government and New England Fisheries.* Philadelphia : Temple University Press.

DIXIT, Avinash. 1989. « Entry and Exit Decisions Under Uncertainty ». *Journal of Political Economy* 97 : 620–38.

DUNNE, Timothy, Mark ROBERTS et Larry SAMUELSON. 1988. « Patterns of Firm Entry and Exit in U.S. Manufacturing Industries ». *The Rand Journal of Economics* 19 : 495–515.

EATON, B. Curtis et Richard D. LIPSEY. 1980. « Exit Barriers are Entry Barriers ». *Bell Journal of Economics and Management Science* 11 : 721–9.

EVANS, David S. 1987a. « The Relationship between Firm Growth, Size and Age : Estimates for 100 Manufacturing Industries ». *Journal of Industrial Economics* 35 : 569–81.

EVANS, David S. 1987b. « Tests of Alternative Theories of Firm Growth ». *Journal of Political Economy* 95 : 657–74.

FREEMAN, A. Myrick, III. 1982. *Air and Water Pollution Control : A Benefit-Cost Assessment.* New York : John Wiley and Sons.

HALL, Brownyn H. 1987. « The Relationship Between Firm Size Growth in the U.S. Manufacturing Sector ». *Journal of Industrial Economics* 35 : 583–605.

HARRIS, Maury N. 1976. « Entry and Barriers to Entry ». *Industrial Organization Review* 4 : 165–74.

HOWE, Charles W. 1979. *Natural Resource Economics (Issues, Analysis, and Policy).* New York : John Wiley and Sons.

JOVANOVICH, Boyan. 1982. « Selection and Evolution of Industry ».*Econometrica* 50 : 649–70.

LUCAS, Robert. 1967. « Adjustment Costs and the Theory of Supply ». *Journal of Political Economy* 75 : 321–34.

MANN, Michael. 1966. « Seller Concentration, Barriers to Entry, and the Rates of Return in Thirty Industries, 1950–1960 ». *The Review of Economics and Statistics* 48 : 290–307.

MORISSETTE, Peter M. et Andrew J. PLANTINGA. 1991. « The Global Warming Issue : Viewpoints of Different Countries ». Resources for the Future, *Resources* 103 : 2–6.

NUCKTON, Carole F. 1978. *Demand Relationships for California Tree Fruits, Grapes, and Nuts : A Review of Past Studies.* Giannini Foundation of Agricultural Economics, Special Report 3247. University of California at Berkeley.

NUCKTON, Carole F. 1980. *Demand Relationship for Vegetables : A Review of Past Studies.* Giannini Foundation of Agricultural Economics, Special Report 80–1. University of California at Berkeley.

PIRRONG, Stephen C. 1987. « An Application of Core Theory to the Study of Ocean Shipping Markets ». Ph.D. diss., University of Chicago.

PIRRONG, Stephen C. 1987. « An Application of Core Theory to the Study of Ocean Shipping Markets ». *Journal of Law and Economics* 335 : 89–131.

PLOTT, Charles. 1982. « Industrial Organization, Theory, and Experimental Economics ». *Journal of Economic Literature* 20 : 1485–527.

POLINSKI, A. Mitchell. 1979. « Controlling Externalities and Protecting Entitlements : Property Right, Liability Rules and Tax-Subsidy Approaches ». *Journal of Legal Studies* 8 : 1–48.

RAMSEY, Frank P. 1927. « A Contribution to the Theory of Taxation ». *Economic Journal* 37 : 47–61.

SCHARY, Martha. 1991. « The Probability of Exit ». *Rand Journal of Economics* 22 : 339–53.

SCHMALENSEE, Richard. 1982. « Product Differentiation Advantage of Pioneering Brands ». *American Economic Review* 72 : 346–65.

STIGLER, George, 1963. *Capital and Rates of Return in Manufacturing Industries.* Princeton, N.J. : Princeton University Press.

STIGLER, George. 1968. « Barriers to Entry, Economies of Scale, and Firm Size », *in* George STIGLER, *The Organization of Industry*, Homewood, Illinois : Richard D. Irwing.

TELSER, Lester. 1978. *Economic Theory and the Core.* Chicago : University of Chicago Press.

VISCUSI, W. Kip. 1992. *Pricing Environmental Risks.* St. Louis : University of Washington Center for the Study of American Business, Policy Study Number 112.

WEIZSÄCKER, C.C. 1980. « A Welfare Analysis of Barriers to Entry ». *The Bell Journal of Economics* 11 : 399–420.

WEITZMAN, Martin L. 1983. « Contestable Markets : An Uprising in the Theory of Industry Structure : Comment ». *American Economic Review* 73 : 486–7.

WEITZMAN, Martin L. 1974. « Free Access vs. Private Ownership as Alternative Systems for Managing Common Property ». *Journal of Economic Theory* 8 : 225–34.

WILLIG, Robert D. 1976. « Consumer's Surplus without Apology ». *American Economic Review* 66 : 589–97.

WILSON, James A. 1977. « A Test of the tragedy of the Commons », *in* Garret HARDIN et John BADEN, éds, *Managing the Commons.* San Francisco. W. H. Freeman : 96–111.

Annexe A au chapitre 4

Coûts d'ajustement dans une industrie concurrentielle

Une entreprise ne peut pas modifier instantanément son niveau de production sans supporter certains coûts d'ajustement. L'une des façons de tenir compte des coûts d'ajustement est de faire dépendre les coûts de l'entreprise de son niveau actuel de production, q, et de son taux de variation, $\dot{q}$. Une entreprise concurrentielle confrontée au temps t à un prix $p(t)$ choisit la production $q(t)$ qui maximise la valeur actualisée de ses profits. L'entreprise décide s'il faut ou non augmenter la production actuelle en tenant non seulement compte de l'augmentation des coûts avec la production, mais aussi en fonction de l'effet sur les coûts d'ajustement.

Autrement dit, l'entreprise concurrentielle choisit $q(t)$ de façon à maximiser :

$$\int_0^\infty \{p(t)q(t) - C\,(q(t), \dot{q})\}\, e^{-rt} dt.$$

Lucas (1977) étudie la résolution de ce problème de calcul des variations. Il montre comment l'investissement permet à l'entreprise de se développer dans le temps et comment le taux d'investissement dépend des coûts d'ajustement.

Les caractéristiques essentielles de ce problème de calcul des variations peuvent être illustrées dans le cadre d'un modèle simple à deux périodes. Désignons par q_1 et q_2 les productions des périodes 1 et 2. Soit $C(q_1, q_2) = q_1^2 + q_2^2 + (q_1 - q_2)^2$ le coût de production de q_1 en période 1 et de q_2 en période 2.

Les coûts dépendent en partie de la variation de production d'une période à l'autre, $(q_1 - q_2)$, et augmentent à mesure que cette différence s'accroît. Dans le chapitre 4, nous avons vu que les entreprises en concurrence égalisaient le coût marginal au prix. Désignons par p_1 et p_2 le prix en période 1 et 2, respectivement. Si $p_1 = 2$ et $p_2 = 4$, l'entreprise choisit alors q_1 et q_2 de façon à ce que le prix à chaque période soit égal au coût marginal correspondant :

$$\begin{aligned} 2 &= \frac{\partial C\,(q_1, q_2)}{\partial q_1}, \\ 4 &= \frac{\partial C\,(q_1, q_2)}{\partial q_2}, \end{aligned}$$

ou :

$$\begin{aligned} 2 &= 2q_1 + 2(q_1 - q_2), \\ 4 &= 2q_2 - 2(q_1 - q_2). \end{aligned}$$

Donc, $q_1 = 1{,}33$ et $q_2 = 1{,}66$.

Comparons ce résultat avec celui obtenu en l'absence de coûts d'ajustement lorsque $C(q_1, q_2) = q_1^2 + q_2^2$. En l'absence de coûts d'ajustement, si $p_1 = 2$ et $p_2 = 4$, l'entreprise concurrentielle choisit les niveau de production $q_1 = 1$ et $q_2 = 2$. q_1 et q_2 sont bien plus proches lorsqu'il y a des coûts d'ajustement que lorsqu'il n'y en a pas. Notons enfin que la fonction de coût en q_1 et q_2 peut s'interpréter comme une fonction de coût multi-produits (voir l'annexe 3B).

5

Monopoles, monopsones et entreprises dominantes

Personne ne peut gagner honnêtement un million de dollars.
Jennings Bryan

Un *monopole* est l'unique producteur d'un bien sans substituts proches. Il détermine son prix sans concurrence. Sa courbe de demande est décroissante et le prix fixé supérieur au coût marginal. Par conséquent, la quantité vendue est moindre que sur un marché concurrentiel (où le prix est égal au coût marginal) et la société subit une perte sèche.

Ce chapitre analyse le comportement de monopole et ses implications. Il étudie notamment comment un monopole se perpétue et si la situation de monopole a toujours des effets négatifs. Il prend également en compte l'effet des externalités sur un marché monopolisé. Deux autres sujets sont aussi abordés : le cas d'un monopole de la demande ou monopsone et les conséquences sur un monopole de l'arrivée sur le marché d'entreprises concurrentes mais ayant des coûts de production plus élevés.

Les six questions essentielles abordées dans ce chapitre peuvent être résumées ainsi :

1. Quelles sont les différences entre le monopole et la concurrence en ce qui concerne le prix et le bien-être ?
2. Le monopole se justifie-t-il dans certains cas ?
3. Est-ce que toutes les entreprises qui font des profits sont des monopoles ? Tous les monopoles dégagent-ils des profits ? Les profits des monopoles sont-ils durables ?
4. Comment un monopsone exerce-t-il son pouvoir de marché ?
5. Quels sont les facteurs qui empêchent l'entrée sur un marché monopolisé ?
6. Qu'arrive-t-il à un monopole lorsque des entreprises plus petites — preneuses de prix — pénètrent sur son marché ?

5.1 Comportement du monopole

L'objectif d'un monopole est de maximiser ses profits. Confronté à une courbe de demande décroissante, il peut fixer un prix supérieur au coût marginal et réaliser ainsi des profits. La perspective de maximiser ses profits l'incite à être efficace. La capacité à devenir un monopole et la possibilité de le demeurer dépendent à la fois du comportement des entreprises et du gouvernement.

5.1.1 *Maximisation du profit*

Aux États-Unis, la mafia tire chaque année plus de quarante milliards de dollars du crime organisé. Malgré cela, elle ne dépense que très peu en fournitures de bureau. – Woody Allen

De même qu'une entreprise concurrentielle, un monopole choisit le niveau de production qui maximise son profit. Mais comme la courbe de demande du monopole est décroissante, le prix qu'il reçoit par unité est d'autant plus bas que la quantité qu'il vend est élevée.

Étant donné que l'arbitrage entre le prix et la quantité est complètement déterminé par la courbe de demande du marché, le monopole qui cherche à maximiser son profit peut fixer soit le prix, soit la quantité, mais pas les deux. S'il fixe la quantité, le prix est déterminé par la courbe de demande du marché. S'il fixe le prix, c'est la quantité qui est déterminée par la courbe de demande du marché.

Rapportons-nous à la courbe de demande de la figure 5.1. Si le monopole veut vendre Q_0 unités du produit, il doit fixer son prix à p_0. S'il veut vendre une unité de plus, il doit réduire son prix à p_1.

S'il choisit de baisser son prix à p_1, sa recette peut diminuer ou augmenter. La recette de la vente d'une unité supplémentaire est illustré par la surface B. Mais

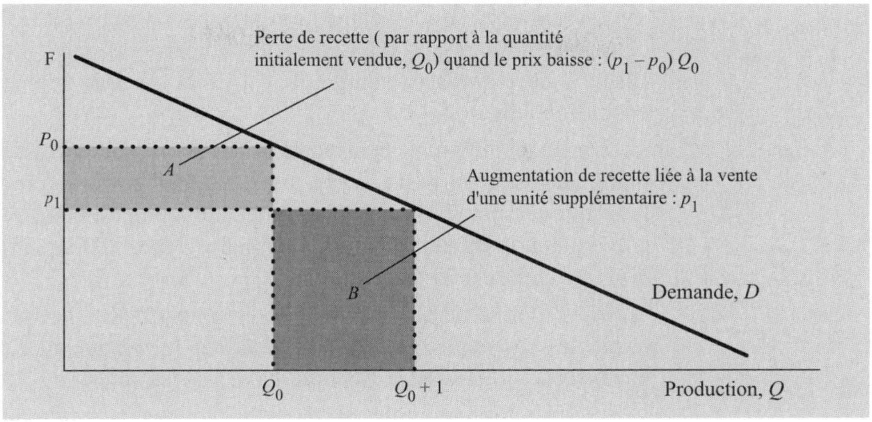

Figure 5.1 : *Courbe de demande adressée au monopole*

pour vendre cette unité supplémentaire, il doit baisser son prix de p_0 à p_1. La perte de recette sur la quantité Q_0 initialement vendue est égale à $(p_1 - p_0)Q_0$ (surface A de la figure 5.1). Dans le cas de l'entreprise concurrentielle analysé au chapitre 4, nous n'avions pas eu à tenir compte de cette perte de recette liée à la baisse du prix. En effet, comme l'entreprise concurrentielle est confrontée à une courbe de demande horizontale, le prix qu'elle reçoit ne varie pas lorsqu'elle augmente la quantité vendue.

Si la surface B est plus grande que la surface A (figure 5.1), la vente d'une unité supplémentaire augmente la recette totale. La recette supplémentaire que reçoit l'entreprise en produisant une unité supplémentaire, $p_1(Q_0 + 1) - p_0 Q_0$, est appelée **recette marginale**.[1] La recette marginale est égale à la surface B moins la surface A. Si le monopole n'avait pas à réduire son prix pour vendre une unité supplémentaire, l'augmentation de recette liée à la vente de cette unité serait simplement égale au prix initial, p_0. Mais comme la courbe de demande

[1] La recette marginale, Rm, est égale à la variation de revenu qui découle de la vente d'une unité supplémentaire. Le revenu total est égal à $p(Q)Q$, où $p(Q)$ est la courbe de demande inverse (p est une fonction décroissante de Q). La recette marginale est égale à $p + Q\,(\Delta p/\Delta q)$, où $(\Delta p/\Delta q)$ est la baisse de prix nécessaire pour vendre cette unité supplémentaire. Utilisons la définition de l'élasticité de la demande du marché, $\varepsilon \equiv (\Delta Q/Q)\,(p/\Delta Q)$, pour reformuler Rm ainsi :

$$p\left(1 + \frac{Q}{\Delta Q}\frac{\Delta p}{p}\right) \equiv p\left(1 + \frac{1}{\varepsilon}\right).$$

C'est-à-dire, en notation différentielle :

$$Rm = \frac{d\,(p\,(Q)\,Q)}{dQ} = p + \frac{dp}{dQ} = p\left(1 + \frac{1}{\varepsilon}\right),$$

où ε est défini par $(dQ/dp)(p/Q)$.

est décroissante, il doit réduire son prix pour vendre plus. Par conséquent, la recette marginale est toujours inférieure au prix, comme l'illustre la figure 5.2a.[2] En revanche, la recette marginale est égale au prix dans le cas d'une industrie concurrentielle.

La recette marginale et la recette totale sont étroitement liées. Lorsque la recette marginale est positive, la recette totale augmente avec la production. Mais lorsque la recette marginale est négative, la recette totale diminue avec la production. Par conséquent, la recette totale est maximale (figure 5.2b) quand la recette marginale est nulle (figure 5.2a).[3]

Mais, de même que l'entreprise en concurrence, le monopole maximise son profit, non ses ventes. La figure 5.2b permet de voir que le profit est maximum pour une quantité inférieure à celle qui maximise les ventes.

Le profit du monopole est maximum lorsque la recette tirée de la vente d'une unité supplémentaire est exactement égale au coût de production de cette unité. Autrement dit, le profit est maximum lorsque *la recette marginale est égale au coût marginal*[4] :

$$Rm = Cm\,. \tag{5.1}$$

Cette équation de profit maximum est illustrée par la figure 5.2a où, pour simplifier, le coût marginal est supposé constant. Les indices c et m désignent respectivement les équilibres de concurrence et de monopole. La production qui maximise le profit du monopole (Q_m) est inférieure à la production concurrentielle (Q_c), déterminée par l'intersection des courbes de demande et de coût marginal (dont nous supposons

---

[2] Si une demande linéaire, comme celle illustrée par la figure 5.2a, croise l'axe des abscisses en Q, la recette marginale correspondante est également linéaire et croise l'axe des abscisses en $Q/2$. Pour prouver ce résultat, prenons une courbe de demande linéaire, $p = a - bQ$. La recette totale est $R \equiv pQ = aQ - bQ^2$. La recette marginale s'obtient en dérivant la recette totale, R, par rapport à Q : $Rm = a - 2bQ$. La courbe de demande croise l'axe des abscisses (p) en $Q = a/b$. La recette marginale croise l'axe des abscisses ($Rm = 0$) en $Q/2 = a/(2b)$.

[3] Un monopole qui voudrait choisir Q de façon à maximiser sa recette totale devrait résoudre le problème de maximisation suivant :

$$\max_Q R = p(Q)Q,$$

Ce qui revient à annuler la recette marginale :

$$Rm = p + \frac{dp}{dQ}Q = 0.$$

[4] Pour maximiser son profit, le monopole doit choisir Q de façon à résoudre le problème de maximisation suivant :

$$\max_Q \pi = p(Q)Q - C(Q),$$

La « condition du premier-ordre » implique d'annuler la dérivée du profit par rapport à Q :

$$\frac{d\pi}{dQ} = Rm - Cm = \left(p + \frac{dp}{dQ}Q\right) - \frac{dC}{dQ} = 0.$$

Autrement dit, le monopole doit respecter l'égalité $Rm = Cm$.

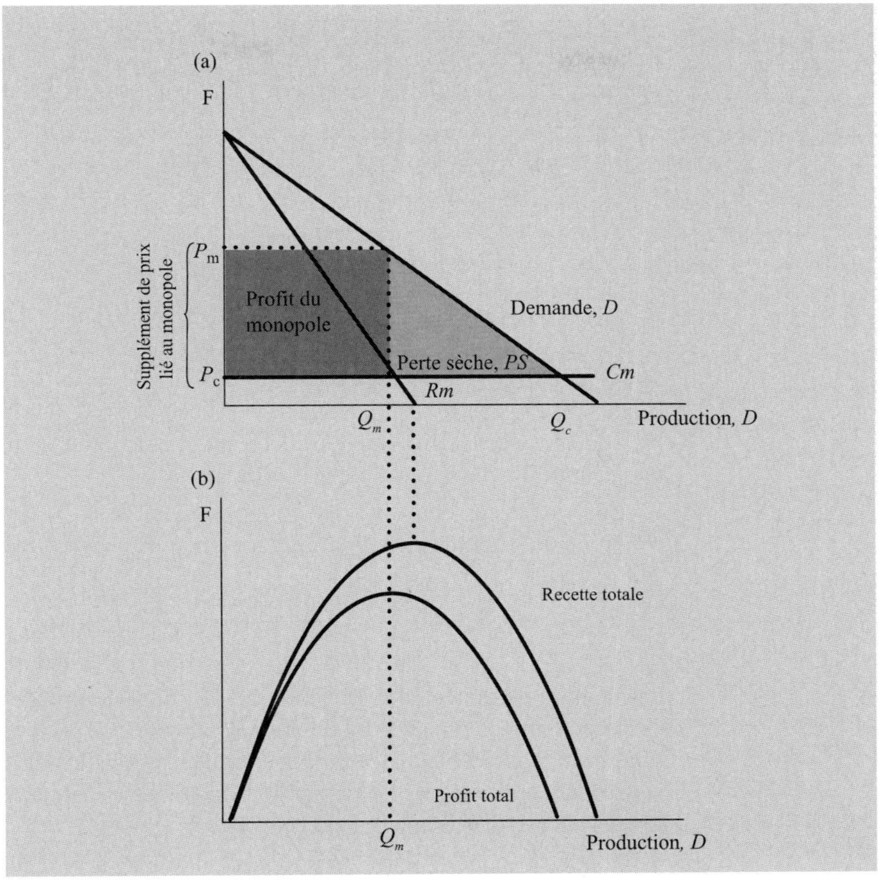

Figure 5.2: *Maximisation du profit du monopole*

qu'elle serait la courbe d'offre de l'industrie concurrentielle) au prix p_c. L'offre du monopole *n'est pas* simplement une fonction du prix. En effet, la production du monopole dépend de la recette marginale (qui dépend de la pente de la courbe de demande) et du coût marginal.

La forme de la courbe de demande détermine le *supplément de prix* pratiqué par le monopole. Sur la figure 5.2a, ce supplément correspond à la différence positive entre le prix pratiqué par le monopole, p_m, et le coût marginal ou prix pratiqué en concurrence, p_c. Il existe une relation simple entre le supplément de prix pratiqué par le monopole et l'élasticité de la demande.

Q_0

L'élasticité de la demande, qui est une caractéristique de la courbe de demande, se définit comme le pourcentage de variation de la quantité qui résulte d'une variation de 1% du prix. Si l'élasticité de la demande est très élevée (nombre négatif très grand), la demande est dite *élastique*. Lorsque la demande est très élastique, une faible variation de prix entraîne une très grand variation de la quantité demandée. Si l'élasticité est faible (un nombre compris entre -1 et 0), la courbe de demande est *inélastique* et une variation du prix de 1% a relativement peu d'effet sur la quantité demandée.

La recette marginale peut se formuler ainsi :

$$Rm = p\left(1 + \frac{1}{\varepsilon}\right), \tag{5.2}$$

où ε est l'élasiticité de la demande. La recette marginale est donc positive si la courbe de demande est élastique ($\varepsilon < -1$) et négative si la courbe demande est inélastique ($-1 < \varepsilon < 0$). En général, l'élasticité de la demande ne dépend pas seulement de la courbe de demande considérée, mais aussi du point (le couple prix-quantité) considéré sur cette courbe. Il se peut par exemple que l'élasticité de la demande décroisse quand le prix diminue.

En remplaçant Rm par sa définition (équation 5.2) dans l'équation 5.1, la condition de maximisation du profit du monopole peut s'écrire :[5]

$$\frac{p - Cm}{p} = -\frac{1}{\varepsilon}. \tag{5.3}$$

Le membre de gauche de l'équation 5.3 est appelée **marge prix-coût** : c'est la différence entre le prix et le coût marginal, rapportée au prix, $[p - Cm]/p$. Comme l'indique l'équation, la marge prix-coût ne dépend que de l'élasticité de la demande qui s'adresse au monopole. La marge prix-coût est également appelée **indice de Lerner** du pouvoir de marché (Lerner, 1934).

Comme le montre l'équation 5.3, plus l'élasticité de la demande est grande, plus le prix pratiqué par le monopole se rapproche de Cm. Inversement, plus l'élasticité de la demande est faible, plus le prix est supérieur à Cm. Par exemple, si l'élasticité de la demande est égale à 2, le prix est égal au double du coût marginal. En revanche, si l'élasticité est égale à 100, le prix est égal à $1{,}01Cm$. Ainsi, plus l'élasticité de la demande est forte, plus le prix du monopole se rapproche du prix concurrentiel. On voit donc que la connaissance de l'élasticité de la demande est l'élément clé de l'évaluation du pouvoir de marché d'une entreprise.

---

[5] Une autre condition de maximisation du profit, dite du « second-ordre » implique que la courbe de recette marginale entre en intersection avec la courbe de coût marginal par en dessous (voir la figure 5.3). Mathématiquement :

$$\frac{d^2\pi}{dQ^2} = \frac{dRm}{dQ} - \frac{dCm}{dQ} < 0.$$

De même que l'entreprise en concurrence, le monopole respecte la même condition concernant le seuil de fermeture : à court terme, si le prix est inférieur au coût moyen variable, la production doit cesser.

5.1.2 Pouvoir de monopole

À l'inverse d'une entreprise concurrentielle preneuse de prix, le monopole sait qu'il peut fixer son prix et que le prix qu'il choisit détermine la quantité qu'il vend. Lorsqu'une entreprise peut influencer le prix de vente de son produit, on dit qu'elle possède un *pouvoir de monopole* (on dit plus souvent *pouvoir de marché*). Les termes *pouvoir de monopole* et *pouvoir de marché* sont généralement utilisés de façon indifférente et désignent la capacité à fixer avec profit le prix au-dessus de son niveau concurrentiel (coût marginal). Dans ce cas, l'indice de Lerner est positif.

Le prix peut être supérieur au coût marginal sans que le profit soit supérieur à son niveau concurrentiel. Par exemple, lorsque le coût fixe est très élevé, le profit peut être nul. On pourrait donc réserver le terme *pouvoir de monopole* pour caractériser un marché où les prix et les profits sont supérieurs à leurs niveaux concurrentiels et le terme de *pouvoir de marché* pour décrire un marché où les prix sont supérieurs aux coûts marginaux, mais où les profits ne sont pas supérieurs à leurs niveaux concurrentiels. Toutefois, cette distinction est rarement observée.

5.1.3 Efficience du monopole : les déterminants

Les conséquences d'un fonctionnement inefficient ne sont pas les mêmes pour le monopole et pour l'entreprise concurrentielle. Alors qu'une entreprise inefficiente peut être amenée à fermer parce qu'elle n'est pas rentable, un monopole inefficient peut continuer à fonctionner. Cette observation a conduit certains économistes à conclure que le monopole fait moins d'efforts pour être efficient (c'est l'*inefficience-X* chère à Leibenstein, 1966) que l'entreprise en concurrence.

Cet argument est cependant rejeté par de nombreux économistes pour qui les monopoles, comme les autres entreprises, cherchent toujours à maximiser leurs profits. Or, la seule façon d'y parvenir est de minimiser le coût de production du niveau de production choisi. Par conséquent, si l'on admet que les monopoles cherchent à maximiser leurs profits, on doit en déduire qu'il minimisent aussi leurs coûts. Aucune entreprise — que se soit un monopole ou une entreprise en concurrence — ne peut se permettre de jeter l'argent par les fenêtres. Toute amélioration de l'efficacité du fonctionnement de l'entreprise qui augmente les profits doit être adoptée, en monopole comme en concurrence. De ce point de vue, le monopole à les mêmes raisons que l'entreprise concurrencielle de minimiser les coûts.

Cependant, il se peut qu'un monopole n'ait pas la même *aptitude* que l'entreprise concurrentielle à atteindre l'efficience. Dans une industrie composée d'un grand nombre d'entreprises, chaque entreprise peut observer ce que font les autres. Elle peut voir, par exemple, si ses propres coûts de production sont supérieurs ou inférieurs au prix du marché. Or, comme le prix reflète l'efficacité des entreprises du marché, une entreprise en concurrence sait qu'elle doit améliorer l'efficacité de sa production en comparant ses coûts de production avec le prix du marché. En revanche, un monopole ne dispose d'aucun point de comparaison pour juger de l'efficacité de son fonctionnement. Comme il est plus difficile au monopole de contrôler son efficacité interne, il est possible que l'entreprise en concurrence soit plus efficiente. Un marché concurrentiel favorise donc la réduction de coûts des entreprises qui le composent.

5.1.4 Comportement du monopole : du court terme au long terme

Si la demande est inélastique ($\varepsilon < -1$), la condition de maximisation du profit donnée par l'équation (5.3) ne peut pas être vérifiée. Par conséquent, un monopole n'est jamais situé sur la partie inélastique de la courbe de demande. En effet, s'il opérait sur la partie inélastique de cette courbe, il pourrait augmenter ses profits en élevant le prix jusqu'à atteindre la partie élastique. Dans la partie inélastique, une augmentation de 1% du prix de monopole entraîne une baisse de la quantité vendue supérieure à 1% et augmente donc la recette totale. Or la baisse de production réduit les coûts. Donc, les profits augmentent. Ainsi, lorsqu'il est situé sur la partie inélastique de la courbe de demande, le monopole doit augmenter son prix jusqu'à ce qu'il atteigne la partie élastique.[6]

Cette conclusion n'est cependant valable que dans le cadre d'un modèle simplifié et statique. En réalité, la courbe de demande subit des déplacements au cours du temps. Il s'ensuit que le prix fixé par un monopole rationnel varie dans le temps.

Il se peut que la courbe de demande des consommateurs soit plus inélastique à court terme qu'à long terme. À court terme, si le prix d'un produit augmente, la rapidité avec laquelle le consommateur peut le remplacer par un substitut est limitée. Par conséquent, si un monopole exploite la portion inélastique d'une courbe de demande à court terme, il incite les consommateurs à remplacer le produit par des substituts au cours des périodes ultérieures. Il se peut donc qu'il demeure dans la portion inélastique de sa courbe de demande à court terme afin d'éviter que la courbe de demande à long terme ne soit trop élastique.

Le marché pétrolier offre une excellente illustration du remplacement progressif d'un produit par un substitut. Lorsque l'OPEP a augmenté le prix du pétrole au début des année 1970, la consommation d'énergie s'est très peu modifiée la première année. Cependant, les années suivantes, la quantité demandée a fortement baissé, à mesure que les consommateurs s'adaptaient à l'augmentation du prix et prenaient des mesures d'économie d'énergie.

5.1.5 Création et perpétuation d'un monopole

Il existe au moins six façons pour une entreprise de devenir un monopole. Premièrement, une entreprise peut posséder des connaissances particulières qui

[6] Que faire si la courbe de demande n'est nulle part élastique ? Dans ce cas, le monopole doit théoriquement produire une quantité infiniment faible, pratiquer un prix infiniment élevé et dégager un profit infini. Ce scénario extravagant fait ressortir *a contrario* l'implausibilité empirique d'une courbe de demande inélastique en tout point.

EXEMPLE 5.1 Comment empêcher l'imitation ? Donnez votre langue au chat !

Pourquoi les cordes de violon, dites « en boyau de chat » sont-elles le plus souvent fabriquées avec des boyaux de moutons ? L'histoire remonte à l'époque romaine où un certain Erasmo fabriqua les premières cordes d'instruments en intestin de mouton. Comme il voulait préserver son invention face à une demande croissante, il fit croire qu'elles étaient en boyau de chat — un animal dont la mort était censée porter malheur — de façon à ce que personne ne porte atteinte à son monopole de fabrication.

SOURCE : Boyd, L. « Grab Bag » *San Francisco Chronicle*, 27 octobre 1984 : 35.

lui permettent de fabriquer un produit nouveau, ou de meilleure qualité que ses concurrents. Pour éviter que le produit ne soit imité, l'entreprise doit essayer de conserver le secret de fabrication (voir l'exemple 5.1). Lorsque le secret est bien gardé, la courbe de demande pour le produit de l'entreprise est décroissante et elle n'a à craindre ni l'entrée d'entreprises concurrentes sur son marché, ni l'apparition de produits étroitement substituables.

Deuxièmement, une entreprise peut avoir des connaissances particulières qui lui permettent de mettre en œuvre le processus de fabrication d'un produit à un coût moins élevé que ses concurrents, lesquels peuvent être dans l'impossibilité de découvrir comment cette entreprise s'y prend. Supposons, par exemple, que le prix d'équilibre d'un marché concurrentiel soit p_1 (égal au coût marginal m_1) et la quantité correspondante Q_1 (voir la figure 5.3).

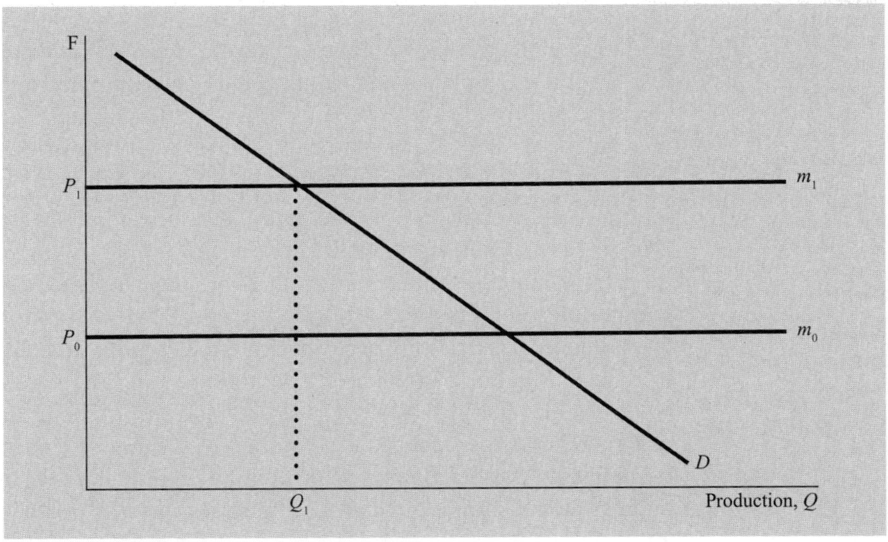

Figure 5.3: *Réduction du coût*

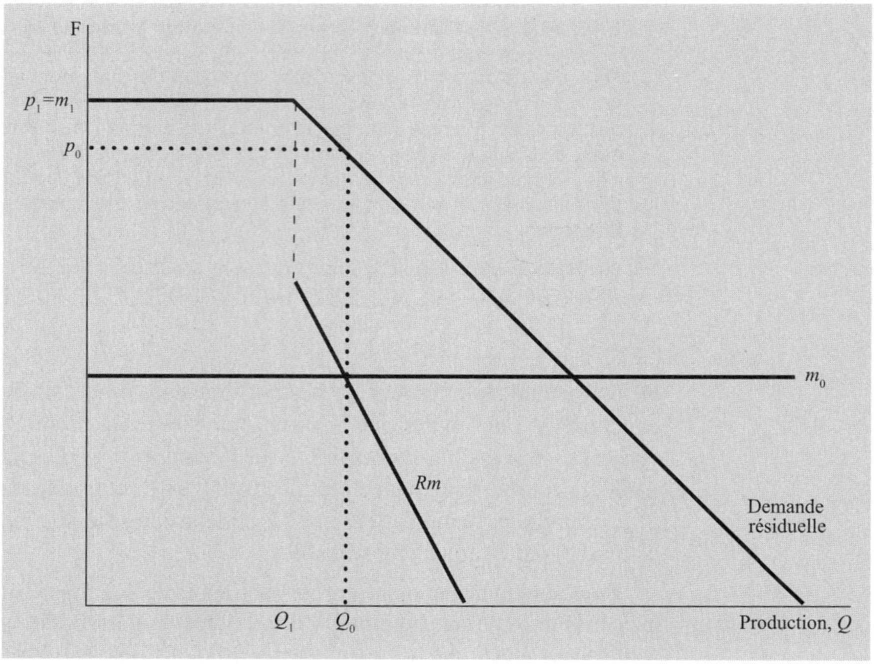

Figure 5.4: *Monopole dû à une plus grande efficience*

Soit maintenant une entreprise qui découvre une nouvelle technique de production tenue secrète, qui réduit sont coût marginal de m_1 à m_0. Sa *courbe de demande résiduelle* (la demande non satisfaite après que toutes les autres entreprises aient vendu autant qu'elles le désiraient au prix fixé) est horizontale au niveau p_1 (égal à m_1) jusqu'à Q_1, étant donné qu'un grand nombre d'entreprises peuvent produire et vendre au prix m_1. Au delà de Q_1 (prix inférieurs à p_1), sa courbe de demande résiduelle coïncide avec la courbe de demande de l'industrie parce qu'en dessous de p_1, aucune autre entreprise ne peut produire de façon profitable.

Si m_0 est proche de m_1, l'entreprise peut maximiser ses profits en vendant au prix p_1. Cependant, si m_0 est très inférieur à m_1, le prix qui maximise le profit du monopole peut être situé entre m_0 et m_1 (voir la figure 5.4). Si l'entreprise à faibles coûts, qui maîtrise secrètement un processus de production plus efficient, choisit un prix inférieur à p_1, aucune autre entreprise ne pourra demeurer sur le marché. La figure 5.4 montre que la courbe de recette marginale associée à la courbe de demande résiduelle est discontinue en Q_1, point qui correspond à un coude de la courbe de demande résiduelle. La figure 5.4 illustre également l'intersection de la nouvelle courbe de coût au niveau de production Q_0. Comme la maximisation du profit implique de choisir le niveau de production qui correspond à l'égalité de la recette marginale avec le coût marginal, l'entreprise qui possède le secret du processus de fabrication le plus efficace choisit le prix p_0, inférieur à

EXEMPLE 5.2 Le numerus clausus des médecins

Les restrictions à l'entrée sont un moyen pour les entreprises installées d'augmenter leurs profits et de se protéger elles-mêmes de la concurrence. L'*American Medical Association* (AMA) a exercé un contrôle sur le nombre de médecins américains pendant plusieurs décennies. Cependant, au cours des années 1960, le contrôle exercé par l'AMA sur le nombre de diplômés nationaux s'atténua. Durant la même période, les lois sur l'immigration furent modifiées, favorisant l'exercice de la médecine par des médecins d'origine étrangère. Le pourcentage de médecins étrangers passa de 15% en 1960 à 40% au début des années 1970. Ces deux facteurs d'accroissement de l'offre firent augmenter le nombre de médecins par habitant de presque 50% entre 1965 et le début des années 1980. Selon certaines estimations, ce phénomène aurait réduit le revenu annuel des médecins — exprimé en dollars de 1981 — de 23 000 dollars.

SOURCE : Noether (1986).

$p_1 = m_1$. Au chapitre 17, consacré à l'innovation, nous analyserons ce modèle en détail.

Troisièmement, quand l'imitation est possible, une entreprise peut empêcher l'entrée par des moyens légaux. Les lois sur la propriété intellectuelle, en particulier celles concernant les brevets, confèrent un monopole légal à l'entreprise ayant découvert un nouveau produit ou une nouvelle technique. Une entreprise peut obtenir un *brevet* (voir le chapitre 17) pour un produit nouveau, qui empêche toutes les autres entreprises de copier le produit ou de le concurrencer durant une période déterminée de plusieurs années.

Quatrièmement, à côté des brevets, il existe diverses formes de restrictions gouvernementales sanctionnant l'entrée, permettant de créer et de maintenir un monopole. Généralement, les restrictions gouvernementales à l'entrée autorisent seulement quelques entreprises à produire, mais empêchent néanmoins les forces concurrentielles normales de faire tendre les prix et les profits vers leurs niveaux concurrentiels (voir les exemples 5.2 et 5.3). Dans les villes américaines, par exemple, les chauffeurs de taxis doivent acheter un macaron — dont le nombre est limité — qui leur donne le droit d'exercer leur profession. Le même type de réglementation existe aussi en France. De même, au Japon, un monopole protégé par l'État contrôlait l'ensemble des appels télephoniques internationaux jusqu'en 1989.

Cinquièmement, il existe un ensemble de moyens stratégiques par lesquels un monopole peut empêcher l'entrée d'autres entreprises sur son marché. L'un d'entre-eux (voir le chapitre 10) consiste à contrôler l'accès à un facteur de production essentiel. Il est également possible que le marché soit trop peu important pour permettre la coexistence de deux entreprises, expliquant ainsi la présence d'un monopole. Cette situation s'observe surtout sur les marchés géographiquement circonscrits. Le chapitre 10 étudie les stratégies de barrières à l'entrée sur des marchés où il n'y a de place que pour une ou quelques entreprises.

Sixièmement, un monopole peut empêcher les autres entreprises d'accéder à un facteur de production essentiel. Voir l'exemple 5.4 qui cite un cas tiré de l'économie internationale.

EXEMPLE 5.3 Monopole du soin des aliénés mentaux

Beaucoup de monopoles sont crées par les gouvernements. Un jeune capitaliste aventureux a découvert une façon de tirer profit du monopole créé par l'État sur les hôpitaux psychiatriques. Robert L. Green acheta un hôpital psychiatrique situé au sud de San Francisco. Son but initial était d'en faire un complexe immobilier, mais il découvrit bien tôt qu'un hôpital psychiatrique pouvait être une mine d'or.

Entre 1969 — année où il débuta — et 1985, le chiffre d'affaires de son entreprise (*Community Psychiatric Centers* [CPC]) augmenta chaque année de 15 à 30%. C'est aujourd'hui la chaîne d'hôpitaux la plus profitable du pays et elle possède même des hôpitaux en Angleterre.

La plus grosse part de cette croissance et de cette profitabilité phénoménale est due à une loi promulguée par tous les États américains d'après laquelle quelqu'un qui souhaite ouvrir un nouvel hôpital doit obtenir un certificat démontrant que la création de cet hôpital correspond à un besoin réel. En s'installant avant tout le monde dans plusieurs banlieues de Californie, CPC obtint ainsi virtuellement plusieurs monopoles locaux et put dégager une marge de profit avant impôt égale à 40% de son chiffre d'affaires.

Malheureusement pour CPC, les lois qui garantissaient ces monopoles locaux ont été supprimées dans plusieurs États, de sorte que désormais CPC devra sans doute se contenter des taux de profits du marché.

SOURCE : Fisher, Lawrence M. « Strains on Psychiatric Centers ». *New York Times*, 30 décembre 1985 : D1, D10.

EXEMPLE 5.4 Le monopole de la viande d'autruches

L'industrie de la viande d'autruches, qui existe depuis plus de 100 ans, fut longtemps monopolisée par un seul pays, l'Afrique du Sud. La viande d'autruche a la même couleur que celle de bœuf, mais elle est plus pauvre en graisses et en cholestérol que celle de poulet. Les européens apprécient son goût et la paient plus cher que la viande de bœuf.

Il était prévisible que d'autres producteurs cherchent à pénétrer dans cette activité fructueuse, d'autant plus que l'élevage des autruches est moins coûteux que celui des bovins. Face à cette menace, le gouvernement sud africain n'enfonça pas sa tête dans le sable mais prit les mesures nécessaires pour empêcher l'entrée. Il fit adopter des lois interdisant l'exportation de reproducteurs et d'œufs fertiles. Il tenta également de restreindre la diffusion d'informations concernant cette activité, refusant systématiquement de répondre aux demandes d'informations techniques concernant les méthodes d'élevage.

Mais cela n'empêcha pas les américains de pénétrer finalement sur ce marché. Cependant, l'effet des restrictions passées se fait encore sentir aujourd'hui. Ainsi, une bonne pondeuse se vend entre 40 000 dollars et 60 000 dollars.

SOURCE : Ellis, Merle, « Big Bird May be Headed for the Meat Case ». *San Francisco Chronicle*, 13 février 1991, Food Section, p. 6.

Pour finir, notons que les barrières commerciales sont par définition des barrières à l'entrée. Par exemple, en 1992, en Ontario, un organisme public qui détient le monopole de la vente de la bière (le *Liquor Control Board of Ontario*) décréta l'interdiction d'importer de la bière des États-Unis.

5.2 Coûts et bénéfices du monopole

Un monopole est socialement répréhensible lorsqu'il est contrôlé par autrui.

Lorsqu'un monopole restreint sa production et élève son prix au-dessus du coût marginal, la société subit un perte sèche. Nous allons d'abord étudier pourquoi le comportement de monople conduit à cette perte. Puis nous utiliserons notre connaissance de la façon dont les monopoles sont créés pour montrer que, dans certaines circonstances, leur existence peut avoir des aspects sociaux positifs. En fait, dans certains cas, le monopole peut être préférable à la concurrence.

5.2.1 Perte sèche due au monopole

Le monopole choisit le niveau de production qui correspond à l'égalité des courbes de recette marginale et de coût marginal (figure 5.2a). L'écart entre le prix et le coût marginal traduit la différence entre la valeur que les consommateurs attachent au produit (son prix) et le coût marginal. Cet écart est similaire à celui créé par l'instauration d'un impôt sur une industrie concurrentielle (chapitre 4). Dans les deux cas, le prix et la quantité diffèrent de leurs niveaux concurrentiels et il s'ensuit une différence entre le prix de demande (donné par la courbe de demande) et le prix d'offre (donné par la courbe de coût marginal).

La triangle de perte sèche (PS) qui apparaît sur la figure 5.2a est la surface située sous la courbe de demande, au-dessus du coût marginal et à droite de la quantité d'équilibre du monopole. Les effets sur l'efficience du monopole d'un impôt (inefficient) sont cependant différents de ceux observés en concurrence en ce qui concerne le bénéficiaire du transfert en provenance des consommateurs (profit du monople dans un cas, recette fiscale dans l'autre). La recette fiscale va à l'État alors que le profit va au monopole.

De nombreux chercheurs ont tenté de mesurer la perte sèche que les monopoles imposent à l'économie américaine. Harberger (1954) a effectué un calcul laissant penser que cette perte était faible : moins de 0,1% du produit national brut (le PNB mesure la valeur de tous les biens et services produits par l'économie d'un pays).(7) D'autres chercheurs ont appliqué la même méthodologie avec différentes hypothèses. Worcester (1973), par exemple, a également calculé que la perte sèche était faible : 0,4% à 0,7% du PNB. Les résultats de Kamerschen (1966) sont différents : 6%. Quand à Cowling et Mueller (1966), leurs calculs font apparaître une perte sèche allant de 7% à 13% du PNB.(8) En ce qui concerne la France, Jenny et Weber (1983) ont calculé que la perte sèche était de l'ordre de 7,4%, ce qui semble relativement élevé. Comanor et Smiley (1975) ont fait remarquer que même si les

---

[7] Stigler et Cowling et Mueller (1978) ont critiqué la méthodologie de Harberger.

[8] Voir cependant Masson et Shaanan (1984) pour une critique de ce dernier résultat.

pertes sèches étaient dans l'ensemble faibles, il fallait aussi tenir compte des effets très importants touchant à la redistribution des revenus.

5.2.2 Recherche de rente

Aide-toi et le ciel t'aidera.

Pour certains économistes, la perte sociale due monopoles ne se limite pas au triangle PS. Selon eux, la véritable perte d'efficience s'obtient en ajoutant une partie — voire la totalité — des profits des monopoles.

Le profit du monopole provient d'un transfert des consommateurs au monopole, tout comme les impôts sont un tranfert des consommmateurs au gouvernement. En lui-même, le transfert n'a pas d'effet sur l'efficience. Celle-ci n'est affectée que par la restriction de la production en dessous de son niveau concurrentiel.

Si les consommateurs paient le prix de monopole, p_m, supérieur au prix de concurrence, p_c, leur surplus se réduit de la somme des profits du monopole et de la perte sèche (voir la figure 5.2a). Le monopole ne récupère que la partie du surplus correspondant aux profits. Comme le gain du monopole est inférieur à la perte de surplus, le bien-être social est réduit d'un montant égal au triangle de perte sèche.

Selon Posner (1975), les profits de monopole (voir la figure 5.2a) peuvent aussi représenter une perte sociale dans la mesure où les entreprises ont dû dépenser des ressources pour établir la situation de monopole qui leur permet d'obtenir ces gains. Supposons par exemple qu'une entreprise puisse avoir un monopole en persuadant le gouvernement de faire adopter une loi restreignant l'entrée du marché (nous avons déjà indiqué que le vote de lois restreignant l'entrée était une des façons de fonder un monopole). Pour persuader le gouvernement, l'entreprise doit dépenser des ressources (recrutement d'avocats, d'économistes et de divers intermédiaires) qui ont un coût social car elles auraient pu être mieux employées ailleurs.

Si les profits du monopole sont positifs, comme c'est le cas sur la figure 5.2a, le désir d'une entreprise de devenir un monopole peut l'amener à dépenser jusqu'à la totalité des profits pour y parvenir. Naturellement, elle essaiera de dépenser moins, mais on ne peut exclure qu'elle soit amenée à dépenser une somme égale à la totalité des profits.[9] On appelle **recherche de rente** l'activité consistant à dépenser des ressources pour obtenir un monopole donné, car ce que l'entreprise cherche, c'est à obtenir la « rente » (ou le profit) attaché(e) à la situation de monopole.

Si ce raisonnement est correct, le calcul de la perte sèche engendrée par le monopole doit inclure la partie du transfert qui est dissipée par l'entreprise qui consacre des ressources à obtenir la situation de monopole. Le coût social du monopole est donc supérieur au triangle PS calculé par Harberger : la perte est égale au triangle PS augmenté d'une partie au moins des profits du monopole.

---

[9] Le fait de savoir si l'entreprise dissipe ou non la totalité de la rente dépend des caractéristiques concrètes de la constitution du monopole (Fisher, 1985)

Posner a recalculé la perte sèche liée aux monopoles (réglementés ou non) en postulant que la totalité des profits de monopole étaient dissipés en recherche de rente. Ses estimations de la perte sèche, exprimées en pourcentage des recettes réalisées par les industries concernées, sont supérieures aux résultats précédemment obtenus. Il a par exemple établi que les pertes sèches pouvaient représenter jusqu'à 30% des recettes de certaines industries (comme dans les transports, les professions médicales et le pétrole). La nouveauté de son approche tient au lien qu'il établi entre une grande partie de la perte sociale due au monopole (ou, plus généralement, à la fixation de prix dans un cadre non concurrentiel) et l'existence d'institutions publiques qui protègent certaines entreprises de la concurrence. Les tendances récentes en faveur de la déréglementation aux États-Unis (voir le chapitre 21) vont peut-être avoir d'importants effets positifs pour la société.

5.2.3 Liens entre les profits des monopoles, les pertes sèches et l'élasticité de la demande

L'importance des profits de monopole et du triangle PS dépende de la forme de la courbe de demande. Nous allons maintenant montrer comment le profit du monopole et la perte sèche varient avec l'élasticité de la demande dans le cas d'une courbe de demande linéaire,

$$p = a - bQ,$$

et d'un coût marginal constant ($Cm = 10$F).[10] Sur la figure 5.5, la courbe de demande qui correspond aux valeurs $a = 60$ F et $b = 0{,}5$ est représentée par un trait fin. L'équilibre du monopole est caractérisé par $p_m = 35$ et $Q_m = 50$.

Effectuons maintenant une rotation de la courbe de demande autour de son point d'intersection avec la droite horizontale Cm (d'abscisse égale à 100 unités) de façon à faire varier l'élasticité. Le point commun entre les deux courbes de demande (et d'autres non tracées passant par le même point) est que si le prix était fixé de façon efficiente (c'est-à-dire égal à $Cm = 10$ F), les consommateurs achèteraient dans tous les cas 100 unités. Comme la courbe de demande est linéaire, la courbe de recette marginale l'est aussi. De ce fait, la courbe de recette marginale croise Cm à une distance (par rapport à l'origine) moitié moindre que la distance entre l'origine et l'intersection de la courbe de demande avec Cm. Avec cette nouvelle courbe de demande, le monopole maximise son profit en choisissant une quantité d'équilibre égale à 50 unités.

---

[10] Désignons par t la marge du prix de monopole par rapport au prix de concurrence, soit $([p_m - p_c]/p_c)$. Pour de faibles valeurs de t, le triangle PS engendré par la situation de monopole est approximativement égale à :

$$-\frac{1}{2}t^2 R\varepsilon,$$

où R représente la recette totale qui résulterait de la vente au prix concurrentiel ($p_c Q_c$) et ε l'élasticité de la demande. PS n'augmente pas nécessairement quand la valeur absolue de ε augmente. En effet, t est inversement relié à ε et à mesure que t varie, R change aussi. Si l'on maintient R constant, PS baisse à mesure que la valeur absolue de ε augmente.

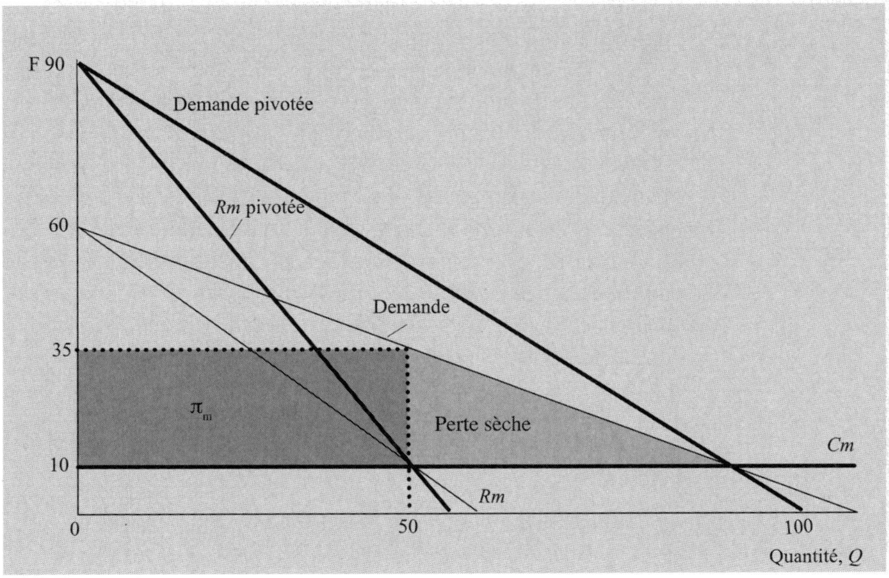

Figure 5.5
Liens entre les profits des monopoles, les pertes sèches et l'élasticité de la demande

Sur la figure 5.5, la nouvelle courbe de demande est tracée en trait gras et son ordonnée à l'origine, a, est égale à 90 F (alors que l'ordonnée à l'origine de l'ancienne courbe de demande était égale à 60 F). Comme l'indique le tableau 5.1, si la courbe de demande à une ordonnée à l'origine égale à 60 F, l'élasticité de la demande pour $Q = 50$ unités (quantité d'équilibre du monopole) est égale à $-1{,}4$. Après la rotation, lorsque l'ordonnée à l'origine est égale à 90 F, l'élasticité-prix de la demande pour 50 unités est égale à $-1{,}25$.

À mesure que l'élasticité de la demande se réduit (qu'elle tend vers 0), le profit du monopole et la perte sèche augmentent. Dans le cas de la courbe de demande tracée en trait fin, l'élasticité pour 50 unités est égale à $-1{,}4$, le profit du monopole est égal à 1 250 F et la perte sèche est égale à 626 F. En revanche, pour la courbe de demande tracée en trait gras, l'élasticité pour 50 unités est égale à $-1{,}25$, le profit du monopole est égal à 2 000 F et la perte sèche est égale à 1000 F.

Plus la courbe de demande est inélastique, moins les consommateurs peuvent se passer du produit. Par conséquent, quand le prix augmente, la quantité qu'ils achètent diminue moins que lorsque la demande est élastique. Le monopole, conscient de cette aubaine, augmente alors son prix d'équilibre et accroît de ce fait son profit. Lorsque la pente de la courbe de demande s'accentue pour une quantité donnée (c'est-à-dire quand la demande devient plus inélastique), la perte sèche augmente.

Tableau 5.1
Liens entre les profits des monopoles, les pertes sèches et l'élasticité de la demande

Intersection de la demande avec l'axe des prix	Élasticité de la demande[a]	Prix du du monopole	Perte sèche	Profit du monopole
30 F	−2,00	20 F	250 F	500 F
60	−1,40	35	625	1250
90	−1,25	50	1000	2000
120	−1,18	65	1375	2750
150	−1,14	80	1750	3500

[a] À l'équilibre de maximisation du profit de monopole, lorsque $Q = 50$.

5.2.4 Bénéfices du monopole pour la société

Certains bénéfices viennent compenser les pertes de bien-être que les monopoles infligent à la société. Ces bénéfices n'apparaissent pas dans le calcul statique de la perte sèche que nous avons effectué plus haut. Parmi ces bénéfices, mentionons l'incitation à développer de nouveaux produits, à améliorer ceux qui existent déjà, ou a trouver des méthodes de fabrication moins coûteuses. Cette incitation découle de la perpective de bénéficier des profits de monopole. En l'absence de cette perpective, les entreprises innoveraient sans doute moins. Avant de condamner les monopoles, il faut être sûr que leur déréglementation n'altère pas le comportement socialement souhaitable des entreprises.

C'est dans le domaine de la recherche et du développement que le rôle positif des monopoles est le plus clairement reconnu (voir le chapitre 17 pour une analyse détaillée). Lorsqu'une entreprise développe avec succès un produit nouveau, elle peut le protéger des autres entreprises par un brevet (dont la durée est de 17 ans aux États-Unis). Sans la protection du brevet, le produit peut être copié en quelques semaines. L'entreprise innovatrice ne benéficie plus alors que d'un profit normal et ne peut pas amortir ses dépenses de recherche et développement. Inversement, l'entreprise copieuse n'a aucun frais de cette nature. La possibilité de copier un produit supprime l'incitation à investir dans la recherche et le développement. Le système des brevets apporte une solution à ce problème en attribuant à l'entreprise le droit exclusif d'exploiter et de commercialiser son innovation.

Naturellement, si l'on fait abstraction de cet aspect bénéfique du monopole, la concurrence est préférable. Par exemple, si toutes les entreprises d'une industrie concurrentielle décidaient de fusionner et si cette fusion n'améliorait pas l'efficience de l'industrie, le seul résultat serait la création d'un monopole. En effet, à moins que le processus d'entrée sur le marché ne soit instantané, la fusion permet de pratiquer un prix supérieur au coût marginal. Ces tentatives doivent être découragées car elles ne comportent par définition aucun avantage. Aux États-Unis, cette tâche est confiée conjointement au *Department of Justice* et à la *Federal Trade Commission*, qui surveillent attentivement les fusions afin de s'assurer qu'elles n'ont pas uniquement pour effet d'augmenter les prix. En Europe, la Commission Européenne dispose également d'un pouvoir de contrôle des fusions.

5.2.5 Monopoles et externalités

Bien que dans la plupart des cas la concurrence soit préférable au monopole, *le mauvais fonctionnement d'un marché peut parfois rendre le monopole préférable à la concurrence*. Par exemple, lorsque la pollution (une externalité négative) est la conséquence inévitable d'un processus industriel, une industrie concurrentielle peut parfois engendrer davantage de nuisances qu'un monopole. Seules les études empiriques peuvent indiquer s'il faut préférer plus de production et de pollution, ou moins des deux. Cependant, on peut affirmer qu'un marché réglementé de façon à obtenir des niveaux optimaux de production et de pollution est à la fois préférable à la concurrence et au monopole.

L'exemple de l'industrie du pneu que nous avons introduit au chapitre 4 permet d'illustrer concrètement le dilemme précédent. Dans cet exemple, la pollution est un co-produit de la production des pneus et augmente en même temps que celle-ci. La seule façon de réduire la pollution est donc de réduire la production.

Comme un monopole produit moins qu'une entreprise concurrentielle, il sera plus proche de la combinaison optimale de production/pollution qu'une industrie concurrentielle. Mais si le monopole réduit trop sa production, il se peut aussi que la société préfère plus de pneus au prix d'une augmentation de la pollution.

Comme l'entreprise n'a pas à supporter le coût de la pollution, ses coûts privés (coût du capital, du travail, de l'équipement et des matériaux) sont inférieurs aux véritables coûts sociaux. Si l'industrie illustrée par la figure 5.6 est contrôlée par un monopole, Cm_p représente alors le coût marginal privé du monopole, alors que s'il s'agit d'une industrie concurrentielle, Cm_p représente la courbe d'offre de l'industrie. La courbe du *coût marginal de la pollution* indique quelle est la valeur en franc du dommage marginal causé par la pollution sur la santé, sur la propriété, sur l'agriculture, etc. La courbe Cm_s, qui est la somme verticale de la courbe Cm_p et de la courbe de coût marginal de la pollution, reflète le coût en termes de production et de pollution supporté par la société.

En l'absence d'intervention gouvernementale, une industrie concurrentielle ne tient aucun compte de la pollution et son niveau de production est déterminé par l'intersection des courbes Cm_p et de demande, D. Comme on peut le voir sur les figures 4.10 et 5.6, elle produit Q_c au prix p_c et engendre un coût de pollution égal à E_c.

Le monopole ignore également la pollution, mais sa production est déterminée par l'intersection des courbes de coût marginal, Rm et de coût marginal privé, Cm_p. Le monopole vend donc Q_m au prix p_m et engendre un coût de pollution égal à E_m. Une industrie concurrentielle produit moins cher et plus qu'un monopole. Cependant, parce que le niveau de production est plus élevé, l'équilibre concur-

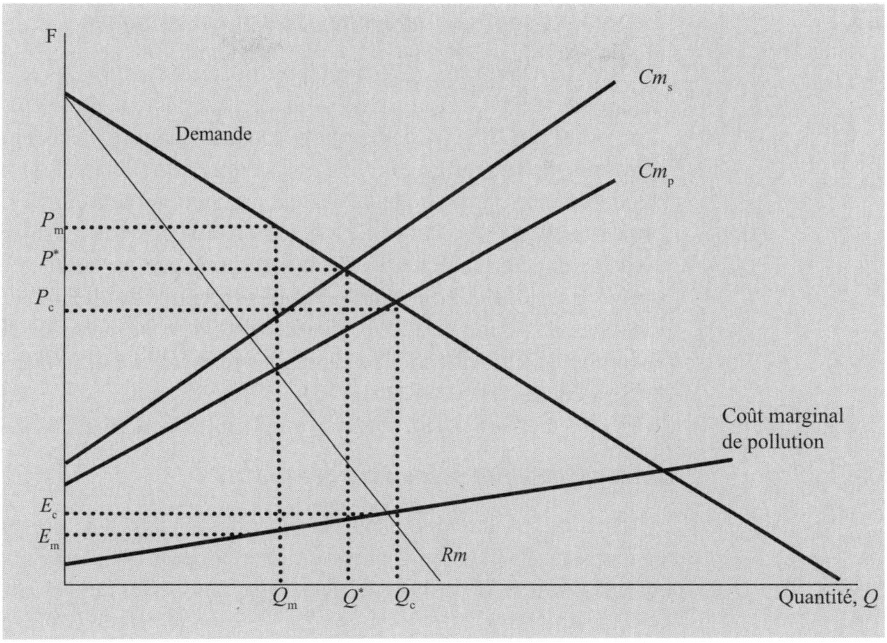

Figure 5.6: *Monopole et pollution*

rentiel engendre aussi un coût plus élevé en termes de pollution qu'un équilibre de monopole ($E_c > E_m$).

Sur la figure 5.6, le monopole produit moins (et donc pollue moins) que ce qui est socialement optimal. Toutefois, si la courbe Cm_s croisait la courbe de demande D au point de coordonnées p^* et Q^*, il produirait exactement la quantité socialement désirable. Cette théorie se limite à prévoir que le monopole produit moins qu'une industrie concurrentielle. Elle ne permet pas de savoir si la production du monopole est supérieur, inférieure ou égale au niveau socialement désirable.

5.3 Relation entre profits et monopole

Il est fréquent d'établir un lien entre des profits élevés et l'existence d'un monopole ou d'un niveau insuffisant de concurrence. Bien que ce raisonnement contienne certains éléments de vérité, il n'est généralement pas fondé. Pour le montrer, nous allons répondre à trois questions : (1) Les profits sont-ils l'apanage exclusif du monopole ? (2) Un monopole fait-il toujours des profits ? (3) Faut-il autoriser les fusions dans une industrie qui fait des pertes à court terme ?

5.3.1 Les profits sont-ils l'apanage exclusif du monopole ?

Bien que les profits d'un monopole puissent être positifs (c'est-à-dire supérieurs au taux de rendement normal), il ne s'ensuit pas que toute entreprise qui bénéficie d'un profit positif soit un monopole. Dans le chapitre précédent, nous avons vu que certaines ressources rares telles que la terre bénéficiaient de rentes. Par exemple, un agriculteur qui possède des terres particulièrement fertiles peut en obtenir des profits même si — comme c'est le cas en concurrence il égalise son coût marginal au prix donné du marché. Ainsi, la rente dégagée par un facteur de production, ne signifie pas que l'on soit en présence d'un monopole. En effet, tant que la production n'est pas restreinte et que le prix est égal au coût marginal, les entreprises n'ont aucun pouvoir de marché. La rareté des ressources fait monter les prix et ceux qui les possèdent en bénéficient.

5.3.2 Un monopole fait-il toujours des profits ?

Bien qu'un monopole puisse faire des profits plus élevés qu'une entreprise concurrentielle, il ne s'ensuit pas qu'un monopole fasse toujours des profits positifs. À court terme, le monopole peut faire des pertes, de même qu'une entreprise concurrentielle. Confronté à une baisse soudaine de la demande, le monopole qui continue à produire peut enregistrer des profits inférieurs au taux de rémunération concurrentiel de ses investissements irrécupérables. Autrement dit, il peut subir des pertes au sens économique. Il n'y a donc pas que les entreprises concurrentielles qui supportent des pertes. À long terme, quand il n'y a pas de coûts irrécupérables, aucune entreprise ne peut continuer à produire si elle fait des pertes.

De même qu'en concurrence, la période de temps durant laquelle un monopole peut subir des pertes dépend de la « durée » du court terme, c'est-à-dire du temps qu'il faut pour que les machines et autre équipements soient totalement usés. Dans certaines industries, le court terme peut être très long. Par exemple, les rails de chemin de fer peuvent parfois tenir plusieurs décennies avant d'être changés. Il faut donc s'attendre à ce qu'un monopole du chemin de fer puisse enregistrer des profits négatifs (au sens économique) pendant très longtemps avant de prendre la décision de cesser son activité.

En résumé, à long terme, une entreprise concurrentielle fait des profits économiques normaux (c'est-à-dire nuls), alors qu'un monopole fait des profits positifs. À court terme, les entreprises concurrentielles comme les monopoles font des pertes ou des profits.

5.3.3 Faut-il autoriser les fusions dans une industrie qui fait des pertes à court terme ?

La fusion d'entreprises en un monopole permet d'éliminer la concurrence et donne à la nouvelle entreprise un pouvoir de marché qui, grâce à l'élévation du prix, permet de résorber les pertes. Les entreprises appartenant à une industrie où toutes les entreprises perdent de l'argent défendent souvent l'idée d'une fusion au moyen de ce raisonnement qui a d'ailleurs un certain attrait logique. En effet, si la fusion permet de résorber les pertes, pourquoi ne pas y recourir ? Pourtant, une fusion opérée dans ces circonstances serait socialement dommageable.

À court terme, l'entreprise née d'une fusion peut élever son prix au-dessus du prix concurrentiel et infliger une perte sèche à la société. En effet, à court terme, les coûts irrécupérables responsables des pertes à court terme ne peuvent pas être éliminés du simple fait de la fusion, car celle-ci ne modifie que l'intensité de la concurrence. L'impossibilité d'éliminer les coût fixes par la fusion explique qu'il n'est pas souhaitable d'autoriser la formation d'un monopole pour faire monter le prix.

5.4 Monopole naturel

Dans certaines industries, il est plus efficient qu'une seule entreprise produise pour le marché. C'est le cas lorsque le coût total de production est plus élevé si deux ou plusieurs entreprises devaient être substituées au monopole. Dans ce cas, l'entreprise unique est appelée **monopole naturel**. Ci-après, nous allons brièvement étudier le monopole naturel qui ne produit qu'un seul bien, mais nous reviendrons en détail sur le monopole naturel et sa réglementation au chapitre 21.

S'il y a des économies d'échelle à tous les niveaux de production, le coût moyen diminue avec la production et il est donc toujours moins coûteux pour une entreprise que pour plusieurs de réaliser un niveau donné de production. Par conséquent, quand le coût moyen diminue avec l'augmentation de la production, c'est qu'il y a un monopole naturel. Même si le coût moyen ne diminue pas systématiquement avec l'augmentation de la production, il peut y avoir un monopole naturel. Par exemple, dans le cas d'une courbe de coût en forme de U dont le minimum correspond à 100 unités de production, il peut être plus efficient pour une seule entreprise de produire 101 unités, même si cela suppose une élévation du coût moyen de production par rapport à son minimum. Les économies d'échelle sont donc une condition suffisante mais non nécessaire d'existence d'un monopole naturel.

L'entrée d'un nouveau concurrent sur un marché dominé par un monopole naturel ne garantit pas l'efficience, puisque le marché est déjà efficient du fait du monopole naturel. La concurrence d'une nouvelle entreprise sert tout au plus de moyen de pression sur le monopole naturel. Mais, même dans ce cas, d'autres problèmes se posent. Supposons que le coût moyen baisse systématiquement avec la production et que les entreprises potentielles soient placées en concurrence, chacune devant annoncer le prix qu'elle pratiquerait si elle devenait l'unique entreprise du marché. Comme le coût moyen est toujours décroissant, il est toujours supérieur au coût marginal et la fixation du prix au niveau du coût marginal qui résulterait d'une telle procédure impliquerait des pertes. Dans ce cas, il n'existe aucun moyen d'égaliser coût marginal et prix et de faire des profits nuls. On peut cependant appliquer le système de fixation du prix en deux parties, l'une correspondant à un forfait fixe et l'autre à un coût d'usage. Le coût d'usage est fixé par référence au coût marginal, tandis que le forfait est choisi de façon à ce que les profits soient nuls. Une autre solution consiste à prendre pour prix le coût moyen, supérieur au coût marginal. Dans ce cas il en résulte une perte sèche due à l'écart entre le prix et le coût marginal.

Même s'il est possible d'envisager un système de fixation du prix qui permet d'atteindre des profits nuls, celui n'est pas réaliste car un monopole ne se satisfera pas de profits nuls s'il peut attendre davantage. Dès l'instant où une entreprise a établi un monopole naturel, il est vraisemblable qu'elle se serve de son avantage sur les concurrents pour les empêcher d'exercer une contrainte sur les prix qu'elle fixe. La réglementation du prix en cas de monopole naturel ne peut donc être que l'affaire du gouvernement, dont le rôle est dans ce cas de protéger les consommateurs, encore que souvent la réglementation soit elle-même source de problèmes (voir le chapitre 21). Nous allons maintenant étudier le problème du monopole quand celui-ci est situé du côté de la demande.

5.5 Monopsone

Lorsqu'il n'y a qu'un seul acheteur sur le marché, on qualifie cette situation de *monopsone*. La décision d'achat du monopsone a une incidence sur le prix du marché (de même que la décision de production du monopole à une incidence sur le prix). Le monopsone doit donc décider de la quantité qu'il achète en choisissant une paire prix-quantité sur la courbe d'offre du marché. Le monopsone est en quelque sorte l'autre face du monopole. L'un comme l'autre sont conscients de l'influence qu'ils exercent sur le prix.

Le monopsone choisit la quantité qu'il achète d'une façon analogue à celle dont le monopole détermine la quantité qu'il produit. Tant que la valeur d'une unité supplémentaire de consommation, telle qu'elle est indiquée par la courbe de demande, est supérieur au coût de cette unité, le monopsone l'achètera. L'optimum est atteint lorsqu'il y a égalité entre les deux.

Prenons l'exemple d'un marché du travail concurrentiel où chaque entreprise considère le taux de salaire comme une donnée hors de son contrôle. Dans ce cas, le coût de recrutement d'une personne supplémentaire par une entreprise est simplement égal au taux de salaire. Mais supposons maintenant qu'il n'y ait qu'un seul employeur dans la région : nous avons alors un monopsone de la demande de travail. Celui-ci est directement confronté à une courbe d'offre de travail croissante (voir la figure 5.7). S'il veut recruter un employé de plus, le monopsone ne doit pas seulement payer un salaire légèrement plus élevé à cet employé, mais doit payer *tous* les autres employés légèrement plus, car c'est la seule façon pour lui d'induire sur le marché l'offre de travail qui correspond à sa demande.

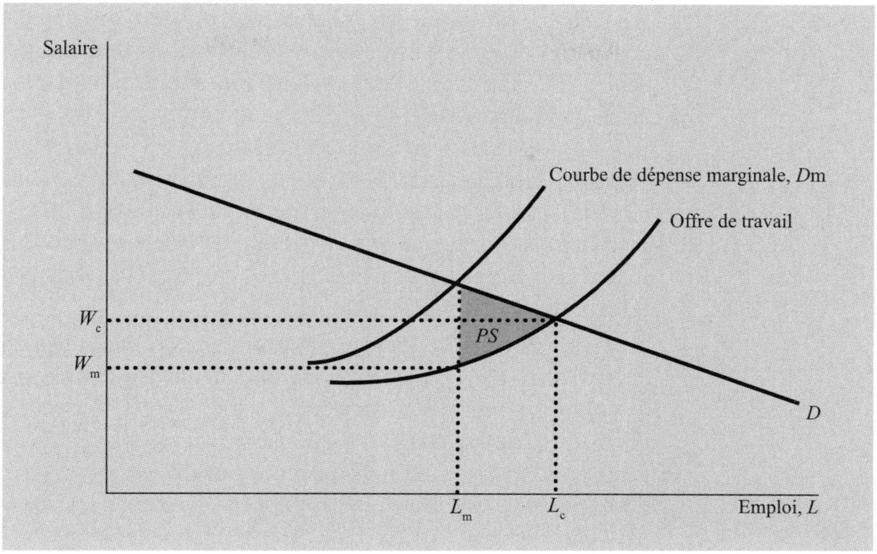

Figure 5.7: *Perte sèche due au monopsone*

Si le monopsone doit par exemple élever le salaire de 5 F à 6 F pour induire le dernier employé à travailler dans son entreprise, le coût supplémentaire de ce travailleur n'est pas seulement égal à 6 F, mais est égal à 6 F plus les 1 F de plus que lui coûte désormais tous les autres employés qu'il recrute. S'il avait au départ décidé de recruter 100 personnes, la masse salariale totale augmente donc de 500 F à 606 F du fait de la décision de recruter 101 personnes, soit une augmentation de 106 F. Le monopsone est conscient que sa décision de recruter un employé de plus lui coûte 106 F et non 6 F et en tient compte. Il ne décidera de recruter ce travailleur supplémentaire que si le bénéfice marginal du recrutement de cet employé supplémentaire, tel qu'il est indiqué par la courbe de demande de travail, est supérieur au coût marginal de recrutement.

Le coût marginal de recrutement d'un employé de plus par le monopsone est indiqué par la **courbe de dépense marginale**, qui est l'équivalent de la courbe de recette marginale. La courbe de dépense marginale est située au-dessus de la courbe d'offre croissante (voir la figure 5.7) parce que le monopsone doit augmenter le salaire à chaque fois qu'il recrute un employé de plus. Le monopsone maximise son profit en recrutant L_m employés, nombre qui correspond à l'égalité de son bénéfice marginal — tel qu'il est donné par sa courbe de demande de travail — et sa dépense marginale. Comme la courbe de dépense marginale située au-dessus de la courbe d'offre, le recutement du monopsone, L_m, est inférieur au recrutement d'une industrie concurrentielle, L_c (qui est donné par l'intersection entre la courbe de demande et la courbe d'offre). En d'autres termes, de même que le monopole, le monopsone restreint la production.

Le taux de salaire en monopsone, w_m, est inférieur au taux de salaire en concurrence, w_c. Transposée au monopsone, la définition du pouvoir de marché devient la capacité à fixer le salaire (ou le prix d'autres facteurs de production) au-dessous du niveau concurrentiel. La solution du monopsone illustrée à la Figure 5.7, (L_m, w_m), fait apparaître un écart entre la courbe d'offre et la courbe de demande. Cet écart entre la courbe de demande (qui représente le bénéfice marginal de l'utilisation du travail pour la société) et la courbe d'offre (qui représente le coût marginal d'utilisation du travail pour la société) correspond à une perte d'efficience. Ce triangle de perte sèche, analogue à celui crée par l'existence d'un monopole, est représenté en gris foncé sur la figure 5.7.

La plupart des économistes spécialisés dans l'étude du marché du travail pensent qu'aux États-Unis il y a peu de marchés du travail dominés par un monopsone. Les exemples les plus fréquemment cités sont ceux de l'unique employeur situé dans une petite localité, ou celui d'un marché du travail très spécialisé, ou encore celui des ligues sportives. S'agissant du baseball, les joueurs ne peuvent faire partie d'une équipe américaine que s'ils appartiennent soit à l' *American league*, soit à la *National league*. Ces deux ligues sont les uniques employeurs de joueurs de baseball de premier plan. Par conséquent, si elles s'entendent entre elles, elles bénéficient d'un pouvoir de monopsone. Pour compenser ce pouvoir, les joueurs peuvent de leur côté former un syndicat afin d'exercer eux aussi un pouvoir de marché quand ils vendent leurs services.

Il y a également quelques indications de l'existence d'un pouvoir de monopsone sur certains marchés agricoles et de matières premières. Ainsi, aux États-Unis, une organisation de propriétaires de ranchs a demandé au département américain de la justice de constater que 70% des bœufs et génisses n'étaient tués — et leur viande conditionnée — que par les quatre plus grosses entreprises du secteur et lui a également demandé de faire cesser le mouvement de fusions et d'acquisition qui avait conduit à cette situation.[(11)] Schroeter et Azzam (1991) ont établi que dans les années 1970, le monopsone du conditionnement de la viande de sanglier (contrôlé par une poignée d'entreprises) fixait le prix des sangliers en dessous de son niveau concurrentiel, mais non depuis. La probabilité d'un monopsone augmente lorsqu'il s'agit du marché d'une ressource dont l'utilisation est très spécialisée (voir l'exemple 5.5). Cependant, même lorsque les ressources sont initialement spécialisées dans une seule utilisation, comme c'est le cas de certaines machines conçues sur mesure (ou d'usines situées en un lieu particulier afin de satisfaire un seul gros client), le monopsone ne se perpétue pas nécessairement dans le temps. En effet, aucune entreprise ne continuera à fabriquer des machines sur mesure (ou à investir dans une usine) pour un seul client si elle en obtient un rendement inférieur à celui qu'elle pourrait tirer de la fabrication d'autres machines (ou de la construction d'une nouvelle usine). En d'autres termes, peu de ressources sont

[11] Schacht, Henry. « Farm Reporter : Lack of Competition Worries Ranchers ». *San Francisco Chronicle*, 8 septembre 1990 : B4.

spécialisées à long terme et il est donc peu probable qu'un monopsone se perpétue à long terme.

Une autre façon d'aboutir à la conclusion précédente est de considérer que si les ressources ne sont pas spécialisées dans une industrie particulière à long terme, la courbe d'offre à long terme sera généralement plate. Comme nous l'avons expliqué au chapitre 4, une courbe d'offre horizontale à long terme est d'autant plus probable que l'industrie considérée ne consomme qu'une partie relativement faible de l'ensemble des facteurs de production disponibles. Le pouvoir de monopsone est nul lorsque la courbe d'offre est horizontale car il est alors imposible que le prix soit inférieur à son niveau concurrentiel.

EXEMPLE 5.5

Mise en évidence du pouvoir de monopsone dans l'industrie de la tomate

Les entreprises qui commercialisent les tomates ont-elles collectivement un pouvoir de monopsone ? Autrement dit, est-ce qu'elles paient un prix trop bas (inférieur au prix concurrentiel) aux agriculteurs ? La connaissance du prix et de la quantité vendue ne permet pas de répondre à cette question. Prenons un exemple pour le montrer.

Supposons qu'un économiste qui connaît la courbe d'offre, O, des producteurs de tomates, observe un prix p_0 et une quantité Q_0. Si le marché est concurrentiel, l'équilibre (p_0, Q_0) est déterminé par l'intersection de la courbe d'offre O et d'une courbe de demande comme D_0 sur la figure ci-après. En revanche, si les entreprises de commercialisation ont un pouvoir de monopsone, l'équilibre (p_0, D_0) est déterminé par l'intersection de la courbe de dépense marginale — qui dépend de la forme de la courbe O — et d'une courbe de demande comme D_1. Donc, si l'économiste ne connaît pas la courbe de demande, il ne peut pas déterminer de quelle structure de marché il s'agit, car il ne dispose que du prix, de la quantité et de la courbe d'offre.

Exemple 5.5 : Monopsone dans l'industrie de la tomate

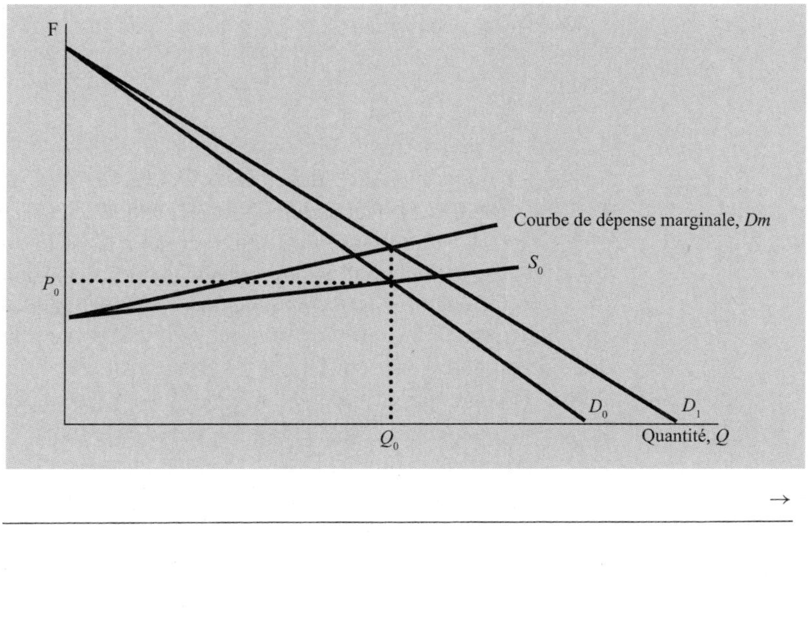

→

EXEMPLE 5.5 (suite)
Mise en évidence du pouvoir de monopsone dans l'industrie de la tomate

Just et Chern (1980) ont montré que si l'on modifiait la forme de la courbe d'offre mais non sa position à l'équilibre (autrement dit, si la nouvelle courbe passe toujours par $[p_0, Q_0]$ mais que sa pente est différente), l'équilibre ne changeait pas en situation de concurrence mais se modifiait en situation de monopsone. L'équilibre du monopsone serait modifié du fait du déplacement de la courbe de dépense marginale lié à celui de la courbe d'offre et l'intersection avec la courbe de demande se ferait en un nouveau point. Just et Chern ont également montré comment leur analyse s'appliquait à des modifications plus générales de la courbe d'offre. Dans ce cas, après ajustement des niveaux d'offre et de demande associés à ces modifications plus générales, l'équilibre du monopsone est affecté mais non l'équilibre concurrentiel.

Après la mise au point des récoltes automatiques et le développement de nouvelles variétés de tomates (dites « hardball ») pouvant être récoltées ainsi, la plupart des agriculteurs californiens adoptèrent ces méthodes entre 1963 et 1967. Il s'ensuivit que le coût variable de récolte (qui tient compte des coût en travail) diminua considérablement alors que le coût fixe (achat des machines à récolter) augmenta, de sorte que la courbe d'offre à court terme devint plus élastique. Just et Chern ont établi que le nouvel équilibre dépendait effectivement de la forme de la courbe d'offre, ce qui laisse penser que ce secteur est dominé par un monopsone et n'est donc pas concurrentiel.

Just et Chern ont également appliqué leur résultat d'une façon différente. Si la courbe d'offre se déplace vers la droite au cours du temps *et* qu'elle devient moins élastique, la quantité doit augmenter si le marché est concurrentiel. En effet, la nouvelle courbe d'offre croise alors la demande en un point pour lequel la quantité est plus élevée qu'avant. Cependant, la quantité n'augmente pas nécessairement en monopsone car la nouvelle courbe de dépense marginale (qui dépend de la forme de la nouvelle courbe d'offre) peut croiser la courbe de demande en un point qui correspond à une quantité inférieure à celle qui prévalait précédemment. Just et Chern ont établi que la courbe d'offre de tomates récoltées se déplacait vers la droite et devenait plus élastique dans le temps. Dans la moitié des pays qui produisent des tomates, la quantité vendue baissa, ce qui est là encore cohérent avec l'hypothèse du monopsone mais non avec celle de la concurrence.

Lorsque la courbe d'offre à long terme est horizontale, il se peut alors que le pouvoir de monopsone disparaisse, même à court terme. Supposons qu'avant d'entrer dans une industrie, une entreprise ait un choix varié d'utilisation de ses ressources. Cependant, une fois l'industrie choisie, admettons que l'entreprise doive investir dans des machines spécialisées et qu'elle n'ait plus alors qu'un choix limité pour leur utilisation alternative. Supposons également que l'entreprise n'accepte d'entrer dans une industrie particulière que si le prix est de 10 F l'unité (parce que cela correspond à son coût moyen à long terme) et qu'un monopsone, acheteur unique, accepte de payer ces 10 F. Une fois entrée sur le marché, l'entreprise est liée, au moins pour un certain temps, car ses machines sont spécialement conçues pour l'activité de cette industrie. Si le monopsone réduit son prix à 9 F, il se peut qu'il ne soit pas rentable pour l'entreprise de cesser immédiatement son activité. En revanche, elle ne remplacera pas les machines qui se déprécient et le monopsone finira par ne plus avoir aucun fournisseur pour son produit. Même s'il promet alors de payer à nouveau 10 F pour inciter une entreprise à entrer, plus personne ne le croira à cause de son comportement antérieur. Par conséquent, un acheteur qui veut préserver ses sources d'approvisionnement à long terme doit s'abstenir d'utiliser son pouvoir de monopsone à court terme.

5.6 Entreprise dominante avec frange concurrentielle

Où est-ce que le gorille dort ?
Là où il veut, il dort.

Qu'arrive-t-il à un monopole dont le marché est envahi par d'autres entreprises ayant des coûts plus élevés que lui (voir l'exemple 5.4) ? Inversement, qu'arrive-t-il si une entreprise à coûts plus faibles entre sur un marché peuplé de petites entreprises preneuses de prix à coûts plus élevés ? Après l'entrée, l'entreprise à bas coûts obtient une part de marché relativement forte. On qualifie d'**entreprise dominante** celle qui fixe le prix alors qu'elle est en concurrence avec des petites entreprise preneuse de prix. Elle contrôle typiquement une part importante du marché. Les entreprises preneuses de prix qui constituent la **frange** ont chacune une très faible part du marché, même si collectivement leur part peut être assez importante.

Les industries où une entreprise contrôle une grosse part des ventes se rencontrent fréquemment. Ainsi, la part de Kodak sur le marché des pellicules photographiques est estimée à 65%. De même, la part d'IBM sur le marché des gros ordinateurs professionnels est estimée à 68%. Boeing a 60% du marché des avions gros porteurs. General Electric contrôle 61% des ventes de générateurs (Pascale, 1984).[12] Koycera et quelques petites entreprises japonaises rivales ont ensemble 70% à 75% des ventes mondiales d'emballages céramiques pour puces d'ordinateurs et jusqu'à 98% de ceux utilisés pour certaines armes comme les torpedos.[13] Hewlett-Packard contrôle 59% des ventes d'imprimantes de 7 à 14 pages par minute.[14]

Nous allons d'abord étudier les facteurs qui font qu'une entreprise devient dominante. Puis nous analyserons comment l'entrée limite le pouvoir de marché d'une entreprise dominante. Nous examinerons deux cas extrêmes : celui où l'entrée d'autres concurrents est impossible et celui où la concurrence d'une frange d'entreprises survient par génération spontanée. (L'étude du cas où les entreprises de la frange ne

---

[12] La part d'une entreprise dans les ventes d'une industrie dépend de façon essentielle de la façon dont on définit l'industrie et, par conséquent, est toujours très discutable, surtout dans les procès. Par exemple, Fisher, McGowan et Greenwood (1983) soutiennent que le pouvoir de marché et la part de marché d'IBM sont moindres que le gouvernement fédéral américain ne l'a prétendu lors d'un procès récent contre cette entreprise.

[13] D'après Coors Electronic. Voir : Bradshier, Keith. « Industries Seek Protection as Vital to U.S. Security ». *New York Times*, 19 janvier 1993 : C1.

[14] D'après Infocorp : « HP Continues to Capture Printer Market ». *PC Sources*, avril 1997 : p. 87.

EXEMPLE 5.6 Effet de l'entrée sur les prix de monopole

La plupart des étudiants américains savent bien que les prix pratiqués par la librairie du campus sont supérieurs à leurs niveaux concurrentiels. Pour le vérifier, il suffit d'observer ce qui se passe lorsqu'un autre libraire vient s'installer, transformant le monopole en duopole.

Ainsi, en 1990, la librairie de l'université Davis de Californie modifia sa politique de prix, faisant passer la marge de profit sur certains ouvrages de 26% à 20%. Les responsables de la librairie prétendirent que cette baisse de prix était simplement due à la nécessité d'optimiser leurs résultats comptables et que la coïncidence de cette baisse de prix avec l'ouverture quelques semaines avant d'une librairie concurrente n'avait rien à voir avec leur décision.

SOURCE : *Cal Aggie*, 30 mars 1990 : 3.

pénètrent que progressivement sur le marché est repoussée au chapitre 10). L'analyse va nous permettre de montrer que le comportement de fixation du prix d'une entreprise dominante dépend de la facilité d'entrée des entreprise de la frange.

Nous allons établir trois résultats. Premièrement, il n'est généralement pas dans l'intérêt bien compris d'une entreprise dominante de fixer un prix si bas que toutes les entreprises de la frange soit exclues du marché. Deuxièmement, l'existence d'une frange d'entreprises concurrentielles où la menace d'une augmentation de leur nombre oblige l'entreprise dominante à pratiquer un prix plus bas que ne le ferait un monopole (voir l'exemple 5.6). Troisièmement, une fois qu'un nombre suffisant d'entreprises preneuses de prix sont entrées sur le marché, l'entreprise dominante est obligée d'aligner son prix sur le minimum du coût moyen de ces nouvelles entreprises, faute de quoi celles-ci vendraient à un prix inférieur et réduiraient sa part de marché. En fait, si les coûts de production de ces entreprises sont aussi bas que ceux de l'entreprise dominante, le pouvoir de maché de cette dernière disparaît.

5.6.1 Déterminants du pouvoir de marché des entreprises dominantes

Tous les animaux sont égaux, mais certains sont plus égaux que d'autres. – Georges Orwell

Pourquoi certaines entreprises ont-elles un pouvoir de marché alors que d'autres n'en ont pas ? Il existe au moins trois raisons suffisantes de l'existence de ce type de structure de marché.

La première est que *les entreprises dominantes ont parfois des coûts inférieurs aux entreprises de la frange.* Trois facteurs au moins peuvent expliquer pourquoi les entreprises dominantes ont des coûts moindres :

- Il se peut que l'entreprise soit plus efficiente que ses concurrentes. Par exemple, elle peut être mieux gérée ou technologiquement supérieure, ce qui lui permet de produire à moindre coût. L'avantage technologique peut d'autre part être protégé par un brevet.

- Une entreprise anciennement installée dans une industrie peut avoir des coûts inférieurs du fait de l'expérience acquise sur le processus de production le plus efficient : c'est l' « apprentissage par la pratique ».

- Une entreprise anciennement installée a eu le temps d'atteindre la taille nécessaire pour bénéficier d'économies d'échelle (lorsque cette taille ne peut être atteinte instantanément du fait de l'existence de coûts d'ajustement). En amortissant les coûts fixes sur un plus grand nombre d'unités, l'entreprise installée bénéficie de coûts moyens inférieurs à ceux que les nouvelles entreprises peuvent instantanément atteindre.

Une seconde raison importante est que dans le cas d'un marché de produits différenciés, *une entreprise dominante a parfois un produit supérieur* à ceux de ses concurrents. Cette supériorité peut être due à une réputation acquise grâce à la publicité ou du fait d'une présence plus ancienne sur le marché.

Une troisième raison est qu'*un groupe d'entreprises peut aussi agir collectivement comme une entreprise dominante*. Comme on le verra au chapitre 6, les entreprises d'une industrie ont intérêt à coordonner leurs activités pour accroître leurs profits. Les entreprises qui tentent ensemble et explicitement de promouvoir leur intérêt bien compris forment un *cartel*. Si toutes les entreprises d'une industrie coordonnent leurs activités, le cartel devient un monopole de fait, mais si le cartel ne regroupe qu'une partie des entreprises, celui-ci joue le rôle d'entreprise dominante face à une frange d'entreprises concurrentielles qui ne coopèrent pas.

Un exemple d'entreprise dominante est le cartel philippin des producteurs d'huile de noix de coco qui agit de concert mais est confronté à une frange concurrentielle d'entreprises preneuses de prix situées dans d'autres pays. Le cartel domine les quatre cinquièmes du marché de l'exportation et son pouvoir de marché mesuré par l'indice de Lerner est égal à 0,89 (Buschena et Perloff, 1991).

5.6.2 Fixation du prix par l'entreprise leader

Les entreprises de la frange concurrentielle s'alignent sur le prix fixé par l'entreprise dominante (voir les exemples 5.7 et 5.8). Si toutes les entreprises produisent des biens identiques, l'entreprise dominante fixe un prix qui est considéré par les autres entreprises comme une donnée exogène.

La perennité à long terme du pouvoir de marché de l'entreprise dominante dépend principalement du nombre d'entreprises qui peuvent entrer dans l'industrie, de la comparaison entre leurs coûts et ceux de l'entreprise dominante et de la rapidité avec laquelles elles entrent. Nous allons maintenant étudier le modèle de l'entreprise dominante avec frange concurrentielle sous deux hypothèses alternatives concernant la facilité de l'entrée.

EXEMPLE 5.7 Ombrelle de prix

On prétend fréquemment qu'une entreprise dominante fournit une *ombrelle de prix* aux petites entreprises de son secteur d'activité, en ce sens que ces entreprises trouveront toujours des clients si elles pratiquent des prix inférieurs ou égaux à celui de l'entreprise dominante. Il est évident que si leurs produits sont inférieurs, ils devront pratiquer des prix très inférieurs à ceux de l'entreprise dominante.

Au début des années 1980, juste avant la dissolution d'ATT, plusieurs entreprises étaient en concurrence avec cette entreprise sur le créneau des communications téléphoniques à longue distance. Leurs prix par minute de communication étaient en moyenne inférieurs de quelques cents à ceux d'ATT mais, à l'inverse d'ATT, elles faisaient payer chaque mois un abonnement forfaitaire (et dans certains cas une dépense minimale ou des frais de mise en service). De ce fait, seuls les gros utilisateurs avaient intérêt à recourir à leurs services.

Beaucoup d'utilisateurs considéraient que les services de ces entreprises étaient inférieurs, car leur utilisation nécessitait un téléphone à touches et imposait plus de manipulations. De plus, par comparaison avec ATT, les coupures étaient plus fréquentes et la transmission moins bonne. Toutefois, une nouvelle loi obligea par la suite les compagnies locales de téléphone à transmettre les communications à longue distance dans les mêmes conditions que les communications locales. Grâce à ce traitement plus égalitaire et du fait d'améliorations technologiques, la qualité des services des entreprises concurrentes d'ATT s'améliora au cours du temps.

ATT avait annoncé qu'après sa dissolution elle réduirait de 10% ses tarifs téléphoniques sur les longues distance, créant ainsi une incertitude sur ce que seraient les prix futurs. Les concurrents d'ATT s'efforcèrent de dissiper cette incertitude dans l'esprit des utilisateurs potentiels. Une porte-parole de MCI (le plus gros concurrent d'ATT) déclara dans la presse : « Nous continuerons à pratiquer des prix inférieurs car c'est ainsi que nous avons pu prendre une part du marché ». La campagne publicitaire de MCI annoncait par ailleurs : « Quoique personne ne puisse savoir précisément quels seront les nouvelles conditions de la concurrence, nous garantissons cependant que *les tarifs de MCI resteront inférieurs à ceux d'ATT* ».

Les tarifs d'ATT sur les longues distances ont effectivement baissé et ceux des concurrents ont suivi (par ailleurs ceux-ci cessèrent de prélever des droits fixes), mais l'écart de prix se réduisit. Par exemple, d'après un spot publicitaire d'ATT datant de 1993, le prix pratiqué par MCI par minute supplémentaire pour un appel de New York au Canada, au Royaume-Uni ou au Japon n'était inférieur que d'un cent à celui d'ATT.

Ainsi, au fil du temps, l'ombrelle de prix qu'offrait ATT se fit moins protectrice. Au chapitre 21, nous étudierons de façon plus détaillée les effets de la réglementation sur ce marché.

5.6.3 *Absence d'entrée*

Soit une industrie composée d'une entreprise dominante et d'une frange concurrentielle, mais où aucune entreprise supplémentaire ne peut venir rejoindre la frange. Deux résultats essentiels émergent de l'analyse de ce modèle : (1) il est plus profitable d'être le *gorille* d'une industrie que d'appartenir à la frange. (2) La présence d'une frange limite le pouvoir de marché de l'entreprise dominante. Autrement dit, il est plus profitable d'être l'unique entreprise d'une industrie (monopole) que d'en être l'entreprise dominante.

EXEMPLE 5.8 Entreprises dominantes et rigidités de prix

Stigler (1947) a établi que les prix sont relativement rigides — ils varient peu — dans les industries où une entreprise dominante est leader de prix. Suivant sa classification, un marché est dominé par un leader de prix lorsqu'il existe une entreprise relativement importante « contrôlant au moins 40% de la production totale ou plus s'il existe également une seconde entreprise importante ··· » (p. 228). Son étude portait sur 19 industries comprenant un petit nombre d'entreprises et deux industries monopolisées. Pour qu'une industrie soit incluse dans son étude, l'auteur exigeait de disposer « d'une connaissance assez précise de sa structure » (p. 222) et qu'il existe une série de prix et de production continue allant de juin 1929 à mai 1937. Sur les 19 industries non monopolisées, 7 comptaient une entreprise dominante. Le tableau ci-après résume les données essentielles concernant ces industries.

		Flexibilité du prix		
	Nombre d'entreprises dans l'industrie	Nombre de variations de prix	Coefficient de variation	Coefficient de variation de la production
Industries avec leader de prix				
Bananes	2	46	16	17
Conserves	4	6	5	27
Mise en gerbes (blé)	2	5	3	63
Plâtre	3	4	5	29
Amidon	4	20	12	13
Soufre	2	0	0	24
Tracteurs	4	6	6	76
Moyennes	3	12,4	6,7	35,6
Industries sans leader de prix				
Acide borique	3	7	17	16
Ciment	12	14	11	41
Cuivre	4	63	37	43
Essence*	11	84	22	16
Linoleum	2	12	9	30
Papier journal	9	6	16	16
Glace de vitrage	2	8	13	34
Charrues	6	25	6	50
Rayonne	8	26	30	34
Savon	3	9	12	7
Pneus	8	36	9	16
Vitres	3	20	21	24
Moyennes	5,9	25,8	16,9	27,3
Monopoles				
Aluminium	1	2	6	47
Nickel	1	0	0	35

* Pennsylvanie et Delaware.

Le premier coefficient de variation du tableau traduit la variabilité des prix mensuels. Plus ce coefficient est élevé, plus les prix fluctuent. La comparaison des 7 industries ayant un leader de prix avec les 12 autres amena Stigler à conclure qu' « à l'exception des industries seulement composées de deux entreprises (notamment celle de la banane), les industries ayant un leader de prix ont des prix moins flexibles que les industries sans leader de prix, bien qu'elles connaissent d'importantes variations de production » (p. 228). Comme le tableau l'indique, le coefficient moyen de variation du groupe des industries ayant un leader de prix est de 6,7% alors qu'il est de 16,9% dans les autres.

A. Postulats

Cinq postulats essentiels sous-tendent ce modèle sans entrée :

1. *Il existe une entreprise dont la taille domine toutes celle des autres grâce à ses coûts de production plus faibles.* Bien que ce modèle puisse aussi s'appliquer à un petit groupe de grosses entreprises plutôt qu'à une seule entreprise dominante, nous nous concentrerons sur le cas d'une seule entreprise pour simplifier.
2. *Toutes les entreprises, sauf l'entreprise dominante, sont preneuses de prix,* et déterminent leurs niveaux de production en égalisant leurs coûts marginaux avec le prix de l'industrie (p).
3. *Le nombre d'entreprise (n) de la frange concurrentielle est fixé. Aucune nouvelle entrée ne peut avoir lieu.* Autrement dit, l'entreprise dominante sait qu'elle peut augmenter le prix sans inciter d'autres entreprise à entrer sur le marché ou des entreprises déjà installées à construire des usines supplémentaires.
4. *L'entreprise dominante connaît la courbe de demande, $D(p)$.* Chaque entreprise fabrique un produit homogène, de sorte que le prix du marché est unique.
5. *L'entreprise dominante peut prévoir quelle production la frange concurrentielle produit à chaque niveau de prix.* Autrement dit, l'entreprise dominante connaît la courbe d'offre de la frange concurrentielle, $S(p)$.

Les trois premiers postulats conditionnent l'existence d'un marché composé d'une entreprise dominante confrontée à une frange concurrentielle composée de n entreprises. Les deux derniers garantissent que l'entreprise dominante est suffisamment informée pour choisir son optimum de production.

B. Raisonnement de l'entreprise dominante

Plaçons-nous du point de vue des dirigeants de l'entreprise dominante. Quel niveau de production doivent-il choisir ? Étant donné l'importance de leur entreprise, ils peuvent élever le prix du marché en restreignant leur production. Malheureusement, quand ils augmentent les prix et diminuent la production, la frange concurrentielle augmente sa production, car sa courbe d'offre, $S(p)$, est une fonction croissante de p. Par conséquent, la production du marché baisse moins que les dirigeants de l'entreprise dominante ne le souhaitent et le prix de l'industrie n'augmente pas autant que si leur entreprise était un monopole pur.

Ainsi, le problème de l'entreprise dominante est beaucoup plus complexe que celui du monopole, lequel doit simplement prendre en compte la courbe de demande du marché (et la courbe de recette marginale correspondante) et sa courbe de coût marginal pour déterminer la production qui maximise le profit. L'entreprise dominante, en revanche, ne doit pas seulement prendre en compte ces facteurs, mais aussi la réaction de la frange concurrentielle à ses propres actions.

Pour maximiser ses profits, l'entreprise dominante doit prendre en compte les actions des entreprises de la frange concurrentielle. Pour calculer le niveau de prix optimal, il est commode de raisonner de la façon suivante. Étant donné que l'entreprise dominante n'a pas les moyens de contrôler la production de la frange, commençons par calculer sa demande résiduelle en soustrayant la production des entreprises de la frange de la demande du marché. La production des entreprises de la frange est conditionnée par le prix que fixe l'entreprise dominante et, sauf si le prix est très élevé, celles-ci ne produisent pas suffisamment pour satisfaire l'ensemble du marché. Lorsqu'on ne considère que la demande résiduelle de l'entreprise dominante, le problème à résoudre se ramène à celui du monopole. La production optimale peut donc se déterminer en deux étapes. Premièrement, calculer la demande résiduelle de l'entreprise dominante. Puis, appliquer le même raisonnement que pour le monopole, mais sur la demande résiduelle. Nous allons maintenant illustrer graphiquement cette procédure.

C. Analyse graphique du comportement de l'entreprise dominante

La première étape consiste à déterminer la courbe de demande résiduelle à long terme à laquelle l'entreprise dominante se trouve confrontée. La figure 5.8 comprend deux graphiques : (a) l'un pour illustrer le comportement d'une entreprise représentative de la frange concurrentielle et (b) l'autre pour illustrer celui de l'entreprise dominante.

Le graphique de gauche (figure 5.8a) illustre la courbe de demande du marché, $D(p)$, et la courbe d'offre d'une entreprise type, preneuse de prix, de la frange concurrentielle. La courbe d'offre de l'entreprise de la frange est donnée par la partie de sa courbe de coût marginal située au-dessus du minimum du coût moyen ($\overline{p}$). Autrement dit, le prix associé au seuil de fermeture d'une entreprise de la frange est $\overline{p}$. En $\overline{p}$, chaque entreprise de la frange fait des profits nuls et est indifférente entre le fait de produire ou non.[15] En dessous de $\overline{p}$, les entreprises de la frange cessent leur activité et l'entreprise dominante devient un monopole.

La courbe d'offre de la frange concurrentielle, $S(p)$, est la somme horizontale des courbes d'offre des entreprises de la frange, comme l'illustre la figure 5.8a. En d'autres termes, $S(p) = nq_f(p)$, où n représente le nombre d'entreprises et q_f la production d'une entreprise-type de la frange.

La courbe de demande résiduelle de l'entreprise dominante est égale à la différence horizontale entre la courbe de demande du marché et la courbe d'offre de la frange concurrentielle : $D_d(p) = D(p) - S(p)$. Sur la figure 5.8b, la courbe de demande du marché (ligne en pointillé) est au-dessus de la courbe de demande résiduelle (ligne en trait plein) lorsque le prix est supérieure à $\overline{p}$ et se confond avec elle lorsque le prix est inférieur à $\overline{p}$. Par conséquent, les entreprises de la frange

[15] D'après la figure, chaque entreprise de la frange ne produit pratiquement rien lorsque le prix est égal à $\overline{p}$. Cependant, si les entreprises avaient une courbe de coût en forme de U habituelle, leur production pour ce prix serait positive.

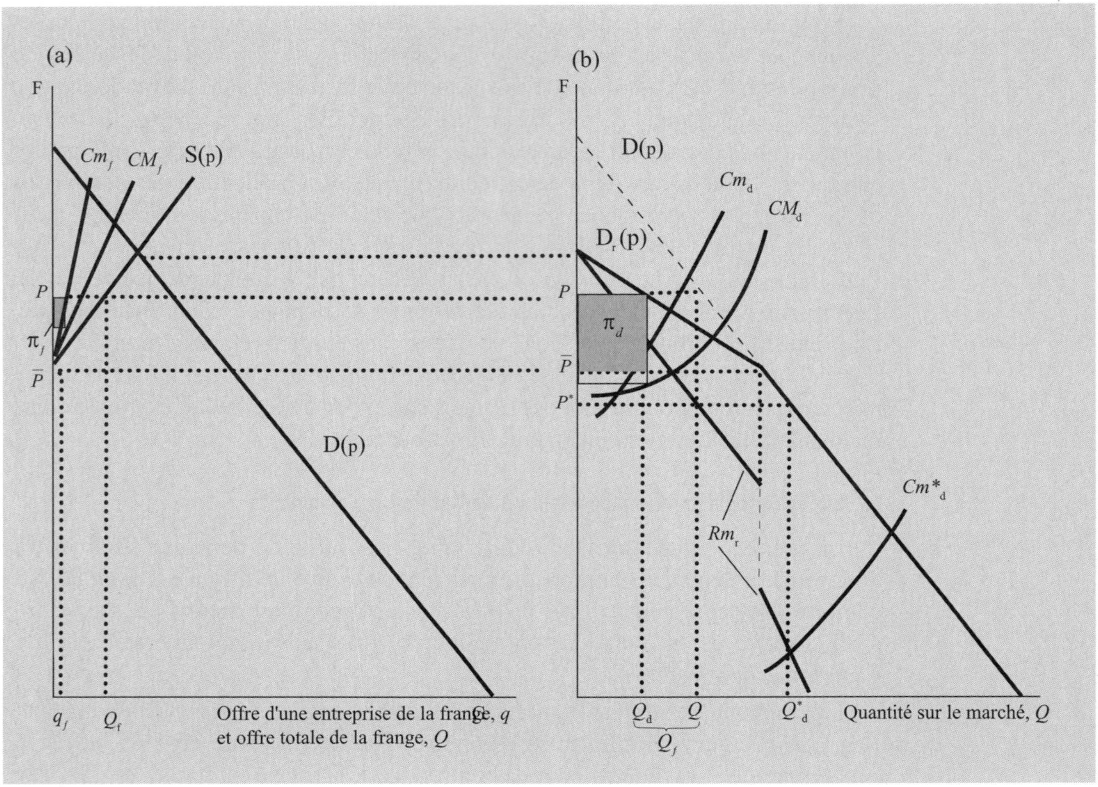

Figure 5.8: *Entreprise dominante et frange concurrentielle*

satisfont tout ou partie de la demande du marché si le prix est au-dessus de $\overline{p}$, mais elles quittent le marché et laissent l'entreprise dominante satisfaire toute la demande lorsque le prix est inférieur à $\overline{p}$.

L'entreprise dominante maximise son profit en choisissant un prix (ou, de façon équivalente, un niveau de production) tel que son coût marginal soit égal à sa recette marginale. La courbe de recette marginale de l'entreprise dominante (Rm_r) se déduit de sa courbe de demande résiduelle et comprend deux parties distinctes. Si la frange concurrentielle a une production positive, la courbe de demande résiduelle de l'entreprise dominante est située au-dessous de la courbe de demande du marché (et a une pente moins accentuée). Dans cette zone, la courbe de recette marginale de l'entreprise dominante (Rm_r), est moins accentuée que dans la zone où la courbe de demande de l'entreprise dominante et la courbe de demande du marché coïncident. Au point où la courbe de demande résiduelle et la courbe de demande du marché se confondent, les deux portions de la courbe de recette marginale ont la même abscisse, mais une ordonnée différente, traduisant une discontinuité verticale.

L'entreprise dominante agit par rapport à sa demande résiduelle comme le ferait un monopole : elle fixe le prix (ou la production) au point où son coût marginal est égal à sa recette marginale. Comme la courbe de recette marginale comprend deux sections, il y a deux sortes d'équilibre possibles. La sélection de l'un des deux dépend de la forme et de la position des courbes de coût de l'entreprise dominante.

Nous allons maintenant analyser ces deux types de marchés :

1. Celui où l'entreprise dominante fixe un prix élevé, fait des profits au sens économique et où les entreprises de la frange concurrentielle font des profits ou cessent leur activité.
2. Celui où l'entreprise dominante fixe un prix si bas que les entreprises de la frange cessent leur activité pour ne pas supporter de pertes et où l'entreprise dominante devient un monopole.

D. L'équilibre avec entreprise dominante et frange concurrentielle

Ce premier type d'équilibre doit être envisagé si les coûts de l'entreprise dominante ne sont pas très inférieurs à ceux des entreprises de la frange (une analyse mathématique de ce cas est présentée dans l'annexe A de ce chapitre). Sur la figure 5.8b, la courbe de coût marginal de l'entreprise dominante, Cm_d, croise le premier segment de la courbe de recette marginale, Rm_d.

L'entreprise dominante choisit le niveau de production Q_d et le prix p (qui correspond à l'ordonnée de la courbe de demande résiduelle pour le niveau de production Q_d). Au niveau de prix p, la différence entre la demande du marché, Q, et la production de l'entreprise dominante, Q_d, est égale à l'offre de la frange concurrentielle, Q_f (voir les figures 5.8a et 5.8b). Lorsque les coûts de l'entreprise dominante sont aussi élevés, les entreprises de la frange concurrentielle peuvent rester en activité. En effet, le prix qui maximise le profit de l'entreprise dominante est si élevé que même les entreprises de la frange concurrentielle font des profits positifs.

Sur le plupart des marchés, l'existence de profits positifs provoquerait de nouvelles entrées. Cependant, sur ce marché, nous avons postulé qu'il n'y avait pas d'entrée supplémentaire, de sorte qu'à la fois l'entreprise dominante et celles de la frange peuvent bénéficier perpétuellement de profits positifs. Sur la figure 5.8b, le profit de l'entreprise dominante est désigné par π_d. Le profit d'une entreprise type de la frange est également positif (parce que $p > \overline{p}$) et désigné par π_f sur la figure 5.8a. Comme le coût moyen de l'entreprise dominante est inférieur à celui de la frange concurrentielle (CM_d minimum $< \overline{p}$), le profit par unité (profit moyen) de l'entreprise dominante et le nombre d'unités vendues sont supérieurs à ceux d'une entreprise de la frange. Par conséquent, le profit total de l'entreprise dominante est également plus élevé que celui d'une entreprise de la frange.

Ainsi, l'entreprise dominante maximise son profit en fixant un prix si élevé qu'elle perd une partie de son marché au profit des entreprises de la frange concurrentielle. L'entreprise dominante n'a pas intérêt à choisir un prix très bas pour que les entreprises de la frange quittent le secteur, même si dans ce cas elle vendrait plus. Le proverbe « je perds un peu sur chaque vente, mais je me rattrape sur le volume » qui circule dans certains milieux d'affaires n'est donc pas vérifié ici.

Dans cette version du modèle de l'entreprise dominante, lorsque celle-ci réduit son prix, la frange en fait autant. L'entreprise Intel, par exemple, qui avait une part dominante du marché des coprocesseurs mathématiques pour PC, était confrontée à la concurrence d'une frange composée des trois entreprises C&T, Cyrix et Integrated Information Technology Inc. Lorsqu'Intel a soudainement baissé de 70% le prix de ses coprocesseurs mathématiques, ses concurrents de la frange suivirent dans les deux jours. En revanche, deux entreprises qui fabriquaient des coprocesseurs non directement concurrents d'Intel, Advanced Micro Device Inc. et Weitek Corp., purent maintenir leurs tarifs.[16]

L'entreprise dominante réalise un profit inférieur à celui d'un monopole, c'est-à-dire en l'absence d'une frange concurrentielle. La frange concurrentielle ne peut que porter atteinte à l'entreprise dominante, au profit des consommateurs. Ainsi, en 1993, NEC qui contrôle la moitié des ventes de PC au Japon, dut baisser ses prix d'à peu près 50% pour faire face à une frange concurrentielle d'entreprises américaines.

E. L'entreprise dominante en tant que monopole

Supposons maintenant que l'entreprise dominante ait des coûts extrêmement faibles comparés à ceux de la frange concurrentielle, de sorte que sa courbe de coût marginal soit donnée par Cm_d sur la figure 5.8b. Notons que Cm_d^* croise Rm_d dans sa deuxième partie (c'est-à-dire dans sa partie basse). L'entreprise dominante choisit alors une production Q_d^* pour un prix p^* (ordonnée de la courbe de demande résiduelle pour une production Q_d^*). Étant donné que p^* est inférieur au seuil de fermeture des entreprises de la frange concurrentielle ($\overline{p}$ = minimum de leur coût moyen), celles-ci ne produisent rien ($Q_f^* = 0$). Il s'ensuit que la production de l'industrie, Q^*, est égale à la production de l'entreprise dominante, Q_d^*.

L'entreprise dominante fixe un prix de monopole, de sorte qu'aucune autre entreprise ne puisse entrer sur le marché. L'entreprise dominante satisfait toute la demande du marché sans aucune concurrence de la frange et se trouve donc en situation de monopole. Son monopole s'explique par le fait que Cm_d^* croise Rm_d sur le segment de Rm_d identique à la courbe de recette marginale associée à la demande du marché. Autrement dit, le prix fixé par le monopole est inférieur à $\overline{p}$, de sorte qu'aucune entreprise de la frange ne souhaite intervenir sur le marché.

5.6.4 Entrée libre et instantanée

Si l'entrée est possible sans limite, l'entreprise dominante ne peut plus fixer un prix aussi élevé que dans le cas où l'entrée est limitée ou bloquée. Dans cette section, nous conservons les postulats de la section précédente sauf celui concernant

[16] Gow, Kathleen. « Math Coprocessors : A Buyers' Market ». *PC Week*, 11 novembre 1991 : p. 41–2.

l'entrée, dont nous postulons maintenant qu'un nombre illimité d'entreprises peuvent rejoindre les rangs de la frange concurrentielle sur le marché. Ces entreprises rejoindront la frange si les profits sont positifs. Par exemple, à partir de 1991, Intel a perdu son monopole dans les processeurs 386 (utilisés pour les PC) à mesure que Advance Micro Devices Inc. et d'autres entreprises pénétrèrent ce marché très lucratif.

Dans ce cas, les entreprises de la frange concurrentielle ne peuvent pas faire de profits à long terme. Soit elles opèrent à leur seuil de rentabilité, soit elles ferment. Si les entreprises — toutes identiques — de la frange concurrentielle produisent, le prix ne pourra en définitive dépasser le minimum de leur coût moyen, ce qui fait qu'elles seront à leur seuil de rentabilité. En effet, si elle faisait des profits positifs, d'autres entreprises voudraient entrer sur le marché. Ceci aurait pour effet de baisser le prix jusqu'au niveau où le profit économique de chaque entreprise serait nul. Comme l'entreprise dominante a des coûts inférieurs à ceux des entreprises de la frange, son profit est positif mais inférieur à son niveau en l'absence d'entrée.

Même lorsque l'entrée est illimitée, l'entreprise dominante peut s'emparer indéfiniment d'une grosse part du marché si elle possède un avantage de coût ou d'un autre type. Par exemple, l'entreprise Cheerleader Supply Co. contrôle 60% des ventes d'uniformes de « pom-pom girls » vendus aux États-Unis.[(17)] Il s'agit d'un secteur où l'entrée est facile mais où cette entreprise s'octroie pourtant la part du lion, sans doute parce que ses produits, sa force de vente ou sa réputation lui donnent une supériorité.

Les courbes de coût des entreprises de la frange concurrentielle sont les mêmes que précédemment. À mesure que de nouvelles entreprises pénètrent sur le marché (n augmente), la pente de la courbe d'offre des entreprises de la frange concurrentielle devient de plus en plus horizontale (elle est égale à n multiplié par la courbe d'offre — ou courbe Cm — d'une entreprise-type de la frange). Quand le nombre d'entreprises augmente, l'offre de la frange devient virtuellement horizontale (voir la figure 5.9a). Autrement dit, tant que le prix est au moins égal à $\overline{p}$, la frange concurrentielle est capable et désireuse d'offrir la quantité que le marché souhaite absorber.

Comme l'illustre la figure 5.9b, la courbe de demande résiduelle de l'entreprise dominante est horizontale en $\overline{p}$, de sorte que la courbe de recette marginale correspondante est également horizontale (rappelons que sur un marché concurrentiel, l'entreprise est confrontée à une courbe de demande horizontale et donc qu'au prix du marché, sa recette marginale est donnée par la demande). Au-dessous de $\overline{p}$, la demande résiduelle est égale à la demande décroissante du marché et la recette marginale correspondante est également décroissante. De même que précédemment, la courbe de recette marginale correspondant à la courbe de demande résiduelle est discontinue au point où la courbe de demande forme un coude.

---

[17] D'après Lawrence Herkeimer, le directeur exécutif, cité dans Applebome, Peter. « The World's Oldest and Fatest Cheerleader ». *San Francisco Chronicle*, 12 janvier 1984, p. 24.

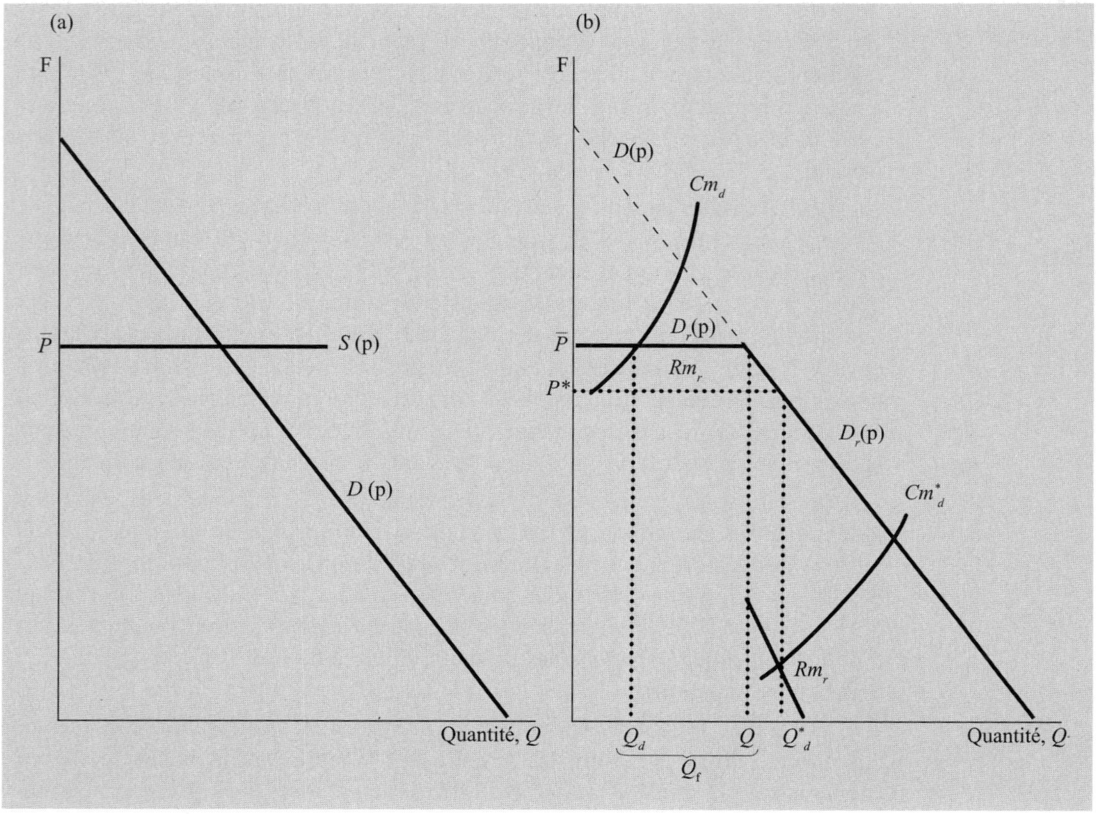

Figure 5.9
Entreprise dominante lorsque le nombre d'entreprises de la frange concurrentielle augmente librement et instantanément

Il y a deux équilibres possibles. Premièrement, si le coût marginal de l'entreprise dominante est relativement élevé (Cm_d sur la figure 5.9b), de sorte qu'il croise la recette marginale, Rm_d, dans sa partie horizontale, le prix fixé sera $\overline{p}$ et la frange concurrentielle satisfera une partie de la demande du marché. À ce prix, chaque entreprise de la frange a un profit économique nul (parce que son coût moyen est égal à $\overline{p}$) et est indifférente entre le fait de rester sur le marché ou le fait d'en sortir. La quantité produite par la frange concurrentielle dépend de la structure des coûts de l'entreprise dominante qui — par l'intersection de Cm_d avec la courbe de recette marginale horizontale — détermine Q_d, le niveau de production de l'entreprise dominante. Collectivement, les entreprises de la frange concurrentielle produisent $Q_f = Q - Q_d$, comme l'illustre la figure 5.9b.[18] Il se peut que $Q_f = 0$ auquel cas c'est la simple menace d'entrée en lice de la frange concurrentielle qui maintient le prix en $\overline{p}$.

[18] Pourquoi les entreprises de la frange concurrentielle ne satisfont-elles pas la totalité de la demande au

Donc, si les entreprises de la frange pénètrent sur le marché dès qu'il est possible de réaliser des profits positifs, l'entreprise dominante ne peut pas pratiquer un prix supérieur au minimum du coût moyen d'une entreprise type de la frange concurrentielle. Alors que l'entreprise dominante obtient des profits positifs, les entreprises de la frange concurrentielle sont juste rentables. Le bien-être des consommateurs est meilleur que dans le cas où il n'y a pas d'entrée et que le prix est supérieur à $\overline{p}$.

Le deuxième type d'équilibre nécessite que le coût marginal de l'entreprise dominante soit plus faible (Cm_d^* sur la figure 5.9b) et qu'ainsi il croise la courbe de recette marginale dans sa partie décroissante. Dans ce cas, comme les coûts de l'entreprise dominante sont inférieurs à ceux des entreprises de la frange concurrentielle, le prix d'équilibre est si bas qu'aucune entreprise de la frange ne peut demeurer sur le marché. Cet équilibre (Q_d, p^*) est identique à celui analysé précédemment (second équilibre en l'absence d'entrée) et est illustré soit par la figure 5.8b, soit par la figure 5.9b. Ainsi, la menace d'entrée d'une frange concurentielle est irréaliste et l'entreprise dominante est en fait un monopole.

Résumé

1. Un monopole confère un pouvoir de marché, c'est-à-dire la capacité de fixer le prix au-dessus du coût marginal. L'unique vendeur d'un produit, ou monopole, est confronté à une courbe de demande décroissante et pratique un prix supérieur au coût marginal. Les ventes sont moins élevées que si le marché était concurrentiel et la société subit une perte sèche.
2. Cependant, sur certains marchés, la présence d'un monopole est bénéfique. Par exemple, la perspective d'obtenir des profits de monopole peut encourager une entreprise à développer des produits nouveaux ou des techniques de production plus efficientes.

---

prix $\overline{p}$ plutôt que de la partager avec l'entreprise dominante ? La réponse est que l'entreprise dominante a des coûts inférieurs, ce qui lui permet d'éliminer certaines entreprises du marché. Supposons que l'entreprise dominante produise la quantité qu'elle désire, Q_d, et que les n entreprises de la frange produisent $Q_f = Q - Q_d$. Si d'autres entreprises rejoignent celles de la frange, la production sera supérieure à la demande au prix $\overline{p}$. Pour que le marché s'ajuste, le prix devra baisser. Puisque l'entreprise dominante faisait des profits positifs, elle restera dans l'industrie après la baisse du prix. En revanche, certaines entreprises de la frange vont commencer à supporter des pertes (parce qu'elles étaient juste à leur seuil de fermeture au prix $\overline{p}$). Ces entreprises vont donc quitter le marché, permettant ainsi au prix de revenir en $\overline{p}$. Autrement dit, l'entreprise dominante peut toujours pratiquer un prix légèrement inférieur à $\overline{p}$ pour se réserver la part de marché qu'elle souhaite.

3. Toutes les entreprises qui font des profits ne sont pas des monopoles et tous les monopoles ne font pas de profits. À court terme, de même qu'une entreprise en concurrence, un monopole peut faire soit des profits, soit des pertes. Cependant, contrairement à une entreprise en concurrence, un monopole peut faire des profits à long terme. Une entreprise est un monopole naturel lorsqu'il est plus efficient qu'elle soit l'unique producteur du marché.
4. Un monopsone est un monopole de la demande. Une entreprise qui a un pouvoir de monopsone fixe des prix plus bas et emploie moins de ressources qu'en concurrence. De même que le monopole, le monopsone fait supporter une baisse d'efficience à la société. Le pouvoir du monopsone ne peut persister que si les ressources ont un usage spécialisé à long terme.
5. Une entreprise dominante à faibles coûts a un pouvoir de marché même si elle est en concurrence avec d'autres entreprises. Dans ce cas, l'entreprise dominante qui cherche à maximiser son profit n'est pas forcément intéressée par l'exclusion à tout prix de ses concurrentes de la frange. Son comportement dépend de l'importance de son avantage de coût sur les entreprises de la frange. Si un grand nombre d'entreprises preneuses de prix peuvent entrer sur le marché dès qu'une opportunité de profit se présente et si elles peuvent produire à des coûts qui ne sont pas trop supérieurs à ceux de l'entreprise dominante, cette dernière sera empêchée de pratiquer des prix beaucoup plus élevés que le prix de concurrence. Même si les entreprises de la frange n'entrent pas sur le marché, la menace de leur entrée peut obliger un monopole (dans le sens où il s'agit de l'unique entreprise du marché) à pratiquer un prix plus bas.

Termes clés

Courbe de dépense marginale	Marge prix-coût
Entreprise dominante	Monopole naturel
Entreprise de la frange concurrentielle	Recette marginale

Questions

Q.5.1 Supposez qu'une entreprise soit un monopole sur le marché des biens et un monopsone sur le marché des facteurs de production et que, pour simplifier, il n'y ait qu'un seul facteur de production. Comment la production de cette entreprise est-elle déterminée ?

Q.5.2 Discutez l'affirmation suivante : étant donné que les comportements inefficients élèvent les coûts pour l'entreprise en concurrence comme en monopole, les deux sont également incitées à être efficientes. En quoi votre analyse est-elle modifiée si en concurrence les comportements inefficients sont sanctionnés par la faillite (qui implique des coûts juridiques supplémentaires) ?

Q.5.3 Expliquez pourquoi le monopole naturel génère nécessairement de l'inefficience s'il doit couvrir ses coûts en fixant le prix de la façon habituelle (c'est-à-dire sans ajouter un forfait fixe, par exemple).

Q.5.4 Un impôt engendre-t-il un perte sèche plus grande lorsqu'il touche une industrie concurrentielle plutôt qu'un monopole ? Expliquez votre réponse.

Q.5.5 Discutez l'affirmation suivante : puisque le monopole engendre toujours une perte sèche, les gouvernements devraient intervenir pour prévenir cette perte.

Q.5.6 Les entreprises dominantes sont-elles nuisibles pour la société ? Si oui, sous quelles conditions ?

Q.5.7 Pensez-vous qu'il faut réglementer les entreprises dominantes ? Si oui, sous quelles conditions ?

Q.5.8 Supposez qu'une entreprise étrangère, en situation dominante et ayant des faibles coûts, soit en concurrence avec une frange concurrentielle d'entreprises nationales sur le marché national. Est-ce que le fait que l'entreprise dominante soit étrangère modifie les analyses précédentes. Faut-il par exemple réglementer différemment ?

Problèmes [19]

P.5.1 Déterminez le prix et la quantité qui maximisent le profit d'un monopole dont le coût marginal est constamment égal à 4, lorsque la courbe de demande est $Q(p) = 10 - p$. Calculez l'élasticité-prix correspondant au prix et à la quantité d'équilibre.

P.5.2 Supposez que l'offre de joueurs de football soit élastique aux faibles niveaux de salaire. Dans ce cas, un monopsone pourrait-il réduire la « production » ?

P.5.3 Déterminez l'élasticité-prix lorsque la courbe de demande est donnée par $Q(p) = 5/p$. Calculez ensuite la recette totale lorsque $p = 1$ F, puis quand $p = 30$ F. Si les coûts de production sont égaux à 1 F par unité produite et que le plus faible niveau de production soit l'unité, combien le monopole doit-il produire ?

P.5.4 Déterminez l'élasticité-prix lorsque la courbe de demande est donnée par $Q(p) = p^{\varepsilon}$. Calculez le prix qui maximise le profit lorsque le coût marginal est égal à 1 F et que $\varepsilon = -2$.

P.5.5 Supposez que la demande de blé soit égale à $Q(p) = 10 - p$ et qu'une entreprise dont le coût marginal est nul possède les 5 unités de blé disponibles dans le monde. Ce monopole vend-il moins que s'il existait 100 entreprises concurrentielles possédant chacune 0,05 unités ?

P.5.6 Supposez que le ministère de l'environnement instaure de nouvelles règles qui augmentent les coûts (fixes) de conformité aux normes de pollution (Pashigian, 1984). En quoi ce changement

[19] Les solutions des problèmes impairs sont données en fin de livre.

affecterait-il (a) le prix du marché, (b) la production totale et (c) la part de marché d'une entreprise en situation dominante ? *Suggestion :* Quel est l'effet d'une augmentation des coûts fixes sur la courbe de coût moyen des entreprises de la frange concurrentielle ?

P.5.7 Illustrez à l'aide d'un même graphique le comportement d'un monopole et d'une entreprise dominante. Montrez que le profit d'équilibre du monopole est supérieur à celui de l'entreprise dominante en l'absence d'entrée (lorsque la courbe de coût marginal est donnée par Cm_d sur les figures 5.8b et 5.9b). Faites apparaître le gain des consommateurs lorsqu'ils sont servi par l'entreprise dominante plutôt que par le monopole. *Suggestion :* Le coût variable d'une entreprise est donné par la surface située sous la courbe de coût marginal, jusqu'au niveau de production considéré.

P.5.8 Comment faut-il modifier les diagrammes du modèle sans entrée (figure 5.8) si les entreprises de la frange concurrentielle ont des courbes de coût moyen et marginal en forme habituelle de U ? Décrivez les équilibres envisageables lorsqu'en raison de barrières à l'entrée il n'y a qu'un nombre n, fixé, d'entreprises dans la frange.

P.5.9 Est-il possible qu'une entreprise dominante qui maximise son profit produise plus qu'un monopole ? *Suggestion :* Illustrez sur un même graphique les comportements du monopole et de l'entreprise dominante (en l'absence d'entrée) et déterminez le point d'intersection des courbes de recette marginale respectives.

Lectures complémentaires

Stigler (1965) fournit une bonne introduction, non technique, au modèle de l'entreprise dominante et de la frange concurrentielle. Fischer, McGowan et Greenwood (1983) propose une analyse critique facile à comprendre d'un cas récent impliquant IBM.

Bibliographie

BUSCHENA, David E. et Jeffrey M. PERLOFF. 1991. « The Creation of Dominant Firm Market Power in the Coconut Oil Export Market ». *American Journal of Agricultural Economics* 73 : 1000–8.

COMANOR, William S. et Robert H. SMILEY. 1975. « Monopoly and the Distribution of Wealth ». *Quarterly Journal of Economics* 89 : 117–94.

COWLING, Keith et Dennis C. MUELLER. 1978. « The Social Costs of Monopoly ». *Economic Journal* 88 : 727–48.

FISHER, Franklin M., John J. MCGOWAN et Joen E. GREENWOOD. 1983, *Folded, Spindled, and Mutilated : Economic Analysis and U.S. v. IBM.* Cambridge, Mass. The MIT Press.

FISHER, Franklin M. 1985. « The Social Costs of Monopoly and Regulation : Posner Reconsidered ». *Journal of Political Economy* 93 : 410–6.

HARBERGER, Arnold. 1954. « Monopoly and Resource Allocation ». *American Economic Review* 44 : 77–9.

Jenny, Frédéric et André-Paul WEBER. 1983. « Agregate Welfare Loss Due to Monopoly Power in the French Economy : Some Tentative Estimates ». *The Journal of Industrial Economics* 32 : 113–30.

JUST, Richard E. et Wen S. CHERN. 1980. « Tomatoes, Technology and Oligopsony ». *The Bell Journal of Economics* 11 : 584–602.

KAMERSCHEN, David, R. 1966. « An Estimation of the Welfare Losses for Monopoly in the American Economy ». *Western Economic Journal* 4 : 221–36.

Lerner, Abba P. 1934. « The Concept of Monopoly and the Measurement of Monopoly Power ». *Review of Economic Studies* 1 : 157–75.

LEIBENSTEIN, Harvey. 1966. « Allocative Inefficiency vs. X-Inefficiency ». *American Economic Review* 56 : 392–415.

MASSON, Robert T. et Joseph SHAANAN. 1984. « Social Costs of Oligopoly and the Value of Competition ». *Economic Journal* 94 : 520–35.

NOETHER, Monica. 1986. « The Effect of Government Policy Changes on the Supply of Physicians : Expansion of a Competitive Fringe ». *Journal of Law and Economics* 29 : 231–62.

PASCALE, Richard T. 1984. « Perspective on Strategy : The Real Story Behind Honda Success ». *California Management Review* 26 : 47–72.

PASHIGIAN, Peter. 1984. « The Effect of Environmental Regulation on Optimal Plant Size and Factor Shares ». *Journal of Law and Economics* 27 : 1–28.

POSNER, Richard A. 1975. « The Social Costs of Monopoly and Regulation ». *Journal of Political Economy* 83 : 807–27.

SCHROETER, John et Azzedine AZZAM. 1991. « Marketing Margins, Market Power, and Price Uncertainty ». *American Journal of Agricultural Economics* 73 : 990–9.

STIGLER, George J. 1947. « The Kinky Demand Curve and Rigid Prices ». *Journal of Political Economy* 55. Réédité dans George J. STIGLER, 1968. *The Organization of Industry.* Homewood, Ill. : Richard D. Irwing, 208–34.

Stigler, George J. 1956. « The Statistics of Monopoly and Merger ». *Journal of Political Economy.* 64 : p. 33–40.

STIGLER, George J. 1965. « The Dominant Firm and the Inverted Umbrella ». *Journal of Law and Economics* 8. Réédité dans George J. STIGLER, 1968. *The Organization of Industry.* Homewood, Ill. : Richard D. Irwing, 108–22.

WORCESTER, Dean A. Jr. 1973. « New Estimates of the Welfare Loss to Monopoly, United States : 1956–1969 ». *Southern Economic Journal* 40 : 234–45.

Annexe A au chapitre 5

Entreprise dominante et frange concurrentielle

Cette annexe applique la technique du calcul différentiel pour analyser le modèle de l'entreprise dominante et de la frange concurrentielle. Nous supposons qu'il y a n entreprises dans la frange et que l'entrée est bloquée. Les fonctions de demande et de coût sont plus générales que celles utilisées (implicitement) pour tracer la figure 5.8. De plus, nous nous concentrons sur le long terme, où les coûts moyens variables sont égaux aux coûts moyens.

Soit $C_f(q_f)$, la fonction de coût d'une entreprise de la frange concurrentielle. On en déduit son coût moyen, $CM = C_f(q_f)/q_f$, et son coût marginal, $Cm = C'_f(q_f)$ où le « prime » désigne la dérivée de la fonction par rapport à q_f. L'objectif de l'entreprise de la frange est de choisir un niveau de production, q_f, de façon à maximiser son profit, π_f. L'entreprise considère le prix comme une donnée exogène et pense donc qu'elle peut écouler la quantité à ce prix, sans influencer le prix du marché par ses actions. L'objectif d'une entreprise de la frange est donc de maximiser son profit, π_f :

$$\max_{q_f} \pi_f = pq_f - C_f(q), \qquad (5A.1)$$

où pq_f représente sa recette totale.

La condition du premier-ordre de maximisation du profit d'une entreprise de la frange est :

$$p = C'_f\left(q_f\right). \qquad (5A.2)$$

Autrement dit, l'entreprise choisit sa production de façon à ce que le prix (ou sa recette marginale) soit égal(e) à son coût marginal. La condition du second-ordre est $C''_f(q_f) > 0$, ce qui signifie que pour que le profit soit maximum, il faut qu'au point d'équilibre la courbe de coût marginal soit croissante.[(1)]

La somme de la production des entreprises de la frange concurrentielle ($Q_f = nq_f$) et de l'entreprise dominante (Q_d) détermine le prix du marché : $p(Q) = p\left(Q_f + Q_d\right) = p\left(nq_f + Q_d\right)$. Donc, toutes choses égales par ailleurs, à mesure que l'entreprise dominante augmente sa quantité, le prix baisse. Et, à mesure que le prix baisse, chaque entreprise de la frange concurrentielle produit moins (parce que son coût marginal est croissant en q_f et que conformément à l'équation [5A.2], elle égalise le prix à son coût marginal).

Nous pouvons montrer formellement que l'offre de la frange concurrentielle baisse lorsque Q_d augmente. Pour cela, reformulons l'équation (5A.2) afin de faire apparaître la

---

[1] En plus des conditions du premier et du second-ordre, la théorie de l'entreprise concurrentielle requiert de vérifier que les profits sont positifs (sinon il faut cesser de produire). Les profits sont positifs si le prix du marché est supérieur au minimum du coût moyen ($\overline{p}$ sur la figure 5.8a)

façon dont le prix varie en fonction de Q_d :

$$p(nq_f + Q_d) = C'_f(q_t). \tag{5A.2'}$$

Puis, en différentiant totalement l'équation (5A.2′) on obtient $p'dQ_d = C''_t dq_t$. Soit, en réarrangeant les termes :

$$\frac{dq_t}{dQ_d} = \frac{-p}{np - C''_f} < 0, \tag{5A.3}$$

Cette inégalité découle de $np' < 0$ et de $-C''_t < 0$ (condition du second-ordre). Autrement dit, la quantité offerte par la frange concurrentielle baisse lorsque Q_d augmente. Lorsque Q_d augmente, toutes choses égales par ailleurs, le prix baisse. Et lorsque le prix baisse, la quantité offerte par les entreprises de la frange baisse. Nous pouvons écrire $Q_f(Q_d)$ pour faire apparaître que Q_f est une fonction de Q_d. D'après l'équation (5A.3), nous savons que $dQ_f/dQ_d = ndq_f/dQ_d = -np'/(np' - C''_f) < 0$, ce qui signifie que Q_f baisse quand Q_d augmente.

L'entreprise dominante choisit le niveau de production qui maximise son profit en tenant compte de l'équation (5A.2′) :

$$\max_{Q_d} p\left(Q_d + Q_f\left(Q_d\right)\right) - C_d\left(Q_d\right), \tag{5A.4}$$

où $C_d\left(Q_d\right)$ représente la fonction de coût de l'entreprise dominante. La condition du premier-ordre de la maximisation du profit est :

$$p\left(Q_d + Q_f\right) + p'Q_d\left(1 + \frac{dQ_f}{dQ_d}\right) = C'_d\left(Q_d\right) \tag{5A.5}$$

D'après l'équation (5A.5), le profit de l'entreprise dominante est maximum s'il choisit son niveau de production de telle façon que sa recette marginale conditionnée par la réaction de la frange concurrentielle (membre de gauche de l'équation) soit égale à son coût marginal (membre de droite de l'équation). Comme d'après l'équation (5A.3), $dQ_f/dQ_d = -np'/\left(np' - C''_f\right)$, nous pouvons reformuler ainsi le terme entre parenthèse de l'équation (5A.3) : $-C''_f/(np' - C''_f)$. Ce ratio est positif mais inférieur à 1.

Si $Q_f \equiv 0$ et que $dQ_f/dQ_d \equiv 0$, l'entreprise dominante est un monopole. L'équation (5A.5) est alors la condition de maximisation du profit du monopole : la recette marginale (associée à la courbe de demande correspondante) doit être égale au coût marginal. Le prix du monopole, p, est uniquement fonction de la production du monopole et $Q_d p'\left(Q_d\right)$ est multiplié par 1. En revanche, dans le modèle de l'entreprise dominante, le prix est à la fois fonction de la production de l'entreprise dominante et de la production des entreprises de la frange concurrentielle. De plus, $Q_d p'\left(Q_d\right)$ est multiplié par un terme inférieur à 1.

Montrons maintenant, au moyen des élasticités, l'effet de l'offre de la frange concurrentielle sur l'entreprise dominante. L'offre de la frange affecte l'élasticité de la demande à laquelle l'entreprise dominante est confrontée et donc contribue à déterminer le prix fixé par l'entreprise dominante. Utilisons une notation légèrement différente pour exprimer $Q_d = D_d(p)$, la demande résiduelle de l'entreprise dominante. Celle-ci peut en effet s'écrire comme la demande du marché, $D(p)$, moins l'offre de la frange, $S(p)$:

$$D_d(p) = D(p) - S(p). \tag{5A.6}$$

La recette marginale de l'entreprise dominante associée à sa courbe de demande résiduelle s'obtient en dérivant l'équation 5A.6 par rapport à p :

$$\frac{dD_d}{dp} = \frac{dD}{dp} - \frac{dS}{dp}. \tag{5A.7}$$

Exprimons l'équation (5A.7) sous forme d'élasticités en multipliant chacun de ses membres par p/Q, le membre de gauche par Q_d/Q_d et le membre de droite par Q_f/Q_f :

$$\left(\frac{Q_d}{Q}\right)\varepsilon_d = \varepsilon - \left(\frac{Q_f}{Q}\right)\eta_f. \tag{5A.7'}$$

où $\varepsilon_d = [(\partial D_d/\partial p)(p/Q_d)]$ est la courbe de demande résiduelle, ε est l'élasticité de la courbe de demande du marché, η_f est l'élasticité de l'offre de la frange, Q_q/Q est la part de l'entreprise dominante dans la production totale et Q_f/Q la part de la frange concurrentielle. Reformulons cette expression :

$$\varepsilon_d = \frac{Q}{Q_d}\varepsilon - \frac{Q_f}{Q_d}\eta_f, \tag{5A.7''}$$

où Q/Q_d est le ratio de la production totale de l'industrie à la production de l'entreprise dominante et Q_f/Q_d est le ratio de la production de la frange à la production de l'entreprise dominante. Ainsi, toutes choses égales par ailleurs, la valeur absolue de l'élasticité de la demande résiduelle adressée à l'entreprise dominante est d'autant plus élevée (et le prix fixé d'autant plus bas) que l'élasticité de l'offre de la frange est élevée, que la production de la frange par rapport à celle de l'entreprise dominante, Q_f/Q_d, est élevée et que la valeur absolue de l'élasticité de la demande du marché est élevée. S'il n'y a pas de frange concurrentielle ($\eta = 0$), l'élasticité de la demande résiduelle adressée à l'entreprise dominante est égale à l'élasticité de la demande du marché et le prix fixé est celui du monopole.

6

Cartels et oligopoles coopératifs

On voit rarement les gens d'une même profession se réunir, même pour le plaisir. Ils s'entendent pourtant toujours pour comploter contre le bien public ou augmenter les prix. La loi ne peut empêcher ces conspirations sans mettre la liberté en danger. Tout au plus peut-elle éviter de les favoriser et tenter de les décourager.

Adam Smith

Quel que soit le marché considéré, les entreprises ont toujours intérêt à coordonner leurs productions et leurs prix, en restreignant la production et/ou en élevant le prix, afin d'augmenter collectivement et individuellement leurs profits. Le **cartel** est un groupe d'entreprises qui coordonne explicitement ses activités. S'il incluait toutes les entreprises d'un secteur le cartel serait un monopole et ses membres auraient ensemble le même profit qu'un monopole.

Les cartels sont d'autant plus fréquents que les entreprises présentes sur un marché sont peu nombreuses. Ce chapitre se concentre sur l'étude des **oligopoles coopératifs**, lorsqu'un petit nombre d'entreprises (oligopole) coordonne ses actions dans le but de maximiser conjointement les profits. Même s'il n'y a pas d'accord explicite entre elles, les entreprises d'un oligopole coopératif peuvent coordonner leurs actions afin de maximiser leurs profits joints. Dans ce cas, chaque entreprise agit comme s'il était de son intérêt d'être membre d'un cartel. Ainsi, l'étude des cartels est-elle aussi bien l'étude des oligopoles coopératifs que celle des oligopoles non-coopératifs. Dans le chapitre suivant, nous étudierons le cas des *oligopoles non-coopératifs*, où les entreprises sont en rivalité.

Heureusement pour les consommateurs, même si les entreprises ont intérêt à coordonner leurs activités (réduire la production et augmenter le prix), chaque membre du cartel est aussi tenté de « tricher » (produire plus que le niveau qui correspond à l'intérêt collectif du cartel). Aussi les cartels se disloquent-ils sans que les États aient besoin d'intervenir.

Lorsqu'un cartel se disloque partiellement, de sorte que certaines entreprises font cavalier seul, ou quand toutes les entreprises d'un secteur ne font pas partie du cartel, celui-ci se comporte alors comme une entreprise dominante en présence d'un frange concurrentielle (composée des entreprises n'appartenant pas au cartel). Comme nous l'avons vu au chapitre 5, l'augmentation du nombre des entreprises de la frange concurrentielle peut conduire à la destruction du pouvoir de marché de l'entreprise dominante ou du cartel. Ainsi, seuls les cartels qui ne se disloquent pas par insuffisance de coopération et qui sont situés dans des industries où l'entrée est difficile peuvent maintenir leur situation sur des périodes relativement longues.

Les quatre questions essentielles abordées dans ce chapitre peuvent être résumées ainsi :

1. Quels sont les facteurs à l'origine de la formation des cartels ?
2. Comment expliquer que certains cartels durent et d'autres non, indépendamment de toute intervention publique ?
3. Dans quelle mesure les cartels sont-ils nuisibles à la société ?
4. Quelles ont été les politiques mises en œuvre contre les cartels ?

6.1 Origine des cartels

Unis, nous vaincrons, divisés nous périrons.
L'union fait la force. – Ésope

Pourquoi Adam Smith a-t-il raison de souligner la tendance irrépressible des entreprises à former des cartels ? La réponse tient à ce que chaque entreprise souhaite augmenter son profit. Mais pourquoi les profits d'une entreprise augmenteraient-ils du simple fait qu'elle fait partie d'un cartel ? Après tout, les entreprises en concurrence ne maximisent-elles pas leurs profits ? Pourquoi feraient-elles mieux en formant un cartel si elles maximisent déja leurs profits ?

La réponse suppose un raisonnement un peu subtil. En concurrence, quand une entreprise baisse sa production, elle ne tient compte que du bénéfice qu'elle en tire. En revanche, elle ignore le bénéfice que les autres entreprises tirent aussi de

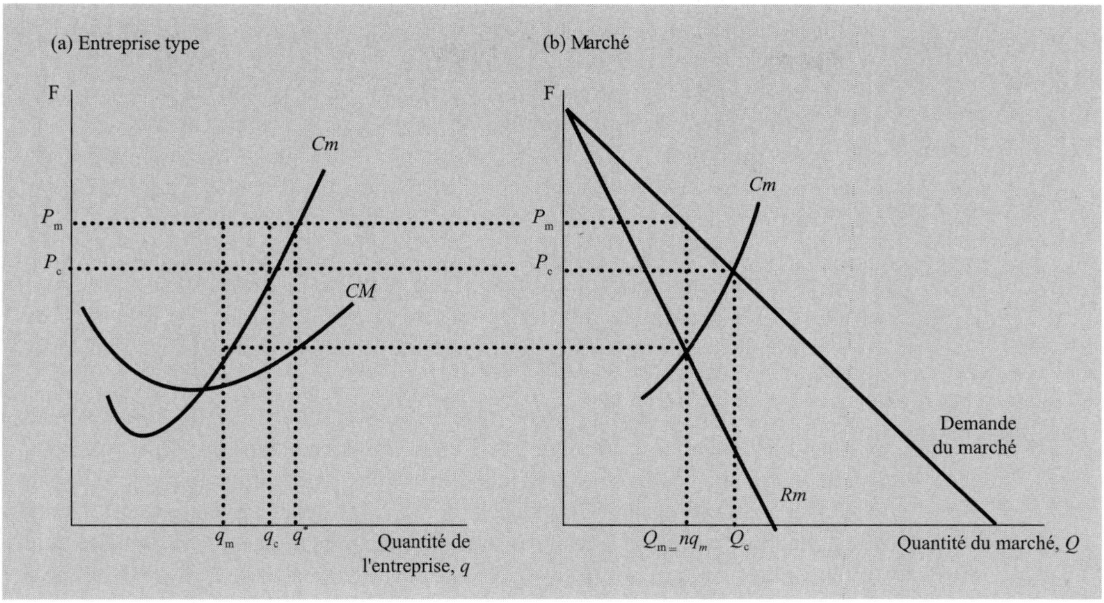

Figure 6.1: *Cartel*

cette réduction, dans la mesure où la production totale du marché se réduit, ce qui augmente le prix. À l'inverse, un cartel qui réduit la production de tous ses membres, tient compte du bénéfice que chacun en tire. Donc, une industrie concurrentielle (dans laquelle chaque entreprise ne tient aucun compte du gain collectif qu'engendre la réduction de sa production) produit davantage qu'un cartel.

Pour faire apparaître ce gain collectif, prenons deux cas extrêmes. Supposons d'abord qu'une industrie soit composée d'un grand nombre d'entreprises identiques en concurrence, chacune étant preneuse de prix. Supposons ensuite que ces entreprises forment un cartel qui se comporte comme un monopole. La figure 6.1a illustre la courbe de coût marginal d'une entreprise représentative. La figure 6.1b illustre la courbe d'offre de l'industrie (Cm), obtenue en effectuant la somme des courbes de coût marginal de toutes les entreprises, ainsi que la courbe de demande du marché. La production concurrentielle, Q_c, est déterminée par l'intersection de la courbe d'offre avec la demande de l'industrie (figure 6.1b), chaque entreprise produisant alors, q_c unités (figure 6.1a) au prix p_c.

Pourquoi est-il rentable de réduire la production au-dessous du niveau concurrentiel ?[1] Quand la production est égale à son niveau de concurrence, le coût

[1] Tout comme le monopole, le cartel peut restreindre la production et laisser la courbe de demande déterminer le prix ou augmenter le prix et laisser la courbe de demande déterminer la production. Les deux approches sont équivalentes. Pour simplifier, nous nous concentrerons sur les réductions de production.

marginal du cartel est supérieur à sa recette marginale (figure 6.1b). Le cartel a donc intérêt à réduire sa production. Comme la courbe de demande est décroissante, la courbe de recette marginale est située au-dessous de la courbe de demande et est de ce fait inférieure au coût marginal de la production concurrentielle, Q_c. Il est donc intéressant pour le cartel de réduire sa production, mais de combien ? Il doit réduire sa production jusqu'au point d'égalité entre sa recette marginale et son coût marginal, afin de maximiser son profit. Le profit du cartel augmente s'il réduit sa production jusqu'en Q_m (ce qui correspnd à l'égalité entre Rm et Cm sur la figure 6.1b). Le prix augmente alors en p_m. Puisque le cartel est composé de n entreprises identiques, chacune devra réduire sa production à $q_m = Q_m/n$. Dans cet exemple, les entreprises identiques se partagent égalitairement l'augmentation de profit.

Pourquoi chaque entreprise ne réduit-elle pas elle-même sa production en dessous du niveau concurrentiel ? À l'équilibre de concurrence, elle égalise sa recette marginale et son coût marginal et n'est pas incitée à réduire sa production en dessous du niveau correspondant.(2) En effet, si elle réduisait sa production d'une unité, son profit baisserait parce que la recette marginale de la dernière unité produite (égale au prix) serait supérieure au coût marginal. Ainsi, chaque entreprise concurrentielle maximise son profit en produisant au niveau concurrentiel.

Le gain de la coopération est lié à ce que la courbe de demande adressée à l'entreprise en concurrence n'est pas complètement horizontale. En effet, contrairement à ce qui est habituellement affirmé concernant la demande à l'entreprise en concurrence, l'entreprise peut provoquer une hausse du prix quand elle diminue la quantité produite. Une entreprise concurrentielle qui cesse de produire peut augmenter très légèrement le prix du marché.(3) Autrement dit, sa courbe de demande est très légèrement inclinée. Cette pente très faible de la courbe de demande peut être ignorée lorsque l'on raisonne sur une entreprise isolée, mais il faut en revanche en tenir compte quand on se place au niveau de l'ensemble des entreprises.

Si toutes les entreprises réduisent leur production de 10%, le prix du marché augmente assurément. En revanche, si une entreprise seulement réduit sa production de 10%, l'effet sur le prix est tellement faible qu'il est à peine mesurable. Quand chaque entreprise décide qu'il n'est pas rentable de réduire la production de façon importante, c'est parce que le gain de l'opération est inférieur à son coût. Lorsqu'elle réduit la production d'une unité, son gain correspond à la très faible augmentation du prix, multipliée par la quantité produite, alors que sa perte est égale au prix qu'elle aurait perçu pour la vente de cette unité.

---

[2] Étant donné qu'une entreprise en concurrence est confrontée à une courbe de demande horizontale, sa courbe de recette marginale est également horizontale et identique à sa courbe de demande. La courbe Rm de l'entreprise concurrentielle est donc horizontale au niveau du prix concurrentiel, p_c (déterminé par l'intersection de l'offre de l'industrie, ou courbe Cm, avec la courbe de demande de l'industrie [voir la figure 6.1b])

[3] Voir, au chapitre 4, l'analyse de l'élasticité de la demande à laquelle une entreprise en concurrence se trouve confrontée. Voir aussi l'équation 4.1.

Une entreprise en concurrence ne tient pas compte de l'effet positif qu'elle exerce sur les autres entreprises quand elle baisse sa propre production, car elle n'en tire aucun profit. Ce gain des autres entreprises est une *externalité*.[4] Grâce à la coopération, les membres du cartel profitent des réductions de production de chaque entreprise. Lorsque toutes les entreprises d'une industrie appartiennent à un cartel, les gains liés à la réduction de la production et à l'augmentation consécutive du prix bénéficient entièrement au cartel. Dans ce cas, l'externalité créée par chaque entreprise qui réduit sa production est internalisée par le cartel. Par conséquent, contrairement à l'entreprise individuelle en concurrence, le cartel gagne à réduire la production totale au-dessous de son niveau concurrentiel.

6.2 Création et fonctionnement d'un cartel

> Socrate : *Fais-moi la grâce de répondre encore à ceci : crois-tu qu'une cité, une armée, une bande de brigands ou de voleurs, ou toute autre société qui poursuit en commun un but injuste, pourrait mener à bien quelque entreprise si ses membres violaient entre eux les règles de la justice ?*
>
> Thrasymaque : *Certes non.* [...]
>
> Socrate : *Nous venons de voir que les hommes sont plus justes et plus sages, meilleurs et plus puissants dans l'action que les hommes injustes, et que ceux-ci sont incapables d'agir de concert — et quand nous disons qu'ils ont parfois mené vigoureusement une affaire en commun, ce n'est, d'aucune manière, la vérité, car ils ne se seraient pas épargnés les uns les autres s'ils eussent été tout à fait injustes ; aussi-bien est-il évident qu'il y avait en eux une certaine justice qui les a empêchés de se nuire mutuellement, dans le temps qu'ils nuisaient à leurs victimes, et qui leur a permis de faire ce qu'ils ont fait ; se lançant dans leurs injustes entreprises, ils n'étaient qu'à demi pervertis par l'injustice, puisque les méchants achevés et les parfaits injustes sont aussi parfaitement incapables de rien faire.*[5]

Une entreprise doit-elle rejoindre un cartel formé par les autres entreprises d'une industrie ? Aux États-Unis, comme dans beaucoup d'autres pays capitalistes, les cartels sont contraires à la loi. Par conséquent, si l'on se fonde sur un critère légal ou éthique, la réponse est négative. Mais supposons que la question soit posée à quelqu'un d'autre que vous — un cousin éloigné au passé louche et à l'avenir incertain — qui ne s'embarrasse pas de ces considérations, mais qui regarde uniquement son intérêt étroitement compris. A-t-il intérêt à enfreindre la loi pour rejoindre le cartel ?

La réponse est alors plus nuancée. Votre cousin pourrait raisonner ainsi : « Quel avantage cela me procure-t-il de rejoindre le cartel ? » *A contrario*, il pourrait s'apercevoir qu'il a intérêt à ce que toutes les entreprises, sauf la sienne, forment

---

[4] Une externalité est un bien (ou un mal) dont le prix n'est pas déterminé par le marché. Voir le chapitre 4.

[5] Platon, La République, traduction de Robert Baccou (Paris : Garnier Flammarion, 1966), p. 100-1. Les noms des interlocuteurs ont été ajoutés et le texte partiellement tronqué.

un cartel. Dans ce cas, le cartel restreindra sa production, élevant le prix, tandis que l'entreprise de votre cousin pourra continuer à produire autant qu'elle le souhaite. Mais les autres entreprises peuvent aussi suivre le même raisonnement. Aussi peut-on supposer que le cartel ne sera formé que si toutes les entreprises de la branche — y compris celle de votre cousin — sont d'accord pour en faire partie. Votre cousin devra alors admettre qu'il est impossible de faire partie du cartel tout en continuant à produire autant qu'il le désire. S'il veut bénéficier d'un prix plus élevé, il devra accepter de réduire sa production conformément aux directives du cartel.

Il modifiera alors son raisonnement de la façon suivante : « Qu'ai-je à perdre ? Si le cartel est découvert, j'aurais une amende à payer. Mais si l'amende est faible, où si les chances d'être découvert sont minimes, j'ai tout à gagner ». Autrement dit, si la perte anticipée liée à l'amende est suffisamment faible, votre cousin décidera de rejoindre le cartel.

Mais supposons que votre cousin soit particulièrement retors. Une fois membre du cartel, il peut se dire : « Pourquoi ne pas tricher et produire plus que je m'y suis engagé dans l'accord ? Après tout, le cartel ne s'en apercevra sans doute pas ». Naturellement, si toutes les entreprises du cartel raisonnent ainsi, le cartel se disloquera. Le succès du cartel dépend donc de sa capacité à faire appliquer l'accord passé entre ses membres.

Revenons à la figure 6.1 afin de voir pourquoi une entreprise à intérêt à tricher une fois qu'elle a signé l'accord la liant au cartel. Comme indiqué plus haut, les membres du cartel ont passé un accord pour restreindre la production au niveau Q_m, ce qui élève le prix en p_m, le prix du monopole. La figure 6.1a montre la courbe de coût de l'entreprise de votre cousin, qui est l'une des n entreprises identiques de l'industrie (et du cartel). Le cartel a demandé à votre cousin de produire $q_m = Q_m/n$, la part de chaque entreprise dans la production du cartel. Mais comme le prix du cartel est p_m, l'entreprise de votre cousin peut maximiser le profit en produisant q^* (ce qui correspond à l'égalité de la courbe de coût marginal avec p_m). Donc, alors que c'est l'intérêt bien compris du cartel que chaque entreprise restreigne la production, l'intérêt bien compris de votre cousin est que toutes les entreprises sauf la sienne restreignent leur production.

Les cartels ont peu d'effet sur les prix lorsque les membres ne coopèrent pas. Par exemple, lors d'une réunion organisée à Kuala Lumpur, les représentants de 4 pays producteurs de poivre s'étaient mis d'accord pour fixer un prix minimum d'exportation du poivre noir. Mais, en dépit du fait que ce cartel du poivre (Brésil, Inde, Indonésie et Malaisie) contrôlait plus de 95% de la production mondiale et qu'il pouvait donc en élever le prix, il n'y est jamais parvenu car ses membres ont continué à pratiquer des prix inférieurs au minimum auquel ils s'étaient engagés.[6]

---

6 « Chaos in the Cartel : Pepper Producers Pick a Purchasers' Price », *San Francisco Chronicle*, 8 août 1983, p. 49.

6.2.1 Facteurs favorables à la création des cartels

Une fois le cartel formé, il ne peut réussir que si ses membres doivent s'entendre sur un prix (ou sur un niveau de [réduction de la] production).[7] Dans certaines industries, les cartels réussissent, alors qu'ailleurs ils échouent. Malheureusement, nous n'avons connaissance que des échecs, et ne savons que peu de choses des cartels qui restent dans l'ombre. Il est par conséquent impossible de dire si les cartels qui se retrouvent devant les tribunaux n'ont pas réussi ou s'ils ont simplement été malchanceux. Certaines données suggèrent que les cartels qui finissent devant les tribunaux sont effectivement peu rentables et donc, peut-être, atypiques (Asch et Seneca, 1976). D'autres données (Suslow, à paraître) indiquent au contraire que les cartels se forment plutôt dans les industries rentables.

De nombreuses caractéristiques d'industries et d'entreprises qui contribuent au succès des ententes secrètes sur les prix ont été mises en évidences, à partir de l'étude des cartels qui ont eu à faire aux tribunaux (Stigler, Hay et Kelley, 1974). Ces caractéristiques se regroupent schématiquement en deux catégories : celles qui permettent à un cartel d'augmenter le prix du marché et celles qui empêchent un cartel de se disloquer sous la pression des membres qui trichent. Cette section expose certains des facteurs essentiels qui favorisent la formation des cartels. Les facteurs qui facilitent leur durée seront étudiés dans la section suivante. Voir l'exemple 6.1.

EXEMPLE 6.1 Un cartel sous haute tension

Le 9 mai 1959, un samedi après-midi pluvieux, vers 14h30, le reporter Julian Granger du *New-Sentinel* de Knoxville, était comme d'habitude assis à son bureau à lire les informations locales. Le bulletin hebdomadaire de la *Tennessee Valley Authority* (TVA) annonçait que plusieurs marchés venaient d'être concédés. Tout cela était plutôt ennuyeux.

L'attention de Granger fut alors attirée par un contrat concernant la vente par Westinghouse de transformateurs pour 96 760 dollars. Le bulletin indiquait aussi que « Allis–Chalmers, General Electric et Pennsylvania Transformers avaient offerts chacun 116 712 dollars pour ce contrat ». Comment ces trois entreprises avaient-elles pu faire une offre identique au penny près, alors que ces offres se font sous enveloppe cachetée ?

Le bulletin indiquait aussi que deux autres entreprises avaient proposé un prix identique de 273 200 dollars pour un contrat. Pour un autre contrat encore, concernant des cables conducteurs, il y avait sept offres de prix identiques au cent près (198 438,24 dollars).

Le premier article que Granger publia sur le sujet paru le 13 mai 1959, en page 1 de la seconde section du *New-Sentinel*. Le second article, publié le 17 mai 1959, →

[7] Par simplicité, on traite généralement de la fixation des prix plutôt que de la réduction des quantités. En effet, les prix pratiqués par les autres entreprises sont plus faciles à observer que leurs niveaux de production. Dans une étude des cas antitrust s'échelonnant de 1890 à 1969, Posner (1970, en particulier p. 400) a calculé que dans 1,6% des cas seulement, des quotas de vente ou de production étaient explicitement mentionnés.

EXEMPLE 6.1 (suite 1) Un cartel sous haute tension

avait pour manchette : « Le procès-verbal des marchés passés par la TVA révèle qu'au moins 47 grandes et petites entreprises manufacturières américaines ont fait des offres identiques sur un vaste ensemble de produits au cours des trois dernières années ». L'article ajoutait que, dans bien des cas, la TVA n'avait eu d'autre possibilité que d'accorder le marché par tirage au sort.

Ces offres identiques pouvaient-elles simplement être le fruit du hasard ? Granger prouva que non, en montrant que certaines offres de livraison étaient proposées à des prix identiques, alors que la distance par rapport au point de livraison variait parfois de centaines, voire de milliers de miles, pour des équipements si légers que leurs poids n'aurait même pas pu être précisément déterminé par un pèse-personne.

General Electric et Westinghouse, les deux plus grosses entreprises fabriquant des équipements électriques, avaient fait des offres identiques beaucoup plus fréquemment que les autres. Ainsi, entre 1946 et 1957, elles avaient augmenté en même temps, par 10 fois, le prix des appareils de commutation et l'annonce par chacune de ces augmentations n'avait été faite qu'à quelques jours d'intervalle.

Après avoir publié son second article, Granger alla enquêter auprès des fournisseurs locaux mais ne trouva rien car tous semblaient avoir peur de parler. Il finit cependant par apprendre que le bureau des approvisionnements de Knoxville avait reçu une longue série d'offres identiques de la part de producteurs d'équipements électriques. Une fois, il y avait eu jusqu'à 11 offres identiques. Le responsable des achats, Karl Strange confia à Granger qu'il avait noté que cette pratique s'était notablement developpée depuis la fin de la seconde guerre mondiale.

Les deux premiers articles de Granger furent par la suite publiés nationalement (la diffusion fut assurée par le groupe *Scripps-Howard*). Le 19 mai, le sénateur Kefauver inséra mot pour mot le second article de Granger dans le *Congressional Record*, afin d'éclairer les auditions du sous-comité chargé des lois antitrust et des monopoles.

Huit jours avant la publication du premier article de Granger, Ralph G. Cordiner, président du conseil d'administration de General Electric, venait de plaider sa cause devant le sous-comité, contre un loi qui devait favoriser une compétition plus vigoureuse dans diverses industries. Il avait notamment déclaré : « Croyez-vous que les entreprises œuvrant dans les secteurs concernés par cette loi ont le pouvoir d'"administrer" les prix d'une façon contraire aux lois de l'offre et de la demande ? » Et il avait lui-même répondu à sa question : « Si c'est le cas, votre suspicion n'est pas fondée, car ces entreprises sont soumises à des conditions tout aussi concurrentielles que n'importe quelle autre ». Et de poursuivre : « Dans tous les cas, les prix sont complètement dirigés par les forces de la concurrence sur le marché et par la valeur que les consommateurs accordent à ce qu'ils achètent ». Il concluait donc que les lois antitrust étaient : « bien appliquées ».

Six mois exactement avant la déposition solennelle de Cordiner sur la concurrence, sept de ses collaborateurs avaient rencontré leurs concurrents à l'hôtel *Traymore* d'Atlantic City, New Jersey, pour se mettre d'accord sur une hausse du prix des appareils de commutation (qui représentaient 125 millions de dollars de ventes annuelles). Leur accord concernant la répartition des appels d'offres gouvernementaux est détaillé ci-après :

General Electric	42% du marché
Westinghouse	38% du marché
Allis-Chalmers	11% du marché
I-T-E	9% du marché

Apparemment, les conspirateurs de la première heure acceptèrent par la suite de laisser une place à un nouvel arrivant de premier plan, Federal Pacific, qui fut autorisé →

EXEMPLE 6.1 (suite 2) Un cartel sous haute tension

à faire des offres à un prix légèrement inférieur pour une brève période, afin de remplir le quota qu'ils lui avaient assigné. GE et Westinghouse acceptèrent de réduire leur part à 39% et 35% du marché, respectivement. Durant les douze mois qui suivirent, il y eut au moins 35 réunions de ce type, au cours desquelles GE joua un rôle de leader.

En septembre 1959, le sénateur Kefauver, qui présidait le sous comité chargé des lois antitrust et des monopoles organisa des auditions à Knoxville. Celles-ci démontrèrent que le prix des équipements industriels lourds avait augmenté de 50% depuis 1951.

De plus, au cours de ces audiences, de nombreux cas d'offres identiques furent dévoilés. Même lorsque ces offres n'étaient pas identiques, on décelait un schéma récurrent : une offre basse, une offre élevée et deux offres identiques. Le nom des entreprises alternaient, mais c'était toujours le même schéma d'ensemble, ce qui laissait penser que l'ordre avait été prédéterminé conformément aux proportions indiquées précédemment. Il semble même que la rotation avait été synchronisée sur les différentes *phases de la lune*, l'entreprise devant faire l'offre la plus basse choisissant pour l'annoncer le jour suivant la pleine lune.

L'organisme chargé de l'application des lois antitrust de Philadelphie passa 18 mois a réunir des preuves pour inculper 29 fabricants (pratiquement toutes les entreprises de l'industrie électrique lourde) et 44 de leurs dirigeants. L'attorney général William P. Rogers fit connaître la première liste d'inculpations le 16 février 1960.

Les premières inculpations devant un grand jury fédéral qui siégea à Philadelphie, furent prononcées contre Westhinghouse, Allis-Chalmers, Federal Pacific Electric Company, GE, I-T-E, ainsi que contre de nombreux dirigeants de ces entreprises, pour avoir formé une conspiration depuis 1956 au moins. Ils furent accusés d'avoir fixé et maintenu des prix élevés, de s'être partagé le marché, d'avoir soumis des offres non concurrentielles et truquées, d'avoir refusé de vendre leurs équipements à d'autres fabricants, ou de leur avoir proposé des prix trop élevés pour qu'il puissent soutenir la concurrence.

Dans ce secteur, la conspiration fut facilitée par le nombre relativement faible d'entreprises et l'importance des parts de marché détenues par les plus grosses d'entre elles. L'industrie électrique avait un ratio de concentration (somme des ventes des quatre plus grosses entreprises, divisée par les ventes totales de l'industrie) égal à 50%, alors que ce ratio n'était que de 25% dans l'industrie manufacturière. Pour les produits concernés par la conspiration, les ratios s'élevaient à 75% et même plus de 95% pour les turbogénérateurs, les transformateurs, les équipements de commutation, les stations de transformation et de distribution du courant, les disjoncteurs à basse tension, le matériel d'isolation des phases, les bagues et les interrupteurs.

En définitive, 45 dirigeants et 29 entreprises furent inculpés. Face à l'énormité des preuves, la plupart ne se défendirent même pas. En général, les vice-présidents et les directeurs de divisions furent également condamnés. Les 7 personnages impliqués au plus haut niveau furent condamnés à de la prison ferme, mais leur peine fut de l'ordre de 30 jours. 27 autres furent condamnés avec sursis. Le total des amendes s'éleva à 2 millions de dollars environ, ce qui représentait environ 137 000 dollars par entreprise.

En plus des poursuites engagées par le gouvernements, les entreprises durent faire face à 2 000 plaintes privées. General Electric dut débourser environ 200 millions de dollars pour éteindre ces poursuites (dont 6,74 millions pour la TVA et 1 million pour d'autres organismes publics) et Westhingouse environ 100 millions de dollars. L'ensemble des dédommagements payés par les entreprises impliquées s'éleva à 400 millions de dollars.

→

EXEMPLE 6.1 (suite 3) Un cartel sous haute tension

Beaucoup d'articles et de livres présentèrent cette affaire comme le triomphe du système sur les conspirateurs, mais cette thèse est difficile à avaler. En effet, la plupart — sinon la totalité — des dirigeants de ces entreprises ne furent pas personnellement poursuivis ou condamnés et l'ensemble des amendes ne représentait qu'une faible part des profits de monopole que le cartel avait engrangés au cours de sa longue existence. (Selon Sultan [1974, 1975], cette conspiration ne parvint pas à élever significativement les prix, mais ce résultat n'est confirmé ni par Bane [1973], ni par Lean, Ogur et Rogers [1982], dont les résultats indiquent que les prix ont augmenté.) D'après un rapport du congrès américain, cette longue conspiration a peut-être eu pour effet d'augmenter les prix de 10%. D'après d'autres estimations, ce chiffre doit être doublé pour certains produits. À cette époque, l'industrie électrique représentait un douzième de l'industrie manufacturière et 3% de l'activité économique. Environ 30% de l'industrie électrique correspondait à des appareils électriques, soit 5 millions de dollars de ventes en 1958. Or, les inculpations ne portaient que sur 1,75 millions de dollars de ces ventes annuelles (c'est-à-dire environ 10% des ventes de l'industrie du matériel électrique). Même en supposant que les prix n'étaient que de 10% supérieurs à ce qu'ils auraient dû être pour 1,75 millions de dollars de ventes, cela signifie que les acheteurs ont payé un surcoût de 175 000 dollars chaque année, pendant plusieurs décennies. Du point de vue des entreprises impliquées dans le cartel, ce fut un franc succès, même en tenant compte du fait qu'elles furent finalement découvertes et sanctionnées.

Il semble donc que les menaces de sanctions pour fixation illégale de prix n'ont pas suffit à dissuader des entreprises comme GE et Westinghouse. Ces entreprises ont d'ailleurs été fréquemment sanctionnées depuis l'entrée en vigueur du Sherman Act en 1890. Ainsi, rien que contre GE et Westinghouse, on recense 13 procès antitrust de la part du ministère américain de la justice et 3 procès de la part de la *Federal Trade Commission*, entre 1911 et 1952. Le gouvernement a « gagné » tous ces procès, obtenu des inculpations, des condamnations *nolo contendere* (voir la note de bas de page n° 11) et des arrêts définitifs (Walton et Cleveland, 1964, p. 16–20).

À défaut des amendes, la publicité faite autour des procès des années 1960, a fait comprendre aux conspirateurs qu'ils devaient être plus prudents. Cela n'empêcha pas GE et Westinghouse d'être à nouveau accusés de fixer le prix des turbogénérateurs, alors que GE débutait une nouvelle politique de prix en 1963, deux ans et demi après avoir été jugé coupable de truquer les prix.

SOURCES : Fuller (1962), Walton et Cleveland (1964) ; et U.S. Congress, Joint Committee on Internal Revenue Taxation, *Staff Studies of Income Tax Treatment of Treble Damage Payments under the Antitrust Laws* (Washington, D.C. : Government Printing Office, 1965), p. 39 (cité dans Posner [1975]).

Trois facteurs conditionnent la création d'un cartel. Premièrement, un cartel doit être en mesure d'augmenter les prix sans subir les effets d'une concurrence accrue de la part d'entreprises extérieures au cartel. Deuxièmement, les sanctions qu'encourent les entreprises qui forment un cartel doivent être faibles comparées aux gains anticipés. Troisièmement, le coût de création et de mise en œuvre d'un accord de cartel doit être faible comparé aux gains anticipés.

A. Possibilité d'augmenter le prix du marché

Les entreprises ne formeront un cartel que si elles anticipent que sa création permettra d'augmenter le prix et de le maintenir à un niveau élevé. Plus la courbe de demande adressée au cartel est inélastique, plus le prix fixé par le cartel, ainsi que les profits qui en découlent, pourront être élevés. Si la courbe de demande adressée au cartel est inélastique (c'est-à-dire plutôt verticale), plus l'augmentation du prix augmente les recettes (parce que le pourcentage de baisse de la quantité demandée est moins élevé que le pourcentage d'augmentation du prix) et les profits. En revanche, si un cartel potentiel est confronté à une courbe de demande élastique (c'est-à-dire plutôt horizontale), l'augmentation du prix engendrera une réduction des recettes (parce que le pourcentage de baisse de la quantité demandée est plus élevé que le pourcentage d'augmentation du prix et que le profit risque alors de n'augmenter que faiblement). Voir l'exemple 6.2.

L'entrée sur le marché d'entreprises qui n'appartiennent pas au cartel ou *la production de substituts par d'autres industries* peuvent empêcher un cartel d'augmenter ses prix. Si le cartel ne contrôle qu'une faible part du marché concerné, en tenant compte de tous les substituts proches, les entreprises qui ne coopèrent pas avec lui peuvent pratiquer des prix plus bas et donc faire obstacle à l'élévation du prix de marché (cela signifie que la courbe de demande à laquelle le cartel est confronté est relativement élastique). Lorsque les entreprises qui occupent initialement le marché forment un cartel et augmentent le prix, elles peuvent induire par l'entrée d'un nombre suffisant de nouvelles entreprises pour que le cartel soit incapable de maintenir un prix élevé à long terme (cela signifie que l'élasticité à long terme de la demande qui s'adresse au cartel est très élevée, en particulier à court terme). Bien entendu, plus le cartel peut espérer maintenir longtemps un prix élevé, plus il a intérêt à se former.

EXEMPLE 6.2 Viabilité des cartels de marchandises

Un grand nombre des marchés internationaux de marchandises ont fait l'objet de tentatives de cartelisation. Cependant, la plupart de ces tentatives ont échoué, soit par dislocation rapide du cartel, soit du fait de l'impossibilité de maintenir durablement un prix élevé. Eckbo (1976) a étudié 51 cartels explicitement organisés dans 18 industries, le plus récent remontant à 1918 et le plus ancien à 1964. Selon sa définition, un cartel atteint son objectif s'il parvient à élever le prix à un niveau au moins trois fois égal au coût de production du membre ayant les coûts les plus élevés. D'après ce critère, seul 19 cartels (37%) ont atteint leurs objectifs. L'un d'entre eux — le cartel de l'iode — dura 61 ans. Les autres cartels furent formellement liés pour des durées allant de 2 à 18 ans, la durée médiane étant de 5 ans et la durée moyenne de 6,6 ans. Seuls 5 cartels sur 19 ont duré plus de 10 ans.

Parmi ces cartels ayant réussi, 3 (sur les 9 pour lesquels l'information est disponible) furent arrêtés pour des raisons extra-économiques tel que les guerres ou l'intervention des gouvernements. En ce qui concerne ceux qui ont disparu pour des raisons économiques 7 sur 16 (44%) furent victimes de conflits internes entre membres et 9 (56%) furent victimes de chocs extérieurs comme la concurrence des entreprises extérieures au cartel (cause habituelle) ou la réaction défavorable des acheteurs.

Un cartel peut durablement élever ses prix (1) s'il est capable de discipliner ses membres et (2) si la demande résiduelle qui s'adresse à lui est suffisamment inélastique. La demande résiduelle adressée au cartel est vraisemblablement plus inélastique lorsque sa part de marché est importante, ou lorsque la demande du marché n'est pas →

EXEMPLE 6.2 (suite 1) Viabilité des cartels de marchandises

très élastique, ou encore lorsque les entreprises qui ne font pas partie du cartel ont des courbes d'offre inélastiques.

Dans l'échantillon étudié par Eckbo, le cartel ayant duré le plus longtemps (celui de l'iode [1878–1939]), effectuait l'ensemble de ces ventes par l'intermédiaire d'une centrale située à Londres, ce qui empêchait ses membres de resquiller. Mais le maintient d'un cartel dans la durée n'est pas en soi un gage de succès, car il faut aussi qu'il parvienne à élever les prix.

L'Organisation des Pays Exportateurs de Pétrole (OPEP), l'Association Internationale de la bauxite (AIB) et le Conseil Intergouvernemental des Pays Exportateurs de Cuivre (CIPEC) n'ont pas le même pouvoir. En effet, les parts des marchés respectifs qu'elles contrôlent sont différentes, de même que les élasticités de leur demande résiduelle. Ainsi, l'OPEP a-t-elle pu initialement quadrupler le prix mondial du pétrole et l'AIB tripler celui de la bauxite. En revanche, le CIPEC ne parvint jamais à élever significativement le prix du cuivre.

Une fois que l'OPEP fut formée, elle put contrôler approximativement les deux-tiers des réserves mondiales de pétrole et à peu près le même pourcentage de la production de pétrole des pays non communistes. Vers 1975, l'AIB contrôlait 85% de la production de bauxite des pays non communistes. Par contraste, le CIPEC ne contrôlait qu'environ le tiers de la production mondiale de cuivre (hors pays communistes). Parmi les cartels de l'étude d'Eckbo ayant réussi, 15 sur 19 (79%) avaient un ratio de concentration (calculé en divisant les ventes des 4 plus grosses entreprises par les ventes totales du cartel) supérieur à 50%. De plus, 14 d'entre eux (74%) contrôlaient plus de 75% de la production totale du marché.

Sur les 9 cartels ayant réussi et pour lesquels nous disposons de suffisamment de données, 7 étaient confrontées à des courbes de demande inélastiques (élasticité inférieure à 1 en valeur absolue). Dans 8 cas sur 9, le bien commercialisé par le cartel n'avait pas de substitut, mais dans 7 cas, il existait un substitut à long terme (ce qui explique peut-être pourquoi ils ont finit par disparaître). Pindyck (1977, 1979) a montré qu'en ce qui concerne les marchés de marchandises, les ajustements dynamiques à long terme jouent également un rôle important. Ainsi l'OPEP est-elle confrontée à l'offre relativement inélastique d'une frange concurrentielle. En effet, en dépit des augmentations très importantes de prix pratiquées par l'OPEP, l'offre à moyen et court terme des producteurs de pétrole n'appartenant pas à l'OPEP n'a pas énormément augmenté. De même, la demande mondiale de bauxite est extrêmement inélastique (jusqu'à un certain prix), y compris à long terme.

En revanche, à court terme et plus encore à long terme, l'offre de cuivre secondaire, obtenu à partir de la ferraille, est très sensible aux variations de prix. Par conséquent, le CIPEC fut confronté à l'offre plus élastique à court terme qu'à long terme d'une frange concurrentielle. Lorsque le CIPEC tentait d'augmenter son prix de façon trop importante, l'offre de cuivre obtenu à partir de la ferraille augmentait immédiatement.

Ces différences expliquent qu'à l'inverse du CIPEC, l'OPEP et l'AIB purent augmenter leurs prix. Ces facteurs expliquent peut-être aussi pourquoi d'autres productions de ressources naturelles n'ont pas pu être cartellisées. D'après Pindyck, d'autres minéraux tels que le fer, le manganèse, le plomb, l'étain, le zinc et le nickel, auraient également été confrontés à des élasticités de demande résiduelle élevées à long terme du fait du fait de l'existence d'un marché secondaire. L'AIB a récemment connu des revers car le Brésil et d'autres producteurs ne se sont plus conformés aux quotas de production. Actuellement, ce n'est plus qu'un forum de réflexion.

L'Indonésie et La Grenade, qui produisent 98% de la muscade, ont formé un cartel en 1987. Déja, au cours des 15 mois précédent l'accord formel, La Grenade se conformait déja aux directives indonésiennes. Quand le cartel fut formellement crée, ses mem- →

EXEMPLE 6.2 (suite 2) Viabilité des cartels de marchandises

bres prétendirent que son but n'étaient pas de faire monter les prix, mais simplement de se prémunir contre les « réductions de prix », sans doute par référence aux niveaux atteints pendant la période de l'accord informel. La muscade n'ayant pas de substituts proches, le cartel n'a pas eu à se soucier de l'impact de sa création sur la demande. En effet, ce condiment à un goût très spécifique et il n'y a guère de chances que les utilisateurs — principalement les patissiers et les boulangers — le remplacent par un produit différent dans leurs recettes.

Le cartel du diamant De Beers est l'un de ceux qui existent avec succès depuis très longtemps. Tout au long de ce siècle, il a constitué la plus grosse centrale de vente de diamants du monde. Même l'Union Sociétique, qui fut longtemps le second exportateur de diamants après l'Afrique du Sud, les a vendu par l'intermédiaire du cartel De Beers, à partir de 1975. À mesure que de nouvelles mines apparaissaient, De Beers leur garantissait toujours une part de marché suffisante pour qu'elles acceptent de vendre leur production par son intermédiaire et, du même coup, de se conformer au système de contrôle de la production du cartel. Lorsque la Tanzanie décida de faire cavalier seul, De Beers abaissa le prix des diamants de qualité identiques à ceux de la Tanzanie jusqu'à ce que ce pays consente à rejoindre les rangs du cartel. Voir l'exemple 16.5 pour d'autres détails plus récents concernant De Beers.

SOURCES : Fisher, Cootner et Baily (1972) ; Eckbo (1976) ; Pindyck (1977, 1979) ; Fisher (1981) ; Wax, Alan J. « Spicy New Cartel Sets Nutmeg prices », *San Francisco Chronicle*, 25 mai 1987 : p. 20 et Farnsworth, Clyde H. « OPEC Isn't the Only Cartel that Couldn't », *New York Times*, 24 avril 1988 : p.3.

B. Anticipations pessimistes et sanctions sévères

Les cartels ne se forment qui si leurs membres pensent que le gouvernement ne pourra pas les arrêter, ni les sanctionner. S'ils s'attendent à devoir payer d'importantes amendes, le gain anticipé de la formation d'un cartel diminue. Ainsi, avant qu'ils ne deviennent illégaux aux États-Unis, les cartels explicitent se rencontraient beaucoup plus fréquemment. De même, lorsque le ministère de la justice devient plus laxiste dans l'application des lois, les ententes secrètes sur les prix reprennent de plus belles (Posner, 1970). Au niveau international, les cartels peuvent légalement se former (voir l'étude du cas de l'OPEP, annexe B de ce chapitre) et sont de ce fait beaucoup plus nombreux qu'aux États-Unis. Certains États ont d'ailleurs formé des cartels (voir l'analyse ci-après et l'exemple 6.2).

Avant 1956, les tribunaux britanniques ne condamnaient ni la fixation des prix par un cartel, ni la coopération des entreprises, sauf si les entreprises se mettaient en marge de la loi par des actes de violence, d'intimidation ou de fraude.[8] Une étude

[8] Le *Restrictive Trade Practice Act* (loi sur les pratiques commerciales restrictives adoptée en 1956 par le Parlement) oblige tous les contrats et accords passés entre fournisseurs et ayant pour but de restreindre les échanges à être signalés auprès du *Register of Restrictive Practices* (bureau d'enregistrement des pratiques restrictives). Cette loi fut largement modifiée par la suite. En 1973, l'*Office of Fair Trading* (bureau du commerce équitable) fut chargé de suivre ces affaires et le signalement des ententes fut étendu aux industries de services. Cette agence fut chargée de déceler les accords contraires à l'intérêt public. Une cour spéciale fut instituée pour décider de l'interdiction éventuelle de ces ententes. Contrairement à la loi américaine, cette cour a le droit d'accepter une entente de fixation de prix si

d'ensemble des associations commerciales et industrielles menée par l'*Economic Planning Agency*, sur la période 1953–56, a montré que 243 associations sur 1 300 (soit 19%) avaient tenté de fixer les prix (Phillips, 1972).

C. Faibles coûts d'organisation

Même si un cartel peut éventuellement élever durablement les prix sans se faire prendre, il ne se formera pas si le coût initial d'organisation est trop élevé. Plus les négociations sont complexes, plus le coût de création du cartel est élevé. Quatre facteurs contribuent à maintenir ce coût à un bas niveau, facilitant ainsi la formation d'un cartel : un petit nombre d'entreprises appartenant au cartel, un marché très concentré, des entreprises produisant toutes un bien assez similaire et l'existence d'une association commerciale.

a. Cartels formés par un petit nombre d'entreprises. Lorsque peu d'entreprises sont concernées, il est relativement facile d'organiser des réunions sans alerter le gouvernement. De même, si une industrie est composée d'un grand nombre d'entreprises, les plus grosses d'entre elles peuvent se rencontrer et former un cartel (qui équivaut alors à une entreprise dominante) face à une frange concurrentielle d'entreprises n'appartenant pas au cartel. Fraas et Greer (1977) ont examiné 606 affaires de fixation de prix traitées par le ministère américain de la justice. Ils ont calculé que la moyenne des entreprises impliquées dans chaque affaire était égal à 16,7, la médiane de 8 et le mode de 4.[9] Ces chiffres montrent qu'un petit nombre de cas a fait monter la moyenne, mais que la plus grande partie des affaires ne concernait que 4 entreprises et que la moitié d'entre elles n'impliquait que 8 entreprises ou moins.[10] Les cas de fixation de prix relevés par le ministère américain de la justice entre janvier 1963 et décembre 1972 ont été analysés par Hay et Kelley (1974). Ils ont établi que seulement 6,5% des affaires concernaient 50 entreprises à la fois ou plus.[11] Dans les autres cas, le nombre moyen d'entreprises concernées est de 7,25.

---

elle juge que les avantages l'emportent sur les inconvénients. Afin de faciliter les investigations de l'*Office of Fair Trading*, une nouvelle loi sur la concurrence fut adoptée en 1980.

[9] Le nombre médian d'entreprises s'obtient en classant par ordre croissant les cas par nombre d'entreprises impliquées et en choisissant le nombre qui partage les cas en deux groupes égaux. Ainsi, s'il y avait 5 cas impliquant respectivement 2, 4, 5, 8 et 9 entreprises, le nombre médian d'entreprises serait 5. Imaginez un graphique sur lequel le nombre d'entreprises serait porté en abscisse et le nombre de cas impliquant un chiffre donné d'entreprises en ordonnée : le mode en serait alors le point le plus élevé. Grossièrement parlant, le mode est le nombre le plus fréquent de conspirateurs impliqués dans une entente.

[10] Le nombre médian d'entreprises impliquées variait d'une industrie à l'autre. Sur les marchés de ressources naturelles, le nombre médian d'entreprises était égal à 13. Le nombre correspondant était égal à 7 pour l'industrie manufacturière, à 11 pour la distribution, à 15 pour la construction, à 4 pour les institutions financières ainsi que les transports et à 8 pour les services.

[11] Hay et Kelley (1974) ont étudié des ententes de prix horizontales qui donnèrent lieu à des poursuites de la part de la division antitrust du ministère américain de la justice. Leur étude exclut les ententes de prix passées au sein de diverses professions (lesquelles n'étaient pas dissimulées), mais inclut la plupart des autres affaires connues et qui se soldèrent par la victoire de l'accusation ou qui furent réglés par la procédure *nolo contendere* (« pas de contestation »). Le fait de plaider *nolo contendere* revient

Seulement 26% des cas impliquaient 6 entreprises ou moins et 79% en impliquaient 10 ou moins.

Même lorsque l'existence des cartels n'est pas réprimée, comme c'est le cas pour beaucoup de cartels internationaux ne comprenant pas d'entreprises américaines, le nombre d'entreprises impliquées joue un rôle essentiel dans la durée et le succès des cartels. Par exemple, durant une longue période (1928–72), le marché mondial du mercure fut cartellisé avec succès par deux pays. Mais par la suite, l'entrée en nombre de nouveaux pays dans le cartel, se traduisit par l'incapacité à fixer les prix (MacKie-Mason et Pindyck, 1986).

b. Industries à fort taux de concentration. Lorsque quelques entreprises contrôlent la plus grosse part des ventes et qu'elles décident de coordonner leurs politiques, elle peuvent parvenir à élever le prix sans avoir à partager la décision avec les autres (petites) entreprises du marché. Ainsi, l'Espagne et l'Italie, deux pays qui contrôlèrent jusqu'à 80% de la production mondiale de mercure, avaint formé un cartel qui n'incluait pas formellement cinq autres producteurs (MacKie-Mason et Pindyck, 1986).

Les grandes entreprises peuvent aussi décider sans réunion formelle d'agir chacune comme si elle était liée aux autres par un accord formel. Dans ce cas, chaque entreprise restreint sa production dans l'espoir que les autres fassent de même, par une sorte d'accord tacite. En effet, il est inévitable que dans un oligopole, chaque entreprise prenne en compte le comportement de ses concurrentes (ceci est analysé de façon plus détaillée au chapitre 7). La **collusion tacite** (ou le mimétisme conscient) correspond à la coordination des décisions d'entreprises d'un marché oligopolistique, en l'absence d'accord explicite.[(12)]. D'ailleurs, Stigler (1964) a montré que la théorie de l'oligopole pouvait se fonder sur celle du cartel même en l'absence d'accords explicites.

Les indications empiriques confirment l'idée que les cartels sont plus fréquents dans les industries ayant un fort taux de concentration.[(13)] Dans 42% des cas de fixation de prix relevés par le ministère américain de la justice analysés par Hay et

---

à plaider coupable du point de vue de la sentence, mais sans avoir à reconnaître que l'on est coupable. Lorsque ce type de défense est acceptée, il n'est pas nécessaire qu'un jugement soit prononcé. Il arrive parfois que le tribunal accepte ce type de défense contre l'avis du ministère de la justice.

[12] La définition de ces termes a été débattue dans certains procès. Nous les utilisons ici pour indiquer que les entreprises agissent comme un cartel, mais sans communiquer explicitement.

[13] Scott (1991) a montré que les accords portants simultanéments sur plusieurs marchés différents étaient fréquents. En effet, les grands groupes sont souvent en concurrence sur plusieurs marchés en même temps, expliquant ainsi qu'ils puissent passer des ententes globales portant sur l'ensemble des marchés. Dans ce cas, il est plus coûteux de ne pas respecter un accord passé sur un marché car cela risque de faire échouer l'ensemble des accords passés sur les autres marchés. Dans la mesure où les accords portant sur plusieurs marchés sont nombreux, on ne peut pas se fier uniquement à l'indicateur de concentration sur un seul marché. Ainsi, dès 1950, General Motors et Chrysler vendaient des automobiles, divers produits chimiques, des produits métallurgiques, des équipements de chauffage, des engins et des turbines, des machines destinées à l'équipement des entreprises de services et des ménages, des machines à travailler les métaux et des machines destinées à l'industrie en général.

EXEMPLE 6.3 Guerres dans l'industrie automobile

En 1955, la production d'automobiles de tourisme connut une augmentation de 45% par rapport à son niveau de 1954 ou 1956. Pourquoi ?

Se fondant sur des test économétriques élaborés, Bresnahan (1987) a soutenu que la collusion tacite des constructeurs américains d'automobiles fut cette année-là mise en échec, mais se rétablit dès 1956. Dans les années 1950, les constructeurs étrangers n'avaient pas encore fait leur entrée en force sur le marché américain et les constructeurs nationaux pouvaient collectivement réduire leur production pour augmenter les prix.

Un examen attentif de la production automobile au cours de cette période révèle le caractère inhabituel de l'année 1955. La production américaine annuelle d'automobiles entre 1951 et 1959 fut, respectivement (en millions d'unités) : 6,13, 5,51, 7,94, 5,80, 6,12, 4,24 et 5,6. Donc, les 7,94 millions d'autos produites en 1955 n'apparaissent pas seulement comme un nombre beaucoup plus élevé que ceux correspondant aux deux années adjacentes, mais également comme un nombre beaucoup plus élevé que ceux de toute la décennie.

Il n'est guère surprenant de constater que la forte production de 1955 conduisit à une baisse du prix des voitures. Compte tenu des différences de qualité, le prix fut approximativement inférieur de 6% à celui des deux années adjacentes, 1954 et 1956. Mais, comme le prix ne baissa que d'un pourcentage légèrement inférieur au pourcentage d'augmentation de la quantité, les dépenses totales augmentèrent. Celles-ci furent égales (en milliards de dollars) à 13,9 en 1954, 18,4 en 1955 et 15,7 en 1956. Ainsi, les consommateurs dépensèrent-ils 32% de plus en 1955 qu'en 1954 et 17% de plus en 1955 qu'en 1956.

Kelley (1974), le taux de concentration des 4 plus grosses entreprises (la somme de leur part de marché) était supérieur à 75% et dans 34% des cas, ce ratio était compris entre 51 et 75% des cas. Ainsi, dans 76% des cas, le ratio de concentration était-il supérieur à 50%. De plus, ce n'est que dans 6% des cas qu'il était inférieur à 25%. La moyenne globale était de 67,7%.[14] Voir l'exemple 6.3.

c. Production d'un bien homogène. Les entreprises éprouvent davantage de difficultés à s'entendre sur les prix relatifs lorsque chacune produit une variété dont les qualités ou les propriétés sont différentes. À chaque fois qu'un produit est modifié, il faut fixer un nouveau prix. Il est plus facile au cartel de détecter les comportements suspects quand il n'a qu'un seul prix à surveiller que lorsque les réductions de prix sont camouflées en améliorations de qualité. En effet, pour augmenter ses ventes sans violer explicitement l'accord qui la lie au cartel, une entreprise peut améliorer la qualité de son produit sans en augmenter le prix.

Dans la plupart des affaires de fixation de prix étudiées par Hay et Kelley (1974), le produit était relativement homogène d'une entreprise à l'autre. Dans quelques cas exceptionnels, pour faciliter la coordination, les produits ou services complexes

[14] Lorsque le nombre d'entreprises était connu, Hay et Kelley (1974) ont calculé des ratio minimaux de concentration en supposant que chaque entreprise avait une part de marché identique, afin de minimiser le biais systématique dû à l'exclusion des cas où l'indicateur de concentration ne pouvait pas être directement déterminé.

étaient répartis entre les entreprises au cas par cas, ou bien seules certaines questions essentielles étaient abordées dans l'accord. Citons, par exemple, le cas d'un groupe de producteurs de maillots de bain qui s'étaient entendus pour différer les soldes de fin de saison.

d. Existence d'une association commerciale. Grâce à la réduction des coûts de réunions et de coordinations des activités entres entreprises d'un même secteur qu'elles permettent, les associations commerciales favorisent du même coup la mise en place et le bon fonctionnement des cartels. Comme l'observait déja Adam Smith, certaines rencontres facilitent la conclusion d'accords sur la fixation des prix et les associations commerciales sont souvent un mécanisme de coordination des groupes. Dans des affaires de fixation de prix relevées par le ministère américain de la justice étudiées par Hay et Kelley (1974), les associations commerciales étaient impliquées dans 7 cas sur les 8 cas dans lesquels il y avait plus de 15 entreprises concernées et dans tous les cas où plus de 25 entreprises étaient impliquées. En général, les associations commerciales étaient en cause dans 29% des cas. Frass et Greer (1977) ont établi que dans 36% des cas de fixation des prix, des associations commerciales étaient impliquées. De plus, le nombre médian d'entreprises s'élévait à 16 lorsqu'une association commerciale entrait en jeu, alors qu'il n'est que de 8 pour l'ensemble. Posner (1970) a trouvé que 43,6% des affaires antitrust impliquaient des associations commerciales.

6.2.2 Fonctionnement d'un cartel

N'aie aucune confiance en celui qui t'abandonne
à la moindre difficulté. – Ésope

Même si une industrie composée d'un petit nombre d'entreprises qui fabriquent un bien homogène sans substituts proches a une courbe de demande inélastique et qu'il n'existe aucune menace d'entrée dans la branche, la cartellisation ne pourra réussir si les membres peuvent et désirent tricher par rapport aux règles de l'accord.

A. Facteurs facilitant la détection des resquilleurs

Les accords de cartels sont aisés à faire respecter si les violations sont faciles à détecter. Quatre facteurs aident à détecter les resquilleurs :

- Le faible nombre d'entreprises sur le marché.
- L'absence de fluctuations autonomes des prix.
- La bonne connaissance des prix.
- La vente de produits identiques au même point de la chaîne de distribution.

Lorsqu'il y a relativement peu d'entreprises, le cartel peut plus facilement contrôler chacune d'elles. Ainsi, l'augmentation de la part de marché d'une en-

EXEMPLE 6.4 Cartels composés d'un grand nombre de membres

Toute profession est une conspiration
contre le reste de la société. – George Bernard Shaw

Les économistes considèrent habituellement que les cartels ne sont viables que dans les industries où il y a relativement peu d'entreprises. S'il y a beaucoup d'entreprises, elles peuvent difficilement se réunir et conclure un accord sans attirer l'attention du gouvernement. De plus, il paraît encore plus difficile que de nombreuses entreprises s'entendent implicitement ou tacitement pour fixer les prix sans avoir besoin de discuter entre elles.

Beaucoup d'économistes, privés ou travaillant pour l'administration, furent étonnés de la découverte d'Owen (1977) : 75% des transactions immobilières californiennes rapportaient une commission d'exactement 6% aux agences. En outre, il est connu qu'aux États-Unis, la plupart des agents immobiliers prélèvent des commissions identiques de 5%, 6% ou 7%, selon le cas. Existait-il une collusion implicite entre les agents immobiliers ? Sinon, comment se faisait-il que pratiquement toutes les agences immobilières pratiquaient le même taux ?

Dans les années 1940 et 1950, l'association nationale des agents immobiliers exigea que tous ses membres prélèvent un taux de commission identique sur leurs ventes et établit également des barrières à l'entrée de la profession en autorisant uniquement les agents immobiliers à plein temps à faire partie de l'association. Autrement, à moins d'avoir déja une clientèle suffisante, permettant de vivre exclusivement de cette activité, il était impossible de devenir agent immobilier, faute d'être admis dans l'association. En effet, le fait de faire partie de l'association conditionnait l'accès à la liste des maisons à vendre dans une zone géographique déterminée. De ce fait, le risque d'être exclu de l'association pour avoir baissé ses tarifs dissuadait fortement les membres de le faire.

Les coûts de fonctionnement ou le pouvoir du cartel semblent s'être accrus avec le temps. En effet, dans les années 1920, les taux des commissions tournaient autour →

treprise (qui peut trahir une baisse de prix) est facilement détectable. De plus, la persuasion morale (ou immorale) peut plus facilement s'exercer sur un petit nombre de personnes. Voir l'exemple 6.4.

Hay et Kelley (1974) ont établi que la plupart des ententes sur les prix ayant duré 10 ans ou plus concernaient des marchés où n'intervenaient qu'un petit nombre d'entreprises et où les plus grosses d'entre elles contrôlaient l'essentiel des ventes. Lorsqu'il y avait beaucoup d'entreprises impliquées, les ententes étaient généralement découvertes rapidement, en particulier parce que les détails concernant certaines réunions de grand groupes étaient rapportés dans la presse locale. Les résultats de Posner (1970) montrent au contraire que parmi les cartels connus, ceux qui comprennent quelques grosses entreprises duraient au moins aussi longtemps que les autres. D'après ses résultats, 52% des ententes impliquant 10 entreprises ou moins ont duré 6 ans ou plus, alors que 64% des ententes entre grosses entreprises ont duré aussi longtemps. Ceci tient sans doute au fait que plus les entreprises qui s'entendent sont nombreuses, plus le risque d'être détecté augmente. En général, les cartels sont découverts grâce à des informations fournies par des

EXEMPLE 6.4 Cartels composés d'un grand nombre de membres (suite)

de 2% à 3%. Dans les années 1950, ils étaient à 5%. Enfin, dans les années 1960, ils étaient montés à 6% ou 7%.

De plus, la pratique consistant à prélever un pourcentage fixe des ventes peut constituer une forme de discrimination par les prix (faire payer un même service à des prix différents selon les consommateurs). Qui pourrait croire que les frais de vente d'une maison de 200 000 dollars sont deux fois plus élevés que ceux d'une maison valant 100 000 dollars ? En réalité, les gens plus riches sont tout simplement plus faciles à pressurer. On peut cependant justifier la pratique d'une commission au pourcentage fixe par le fait que pour l'agent immobilier, le coût d'opportunité d'une maison coûteuse invendue est supérieur au coût d'opportunité d'une maison moins chère.

Entre 1960 et 1980, une série de procès privés et de décisions de la Cour Suprême mit fin au cartel formel des agents immobiliers (taux fixes explicitement fixés et barrières formelles à l'entrée dans la profession), ouvrant la voie à des poursuites pour violation des lois antitrust. Par ailleurs, l'accès de la liste des maisons à vendre sur un territoire donné fut ouverte à tous. La disparition des barrières à l'accès de la profession augmenta considérablement le nombre des entrées, ce qui confirme a posteriori la réalité de ces barrières. Ainsi, le nombre des courtiers californiens passa rapidement de 150 000 à 400 000 vers la fin des années 1970. À cette époque, 1 adulte sur 50 était agent immobilier (si ce rythme de progression s'était maintenu, il y aurait bientôt eu plus de courtiers que d'individus !) En dépit de la disparition du cartel, les taux des commissions n'ont pas franchement baissé, encore qu'il soit généralement admis que les ventes directes et les remises secrètes sur commission ont augmenté.

Plutôt que d'expliquer la situation par un cartel, on peut aussi soutenir que les taux fixés étaient concurrentiels. Car sinon, comment un groupe aussi nombreux a-t-il pu appliquer cet accord explicite ou tacite ?

SOURCE : Owen (1977) ; Wachter (1987) et Knoll (1988).

personnes extérieures aux services du ministère de la justice chargé de mener ce type d'investigations.[(15)]

Lorsqu'une industrie est caractérisée par des modifications fréquentes de la demande, du coût des facteurs de production ou d'autres données de base, les prix doivent s'ajuster fréquemment. Dans ce cas, le non-respect des règles du cartel par un ou plusieurs membres, est difficile à déceler dans les variations de prix, car celles-ci peuvent avoir de multiples causes. En revanche, quand les prix sont connus et leurs variations prévisibles, les tricheurs sont plus faciles à identifier. Certains cartels passent des accords prévoyant une inspection réciproque de leurs comptes.

[15] Dans les affaires étudiées par Hay et Kelley (1974), la détection est attribuable aux investigations du jury spécial menées pour une autre affaire dans 24% des cas, à une plainte de concurrent dans 20% des cas, à une plainte de client dans 14% des cas, à une plainte d'organisme public local, national ou fédéral dans 12% des cas et à une plainte d'employés en poste ou ayant quitté l'entreprise dans 6% des cas. Les 24% restants se répartissent ainsi : plaintes déposées par des associations commerciales officielles (4%), investigations menées par la division antitrust concernant la conduite ou la performance des entreprises (4%), articles de journaux (4%), affaires portées à la connaissance de la *Federal Trade Commission* par la division antitrust (4%), plaintes anonymes (2%), equête pour fusion (2%) et procès privé (2%).

Dans l'étude de Posner (1970) des affaires antitrust, au moins 6,2% des accords prévoyaient des échanges d'informations et 4,3% prévoyaient des inspections, des audits assortis d'amendes en cas de non-respect des règles. Bien sûr, les comptes peuvent toujours être truqués et ce type de contrôle ne saurait empêcher toutes violations des règles dans un cartel.

Il arrive que ce soit les autorités qui favorisent involontairement l'application des accords de cartels. C'est le cas quand elles publient les résultats des offres concernant les marchés publics, permettant la vérification instantanée de toute violation des accords passés entre les entreprises. Un quart des affaires étudiées par Hay et Kelley (1974) concernaient diverses variantes d'offres truquées.[16]

L'exemple 6.1 décrit le schéma des *phases de la lune* utilisé par les fabricants de produits électriques pour alterner la soumission par les entreprises des offres gagnantes. Par ce système, aucune entreprise ne peut espérer emporter plus d'offre qu'à son tour, car son manquement aux règles du cartel serait imanquablement dévoilé par l'annonce publique du nom de l'entreprise qui emporte le contrat.

Vincent Cafaro dit « le poisson », qui fut membre du gang criminel des Genovese, a expliqué devant le Sénat Américain comment fonctionnait le truquage des enchères de la ville de New York pour l'attribution des marchés du bâtiment, entièrement contrôlées par la mafia des syndicats professionnels de ce secteur.[17] Ainsi, toute entreprise qui obtenait un contrat aux enchères était tenue de verser 2% du montant au « club des 2% », dirigé par les familles Gambino, Luccese et Colombo de New York. Il révéla que 50% de la construction d'immeubles à New York était concernée et « qu'un gars honnête n'avait aucune chance » d'emporter un contrat de construction d'immeuble. Selon M. Cafaro, le club des 2% se réservait tous les marchés supérieurs à 2 millions de dollars. Quant aux marchés supérieurs à 5 millions de dollars, ils allaient automatiquement aux entreprises dirigées par des membres de la mafia. Lorsque des entreprises plus petites se plaignaient un peu trop du système, on leur permettait parfois de se répartir quelques marchés de 3 millions de dollars. La famille Genovese, déclara-t-il, était « une organisation très disciplinée », aux règles strictes qui punissaient de mort toute violation sérieuse.

Lorsque certaines informations circulent publiquement, le fonctionnement d'un cartel peut en être considérablement simplifié. Ainsi, l'annonce publique, faite longtemps d'avance, des augmentations et des baisses de prix, est une façon de mettre à disposition des parties intéressées l'information sur les prix. La centrale

[16] Hay et Kelley ont trouvé des cas dans lesquels les organismes publics étaient explicitement exclus de l'accord. Il semble donc que les membres du cartel aient été convaincus que l'entente sur le prix serait plus facilement être détectée et poursuivie si elle visait le gouvernement fédéral. Dans d'autres cas, certains segments de marché étaient exclus de l'accord afin de réduire d'éventuelles frictions entre les membres du cartel. Fraas et Greer (1977) ont établi — sur une période plus longue que celle étudiée par Hay et Kelley — que 19% de tous les cas concernaient des réponses truquées à des appels d'offre. Posner (1970) a établi que 7,4% des cas concernaient des ventes au gouvernement et que 6,7% des cas impliquaient d'autres procédures d'appels d'offre.

[17] « Witness Says Mob is into Highrises », *San Francisco Chronicle*, 30 avril 1988, A7.

de vente est un cas particulier d'information partagée, lorsque toutes les entreprises écoulent leur production par son intermédiaire. Ce type de fonctionnement se retrouve dans 3% des cas de l'étude menée par Frass et Greer (1977) et dans 6% des cas de l'étude de Posner (1970). Par ailleurs, les centrales de vente sont la règle dans les cartels européens.

Lorsque les entreprises sont *verticalement intégrées* (c'est-à-dire lorsqu'une même entreprises produit les facteurs de production dont elle a besoin, qu'elle fabrique ensuite un produit et qu'elle le commercialise au détail), il peut être plus difficile au cartel de déterminer à quel point de la chaîne les accords sont violés. En revanche, lorsque toutes les entreprises ont le même type de clientèle (commerce de détail, par exemple), les violations sont plus faciles à déceler.

B. Facteurs facilitant le respect des accords de cartel

Il arrive aussi que les membres d'un cartel respecte les règles avec allégresse. C'est le cas lorsque les membres d'un accord ont des courbes de coût marginal très élastiques, ou que leur coûts fixes sont faibles par rapports à leurs coûts totaux, ou qu'ils ont une clientèle qui commande fréquemment des petites quantités, ou encore qui n'ont qu'un seul agent commercial.

Lorsque la courbe de coût marginal d'une entreprise est pratiquement verticale, elle n'a rien à gagner à violer les règles du cartel, car toute augmentation importante de sa production serait extrêmement coûteuse. Si la courbe de coût marginal de la figure 6.1a était presque verticale, q^* serait proche de q_c. Plus les entreprises fonctionnent à proximité de leur pleine capacité, plus il est probable que leur courbe de coût marginal soit verticale. Les cartels peuvent d'ailleurs contraindre les entreprises à avoir des courbes de coûts plus verticales, par exemple en leur faisant signer des accords qui les obligent à doubler les salaires en cas d'heures supplémentaires (Maloney, McCormick et Tollison, 1979).[(18)]

Supposons qu'une entreprise supporte de gros coûts fixes pour construire une usine grâce à laquelle elle pourra produire n'importe quel niveau inférieur à la capacité maximale, à coût marginal constant. Si la demande chute (ce qui est le cas lorsqu'il y a une récession), cette entreprise sera confrontée à un problème de sous-utilisation. Elle sera donc incitée à réduire ses prix au-dessous de ceux fixés par le cartel, afin de stimuler ses ventes.

Si un marché attire de nombreux consommateurs, mais que ceux-ci n'achètent individuellement que de petites quantités, les entreprises ne sont pas incitées à baisser leurs prix au-dessous du seuil fixé par le cartel. En effet, une entreprise qui baisserait son prix sans l'annoncer n'augmenterait pas ses ventes car la plupart des consommateurs n'en sauraient rien. D'un autre côté, si l'entreprise fait savoir qu'elle baisse ses prix, les autres membres du cartel l'apprendront et agiront en conséquence. En revanche, lorsqu'un marché n'attire qu'un petit nombre de

[18] Tant que la courbe de coût marginal du cartel augmente plus que la courbe de coût moyen, ce type d'actions augmente les profits (Salop, Scheffman et Scwartz, 1984).

consommateurs qui effectue des achats peu fréquents en très grande quantité, le cartel pourra difficilement détecter et sanctionner les violations éventuelles de l'accord.[19]. Par ailleurs, les entreprises sont incitées à baisser secrètement leur prix pour attirer à elles les gros acheteurs.

Les cartels légaux peuvent tenter d'empêcher la violation de leurs règles en exigeant qu'un seul représentant ou une seule centrale commercialise la production de toutes les entreprises. Ainsi, le cartel de l'iode, qui fut l'un des cartels internationaux qui dura le plus longtemps (61 ans : 1878–1939) effectuait toutes ses ventes par l'intermédiaire d'une centrale située à Londres (Eckbo, 1976).

C. Méthodes pour faire respecter les accords

À moins qu'un cartel ne puisse détecter les violations d'accords ou empêcher qu'elle ne se renouvellent, les entreprises vont secrètement baisser leurs prix (ou augmenter leur production), précipitant ainsi la chute du cartel. Les économistes et les juristes connaissent un certain nombre de mécanismes permettant aux cartels d'appliquer leurs accords. Toutefois, il faut garder présent à l'esprit que les meilleures méthodes de réussite restent peut-être secrètes.

a. Accords plus généraux que les ententes de prix. Pour empêcher les comportements déviants, les cartels qui veulent réussir doivent faire plus que de simplement fixer les prix. Posner (1970, p. 400) a établi qu'au moins 14% de tous les cas antitrust traités par le ministère américain de la justice concernaient des ententes allant plus loin que la simple fixation des prix (et ce chiffre n'inclut apparemment pas les règles explicites de répartition des marchés, les échanges d'information ou les quotas de vente).[20]

b. Répartition du marché. Certains cartels réussissent à empêcher le non-respect de leurs accords en assignant à chaque entreprise une clientèle définie ou une zone géographique précise, de telle façon que les violations soient faciles à déceler. Fraas et Greer (1977) ont établi que 26% des accords de fixation des prix portaient aussi sur des mécanismes de répartition du marché. Sur les affaires antitrust étudiées par Posner (1970), 7,8% des cas concernaient des accords de répartition de la clientèle, 14,6% concernaient des répartitions d'aires géographiques et 1,8% une division du marché par segment de produits (ce qui fait 24% en tout). De même, les deux pays qui formaient le cartel du mercure se divisaient le marché sur une base géographique : l'Espagne fournissait les États-Unis et l'Italie alimentait l'Europe.

---

[19] Hay et Kelley (1974) soutiennent que les appels d'offre truqués et la répartition des tâches au sein du cartel se produisent dans les industries où les commandes sont relativement importantes (« juteuses ») par rapport aux ventes totales.

[20] Posner (1976, p. 39) note : « Les techniques des cartels comprennent les quotas de vente, les centrales de commercialisation exclusive, les comités de fixation des prix, les amendes en cas d'infractions, le versement par les membres de provisions destinées à financer les litiges, des moyens d'investigation, le partage de la clientèle, la division géographique du marché, et ainsi de suite ».

c. Gel des parts de marché. Une autre technique efficace consiste à fixer les parts de marché (par exemple au niveau atteint au moment de la constitution du cartel). Tant que les parts de marché sont faciles à calculer, les entreprises n'ont pas intérêt à baisser leur prix. En effet, si une entreprise baissait son prix, sa part de marché augmenterait et les autres engageraient immédiatement des représailles. Les membres du cartel qui détectent les variations des niveaux de production des autres peuvent en effet ajuster leur production de façon à maintenir leur part constante (Osborne, 1976 ; Spence, 1978*a*, 1978*b*). Si toutes les entreprises anticipent ce type de scénario, aucune ne cherchera à accroître sa production, sachant que cela ne peut qu'avoir un impact négatif sur son profit une fois que les représailles auront eu lieu. Comme le montre l'annexe B à ce chapitre, la fixation des part de marché revient sous certaines conditions à fixer les prix.

d. Recours à la clause de l'acheteur le plus favorisé. La **clause de l'acheteur le plus favorisé** est un contrat d'offre à long terme qui garantit à l'acheteur que le vendeur ne pratique pas un prix inférieur aux autres (Salop, 1986). Une variante de cette clause fut appliquée dans la vente des gros générateurs de turbines à vapeur. Les deux plus grosses entreprises, General Electric et Westhinghouse (voir l'exemple 6.1) stipulaient dans leurs contrats que le vendeur s'engageait à ne pas offrir un prix plus bas que ses concurrents — actuels ou futurs — faute de quoi il devait consentir la même réduction de prix à l'acheteur lésé. Cette obligation de remise engendrait une pénalité en cas de non-respect de la clause et protégeait le cartel : si une des deux entreprises déviait de l'accord en réduisant son prix, elle devait appliquer la réduction à tous ses autres clients.

e. Recours aux clauses de remboursement de la différence de prix. Le **remboursement de la différence de prix** est parfois proposé sous forme de publicité ou inclus dans un contrat d'offre à long terme. Cette clause garantit à l'acheteur que s'il trouve un prix inférieur ailleurs pour le même produit, la différence lui sera remboursée ou il sera délivré de son obligation d'acheter (Salop, 1986). Une telle clause complique la tâche des resquilleurs car elle incite les clients à informer les membres du cartel des baisses de prix. Paradoxalement, ces clauses peuvent coexister avec des prix de cartel élevés plutôt qu'avec les bas prix apparemment garantis.

f. Recours aux prix de déclenchement. Les membres du cartel peuvent décider que si le prix baisse au-dessous d'un certain niveau (appelé **prix de déclenchement**), chaque entreprise augmentera sa production au niveau atteint avant la formation du cartel (Friedman, 1971), ce qui implique la dénonciation de l'accord de cartel. Dans ce cas, une entreprise qui baisse son prix peut éventuellement être gagnante à très court terme, mais est à coup sûr perdante du fait de la destruction programmée du cartel par ce mécanisme de sanction.

Sur certains marchés, le mécanisme des prix de déclenchement s'explique parce que les entreprises ne peuvent pas clairement distinguer la violation de l'accord par certaines entreprises et les fluctuations aléatoires de prix dues aux modifications de la demande ou des coûts. Il est possible d'adapter le mécanisme du prix de déclenchement pour tenir compte de ces chocs (Green et Porter, 1984). En effet, s'il fallait que les entreprises reviennent à une situation de concurrence à chaque fois qu'elles s'aperçoivent d'une baisse de prix, les fluctuations aléatoires de prix viendraient à bout des cartels plus sûrement que les baisses de prix proposées par les membres infidèles du cartels.(21)

L'un des aspects attractifs de cette méthode est que même si l'accord est temporairement rompu, il peut être rétabli sans réunion formelle. Cependant, sur un marché où les fluctuations aléatoires de prix peuvent masquer les violations d'accord éventuelles, ce type d'accord risque d'engendrer des baisses brutales et récurrentes des prix et donc des profits des membres du cartel. En effet, on ne peut pas exclure complètement le risque qu'une baisse aléatoire de prix incite le cartel à s'infliger inutilement une punition non méritée.

Mais ce mécanisme est également attractif si la période de sanction (période durant laquelle les entreprises produisent à nouveau comme en concurrence) est suffisamment longue pour qu'il ne soit jamais dans l'intérêt à long terme bien compris d'aucune entreprise de tromper le cartel. Dans ce cas, les membres du cartel sont assurés que le prix ne peut descendre sous le niveau de déclanchement qu'en raison d'une fluctuation aléatoire (car aucune entreprise n'a intérêt à déclencher délibérément une baisse). Le mécanisme doit cependant rester en place à titre dissuasif.(22) L'exemple 6.5 fournit un exemple de ce mécanisme, qui fut appliqué dans le transport ferroviaire américain vers les années 1880.

6.2.3 Cartels et guerres de prix

Pour beaucoup d'observateurs, ces fluctuations de prix prouvent que les cartels formés par les entreprises ne résistent pas et que l'intervention publique est inutile puisque les forces concurrentielles suffisent à les démanteler. Mais ces fluctuations peuvent aussi découler d'une stratégie rationnelle à long terme par les cartels, comme celle du prix de déclenchement. La thèse du prix de déclenchement implique que les guerres de prix se produisent plus fréquemment au cours des périodes de récessions ou de dépressions inattendues du cycle économique, lorsque les prix chutent à cause de la demande (Green et Porter, 1984 ; Staiger et Wolak, 1992). On doit donc s'attendre à ce que ces périodes soient fatales aux cartels. D'autres économistes soutiennent cependant que les guerres de prix peuvent aussi se produire

---

[21] Si les entreprises revenaient à leurs niveaux de production antérieurs à la formation du cartel, le prix baisserait lui aussi à son niveau antérieur. Une sanction plus sévère — prix inférieur à son niveau d'avant la formation du cartel — peut être préférée : avec un prix plus bas, il est possible de raccourcir la période de sanction. Pour une illustration de la façon dont les prix de cartel peuvent être utilisés pour minimiser les comportements frauduleux de certains membres, voir Davidson et Martin (1985). Lorsque les membres d'un cartel sont en désaccord sur la conduite à suivre, il peuvent aussi recourir au vote sous une forme ou une autre (voir, par exemple, Caves et Salant, 1987).

[22] Bernheim et Ray (1989), Evans et Maskin (1989) et d'autres économistes soulignent qu'au lieu de passer par une phase de sanction, les membres du cartels peuvent aussi bien renégocier leur accord de collusion. Les études citées indiquent cependant qu'il est possible de conclure des accords qui évitent d'emblée le problème ultérieur de la renégociation.

EXEMPLE 6.5 Le cartel du rail

Au cours des années 1880, un cartel du rail fonctionna ouvertement aux États-Unis, sous l'appelation de *Joint Executive Commitee* (JEC). En effet, avant le Sherman Act de 1890, aucune loi n'interdisait les cartels. Ainsi que l'explique Porter, le JEC a eu recours à la stratégie du prix de déclenchement (Green et Porter, 1984). L'accord consistait en une répartition des parts de marché plutôt qu'une répartition en termes absolus des quantités transportées. Chaque compagnie fixait elle-même ses tarifs et le JEC publiait chaque semaine les comptes de ses membres afin que chacun puisse connaître le volume total du marché. Comme la demande totale était assez fluctuante, la part de marché de chaque entreprise dépendait à la fois des prix qu'elle pratiquait et de fluctuations imprévisibles de la demande. Deux nouvelles entrées dans la branche furent passivement acceptées par les membres du cartel entre 1880 et 1886 (période étudiée par Porter, [1983]). Le cartel se contenta de leur attribuer une part du marché et la collusion fut maintenue.

À plusieurs reprises, le cartel pensa avoir été trompé par certains membres. Il laissa alors les tarifs baisser pour un temps, revenant ensuite aux tarifs de collusion. D'après les calculs de Porter, les périodes de non-coopération qui furent observées en 1881, 1884 et 1885, durèrent en moyenne 10 semaines. Celles de 1884 et 1885 se produisirent environ 40 semaines après l'entrée d'un nouveau membre. Porter a pu établir que ces guerres de prix ne furent pas déclenchées par des diminutions soudaines de la demande.

Enfin, Porter a également calculé qu'au cours des périodes de coopération, le prix était plus élevé de 66% et la quantité plus faible de 33%. En définitive, au niveau global, le cartel gagna environ 11% de recettes supplémentaires au cours de ses périodes de coopération.

SOURCE : MacAvoy (1965) ; Ulen (1980) et Porter (1983).

durant les périodes de demande élevée (Rotemberg et Saloner, 1986). Leur thèse repose sur le fait que durant ces périodes d'expansion, les bénéfices d'une réduction de prix peuvent être importants.

Pour départager ces deux théories, Valérie Y. Suslow (dans un article sous presse ou moment où nous écrivons) a testé la stabilité des cartels au cours du cycle en étudiant un échantillon de 72 accords internationaux concernant 47 pays, sur la période 1920–39. Le tableau 6.1 résume l'historique de ces cartels.

Comme la plupart des pays européens n'avait pas de législation antitrust systématique avant la seconde guerre mondiale, ces cartels étaient légaux et reposaient sur des accords écrits. Ainsi, jusqu'en 1927, les cartels étaient légaux Suisse, et des pays comme la Belgique, la France, l'Espagne, l'Italie et les Pays-bas ne les interdisaient pas explicitement. En Allemagne, les cartels furent légaux jusqu'en 1923. Puis ce pays adopta une législation réprimant les abus de pouvoir économique. En 1930, la Grande-Bretagne adopta une résolution reconnaissant les cartels comme un fait de la vie économique, mais qui posait en même temps le *principe de publicité* au terme duquel les accords devaient être notifiés, enregistrés et publiés. À parir du milieu des années 1930, d'autres pays européens suivirent la politique de la Grande-Bretagne. En France, ce n'est qu'après 1945 que des lois sur les cartels furent adoptées.

Tableau 6.1: *Cartels antérieurs à la seconde guerre mondiale*

Industrie	Période de fonctionnement[1]	Motif de rupture[2]
Acide acétique 1	1924–2ᵉGM	GM
Acide acétique 2	1924–32	F
Acide citrique	1935–2ᵉGM	GM
Acier (brut et semi fini)	1926–29	D
	1930–31	D
	1926–2ᵉGM	GM
Alcali	1924–44	A
Aluminium	1923–26	NR
	1926–31	F
	1931–39	D
Aniline (teintures)	1927–29	F
	1929–2ᵉGM	A
Bois de charpente	1935–2ᵉGM	GM
Boutons à pression	1927–45	GM +
Câbles électriques à haute tension	1928–2ᵉGM	GM
Canalisations	1931–32	DD
	1938–2ᵉGM	GM
Carbure de calcium	1924–37	F
Caoutchouc (brut)	1920–21	F
	1922–26	F
	1934–44	GM
Caoutchouc (synthétique)	1920–2ᵉGM+	GM
Carbure de tungstène	1928–41	A
Charbon	1935–2ᵉGM	GM
Chlorate de sodium	1931–2ᵉGM	GM
Cuivre (raffiné)	1918–24	NR (F)(D)
	1926–30	NR
	1931–32	DD
	1935–2ᵉGM	GM
Équipement électrique industriel	1930–2ᵉGM	GM
Étain	1921–24	F
	1931–41	GM
Explosifs à usage civil	1920–24	A
Hormones (synthétiques)	1937–41	A
Lampes électriques	1921–24	F
	1924–2ᵉGM	A
Lin	1925–40	GM
Magnésium (lingots et composants)	1931–42	A
Mèches (& détonateurs, allumettes, etc.)	1920–44	A

→

[1] L'année de départ est celle de la mise en application de l'accord. L'année d'interruption est incluse dans la durée de fonctionnement (Suslow donne le jour et le mois).

[2] A = action antitrust ; NR = non-respect de l'accord ; D = défection d'un membre important du cartel ; F = la production de la frange à mis le cartel en échec ; DD = droit de douane ; GM = 2ᵉ guerre mondiale.

Tableau 6.1: *Cartels antérieurs à la seconde guerre mondiale (suite)*

Industrie	**Période de fonctionnement**[1]	**Motif de rupture**[2]
Nitrogène	1929–30	F
	1930–31	C
	1932–2ᵉGM	GM
Nitrogène (synthétique)	1926–2ᵉGM	GM
Pâte de bois (mécanique)	1927–41	GM
Pâte de bois (sulfure)	1930–39	D
Phosphate (roche)	1933–2ᵉGM	GM
Platine (& et métaux alliés)	1918–27	D
	1931–33	NR
Potasse (et produits similaires)	1924–26	NR
	1926–39	A
Produits d'optique militaire	1921–40	A
Produits pharmaceutiques	1932–43	GM
Produits en titane	1920–43	A
Quebracho (extrait de)	1919–22	NR
	1926–31	NR
	1934–42	A
Rayonne	1927–2ᵉGM	GM
Saccharine	1930–45	GM
Soufre (brut)	1923–33	G
	1934–2ᵉGM	GM
Sucre (brut)	1931–35	F
	1937–2ᵉGM	GM
Sulfate de sodium (brut)	1926–2ᵉGM	GM
Silicone ferreux	1929–2ᵉGM	GM (F)
Thé	1930	NR
	1933–2ᵉGM	GM
Verre (plaques)	1932–4	F +
Verre (plateaux)	1921–2ᵉGM+	GM +
Zin (raffiné)	1929	C
	1931–33	C
	1933–34	C

[1] L'année de départ est celle de la mise en application de l'accord. L'année d'interruption est incluse dans la durée de fonctionnement (Suslow donne le jour et le mois).
[2] A = action antitrust ; NR = non-respect de l'accord ; D = défection d'un membre important du cartel ; F = la production de la frange à mis le cartel en échec ; DD = droit de douane ; GM = 2ᵉ guerre mondiale.

SOURCE : Suslow (à paraître, annexe B).

Les cartels auraient dû survivre plus facilement dans les pays où ils étaient légalement autorisés qu'aux États-Unis, où ils ne ne l'étaient pas. Les entreprises d'Allemagne, de France et d'Angleterre participaient à la moitié de ces cartels, alors que les entreprises américaines n'y participaient que pour un tiers. Dans les années 1940, 10 entreprises américaines furent poursuivies pour avoir participé à ces cartels internationaux.

Suslow a calculé que la durée de vie du cartel médian fut légèrement supérieure à 5 ans, que 75% des cartels durèrent plus de 2 ans et 20% plus de 10 ans. Le tableau 6.1 montre qu'il existe un profil propre aux industries. Ainsi, 40% des cartels n'ayant pas survécu à leur première rupture appartenaient à l'industrie chimique, alors que 6% seulement concernaient l'industrie métallurgique. En revanche, 46% des cartels s'étant reconstitués plusieurs fois concernaient l'industrie métallurgique et seulement 17% l'industrie chimique.

Sur les 42 cartels ayant fonctionné sur plusieurs périodes et pour lesquels le nombre d'entreprises est connu, 83% étaient composés de 10 entreprises ou moins, 64% de 5 entreprises ou moins et 39% de 3 entreprises ou moins. 74% des 39 cartels pour lesquels des indications de parts de marché sont disponibles contrôlaient plus de 50% du marché mondial. Ainsi, de même que les cartels américains, les cartels internationaux comprennent un petit nombre d'entreprises et contrôlent une grande partie du marché.

Suslow a également effectué une estimation de la probabilité d'échec d'un cartel à un moment donné, sachant qu'il a déja survécu jusqu'à ce moment. En plus des autres facteurs, les phases de récession et de dépression du cycle économique semblent accroître les chances d'échec des cartels.(23)

De plus, les cartels déja constitués lors des phases de croissance semblent moins exposés à l'échec que les autres. En général, une plus grande volatilité de l'activité économique globale au cours du cycle de vie du cartel (retournements fréquents du cycle) paraît augmenter la probabilité d'échec des cartels.

6.3 Bénéfices pour les consommateurs de la dislocation des cartels

Les hommes qui savent les mêmes choses ne se fréquentent pas. – Emerson

Les entreprises d'un cartel n'apprécient guère que l'une d'elles produise davantage que la quantité définie par le cartel. Celles qui ne respectent pas les règles du cartels sont qualifiées de « tricheuses » ou de « resquilleuses », ou de mots plus doux encore. Les consommateurs, en revanche, bénéficient de ce comportement non-coopératif. En effet, les entreprises qui produisent davantage que le cartel ne le souhaite contribuent à faire baisser le prix du marché.

Un exemple linéaire simple permet d'illustrer les effets du comportement non-coopératif d'un membre du cartel (voir l'annexe A pour plus de détails). Dans cet

[23] Hajivassiliou (1989) atteint des résultats semblables pour le cartel américain du rail (1880-86). Porter (1983) et Lee et Porter (1984) ont aussi étudié ce cartel en conservant les postulats de Green et Porter. Town (1991) rejette à la fois les hypothèses de Green et Porter et de Rotemberg et Saloner et conclut que pour ce cartel les guerres de prix n'étaient pas liées aux fluctuations de la demande.

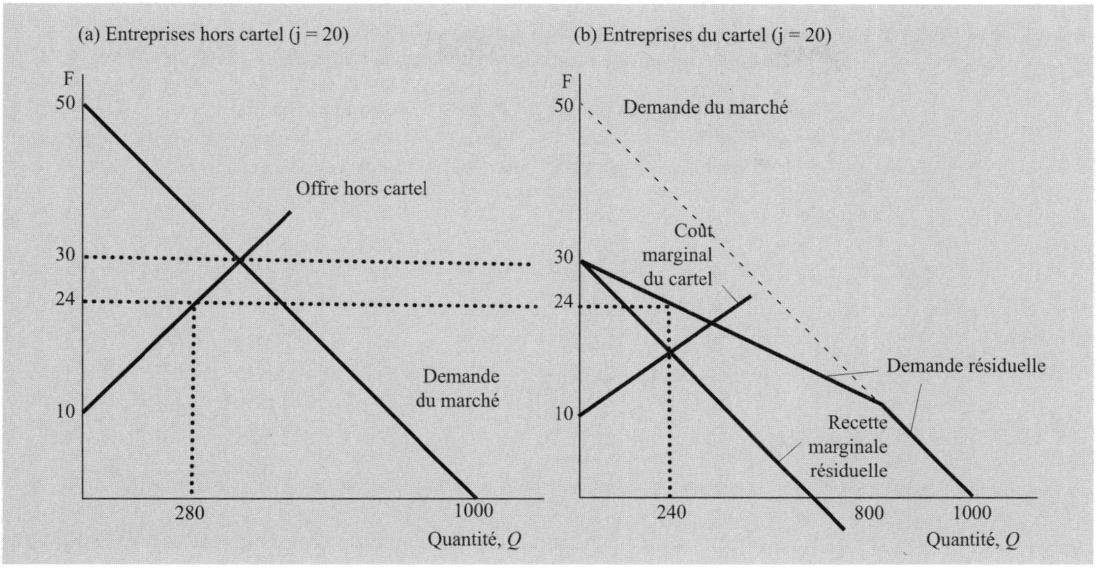

Figure 6.2: *Cartel imparfait*

exemple, nous supposons que l'industrie compte 50 entreprises ayant des fonctions de coût identiques et qu'aucune autre entreprise extérieure ne peut plus entrer sur ce marché.

Sur les 50 entreprises, nous supposons qu'il y en a j qui décident de ne pas restreindre leur production et vendent autant qu'elle le veulent. Ces entreprises considèrent chacune le prix du marché comme une donnée exogène (elles sont preneuses de prix). Pour préciser les choses, admettons que la courbe de coût marginal de chaque entreprise soit une fonction linéaire de la quantité (q), c'est-à-dire $Cm = 10 + q$. Si le prix du marché, p, est supérieur à 10 F, chaque entreprise produit $q = 10 \div p$ unités (c'est-à-dire la quantité qui correspond à l'égalité du prix et du coût marginal). Par conséquent, les j entreprises qui n'obéissent pas au cartel vont produire en tout $Q_{nc} = jq = j(p - 10)$ unités.

La figure 6.2a illustre à la fois la courbe de demande du marché, $Q = 1000 - 20p$ et l'offre des 20 entreprises concurrencielle (qui ne coopèrent pas avec le cartel). Comme toutes les entreprises du marché ne font pas partie du cartel, celui-ci est dans la position d'une *entreprise dominante confrontée à une frange concurrentielle*, dont nous avons étudié le processus de décision au chapitre 5, en utilisant la notion de demande résiduelle.

La demande résiduelle adressée au cartel s'obtient en retranchant l'offre de la frange concurrentielle de la demande du marché. Sur la figure 6.2b, lorsque le prix est supérieur au seuil de fermeture des entreprises ne faisant pas partie du cartel ($p = 10$ F), la courbe de demande résiduelle est située sous la courbe de demande

Tableau 6.2
Variables du marché sous différents degré de cartellisation (50 entreprises)

	Entreprises hors cartel	Élasticité du marché	Prix du marché	Production du marché	Profits Totaux (π)	Surplus (SC)	Bien-être ($SC + \pi$)
Monopole	0	33,33	−2,00	333	6 667	2 778	9 445
	1	32,41	−1,84	352	6 524	3 094	9 618
	10	26,97	−1,17	461	5 318	5 304	10 622
	20	24,00	−0,92	520	4 360	6 760	11 120
	30	22,44	−0,81	551	3 743	7 591	11 337
	40	21,67	−0,76	567	3 391	8 027	11 418
	49	21,43	−0,75	572	3 267	8 162	11 428
Concurrence	50	21,42	−0,75	571	3 265	8 163	11 429

→

du marché (en pointillé).[24] La courbe de demande résiduelle est coudée au point qui correspond à $p = 10$ F. Comme les entreprises du cartel ont les mêmes fonctions de coût que les autres, le cartel ne peut pas se permettre non plus de produire pour un prix inférieur à $p = 10$ F, ce qui fait qu'il n'est pas nécessaire de se préocupper de la partie de la courbe de demande résiduelle correspondant à ces prix (sur la figure 6.2b, elle se confond avec la courbe de demande du marché). Le cartel maximise son profit en choisissant de produire 240 unités, quantité qui correspond à l'égalité de sa recette marginale (associée à la courbe de demande résiduelle) et de son coût marginal (voir la figure 6.2b). Cette production détermine le prix pratiqué par le cartel, soit 24 F. Si $p = 24$ F, la production des entreprises qui ne font pas partie du cartel est alors égale à 280 unités (voir la figure 6.2a).

Le tableau 6.2 contient non seulement les résultats détaillés du cas où $j = 20$, mais également les résultats lorsque le nombre d'entreprises n'appartenant pas au cartel change. Si aucune des 50 entreprises du marché ne fait partie du cartel ($j = 50$), on retrouve évidemment la situation concurrentielle. Le prix est alors égal à 21,43 F et la quantité totale produite est de 571 unités. Chaque entreprise produit 11,43 unités et gagne un profit de 65,31 F. Lorsque le marché est concurrentiel, le surplus des consommateurs et le bien-être total sont maximisés.

À l'autre extrême, si toutes les entreprises rejoignent le cartel ($j = 0$), le cartel devient un monopole. Le prix fixé est alors égal à 33,33 F, soit 56% plus élevé que le prix concurrentiel. L'indice de Lerner ou marge prix-coût, $(p - Cm)/p$, est égal à 50%.[25] Dans ce cas, la production de l'industrie n'est que de 333 unités

[24] Étant donné que la courbe d'offre de chaque entreprise concurrentielle est $q = 10 - p$, elle perdrait de l'argent si elle produisait lorsque le prix est inférieur à 10 F.

[25] Alors que l'industrie concurrentielle opère toujours sur la partie inélastique de la demande (l'élasticité est égale à −0,75), le cartel opère sur la partie élastique (l'élasticité est égale à −2,00).

Tableau 6.2
Variables du marché sous différents degré de cartellisation (50 entreprises). Suite

	Entrepr. hors cartel	*PS* en % des ventes	Part de marché du cartel (%)	Entreprises du cartel: Marge prix-coût (%)	du cartel: Profits	du cartel: Production	hors cartel: Profits	hors cartel: Production
Monop.	0	17,9	100	50	6,66	133,33	—	—
	1	15,9	94	48	6,72	128,02	22,41	251,10
	10	6,5	63	36	7,27	96,95	16,97	143,99
	20	2,5	46	25	8,00	80,00	14,00	98,00
	30	0,7	32	16	8,89	71,08	12,44	77,38
	40	0,1	18	8	10,00	66,70	11,67	68,09
	49	0,0	2	1	11,27	65,32	11,431	65,33
Concurr.	50	—	0	—	—	—	11,429	65,31

SC = Surplus des consommateurs donné par le triangle de surface $(1000\text{-}20p)^2/40$.
La part de marché du cartel (en %) = 100 fois les ventes du cartel multiplié par les ventes totales.
PS = Perte sèche (bien-être en concurrence – bien-être réel).
Marge prix-coût (en %) = $100(p - Cm)/p$.

soit seulement 58% du niveau concurrentiel. Chaque entreprise ne produit que 6,66 unités et obtient un profit de 133,33 F, soit deux fois le profit concurrentiel. Le surplus des consommateurs est environ égal au tiers du surplus concurrentiel et le bien-être total n'est égal qu'à 83% du bien-être associé à la concurrence. Autrement dit, les pertes de surplus des consommateurs sont supérieures aux gains du cartel. La perte sociale, ou *perte sèche* due au monopole (voir le chapitre 5) représente 18% des ventes et 71% du surplus des consommateurs (quand le prix est à son niveau de monopole).

Le tableau 6.2 permet de voir qu'à mesure que le nombre d'entreprises n'appartenant pas au cartel augmente, le prix baisse pour les consommateurs, la quantité produite par l'industrie augmente, celle produite par une firme quelconque du cartel augmente, mais celle produite par une entreprise quelconque qui n'est pas du cartel baisse (parce que le prix baisse). Quand au profit, il baisse pour les deux types d'entreprises. L'étude du tableau permet de comprendre pourquoi les entreprises sont tentées de tricher en produisant davantage que le cartel ne le souhaite : quel que soit le niveau total de production, les entreprises non membres ont un profit supérieur aux entreprises du cartel, car elle produisent plus tout en vendant au même prix. Même lorsqu'une seule entreprise refuse de suivre le cartel et vend la production qu'elle souhaite au prix du marché, le prix chute de 3% par rapport au prix en monopole, la perte sèche diminue de 10%, le surplus du consommateur augmente de 5% et les profits totaux baissent de 2%.

Le tableau 6.2 montre aussi qu'aucune entreprise n'a intérêt à déterminer elle-même le prix du produit. En effet, si une entreprise formait un « cartel » toute seule (de sorte qu'il y aurait 49 entreprises non membres du cartel), sa courbe de demande résiduelle n'aurait qu'une très faible pente. La production qui maximise le profit se réduirait de 11,429 unités (niveau de concurrence) à 11,27 unités et le profit n'augmenterait que d'un centime (de 65,31 F à 65,32 F). Face à l'augmentation du prix, les 49 entreprises non membres preneuses de prix élèveraient leur production à 11,431 unités et l'augmentation de leur profit serait phénoménale : de 2 centimes à 65,33 F — autrement dit, le profit de chacune des entreprises non membres augmenterait davantage que le profit du cartel constitué d'une entreprise unique. Si, dans ce cas particulier, le profit de toutes les entreprises augmente, c'est parce que l'accroissement de la production des 49 entreprises non membres ne compense pas complètement la réduction de la production de l'entreprise unique du cartel. De ce fait, la production totale de l'industrie baisse de 571,43 unités à 571,38 unités, provoquant une augmentation du prix de 21,429 F à 21,431 F. Les pertes de bien-être causées par la formation de ce « cartel » sont faibles.

Plus la part de marché du cartel est importante, plus le coût en terme d'efficience est élevé. En concurrence, le prix est égal au coût marginal, de sorte que les consommateurs paient pour chaque unité ce que la dernière unité coûte à fabriquer. Le tableau 6.2 indique (colonne où figure la marge prix-coût) que plus le nombre des membres du cartel augmente, plus le prix augmente par rapport au coût marginal. Dans cet exemple, lorsque toutes les entreprises font partie du cartel, de sorte que le cartel est en fait un monopole, la marge prix-coût est égale à 50%. Si 20 entreprises refusaient de faire partie du cartel, la marge passe à 25% et si 30 entreprises refusaient, la marge passerait à 15,8%. Le surplus des consommateurs, le bien-être total et la perte sèche évoluent conformément à l'analyse précédente. Voir aussi l'exemple 6.6.

Pour résumer, lorsque l'entrée est restreinte, l'augmentation du nombre d'entreprises qui participent à un cartel élève le prix et réduit la la production totale. Plus le cartel devient puissant, plus les consommateurs y perdent. À mesure que la part de marché du cartel augmente de 0 à 100%, la production et le prix d'équilibre passent de leurs niveaux concurrentiels à leurs niveaux de monopole. Les entreprises qui ne font pas partie du cartel gagnent davantage que celles qui en font partie. De plus, cet écart de gain et l'incitation à faire cavalier seul augmentent à mesure que le cartel devient plus puissant. Ce résultat indique qu'il est préférable d'être à l'extérieur du cartel que d'en faire partie.

6.4 Répression des ententes sur les prix

Ce qu'une centaine d'hommes d'affaires décide de faire ne peut pas être illégal. – Andrew Young

Vers la fin du 19e siècle, les cartels étaient très répandus aux États-Unis. D'énormes trusts s'étaient constitués dans le pétrole, la poudre, les chemins de fer, le sucre et le tabac. La loi antitrust de 1880 — ou Sherman Act — fut adoptée pour « protéger les échanges et le commerce des contraintes illégales et des monopoles ».[(26)]

Comme expliqué au chapitre 20 (qui analyse en détails les lois antitrust) le Sherman Act déclare illégales les ententes inter-entreprises dont l'unique but est d'augmenter les prix. Par exemple, en 1899, le cas *Addyson Pipe and Steel* déclare illégaux le truquage des enchères et la monopolisation régionale des parts de marché.[(27)]

Les cas *Trenton Potteries* (1927) et *Socony-Vacuum Oil Co.* (1940) ont établi que la *fixation des prix* **per se** (c'est-à-dire le simple fait de déterminer le prix plutôt que de se conformer à celui du marché) était une violation de la loi, que ce prix soit ou non supérieur au niveau concurrentiel.[(28)] Ces cas établissent que la simple *tentative* de fixer un prix de monopole est une violation de la loi. Autrement dit, il n'est pas nécessaire de démontrer que l'accusé à réussi à imposer son prix au marché (Posner, 1976, p. 25). Ainsi, les cartels formés dans le simple but d'élever les prix sont-ils prohibés.

Cette approche de la prévention des ententes de prix se fonde sur l'existence d'une entente et non sur l'observation d'éventuels effets négatifs du monopole. Le gouvernement doit donc uniquement réunir des preuves de l'existence d'une entente de prix (par exemple prouver qu'une réunion secrète s'est tenue dans l'arrière-salle d'un café). Il n'a pas à démontrer les effets néfastes engendrées par ces ententes. Par conséquent, les ententes tacites (qui ne pourraient être condamnées que sur cette dernière base) n'entrent pas dans le cadre des lois antitrust.

6.4.1 Bilan des lois antitrust américaines

Les lois antitrust américaines ont été de plus en plus fréquemment appliquées pour poursuivre les entreprises coupables de fixer les prix et la sévérité des sanctions s'est accrue.[(29)] De 1890 à 1974, le ministère américain de la justice à traité 1000 cas au civil et 723 cas au pénal (Posner, 1976, p.25). La sanction d'une affaire traitée au pénal peut aller jusqu'à la prison, ce qui n'est pas le cas au civil. Depuis la fin de la seconde guerre mondiale, les administrations républicaines ont traité à peu près autant de cas que les administrations démocrates (Posner, 1970, p. 411-2). Le

---

[26] Voir le chapitre 20 pour une analyse détaillée des thèmes abordés dans cette section.

[27] *Addyston Pipe and Steel Co. v. United States*, 175 U.S. 211 (1899), voir le *U.S. Reporter*, vol. 175, à partir de la page 211. Le cas fut tranché par la Cour Suprême des États-Unis en 1899.

[28] Voir *United States v Trenton Potteries Co.*, 273 U.S. 392 (1927). Cependant, un cas plus récent, *Appalachian Coals, Inc. v. United States*, 288 U.S. 344 (1933), semblait s'écarter de cette jurisprudence. Mais celle-ci fut définitivement confirmée par l'arrêt *United States v. Socony-Vacuum Oil Co.*, 310 U.S. 150 (1940).

[29] Avant les années 1970, les États n'appliquaient que très rarement leurs propres lois antitrust. Récemment, quelques États ont utilisé plus fréquemment leur propre arsenal juridique, mais cette pratique reste peu répandue.

EXEMPLE 6.6 Coûts sociaux de l'existence des cartels

Posner a appliqué sa théorie de la dissipation intégrale des profits d'un cartel dans l'activité de recherche de rente (exposée au chapitre 5) pour calculer le coût social engendré par plusieurs cartels notoires (principalement internationaux. Le tableau ci-dessous résume ses résultats.

Industrie	Augmentations de prix du cartel (%)	Élasticité	Coûts sociaux (en % des ventes de l'industrie)
Azote	75	2,33	62
Sucre	30	4,33	36
Aluminium	100	2,00	75
Aluminium	38	3,63	42
Caoutchouc	100	2,00	75
Ampoules électriques	37	3,70	42
Cuivre	31	4,25	36
Tuyaux d'acier	39	3,56	42

NOTE : Les chiffres ci-dessus sont tirés d'une mise à jour d'un tableau du livre de Posner. Pour l'aluminium, il y a deux estimations différentes des augmentations de prix du cartel.

Les élasticités sont basées sur les augmentations de prix décidées par les cartels, en postulant que le prix du marché est celui qui maximise le profit de monopole et que la courbe de demande est linéaire. Comme le souligne Posner, ces postulats restrictifs obligent à considérer les résultats avec prudence. Mais même si ces chiffres sont très approximatifs, ils révèlent tout de même que les coûts sociaux de l'existence des cartels sont très importants.

SOURCE : Posner, R.A. *Antitrust Law.*

ministère a fréquemment obtenu des condamnations. Ainsi Posner (1970, p. 381–2) a calculé que pour chaque période de 5 ans, le ministère avait gagné dans 64% des cas de 1910 à 1925, dans 78% des cas de 1925 à 1955 et dans 85% des cas depuis 1955.[(30)]

Snyder (1990) a comparé le nombre de cas relevant de la section I du Sherman Act et traités par la division antitrust durant la période 1980–85 avec ceux traités au cours des années 1970. Le nombre annuel de cas a augmenté : de 17 dans les années 1970, il est passé à 30 au début des années 1980. La raison de cette augmentation est la poussée des cas où les ententes de prix impliquent des organismes publics, comme par exemple les offres truquées pour la construction d'autoroutes. Ces cas portent sur une valeur de production généralement plus faible que pour les autres cas. Selon les résultats de Snyder, le nombre d'ententes de prix faisant intervenir des

[30] Posner (1970, p. 384) a également établi que le ministère de la justice a gagné dans 76% des cas portés devant la Cour Suprême, que la *Federal Trade Commission* en avait gagné 75% et que les particuliers en avaient gagné 63%. La moyenne des trois groupe est de 70% de cas portés devant la Cour Suprême gagnés par les plaignants.

organismes non gouvernementaux a baissé de 15 par an pour la première période à 10 par an pour la seconde.

Dans un petit nombre d'affaires, le ministère américain de la justice n'a pas obtenu gain de cause (Posner, 1970). Depuis 1890, les entreprises accusées ont été condamnées *nolo contendere* (« pas de contestation », voir la note de bas de page n° 11 de ce chapitre) dans 57% des cas, 21% autrement et dans 22% acquittées ou ont bénéficié d'un non-lieu. Ce faible taux d'échec indique que le ministère de la justice ne s'aventure que dans les affaires où il est sûr de son fait ou bien lorsque l'entreprise accusée plaide *nolo contendere* et paie alors de faibles amendes (ce qui lui évite des procédures longues et le risque de perdre le procès). L'un des avantages de la procédure *nolo contendere* pour l'entreprise accusée est qu'il n'en sort aucune preuve d'entente sur les prix qui puisse ensuite servir de base à des procédures antitrust privées (visant à obtenir des dommages et intérêts).

Historiquement, les sanctions imposées par les lois antitrust fédérales sont assez faibles. Quant à la FTC, la seule sanction à sa disposition est une injonction dite *cease-and-desist order* (injonction de cesser) qui, comme le terme ne l'indique pas, prohibe le comportement de l'entreprise sans le pénaliser. L'amende maximale prévue par le Sherman Act était au départ de 5 000 $. Ce chiffre fut porté à 50 000 $ en 1955 et à 100 000 $ en 1974 pour les individus et 1 million de dollars pour les entreprises. Au cours de la période 1950–59, les amendes infligées par le ministère de la justice furent en moyenne de 40 000 $ (0,08% du volume des ventes concerné par l'entente), alors qu'entre 1960 et 1969 la moyenne fut de 131 000 $, soit 21% des ventes concernées par l'entente (Posner, 1970, 1976). Les amendes maximales sont actuellement de 10 millions de dollars pour une entreprise et de 350 000 $ pour un individu. En plus des amendes, une entreprise jugée coupable doit indemniser les personnes privées, les entreprises et les organismes publics dont le procès a prouvé qu'ils avaient été victimes de l'entente visant à fixer les prix. En plus des indemnités qu'ils doivent verser, les individus et les entreprises reconnus coupables doivent payer les frais de justice et c'est le gouvernement, en plus des indemnités qui lui reviennent, qui perçoit le montant de ces frais.

Les condamnations à la prison sont rares dans les affaires antitrust fédérales. Il n'y en eu aucune entre 1890 et 1909. De 1910 à 1974, des condamnations à la prison furent prononcées dans 33 cas, ce qui qui fait environ une condamnation par an (Posner, 1976, p. 33). Avant 1925, la plupart des individus condamnés étaient ceux qui avaient organisés les réunions, ainsi que les responsables au plus haut niveau. Jusqu'à la seconde guerre mondiale, la plupart des cas où des condamnations à la prison furent infligées impliquaient des actes de violence. La condamnation maximale, de 3 ans de prison, fut prononcée en 1974.

6.4.2 Contentieux privés

Les actions intentées à titre privé par des individus ou des entreprises victimes de comportements anti-concurrentiels du fait de fixation de prix étaient rares avant l'affaire du début des années 1960 concernant l'entente de prix dans l'industrie électrique (voir l'exemple 6.1). Au cours des deux décennies qui suivirent, les actions intentées à titre privé, y compris celles qui firent jurisprudence, augmentèrent notablement. Ces actions privées, qui font souvent suite à des affaires engagées par les autorités fédérales, peuvent accroître substantiellement le coût des ententes, parce que des indemnités, augmentées des frais de justice, sont alors susceptibles d'être versées par les parties condamnées. [31] Sur la période 1937–54, il y eut une moyenne de 104 actions privées par an. Entre 1955 et 1959, ce nombre augmenta à 229. De 1960 à 1964, 1919 actions privées furent intentées, pour la seule industrie de l'équipement électrique, faisant augmenter la moyenne annuelle à 671 cas. En 1984, 1100 actions privées furent intentées (Salop et White, 1986).

6.4.3 Efficacité des lois antitrust

Les lois actuelles ont permi d'éliminer les ententes explicites. Ainsi que Posner (1976, p.39) le note, « l'élimination des cartels formels... est une la principale et la plus impressionnante des réussites à mettre à l'actif des lois antitrust américaines ». Comme nous le verrons au chapitre 20, ces lois n'ont cependant pas permi d'empêcher efficacement les entreprises de coordonner leur activité par la collusion tacite (mimétisme conscient).

Résumé

1. Les entreprises sont simultanément poussées à former des cartels et à ne pas respecter les règles du cartel. Elles désirent faire partie d'un cartel si celui-ci est en mesure d'augmenter durablement les prix. La probabilité qu'un cartel réussisse à élever sensiblement le prix au-dessus du niveau concurrentiel est d'autant plus grande qu'il contrôle une part importante du marché, que la courbe de demande qui s'adresse à lui est relativement inélastique et que l'entrée sur le marché est limitée. Le gain anticipé d'une participation au cartel est d'autant plus grand que la probabilité de détection par le gouvernement, ainsi que les amendes, sont faibles.
2. L'échec des cartels est dû aux membres qui ne respectent pas les règles édictées ou à la concurrence des entreprises extérieures au cartel. Les membres du cartel sont individuellement incités à tricher car ils peuvent augmenter leurs profits en produisant davantage que le cartel ne les y autorise ou à pratiquer un prix inférieur à celui du cartel. Un cartel ne peut durer que s'il a les moyens de détecter et de sanctionner les membres qui ne respectent pas les accords. Il existe pour cela de nombreuses techniques, comme le partage du marché ou diverses clauses contractuelles.

---

[31] Selon Posner (1970, p. 372), sur la période 1956–60, au moins 278 affaires privées furent précédées par un jugement du ministère de la justice, alors qu'en 1961–63, le nombre d'affaires précédées par un jugement du ministère de la justice était de 880.

3. Lorsque les cartels réussissent à augmenter les prix, le surplus des consommateurs se réduit. Le gain du cartel est inférieur à la réduction du surplus des consommateurs : la différence correspond à la perte sèche (d'efficience). Moins il y a d'entreprises dans le cartel, moins le pouvoir de monopole de celui-ci est important, ce qui diminue son effet néfaste pour les consommateurs et la société.
4. Le gouvernement américain, comme bien d'autres, a promulgué des lois antitrust qui interdisent et sanctionnent les cartels. En ce qui concerne les États-Unis, les cartels de fixation des prix ont été vigoureusement poursuivis, mais les sanctions infligées sont demeurées relativement modérées.

Termes clés

Cartel
Clause du consommateur le plus favorisé
Clause de remboursement de la différence de prix
Collusion tacite
Oligopole coopératif
Per se
Seuil de déclenchement

Questions

Q.6.1 Quelles politiques nationales les États-Unis et d'autres pays occidentaux peuvent-ils mettre en œuvre pour affaiblir les cartels internationaux comme l'OPEP ?

Q.6.2 Y a-t-il des raisons pour qu'un gouvernement souhaite encourager la formation de cartels ou même qu'il contribue à leur création ? Par exemple, si une industrie nationale exporte la majorité de sa production, le gouvernement a-t-il intérêt à encourager la formation d'un cartel ?

Q.6.3 Pourquoi, selon-vous, les lois antitrust américaines sont-elles plus sévères qu'ailleurs ?

Q.6.4 Pensez-vous que l'application plus sévère des lois antitrust aurait des effets négatifs sur les entreprises innovantes qui coopèrent au niveau de la recherche & développement ?

Q.6.5 Discutez l'affirmation suivante : puisque le monopole engendre toujours une perte sèche, les gouvernements devraient intervenir pour prévenir les pertes.

Q.6.6 En quoi (a) la probabilité que le gouvernement poursuive les membres d'un cartel et (b) l'importance de l'amende infligée en cas de poursuite justifiée influencent-elles la décision d'une entreprise de participer à un cartel ? Est-il rentable, pour mieux dissuader la fomation des cartels, d'augmenter la probabilité de poursuite ou l'importance de l'amende ?

Problèmes [32]

P.6.1 Supposez que les membres d'un cartel bénéficient de coûts (moyens et marginaux) inférieurs à ceux des autres entreprises. Tracez la courbe de demande résiduelle du cartel (quels sont vos postulats concernant l'entrée de nouvelles entreprises) ? Indiquez sur le graphique le prix et la quantité qui maximisent le profit du cartel. Le cartel peut-il provoquer la faillite et le départ des autres entreprises tout en continuant à faire des profits ? Sous quelles conditions ?

P.6.2 Utilisez les chiffres de l'exemple 6.3 pour calculer l'élasticité de la demande du marché des automobiles vers le milieu des années 1950. Quand les chiffres indiquent d'importantes variations de prix et de quantité, le concept utilisé est celui d'*élasticité d'arc*. Celle-ci se calcule généralement rapportant chaque variation à son point moyen. Ainsi, si l'on considère les deux paires prix-quantité suivantes, la formule de l'élasticité d'arc est (les 2 n'apparaissent pas dans la formule ci-dessous car ils s'annulent) :

$$\varepsilon = \frac{\dfrac{(q - q^*)}{(q + q^*)}}{\dfrac{(p - p^*)}{(p + p^*)}}$$

Le chiffre que vous obtenez confirme-t-il la thèse suivant laquelle, dans les années 1950, la maximisation du profit dans l'industrie automobile était le fruit de la décision d'un cartel ? Expliquez votre réponse.

P.6.3 Montrez graphiquement pourquoi une augmentation de l'élasticité de la demande du marché réduit le pouvoir de monopole d'un cartel. Montrez comment une augmentation de l'élasticité de la demande du marché influence l'élasticité de la courbe de demande résiduelle.

P.6.4 (Problème basé sur l'annexe A à ce chapitre). Montrez que la somme de la production des entreprises du cartel et des autres est inférieure à la production concurrentielle et que le prix correspondant est supérieur au prix concurrentiel.

P.6.5 (Problème basé sur l'annexe A à ce chapitre). Montrez que le prix du cartel diminue à mesure que le nombre d'entreprises qui n'appartiennent pas au cartel (j) augmente.

P.6.6 En quoi peut-on dire qu'un cartel qui réunit seulement quelques entreprises d'une industrie correspond au modèle de l'entreprise dominante développé au chapitre 5 ?

Lectures complémentaires

L'article de Jacquemin et Slade (1989) est une bonne synthèse de l'analyse moderne des cartels.

---

[32] Les solutions des problèmes impairs sont données en fin de livre.

Bibliographie

ADELMAN, Morris A. 1982. « OPEC as a Cartel » *in* James M. GRIFFIN et David J. TEECE, éds, *OPEC Behavior and World Oil Prices.* London : George Allen & Unwin.

ASH, Peter et J.J. SENECA. 1976. « Is Collusion profitable ? ». *Review of Economics and Statistics* 68 : 1–12.

BANE, Charles A. 1973. *The Electrical Equipment Conspiracies : The Treble Damage Actions.* New York : Federal Legal Publications.

BERNHEIM, B.D. et D. RAY. 1989. « Collective Dynamic Consistency in Reapeated Games ». *Games and Economic Behavior* 1 : 295–326.

BORK, Robert H. 1966. « Legislative Intent and the Policy of the Sherman Act ». *Journal of Law and Economics* 9 7–48.

BRESNAHAN, Timothy F. 1987. « Competition and Collusion in American Automobile Industry : The 1955 Price War ». *The Journal of Industrial Economics* 35 : 457–82.

CASTLE, Emery N. et K. PRICE. 1983. *U.S. Interests and Global Nature Resources.* Washington D.C. : John Hopkins University Press.

CAVES, Jonathan et Stephen W. SALANT. 1987. « Cartel that Vote : Agricultural Marketing Boards and Induced Voting Behavior », *in* Elizabeth BAILEY, éd., *Regulation at the Crossroads.* Cambridge, Mass. : MIT Press.

CRÉMER, Jacques et Djavad SALEHI-ISFAHANI. 1989. « The Rise and Fall of Oil Prices : A Competitive View ». *Annales d'Économie et de Statistique* 15/16 : 427–54.

CRÉMER, Jacques. 1991. *Models of the Oil Market.* New York : Harwood Academic Publishers.

DAVIDSON, Carl et Lawrence W. MARTIN. 1985. « General Equilibrium tax Incidence Under Imperfect Competition : A Quantity Setting Supergame Analysis ». *Journal of Political Economy* 93 : 1212–23.

ECKBO, Paul L. 1976. *The Future of World Oil.* Cambridge, Mass. : Ballinger.

EVANS, R. et Eric MASKIN. 1989. « Efficiency Renegotiation–Proof Equilibria in Repeated Games ». *Games and Economic Behavior* 1 : 361–9.

FARREL, Joseph et Eric MASKIN, 1989. « Renegociation and Repeated Games », *Games and Economic Behavior* 1 : 327–60.

FISHER, Anthony C. 1981. *Resource and Environmental Economics.* Cambridge : Cambridge University Press.

FISHER, Franklin M., P.H. COOTNER et Martin N. BAILEY. 1972. « An Econometric Model of the World Copper Industry ». *Bell Journal of Economics and Management* 3 : 568–609.

FRAAS, Arthur G. et Douglas F. GREER. 1977. « Market Structure and Price Collusion : An Empirical Analysis ». *Journal of Industrial Economics* 26 : 21–44.

FRIEDMAN, James W. 1971. « An Noncooperative Equilibrium for Supergames ». *Review of Economic Studies* 28 : 1–12.

FULLER, John G. 1962. *The Gentlemen Conspirators : The Story of the Price-Fixers in the Electrical Industry.* New York : Grove Press.

GREEN, Edward J. et Robert H. PORTER. 1984. « Noncooperative Collusion Under Imperfect Price Information ». *Econometrica* 52 : 87–100.

GRIFFIN, James M. 1985. « OPEC Behavior : A Test of Alternative Hypotheses ». *American Economic Review* 75 : 954–63.

GRIFFIN, James, M. et David J. TEECE, éds. 1982. *OPEC Behavior and World Oil Prices.* London : George Allen & Unwin.

HAY, George A. et Daniel KELLEY. 1974. « An Empirical Survey of Price-Fixing Conspiracies ». *Journal of Law and Economics* 17 : 13–38.

HAJIVASSILIOU, Vassilis A. 1989. « Measurement Errors in Switching Regressions Models : With Applications to Price-Fixing Behavior ». Cowles Foundation for Research in Economics Working Paper.

HNYYILICZA, Esteban et Robert S. PINDYCK. 1976. « Pricing Policies for a Two-Part Exhaustible Resource Cartel : The Case of OPEC ». *European Economic Review* 8 : 139–54.

JACQUEMIN, Alexis et Margaret E. SLADE. 1989. « Cartels, Collusion, and Horizontal Mergers », *in* Richard SCHMALENSEE et Robert WILLIG, éds, *The Handbook of Industrial Organization.* Amsterdam : North-Holland Press.

LEE, Lung-Fei et Robert H. PORTER. 1984. « Switching Regression Models with Imperfect Sample Separation Information – With an Application to Cartel Stability ». *Econometrica* 52 : 391–418.

KNOLL, Michael S. 1988. « Uncertainty, Efficiency, and the Brokerage Industry ». *Journal of Law and Economics.* 31 : 249–63.

LEAN, David F., Jonathan D. OGUR et Robert P. ROGERS. 1982. *Competition and Collusion in Electrical Equipment Markets : An Economic Assessment.* Washington D.C. : Federal Trade Commission.

MACAVOY, Paul W. 1965. *The Economic Effects of Regulation.* Cambridge, Mass. : MIT Press.

MACAVOY, Paul W. 1982. *Crude Oil Prices as Determined by OPEC and Market Fundamentals.* Cambridge, Mass. : Ballinger.

MACKIE-MASON, Jeffrey K. et Robert S. PINDYCK. 1986. « Cartel Theory and Cartel Experience in International Minerals markets », *in* R.L. GORDON, H D. JACOBY et M.B. ZIMMERMAN, éds, *Energy : Markets and Regulation : Essays in Honor of M. A. Adelman.* Cambridge, Mass. : MIT Press.

MALONEY, Michael T., Robert E. MCCORMICK et Robert D. TOLLISON. 1979. « Achieving Cartel Profits Through Unionization ». *Southern Economic Journal* 46 : 628–34.

MEAD, Walter J. 1979. « The Performance of Government Energy Regulation ». *American Economic Review* 69 : 352–6.

OSBORNE, D.K. 1976. « Cartel Problems ». *American Economic Review* 66 : 835–44.

OWEN, Bruce M. 1977. « Kickbacks, Specialization, Price-Fixing, and Efficiency in Real Estate Markets ». *Stanford Law Review* 29 : 931–67.

PHILLIPS, Almain. 1972. « An Econometric Study of Price-Fixing, Market Structure, and Performance in British Industry in the early 1950s », *in* Keith COWLING, éd., *Market Structure and Corporate Behaviour : Theory and Empirical Analysis of the Firm.* London : Gray-Mills Publishing, 177–92.

PINDYCK, Robert S. 1977. « Cartel Pricing and the Structure of the World Bauxite Market ». *Bell Journal of Economics and Management* 8 : 343–60.

PINDYCK, Robert S. 1978. « Gains to Producers from the Cartelization of Exhaustible Resources ». *Review of Economics and Statistic* 60 : 238–51.

PINDYCK, Robert S. 1979. « The Cartelization of World Commodity Markets ». *American Economic Review* 69 : 154–8.

PORTER, Robert H. 1983. « A Study of Cartel Stability : The Joint Executive Committee, 1880–1886 ». *Bell Journal of Economics and Management* 14 : 301–14.

POSNER, Richard A. 1970. « A Statistical Study of Antitrust Enforcement ». *Journal of Law and Economics.* 13 : 365–419.

POSNER, Richard A. 1975. « The Social Cost of Monopoly and Regulation ». *Journal of Political Economy* 83 : 807–27.

POSNER, Richard A. 1976. *Antitrust Law : An Economic Perspective.* Chicago : The University of Chicago Press.

ROSENSTEIN-RODAN, P.N. 1961. « International Aid for Underdeveloped Countries ». *Review of Economics and Statistics* 43 : 107–38.

ROTEMBERG, Julio J. et Garth SALONER. 1986. « A Supergame-Theoretic Model of Price Wars During Booms ». *American Economic Review* 76 : 390–407.

SALOP, Steven C. 1986. « Practices that (credibly) Facilitate Oligopoly Coordination », *in* Joseph E. STIGLITZ et G. Frank MATHEWSON, éds, *New Developments in the Analysis of Market Structure.* Cambridge, Mass. : The MIT Press, Chap. 9, 265–90.

SALOP, Steven C., David T. SCHEFFMAN et Warren SCWARTZ. 1984. « A Bidding Analysis of Special Interest Regulation : Raising Rivals' Cost in a Rent-Seeking Society », in *Political Economy of Regulation : Private Interests in the Regulatory Process.* Washington D.C. : Federal Trade Commission.

SALOP, Steven C. et Lawrence J. WHITE. 1986. « Economic Analyses of Private Antitrust Litigation ». *Gorgetown Law Journal* 74 : 1001–64.

SCOTT, John T. 1991. « Multimarket Contact among Diversified Oligopolists ». *International Journal of Industrial Organization* 9 : 225–38.

SMITH, Adam. ([1776] mais version ci-après non datée) *An Inquiry into the Nature and Causes of the Wealth of Nations.* New York : Random House.

SNYDER, Edward A. 1990. « The Effects of Higher Criminal Penalties on Antitrust Enforcement ». *Journal of Law and Economics* 33 : 439–62.

SPENCE, Michael. 1978a. « Tacit Coordination and Imperfect Information ». *Canadian Journal of Economics* 11 : 490–505.

SPENCE, Michael. 1978b. « Efficient Collusion and Reaction Functions ». *Canadian Journal of Economics* 11 : p. 527–33.

STAIGER, Robert W. et Frank A. WOLAK. 1992. « Collusive Pricing with Capacity Constraints in the Presence of Demand Uncertainty ». *Rand Journal of Economics* 23 : 203–20.

STIGLER, George J. 1964. « A Theory of Oligopoly ». *Journal of Political Economy* 72. Réimprimé comme chapitre 5 *in* Richard D. IRWING éd., 1968. *The Organization of Industry.* Homewood, Ill. : 39–63.

SULTAN, Ralph G.M. 1974, 1975. *Pricing in the Electrical Oligopoly.* Boston : Harvard Business School, vols. I et II.

SUSLOW, Valerie Y. À paraître. « Cartel Contract Duration : Empirical Evidence from International cartels ». *Rand Journal of Economics.*

TEECE, David, J. 1982. « OPEC Behavior : An Alternative View », *in* James M. GRIFFIN et David J. TEECE, éds, *OPEC Behavior and World Oil Prices*. London : George Allen & Unwin.

TOWN, Robert J. 1991. « Price Wars and Demand Fluctuations : A Reexamination of the Joint Executive Committee ». U.S. Department of Justice Antitrust Division Discussion Paper EAG, 91–5.

ULEN, Thomas S. 1980. « The Market for Regulation : The ICC From 1887 to 1920 ». *American Economic Review* 70 : 306–10.

VERLEGER, Philip K. Jr. 1982. « The Determinants of Official OPEC Crude Prices ». *Review of Economics and Statistics* 64 : 177–83.

WACHTER, Susan M. 1987. « Residential Real Estate Brokerage : Rate Uniformity and Moral Hazard », *in* Austin J. JAFFEE, éd., *Research in Law and Economics*. Greenwich, Ct. : JAI Press Inc. 10 : 189–210.

WALTON, Clarence C. et Frederick W. CLEVELAND. 1964. *Corporations on Trial : The Electric Cases*. Belmont, Calif. : Wadsworth.

Annexe A au chapitre 6

Effets de la taille du cartel sur le prix et la production

Dans cette annexe, nous allons reprendre l'exemple linéaire introduit dans ce chapitre pour montrer comment le nombre de membres d'un cartel influence le prix et la production de l'industrie. Le nombre total d'entreprises, n, est supposé fixé : aucune entrée supplémentaire n'est possible.

La courbe de demande du marché est linéaire :

$$Q = a - bp, \tag{6A.1}$$

où a et b sont des constantes positives, Q est la production du marché et p le prix. L'élasticité de la demande est égale à :

$$\varepsilon = \frac{dQ}{dp}\frac{p}{Q} = 1 - \frac{a}{Q} = \frac{-bp}{a - bp}. \tag{6A.2}$$

Chaque entreprise à une courbe de coût marginal (Cm) linéaire :

$$Cm = d + eq, \tag{6A.3}$$

où q est la production d'une des n entreprises. d et e sont des constantes positives. L'offre concurrentielle (production qui correspond au point d'égalité entre coût marginal et prix) est donc donnée par :

$$Q = nq = \frac{n(p - d)}{e}. \tag{6A.4}$$

L'équilibre concurrentiel s'obtient en égalisant le membre de droite de l'équation (6A.1) de la demande avec l'équation (6A.4) de l'offre et en résolvant en p_c (prix d'équilibre). La quantité d'équilibre, Q_c, s'obtient ensuite remplaçant p dans l'équation (6A.1) ou (6A.4), par l'expression du prix d'équilibre, p_c :

$$p_c = \frac{ae + nd}{be + n}, \tag{6A.5}$$

$$Q_c = n\left(\frac{a - bd}{be + n}\right). \tag{6A.6}$$

Supposons maintenant que $n - j$ entreprises forment un cartel et que j entreprises restent en dehors du cartel $(j < n)$. Comme on peut le voir sur la figure 6.2b, la demande résiduelle, Q_r, est égale à la demande du marché, moins l'offre des entreprises n'appartenant pas au cartel, $Q_{nc} = jq$:

$$Q_r = Q - jQ = a - bp - \frac{j(p - d)}{e}. \tag{6A.7}$$

Le cartel agit en monopole vis-à-vis de la demande résiduelle : il égalise sa recette marginale, Rm_m, à son coût marginal. La recette totale du cartel s'obtient en exprimant p en fonction de Q_r dans l'équation (6A.7) et en multipliant le résultat par Q_r :

$$R_m = pQ_r = \left(\frac{ae + jd - eQ_r}{be + j} \right) Q_r. \tag{6A.8}$$

En dérivant R_m par rapport à Q_r, on obtient la recette marginale du cartel :

$$Rm_m = \frac{ae + jd}{be + j} - \left(\frac{2e}{be + j} \right) Q_r. \tag{6A.9}$$

Le coût marginal du cartel est égal à :

$$Cm_m = d + \left(\frac{e}{n - j} \right) Q_m. \tag{6A.10}$$

La quantité que le cartel choisit de produire, $Q_m (= Q_r)$, s'obtient en égalisant la recette marginale du cartel, donnée par l'équation (6A.9), et son coût marginal, donné par l'équation (6A.10) :

$$Q_m = \frac{(n - j)(a - bd)}{be + 2n - j}. \tag{6A.11}$$

En dérivant Q_m par rapport à j, on peut montrer que la production du cartel diminue à mesure que le nombre d'entreprises extérieures augmente.

Annexe B au chapitre 6

L'exemple de l'OPEP

Durant des années, l'Organisation des Pays Exportateurs de Pétrole (OPEP) fut considérée comme un exemple de cartel réussi. En effet, l'OPEP a considérablement augmenté le prix à la consommation des produits pétroliers, gagné des sommes colossales et survécu de nombreuses années. Aujourd'hui, cependant, ses profits sont bien moindres qu'à la grande époque. On se demande encore si l'OPEP fut un cartel qui maximisa son profit.

Le tableau 6B.1 présente une chronologie des événements majeurs dans l'histoire de l'OPEP, qui fut formée par les cinq plus gros exportateurs de pétrole en septembre 1960. Certains économistes pensent que durant les nombreuses années qui ont précédé la formation de l'OPEP, les 7 plus grandes compagnies (*les 7 sœurs*) avaient maintenu le prix au-dessus de son niveau concurrentiel en restreignant la production. D'après cette thèse, si le prix du pétrole baissa au cours des années 1960 et jusqu'au début des années 1970, c'est à cause de l'entrée de compagnies pétrolières indépendantes qui eut pour effet d'accroître la conpétitivité du marché.

De 1970 à 1973, les pays exportateurs augmentèrent leur contrôle sur l'offre (en passant des accords et en nationalisant leur production). De ce fait, leurs recettes devinrent directement liées à la vente du pétrole brut et aux fluctuations du prix du pétrole raffiné. En octobre 1973, 6 pays du golfe persique membres de l'OPEP se réunirent et décidèrent d'augmenter le prix de vente aux compagnies. Ce même mois, en réponse à la quatrième guerre israélo-arabe, les gouvernements arabes ordonnèrent une réduction de la production de pétrole et décidèrent d'instaurer un embargo sur les livraisons de pétrole vers les États-Unis et les Pays-Bas. Dès lors, le prix du pétrole s'envola : cette année-là, le prix du pétrole, en termes réels, tripla par rapport à l'année précédente (voir la figure 6B.1). Les années suivantes, il demeura stable et baissa même légèrement. Puis, en 1979–80, il augmenta de nouveau nettement, pour atteindre plus de 5 fois son prix de 1973. Depuis, le prix du pétrole en termes réels a baissé. En 1986, le prix de l'essence (aux États-Unis) n'était que 10% plus élevé qu'en 1964. Et depuis, le prix réel est resté relativement constant.

À la suite de la première augmentation majeure de pétrole intervenue à la fin de 1973, beaucoup d'économistes, politologues, journalistes et autres futurologues auto-proclamés firent paraître articles sur articles au sujet de l'OPEP. Chacun expliquait pourquoi l'OPEP était ou non un cartel, pourquoi elle allait ou non s'auto-détruire, pourquoi le prix du pétrole allait ou non continuer à augmenter, pourquoi la fin du monde était ou non imminente du fait de l'augmentation du prix du pétrole. Malheureusement, cette avalanche d'articles cessa avant même qu'il y ait suffisamment de données chiffrées sur l'OPEP permettant de tester ces diverses théories.

Tableau 6B.1 : *Chronologie de l'OPEP*

Septembre 1960	Les 5 principaux pays exportateurs de pétrole — Irak, Iran, Koweït, Arabie Saoudite et Vénézuela — fondent l'Organisation des Pays Exportateurs de Pétrole (OPEP). Les taxes à l'exportation pratiquées par pays de l'OPEP sont fixées à 50% des profits réalisés par les plus grandes compagnies pétrolières internationales.
1965	Les pays de l'OPEP fixent le taux de croissance annuel de leurs exportations. L'échec de cette mesure provoque sa suppression en 1967.
Juin 1967	Fermeture du canal de Suez (troisième guerre israélo-arabe).
1968	L'OPEP publie ses objectifs qui incluent la maximisation de ses recettes pétrolières et le contrôle réel des opérations effectuées par les compagnies pétrolières.
Février 1971	L'accord de Téhéran signé par les pays de l'OPEP prévoit que l'OPEP aura un rôle actif dans la fixation des prix du pétrole. L'OPEP remplace la taxe sur les profits des compagnies pétrolières par une taxe plus élevée directement calculée sur la base du prix de référence (qui est supérieur au prix du marché et qui ne baisse pas en cas de baisse du prix du marché). Le taux de cette taxe est fixé à 55% (alors que l'ancien taux était de 50%).
1973	À la suite de l'accord de Téhéran, le prix du pétrole augmente. Au début de 1973, il dépasse le prix de référence qui sert de base au calcul de la taxe.
Septembre 1973	La Lybie nationalise 51% de ses réserves pétrolières.
Octobre 1973	Après une rencontre, les représentants de 6 pays du golfe persique appartenant à l'OPEP décident d'augmenter le prix de référence du pétrole. Le quatrième conflit israélo-arabe conduit les gouvernements arabes a ordonner des réductions de production et a mettre un embargo sur les livraisons de pétrole à destination des États-Unis et des Pays-Bas. La panique qui s'ensuit sur le marché du pétrole fait passer le prix du pétrole au-dessus de 15$ par baril.
Janvier 1974	L'OPEP augmente le prix du pétrole de 2$ par baril (2$/b) à 7$/b (il s'agit à la fois d'une augmentation du prix comptant et du prix (des ventes à terme) et restreint sa production.
Mars-juin 1974	La compagnie pétrolière du Koweït est nationalisée. Plusieurs autres gouvernements prennent le contrôle de 60% de leur production nationale de pétrole.
Juillet 1974	Le ministre saoudien du pétrole, M. Yamani, annonce que les enchères quotidiennes sur le marché spot porteront sur un volume de 1,5 million de barils. Très critiquée par les membres de l'OPEP, son annonce créa un conflit au sein de la famille royale.
Aout 1974	L'Arabie Saoudite annule sa décision précédente. Les tensions politiques entre l'Arabie Saoudite et le Shah d'Iran augmentent car ce dernier souhaite élever les prix pour financer des achats d'armes.
Décembre 1974	Le prix du pétrole saoudien augmente de 65 cents par baril. Les autres pays suivent l'Arabie Saoudite. L'Arabie Saoudite absorbe la plus grande part de la réduction des exportations de pétrole des pays de l'OPEP qui résulte de cette augmentation du prix.
Janv.-Août 1975	Le monde est au creux d'une récession majeure. L'activité industrielle décroit au taux de 3% et l'inflation atteint 14%. La production de l'OPEP est inférieure de 17% par rapport à 1974. Abu Dhabi, la Libye, le Nigéria, l'Irak, l'Algérie et l'Équateur font des remises importantes sur les prix. En juin, réouverture du canal de Suez.
Sept.-Oct. 1975	Les Saoudiens proposent une réduction du prix du pétrole, en termes réels. Mais le Shah d'Iran, confronté à un déficit de 4 milliards de dollars, est favorable à une forte hausse du prix. Les Saoudiens demandent une hausse de 5% du prix nominal, alors que le Shah demande 15%. Les saoudiens menacent de geler les prix et produisent presque à la limite de leur capacité. Le prix du pétrole augmente de 10%.
1976	L'activité industrielle mondiale est supérieure de 8% à celle de 1975, ce qui accroît la demande de pétrole. L'Algérie et la Libye vendent leur pétrole moins cher que le pétrole Libérien de haute qualité.
Décembre 1976	Les saoudiens proposent un gel du prix. L'Irak demande une augmentation de 25% et l'Iran une augmentation de 15%. Le plafond de production de l'Arabie Saoudite, 8 millions de barils par jours (8 mb/j), est relevé.
Février 1977	La production iranienne passe de 5,1 mb/j à 6,2 mb/j et celle de l'Arabie Saoudite de 8,5 mb/j à 8,9 mb/j.
Juillet 1977	Les importantes grèves qui affectent les champs pétroliers iraniens et l'instabilité politique qui règne dans le pays conduisent à de fortes réductions, puis à la suspension, des exportations. La production de l'Arabie Saoudite passe de 8,4 mb/j à 10,4 mb/j. La capacité excédentaire de production de l'OPEP est égale au triple de la réduction des exportations de pétrole iranienne.
Janvier 1979	Le Shah d'Iran est renversé. L'Arabie Saoudite réduit sa production de 10,4 mb/j à 9,5 mb/j. Le prix augmente sur le marché spot.
Février 1979	Des incertitudes concernant l'offre engendrent une « panique des acheteurs ». Le prix du pétrole monte à 32$/b.
Mars 1979	Le nouveau gouvernement iranien reprend la production à un niveau inférieur (à l'ancien niveau). Presque tous les pays de l'OPEP augmentent leur production. Le prix spot baisse de 32$/b à 24$/b.
Avril 1979	Les repésentants du gouvernement saoudien rencontrent ceux du nouveau régime de Téhéran. L'Arabie Saoudite réduit sa production à 8,5 mb/j.

→

Tableau 6B.1 (suite 1) : *Chronologie de l'OPEP*

Été 1979	L'OPEP décide de fixer mensuellement ses exportations et non plus trimestriellement, comme précédemment. Ceci a pour effet d'accroître l'incertitude. Les nations occidentales constituent des stocks. L'Arabie Saoudite maintient son prix à 2$/b au-dessous de celui des autres pays de l'OPEP et augmente sa capacité de production à 9,5 mb/j.
Octobre 1979	L'abondance de pétrole fait à nouveau baisser les prix. Les pays de l'OPEP ne respectent pas un accord de réduction de 10% de la production.
Nov.-Déc. 1979	Le prix spot atteint 35$/b. Le baril dit d' « Arab Light » passe à 24$ à la suite d'un désaccord des pays de l'OPEP, suivi d'une série d'augmentations individuelles de prix.
Septembre 1980	Début de la guerre Irak-Iran. L'Arab Light passe à 34$/b.
1981	En dépit des faibles productions de l'Irak et de l'Iran, la production de pétrole dépasse la consommation de 2 mb/j. Les membres de l'OPEP se mettent d'accord pour réduire la production.
Fév.-Mars 1981	La production totale de l'OPEP baisse de 15% par rapport à 1981. Tous les prix officiels fixés par les gouvernements de l'OPEP baisse, sauf celui de l'Arabie Saoudite qui augmente le prix de l'Arab Light à 34$/b et celui de l'Indonésie qui demeure constant.
Janv.-Fév. 1982	L'Arabie Saoudite maintient le prix de l'Arab Light à 34$/b et réduit celui du brut inférieur. Le reste de l'OPEP réduit ou maintient le prix officiel. La production totale de l'OPEP baisse de 17% par rapport au niveau de 1981 et celle de l'Arabie Saoudite baisse de 34%. L'abondance du pétrole mondial oblige l'OPEP à décider pour la première fois une baisse du prix. L'Arabie saoudite réduit le prix de l'Arab Ligh de 34$/b à 29$/b. Entre janvier et mars 1982, les prix officiels de l'OPEP chutent de 14%.
Août 1984	L'Arabie Saoudite augmente sa production de 1 mb/d au delà de son quota volontaire de 4,5 mb/d. Cette augmentation déclanche une réduction supplémentaire du prix. C'est aussi un signal en direction des pays de l'OPEP que les augmentations de production sont acceptables.
Mars 1985	La Grande-Bretagne décide d'aligner le prix de son pétrole de mer du Nord sur le prix du marché. Cette politique de « libre-marché » accroît la pression à la baisse exercée sur les prix affichés par l'OPEP.
Juin 1985	Pour tenter de stabiliser les prix, l'Arabie saoudite réduit sa production à 2,4 mb/j, ce qui correspond au plus faible niveau des deux décennies précédentes et au quart de la production de 1981. La production des pays n'appartenant pas à l'OPEP atteint 33% de plus que son niveau de 1979, ce qui exerce une pression à la baisse sur les prix de l'OPEP.
Septembre 1985	Pour faire pression sur les 13 autres membres de l'OPEP qui ont pris l'habitude de vendre moins cher que le prix officiel et de dépasser leurs quotas, le ministre saoudien du pétrole, Amhed Zaki Yamani, menace de déclencher une guerre des prix.
Octobre 1985	L'Arabie Saoudite annonce qu'elle va vendre 1 mb/j de plus au prix remisé de 3$/b, ce qui est largement inférieur au prix officiel. Le Roi Fahd d'Arabie menace d'aller plus loin et de produire au maximum de son quota.
Mars 1986	Un réunion de l'OPEP à lieu à Genève dans le but de trouver un nouvel accord sur la répartition des quotas.
Avril 1986	Pour la première fois en 7 ans, le prix de l'essence à la pompe passe au-dessous de 1$ par gallon aux États-Unis. Le prix officiel du pétrole plonge à 12$/b.
Août-Sept. 1986	L'OPEP décide de limiter sa production. Celle-ci baisse de 20 mb/d en août à 15 mb/d en septembre. Le prix augmente de 10$/b à près de 17$/b, pour finalement se stabiliser à 14$/b. Aux États-Unis, la baisse des prix fait diminuer la production. L'Arabie Saoudite, le Koweït et les Émirats Arabes Unis réclament une augmentation de leurs quotas nationaux après plusieurs années d'auto-restrictions destinées à faire remonter les prix.
Novembre 1986	Sheik Yamani, longtemps ministre saoudien du pétrole et leader officieux de l'OPEP, est renvoyé par le roi Fhad pour avoir laissé les prix baisser au cours des années précédentes.
Décembre 1987	Les ministres du pétrole de l'OPEP débatent de la façon de stopper la baisse du prix et la réduction de 11% de leur part de marché entre 1980 et 1986. Un comité spécial est chargé de discipliner les niveaux de production des membres. ceux-ci se voient attribuer un quota par vote, mais l'Irak et les Émirats Arabes Unis (EAU) annoncent qu'ils ne s'y conformeront pas. Les EAU sont coutumiers du fait. Quant à l'Irak, sa décision s'explique par son inquiétude de voir la hausse des prix permettre à l'Iran de poursuivre la guerre. Inversement, l'Iran pèse de tout son poids pour obtenir des réductions de production et des prix plus élevés, de façon à augmenter ses recettes et pouvoir ainsi acheter des armes pour poursuivre la guerre. L'Arabie Saoudite, soutenant l'Irak, annonce qu'elle ne réduira pas la production suffisamment pour relancer la hausse des prix.
Mars 1988	Sur le marché spot, le prix du pétrole baisse. L'OPEP espère faire pression sur les pays non membres en abandonnant son prix officiel de 18$/b et en maintenant ses niveaux de production à l'identique. Le secrétaire général intérimaire de l'OPEP, Fadhil al Chalabi, demande aux nations membres de renoncer à la fixation du prix en faveur d'un sytème plus flexible de fixation des prix par le marché qui permettrait à l'OPEP de soutenir la concurrence des pays non membres.
Janvier 1989	Le prix du pétrole atteint 15$/b, puis baisse à nouveau. La production de l'OPEP dépasse le quota fixé.
Mars 1989	L'Union Soviétique annonce qu'elle réduit ses exportations afin de coopérer avec les autres producteurs pour augmenter les prix.
Avril 1989	Le prix du pétrole dépasse 22$/b suite à la rupture d'un pipe-line en Alaska et à l'explosion d'une plate-forme en mer du Nord.

→

Tableau 6B.1 (suite 2) : *Chronologie de l'OPEP*

Mai 1990	Les membres de l'OPEP s'engagent à réduire la production de 6%. Le prix du pétrole baisse quand même.
Juillet 1990	Le nouveau ministre du pétrole de l'OPEP déclare que son objectif est de faire monter le prix à 18$/b plutôt que de chercher à obtenir une augmentation immédiate du quota de l'Arabie Saoudite. Le président irakien Saddam Hussein menace ouvertement d'employer la force contre les pays arabes exportateurs de pétrole qui ne réduiraient pas leur production excédentaire. Sa menace est clairement dirigée contre le Koweït et les Émirats Arabes Unis. Tandis que l'Irak masse ses troupes à la frontière du Koweït, les ministres de l'OPEP, inquiets, paraissent d'accord sur l'augmentation des prix du pétrole de 21$/b à 22$/b.
Août 1990	L'Irak envahit le Koweït. Les pays industriels mettent l'embargo sur les achats de pétrole en provenance d'Irak et du Koweït. Un groupe de pays de l'OPEP, conduit par l'Algérie, la Libye et l'Iran, bloquent une tentative de l'Arabie Saoudite et du Vénézuela de provoquer une réunion d'urgence destinée à éviter la flambée des prix. Le prix du pétrole dépasse 31$/b, son prix le plus élevé depuis 1985. Les ministres du pétrole organisent des réunions informelles afin de stabiliser les prix. L'OPEP autorise ses membres à augmenter leur production afin de combler la réduction provoquée par la crise du golfe persique. Le prix du pétrole baisse de 2$/b.
Février 1991	Les leaders de l'OPEP déclarent qu'ils accepteraient de réduire leur production afin d'éviter une chute catastrophique des prix au lendemain de la guerre du golfe. L'OPEP détremine une stratégie de réduction de production afin de stabiliser le prix à 21$/b. Le prix est à 19$/b.
Mai 1991	Les États-Unis et le Royaume-Uni déclarent qu'ils ne laisseront pas le conseil de sécurité de l'ONU lever l'embargo sur le pétrole irakien tant que Saddam Hussein sera au pouvoir. L'OPEP prévient que si l'embargo n'est pas levé, les prix augmenteront.
Septembre 1991	L'Arabie Saoudite réclame une augmentation de 10% de la production maximale de l'OPEP pour le reste de l'année, afin de minimiser les effets des perturbations intervenues dans les exportations soviétiques de pétrole. Les ministres de l'OPEP sont dans l'ensemble d'accord pour augmenter le prix de 2$/b, tout en permettant à l'Irak et au Koweït de reprendre leur production, mais l'Arabie Saoudite n'accepte pas qu'il y ait de nouvelles réductions de production. L'OPEP accepte de maintenir une production élevée pour le reste de l'année.
Janvier 1992	Certains pays de l'OPEP réduisent leur production à cause de la baisse des prix. L'Arabie Saoudite ne les suit pas au départ, mais accepte ensuite de réduire légèrement sa production.
Mai 1992	Le Koweït augmente sa production à mesure que ses champs de pétrole sont remis en activité. Les prix du pétrole augmentent malgré la pression de l'Arabie Saoudite en faveur d'accords pour élever la production.
Septembre 1992	L'Équateur quitte l'OPEP car il trouve les frais d'adhésion trop élevés (2 millions de $) et parce que l'OPEP a refusé d'élever le quota de l'Équateur à 320 000 b/j (ce qui est le second quota le plus faible des nations membres).
Septembre 1993	Les prix ont bassé de 3$/b au cours des trois derniers mois.

SOURCE : Griffin et Teece (1982) ; Institut Americain du Pétrole, *Basic Petroleum Data Book* (1983) ; Crémer et Salehini-Isfahani (1989) ; divers journaux et magazines économiques.

Cette annexe n'a pas pour objectif de couper court — par des affirmations définitives — à la délicieuse activité spéculative concernant l'OPEP, mais simplement de mettre brièvement en relief quatre des principales théories proposées par les économistes (ou d'autres) et de les confronter aux indications disponibles.

1. *L'OPEP en tant que cartel maximisant son profit.* L'accord de cartel peut parfois être rompu temporairement (certains pays produisant trop), mais les membres de l'OPEP finissent par se réunir et rétablir le cartel. Une légère variante de cette théorie soutient que les pays de l'OPEP ont des taux différents de préférence pour le présent, ce qui explique leur divergence concernant le prix qui maximise la valeur actualisée de leurs profits futurs.

2. *L'Arabie Saoudite est en situation d'entreprise dominante.* L'Arabie Saoudite seule (ou peut-être de concert avec un petit groupe central de pays de l'OPEP) agit comme une entreprise dominante en réduisant sa propre production. En tant que premier producteur mondial, l'Arabie Saoudite n'a pas besoin de tenir compte des pays de l'OPEP aux comportements plus aléatoires.

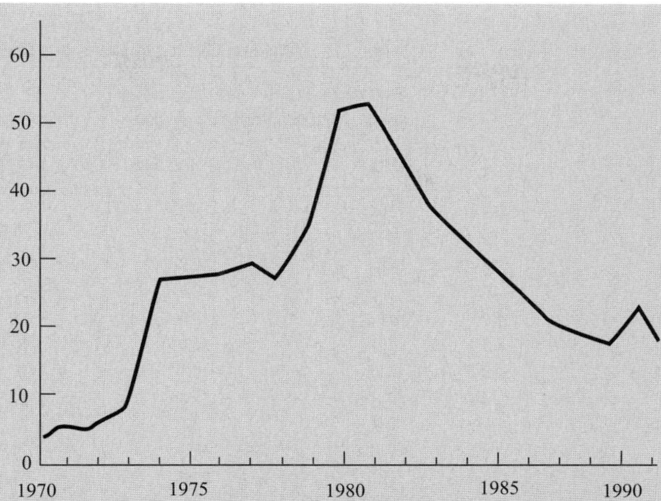

NOTE et SOURCE: Prix nominaux du pétrole brut de l'OPEP (U.S. Department of Energy, *Monthly Energy* Review). Ces prix sont convertis en prix réels en utilisant un déflateur de prix implicite.

Figure 6B.1 : *Prix moyen du pétrole en dollars de 1991*

3. *L'OPEP vise des objectifs politiques plutôt que la maximisation de ses profits.* Selon une variante de cette théorie, les membres arabes de l'OPEP utilisent le pétrole contre Israël et l'Occident. Selon une autre, l'argent du pétrole est principalement utilisé par les pays de l'OPEP pour l'investissement domestique. Par conséquent, ces pays veulent seulement se procurer ce qui leur est nécessaire pour effectuer leurs investissements.
4. *L'industrie du pétrole est concurrentielle : L'OPEP ne pèse guère plus qu'un club de bienfaisance.* Cette théorie soutient que l'industrie du pétrole est si concurrentielle que l'OPEP n'a aucun pouvoir de monopole. Si le prix du pétrole a tant augmenté en 1973, c'est que la courbe d'offre rebrousse vers la gauche quand le prix augmente à partir d'un certain niveau. De ce fait, une légère modification de la demande peut considérablement augmenter le prix et réduire la production.

Ces théories ne sont pas nécessairement mutuellement exclusives. Par exemple, les objectifs politiques et économiques de l'OPEP coïncident peut-être. Une cinquième hypothèse est qu'un nombre inhabituel d'événements aléatoires se sont conjugués pour conduire à l'augmentation du prix du pétrole décidée par l'OPEP. Mais comme ce type d'analyse est invérifiable et anti-théorique, nous n'en tiendrons pas compte.

La connaissance de la chronologie de l'OPEP ainsi que des déclarations de ses principaux leaders (tableau 6B.1) ne donnent aucune indication permettant de trancher en faveur de l'une des quatre théories. De toutes façons, les explications publiques données par les leaders de l'OPEP n'ont aucune raison particulière de correspondre à leurs motivations profondes.

Théorie du monopole-cartel

En plus des deux grosses augmentations de prix qui eurent lieu au cours des années 1970, d'autres preuves viennent appuyer la théorie du monopole-cartel. Par exemple, on

Tableau 6B.2: *Données sur l'OPEP*

	Part des pays non communistes en % de la production mondiale		Capacité d'utlisation (%)	
	OPEP	**Arabie Saoudite**	**OPEP**	**Arabie Saoudite**
1970	58,4	9,3		
1971	62,9	11,3		
1972	63,7	13,7		
1973	67,5	16,0		
1974	67,8	18,0		
1975	65,4	16,4	69,7	61,5
1976	67,5	18,4	79,5	74,6
1977	67,0	19,2	77,6	72,1
1978	64,5	18,1	74,5	68,2
1979	63,2	18,9	74,7	74,0
1980	63,2	21,3	65,1	77,0
1981	59,5	23,1	58,4	77,0
1982	48,6	16,3	45,4	50,5
1983	45,7	13,0	43,2	40,7
1984	44,3	11,6	43,2	37,3
1985	41,7	8,5	40,1	27,1
1986	44,9	11,7	45,2	39,0
1987	45,0	10,2	45,5	34,1
1988	47,3	11,6	71,8*	59,8*
1989	49,7	11,2	78,0*	59,6*
1990	50,7	13,7	84,7*	91,6*
1991	59,7	20,3	n.d.	96,2*

*Capacité utilisée (capacité réelle non communiquée).

sait qu'une large part de marché est une condition nécessaire à l'exercice d'un pouvoir de marché. La première colonne du tableau 6B.2 indique que dans les années 1970, les deux-tiers des ventes de pétrole du monde non communiste étaient contrôlées par l'OPEP (voir aussi l'exemple 6.2). Cependant, en 1981 et 1982, la part de l'OPEP dans la production mondiale chuta fortement, en partie à cause du fait que la production de l'organisation était inférieure à sa pleine capacité. Il est difficile de dire si cette chute est due à la concurrence d'autres producteurs, aux guerres du Moyen-Orient (réduction des productions iranienne et irakienne), ou à d'autres facteurs. Tout ce que l'on peut dire, c'est que cette réduction est peut-être la marque d'une diminution significative du pouvoir de monopole de l'OPEP.

Comme le pétrole est une ressource non renouvelable, son prix devrait augmenter au cours du temps (à mesure que l'offre s'épuise, quelle que soit la structure du marché pétrolier. Selon certains modèles, le prix de monopole d'une ressource non renouvelable serait initialement plus élevé que le prix de concurrence.[(1)] Le prix fixé dans les périodes antérieures

[1] Ce résultat dépend de la manière dont l'élasticité de la demande varie en fonction du temps. Si l'élasticité de la demande est constante et supérieure à 1 en valeur absolue et que l'offre est fixée, un monopole et une industrie concurrentielle fixent le même prix.

Tableau 6B.2: *Données sur l'OPEP (suite)*

	Arabie Saoudite		Prix (en $) du pétrole Brut de l'OPEP	
	Production (% de variation)	**Part de marché** (% de variation)	**Nominal** (% de variation)	**Prix en $ de 1991** (% de variation)
1970				
1971			29,6	23,0
1972			8,6	3,5
1973			38,9	30,9
1974			262,1	233,1
1975			9,4	-0,1
1976	22,2	12,2	10,0	3,5
1977	8,0	4,3	11,9	4,7
1978	-5,4	-5,7	0,4	-6,9
1979	8,5	4,4	44,4	32,7
1980	4,1	12,7	65,3	51,3
1981	-0,1	8,5	11,8	1,6
1982	-34,4	-29,4	-2,5	-8,2
1983	-21,5	-20,2	-12,8	-16,2
1984	-8,3	-10,8	-2,1	-6,3
1985	-27,3	-26,7	-4,3	-7,6
1986	43,7	37,6	-14,5	-16,7
1987	-12,4	-12,8	-23,8	-26,2
1988	19,3	13,7	-1,6	-5,3
1989	-0,4	-3,4	0,0	4,2
1990	26,6	22,3	23,5	18,4
1991	27,6	48,2	-14,6	17,9

SOURCES : Divers numéros de U.S. Department of Energy, *Monthly Energy Review, Energy and Economic Indicators*; divers numéros de U.S. CIA, *International Energy Statistical Review*; U.S. Department of Commerce, Economics and Statistics Administration, Bureau of Economic Analysis; Castle and Price (1983, p. 14).

étant relativement élevé, le monopole vend son pétrole plus lentement et la ressource s'épuise moins rapidement qu'en concurrence. En monopole comme en concurrence, le taux d'intérêt a une influence sur le prix. En fait, une faible variation du taux d'intérêt peut même avoir un effet considérable sur l'évolution des prix.

Pindyck (1978) oppose le modèle dans lequel l'OPEP se comporte en monopole à un modèle où l'OPEP agit de façon concurrentielle. Il modifie le modèle standard du monopole de manière à prendre en compte la lenteur d'ajustement des consommateurs à des prix qui augmentent rapidement. Par exemple, à long terme, les consommateurs achèteront peut-être des voitures plus petites ou isoleront peut-être davantage leurs maisons, réduisant du même coup leur demande de pétrole. À court terme, en revanche, ils ne peuvent pas effectuer ces ajustements (ce qui signifie que l'élasticité à long terme de la demande est supérieure à l'élasticité à court terme). Dans le modèle de monopole de Pindyck, la stratégie de maximisation du profit de l'OPEP consiste à fixer un prix initialement plus élevé (tirant parti du faible taux d'ajustement de la demande nette à l'élévation du prix), puis à réduire

Tableau 6B.3
Production prévue et production réelle des pays de l'OPEP (milliards de barils par an)

	Modèle de Pindyck (taux d'escompte = 5%)		Modèle de Hnyilicza et Pindyck		
	Monopole	Concurrence	Total OPEP	Pays dépensiers	Pays épargnants
1975	9,94	11,92	9,65	3,38	6,27
1976	9,23	12,29	8,85	3,08	5,77
1977	9,23	12,29	8,85	3,08	5,77
1978	8,87	12,90	8,34	2,92	5,42
1979	8,91	13,14	8,37	2,93	5,44
1980	9,00	13,35	8,44	2,95	5,49
1981			8,55	2,99	5,56
1982			8,68	3,04	5,64
1983					
1984					
1985	9,67	13,99	9,11	3,19	5,92
1986					

NOTES :Les pays épargants sont l'Arabie Saoudite, la Lybie, l'Irak, Abou Dhabi, Bahrein, Koweït et Qatar. Les pays dépensiers sont l'Iran, le Vénézuela, l'Indonésie, l'Algérie, le Nigéria et l'Équateur. Le Gabon n'est inclut dans aucun des groupes. La production du Bahrein en 1985 n'est pas connue séparément.

le prix au cours des années 1970 et enfin à l'augmenter progressivement à mesure que les réserves s'épuisent.

Comme le tableau 6B.2 l'indique, les prix du pétrole ont augmenté considérablement (1973–74), puis sont demeurés à peu près constants en termes réels pendant quelques années (1975–78), puis ont monté à nouveau (1979–80) et enfin chuté (1981–2). Apparemment, la stratégie de maximisation exposée par Pindyck ne cadre pas avec le comportement de l'OPEP.

Les deux premières colonnes du tableau 6B.3 indiquent les résultats des simulations de Pindyck du comportement de l'OPEP sous les hypothèses alternatives d'un comportement de monopole et de concurrence (en supposant un taux de préférence pour le présent de 5%). Sur la période étudiée, la production en concurrence est toujours supérieure à la production de monopole, tandis qu'entre 1976 et 1980, la production réelle de l'OPEP (colonne 6) se situe entre les productions simulées de monopole et de concurrence. En 1981 et 1982, la production réelle de l'OPEP fut très faible, probablement inférieure au niveau de maximisation du profit d'un monopole.

Si l'OPEP a effectivement exercé un pouvoir de marché, on devrait normalement s'attendre à ce que les membres de l'OPEP — en totalité ou en partie — aient réduit leur production de façon à élever les prix. Comme l'indiquent les tableaux 6B.2 et 6B.3, les niveaux de production et de capacité d'utilisation de l'OPEP furent élevés dans les premières années qui suivirent l'énorme augmentation des prix de 1973–74. Ces niveaux ne diminuèrent pas avant 1979–80, date de la seconde augmentation importante de prix. Depuis, les niveaux de production et de capacité ont baissé (peut-être pour des raisons extra-économiques comme les guerres).

Tableau 6B.3

Production prévue et production réelle des pays de l'OPEP (milliards de barils par an). Suite

	Production réelle			% de variation de la
	Total OPEP	Pays dépensiers	Pays épargnants	production de l'OPEP
1975	9,93	4,43	5,5	
1976	11,15	4,84	6,32	12,29
1977	11,15	4,84	6,32	12,29
1978	12,30	4,59	6,50	7,24
1979	11,28	4,00	7,28	-8,29
1980	9,83	3,16	6,60	-12,85
1981	8,27	2,81	4,99	-15,87
1982	6,85	2,36	3,89	-17,17
1983	6,44	2,86	3,49	-5,96
1984	6,37	2,83	3,48	-1,09
1985	5,88	2,74	3,09	-7,69
1986	6,76	2,63	4,06	14,97

NOTES :Les pays épargants sont l'Arabie Saoudite, la Lybie, l'Irak, Abou Dhabi, Bahrein, Koweït et Qatar. Les pays dépensiers sont l'Iran, le Vénézuela, l'Indonésie, l'Algérie, le Nigéria et l'Équateur. Le Gabon n'est inclut dans aucun des groupes. La production du Bahrein en 1985 n'est pas connue séparément.

SOURCES : Pindyck (1978) ; Hnyilicza et Pindyck (1976) ; Castle et Price (1983) ; American Petroleum Institute, 1988, *Basic Petroleum Data Book*, volume 8.

Comment l'OPEP a-t-elle pu augmenter les prix dans les années 1970 et malgré tout accroître sa production ? Apparemment, le boycott de 1973 organisé par l'OPEP contre les États-Unis et d'autres nations occidentales provoqua un mouvement de panique, incitant beaucoup de pays à constituer des réserves pour se prémunir contre des interruptions futures de l'offre de pétrole par l'OPEP.(2) La constitution des stocks a soutenu la demande plusieurs années durant. Les économies d'énergie réalisées par les entreprises et les ménages, les recessions mondiales et la fin de la politique de constitution des réserves ont réduit la demande de pétrole ces dernières années. De ce fait, l'OPEP a réduit sa production chaque année depuis 1980 et a diminué ses prix en 1982.

Cette analyse suggère que la production de l'OPEP a généralement été différente de celle d'un monopole. Comme le rappelle la chronologie du tableau 6B.1, de nombreux débats concernant la fixation des prix et les niveaux de production ont animé les rangs de l'OPEP. Même si l'on pense que l'OPEP ait pu être à certains moment un cartel unifié, on doit concéder que les périodes d'union ont été entrecoupées de nombreuses ruptures.

[2] Selon le *Basic Petroleum Data Book*, vol. 3 (1983), publié par l'institut américain du pétrole, les importations de pétrole passèrent de 4 741 millions de barils par jour en 1972 à 6 256 millions de barils par jour en 1973. En 1979, les importations atteignaient 8 389 millions de barils par jour, puis tombèrent à 6 865 en 1980, à 5 740 en 1981 et à 4 948 millions de barils par jour en 1982. Les stocks américains totaux augmentèrent à 135 000 millions de barils par jours entre 1972 et 1973, alors que les variations annuelles de stock entre 1974 et 1982 furent respectivement égales à (en millions de barils par jours) : 179, 32, −58, 529, −257, 81, 94, −176 et 497.

Aussi, plutôt que de considérer que l'OPEP s'est conduite comme un cartel unifié, beaucoup d'économistes préfèrent décrire son comportement par le modèle de l'entreprise dominante.

Théorie du cartel dirigée par un leader

Beaucoup d'économistes pensent que l'Arabie Saoudite se comporte comme une entreprise dominante, alors que les autres pays de l'OPEP prennent le prix comme une donnée. L'un des problèmes rencontrés par l'approche qui soutient que l'Arabie Saoudite joue le rôle d'une entreprise dominante est qu'elle doit expliquer pourquoi, dans ces conditions, la part de marché de ce pays est passée de 23,98% en 1973 à 36,8% en 1980. En effet, seule une partie de cet accroissement peut s'expliquer par la réduction de production opérée par les nations soucieuses de bien gérer leurs réserves.

Une version plus sophistiquée de ce modèle considère que l'Arabie Saoudite et quelques autres pays de l'OPEP se sont comportés en entreprise dominante et ont réduit la production. S'il est vrai que plusieurs pays de l'OPEP ont bien eu de très grosses capacités de production inutilisées durant plusieurs années (voir le tableau 6B.2), il est généralement admis que les pays producteurs ne faisant pas partie de l'OPEP ont pratiquement fonctionné à pleine capacité depuis 1973 (Griffin et Teece, 1982, p. 29). Par exemple, selon Adelman (1982), un noyau de pays au sein de l'OPEP (Arabie Saoudite, Émirats Arabes Unis [EAU], Koweit, Qatar et Lybie) ont agit comme une entreprise dominante qui cherche à maximiser son profit face à une frange concurrentielle de pays n'appartenant pas à l'OPEP. L'Arabie Saoudite n'aurait pas réduit sa production au niveau de maximisation du profit à court terme car elle aurait craint que les prix élevés n'accélèrent le développement de substituts réalistes au pétrole ou n'induise les consommateurs à effectuer les investissements leur permettant d'acheter moins de pétrole, ce qui aurait eu pour effet d'accroître l'élasticité future de la demande de pétrole.(3)

Selon Aldeman, à chaque fois que les prix du pétrole ont augmenté, le cartel s'est partiellement disloqué : les pays ont commencé à produire plus et à vendre moins cher que leurs concurrents. La chute de prix a alors incité l'Arabie Saoudite (et, dans certains cas, d'autres pays) à réduire sa production. Comme l'indique le tableau 6B.2, la production de l'Arabie Saoudite, ainsi que sa part de marché, ont baissé au cours des années où le prix du pétrole en termes réels à baissé et ont augmenté les années durant lesquelles le prix du pétrole s'est élevé.

Aldeman a implicitement divisé la demande de pétrole adressée à l'OPEP en deux parties : la demande de pétrole destinée à une utilisation à court terme et celle destinée à la constitution de réserves (pour amortir le choc en cas d'embargos ou autres interruptions). Dans ces conditions, lorsque l'Arabie Saoudite réduisait sa production, l'incertitude accrue engendrée chez les importateurs les incitait à augmenter leur demande de réserves, ce qui élevait la demande totale de pétrole. Ainsi, la réduction de l'offre engendrait-elle des paniques à court terme parmi les acheteurs, permettant à l'OPEP d'élever ses prix sans diminuer sa part de marché. À chaque fois, à mesure que l'incertitude diminuait et que les prix plafonnaient,

---

[3] Aldeman note que les Saoudiens, même s'ils ont parlé de réduire leurs prix pour des raisons politiques ou autres, les ont globalement augmenté. Par exemple, en 1974, l'Arabie Saoudite a annulé une mise aux enchères qui aurait fait baisser les prix. D'après des chiffres de l'institut américain du pétrole publiés dans *Basic Petroleum Data Book*, vol. 3 (1982), l'Arabie Saoudite a augmenté le prix officiel de toutes ses qualités de pétrole entre 1974 à 1981. Le 1er janvier 1982, elle a réduit le prix de certaines de ses qualités et en mars 1983, elle a diminué le prix de l'ensemble de ses qualités.

chaque pays de l'OPEP augmentait à nouveau sa production et essayait de vendre moins cher que les autres, enclenchant ainsi un nouveau cycle.

Dans une autre variante du modèle de l'entreprise dominante, Hnyilicza et Pindyck (1976) partent de l'idée que certains des pays de l'OPEP ont des taux de préférence pour le présent (taux d'intérêt) plus faibles que les autres. Un groupe des pays « épargnants » (Arabie Saoudite, Libye, Irak, Abou Dabi, Koweit et Qatar) ont des réserves relativement importantes et un faible besoin immédiat de liquidités. Ce groupe utilise par conséquent un faible taux d'escompte pour calculer la valeur actualisée de ses profits. Le groupe des pays « dépensiers » (Iran, Vénézuela, Indonésie, Algérie, Nigéria et Équateur) ont des réserves relativement faibles et un besoin immédiat de liquidités. Ce groupe utilise en revanche un fort taux d'escompte pour le calcul de la valeur actualisée de ses profits. Le groupe des pays dépensiers désire immédiatement avoir des profits élevés alors que le groupe des pays épargnants préfère se garantir des profits élevés à long terme.

Selon Hnyilicza et Pindyck, l'essentiel des débats entre pays membres de l'OPEP concerne les parts de marché. Le tableau 6B.3 présente les résultats de leurs simulations, en supposant que les parts de marché des deux groupes de pays demeurent fixées à leurs niveaux de 1974. D'après ces simulations, les pays épargnant réduisent initialement leur production plus rapidement que les pays dépensiers (la production totale baisse puis augmente, comme dans le modèle du monopole de Pindyck). Mais, bien que les pays épargants puissent avoir réduit davantage leur production initialement (voir le tableau 6B.3), la production de ces pays représente pour toutes les années ultérieures à 1975 un pourcentage plus élevé de cette année-là que la production des pays dépensiers.

Modèle sans maximisation du profit

Beaucoup d'observateurs (dont certains économistes) n'acceptent pas les modèles du monopole et de l'entreprise dominante et soutiennent au contraire que les pays de l'OPEP ne cherchent pas à maximiser leurs profits. Par exemple, Teece (1982) pense que les pays de l'OPEP prennent leurs décisions de production sur la base de leurs besoins budgétaires nationaux, lesquels sont fonction de leurs *capacités d'absorption* (Rosenstein-Rodan, 1961) — c'est-à-dire de leurs capacités limitées à utiliser productivement leurs recettes pétrolières (ou profits) et leurs capitaux. La capacité d'absorption est limitée lorsque la taille de l'économie est faible par rapport aux recettes pétrolières ou lorsque l'infrastructure d'un pays (investissements en biens d'équipement) ne peut soutenir un développement économique accéléré.

Teece cite des cas où des pays de l'OPEP ont arbitré en faveur d'investissements nationaux moins rentables que des investissements étrangers qui leur étaient proposés. Cependant, comme il l'indique, si les pays de l'OPEP considèrent que les investissements étrangers sont relativement risqués, le choix en faveur d'investissements domestiques reste compatible avec un comportement de maximisation du profit. Cependant, les pays qui ont beaucoup investi en Occident, comme l'Arabie Saoudite, reconnaissent qu'ils ont cru devoir maintenir les prix bas pour des raisons politiques. Teece cite l'explication du ministre saoudien du pétrole, le cheik Yamani concernant le choix d'une voie modérée :[(4)] « Le Royaume est très soucieux d'empêcher toute détérioration de l'économie mondiale car cela aurait des répercussions financières sur les importants investissements que nous avons

[4] *Middle East Economic Survey*, 19 juin 1978.

effectués dans les pays occidentaux. Le fait d'augmenter les prix du pétrole nous exposerait à certaines répercussions car nous sommes maintenant liés à l'Occident par des intérêts politiques clairement définis ».

Dans le modèle à recettes prédéterminées de Teece, les prix du pétrole peuvent augmenter au-dessus du sentier de prix concurrentiel même en l'absence de collusion entre les membres de l'OPEP : « Si les prix du pétrole ont dépassé leurs niveaux concurrentiels, c'est par pur hasard ou à cause de circonstances particulières » (p. 86). Lorsqu'une action politique, comme l'embargo de 1973–74, ramène la production de pétrole au niveau qui correspond aux recettes prédéterminées, les membres du cartel, pris individuellement, n'ont plus aucune raison de ne pas respecter leurs accords et d'accroître la production. Si les courbes de demande se déplacent vers le bas, ou si les besoins de recettes des pays de l'OPEP augmentent, les membres du cartel accroissent alors leur production afin de générer les recettes supplémentaires.

Teece souligne que les pays de l'OPEP fixent différents prix officiels, un fait incompatible avec le modèle du cartel. Ainsi les Saoudiens vendent-ils habituellement leur pétrole à un prix plus bas que les autres pays de l'OPEP. Ceci s'explique, selon Teece, par des raisons politiques plutôt que par des raisons économiques.

Aldeman (1982) rejette ce modèle car il n'explique pas la façon dont les besoins de recettes des pays de l'OPEP varient dans le temps. Il soutient que l'OPEP souhaite en fait générer le maximum de recettes possible et la façon dont les pays de l'OPEP dépensent ces recettes est une autre question. De plus, il note que l'OPEP semble avoir échoué dans la réalisation de ses objectifs politiques (s'agissant d'Israël et des Palestiniens) et que les augmentations de prix ont davantage affecté leurs alliés nominaux du tiers-monde que les pays industrialisés.

Une autre explication qui contredit la thèse de la collusion repose sur le changement des droits de propriété (Mead, 1979 ; Griffin, 1985). Dans les années 1970, la propriété et le contrôle des concessions de pétrole est passé des mains des compagnies pétrolières aux pays producteurs. Les compagnies pétrolières, prévoyant qu'elles allaient perdre le contrôle de la production, auraient eu un très fort taux d'escompte, contrairement au pays producteurs. Le modèle de base de l'extraction concurrentielle de pétrole prévoit une augmentation du prix du pétrole en termes réels lorsque le taux d'escompte correspond à sa valeur réelle. Par conséquent, si ce taux est plus faible que sa valeur réelle, les prix augmentent moins rapidement et la production baisse. Cependant, lorsque la production baisse à court terme, les prix peuvent augmenter rapidement. Ce n'est qu'à long terme que les prix augmentent plus modérément.

Modèle concurrentiel

Selon une dernière théorie, l'OPEP est un cartel ayant échoué, qui se comporte d'une façon essentiellement concurrentielle. Après tout, à un moment ou à un autre, tous les pays de l'OPEP ont accru considérablement leur production. Cette théorie a été sérieusement envisagée pour la première fois par Crémer et Salehi-Isfahani (1989). MacAvoy (1982) pense également que la tendance à long terme des prix du pétrole peut s'expliquer par le modèle concurrentiel.

Utilisant un modèle à recettes prédéterminés, Crémer et Isfahani concluent que la courbe d'offre de pétrole rebrousse vers la gauche. Les pays exportateurs essaient d'atteindre un niveau de recettes déterminé par les besoins d'investissement internes. Les recettes sont limitées car les pays ont une capacité limitée d'absorption des investissements. Pour un prix

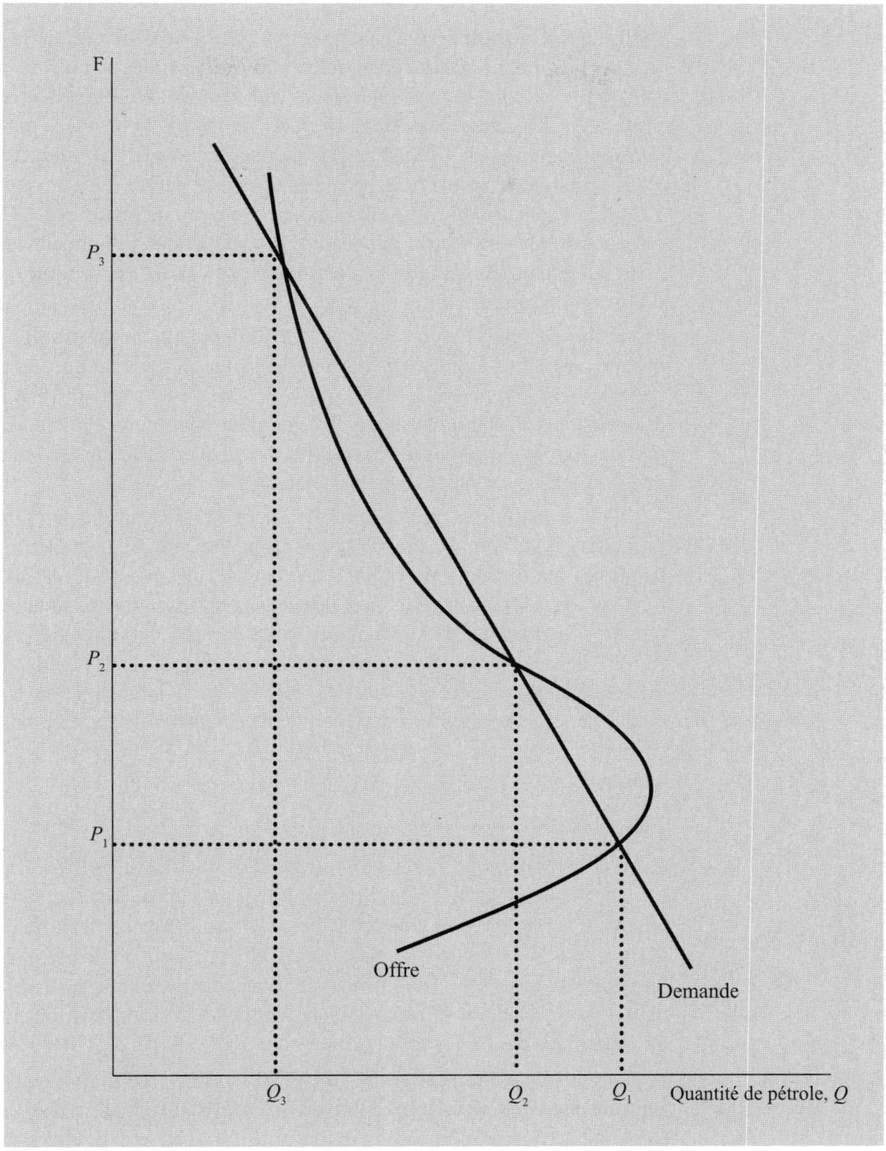

Figure 6B.2: *L'OPEP et le modèle concurrentiel*

donné du pétrole, des recettes fixées implique un certain niveau de production : rien ne sert de produire plus. Selon cette théorie, l'OPEP est un organisme désarticulé qui n'impose aucune restriction de production à ses membres, mais leur demande uniquement de se comporter en preneurs de prix. Il n'est donc pas surprenant dans ces conditions que les parts de marché ne soient pas demeurées constantes dans le temps.

La figure 6B.2, basée sur le diagramme de Crémer et Salehi-Isfahani, illustre une courbe d'offre qui rebrousse vers la gauche et une courbe de demande qui la croise trois fois. Selon leur explication, l'industrie du pétrole en 1973 était située au point d'équilibre concurrentiel, (p_1, Q_1), à prix faible. Le déplacement vers le point d'équilibre à prix élevé, (p_3, Q_3), s'est produit en deux étapes (octobre 1973 et janvier 1974) décidées par les six pays du golfe persique membres de l'OPEP.[5] Ces augmentations de prix furent suivies de réductions à court terme de la production, peut-être dues à la guerre du Kippour de 1973. Par la suite, l'équilibre concurrentiel s'est maintenu à ce niveau de prix élevé. Même si les pays avaient eu la possibilité de produire autant qu'il le souhaitaient, ils auraient volontairement choisi de restreindre la production car ils n'auraient pas su quoi faire de toutes leurs recettes (capacité d'absorption limitée).

En termes réels, le prix fixé par l'OPEP a connu une très forte hausse en 1973 et resta ensuite à peu près à ce niveau élevé par la suite. La seule augmentation majeure fut ensuite celle de 1978–79, peut-être causée par les événements particuliers qui conduisirent l'Iran et d'autres pays à réduire davantage leur production. Selon cette théorie, la baisse récente du prix du pétrole s'expliquerait par un déplacement de la demande. Mais il faut alors admettre que cette baisse de la demande dure depuis plusieurs années.

L'étude empirique de Verleger (1982) révèle que les pays de l'OPEP auraient fixé leurs prix officiels en réponse aux variations de la demande. Il en conclut que les tentatives pour persuader les membres de l'OPEP de contrôler les prix sont restées sans effets. En effet, tous les pays ont ajusté leurs prix officiels en fonction des variations du prix affiché sur le marché concurrentiel au comptant (dit « marché spot »). L'effet prétendument modérateur de l'OPEP ne s'est en aucun cas traduit par des stratégies de prix modérées, mais a simplement provoqué un ajustement plus lent des prix. Crémer et Isfahani (1991) mentionnent une étude empirique effectuée par Isfahani (non publiée) qui confirme cette thèse.

Conclusion

Tout est bien qui finit bien.

L'OPEP contrôle la plus grosse part d'un marché du pétrole sur lequel les entrées de concurrents sont lentes (voir l'exemple 6.2). De plus, à certaines périodes, les prix ont augmenté fortement. Ces faits confirment la thèse du monopole ou de l'entreprise dominante. Mais d'autre part, les accords du cartel semblent régulièrement être remis en question et les prix baissent alors sous leurs niveau de maximisation du profit du cartel. En outre, certains pays font probablement varier leur production en fonction d'impératifs politiques plutôt qu'économiques.

Alternativement, il est probable que les pays de l'OPEP ont une capacité limitée d'absorption des recettes destinées à l'investissement domestique. Si l'on pousse le raisonnement fondé sur la capacité d'absortion limitée jusqu'à son terme, il se peut même que l'augmentation des prix du pétrole traduise un déplacement vers un équilibre concurrentiel à prix élevé. Cette conception n'est toutefois guère confirmée par les indications empiriques disponibles.

Les études empiriques effectuées jusqu'à présent ne confirment clairement aucune des

---

[5] L'équilibre (p_2, Q_2) est instable. Lorsque la quantité diminue légèrement au-dessous de Q_2, le prix augmente au-dessus de p_2, mais la demande est alors supérieure à l'offre. Ceci pousse par conséquent le prix à augmenter, l'amenant à p_3. Le même raisonnement s'applique au cas où le prix baisse au-dessous de p_2. Cette baisse se poursuit alors jusqu'en p_1. En revanche, les équilibres (p_1, Q_1) et (p_2, Q_2) sont stables.

quatres théories que nous venons d'évoquer concernant le comportement de l'OPEP. Les études futures permettront peut-être d'atteindre des conclusions plus robustes. Le prix du pétrole en termes réels a atteint un maximum vers 1980–81. Depuis, il a baissé considérablement. Cette baisse semble traduire la disloquation du cartel. Mais là encore, d'autres études devront être menées avant de tirer des conclusions définitives.

7

Oligopoles non-coopératifs

Pour l'idéaliste, l'enfer est un lieu où chacun ne s'occupe que de ses propres affaires.

attribué à Wendell Phillips

Il n'y a qu'un seul modèle de la concurrence et il n'y a qu'un seul modèle du monopole. En revanche, il existe de nombreux modèles d'**oligopole non-coopératif**, c'est-à-dire des modèles qui décrivent le comportement de quelques entreprises qui agissent en toute indépendance mais qui sont pleinement conscientes de leur coexistence.(1) Contrairement au monopole ou aux entreprises en concurrence, l'entreprise d'un oligopole non-coopératif ne peut pas ignorer sans risques l'action de ses rivales.

Étant seul à opérer sur le marché, le monopole n'a pas de rivaux. Quant à l'entreprise d'un marché concurrentiel, elle est trop petite pour influencer le prix du marché, ce qui fait qu'elle peut raisonnablement ignorer les actions des autres. Seules les indications collectives transmises par le marché importent. En revanche, les quelques entreprises d'un oligopole savent qu'elles peuvent individuellement

[1] La distinction entre oligopole coopératif et non-coopératif n'est pas très tranchée. Par exemple, il se peut qu'au début les entreprises coopèrent au sein d'un cartel, puis qu'ensuite elles cessent de coopérer. Réciproquement, un comportement d'oligopole non-coopératif peut déboucher sur une coopération implicite du type de celle analysée au chapitre 6.

exercer une influence sur le prix du marché et donc sur les profits de leurs rivales : Ford ne peut pas ignorer les décisions prises par Honda et en tient de fait largement compte. L'oligopole diffère donc de la concurrence et du monopole en ce qu'une entreprise sur ce type de marché *doit* tenir compte du comportement de ses rivales lorsqu'elle détermine sa propre politique optimale. Par conséquent, l'interdépendance entre les entreprises est la question essentielle que nous traiterons dans ce chapitre.

Beaucoup d'industries sont fortement *concentrées* (voir les chapitres 2 et 9), c'est-à-dire que quelques entreprises contrôlent pratiquement l'ensemble des ventes. Par exemple, aux États-Unis, la vente de 90% des céréales pour petit déjeuner est effectuée par quatre grosses entreprises et les huit plus grosses entreprises de ce secteur contrôlent 98% du marché. De même, la plupart des biens de consommation durables sont fabriqués par un très petit nombre d'entreprises. Ainsi, avant que le marché automobile américain ne s'ouvre à la concurrence, les trois gros fabricants américains se partagaient pratiquement l'ensemble des ventes.

Lorsque les coûts de transport ou les droits de douane sont trop élevés pour qu'il soit rentable de commercialiser un produit au-delà d'une certaine zone géographique, on voit fréquemment des oligopoles se former. Dans les pays où le marché intérieur est petit (en termes de consommateurs), les industries sont souvent des oligopoles.[2]

Ce chapitre présente les modèles les plus connus d'oligopole non-coopératif. Pour simplifier autant que possible l'analyse, nous poserons 5 postulats très restrictifs :

1. Les consommateurs n'ont pas d'influence individuelle sur le prix du marché.
2. Toutes les entreprises fabriquent le même bien *homogène* (identique) : les consommateurs ne perçoivent aucune différence entre les produits.
3. Le nombre d'entreprises sur le marché est fixé : *aucune entrée* nouvelle n'a lieu.
4. Collectivement parlant, les entreprises ont un pouvoir de marché : elles peuvent fixer un prix supérieur au coût marginal.
5. Chaque entreprise fixe uniquement le prix ou la quantité (aucune autre variable, comme les dépenses publicitaires, n'est prise en compte).

Le chapitre suivant élargit ces modèles aux biens *hétérogènes* (différenciés) et à l'effet de l'entrée de nouvelles entreprises. Le chapitre 15 analyse le rôle de la publicité et le chapitre 10 celui d'autres actions stratégiques que la fixation du prix ou de la quantité.

[2] On observe aussi des *oligopsones* (quelques acheteurs). Ainsi, les moules pêchées en Nouvelle-Angleterre furent très longtemps achetées par deux entreprises. De même, quatre entreprises seulement achetaient la plus grande partie des thons pêchés dans le Pacifique.

Le prix d'équilibre d'un marché oligopolistique est compris entre celui d'une marché concurrentiel et celui d'un monopole. Dans tous les modèles d'oligopole, chaque entreprise maximise son profit compte tenu de l'idée qu'elle se fait du comportement de ses rivales : le profit anticipé de chaque entreprise est maximum lorsque sa *recette marginale anticipée est égale à son coût marginal.* Comme dans les chapitres précédents, la recette marginale de l'entreprise dépend de la *courbe de demande résiduelle* à laquelle elle est confrontée (celle-ci est égale à la demande du marché moins la production des entreprises rivales). En fait, les différences entre les divers modèles d'oligopole se traduisent par des différences de courbes de demande résiduelles qui d'adressent aux entreprises.

Tous les modèles d'oligopole peuvent être considérés comme des exemples de la *théorie des jeux* (von Neuman et Morgenstern, 1944). La théorie des jeux utilise des modèles formels pour analyser les conflits et la coopération entre **joueurs** (c'est-à-dire des décideurs stratégiques ou — dans ce chapitre — des entreprises). Un **jeu** est une compétition dans laquelle le comportement stratégique joue un rôle important. Chaque entreprise conçoit une *stratégie*, c'est-à-dire le plan des actions à engager (comme le prix qui sera fixé). Le **gain** de chaque entreprise (ce qu'elle reçoit à la fin du jeu [son profit]) dépend de l'action de toutes les entreprises.

Les modèles d'oligopole diffèrent du point de vue des actions décidées par les entreprises (faut-il fixer le prix ou la quantité à produire ?), de l'ordre dans lequel ces actions sont menées (quelle est l'entreprise qui fixe son prix la première ?), la durée du jeu (est-ce un modèle à une ou plusieurs périodes ?), etc. Mais, alors que les économistes sont largement d'accord sur le modèle de la concurrence et sur celui du monopole, il n'y a aucun consensus sur un modèle unique d'oligopole non-coopératif. L'une des raisons en est que les caractéristiques des marchés à structure d'oligopole sont très variées, de sorte que le modèle approprié dépend du marché considéré.

Parmi les modèles d'oligopole, trois sont particulièrement connus. Il s'agit des modèles de Cournot, de Bertrand et de Stackelberg. Dans les modèles de Cournot et de Stackelberg, les entreprises choisissent le niveau de production, alors que dans le modèle de Stackelberg, elles choisissent le prix. Dans les modèles de Cournot et de Bertrand, les entreprises agissent toutes en même temps. En revanche, dans le modèle de Stackelberg, un entreprise choisit son niveau de production avant les autres. Ces différences, qui concernent à la fois le type d'action et l'ordre d'action des entreprises, se traduisent par des équilibres différents.

Certains marchés ne durent qu'une seule période et d'autres durent plusieurs périodes. Ainsi, un modèle *statique* ou à *une période* sera propre à décrire le fonctionnement d'une foire ponctuelle réunissant tous les artisans du pays pendant une journée. Les artisans fixeront alors le prix ou la quantité à produire sans pouvoir observer la façon dont leurs rivaux procèdent, ni a fortiori modifier en conséquence leur propre comportement futur.

Un jeu à plusieurs périodes peut par exemple décrire la concurrence quotidienne, pendant plusieurs années, de deux boutiques proches l'une de l'autre. Étant donné que la compétition s'étale sur un grand nombre de périodes, ces entreprises peuvent ajuster l'idée qu'elles se font l'une de l'autre et adopter des stratégies plus complexes que dans le modèle à une seule période. Par exemple, une stratégie pourra consister à fixer des niveaux de production différents en fonction du comportement de l'entreprise rivale au cours des périodes précédentes. L'un des résultats possibles d'un tel modèle est que les entreprises vont s'entendre au cours des premières périodes (pour produire moins) et agir en ordre dispersé (et produire plus) au cours de la dernière période.

Lorsqu'une entreprise envisage les actions possibles de ses rivales, elle ne retient comme **stratégies crédibles** que le sous-ensemble des actions qui sont dans l'intérêt bien compris de ces dernières. Par exemple, une entreprise qui voudrait éliminer ses rivaux en menaçant de pratiquer indéfiniment un prix inférieur à son coût de production ne serait pas crédible car cette stratégie conduirait immanquablement à sa propre faillite (voir le chapitre 10). Dans les jeux à plusieurs périodes, des stratégies crédibles plus complexes que dans le cas d'une seule période sont envisageables.

Dans ce chapitre, nous expliquerons d'abord les concepts de base de la théorie des jeux. Ensuite, nous étudierons les trois principaux modèles d'oligopole : le modèle de Cournot, celui de Bertrand et celui de Stackelberg. Nous terminerons par un exposé des tests expérimentaux et empiriques qui confirment certaines des conclusions de ces modèles.

Les questions essentielles abordées dans ce chapitre peuvent être résumées ainsi :

1. Quels sont les facteurs qui déterminent l'équilibre d'un oligopole ? Comment cette équilibre se modifie-t-il en fonction du nombre d'entreprises, du type d'actions qu'elles mènent et de l'ordre dans lequel ces entreprises agissent ?

2. La collusion est-elle d'autant plus probable que l'on considère le fonctionnement du marché sur un plus grand nombre de périodes ?

3. Les modèles les plus connus d'oligopole sont-ils corroborés par les résultats des tests expérimentaux ?

7.1 Théorie des jeux

Quand votre heure aura sonné, on ne retiendra pas si vous avez gagné ou perdu, mais seulement la façon dont vous avez joué. – Grantland Rice

La théorie des jeux analyse les interactions entre des individus qui décident rationnellement sans pouvoir nécessairement prévoir complètement les résultats de leurs décisions. Les modèles de comportement coopératif et non-coopératif peuvent être considérés comme des jeux de stratégies ou d'actions (comme la fixation d'un niveau de production, d'un prix ou d'un niveau de dépenses publicitaires). Trois caractéristiques se retrouvent dans tous les jeux d'oligopole.

1. Il y a deux ou plusieurs entreprises (joueurs).
2. Chaque entreprise tente de maximiser son profit (gain).
3. Chaque entreprise est consciente que les actions des autres peuvent altérer son profit.

Le troisième élément est crucial. Les marchés oligopolistiques diffèrent des marchés concurrentiels et de monopole en ce que les actions de chaque entreprise affectent sensiblement ses rivales. Par exemple, les entreprises d'un oligopole peuvent former un cartel pour maximiser leur intérêt mutuel. Mais, dans la mesure où les intérêts de chaque entreprise diffèrent de ceux des autres, la meilleure solution pour une entreprise particulière n'est pas nécessairement la meilleure solution pour le cartel. Sur un marché concurrentiel, ainsi qu'en monopole, les entreprises n'agissent pas comme si les actions de leurs rivaux avaient une influence sur leurs gains ou comme si les autres entreprises avaient des objectifs différents des leurs. De fait, le modèle concurrentiel peut être envisagé comme un jeu contre un mécanisme impersonnel (le marché), plutôt que comme un jeu contre les stratégies d'autres joueurs.[(3)]

Les gains à l'équilibre dépendent du nombre d'entreprises, des règles du jeu et de la durée du jeu. Les principaux modèles à une période diffèrent entre eux du point de vue des règles adoptées. Après avoir montré comment les principaux modèles d'oligopole à une seule période diffèrent suivant leurs postulats et le nombre d'entreprises, nous illustrerons les effets de la durée d'un jeu en opposant les jeux à une période aux jeux se déroulant sur un nombre de périodes plus ou moins grand.

7.2 Modèles d'oligopole à une période

Les premiers travaux sur la théorie de l'oligopole se sont concentrés sur les modèles à une seule période, ou modèles statiques. Ces modèles conviennent aux marchés qui ne durent pas et où les rivaux ne sont qu'une seule fois en compétition. Dans ces modèles, les stratégies complexes à long terme et la réputation crée par les comportements antérieurs n'entrent pas en ligne de compte.

[3] Les entreprises concurrentielles, de même que les entreprises socialistes, sont engagées dans des *jeux mécaniques* car elles sont confrontées à un mécanisme impersonnel — le système des prix ou le système socialiste — et n'ont pas d'influence individuelle sur le marché (Shubik avec Levitan, 1980, p. 33–4). Inversement, les entreprises d'un oligopole sont engagées dans des jeux stratégiques.

Les trois modèles les plus connus d'oligopole sont bien antérieurs au développement de la théorie des jeux. Cependant, ils peuvent être interprétés comme des modèles de théorie des jeux et c'est sous cet aspect que nous les présenterons dans ce chapitre (les versions traditionnelles sont présentées dans les annexes B et C à ce chapitre).[4] Les principaux modèles d'oligopole à une période se réfèrent tous au concept de l'équilibre de Nash, que nous allons exposer en préalable à la présentation des modèles de Cournot, Bertrand et Stackelberg.

7.2.1 Équilibre de Nash

C'est à John F. Nash (1951) que revient le mérite d'avoir défini le concept d'équilibre le plus largement utilisé. Un ensemble de stratégies est appelé **équilibre de Nash** si aucune entreprise ne peut obtenir un gain (profit) plus élevé en choisissant une stratégie différente, les stratégies de toutes les autres entreprises étant supposées données. Ainsi l'équilibre de Nash est-il caractérisé par le fait qu'aucune entreprise ne *souhaite* modifier sa stratégie.

Dans les modèles de Cournot et de Stackelberg, les stratégies des entreprises concernent le choix des quantités, alors que dans le modèle de Bertrand, elles portent sur les prix. L'utilité du concept d'équilibre de Nash apparaît encore plus clairement lorsqu'on inclut le choix d'autres variables que la quantité ou le prix, comme par exemple le niveau des dépenses publicitaires (nous y reviendrons en détail au chapitre 11).

7.2.2 Modèle de Cournot

En 1938, le mathématicien français Augustin Cournot présenta le premier — et sans doute le plus largement utilisé — des modèles d'oligopole. Cournot (voir Cournot, [édition de] 1963) suppose que chaque entreprise choisit, indépendamment des autres, la quantité qui maximise son profit. Son analyse débute par le cas de deux entreprises, ou *duopole*, et s'élargit ensuite à un plus grand nombre d'entreprises.

---

[4] Les théoriciens des jeux considèrent que les anciennes versions de ces modèles (qu'ils qualifient de modèles à *variations conjecturales*) ne sont pas satisfaisantes parce qu'elles recourent à des interprétations dynamiques pour expliquer les comportements au sein d'un modèle à une seule période. Dans les modèles à variations conjecturales, chaque entreprise choisit le prix ou la production qui maximise son profit en conjecturant (c'est-à-dire en anticipant) les réactions (ou *variations*) de ses rivales à son propre comportement. Ainsi, une entreprise peut-elle conjecturer que ses rivales ne réagiront pas à une augmentation de son prix. L'anticipation de la réaction d'une entreprise rivale est appelée *variation conjecturale*. L'approche en termes de variations conjecturales est utile dans les recherches empiriques (voir l'annexe B à ce chapitre ainsi que le chapitre 9). Le modèle de la demande coudée (voir l'annexe C à ce chapitre) est un autre modèle statique antérieur à la théorie des jeux qui est aussi classé parmi les modèles à variations conjecturales car il recourt implicitement à une interprétation dynamique des comportements.

A. Duopole de Cournot

Soit un ville isolée dans laquelle se tient un marché aux melons, dont le fonctionnement est soumis aux postulats suivants :

- *Pas d'entrées nouvelles* : il n'y a que 2 entreprises sur le marché. Aucune autre ne peut y pénétrer (parce que les deux entreprises possèdent l'ensemble des bonnes terres à melon de la région).
- *Homogénéité* : Les entreprises produisent des melons identiques (homogènes), de sorte que la somme de leur production peut s'écrire $Q = q_1 + q_2$, où q_1 est la production de l'entreprise 1 et q_2 la production de l'entreprise 2.
- *Une seule période* : Ce marché et les deux entreprises n'existent que pour une seule période. Les melons ne peuvent pas être stockés et doivent être vendus dès qu'ils sont produits sous peine de se gâter.
- *Demande* : La courbe de demande du marché (figure 7.1) est une fonction linéaire du prix :

$$Q(p) = 1000 - 1000p. \tag{7.1}$$

De façon équivalente, la fonction de demande inverse est donnée par :

$$p = 1 - 0{,}001Q. \tag{7.1'}$$

Donc, lorsque $p = 1F$, $Q = 0$ melons, lorsque $p = 0,50F$, $Q = 500$ melons et lorsque $p = 0$, $Q = 1\,000$ melons.

- *Coûts* : Chaque entreprise à un coût marginal de production, Cm, constant de 0,28 F par melon et aucun coût fixe. Par conséquent, le coût moyen est aussi égal à 0,28 F par melon. Chaque entreprise peut produire assez pour satisfaire la demande totale (voir la figure 7.1).

Quelle stratégie l'entreprise 1 doit-elle adopter pour déterminer son niveau de production ? La réponse dépend de son évaluation de la production de l'entreprise 2. Si l'entreprise 1 pense que la production de l'entreprise 2 est égale à la quantité q_2, alors elle choisir la quantité q_1 qui maximise son profit sous cette hypothèse. En fait, si elle le souhaite, l'entreprise 1 peut satisfaire l'ensemble de la demande du marché déduction faite de la quantité q_2. Autrement dit, elle est confrontée à une *courbe demande résiduelle* égale à :

$$q_1(p) = Q(p) - q_2, \tag{7.2}$$

qui est donnée par la courbe de demande du marché (équation [7.1]), moins q_2, la production anticipée de l'entreprise 2. Comme le montre la figure 7.1, la courbe de demande résiduelle s'obtient par une translation vers la gauche égale à q_2, de la courbe de demande du marché. Ainsi, comme la courbe de demande du marché

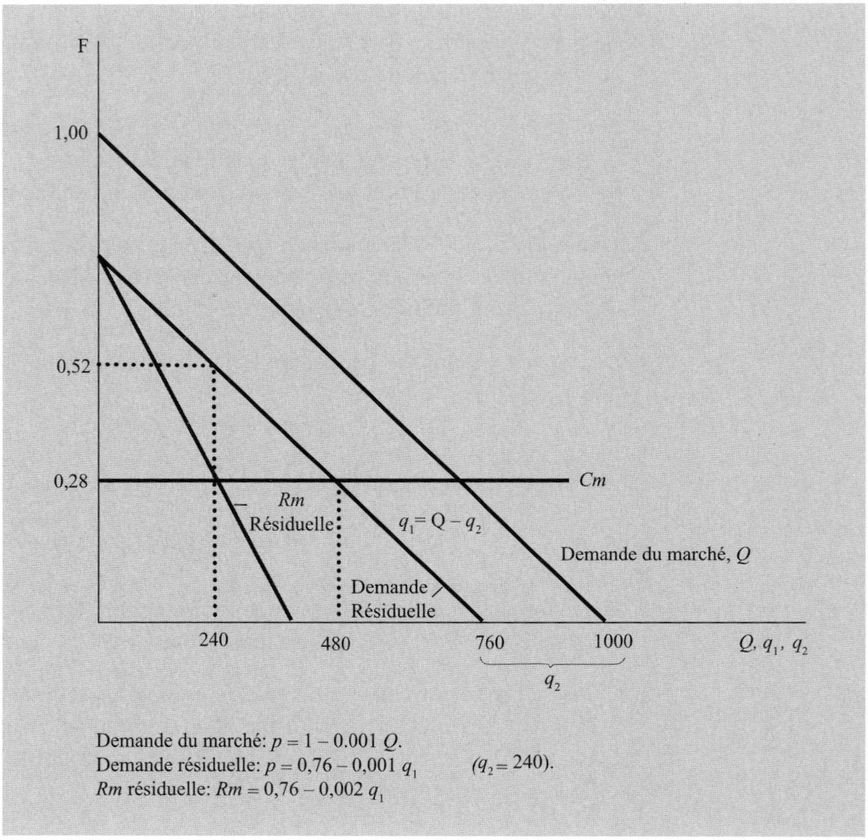

Figure 7.1: *Demande résiduelle adressée à une entreprise à la Cournot*

croise l'axe des ordonnées en un point où la quantité est égale à 1 000 melons, la demande résiduelle croise l'axe des ordonnées en $1000 - q_2$. Sur la figure, nous avons supposé $q = 240$.

L'entreprise 1 dispose d'un pouvoir de monopole sur les consommateurs dont la demande n'est pas satisfaite par l'entreprise 2. Pour maximiser son profit, elle choisit la valeur de q_1 qui correspond à l'intersection du coût marginal avec la courbe de recette marginale qui se déduit de la courbe de demande résiduelle (désignée par Rm résiduelle sur la figure 7.1). Le barème ci-après indique les valeurs de q_1 qui maximisent le profit en fonction de différentes conjectures concernant q_2 :

Si l'entreprise 1 pense que q_2 est égal à :	*La valeur de q_1 qui maximise son profit est égale à :*
0	360
100	310
200	260
240	240
300	210
360	180
400	160
720	0

Nous pouvons remplacer le tableau par une équation reliant la quantité qui maximise le profit de l'entreprise 1 à la quantité produite par l'entreprise 2 :

$$Q_1 = R_1(q_2). \tag{7.3}$$

Cette équation est appelée **fonction de réponse optimale** (ou *fonction de réaction*) et indique la meilleure action possible (ici, l'action consiste à choisir la production) de l'entreprise (en termes de profit), pour une anticipation donnée de l'action (ici, production) de sa rivale.(5) Pour déduire analytiquement la fonction de réponse optimale, il est nécessaire d'obtenir une expression algébrique de l'intersection entre la courbe de recette marginale (résiduelle) et celle du coût marginal (voir l'annexe A pour l'aspect mathématique de cette dérivation).

Comme la courbe de demande résiduelle qui s'adresse à l'entreprise 1 est linéaire, la courbe de recette marginale associée l'est aussi et a une pente égale à la moitié de celle de la courbe de demande résiduelle. La courbe *Rm* croise l'axe des ordonnées en un point qui est égal à la moitié de la quantité qui correspond à l'intersection de la courbe de demande résiduelle avec cet axe (voir le chapitre 5). Sur la figure 7.1, où $q_2 = 240$, la courbe de demande résiduelle croise la courbe de coût marginal en $q_1 = 480$. En général, la courbe de demande résiduelle croise la courbe de coût marginal en $720 - q_2$. Puisque la courbe de recette marginale correspondant à la courbe de demande résiduelle croise la courbe de coût marginal à la moitié de cette valeur, la fonction de réponse optimale (illustrée figure 7.2) a pour équation :

$$q_1 = R_1(q_2) = 360 - \frac{q_2}{2}\,. \tag{7.4}$$

Si $q_2 = 0$, l'entreprise 1 produit $q_1 = R_1(0) = 360$ (voir le tableau ci-avant), le niveau de production en monopole. Dans le modèle de Cournot, la courbe demande résiduelle d'une entreprise qui n'a aucun concurrent est égale à la courbe de demande du marché. Comme la courbe de demande du marché entre

[5] Le terme *fonction de réaction* remonte à l'ancienne littérature sur les variations conjecturales (Bowley, 1924).

en intersection avec la courbe de coût marginal lorsque $q_1 = 720$, la courbe de recette marginale croise la courbe de coût marginale lorsque q_1 est égal à la moitié de cette quantité, soit 360. À l'autre extrême, l'entreprise 1 ne cesse de produire que lorsque $q_2 = 720$.

La fonction de réponse optimale de l'entreprise 2 se déduit de façon similaire. Puisque les entreprises sont identiques (mêmes coûts, produits identiques), la fonction de réponse optimale de l'entreprise 2 est analogue à celle de l'entreprise 1 :

$$q_2 = R_2(q_1) = 360 - \frac{q_2}{2} \cdot \qquad (7.5)$$

La production choisie par l'entreprise 2 dépend de son anticipation de la production de l'entreprise 1.

Comme l'indiquent la figure 7.2 et le tableau 7.1, les fonctions de réponse optimale ont un seul point d'intersection en $q_1 = q_2 = 240$.[(6)] Au point d'intersection des deux fonctions de réponse optimale, chaque entreprise anticipe que l'autre va vendre 240 unités et vend de ce fait 240 unités.

B. Équilibre

L'équilibre de Cournot se trouve au point d'intersection des deux fonctions de réponse optimale, (240, 240). À l'équilibre de Cournot, chaque entreprise vend la quantité qui maximise ses profits, sous réserve que son anticipation de la production de l'autre entreprise soit correcte — c'est-à-dire sous réserve qu'elle anticipe correctement la *réponse optimale*, en termes de production, de l'autre entreprise. L'équilibre de Cournot, valide alors l'anticipation de chaque entreprise concernant la production de sa rivale.

Si chaque entreprise croit que l'autre va produire 240 unités et produit elle-même 240 unités, aucune ne désirera modifier sa production. Une entreprise ne souhaitera pas produire en un point n'appartenant pas à sa fonction de réponse optimale parce que cela se traduirait pas une baisse de son profit. Or, le seul point où les deux entreprises sont simultanément situées sur leur courbe de réponse optimale est le point où elle se croisent. Les autres points ne peuvent pas être des équilibres. En effet, à l'équilibre, aucune des deux entreprises ne souhaite modifier son choix. À l'équilibre de Cournot, la production totale offerte sur le marché est égale à $240 + 240 = 480$ melons et le prix est égal à 0,52 F par melon (voir le tableau 7.1).

---

[6] L'intersection peut être déterminée par résolution simultanée des deux équations de réponse optimale. Utilisons la fonction de réponse optimale de l'entreprise 1, $q_1 = 360 - q_2/2$, pour remplacer q_1 dans la fonction de réponse optimale de l'entreprise 2, $q_2 = 360 - q_1/2$. La production de l'entreprise 2 s'écrit alors :

$$q_2 = 360 - \frac{\left(360 - \frac{q_2}{2}\right)}{2} \cdot$$

En simplifiant, on obtient $q_2 = 240$. Remplaçons q_2 par 240 dans la fonction de réponse optimale de l'entreprise 1, afin de vérifier que q_1 est aussi égal à 240.

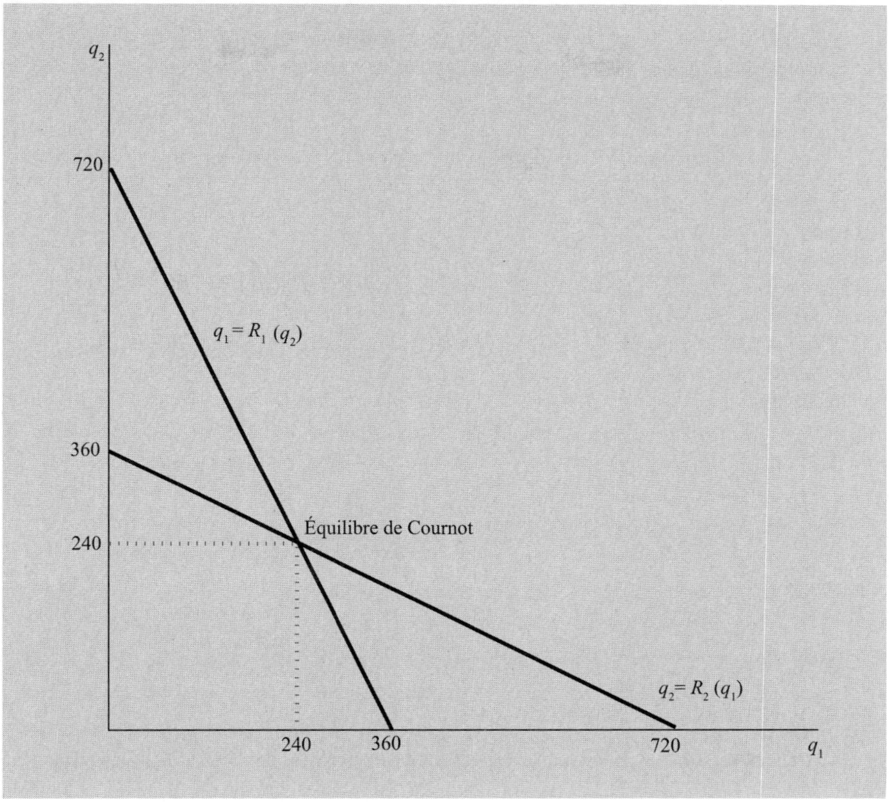

Figure 7.2: *Fonction de réponse optimale à la Cournot*

Dans le modèle à une période, où les entreprises choisissent uniquement le niveau de production, tout niveau de production tel qu'aucune des entreprises ne pense qu'elle peut accroître son profit qu'en augmentant ou en diminuant sa production est, par définition, un équilibre de Cournot. Inversement, aucune combinaison de production ne peut constituer un équilibre, sauf celle qui caractérise l'équilibre de Cournot. Ainsi, dans un modèle à une seule période où les entreprises choisissent leur production indépendamment l'une de l'autre, l'équilibre de Cournot n'est pas seulement le plus réaliste, c'est aussi le plus plausible (Friedman, 1983, p. 32–3).

Il reste à expliquer comment les entreprises forment leurs anticipations. Est-il vraisemblable qu'elles anticipent chacune que la production de l'autre est égale à 240 unités ? On peut faire valoir que c'est souvent l'expérience qui influence les anticipations, mais on introduit alors un élément dynamique dans un cadre explicitement statique. L'impossibilité d'expliquer la formation des anticipations limite

Tableau 7.1

Comparaison des équilibres d'oligopole : exemple d'une demande linéaire et d'un coût marginal constant

	Production			**Profits (F)**		
	Entreprise	**Industrie**	**Prix (F)**	**Entreprise**	**Industrie**	**Surplus**
Monopole	360	360	0,64	129,60	129,60	64,8
Duopole :						
– *Cournot*	240	480	0,52	57,60	115,20	115,2
– *Stackelberg*		540	0,46		97,20	145,8
-Leader	360					
-Suiveur	180					
Concurrence*		720	0, 28	64,80	0,0	259,20
n entreprises :						
– *Cournot*	$\frac{720}{n+1}$	$\frac{720n}{n+1}$	$\frac{100+28n}{n}$	$\frac{518,4}{(n+1)^2}$	$\frac{518,4n}{(n+1)^2}$	$\frac{259,2n^2}{(n+1)^2}$
– *Stackelberg*		$\frac{360(2n-1)}{n}$	$\frac{28n+36}{n}$		$\frac{129,6(2n-1)}{n^2}$	$\frac{68,4(2n-1)^2}{n^2}$
-Leader	360			$\frac{129,6}{n}$		
-Suiveurs	$\frac{360(n-1)}{n}$			$\frac{129,6(n-1)}{n^2}$		

Demande du marché, sevhelni Q = 1 000 – 1 000p
Cm = 0,28 F
* Point d'efficience, équilibre de Bertrand et équilibre de Cournot avec un nombre illimité d'entreprises.

la portée du modèle de Cournot, ainsi que celle des autres modèles statiques.(7) C'est cette critique qui a conduit Stigler (1964) a développer sa théorie du cartel (voir le chapitre 6) et les spécialistes de la théorie des jeux à formuler des modèles à plusieurs périodes (discutés ci-après).

À l'équilibre de Cournot, aucune entreprise ne souhaite changer sa production quand les autres produisent les quantités d'équilibre. Comme l'équilibre de Cournot est un cas particulier de l'équilibre de Nash, on le qualifie souvent d'*équilibre de Cournot-Nash* ou d'*équilibre de Nash en quantité*. L'exemple 7.1 décrit un jeu de Nash pur, tiré d'un autre domaine que l'économie industrielle.

[7] Daughety (1985) apporte une réponse intéressante en supposant que les entreprise utilisent un raisonnement de *régression à l'infini* : la façon dont l'entreprise 1 se représente l'entreprise 2 dépend de la façon dont l'entreprise 2 se représente l'entreprise 1 et vice versa. Autrement dit, le directeur de l'entreprise 1 pense à ce que pense celui de l'entreprise 2, ce qui donne quelque chose comme : « Je pense que le directeur de l'entreprise 2 pense que je pense qu'il pense que je pense... » Et, de son côté, le directeur de l'entreprise 2 raisonne de la même façon. Daughety montre que lorsque le choix de production de chaque entreprise est fondé sur ce type de raisonnement, l'équilibre de Cournot est le seul possible.

EXEMPLE 7.1 Le modèle de Cournot explique-t-il le comportement des oiseaux qui vivent en groupe ?

Pendant qu'un groupe d'oiseaux se nourrit, il faut que certains membres *surveillent* périodiquement les alentours, pour détecter à temps l'arrivée d'un prédateur. Naturellement, plus un oiseau donné passe de temps à scruter le ciel, moins il lui reste de temps pour se nourrir. Or, comme l'alerte d'un danger imminent (qui réduit considérablement la probabilité de mourir) peut être donnée par n'importe quel oiseau du groupe, l'intérêt de chacun est de laisser les autres surveiller (supporter le coût) pendant qu'il se nourrit (réalise des bénéfices). Bien évidemment, plus le groupe d'oiseaux est important, plus le temps passé par un oiseau donné à surveiller diminue, alors que le temps passé à se nourrir augmente.

Des scientifiques (Pulliam, Pyke et Caraco, 1982) ont entraîné des prédateurs à fondre périodiquement sur un groupe d'oiseaux (les juncos aux yeux jaunes) pour observer leur comportement au moyen de caméras ultra-rapides à téléobjectif. Ils ont ensuite essayé d'expliquer leurs résultats par deux modèles alternatifs de théorie des jeux : le modèle coopératif où les oiseaux travaillent ensemble et le modèle égoïste où ils agissent individuellement (c'est l'analogue du modèle de Cournot-Nash). Le tableau ci-dessous permet de comparer le temps passé à surveiller (en pourcentage du temps total) avec le temps théorique qui découlent respectivement des modèles coopératif et égoïste (en remplaçant dans chaque cas les paramètres par la valeur estimée la plus probable, ce qui explique que les nombres obtenus diffèrent d'un modèle à l'autre lorsqu'il n'y a qu'un seul oiseau dans le « groupe ») :

		Temps théorique*	
Nombre d'oiseaux	**Temps réel***	**Modèle coopératif**	**Modèle égoïste**
1	13,90	15,9	18,6
2	7,85	6,2	3,4
3	6,22	5,9	0,6
4	6,02	5,5	0,0
5	5,87	5,2	0,0
6	5,66	4,9	0,0
7	5,58	4,7	0,0
8	5,59	4,5	0,0
9	4,88	4,4	0,0
10	4,65	4,0	0,0

*en % du temps total.

Les prévisions du modèle coopératif ne sont pas significativement différentes des valeurs observées. Un test statistique a montré que la probabilité que les observations s'expliquent par un comportement égoïste (de type Nash) est inférieure à 0,005. Il est donc pratiquement impossible que les fréquences de surveillance observées soient le produit d'un comportement égoïste.

Les scientifiques qui ont conduit cette étude furent surpris de conclure que les oiseaux avaient un comportement coopératif. En effet, un oiseau « égoïste » — qui ne participe pas à la surveillance au sein du groupe — devrait en principe avoir un avantage sur ceux qui « coopèrent ». Ils s'attendaient donc à ce que la « stratégie » des oiseaux soit du type égoïste, car c'est ce qui semblait le plus cohérent avec la théorie de l'évolution.

Après réflexion, cependant, il aboutirent à la conclusion que leurs résultats étaient cohérents avec un « jeu » où les mêmes « joueurs » étaient confrontés en permanence : « il semble alors que la seule stratégie cohérente avec la théorie de l'évolution soit le donnant-donnant ». Autrement dit, il est optimal pour un oiseau de coopérer tant que les autres coopèrent aussi. Les chercheurs qualifièrent de « juge » les oiseaux qui →

EXEMPLE 7.1 Le modèle de Cournot explique-t-il... (suite)

suivaient cette stratégie. Un juge coopère si les autres coopèrent et agit en égoïste si les autres font de même. Ils ont ainsi calculé le « gain » d'un couple d'oiseaux pour les trois types de stratégies. Le tableau ci-après indique la probabilité que le joueur 1 survive un jour en cas d'attaque prédatrice, lorsque le sort lui est défavorable (c'est-à-dire qu'il est choisi par le prédateur) :

		Joueur 2		
		Coopératif	Égoïste	Juge
Joueur 1	Coopératif	0,513	0,492	0,513
	Égoïste	0,528	0,503	0,503
	Juge	0,513	0,503	0,513

Notons qu'un juge réalise le même gain qu'un oiseau coopératif qui tombe sur un partenaire coopératif et un gain supérieur à l'oiseau coopératif qui tombe sur un partenaire égoïste. Le comportement coopératif émerge donc d'un groupe où les oiseaux sont soit juges, soit coopératifs.

C. Comparaison de l'équilibre de Cournot avec celui du cartel

À l'équilibre de Cournot, le bien-être des entreprises est moindre et celui des consommateurs plus grand, que si les entreprises agissent comme un cartel (monopole). La production du cartel est égale à 360 et le prix à 0,64 F (voir le tableau 7.1). La production de l'industrie à l'équilibre de Cournot (480) est plus élevée d'un tiers et le prix (0,52 F) est plus bas de 1% qu'à l'équilibre de cartel.

Les consommateurs bénéficient de cette baisse du prix. Avec le cartel, le surplus des consommateurs est égal à 64,8, alors qu'il est égal à 115,2 dans le cas de Cournot (tableau 7.1). Le surplus des consommateurs diminuerait donc de 44% si les entreprises d'un oligopole de Cournot formaient un cartel.

La marge prix-coût de Lerner, $(p - Cm)/p$, est plus faible pour l'oligopole de Cournot que pour le cartel. La marge prix-coût est de 56% pour le cartel, alors qu'elle n'est que de 46% dans le cas de l'oligopole de Cournot, soit 82% de la marge du cartel.

Les entreprises d'un oligopole de Cournot ont donc intérêt à former un cartel. Le profit d'une entreprise i en situation d'oligopole de Cournot est égal à $(p - CM)q_i = (0{,}52\ \text{F} - 0{,}28\ \text{F}) \times 240 = 57{,}60$ F. La somme des profits des entreprises de Cournot, $\pi_1 + \pi_2$, est égale à 115,20 F, alors que le profit total des entreprises du cartel est égal à 129,60 F (tableau 7.1). Ainsi, lorsque les entreprises d'un oligopole de Cournot forment un cartel, leurs profits combinés augmentent de 12,5%.

Le profit maximum des deux entreprises du cartel (129,60 F), peut être réparti entre elles de différentes façons : 0 F pour la première et 129,60 F pour la seconde, ou 64,80 F chacune, ou encore 129,60 F pour la première et 0 F pour la seconde. En fait, n'importe quel partage en deux des 129,60 F est envisageable. Le profit maximum que l'une des deux entreprises peut recevoir une fois que celui de l'autre

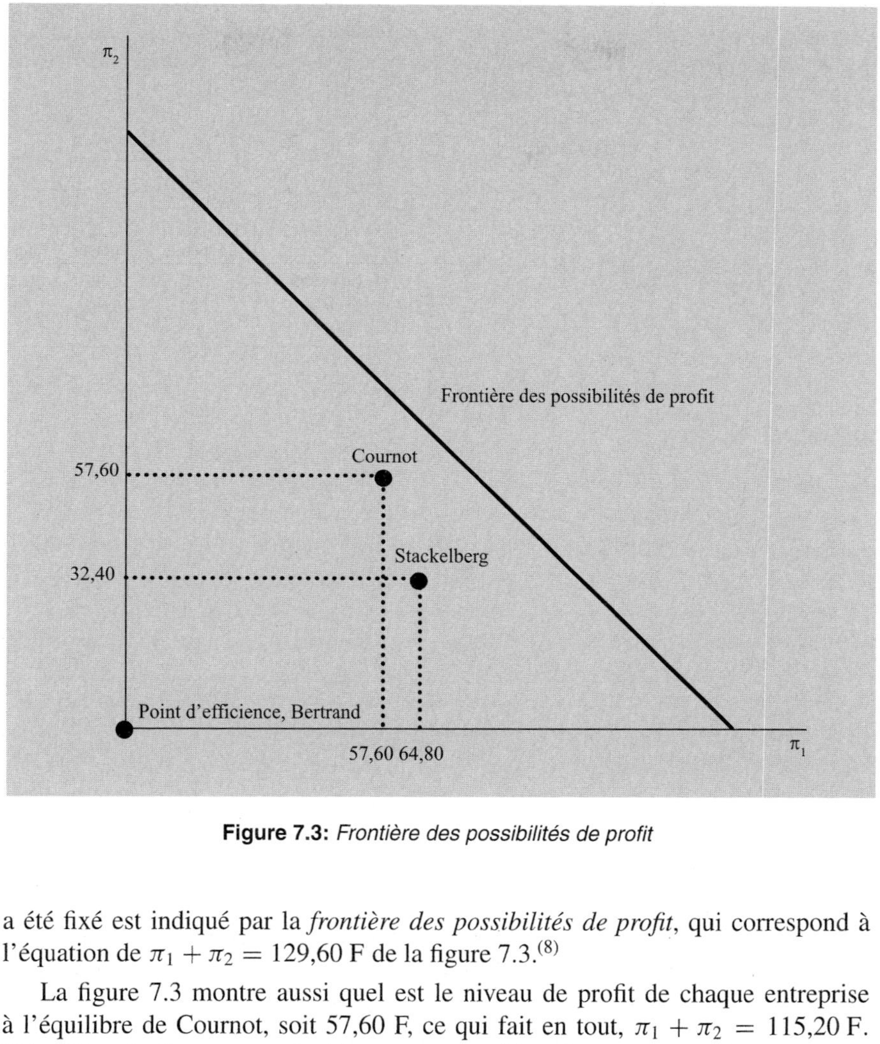

Figure 7.3: *Frontière des possibilités de profit*

a été fixé est indiqué par la *frontière des possibilités de profit*, qui correspond à l'équation de $\pi_1 + \pi_2 = 129{,}60$ F de la figure 7.3.[(8)]

La figure 7.3 montre aussi quel est le niveau de profit de chaque entreprise à l'équilibre de Cournot, soit 57,60 F, ce qui fait en tout, $\pi_1 + \pi_2 = 115{,}20$ F. L'équilibre de Cournot est situé largement vers l'intérieur de la frontière des possibilités de profit, ce qui explique que les entreprises soient incitées à s'entendre pour augmenter leurs profits aux niveaux correspondant à la frontière des possibilités de profit.

[8] La frontière des possibilités de profit s'obtient en fixant le profit de l'entreprise 1 à un niveau donné et en maximisant ensuite le profit de l'entreprise 2 par rapport à q_1 et q_2. Dans notre exemple, la solution est :

$$(q_1 - 1080)q_1 + (q_2 - 1080)q_2 - 2q_1q_2 + 259200 = 0.$$

Pour toute valeur particulière de q_1, cette équation est quadratique en q_2. La racine qui convient est inférieure à un. Voir Friedman (1983, p. 22–7).

Tableau 7.2

Niveaux d'équilibre d'oligopole rapportés à ceux du monopole dans le cas d'une demande linéaire et d'un coût marginal constant

	Production			Profits (F)		
	Entreprise	**Industrie**	**Prix (F)**	**Entreprise**	**Industrie**	**Surplus**
Monopole	1,0	1,0	1,0	1,0	1,0	1,0
Duopole :						
– *Cournot*	0,667	1,333	0,667	0,444	0,889	1,778
– *Stackelberg*		1,5	0,5		0,75	2,25
-Leader	1,0			0,5		
-Suiveur	0,5				0,25	
Concurrence*	0,0	2,0	0, 0	0,0	0,0	4,0
n entreprises :						
– *Cournot*	$\frac{2}{n+1}$	$\frac{2n}{n+1}$	$\frac{2}{n+1}$	$\frac{4}{(n+1)^2}$	$\frac{4n}{(n+1)^2}$	$\frac{4n^2}{(n+1)^2}$
– *Stackelberg*		$\frac{2n-1}{n}$	$\frac{1}{n}$		$\frac{2n-1}{n^2}$	$\frac{(2n-1)^2}{n^2}$
-Leader	1			$\frac{1}{n}$		
-Suiveurs	$\frac{n-1}{n}$			$\frac{n-1}{n^2}$		

D. Comparaison de l'équilibre de Cournot avec l'optimum social

Comparons l'optimum social, caractérisé par l'égalité du prix et du coût marginal (comme c'est le cas pour l'équilibre concurrentiel), avec l'équilibre de Cournot.[(9)] Si toutes les entreprises agissent en preneuses de prix, fixé au niveau du coût marginal (0,28 F), elles font un profit nul par melon et sont donc indifférentes à la quantité produite. Lorsque le prix est égal à 0,28 F, la demande du marché (déterminée par l'intersection de la courbe Cm avec la courbe de demande [figure 7.1]), est égale à 720 melons. Si les entreprises divisent le marché en deux, chacune produit alors 360 melons. Quand au surplus du consommateur, il est égal à 259,2 (voir le tableau 7.1).

[9] Nous comparons l'équilibre de Cournot à l'optimum social plutôt qu'à l'équilibre concurrentiel parce que l'équilibre concurrentiel nécessite la présence d'un nombre potentiellement illimité d'entreprises alors qu'il n'y en a que deux sur notre marché. L'équilibre socialement optimal nécessite que les entreprises maximisent leurs profits sous la contrainte d'égalité entre le prix et le coût marginal (comme à l'équilibre concurrentiel). Ce concept d'équilibre fut introduit par Shubik (1959) qui le qualifia de point d'efficience. Voir Shubik avec Levitan (1980) et Friedman (1983) pour une analyse des coûts fixes compatibles avec ce point d'efficience. Par conséquent, les termes *optimum social* et équilibre concurrentiel sont considérés ici comme synonymes.

Tableau 7.3: *Équilibre de Cournot : un nombre variable d'entreprises*

			Entreprise		Industrie	
	Nombre	Prix(F)	Production	Profit (F)	Production	Profit (F)
Monopole	1	64	360	129,60	360	129,60
	2	52	240	57,60	480	115,20
	3	46	180	32,40	540	97,20
	4	42,4	144	20,74	576	82,94
	5	40	120	14,40	600	72,0
	6	38,3	102,9	10,58	617,1	63,48
	7	37	90	8,10	603	56,70
	8	36	80	6,40	640	51,20
	9	35,2	72	5,18	648	46,66
	10	34,5	65,5	4,28	654,5	42,84
	15	32,5	48	2,30	675	32,26
	20	31,4	34,3	1,18	685,7	23,51
	50	29,4	14,1	0,20	705,9	9,97
	100	28,7	7,1	0,05	712,9	5,08
	500	28,1	1,4	0,002	718,6	1,03
	1000	28,1	0,7	0,001	719,3	0,52
Concurrence	∞	28	~ 0	0,00	720	0,00

Ainsi, dans notre exemple linéaire, la production de l'optimum social est le double de la production d'un cartel et une fois et demie la production d'un duopole de Cournot. Le prix concurrentiel ne représente que 44% du prix de monopole et 54% du prix d'un duopole de Cournot (tableau 7.2). Le surplus des consommateurs associé à l'optimum social est quatre fois plus élevé qu'en situation de cartel et 2,25 fois plus élevé qu'à l'équilibre de Cournot. L'équilibre de Cournot est donc situé entre l'équilibre de concurrence et celui de monopole. Dans les exemples linéaires, il est plus proche du second que du premier (tableau 7.2).

E. Oligopole de Cournot avec trois entreprises ou plus

Lorsqu'il y a $n(\geqslant 2)$ entreprises identiques, l'équilibre de Cournot se détermine en appliquant la même analyse (voir l'annexe A de ce chapitre). La fonction de réponse optimale de l'entreprise 1 est $q_1 = R_1(q_2, \ldots, q_n)$. Si les $n-1$ autres entreprises produisent une quantité identique, q, la fonction de réponse optimale de l'entreprise 1 est $q_1 = R_1(q_2, \ldots, q_n) = 360 - q(n-1)/2$. Les autres entreprises ont des fonctions de réponse optimale similaires. Par conséquent, à l'équilibre de Cournot, la production d'une entreprise est $q = 720/(n+1)$ et le prix d'équilibre est $p = (1 + 0{,}28n)/(n+1)$.

Le tableau 7.3 montre que plus n est élevé, plus la production par entreprise est élevée et le prix faible. L'impact de la présence d'entreprises rivales supplémentaires sur la quantité et le prix est initialement très grand mais s'atténue progressivement :

EXEMPLE 7.2 Fusions dans un modèle à la Cournot

Si toutes les entreprises d'un modèle de Cournot forment un cartel qui se comporte en monopole, leur profit collectif augmente. Mais si seules certaines entreprises d'un modèle de Cournot fusionnent (ou coordonnent leurs actions au sein d'un cartel), les conséquences sur les profits sont paradoxales (si l'on prend des fonctions de demande linéaires et des coûts marginaux et moyens constants) :

- Lorsqu'une industrie est composée d'au moins trois entreprises (avant la fusion), la fusion de deux d'entre elles réduit leur profit collectif.
- Une fusion impliquant un plus grand nombre d'entreprises *peut* accroître l'importance de la perte collective due à la fusion.
- Si la fusion d'un nombre quelconque donné d'entreprises entraîne des pertes, la réduction de ce nombre entraîne également des pertes. De même, si la fusion de k entreprises permet des gains, la fusion d'un plus grand nombre d'entreprises augmente ces gains.
- Si moins de 80% des entreprises d'une industrie fusionnent, la fusion sera collectivement non rentable.
- Pour toute fusion qui concerne un pourcentage donné quelconque (mais inférieur à 100%) des entreprises d'une industrie, il existe une taille initiale d'industrie (nombre d'entreprises) à partir de laquelle la fusion n'est pas rentable.

Ces résultats impliquent que si l'équilibre est déterminé suivant le schéma de Cournot, les entreprises verront leurs anticipations à la Cournot confirmées, car une fusion ou un cartel ne sont possibles que si pratiquement toutes les entreprises de l'industrie y prennent part. Alternativement, seules les entreprises qui ne forment pas leurs anticipations suivant le schéma de Cournot fusionneront.

SOURCE : Salant, Switzer et Reynolds (1983) et Patinkin (1947). Comparer avec Aumann (1973) et Okuno, Postlewaite et Roberts (1980). Voir aussi Farrel et Shapiro (1990).

avec 2 entreprises, le prix est supérieur de 86% au prix concurrentiel. Lorsqu'il y a 10 entreprises, le prix est supérieur de 23% au prix concurrentiel et seulement de 5% quand le nombre des entreprises atteint 50. Si le nombre d'entreprises devient très important, la production par entreprise, le prix et la production de l'industrie tendent vers leurs niveaux socialement optimaux. Lorsque le nombre d'entreprises augmente, le bien-être des consommateurs augmente (prix plus bas, surplus des consommateurs plus élevé) et celui des entreprises diminue (profits en baisse).

En résumé, les modèles de la concurrence et du monopole peuvent être considérés comme des cas particuliers du modèle de Cournot. Ainsi, à mesure que le nombre d'entreprises s'accroît, l'équilibre de Cournot tend vers l'équilibre de concurrence. Voir l'exemple 7.2 sur les fusions.

7.2.3 Modèle de Bertrand

L'analyse de Cournot était très en avance sur son temps. En effet, ce n'est qu'en 1883, 45 ans après la publication de son livre, que celui-ci commença à attirer l'attention. La première critique lui fut adressée par Joseph Bertrand, pour qui le prix sur un marché oligopolistique devait être fixé par les entreprises, faute de quoi on ne comprenait pas comment il pouvait être déterminé. Or, en considérant que les entreprises déterminaient la quantité produite plutôt que le prix, Cournot ne fournissait aucun mécanisme explicite de fixation du prix (il en va de même, sur ce point, du modèle concurrentiel).

Dans le modèle de Bertrand, les entreprises fixent les prix plutôt que la production. Si les consommateurs sont pleinement informés et conscients que les entreprises fabriquent des biens identiques, ils n'achèteront que les produits de l'entreprise qui propose le prix le plus bas. Dans le modèle de Bertrand, chaque entreprise considère que le prix de ses rivales est fixé et que, en réduisant légèrement le sien par rapport à celui des autres, elle peut s'emparer de la totalité du marché. À l'équilibre de Bertrand analysé ci-après, les entreprises font des profits nuls et aucune ne peut accroître son profit en augmentant ou diminuant le prix. Celui-ci, s'il existe, est identique au prix qui correspond à l'optimum social (équilibre concurrentiel) analysé précédemment.

A. Exemple

Pour illustrer l'équilibre de Bertrand, posons les mêmes postulats que dans l'exemple de Cournot : aucune entrée, produits homogènes, une seule période, même courbe de demande ($p = 1 - 0{,}01Q$) et même coût marginal constant (0,28 F). La seule différence importante st que les entreprsies choisissent désormais le prix au lieu de la quantité. Chaque entreprise désire vendre autant qu'il est demandé pour le prix fixé.

Supposons que l'entreprise 1 fixe un prix p_1, supérieur au coût marginal, (0,28 F). Si elle parvient à vendre une quantité quelconque à ce prix, elle en tirera un profit positif. Cependant, comme les deux entreprises vendent le même produit, il suffit que l'entreprise 2 propose un prix p_2 légèrement inférieur à p_1 pour que les consommateurs se tournent vers elle. En revanche, si p_2 est supérieur à p_1, l'entreprise 2 ne peut rien vendre. Enfin, si $p_2 = p_1$, les consommateurs sont indifférents quand à l'origine du produit. On peut donc supposer que dans ce dernier cas, les entreprises se partagent le marché en deux. Sur la figure 7.4, où la demande adressée à l'entreprise 1 est horizontale pour $p_1 = p_2$, la moitié de la droite horizontale est hachurée pour indiquer que l'entreprise 1 ne vend que la moitié de la quantité totale demandé. Si les deux entreprises fixent leur prix à 0,28 F, aucune n'a intérêt à en changer. En effet, si une entreprise baissait davantage le prix, elle perdrait de l'argent (car le prix descendrait sous les coûts marginal et moyen). Par ailleurs, si une entreprise augmentait son prix, elle ne vendrait rien du tout.

L'*équilibre de Bertrand* ou *équilibre de Nash en prix*, $p_1 = p_2 = 0{,}28$ F, est le seul possible.[(10)] Ce résultat est illustré sur la figure 7.5, au moyen des fonctions

---

[10] Cet équilibre peut aussi être obtenu à partir d'autres modèles de théorie des jeux. Par exemple,

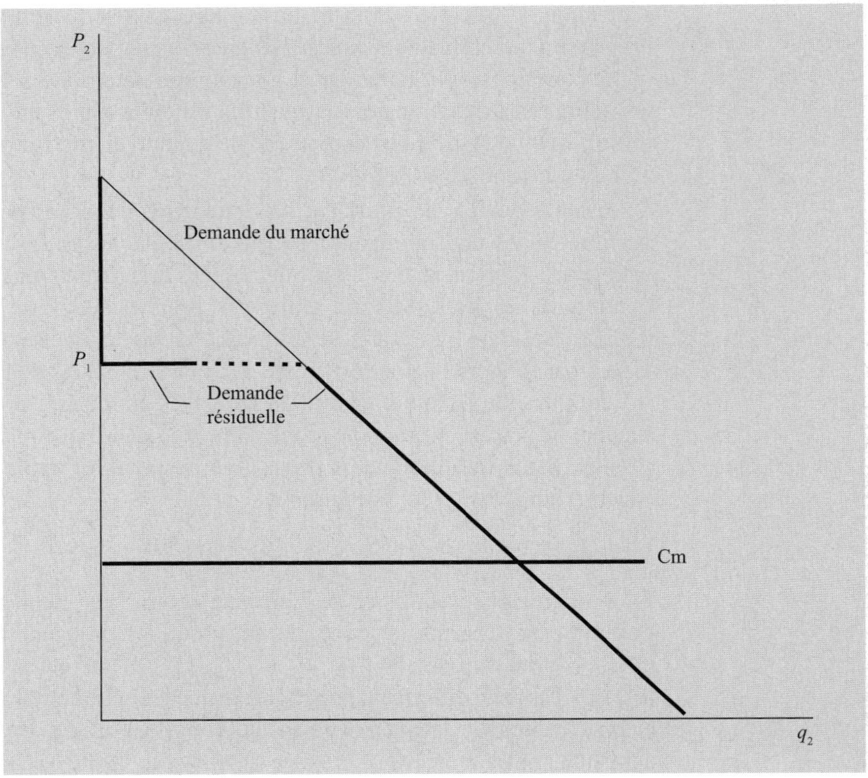

Figure 7.4: *Courbes de demande résiduelle dans le cas d'une entreprise à la Bertrand*

de réponse optimale tracées dans le plan des prix (le prix de chaque entreprise est indiqué sur l'un des axes). Si l'entreprise 2 anticipe que l'entreprise 1 va choisir un prix p_1 quelconque supérieur à 0,28 F, elle souhaitera fixer un prix p_2 légèrement inférieur. Par conséquent, la fonction de réponse optimale de l'entreprise 2 est légèrement située sous la première bissectrice (droite à 45° le long de laquelle les prix des deux entreprises sont identiques) au-delà de leur point commun (0,28 F, 0,28 F). Si l'entreprise 1 fixe un prix inférieur à 0,28 F, l'entreprise 2 ne la suivra pas car aucun prix inférieur à cette limite ne lui permet de faire un profit positif. De façon analogue, on peut montrer que la fonction de réponse optimale de l'entreprise 1 est située légèrement au-dessus de la première bissectrice et qu'elle débute au point (0,28 F, 0,28 F). La seule intersection (et donc le seul équilibre) possible entre les deux fonctions de réponse optimale correspond à un prix égal à 0,28 F.

Grossman (1981) a montré que que si la stratégie d'une entreprise consistait en une fonction d'offre (c'est-à-dire une quantité offerte en fonction du prix plutôt que le prix lui-même), l'équilibre concurrentiel (ou de Bertrand) était, sous des conditions peu restrictives, un équilibre de Nash. Cependant, ce résultat découle de la menace d'entrée, un cas de figure que nous n'étudierons qu'au chapitre 10.

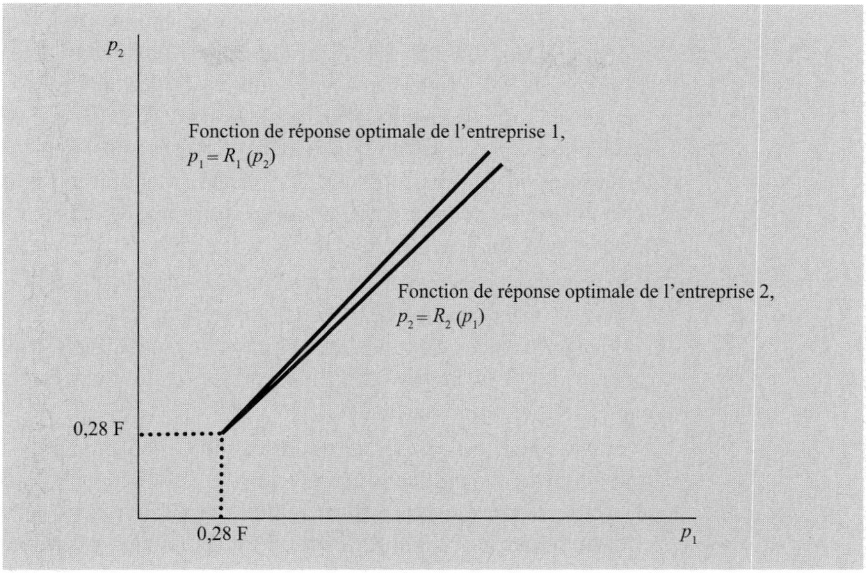

Figure 7.5: *Fonction de réponse optimale dans le cas du duopole de Bertrand*

Si les deux entreprises fixent un prix égal au coût marginal, leur profit est nul. Par conséquent, quand le produit est homogène, l'équilibre de Bertrand correspond à l'optimum social (équilibre de concurrence), comme l'illustre la figure 7.3. Du point de vue des consommateurs, l'équilibre de Bertrand est donc préférable aux équilibres de Cournot et de cartel.

B. Comparaison des équilibres de Cournot et de Bertrand

En l'absence d'un commissaire-priseur, on imagine mal comment les prix se déterminent si les entreprises choisissent la quantité (Cournot) au lieu des prix (Bertrand). Certains économistes préfèrent l'équilibre de Bertrand à celui de Cournot car il explique comment les prix se fixent.[11]

Comme c'est le prix et non la quantité qui est la variable de décision du modèle de Bertrand, les courbes de demande résiduelle des entreprises diffèrent nettement de celles du modèle de Cournot. Quand le produit est homogène et que toutes les entreprises pratiquent le même prix, la courbe de demande résiduelle d'une entreprise à la Bertrand est coudée (voir la figure 7.4). En réduisant légèrement son prix, une entreprise peut augmenter ses ventes de zéro à la totalité du marché. Or,

[11] Une entreprise qui doit vendre immédiatement son produit, sans le stocker, comme dans l'exemple des melons, doit ajuster rapidement son prix si c'est nécessaire, ou elle risque de se retrouver avec une production sans valeur. D'autre part, une entreprise qui ne peut pas modifier rapidement ses prix, à moins de supporter un coût très élevé (par exemple parce qu'elle doit réimprimer un catalogue à grands frais), peut s'ajuster aux fluctuations de la demande en modifiant sa production. Voir le chapitre 18.

dans la plupart des industries, de telles modifications de part de marché s'observent rarement. Dans le modèle de Bertrand, comme dans le modèle de Cournot, la courbe de demande qui s'adresse à une entreprise particulière est plutôt régulière que coudée, de sorte qu'une modification du prix n'entraîne que de légères variations de production. Par conséquent, le modèle de Bertrand est mieux adapté à l'explication de la fixation des prix lorsque les biens sont différenciés, tandis que la courbe individuelle de demande non coudée du modèle de Cournot est plus réaliste dans le cas d'un bien homogène.

L'équilibre de Cournot répond mieux à l'intuition : quand il y a peu d'entreprises, le prix et la production sont situés entre leurs niveaux d'équilibre respectifs de concurrence et de monopole. Inversement, le modèle de Bertrand est contre-intuitif : tant qu'il y a au moins deux entreprises, le prix de Bertrand est égal au prix concurrentiel (coût marginal).

Cependant, ce dernier résultat dépend de plusieurs postulats très restrictifs : homogénéité du produit, marché qui dure seulement une période et possibilité pour une entreprise de produire autant qu'elle le désire quand le prix est égal au coût marginal. Si l'on s'affranchit d'un seul de ces postulats, le prix de Bertrand s'écarte du coût marginal. Dans le prochain chapitre, nous verrons que si les entreprises différencient leurs produits, le prix de Bertrand devient supérieur au prix concurrentiel. De plus, dans une section ultérieure de ce chapitre, nous montrerons que si le marché dure plusieurs périodes, la collusion partielle ou totale devient plus probable (même lorsque les entreprises fixent les prix plutôt que les quantités). Ci-après, nous montrons que l'équilibre de Bertrand n'est pas caractérisé par un prix égal au coût marginal lorsque les entreprises ont une capacité de production limitée. En effet, Kreps et Scheinkman (1983), ainsi que Davidson et Deneckere (1986) ont établi que si les entreprises peuvent choisir le niveau de leur capacité de production, les équilibres de Cournot et Bertrand sont identiques.

C. Équilibre de Bertrand avec contraintes de capacité : le modèle d'Edgeworth

En 1897, Francis Edgeworth a montré que lorsque les entreprises avaient une capacité de production limitée, le prix d'équilibre du modèle statique de Bertrand n'était pas unique (Shubik avec Levitan, 1980, p. 64–5). Afin d'illustrer le raisonnement d'Edgeworth, supposons que l'on modifie l'exemple de Bertrand de façon à ce que la capacitié de production maximale de chaque entreprise soit égale à 360, c'est-à-dire la moitié de la quantité demandée lorsque le prix est égal au coût marginal. Autrement dit, cela signifie que les courbes de coût moyen et marginal de chaque entreprises sont horizontales au niveau de 0,28 F, jusqu'à 360 unités, et qu'ensuite elles sont verticales (le coût de l'unité suivante de production est infini).

Lorsque les capacités de production sont limitées, obtient-on encore l'équilibre de Bertrand ($p_1 = p_2 = 0{,}28F$, $Q = 720$) ? Étant donné nos postulats, cette quantité reste envisageable. En effet, pour ces prix, la production combinée des entreprises peut juste satisfaire la demande du marché, soit 720 unités. Cependant, cela ne constitue plus un équilibre.

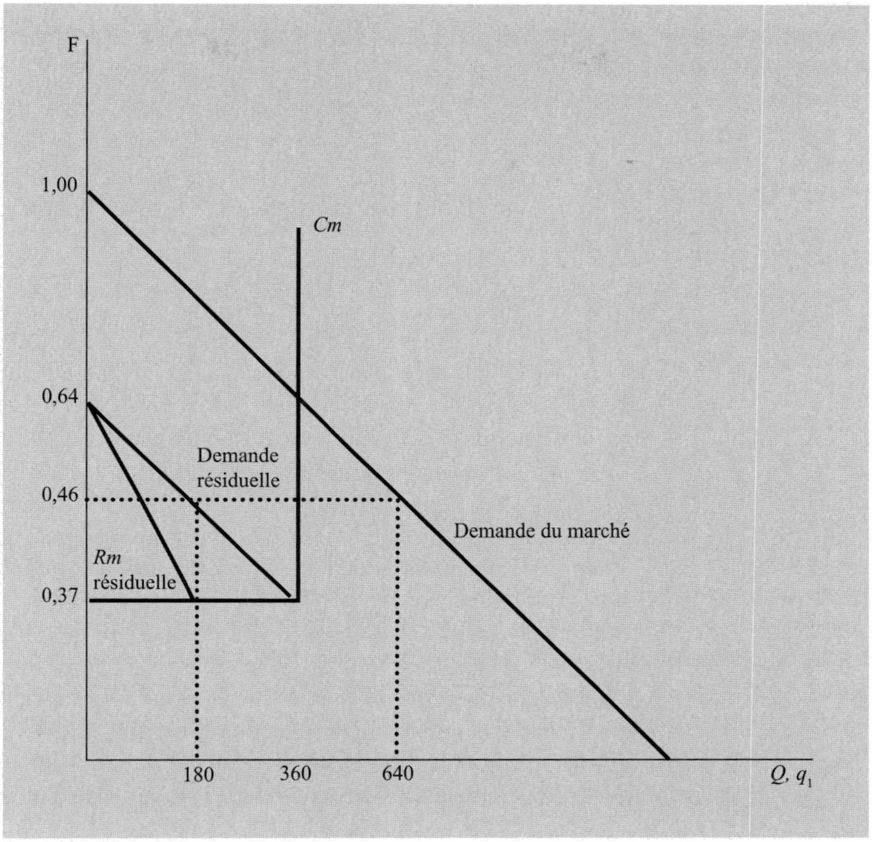

Figure 7.6
Modèle de Bertrand : demande résiduelle lorsque les entreprises ont des capacités de production limitées

Pour que cette solution soit un équilibre, il faudrait qu'aucune entreprise ne souhaite modifier son choix. Or, l'équilibre proposé incite maintenant les entreprises à élever le prix. Supposons en particulier que l'entreprise 1 pense que l'entreprise 2 pratique un prix égal à 0,28 F. Quel est alors le prix qui maximise son profit ?

Comme précédemment, l'entreprise 1 ne veut pas réduire son prix car elle supporterait un perte si elle vendait à un prix inférieur au coût marginal. Si elle augmente son prix, les consommateurs vont se tourner vers l'entreprise 2. Cependant, la moitié du marché sera dans l'impossibilité d'acheter à ce prix inférieur puisque la capacité de production de l'entreprise 2 est limitée. Par conséquent, l'entreprise 1 est confrontée à une demande résiduelle positive, constituée des consommateurs frustrés de n'avoir pas pu être servi par l'entreprise 2 (voir la figure 7.6). La demande résiduelle adressée à l'entreprise 1 est la demande du marché moins les 360 unités vendues par l'entreprise 2 (seule la portion située au-dessus du coût marginal présente un intérêt pour l'entreprise 1).

L'entreprise 1 peut maximiser son profit en agissant comme un monopole à l'égard de sa demande résiduelle. Sa recette marginale est égale à son revenu marginal lorsque le prix est égal à 0,46 F, ce qui lui permet de réaliser un profit positif (alors que l'entreprise 2 ne fait aucun profit). L'équilibre initial de Bertrand *n'est pas* un équilibre pour des entreprises dont les capacités de production sont limitées.

Quel est alors le prix d'équilibre ? Supposons que l'entreprise 1 fixe un prix de 0,46 F. Si l'entreprise 2 choisit alors un prix légèrement inférieur à 0,46 F, tous les consommateurs souhaiteront acheter chez elle. Cependant, étant donné sa capacité de production limitée, elle ne pourra satisfaire que les deux tiers de la demande du marché. L'entreprise 2 vend donc deux fois plus que l'entreprise 1 pour un prix presque identique et son profit est égal au double du profit de l'entreprise 1.

Par un raisonnement similaire, si l'entreprise 1 choisit un prix quelconque inférieur à 0,46 F et supérieur à 0,37 F, l'entreprise 2 choisira un prix légèrement inférieur. Cependant, si l'entreprise 1 choisit un prix égal (ou inférieur) à 0,37 F, l'entreprise 2 gagne davantage en fixant son prix à 0,46 F.[12] Il n'y a donc pas d'équilibre statique unique.[13]

Plus généralement, on peut montrer qu'il n'existe aucun équilibre statique lorsque les entreprises ont des capacités de production extrêmement limitées ou, de façon équivalente, lorsque leur coût moyen augmente rapidement dès qu'un niveau relativement faible de production est atteint (Shubik avec Levitan, 1980). Cependant, lorsqu'une des entreprises peut satisfaire la totalité de la demande du marché, l'équilibre existe et est identique à celui de la solution efficiente.

7.2.4 Modèle de Stackelberg du leader-suiveur

Dans bien des cas, le « Connais-toi toi-même » ne convient pas. Mieux vaut dire : « Connais les autres ». – Menander

Heinrich von Stackelberg (1952) a proposé le troisième modèle principal d'oligopole en 1934. Dans le modèle de Stackelberg, les entreprises fixent la production,

---

[12] Chacun des dirigeants raisonne ainsi : si je baisse mon prix à p, soit un peu au-dessous de celui de mon rival, je peux vendre le maximum (360 melons). D'un autre côté, si j'augmente mon prix à 0,46 F, je ne peux vendre que 180 melons, mais je gagne davantage par melon. Pour quel prix p mon profit est-il identique à celui que j'obtient quand je fixe le prix à 0,46 F ? Pour résoudre ce problème, il faut égaliser le profit obtenu pour un prix de 0,46 F avec celui obtenu pour un prix p (à déterminer) et résoudre en p : $(0{,}46\text{ F} - 0{,}28\text{ F}) = (p - 0{,}28\text{ F})$. Ces deux profits sont égaux lorsque le prix est égal à 0,46 F ou lorsque $p = 0{,}37$ F.

[13] Techniquement, Edgeworth a montré qu'il n'y avait pas d'équilibre en « stratégies pures ». Il n'y a pas de règle simple du type de celles analysées dans le cadre des modèle de Cournot et Bertrand que les entreprises puisse suivre pour atteindre à tout coup l'équilibre. Cependant, Kreps et Scheinkman (1983), Dasgupta et Maskin (1986), ainsi que d'autres économistes, ont montré qu'un type plus complexe d'équilibre existait. Voir aussi Allen et Hellwig (1986).

mais l'une d'elles prend sa décision avant les autres. L'entreprise *leader* choisit son niveau de production et ensuite les autres entreprises, ayant pris connaissance de la quantité produite par le leader, sont libres de fixer leur quantité optimale de production.(14) Sur certains marchés, ce sont des facteurs historiques, institutionnels ou légaux qui déterminent l'entreprise qui agit en premier. Ainsi, par exemple, une entreprise qui découvre et développe un produit nouveau possède l'avantage naturel d'agir la première.

A. Exemple

Supposons qu'une des entreprises productrices de melons de l'exemple précédent soit leader (entreprise 1) et l'autre suiveur (entreprise 2). Ainsi, supposons que l'entreprise 1 sache qu'une fois qu'elle a fixé sa production, l'entreprise 2 utilise sa fonction de réponse optimale à la Cournot pour choisir sa quantité optimale, $q_2 = R_2(q_1)$.(15)

Dans ces conditions, le leader choisit la quantité q_1 qui maximise son profit sous la contrainte d'un choix du leader basé sur sa fonction de réponse optimale à la Cournot. À l'équilibre de Stackelberg, le bien-être du leader est plus grand et celui du suiveur moins grand, qu'à l'équilibre de Cournot. En résumé, *le fait de savoir comment agira son rival permet au leader d'en tirer profit.*

Comme les deux entreprises ont les mêmes fonctions de coût, l'entreprise 1 sait quelle est la fonction de réponse optimale de l'entreprise 2, $R_2(q_2)$, illustrée à la figure 7.7*b*. Par conséquent, le leader sait combien le suiveur produit en fonction de chacun des niveaux de production qu'il est susceptible de choisir lui-même. Il peut donc déterminer la production *totale* associée à tout niveau de production qu'il choisit et du même coup le niveau de production qui maximise son profit.

Le leader calcule sa courbe de demande résiduelle en soustrayant la production du suiveur (donnée par la fonction de réponse optimale du suiveur [figure 7.7b]) de la courbe de demande totale (figure 7.7a). Le leader choisit la production q_1 qui correspond à l'égalité de sa recette marginale (associée à sa courbe de demande résiduelle) et de son coût marginal. L'entreprise 1 maximise son profit en produisant 360 melons (figure 7.7a et tableau 7.1). L'entreprise 2 ne produit que 180 melons, quantité que l'on obtient en introduisant 360 dans la fonction de réponse optimale de l'entreprise 2 (figure 7.7b).

La **représentation sous forme extensive** (ou *arbre décisionnel)* permet une meilleure analyse du jeu de Stackelberg, car on voit alors dans quel ordre les

14 Eaton et Ware (1987) ont étudié un modèle dans lequel les suiveurs entrent séquentiellement. Boyer et Moreaux (1988) ont analysé un équilibre où les entreprises choisissent à la fois les prix et les quantités et où il peut y avoir un rationnement.

15 Ce modèle ne peut pas être reformulé de façon à ce que les entreprises fixent les prix au lieu des quantités. Si les suiveurs utilisaient des fonctions de réaction à la Bertrand, le leader ne pourrait pas augmenter ses profits car il ne peut pas empêcher les autres entreprises de baisser leur prix. Ainsi, un leader ne pourrait rien faire d'autre que de maintenir le prix correspondant à l'équilibre de Bertrand et ne tirerait donc aucun avantage du fait d'agir en premier.

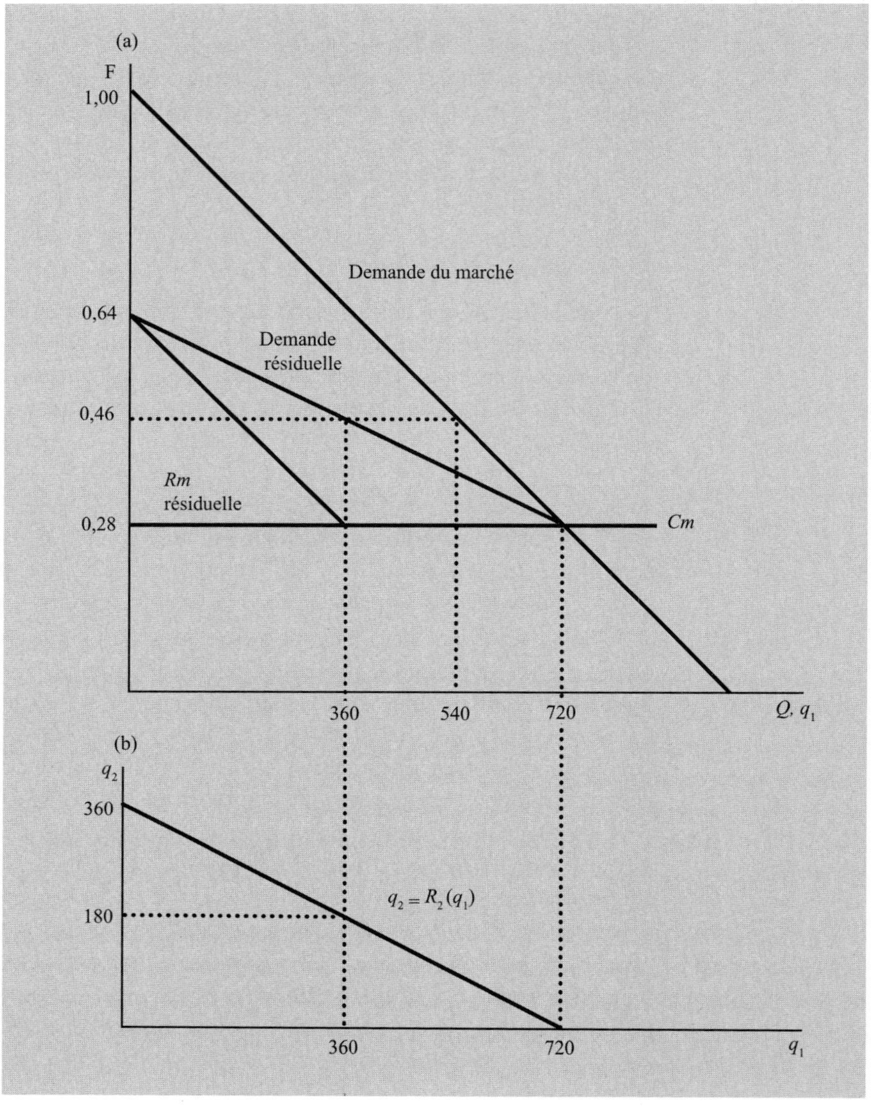

Figure 7.7: *Équilibre de Stackelberg*

entreprises font leur choix, la stratégie de chaque entreprise au moment où elle doit effectuer son choix, ainsi que ses gains. Les combinaisons de production des deux entreprises sont infinies. La figure 7.8 ne présente que certains de ces niveaux de production : la quantité de Stackelberg du suiveur (180), la quantité de Cournot (240) et la quantité de Stackelberg du leader (360).

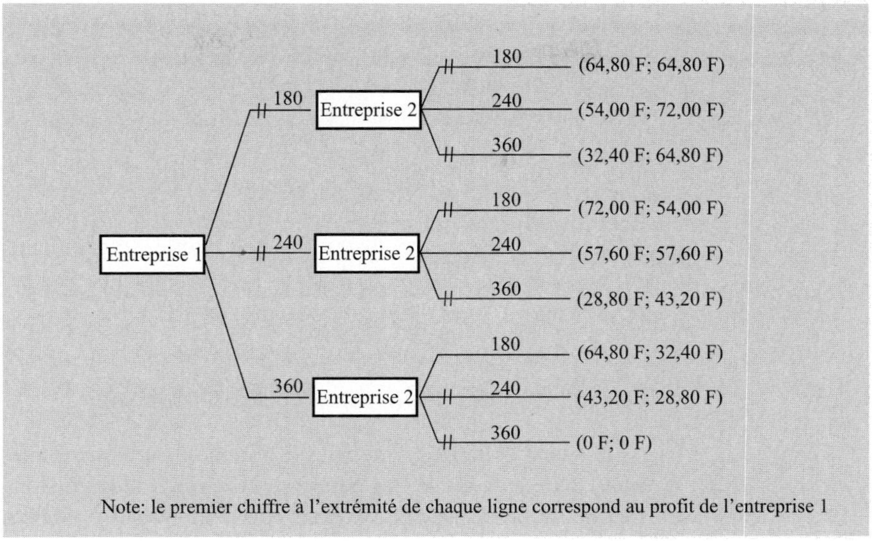

Figure 7.8: *Représentation sous forme extensive d'un jeu de Stackelberg*

Chaque ligne représente une action et chaque boîte est un point de décision pour l'un des deux joueurs. En partant de la gauche du schéma, on voit d'abord que l'entreprise 1 choisit son niveau de production, puis que l'entreprise 2 choisit à son tour. Enfin, les gains associés à ces deux choix figurent à droite (le gain de l'entreprise 1 apparaît en premier). Si l'entreprise 1 choisit la quantité de Cournot (240), le profit de l'entreprise 2 est maximum (57,60 F) pour la quantité de Cournot correspondante (240). Les deux autres choix possibles sont barrés, pour indiquer que l'entreprise 2 ne souhaite pas les faire.

Si l'entreprise 1 choisit la quantité du leader de Stackelberg (360), le profit de l'entreprise 2 est maximum (32,40 F) pour la quantité du suiveur (180). De même, si l'entreprise 1 décide de produire 180 melons, l'entreprise 2 choisira d'en produire 240 parmi les trois possibilités qui s'offrent à elle.[16] Comme l'entreprise 1 connaît la façon dont l'entreprise 2 réagit, elle peut anticiper que son profit sera maximum (64,80 F) si elle produit 360 melons.

B. Comparaison de l'équilibre de Stackelberg avec les autres équilibres

À l'équilibre de Stackelberg, le leader produit davantage (360 melons) et le suiveur moins (180 melons) qu'une entreprise à l'équilibre de Cournot (voir le tableau 7.1).[17] La production totale à l'équilibre de Stackelberg (540 melons) est plus élevée qu'à l'équilibre de Cournot (480) mais inférieure à la production qui

[16] Étant donné que l'entreprise 1 produit 180 unités, si l'entreprise 2 peut choisir n'importe quelle quantité, elle produira 270 unités et aura un profit égal à 72,90 F.

[17] L'équilibre de Stackelberg diffère de l'équilibre de Cournot parce que le leader agit en premier

correspond à l'optimum social (équilibre concurrentiel), soit 720 melons. Le prix de Stackelberg, 0,46 F, est plus élevé que le prix concurrentiel, 0,28 F, mais inférieur au prix de Cournot, 0,52 F. Il s'ensuit que le surplus du consommateur est plus élevé en duopole de Stackelberg (145,8) qu'en duopole de Cournot (115,2), mais inférieur à l'optimum social (259,2).

L'équilibre de Strackelberg est situé à l'intérieur de la frontière des possibilités de profit (figure 7.3). Le leader (entreprise 1) fait un profit de 64,80 F et le suiveur (entreprise 2) fait un profit inférieur de moitié, soit seulement 32,40 F. Ainsi, les profits de l'industrie (97,20 F) sont-ils inférieurs aux profits combinés du duopole de Cournot (115,20 F) ou d'un cartel (129,60 F).

7.2.5 Comparaison des principaux modèles d'oligopole

Les trois principaux modèles d'oligopole non-coopératif reposent sur des postulats différents en ce qui concerne la variable de décision des entreprises (production ou prix) et l'ordre de choix des entreprises (simultané ou séquentiel). Par conséquent, les résultats concernant les productions, prix, profits et surplus des consommateurs sont très différents (tableaux 7.1 et 7.2).

S'il n'y a qu'une seule entreprise, les trois modèles aboutissent à un monopole. Plus il y a d'entreprises (n) dans l'industrie, plus les équilibres de Cournot (tableau 7.1 et 7.3) et de Stackelberg (tableau 7.1) se rapprochent de l'optimum social (équilibre concurrentiel).

En revanche, l'équilibre de Bertand avec biens homogènes n'est pas influencé par le nombre d'entreprises de l'industrie, du moment qu'il y en a au moins deux et que leur capacité de production n'est pas limitée. L'équilibre de Bertrand est identique à l'optimum social. Lorsque les biens sont différenciés (voir le chapitre suivant), l'équilibre de Bertrand diffère de l'équilibre concurrentiel et le nombre d'entreprises a une influence sur le prix.

7.3 Jeux à plusieurs périodes

L'analyse des jeux à répétition ou à plusieurs périodes constitue le développement récent le plus important de la théorie des jeux. Elle a permis de montrer que la théorie du cartel de Stigler (1964) est très proche des modèles d'oligopole à plusieurs périodes de la théorie des jeux.

---

et que le suiveur connaît la production du leader. De ce fait, lorsque le leader déclare produire plus, il est *crédible*, car il ne fait que décrire ce qu'il a fait. En revanche, si les deux entreprises agissent simultanément (comme dans le jeu de Cournot), la même déclaration émanant d'une des deux entreprises n'est pas nécessairement considérée comme crédible par l'autre. Le rôle important joué par la crédibilité est analysé en détail ci-après.

Dans un jeu à plusieurs périodes, les entreprises déploient des stratégies complexes. Les comportements peuvent changer en fonction du résultat des périodes antérieures. Les jeux répétés dans lesquels les joueurs connaissent les actions antérieures de leurs rivaux et dont les actions de la période courante sont conditionnées par celles des périodes antérieures sont souvent appelés des **super-jeux**.

L'avantage principal d'un modèle à plusieurs périodes est qu'il autorise des interactions d'entreprises plus complexes et plus riches que s'il n'y a qu'une seule période. Par exemple, une entreprise peut signaler à une autre qu'elle veut coopérer (plutôt que d'entrer dans une compétition sévère) en réduisant sa production pendant quelques périodes. Si l'autre entreprise réagit aussi par une réduction de sa production, les deux auront alors un comportement coopératif et éviteront la compétition. Si l'une des deux augmente sa production, l'autre peut répliquer en augmentant la sienne (ce qui réduira le prix), afin de sanctionner la trangression de l'accord. Cette possibilité, propre aux modèles à plusieurs périodes, d'envoyer des signaux et de prendre des mesures de rétorsion, permet aux entreprises qui auraient une production de type Cournot-Nash dans un modèle à une seule période, de restreindre davantage leur production et de faire des profits plus importants.

Nous allons illustrer ce résultat par un jeu particulier, connu sous le nom de dilemme du prisonnier, que l'on répète un nombre infini de périodes. Nous verrons aussi quels sont les résultats obtenus lorsque le jeu n'est répété qu'un nombre fini de périodes. Enfin, nous évoquerons certaines autres études récentes portant sur les jeux à plusieurs périodes.

7.3.1 Jeu du dilemme du prisonnier : une seule période

Le jeu est commencé. – Shakespeare

Supposons, dans notre exemple de Cournot, que les entreprises ne puissent chosir qu'entre deux quantités de production : la quantité de cartel (180 unités par entreprise) ou la quantité de Cournot (240 unités par entreprise). De plus, les deux entreprises sont censées agir simultanément. Leurs actions et leurs gains, qui dépendent des stratégies qu'elles choisissent, sont résumées par le tableau 7.4. Le profit de l'entreprise 1 est inscrit à droite de chaque case dans la partie haute, tandis que celui de l'entreprise 2 figure à gauche dans la partie basse. Si les deux entreprises choisissent de produire 240 unités, chacune obtient un profit égal à 57,60 F. Si les deux produisent 180 unités, elles obtiennent chacune un profit de 64,80 F. En revanche, si la première entreprise produit 240 unités et que la seconde produit 180 unités, la première gagne 72 F et la seconde gagne seulement 54 F. La **représentation sous forme normale** (ou *forme stratégique*) d'un jeu est une matrice qui indique toutes les stratégies disponibles pour chaque joueur (qui doivent agir simultanément) et les gains de chaque joueur associés à chacune de ces stratégies (voir le tableau 7.4).

Tableau 7.4: *Jeu en quantité : représentation sous forme normale*

		Entreprise 1	
		240	*180*
Entreprise 2	*240*	57,60 F 57,60 F	54,00 F 72,00 F
	180	72,00 F 54,00 F	64,80 F 64,80 F

Chaque entreprise doit choisir son action ou sa stratégie sans savoir comment l'autre entreprise va réagir. Autrement dit, les entreprises sont engagées dans un **jeu à information imparfaite** dans lequel chaque entreprise doit choisir une action sans pouvoir observer simultanément (ou antérieurement) celle de sa rivale.

La figure 7.9 propose un schéma qui représente sous forme extensive les options offertes à l'entreprise 1. Dans cet arbre de jeu particulier, l'entreprise 2 n'agit pas avant l'entreprise 1, mais en même temps. De ce fait, l'entreprise 1 ne sait pas ce que fait (simultanément) l'entreprise 2. L'ellipse en pointillé entourant les deux nœuds décisionnels de l'entreprise 1 (points de jonctions — ou boîtes — d'un arbre de jeu) indique que l'entreprise 1 ne peut pas distinguer entre les deux nœuds lorsqu'elle décide sa stratégie, c'est-à-dire que l'entreprise 1 ne sait pas quelle stratégie l'entreprise 2 adopte. Sur la figure, le premier des deux chiffres inscrits à l'extrémité de chaque ligne représente le gain de l'entreprise 1.

Dans ces conditions, l'entreprise 1 doit rejeter toute stratégie *strictement dominée* par une autre. Une stratégie en domine strictement une autre si elle produit un gain au moins aussi élevé, quelle que soit l'action choisie par l'entreprise rivale. Si une stratégie domine toute les autres quelles que soient les actions chosies par les entreprises rivales, l'entreprise doit choisir cette **stratégie dominante**.

Bien qu'il n'y ait pas de stratégie dominante dans tous les jeux, il y en a une dans celui-ci.(18) Pour savoir quelle est cette stratégie pour l'entreprise 1, le responsable de cette entreprise pourrait raisonner ainsi :

- *Si l'entreprise 2 choisit de produire beaucoup* (240), je peux produire beaucoup aussi et mon profit sera de 57,60 F (voir le tableau 7.4 et la figure 7.9) ou produire peu (180) et gagner seulement 54 F. Comme je préfère gagner 57,60 F que 54 F, *j'ai intérêt à produire beaucoup.*

[18] Voir l'annexe D pour un exemple d'utilisation de stratégies aléatoires.

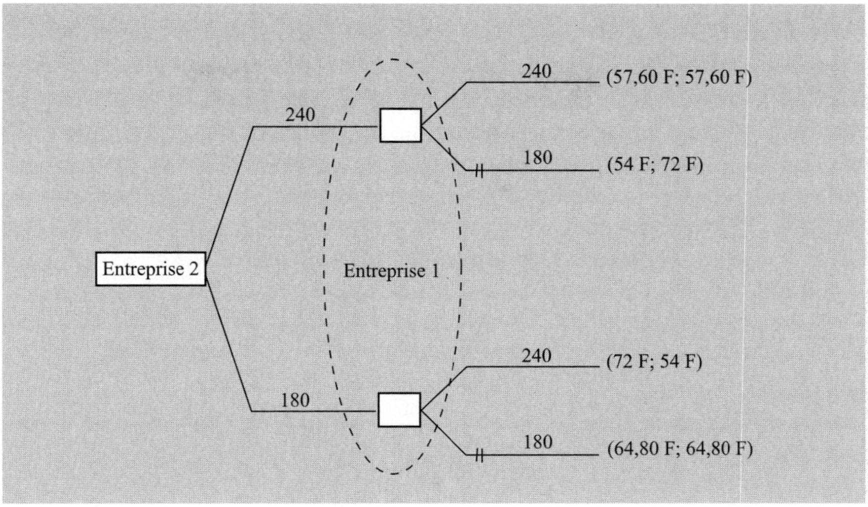

Figure 7.9: *Représentation sous forme extensive du dilemme du prisonnier*

- *Si l'entreprise 2 choisit de produire peu* (180), je peux produire peu également et mon profit sera de 64,80 F ou produire beaucoup (240) et mon profit sera de 72 F. Là encore, *j'ai intérêt à produire beaucoup.*

- Par conséquent, *quoique fasse l'entreprise* 2, j'ai intérêt à produire beaucoup. *La stratégie de production élevée est donc dominante.*

Le tableau des gains a une structure symétrique car la stratégie de production élevée est également dominante pour l'entreprise 2. Sur la figure 7.9, les lignes qui correspondent à une stratégie de production basse ont été rayées d'un double trait pour indiquer qu'elles ne sont pas sélectionnées.

Les deux entreprises choisissent donc pour stratégie de produire beaucoup. Cette stratégie est un équilibre de Nash. En effet, une fois la stratégie de l'entreprise 2 déterminée, l'entreprise 1 n'a aucune raison de changer la sienne et vice-versa. Le tableau 7.4 montre que si l'entreprise 2 produit 240 unités, le fait de produire 180 unités au lieu de 240, fait baisser le profit de l'entreprise 1 de 57,60 F à 54 F. Par conséquent, l'entreprise 1 ne voudra pas modifier sa stratégie. De même, si l'entreprise 1 produit 180 unités, l'entreprise 2 ne voudra pas modifier sa stratégie (240). Puisqu'aucune des deux entreprises ne désire modifier sa décision de produire 240 lorsque l'autre produit 240, le fait d'avoir chacune choisit la stratégie de production élevée est un équilibre de Nash.

Cet équilibre de Nash ne maximise cependant pas le gain collectif des joueurs. En effet, le gain des deux joueurs serait plus élevé s'ils pouvaient coopérer et adopter simultanément la stratégie de prix élevé (production basse). S'ils produisaient chacun 180 unités, leur profit joint serait égal à 129,60 F alors qu'il est seulement égal à 115,20 F lorsqu'ils produisent chacun 240 unités. Si le jeu n'a qu'une seule partie, ce résultat est sous-optimal de point de vue collectif des joueurs. Ce jeu est appelé **dilemme du prisonnier** parce que la stratégie dominante des deux entreprises les amène finalement à percevoir un gain inférieur à ce qu'elles auraient pu obtenir en coopérant.[19]

7.3.2 Dilemme du prisonnier : jeu répété à l'infini

Si le jeu du dilemme du prisonnier comprend un nombre infini de parties, la collusion devient plus vraisemblable. Par exemple, pour un événement spécial comme un foire-exposition, une entreprise qui vend des souvenirs peut être en compétition avec d'autres pour une période très courte et ne plus jamais revoir ses rivales. Ce type d'entreprise est peu incitée à coopérer avec les autres dans un cartel, car chacune sait qu'elle pourrait enfreindre les accords sans crainte d'être sanctionnée. En revanche, des magasins de souvenirs qui sont durablement situés côte à côte sur des lieux touristiques sont plus enclins à coopérer.

Dans le jeu du dilemme du prisonnier à une seule période, chaque entreprise prend pour donnée la stratégie de sa rivale et considère qu'elle n'a aucune influence sur cette stratégie. Mais si le jeu est répété, ce présupposé n'est plus fondé, car chaque entreprise peut influencer le comportement de sa rivale par les mécanismes du *signalement* et de la *menace de représailles*. Voir l'exemple 7.3.

Puisque les deux entreprises gagnent à s'entendre, elles peuvent contourner le dilemme du prisonnier, qui découle d'une absence de confiance réciproque. Mais comme les lois antitrust interdisent la communication directe, les entreprises le font indirectement par le choix d'une stratégie, ce qui est possible si (et seulement si) le jeu se répète. Par exemple, une entreprise peut recourir à une stratégie multi-périodes de faible production (prix élevé), acceptant des pertes pendant plusieurs périodes, destinée à signaler son désir de coopérer.

De même, une entreprise peut menacer de sanctionner sa rivale si elle refuse de s'entendre avec elle. Pour illustrer le rôle des pénalités dans l'application d'un accord, revenons au jeu du dilemme du prisonnier à une seule période du tableau 7.4. Chacune des deux entreprises de l'industrie peut maintenant produire différents niveaux de production à différentes périodes. Une stratégie possible consiste à produire le niveau de l'équilibre de Cournot-Nash, q_n, à chaque période ($q_n = 240$ dans l'exemple du tableau 7.4). Si l'autre entreprise fait la même chose, chacune

[19] Le dilemme du prisonnier est attribué à A.W. Tucker (Luce et Raiffa, 1957, p. 94). Dans la version originale, deux prisonniers sont accusés d'un crime. Ils sont détenus dans deux pièces différentes afin de ne pas communiquer entre eux. Chaque prisonnier a deux stratégies : avouer ou se taire. S'ils se taisent tous les deux, chacun écope d'un an de prison car on ne pourra retenir qu'une charge mineure contre eux. S'ils avouent tous les deux, chacun sera condamné à 5 ans de prison. Si l'un avoue et que l'autre se tait, celui qui a avoué est libéré et son complice condamné à 10 ans de prison. En appliquant le même raisonnement que pour le tableau 7.4, on voit que les deux prisonniers vont choisir d'avouer, bien qu'ils ont évidemment intérêt à se taire.

EXEMPLE 7.3 Prix des photocopies

Tous les étudiants le savent : le meilleur moyen d'apprendre un cours est de le photocopier et d'en absorber le contenu par osmose. Aussi les magasins de photocopie fleurissent-ils autour des facs. Au début des années 1970, 4 de ces magasins satisfaisaient une large part des besoins en photocopies des étudiants des universités de Cambridge, MIT, Tufts et autres collèges de Harvard, Massachussets.

La plus petite de ces « quatre majors », Copy Cat Educational Services, Inc. (située dans le magasin de vêtements J. August) pratiquait des prix beaucoup plus élevés que ses concurrents. Puis, le propriétaire du magasin de vêtements et de Copy Cat, Jimmy Jacobs, décida de réduire à tel point le prix de ses photocopies qu'il fut accusé de vendre à perte.

L'un de ses concurrents, Gnomon Copy, afficha sur sa vitrine un tract intitulé « L'affaire du prix des photocopies ». Ce tract accusait Jacobs « d'avoir demandé à ses principaux concurrents de relever leurs prix au niveau du sien lequel était pourtant bien plus élevé que le prix normal... faute de quoi il leur ferait boire le bouillon ». Le tract précisait : « Maintenant, il met sa menace à exécution ».

Gnomon annoncait que pour garder ses clients, il allait aligner son prix sur celui de Copy Cat, mais uniquement dans l'officine située dans le périmètre de Harvard. Dans ses autres magasins, il maintiendrait le prix à un niveau qu'il considérait comme « juste et raisonnable ». Il invitait également les clients à boycotter Copy Cat en soutenant que chez lui « les prix étaient peut-être un peu plus élevés, mais que c'était la garantie d'un situation concurrentielle viable à long terme ».

Quelques heures à peine après l'affichage du tract, les employés de Gnomon virent Jacobs surgir dans la boutique et éructer : « Dites à votre patron que s'il n'a pas ôté son tract dans les cinq minutes, j'en fais une copie et je le poursuis en justice ». Au lieu de s'exécuter, Gnomon fit monter la pression en envoyant une de ses employées afficher le prospectus sur la vitrine du magasin de vêtements/photocopies de Jacobs. Jacobs filma la brochure en présence d'un journaliste tandis que l'employée de Gnomon cherchait désespérement une caméra pour filmer Jacobs en train de filmer. La journaliste rapporta que, « voyant qu'il était lui-même filmé, Jacobs ricana, ajusta sa tenue et continua tranquillement de filmer ».

Les autres magasins ne baissèrent pas immédiatement leurs prix et leurs affaires en souffrirent. Ils soutenaient cependant Gnomon contre Jacobs, qu'ils accusaient d'avoir cherché à les obliger à élever le prix en les menaçant de vendre à perte s'ils ne coopéraient pas. Jacobs se défendait en proclamant qu'il avait baissé son prix parce qu'il trouvait que celui des concurrents était trop élevé, mais qu'il faisait néanmoins des profits et qu'il n'avait nullement cherché à influencer le prix du marché.

Le prix des photocopies baissa globalement dans la région de Harvard, mais sans doute en partie à cause de la baisse des coûts de production. Cet exemple illustre comment les entreprises cherchent à influencer les actions de leurs rivales à travers leurs propres décisions de prix et de production ainsi que par leur stratégie de communication.

SOURCE : McLellan, Vin. « Harvard Square War of the Xerox Machines », *The Phoenix*, 9 février 1971.

obtient le profit de Cournot-Nash, π_n, à chaque période (57,60 F dans le tableau 7.4). Les entreprises peuvent aussi s'entendre et produire chcune q_m, soit la moitié de la quantité de monopole. Elle obtiennent alors un profit $\pi_m (> \pi_c)$ à chaque période ($q_m = 180$ et $\pi_m = 64{,}80$ F dans le tableau 7.4).

Ce dernier résultat peut s'expliquer ainsi :

- L'entreprise 1 produit q_m à chaque période tant que l'entreprise 2 fait pareil.
- Si l'entreprise 2 produit un niveau différent à une période t quelconque, l'entreprise 1 produit alors q_n en $t + 1$ et à toutes les périodes suivantes.

Si l'entreprise 2 pense que l'entreprise 1 suit cette stratégie, elle doit alors produire q_m.[20] L'entreprise 2 sait qu'elle peut faire des profits plus élevés en t en produisant plus que q_m à cette période. Mais elle sait également que si elle le fait, l'entreprise 1 produira q_n en $t + 1$ et à toutes les périodes suivantes. Comme nous l'avons déja démontré, lorsque l'entreprise 1 produit q_n, l'entreprise 2 maximise son profit en produisant q_n également.

Donc, l'entreprise 2 ne peut gagner des profits inhabituellement élevés en période t qu'en n'obtenant des profits plus faibles le reste du temps. Par conséquent, à moins que l'entreprise 2 n'accorde que peu de valeur aux profits futurs, son intérêt bien compris est de s'entendre tacitement avec l'entreprise 1 et de produire q_m à chaque période.

7.3.3 Typologie des équilibres dans les jeux à plusieurs périodes

Les jeux répétés ne débouchent pas nécessairement sur la coopération. Le type d'équilibre qui émerge d'un jeu à plusieurs périodes dépend des moyens à la disposition des joueurs pour sanctionner les comportements non coopératifs. Ces moyens dépendent du taux d'intérêt, de la durée du jeu et de la crédibilité de la menace.

Au début du jeu, chaque entreprise choisit la stratégie qui maximise la valeur actualisée de son profit. Par conséquent, lorsque les taux d'intérêt sont si élevés que les profits des périodes suivantes valent notablement moins que celui de la période présente, les menaces de sanctions futures auront une moindre portée sur le comportement présent.[21] Par conséquent, des taux d'intérêt plus bas rendent les menaces de sanctions plus crédibles. De même, plus le nombre de périodes restant à courir est élevé, plus la sanction totale qui peut être infligée à l'entreprise qui transgresse l'accord est importante. Cependant, si la menace n'est pas crédible — c'est-à-dire si l'entreprise 2 n'est pas convaincue que l'entreprise 1 lui infligera

[20] Comme dans les modèles à une seule période, la question de la façon dont les anticipations se forment n'est pas résolue. Dans les jeux à plusieurs périodes, on peut cependant penser qu'elles sont le produit de l'historique du jeu.

[21] Si le taux d'intérêt est égal à 10%, 1 F de profit à la première période vaut effectivement 1 F, alors que 1 F de profit garantit à la seconde période ne vaut que $1/(1{,}1) \approx 0{,}91$ F à la première période. La valeur *actualisée* de 1 F reçu à la première période et de 1 F reçu à la seconde période est donc égale à 1,91 F. Si le taux d'intérêt est suffisamment élevé, les profits futurs ont une influence négligeable sur les décisions courantes.

réellement la sanction promise au cours des périodes suivantes — celle-ci sera ignorée.

L'importance de la crédibilité peut être illustrée par l'exemple du dilemme du prisonnier dans un jeu à deux périodes (maintenant les entreprises peuvent choisir n'importe quel niveau de production et non plus seulement entre deux niveaux). Supposons que l'entreprise 1 annonce qu'elle va produire la quantité de collusion, q_m, en période 1 et la quantité de Cournot-Nash, q_n, en période 2 si l'entreprise 2 produit la quantité de collusion en période 1. Supposons de plus que l'entreprise 1 annonce (ou signale d'un façon quelconque) que si l'entreprise 2 produit davantage que la quantité de collusion, elle la sanctionnera en produisant une très gros volume (supérieur à q_n) en période 2. Si l'entreprise 2 est persuadée que l'entreprise 1 mettra sa menace à exécution et que ses pertes potentielles de la seconde période sont suffisamment importantes, elle produira la quantité de collusion dès la première période.

Cependant, l'entreprise 2 ne peut pas prendre au sérieux la menace de l'entreprise 1. En effet, supposons que l'entreprise 2 ne produise pas q_m en période 1. Il reste alors une seule période de jeu (la période 2) durant laquelle l'entreprise 1 *peut* punir l'entreprise 1 en produisant plus que q_n et réduisant le profit de l'entreprise 2 à un niveau inférieur à celui de l'équilibre de Cournot-Nash. Mais le fera-t-elle ? Probablement que non, car ce n'est pas son intérêt d'agir ainsi en période 2. L'entreprise 1 ne peut infliger des pertes à l'entreprise 2 qu'en augmentant également les siennes, de sorte que *chaque* entreprise aurait un profit inférieur à π_n. Donc, l'entreprise 1 n'a pas intérêt à agir de la sorte en période 2. Il est trop tard pour modifier le comportement de l'entreprise 1 en période 1 et il n'y a pas de période future. De ce fait, l'entreprise 1 doit agir comme si elle participait à un jeu à une seule période et produire q_n. L'entreprise 2 ne peut donc pas prendre la menace de l'entreprise 1 au sérieux car si l'entreprise 1 la mettait à exécution cela reviendrait à fermer l'enclos une fois que le cheval a été volé !

La collusion est néanmoins envisageable si l'entreprise 1 rend sa menace crédible en s'engageant par avance à punir l'entreprise 2 en période 2. Si, ignorant la loi, l'entreprise 1 rédige un contrat en période 1 qui l'oblige à débourser une grosse somme si elle ne sanctionne pas l'entreprise 2 en cas de comportement déloyal, alors sa menace est crédible.

Les recherches récentes sur les jeux à plusieurs périodes se sont concentrées sur les équilibres qui résultent de stratégies crédibles, écartant ainsi les autres équilibres possibles. La sélection d'un sous-ensemble d'équilibre parmi tous ceux qui sont envisageables, ou **raffinement**, permet par exemple de ne prendre en compte que les **équilibres de Nash parfaits**, c'est-à-dire les équilibres de Nash où les stratégies (menaces) sont crédibles (Selten, 1975). Par exemple, dans un jeu à deux périodes où l'entreprise 1 menace de sanctionner l'entreprise 2 si celle-ci produit trop en période 1, la menace n'est crédible que si la sanction est dans l'intérêt bien compris de l'entreprise 1 *à la seconde période*.

Plus généralement, une stratégie (ou une menace) n'est crédible que si les entreprises s'y tiennent quel que soit le **sous-jeu** considéré, c'est-à-dire un nouveau jeu qui débute à une période t quelconque et dure jusqu'à la dernière période. Si une stratégie est la meilleure réponse (équilibre de Nash) à un sous-jeu donné, elle est qualifiée d'**équilibre de Nash parfait (d'un sous-jeu)** (ou, en raccourci ci-après, *équilibre de Nash parfait*).

L'une des façons d'obtenir un équilibre de Nash parfait est de raisonner en commençant par la dernière période. Illustrons cette méthode dans le cas d'un jeu à deux périodes. À la dernière période (le seul sous-jeu important), la stratégie de l'entreprise ne peut être basée que sur la fonction de réponse optimale correspondant à cette dernière période. Autrement dit, il existe un équilibre de Nash pour la seconde période dont les stratégies sont optimales en cela que les joueurs les auraient choisi si le jeu n'avait débuté qu'à la seconde période. À la seconde période, la stratégie de Nash ou stratégie optimale est — pour chaque entreprise — de produire q_n. Donc, la seule chose que l'entreprise 1 puisse prétendre en étant crédible, est qu'elle produira q_n en période 2. Comme la menace de l'entreprise 1 d'appliquer une sanction en période 2 n'est pas crédible, les deux entreprises produiront q_n en période 1.

Soit maintenant un jeu qui dure un nombre fini de périodes, supérieur à 2. Pour déterminer l'équilibre de Nash parfait, il faut commencer par la dernière période et remonter récursivement jusqu'à la première. Le raisonnement que nous venons de développer dans le cas à deux périodes nous permet d'affirmer que les deux entreprises vont produire q_n lors de la dernière période et qu'en période $T-1$, l'entreprise 1 ne peut pas menacer de façon crédible de sanctionner l'entreprise 2 pour avoir refusé de produire la quantité de collusion. Qu'en est-il de la période $T-1$? Une fois le problème résolu pour la dernière période, tout se passe comme si la période $T-1$ était la dernière période. Aussi pouvons-nous appliquer le même raisonnement que pour la période T et conclure que les deux entreprises produiront la quantité q_n. Le raisonnement peut être répété à l'identique pour les périodes $T-2$, $T-3$ et toutes les périodes jusqu'à la première, avec la même conclusion selon laquelle les entreprises produisent chacune q_n à chaque période. L'équilibre de ce jeu à T périodes n'est que la répétition, T fois de suite, de l'équilibre d'un jeu à une seule période (Selten, 1978).

L'intuition qui sous-tend ce raisonnement est que les entreprises trichent (elles s'écartent de l'accord initial) au cours des périodes antérieures parce que c'est dans leur intérêt bien compris de le faire (plutôt que de coopérer), ce qui fait qu'aucune menace crédible ne permet de garantir la stabilité du cartel. Par conséquent, tout accord de collusion passé au cours des périodes antérieures se disloque nécessairement. Le raisonnement dépend entièrement du fait que l'entreprise triche au cours de la dernière période. Il présuppose implicitement qu'il y a un nombre *connu* et fixe de périodes, T. Les entreprises trichent à la dernière période *parce qu'elles savent que c'est la dernière période*. Si la dernière période du jeu n'était pas connue comme telle avant son achèvement, la probabilité qu'un joueur ne respecte pas l'accord de cartel au cours de cette période serait bien plus faible. Un jeu se déroulant sur un nombre fini mais inconnu de périodes — où les joueurs ne savent pas à quelle période ils jouent pour la dernière fois — est donc similaire à un jeu ayant un nombre infini de périodes et les collusions y sont possibles.

Pour résumer, l'existence d'un équilibre de Nash parfait dépend du nombre de périodes d'un jeu ainsi que de la connaissance par les joueurs du nombre de ces périodes. Nous avons d'abord montré que le fait de produire la quantité de collusion, q_m, à chaque période, correspond à un équilibre de Nash parfait pour chaque sous-jeu quand le nombre de périodes est infini. Puis nous avons montré que dans un jeu ayant un nombre fini et connu de périodes, le fait de produire la quantité de Cournot-Nash, q_n, à chaque période, correspond à un équilibre de Nash parfait pour chaque sous-jeu. Enfin, nous avons montré que si le nombre de périodes était fini mais que les entreprises ne savaient à quelle période le jeu s'arrêtait qu'une fois le jeu fini, la collusion était un équilibre de Nash parfait pour chaque sous-jeu.

Dans un jeu à plusieurs périodes, une entreprise peut avoir de nombreuses stratégies impliquant différentes actions au cours du temps. Dans l'exemple précédent, l'entreprise 1 produisait $q_m - 1$ en période 1, q_m en période 2 et ensuite q_n à toutes les périodes si l'entreprise 2 ne respectait pas la production de cartel, q_n. En général, la production de l'entreprise 1 à toute période peut être une fonction compliquée de la production antérieure de ses rivales. Cette multiplicité de stratégies soulève deux problèmes. Premièrement, il est difficile de savoir comment les entreprises connaissent les stratégies de leurs rivales ou comment elles s'en forment une idée lorsque ces stratégies sont si complexes. Deuxièmement, s'il y a beaucoup de stratégies possibles, il peut y avoir beaucoup d'équilibres de Nash associés à ces stratégies.

Dans les jeux ayant un nombre infini de périodes et peu ou pas de préférence pour le présent, il peut y avoir une infinité d'autres équilibres parfaits de Nash. Le *folk theorem* (Friedman, 1971, 1977, Fudenberg et Maskin, 1986), permet de décrire l'ensemble des équilibres parfaits de Nash dans les jeux infiniment longs. Ce théorème énonce *grosso modo* que toute combinaison de niveaux de production peut être indéfiniment répétée tant que les profits associés des entreprises sont au moins aussi élevés que le minimum que chacune d'elles pourrait obtenir dans un jeu à une seule période. Par conséquent, en plus de la solution de collusion (cartel), un autre équilibre de Nash parfait d'un jeu infiniment répété consiste à produire la quantité de Cournot-Nash, q_n, à chaque période. L'essentiel des recherches actuelles est consacré à un raffinement de ces résultats, afin de pouvoir mieux déterminer quel équilibre se réalise. En effet, dans l'état actuel des connaissances, pratiquement tout niveau de production est admissible à l'équilibre, ce qui rend difficile l'application de la théorie aux industries réelles.[(22)]

---

[22] Cependant, en posant des restrictions supplémentaires, on peut effectuer une estimation d'un sous-jeu parfait dans un jeu à plusieurs périodes. Voir, par exemple, Karp et Perloff (1989).

Dans ce chapitre nous n'avons étudié que les jeux qui supposent qu'il n'existe aucune incertitude concernant les conditions économiques sous-jacentes. Les jeux dans lesquels les entreprises ne connaissent pas les actions de leurs rivales ou les conditions économiques sont encore plus complexes.(23) Comme ces jeux ont de nombreuses issues possibles, les économistes qui les étudient introduisent fréquemment des restrictions ou des raffinements supplémentaires concernant les équilibres possibles, afin d'en éliminer certains.(24) Une très grosse part des recherches actuelles en théorie des jeux se concentre sur les jeux en incertitude.

7.4 Vérifications empiriques des modèles d'oligopole

Les modèles d'oligopole engendrent des résultats d'équilibre divers, en fonction des postulats qui sont posés en ce qui concerne le comportement des entreprises, leur nombre, les règles du jeu (nature du marché) et la durée du jeu. Comme tous ces modèles sont logiquement cohérents, il est impossible d'en choisir un en particulier sur des bases théoriques pures. Cependant, on peut se demander si leurs postulats sont raisonnables ou si les résultats qu'ils engendrent sont compatibles avec les données observées sur les marchés réels.

Les études statistiques d'industries particulières sont présentées en détail au chapitre 9 et nous nous contenterons ici d'analyser les résultats d'un certain nombre d'expérimentations précises menées par des économistes ayant étudié le comportement d'élèves du second degré et d'étudiants du premier cycle sous diverses conditions controlées. Ceux-ci sont invités à participer à un jeu dans lequel ils fixent la production ou le prix des entreprises qu'ils dirigent. Comme ils conservent les profits qu'ils gagnent, ils sont motivés par la maximisation du profit lorqu'ils agissent sur ces marchés expérimentaux. Des entretiens prélables à l'expérience ont indiqué que quelques uns entendaient « gagner » en maximisant la différence

---

[23] Par exemple, dans un jeu à plusieurs périodes où l'entreprise 1 ne connaît pas les coûts de l'entreprise 2, les anticipations de l'entreprise 1 concernant le comportement de l'entreprise 2 peuvent avoir une influence sur son comportement. Ainsi, l'entreprise 1 peut se retirer du marché si elle pense que les coûts de l'entreprise 2 sont très inférieurs aux siens. De ce fait, l'entreprise 2 peut tenter de convaincre l'entreprise 1 que ses coûts sont très bas, peut-être en fixant un prix très bas pendant plusieurs périodes. Or l'entreprise 1 forme ses anticipations des coûts de l'entreprise 2 d'après les comportements passés de l'entreprise 2 et tient compte des tentatives de celles-ci pour l'induire en erreur. Chaque information nouvelle concernant le comportement de l'entreprise 2 permet à l'entreprise 1 de mettre à jour sa connaissance des coûts de l'entreprise 2. L'entreprise 1 peut combiner les informations concernant le comportement réel de l'entreprise 2 avec ses anticipations antérieures afin de se forger une nouvelle opinion sur la probabilité que les coûts de l'entreprise 2 soient faibles (loi de probabilité de Bayes). Un équilibre caractérisé par des anticipations basées sur la loi de Bayes et où chaque stratégie est un sous-jeu parfait est appelé *équilibre bayésien parfait.*

[24] Pour plus de détails sur cette question et d'autres qui lui sont liées, concernat par exemple les rafnements et l'équilibre séquentiel, voir Harsanyi (1967–68), Kreps et Wilson (1982a, 1982b), Kreps et Spence (1984), Berheim (1984), Pearce (1984), Tirole (1988), Shapiro (1989), Myerson (1991), Fudenberg et Tirole (1991), Binmore (1992) et Gibbons (1992).

entre leurs profits et ceux des autres, plutôt que de maximiser uniquement leurs profits. Mais la grande majorité avaient pour objectif la maximisation exclusive de leur profit.

Les résultats de ces expériences peuvent être directement comparés avec ceux des modèles théoriques. D'après l'analyse d'ensemble de ces expériences (Plott, 1982, p. 1523) : « trois modèles prédisent bien les prix et les quantités observées sur les marchés : le modèle de la concurrence, celui de Cournot et celui du monopole (ou de la maximisation jointe des membres d'un cartel). Ces expériences aident à définir les conditions dans lesquelles chaque modèle s'applique ».

Pour donner une idée des résultats, nous allons exposer quatre expérimentations sur des jeux à plusieurs périodes. La plupart des simulations utilisent une courbe de demande linéaire et un coût marginal constant.

Lave (1962) a commencé ses recherches dans le cadre d'une thèse de B.A. au Reed Collège, en effectuant une expérimentation avec des étudiants de premier cycle sur des jeux répétés (plusieurs périodes) de dilemme du prisonnier à deux joueurs et deux stratégies. Les joueurs étaient placés de façon à ne pas se voir, afin de rendre impossible toute communication explicite. Néanmoins, la grande majorité des joueurs furent apparemment capables de communiquer indirectement et de coopérer. Toutes variantes confondues, les résultats indiquent que dans 75% des cas, les joueurs se sont entendus pour coopérer. Comme cela était prévisible en théorie, au cours de la dernière période, lorsque les joueurs savaient que l'expérience allait se terminer, beaucoup (mais pas tous) déviaient de l'accord implicite de collusion (cartel) car à ce point les représailles devenaient impossibles.

Fouraker et Siegel (1963) ont conduit des expériences de duopole et de triopole (trois entreprises).[25]. Chaque sujet recevait un tableau de gain indiquant que ses profits dépendaient de son choix de production ainsi que de celui de son rival (ou de ses rivaux).

Chacun des 16 couples d'étudiants du second cycle joua 25 parties. Fouraker et Siegel utilisèrent les décisions des joueurs à la 21e partie pour déterminer l'équilibre. Les productions obtenues en situation d'oligopole étaient à peu près uniformes, allant d'un niveau un peu inférieur à celui de l'entente (cartel) à un niveau de concurrence (Bertrand) : 5 arrivaient très près de la concurrence, 7 étaient proches de Cournot, 1 était entre Cournot et le cartel et 3 étaient proches de l'équilibre de cartel. La production médiane correspondait au résultat de Cournot.

En ce qui concerne les triopoles, la production médiane n'était que très légèrement différente de la production concurrentielle. Dans 5 cas, la production de l'industrie était plus proche du résultat de Cournot et dans 6 cas elle était plus proche de la concurrence.

Fouraker et Siegel ont également mené des expériences où les joueurs doivent choisir les prix (jeu de Bertrand) au lieu des niveaux de production. La table de

---

[25] Voir Holt (1985) pour une étude critique de ces résultats.

gain distribuée au joueur indique alors que s'il choisit un prix supérieur à son rival, il ne vend rien et doit supporter une faible perte.

Lorsque les joueurs sont incomplètement informés (ils savent si leur prix est plus élevé ou plus faible que celui d'un rival mais ne connaissent pas les profits correspondants du rival), les résultats convergent vers l'équilibre de concurrence (ou juste au-dessus) avant 14 périodes dans 17 cas sur 18. Lorsque les joueurs de duopole sont pleinement informés (chacun connaît les prix et les profits antérieurs de son rival), les résultats sont plus variés. Dans 6 cas, les résultats correspondent à l'équilibre de concurrence au bout de la 14e période et dans 3 autres cas, le prix est juste supérieur au prix de concurrence. Dans 4 cas, le prix est exactement entre son niveau de concurrence et son niveau d'entente (cartel). Dans 4 autres cas, le prix est proche de celui de l'entente.

En situation de triopole, que les joueurs soient pleinement informés ou non, le marché converge pratiquement à chaque fois vers son niveau de concurrence. Ainsi, en information complète, le comportement concurrentiel paraît probable lors de jeu à trois personnes mais non à deux personnes. En information incomplète, l'équilibre concurrentiel est également plus probable dans les jeux à trois personnes.

L'une des raisons pour laquelle le comportement concurrentiel ne fut pas observé dans les jeux de duopole avec pleine information est que les profits étant proches de 0 en concurrence, les joueurs n'avaient rien à perdre en choisissant d'autres stratégies. Holt (1985) conduisit une expérience similaire de jeu de duopole à répétition, mais avec des profits à l'équilibre de concurrence ou de Bertrand positifs.[(26)]. Le résultat se situe alors entre l'entente (cartel) et Cournot, mais est cependant plus proche de Cournot.

Ayant réalisé que la répétition du jeu favorisait l'entente (cartel) entre les joueurs, Holt tenta une expérience avec une seule période, dont il pensait a priori que le résultat devait être proche de l'équilibre de Cournot ou peut-être d'un équilibre encore plus concurrentiel. 12 étudiants ayant déjà l'expérience de ces jeux furent invités à participer à une série de jeux à une période (sans garantie aucune d'avoir le même partenaire plus d'une fois). Les résultats montrent qu'au début les choix de production sont assez variés mais qu'à la fin la plupart des joueurs choisissent la production d'équilibre de Cournot.

Holt en conclut que dans les jeux de duopole avec pleine information, à plusieurs périodes ou non, l'équilibre de Cournot est plus probable que l'équilibre de concurrence ou de Bertrand. Cependant, l'expérience (c'est-à-dire la participation à des jeux à plusieurs périodes) encourage l'entente et élève le prix au-dessus du niveau de l'équilibre de Cournot.

---

[26] Cette expérimentation diffère de celle de Fouraker et Siegel sur plusieurs points. En particulier, elle a été conçue de telle façon qu'aucune des stratégies ne garantit un profit toujours supérieur au profit concurrentiel. Afin d'éviter les problèmes liés à la fin du jeu, celle-ci devait être déterminée par le résultat du lancement d'un dé.

Lorsque la communication explicite est rendue possible, on devrait aboutir plus fréquemment à des comportements d'entente. Dans une série d'expériences, Friedman (1967) a permis aux joueurs de se transmettre deux messages écrits avant de choisir en secret leur prix. Les comportements d'entente s'observent alors dans plus de 75% des cas. De plus, dans 75% de ces cas d'entente, l'accord collectif maximise le profit de chaque joueur (les paiements compensatoires d'un joueur gagnant à un joueur lésé n'étant pas autorisés). Comme on peut s'y attendre, une fois que les joueurs ont réussi à s'entendre une fois, la probabilité qu'ils nouent un nouvel accord passe à 86%.

Résumé

1. Les économistes sont d'accord sur les caractéristiques de base des marchés à structure d'oligopole, mais non sur la meilleure façon de modéliser ces marchés. Les modèles d'oligopole non-coopératifs reposent sur des postulats très différents quant au comportement des entreprises et, par conséquent, aboutissent à des prévisions très diverses concernant la nature de l'équilibre. Plusieurs conclusions peuvent néanmoins être dégagées.

2. Premièrement, les comportements d'entente sont plus probables sur les marchés qui durent longtemps — ou dont la fin n'est pas connue — que sur les marchés qui durent peu de temps — ou dont la durée est connue. Les résultats d'expériences confirment cette conclusion suvant laquelle la probabilité d'entente augmente dans les jeux répétés. Les contacts explicites entre entreprises augmentent la probabilité d'une entente réussie.

3. Deuxièmement, la plupart des modèles (sauf le modèle de Bertrand à une période avec bien homogène) prévoient que plus le nombre d'entreprises est élevé, plus l'équilibre est concurrentiel. Le modèle de Bertrand où les entreprises ont un coût marginal constant prévoit que l'équilibre est concurrentiel indépendamment du nombre d'entreprises.

4. Troisièmement, les résultats expérimentaux indiquent qu'on oberve fréquemment (mais pas toujours) l'équilibre de Cournot, en particulier dans les jeux de duopole. Cette observation et la relative facilité d'utilisation du modèle expliquent son succès durable.

5. Quatrièmement, les progrès récents de la théorie des jeux ont permis de préciser la notion de crédibilité d'une stratégie. Les recherches actuelles visent à limiter les nombres d'équilibres possibles dans les jeux à plusieurs périodes, avec ou sans incertitude.

6. Tous les modèles de ce chapitre postulent que le nombre d'entreprises est fixé, que ces entreprises produisent un bien homogène et qu'elles maximisent leur profit en égalisant leur recette marginale anticipée avec leur coût marginal. Les modèles diffèrent quant à la façon dont les entreprises calculent leur recette marginale anticipée. Le chapitre suivant élargit ces modèles de façon à y inclure la différenciation des produits et l'entrée de nouvelles entreprises.

Termes clés

Dilemme du prisonnier	Oligopole non-coopératif
Équilibre de Nash	Raffinements
parfait	Représentation d'un jeu
parfait d'un sous-jeu	forme extensive
Fonction de réponse (réaction) optimale	forme normale (stratégique)
Gain	Sous-jeu
Jeu	Stratégie dominate
Jeu en information imparfaite	Stratégie crédible

Questions

Q.7.1 Citez des marchés réels ayant une structure d'oligopole ? Justifiez vos choix.

Q.7.2 Sur quels types de marchés les entreprises d'un oligopole agissent-ils de façon coopérative ? De façon non-coopérative ?

Q.7.3 Dans quelles circonstances est-il *non* rentable d'essayer de s'entendre avec d'autres entreprises dans un jeu répété ? (*Suggestion*: Tenez compte du nombre d'entreprises, des taux d'intérêt et du nombre de fois où le jeu est répété.)

Q.7.4 Quelles indications empiriques pourraient vous faire préférer un modèle d'oligopole aux autres ?

Q.7.5 L'État doit-il réglementer les oligopoles non-coopératifs pour améliorer l'efficience ? Si oui, doit-il réglementer les prix, le nombre d'entreprises ou autre chose ?

Problèmes [27]

P.7.1 Sous quelles conditions les équilibres de Cournot et Bertrand sont-ils équivalents ?

P.7.2 Dans l'exemple de Cournot de ce chapitre, les coûts fixes sont supposés nuls et les coûts marginaux et moyens constants. À quelles difficultés supplémentaires doit-on s'attendre si les fonctions de coûts ont une forme en U habituelle ?

[27] Les solutions des problèmes impairs sont données en fin de livre.

P.7.3 Quelle est la meilleure stratégie pour les joueurs 1 et 2 si chacun peut choisir entre fixer un prix bas ou élevé et que les gains sont égaux à 5 si les deux choisissent un prix élevé mais nuls pour toutes les autres combinaisons de stratégies ? (*suggestion* : Représentez le jeu sous la forme normale 2×2 et cherchez les stratégies dominantes.)

P.7.4 Indiquez comment le prix et la quantité varient-ils lorque le coût marginal augmente de 10% dans le cas des modèles de Cournot, Bertrand et Stackelberg.

P.7.5 Ajoutez les colonnes du tableau 7.3 lorsque $n = 2, 5, 10, 50$ et 1 000, pour y faire apparaître le résultat du calcul des indicateurs suivants :

a. Élasticité du marché, ε, soit $(dQ/dp)(p/Q)$.
b. Indice de Lerner du pouvoir de marché, $(p - Cm)/p$.
c. Surplus du consommateur.
d. Bien-être social = surplus du consommateur + profits de l'industrie.
e. Perte sèche (réduction du bien-être social par rapport à sa valeur optimale)
f. Vérifiez que l'indice de Lerner du pouvoir de marché, $(p - Cm)/p$ est égal à $1/(n\varepsilon)$.

P.7.6 Quelle est la relation entre le modèle de Stackelberg et celui de l'entreprise dominante ave frange concurrentielle du chapitre 5 ?

Lectures complémentaires

Pour une présentation claire des modèles traditionnels d'oligopole et une introduction à la théorie des jeux légèrement plus technique que celle de ce chapitre, voir Shubik avec Levitan (1980), Friedman (1983) et Ulph (1987). Williams (1966) est aussi une bonne introduction, relativement peu technique, aux jeux simples. Dixit et Nalebuff (1991) contient des applications superbes et peu techniques de la théorie des jeux à divers problèmes économiques. Binmore (1992) et Gibbons (1992) sont des ouvrages relativement accessibles sur la théorie des jeux. Fudenberg et Tirole (1989) proposent une excellente synthèse des modèles d'oligopole. Voir Gaudet et Salant (1991) pour une analyse des cas où les marchés de produits interdépendants.

Il existe deux courtes synthèses des problèmes concernant les jeux dynamiques : celle de Kreps et Spence (1984) et celle de Fudenberg et Tirole (1986). Nous mentionnons aussi quelques ouvrages relativement techniques mais récents sur la théorie des jeux : Shubik (1982, 1984), Friedman (1977, 1986), Tirole (1988), Fudenberg et Tirole (1988), Fudenberg et Tirole (1991) et Myerson (1991).

Bibliographie

ALLEN, Beth et Martin HELLWIG. 1986. « Bertrand-Edgeworth Oligopoly in Large Markets ». *The Review of Economic Studies* 53 : 175–204.

AUMANN, Robert. 1973. « Disadvantageous Monopolies ». *Journal of Economic Theory* 6 : 1–11.

BERNHEIM, B. Douglas. 1984. « Rationalizable Strategic Behavior ». *Econometrica* 52 : 1007–28.

BINMORE, Ken. 1992. *Fun and Games*. Lexington, Mass. : D.C. Heath and Company.

BOWLEY, Arthur L. 1924. *The Mathematical Groundwork of Economics*. Oxford : Oxford University Press.

BOYER, Marcel et Michel MOREAUX. 1988. « Rational Rationing in Stackelberg Equilibria ». *Quarterly Journal of Economics* 103 : 409–14.

COURNOT, Augustin A. 1838. *Recherches sur les principes mathématiques de la richesse*. Paris.

DASGUPTA, P. et Eric MASKIN. 1986. « The Existence of Equilibrium in Discontinuous Economic Games, I : Theory and II : Applications ». *The Review of Economic Studies* 53 : 1–26 et 27–42.

DAUGHETY, Andrew F. 1985. « Reconsidering Cournot : the Cournot Equilibrium is Consistent ». *The Rand Journal of Economics* 16 : 368–79.

DAVIDSON, Carl et Raymond DENECKERE. 1986. « Long-Run Competition in Capacity, Short-run Competition in Prices, and the Cournot Model ». *Rand Journal of Economics* 17 : 404–15.

DIXIT, Avinash et Barry NALEBUFF. 1991. *Thinking Strategically*. New York : W.W. Norton and Co.

EATON, B. Curtis et Roger WARE. 1987. « A Theory of Market Structure with Sequential Entry ». *Rand Journal of Economics* 18 : 1–16.

FARREL, Joseph et Carl SHAPIRO. 1990. « Horizontal Mergers : An Equilibrium Analysis ». *American Economic Review* 80 : 107–26.

FOURAKER, Lawrence et Signey SIEGEL. 1963. *Bargaining Behavior*. New York : McGraw-Hill.

FRIEDMAN, James W. 1967. « An Experimental Study of Cooperative Duopoly ». *Econometrica* 35 : 1979–97.

FRIEDMAN, James W. 1971. « A Noncooperative Equilibrium for Supergames ». *Review of Economic Studies* 28 : 1–12.

FRIEDMAN, James W. 1977. *Ologopoly and the Theory of Games*. Amsterdam : North-Holland.

FRIEDMAN, James W. 1983. *Oligopoly Theory*. Cambridge : Cambridge University Press.

FRIEDMAN, James W. 1986. *Game Theory with Application to Economics*. Oxford : Oxford University Press.

FUDENBERG, Drew et Eric MASKIN. 1986. « The Folk Theorem in Reapeted Games with Discounting and with Incomplete Information ». *Econometrica* 54 : 533–54.

FUDENBERG, Drew et Jean TIROLE. 1986. *Dynamic Models of Oligopoly*. London : Harwood Academic Publishers.

FUDENBERG, Drew et Jean TIROLE. 1989. « Noncooperative Game Theory for Industrial Organization : An Introduction and Overview », *in* Richard SCHMALENSEE and Robert WILLIG, éds, *The Handbook of Industrial Organization*. New York : Elsevier Science Publishers, Inc.

FUDENBERG, Drew et Jean TIROLE. 1991. *Game Theory*. Cambridge, Mass. : Massachusetts Institute of Technology Press.

GAUDET, Gérard et Stephen W. SALANT. 1991. « Increasing the Profits of a Subset of Firms in Oligopoly Models with Strategic Substitutes ». *American Economic Review* 81 : 658–65.

GIBBONS, Robert. 1992. *Game Theory for Applied Economist*. Princeton : Princeton University Press.

GROSSMAN, Sanford J. 1981. « Nash Equilibrium and the Industrial Organization of Markets with Large Fixed Costs ». *Econometrica* 49 : 1149–72.

HALL, R.L. et C.J. HITCH. 1939. « Price Theory and Business Behavior ». *Oxford Economic Papers* 2 : 12–45.

HARSANYI, John C. 1967–1968. « Games with Incomplete Information Played by Bayesian Players ». *Management Science* 14 : 159–82, pp. 320–24 et pp. 486–502.

HOLT, Charles A., Jr. 1985. « An Experimental Test of the Consistent-Conjectures Hypothesis ». *American Economic Review* 75 : 314–25.

KARP, Larry S. et Jeffrey M. PERLOFF. 1989. *Dynamic Oligopoly in the Rice Export Market »*. *Review of Economics and Statistics* 71 : 462–70.

KREPS, David M. et Robert WILSON. 1982a. « Reputation and Imperfect Information ». *Journal of Economic Theory* 27 : 253–79.

KREPS, David M. et Robert WILSON. 1982b. « Sequential Equilibrium ». Econometrica 50 : 863–94.

KREPS, David M. et José SCHEINKMAN. 1983. « Quality Precommitment and Bertrand Competition Yield Cournot Outcomes ». *Bell Journal of Economics* 14 : 326–37.

KREPS, David M. et A. Michael SPENCE. 1984. « Modelling the Role of History in Industrial Organization », ıin George FEIWEL, ed., *Contemporary Issues in Modern Microeconomics*. London : Macmillan.

LAVE, Lester B. 1962. « An Empirical Approach to the Prisoner's Dilemma Game ». *Quarterly Journal of Economics* 75 : 424–36.

LUCE, R. Duncan et Howard RAIFFA. 1957. « Games and Decisions. New York ; John Wiley and Sons.

MYERSON, Roger B. 1991. *Game Theory : Analysis of Conflict*. Cambridge, Mass. : Harvard University Press.

NASH, John F. 1951. « Non-Cooperative Games ». *Annals of Mathematics* 54 : 286–95.

OKUNO, Masahiro, Andrew POSTLEWAITE et John ROBERTS. 1980. « Oligopoly and Competition in Large Markets ». *American Economic Review* 70 : 22–31.

PATINKIN, Don. 1947. « Multiple-Plant Firms, Cartels and Imperfect Competition ». *Quarterly Journal of Economics* 61 : 173–205.

PEARCE, David G. 1984. « Rationalizable Strategic Behavior and the Problem of Perfection ». *Econometrica* 52 : 1029–50.

PLOTT, Charles R. 1982. « Industrial Organization Theory and Experimental Economics ». *Journal of Economic Literature* 20 : 1044–1527.

PULLIAM, H. Ronald, Graham H. PYKE et Thomas CARACO. 1982. « The Scanning Behavior of Juncos : A Game-Theoretical Approach ». *Journal of Theoretical Biology* 95 : 89–103.

SALANT, Steve, Sheldon SWITZER et Robert REYNOLDS. 1983. « Losses from Horizontal Merger : The Effects of an Exogenous Change in Industry Structure on Cournot-Nash Equilibrium ». *Quarterly Journal of Economics* 98 : 185–99.

SALOP, Steven C. 1979. « Monopolistic Competition with Outside Goods ». *Bell Journal of Economics* 10 : 141–56.

SCHMALENSEE, Richard. 1982. « Product Differentiation Advantages of Pioneering Brands ». *American Economic Review* 72 : 349–65.

SELTEN, Reinhard. 1975. « Reexamination of the Perfectness Concept for Equilibrium Points in Extensive Games ». *International Journal of Game Theory* 4 : 25–55.

SELTEN, Reinhard. 1978. « The Chain-Store Paradox ». *Theory and Decisions* 9 : 127–59.

SHAPIRO, Carl. 1989. « Theories of Oligopoly Behavior », *in* Richard SCHMALENSEE et Robert WILLIG, éds, *The Handbook of Industrial Organization*. New York : Elsevier Science Publishers, Inc.

SHUBIK, Martin. 1959. *Strategy and Market Structure*. New York : John Wiley and Sons.

SHUBIK, Martin. 1982 (vol. 1) et 1984 (vol. 2). *A Game Theory in Social Sciences*. Cambridge, Mass. : MIT Press.

SHUBIK, Martin avec Richard LEVITAN. 1980. *Market Structure and Behavior*. Cambridge, Mass. : Harvard University Press.

STACKELBERG, Heinrich von. 1934. *Marktform und gleichgewicht*. Vienna : Julius Springer. Réimprimé dans *The Theory of the Market Economy*. Trad. A.T. PEACOCK. London : William Hodge, 1952.

STIGLER, George J. 1947. « The Kinky Oligopoly Demand Curve and Rigid Prices ». *Journal of Political Economy*. 55 : 432–49.

STIGLER, George J. 1964. « A Theory of Oligopoly ». *Journal of Political Economy* 72 : 55–59.

SWEEZY, Paul M. 1939. « Demand Under Conditions of Oligopoly ». *Journal of Political Economy* 47 : 568–73.

TELSER, Lester G. 1972. *Competition, Collusion and Game Theory*. Chicago : Aldine-Atherton.

TIROLE, Jean. 1988. *The Theory of Industrial Organization*, Cambridge, Mass. : MIT Press.

ULPH, Alistair. 1987. « Recent Advances in Oligopoly Theory from a Game Theory Perspective ». *Journal of Economic Surveys* 1 : 149–72.

VON NEUMAN, John et Oskar MORGENSTERN. 1944. *Theory ot Games and Economic Behavior*. Princeton : Princeton University Press.

WILLIAMS. J.D. 1966. *The Compleat Strategyst*, New York : Mc Graw-Hill.

Annexe A au chapitre 7

Détermination mathématique des équilibres de Cournot et de Stackelberg

Dans cette annexe, nous utilisons le calcul différentiel pour déterminer les prix et les quantités associés aux équilibres de Cournot et de Stackelberg dans le cas de formes fonctionnelles générales et dans celui de fonctions linéaires. Supposons qu'il y ait n entreprises, n étant déterminé de façon exogène. La production de l'entreprise i est égale à q_i et la production totale à Q, la somme de la production (homogène) de chaque entreprise : $Q = q_1 + \cdots + q_n$. Les fonctions de demande et de coût sont :

	Forme fonctionnelle générale	Exemple linéaire
Demande du marché	$p(Q)$	$a - bQ$
Coût de l'entreprise	$C(q_i)$	$m(q_i)$

Dans cet exemple, la demande est linéaire et le coût marginal est constant.

À titre de comparaison, indiquons quelles sont les solutions de concurrence et de monopole :

	Forme fonctionnelle générale	Exemple linéaire
Concurrence	$Cm = C'(q_i) = p(Q)$	$m = a - bQ = p$
		$Q = \frac{a-m}{b}$
Monopole	$Cm = C'(q_i) = p'(Q)Q + p(Q) = Rm$	$m = a - 2bQ$
		$Q = \frac{a-m}{2b}$
		$p = \frac{a+m}{2}$

Commençons par analyser le comportement d'une entreprise représentative d'une industrie dans le cas de Cournot. L'entreprise 1 choisit q_i de façon à maximiser ses profits.

$$\max_{q_1} \pi\,(q_1, q_2, \ldots, q_n) = q_1 p\,(q_1 + \cdots + q_n) - C\,(q_1)\,. \qquad (7A.1)$$

La condition du premier-ordre est $Rm = Cm$, soit

$$p\,(q_1 + \cdots + q_n) + q_1 p\,(q_1 + \cdots + q_n)\left(1 + \frac{\partial q_2}{\partial q_1} + \cdots + \frac{\partial q_n}{\partial q_1}\right) = C'\,(q_1)\,. \qquad (7A.2)$$

Si les entreprises adoptent une stratégie de Nash en quantité (Cournot), les dérivées partielles, $\partial q_i/\partial q_1$, sont nulles. La condition du premier-ordre peut donc se reformuler ainsi :

$$p\,(q_1 + \cdots + q_n) + q_1 p\,(q_1 + \cdots + q_n) = C'\,(q_1)\,. \tag{7A.3}$$

Réagençons les termes de l'équation (7A.3) en faisant passer $C'(q_i)$ dans le membre de gauche. Puis multiplions et divisons les deux membres par n. Notons que $p' = dp/dQ$ et que $Q = nq_1$ (lorsque toutes les entreprises sont supposées identiques). On obtient ainsi l'indice de Lerner :

$$\frac{p - C'}{p} = -\frac{1}{n}\frac{dp}{dQ}\frac{Q}{p} = -\frac{1}{n\varepsilon}\cdot \tag{7A.3$'$}$$

La seconde partie de l'égalité découle du fait que l'élasticité de la demande du marché, ε, est $(dQ/dp)(p/Q)$. Le membre de gauche de l'équation (7A.3′) est l'indice de Lerner du pouvoir de marché : c'est la marge de profit (prix moins coût marginal) rapportée au prix. Si le marché est concurrentiel, $p = C'$ et l'indice de Lerner est égal à zéro. Le pouvoir de marché est d'autant plus important que l'indicateur a une valeur élevée. Lorsque les entreprises sont symétriques, l'élasticité à laquelle une firme donnée est confrontée est égale à $n\varepsilon$. Notons que si l'on maintient l'élasticité du marché constante, l'indice de Lerner baisse avec l'augmentation du nombre d'entreprises. Lorsque n tend vers ∞, l'indice de Lerner tend vers $1/\infty$, soit 0 (marché concurrentiel).

L'équation (7A.3) indique comment la quantité q_i qui maximise le profit dépend de $q_2 \ldots, q_n$. Réagençons cette expression afin de la résoudre en q_1 et d'obtenir ainsi la fonction de réponse optimale de l'entreprise 1 :

$$q_1 = R_1(q_2, \ldots, q_n). \tag{7A.3”}$$

Appliquée à notre exemple linéaire, la condition de maximisation du profit (équation [7A.2]) donne :

$$Rm = a - b(2q_1 + q_2 + \cdots + q_n) = m = Cm\,. \tag{7A.4}$$

À l'équilibre, puisque toutes les entreprises ont la même fonction de coût, $q_2 = q_3 = \cdots = q_n \equiv q$. Résolvons l'équation (7A.4) en q_1, afin d'obtenir la fonction de réponse optimale de l'entreprise 1 (équation [7A.3]) :

$$q_1 = R_1(q_2, \ldots, q_n) = \frac{a - m}{2b} - \frac{n-1}{2}q. \tag{7A.5}$$

L'intersection des fonctions de réponse optimale détermine l'équilibre de Cournot. Dans l'exemple, celui-ci a lieu pour $q_1 = q_i = q(i = 2, \ldots, n)$. Posons $q_i = q$ dans l'équation (7A.5) et résolvons en q :

$$q = \frac{a - m}{(n+1)q}\cdot \tag{7A.6}$$

La production totale, nq, est égale à $n(a - m)/[(n+1)b]$. Le prix correspondant s'obtient par substitution de $Q = nq$ dans l'équation de la fonction de demande :

$$p = \frac{a + nm}{n+1}\cdot \tag{7A.7}$$

En posant $n = 1$ dans les deux dernières équations, nous obtenons la quantité et le prix de monopole. À mesure que n augmente, la quantité et le prix tendent vers leurs valeurs concurrentielles. Autrement dit, lorsque n augmente dans les équations (7A.6) et (7A.7), la production totale, nq, tend vers $(a - m)/b$ et le prix tend vers m.

De même, avec l'équation (7A.7) (et en remplacant C' par m), nous pouvons exprimer l'indice de Lerner, $(p - C')/p$ sous la forme $(a - m)/(a + nm)$. Lorsque n augmente, le dénominateur de cette expression tend vers ∞ et l'indice de Lerner tend vers 0 (pas de pouvoir de marché).

Dans le modèle de Stackelberg, le leader (supposons qu'il s'agisse de l'entreprise 1) considère les fonctions de réponse optimale des entreprises suiveuses comme des données. Sa fonction d'objectif s'écrit :

$$\begin{aligned}&\max_{q_1} \pi_1 (q_1, q_2, \ldots, q_n) = q_1 p (q_1 + \cdots, +q_n) - C(q_1)\\&\qquad \text{sous la contrainte } q_i = R_i (q_1, Q_i) \qquad i = 2, \ldots, n,\end{aligned} \tag{7A.8}$$

où Q_i est la somme de la production de toutes les entreprises à l'exception de celle des entreprises 1 et i. En introduisant les fonctions de réponse optimale pour chaque q_i dans l'expression du profit et en dérivant par rapport à q_1, on obtient la condition du premier-ordre de la maximisation du profit.

Dans le cas d'un duopole, par exemple, la condition du premier-ordre pour le leader du modèle de Stackelberg est :

$$p (q_1 + R_2 (q_2)) + q_1 p' (q_1 + R_2 (q_1)) \left[1 + R_2' (q_2)\right] = C'(q_1), \tag{7A.9}$$

où R_2' est la dérivée partielle de la fonction de réponse optimale de l'entreprise 2 par rapport à q_1. La production du suiveur s'obtient en introsuisant q_1 (donné par l'équation 7A.9) dans la fonction de réponse optimale du suiveur.

Dans l'exemple linéaire, la fonction de réponse optimale de chaque suiveur est de la même forme que l'équation (7A.5) :

$$q_i = \frac{a - m}{2b} - \frac{(n - 2)q}{2} - \frac{q_1}{2}, \quad i = 2, \ldots, n, \tag{7A.10}$$

où la production des entreprises autres que i et 1 est $(n - 2)q$. Puisque toutes les entreprises suiveuses produisent la même quantité, q, la fonction de réponse optimale (équation [7A.10]) peut s'écrire :

$$q = \frac{a - m}{nb} - \frac{q_1}{n}. \tag{7A.10'}$$

Le leader maximise ses profits en prenant les fonctions de réponse optimale des suiveurs comme données. La condition du premier-ordre de maximisation du profit du leader est donnée par l'équation (7A.9). En dérivant l'équation (7A.10′) par rapport à q_1, on obtient la pente des fonctions de réponse optimale des suiveurs, $qR_i/dq_1 = -1/n$, résultat que l'on doit ensuite introduire dans l'équation (7A.9). Autrement dit, à chaque unité supplémentaire produite par l'entreprise leader, la production de l'entreprise suiveuse baisse de $1/n$, de sorte que la production collective des entreprises suiveuses baisse de $(n - 1)/n$. Donc, en remplaçant p (et sa dérivée) dans l'équation (7A.2) par l'expression de la courbe de demande linéaire (et sa dérivée), puis en résolvant en q_1, on obtient la production du leader :

$$q_1 = \frac{a - m}{2b}. \tag{7A.11}$$

Dans ce modèle linéaire, q_1 est indépendant du nombre d'entreprises suiveuses et est égal à la production du monopole. La production des entreprises suiveuses ($i = 2, \ldots, n$) est :

$$q_1 = q = \frac{a - m}{2bn}. \tag{7A.12}$$

Donc, $q_1 > q_i$ ($i = 2, \ldots, n$) quel que soit n, le nombre d'entreprises.

La production totale de l'industrie est :

$$Q = \frac{a - m}{2b}\left(\frac{2n - 1}{n}\right), \tag{7A.13}$$

ce qui est supérieur à la production sur un marché à la Cournot d'une quantité égale à $[(a - m)/b][n/(n + 1)]$ (la quantité q en situation de Cournot est donnée par l'équation [7A.6]). Le prix du marché est :

$$p = \frac{a + m(2n - 1)}{2n}. \tag{7A.14}$$

Ainsi, à mesure que le nombre d'entreprises, n, croît, le prix et la quantité totale tendent vers leurs niveaux concurrentiels : $p \to m$ et $Q \to (a - m)/b$.

Annexe B au chapitre 7

Modèles à variations conjecturales

Il n'est pas de pire état que celui dans lequel se trouve l'homme qui...
se morfond en conjectures sur ce que pense son voisin.
Marcus Aurelius Antoninus

Les premiers modèles du comportement des entreprises en oligopole, que l'on appelle maintenant modèles à *variations conjecturales*[1], postulaient que les entreprises se forgeaient une idée des réactions (ou *variations*) des autres entreprises. D'ailleurs, les modèles de Cournot, Bertrand et Stackelberg peuvent aussi bien s'interpréter comme des modèles de varitions conjecturales particuliers que comme des modèles de théorie des jeux. Dans chacun de ces modèles, les entreprises contrôlent soit la quantité, soit le prix. Dans les modèles de Cournot et de Stackelberg, les entreprises choisissent leurs niveaux de production et c'est la courbe de demande qui détermine le prix. Dans le modèle de Bertrand, les entreprises choisissent le prix et c'est la demande qui détermine la production.

Conjectures

Nul n'est aussi aveugle et sourd que celui qui ne veut rien voir ni entendre. – John Haywood

Le modèle de Cournot fut le premier modèle de variations conjecturales (et le premier modèle d'oligopole). Dans le scénario original de Cournot, une entreprise fait la conjecture la plus simple qui soit concernant le comportement des autres entreprises : elle suppose que leurs niveaux de production ne changent pas en fonction de son propre niveau de production. Chaque entreprise conjecture donc que les autres se contentent de vendre une même quantité de production choisie une fois pour toutes. Ce postulat, étroitement restrictif, conduit à des conclusions tranchées, mais est arbitraire et peut-être même faux.

Les entreprises suiveuses du modèle de Stackelberg adoptent la conjecture de Cournot. Le leader de Stackelberg prend sa décision en se basant sur ces conjectures. Dans le modèle de Bertrand, chaque entreprise conjecture que ses rivales ne modiferont pas leur prix en réaction à un changement de prix de sa part.

Critiques adressées aux modèles de variations conjecturales

Les modèles de variations conjecturales sont critiqués pour deux raisons. Premièrement, les conjectures que les entreprises sont censées former sont arbitraires. C'est cet arbitraire qui amena Stigler (1964) a développer sa théorie du cartel comme comportement d'oligopole (chapitre 6) et les théoriciens des jeux à développer leurs propres modèles. Mais la théorie du

[1] Le concept fut présenté initialement par Arhur L. Bowley en 1924. Cependant, le terme ne fut consacré qu'en 1933 par Ragnar Frisch (Friedman, 1983, p. 106).

cartel et les modèles de théorie des jeux sont également fondés sur des postulats arbitraires (suivant lesquels, par exemple, les entreprises choisissent la production et non le prix ou que les entreprises font certaines conjectures particulières à propos du comportement de leurs rivales). Finalement, en ce qui concerne l'arbitraire des postulats, il y a peu de différences entre tous ces modèles.

Deuxièmement, ce qui est bien plus grave, les modèles de variations conjecturales aboutissent à des conclusions peu plausibles lorsqu'on les interprètent dans un cadre à plusieurs périodes. Contrairement aux modèles de théorie des jeux à plusieurs périodes, dont les équilibres se fondent sur des stratégies crédibles qui ne contredisent pas les présupposés des entreprises, les modèles dynamiques de variations conjecturales se fondent sur des présupposés incompatibles avec les actions décidées.

Prenons l'exemple déja évoqué dans ce chapitre du modèle de Cournot appliqué au marché des melons et appliquons-le dans un cadre à plusieurs périodes. Supposons qu'au cours de la première période, l'entreprise 1 produise 300 melons et que l'entreprise 2 en produise 200. Ensuite, supposons qu'à la période 2, l'entreprise 1 utilise sa fonction de réponse optimale (à une seule période) et produise $R_1(200) = 360 - q_2/2 = 260$ melons. L'entreprise 2 produit alors $R_2(300) = 360 - q_1/2 = 210$ melons à la période 2. Au cours des périodes suivantes, chaque entreprise continue d'utiliser sa fonction de réponse optimale à une période pour s'adapter à la production de sa rivale à la période antérieure. Dans ces conditions, la production de chaque entreprise converge vers 240 melons, le niveau d'équilibre de Cournot.

Cette interprétation du modèle de Cournot dans un cadre multipériodique pose deux problèmes sérieux. Premièrement, il n'est pas réaliste de penser que les firmes sont durablement myopes. En effet, une entreprise peut observer la réaction de ses rivales face à ses variations de production de la période précédente et vérifier que ces variations *affectent* leur comportement. Il n'est donc pas raisonnable de supposer qu'une entreprise qui vérifie que sa conjecture de Cournot (d'après laquelle ses rivales ne réagissent pas) est fausse, continue néanmoins à se fonder sur cette conjecture en réutilisant constamment sa fonction de réponse optimale à une seule période. Autrement dit, l'équilibre de Cournot ne résiste pas à l'expérimentation. En effet, à l'équilibre de Cournot, si une entreprise modifie légèrement sa production, à titre expérimental, et observe alors la réaction des autres entreprises, elle verra que le postulat de Cournot d'absence de réaction est faux.

Deuxièmement, dans un modèle à plusieurs périodes, il est peu plausible qu'une entreprise maximise uniquement son profit de la période courante. Or, c'est pourtant ce que ces modèles impliquent. En fait, les entreprises devraient maximiser la valeur actualisée de la somme des profits futurs. Il se peut en effet qu'une entreprise accepte par exemple des profits présents faibles contre l'espoir de profits futurs élevés. D'ailleurs, dans la section consacrée au jeu à plusieurs périodes, nous avons vu que les entreprises pouvaient accroître leur profit en modulant leur comportement au cours du temps.[(2)]

Recherche empirique

Beaucoup d'économistes utilisent un modèle général de variations conjecturales dans leurs recherches appliquées sur le pouvoir de marché. Supposons pour simplifier qu'il y

---

[2] L'interprétation dynamique du modèle de Cournot est davantage une description de l'ajustement qu'un équilibre réel se produisant en plusieurs périodes.

ait deux entreprises (1 et 2) dans une industrie, et qu'elles produsient respectivement les quantités homogènes q_1 et q_2. Le profit de l'entreprise 1 est donné par :

$$\pi_1 = q_1 p(q_1 + q_2) - C(q_1), \tag{7B.1}$$

Elle choisit q_1 de façon à maximiser ce profit. Dans l'équation (7B.1), le prix p du marché est une fonction de la production du marché et la fonction de coût, $C(\bullet)$, est identique à celle de l'entreprise 2. La condition du premier-ordre pour l'entreprise 1 est :

$$\frac{d\pi_1}{dq_1} = p + q_1 p'(q_1 + q_2)\left(1 + \frac{dq_2}{dq_1}\right) - C'(q_1) = 0, \tag{7B.2}$$

où $C'(q_1)$ est la fonction de coût marginal de l'entreprise 1 et $p'(q_1 + q_2)$ la pente de la fonction de demande inverse. La conjecture de l'entreprise 1 concernant sa rivale est donnée par $v = dq_2/dq_1$. L'équation (7B.2) peut donc se reformuler ainsi :

$$p + q_1 p'(q_1 + q_2)(1 + v) - C'(q_1) = 0. \tag{7B.3}$$

La condition du premier-ordre de l'entreprise 2 s'obtient symétriquement en intervertissant les indices 1 et 2.

Si $v = 0$, l'équation (7B.3) correspond à la condition du modèle de Cournot. En effet, la conjecture d'une entreprise à la Cournot est que les autres entreprise ne modifieront pas leurs niveaux de production à la suite du choix de son propre niveau de production. En posant $v = 0$ dans l'équation (7B.3), on obtient en fait la condition du premier-ordre habituelle d'un modèle de Cournot (voir l'équation [7A.3]).

Si $v = -1$, c'est que la conjecture de l'entreprise correspond au modèle de Bertrand (Telser, 1972). En effet, une entreprise à la Bertrand conjecture que toute augmentation de sa production est compensée par une diminution de même montant de la production de sa rivale, laissant le prix du marché inchangé. S'il y a n entreprises identiques, la conjecture de Bertrand est que $v = -1/(n-1)$. Par conséquent, pour $n = 2$, $v = -1$, ce qui donne $p = C'$ (prix égal coût marginal), c'est-à-dire la condition de Bertrand (équilibre concurrentiel), si l'on effectue le remplacement correspondant dans l'équation (7B.3).

Si $v = 1$, la conjecture de l'entreprise conduit à un équilibre de collusion lorsque les entreprises ont un comportement symétrique ($q_1 = q_2$). Cette conjecture signifie en effet que l'entreprise pense que sa rivale va effectuer la même modification de production qu'elle, c'est-à-dire quelle pense qu'en modifiant sa production elle peut influencer la production totale mais non sa part de marché (50%). Comme l'entreprise pense qu'elle ne peut pas modifier son profit aux dépens de l'autre entreprise, elle produit la quantité définie par le cartel. La condition du premier-ordre devient alors $p+2q_1 p'(Q) = C'(q_1)$, ce qui correspond à la solution de cartel puisque la production totale est $Q = q_1 + q_2 = 2q_1$ si $q_1 = q_2$.

D'autres valeurs de v sont envisageables. Si l'on effectue une estimation de v (voir le chapitre 9), on peut alors calculer l'indice de Lerner, $(p - C')/p$ au moyen de l'équation (7B.3). Ainsi, v peut s'interpréter soit comme un conjecture, soit comme un indicateur de l'écart entre le prix et le coût marginal.

Annexe C au chapitre 7

Modèle de la demande coudée

Un des premiers modèles d'oligopole supposait que la demande résiduelle adressée à une entreprise donnée de l'oligopole était coudée (Hall et Hitch, 1939 ; Sweezy, 1939). Dans la version de Sweezy, l'entreprise croit que ses rivales répondent immédiatement aux baisses de prix mais ne réagissent que lentement et de façon incomplète aux augmentations de prix.[1] Chaque entreprise est donc confrontée à une courbe de demande qui est plus élastique lorsque le prix est supérieur à p^* et moins élastique lorsque le prix est inférieur à $p*$ (voir la figure 7C.1).

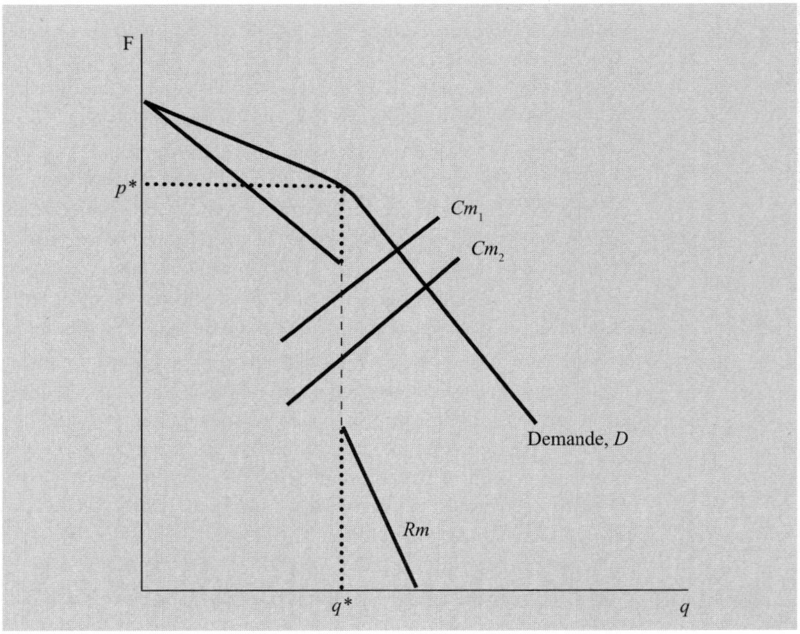

Figure 7C.1: *Modèle de la demande coudée*

[1] Ce modèle peut être considéré comme la réponse optimale d'une entreprise à la stratégie d'une rivale qui consisterait à « suivre les baisses de prix mais ignorer les augmentations ».

Si les entreprises sont confrontées à ce type de courbes de demande, le prix p^* est celui qui maximise le profit pour toute courbe de de coût marginal (cm) qui croise la courbe de recette marginale (Rm) dans sa portion verticale. Par exemple, sur la figure 7C.1, le prix p^* maximise le profit à la fois pour les courbes Cm_1 et Cm_2. La théorie de la demande coudée en oligopole prévoit donc que les faibles variations de coût n'ont pas d'influence sur les prix.

La théorie est malheureusement muette sur la façon dont le prix est initialement fixé et n'explique donc pas le niveau des prix. Elle explique pourquoi le prix ne varie pas lorsque des modications de coût se produisent. En revanche, lorsque les coûts varient fortement, la théorie prévoie que le prix varie lorsqu'il se produit de fortes variations de coût mais elle ne donne aucune indication sur la façon dont le nouveau prix se fixe.

Stigler (1947) n'a pas trouvé d'indications empiriques de cette asymétrie de la réaction des entreprises d'un oligopole aux variations de prix de leurs rivales. De plus, la théorie prévoit qu'en cas de collusion, le coude disparaît (le prix devient flexible). Les indications empiriques réunies par Stigler contredisent également cette hypothèse. Il s'ensuit que la version originale de théorie de la demande coudée fut largement discréditée. Cependant, certains modèles récents de détermination du prix reprennent la notion de demande coudée (Salop, 1979 ; Schmalensee, 1982 ; voir aussi le chapitre 8).

Annexe D au chapitre 7

Stratégies mixtes

Nous n'avons étudié jusqu'à présent que des *stratégies pures* : chaque joueur ne choisit qu'un seul prix ou qu'une seule quantité. Cependant, les joueurs peuvent aussi employer des *stratégies mixtes* où les actions sont choisies aléatoirement. Supposons par exemple que l'on remplace le tableau 7.4 par la matrice de gain suivante :

		Entreprise 1	
		Prix bas	*Prix élevé*
Entreprise 2	*Prix bas*	0 (Entreprise 1) ; 2 (Entreprise 2)	2 F (Entreprise 1) ; 1 (Entreprise 2)
	Prix élevé	7 F (Entreprise 1) ; 0 (Entreprise 2)	6 (Entreprise 1) ; 6 (Entreprise 2)

On peut déduire de cette matrice de gains que l'entreprise 2 à intérêt à pratiquer le même prix que l'entreprise 1, mais que l'entreprise 1 n'a pas intérêt à cette situation. Le fait pour les deux entreprises de choisir un prix bas n'est pas un équilibre de Nash car l'entreprise 1, si elle croit que l'entreprise 2 fixe un bas prix, choisira un prix élevé. L'équilibre de Nash ne correspond pas non plus au cas où l'entreprise 1 fixe un prix élevé et l'entreprise 2 un prix bas, car l'entreprise 2 serait incitée à modifier son comportement. Les deux autres paires de stratégies envisageables ne sont pas non plus des équilibres de Nash. Par conséquent, le seul équilibre de Nash possible consiste pour les choirs à choisir aléatoirement leurs actions.

Soit α la probabilité que l'entreprise 1 fixe un prix bas et β la probabilité que l'entreprise 2 fixe un prix bas. Si les entreprises effectuent indépendamment leur choix, $\alpha\beta$ est la probabilité que les deux fixent un prix bas, $(1-\alpha)(1-\beta)$ est la probabilité que les deux fixent un prix élevé, $\alpha(1-\beta)$ est la probabilité que que l'entreprise 1 fixe un prix bas tandis que l'entreprise 2 un prix élevé et $(1-\alpha)\beta$ est la probabilité que l'entreprise 1 fixe un prix élevé tandis que l'entreprise 2 fixe un prix bas.

Le gain anticipé de l'entreprise 2, $E(\pi_2)$, est :

$$\begin{aligned} E[\pi_2] &= 2\alpha\beta + (0)\alpha(1-\beta) + (1-\alpha)\beta + 6(1-\alpha)(1-\beta) \\ &= (6-6\alpha) - (5-7\alpha)\beta. \end{aligned}$$

De même, le gain anticipé de l'entreprise 1 est :

$$\begin{aligned} E\left[\pi_1\right] &= (0)\alpha\beta + 7\alpha(1-\beta) + 2(1-\alpha)\beta + 6(1-\alpha)(1-\beta) \\ &= (6-4\beta) + (1-3\beta)\alpha. \end{aligned}$$

Chaque entreprise doit se faire une idée du comportement de sa rivale. Supposons, par exemple, que l'entreprise 2 choisisse un prix bas avec la probabilité β^e. Si β^e est inférieur à un tiers (c'est-à-dire qu'il y a peu de chances que l'entreprise 2 choisisse un prix bas), l'entreprise 1 à intérêt à choisir un bas prix à cause du second terme de l'expression $E(\pi_1)$, $(1-3\beta)\alpha$, qui est positif, de sorte que l'augmentation de α élève $E(\pi_1)$. Puisque la valeur maximale de α est 1, l'entreprise 1 choisit l'entreprise 1 choisit à coup sûr le prix bas. De même, si l'entreprise 1 croît que β^e est supérieur à 1/3, elle choisira à coup sûr un prix élevé $(\alpha = 0)$.

Si l'entreprise 2 pense que l'entreprise 1 pense que β^e est légèrement inférieur à 1/3, c'est qu'elle pense aussi que l'entreprise 1 va adopter à coup sûr un bas prix et elle choisit donc aussi un bas prix. Cependant, ce résultat $(\beta = 0)$ n'est pas compatible avec l'anticipation de l'entreprise 1 (β^e est une fraction). En fait, la seule anticipation rationnelle consiste pour l'entreprise 2 à penser que l'entreprise 1 pense qu'elle adoptera une stratégie mixte si son anticipation concernant l'entreprise 2 rend le comportement de l'entreprise 1 imprévisible. Autrement dit, l'entreprise 1 n'adoptera une stratégie mixte que si elle est *indifférente* entre le fait de fixer un prix élevé ou bas. Or l'entreprise 1 n'est indifférente entre ces deux stratégies que si β^e est exactement égal à 1/3. Par un raisonnement similaire, on déduit que l'entreprise 2 adoptera uns stratégie mixte si elle anticipe que l'entreprise 1 choisit un bas prix avec une probabilité $\alpha^e = 5/7$. Ainsi, le seul équilibre de Nash possible est $\alpha = 5/7$ et $\beta = 1/3$.

On peut démontrer que tout jeu comprenant un nombre fini de joueurs, avec un nombre fini de stratégies, possède au moins un équilibre mixte de Nash. Les démonstrations figurent dans les ouvrages de théorie des jeux recommandés dans les références bibliographiques.

Cependant, beaucoup de spécialistes de la théorie des jeux n'aiment pas employer le concept de stratégie mixte dans le cadre de jeux statiques car ils considèrent que le choix aléatoire d'une stratégie pure n'est pas un comportement fréquent. On imagine mal, en effet, un dirigeant d'entreprise jetant un dé pour décider du prix qu'il fixera le lendemain. On peut néanmoins objecter (sans conviction) que cette image saugrenue vient à l'esprit parce que les entreprises nous *semblent* avoir un comportement incompréhensible l'une par rapport à l'autre.

8

Différenciation des produits et concurrence monopolistique

Le bon goût est préférable au mauvais goût, mais il vaut mieux avoir mauvais goût que pas de goût du tout.

Arnold Bennet

Beaucoup de marchés sont caractérisés par la *concurrence monopolistique* : les entreprises possèdent alors un *pouvoir de marché*, c'est-à-dire le pouvoir de fixer un prix supérieur au coût marginal, mais leurs profits économiques sont néanmoins nuls. Cette structure de marché combine donc les attributs du monopole (pouvoir de marché) et de la concurrence (profits économiques nuls). *Libre-entrée* et *courbe de demande résiduelle décroissante* adressée à chaque entreprise sont les caractéristiques d'un marché de concurrence monopolistique. Si des entreprises pénètrent sur le marché dès que des profits positifs apparaissent, à long terme chaque entreprise aura un profit nul, comme sur un marché concurrentiel. Par ailleurs, si une entreprise est confrontée à une courbe de demande résiduelle décroissante, elle possède un pouvoir de marché.

La raison principale de l'existence d'une courbe de demande résiduelle décroissante est que les consommateurs perçoivent différemment les produits d'une même industrie en fonction de l'entreprise qui les fabriquent. Jusqu'à présent, nous avons étudié des industries qui produisaient des biens **homogènes** et **indifférenciés** : les produits étaient perçus de la même façon par les consommateurs, quelle que soit leur provenance. Autrement dit, les produits fabriqués par différentes entreprises étaient considérés par les consommateurs comme des *substituts parfaits*. Or les biens sont souvent **hétérogènes** et **différenciés** : les consommateurs considèrent les marques des différentes entreprises comme des substituts imparfaits. Dans ce cas, une entreprise peut fixer un prix supérieur à celui des ses concurrentes sans risquer de perdre tout ses clients.

Les modèles analysés dans ce chapitre diffèrent sur deux points des modèles d'oligopole du chapitre 7. Premièrement, nous avions supposé par définition que l'entrée était impossible sur un marché d'oligopole. Sur un marché de concurrence monopolistique, les entreprises peuvent entrer et sortir librement du marché. Aussi, dans ce chapitre, le nombre d'entreprises est-il déterminé par le comportement d'entrée et non de façon exogène et arbitraire comme dans le chapitre sur l'oligopole. Deuxièmement, dans le chapitre 7, nous avions supposé que les entreprises fabriquaient des produits homogènes, alors que maintenant nous allons supposer que ces produits sont différents.(1)

Dans les modèles du chapitre 7, où les entreprises fabriquaient un bien homogène, une augmentation du nombre d'entreprises bénéficiait aux consommateurs parce que l'augmentation de la concurrence réduisait le prix. Lorsque les produits fabriqués par les entreprises sont différents, non seulement l'entrée d'une nouvelle entreprise réduit le prix, mais elle augmente aussi le nombre de variétés à la disposition des consommateurs.

Ces deux effets sont pris en compte dans les modèles de concurrence monopolistique. Il existe deux variantes principales de modèles de concurrence monopolistique avec libre entrée et produits différenciés. Dans le *modèle du consommateur représentatif*, chaque consommateur consomme tous les produits disponibles. Ce modèle correspond par exemple à des restaurants qui préparent des plats différents (antillais, chinois, italiens, etc.) mais qui sont en concurrence par rapport au même ensemble de consommateurs.

Dans le modèle *spatial* ou de la *localisation*, chaque consommateur a une préférence pour des produits qui ont certaines caractéristiques ou qui sont vendus par des entreprises situées à proximité de chez eux et pour lesquels ils sont prêts à payer plus cher. Il se peut même que le consommateur n'accorde aucune attention au prix de certains autres produits disponibles sur le marché. Par exemple, un consommateur qui a une préférence pour les corn flakes de chez Kellog's sera plus attentif à leur prix relatif qu'au prix relatif des céréales enrobées de chocolat car ces dernières ne sont — selon ses goûts — que très faiblement substituables aux corn flakes.

---

[1] Comme sur la plupart des marchés à structure d'oligopole, les produits sont différenciés, l'analyse de la différenciation développée dans ce chapitre leur est applicable.

Ces modèles diffèrent d'après le type de demande à laquelle chaque entreprise est confrontée. Dans le modèle du consommateur représentatif, la demande à une entreprise varie de façon continue en fonction des prix pratiqués par toutes les entreprises. Une modification de prix, même faible, décidée par une entreprise quelconque entraîne une variation, proportionnellement faible, de la demande adressée à une entreprise donnée. Dans le modèle spatial, ainsi que l'exemple des corn flakes le suggère, la demande pour une marque peut soit être indépendante du prix d'une autre marque parce que les deux marques sont peu substituables, soit être très dépendante du prix d'une autre marque parce que les deux marques sont très substituables. De plus, il se peut qu'en pratiquant un prix très bas, une entreprise récupère une grande partie des consommateurs d'une concurrente qui fabrique un produit très similaire.

Dans les deux modèles, l'équilibre de concurrence monopolistique peut être comparé à l'optimum social, du point de vue du prix et de la variété, afin d'étudier le bien-être des consommateurs et le profit des entreprises. Ce chapitre cherchera en particulier à déterminer si le nombre de marques d'un produit qui coexistent à l'équilibre de concurrence monopolistique est trop élevé ou trop faible. La réponse à cette question dépend du prix que les consommateurs sont prêts à payer pour bénéficier d'une plus grande variété. Que préférez-vous : trois marques différentes de soda à 10 F l'unité ou une seule marque à 5 F l'unité ? La réponse à ce type de question détermine la combinaison optimale prix/variété. Si une plus grande variété élève le prix (parce que cela revient trop cher de produire une trop grand variété), la solution optimale consistera à produire un nombre modéré de marques.

La première section de ce chapitre explique pourquoi la différenciation des produit exerce un effet sur la demande résiduelle adressée à l'entreprise. Puis les deux modèles de concurrence monopolistique les plus connus seront exposés. Le modèle de concurrence monopolistique avec consommateur représentatif sera d'abord étudié, en considérant tour à tour le cas de produits homogènes et différenciés. Nous verrons comment le modèle d'oligopole de Cournot-Nash avec produit homogène est modifié quand l'entrée sur le marché est libre, puis nous comparerons le prix d'équilibre qui en résulte avec celui de l'optimum concurrentiel. Nous pourrons alors introduire la notion de produit différencié et comparer le nouvel équilibre prix/variété avec la combinaison prix/variété qui correspond à l'optimum social.

Puis nous analyserons le modèle spatial. La différenciation des produits est inhérente aux modèles spatiaux, ce qui interdit toute comparaison avec le cas d'un produit homogène dans ce type de modèle. Les implications de bien-être seront là aussi étudiées. Enfin, nous étudierons un modèle hybride qui emprunte les éléments des deux précédents afin de comprendre pourquoi ces deux types de modèles ont des propriétés différentes.

Les questions essentielles abordées dans ce chapitre peuvent être résumées ainsi :

1. Pourquoi la différenciation des produits augmente-t-elle le pouvoir de marché des entreprises ?

2. Quel est le nombre d'entreprises qui maximise le bien-être lorsque toutes les marques sont parfaitement substituables (produit homogène) ?

3. Quel est le nombre d'entreprises qui maximise le bien-être lorsque les marques sont des substituts imparfaits pour le consommateur ?

4. Quel est le nombre d'entreprises qui maximise le bien-être lorsque chaque consommateur n'attache d'importance qu'à certaines des marques disponibles sur le marché ?

8.1 Produits différenciés

L'étude d'un marché de produits différenciés repose sur deux concepts essentiels. Premièrement, les produits ne sont différenciés que dans la mesure où les consommateurs *pensent* qu'ils le sont. Autrement dit, même si les marques d'aspirine sont chimiquement identiques, si les consommateurs croient qu'elles sont différentes et font leurs achats en conséquence, il faut considérer que l'aspirine est un produit différencié.

Par exemple, beaucoup de consommateurs préfèrent très nettement le Coca Cola au Pepsi Cola ou vice-versa. Cependant, lorsque les buveurs de cola sont invités par sondage à goûter des échantillons de variantes telles que le Coca Cola ordinaire, le Pepsi ordinaire, le Coca Light et le Pepsi Light, seuls 37% d'entre eux sont en mesure d'identifier la marque qu'ils prétendent préférer. De plus, seulement 26% des consommateurs de cola light sont capables de reconnaître leur marque.[2]

Réciproquement, si les consommateurs perçoivent comme identiques des produits chimiquement ou physiquement différents, ces produits doivent être considérés comme économiquement semblables : « Le consommateur a toujours raison ». Voir les exemples 8.1 et 8.2.

Deuxièmement, le prix d'une marque exerce une influence d'autant plus importante sur celui d'une autre marque que les deux marques sont étroitement substituables. Par exemple, il est généralement admis que Coca Cola et Pepsi Cola sont des marques très substituables. De plus, d'autres marques de sodas sucrés sont également des substituts assez proches et peuvent être considérés comme des concurrents directs. Mais les sodas sans sucre et les sodas sucrés sont-ils des

---

[2] Union des consommateur américains. « The Cola Wars ». *Consumer Reports* 56, août 1991 : 518–25. Dans une étude semblable menée au Williams College (« Diet Cola Advertising Gets Put to the Test », *San Francisco Chronicle*, janvier 31, 1990 : C1), seul un nombre « insignifiant » de sujets purent effectuer une distinction systématique entre le Coca Light et le Pepsi Light. Ainsi, plus du tiers de ceux ayant déclaré préférer une marque partiulière choisirent l'autre au cours du test.

EXEMPLE 8.1 Différenciation factice d'un produit : le marché du médicament

Les consommateurs croient souvent que certains produits diffèrent par la qualité alors qu'ils ont des propriétés identiques. Les économistes qualifient ce phénomène de *différentiation factice d'un produit.* L'exemple le plus connu est celui de certains médicaments vendus sans ordonnance. Un consommateur s'imagine parfois à tort qu'une marque d'aspirine est supérieure à une autre parce que celle-ci l'a guéri d'un mal de tête léger alors que l'autre (pourtant chimiquement identique) n'a pas réussi à éliminer un mal de tête plus sérieux. Des expériences ont montré que même un placebo soulageait les maux de tête dans 45% des cas, alors que l'aspirine réelle y parvenait dans 80% des cas. Chez certaines personnes, les maux de tête disparaissent spontanément, ou bien l'effet psychologique du placebo est suffisant pour les soulager. Cependant, si un consommateur est persuadé qu'un produit est meilleur qu'un autre et que l'efficacité du produit s'en trouve amélioré (effet placebo), la différenciation du produit n'est pas réellement « factice ».

Les tests chimiques portant sur différentes marques d'aspirine indiquent que la plupart contiennent pratiquement la même quantité d'aspirine et ont le même taux de dissolution. Aux États-Unis, un procès fut intenté contre le fabricant d'aspirine Bayer, qui avait prétendu que son aspirine était la meilleure (effet plus rapide, plus douce). Le juge de la *Federal Trade Commission* dut reconnaître que l'aspirine de Bayer n'était ni supérieure qualitativement, ni sur le plan thérapeutique. Cependant, les consommateurs restent apparemment convaincus par la publicité de Bayer, puisque sur les 400 marques d'aspirines existantes, cette marque est celle qui se vend le mieux, quoiqu'elle soit relativement onéreuse.

Le cas de l'apirine n'est pas isolé. Pour d'autres médicaments, les fabricants de marques connues prétendent que leur médicament est plus efficace et plus sûr, par exemple parce qu'il est mieux emballé où que le contrôle de la qualité est plus strict. Or souvent les études comparatives ne confirment pas ces différences de qualité. Et pourtant les marques connues se vendent à des prix beaucoup plus élevés que les produits génériques. Ainsi, l'union des consommateurs américains a-t-elle établi que le Tylenol n°3 coûtait 2,2 fois plus cher que le produit générique équivalent (acétaminophène avec codéïne). De même, le Valium est vendu 3,2 fois plus cher que le produit générique équivalent (diazepam). Mais d'autre part, du moins en ce qui concerne la région de San Francisco, le prix de l'Amoxil (un antibiotique anti-infectieux) n'est que 1% plus élevé que le prix de son substitut générique.

Des expériences ont été conduites afin de déterminer si les décisions d'achat des consommateurs se fondaient sur la reconnaissance d'une marque ou sur la connaissance du produit lui-même. Des tests où les consommateurs goûtent ou expérimentent un produit sans en connaître le nom (parfois on fait croire qu'il s'agit d'un produit d'une certaine marque alors que c'est un produit générique) n'ont pas permis de reproduire les parts de marché réelles des produits. De plus, on a pu établir expérimentalement que les consommateurs étaient influencés par la marque (car si la marque leur est dissimulée, ils n'affichent pas nécessairement de préférence pour le produit correspondant).

SOURCE : Food and Drug Administration, 1977, « Proposed Monograph for OTC Internal Analgesic, Antipyretic, and Antirheumatic products », *Federal Register* 42 (8 juillet) : p. 353–82. Consumer Union. 1982. « Is Bayer Better ? » *Consumer Reports* 47 (juillet) : p. 347–9 ; Consumers Union. 1987. « The Big Lie About Generic Drugs », *Consumer reports* 52 (août) : p. 480–5 ; Center for the Study of Services. 1988. « Prescription Drugs », *Bay Area Consumers' Checkbook* 43 (été) p. 37–41 ; Mc Connel (1968) et Monroe (1976).

substituts ? Et peut-on considérer que les boissons à base de lait sont des substituts aux sodas ?[3]

Le blé est un bon exemple de produit homogène vendu sur un marché concurrentiel : les consommateurs n'attachent aucune importance à l'exploitation agricole d'où provient un boisseau particulier de blé. Quoiqu'il en existe, il est plus difficile de trouver des exemples d'industries composées d'un petit nombre d'entreprises dont les produits soient considérés comme parfaitement identiques par les consommateurs. Par exemple, les prestations des quelques plombiers d'une petite ville peuvent être considérées comme à peu près similaires. Les produits d'une industrie sont relativement homogènes lorsque les consommateurs n'attachent pas d'importance particulière à la marque qu'ils achètent.

EXEMPLE 8.2 Marques nationales, marques locales et produits génériques

Aux États-Unis, les marques nationales se vendent souvent mieux que les marques locales ou que les produits génériques. Peut-être est-ce parce que les consommateurs s'imaginent que les marques nationales sont de meilleure qualité. Que ce soit vrai ou non n'a pas d'importance, car ce qui compte c'est que les consommateurs le croient.

Il n'y a que très peu de différences entre la qualité de certaines marques nationales et les marques locales pour des produits comme l'aspirine ou l'eau de javel. Pourtant, les consommateurs paient beaucoup plus cher pour les marques nationales que pour les marques locales. Parfois, comme dans le cas des fruits et les légumes conditionnés, les différences entre marques nationales, locales ou génériques sont importantes, comme le montrent des tests effectués auprès de consommateurs à qui on demandait de goûter différents produits et d'émettre une opinion sans connaître la marque (ou l'absence de marque) du produit.

Sans analyse chimique détaillée, ou en l'absence de tests de goût (dits « à l'aveuglette ») menés auprès des consommateurs, il est souvent difficile de déterminer si les produits de marques locales ou les produits génériques sont de qualité identique aux produits de marques nationales. Cette incertitude à une cause évidente : beaucoup de marques nationales, comme Wonder-Bread pour le pain, produisent aussi du pain pour le compte de marques locales. Ceci n'implique cependant pas que les marques locales soient de qualité identiques aux marques nationales, car l'entreprise nationale peut fort bien varier sa recette quand elle produit pour le compte d'une entreprise locale (c'est ce que fait Wonder Bread, de sorte que le pain produit pour le compte d'entreprises locales n'a plus cet aspect de fraîcheur tant recherché par les consommateur).

De même, Falstaff, l'un des plus gros brasseur et distributeur de bière des États-Unis, est aussi le plus gros fournisseur des entreprises qui commercialisent la bière sous →

[3] La définition d'un marché est souvent un problème essentiel dans les affaires de fusions (voir le chapitre 20). Les experts qui sont entendus dans le cadre de ces affaires supposent généralement que lorsque des produits sont « étroitement substituables », ils appartiennent au même *marché*. Tout au long de ce livre, sauf mention contraire explicite, nous utilisons le terme *marché* dans son sens général, sans nous référer à ces définitions juridiques. Ce chapitre suppose que le produit de chaque entreprise est sur le même marché de référence dans le sens où au moins certains consommateurs le considèrent comme un substitut à d'autres produits de ce marché. Autrement dit, nous supposons que les produits sont « suffisamment proches » sans définir l'expression « suffisamment proche ».

EXEMPLE 8.2 Marques nationales, marques... (suite)

leur propre marque. La plupart des marques locales de bourbon, scotch, vodka et gin sont en fait produites par des entreprises dont la marque est connue nationalement. De même, Sears, par exemple, exige le plus souvent de ses principaux fabricants de machines à écrire, de chauffe-eau ou autres produits qu'ils produisent selon les mêmes normes de qualité que les produits fabriqués sous sa propre marque (Kenmore).

Il se peut que les consommateurs soient désireux de payer davantage pour les marques nationales afin d'éviter le risque d'acheter un produit de faible qualité. Mais on peut parvenir à les faire choisir des marques moins coûteuses s'ils peuvent constater que la qualité est identique à celle d'un produit de marque.

Un sondage réalisé par l'institut américain Gallup a montré que des consommateurs qui achètent une fois un produit local se fidélisent par la suite dans 80% des cas. En général, ces consommateurs ont un bon niveau d'éducation, un niveau de vie aisé et savent acheter avec discernement.

Beaucoup de consommateurs sont attentifs à la marque et au prix. Le sondage de Gallup indique que 40% des acheteurs y sont attentifs. Ils ne se contentent pas seulement d'acheter des marques nationales, mais comparent les produits sous différents aspects (qualité, prix et offres spéciales). Néanmoins, sur le plan national, seulement 2% ou 3% des produits sont génériques.

La plupart des marques nationales sont de qualité supérieure (mais pas toutes) et leurs prix sont donc plus élevés. L'institut de recherche indépendant de l'association des marques locales a réunit des statistiques sur 17 produits de base (« panier de la ménagère », juin 1984), reproduites dans le tableau ci-dessus. Le tableau permet de calculer que le coût total des marques locales est de 25,59 $ alors que celui des marques nationales est égal à 34,15 $. Les clients des boutiques qui commercialisent des marques locales paient donc 8,56 $ (25%) de moins, sans que l'on puisse dire avec certitude que les articles qu'ils achètent sont d'une qualité comparables.

	Quantité	Marque nationale	Marque locale
Corn flakes	510 g	1,35$	1,12$
Jus d'orange concentré	170 g	0,76$	0,59$
Café moulu	453 g	2,79$	2,37$
Margarine en plaque	435 gr	0,72$	0,54$
Bacon en tranches	435 g	2,61$	1,81$
Beurre de cacaouètes	435 g	1,62$	1,41$
Raisin en gelée	435 g	1,32$	1,06$
Piment aux haricots	425 g	1,01$	0,82$
Haricots fins en gelée	255 g	0,78$	0,57$
Purée de pomme de terre	435 g	1,41$	1,17$
Huile végétale	1,36 kg	1,01$	0,82$
Ananas en tranches	567 g	0,90$	0,79$
Papier aluminium (rouleau)	2,28 m	1,70$	1,62$
Papier plastique (rouleau)	6,08 m	1,54$	0.79$
Papier toilette, double épaisseur	4 paquets	1,33$	1,02$
Couches-culottes	48 changes	9,01$	6,73$
Détergent pour vaisselle	73 g	2,06$	1,11$

Un marché sur lequel un petit nombre de marques est en concurrence avec un grand nombre de produits génériques peut être qualifié d'oligopole avec frange concurrentielle. Le chapitre 5 propose une analyse similaire avec le cas de entreprise dominante face à une frange concurrentielle.

SOURCE : Morch, A. « Off-the-Shelf Advice on Saving Money », *San Francisco Sunday Examiner and Chronicle,* 5 août 1984 : Scene 4.

Il a deux approches analytiques de la différenciation des produits. Dans la théorie microéconomique de base, les consommateurs ont des préférences définies sur les biens : ils choisissent entre la glace et le gâteau ou entre les marques de glace et de gâteau. Mais il existe une approche alternative, dans laquelle les consommateurs ont des préférences qui portent sur les attributs ou caractéristiques des biens. Par exemple, certains consommateurs aiment le chocolat, en tant que caractéristique que l'on retrouve à la fois dans la glace et le gâteau. Ces consommateurs préfèrent soit les gâteaux où la glace au chocolat, soit les gâteaux où la glace à la vanille.

8.1.1 Effet de la différenciation sur la courbe de demande résiduelle

Le cynique est celui qui connaît le prix de toute chose, mais la valeur d'aucune. – Oscar Wilde

Sur les marchés où les produits sont indifférenciés, la demande résiduelle adressée à une entreprise particulière ne dépend que de l'offre totale adressée à ses concurrentes, alors que dans une industrie où les produits sont différenciés, la demande résiduelle adressée à une entreprise dépend de l'offre de chacune des autres entreprises du marché. Que les produits soient différenciés ou non, la fonction de demande résiduelle inverse adressée à l'entreprise i peut s'écrire :

$$p_i = D(q_1, \ldots, q_n). \tag{8.1}$$

Le prix que l'entreprise i peut pratiquer, p_i, dépend de la quantité vendue de sa marque, mais aussi de la quantité vendue de chacune des $n - 1$ autres marques. Lorsque les produits sont différenciés, cette expression ne peut pas être simplifiée. On peut aussi exprimer la courbe de demande résiduelle de l'entreprise i en fonction des prix des produits de ses concurrentes, $q_i = \tilde{D}(p_1, p_2, \cdots, p_n)$.

Si les consommateurs considèrent que tous les produits sont identiques, ou parfaitement substituables, on peut alors exprimer la courbe de demande sous une forme simplifiée, en notant que les consommateurs n'accepteront pas d'acheter un produit si son prix est plus élevé que celui des autres. Dans ce cas, si elles veulent vendre leurs produits, toutes les entreprises devront pratiquer le même prix p. Lorsque les produits ne sont pas différenciés, seule la quantité totale du marché, $Q = q_1 + q_2 + \cdots + q_n$, importe pour la détermination du prix p.[4] Dans ce cas, l'équation de la demande résiduelle inverse devient :

$$p_i = p = D(q_1 + q_2 + \cdots + q_n) = D(Q). \tag{8.2}$$

[4] Si les marques de deux entreprises sont parfaitement substituables, la courbe d'indifférence d'un consommateur est une droite de pente -1. Autrement dit, le consommateur est indifférent entre le fait de consommer 20 unités de la marque 1 et 0 unité de la marque 2 ou 10 unités de chaque marque, ou 0 unité de la marque 1 et 20 unités de la marque 2. L'utilité du consommateur ne dépend que de la somme de la production des deux marques.

Par exemple, supposons qu'il n'y ait que deux entreprises sur le marché. Si les deux produits sont considérés comme identiques par les consommateurs, le prix pratiqué par chaque entreprise ($p = p_1 = p_2$) s'écrit :

$$p = a - bQ = a - b({}_1 + q_2) = a - bq_1 - bq_2\,, \tag{8.3}$$

où a et b sont des constantes positives. Ainsi, si une entreprise augmente sa production, le prix du marché — et donc le prix fixé par chaque entreprise — se réduit d'un montant identique pour les deux entreprises.

En revanche, si les produits sont considérés comme des substituts imparfaits par les consommateurs, la courbe de demande de l'entreprise 1 s'écrira par exemple ainsi :

$$p_1 = a - b_1 q_1 - b_2 q_2\,, \tag{8.4}$$

où $a > 0$ et $b_1 - b_2 > 0$. Autrement dit, une augmentation de la production de l'entreprise 1 a un effet plus important sur son prix qu'une augmentation de la production de l'entreprise 2. En fait, plus une entreprise réussit à différencier son produit, plus elle protège sa demande des actions des autres entreprises. Par exemple, une variation du prix ou de la quantité vendue des vins Préfontaine ou Postillon n'aura que peu d'effet sur le prix ou la demande de Mouton-Rothchild. Lorsque le produit d'une entreprise est différencié, sa fonction de demande est décroissante, ce qui est incompatible avec un comportement d'entreprise concurrentielle preneuse de prix. Plus un produit est différencié, plus la courbe de demande adressée à l'entreprise à une pente élevée et plus l'entreprise tend vers le monopole (c'est-à-dire une entreprise dont le produit n'a pas de substituts proches).

8.1.2 Préférences définies sur l'espace des caractéristiques

Dans la théorie du consommateur développée par Lancaster (1966, 1971, 1979), les préférences des consommateurs sont définies par rapport aux caractéristiques des biens.[(5)] Chaque bien est un ensemble de caractéristiques. Par exemple, les sucettes et les crèmes glacées s'analysent comme des ensembles ayant pour caractéristiques la douceur, la température, etc., dans des proportions différentes. Aussi, plutôt que de comparer les produits en tant que tels, les consommateurs comparent en fait des caractéristiques plus fondamentales.

Pour illustrer comment des produits peuvent être comparés par l'examen de leurs caractéristiques, supposons que la seule caractéristique importante d'un soda soit sa douceur. Dans ce cas, les différents sodas peuvent être classés sur une échelle ou espace de « douceur » :

$$\text{Pas doux du tout} \longleftrightarrow \text{Très doux}$$

[5] Un théorie semblable à celle de Lancaster fut développée par Becker (1965). Il y a aussi une littérature empirique (par exemple, Griliches, 1971, et Rosen, 1974) qui étudie la détermination *hédoniste* des prix, laquelle suppose que le prix d'un produit est fonction d'un ensemble de caractéristiques.

Sur cette échelle, le Schweppes sera par exemple classé à gauche du Coca classique, lequel sera à gauche du Pepsi. Ainsi, plus les produits sont doux, plus ils sont positionné à droite de l'échelle. Les sodas peuvent ainsi être repérés dans un **espace de caractéristiques** : chacun des axes de cet espace mesure une caractéristique ou un attribut (dans notre exemple, le seul attribut est la douceur) et chaque marque peut ainsi être repérée en fonction de ses caractéristiques.

Un produit a généralement de nombreuses caractéristiques : les marques de céréales diffèrent en fonction de leur douceur et de leur croquant. Si l'on admet que ce sont là leur deux caractéristiques les plus importantes, les marques de céréales peuvent alors être repérées dans un espace de caractéristiques à deux dimensions, avec un axe pour la douceur et l'autre pour le croquant (moux ou croustillant).

Le modèle du consommateur représentatif est compatible avec l'approche en termes de produits comme de caractéristiques, alors que les modèles spatiaux sont intrinsèquement liés à l'approche en termes de caractéristiques. Nous allons donc étudier successivement ces deux types de modèles.

8.2 Modèle du consommateur représentatif

Le peuple, c'est moi. – Napoléon Bonaparte

Le premier modèle de concurrence monopolistique fut développé par Chamberlin (1933). Dans le **modèle du consommateur représentatif**, le consommateur typique considère que toutes les marques sont également substituables entres elles. Celles-ci peuvent ainsi être traitées de façon symétrique. Le modèle du consommateur représentatif peut servir à étudier des marchés où les produits son différentiés ou indifférenciés. Nous allons débuter par l'étude d'un marché où les produits ne sont pas différenciés, puis nous étendrons l'analyse au cas de produits hétérogènes. Nous verrons dans les deux cas, qu'à l'équilibre de concurrence monopolistique les prix des variétés et leur nombre, ne correspondent généralement pas à l'optimum social.

8.2.1 *Modèle du consommateur représentatif avec produits indifférenciés*

Dans la version la plus simple du modèle du consommateur représentatif, les différentes marques sont homogènes : toutes les marques ont les mêmes caractéristiques. Ce modèle ne diffère des modèles d'oligopole des chapitres précédents qu'en ce qui concerne la façon dont le nombre d'entreprises qui sont sur le marché est déterminé. Mais dans les modèles d'oligopole comme dans le modèle de la concurrence monopolistique, la production de chaque entreprise et le nombre d'entreprises sur le marché sont déterminés. Dans les deux cas, la production de chaque entreprise découle d'un comportement de maximisation du profit. Chaque entreprise choisit sa production de telle façon que la recette marginale associée à sa courbe de demande résiduelle, Rm_r, soit égale à son coût marginal, Cm.

L'entrée sur le marché est traitée différemment dans chaque modèle. Dans le modèle de l'oligopole, le nombre d'entreprises est arbitrairement déterminé, de façon exogène. On suppose en effet que les entreprises existantes, le gouvernement ou tout autre facteur, empêchent l'entrée de nouvelles entreprises. Dans le modèle de Chamberlin, les entreprises pénètrent librement sur le marché, dès lors qu'il est profitable de le faire. Cette *condition d'entrée* détermine le nombre d'entreprises du marché de façon endogène. Les conditions d'entrée et de maximisation du profit qui déterminent l'équilibre en oligopole et en concurrence monopolistique sont résumées dans le tableau 8.1.

Dans le modèle de concurrence monopolistique, les entreprises sont confrontées à des courbes de demande résiduelles décroissantes. Bien que la différenciation du produit conduise à de telles courbes de demande, des coûts fixes élevés peuvent avoir le même effet car ils limitent également le nombre d'entreprises susceptibles de coexister sur un marché, ainsi que le montre l'exemple suivant.

A. Un exemple à la Cournot

Pour illustrer la différence la concurrence monopolistique avec produits homogènes et l'oligopole, nous allons modifier le modèle de Cournot-Nash d'oligopole non-coopératif en posant que de nouvelles entreprises peuvent entrer sur le marché. Les autres postulats sont ceux de l'exemple du chapitre 7 concernant l'oligopole :

- *Équilibre de Cournot* : À l'équilibre, aucune entreprise ne veut modifier son niveau de production et s'attend à ce que les autres produisent toujours le même niveau de production.
- *Homogénéité* : le bien produit est homogène.
- *Demande* : la demande du marché est

$$q(p) = 1000 - 1000p. \tag{8.5}$$

- *Coûts* : La fonction de coût de chaque entreprise est

$$C(q) = 0{,}28q + F. \tag{8.6}$$

  Le coût fixe, F, est positif et le coût marginal est constant à 0,28 F (voir le chapitre 7).

Le postulat du chapitre 7 d'un nombre déterminé d'entreprises est remplacé par une **condition d'entrée** : les entreprises pénètrent sur le marché quand les profits sont positifs et en sortent quand ils sont négatifs.

Tableau 8.1: *Comparaison des modèles de concurrence oligopolistique et monopolistique*

Modèle	**Maximisation du profit par l'entreprise individuelle**	**Nombre d'entreprises (*n*) déterminé par l'entrée**
Oligopole non-coopératif	$Rm = Cm$	Pas d'entrée ; nombre d'entreprises = *n*
Concurrence monopolistique	$Rm = Cm$	Entrée libre ; les entreprises entrent jusqu'à ce que le profit = 0, donc *n* est endogène.

Les courbes de coût marginal, Cm, et de coût moyen, CM, sont illustrées par la figure 8.1. Le coût marginal est horizontal au niveau 0,28 F. Le coût moyen s'obtient en divisant le coût total (équation [8.6]) par la quantité produite :

$$CM = \frac{C(Q)}{Q} = 0{,}28 + \frac{F}{Q} \cdot$$

Ainsi, le coût moyen est égal à la somme du coût moyen variable (0,28 F $=$ [0,28 F $\times$ q]$/q$) et du coût moyen fixe (F/q). À mesure que la production croît, le coût fixe est amorti sur un plus grand nombre d'unités et il baisse, de sorte que le coût moyen variable devient progressivement la composante essentielle du coût moyen. De ce fait, CM est largement supérieur à Cm lorsque la quantité produite est basse et tend vers Cm (qui est égal au coût moyen variable) lorsque le production augmente (voir la figure 8.1).

La condition d'entrée indique que les entreprises ne pénètrent sur le marché que si le profit obtenu est positif. Par conséquent, l'entrée se poursuit jusqu'à ce que le profit économique de chaque entreprise soit nul :[(6)]

$$\pi = pq - C(q) = 0. \tag{8.7}$$

En d'autres termes, à l'équilibre, le coût moyen de chaque entreprise est égal à son prix : $CM = p$. Lorsque le prix est égal au coût moyen, le profit par unité de chaque entreprise (et donc son profit total) est nul.[(7)]

Afin de déterminer le nombre d'entreprises qui coexistent à l'équilibre, nous allons procéder en deux étapes. Premièrement, nous allons déterminer l'équilibre de

[6] Cela suppose que le profit de la dernière entreprise qui pénètre sur le marché est nul. Cette condition n'est pas toujours vérifiée car le nombre d'entreprises du marché ne peut pas être fractionnaire. De ce fait, il arrive que le profit d'équilibre soit positif. Dans ce cas, l'arrivée d'une entreprise supplémentaire rendrait le profit de chaque entreprise négatif. Seade a montré que les résultats de base exposés ci-après sont valables même lorsque le nombre d'entreprises est un entier.

[7] Lorsque le prodit est nul, $\pi = 0$, le prix est égal au coût moyen :

$$\pi = pq - C(q) = \left(p - \frac{C(q)}{q}\right) = (p - CM)q = 0.$$

Comme la production est positive, $q > 0$, un profit total nul implique que $p - CM$, le profit moyen, est nul aussi. Dans notre exemple, le profit moyen est nul si $p = CM = 0{,}28 + F/q$.

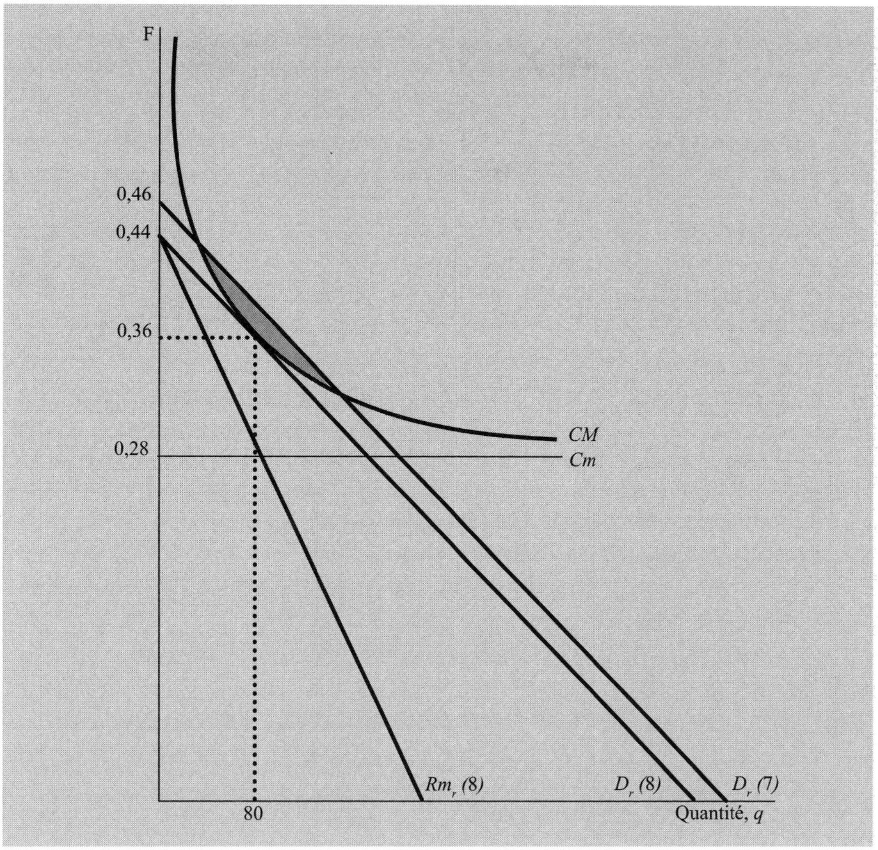

Figure 8.1 : *Équilibre de concurrence monopolistique*

Cournot associé à différents nombres d'entreprises, suivant la méthode développée au chapitre 7. Puis, nous déterminerons le nombre exact d'entreprises en choisissant celui pour lequel le profit de chaque entreprise est nul.

Pour voir comment se détermine le nombre d'entreprises d'un marché de concurrence monopolistique, supposons que le coût fixe de chaque entreprise soit égal à 6,40 F. Dans ces conditions, une entreprise n'entre sur ce marché que si cela lui procure un profit positif, c'est-à-dire si le prix est supérieur au coût moyen, $CM = 0{,}28 + 6{,}40/q$.

Le tableau 8.2 indique le prix du marché, la production et le profit en fonction du nombre d'entreprises sur le marché. S'il y a initialement 5 entreprises sur le marché, chacune produit 120 unités et le prix du marché est égal à 0,40 F. Chaque entreprise obtient alors un profit de 8,00 F $[= (p - CM)q = (0{,}40\text{ F} - 0{,}3333\text{ F})120]$.

Si une entreprise supplémentaire entre sur le marché, le profit par entreprise tombe alors à 4,18 F. Mais tant qu'il reste positif, d'autres entreprises entrent.

Tableau 8.2
Exemple de concurrence monopolistique à la Cournot avec différents coûts fixes (F)

Nombre d'entreprises	Prix (en centimes)	Production par entreprise	Coût moyen (en centimes)	Profit par entreprise (*F*)		
				F = 6,4 F	*F* = 1,6 F	*F* = 0 F
1	64	360	29,8	123,20	128,00	129,60
2	52	240	30,7	51,20	56,00	57,60
3	46	180	31,6	26,00	30,80	32,40
4	42,4	144	32,4	14,34	19,14	20,74
5	40	120	33,3	8,00	12,80	14,40
6	38,3	102,9	34,2	4,18	8,98	10,58
7	37	90	35,1	1,70	6,50	8,10
8	36	80	36,0	0,00	4,80	6,40
9	35,2	72	36,9	−1,22	3,58	5,18
10	34,5	65,5	37,8		2,68	4,28
11	34	60	38,7		2,00	3,60
12	33,5	55,4	39,6		1,47	3,07
13	33,1	51,4	40,4		1,04	2,64
14	32,8	48	41,3		0,70	2,30
15	32,5	45	42,2		0,42	2,03
16	32,2	42,4	43,1		0,19	1,79
17	32	40	44,0		0,00	1,60
18	31,8	37,9	44,9		−0,16	1,44
20	31,4	34,3	46,7			1,18
100	28,7	7,1	118			0,05
500	28,1	1,4	473			0,002
1000	28,1	0,7	918			0,001
∞	28	$\simeq 0$	$\simeq \infty$			0,00

Note : Les profits négatifs qui apparaissent dans le tableau représentent le profit par entreprise lorsque le nombre d'entreprises dépasse celui compatible avec la condition d'entrée et que les entreprises « maximisent leur profit » (minimisent leurs pertes) car elles ne peuvent pas quitter le marché ou parce que les coûts fixes sont irrécupérables. Si la sortie ne coûtait rien (pas de coûts fixes irrécupérables), ces entreprises seraient à leur seuil de fermeture et au lieu de supporter une perte, auraient un profit nul.

Lorsqu'il y a 8 entreprises sur le marché, chacune est à son seuil de rentabilité. Aucune ne perd de l'argent, donc aucune ne souhaite quitter le marché. Mais aucune autre entreprise ne souhaite entrer sur le marché. En effet, comme le montre le tableau 8.2, si une neuvième entreprise arrivait, la perte par entreprise serait égale à 1,22 F, ce qui inciterait les entreprises à quitter le marché. Par conséquent, sur ce marché, le nombre d'entreprises d'équilibre est égal à 8.

B. Analyse graphique

Cet équilibre peut s'illustrer graphiquement. La figure 8.1 montre la courbe de demande résiduelle, $D_r(8)$, à laquelle chacune des 8 entreprises à la Cournot croit être confrontée, ainsi que la courbe de recette marginale correspondante, $Rm_r(8)$. Chaque entreprise maximise son profit en produisant $q = 80$ unités (point où $Rm = Cm$ sur la figure). La quantité vendue sur le marché l'est au prix de 0,36 F. La courbe de coût moyen de l'entreprise est tangente à la courbe de demande ($p = 0{,}36\text{ F} = CM$), là où $q = 80$. Par conséquent, le profit de l'entreprise est nul.

La figure 8.1 montre également que s'il y a que 7 entreprises, il est intéressant d'entrer sur le marché. La courbe de demande résiduelle adressée à chacune des 7 entreprises à la Cournot, $D_r(7)$, est tracée sur la figure 8.1. La demande résiduelle croise la courbe de coût moyen en deux points, déterminant une surface (en gris foncé sur la figure) à l'intérieur de laquelle le coût moyen est inférieur au prix (déterminé par la demande résiduelle). Une entreprise qui produit une quantité dans à cette zone fait un profit positif car son prix est supérieur à son coût moyen. Comme le tableau 8.2 l'indique, chacune des 7 entreprises maximise son profit en produisant 90 unités. Le prix est de 0,37 F, ce qui est supérieur au coût moyen de chaque entreprise (CM = 0,35 F).

C. Coût fixe plus faible

En quoi la baisse du coût fixe de chaque entreprise influence-t-elle l'équilibre de concurrence monopolistique ? Comme l'indique le tableau 8.2, si le coût fixe est égal à 1,60 F, le nombre d'entreprises qui coexistent passe à 17 (alors qu'il est égal à 8 lorsque le coût coût fixe est de 6,40 F).

Ainsi, sur un marché de concurrence monopolistique, plus le coût fixe est faible, plus le nombre d'entreprises qui coexistent à l'équilibre est élevé. Cette augmentation du nombre d'entreprises à l'équilibre s'explique par le fait que plus le coût fixe est faible, plus le profit par entreprise est élevé. Par conséquent, il faut que davantage d'entreprises pénètrent sur le marché pour ramener ce profit à zéro.

Pourquoi le profit par entreprise est-il d'autant plus élevé que le coût fixe est faible (pour un nombre donné d'entreprises) ? L'explication réside dans le fait qu'une réduction du coût fixe réduit le coût total mais n'a pas d'effet sur la recette totale. Le coût fixe intervient dans la décision de débuter la production mais n'influence pas le volume effectivement produit. Chaque entreprise produit une quantité telle que $Rm_r = C$. Rm et Cm sont indépendants du coût fixe. La quantité vendue par l'entreprise ne dépend pas de son coût fixe, de même sa recette totale et son coût variable total. Comme le coût total est égal à la somme du coût variable et du coût fixe, le fait de maintenir le coût variable constant et de réduire le coût fixe entraîne une baisse du coût total. Or, puisque la recette totale demeure inchangée, le profit total augmente.

Sur la figure 8.1, la courbe de coût moyen associée à un coût fixe moins élevé serait située strictement au-dessous de celle qui est tracée. Pour que cette nouvelle courbe de coût moyen soit tangente à la courbe de demande résiduelle, cette dernière doit également baisser, ce qui n'est possible que s'il y a davantage d'entreprises sur le marché. Ce raisonnement implique que si le coût fixe chute à zéro, le nombre d'entreprises devient illimité et ce marché de concurrence monopolistique à la Cournot devient un marché purement concurrentiel (voir la dernière colonne du tableau 8.2).

Pour résumer : l'existence du coût fixe élève le prix au-dessus du coût marginal. Lorsqu'il n'y a pas de coût fixe, le nombre d'entreprises qui entrent sur le marché est suffisant pour faire tendre le prix vers le coût marginal, ce qui correspond à la situation concurrentielle.

D. Produits indifférenciés et bien-être

Comparons cet équilibre avec l'optimum social qui maximise le bien-être. Deux problèmes liés au bien-être ou à l'efficience sont posés par la concurrence monopolistique. Premièrement, comme le prix est supérieur au coût marginal, la production totale est insuffisante : l'unité marginale de production vaut davantage pour le consommateur (et il la paie plus cher) qu'elle ne coûte au producteur. Deuxièmement, lorsque le coût marginal n'augmente pas avec la production (s'il est constant ou décroissant), le nombre d'entreprises qui coexistent à l'équilibre est excessif. En effet, comme chaque entreprise supporte un coût fixe, F, le coût social de l'ensemble de ces coûts est trop élevé.

a. Solution de premier rang. Dans l'exemple précédent, la fonction de coût de chaque entreprise est donnée par $C(q) = mq + F$, où m est le coût marginal constant de l'entreprise. Dans ce cas, la solution sociale optimale de premier rang consiste à subventionner une entreprise pour qu'elle produise la quantité totale du marché et d'exiger en échange qu'elle fixe un prix égal au coût marginal. Cette solution de premier rang est appelée **optimum de premier rang** (voir l'annexe A).

La figure 8.2 illustre la solution de premier rang. Elle montre les courbes de coût moyen et marginal d'une seule entreprise et la courbe de demande du marché (tracées sur la base de l'exemple précédent d'un coût fixe égal à 6,40 F). L'équilibre de premier rang suppose ici que l'entreprise soit réglementée de telle manière qu'elle fixe son prix au niveau du coût marginal, $m = 0{,}28$ F et que les consommateurs achètent $q^* = 720$ unités. L'optimum social permet d'obtenir 80 unités (soit 12,5%) de plus que l'optimum de concurrence monopolistique (640 unités).

L'entreprise perd de l'argent parce que le prix est inférieur au coût moyen. En effet, $p = 0{,}28\text{ F} < m + F/q^* = 0{,}28\text{ F} + 6{,}40\text{ F}/720 = 0{,}2889\text{ F}$. Le gouvernement doit donc subventionner l'entreprise pour qu'elle continue à produire.[8] La surface hachurée de la figure 8.2 représente la perte subventionnée, soit $F = 6{,}40\text{ F} = 0{,}0089\text{ F} \times 720 = (F/q^*) \times q^*$. L'entreprise vend son produit au coût marginal ou coût moyen variable et couvre ainsi ses dépenses courantes mais non son coût fixe.

---

[8] Le gouvernement peut se procurer les recettes nécessaires en prélevant une taxe fixe (quelle que soit la quantité consommée) tout en maintenant le prix de chaque unité consommée égal au coût marginal.

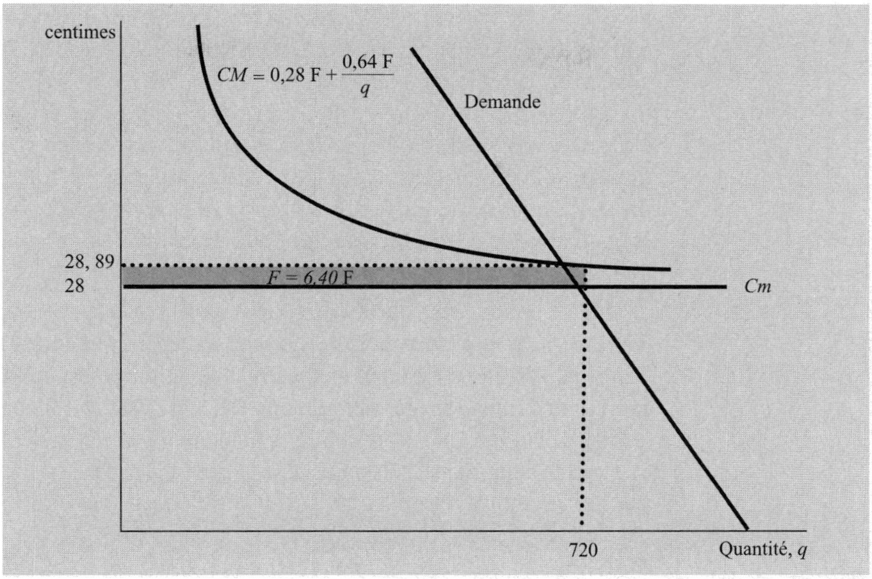

Figure 8.2: *Optimum de premier rang*

Le surplus du consommateur qui correspond à l'otimum social est égal à 259,20 F.[9] Si l'on définit le bien-être comme le surplus des consommateurs plus la recette totale, moins le coût total, on obtient un bien-être social optimal égal à 252,80 F. En revanche, à l'équilibre de concurrence monopolistique, le surplus des consommateurs ainsi que le bien-être, sont égaux à 204,80 F. Ainsi, le bien-être social optimal est supérieur de 23,4% au bien-être associé à l'équilibre de concurrence monopolistique.

S'il n'y a qu'une seule entreprise et qu'elle peut fixer son prix comme elle l'entend, elle agira en monopole, choisira $p_m = 0{,}64$ F et vendra $q_m = 360$ unités. Comme ce prix est supérieur au coût moyen correspondant ($\equiv 0{,}30$ F), son profit est égal à 123,20 F. Le surplus du consommateur est égal à 64,80 F et le bien-être est de 188 F. Ainsi, le bien-être associé à la concurrence monopolistique est 8,9% supérieur, et le bien-être associé à l'optimum social est 34,5% supérieur, à celui de monopole.

Lorsqu'une seule entreprise à une courbe de coût moyen décroissante, on la qualifie de *monopole naturel* parce qu'elle peut satisfaire la demande de tous les consommateurs pour un coût inférieur à celui que supporteraient ensemble deux ou plusieurs entreprises (voir les chapitres 5 et 21). Le coût marginal de

[9] Le surplus du consommateur est égal au triangle situé sous la partie de la courbe de demande dont l'ordonnée est supérieure à 0,28 F. Pour une demande $p = a - bq$, le surplus du consommateur associé à une quantité q est égal à $\frac{1}{2}\,[a - p(q)]\,q = \frac{1}{2}bq^2$. Dans notre exemple, le surplus est égal à $0{,}0005q^2$.

production de toute nouvelle entreprise serait identique à celui des autres, mais son entrée impliquerait une nouvelle dépense en coût fixe, F. Donc, à l'équilibre de concurrence monopolistique, non seulement le prix est supérieur au coût marginal, mais s'il y a par exemple 8 entreprises, les dépenses en coûts fixes seront plus élevées qu'en situation de monopole. En fait, une seule entreprise peut fournir la totalité de la production pour 44,80 F (c'est-à-dire $7 \times F$ ou F représente les coûts fixes) de moins que s'il y a 8 entreprises, grâce aux économies réalisées sur les coûts fixes. Dans cet exemple, les coûts fixes inutiles représentent 20% des coûts totaux au niveau du marché.

Même lorsque les courbes de coût moyen (CM) sont en forme de U, l'équilibre de Cournot avec produit homogène est caractérisé par un trop grand nombre d'entreprises. Avec des courbes en forme de U, l'équilibre se produit au point où la courbe de demande résiduelle de chaque entreprise est tangente à la courbe CM (profits nuls). Puisque la courbe de demande résiduelle est décroissante, la tangence a lieu dans la partie décroissante de la courbe CM (rendements croissants). La production des entreprises est donc inférieure à ce qu'elle serait si les entreprises choisissaient de produire au point minimum de la courbe CM. C'est ce qui explique que l'équilibre de concurrence monopolistique soit caractérisé par un « excès de capacité de production ». Autrement dit, les entreprises en concurrence monopolistique sont trop petites et trop nombreuses par rapport à l'optimum social : il est possible de produire autant et de façon plus efficiente avec un nombre moins élevé d'entreprises.

b. Solution de second rang. En général, le gouvernement ne peut pas réglementer une industrie de façon à atteindre la solution de premier rang et maximiser ainsi le bien-être social. Par exemple, aux États-Unis, il peut s'avérer politiquement impossible de subventionner une entreprise locale ayant le monopole de la production d'électricité. Sur certains marchés, le gouvernement détermine le nombre d'entreprises sans les subventionner et, par conséquent, ne les incite pas à produire plus que la quantité qui correspond à leur profit maximum. Ainsi, aux États-Unis, beaucoup de municipalités exercent un contrôle sur le nombre de taxis autorisés à circuler, mais ne leur accorde aucune subvention.[10] En choisissant le nombre optimal d'entreprises, le gouvernement peut atteindre un **optimum de second rang**, c'est-à-dire le meilleur résultat possible lorsqu'une des conditions de l'optimum de premier rang n'est pas remplie. Dans ce cas, le bien-être est poussé au niveau le plus élevé possible, sachant qu'il ne peut pas atteindre un niveau aussi élevé que lorsque le gouvernement subventionne les entreprises.

Le gouvernement est confronté à un dilemme : s'il laisse entrer plus d'entreprises sur le marché, le prix d'équilibre se réduit, mais cela augmente les dépenses totales en coûts fixes. On peut montrer (voir l'annexe A), sous certaines conditions

[10] D'un point de vue économique, on considère généralement que le nombre de taxis est limité pour augmenter les profits de ceux qui ont la chance d'avoir leur taxi (voir les indications empiriques du chapitre 21). Autrement dit, plutôt que de maximiser le bien-être social, on enrichit les compagnies de taxis.

Tableau 8.3: *Optimum de second rang*

Nombre d'entreprises	Prix (centimes)	Production par entreprise	Profits de l'industrie (F)	Surplus des consommateurs (F)	Bien-être (F)
1	64	360	123,20	64,80	188,00
2	52	240	102,40	115,20	217,60
3	46	180	78	145,80	223,80
4	42,4	144	57,34	165,89	223,25
5	40	120	40,00	180,00	220,00
6	38,3	103,9	25,08	190,34	215,42
7	37	90	11,90	198,45	210,35
8	36	80	0,00	204,80	204,80

Note : Les paramètres sont les mêmes que pour le tableau 8.2 dans le cas où le coût fixe est égal à 6,40 F.

assez plausibles, que l'équilibre de concurrence monopolistique est caractérisé par la coexistence d'un trop grand nombre d'entreprises. On peut donc augmenter le bien-être en réduisant le nombre d'entreprises.

L'équilibre de second rang est celui associé à cette restriction. Bien que le bien-être atteint ne soit pas aussi élevé qu'à l'optimum de premier rang, il est plus élevé qu'à l'optimum sans restrictions de concurrence monopolistique. Le tableau 8.3 indique comment évoluent le surplus des consommateurs et les profits de l'industrie lorsque $F = 6{,}40$ F. Le nombre d'entreprises correspondant à l'équilibre de concurrence monopolistique est égal à 8, mais la somme du surplus du consommateur et des profits de l'industrie est maximale lorsque le nombre d'entreprises est ramené à 3. En réduisant le nombre d'entreprises de 8 à 3, la société réduit les dépenses en coûts fixes (de $5 \times F$, c'est-à-dire 32 F) mais le prix du produit augmente (de 0,36 F à 0,46 F).

8.2.2 Modèle du consommateur représentatif avec produits différenciés

Le modèle de concurrence monopolistique que venons de présenter reste pour l'essentiel inchangé lorsque chaque entreprise fabrique un produit différencié (hétérogène). La maximisation du profit est toujours déterminée par $Rm_r = Cm$ et l'entrée a toujours lieu tant que les profits sont positifs. La seule modification du modèle de la section précédente engendrée par la différenciation du produit est que la courbe de demande résiduelle de l'entreprise (et donc sa courbe Rm_r) dépend de la quantité qu'elle produit et des quantités produites par chacune des autres entreprises, plutôt que de la quantité totale du marché.

La différenciation des produits complique le modèle car la courbe de demande adressée à une entreprise peut différer de celle adressée à une autre. Par conséquent, l'étude d'une entreprise représentative peut s'avérer insuffisante. Mais il demeure possible qu'en dépit de la différentiation des produits, la forme générale des fonctions de demande adressées à chacune des entreprises reste identique.

Supposons par exemple que toutes les entreprises de l'industrie aient des courbes de demande comme celle de l'équation (8.4) mais que, du fait de la différentiation des produits, le prix d'une entreprise soit plus sensible aux variations de la quantité de son propre produit qu'aux variations des quantités produites par ses concurrents :

$$p_i = a - b_1 q_i - b_2 \sum_{j \neq i} q_j \tag{8.8}$$

où $\sum_{j \neq i} q_j$ représente la somme de la production de toutes les entreprises à l'exception de l'entreprise i.

Le modèle de l'entreprise représentative peut être modifié pour intégrer cette nouvelle courbe de demande. De nombreux résultats sont qualitativement identiques à ceux obtenus dans le modèle à produits homogènes. Ainsi, comme dans le modèle précédent, le nombre d'entreprises présentes sur le marché augmente lorsque le coût fixe de chaque entreprise diminue, et il peut s'ensuivre une baisse du prix.

Comme expliqué précédemment, l'impact essentiel de la différenciation est que chaque entreprise est confrontée à une courbe de demande dont la pente décroissante est plus accentuée, parce que les autres produits sont des substituts moins étroits. Cette pente plus accentuée augmente le pouvoir de marché de l'entreprise, c'est-à-dire sa capacité à fixer un prix supérieur au coût marginal.

A. Bien-être social lorsque les produits sont différenciés

La solution de bien-être optimal n'est plus la même que précédemment.(11) La détermination de l'équilibre de concurrence monopolistique avec produits différenciés pose deux problèmes généraux : ni le prix, ni le nombre de *variétés* (ou de marques) ne sont compatibles avec l'optimum. En ce qui concerne le nombre de variétés, celui-ci peut être trop ou pas assez élevé.(12)

Deux facteurs influencent le nombre de variétés d'un équilibre de concurrence monopolistique. Alors que le premier en engendre un nombre trop peu élevé et le second un nombre trop élevé. Le premier facteur est lié au coût fixe. Plus celui-ci est élevé, moins il y a de variétés qui peuvent être produites. Ainsi, même si certaines variétés sont très demandées et que leur prix est supérieur au coût moyen variable,

[11] Les premières et les plus achevées des études du bien-être lorsque les produits sont différenciés sont celles de Spence (1976) et de Dixit et Stiglitz (1977). Leurs modèles ont été reconsidérés par Pettingill (1979) et Koenker et Perry (1981), respectivement. Cette section et l'annexe A s'inspirent en partie de ces contributions ainsi que des notes de cours non publiées de Steven C. Salop, que nous remercions.

[12] Il y a une littérature analogue concernant le nombre optimal de variétés choisies par une seule entreprise (Katz et Shapiro, 1985 ; Farrell et Saloner, 1985, 1986). L'entreprise doit arbitrer entre les gains de la standardisation (économies d'échelle et compatibilité avec d'autres produits manufacturés) et les gains de la variété.

l'entreprise perdrait de l'argent si elle les produisait. Par conséquent, bien qu'un nombre plus élevé de variétés accroîtrait le surplus des consommateurs, l'importance des coûts fixes peut maintenir le nombre de marques sous son niveau optimal.

Le second facteur — l'effet produit par l'introduction d'une nouvelle variété sur les autres variétés — joue dans un sens inverse. Le modèle suppose que lorsqu'une entreprise lance une nouvelle marque, elle ne tient pas compte de l'intensification de la concurrence qui en découle pour l'ensemble des entreprises du secteur. Quand ce nouveau produit est *substituable* à d'autres marques, comme l'est Coca Cola par rapport à Pepsi Cola, une partie du profit gagné grâce à cette nouvelle variété, l'est aux dépens des autres. La négligence de l'effet d'une nouvelle marque sur celles déja existantes favorise le développement d'un trop grand nombre de variétés.(13) Comme les deux facteurs que nous venons de mentionner ont des influences contraires, le nombre de variétés à l'équilibre peut être plus ou moins élevé que le nombre correspondant à l'optimum social.

Si les biens sont homogènes, comme dans l'exemple précédent, il est évident qu'il y a trop d'entreprises puisqu'une seule entreprise réglementée de telle façon qu'elle soit incitée à pratiquer un prix égal au coût marginal permet d'atteindre l'optimum. Cependant, lorsque les produits sont différenciés, la variété est valorisée et il est peu probable qu'une seule entreprise réglementée puisse permettre d'atteindre l'optimum. La section suivante pousse plus avant cette analyse, en montrant d'abord comment la présence de coûts fixes entraîne une sous-production de variétés, puis comment le nombre optimal de variétés peut être déterminé.

B. Les coûts fixes freinent le développement des variétés

Toutes choses égales par ailleurs, lorsque les entreprises produisent dans la partie décroissante de leur courbe de coût moyen (rendements croissants), le nombre de variétés produites peut être insuffisant. Si le coût marginal n'augmente pas rapidement avec la production et que ses coûts fixes sont importants, c'est que l'entreprise est située sur la partie décroissante de son coût moyen, caractérisée par des rendements croissants. La figure 8.3 illustre pourquoi une entreprise située sur la partie strictement décroissante de sa courbe de coût moyen peut ou non produire un bien faisant l'objet d'une demande solvable.

Sur les deux diagrammes de la figure 8.3, le bien-être social est amélioré par la production du bien car le bénéfice social est supérieur au coût. Sur la figure 8.3a, la courbe de coût moyen croise la courbe de demande, indiquant qu'il est profitable de produire. Pour la quantité produite q^*, le profit de l'entreprise, π, est positif, parce que le coût moyen par unité est inférieur au revenu moyen ou prix, p^*. Le bénéfice social — c'est-à-dire la somme du surplus des consommateurs (SC) et de la recette totale ($\pi + C$) — moins le coût social et privé (C), est égal au bien-être social ($SC + \pi$), lequel est positif.

[13] Cependant, lorsque les produits sont *complémentaires*, comme le pain et le beurre, le nombre de variétés tend à être insuffisant. Nous supposerons donc que les marques sont substituables.

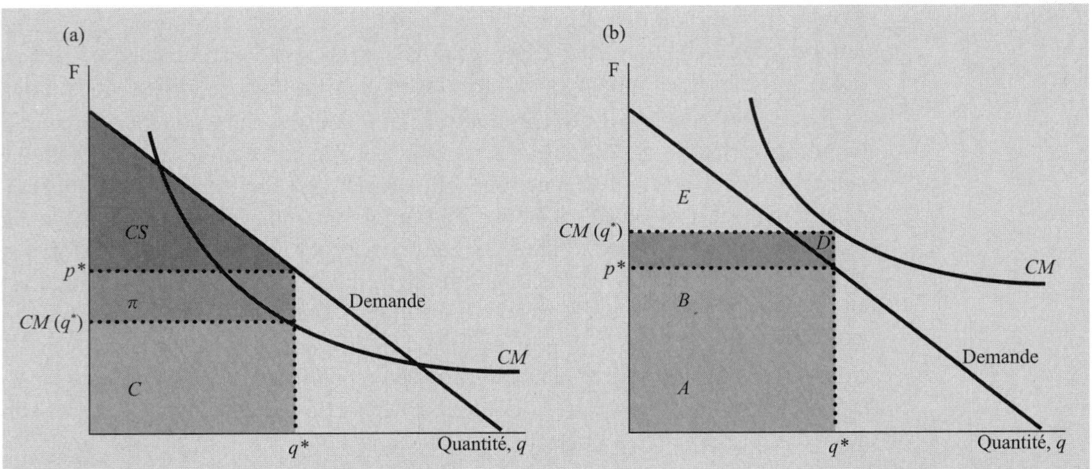

$SC + \pi + C$	Bénéfice social ($SC + R$)	$E + B = R$
$SC + \pi$	Bien-être ($SC + R - C$)	$E - D$
SC	Surplus du concommateur	$B + E$
$\pi + C$	Recette	R
C	Coût	$R + B + D$
π	Profit	$-(B + D)$

Figure 8.3: *Quand le marché produit-il un bien ?*

Sur la figure 8.3b, la courbe de coût moyen est entièrement située au-dessus de la courbe de demande. Dans ce cas, le coût total est supérieur à la recette totale, quel que soit le niveau de production. Il est cependant socialement souhaitable de produire le bien puisque le bénéfice social — c'est-à-dire la somme du surplus des consommateurs ($E + B$) et de la recette totale (R) — moins le coût total ($R + B + D$), est égal au bien-être, ($E - D$), lequel est positif puisque la surface E est supérieure à la surface D.

La raison pour laquelle un bien n'est pas produit, alors même qu'il est socialement désirable, est que sa production ne procure pas à l'entreprise la totalité du bénéfice social qu'elle entraîne alors même qu'elle paie la totalité du coût (social et privé). En effet, la décision de production de l'entreprise ne tient pas compte du surplus des consommateurs. Si elle produisait, elle supporterait une perte (un profit négatif, $B + D$). En revanche, les consommateurs bénéficieraient pour la plupart d'un surplus (la différence positive entre la valeur qu'il accorde au produit et son prix p^*) si le bien était produit. Le prix p^* fixé par l'entreprise ne traduit que la valeur du bien pour le consommateur marginal (celui dont le surplus est nul).[14] La

[14] Si une entreprise pouvait effectuer une discrimination parfaite des prix (voir le chapitre 11), elle capterait tout le surplus du consommateur. Elle ferait alors payer à chaque consommateur le prix maximum qu'il est prêt à consentir pour le produit et il ne bénéficierait plus d'aucun surplus.

figure 8.3*b* illustre donc pourquoi il n'est pas nécessairement rentable de produire un bien socialement désirable.

Un produit dont la courbe de demande aurait la forme d'un angle droit aurait toutes les chances d'être produit. En effet, cela signifie que les consommateurs ont une demande inélastique jusqu'à un certain prix p^*, et qu'elle devient ensuite parfaitement élastique. Dans ce cas, il n'y a aucune différence entre la recette totale et le bénéfice social total, car il n'y a pas de surplus des consommateurs. La décision de produire ou non, prise par l'entreprise, correspond alors au critère du bénéfice social total. Ainsi, toutes choses égales par ailleurs, il est d'autant plus probable qu'une entreprise produise un bien socialement désirable que le ratio du surplus du consommateur à la recette totale est élevé.(15)

Les raisons essentielles de cette distortion (non production de certains biens) sont d'une part l'existence de coûts fixes et d'autre part l'impossibilité pour l'entreprise de s'approprier le surplus des consommateurs. Par exemple, si le coût marginal est constant et qu'il n'y a pas de coût fixe, le coût moyen est égal au coût marginal. Dans ce cas, il est à la fois socialement souhaitable et économiquement profitable pour une entreprise de produire un bien.

C. Diversité optimale

L'équilibre optimal reflète un arbitrage entre la *variété* — le nombre de marques — et la *quantité* produite de chaque marque, qui dépend de son prix. Pour simplifier, supposons que le nombre de marques, n, reflète entièrement l'importance que les consommateurs attachent à la variété : plus il y a d'entreprises et de marques, plus le bien-être des consommateurs est grand, toutes choses égales par

---

Comme les recettes seraient alors supérieures aux coûts, l'entreprise aurait intérêt à produire. Mais en l'absence de ce type de discrimination, Romano (1991) souligne qu'il est rationnel, du point de vue du consommateur, de consommer plus que nécessaire, afin que les entreprises demeurent sur le marché, préservant ainsi leur surplus.

[15] Pour des courbes de demande à élasticité de substitution constante comme,

$$q = p^{-\varepsilon},$$

où $\varepsilon > 1$, le ratio du surplus des consommateur aux recettes est d'autant plus faible que l'élasticité est forte. Les recettes sont égales à

$$RT \equiv pq = p^{1-\varepsilon},$$

et le surplus du consommateur est

$$SC = \int_p^\infty s^{-\varepsilon} ds = \frac{p^{1-\varepsilon}}{\varepsilon - 1}.$$

Le ratio du surplus des consommateurs aux recettes totales est donc,

$$\frac{SC}{RT} = \frac{1}{1-\varepsilon}.$$

Cette expression décroît en fonction de ε.

Tableau 8.4: *Variété et quantité*

Nombre de marques, n	Quantité de chaque marque, q
1	95
2	45
3	28,33
4	20
5	15
6	11,67
7	9,29
8	7,5
9	6,11
10	5

ailleurs. Si tous les biens sont produits dans les mêmes conditions de coûts et que leurs courbes de demande sont identiques, la quantité produite de chacun d'entre eux, q, sera identique à l'équilibre. Par conséquent, les données caractéristiques de l'équilibre se résument au nombre de marques, n, et à la quantité produite de chacune d'elle, q.

Pour illustrer l'arbitrage entre variété et quantité, supposons que l'économie dispose de 100 unités d'un facteur de production et que le coût marginal et le coût fixe d'un bien soient respectivement égaux à 1 unité et 5 unités de ce facteur. Le tableau 8.4 indique certaines des combinaisons possibles entre le nombre de marques pouvant être produites et leur quantité, (n, q). La **frontière des possibilités de production (FPP)** est l'ensemble des combinaisons du nombre de marques et de la quantité par marque pouvant être produite lorsque la quantité totale du facteur de production est fixée (voir la figure 8.4 et le tableau 8.4).[16]

Les courbes d'indifférence et la FPP de la figure 8.4 résument le choix social entre variété et quantité. Le point $O = (q^*, n^*)$, où la FPP est tangente à une courbe d'indifférence, représente le choix social optimal. Tout autre choix situé sur n'importe quelle courbe d'indifférence moins élevée que celle où se trouve le point O détériorerait le bien-être. Le choix de points situés sur des courbes d'indifférence plus élevées que celle où se trouve le point O est impossible car elles sont au-delà de la FPP. Le point A représente un équilibre possible de concurrence monopolistique. Si l'on compare ce point à l'optimum, on voit que l'industrie ne produit pas assez de marques et une quantité trop élevée par marque. Inversement, au point B de la FPP, l'industrie produit trop de variétés et une quantité insuffisante de chacune d'elles.

[16] Comme le montre l'annexe B, l'équation de la FPP est donnée par l'égalité des coûts totaux au ressources totales, soit : $(F + mq)n = (5 + q)n = 100$, où $F = 5$ est le coût fixe et $m = 1$ est le coût marginal constant. La FPP tracée sur la figure 8.4 a pour équation $n = 100/(5 + q)$.

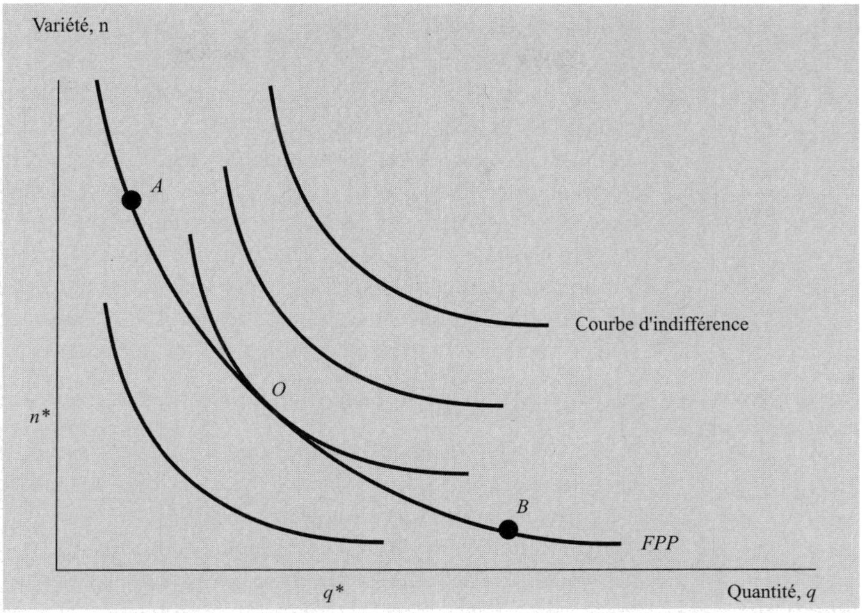

Figure 8.4: *Équilibre optimal (O) et équilibres de concurrence monopolistique (A et B)*

Ce sont les préférences de l'économie et la fonction de production qui font que l'équilibre de concurrence monopolistique se trouve au point A ou B plutôt qu'au point O. L'annexe B analyse les facteurs qui déterminent exactement la position relative de l'équilibre de concurence monopolistique. Mais, en général, ces trois positions sont également envisageables.

L'équilibre de concurrence monopolistique du modèle de Chamberlin avec consommateur représentatif est caractérisé par un prix trop élevé et un nombre d'entreprises non optimal. Lorsque que les produits ne sont pas différenciés, il est pratiquement certain que le nombre d'entreprise est trop élevé. Lorsque les produits sont différenciés, le nombre d'entreprises peut être supérieur ou inférieur à l'optimum.

Beaucoup de modèles avec consommateur représentatif supposent que tous les produits sont également substituables entre eux. Donc, pour appliquer par exemple ce modèle au marché des crèmes glacées, il faut supposer que Häagen-Dazs, Ben & Jerry et Gervais sont également substituables et non que Ben & Jerry est un meilleur substitut d'Häagen-Dazs que Gervais. La très grande facilité d'utilisation de ce modèle a donc pour contrepartie cette restriction extrêmement sévère.

8.3 Modèles de localisation

Les marques sont d'autant plus concurrentes entre elles que les consommateurs pensent qu'elles sont substituables. Les consommateurs considèrent en effet que certaines marques sont plus étroitement substituables entre elles que d'autres. C'est le cas pour les marques qui ont des caractéristiques communes. Pour les céréales, par exemple, les marques à faible teneur en sucre s'opposent à celles qui contiennent de grandes quantités de sucre. Plus généralement, chaque marque est « identifiée » par un point particulier dans l'espace des caractéristiques du produit. L'une de ses caractéristiques peut par exemple être la distance séparant le consommateur du lieu de vente. Comme chaque lieu de vente a une adresse particulière, les produits vendus dans les différents magasins ne sont pas également substituables pour tous les consommateurs.

Les **modèles de localisation** sont des modèles de concurrence monopolistique dans lesquels les consommateurs sont sensibles aux différentes caractéristiques d'un produit, telles que sa disponibilité géographique. Ainsi, plus deux produits sont géographiquement proches, plus ils sont substituables (toutes choses égales par ailleurs). Dans ces modèles, les consommateurs sont identifiés par la distance (géographique ou mathémathique) qui les sépare des produits. Ainsi, plus un magasin est éloigné d'un consommateur donné, plus il est coûteux pour ce consommateur d'y acquérir des produits. De même, la satisfaction du consommateur est moins grande, si l'une des caractéristiques du produit — ici, l'éloignement géographique— ne répond pas à son idéal. Comme les produits (ou les entreprises) ne sont directement en concurrence qu'avec ceux (celles) situé(e)s dans leur entourage immédiat, chacun(e) possède une certain pouvoir de marché. Ce pouvoir de marché découle de la préférence qu'ont les consommateurs pour les produits les plus proches de leur variété idéale définie dans l'espace des caractéristiques.

Nous allons d'abord étudier le modèle original d'Hotelling, puis nous en analyserons une nouvelle version permettant de mesurer l'impact de l'intensification de la concurrence sur l'équilibre du marché. Enfin, nous dégagerons les implications de cet équilibre en termes de bien-être.

8.3.1 Modèle d'Hotelling

Hotelling (1929) a développé un modèle permettant d'expliquer le comportement de localisation et de fixation des prix par les entreprises.[17] Bien que son modèle initial se concentre sur la dimension géographique des produits, il peut aussi

[17] Voir aussi Eaton, D'Aspremont, Gabszewicz et Thisse (1979), Novshek (1980) et Friedman (1983). Pous simplifier l'analyse, la plupart des modèles du consommateur représentatif postulent que les entreprises ont un comportement à la Cournot et la plupart des modèles de localisation postulent que les entreprises ont un comportement à la Bertrand. Cependant, ces deux types de comportement peuvent s'appliquer dans les deux sortes de modèles.

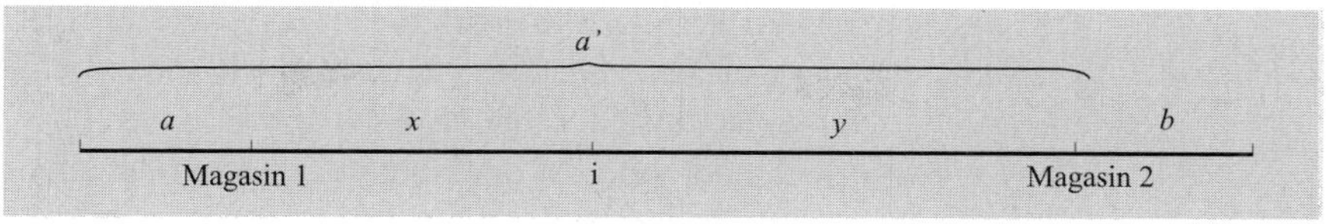

Figure 8.5: *La ville d'Hotelling*

servir à étudier la concurrence monopolisitique en considérant que les produits sont identifiés par leur position dans un espace de caractéristiques. Dans le modèle de localisation d'Hotelling, les produits ne diffèrent que par rapport à une seule dimension : la localisation du magasin dans lequel ils sont vendus. Lancaster (1966, 1971, 1979) et d'autres économistes, ont montré que ce modèle pouvait aussi être appliqué à l'étude de produits qui diffèrent par rapport à plusieurs dimensions.

Imaginons une ville construite autour d'une unique rue principale, très longue, mais dont la dimension est fixée une fois pour toutes. Les maisons des consommateurs sont uniformément réparties le long de cette rue principale (chaque pâté de maison est composé d'un nombre égal de maisons). À l'exception du fait qu'ils habitent tous en un point particulier, on suppose que les consommateurs sont strictement identiques et qu'ils consomment tous $\frac{1}{4}$ de litre de lait par période.

Deux magasins vendent des bouteilles de lait identiques. Le magasin 1 est situé à a km d'une des extrémités de la ville (celle de gauche sur la figure 8.5) et le magasin 2 est situé à b km de l'autre extrémité (celle de droite). Les consommateurs n'ont pas d'autres préférences pour l'un des deux magasins que d'aller acheter leur lait dans celui qui est situé le plus près de chez eux, car il supportent un coût de transport égal à c par km. Chaque consommateur achète donc le lait dans le magasin qui est situé le plus près de chez lui, car sa décision tient compte du coût de transport. Prenons un consommateur i qui habite en point représenté par i sur la figure 8.5. Il habite donc à y km du magasin 1 et à x km du magasin 2. Comme x est inférieur à y, d'après la figure 8.5, il effectue ses achats dans le magasin 1 afin de minimiser son coût de transport. Seul un consommateur qui habite à égale distance des deux magasins n'a pas de préférence particulière entre les deux magasins.

Supposons que le prix du lait soit fixé par le gouvernement. Où le magasin 1 doit-il être situé pour maximiser son profit, sachant que le magasin 2 est déja installé à b km de l'extrémité droite de la ville et est sensé y demeurer (voir la figure) ? Le magasin 1 doit choisir un emplacement qui minimise la distance d'achat d'un maximum de consommateur. Il s'installera donc juste à gauche du magasin 2, à a' km de l'extrémité gauche de la ville, pour attirer toute la clientèle habitant à sa gauche, c'est-à-dire le plus grand nombre des habitants de la ville.

Mais si le magasin 2 peut modifier sans frais son emplacement une fois le magasin 1 installé, il choisira de se placer légèrement à gauche, et ainsi de suite. Ce processus se poursuivra jusqu'à ce que les deux magasins se trouvent situés au milieu de la ville, chacun attirant à lui la moitié des consommateurs. Cette propension des entreprises à être situées à proximité les unes des autres est assez caractéristique de nombreux marchés. Ainsi, les intersections de routes très fréquentées sont souvent occupées par plusieurs stations d'essence.

Ainsi, lorsque le prix est donné, la localisation de deux entreprises peut être calculée et correspond à un équilibre de Nash (voir le chapitre 7). En effet, lorsque les entreprises trouvent leur emplacement d'équilibre, elles ne veulent plus en changer. Si la localisation est donnée et que les entreprises doivent choisir le prix, on obtient également un équilibre de Nash en prix (identique à celui de Bertrand analysé dans le chapitre 7).

Le modèle d'Hotelling illustre un point important : les propriétés du modèle de Bertrand ne valent que si les deux entreprises vendent un produit parfaitement homogène. Dans le modèle de Bertrand avec produits homogènes, lorsqu'une entreprise vend moins cher que l'autre, elle attire à elle l'ensemble de la clientèle. Le même résultat se vérifie dans le modèle d'Hotelling lorsque les deux entreprises sont situées définitivement au milieu de la ville.

Supposons cependant que l'emplacement des deux magasins de l'exemple précédent soit prédéterminé, comme l'illustre la situation initiale de la figure 8.5. Dans ce cas, si le magasin 1 pratique un prix plus faible que le magasin 2, il n'attirera pas pour autant toute la clientèle. En effet, étant donné que le magasin 2 est situé très près de certains consommateurs, ceux-ci continueront d'y effectuer leurs achats en dépit de la différence de prix.

Le modèle d'Hotelling fait donc apparaître que le prix d'équilibre du modèle de Bertrand n'est égal au coût marginal que lorsque les produits sont parfaitement homogènes (mêmes coordonnées dans l'espace géographique ou dans celui des caractéristiques du produit). Dans un modèle plus général de produits différenciés, les entreprises ayant des anticipations à la Bertrand peuvent pratiquer des prix plus élevés que leur coût marginal.[18] En résumé, la différenciation des produits est à l'origine du pouvoir de marché des entreprises.

Malheureusement, on peut montrer que lorsque les entreprises peuvent changer sans frais le prix *et* la localisation (cela peut se traduire par une redéfinition de leur produit), *l'équilibre n'existe pas* (D'Aspremont, Gabszewicz et Thisse, 1979).[19] Ce cas est analogue à celui d'Edgeworth du chapitre précédent : deux entreprises modifient sans cesse leur comportement et ne se fixent jamais ni sur un prix définitif, ni sur une localisation définitive. Cependant, certaines variantes du modèle permettent d'aboutir à un équilibre (on peut par exemple introduire des coût de transport non linéaires). Le modèle que nous allons exposer maintenant constitue l'une de ces variantes.

---

[18] La fusion d'un sous-ensemble d'entreprises d'une industrie n'a pas d'effet dans un modèle à la Bertrand avec biens homogènes, mais est profitable pour les entreprises qui fusionnent dans un modèle à la Bertrand avec biens hétérogènes (Deneckere et Davidson, 1985). Comparez ce résultat avec l'exemple 7.2.

[19] Une équilibre aléatoire (stratégie mixte) existe, lorsque le choix de chaque entreprise est effectué de façon probabiliste.

8.3.2 Modèle du cercle

Le cercle est la plus longue distance d'un point à lui-même. – Tom Stoppard

Certaines variantes du modèle d'Hotelling permettent d'atteindre un équilibre. L'une des plus intéressantes et des plus connues est celle du cercle de Salop (1979) qui introduit deux modifications majeures dans le modèle d'Hotelling. D'une part, les entreprises sont situées autour d'un cercle et non plus le long d'un segment de droite. Comme le cercle n'a pas de commencement ni de fin, il s'apparente à une droite. Or, certains économistes ont montré que la présence des extrémités sont une des causes majeures d'absence d'équilibre dans le modèle d'Hotelling.

Deuxièmement, le modèle de Salop prend explicitement en compte un second bien, non différencié. Le bien différencié peut par exemple être la crème glacée et les différentes variétés seront les parfums (situés autour d'un cercle) et le bien non différencié peut être le gâteau au chocolat, fabriqué et vendu sur un marché concurrentiel.

A. Choix d'un produit par les consommateurs

Supposons que les consommateurs soient uniformément situés autour d'un cercle dont la circonférence est égale à 1. Pour simplifier, supposons également que chaque consommateur achète exactement une boule de glace. La localisation d'un consommateur, t^*, traduit sa préférence en faveur d'une variété particulière. On a par exemple un point du cercle qui représente la glace au chocolat, un autre la vanille et un autre un mélange des deux. Ainsi, les différents parfums imaginables seront situés autour du cercle, figurant l'ensemble des variétés d'un produit.

Le plaisir (utilité) que le consommateur situé en t tire de la consommation d'une boule de glace est :

$$U\left(t, t^*\right) = u - c\left|t - t^*\right|, \tag{8.9}$$

où u est l'utilité procurée par la consommation de la variété favorite (celle située exactement en $t*$, au même endroit que le consommateur) ; $|t - t^*|$ (valeur absolue de la distance entre t et t^*) représente la distance qui sépare la variété t de la variété préférée du consommateur, t^* ; c est un coefficient qui indique l'importance de la réduction d'utilité liée à la différence entre la variété effectivement consommée et la variété idéale.

La figure 8.6 illustre la fonction d'utilité du consommateur. Un segment du cercle a été transformé en ligne. La figure montre qu'aux points $t = t^* + u/c$ et $t = t^* - u/c$, l'utilité du consommateur est nulle. La figure permet aussi de voir que l'utilité associée à la consommation d'une variété située à gauche ou à droite de la variété optimale est inférieure à celle associée à la consommation de la variété optimale.

Chaque consommateur tente de maximiser son surplus, donné par la différence entre l'utilité liée à la consommation de la variété située en t et le prix : $U(t, t^*) - p$. En d'autres termes, si le consommateur préfère la glace à la vanille mais que le

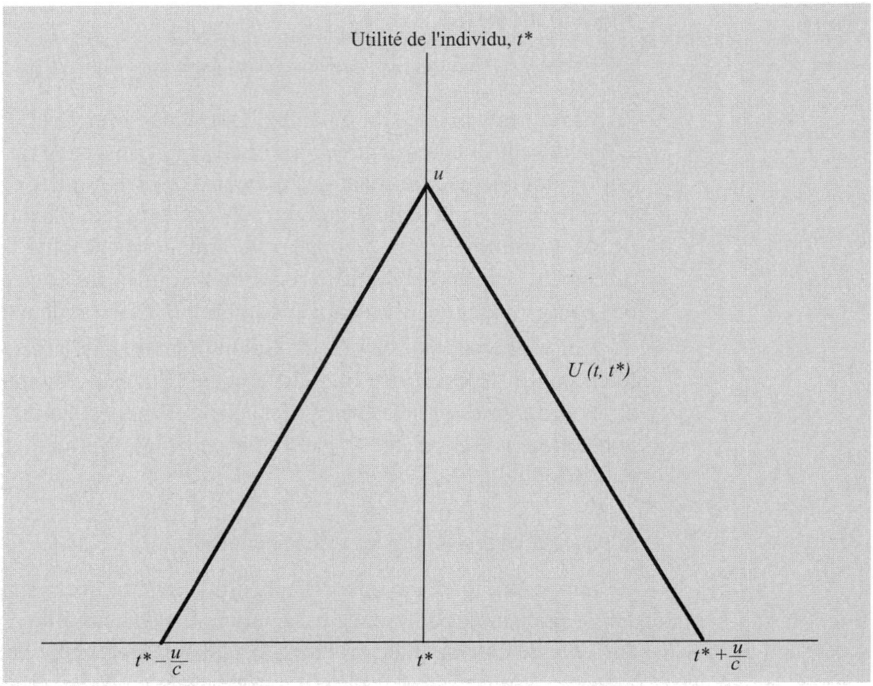

Figure 8.6: *Fonction d'utilité du consommateur*

mélange vanille/chocolat coûte moitié moins cher, il se peut qu'il achète cette dernière variété parce que la réduction d'utilité est moins importante que le gain en termes de prix. L'achat effectué est ainsi le *meilleur possible* : un produit dont le surplus est le plus élevé et qui offre la meilleure combinaison entre prix et qualité.

Au lieu d'acheter une variété de glace, le consommateur peut aussi acheter du gâteau au chocolat si c'est l'achat le *meilleur possible* en ce sens qu'il en retire une plus grande staisfaction pour une somme d'argent donnée. Supposons que le surplus lié au gâteau (satisfaction tirée de la consommation du gâteau moins son prix) soit $\underline{u}$. Dans ce cas, le consommateur n'achète la meilleure variété possible de glace que si le surplus de cet achat est supérieur à $\underline{u}$:

$$\max_i \left[U\left(t_i, t^*\right) - p_i\right] \geqslant \underline{u}. \tag{8.10}$$

Le membre de gauche de l'équation est le surplus associé à l'achat de la meilleure variété possible (il est en outre indiqué que la variété doit être choisie de façon à maximiser ce surplus) et le membre de droite est le surplus associé au gâteau. Le consommateur ne doit donc acheter de la glace que si le surplus retiré du meilleur achat possible d'une variété de glace est au moins aussi élevé que celui retiré de l'achat d'un gâteau.

Le surplus maximum que le consommateur obtient du meilleur achat possible de glace est $u - p^*$, où p^* est le prix de la variété située en t^*. Le consommateur ne désirera acquérir cette variété que si ce surplus est supérieur à celui du gâteau : $u - p^* \geq \underline{u}$, ou, après réagencement des termes, $u - \underline{u} \geqslant p^*$. Le consommateur a donc un *prix de réservation*, $v \equiv u - \underline{u}$: c'est le prix maximum qu'il est prêt à payer pour cette variété de glace.

Autrement dit, le consommateur n'achète une boule de glace que si le *surplus net* (surplus associé à son meilleur achat possible d'une variété de glace moins le surplus associé au gâteau) est positif :

$$\max_i \left[v - c \left| t_i - t^* \right| - p_i \right] \geqslant 0. \tag{8.11}$$

L'équation (8.11) s'obtient par soustraction de $\underline{u}$ des deux membres de l'équation (8.10), en remplaçant $U(t, t^*)$ par sa définition (équation [8.9]) et en utilisant $v = u - \underline{u}$.

B. Comportement des entreprises

L'équilibre symétrique de ce modèle dépend de l'endroit où les entreprises sont situées et de la façon dont elles fixent les prix.(20) Toutes choses égales par ailleurs, chaque entreprise cherche à se positionner le plus loin possible de ses voisines. En effet, plus l'entreprise est éloignée de ses voisines, plus elle peut exercer son pouvoir de marché sur les clients qui sont dans sa zone d'influence. Cette stratégie amène les entreprises à se retrouver à équidistance les unes des autres. Si n variétés de glace sont placées à égale distance les unes des autres autour du cercle, la distance entre deux variétés est de $1/n$ (parce que le cercle à pour circonférence 1). Salop suppose que les entreprises sont déja situées à égale distance les unes des autres et cherche à déterminer leur prix. Désignons par p le prix choisi pour une variété type (celle située au bas du cercle) et par $\underline{p}$ celui de ses deux concurrentes les plus proches (voir la figure 8.7). Comment le prix de la variété type, p, doit-il être fixé ? La réponse à cette question dépend du nombre de variétés. Nous étudierons d'abord le cas d'un petit nombre de variétés, puis celui d'un grand nombre de variétés.

---

[20] Economides (1986, 1989) a étudié l'existence d'un équilibre complet dans un sous-jeu parfait au sein des modèles de Hotelling, Salop et du modèle des caractéristiques dans un espace à deux dimensions. Son intuition initiale est que dans le modèle de Hotelling le prix d'équilibre ne converge pas vers le coût marginal lorsque deux entreprises concurrentes tendent à se rapprocher, de sorte qu'il existe une forte incitation pour chaque entreprise à pratiquer un prix inférieur à sa rivale lorsque les deux entreprises sont très proches l'une de l'autre (voir D'Aspremont, Gabszewicz et Thisse, 1979). Si l'utilité est quadratique par rapport à la distance (ou si l'utilité est linéaire mais qu'il s'agit d'un espace à deux dimensions), les prix convergent vers les coûts marginaux lorsque les localisations se rapprochent, ce qui élimine à la fois la tendance à pratiquer des prix inférieurs à ceux des autres et le problème de l'absence d'équilibre.

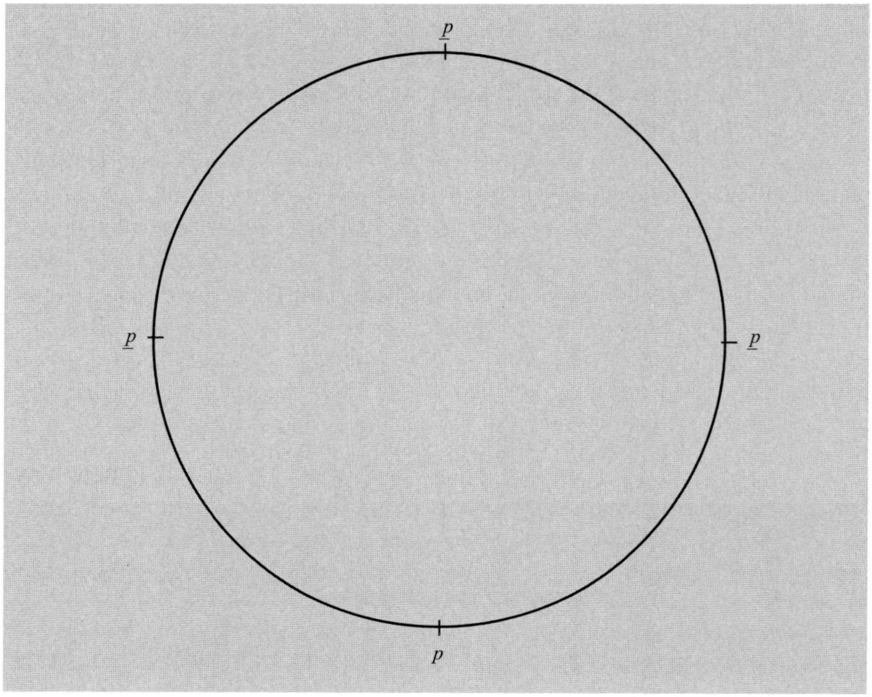

Figure 8.7: *Marché circulaire*

C. Zone de monopole

S'il y a relativement peu de marques, elles ne se disputeront pas les mêmes consommateurs. Chacune aura un monopole local et vendra sa variété à tous les consommateurs situés suffisamment près pour que leur surplus net soit positif. Autrement dit, chaque monopole ne vend qu'aux consommateurs dont le surplus associé à la consommation de glace est supérieur à celui qui provient de la consommation de gâteau.

Prenons un consommateur situé à une distance $x = |t - t^*|$ de la variété t dont le prix est p. Ce consommateur ne souhaite acheter cette variété que si son surplus net est positif : $v - cx - p \geqslant 0$ (voir l'équation [8.11] pour cette formulation du surplus). En réarrangeant cette expression, nous obtenons x_m, la distance maximale séparant un consommateur de la variété qu'il achète :

$$x_m = \frac{v - p}{c}. \tag{8.12}$$

La distance x_m est déterminée graphiquement sur la figure 8.8a. L'axe des ordonnées de la figure mesure le surplus net associé à cette variété et l'axe des abscisses représente la distance x, entre un consommateur et sa variété préférée (désignée par p [on suppose que p est légèrement supérieur à $\underline{p}$]). Plus la distance

x entre le consommateur et sa variété préférée est grande, plus son surplus net est faible. Lorsque cette distance est égale à x_m, le surplus net du consommateur est nul (point d'intersection avec l'axe des abscisses) et le consommateur est indifférent entre le fait d'acheter ou non.

Cette variété attire tous les consommateurs qui sont situés à une distance inférieure à x_m, à gauche ou à droite, c'est-à-dire tous les consommateurs qui sont sur un segment du cercle égal à $2x_m$. Si L consommateurs sont uniformément répartis autour du cercle, l'entreprise qui a le monopole de cette variété est confrontée à une demande q_m égale à $2x_mL$. Isolons x_m dans cette expression, afin de le remplacer dans l'équation (8.12) :

$$q_m = \frac{2L}{c}(v - p) \cdot \tag{8.13}$$

L'équation (8.13) montre que la quantité demandée au monopole décroît de $-2L/c$ lorsque le prix augmente de 1 F. Si l'entreprise choisit un prix égal à v, le prix de réservation du consommateur qui préfère le plus cette variété, ses ventes seront égales à zéro.

D. Zone de concurrence

S'il y a plus d'entreprises et qu'elles sont donc plus rapprochées les unes des autres, elles se disputeront davantage les consommateurs et chacune devra prendre en compte le prix de ses rivales dans la fixation de son propre prix, comme dans le modèle de Bertrand avec bien homogène du chapitre 7. Lorsque les entreprises sont en compétition, aucune ne peut plus prétendre attirer tous les consommateurs qui préfèrent la glace au gâteau. Elle perd nécessairement une partie de sa clientèle au profit des deux entreprises les plus proches. Les consommateurs qui font partie de la clientèle des deux variétés les plus proches achèteront celle offrant le surplus net le plus élevé.

Les deux variétés qui concurrencent directement la variété type sont situées à une distance $1/n$ et pratiquent le prix $\underline{p}$. Si le prix de cette variété est p, comment s'en vendra-t–il ? Elle attire toute la clientèle dont l'éloignement est inférieur ou égal à x_c, la distance telle que pour le consommateur l'utilité de cette variété est la même que celle procurée par la consommation des deux variétés les plus proches :

$$v - cx_c = v - c\left(\frac{1}{n} - x_c\right) - \underline{p}. \tag{8.14}$$

Le membre de gauche de l'équation (8.14) est l'utilité nette procurée par cette variété et le membre de droite est l'utilité nette procurée par l'une des deux autres variétés (parce qu'un consommateur qui est situé à x_c de la variété type est situé à $1/n - x_c$ de la variété rivale). La figure 8.8b montre comment se déterminent les limites de la région concurrentielle, x_c, par le point où le consommateur est juste indifférent entre les deux biens (lorsque l'équation [8.14] est vérifiée). Lorsque les

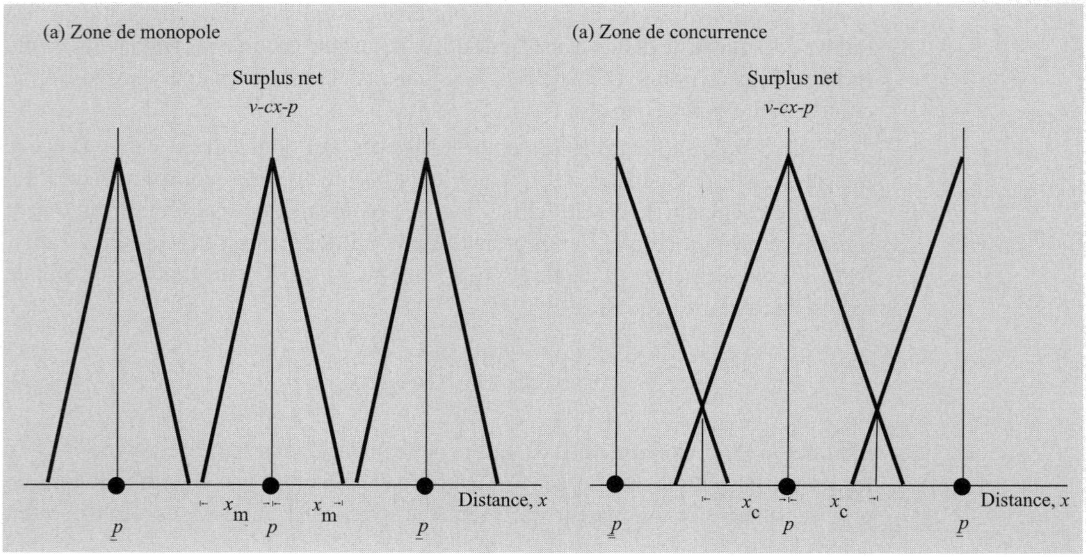

Figure 8.8: *Marché à double structure*

lignes de surplus net des deux variétés rivales se croisent, le consommateur est indifférent entre l'achat des deux variétés.

Résolvons l'équation (8.14) et notons que la quantité demandée par l'entreprise concurrentielle est $q_c = 2x_c L$ afin d'écrire :

$$q_c = \frac{L}{c} = \left(\frac{c}{n} + \underline{p} - p\right). \tag{8.15}$$

Donc, la quantité demandée en concurrence baisse de $-L/c$ lorsque p augmente de 1 F (en supposant $\underline{p}$ constant). La courbe de demande est donc deux fois moins pentue que la courbe de demande en monopole.

E. Types d'équilibres dans le modèle du cercle

Lorsque le prix est élevé, les zones de demande ne se chevauchent pas. Chaque entreprise est un monopole. À mesure que le prix baisse et qu'il y a plus de consommateurs désireux d'acheter de la glace, les zones se chevauchent et la concurrence entre les entreprises se développe. Les zones de demande du monopole et de concurrence sont illustrées figure 8.9. Lorsque le prix est supérieur à p_m, la zone de demande est celle du monopole : les consommateurs attachés à une variété ne s'intéressent à aucune autre. Lorque le prix est inférieur à p_m, la variété subit la concurrence de ses voisines.[21]

---

[21] Comme le montre l'équation (8.14), pour un prix inférieur à $\underline{p} - c/n$, *tous* les consommateurs situés entre une entreprise donnée et sa voisine préfèrent acheter auprès de celle qui vend au prix le plus

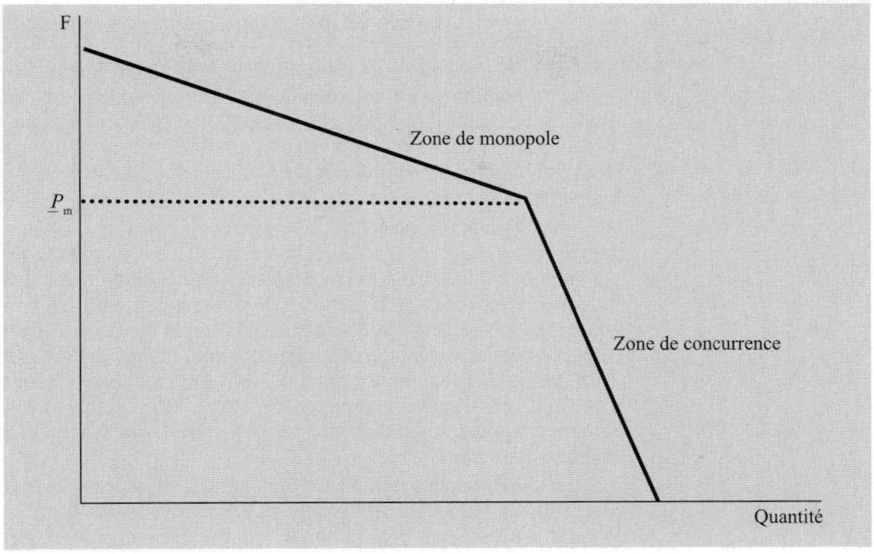

Figure 8.9: *Demande dans le modèle du cercle*

Salop montre (par un raisonnement analogue à celui utilisé dans les modèles du consommateur représentatif) que lorsque les entreprises ont un coût marginal constant et supportent des coûts fixes, il existe un équilibre de Nash tel qu'aucune entreprise ne souhaite modifier son prix, ni aucune nouvelle entreprise pénétrer sur le marché. Les entreprises pratiquent alors toutes le même prix et sont espacées d'une distance $1/n$. Si l'on admet que l'entrée sur le marché est libre et que les entreprises peuvent se relocaliser sans frais de façon à demeurer équidistantes, l'équilibre de concurrence monopolistique implique alors que l'entrée d'une entreprise supplémentaire génère un profit négatif pour l'ensemble des entreprises du marché. L'exemple 8.3 traite du cas où la relocalisation des entreprises ne peut pas être effectuée sans frais lorsque de nouvelles entreprises arrivent sur le marché.

F. Modifications des coûts et bien-être dans le modèle du cercle

Salop montre que dans la zone concurrentielle, l'augmentation du coût fixe réduit le nombre d'entreprises (comme dans les modèles du consommateur représentatif), de sorte qu'à l'équilibre le prix augmente et le nombre de variétés diminue.

---

bas, même s'ils n'ont pas une préférence aussi forte pour sa variété. Prenons un consommateur situé au même endroit que l'entreprise voisine, c'est-à-dire à une distance $1/n$ de l'entreprise à bas prix. Ce consommateur perd c/n d'utilité en consommant la variété à bas prix plutôt que la variété qu'il préfère. Mais l'économie qu'il réalise sur le prix est plus grande que la perte d'écart par rapport à la variété qu'il préfère. Ce type de comportement est dit « très agressif » (ou *super compétitif* dans la terminologie de Salop parce que l'entreprise au prix faible attire à elle tous les nouveaux clients de la variété concurrencée. Pour simplifier, cette zone n'est pas représentée sur la figure 8.9.

EXEMPLE 8.3 La prolifération des marques

En 1972, la *Federal Trade Commission* (FTC) accusa les quatre plus gros fournisseurs de céréales pour petit déjeuner d'avoir violé plusieurs lois antitrust et notamment d'avoir tenté d'empêcher l'arrivée de nouvelles entreprises sur le marché par la prolifération de leurs marques et la différenciation de leurs produits. Quoique la FTC n'ait pas réussi a démontrer ses accusations, son raisonnement est intéressant sur le plan théorique.

Richard Schmalensee et F.M. Scherer ont utilisé des modèles de localisation pour expliquer expliquer le raisonnement de la FTC. En effet, dans ces modèles, les consommateurs choisissent leurs céréales en fonction de caractéristiques telles que la douceur et le « goût en bouche ». Chaque marque est repérée dans un espace de caractéristiques. Une marque doit tenir compte de la concurrence de celles qui lui sont proches aux yeux des consommateurs (dont les préférences sont situées dans cette partie de l'espace des produits). Si l'entreprise qui possède cette marque peut l'encercler par d'autres marques qui lui appartiennent également, elle récupère alors la concurrence à son bénéfice. Ainsi, les corn flakes Kellogs et Special K sont deux marques très proches.

Lorsqu'une entreprise produit suffisamment de marques substituables ou *défensives*, les consommateurs qui seraient éventuellement intéressés par les marques d'autres entreprises sont trop peu nombreux pour qu'elles cherchent à pénétrer le marché : c'est la théorie de la prolifération des marques. De même, plusieurs entreprises peuvent s'entendre pour contrôler un grand nombre de marques (davantage que celles qui existeraient dans un cadre de maximisation du profit à court terme) pour une zone donnée de l'espace du produit, afin d'empêcher l'entrée de nouvelles entreprises.

Que les entreprises du secteur des céréales se soient entendues ou non, les 6 plus grosses d'entre elles contrôlaient 95% des ventes. De plus, entre 1950 et 1972, ces 6 entreprises ont introduit plus de 80 marques sur le marché, sans effecteur aucune des enquêtes habituelles de marketing.

Au début des années 1970, le marché s'ouvrit au céréales « allégées », un créneau qui n'avait pas été investi pas les entreprises installées. De ce fait, d'autres entreprises (généralement très grosses comme Colgate, International Multifoods, Pets et Pilsbury) purent pénétrer sur le marché. Vers 1974, ce nouveau type de céréales représentait environ 10% du marché. Ainsi, le positionnement des marques par les entreprises installées ne parvint pas à empêcher l'entrée sur ce nouveau segment de marché. En fait, les entreprises installées durent à leur tour pénétrer sur le nouveau segment, ce qui eut notamment pour effet de forcer l'une des nouvelles entreprises (Pet) à quitter le marché vers la fin de 1977.

SOURCE : Schmalensee (1978), Scherer (1979) et, pour une conception différente Williamson (n.d.).

Dans cette zone, lorsque le coût marginal augmente, le prix augmente du même montant (les augmentations du coût sont intégralement répercutées sur le consommateur) mais le nombre de variétés d'équilibre demeure inchangé.

Cependant, sur la figure 8.9, au point p_m qui correspond au coude, l'augmentation du coût fixe, ou celle du coût marginal, réduit le nombre d'entreprises (de variétés) mais également le prix (figure 8.9, le coude se déplace vers le bas et la droite), ce qui est paradoxal. Donc, si l'économie est en ce point, un impôt qui augmente le coût des entreprises réduit le prix et le nombre de variétés. Salop montre cependant que le bien-être augmente, même si l'on ne tient pas compte de l'utilisation de la recette issue de l'impôt.

En fait, le bien-être associé à ce modèle s'étudie de la même manière que dans les modèles du consommateur représentatif. Salop montre que le nombre de variétés associé à l'optimum du premier rang est inférieur à celui qui correspond aux équilibres de concurrence monopolistique et oligopolistique. Lorsqu'il y a moins de variétés, l'économie en terme de coûts fixes est plus importante que la perte engendrée par l'élévation du prix. Donc, dans le modèle du cercle, les équilibres de concurrence monopolistique et concurrentiel sont clairement caractérisés par un nombre de variétés inférieur à l'optimum, contrairement à l'équilibre avec produits différenciés du modèle avec consommateur représentatif, où le nombre de variétés peut être supérieur ou inférieur à l'optimum.

Salop montre aussi que lorque l'intervention du gouvernement prend la forme exclusive d'un contrôle du nombre d'entreprises, l'optimum du second rang est soit l'équilibre de marché, soit le monopole pur. Autrement dit, la politique optimale de contrôle des entrées consiste soit à ne pas contrôler du tout les entrées, soit à faire en sorte qu'il n'y ait qu'une seule entreprise sur le marché.

8.3.3 Modèles hybrides

Nous avons effectué une distinction claire entre les modèles du consommateur représentatif et les modèles de localisation. Mais, bien que la plupart des modèles de concurrence monopolistique appartiennent à l'une ou l'autre de ces deux catégories, il faut noter qu'il existe aussi — de plus en plus — des modèles hybrides. Deux de ces modèles sont étudiés dans l'annexe C.

L'un de ces modèles — celui de Deneckere et Rothschild (1992) — inclut comme cas particuliers le modèle du cercle et une version du modèle avec consommateur représentatif. [(22)] Le prix d'équilibre est plus bas dans le modèle du consommateur représentatif que dans le modèle du cercle parce que la concurrence y est plus intense. Le modèle hybride montre également que dans le modèle du cercle, le fait d'introduire une nouvelle variété ne bénéficie qu'à un nombre relativement restreint de consommateurs, alors que dans le modèle du consommateur représentatif, les consommateurs bénéficient toujours largement de l'arrivée de nouvelles variétés. C'est pour ces raisons qu'il y a trop de variétés à l'équilibre dans le modèle du cercle, mais qu'il y en a trop ou pas assez dans le modèle du consommateur représentatif.

---

[22] Deneckere et Rothschild (1986) utilisent un équilibre à la Bertrand pour ces deux modèles.

Résumé

1. Dans ce chapitre, nous avons étudié la différenciation des produits et la concurrence monopolistique. La différenciation des produits est à l'origine du pouvoir de marché des entreprises. Plus la différence perçue entre les produits de deux entreprises est grande, plus chacune peut pratiquer un prix élevé.
2. Si l'entrée sur le marché n'est pas limitée, les entreprises y pénètrent jusqu'à ce que leur profit devienne nul. À l'équilibre de concurrence monopolistique, les entreprises sont confrontées à une courbe de demande décroissante et leur profit est nul.
3. Il existe deux modèles de base de la concurrence monopolistique : celui de Chamberlin et celui d'Hotelling. Dans celui de Chamberlin, un consommateur type choisit parmi des variétés qu'il considère comme imparfaitement substituables. Le prix d'équilibre est supérieur au coût marginal et il peut y avoir trop ou pas assez de variétés. L'entrée (due par exemple à une réduction des coûts fixes) tend à faire baisser le prix pratiqué par chaque entreprise.
4. Le modèle de localisation (ou modèle spatial) de Hotelling postule que les préférences des consommateurs sont définies dans un espace à plusieurs dimensions (ou caractéristiques) ou que les variétés sont géographiquement localisées. Les consommateurs ont une préférence pour les marques qui correspondent le mieux aux caractéristiques qu'ils valorisent ou, dans la version géographique, qui sont situées le plus près de leur lieu d'habitation. C'est cette préférence qui fonde le pouvoir de marché des entreprises. Le prix fixé par une entreprise est sans influence sur les consommateurs qui achètent le produit qu'ils préfèrent auprès d'une autre entreprise. Dans le modèle du cercle, le prix d'équilibre est supérieur au coût marginal et le nombre de variétés existantes trop élevé. L'entrée de nouvelles entreprises ne réduit le prix payé par un consommateur que si le nouveau produit est proche de ses préférences (ou si la nouvelle entreprise est située à proximité de celle où il achète habituellement son produit.

Termes clés

Condition d'entrée
Espace des caractéristiques
Frontière des possibilités de production (FPP)
Hétérogène (différencié)
Homogène (indifférencié)
Modèle du consommateur représentatif
Modèle spatial
Optimum du premier rang
Optimum du second rang

Questions

Q.8.1 Quels marchés réels peuvent-être qualifiés de monopolistiques ? Expliquez votre réponse. Donnez des exemples.

Q.8.2 L'élasticité de la demande à laquelle est confrontée une entreprise d'un duopole est-elle plus élevée ou moins élevée suivant que son produit est différent ou similaire à celui de son concurrent ? Précisez si votre réponse est valable dans tous les cas.

Q.8.3 À quels types de marchés le modèle du consommateur représentatif et le modèle spatial s'appliquent-ils respectivement ? Quelles sont les principales différences entre ces deux modèles ?

Q.8.4 Sur quels types de marchés peut-on s'attendre à trouver des produits peu différenciés (peu de variétés) ? Très différenciés (beaucoup de variétés) ?

Q.8.5 Le gouvernement doit-il intervenir dans le fonctionnement des marchés de concurrence monopolistique ? Si oui, doit-il en priviliégier certains et comment doit il intervenir ? Pensez-vous que de telles interventions soient politiquement réalistes ?

Q.8.6 Un papa-gâteau emmène Daniel, Rebecca et Annie au cinéma et leur achète une glace et des pop corns. Ensuite, il les emmène manger au restaurant. Parmi ces différents produits (glaces, pop corns et repas), quels sont ceux dont le prix à le plus de chances d'être nettement supérieur au coût marginal ? Quel est le modèle de concurrence monopolistique qui s'applique le mieux à l'analyse de ce type d'activités de consommation ?

Problèmes [23]

P.8.1 Comparez les effets d'un impôt forfaitaire prélevé sur une entreprise suivant qu'elle opère sur marché de concurrence monopolistique, de concurrence ou de monopole pur.

P.8.2 Sur un marché d'oligopole où les produits sont homogènes et les anticipations des entreprises formées suivant l'hypothèse de Cournot, l'entrée de nouvelles entreprises provoque-t-elle une baisse des profits ? Justifier votre réponse (voir la réponse de Seade [1980]).

P.8.3 Expliquez et illustrez l'affirmation suivante : « Sur un marché de concurrence monopolistique avec produit homogène comme celui que nous avons pris en exemple [pour la construction du tableau 8.2], lorsque le prix est égal au coût marginal, il ne peut pas y avoir plus d'une entreprise dont la production est différente du niveau d'équilibre (commun à toutes les autres) ».

P.8.4 Décrire la localisation d'équilibre de 3 entreprises d'une ville à la Hotelling, si toutes pratiquent un prix identique. Expliquer votre réponse. Refaire l'exercice avec 4 entreprises.

P.8.5 Soit un marché de concurrence monopolistique où toutes les entreprises ont la même fonction de coût $C(q) = mq + F$, m étant le coût marginal constant et F le coût fixe. Expliquez l'effet d'une réduction de coût due à l'amélioration technologique. *Suggestion* : Une réduction de coût due à l'amélioration technologique peut faire baisser m et/ou F.

P.8.6 Montrez, au moyen d'un graphique, que si $Cm = CM =$ une constante, l'entreprise caractérisée par cette structure de coût produit une quantité qui correspond nécessairement à l'optimum social.

[23] Les solutions des problèmes impairs sont données en fin de livre.

Lectures complémentaires

Friedman (1983) présente une bonne synthèse de la plupart des modèles étudiés dans ce chapitre. Dans les années 1930, il y eu un débat très vif (et relativement peu technique) entre Chamberlin (1933), Robinson (1934) et Kaldor (1935) concernant les conditions nécessaires pour qu'une entreprise possède un pouvoir de marché (c'est-à-dire le pouvoir de fixer le prix au-dessus du coût marginal). Une contribution récente, plus technique, de Hart (1979), clarifie et résout de nombreuses questions soulevées par ce débat. Pour une excellente synthèse de la littérature technique sur la différenciation des produits, voir Eaton et Lipsey (1989). Sur la réglementation, voir Koenker et Perry (1981).

Bibliographie

ANDERSON, Simon P. et André de PALMA. 1992a. « The Logit as a Model of Product Differentiation ». *Oxford Economic Papers* 44 : 51–67.

ANDERSON, Simon, P. et André de PALMA 1992b. « Multiproduct Firms : A Nested Logit Approach ». *The Journal of Industrial Economics* 40 : 261–76.

BECKER, Gary S. 1965. « A Theory of the Allocation of Time ». *Economic Journal* 75 : 493–517.

BESANKO, David, Martin K. PERRY et Richard H. SPADY. 1990. « The Logit Model of Monopolistic Competition : Brand Diversity ». *The Journal of Industrial Economics* 38 : 397–415.

CHAMBERLIN, Edward H. 1933. *The Theory of Monopolisitic Competition*. Cambridge, Mass. : Harvard University Press.

D'ASPREMONT, C., J. Jaskold GABSZEWICZ et J.F. THISSE. 1979. « On Hotelling's "Stability in Competition" ». *Econometrica* 47 : 1145–50.

DENECKERE, Raymond et Carl DAVIDSON. 1985. « Incentive to Form Coalitions with Bertrand Competition ». *Rand Journal of Economics* 16 : 473–86.

DENECKERE, Raymond et Michel ROTHSCHILD. 1986. « Monopolistic Competition and Preference Diversity ». *Review of Economic Studies* 59 : 361–73.

DIXIT, Avinash K. et Josph E. STIGLITZ. 1977. « Monopolistic Competition and Optimum Product Diversity ». *American Economic Review* 67 : 297–308.

EATON B. Curtis. 1976. « Free Entry in One-Dimensional Models : Pure profits and Multiple Equilibria ». *Journal of Regional Science* 16 : 21–33.

EATON B. Curtis et Richard G. LIPSEY. 1989. « Product Differentiation », *in* Richard SCHMALENSEE et Robert WILLIG, éds, *Handbook of Industrial Oganization*. New York : Elsevier Science Publishers, Inc.

ECONOMIDES, Nicholas, 1986. « Nash Equilibrium in Duopoly with Products Defined by two Characteristics ». *Rand Journal of Economics* 17 : 431–9.

ECONOMIDES, Nicholas, 1989. « Symmetric Equilibrium Existence and Optimality in Differentiated Products Markets ». *Journal of Economic Theory* 47 : 178–94.

FARRELL, Joseph et Garth SALONER. 1985. « Standardization, Compatibility, and Innovation ». *Rand Journal of Economics* 16 : 70–83.

FARRELL, Joseph et Garth SALONER. 1986. « Standardization and Variety ». *Economic Letters* 20 : 71–4.

FRIEDMAN, James. 1983. *Oligopoly Theory*. New York : Cambridge University Press.

GRILICHES, Zvi, éd. 1971. *Price Indexes and Quality Change : Studies in New Methods of Measurement.* Cambridge, Mass. : Harvard University press.

HART, Oliver D. 1979. « Monopolistic Competition in a Large Economy with Differentiated Commodities ». *The Review of Economic Studies* 46 : 1–30.

HART, Oliver D. 1985. « Monopolistic Competition in the Spirit of Chamberlin : A General Model ». *Review of Economic Studies* 52 : 529–46.

HOTELLING, Harold. 1929. « Stability in Competition ». *Economic Journal* 39 : 41–57.

KALDOR, Nicholas. 1935. « Market Imperfection and Excess Capacity ». *Economica* 2 : 33–50.

KATZ, Michael et Carl SHAPIRO. 1985. « Network Externalities, Competition and Compatibility ». *American Economic Review* 75 : 424–40.

KOENKER, Roger W. et Martin K. PERRY. 1981. « Product Differentiation and Public Policy ». *The Bell Journal of Economics* 12 : 217–31.

LANCASTER, Kelvin, J. 1966. « A New Approach to Consumer Theory ». *Journal of Political Economy* 74 : 132–57.

LANCASTER, Kelvin, J. 1971. *Variety, Equity and Efficiency*. New York : Columbia University Press.

LANCASTER, Kelvin, J. 1979. *Consumer Demand : A New Approach*. New York : Columbia University Press.

MCCONNEL, J.D. 1968. « The Development of Brand Loyalty : An Experimental Study ». *Journal of Marketing Research* 5 : 13–9.

MONROE, Kent B. 1976. « The Influence of Price Differences and Brand Familiarity on Brand Preference ». *Journal of Consumer Research* 3 : 42–9.

NOVSHEK, William. 1980. « Equilibrium in Simple Spatial (or Differentiated Product) Models ». *Journal of Economic Theory* 22 : 313–26.

PERLOFF, Jeffrey M. et Steven C. SALOP. 1985. « Equilibrium with Product Differentiation ». *The Review of Economic Studies* 52 : 107–20.

PETTINGILL, John S. 1979. « Monopolistic Competition and Optimum Product Diversity : Comment ». *American Economic Review* 69 : 957–60.

ROBINSON, Joan. 1934. « What Is Perfect Competition ? ». *Quarterly Journal of Economics* : 49 : 104–20.

ROMANO, Richard E. 1991. « When Excessive Consumption is Rational ». *American Economic Review* 81 : 553–64.

ROSEN, Sherwin. 1974. « Hedonic Prices and Implicit Markets ». *Journal of Political Economy* 82 : 34–55.

SALOP, Steven C. 1979. « Monopolistic Competition with Outside Goods ». *The Bell Journal of Economics* 10 : 141–56.

SATTINGER, Michael. 1984. « Value of an Additional Firm in Monopolistic Competition ». *Review of Economic Studies* 51 : 321–2.

SCHERER, F.M. 1979. « The Welfare Economics of Product Variety : An Application to the Ready-to-Eat Cereals Industry ». *The Journal of Industrial Economics* 28 : 113–34.

SCHMALENSEE, Richard. 1978. « Entry Deterrence in the Ready-to-Eat Breakfast Cereal Industry ». *The Bell Journal of Economics* 9 : 305–27.

SEADE, Jesus. 1980. « On the Effect of Entry ». *Econometrica* 48 : 479–89.

SPENCE, A. Michael. 1976. « product Selection, Fixed Costs, and Monopolistic Competition ». *The Review of Economic Studies* 43 : 217–36.

WILLIAMSON, Oliver E. n.d. « Entry Deterrence in the RTE Cereal Industry : A Comment ». Working Paper.

Annexe A au chapitre 8

Concurrence monopolistique et bien-être : un modèle avec produits homogènes*

Comment ? Un enfant de 4 ans peut comprendre ce rapport ! Courez vite m'en trouver un, car je ne comprends rien à ce fatras !
Groucho Marx

La concurrence monopolistique avec produits homogènes soulève deux problèmes :

1. Comme le prix est supérieur au coût marginal, la production du marché est insuffisante.
2. Lorsque le coût marginal est constant, l'industrie supporte des coûts fixes trop élevés.

Optimum de premier rang

Tout est pour le mieux dans le meilleur des mondes possibles. – Voltaire

Lorsque le coût marginal est constant, l'optimum de premier rang nécessite qu'une seule entreprise assure toute la production et pratique un prix égal au coût marginal, soit $p = m$, moyennant un subventionnement de ses pertes. Illustrons ce résultat au moyen d'un modèle d'équilibre général simplifié. Dans ce modèle, nous ne faisons aucune distinction essentielle entre l'équilibre partiel et l'équilibre général car l'effet de revenu qui intervient dans le cas de l'équilibre général est identique à celui de l'équilibre partiel.

La fonction d'utilité du consommateur représentatif est :

$$U(Q, y) = u(Q) + y, \tag{8A.1}$$

où Q est la quantité produite par l'industrie en concurrence monopolistique et où y représente tous les autres biens de l'économie. Supposons que y soit produit à coût constant de façon ce que ce coût — et donc le prix correspondant — puissent être normalisés à 1.

Le consommateur maximise son utilité sous contrainte budgétaire :

$$R = pQ + y, \tag{8A.2}$$

où R est le revenu du consommateur et p le prix d'une unité de Q. D'après l'équation (8A.2), $y = R - pQ$. Remplaçons cette expression de y dans la fonction d'utilité du consommateur (équation [8A.1]). Le problème de maximisation du consommateur s'écrit alors :

$$\max_Q u\,(Q) + R - pQ\,. \tag{8A.3}$$

* SOURCE : cette annexe s'inspire largement des notes de cours non publiées de Steven C. Salop, ainsi que de Dixit et Stiglitz (1977) et Spence (1976).

La condition du premier-ordre de maximisation de l'utilité est :

$$U'(Q) = p. \tag{8A.4}$$

Autrement dit, le consommateur choisit Q de façon à ce que l'utilité marginale soit égale au coût marginal de Q, c'est-à-dire p. De ce fait, la fonction de demande du consommateur peut s'écrire $p = p(Q) = u'(Q)$. Puisque l'utilité marginale est positive, $p > 0$. La condition du second-ordre, $u'' < 0$, implique que l'utilité marginale est décroissante et donc que la courbe de demande a une pente négative : $p' < 0$.

S'il y a n entreprises identiques dans cette industrie, chacune produit une quantité égale, $q = Q/n$. La contrainte de ressources de l'économie est

$$T = (nF + mQ) + y \tag{8A.5}$$

où T représente l'ensemble des ressources de l'économie (production maximale), F le coût fixe que chacune des entreprises doit investir avant même de produire et $nF + mQ$ le coût total de production des Q unités. Par exemple, si T est le nombre total d'heures de travail disponibles et y le loisir, le temps total consacré à la production et au loisir ne peut pas dépasser T.

La société doit choisir Q, y et n de façon à maximiser l'équation (8A.1) sous la contrainte de l'équation (8A.5). En remplaçant y dans l'équation (8A.1) par sa définition tirée de l'équation (8A.5), le problème peut s'écrire

$$\begin{aligned} &\max_{Q,n} u(Q) + T - nF - mQ \\ &\text{sous les contraintes} \quad n \geqslant 1, \\ &\qquad\qquad\qquad\qquad Q > 0, \\ &\qquad\qquad\qquad\qquad (p - m)\frac{Q}{n} - F \geqslant 0, \end{aligned} \tag{8A.6}$$

où la dernière condition signifie que le profit de chaque entreprise ne doit pas être négatif pour qu'elle reste en activité. L'équation (8A.6) indique que la société doit choisir Q et n de façon à maximiser son objectif, donné par la fonction d'utilité $u(Q) + T - nF - mQ$, sous les contraintes $n \geqslant 1$ (qu'il y ait au moins une entreprise) et $Q > 0$ (qu'une quantité positive du bien Q soit produite).

Le Lagrangien s'écrit

$$\mathcal{L} = u(Q) + T - nF - mQ - \lambda(n - 1) - \mu Q, \tag{8A.7}$$

λ et μ sont les multiplicateurs de Lagrange. Si l'une des contraintes est inactive (c'est-à-dire n'est vérifiée que sous forme d'inégalité stricte), le multiplicateur de Lagrange associé est nul.

Les conditions du premier-ordre de Kuhn-Tucker par rapport à n et à Q impliquent[(1)] :

$$n = 1, \tag{8A.8}$$

[1] Les conditions de Kuhn-Tucker sont que $\mathcal{L}_n \leqslant 0$ et dans le cas de stricte infériorité à zéro, que $n = 1$ (c'est le cas ici) ; $\mathcal{L}_Q = 0$ (ce qui n'est pas vérifié dans le cas présent) ; $\mathcal{L}_\lambda \geqslant 0$ et dans le cas de supériorité stricte, $\lambda = 0$; et $\mathcal{L}_\mu \geqslant 0$ et dans le cas de supériorité stricte, $\mu = 0$.

parce que $\mathcal{L}_n = 0$ implique $-F = \lambda$, et

$$u'(Q) = m, \tag{8A.9}$$

parce que $Q > 0$. Donc, comme l'illustre la figure 8.2, l'optimum de premier rang a les caractéristiques suivantes :

- Une seule entreprise fournit la totalité de la production : $n = 1$ (équation [8A.8]).
- Comme la quantité du bien produit sur le marché de concurrence monopolistique est positive ($Q > 0$), le prix est égal au coût marginal, $u' = p = m$ (équation [8A.9] et [8A.4]).
- Afin d'éviter qu'elle ne ferme, les pertes de l'unique entreprise sont subventionnées. La subvention est nécessaire puisque $\pi = -F$.

Cette solution correspond à celle du monopole naturel réglementé (voir le chapitre 21). La courbe de coût de l'entreprise est sans cesse décroissante, ce qui fait que les économies d'échelle continue à se manifester à mesure que la production augmente. Pour que cette solution soit optimale, l'argent de la subvention doit être prélevé sans créer de distortion dans l'activité économique. Une méthode efficiente pour y parvenir consiste à créer un impôt forfaitaire (égal au montant de la subvention).

Optimum de second rang

Supposons maintenant que le gouvernement ne puisse pas atteindre l'optimum de premier rang parce que les actions qu'il peut entreprendre sont limitées :

- Le gouvernement peut *seulement* contrôler le nombre d'entreprises, n.
- Le gouvernement ne peut pas inciter les entreprises à produire plus que la quantité qui maximise leur profit en les subventionnant.

Dans le cadre d'un modèle de Cournot, l'optimum de second rang implique que chaque entreprise choisisse le niveau (positif) de production qui correspond à l'égalité de sa recette marginale avec son coût marginal :[(2)]

$$\frac{Q}{n} p'(Q) + p(Q) = m. \tag{8A.10}$$

où Q/n désigne la production d'une entreprise.

Les entreprises entrent sur le marché si le profit de l'entreprise marginale est positif ou nul. Autrement dit, le prix doit être au moins aussi élevé que le coût moyen :

$$p(Q) \geqslant m + \frac{F}{\left(\frac{Q}{n}\right)}. \tag{8A.11}$$

Les équations (8A.10) et (8A.11) déterminent Q et n.

---

[2] La recette totale d'une entreprise est $p(q^* + Q)q^*$, où q^* représente sa production et Q la production des $n-1$ autres entreprises. Dérivons la recette totale par rapport à q^* sous l'hypothèse de Cournot et utilisons le fait qu'à l'équilibre $q^* = Q/(n-1) = Q/n$. Nous obtenons l'équation (8A.10).

Pour déterminer l'effet de l'augmentation du nombre d'entreprises sur la quantité totale, dérivons l'équation (8A.10) par rapport à n :

$$\frac{dQ}{dn} = \frac{Q}{n}\left[\frac{p'}{(n+1)p' + Qp''}\right]. \qquad (8A.12)$$

La condition du second-ordre implique que le dénominateur de cette expression est négatif, de sorte que l'entrée d'une entreprise supplémentaire augmente la production : $dQ/dn > 0$. Pour que la condition du second-ordre soit vérifiée, il est suffisant que $p'' \leqslant 0$. Comme $p''(Q) = u''(Q)$, le signe de p'' est en général indéterminé.(3) Cependant, dans ce qui suit, nous supposerons pour fixer les idées que $p'' \leqslant 0$.

Par conséquent, le mécanisme du marché favorise l'augmentation de la production par l'intermédiaire de l'entrée de nouvelles entreprises, ce qui implique des coûts fixes supplémentaires. La production totale peut donc s'écrire sous la forme d'une fonction du nombre d'entreprise, $Q(n)$, avec $Q'(n) > 0$. Il existe un arbitrage entre le coût total de production (plus d'entreprises) et un prix moins élevé (plus de production).

Le problème de maximisation du bien-être social s'écrit :

$$\max_{n} u\,(Q\,(n)) + T - nF - mQ(n), \qquad (8A.13)$$

sous la contrainte des équations (8A.10) et (8A.11). Ce problème est différent du problème (8A.6) car la maximisation se fait maintenant par rapport à n et non plus par rapport à Q et n. L'optimum de second rang est donc contraint dans le sens où la société ne contrôle Q que par l'intermédiaire du choix de n.

Si nous ignorons pour le moment la contrainte (8A.10), la condition du premier-ordre de la maximisation du bien-être est :

$$(p - m)Q'(n) = F. \qquad (8A.14)$$

où $u'(Q)$ est remplacé par p en utilisant l'équation (8A.4). Cette condition indique que la différence entre le prix et le coût marginal, multipliée par la variation de la production du fait de la modification de n (une entreprise de plus), $[Q(n+1) - Q(n) = Q'(n)]$, correspond au coût fixe. Le membre de gauche est le gain de production lié à l'apparition d'une nouvelle entreprise et le membre de droite correspond au coût (fixe) de création de cette nouvelle entreprise.

L'équation (8A.14) est la condition d'optimalité appropriée lorsque la contrainte de l'équation (8A.11) est inactive, c'est-à-dire lorsque les profits de l'industrie sont positifs ou nuls pour chacune des n entreprises, le nombre n étant déterminé par le gouvernement. Montrons maintenant que si la contrainte est inactive, les profits sont positifs. Reformulons d'abord l'équation (8A.14) :

$$p = m + \frac{F}{Q'(n)} \cdot \qquad (8A.14')$$

Pour que les profits soient positifs, il faut que $p = m + F/Q'(n) > m + F/[Q/n] = CM$, ou bien

$$Q'(n) < \frac{Q(n)}{n} \quad \text{ou} \quad pt\frac{nQ'(n)}{Q(n)} < 1. \qquad (8A.15)$$

---

[3] Voir Seade (1980), pour une analyse du rôle de la stabilité dans l'exclusion de certaines possibilités.

Autrement dit, il faut que l'*élasticité de la production par rapport à l'entrée d'une nouvelle entreprise* soit inférieure à 1.

D'après l'équation (8A.12),

$$\frac{nQ'(n)}{Q(n)} = \frac{p'}{(n+1)p' + Qp''}\ , \tag{8A.16}$$

soit, puisque $p'' \leqslant 0$,

$$\frac{nQ'(n)}{Q(n)} \leqslant \frac{p'}{(n+1)p'} = \frac{1}{n+1}\ , \tag{8A.17}$$

c'est-à-dire $nQ'(n)/Q(n) < 1$, comme le veut la condition. Ainsi, lorsque $p'' \leqslant 0$, la contrainte $p \geqslant CM$ (équation [8A.11]) est inactive. L'équilibre avec libre-entrée est caractérisé par un trop grand nombre d'entreprise (comme l'indique le fait que la contrainte de profits positifs ou nuls est inactive). Donc, si cela ne lui coûte rien, la société à intérêt à limiter le nombre d'entreprises.

Annexe B au chapitre 8

Concurrence monopolistique et bien-être : un modèle avec produits différenciés

L'objectif d'un gouvernement est le bien-être public.

Theodore Roosevelt

Nous allons commercer par étudier une seule industrie caractérisée par la concurrence monopolistique. Nous élargirons ensuite le modèle afin de prendre également en compte une seconde industrie, concurrentielle.

Une seule industrie caractérisée par la concurrence monopolistique

Vouloir plaire à tous, c'est risquer de ne plaire à personne. – Ésope

Supposons pour simplifier que le degré de variété d'un produit soit pleinement pris en compte par l'existence de n marques différentes. Si toutes les entreprises ont des fonctions de coût identiques, leur symétrie implique que chacune produit la même quantité q à l'équilibre.

Toutes les entreprises ont la même fonction de coût, $C = F + mq$, où C représente le coût total, F le coût fixe et mq le coût variable. Par conséquent, le coût variable moyen et le coût marginal sont tous les deux égaux à m.

La frontière des possibilités de production (FPP) de la société est l'ensemble des points (q, n) que les ressources totales fixées, T, permettent d'atteindre :

$$(F + mq)n = T, \tag{8B.1}$$

où le membre de gauche de l'équation (8B.1) représente le coût total de production de n entreprises produisant chacune q unités. Le FPP peut aussi s'écrire sous la forme $n = T/(F + mq)$, ce qui permet un tracé identique à celui de la figure 8.4. Dérivons l'équation (8A.1) par rapport à n, afin de calculer la pente de la FPP : $dn/dq = -mT/(F + mq)^2$. Cette expression est négative, comme le montre le tracé de la courbe de la figure 8.4. Appliquons ce résultat à l'exemple numérique du tableau 8.4 : $dn/dq = -100/(5+q)^2$. De plus, à mesure que q augmente, la pente devient moins négative, $d^2n/dq^2 = 2m^2T/(F + mq)^3$. Par conséquent, ainsi que l'indique la figure, la FPP est convexe.

Les préférences des consommateurs sont définies par rapport à la quantité q de chaque variété, ainsi que par rapport à n, le nombre de variétés, ce qui signifie qu'ils doivent choisir entre une plus grande quantité d'un nombre plus limité de variétés et une moins grande quantité d'un nombre plus élevé de variétés. La fonction d'utilité définie sur l'ensemble *potentiel* des variétés ($i = 1, 2, \ldots, \infty$), peut par exemple être de la forme suivante :

$$U\left(q_1, q_2 \ldots, q_{m,\cdots}\right) = W\left(\sum_{i=1}^{\infty} u_i\left(q_i\right)\right). \tag{8B.2}$$

Dans le cas où les n entreprises de l'industrie sont symétriques, $u_i(q) \equiv u(q)$ pour tout i ; $q_i = q$ pour $i = 1, 2, \cdots, n$; et $q_i = 0$ pour $i > n$. L'équation (8B.2) peut donc se reformuler ainsi :

$$U(q_1, q_2, \cdots, q, 0, \cdots, 0) = W(nu(q)). \tag{8B.3}$$

Une courbe d'indifférence correspondant à un niveau d'utilité $\underline{w}$ est :

$$W(nu(q)) = \underline{w}. \tag{8B.4}$$

La combinaison quantité-variété optimale, $O = (q^*, n^*)$ est déterminé par la tangence d'une courbe d'indifférence et de la FPP (voir la figure 8.4). Les points situés sur des courbes d'indifférence inférieures à celle-ci procurent moins d'utilité et ceux situés sur des courbes supérieures ne peuvent pas être atteints du fait de la contrainte de ressource ou FPP.

Les points A et B de la figure 8.4 représentent des équilibres de marché possibles. En effet, il est impossible de savoir a priori si l'équilibre de concurrence monopolistique est situé à droite ou à gauche du point optimal.

Modèle simplifié d'équilibre général

Qu'est-ce au juste que l'algèbre ?
Est-ce une des ces formes triangulaires ? – J.M. Barrie

Afin de comparer l'équilibre de marché avec l'optimum, il faut recourir à un modèle d'équilibre général. La figure 8.4 n'illustre qu'un arbitrage entre quantité et variété dans une industrie de concurrence monopolisitique. Si l'on ajoute un autre bien, y, il faut alors prendre en compte un second arbitrage entre les deux industries. Nous allons à nouveau supposer que le coût de production de l'autre bien, y, est constant et égal à 1, de sorte que le prix concurrentiel du bien est aussi égal à 1.

L'optimum

Si la fonction d'utilité est additive et séparable en y, la société doit résoudre le problème de maximisation suivant

$$\max_{q_i, y} W\left(\sum_{i=1}^{n} u(q_i)\right) + y \tag{8B.5}$$

sous la contrainte

$$y = T - \sum_{i=1}^{n} (mq_i + F).$$

Si toutes les entreprises sont identiques au sens où elles ont la même fonction de coût, $q_i = q$, le problème de maximisation de la société peut être reformulé sous la forme d'une maximisation de son surplus :

$$\max_{q,n} W\left(nu\left(q\right)\right) + T - n(mq + F). \tag{8B.6}$$

Il y a deux conditions du premier-ordre pour un maximum. La première condition s'obtient en annulant la dérivée de l'équation (8B.6) par rapport à n, ce qui permet d'écrire :

$$W'u(q) = mq + F. \tag{8B.7}$$

Cette condition indique que le nombre de marques peut augmenter jusqu'à ce que le gain marginal de bien-être d'une marque supplémentaire, $W'u$, devienne égal au coût d'opportunité du bien y ($mq + F$ est le coût d'une entreprise supplémentaire évalué en termes des unités du bien y qu'il faut renoncer à consommer).

La seconde condition du premier-ordre s'obtient en annulant la dérivée de l'équation (8B.6) par rapport à q. En divisant l'expression obtenue par n et réarrangeons les termes afin d'avoir :

$$W'u'(q) = m. \tag{8B.8}$$

L'équation (8B.8) indique que la production de chaque marque, q, doit augmenter jusqu'à ce que le gain d'utilité procuré par la dernière unité, $W'u'(q)$, devienne égal au coût marginal de production de cette unité, m. Le même raisonnement que celui développé dans l'annexe A implique $p = W'u'(q)$. L'équation (8B.8) exprime donc l'égalité du prix et du coût marginal : $p = m$.

Les équations (8B.7) et (8B.8) déterminent (q^*, n^*), le niveau de production optimal par marque, ainsi que le nombre de marques. Divisons l'équation (8B.7) par l'équation (8B.8) et multiplions chaque membre par $1/q$, afin d'avoir :

$$\frac{\frac{u(q)}{q}}{\mu'(q)} = \frac{\frac{mq + F}{q}}{m} = \frac{CM}{Cm}. \tag{8B.9}$$

Ce résultat signifie qu'à l'optimum, le ratio de l'utilité moyenne à l'utilité marginale est égal au ratio du coût moyen au coût marginal.

Si la fonction d'utilité est concave ($u' > 0, u'' < 0$), l'utilité moyenne est systématiquement supérieure à l'utilité marginale et l'équation (8B.9) implique alors qu'à l'otimum le coût moyen est supérieur au coût marginal. De ce fait, l'optimum est situé sur la partie décroissante de la courbe de coût moyen. Cette condition est automatiquement remplie dans le cas de la fonction de coût spécifique que nous avons choisi. On peut montrer que ce résultat est également vérifié lorsque les courbes de coût moyen sont en forme de U. Contrairement à ce qui se passe pour une industrie concurrentielle, les entreprises ne produisent pas au minimum de leur courbe de coût moyen. L'optimum est caractérisé par un nombre de variétés supérieur à celui qui prévaudrait si les entreprises produisaient à pleine capacité (minimum de la courbe de coût moyen en U).

L'équilibre

Les équations (8B.7) et (8B.8) décrivant l'optimum sont différentes des équations qui décrivent l'équilibre de concurrence monopolistique. Il convient donc maintenant de dériver les équations associées à cet équilibre.

Le profit d'une entreprise représentative est donné par :

$$\pi = qW'u'(q) - mq - F, \tag{8B.10}$$

parce que $W'u'(q) = p$. Les entreprises entrent sur le marché jusqu'au point où leur profit est nul ($\pi = 0$), ce qui implique l'égalité entre leur recette et leur coût (nous faisons abstraction du fait que ce point peut ne pas correspondre à un nombre entier d'entreprises) :

$$qW'u'(q) = mq + F. \qquad (8B.11)$$

Cette équation diffère de la condition d'optimum (équation [8B.7]) puisque nous avons $qW'u'(q)$ à la place de $W'u(q)$ dans le membre de gauche.

En dérivant l'équation 8B.10 par rapport à q, nous voyons que ces entreprises à la Cournot maximisent leur profit en égalisant leur recette marginale avec leur coût marginal (m) :

$$W''(u'(q))^2nq + W'(qu''(q) + u'(q)) = m. \qquad (8B.12)$$

Le membre de gauche de cette équation est différent de celui de l'équation (8B.8) donnant la condition d'un optimum. Ainsi, comme les équations (8B.7) et (8B.8) de l'optimum sont différentes des équations (8B.11) et (8B.12) de l'équilibre, nous pouvons conclure que l'équilibre s'écarte de l'optimum.

Ces deux ensembles de conditions ne sont identiques que si $W(\bullet)$ et $u(\bullet)$ sont linéaires et que $u' = u/q$. Mais ce cas ne présente aucun intérêt car il suppose que les marques sont toutes parfaitement substituables entre elles. Dans ce cas, les demandes sont parfaitement élastiques et il n'existe même pas d'équilibre de marché. En fait, comme le montre l'annexe A, les prix sont alors égaux aux coûts marginaux et le profit de chaque entreprise est négatif (à cause du coût fixe).

Il est possible de montrer qu'en général l'équilibre est situé soit à gauche, soit à droite de l'optimum illustré par la figure 8.4. Pour déterminer sa position exacte, il faudrait avoir avoir une connaissance plus précise de la fonction d'utilité. De nombreux articles (Spence, 1976 ; Dixit et Stiglitz ; et Koenker et Perry, 1981) ont étudié cette relation dans le cas de fonction d'utilité similaires à celles utilisées dans cette annexe, mais plus spécifiques. Ces articles aboutissent à la conclusion que la réglemention du prix et une contrainte de profit nul permettent d'atteindre un équilibre de marché.

Annexe C au chapitre 8

Modèles hybrides

Cette annexe présente deux modèles hybrides qui combinent des éléments d'un modèle du consommateur représentatif avec ceux d'un modèle spatial. Le premier ajoute des éléments spatiaux au modèle du consommateur représentatif. Le second, plus général, fait apparaître le précédent, ainsi qu'un autre (celui du cercle de Salop) comme des cas particuliers.

Modèle du consommateur représentatif avec élements spatiaux

Dans ce modèle, chaque consommateur accorde une valeur relative, θ, à chaque marque. Le paramètre θ représente le plaisir que le consommateur éprouve quand il consomme la marque i.[(1)] Dans ce modèle, comme dans le modèle spatial, le consommateur ne considère pas que les différentes marques sont également substituables (il préfère certains produits à d'autres). Mais, de même que dans le cas du consommateur représentatif, il considère d'emblée l'ensemble des marques possibles, car toutes sont a priori susceptibles de lui procurer un niveau élevé d'utilité.

L'utilité nette, ou surplus, d'un consommateur représentatif s'écrit :

$$U_i = \theta_i - p_i \tag{8C.1}$$

où p_i est le prix de la marque i. La marque dont le suplus net est le plus élevé ($max_i U_i$) correspond au meilleur choix possible du consommateur représentatif.[(2)]

Prenons un exemple aux propriétés symétriques : les préférences pour les marques sont telles qu'un nombre égal de consommateurs aime ou n'aime pas une quantité donnée d'une marque donnée. Supposons que les préférences des consommateurs concernant la marque 1, θ_1, soient uniformément réparties entre $2a$ et $4a$. Certains consommateurs obtiennent $\theta_i = 2a$ unités de plaisir de la consommation de la première marque, d'autres en

[1] Pour des raisons évidentes, nous nous concentrons dans ce qui suit sur Perloff et Salop (1985). La raison principale de ce choix est que le modèle du cercle de Salop est un cas particulier du second modèle hybride dont nous traitons par la suite. Le modèle de Sattinger (1984) est similaire au modèle de Perloff et Salop. La formulation de Hart (1985) est un peu plus générale.

[2] Il est clair que pour certains prix, le meilleur achat possible d'une variété peut procurer moins d'utilité que le fait d'acheter le bien homogène, $\underline{u}$. Autrement dit, si $U_1 > U_i$ pour tout autre i, U_1 est le meilleur achat possible d'un consommateur. Le consommateur n'achète la variété 1 que si l'utilité nette qu'il en tire, U_1, est supérieure à $\underline{u}$. Dans ce qui suit, nous supposons que $\underline{u}$ est si bas que le consommateur achète toujours une variété du bien différencié.

obtiennent $\theta_i = 4a$; d'autres enfin en retirent une satisfaction intermédiaire entre ces deux bornes. Il y a autant de consommateurs associés à toutes les valeurs possibles de θ_i, c'est-à-dire les valeurs comprises entre $2a$ et $4a$. Les préférences des consommateurs pour les autres marques ont la même structure. Formellement, $\theta_i \sim g(\theta_i) = 1/(4a - 2a) = 1/(2a)$, où $g(\bullet)$ est la fonction de fréquence des préférences pour la marque i.

Supposons qu'il n'y ait que deux marques. Un consommateur n'achète la marque 1 que si

$$U_1 = \theta_1 - p_1 > \theta_2 - p_2 = U_2 . \tag{8C.2}$$

Reformulons l'équation (8C.2) afin de faire apparaître qu'un consommateur n'achète la marque 1 qu'à condition que :

$$p_1 - p_2 < \theta_1 - \theta_2. \tag{8C.3}$$

Ainsi, un consommateur n'achète la marque 1 que si la différence de prix entre 1 et 2 est inférieure à la différence des valeurs qu'il attache respectivement aux deux marques, $\theta_1 - \theta_2$. La préférence maximale d'un consommateur pour la marque 1 est $4a$ et la préférence maximale d'un consommateur pour la marque 2 est $2a$. Par conséquent, si la différence de prix, $p_1 - p_2$, est supérieure à $4a - 2a = 2a$, le consommateur n'achètera pas la marque 1. La demande à laquelle l'entreprise 1 est confrontée est représentée sur la figure 8C.1 comme une fonction de la différence de prix entre les deux marques. La demande maximale d'un bien est arbitrairement fixée à 1, de sorte que si $p_1 = p_2$, la marque 1 représente la moitié de la demande totale.

Préférences plus marquées

Supposons maintenant que les consommateurs aient des préférences plus marquées concernant la qualité des deux marques : au lieu d'aller de varier entre $2a$ et $4a$, elles varient de a à $5a$. Sur la figure 8C.1, la courbe de demande pivote.

Les deux courbes de demande ont une caractéristique commune : lorsque le prix des deux marques est identique, chaque marque obtient la moitié du marché. À mesure que les préférences sont plus marquées — c'est-à-dire à mesure que les consommateurs sont davantage persuadés des mérites respectifs des deux marques — la pente de la courbe de demande s'accentue. Il s'ensuit que l'élasticité de la demande à laquelle chaque marque est confrontée diminue, ce qui accroît le pouvoir de marché de l'entreprise qui fabrique cette marque. Plus les préférences sont marquées, plus le prix qu'une entreprise pratique pour sa marque peut être élevé avant qu'elle ne perde tous ses consommateurs.[3]

L'une des implications de ce type de modèle est que si beaucoup de consommateurs ont la même préférence pour une marque donnée, on obtient un équilibre à plusieurs prix. Par exemple, si beaucoup de consommateurs pensent (à tort ou à raison) que l'aspirine Bayer est supérieure aux autres, cette marque pourra être vendue à un prix supérieur aux marques génériques. Dans ce cas, il y a deux prix à l'équilibre : un pour chaque marque.

---

[3] Ce modèle peut être réinterprété de façon à inclure la *différenciation factice* aussi bien que le différenciation réelle. Pour l'instant, nous avons toujours supposé que le consommateur percevait des différences réelles entre les variétés. La différenciation est factice lorsque le consommateur pense que les variétés diffèrent alors que ce n'est pas le cas (voir l'exemple 8.1). Dans le modèle, il importe de savoir que θ_1 est élevé, mais non de savoir pourquoi. Lorsque la différenciation factice augmente, le prix d'équilibre peut aussi bien augmenter que baisser. Par conséquent, il n'augmente pas nécessairement, comme c'est le cas dans l'exemple que nous traitons.

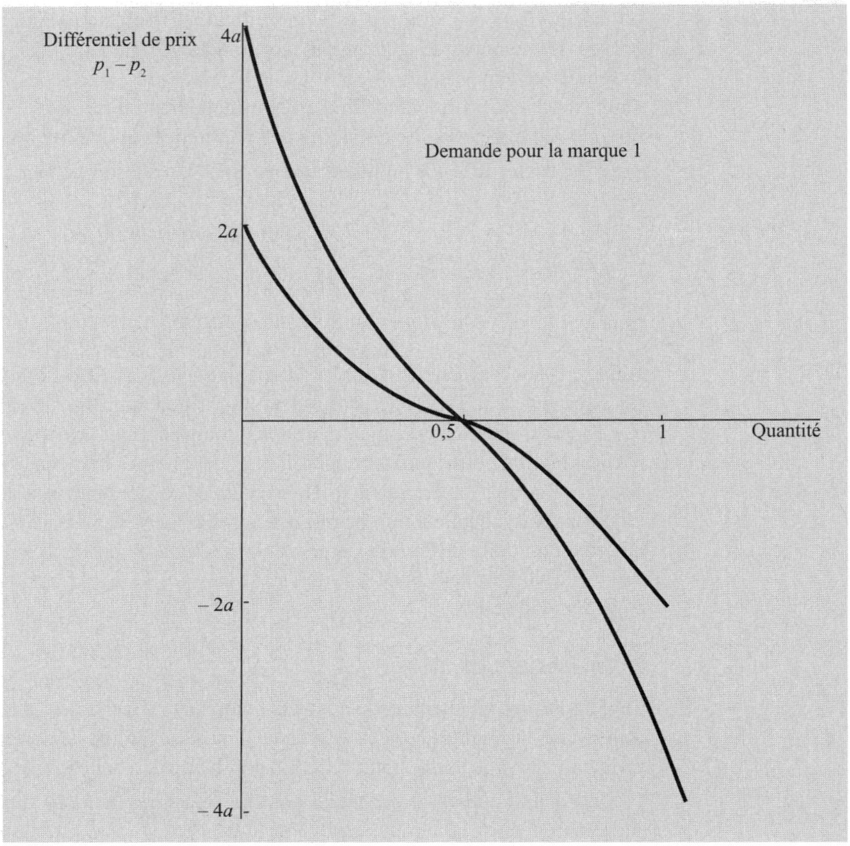

Figure 8C.1: *Effet de la différenciation du produit sur la demande*

Coûts fixes moins élevés

Si chaque entreprise à la Bertrand a le même type de courbe de coût marginal constant (m) que précédemment, le prix pratiqué par chacune à l'équilibre est

$$p = m + \frac{2a}{n} \ , \tag{8C.4}$$

où n est le nombre d'entreprises. Les préférences varient de $2a$ à $4a$. À mesure que les coûts fixes baissent, le nombre d'entreprises s'élève et à mesure que n augmente, le prix tend vers le coût marginal. Donc, plus il y a d'entreprises, plus l'équilibre tend vers son niveau concurrentiel.

L'intuition sous-jacente à ce résultat est qu'à mesure que le nombre d'entreprises augmente, il devient plus vraisemblable qu'un consommateur trouve un substitut proche de son achat optimal. S'il n'y a au départ que deux sortes de glace, celle au chocolat et celle à la vanille, le consommateur qui n'aime pas la vanille tolèrera que l'écart de prix entre une glace au chocolat et une glace à la vanille soit relativement élevé. S'il existe un troisième type de glace composé d'un mélange de chocolat et de vanille, il n'acceptera pas un écart de prix aussi élevé entre la glace au chocolat et cette nouvelle glace car le mélange chocolat-vanille est un meilleur substitut au chocolat.

La réduction des coûts fixes provoque l'entrée de nouvelles entreprises et conduit à une baisse du prix d'équilibre. La présence de coûts fixes peut conduire à une nombre d'entreprises trop élevé ou pas assez élevé (Sattinger, 1984). Ce modèle a fait l'objet d'applications empiriques (Besanko et al., 1990 ; Anderson et De Palma, 1992a, 1992b).

Information imparfaite et concurrence localisée

Si l'on modifie légèrement le modèle, de sorte que les entreprises ne soient en concurrence qu'avec celle situées à proximité, l'augmentation de n ne fait pas chuter le prix. Par exemple, certains consommateurs peuvent n'avoir connaissance que de l'existence d'entreprises situées à proximité, ce qui fait que le prix pratiqué par les entreprises lointaines n'a pas d'influence sur leurs décisions. Dans ce cas, l'arrivée d'une nouvelle entreprise sur le marché n'accroît la pression concurrentielle sur l'entreprise habituelle d'un consommateur que si elle est située à proximité.

Modèle plus général

Deneckere et Rothschild (1986) ont développé un modèle hybride plus général, qui inclut comme cas particuliers le modèle du cercle de Salop et le modèle hybride que nous venons juste d'étudier. Ce modèle leur permet d'expliquer pourquoi celui du cercle conclut que l'équilibre de concurrence monopolisitique est caractérisé par l'existence d'un trop grand nombre d'entreprises, alors que le modèle hybrique conclut qu'il peut y en avoir trop ou pas assez.

L'explication réside dans le fait que la concurrence est beaucoup plus intense dans le modèle symétrique que dans celui du cercle (ce qui vient d'être montré). Donc, toutes choses égales par ailleurs, les prix d'équilibre et les profits à court terme sont moindres dans le modèle symétrique. Comme les profits à court terme sont plus bas, il est plus difficile d'amortir les coûts fixes et il y a donc moins de marques, à l'équilibre, dans le modèle symétrique.

9

Structures de marché et performances

Détails piquants destinés à donner relief et vraisemblance à une narration terne et peu convaincante.

W.S. Gilbert

Dans toutes les théories du marché, qu'il soit concurrentiel ou non, moins une entreprise est exposée à la concurrence, plus son pouvoir de marché est grand et plus elle peut donc fixer un prix supérieur au coût marginal. Le pouvoir de marché — et par conséquent le prix et le profit — devrait donc être plus élevé dans les industries protégées par d'importantes barrières à l'entrée permettant de réduire la concurrence réelle et potentielle. Les économistes ont effectué des études empiriques pour vérifier deux conclusions théoriques :

1. Quelle est le pouvoir de marché d'une entreprise (ou d'une industrie) ?
2. Quels sont les principaux déterminants du pouvoir de marché ?

Pendant des décennies, les économistes ont étudié le paradigme *structure-conduite-performance* (SCP) qui se concentre sur la seconde question et porte plus précisément sur la relation entre la performance du marché et sa structure. La *performance* du marché est sa capacité à satisfaire les consommateurs (ainsi, la performance d'un marché est bonne si les prix sont proches du coût marginal de production). La *structure* d'un marché, constituée des facteurs de sa compétitivité, influence sa performance par le biais de la *conduite* ou du comportement des entreprises. Ceux qui étudient le paradigme SCP supposent habituellement que pouvoir de marché ou performance sont assez faciles à mesurer et se concentrent sur la relation entre performance et structure.

Beaucoup d'économistes, pour qui les statistiques disponibles ne reflétaient pas correctement le pouvoir de marché des entreprises, ont développé de nouvelles techniques permettant de mesurer plus précisément ce pouvoir.

Dans ce chapitre, nous commençons par résumer les principales théories des structures de marché étudiées dans les chapitres 4 à 8. Puis, nous présentons les études du paradigme SCP et les résultats des études traditionnelles concernant les mesures des performances ainsi que la relation entre les performances et les structures de marché. Il ressort essentiellement de ces études que beaucoup de marchés semblent s'écarter considérablement de la concurrence parfaite, mais que cet écart n'est pas très fortement lié au degré de concentration (part des ventes réalisées par les plus grosses entreprises du marché) qui est pourtant censé refléter le pouvoir de marché.

9.1 Théories de l'écart prix-coût et des profits

La relation entre le prix, p, et le coût marginal, Cm, ainsi que l'existence et la persistence de profits purs dépendent de la structure de marché (tableau 9.1). Sur un marché concurrentiel composé d'entreprises identiques, où l'entrée est libre, le prix est égal au coût marginal à court terme. Le profit à court terme, π_{CT}, peut y être positif ou négatif et le profit à long terme, π_{LT}, est toujours nul. Cependant, même si les entreprises sont preneuses de prix (concurrentielles), le profit à long terme de chacune n'est nul que si toutes les entreprises ont un accès égal à la technologie et aux facteurs de production. Lorsque certaines entreprises ont des coûts moins élevés que d'autres, leurs profits ne sont pas entièrement éliminés par l'arrivée de nouvelles entreprises sur le marché. La libertée d'entrée garantit seulement que le profit de l'entreprise la moins rentable (l'entreprise marginale) est nul à long terme.

En monopole ou en oligopole, le prix est supérieur au coût marginal, le profit à court terme peut être positif ou négatif et le profit à long terme peut être positif ou nul. En concurrence monopolistique, le prix est supérieur au coût marginal et la libre-entrée fait tendre le profit à long terme vers zéro.

Ces résultats, résumés dans le tableau 9.1, permettent de dégager deux conclusions. Premièrement, le fait de vérifier si les profits à long terme sont positifs nous renseigne sur la réalité de la libertée d'entrée et non sur la nature concurrentielle du marché. En effet, la libertée d'entrée garantit que les profits à long terme tendent vers zéro et non que le prix tend vers le coût marginal : ainsi, les entreprises d'un marché de concurrence monopolistique peuvent avoir un profit nul tout en pratiquant un prix supérieur au coût marginal. Pour déterminer si le prix est supérieur au coût marginal, il faut étudier les statistiques de prix et non celles concernant les

Tableau 9.1: *Prévisions découlant de la structure du marché*

	$p - Cm$	π_{CT}	π_{LT}
Concurrence	0	$+$ ou $-$	0
Concurrence monopolistique	$+$	$+$ ou $-$	0
Monopole	$+$	$+$ ou $-$	$+$ ou 0
Oligopole	$+$	$+$ ou $-$	$+$ ou 0

p = prix, Cm = coût marginal (à court terme), π_{CT} = profit à court terme, π_{LT} = profit à long terme.

profits. Deuxièmement, les profits à court terme renseignent très peu sur le degré de concurrence d'un marché car, quelle que soit la structure du marché, les profits peuvent être positifs ou négatifs.

Le tableau 9.1 semble suggérer qu'il n'y a que 4 structures de marché possibles, ce qui est une simplification grossière. De plus, une même structure de marché peut recouvrir des réalités très différentes. Ainsi, un oligopole composé de 4 entreprises peut-il fixer les prix différemment d'un duopole. Le rapport prix-coût et le profit varient généralement en fonction du nombre d'entreprises rivales et de l'importance des barrières à l'entrée. Ce n'est qu'en tenant compte de cet aspect que l'on peut comprendre l'approche SCP.

9.2 Structures, conduites et performances

L'approche SCP de l'économie industrielle empirique, aujourd'hui habituelle, apparut comme une révolution lorsqu'elle fut introduite par Edward S. Mason (1939, 1949) et ses collègues de Harvard. La plupart des études empiriques antérieures étaient des monographies d'industries particulières (voir par exemple Wallace, 1937). Les premières études empiriques fondées sur le paradigme SCP furent celles effectuées par les collègues et les étudiants de Mason, comme Joe Bain (1951, 1956). À l'inverse des monographies antérieures, ces études faisaient des comparaisons entre industries. Toutefois, les statistiques sur les entreprises individuelles n'étaient pas exploitées en raison de leur rareté.

Le modèle SCP fut le premier à utiliser les inférences de l'analyse microéconomique pour étudier l'économie industrielle. Dans le paradigme SCP, la performance d'un marché dépend du comportement des producteurs et des consommateurs, lequel dépend de la structure du marché. La structure dépend elle-même des données de base comme la technologie et la demande d'un produit. Les liens exacts ne sont généralement pas explicités.

Même si cette approche était plus rigoureuse que l'approche monographique traditionnelle qu'elle remplaçait, on lui reprocha pourtant d'être plus descriptive qu'analytique. Selon George J. Stigler (1968) et d'autres, il fallait davantage utiliser des modèles de théorie des prix explicitement fondés sur le comportement de maximisation des entreprises (et des gouvernements). Ces dernières années, certains économistes ont suggéré de remplacer le paradigme SCP par des analyses qui privilégient la théorie des jeux (von Neuman et Morgenstern, 1944). Ces approches récentes sont résumées à la fin de ce chapitre.

Un étude SCP type comporte deux étapes. Premièrement, on calcule des indicateurs de la performance à partir de statistiques directes plutôt qu'en effectuant des estimations. Deuxièmement, ces indicateurs sont utilisés pour expliquer les différences de performances des industries. Nous allons d'abord étudier ces indicateurs de performances ainsi que les variables structurelles utilisées dans ces études, puis nous analyserons les résultats tirés de la confrontation entre performance et structure.

9.2.1 Indicateurs de performances

Les indicateurs de performances du marché apportent une réponse à notre première question concernant la réalité du pouvoir de marché dans une industrie donnée. Trois indicateurs différents reflètent, directement ou indirectement, le profit ou la relation entre prix et coût. Ils sont couramment utilisés pour évaluer l'écart entre la performance des marchés réels et l'idéal concurrentiel :

- Le *taux de rendement*, c'est-à-dire le profit par franc investi.
- La *marge prix-coût*, c'est-à-dire, en principe, la différence entre le prix et le coût marginal. En pratique, on remplace généralement le coût marginal par le coût moyen.
- Le *q de Tobin*, c'est-à-dire le ratio de la valeur boursière d'une entreprise au coût de remplacement de ses actifs.

A. Taux de rendement

Le **taux de rendement** indique combien rapporte chaque franc investi. Il faut donc analyser la relation qui existe entre le profit économique et le taux de rendement. Il est difficile de calculer correctement le taux de rendement. C'est pourquoi il est nécessaire de faire des compromis qui faussent les résultats. Cette section étudie successivement plusieurs indicateurs du taux de rendement.

a. Relation entre taux de rendement et profit économique. Les théories résumées par le tableau 9.1 le sont sous forme d'une prévision du profit. Or le taux de rendement est un indicateur de profit. Les prévisions du tableau 9.1 concernent le profit *économique*, c'est-à-dire la recette totale moins le coût d'opportunité, non le profit *comptable* (obtenu à partir des principes habituels de comptabilité). Pour vérifier les prévisions du tableau 9.1, la première étape consiste à corriger le profit comptable afin d'obtenir le profit économique permettant de calculer le taux de rendement.

Il existe plusieurs différences entre profit économique et profit comptable (voir le chapitre 3). La plus importante concerne le traitement des actifs à long terme, tels que les immeubles et les équipements. Le profit économique est égal à la recette totale moins le coût du travail, celui des matières premières et celui — approprié — du capital. Il est généralement facile de mesurer les recettes (chiffre d'affaires), le coût du travail et des matières premières. Il est plus difficile d'obtenir le **coût du capital** sur une base annuelle. Si tout le capital était loué, ce coût serait égal au coût de location annuel. Le coût de location total est égal au coût de location d'une unité multiplié par le nombre d'unités de capital louées. L'indicateur approprié du capital est un *flux* (le prix par période du capital loué) et non un *stock* (le coût d'un capital — une machine, par exemple — qui dure plusieurs années). S'il existe un marché de location du capital — par exemple un marché de location de machines — il est possible de calculer le coût de la location du capital et donc le profit économique. Si ce n'est pas le cas, l'économiste doit calculer le coût implicite de la location avant de pouvoir déterminer le profit économique.

Pour calculer le coût implicite de location du capital afin de déterminer le profit économique, il faut évaluer le **coût de remplacement** des actifs, c'est-à-dire le coût — à long terme — d'acquisition d'un actif comparable. Lorsque le capital évalué à son coût de remplacement fait apparaître un faible taux de rendement, on doit en conclure qu'il n'est pas rentable d'effectuer de nouveaux investissements sur le marché considéré. Cela ne signifie pas que l'entreprise doit fermer, ni même que ses décisions passées d'investissement sont critiquables. Par exemple, une entreprise ayant profité d'un prix bas pour faire l'acquisition d'une machine aura un faible taux de rendement si celui-ci est calculé sur la base du coût de remplacement, quoique son profit soit important si l'on tient compte du faible coût d'acquisition de la machine. Lorsque le taux de rendement est élevé, on doit conclure qu'il s'agit d'un marché profitable.

Les chercheurs divisent souvent le profit économique par la valeur du capital possédé par l'entreprise, car on obtient ainsi un taux de rendement qui permet de comparer la profitabilité des entreprises indépendamment des différences de stock de capital. Il existe une relation étroite entre le profit économique, le rendement du capital et la rente du capital. Pour faire apparaître cette relation, nous devons d'abord expliquer ce qu'est la rente du capital. La rente du capital s'obtient en ajoutant la dépréciation du capital à son rendement net.

La dépréciation du capital est le déclin de sa valeur économique au cours de sa durée d'utilisation.[1] Par exemple, si l'entretien d'une maison louée 50 000 F par an revient à 15 000 F, la dépréciation est de 15 000 F et le rendement annuel net (après déduction de la dépréciation) est égal à 35 000 F. Si la maison valait initialement 500 000 F, le taux de rendement est égal à 7% et le taux de dépréciation à 3%. Comme c'est le rendement après dépréciation qui importe pour l'investisseur,

[1] La définition comptable de la dépréciation repose sur le coût initial et sur l'âge du capital. De ce fait, elle est différente de la définition économique.

le taux de rente (par franc de capital investi) s'obtient en ajoutant le taux de dépréciation, δ, au taux de rendement net, r.

Le profit est égal à :

$$\pi = R - \text{Coût du travail} - \text{Coût des matières premières} - \text{Coût du capital}$$

où R représente le revenu (ou la recette) et où le coût du capital correspond au taux de rente multiplié par la valeur du capital. La valeur du capital est égale à $p_k K$, où p_k est le prix du capital et K la quantité de capital. Si le taux de rente est $(r + \delta)$, le profit s'écrit

$$\pi = R - \text{Coût de travail} - \text{Coût des matières premières} - (r + \delta) p_k K. \quad (9.1)$$

Le taux de rendement est la valeur de r qui correspond à un profit nul. Posons π égal à 0 dans l'équation (9.1) et résolvons en r :

$$r = \frac{R - \text{Coût de travail} - \text{Coût des matières premières} - \delta p_k K}{p_k K}. \quad (9.1')$$

Le taux de rendement est donc égal au revenu net divisé par la valeur des actifs. Le *revenu net* est égal au revenu brut (ou à la recette totale) déduction faite du coût du travail, du coût des matières premières et de la dépréciation.[2]

b. Relation entre taux de rendement et prix. Quelle doit être la baisse de prix ou de recette pour que le profit obtenu sur un marché très profitable atteigne un taux normal ? Pour établir le lien entre un taux de rendement supérieur à la normale et un prix excessif, supposons que chaque entreprise obtienne un taux de rendement (r^*) de 5% supérieur à la normale : $r^* = r + 0{,}05$. Autrement dit, supposons que le capital investi par chaque entreprise puisse obtenir un rendement supérieur de 0,05 fois la quantité investie à ce qu'il aurait obtenu dans une industrie concurrentielle. Si l'on appelle R^* les recettes de l'entreprise, son taux de rendement est alors

$$r^* = \frac{R^* - \text{Coût du travail} - \text{Coût des mat. premières} - \delta p_k K}{p_k K} = r + 0{,}05.$$

Soit R la recette qui procure un taux de rendement normal, r. La réduction de la recette (ou du prix) qui ramène le rendement à sa valeur normale est $R - R^*$. Utilisons l'expression de r donnée par l'équation (9.1′) et celle de r^* donnée ci-dessus pour obtenir $r - r^* = -0{,}05 = (R - R^*)/(p_k K)$. Multiplions chaque

[2] Le taux de rendement interne est une autre façon de calculer le taux de rendement : c'est le taux d'intérêt qui annule la valeur actualisée du flux de recettes nettes. Le taux de rendement interne indique de façon concise le rendement d'un projet qui s'étale sur plusieurs années. Mais lorsque la profitabilité varie dans le temps, il devient peu fiable du fait de son mode de calcul par agrégation. D'un autre côté, comme le taux de rendement interne dépend principalement du flux de recettes nettes observé chaque année (mais aussi de la valeur initiale et finale de l'entreprise), il ne nécessite pas de calculer pour chaque année la valeur du capital.

membre de cette expression par $p_k K$ afin d'avoir $R - R^* = -0{,}05 p_K K$. Ainsi, pour que le taux de rendement soit normal, la recette ou le prix doivent baisser d'un montant égal à 5% de la valeur du capital.

Dans de nombreuses industries manufacturières, le ratio de la valeur du capital à celle de la recette est approximativement égal à 1. Par conséquent, si le taux de rendement réel d'une entreprise est 5% plus élevé que le taux de rendement normal (lequel a varié entre 5% et 10% sur la période 1948-76), c'est que le prix concurrentiel est approximativement égal à 95% $(1 - 0{,}05)$ du prix effectif. Autrement dit, les industries qui ont un taux de rendement 1,5 fois plus élevé que le taux de rendement concurrentiel (par exemple si le taux de rendement est de 15% au lieu de 10%), pratiquent des prix qui sont seulement 5% au-dessus du niveau concurrentiel. Ce supplément de prix correspond à celui pratiqué par un monopole qui serait confronté à une élasticité d'environ 21.(3) Ainsi, même d'importantes différences de taux de rendement entre les industries concentrées et les autres n'impliquent pas nécessairement que les prix des premières soient très supérieurs aux niveaux concurrentiels. Dans les industries où la valeur du capital est faible, même d'importants écarts de rendement peuvent se traduire par de faibles suppléments de prix.

c. Difficultés liées au calcul des taux de rendement. Le calcul correct des taux de rendement se heurte à plusieurs difficultés (Fischer et McGowan, 1983). On en distingue huit principales.

Le premier problème est qu'en général le capital n'est pas évalué correctement du fait que des définitions comptables plutôt qu'économiques sont appliquées. La *valeur comptable* du capital, c'est-à-dire celle figurant à l'actif du bilan, se fonde sur le coût d'acquisition du capital et sur des conventions comptables de dépréciation. Or, pour déterminer si le taux de rendement est supérieur au seuil concurrentiel (ce qui implique que l'industrie correspondante doit se développer) ou inférieur (ce qui implique qu'elle doit se contracter), il faut se fonder sur la valeur de remplacement du capital (c'est-à-dire le coût à long terme du remplacement des actifs actuels par des actifs similaires).(4) Comme le coût initial du capital corrigé de la dépréciation diffère très souvent de la valeur de remplacement du capital, le fait d'utiliser la valeur comptable au lieu de la valeur économique du capital peut sérieusement altérer le calcul du taux de rendement.

Le second problème est que la dépréciation n'est généralement pas calculée correctement. En effet, les comptables utilisent plusieurs méthodes pour déterminer la dépréciation d'un actif. L'une d'elle, dite de l'*amortissement linéaire*, suppose que la valeur de l'actif baisse d'un montant égal chaque année, sur une période totale

---

[3] Si $\varepsilon = -21$, p est égal à $1{,}05Cm$. Autrement dit, le prix est supérieur de 5% au coût marginal.

[4] Dans toutes les industries, sauf celles en déclin, la valeur courante du capital dépend de son coût de remplacement. Une valeur élevée du capital indique qu'il faudrait investir dans l'achat d'équipements nouveaux. La vitesse d'ajustement détermine la durée pendant laquelle la valeur courante peut différer de son coût de remplacement.

déterminée (ou *durée de vie comptable* du capital). Par exemple, une machine qui coûte 10 000 F et dont la durée de vie comptable est de 10 ans sera affectée d'une dépréciation de 1000 F par an pendant 10 ans. Même si la machine fonctionne au-delà des 10 ans, elle ne subira aucune dépréciation supplémentaire, de sorte que cette formule de calcul s'avère souvent complètement décalée par rapport au déclin de la valeur économique, qui dépend de la dépréciation économique. Par conséquent, le calcul du taux de rendement est souvent faussé (voir l'annexe 9 à ce chapitre).

Le troisième problème concerne l'évaluation de la publicité et de la recherche & développement (R&D). Ces problèmes d'évaluation ont la même origine que ceux concernant le capital : l'impact à long terme sur la demande ou les coûts. Les sommes qu'une entreprise dépense en publicité cette année peuvent engendrer des bénéfices l'année suivante, de même qu'une usine construite cette année commencera à rapporter des bénéfices l'année prochaine. L'effet de la publicité sur la demande peut durer plusieurs années car il dépend du temps mis par le message publicitaire à s'estomper dans l'esprit du consommateur. Or l'entreprise qui effectue une dépense publicitaire et ne fait pas de déduction ultérieure au titre de cette dépense risque d'être induite en erreur par un taux de rendement faible au cours des premières années et élevé les années suivantes. Il est préférable de planifier les dépenses publicitaires en fonction du taux d'intérêt et d'imputer annuellement le coût du déclin de la valeur économique de ces dépenses (voir le chapitre 3, en particulier l'annexe A). Malheureusement, il est difficile de déterminer correctement le taux de dépréciation à utiliser pour les dépenses publicitaires.

Un problème similaire se pose en ce qui concerne les dépenses en R&D, lesquelles peuvent également avoir un impact durable. De plus, étant donné qu'il s'agit d'un investissement à risque, il faut interpréter les taux de rendement avec prudence. Supposons par exemple que la recherche de produits nouveaux par une entreprise soit couronnée de succès une fois sur dix. Dans l'hypothèse d'un profit (économique) total anticipé nul, il faut que le profit rapporté par l'unique produit nouveau permette de couvrir exactement les pertes supportées pour la recherche des neuf autres.

Le quatrième problème concerne l'inflation. En effet, le taux de rendement peut être calculé en termes *réels* (c'est-à-dire en tenant compte de l'inflation) ou en termes *nominaux* (sans tenir compte de l'effet de dépréciation crée par l'inflation). Si l'on doit comparer des taux, il faut s'assurer qu'ils sont tous nominaux ou tous réels.

Lorsqu'on utilise un taux réel, le revenu qui apparaît au numérateur de la formule doit seulement inclure le gain de valeur de l'actif qui n'est pas lié à l'inflation. Par exemple, si le capital vaut initialement 100 F, que le revenu (brut) annuel est de 20 F et que le taux de dépréciation annuel est égal à 10% (ce qui fait 10 F de dépréciation), le taux de rendement est égal à 10% [(20 − 10)/100]. Si l'inflation est de 10% au cours de l'année, la valeur du capital à la fin de l'année est égale à 90 F (100 F moins 10% de dépréciation) multiplié par 1,2 (coefficient de correction pour l'inflation), soit 108 F. L'entreprise a ainsi obtenu un « gain » de 18 F sur la valeur de son capital. Mais ce gain est illusoire, puisque l'ensemble des prix ayant augmenté du fait de l'inflation, il ne représente aucune amélioration du pouvoir d'achat.

Le cinquième problème concerne le profit de monopole, qui risque d'être inclus à tort dans le calcul du taux de rendement lorsque la valeur comptable sert de base au calcul. En effet, la valeur comptable d'une entreprise est parfois calculée par *capitalisation* du profit de monopole (c'est-à-dire sous forme d'une actualisation de la somme des profits futurs). Supposons par exemple que le profit d'un monopole soit supérieur de 100 F au profit concurrentiel et que le taux d'intérêt annuel soit de 10%. Dans ce cas, le propriétaire du monopole peut souhaiter vendre son entreprise pour 1 000 F de plus que le coût de remplacement des actifs de l'entreprise. Et s'il souhaite vendre, c'est parce que ces 1 000 F supplémentaires lui rapporteront 10%, soit 100 F, s'il les place dans une banque. Cependant, le nouveau propriétaire n'obtient qu'un taux de rendement concurrentiel parce que le profit annuel que lui rapporte le monopole ne fait que compenser la perte des intérêts associés aux 1 000 F supplémentaires qu'il a payés pour acquérir l'entreprise. Ces 1 000 F correspondent à la capitalisation des profits du monopole et *non* au coût social de remplacement des actifs du monopole. Par conséquent, si la valeur comptable du capital est calculée par capitalisation des profits de monopole, le taux de rendement obtenu sera faussé car trop bas et ne pourra pas servir à déterminer si une industrie produit trop peu et dégage de ce fait un profit supérieur à la normale.

Le sixième problème est que l'on calcule parfois le taux de rendement avant impôt au lieu du taux de rendement après impôt. Or le seul revenu qui importe pour l'investisseur est celui qui lui revient une fois que les impôts ont été payés par l'entreprise. C'est donc le taux de rendement après impôt qui gouverne les décisions d'entrer ou de quitter le marché. La concurrence entre les investisseurs entraîne une égalisation des taux de rendement après impôt des différents actifs. Si les actifs sont différemment imposés, le taux de rendement après impôt peut varier fortement, même si les marchés sont concurrentiels. Par conséquent, pour mesurer correctement le profit, il faut utiliser le taux de rendement après impôt, surtout lorsqu'on effectue des comparaisons entre industries qui ne sont pas taxées de la même façon.

Le septième problème est que les taux de rendement ne sont pas toujours ajustés pour tenir compte du risque. Pour déterminer si une entreprise réalise un profit supérieur à la normale, il faut comparer son taux de rendement avec le **taux de rendement ajusté pour le risque** qui serait obtenu par une entreprise concurrentielle ayant investi dans un projet comportant un niveau de risque équivalent. En effet, pour que les investisseurs s'engagent dans un projet risqué, il faut qu'ils obtiennent une compensation : plus le risque est élevé, plus le taux de rendement qu'ils attendent en retour sera important.[(5)]

---

[5] Le modèle CAPM (de l'acronyme anglais *Capital Asset Pricing Model*) est généralement utilisé pour tenir compte du risque. Dans ce modèle, le taux de rendement anticipé d'un actif est égal au taux de rendement d'un investissement sans risque (par exemple des bons du trésor américains) augmenté

Le huitième problème est que certains taux de rendement ne prennent pas en compte de façon adéquate l'endettement des entreprises. Les chercheurs utilisent généralement le taux de rendement des actionnaires comme indicateur de la profitabilité de l'entreprise. Mais si une entreprise finance une partie de ses actifs par endettement, ce ne sont pas seulement les actionnaires, mais également les autres créanciers, qui ont des droits sur l'entreprise (voir le chapitre 2). Par conséquent, le taux de rendement des actifs de l'entreprise est une moyenne pondérée des taux de rendement des actionnaires et des autres créanciers. Le taux de rendement des actionnaires est en général plus élevé que celui des autres créanciers car ces derniers supportent un risque moins important que les actionnaires et sont payés avant eux en cas de désastre financier. Le rendement des actionnaires augmente avec l'endettement parce que le revenu reçu par les actionnaires d'une entreprises financée en grande partie par l'*effet de levier* (c'est-à-dire une entreprise dont le ratio dette/actions est élevé) est plus aléatoire et donc les actionnaires exigent un taux de rendement plus important.[(6)]

Il est donc incorrect de comparer le taux de rendement des actionnaires de deux entreprises n'ayant pas le même ratio dette/actions si l'on veut mesurer les différences d'intensité de concurrence. En effet, le ratio dette/actions n'a rien à voir avec l'excès de rendement éventuel qu'une entreprise peut tirer de ses *actifs*. Des écarts de taux de rendement des actions peuvent aussi bien traduire des différences de degré de concurrence que des différences du ratio dette/actions. Cependant, même si le taux de rendement calculé en divisant les recettes nettes par les actifs diffère du taux de rendement obtenu en divisant le revenu des actionnaires par la valeur totale des actions, ils sont fortement corrélés (Liebowitz, 1982).

d. Comparer des taux de rendement. Pour évaluer un taux de rendement, il faut le comparer à un taux alternatif. Supposons qu'une entreprise possède 100 unités de

---

d'un nombre *beta* (la lettre grecque β) multiplié par la différence entre le taux de rendement du marché (par exemple, le rendement d'un portefeuille composé de toutes les actions du marché) et le taux de rendement sans risque (Brealy et Myers, 1991, ch. 8). Le coefficient beta reflète le degré de corrélation entre l'évolution du rendement de l'actif et celui de tous les autres actifs (de l'économie). Les actifs dont les risques sont liés aux fluctuations de l'économie générale doivent générer un taux de rendement supérieur aux actifs sans risques pour attirer les investisseurs.

[6] Supposons, dans un premier temps, qu'une entreprise non endettée finance un investissement de 1 000 F par émission d'actions. L'année suivante, l'investissement rapporte 1 000 F plus 80 F ou 200 F avec une probabilité égale, de sorte que le rendement des actionnaires est soit de 8%, soit de 20%, ce qui fait un rendement moyen de 14%. Supposons, dans un second temps, que l'entreprise se procure les 1 000 F en émettant 500 F d'actions et en s'endettant de 500 F, à un taux d'intérêt de 10%. Comme les intérêts de la dette sont payés avant les dividendes, les créanciers reçoivent 500 F plus 50 F, quels que soient les gains de l'entreprise (80 F ou 200 F, en plus des 1 000 F initiaux). Les actionnaires reçoivent 500 F plus 30 F ou 150 F, ce qui fait que le montant total payé aux créanciers et aux actionnaires est égal à 1 000 F plus 80 F ou 200 F. Les actionnaires ont donc un taux de rendement de 6% (30/500) ou de 30% (150/500), ce qui fait un rendement moyen de 18%, alors que le taux de rendement des créanciers est de 10% dans tous les cas. Le taux de rendement moyen des actionnaires est plus élevé parce qu'ils doivent accepter un résultat aléatoire, alors même que la situation objective de l'entreprise ne change pas.)

capital valant chacune 10 F, que ses recettes sont égales à 110 F, que le coût des matières premières et du travail soit égal à 10 F et que la dépréciation du capital soit de 2% par an. Dans ce cas, son taux de rendement (110 − 10 − 20)/1 000) est de 8%. Si les investissements effectués dans les industries concurrentielles rapportent un taux de rendement égal à 5%, c'est que l'entreprise bénéficie d'un taux de rendement *supérieur à la moyenne*.

On peut aussi parvenir à cette conclusion en raisonnant ainsi : si le taux de rente du capital était basé sur le taux concurrentiel de 5%, il serait égal à 7% (5% plus 2% de dépréciation). Le profit économique, calculé en retranchant le coût du travail, des matières premières et du capital (rente), est *positif* (30 F soit 110 − 10 − [0,07 × 1 000] = 30). On voit donc qu'un profit économique *positif* et un taux de rendement *supérieur à la moyenne* expriment la même chose.

Fraumeni et Jorgenson (1980) ont calculé le taux de rendement après impôt pour un échantillon assez grand d'industries américaines, sur la période 1948–76 en prenant soigneusement en compte les difficultés que nous avons évoquées précédemment. Leurs résultats font apparaître qu'au cours de cette cette période, l'industrie médiane bénéficiait d'un taux de rendement (non ajusté pour l'inflation) d'environ 11% (voir le tableau 9.2). Sur la même période, le rendement des obligations émises par les municipalités (dont les coupons ne sont pas imposés) fut d'environ 3,8% (*Economic Report of the President*, 1983, Tableau B-67). Le taux de rendement dans l'industrie manufacturière fut donc largement supérieur à celui des obligations municipales, ce qui est sans doute la contrepartie d'un risque plus grand.

Les études contenant des calculs de taux de rendement adoptent souvent des méthodologies différentes et, du fait de la limitation des données disponibles, ne calculent pas réellement le taux de rendement. Elles sont néanmoins utiles pour comparer les taux de rendement d'une industrie à l'autre si la méthode de calcul reste la même. En revanche, il vaut mieux éviter de comparer les résultats obtenus par différentes études qui ne se fondent pas sur la même méthode de calcul.

Les écarts liés à des méthodes de calcul différentes apparaissent en comparant les données du tableau 9.3 — qui donne la valeur comptable du capital social de certaines des industries du tableau 9.2 (les chiffres proviennent de la *Federal Trade Commission*) — avec les données du tableau 9.2.[7] Ces taux de rendement sont calculés en divisant le résultat après impôt (déduction faite des intérêts d'emprunts) par le capital social. La comparaison des tableaux 9.2 et 9.3 permet de voir l'effet du choix de la méthode de calcul sur les taux de rendement. Ainsi, le taux de rendement nominal dans l'industrie des moteurs de véhicules est d'environ 29% selon les données de Fraumeni et Jorgenson (1980), mais seulement de 15% d'après le tableau 9.3. Malgré ces différences, on peut vérifier que les écarts de taux de rendement d'une industrie à l'autre sont respectés en termes relatifs. Par exemple,

[7] Certaines industries sont exclues du tableaux 9.3 parce que les données antérieures à 1973 n'étaient pas disponibles.

Tableau 9.2: *Taux de rendement annuels moyens, 1948–1976*

Industrie	Taux nominal	Taux propre*
Agriculture	0,07	0,04
Pétrole brut	0,12	0,08
Alimentation	0,10	0,07
Tabac	0,14	0,11
Textiles	0,09	0,06
Chimie	0,13	0,10
Véhicules à moteur	0,29	0,25
Valeurs médianes (industrie manufacturière)	0,11	0,08
Transports ferroviaires	0,07	0,03
Téléphone et télégraphe	0,15	0,11
Commerce de détail	0,10	0,07

*Le taux de rendement propre ne tient pas compte des variations du prix du capital dans chaque industrie. Si les variations du prix du capital ne proviennent que de l'inflation, le taux de rendement propre est égal au taux de rendement réel (c'est-à-dire le taux de rendement ajusté pour tenir compte de l'inflation).
SOURCE : Fraumeni et Jorgenson (1980).

les deux tableaux font apparaître que le taux de rendement dans l'industrie du tabac est supérieur à celui de l'industrie textile.

Tableau 9.3: *Taux de rendement du capital social, 1948–1976*

Industrie	Taux de rendement nominal (%)
Alimentation	10
Tabac	13
Textiles	8
Chimie	14
Véhicules à moteur	15
Médiane (industrie manufacturière)	11

SOURCE : Federal Commission. *Quarterly Financial Reports*, 1948–1976.

B. Marges prix-coût

Pour contourner les problèmes posés par le calcul des taux de rendement, beaucoup d'économistes mesurent les performances par l'indice de Lerner ou *marge prix-coût*, c'est-à-dire la différence entre le prix, p, et le coût marginal, Cm, divisée par le prix, $(p - Cm)/p$. La première colonne du tableau 9.1 correspond à la marge prix-coût (sans division par le prix). Selon Liebowitz (1982), la corrélation entre le taux de rendement comptable et la marge prix-coût peut être assez faible. Le choix de l'indicateur exerce donc une influence sur les résultats.

Comme nous l'avons montré au chapitre 5, la marge prix-coût d'une entreprise qui maximise son profit est égal à la réciproque de l'élasticité de la demande (ε) affectée d'un signe moins :

$$\frac{p - Cm}{p} = -\frac{1}{\varepsilon}. \tag{9.2}$$

Une entreprise en concurrence fixe $p = Cm$ parce que l'élasticité-prix de la demande résiduelle à laquelle elle est confrontée est infiniment négative.

Malheureusement, comme les données concernant le coût marginal sont rarement disponibles, les chercheurs utilisent la marge prix-coût variable moyen plutôt que la véritable marge prix-coût.[8] La marge prix-coût variable moyen s'obtient en retranchant le coût du travail et des matières premières du chiffre d'affaires et en divisant ce résultat par le chiffre d'affaires. De ce fait, les coûts du capital, de la R&D et de la publicité ne sont pas pris en compte.[9]

Cette façon de mesurer peut fausser considérablement les résultats. Supposons que le coût maginal soit constant et égal à :

$$Cm = v + (r + \delta)\frac{p_k K}{Q} \tag{9.3}$$

où r est le taux de rendement concurrentiel, δ le taux de dépréciation et v le coût du travail et des matières premières nécessaires pour produire une unité (la production est désignée par Q). L'équation (9.3) indique que la technologie disponible nécessite K/Q unités de capital (dont le coût est p_k par unité) pour produire 1 unité. Le fait d'utiliser v au lieu du coût marginal peut affecter sérieusement le résultat, comme on peut le voir en remplaçant Cm dans l'équation (9.3) par sa valeur tirée de l'équation (9.2). On obtient :

$$\frac{p - v}{p} = -\frac{1}{\varepsilon} + (r + \delta)\frac{p_k K}{pQ}. \tag{9.4}$$

Ainsi calculé, $(p - v)/p$ diffère de sa valeur correcte, $(p - Cm)/p = 1/\varepsilon$, d'un montant donné par le dernier terme du membre de droite de l'équation (9.3), $(r + \delta)p_k K/(pQ)$, c'est-à-dire la valeur de la rente du capital divisée par la valeur de la production totale.

[8] Quelques études, comme celles de Keeler (1983) ou de Friedlaender et Spady (1980), emploient des coûts marginaux calculées à partir de fonctions de coût estimées.

[9] Voir Fischer (1987) pour une analyse critique des mesures habituelles de la marge prix-coût. Une approximation encore plus hasardeuse consiste à utiliser le coût moyen total.

C. *q* de Tobin

On peut aussi mesurer les performance par le ***q* de Tobin**, c'est-à-dire le ratio de la valeur de marché d'une entreprise (mesurée par la somme de sa valeur boursière et de la valeur de sa dette) au coût de remplacement de ses actifs (Tobin, 1969). Cet indicateur de performance n'est pas utilisé aussi fréquemment que le taux de rendement ou la marge prix-coût. Lorsqu'une entreprise vaut davantage sur le marché que le coût de remplacement de ses actifs, c'est qu'elle réalise un profit supérieur à la normale, c'est-à-dire supérieur au profit nécessaire pour que l'entreprise puisse poursuivre son activité.

L'avantage d'utiliser le q de Tobin est que l'on évite d'avoir à résoudre le délicat problème de l'estimation du taux de rendement ou de la marge prix-coût. En revanche, pour que l'utilisation du q de Tobin ait un sens, il faut pouvoir mesurer correctement la valeur de marché de l'entreprise ainsi que le coût de remplacement de ses actifs.

Il est généralement possible d'obtenir une estimation correcte de la valeur de marché d'une entreprise en additionnant la valeur des actions et des obligations émises. Par contre, il est beaucoup plus difficile d'obtenir une indication du coût de remplacement de ses actifs, à moins qu'il n'existe un marché d'occasion des équipements qu'elle utilise. De toute façon, les dépenses publicitaires et de recherche & développement ont pour contrepartie la création d'actifs intangibles qui sont généralement difficiles à évaluer. Or, les chercheurs qui calculent le q de Tobin excluent le plus souvent le coût de remplacement de ce type d'actifs de leurs calculs, ce qui fait que la valeur du q de Tobin dépasse presque toujours 1. Il peut donc être également trompeur d'utiliser le q de Tobin comme indicateur du pouvoir de marché si l'on effectue aucun ajustement complémentaire.

Tableau 9.4: *q moyen de Tobin, 1960–1976*

Industrie	q
Équipement photographique	3,08
Chimie	2,4
Alimentation	1,7
Tabac	1,39
Habillement	1,13
Valeur médiane	1,35

SOURCE : Lindenberg E. et S. Ross (1981). *Journal of Business* 54 :1, ©1981 by the University of Chicago. Tous droits réservés.

Le tableau 9.4 indique les valeurs de q pour certaines industries américaines. La valeur médiane est supérieure à 1 (1,35). Par conséquent, soit le prix est systématiquement supérieur à son niveau concurrentiel, soit ces estimations surestiment la valeur de q en raison de problèmes de mesure.

Lorsque le q de Tobin est calculé correctement, on peut calculer l'excès du prix de monopole sur le prix concurrentiel. Pour cela, il faut déterminer de combien les gains (déduction faite du rendement du capital) doivent baisser pour que q soit égal à 1. Désignons par e_m les gains annuels, supposés constants, d'un monopole et par e_c les gains annuels, également supposés constants, d'une entreprise en concurrence. Le ratio de la valeur de marché des actifs au coût de leur remplacement, q, est égal au ratio de e_m à e_c. Par exemple, si q est égal à 2, les gains doivent baisser de moitié pour que le prix pratiqué par l'entreprise devienne concurrentiel.

9.2.2 Indicateurs des structures de marché

Pour déterminer dans quelle mesure les performances sont affectées par les structures de marché, il faut d'abord pouvoir caractériser empiriquement ces structures. Il existe pour cela divers indicateurs censés traduire le degré de concurrence régnant sur un marché. Nous allons présenter les plus connus.

A. Concentration des entreprises

Dans la plupart des études SCP, la variable structurelle centrale est la concentration des entreprises du marché. La concentration est généralement mesurée par une fonction des parts de marché de certaines ou de toutes les entreprises du marché.

a. Indicateurs de la concentration d'un marché. La variable de loin la plus utilisée pour mesurer la structure d'un marché est le ratio de concentration des quatre premières entreprises (CR4), qui est égal à la part des ventes réalisées par les quatres plus grosses entreprises. Il est bien évidemment arbitraire de ne retenir que 4 entreprises et il n'y a pas d'inconvénients à modifier ce nombre. Ainsi, aux États-Unis, l'admnistration publie également le ratio de concentration des 8 plus grosses entreprises (CR8).

On peut aussi mesurer la concentration par une *fonction* des parts de marchés des plus grosses entreprises d'un marché. La fonction la plus fréquemment utilisée est l'**Indice de Herfindhal-Hirschman (IHH)** qui est égal à la somme du carré des parts de toutes les entreprises du marché. Par exemple, s'il y a 3 entreprises ayant respectivement pour part de marché 50%, 30% et 20%, le IHH est égal à 3800 (soit 2500 + 900 + 400). Aux États-Unis, cet indicateur est de plus en plus utilisé depuis le début des années 1980, car le *Department of Justice* et la *Federal Trade Commission* l'utilisent désormais pour apprécier les effets des fusions d'entreprises. Le gouvernement américain publie cet indice pour chaque industrie.

Les études empiriques donnent généralement les mêmes résutats, qu'elles utilisent l'IHH ou le CR4. On peut montrer (voir l'annexe B à ce chapitre) que l'IHH est l'indice approprié lorsque la fixation des prix est conforme au modèle de Cournot.

Tableau 9.5

Ratios de concentration d'un échantillon d'industries manufacturières américaines, 1987.

SIC	Industrie	CR4	CR8	IHH*
2011	Conditionnement industriel de la viande	32	50	403
2043	Céréales pour petit déjeuner	87	99	2207
2067	Chewing gum et pâte pour chewing gum	96	100	n.d.
2085	Liqueurs distillées et mélangées	53	75	883
2111	Cigarettes	92	n.d.	n.d.
2311	Vêtements pour hommes (adultes et enfants)	34	47	506
2411	Exploitation du bois	18	24	150
2434	Meubles en bois pour cuisines	16	22	91
2621	Fabrication du papier	44	69	743
2657	Emballages en carton	23	36	227
2678	Fournitures de bureau	51	63	1523
2731	Fabrication de livres	24	38	259
2816	Coloration d'éléments inorganiques	64	76	1550
2911	Raffinage du pétrole	32	52	435
3011	Pneus et chambres à air	69	87	1897
3221	Containers en verre	78	89	2126
3312	Fabrication de hauts-fourneaux	44	63	607
3421	Coutellerie	49	63	1089
3523	Équipements pour exploitations agricoles	45	52	802
3632	Réfrigérateur et congélateurs	85	98	2256
3651	Équipement audio et vidéo pour ménages	39	59	559
3711	Moteurs et carrosserie pour automobiles	90	95	n.d.
3944	Jeux, jouets et véhicules pour enfants	43	55	618

* Indice de Herfindhal-Hirschman pour les 50 plus grandes entreprises. n.d. = non disponible.
SOURCE : *Census of Manufactures : Concentration Ratios in Manufacturing* (1987, Tableau 4).

Plutôt que d'agréger l'information sur la taille relative des entreprises en une mesure unique, on peut étudier l'impact de la part de marché de la première (de la seconde, de la dernière, etc.) entreprise du marché sur les performances. On peut par exemple vérifier si l'augmentation de la part de marché de la seconde entreprise élève autant le prix qu'une augmentation de la part de marché de la première.

Le tableau 9.5 indique les valeurs de trois mesures de la concentration — CR4, CR8 et IHH — pour différents secteurs de l'industrie manufacturière.[(10)]

[10] Le *U.S. Bureau of Census* codifie les industries au moyen de la classification SIC [Standard Industrial Classification]. Le code associé à chaque industrie apparaît dans la première colonne du tableau 9.5. Les deux premiers chiffres désignent le premier niveau d'agrégation (il y a 20 industries [codes 20 à 39]). Ainsi, SIC 28 correspond à l'industrie chimique. Les codes à 4 chiffres permettent de recenser 450 industries définies plus finement à l'intérieur des 20 premières catégories. Par exemple, SIC 2812 correpond à la fabrication de l'alcaline et du chlore. Le *Bureau of Census* fournit encore des

Tableau 9.6: *Concentration globale* dans le secteur manufacturier américain (en %).*

Nombre d'entreprises	1947	1954	1963	1967	1972	1977	1982	1987
50 premières	17	23	23	25	25	24	24	25
100 premières	23	30	30	33	33	33	33	33
200 premières	30	37	38	41	42	43	43	43

* Mesurée en termes de valeur ajoutée.
SOURCE : *Census of Manufactures : Concentration Ratios in Manufacturing* (1982 et 1987, Tableau 1).

Indépendamment de la concentration d'une industrie donnée, on peut aussi calculer la concentration de l'industrie manufacturière toute entière. Le recensement de 1987 portant sur l'industrie manfacturière américaine a permis de calculer les ratios de concentration d'environ 450 industries. Le ratio de concentration des 4 plus grosses entreprises de chaque secteur est inférieur à 40% dans 1/6 des cas, compris entre 41% et 70% dans 3/10 des cas et supérieur à 70% dans 1/10 des cas.

Le nombre d'industries ayant un faible CR4 n'est pas plus élevé aujourd'hui qu'en 1935 et il y a même moins d'industries qui ont un CR4 élevé. En 1935, environ 47% des industries avaient un CR4 inférieur à 40% et 16% avaient un ratio supérieur à 70%. Depuis la Seconde Guerre Mondiale, le degré de concentration de l'industrie manufacturière américiane n'a pas beaucoup changé. Les comparaisons qui se fondent sur les valeurs plutôt que sur le nombre d'industries conduisent à des conclusions similaires.

Le tableau 9.6, qui concerne les États-Unis, montre qu'il n'y a pas eu d'augmentation de la concentration globale dans le secteur manufacturier si l'on retient le critère de la *valeur ajoutée* (chiffre d'affaires moins coût du fuel, de l'électricité et des matières premières) réalisée par les plus grosses entreprises de chaque secteur. La concentration domestique a bien augmenté jusqu'en 1967 et très peu depuis mais, comme ces statistiques ne tiennent pas compte de l'importance croissante des importations, elles surestiment l'évolution de la concentration réelle.

Les statistiques américaines nous renseignent principalement sur les ratio de concentration dans l'industrie manufacturière. Or celle-ci ne représente que 23% du PNB. Qu'en est-il des autres secteurs de l'économie ? Il n'est pas possible de répondre à cette question car les statistiques font défaut, ce qui explique que la plupart des études se soient concentrées sur l'industrie manufacturière.

On peut toutefois tirer 3 indications générales des résultats précédents, concernant la compétitivité et la concentration dans les divers secteurs, ainsi que sur les évolutions temporelles. Premièrement, il est généralement admis que la facilité d'entrée garantit un taux peu élevé de concentration dans l'agriculture, les ser-

classifications plus détaillées à 5 chiffres (par exemple, SIC 28133 correspond au dioxide de carbone) et même à 7 chiffres, mais ne calcule pas les indicateurs de concentration correspondants.

vices, le commerce de gros et de détail, de même que dans l'industrie, la finance, l'immobilier et l'assurance.

Deuxièmement, comme l'importance relative des différents secteurs de l'économie ne s'est pas considérablement modifiée au cours de ces dernières décennies, la concentration globale n'a pas été très affectée par ce type de modifications structurelles. Au cours de la période considérée, l'industrie manufacturière a varié entre 20% à 25% du PNB, celle du commerce de gros et de détail entre 15% et 20% et celle des transport et des autres services collectifs entre 8% et 10%. Les services (qui représentent actuellement environ 16% du PNB), la finance, l'assurance et l'immobilier (environ 15% du PNB actuellement) ont légèrement augmenté, tandis que l'agriculture et l'industrie extractive (environ 5% du PNB) ont baissé. Troisièmement, certains indicateurs de la concentration globale du secteur privé (voir le tableau 2.2) indiquent que l'économie américaine est devenue moins concentrée car la part de l'emploi et des actifs des plus grandes entreprises (25, 100 ou 200) a baissé.

b. Problèmes posés par les indicateurs de concentration. Malheureusement, les indicateurs de concentration sont influencés par de nombreux facteurs. Par exemple, la profitabilité influence le degré de concentration par l'intermédiaire de son impact sur le nombre d'entreprises qui entrent sur le marché. L'une des questions essentielles posées dans l'introduction est de savoir si des structures de marché moins concurrentielles « engendrent » des profits plus élevés. Un test de cette hypothèse n'a de sens que que si la structure affecte les profits mais non l'inverse Ceci implique qu'il faut recourir à des indicateurs *exogènes* c'est-à-dire à des indicateurs qui ne sont pas influencés par les facteurs qu'ils sont censés expliquer.[11]

La plupart des indicateurs de concentration communément utilisés ne sont pas exogènes car ils dépendent de la profitabilité de l'industrie. C'est le cas du nombre d'entreprises utilisé comme une mesure de la structure d'une industrie. En effet, si une industrie est d'autant plus concurrentielle qu'elle est composée d'un grand nombre d'entreprises, des profits extrêmement élevés attirent un plus grand nombre d'entreprises s'il n'y a pas de barrières.

Par conséquent, un indicateur de barrières à l'entrée caractérise mieux les structures que le nombre d'entreprises. Par exemple, si une industrie bénéfice d'une protection institutionnelle contre l'entrée de nouvelles entreprises, les profits devraient être plus élevés sans pour autant qu'il s'ensuive une augmentation des entrées.

Les études SCP ignorent souvent le problème posé par l'obtention d'indicateurs exogènes de la structure du marché et la plupart utilisent des indicateurs de structure endogènes.

Le second problème sérieux est que beaucoup d'indicateurs de concentration sont faussés par une mauvaise définition de la structure du marché. Le *marché*

[11] Dans le cas contraire, l'indicateur est dit *endogène*. C'est le cas de la concentration quand celle-ci est influencée par les profits. La difficulté de calculer des indicateurs exogènes nécessite parfois de recourir à la technique dite de l' « estimation d'équations simultanées ».

économique d'un produit comprend tous les produits qui ont une influence significative sur le prix de ce produit (chapitre 20). Pour que le degré de concentration d'une industrie soit un indicateur fiable de ses performances, il faut que cette industrie soit définie de façon à prendre en compte le marché économique qui lui correspond sinon le degré de concentration n'a pas d'incidence sur la fixation des prix.

L'indicateur de concentration d'une industrie dont les produits sont étroitement substituables peut sous-estimer le degré de concurrence réelle. Par exemple, si les bouteilles en verre sont concurrencées par les bouteilles en plastique, la prise en compte du seul ratio de concentration de l'industrie des bouteilles de verre peut nous induire en erreur sur le pouvoir des entreprises qui interviennent sur ce marché. Pour qu'il soit pertinent, l'indicateur doit inclure les entreprises des deux secteurs. De même, les entreprises classées dans une branche, mais qui peuvent facilement produire des biens appartenant à une autre branche en modifiant leur équipement, sont des concurrentes potentielles qui ont une influence sur le prix. Et pourtant, cette influence n'est pas prise en compte dans le calcul du ratio de concentration.[12]

Les ratios de concentration publiés par le gouvernement américain ne prennent en compte que des industries ou des produits spécifiques dont les définitions ne coïncident pas nécessairement avec celles des marchés économiques correspondants. De plus, les indicateurs de concentration sont presque toujours calculés à partir de statistiques agrégées au nveau national. Or, si l'extention géographique d'un marché ne dépasse pas une région donnée du fait de l'importance des coûts de transports, les statistiques nationales de concentration peuvent sous-estimer la concentration réelle. Certaines études font intervenir la distance de livraison pour corriger ce problème. Plus la distance est faible, plus la concentration locale est élevée par rapport à la concentration nationale.

Les indicateurs de concentration sont souvent faussés parce qu'ils ne tiennent compte ni des importations, ni des exportations. Par exemple, le ratio CR4 de l'industrie automobile américaine était égal à 92% en 1982, ce qui indique que cette industrie est très concentrée. Cependant, ce chiffre ne tient pas compte des voitures anglaises, japonaises et allemandes, lesquelles représentaient à l'époque plus de 25% des ventes totales. Cet exemple illustre à quel point les indicateurs de concentration peuvent donner une image trompeuse de la relation entre performance et concentration.

c. Concentration de la clientèle. Alors que la concentration des vendeurs engendre des prix élevés, celles des acheteurs favorise des prix bas. Lorsque les clients sont puissants et qu'ils achètent en grande quantité, leur concentration peut compenser le pouvoir des vendeurs. C'est la raison pour laquelle certaines études ajoutent la concentration de la clientèle dans les indicateurs structurels ayant une influence sur les performances. Cet indicateur peut également être faussé par les problèmes

---

[12] Si les fabricants d'un produit B peuvent se tourner avec profit vers la fabrication d'un produit A (B et A sont *substituables en termes d'offre*), le produit A fait partie du marché économique du produit B.

de définition du marché mais elle est probablement plus exogène que ne l'est la concentration des entreprises.

B. Barrières à l'entrée

L'un des facteurs essentiels des performances d'une industrie est sans doute la liberté d'entrée sur le marché (chapitre 4). Là où les barrières à l'entrée à long terme sont élevées, les prix peuvent rester durablement supérieurs à leurs niveaux concurrentiels.

Les indicateurs les plus fréquemment utilisés pour mesurer les barrières à l'entrée sont la taille minimale optimale d'une entreprise, les dépenses publicitaires, l'intensité capitalistique et diverses informations subjectives sur la difficulté d'entrer dans une industrie. Au chapitre 4, nous avons distingué les barrières à l'entrée à long terme de la rapidité d'entrée sur un marché. Mais, comme la plupart des études n'effectuent pas cette distinction, leurs indicateurs de barrières à l'entrée reflètent généralement ces deux aspects.

Fraumeni et Jorgenson (1980) ont montré que les différences de taux de rendement entre les industries peuvent persister de longues années. S'il n'y avait pas de barrières à l'entrée (ou à la sortie) à long terme, les taux de rendement devraient converger. Comme ce n'est pas le cas, leurs résultats confirment soit qu'il existe des barrières à l'entrée à long terme, soit que le taux d'entrée/sortie est peu élevé, de sorte que la convergence des taux de rendement est lente, soit encore que les risques sont significativement différents d'une industrie à l'autre.

Là encore, beaucoup d'indicateurs des barrières à l'entrée, comme les dépenses publicitaires, ne sont pas exogènes. Quant à ceux qui le sont, comme certaines informations subjectives, ils sont difficilement quantifiables.

C. Syndicalisation

Certaines études font intervenir le taux de syndicalisation dans l'explication des performances. Plus ce taux est important, plus les syndicats peuvent exiger des salaires élevés et capter ainsi une partie des profits de l'industrie. L'élévation des salaires se répercuterait alors sur les prix, ce qui fait que l'on pourrait observer simultanément des profits bas et des prix élevés. Il se peut aussi que l'existence des syndicats favorise non seulement l'élévation des salaires et des prix, mais aussi celle des profits de l'industrie. En effet, lorsque les syndicats élèvent le coût de la main-d'œuvre, il empêchent l'augmentation de la production et donc les profits de baisser. Si la présence de syndicats favorise l'élévation des profits, alors le taux de syndicalisation ne peut plus être considéré comme exogène.

9.2.3 Relation entre structures de marché et performances

Des centaines d'études, voire des milliers, ont essayé de relier les structures de marché à chacune des 3 principales mesures des performances. Dans cette section, nous analysons tout d'abord les résultats empiriques essentiels concernant chacune de ces 3 mesures pour les États-Unis. Puis nous analysons les résultats portant sur d'autres pays, ainsi que les études d'industries particulières. Enfin, nous passons en revue les critiques majeures adressées à ces résultats, ainsi que les interprétations qu'on peut en donner.

A. Taux de rendement et structures industrielles

Joe Bain mérite qu'on lui attribue la paternité du travail pionnier qui fut le point de départ de la volumineuse littérature concernant la relation entre taux de rendement et structure d'un marché ou d'une industrie. Bain (1951) étudia 42 industries, qu'il sépara en 2 groupes : celles dont le CR8 dépassait 70% et celles dont le CR8 était inférieur à 70%. Il calcula sommairement les taux de rendement (en divisant le chiffre d'affaires par le capital social) et trouva qu'il était plus élevé dans les industries les plus concentrées (11,8%) que dans les industries moins concentrées (7,5%).

Bain (1956) classifia ensuite les industries en fonction d'une appréciation subjective des barrières à l'entrée, en se fondant sur les facteurs évoqués au chapitre 2. Son hypothèse était que le profit devrait être plus élevé dans les industries très concentrées et protégées par d'importantes barrières à l'entrée. Les preuves empiriques rassemblées par Bain confirment cette hypothèse.

Brozen (1971) a mis en question les résultats de Bain sur 2 points. D'une part, ainsi que Bain l'avait reconnu, les industries étudiées n'étaient pas nécessairement en situation d'équilibre. Brozen montra que les industries pour lesquelles Bain avait trouvé un taux de rendement élevé connurent par la suite une forte baisse de leurs profits, alors que les autres industries connurent au contraire une importante augmentation. En fait, pour les 42 industries de l'échantillon de l'étude de Bain (1951), la différence de taux de rendement de 4,3% qu'il avait trouvé entre les industries concentrées et les autres fut ramenée à seulement 1,1% vers le milieu des années 1950 (Brozen, 1971). D'autre part, Brozen fit remarquer que Bain avait dans certains cas utilisé le taux de profit des entreprises dominantes au lieu du taux de profit de l'industrie toute entière, ce qui pourrait avoir faussé ses résultats.

Mann (1966) retrouva les mêmes résultats que Bain en utilisant des données portant sur les années 1950–1960 (Tableau 9.7). Il utilisa le même taux de concentration que Bain pour partager son échantillon (70%). Il trouva que le taux de rendement du groupe le plus concentré était de 13,3%, alors qu'il était seulement de 9,0% dans le groupe le moins concentré.

Mann étudia aussi la relation entre le profit et une évaluation personnelle des barrières à l'entrée. Il trouva que les industries ayant de « très importantes » barrières à l'entrée bénéficiaient de profits plus élevés que celles qui étaient seulement protégées par des barrières « importantes », lesquelles avaient des profits plus élevés que les industries où les barrières à l'entrée étaient « modérées ou basses » (Tableau 9.8). Ses résultats confirment ainsi ceux de Bain d'après lesquels les in-

Tableau 9.7: *Taux de profit moyens (en %, sélection d'industries)*

CR8 supérieur à 70%		CR8 inférieur à 70%	
Industrie	**Taux de profit**	**Industrie**	**Taux de profit**
Automobile	15,5	Chaussures	9,6
Cigarettes	11,6	Bière	10,9
Drogues autorisées	17,9	Charbon bitumineux	8,8
Liqueurs	9,0	Fruits & légumes en conserve	7,7
Moyenne	13,3	Moyenne	9,0

SOURCE : Mann (1966, p. 299).

dustries protégées par des barrières à l'entrée très élevées ont un profit moyen plus élevé que les industries moins protégées.

Tableau 9.8
Taux de profit moyen dans les industries fortement concentrées, suivant l'importance des barrières à l'entrée (classification de Mann (1966))

Industrie	Taux de profit (%)
Barrières très importantes	
Automobile	15,5
Chewing gum	17,5
Tabac	11,6
Moyenne	6,4
Barrières importantes	
Acier	10,8
Savon	13,3
Moyenne	11,1
Barrières moyennes ou basses	
Conteneurs en verre	13,3
Rasoirs	8,5
Moyenne	11,9

SOURCE : Mann (1966, p. 300)

De nombreuses études économétriques de la relation entre taux de rendement, concentration et diverses autres variables, comme celles mesurant les barrières à l'entrée, ont été menées.(13) Ces études ont cherché à mesurer les effets de différentes variables sur les taux de rendement au moyen de *régressions*. Les régressions ne

[13] Weiss (1974) a fait une synthèse des études les plus anciennes et Schmalensee (1989) a résumé les résultats des plus récentes.

fournissent pas uniquement une estimation de l'effet d'une variable sur une autre, mais donnent également une indication sur la précision de l'estimation ainsi qu'un test permettant d'apprécier si l'effet en question est significativement différent de zéro.

Se fondant sur une analyse d'ensemble de ces études, Weiss (1974) conclut qu'il existait une relation significative entre les profits, la concentration et les barrières à l'entrée. Les études plus récentes n'ont cependant trouvé qu'une relation plus faible, voire inexistante, entre les variables structurelles et les taux de rendement. Par exemple, Salinger (1984) n'a trouvé au mieux qu'une faible confirmation de l'hypothèse que la taille minimale efficiente dans les industries concentrées serait liée aux taux de rendement.[14] Il n'a pas trouvé non plus de confirmation statistique que les autres mesures des barrières à l'entrée (comme l'importance des dépenses publicitaires) influencent les taux de rendement.

Les études économétriques reliant le profit à la structure du marché aboutissent souvent à la conclusion que la profitabilité est corrélée avec le ratio des dépenses publicitaires aux ventes ainsi qu'au ratio des dépenses de recherche & développement aux ventes. Ces études montrent aussi que les taux de rendement élevés sont fréquemment liés au taux de croissance des industries concernées.

D'autres études se sont intéressées au lien entre la vitesse d'ajustement du capital et la concentration (et donc, indirectement, au lien entre profit et concentration [voir plus loin]). Les ratios capital/production augmentent de façon continue avec la concentration (tableau 9.9). On ne sait d'ailleurs toujours pas vraiment pourquoi les ratios capital/production et les taux de concentration sont corrélés. On peut avancer que lorsque la taille minimale optimale (taille minimale à partir de laquelle une entreprise peut envisager de fonctionner) est très élevée par rapport à la taille du marché, seules quelques entreprises peuvent coexister. Cependant, la taille minimale optimale ne représente souvent qu'une faible fraction de la demande totale de l'industrie (voir le chapitre 3).

Il est possible que les industries les plus intensives en capital et les plus concentrées utilisent un capital plus spécifique. Dans ce cas, le taux d'ajustement de leur ratio capital/production peut être plus lent que celui des industries moins concentrées parce qu'il est généralement plus difficile d'ajuster le stock de capital que l'emploi. Si cette hypothèse est vérifiée, cela explique pourquoi les profits élevés (faibles) mettent plus longtemps à revenir au niveau moyen de l'industrie (Stigler, 1963, Connolly et Schwartz, 1985, Mueller, 1985). Voir le chapitre 4 pour des études sur le processus d'entrée.

De même, si les industries plus concentrées mettent longtemps à réagir, l'amélioration des perspectives économiques devrait davantage augmenter la valeur des entreprises situées dans des industries concentrées que la valeur des entreprises

[14] L'importances des infrastructures nécessaires ne constitue une barrière à l'entrée à long terme que si d'autres facteurs, tels que l'existence de marchés des capitaux imparfaits ou des coûts irrécupérables, entrent également en jeu.

Tableau 9.9
Ratios capital/production et concentration (Industrie manufacturière américaine, 1963)

Ratio CR4	Ratio capital/production moyen (%)
0-10	26,5
11-20	26,9
21-30	32,7
31-40	34,5
41-50	37,7
51-60	37,9
61-70	44,2
71-80	49,8
81-90	51,8
91-100	57,7

SOURCE : Collins et Preston (1969, p. 272), basé sur la valeur comptable du capital.

situées dans des industries peu concentrées (toutes choses égales par ailleurs). Lustgarten et Thomadakis (1980) ont pu établir que l'amélioration (détérioration) des perspectives économiques augmentait beaucoup plus (diminuait beaucoup plus) la valeur des actions d'entreprises appartenant à des industries concentrées que la valeur des actions d'entreprises situées dans des industries peu concentrées.

B. Marge prix-coût et structures industrielles

À la suite du travail de Collins et Preston (1969), beaucoup d'économistes ont étudié la relation prix-coût moyen variable d'une industrie à l'autre, en se fondant sur des données de recensement, ainsi que sur diverses variables mesurant les structures industrielles, comme le CR4 et le ratio capital/production. Une régression type, appliquée à des données de 1958 (Domowitz, Hubbard et Petersen, 1986, p. 7) est de la forme :

$$\frac{p-v}{p} = \underset{(0,01)}{0,16} + \underset{(0,02)}{0,10}\ \text{CR4} + \underset{(0,02)}{0,08}\ \frac{p_k K}{pQ} + \text{autres variables},$$

où $(p-v)/p$ est la marge prix-coût moyen variable, v un indicateur du coût moyen variable, CR4 le ratio de concentration des quatre premières entreprises et $p_k K/(pQ)$ le ratio de la valeur (comptable) du capital à la valeur de la production. Les nombres entre parenthèses figurant sous chaque coefficient sont les erreurs-types et renseignent sur la précision de l'estimation de chaque coefficient.[15] La

[15] La précision d'un coefficient est généralement évaluée par construction d'un « intervalle de confiance à 95% », égal à deux fois l'erreur-type du coefficient. Ainsi, l'intervalle de confiance à 95% du coefficient de CR4 est-il égal à (0,006 ; 0,14).

présence du terme $p_k K/(pQ)$ se justifie par l'utilisation du ratio prix-coût variable moyen (voir l'équation [9.4]).

La sensibilité du prix à l'augmentation de la concentration peut se déduire de cette équation. D'après la formulation, si la valeur du capital à celle de la production, $p_k K/(pQ)$ est de 40% (valeur moyenne pour toutes les industries), le ratio de concentration des 4 premières entreprises, CR4, est de 50%. Et si les « autres variables » sont nulles, la marge prix-coût moyen variable est de :

$$\frac{p-v}{p} = 0{,}16 + (0{,}10 \times 0{,}5) + (0{,}08 \times 0{,}4) = 0{,}24$$

ou $p = 1{,}3v$. Autrement dit, le prix est supérieur de 30% au coût moyen variable.

Si le CR4 double, passant de 50% à 100%, l'augmentation de la marge prix-coût moyen variable sera de :

$$\frac{p-v}{p} = 0{,}16 + (0{,}10 \times 1) + (0{,}08 \times 0{,}4) = 0{,}29$$

ou $p = 1{,}4v$. Autrement dit, le prix augmente approximativement de 1,4 fois le coût variable moyen, ce qui représente une augmentation de prix d'environ 7%. Ainsi, même si la concentration s'élève fortement, le prix augmente assez peu.

Domowitz, Hubbard et Petersen (1986) ont établi que l'écart de la marge prix-coût moyen variable entre les industries fortement concentrées et les autres avait largement baissé au cours de la période 1958–1981. Ils ont ensuite effectué l'estimation d'une équation de prévision de la marge prix-coût moyen variable avec des données plus récentes et trouvé que le coefficient associé au ratio de concentration était beaucoup moins élevé qu'en 1958. Par conséquent, l'effet de la concentration sur le prix, déja peu important en 1958, s'est encore amoindri les années suivantes. De plus, le test statistique n'a pas permis de rejeter l'hypothèse d'une influence nulle de la concentration sur la marge prix-coût moyen variable. Plus généralement, ils ont établi que la relation entre la concentration et la marge prix-coût moyen variable est instable et, dans la mesure où elle existe, faible (surtout pour les périodes récentes).

Plutôt que d'utiliser les données recensées systématiquement sur le coût moyen variable par industrie pour étudier la relation entre la structure industrielle et la marge prix-coût moyen variable, d'autres chercheurs (Kwoka et Ravenscraft [1985]) ont eu recours aux données de la *Federal Trade Commission* (FTC) et obtenu la marge prix-coût moyen variable pour chaque entreprise.(16) Les études

---

16 En utilisant les données d'entreprises plutôt que celles d'industries, le chercheur peut dissocier l'effet de la concentration industrielle sur la marge prix-coût de son effet sur l'efficience de l'entreprise. Par exemple, la marge prix-coût d'une entreprise peut être élevée soit parce que l'entreprise est particulièrement efficiente (bas coût par rapport à toutes les autres entreprises) ou parce que toutes les entreprises de l'industrie bénéficient d'un prix élevé (absence de concurrence dans l'industrie). Voir Benston (1985) pour une critique des études qui ont exploité les données de la FTC.

qui ont utilisé les données d'entreprises montrent que le lien entre une concentration plus élevée et une marge prix-coût plus grande est ambigu. Certaines études n'ont pas pu établir de lien du tout. D'autres ont mis en évidence que l'existence d'une très grosse entreprise au second ou au troisième rang réduisait beaucoup la marge prix-coût. Ce résultat montre qu'il peut être erroné d'utiliser le CR4 comme indicateur de structure.

Diverses études ont établi que d'autres variables explicatives pouvaient avoir un effet significatif. Kwoka et Ravenscraft (1985) ont trouvé que la croissance de l'industrie avait un effet positif significatif sur la marge prix-coût moyen variable. Lustgarten (1975) a montré que l'augmentation de la concentration de la clientèle réduisait parfois la marge prix-coût moyen vaiable. Comanor et Wilson (1967) ont trouvé qu'un ratio dépenses publicitaires/chiffre d'affaires élevé augmentait la marge prix-coût. Freeman (1983) a montré que les syndicats réduisaient la marge prix-coût (Freeman, 1983).[(17)]

C. *q* de Tobin et structures industrielles

Si le q de Tobin (ratio de la valeur de marché d'une entreprise au coût de remplacement de ses actifs) est supérieur à 1, le taux de rendement de l'entreprise est supérieur au taux qui devrait normalement rémunérer ses actifs. Un tel taux de rendement ne peut perdurer que s'il existe des barrières à l'entrée à long terme.

Thomadakis (1977), Lindenberg et Ross (1981), Salinger (1984), Smirlock, Gilligan et Marshall (1984), ainsi que d'autres, ont étudié la relation entre le q de Tobin et la structure du marché. Lindenberg et Ross (1981) ont établi que les q des entreprises sont stables dans le temps et que celles qui ont un q élevé ont généralement des produits diférenciés et utilisent des facteurs spécifiques, ce qui expliquerait qu'elles puissent bénéficier de taux de rendement supérieurs au minimum nécessaire pour induire une entreprise à produire à court terme. Les entreprises qui ont un ratio q faible sont souvent situées dans des secteurs concurrentiels ou sévèrement régulés. Lindenberg et Ross ont trouvé qu'il existait une forte corrélation entre les marges prix-coût et le q, mais une faible corrélation entre le q et les ratios de concentration.

Même si l'estimation de q est faussée du fait d'erreurs de mesure, il reste possible d'analyser la relation entre le q et la structure du marché par une régression, dès lors que l'on corrige ce problème de mesure par l'ajout de variables telles que le ratio des dépenses publicitaires aux ventes ou les coûts de recherche & développement. Cette procédure est similaire à celle utilisée dans les régressions concernant la marge prix-coût moyen variable.

---

[17] Salinger et Ruback et Zimmerman (1984) ont trouvé que la syndicalisation avait aussi un effet négatif significatif sur les profits des industries fortement concentrées. Voos et Mishel (1986) ont montré que même si les syndicats pouvaient réduire la marge prix-coût, le prix n'était pas très différent de celui qui aurait prévalu en l'absence de syndicats.

Salinger (1984) a estimé la relation entre le q et les barrières à l'entrée, la concentration industrielle et le taux de syndicalisation. Son étude commence par une réflexion méthodologique sur plusieurs points. Premièrement, ainsi que Bain (1956) l'avait lui-même indiqué, s'il n'y a pas de barrières à l'entrée il n'y a pas de raison qu'un pouvoir de marché naisse du simple fait de la concentration. Il ne devrait y avoir de lien entre q et la concentration du fait d'un pouvoir de marché qu'en présence de barrières à l'entrée. Deuxièmement, si la concentration se produit parce que les entreprises les plus efficientes s'agrandissent, elle devrait avoir un effet négatif sur les prix. Enfin, il se peut que les syndicats détournent les rentes de monopole et réduisent l'importance de la relation entre q et le pouvoir du marché.

Salinger a effectué l'estimation de la régression suivante, liant q aux variables structurelles :

$$\begin{aligned} q &= \alpha_0 + \alpha_1 \frac{A}{p_k K} + \alpha_2 \frac{R\&D}{p_k K} + (1 - \alpha_3 U)\mathrm{CR4}\left[\alpha_4 M + \alpha_5 K + \alpha_6 \frac{A}{p_k K}\right] \\ &\quad + \alpha_7 \mathrm{CR4} + \alpha_8 G, \end{aligned}$$

où les α_i sont les coefficients à estimer, $A/(p_k K)$ le ratio des dépenses publicitaires à la valeur du capital, $R\&D/(p_k K)$ le ratio des dépenses de recherche & développement à la valeur du capital, U la part de la population active qui est syndicalisée, M la taille minimale optimale et G le taux de croissance de l'industrie.

Salinger n'a pas pu rejeter l'hypothèse que les coefficients α_4, α_5, α_6 et α_7 étaient nuls. Par conséquent, les donnés ne confirment pas l'idée que ces indicateurs de barrières à l'entrée augmentent les profits. Il n'a pas non plus pu établir que les industries qui croissaient rapidement obtenaient des rendements élevés.

D. Études internationales de la relation performances-structures

Dans beaucoup de pays, le commerce international exerce un rôle plus important qu'aux États-Unis sur les marchés. Aussi, le fait de ne pas tenir compte des exportations et des importations peut-il être plus important que dans le cas des États-Unis. Les ratios de concentration basés seulement sur la concentration domestique peuvent ne pas être économiquement significatifs en tant que mesure du pouvoir de marché. La concurrence réelle peut en effet venir d'entreprises situées à l'extérieur d'un pays donné.

Néanmoins, en dépit de ces différences entre pays concernant l'importance du marché intérieur, les ratios de concentration domestique sont corrélés entre pays (Pryor, 1972). Autrement dit, une industrie qui est fortement concentrée aux États-Unis, l'est généralement aussi au Royaume-Uni.

Quelles que soient les données nationales utilisées, la plupart des études ont difficilement pu détecter un effet économique et statistiquement significatif de la concentration sur les performances (Hart et Moran, 1977, Geroski, 1981). Encaoua et Geroski (1984) ont cependant établi que les États-Unis, le Royaume-Uni et le

Japon ont un taux d'ajustement plus lent de leurs prix dans la plupart des secteurs concentrés.[18]

E. Performances et structures dans des industries particulières

La plupart des études SCP se fondent sur des données permettant de comparer les industries entre elles à une période donnée plutôt que sur l'étude de l'évolution d'industries particulières. Mais cette approche a deux inconvénients.

Premièrement, il n'est guère réaliste de penser que la même relation structure-performance prévale pour toutes les industries. Supposons par exemple qu'une industrie monopolisée soit caractérisée par une forte élasticité de demande alors qu'une autre, également monopolisée, soit caractérisée par une faible élasticité de demande. D'après l'équation (9.2), la marge prix-coût dans l'industrie ayant une élasticité de demande élevée est moindre que dans l'industrie où cette élasticité est basse. Or beaucoup d'études comparatives ne tiennent pas compte des différences d'élasticité entre industries, supposant implicitement que ces élasticités sont identiques.

Deuxièmement, il est peu probable que le CR4 publié par le *U.S. Census* corresponde aux ratios de concentration réelle d'un marché défini en termes économiques. Or, si les ratios de concentration ne sont pas calculés correctement, on doit s'attendre à ce que les études comparatives ne trouvent pas de corrélation entre performance et concentration.

Pour remédier à ces deux problèmes, certaines études se concentrent sur une seule industrie et étudient son évolution dans le temps ou comparent sa situation dans les différents pays. Ainsi peut-on par exemple observer comment les performances d'une industrie se modifient avec le temps en fonction de l'évolution de la législation concernant l'entrée de nouvelles entreprises. Nous allons passer en revue trois études de ce type.

a. Secteur bancaire. La relation entre structures de marché et performances dans le secteur bancaire a souvent été étudiée, en partie parce que la Réserve Fédérale est responsable (dans le cadre du *Bank Merger Act* de 1960) de l'appréciation des effets concurrentiels des fusions bancaires. Ces études analysent les effets de la concentration sur différents indicateurs des performances bancaires, tels que le prix qu'elles pratiquent pour la prestation de certains services ou les taux d'intérêt des prêts. Selon Gilbert (1984), qui a fait une synthèse de ces études, les meilleures d'entre elles parviennent à établir que le prix des services ou les taux d'intérêt des prêts à la consommation augmentaient légèrement avec la concentration.

b. Transports aériens. Plusieurs études ont été menées pour déterminer les effets de la concentration sur les tarifs pratiqués par les compagnies aériennes depuis que ce secteur a été déréglementé aux États-Unis. On pourrait penser que pour une compagnie aérienne déja en activité, le coût d'entrée sur une nouvelle liaison

---

[18] Pour une analyse de l'organisation industrielle au Japon, voir Caves et Uekasa (1976).

entre 2 villes est peu élevé. En effet, tout ce qui est requis, c'est d'affecter un appareil existant au nouveau trajet. Le transport aérien apparaît donc comme un marché contestable. En dépit de cette facilité apparente d'entrée, les études portant sur ce secteur ont montré de façon récurrente que la concentration sur une ligne particulière avait une influence sur les tarifs pratiqués.[(19)] C'est donc l'entrée réelle et non l'entrée potentielle qui influence les tarifs pratiqués.

Call et Keeler (1985), Bailey, Graham et Kaplan (1985), ainsi que Graham, Kaplan et Sibley (1983) ont montré que les tarifs étaient plus élevés lorsque la concentration était importante. Ils ont déterminé que les tarifs augmentaient d'environ 6% lorsque le ratio de concentration doublait de 50% à 100% sur une ligne directe entre 2 villes (Bailey, Graham, Kaplan, 1985, p. 165). Là aussi, il y a un effet statistiquement significatif de la concentration sur les performances, mais il est d'ampleur modeste. Borenstein (1989) présente des preuves empiriques d'après lesquelles la concentration sur une destination (et non plus sur une ligne particulière entre 2 villes) peut également se traduire par un faible augmentation des tarifs. Voir aussi Hurdle *et al.* (1989), Borenstein (1992), Brueckner, Dyer et Spiller (1992), ainsi qu'Evans et Kessides (1993).

c. Transports ferroviaires. Par opposition avec l'apparente facilité d'entrée qui caractérise les transports aériens, il est maintenant si coûteux de construire une ligne de chemin de fer qu'il est improbable qu'une entreprise envisage de construire son propre réseau. Par conséquent, on peut considérer que le nombre de concurrents est donné de façon exogène lorsqu'on se concentre sur les produits qui ne peuvent être transportés que par le rail (le transport par camion étant trop coûteux). Certaines études ont tenté de vérifier l'existence d'une relation entre les tarifs ferroviaires (en fonction de la distance et du poids) et la concentration après la déréglementation des transports ferroviaires instauré par le *Staggers Act* de 1980 et la plus grande liberté de prix qui s'ensuivit.

MacDonald (1987) a établi qu'en l'absence de concurrence, une compagnie ferroviaire peut pratiquer un prix 18% plus élevé qu'en concurrence pour le transport du blé.[(20)] Lorsque 3 compagnies sont en concurrence, les tarifs baissent de 2% supplémentaires. Ces résultats n'indiquent pas que les tarifs montent énormément,

---

[19] Ce résultat peut s'expliquer par le fait qu'il est difficile de mettre en place un réseau aérien optimal, permettant de transporter les passager des villes « périphériques » aux villes « centrales », où ils peuvent prendre des correspondances pour d'autres villes centrales ou périphériques. Ce n'est que lorsqu'il y a un trafic intense entre 2 villes (par exemple entre New York et Chicago), sans arrêt intermédiaire (donc sans correspondance) qu'on peut admettre que les marchés sont contestables. Carlton et Klamer (1983) proposent une analyse de ce type de réseaux. Dans les aéroports congestionnés, le nombre limité de ports d'embarquement et de pistes réduit la facilité d'entrée.

[20] Dans une étude non publiée, Carlton, Sherwin et Weiss ont trouvé que les effets de la concurrence sur le prix des transports ferroviaires de marchandises était moins important. D'après leurs résultats, la présence de compagnies concurrentes ne réduisait que de 0% à 10% les prix du transport des marchandises qui dépendent principalement du rail.

même lorsque la concentration augmente beaucoup, mais ils sont statistiquement significatifs.[21]

F. Conclusions sur les résultats précédents

En résumé, il existe au mieux de faibles indications d'un lien entre la concentration et diverses mesures des barrières à l'entrée et des performances. Faut-il conclure que les théories qui prévoient l'existence d'un lien sont fausses ou que les études empiriques sont entachées d'erreurs ?

Bien que beaucoup d'études SCP soient correctement menées, certaines sont très discutables. Un grand nombre des résultats négatifs qu'elles mettent en évidence peuvent être dus à deux problèmes principaux. D'une part, beaucoup de ces études laissent en suspens d'importants problèmes de mesure et de statistique. D'autre part, ce qui est plus grave, ces études sont conceptuellement discutables.

a. Problèmes statistiques

Divers problèmes de mesure et de statistique peuvent difficilement être corrigés. Nous en avons déja évoqués plusieurs. En voici trois autres.

Premièrement, les indicateurs de concentration et de performances sont souvent faussés du fait d'une mauvaise agrégation des produits. En effet, comme la plupart des entreprises vendent plus d'un produit, tout calcul des profits ou des marges prix-coût d'une entreprise est une moyenne portant sur différents produits. Or, lorsqu'une entreprise fabrique des produits appartenant à des industries différentes, les statistiques agrégées peuvent induire en erreur. Par exemple, le recensement assigne les entreprises à des industries d'après les produits primaires qu'elles fabriquent et inclut ensuite la valeur totale de leur production sous cette rubrique. Le recensement tabule également des statistiques au niveau du produit d'après des données provenant directement des établissements de production. Or, comme il est moins fréquent qu'un établissement fabrique des produits différents, ces données sont plus fiables lorsqu'on procède à des agrégations.

Deuxièmement, ansi que nous l'avons déja indiqué dans la section sur la mesure des performances et des structures, les indicateurs peuvent également être faussés pour d'autres raisons. Afin de remédier à ces problèmes, certains chercheurs incluent des variables autres que la concentration. Par exemple, étant donné que la plupart des marges prix-coût ignorent le capital et les dépenses publicitaires, certains économistes incluent ces deux variables dans les régressions portant sur la relation entre les marges prix-coût et la concentration. La prise en compte de ces *variables explicatives* supplémentaires n'élimine pas l'erreur de

[21] Quoiqu'un écart de 20% ne soit pas négligeable, il reste inférieur à celui qui devrait séparer le prix de monopole du prix de concurrence. Un prix supérieur de 20% au niveau concurrentiel correspond au prix pratiqué par un monopole confronté à une demande d'élasticité égale à -6. Or, il est généralement admis que la valeur absolue de l'élasticité de la demande de transport de blé par voie ferroviaire est largement supérieure à 6.

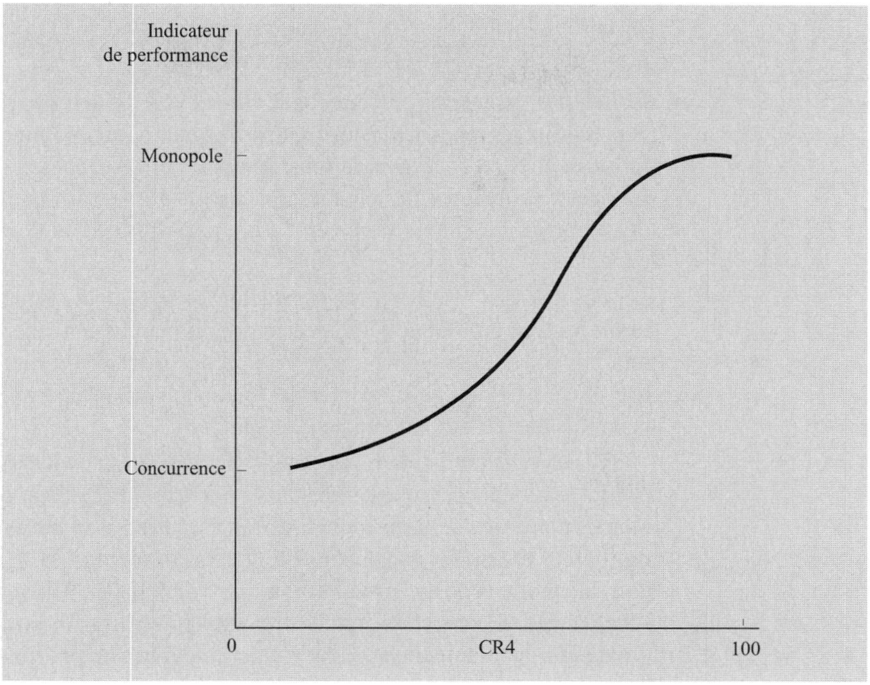

Figure 9.1: *Relation entre performances et concentration*

mesure si elles sont elles-mêmes mal mesurées ou influencées par la profitabilité de l'industrie. Par exemple, les chercheurs mesurent souvent mal la publicité alors même qu'elle joue un rôle très important dans les secteurs qui réalisent des profits élevés. Les coefficients associés à des variables telles que la publicité reflètent donc la mauvaise mesure de l'indicateur de performances et non quelque force économique fondamentale qui déterminerait la « vraie » marge prix-coût.

Troisièmement, beaucoup d'études se contentent d'effectuer des estimations linéaires de la relation entre concentration et performances. Or, si au-dessus d'un certain seuil de concentration l'augmentation du ratio de concentration à un effet moindre sur les performances, la relation entre concentration et performances peut avoir la forme d'un S (figure 9.1). Cette courbe en forme de S ne peut être approximativement représentée par une ligne droite que si les niveaux de concentration sont situés dans un certain intervalle. Si, au contraire, ils varient beaucoup, une estimation qui se fonde sur une relation linéaire peut conduire à des résultats faux.

White (1976), ainsi que Bradburd et Over (1982), ont tenté de déterminer des seuils de concentration au-dessous lesquels le prix augmenterait moins du fait de la concentration et des seuils au-delà desquels le prix augmenterait plus du fait de la concentration. La découverte de ces seuils ne fut que partiellement couronnée de succès : ils ont établi avec quelque vraisembleance que le prix augmentait à partir d'un seuil de concentration de 50% à 60%.[22]

b. Problèmes conceptuels Beaucoup d'études SCP posent de sérieux problèmes conceptuels qui les rendent difficilement utilisables pour répondre à notre seconde question essentielle concernant la relation entre performances et structures de marché. Les deux problèmes principaux concernent d'une part l'utilisation d'indicateurs de performances à long terme et d'autre part l'utilisation de variables structurelles exogènes.

Les théories résumées par le tableau 9.1 indiquent comment les profits à long terme varient en fonction de la structure du marché mais ne disent rien quant à la relation entre les profits à court terme et la structure du marché. Par conséquent, une étude SCP qui se fonde sur des indicateurs de performance à court terme ne constitue pas un test valable de ces théories.

L'intervalle temporel qui caractérise le long terme varie d'une industrie à l'autre. À tout moment, certaines industries sont très profitables alors que d'autres ne le sont pas. Au cours du temps, certaines entreprises quittent les industries peu profitables et entrent dans celles qui le sont davantage, ce qui fait tendre les taux de rendement vers un niveau commun. Connolly et Schwartz (1985), ainsi que Mueller (1985) ont établi que les profits élevés des industries très concentrées finissaient par s'amenuiser. Ce n'est qu'en analysant à la fois le niveau des profits (ou d'autres indicateurs des performances) et leur taux de variation qu'on peut distinguer entre une barrrière à long terme et la vitesse à laquelle l'entrée a lieu (voir le chapitre 2). Beaucoup d'analyses n'effectuent pas cette distinction. Or, là encore, ce problème conduit à mesurer incorrectement les performances.[23]

Le problème conceptuel le plus sérieux concernant la plupart des études SCP est que les variables structurelles ne sont pas exogènes. Beaucoup de chercheurs ayant trouvé un lien entre des profits substantiels (ou des taux de rendement excessifs, de fortes marges prix-coût ou des valeurs élevées de q) et des ratios de concentration importants en ont déduit à tort que les taux de concentration élevés étaient la « cause » des profits plus importants. En fait, les profits et la concentration s'influencent réciproquement. On peut par exemple soutenir que le lien entre profits et concentration provient du fait que les grandes entreprises sont plus efficientes et plus innovatrices (Demsetz, 1973 et Peltzman, 1977). Ce n'est que lorsqu'une entreprise est efficiente ou innovatrice qu'il est profitable pour elle d'augmenter sa

---

[22] Bradburd et Over (1982) ont réuni des preuves empiriques d'après lesquelles l'effet de la concentration sur les performances dépend des niveaux de concentration antérieurs. Lorsqu'une industrie voit son taux de concentration diminuer, le prix demeure plus élevé qu'il ne le serait si cette industrie n'avait jamais connu le niveau concentration plus élevé précédent.

[23] Ces divers problèmes posés par la mesure des performances ne sont peut-être pas aussi sérieux qu'il n'y semble à première vue, ainsi que l'illustre l'étude de Schmalensee (1982). Celui-ci a utilisé 12 mesures comptables différentes de la profitabilité dans une étude SCP et constaté qu'en dépit du fait que ces mesures sont assez peu corrélées entre elles, les mêmes résultats concernant le paradigme SCP se vérifiaient pour les 12 indicateurs.

part de marché et d'élever ainsi le niveau de concentration. Dans cette perspective, une entreprise qui réussit attire à elle les consommateurs, soit par des prix bas, soit par de meilleurs produits. Le succès d'une entreprise, mesuré à la fois par ses profits et sa part de marché, est un indicateur de la satisfaction des consommateurs et non un indicateur d'une performance industrielle médiocre.

L'une des implications de cette hypothèse est que le succès d'une entreprise s'explique par sa part de marché et non seulement par la concentration du marché (Kwoka et Ravenscraft, 1985). Smirlock *et al.* (1984) on utilisé d'une part des données d'entreprises leur permettant de relier le q de Tobin aux parts de marché et à des données sur la concentration au niveau des industries. Ils ont établi que lorsqu'on tient compte de la part de marché d'une entreprise, la concentration industrielle n'explique plus de façon significative la valeur du q, sauf lorsque la concentration est très forte. Ce résultat peut signifier que le succès financier d'une entreprise s'explique bien plus par son efficience que par la concentration industrielle.

Si le taux de concentration n'est pas un indicateur exogène, une estimation de la relation entre profits et concentration qui se fonde sur le fait que la concentration influence le profit et non l'inverse, engendre ce que l'on a coutume d'appeler une problème de biais simultané. Weiss (1974) a effectué une estimation de la relation performance/concentration au moyen de techniques permettant d'éliminer ce problème de biais simultané. Il n'a cependant pas trouvé que l'utilisation de cette méthode exerçait une grande influence sur le résultat. Toutefois, si les résultats sont peu influencés par le changement de méthode d'estimation, ce n'est pas le cas de l'interprétation. En effet, on peut conclure que même une estimation correcte de la relation performance/concentration ne donne aucune information quant à la causalité. Ce n'est donc pas la concentration qui explique les profits élevés, mais sans doute l'existence de barrières à l'entrée à long-terme. Ces barrières sont à l'origine des profits élevés et de la forte concentration.[24]

9.3 Nouveaux indicateurs des performances

Une prévision d'économiste est aussi fiable qu'une autre. – Will Rogers

Les études SCP se concentraient essentiellement sur la relation entre performances et structures, négligeant notre première question concernant la façon de mesurer les performances. À l'inverse, la plupart des études empiriques récentes sont consacrées à la mesure des performances ou du pouvoir de marché. Ces études

[24] Les recherches empiriques sur le paradigme SCP se poursuivent. Parmi les plus récentes ayant retenu l'attention, citons celles de Marvel (1978), Lamm (1981), Cotterill (1986), Schmalensee (1987), Cubbin et Geroski (1987), ainsi que celle de Sutton (1991).

se détournent des indicateurs traditionnels de performance que les difficultés de mesure rendent trop incorrects et leur préfèrent des estimations du pouvoir de marché fondées sur des théories formelles du comportement de maximisation du profit que nous avons étudié dans les chapitres précédents.

La mesure du pouvoir de marché se fait à partir de modèles statiques ou multipériodes. Certaines études se fondent directement ou indirectement sur l'observation des coûts marginaux et des prix. D'autres étudient si l'évolution de la production ou du prix est conforme à celle prévue par le modèle concurrentiel. Les sous-sections qui suivent passent en revue certaines de ces analyses.(25)

9.3.1 Études statiques

Pour la plupart, les études récentes qui se basent sur des modèles statiques adoptent l'une des approches suivantes : estimation directe du coût marginal, estimation complète d'un modèle de marché (obtenant du même coup des estimations du coût marginal et de la marge prix-coût), ou observation de la relation entre les variations de prix et celles du coût des facteurs afin d'apprécier le caractère concurrentiel d'une industrie.

A. Estimation du coût marginal à partir de données sur les coûts

La façon la plus directe de mesurer le pouvoir de marché (première de nos trois questions essentielles) est de calculer la marge prix-coût.(26) Cependant, si les données de prix sont disponibles pour la plupart des industries, ce n'est pas le cas de celles concernant le coût marginal.

Lorsqu'il existe des données sur le coût total, il est possible à l'économiste d'estimer la relation entre le coût total et la production totale, puis d'en déduire le coût marginal, afin de calculer ensuite la marge prix-coût.

Malheureusement, même les données sur le coût total sont rarement disponibles. Aussi la plupart des études portent-elles sur des industries réglementées que les pouvoirs publics obligent à fournir des données sur leurs coûts. Keeler (1983, p. 71) et Friedlaender et Spady (1980, ch. 4) ont ainsi établi que dans le nord-est des États-Unis, vers la fin des années 1960 et le début des années 1970, le prix dépassait le coût marginal à long terme d'environ 22% pour les transports ferroviaires de la plupart des marchandises.

---

25 Voir Bresnahan (1989) pour une analyse plus approfondie. Apparemment, la première de ces études fut celle de Rosse (1970). Six autres études pionnières marquantes sont à mentionner : Iwata (1974), Applebaum (1979, 1982), Gollop et Roberts (1979), Just et Chern (1980) et Bresnahan (1981). L'analyse de Rohlfs (1974), est également pionnière sur le plan conceptuel mais elle ne contient aucune application empirique.

26 Hall et Hitch (1939) ont mené une série d'entretiens portant sur les pratiques de prix des responsables d'entreprises qui, pour la plupart, affirmèrent qu'ils fixaient les prix à un niveau supérieur au coût marginal.

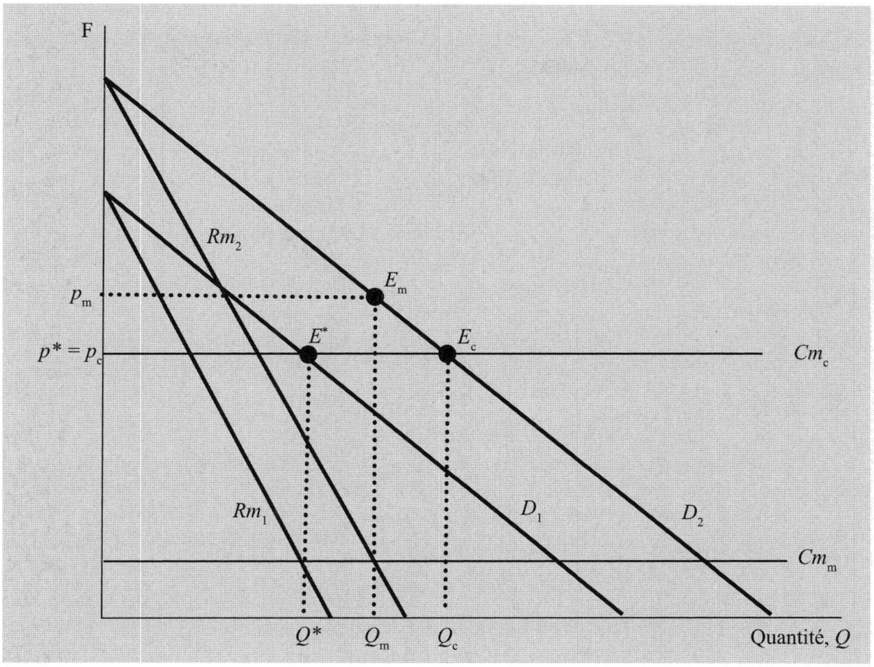

Figure 9.2: *Identification du pouvoir de marché*

B. Estimation des marges prix-coût au moyen d'un modèle

Comment peut-on calculer la marge prix-coût lorsque les données concernant les coûts ne sont pas disponibles et qu'il est donc impossible d'estimer directement Cm, le coût marginal ? Une méthode consiste à postuler une forme particulière concernant la forme des courbes de demande et de coût marginal pour déduire les marges par l'observation de la relation entre l'évolution temporelle du prix et de la quantité d'équilibre.

Pour beaucoup d'industries, nous disposons d'informations suffisantes pour estimer la courbe de demande. Supposons que dans une industrie particulière cette courbe soit représentée par la courbe D_1 de la figure 9.2. Supposons de plus que, compte tenu du processus de production propre à cette industrie, nous puissions considérer le coût marginal de production, Cm, comme constant, sans pour autant connaître son niveau effectif. Sur la figure 9.2, l'équilibre de l'industrie est caractérisé par le point E^*, ayant pour coordonnée le prix p^* et la quantité Q^*. Cet équilibre peut correspondre à celui d'une industrie concurrentielle dont le coût marginal est Cm_c où à celui d'un monopole dont le coût marginal est Cm_m (qui entre en intersection avec Rm_1, la courbe de recette marginale du monopole, au point Q^*). Si nous n'avons que cette information, nous ne pouvons *identifier* (déterminer) ni le coût marginal, ni la marge prix-coût.

Tableau 9.10: *Marges prix-coût estimées*

Étude	Industrie	$\frac{p-Cm}{p}$
Bresnahan (1981)	Automobiles	0,10–0,34
Applebaum (1982)	Caoutchouc	0,05
	Textile	0,07
	Machines électriques	0,20
	Tabac	0,65
Porter (1983)	Rail (période du cartel)	0,40
Lopez (1984)	Agro-alimentaire	0,50
Roberts (1984)	Café grillé (plus grosses entreprises)	0,06
Spiller et Favaro (1984)	Grandes banques avant déréglementation	0,88
	Grandes banques après déréglementation	0,40
Suslow (1986)	Aluminium	0,59
Slade (1987b)	Essence à la pompe	0,10
Karp et Perloff (1989a)	Exportations de riz (estimation la plus élevée)	0,11
Karp et Perloff (1989b)	Petits téléviseurs noir et blanc	0,58
Buschena et Perloff (1991)	Huile de noix de coco des Philippines (ap. 1974)	0,89

SOURCE : Articles mentionnés ci-dessus et Bresnahan (1989, Tableau 1).

Si, au cours de la période suivante, la nouvelle courbe de demande, D_2, est parallèle à D_1 et située à sa droite, comme sur la figure, nous pouvons conclure qu'il s'agit d'une industrie concurrentielle et non d'un monopole. En effet, si l'industrie est concurrentielle, le nouvel équilibre est au point E_c, le prix demeure constant en $p = p^*$ et la production augmente substantiellement en Q_c. Lorsque la modification de la demande ne change pas le prix, le coût marginal de l'industrie est égal à Cm_c et l'indice prix-coût de Lerner, $(p - Cm_c)/p$, égal à 0.

Inversement, lorsque le déplacement de la demande conduit au nouvel équilibre E_m, le prix augmente de p^* à p_m et la quantité n'augmente que jusqu'à Q_m. Cette augmentation du prix est compatible avec le comportement d'une industrie non concurrentielle. Lorsque Cm est constant, le déplacement vers la droite de la courbe de demande révèle si le marché est concurrentiel ou non. Si le prix ne se modifie pas, c'est que le marché est concurrentiel. S'il se modifie, cela dénote l'existence d'un certain pouvoir de marché.

En généralisant cette approche, on peut mesurer le pouvoir de marché dans une industrie, l'indice de Lerner, ainsi que le coût marginal. L'une des méthodes est décrite dans l'annexe C à ce chapitre.[(27)]. Le tableau 9.10 reproduit les marges prix-coût obtenues pour diverses industries en utilisant cette approche.

[27] Bresnahan (1989) a proposé une synthèse de ces études, et notamment de celles d'Iwata (1974), Gollop et Roberts (1979), Spiller et Favaro (1984), Roberts (1984) et Applebaum (1979, 1982). Des techniques analogues peuvent aussi servir à identifier le pouvoir de monopsone (Just et Chern, 1980 ; Azzam et Pagoulatos, 1990). Des marges prix-coût par entreprise peuvent également être estimées (voir Spiller et Favaro, 1984 ; Baker et Bresnahan, 1985, 1988 ; Slade, 1986, 1987, 1992 ; Gelfand et

En résumé, lorsque l'on fait des hypothèses particulières concernant la forme des courbes de demande et de coût marginal, les variations de prix au cours du temps permettent de déterminer les marges prix-coût. Mais si l'on ne pose aucune hypothèse concernant la forme de ces courbes, peut-on néanmoins déterminer si une industrie est concurrentielle ?

C. Approches indirectes

Certains économistes utilisent les variations de prix et celles des coûts pour vérifier si une industrie est concurrentielle ou non, sans émettre d'hypothèses détaillées concernant la forme des courbes de demande et de coût. En effet, si le coût marginal se modifie d'un certain montant dans une industrie à coût marinal constant (par rapport à l'échelle de production), le prix en concurrence doit s'élever du même montant. Ainsi, sur un marché concurrentiel, l'instauration d'une taxe de 1 F par unité augmente le prix de 1 F. En observant la relation entre la variation du prix et celle des coûts (ou celle de certains éléments du coût), on peut donc dire si une industrie est concurrentielle.

Sumner (1981) a étudié les effets des différences des taxes américaines sur les cigarettes d'un État à l'autre. Il soutient que si le prix au détail des cigarettes ne diffère entre États que d'un montant égal aux écarts de taxes, c'est que ce marché est relativement concurrentiel. Cependant, Bulow et Pfleiderer (1983) ont fait remarquer qu'il est possible de concevoir des courbes de demande pour lesquelles un monopole répercute intégralement toute variation du prix. Afin de contourner cette critique, Sullivan (1985) a utilisé une méthode différente et retrouvé le résultat de Sumner concernant le caractère assez concurrentiel du marché des cigarettes. Ashenfelter et Sullivan (1987) ont aussi utilisé les variations de taxes spécifiques pour identifier les structures d'un marché.

Hall (1988) a employé une autre méthode, lui permettant de déceler l'existence d'un pouvoir de marché sans avoir à faire d'hypothèses sur la forme de la courbe de demande. Selon lui, il suffit de postuler que la production d'une industrie est caractérisée par des rendements d'échelle constants pour que les variations de coûts permettent d'isoler la présence d'un pouvoir de marché.(28) Lorsqu'une industrie

---

Spiller, 1987 ; Karp et Perloff, 1989b). Tout choc qui déplace la courbe de demande ou de coût peut servir à apprécier le pouvoir de marché. Ainsi, des modifications fiscales (Kolstad et Wolak, 1983, 1985, 1986 ; Wolak et Kolstad, 1988) ou des variations de l'offre des entreprises de la frange (Buschena et Perloff, 1991) peuvent permettre de déterminer le pouvoir de marché. Parmi les applications récentes les plus intéressantes, citons celles de Bresnahan (1981, 1987) qui a mesuré le pouvoir de marché en se fondant sur des modèles de concurrence spatiale (voir le chapitre 8), prenant ainsi explicitement en compte la différenciation des produits.

28 Rosse et Panzar (1977), Panzar et Rosse (1987) et Shaffer (1982) expliquent comment distinguer un marché de concurrence d'un oligopole ou d'un monopole en se fondant sur les variations du chiffre d'affaires consécutives à la modification du prix des facteurs de production. Cependant, pour déterminer l'importance exacte du pouvoir de marché, il est nécessaire de disposer d'informations supplémentaires ou de poser certains postulats très restrictifs comme celui de rendements d'échelle constants envisagé par Hall.

à rendements d'échelle constants accroît sa production en réponse à une variation de la demande, la recette totale augmente exactement autant que le coût total si l'industrie est concurrentielle. Par contre, si la recette totale augmente davantage que le coût total, c'est que le prix est supérieur au coût marginal et que l'industrie n'est pas concurrentielle.(29)

Hall a établi que les marges étaient d'environ 60% pour les principles catégories de l'industrie manufacturière et des services. Domowitz, Hubbard et Petersen (1988) ont appliqué la méthodologie de Hall à une classification plus détaillée de l'industrie manufacturière et mis en évidence des marges d'environ 36%.(30)

La méthode de Hall exige moins de données que la plupart des modèles statiques pour mesurer le pouvoir de marché et déterminer si une industrie est concurrentielle. Malheureusement, elle n'est applicable que dans le cas d'industries caractérisées par des rendements d'échelle constants.

9.3.2 Études basées sur des modèles à plusieurs périodes

Presque tous les marchés réels se déroulent sur plusieurs périodes. Il faudrait donc utiliser un modèle à plusieurs périodes pour estimer le pouvoir de marché des entreprises dès lors que leurs stratégies prennent en compte les comportements passés, que les coûts de la période en cours dépendent de décisions prises au cours des périodes précédentes ou que la demande actuelle dépend de la consommation antérieure. Deux variantes principales de modèles à plusieurs périodes ont servi à l'évaluation du pouvoir de marché : les modèles de comportement coopératif et des modèles qui prennent les coûts d'ajustement en compte.

A. Collusion et jeux statiques répétés

Selon Stigler (1964), l'opportunité et le désir de coopérer (au moins tacitement) sont à la base du comportement des entreprises d'un oligopole (voir le chapitre 6). Selon cette théorie, si un prix est inférieur au niveau pratiqué en monopole, c'est que les règles du cartel ne sont pas respectées. Les structures de marché jouent un rôle important dans ce scénario. Par exemple, plus il y a d'entreprises dans une industrie, plus il est difficile de détecter les comportements déloyaux, ce qui les encourage et tend à réduire le prix moyen.

---

29 Supposons que la demande de l'industrie soit caractérisée par une élasticité constante ε et par un coût marginal constant. Un monopole fixe son prix égal à $1/(1 + 1/\varepsilon)$ multiplié par le coût marginal constant (comme on peut le voir en réagençant l'équation [9.2]). Si ε est égal à -2, c'est que le prix est égal au double du coût marginal. Si, ε étant constant, la demande se modifie de telle façon qu'une unité supplémentaire soit vendue, le revenu augmente de p et le coût total de Cm, ce qui ne représente que la moitié de p.

30 Domowitz *et al.* (1988) n'ont pas trouvé que la concentration jouait un rôle important et statistiquement significatif dans l'explication de l'écart entre le prix et le coût marginal. En utilisant une variante de la méthode de Hall, Shapiro (1987) a cependant trouvé qu'il existait une relation très nette entre les marges et la concentration.

Les spécialistes de la théorie des jeux ont modélisé l'intuition de Stigler sous forme d'un super-jeu constitué d'une répétition de jeux statiques. Dans une des versions, les variations aléatoires de prix causées par celles de la demande ou des coûts empêchent la détection des comportements déloyaux. En effet, les variations de prix peuvent aussi bien provenir du non-respect des accords par certains membres que de la modification de l'environnement économique. Cependant, pour prévenir les comportements déloyaux, les membres du cartel ont la possibilité de déterminer un «prix de déclenchement». Si le prix du marché descend sous ce seuil, chaque entreprise pourra pendant un certain temps augmenter sa production au niveau antérieur à la formation du cartel, ce qui provoquera une baisse encore plus grande du prix. De ce fait, si les membres du cartel pensent que l'accord sera respecté, aucun ne sera tenté de tricher car cela n'entraînerait qu'un gain à très court terme et il s'ensuivrait une perte à long terme du fait de la destruction du cartel par le mécanisme de sanction prédéterminé (voir le chapitre 6).

Porter (1983) et Lee et Porter (1984) ont appliqué ce modèle au cartel du rail des années 1880. En comparant les périodes de prix bas à celles de prix élevés, Porter a pu établir que le cartel avait augmenté ses tarifs d'environ 60% durant les périodes d'entente réelle.

B. Modèles dynamiques avec coûts d'ajustement

Si les entreprises supportent des coûts d'ajustement élevés liés à la formation des nouveaux employés, à la gestion des stocks de matières premières ou de produits finis, ainsi qu'à l'accumulation du capital, la maximisation du profit à long terme implique que les entreprises planifient leurs choix sur plusieurs périodes. Par exemple, si elles doivent verser des indemnités aux employés licenciés (coût d'ajustement), elles recruteront encore moins d'employés en période t quand elles s'attendent à ce que la demande soit moindre en période $t+1$. De plus, les coûts peuvent baisser avec le temps du fait de l'**apprentissage par la pratique** (les employés deviennent plus spécialisés dans leur tâches grâce à l'expérience acquise ou parce que de meilleures façons de travailler sont découvertes). Les décisions courantes d'une entreprise ont donc un effet sur les coûts et les profits futurs.[(31)]

Pindyck (1985) a montré qu'utiliser l'indice statique de Lerner dans un cadre dynamique pouvait induire en erreur. En dynamique, ni l'élasticité de la demande, ni l'indice de Lerner ne sont des indicateurs corrects du pouvoir de monopole. On peut en revanche recourir à la marge prix-coût d'état régulier (c'est-à-dire la marge prix-coût qui finirait par prévaloir en l'absence de modifications des coûts et de la

---

[31] Aux modèles dynamiques avec coûts d'ajustement s'ajoutent ceux où la demande courante dépend des quantités achetées au cours des périodes précédentes. Certaines études marketing ont estimé des courbes de demande de ce type, pour les biens intermédiaires comme l'aluminium (Suslow, 1986). De même, pour l'extraction du pétrole, le coût d'extraction à un moment donné dépend de la quantité déjà extraite dans le passé. D'autre part, le prix du pétrole serait une fonction croissante du taux d'intérêt (suivant la formule d'Hotelling), de sorte que les études empiriques prennent également cet aspect en compte (Matutes, 1985).

demande) ou bien comparer l'évolution réelle du prix ou de la quantité avec les évolutions prévues par l'hypothèse concurrentielle.

Les études de théorie des jeux regorgent de modèles dynamiques d'oligopole, mais ils sont trop trop généraux pour servir de base aux études empiriques. Pour évaluer empiriquement ces modèles, il est nécessaire de leur imposer des restrictions supplémentaires. Roberts et Samuelson (1988) ont utilisé un modèle dynamique d'oligopole avec des formes fonctionnelles pour tester l'hypothèse d'après laquelle le marché des cigarettes serait concurrentiel. Mais les formes choisies étaient trop générales pour mesurer le pouvoir de marché. En revanche, Karp et Perloff (1989a, 1993) ont utilisé un modèle dynamique d'oligopole avec une fonction de demande linéaire et des coûts d'ajustement quadratiques et ont pu estimer les marges prix-coût d'état régulier sur les marchés internationaux d'exportation du café et du riz.

9.3.3 Évaluation des nouvelles approches

Les approches modernes possèdent trois avantages principaux par rapport aux études SCP traditionnelles. Premièrement, les performances sont estimées économétriquement au lieu d'être mesurées par un indicateur comptable. Deuxièmement, ce sont les variations de variables exogènes (salaires, taxes, croissance de la demande) qui expliquent les performances et non des variables endogènes comme les ratios de concentration ou les dépenses publicitaires. Troisièmement, ces approches se fondent sur des modèles de maximisation au niveau d'industries particulières, permettant de tester des hypothèses comportementales. L'inconvénient majeur est que ces modèles nécessitent pour la plupart de connaître la forme précise des courbes d'offre et de demande, ainsi que le comportement des entreprises en oligopole, ce qui les rend difficilement applicables.

Résumé

1. La relation empirique entre les marges prix-coût et d'autres indicateurs de performances et de structures de marché n'est pas évidente. Les études SCP (Structure-Conduite-Performance) tentent de relier les indicateurs de performance à la concentration industrielle et aux barrières à l'entrée. Les mesures comptables du profit ne mesurent pas toujours de façon correcte les profits économiques. Le calcul des profits nécessite l'évaluation du capital et la connaissance de son taux de dépréciation réel. Des problèmes similaires se posent concernant les deux autres indicateurs principaux de performance (marge prix-coût et q de Tobin). Les ratios de concentration d'industries particulières peuvent être mesurés correctement mais n'ont de sens que si ces industries correspondent réellement à un marché économique. Enfin, l'évaluation des barrières à l'entrée est souvent subjective et ne parvient pas, le plus souvent, à distinguer entre les barrières à long terme et la plus ou moins grande rapidité avec laquelle l'installation d'une entreprise sur un marché a lieu.

2. Les études qui relient les performances à la concentration et aux barrières à l'entrée soulèvent plusieurs problèmes conceptuels. L'existence d'une relation statistiquement significative entre la concentration et les performances n'implique pas nécessairement que la concentration élève le prix au-dessus de son niveau concurrentiel. On peut également soutenir que la taille des entreprises augmente (ce qui élève la concentration) parce qu'elles deviennent plus efficaces, ce qui fait que les profits des plus grosses entreprises devraient être plus élevés que ceux des plus petites. De toute façon, les résultats empiriques indiquent qu'il n'y a pas ou peu d'effet (et dans ce cas non significatif sur le plan statistique) de la concentration et des barrières à l'entrée sur les performances.
3. Les études d'industries particulières permettent de contourner plusieurs des difficultés conceptuelles posées par les approches SCP, mais pas toutes. Ces études mettent en évidence l'existence d'un faible effet, statistiquement significatif, de la concentration sur des indicateurs de performance tels que le prix.
4. Les études récentes tentent d'estimer empiriquement la marge prix-coût plutôt que de la mesurer comptablement par un indicateur. D'autre part, elles se concentrent sur des industries particulières. Mais elles ont d'autres inconvénients, comme de recourir à de nombreux postulats concernant la demande, les coûts et le comportement d'oligopole. Ces études mettent en évidence l'existence de marges prix-coût élevées mais elles n'ont pas encore été utilisées pour analyser de façon détaillée la relation entre la structure d'une industrie et son caractère plus ou moins concurrentiel.

Termes clés

Apprentissage par la pratique	q de Tobin
Coût du capital	Taux de rendement
Coût de remplacement	Taux de rendement ajusté pour le risque
Indice de Herfindhal–Hirschman (IHH)	

Questions

Q.9.1 Une industrie pharmaceutique est composée de 2 entreprises. Chacune d'elles effectue d'importants investissements pour la découverte de nouveaux produits. L'une d'elle réussit, l'autre fait faillite. Un économiste calcule le taux de rendement de l'entreprise ayant réussit et trouve un résultat très élevé. L'entreprise restante possède-t-elle un pouvoir de marché ? Le gouvernement doit-il intervenir ?

Q.9.2 Supposons qu'un syndicat contrôle l'accès à tous les emplois d'une entreprise et puisse de ce fait capter la totalité des profits de cette entreprise. En quoi cette situation affecterait-t-elle une étude reliant le profit à des indicateurs de concentration ?

Q.9.3 Quelle différence y-a-t-il entre une industrie avec des barrières à l'entrée à long terme et une industrie où le nombre d'entreprises tend lentement vers l'équilibre mais où il n'y a pas de barrière à l'entrée à long terme. Indiquez notamment comment évolue le profit dans les deux industries. À quoi un chercheur pourrait-il reconnaître chaque industrie ?

Q.9.4 Comment peut-on concilier la découverte dans de nombreuses industries d'importants écarts de prix par rapport au coût marginal avec le fait que les taux de rendement de ces industries ne restent que rarement supérieurs à la moyenne durablement ?

Q.9.5 Relisez l'analyse du chapitre 4 concernant l'inexistence d'un équilibre stable (*noyau vide*). Appliquez cette analyse aux données concernant les guerres de prix dans l'industrie du rail. Comparez avec la conclusion de Porter (1983) d'après laquelle les prix furent largement supérieurs aux coûts marginaux au cours de cette période.

Problèmes [32]

P.9.1 Pourquoi les chercheurs incluent-ils souvent le ratio des dépenses publicitaires aux ventes et le ratio du capital aux ventes dans les équations de performances ?

P.9.2 Soit une industrie où le prix est p^* et le taux de rendement du capital, r^*. La technologie de production est caractérisée par des coefficients de production fixes (il faut une quantité fixe de travail et de capital pour produire chaque unité, aucune substitution du travail au capital n'est possible). Désignons respectivement par p et r le prix et le taux de rendement qui émergeraient si cette industrie était concurrentielle. Quelle est la relation entre $p^* - p$, $r^* - r$ et le ratio du capital au travail ?

P.9.3 Les ratios de concentration correspondent généralement à la part des principales entreprises dans la production *domestique*. Lorsque les pays sont très engagés dans l'échange international, cet indicateur ne risque-t-il pas de perdre sa signification ? Cela peut-il expliquer la disparition du lien prix-concentration au fil du temps ?

P.9.4 (*Difficile*) Appréciez le raisonnement suivant : « Avec certaines courbes de demande, le monopole répercute intégralement les augmentations de coût. Par conséquent, la comparaison des évolutions du prix et du coût ne permet pas de savoir si une industrie est concurrentielle ou non ». Essayer de trouver des courbes de demande ayant les propriétés requises (Bulow et Pfleiderer, 1983).

P.9.5 Quelle différence y-a-t-il entre un profit nul et une marge prix-coût nulle ?

Bibliographie

APPLEBAUM, Elie. 1979. « Testing Price-Taking Behavior ». *Journal of Econometrics* 9 : 283–99.

APPLEBAUM, Elie. 1982. « The Estimation of the Degree of Oligopoly Power ». *Journal of Econometrics* 9 : 287–99.

ASHENFELTER, Orley et Daniel SULLIVAN. 1987. « Nonparametric Tests of Market Structure : An Application to the Cigarette Industry ». *Journal of Industrial Economics* 35 : 483–98.

---

[32] Les solutions des problèmes impairs sont données en fin de livre.

AZZAM, Azzeddine M. et Emilio PAGOULATOS. 1990. « Testing Oligopolistic and Oligopsonistic Behavior : An Application to the U.S. Meat-Packing Industry ». *Journal of Agricultural Economics* 41 : 362–9.

BAILEY, Elizabeth E., David R. GRAHAM et Daniel P. KAPLAN. 1985. *Deregulating The Airlines*. Cambridge : The MIT Press.

BAIN, Joe S. 1951. « Relation of Profit Rate to Industry Concentration : American Manufactyuring, 1936–1940 ».*Quarterly Journal of Economics* 65 : 293–324.

BAIN Joe S. 1956. *Barriers to New Competition*. Cambridge, Mass. : Harvard University Press, 1956.

BAKER, Jonathan B. et Thimothy F. BRESNAHAN. 1985. « The Gains from Merger or Collusion in Product-Differentiated Industries ». *Journal of Industrial Economics* 33 : 427–44.

BAKER, Jonathan B. et Thimothy F. BRESNAHAN. 1988. « Estimating the Elasticity of Demand Facing a Single Firm ». *International Journal of Industrial Organization* 6 : 283–300.

BENSTON, George J. 1985. « The Validity of Profits-Structure Studies with Particular Reference to the FTC's Line-of-Business Data ». *American Economic Review* 75 : 37–67.

BORENSTEIN, Severin. 1989. « Hubs and High Fares : Dominance and Market Power in the U.S. Airline Industry ». *Rand Journal of Economics* 20 : 344–65.

BORENSTEIN, Severin. 1992. « The Evolution of the U.S. Airline Industry ». *Journal of Economic Perspectives* 6 : 45–73.

BRADBURD, Ralph M. et Mead A. OVER, Jr. 1982. « Organizational Levels of Concentration ». *Review of Economics and Statistics* 64 : 50–58.

BREALY, Richard A. et Stewart C. MYERS. 1991. *Principles of Corporate Finance*. New York : McGraw Hill.

BRESNAHAN, Timothy F. 1981. « Departures from Marginal-Cost Pricing in the American Automobile Industry ». *Journal of Econometrics* 17 : 201–27.

BRESNAHAN, Timothy F. 1982. « The Oligopoly Solution Concept is Identified ». *Economic Letters* 10 : 87–92.

BRESNAHAN, Timothy F. 1987. « Competition and Collusion in the American Automobile Oligopoly : The 1955 Price War ». *Journal of Industrial Economics* 35 : 457–82.

BRESNAHAN, Timothy F. 1989. « Studies of Industries with Market Power », *in* Richard SCHMALENSEE et Robert WILLIG, éds, *Handbook of Industrial Organization*. New York : North Holland.

BROZEN, Yale. 1971. « Bain's Concentration and Rates of Return Revisited ». *Journal of Law and Economics* 14 : 351–69.

BRUECKNER, Jan K., Nicholas J. DYER et Pablo T. SPILLER. 1992. « Fare Determination in Airline Hub-and-Spoke Networks ». *RAND Journal of Economics* 23 : 309–333.

BULOW, Jeremy I. et Paul PFLEIDERER. 1983. « A Note on the Effect of Cost Changes on Prices ». *Journal of Political Economy* 91 : 182–5.

BUSCHENA, David E. et Jeffrey M. PERLOFF. 1991. « The Creation of Dominant Firm Market Power in the Coconut Oil Export Market ». *American Journal of Agricultural Economics* 73 : 1000–8.

CALL, G. et Theodore KEELER. 1985. « Airline Deregulation, Fares, and Market Behavior : Some Empirical Evidence », *in* A.F. DAUGHERTY, éd., *Analytic Studies in Transport Economics*. Cambridge : Cambridge University Press.

CARLTON, Dennis W. et Mark J. KLAMER. 1983. « The Need for Coordination Among Firms, with Special Reference to Network Industries ». *University of Chicago Law Review* 50 : 446–65.

CAVES, Richard E. et Masu UEKASA. 1976. *Industrial Organization in Japan.* Washington, D. C. : Brookings Institution.

COLLINS, Norman R. et Lee E. PRESTON. 1969. « Price-Cost Margins and Industry Structure ». *The Review of Economics and Statistics* 51 : 271–86.

COMANOR, William S. et Thomas A. WILSON. 1967. « Advertising, Market Structure, and Performance ». *The Review of Economics and Statistics* 49 : 423–40.

CONNOLLY, Robert A. et Stephen SCHWARTZ. 1985. « The Intertemporal Behavior of Economic Profits ». *International Journal of Industrial Organization* 3 : 379–400.

COTTERILL, Ronald. 1986. « Market Power in the Retail Food Industry : Evidence from Vermont » *Review of Economics and Statistics* 68 : 379–86.

COWLING, Keith et Michael WATERSON. 1976. « Price-Cost Margins and Market Structure ». *Economica* 43 : 267–74.

CUBBIN, J. et P. Geroski. 1987. « The Convergence of Profits in the Long Run : Inter-firm and Inter-industry Comparisons ». *The Journal of Industrial Economics* 35 : 427–42.

DEMSETZ, Harold. 1973. « Industry Structure, Market Rivalry, and Public Policy ». *Journal of Law and Economics* 16 : 1–9.

DOMOWITZ, Ian, Glenn R. HUBBARD et Bruce C. PETERSEN. 1986. « Business Cycles and the Relationship Between Concentration and Price-Cost Margins ». *The Rand Journal of Economics* 17 : 1–17.

DOMOWITZ, Ian, Glenn R. HUBBARD et Bruce C. PETERSEN. 1988. « Market Structures and Cyclical Fluctuations in U.S. Manufacturing » *Review of Economics and Statistics »* 70 : 55–66.

ENCAOUA, David et Paul A. GEROSKI, 1984. « Price Dynamics and Competition in Five Countries ». N° 8414, University of Southampton.

EVANS, William N. et Ioanmis N. KESSIDES. 1993. « Localized Market Power in the U.S. Airline Industry ». *Review of Economics and Statistics* 75 : 66–75.

FISHER, Franklin M. 1987. « On the Misuse of the Profit-Sales Ratio to Infer Monopoly Power ». *The Rand Journal of Economics* 18 : 384–96.

FISHER, Franklin M. et John J. MCGOWAN. 1983. « On the Misuse of Accounting Rates of Return to Infer Monopoly Power ». *American Economic Review* 73 : 82–97.

FRAUMENI, Barbara M. et Dale W. JORGENSON. 1980. « Rates of Return by Industrial Sector in the United States, 1948–1976 » *American Economic Review* 70 (Mai) : 326–30.

FREEMAN, Richard B. 1983. « Unionism, Price-Cost Margins and The Return on Capital », National Bureau of Economic Research Working Paper n° 1164.

FRIEDLAENDER, Ann F. et Richard H. SPADY. 1980. « A Derived Demand Function for Freight Transportation », *Review of Economics and Statistics* 62 : 432–41.

GELFAND, Matthew D. et SPILLER Pablo T. 1987. « Entry Barriers and Multiproduct Oligopolies : Do They Forebear or Spoil ? » *International Journal of Industrial Organization* 5 : 101–13.

GEROSKI, Paul, A. 1981. « Specification and Testing the Profit-Concentration Relationship : Some Experiments for the United Kingdom ». *Economica* 48 : 279–88.

GILBERT, R. Alton. 1984. « Bank Market Structure and Competition : A Survey ». *Journal of Money, Credit and Banking* 16 : 617–45.

GOLLOP, Frank M. et Mark J. ROBERTS. 1979. « Firm Interdependence in Oligopolistic Markets ». *Journal of Econometrics* 3 : 313–31.

GRAHAM, David R., Daniel P. KAPLAN et David S. SIBLEY. 1983. « Efficiency and Competition in the Airline Industry ». *Bell Journal of Economics* 14 : 118–38.

HALL, Robert E. 1988. « The Relationship Between Price and Marginal Cost in U.S. Industry », *Journal of Political Economy* 96 : 921–47.

HALL, R.L. et C.J. HITCH. 1939, « Price Theory and Business Behavior » *Oxford Economic Papers* 2 : 12–45.

HART, P.E. et Eleanor MORGAN, 1977. « Market Structure and Economic Performance in the United Kingdom ». *Journal of Industrial Economics* 25 : 177–93.

HURDLE, Gloria J., Richard L. JOHNSON, Andrew S. JOSKOW, Gregory J. WERDEN et Michael A. WILLIAMS. 1989. « Concentration, Potential Entry, and Performance in the Airline Industry ». *Journal of Industrial Economics* 38 : 119–39.

IWATA, Gyoichi, 1974. « Measurement of Conjectural Variations in Oligopoly ». *Econometrica* 42 : 947–66.

JUST, Richard E. et Wen S. CHERN. 1980. « Tomatoes, Technology and Oligopsony ». *The Bell Journal of Economics*

KARP, Larry S. et Jeffrey M. PERLOFF. 1989a. « Oligopoly in the Rice Export Market ». *The Review of Economics and Statistics* 71 : 462–70.

KARP, Larry S. et Jeffrey M. PERLOFF. 1989b. « Estimating Market Structure and Tax Incidence : The Japanese Television Market » *The Journal of Industrial Economics* 37 : 225–39.

KARP, Larry S. et Jeffrey M. PERLOFF. 1993. « A Dynamic Model of Oligopoly in the Coffee Export Market ». *American Journal of Agricultural Economics* 75 : 448–57.

KEELER, Theodore E. 1983. *Railroads, Freight, and Public Policy.* Washington, D. C. : The Brookings Institution.

KOLSTAD, Charles D. et Frank A. WOLAK, Jr. 1983. « Competition in Interregional Taxation : The Case of Western Coal ». *Journal of Political Economy* 91 : 443–60.

KOLSTAD, Charles D. et Frank A. WOLAK, Jr. 1985. « Strategy and Market Structure in Western Coal Taxation ». *Review of Economics and Statistics* 67 : 239–49.

KOLSTAD, Charles D. et Frank A. WOLAK, Jr. 1983. « Conjectural Variation and the Indeterminacy of Duopolistic Equilibria ». *Canadian Journal of Economics* 19 : 656–77.

KWOKA, John E., Jr. et David RAVENSCRAFT. 1985. « Cooperation vs. Rivalry : Price-Cost Margins by Line of Business ». Working Paper no. 127, U.S. Federal Trade Commission.

LAMM, R. 1981. « Prices and Concentration in the Food Retailing Industry ». *The Journal of Industrial Economics* 30 : 67–78.

LAU, Lawrence J. 1982. « On Iditifying the Degree of Competitiveness from Industry Price and Output Data ». *Economic Letters* 10 : 93–9.

LEE, Lung-Fei et Robert H. PORTER. 1984. « Switching Regressions Models with Imperfect Sample Separation Information — with an Application on Cartel Stability ». *Econometrica* 52 : 391–418.

LIEBOWITZ, Stanley J. 1982. « What Do Census Price-Cost Margins Measure ? » *Journal of Law and Economics* 25 : 231–46.

LINDENBERG, Eric B. et Stephen A. ROSS. 1981. « Tobin's *q* Ratio and Industrial Organization ». *Journal of Business* 54 : 1–32.

LOPEZ R. E. 1984. « Measuring Oligopoly Power and Production Responses of the Canadian Food Processing Industry ». *Journal of Agricultural Economics* 35 : 219–30.

LUSTGARTEN, Steven H. 1975. « The Impact of Buyer Concentration in Manufacturing Industries ». *Review of Economics and Statistics*.

LUSTGARTEN, Steven H. et Stavros B. THOMADAKIS. 1980. « Valuation Response to New Information : A Test of Resource Mobility and Market Structure ». *Journal of Political Economy* 88 : 977–93.

MACDONALD, James M. 1987. « Competition and Rail Rates for the Shipment of Corn, Soybeans, and Wheat ». *The Rand Journal of Economics* 18 : 151–63.

MANN, Michael. 1966. « Seller Concentration, Barriers to Entry in Thirty Industries, 1950–1960 ». *The Review of Economics and Statistics* 48 : 290–307.

MARVEL, Howard. 1978. « Competition and Price Levels in the Retail Gasoline Market ». *Review of Economics and Statistics* 60 : 252–8.

MASON, Edward S. 1939. « Price and Production Policies of Large-Scale Enterprise ». *American Economic Review* 29 supp. : 61–74.

MASON, Edward S. 1949. « The Current State of the Monopoly Problem in the United States ». *Harvard Law Review* 62 : 1 265–85.

MATUTES, Carmen. 1985. *Studies in the Theory of Cartels and Product Innovation*. University of California, Berkeley, Ph. D. dissertation.

MUELLER, Dennis C. 1985. *Profits in the Long Run*. Cambridge : Cambridge University Press.

PANZAR, John C. et James N. ROSSE. 1987. « Testing for 'Monopoly' Equilibrium ». *The Journal of Industrial Economics* 35 : 443–56.

PELTZMAN, Sam. 1977. « The Gains and Losses from Industrial Concentration ». *Journal of Law and Economics* 20 : 229–63.

PYNDYCK, Robert S. 1985. « The Measurement of Monopoly Power in Dynamic Markets ». *Journal of Law and Economics* 28 : 193–222.

PORTER, Robert H. 1983. « A Study of Cartel Stability : The Joint Executive Commitee, 1880–1886 ». *The Bell Journal of Economics* 14 : 301–14.

PRYOR, Frederic L. 1972. « An International Comparison of Concentration Ratios ». *Review of Economics and Statistics* 54 : 130–40.

ROBERTS, Mark J. 1984. « Testing Oligopolistic Behavior ». *International Journal of Industrial Organization* 2 : 367–83.

ROBERTS, Mark J. et Larry SAMUELSON. 1988. « An Empirical Analysis of Dynamic, Nonprice Competition in a Oligopolistic Industry ». *Rand Journal of Economics* 19 : 200-20.

ROHLFS, Jeffrey. 1974. « Econometric Analysis of Supply in Concentrated Markets ». *International Economic Review* 15 : 69–74.

ROSSE, James N. 1970. « Estimating Cost Function Parameters without Using Cost Data : Illustrated Methodology ». *Econometrica* 38 : 256–75.

ROSSE, James N. et John C. PANZAR. 1977. « Chamberlin versus Robinson : An Empirical Test for Monopoly Rents ». Studies in Industry Economics, Research Paper no. 77, Stanford University.

RUBACK, Richard S. et Martin B. ZIMMERMAN. 1984. « Unionization and Profitability : Evidence from the Capital Market ». *Journal of Political Economy* 92 : 1 134–57.

SALINGER, Michael A. 1984. « Tobin's q, Unionization, and the Concentration-Profits Relationship ». *The Rand Journal of Economics* 1 : 159–70.

SCHMALENSEE, Richard. 1987. « Collusion versus Differential Efficiency : Testing Alternative Hypotheses ». *The Journal of Industrial Economics* 35 : 399–425.

SCHMALENSEE, Richard. 1989. « Inter-Industry Studies of Structure and Performance », *in* Richard SCHMALENSEE et Robert WILLIG, éds, *Handbook of Industrial Organization*. New York : North Holland.

SHAFFER, S. 1982. « A Nonstructural Test for Competition in Financial Markets ». *Proceedings of a Conference on Bank Structure and Competition*. Chicago : Federal Reserve Bank of Chicago.

SHAPIRO, Matthew. 1987. « Measuring Market Power in U.S. Industry ». National Bureau of Economic Research Working Paper no. 2 212.

SLADE, Margaret E. 1986. « Conjectures, Firm Characteristics, and Market Structure ». *International Journal of Industrial Organization* 4 : 347–69.

SLADE, Margaret E. 1987. « Interfirm Rivalry in a Repeated Game : An Empirical Test of Tacit Collusion ». *The Journal of Industrial Economics* 35 : 499–516.

SLADE, Margaret E. 1992. « Vancouver's Gasoline Price Wars : An Empirical Exercise in Uncovering Supergame Strategies ». *Review of Economic Studies* 59 : 257–76.

SMIRLOCK, Michael, Thomas GILLIGAN et William MARSHALL. 1984. « Tobin's q and the Structure-Performance Relationship ». *American Economic Review* 74 : 1 051–60.

SPILLER, Pablo T. et Edwardo FAVARO. 1984. « The Effects of Entry Regulation on Oligopolistic Interaction : The Uruguayan Banking Sector ». *The Rand Journal of Economics* 15 : 244–54.

STIGLER, George, J. 1963. *Capital and Rates of Return in Manufacturing Industries*. Princeton : Princeton University Press.

STIGLER, George, J. 1964. « A Theory of Oligopoly ». *Journal of Political Economy* 72 : 44–61.

STIGLER, George, J. 1968. *The Organization of Industry*. Homewood, Ill : Richard D. Irwin.

SULLIVAN, Daniel. 1985. « Testing Hypotheses about Firm Behavior in the Cigarette Industry ». *Journal of Political Economy* 93 : 586–98.

SUMNER, Daniel A. 1981. « Measurement of Monopoly Behavior : An Application to the Cigarette Industry ». *Journal of Political Economy* 89 :1 010–19.

SUSLOW, Valerie. 1986. « Estimating Monopoly Behavior with Competitive Recycling : An Application to Alcoa ». *The Rand Journal of Economics* 17 : 389–403.

SUTTON, John. 1991. *Sunk Costs and Market Structure.* Mass. : MIT Press.

THOMADAKIS, Stavros B. 1977. « A Value-Based Test of Profitability and Market Structure ». *Review of Economics and Statistics* 59 : 179–85.

TOBIN, James. 1969. « A General Equilibrium Approach to Monetary Theory. *Journal of Money, Credit, and Banking* 1 : 15–29.

VON NEUMANN, John et Oskar MORGENSTERN. 1944. *Theory of Games and Economic Behavior.* Princeton, N. J. : Princeton University Press.

VOOS, Paula B. et Lawrence R. MISHEL. 1986. « The Union Impact on Profits : Evidence from Industry Price-Cost Margin Data ». *Journal of Labor Economics* 4 : 105–33.

WALLACE, D.H. 1937. *Market Control in the Aluminium Industry*. Cambridge, Mass. : Harvard University Press.

WEISS, Leonard W. 1974. « The Concentration-Profits Relationship and Antitrust », *in* Harvey J. GOLDSCHMID, H. Michael MANN et J. Fred WESTON, éds, *Industrial Concentration : The New Learning*. Boston : Little, Brown.

WHITER, Lawrence. 1976. « Searching for the Critical Industrial Concentration Ratio », *in* Stephen GOLDFELD et Richard E. QUANDT, *Studies in Non-Linear Estimation*. Cambridge, Mass. : Ballinger.

WOLAK, Frank A. et Charles D. KOLSTAD. 1988. « Measuring Relative Market Power in the Western U.S. Coal Market Using Shapley Values ». *Resources and Energy* 10 : 293–314.

Annexe A au chapitre 9

Erreurs engendrées par la mesure comptable du taux de rendement

Si le véritable taux de dépréciation (δ) est différent du taux comptable (d), le taux de rendement comptable (r_c) est également différent du vrai taux de rendement (r). Supposons par exemple qu'1 F investi aujourd'hui rapporte $\pi_0 e^{-\delta t}$ au temps t. Le véritable taux de dépréciation est δ, car c'est le taux de diminution du cash flow. Par conséquent :

$$1\text{ F} = \int_0^\infty \pi_0 e^{-\delta t} e^{-rt} dt$$

c'est-à-dire $1\text{ F} = \pi_0/(r+\delta)$, soit $r = \pi_0 - \delta$ ou $\pi_0 = r - \delta$.

Supposons qu'on calcule le taux de rendement en utilisant la valeur comptable du capital et la convention applicable en comptabilité pour la dépréciation (ici supposée égale à d). Dans ce cas, 1 F investi vaut e^{-dt} au temps t. D'autre part, la dépréciation est égale à de^{-dt} au temps t. Le taux de rendement comptable, $r_c(t)$ est égal au revenu comptable en t, divisé par la valeur comptable du capital :

$$r_c(t) = \frac{\text{revenu comptable en } t}{\text{valeur comptable du capital en } t}.$$

Le revenu comptable est égal aux recettes moins la dépréciation comptable et les autres coûts (que nous supposons nuls pour simplifier). Donc,

$$\text{Revenu comptable en } t = \pi_0 e^{-\delta t} - de^{-dt},$$

et

$$\text{valeur comptable du capital en } t = e^{-dt}.$$

Par conséquent,

$$\begin{aligned} r_c(t) &= \frac{\pi_0 e^{-\delta t} - de^{-dt}}{e^{-dt}} \\ &= \pi_0 e^{-(\delta-d)t} - d \\ &= (r+\delta)e^{-(b-d)t} - d\,. \end{aligned}$$

Si $\delta = d$, alors $r_c = r$. En revanche, si d diffère de δ, r_c est un indicateur incorrect de r. Par exemple, si $r = 0{,}05$, $d = 0{,}02$, $\delta = 0{,}01$ et que la vraie valeur de r est égale à 0,05 et reste constante, l'indicateur r_c sera alors égal à 0,01 l'année 1, à 0,05 l'année 2 et à 0,91 l'année 20.

Annexe B au chapitre 9

Relation entre l'Indice d'Herfindhal-Hirschman (IHH) et la marge prix-coût

Soit un oligopole composé de n entreprises fabriquant toutes le même produit. Chaque entreprise i choisit la production q_i qui maximise son profit :

$$\pi = p(Q)q_i - mq_i,$$

où m est le coût marginal constant (et aussi le coût moyen variable) de chaque entreprise et où le prix p est une fonction de la production totale de l'industrie, $Q = nq_i$.

Nous supposons que les entreprises agissent conformément à l'hypothèse de Cournot (voir le chapitre 7), de sorte que la condition du premier-ordre pour chacune d'elle s'obtient en annulant la dérivée de la fonction de profit par rapport à q_i, ce qui revient à égaliser la recette marginale avec le coût marginal :

$$Rm = p + q_i p' = m = Cm, \tag{9B.1}$$

où p' est la dérivée du prix par rapport à Q. Réagençons les termes de l'équation (9B.1) afin de faire apparaître l'indice de Lerner :

$$L \equiv \frac{p-m}{p} = -\frac{p'Q}{p}\frac{q_i}{Q} = -\frac{s_i}{\varepsilon} = -\frac{1}{n\varepsilon} \tag{9B.2}$$

où $s_i \equiv q_i/Q = 1/n$ est la part de la production de l'entreprise i et $1/\varepsilon = (p'Q)/p$ est la réciproque de l'élasticité de la demande. Étant donné que toutes les entreprises sont identiques, l'équation (9C.2) est vérifiée pour chacune d'elles.

La marge prix-coût moyenne de l'industrie s'obtient en effectuant la somme pondérée des marges individuelles, le coefficient de pondération étant ici égal à s_i (voir Cowling et Waterson, 1976) :

$$\sum_i s_i \frac{p-m}{p} = \frac{\sum_i s_i^2}{\varepsilon} \equiv -\frac{\text{IHH}}{\varepsilon} \tag{9B.3}$$

où IHH est l'indice de Herfindhal-Hirschman. La marge de prix-coût moyenne pondérée est donc égale à l'indice IHH divisé par la valeur absolue de l'élasticité de la demande.

Annexe C au chapitre 9

Identification du pouvoir de marché

Sous quelles conditions peut-on déterminer la marge prix-coût lorsque le coût marginal n'est pas directement observable ? Pour répondre à cette question, on peut effectuer une estimation complète d'un modèle de marché en choisissant des formes spécifiques pour les courbes de demande et de coût, ainsi qu'une hypothèse de maximisation du profit par les entreprises.[(1)]

Pour illustrer cette approche, supposons qu'une industrie soit composée d'entreprises identiques produisant un bien homogène. La courbe de demande est $p(Q; Z)$, où p est le prix du marché et Z une variable affectant la demande (par exemple le revenu ou le prix d'un produit substituable).

Sachant que la recette totale de l'industrie est $R \equiv p(Q; Z)Q$, la recette marginale perçue par l'entreprise s'écrit :

$$Rm(\lambda) = p + \lambda p_0 Q ,$$

où λ est un paramètre à déterminer et où $p_0 \equiv \partial p/\partial Q$. Si l'industrie est un monopole, $\lambda = 1$ et $Rm(1)$ correspond à la l'expression habituelle de Rm, soit $p + p_0 Q$. Si les entreprises sont preneuses de pix, $\lambda = 0$ et la recette marginale, $Rm(0)$, est égale au prix. Les valeurs de λ strictement comprises entre 0 et 1 correspondent à diverses structures de marché allant de la concurrence monopolistique (avec produit homogène) à l'oligopole.

La condition de maximisation du profit ou d'optimalité est que la recette marginale perçue soit égale au coût marginal : $Rm(\lambda) = Cm$. Il s'ensuit que λ est une mesure de l'écart entre le prix et le coût marginal. Autrement dit, l'indice de de Lerner est :

$$L \equiv \frac{p - Cm}{p} = -\frac{\lambda p_0 Q}{p} = \frac{-\lambda}{\varepsilon}$$

où ε est l'élasticité de la demande du marché. Cette expression est très proche de celle de l'annexe 9B qui dépend du nombre d'entreprise, de la part de marché de chacune et de l'indice d'Herfindhal-Hirschman.

Supposons par exemple que la courbe de demande soit linéaire

$$p = \alpha_0 + \alpha_1 Q + \alpha_2 Z + \alpha_3 ZQ + \varepsilon_1 . \qquad (9C.1)$$

Dans ce cas, la recette marginale perçue est :

$$Rm(\lambda) = p + \lambda p_0 Q = p + \lambda(\alpha_1 + \alpha_3 Z)Q, \qquad (9C.2)$$

[1] L'anlyse qui suit sur le rôle des chocs sur la demande dans l'identification du pouvoir de marché emprunte beaucoup à Just et Chern (1980), Bresnahan (1982) et Lau (1982).

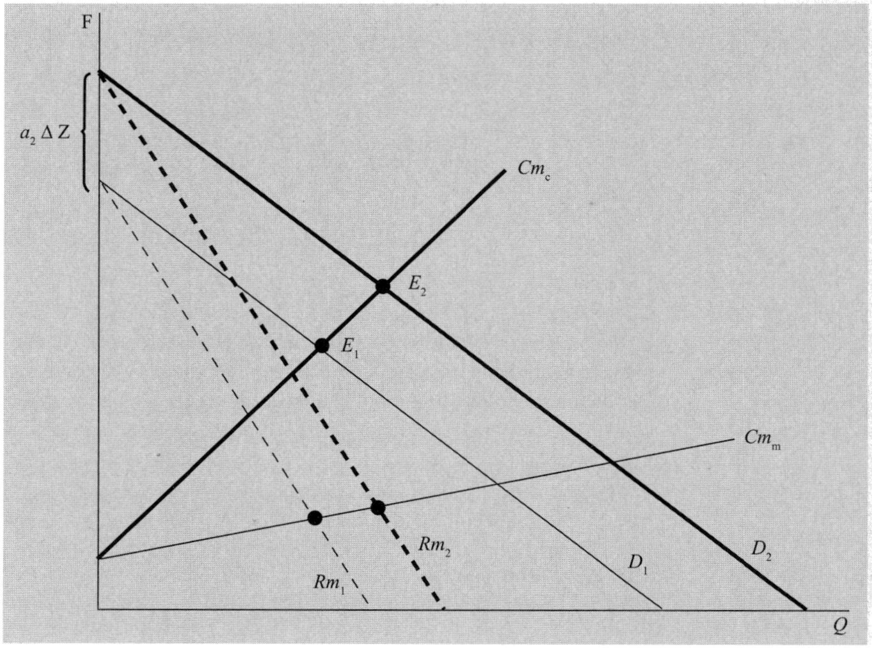

Figure 9C.1: *Identification impossible : Déplacement parallèle de la courbe de demande*

Une entreprise qui maximise son profit égalise sa recette marginale perçue à son coût marginal. Supposons que la courbe de coût marginal soit linéaire :

$$Cm = \beta_0 + \beta_1 Q + \beta_2 W + \varepsilon_2 .$$

Dans ce cas, la condition d'optimalité peut s'écrire

$$p = \beta_0 + (\beta_1 - \lambda\alpha_1)\, Q - \lambda\alpha_3 Z Q + \beta_2 W + \varepsilon_2 . \qquad (9C.3)$$

Les techniques statistiques habituelles permettent d'effectuer une régression de p sur la constante, Q, ZQ et W, afin d'obtenir une estimation des coefficients de l'équation (9C.3). Pour obtenir l'estimation du paramètre de structure du marché, λ, il suffit de diviser le coefficient de ZQ, soit $-\lambda\alpha_3$ (équation [9C.3]) par le coefficient de α_3 de l'équation de la demande (équation [9C.1]). Si nous pouvons identifier λ, c'est parce que la courbe de demande subit une rotation en fonction de Z, provoquée par le terme d'interation ZQ, ce qui modifie le point d'intersection des courbes Rm et Cm. Connaissant Cm, nous pouvons déterminer λ grâce au prix qui nous est donné par la fonction de demande. La rotation de la courbe de demande laisse la quantité inchangée au niveau du point de rotation, mais modifie l'élasticité de la demande. Cette modification affecte le prix, permettant d'obtenir une estimation de λ.

S'il n'y avait pas de terme ZQ (c'est-à-dire si $\alpha_3 = 0$) dans l'équation de la courbe de demande, λ ne pourrait pas être identifié. En effet, le seul terme de l'équation (9C.3) contenant encore λ serait $(\beta_1 - \lambda\alpha_1)Q$. Bien que nous connaissions α_1 d'après l'équation

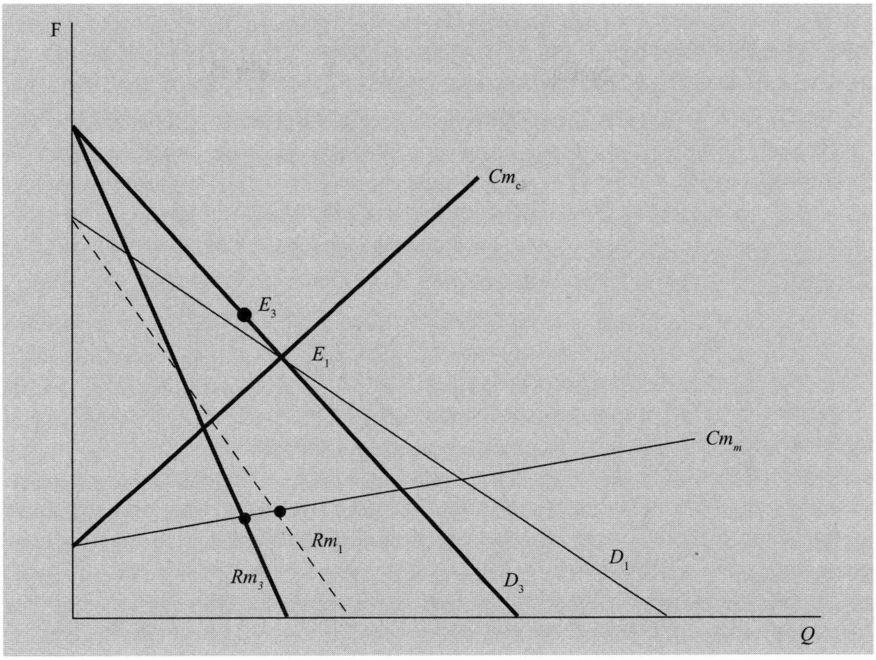

Figure 9C.2: *Identification possible : Rotation de la courbe de demande*

de la demande, c'est insuffisant pour identifier λ car le coefficient estimé dépend aussi de β_1 (la pente inconnue de la courbe Cm).

La figure 9C.1 illustre pourquoi il est nécessaire d'avoir une rotation de la courbe de demande pour identifier λ.[(2)] Le chercheur observe initialement le prix et la quantité associé à l'équilibre de marché E_1. Il effectue une estimation de la courbe de demande D_1 (et peut donc en déduire la recette marginale, Rm_1) mais ne peut pas observer directement les coûts. L'équilibre qu'il observe, E_1, est compatible avec une structure de marché concurrentielle et la courbe de coût marginal Cm_2. Dans ce cas, E_1 correspond à l'intersection de Cm_c avec D_1. Mais cet équilibre est également compatible avec l'existence d'un cartel et une courbe de coût marginal plus basse, Cm_m. Dans ce cas, E_1 est déterminé par l'intersection de Cm_c et de Rm_1.

Si $\alpha_3 = 0$ et que Z augmente de ΔZ, l'ordonnée à l'origine de la courbe de demande s'élève de $\alpha_2 \Delta Z$, comme l'indique la position de la nouvelle courbe de demande, D_2. Le nouvel équilibre, E_2, est toujours compatible avec n'importe laquelle des deux courbes de coût marginal. La modification de Z ne permet donc pas au chercheur de déterminer si l'industrie en question est concurrentielle ou cartellisée.

---

[2] Lau (1982) a montré que pratiquement n'importe quelle forme fonctionnelle de la demande permettait d'obtenir une identification, sauf les deux formes les plus couramment utilisées (forme linéaire et log-linéaire). Pour utiliser une forme fonctionnelle linéaire, il faut ajouter un terme interactif, ou élever la production à la puissance 2, de façon à ce que la relation devienne non-linéaire et permette une rotation de la courbe de demande.

En revanche, si $\alpha_2 \neq 0$, le déplacement de Z permet de déterminer λ. Sur la figure 9C.2, l'augmentation de Z entraine une rotation de la courbe de demande (la nouvelle courbe étant D_3 qui, pour simplifier, est obtenue par rotation autour du point d'équilibre initial). Si l'industrie est concurrentielle et que la courbe de coût marginal est Cm_c, le nouvel équilibre sur D_3 demeure en E_1. En revanche, si l'industrie est cartellisée et que la courbe de coût marginal est Cm_m, le nouvel équilibre en D_3 est E_3. Donc, que l'équilibre soit déplacé ou non, la rotation de la demande perment de savoir si le marché est concurrentiel ou cartellisé.

Tout ce qui peut entraîner une modification de la demande résiduelle adressée à une entreprise (pas uniquement les variables qui interviennent directement dans la demande) permet d'identifier λ. Ainsi, la courbe de demande résiduelle adressée à une entreprise dominante est donnée par la demande du marché moins l'offre de la frange concurrentielle. Si l'offre de la frange concurrentielle subit une rotation, la demande résiduelle de l'entreprise dominante subit également une rotation, même si la courbe de demande du marché reste elle-même inchangée. De façon similaire, la modification du taux d'une taxe *ad valorem*, t, permet d'identifier la structure du marché.

Ainsi que nous l'avons indiqué dans ce chapitre, toute information concernant la forme de la courbe de coût permet aussi d'identifier λ. Dans ce cas, si le coût marginal est constant en Q ($\beta_1 = 0$), il est possible d'identifier λ même en l'absence de rotation de la courbe de demande ($\alpha_3 = 0$). En effet, comme $Cm = \beta_0 + \beta_2 W$, le coût marginal est constant en tout point dans le temps, mais prend des valeurs différentes d'une période à l'autre du fait des modifications de Z. Le coefficient de Q dans l'équation (9C.3) est alors $\beta_1 - \lambda\alpha_1 = -\lambda\alpha_1$. Par conséquent, puisque α_1 est donné par la fonction de demande, on peut identifier λ.

TROISIÈME PARTIE

Autres stratégies et conduites observées en économie industrielle

10

Le comportement stratégique

Si tu veux la paix, prépare la guerre.

Ce chapitre analyse le comportement d'entreprises qui cherchent à réduire la concurrence exercée par leurs rivales actuelles ou potentielles.[1] Certains *comportements stratégiques* vont au-delà de la simple fixation du prix ou de la quantité. Par exemple, la première entreprise présente sur un marché peut installer une énorme capacité de production pour empêcher d'autres entreprises de pénétrer.

Nous allons tout d'abord définir précisément ce qu'est le comportement stratégique. Ensuite, nous opposerons le comportement stratégique coopératif au comportement stratégique non coopératif. Enfin, une section sera consacrée à la législation américaine sur les comportements coopératifs, pionnière en ce domaine.

Les questions essentielles abordées dans ce chapitre peuvent être résumées ainsi :

1. Sous quelles conditions une entreprise a-t-elle intérêt à adopter un comportement stratégique non coopératif ?

[1] Pour d'autres analyses sur ce sujet, voir Porter (1980, 1985), Ordover et Saloner (1989), Spence (1981b) et Tirole (1988).

2. Sous quelles conditions les membres d'un oligopole ont-ils intérêt à adopter un comportement stratégique coopératif ?
3. Les lois antitrust doivent-elles réprimer les comportements non coopératifs ou les comportements coopératifs ?

10.1 Définition du comportement stratégique

Le **comportement stratégique** désigne un ensemble de décisions prises par l'entreprise dont le but est d'influencer l'environnement du marché pour augmenter son profit. L'**environnement du marché** inclut tous les facteurs qui agissent sur les variables du marché (prix, quantité, profit, bien-être). Cela comprend aussi bien les perceptions des consommateurs et des autres entreprises, que le nombre de concurrents existants ou potentiels, la technologie, les coûts et la rapidité d'entrée sur le marché.[2] En manipulant l'environnement du marché, une entreprise peut augmenter son profit. Comme dans la théorie de l'oligopole, l'équilibre dépend de façon cruciale des anticipations de chaque entreprise concernant le comportement de ses rivales dans une situation donnée. Ce chapitre explique comment une entreprise peut influencer les conditions de la concurrence et par conséquent la situation de ses rivales.

Nous allons étudier deux types de comportement stratégique : non coopératif et coopératif. Bien que la différence entre les deux ne soit pas nécessairement tranchée, il est utile de les distinguer. Le **comportement stratégique non coopératif** consiste pour une entreprise à maximiser son profit en améliorant sa situation par rapport à celle de ses rivales. En général, le comportement stratégique non coopératif améliore le profit de l'entreprise mais réduit celui de ses concurrentes. Le **comportement stratégique coopératif** consiste en décisions qui facilitent la coordination des actions d'entreprises d'une industrie et limitent la concurrence.[3] Comme il réduit la concurrence, le comportement coopératif augmente les profits de toutes les entreprises du marché.

Mettre le feu aux entrepôts de ses concurrents est l'exemple extrême d'un comportement stratégique non coopératif. Inversement, le comportement stratégique coopératif peut être illustré par deux chefs d'entreprise rivaux se méfiant l'un de l'autre, mais qui se rencontrent pour fixer le prix. Cete coopération ponctuelle peut d'ailleurs évoluer vers la non coopération (par exemple si l'un ou l'autre ne respecte plus l'accord).

Les lois antitrust, dont le but est de limiter l'acquisition indésirable d'un pouvoir de marché, permettent de contrôler certains types de comportement stratégique.

[2] Le terme *environnement du marché* et un peu plus large que celui de *structure du marché*, lequel n'inclut pas, en général, les perceptions des participants au marché.

[3] Le terme *coopératif* n'implique pas nécessairement que les entreprises s'entendent *explicitement*.

Le Sherman Act de 1890 est la première et sans doute la plus importante de ces lois antitrust. La section I du Sherman Act est directement dirigée contre les comportements coopératifs stratégiques tels que les accords de fixation des prix. La section II a été utilisée contre les comportements stratégiques non coopératifs tels que la fixation d'un prix inférieur au coût de production, dans le but d'éliminer les rivaux du marché.

10.2 Comportement stratégique non coopératif

La sagacité dans les affaires se ramène en définitive à l'usage judicieux du sabotage. – Thorstein Veblen

L'entreprise qui adopte un comportement stratégique non coopératif le fait dans le but de nuire à ses concurrents et d'augmenter ainsi ses profits. Il existe de nombreux moyens d'empêcher des concurrents d'entrer sur un marché, de les éliminer d'un marché ou de réduire leur puissance. Certaines de ces stratégies visent à influencer l'opinion des concurrents potentiels sur l'agressivité de l'entreprise installée dans le cas d'une tentative de pénétration du marché. Le succès d'une stratégie non coopérative nécessite que deux conditions soient remplies :

1. *Avoir un avantage* : Il faut que l'entreprise puisse agir avant ses concurrents. Autrement dit, il faut qu'elle puisse faire aux autres ce qu'ils ne sont pas en mesure de lui faire.

2. *S'engager de façon irréversible* : L'entreprise doit convaincre ses concurrents qu'elle suivra bien la stratégie indiquée, quelle que soit l'attitude de ses concurrents.

Lorsque deux entreprises sont identiques, elles sont toutes les deux en mesure de menacer l'autre. Or, pour qu'une stratégie fonctionne, l'une des deux entreprises doit avoir un avantage qui lui permette de nuire à l'autre avant que cette dernière ne puisse user de représailles. L'asymétrie entre les deux entreprises permet à celle qui en bénéficie d'adopter une attitude menacante crédible.

En effet, pour que le comportement stratégique soit efficace, l'entreprise menacée doit être convaincue que la menace pourra être mise à exécution aussi longtemps que nécessaire. Supposons qu'une entreprise installée menace d'augmenter très fortement sa production (pour faire baisser le prix) si un concurrent pénètre sur le marché. Le concurrent ne croira à la réalité de la menace que s'il pense qu'il est rationnel pour l'entreprise installée de suivre cette stratégie une fois que l'entrée aura effectivement eu lieu. Une **menace crédible** doit paraître rationnelle aux yeux des rivaux, c'est-à-dire qu'ils doivent être convaincus qu'il est dans l'intérêt de l'entreprise installée de la mettre à exécution. C'est pourquoi, l'entreprise qui engage une stratégie irréversible émet un signal crédible.

Cette section débute par l'analyse de quatre stratégies bien connues : prédation par le prix, prix limite, investissements dans la réduction des coûts et enfin, investissements pour augmenter le coût des concurrents. Ces stratégies peuvent fonctionner lorsque les barrières à l'entrée et à la sortie sont assez élevées pour que les concurrents ne puissent pas agir de la même façon que les entreprises installées. Sans des barrières créatrices d'asymétrie, ces stratégies ne fonctionnent pas. Nous verrons également pourquoi les entreprises installées peuvent avoir un avantage naturel sur les entrants potentiels. Nous terminerons cette section par une réflexion sur les politiques antitrust permettant de prévenir ces comportements.

10.2.1 Prédation par le prix

Une homme mort n'est pas dangereux. – Plutarque

La **prédation par le prix** consiste à réduire le prix afin d'éliminer ses concurrents et d'inquiéter les candidats à l'entrée, puis à le relever lorsque la voie est libre. Selon les définitions légales (analysées ci-après), la prédation implique que le prix soit fixé au-dessous du coût (dont la définition est conventionnelle). Cette stratégie implique une perte à court terme dans le but de réaliser un gain à long terme.

Comment faut-il qu'une entreprise agisse pour éliminer ses concurrents ? La réponse est simple : elle doit convaincre ses concurrents qu'elle est prête à afficher des prix inférieurs aux coût de production de ses concurrents et à les maintenir à ce niveau jusqu'à ce qu'ils quittent le marché. Cette stratégie ne peut réussir que si l'entreprise est en mesure de maintenir ce niveau de prix plus longtemps que ses concurrents. Bien souvent, l'entreprise n'a aucun moyen de convaincre ses concurrents qu'elle est déterminée à maintenir ce niveau de prix le temps nécessaire à leur élimination.

Lorsque les concurrents sont éliminés, il faut encore affronter l'arrivée de nouvelles entreprises, ce qui oblige l'entreprise installée à maintenir ses prix bas pour dissuader l'entrée. Pour que la stratégie prédatrice réussisse, les candidats à l'entrée doivent être convaincus qu'ils n'ont pas intérêt à pénétrer sur le marché. Ce n'est qu'à ces conditions que l'entreprise installée peut en toute confiance relever son prix au niveau de monopole.

Une fois qu'il a contraint ses concurrents à la faillite, le prédateur peut s'emparer de leurs actifs pour s'assurer qu'ils ne reviendront pas sur le marché. Dans le cas contraire, les entreprises éliminées pourraient revenir sur le marché une fois le prix rétabli à son niveau antérieur ou bien une autre entreprise pourrait se servir des actifs disponibles pour s'installer sur le marché. Même si ces actifs sont rachetés par une entreprise appartenant à un autre secteur, il subsiste toujours le risque qu'ils soient redéployés sur le marché d'origine afin de concurrencer le prédateur.

Nous allons d'abord étudier un modèle dans lequel les entreprises sont identiques, afin de montrer que dans ce cas le risque de prédation n'existe pas. Puis nous analyserons un modèle dans lequel une entreprise possède un avantage sur ses con-

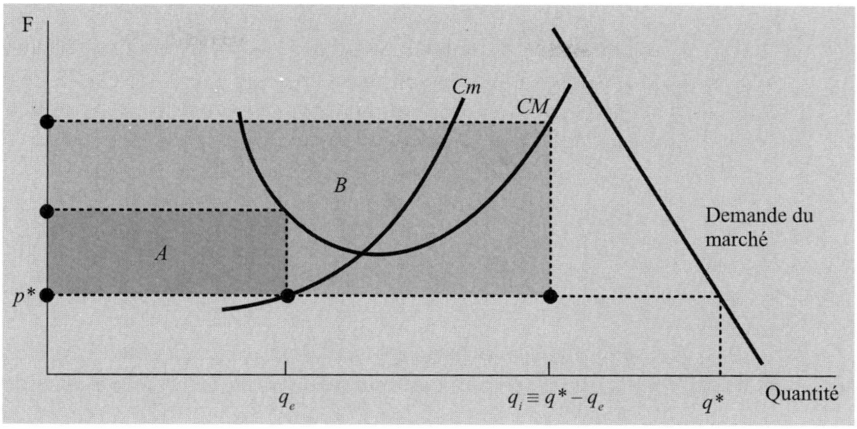

Figure 10.1: *Prédation*

currents, condition nécessaire pour que la stratégie prédatrice soit rentable. Enfin, nous étudierons les critères retenus par les tribunaux américains pour identifier la prédation par le prix et nous concluerons par un examen des études empiriques consacrées à ce sujet.

A. Entreprises identiques

Le comportement prédateur n'a pas de sens lorsque les entreprises sont identiques, car au cours de la période de prédation, l'entreprise installée perd plus d'argent que sa rivale qui est aussi efficiente. En effet, pour maintenir le prix qu'elle a fixé, l'entreprise installée doit répondre à toutes les demandes qui lui sont adressées à ce prix. En revanche, sa rivale peut réduire sa production pour minimiser ses pertes. Par conséquent, il est peu probable que la stratégie prédatrice réussisse.

Pour illustrer ce raisonnement, supposons qu'il n'y ait que deux entreprises sur le marché, l'une anciennement installée et l'autre nouvellement arrivée, ayant des fonctions de coût identiques. L'entreprise installée réduit le prix à p^* afin d'infliger des pertes à sa rivale et de l'obliger à quitter le marché. Pour que le prix du marché soit p^*, il faut que q^* unités soient vendues (voir la courbe de demande de la figure 10.1). L'entreprise installée produit alors $q_1 \equiv q^* - q_e$, où q_e représente la quantité offerte par la nouvelle entreprise et q^* la production du marché. L'entreprise installée produit donc à un coût moyen et marginal plus élevé que sa concurrente et subit une perte égale à la somme des surfaces A et B. Sa perte est ainsi supérieure de B à celle de sa rivale.

Durant la période de prédation, les consommateurs sont gagnants car ils peuvent acheter au prix p^*, qui est inférieur au prix de duopole. Cependant si la stratégie de prédation réussit, les consommateurs sont perdants une fois le concurrent éliminé car le prix s'élève alors au niveau de monopole (qui est supérieur au prix de duopole).

Le défaut majeur de ce scénario de prédation dans lequel les entreprises ont des fonctions de coût identiques est que l'entreprise candidate pourrait adopter ce type de comportement au même titre que l'entreprise installée. S'il n'y a pas de différences entre les entreprises, qui pourrait croire qu'une entreprise accepte de supporter des pertes plus élevées que celles qu'elle inflige à ses concurrents, fût-ce pour le temps nécessaire à leur élimination ?

a. Menace crédible. Pour que la stratégie prédatrice réussisse, il faut que le concurrent soit persuadé que l'entreprise est décidée à maintenir son prix bas aussi longtemps que nécessaire pour l'éliminer du marché. Or, comme ce n'est pas le cas, une telle menace n'est pas crédible. Voir l'exemple 10.1.

b. Éviter la prédation. Si une entreprise candidate à l'entrée à la conviction que son arrivée entraînerait une guerre de prix amenant celui-ci au-dessous du coût, elle peut éviter cette situation de plusieurs façons. Premièrement, elle peut envisager une fusion avec l'entreprise installée, ce qui lui permet de pratiquer immédiatement un prix élevé et d'éviter une phase coûteuse de prédation. Cependant, les lois antitrust américaines réprouvent autant les fusions qui visent au monopole que la prédation par les prix (chapitre 20).

Une seconde approche consiste pour le nouvel entrant à nouer des contacts avec certains clients afin de fixer les prix avant même d'entrer. Dans ce cas, une baisse du prix de l'entreprise installée n'aurait pas d'impact sur les ventes du candidat à l'entrée, celles-ci se faisant à un prix prédéterminé. Pour que les acheteurs soient tentés par un contrat fixant le prix, il suffit de proposer un prix inférieur à celui pratiqué par l'entreprise installée.(4) Naturellement, il n'est pas toujours possible de trouver suffisamment de client disposé à signer d'avance des contrats à prix fixes, en particulier quand chacun d'entre eux est petit. Toutefois, lorsqu'il existe de gros clients conscients du fait que l'arrivée d'une nouvelle entreprise empêche l'entreprise installée d'exercer son pouvoir de marché, cette dernière devrait pouvoir trouver plus facilement des clients acceptant de signer un contrat de ce type.

Une troisième approche, déjà mentionnée plus haut, consiste pour l'entreprise menacée à réduire sa production durant la période de prédation, afin de minimiser ses pertes. Dans certains cas, une entreprise peut même quitter le marché, redéployer ses actifs ailleurs sans supporter de coûts et revenir à la fin de la période de prédation lorsque l'entreprise installée élève à nouveau son prix. Ce jeu permanent d'entrées/sorties peut être répété aussi longtemps que nécessaire pour que la prédation ne puisse jamais infliger de pertes significatives au candidat à l'entrée.

Supposons par exemple, qu'une entreprise produise des bureaux. Une nouvelle entreprise entre sur le marché et, en réaction à cette entrée, l'entreprise installée réduit le prix des bureaux au-dessous du coût de production. Supposons de plus que la nouvelle entreprise puisse rapidement et avec profit transformer son usine

---

[4] Réciproquement, une entreprise installée confrontée à la menace d'entrée de nouveaux concurrents peut également signer des contrats à long terme avec des acheteurs afin de limiter l'arrivée sur le marché d'une partie des entreprises (Aghion et Bolton, 1987).

EXEMPLE 10.1
Selon la Cour Suprême, les accusations de prédation doivent être crédibles

En 1986, la Cour Suprême des États-Unis a rendu un arrêt important sur la la prédation par les prix dans le cas *Matsushita Electric Industrial Co., Ltd. v. Zenith Radio Corporation et al. 106S. Ct. 1348 (1986)*. Un groupe d'entreprises manufacturières américaines avait accusé certaines entreprises japonaises d'avoir vendu pendant 20 ans des produits électroniques grand public au-dessous de leur coût de production, dans le but d'éliminer du marché les producteurs américains.

La Cour Suprême a estimé qu'il était improbable qu'une ou plusieurs entreprises soient disposées à s'infliger des pertes durant 20 ans, dans le seul but d'éliminer des concurrents du marché. Pour qu'une entreprise agisse ainsi, il faudrait d'ailleurs que son taux d'actualisation des coûts et des bénéfices soit incroyablement bas. La Cour Suprême a estimé que la prédation n'était pas à l'origine des prix bas et que d'autres facteurs, tels que la concurrence légitime, expliquaient pourquoi les Japonais avaient pu produire moins cher que les Américains.

de façon à produire des tables à la place des bureaux. S'il est relativement peu coûteux pour la nouvelle entreprise de passer de la production des bureaux à celles des tables et inversement, la stratégie de prédation ne pourra jamais faire renoncer la nouvelle entreprise.

Mais cette possibilité d'alterner la production suppose que les *coûts irrécupérables* (c'est-à-dire les pertes de l'entreprise si elle cesse — même momentanément — son activité [voir le chapitre 3]) sont faibles. Dans ce cas, l'entreprise installée ne peut guère espérer voire réussir une stratégie prédatrice, car elle n'a alors aucun moyen d'infliger des coûts à sa concurrentes. Autrement dit, un *marché parfaitement contestable* (sur lequel l'entrée et la sortie instantanée sont possibles à coût nul), la stratégie de prédation ne peut jamais réussir.

Pour résumer, l'entreprise candidate à l'entrée peut éviter ou atténuer les effets de la prédation de trois façons au moins : en fusionnant avec l'entreprise installée, en signant des contrats à long terme avec certains clients ou en réduisant sa production durant la période de prédation.

B. Prédation lorsqu'une entreprise possède un avantage

Si la prédation ne peut pas réussir lorsque les deux entreprises ont des coûts identiques, c'est que l'entreprise prédatrice subit des dommages plus importants que ses victimes. Pour que la prédation réussisse, l'entreprise qui y a recours doit posséder un avantage spécifique sur les autres.

a. La dimension ne constitue pas un avantage. N'importe quel avantage ne peut pas être exploité avec succès en vue de la prédation. De nombreuses études de la prédation par les prix décrivent une grande entreprise installée ayant pour improbable rivale une petite entreprise. Ces études soutiennent que les périodes de prédation sont plus faciles à supporter pour la grande entreprise que pour la petite. Cependant, cette affirmation est dicutable, car la petite entreprise peut trouver un bailleur de fonds disposé à parier que même une grande entreprise se lassera de supporter indéfiniment des pertes.

De plus, cette théorie n'explique pas pourquoi des entreprises de taille identique — ou supérieure — à celle installée ne chercheraient pas aussi à pénétrer le marché. Enfin, si les petites entreprises étaient réellement désavantagées dans la concurrence avec les grandes, on finirait par se retrouver dans une économie dominée par les grandes entreprises. Quoiqu'il en soit, même si les petites entreprises sont désavantagées dans la concurrence avec les grandes, la prédation ne conduit pas nécessairement à des profits de monopole.

b. Avantages déterminants. Certains modèles récents du comportement prédateur soulignent que le succès des stratégies de prédation peut dépendre des différences de perceptions d'entreprises concernant le comportement de leurs concurrents.[5] Supposons par exemple qu'une entreprise installée soit la seule à savoir si son coût de production est faible ou élevé (pour simplifier, on admettra qu'il n'y a que ces deux modalités). Dans ce cas, si les coûts de l'entreprise installée sont bas et qu'elle baisse son prix face à une nouvelle entrée, cette décision peut simplement traduire l'intensification de la concurrence. En effet, même si le prix fixé est inférieur au coût de production de la nouvelle entreprise, il peut néanmoins être supérieur au coût de l'entreprise installée. En revanche, si le coût de production de l'entreprise installée est élevé et qu'elle baisse son prix, il peut s'agir d'une stratégie de prédation par le prix.

La différence entre ce modèle et les autres modèles de prédation est qu'il explique éventuellement pourquoi il est profitable à l'entreprise installée de baisser son prix (lorsque son coût est faible) face à une nouvelle entrée. Une fois que la nouvelle entreprise a noté le nouveau prix pratiqué par l'entreprise installée, elle en déduit la probabilité pour qu'il s'agisse d'une stratégie agressive et, suivant son propre coût, décide ou non de s'installer sur le marché.

En réagissant par une baisse de prix face aux entrées, l'entreprise installée peut acquérir la réputation d'avoir des coûts faibles. Sa politique de prix est un signal adressé aux entrants potentiels. Ce signal indique, non sans risque d'erreurs, si l'entreprise installée à un coût de production faible ou élevé. Toutefois, étant donné qu'il ne s'agit que d'un indicateur sommaire, une entreprise ayant un coût de production élevé peut agir en prédateur et convaincre les autres entreprises que son coût de production est bas. Naturellement, les prix anciennement pratiqués ne constituent un indicateur du coût qu'à condition que l'entreprise à coût élevé pratique moins fréquemment des prix bas que ne le font les entreprises qui ont réellement des coûts faibles.

Par définition, le nouvel entrant n'a pas de politique de prix passée permettant d'influencer l'opinion de l'entreprise installée concernant ses coûts de production. Il existe donc une asymétrie naturelle entre les deux entreprises. Ceci explique

[5] Voir par exemple Williamson (1977), Selten (1978), Ordover et Willig (1981), Easterbrook (1981), Kreps *et al* (1982), Kreps et Wilson (1982), ainsi que Milgrom et Roberts (1982b).

que l'opinion de l'entreprise installée concernant la nouvelle entreprise puisse être différente de l'opinion de la nouvelle entreprise concernant l'entreprise installée. C'est pourquoi, dans ce modèle, la prédation par le prix est une stratégie crédible. En effet, il peut être rationnel pour une entreprise ayant un coût de production élevé de fixer un prix inférieur à son coût de production, car cela crée l'illusion qu'elle a un coût de production faible et dissuade l'entrée.

Bien que les modèles récents révèlent qu'il est possible de construire des théories crédibles de la prédation par le prix, il reste cependant que cette stratégie est coûteuse pour l'entreprise installée. De plus, elle peut être mise en échec si le nouvel entrant parvient à établir des contrats à prix prédéterminé avec des clients.

Enfin, il est également possible qu'un nouvel entrant arrive précédé d'une réputation acquise dans un autre domaine. Dans ce cas, l'asymétrie entre l'entreprise installée et la nouvelle entreprise disparaît, ce qui réduit les chances de réussite de la stratégie de prédation.

c. Préemption spatiale. Certains économistes pensent que les entreprises qui vendent des produits spatialement différenciés peuvent empêcher l'entrée en faisant proliférer des marques secondaires à côté de leur marque principale (voir le chapitre 8). La *Federal Trade Commission* a ainsi soutenu que les principales entreprises de céréales pour petit déjeuner s'étaient entendues pour faire proliférer à tel point les différentes marques que cela empêchait d'autres entreprises de pénétrer sur le marché avec profit (voir l'exemple 8.3, ainsi que Schmalensee, 1978 et Scherer, 1979).

Von Hohenbalken et West (1984) ont étudié les choix de localisation des chaînes de supermarché dans la ville américaine d'Edmonton. Leurs données empiriques confirment que la chaîne de magasins Safeway a pratiqué une politique de préemption spatiale à Edmonton, en installant systématiquement un établissement à proximité d'un nouveau magasin. Selon Von Hohenbalken et West (1986), cette chaîne s'est ainsi construite une réputation de prédateur (Kreps et Wilson, 1982 ; Milgrom et Roberts, 1982b). Ils ont réuni des preuves empiriques qu'une période de prédation était suivie d'une « période de réputation », que les parts de marché des victimes de la prédation continuaient à diminuer et que peu de nouvelles entrées avaient lieu même dans des conditions de croissance rapide du marché. Ils suggèrent également que l'entreprise dominante peut aller jusqu'à attendre que la nouvelle entreprise soit complètement installée avant de construire son propre établissement à proximité, de manière à ce que son action soit clairement identifiée comme prédatrice.[6]

C. Critères juridiques permettant d'identifier la prédation

Il existe une très abondante littérature économique et juridique consacrée aux critères permettant de déterminer si une entreprise pratique ou non la prédation

[6] Voir West (1981) et West et Von Hohenbalken (1984) pour d'autres études voisines.

par les prix. De nombreux tribunaux ont adopté la règle proposée par Areeda et Turner (1975) d'après laquelle la politique de prix d'une entreprise est prédatrice si son prix est inférieur au coût marginal à court terme. La logique qui sous-tend cette définition est qu'une entreprise ne choisira jamais de continuer à produire lorsque le prix est inférieur au coût marginal à court terme, à moins qu'elle ne soit motivée par des considérations stratégiques.[7] Si le prix est inférieur au coût marginal à court terme, cela laisse présumer que l'entreprise essaie d'éliminer un concurrent du marché, pour maximiser son profit à plus long terme. En effet, sans la perspective de bénéfices futurs, il serait insensé de fixer le prix au-dessous du coût marginal.

Areeda et Turner proposent en outre d'utiliser le coût variable moyen comme indicateur du coût marginal si la limitation des données empêche la détermination du coût marginal à court terme.[8] L'un des avantages de la règle d'Areeda-Turner est de reconnaître explicitement que de fixer un prix inférieur au coût moyen total ne constitue pas en soi la preuve d'un comportement prédateur. En fait, le prix est souvent inférieur au coût moyen total dans les industries concurrentielles, comme l'agriculture, à cause des fluctuations à court terme de la demande (voir l'exemple 10.2 pour une illustration de la façon dont la règle précitée a été utilisée).

Les réactions d'économistes et de juristes à l'article d'Areena et Turner furent nombreuses. Certains proposèrent d'utiliser le coût marginal à long terme ou le coût moyen pour déterminer s'il y avait réellement prédation. D'autres encore suggérèrent d'observer l'évolution du prix ou de la quantité produite.[9]

Malheureusement, la plupart de ces méthodes sont difficiles à mettre en œuvre pour deux raisons. Premièrement, les données nécessaires au calcul du coût marginal de production à court terme ou même du coût moyen variable sont souvent difficile à obtenir. Deuxièmement, d'autres facteurs n'ayant rien à voir avec la prédation par les prix peuvent expliquer l'inefficacité de ces méthodes. Nous allons maintenant passer en revue certains de ces facteurs.

a. Prix promotionnels. Il est fréquent qu'une entreprise qui cherche à s'implanter sur un marché attire l'attention des consommateurs par une campagne de prix promotionnels. Dans le même ordre d'idée, beaucoup d'entreprises font connaîre

---

[7] Dans un modèle à une seule période, l'entreprise maximise son profit en égalisant la recette marginale au coût marginal, de sorte que le prix est forcément supérieur ou égal au coût marginal. Cependant, si on considère plusieurs périodes, le prix peut être inférieur au coût marginal à certaines périodes, comme nous le verrons ci-après.

[8] Lorsqu'il y a plusieurs produits, les tribunaux doivent appliquer une définition qui permette de déterminer quels sont les produits concernés par la prédation. L'un de ces critères est que le prix d'un produit ne doit pas être inférieur au supplément de coût qu'entraîne sa production, ce qui implique de calculer la variation du coût total de production de q unités d'un produit, divisé par q, la quantité des autres produits étant supposée fixe (voir l'annexe B du chapitre 3). Ce critère fut utilisé dans le cas *MCI Communications Corp. v. AT&T*, 708F.2d 1081 [7th Circuit], cert. denied, 486 U.S. 891 [1983]. L'application de ce critère nécessite de poser certains postulats concernant les niveaux de toutes les autres productions conjointes.

[9] Pour une analyse de ces différentes méthodes, voir Easterbrook (1981).

EXEMPLE 10.2
Preuves empiriques de la prédation par le prix dans l'industrie du tabac

La prédation par le prix sert parfois à obliger les concurrents à céder leur entreprise à un faible prix. L'entreprise qui agit ainsi peut alors racheter ses concurrents et augmenter son pouvoir de marché.

Aux États-Unis, vers le tournant du 20e siècle, le trust du tabac fut accusé de prédation par les prix. Au cours de la période 1881-1906, le trust du tabac a pris le contrôle d'environ 40 concurrents et acquis ainsi une large part des ventes du tabac pour pipe, des cigarettes, du tabac à priser et du tabac de luxe. La tactique habituelle du trust consistait à choisir le concurrent dont il souhaitait prendre le contrôle, puis à introduire une marque semblable à un prix beaucoup plus bas. La baisse consécutive des profits du concurrent l'induisait alors à vendre son entreprise à bas prix au trust.

En 1901, par exemple, en Caroline du Nord, la marque de cigarette American Beauty fut lancée par le trust pour concurrencer un produit similaire de l'entreprise Wells-Whitehead, située à Winston (Caroline du Nord). Les cigarettes American Beauty furent mise en vente au prix de 1,50 $ pour 1 000, ce qui représentait exactement le montant de la taxe. Le prix était donc clairement inférieur au coût de production. Le trust prétendit qu'il s'agissait d'une offre promotionnelle. Mais en 1903, le trust du tabac rachetait son concurrent.

Une étude détaillée de la valeur payée par le trust pour le rachat de ses concurrents entre 1881 et 1906 révèle que la prédation par le prix a exercé un très important effet négatif sur le prix de vente. La prédation a réduit les coûts d'acquisition d'environ 25%.

Du fait de cette violation des lois antitrust, le trust du tabac fut éclaté en plusieurs entreprises (principalement American Tobacco, Ligget et Myers, Lorillard) dès 1911. Vers les années 1920, les trois entreprises dominantes de l'industrie de la cigarette étaient Reynolds (Camel), Ligget et Myers (Chesterfield) et American Tobacco (Lucky Strike).

Dans un arrêt fameux (*American Tobacco Co. v. United States 328 U.S.* 781 [1946]), ces 3 entreprises furent reconnues coupables d'entente et de prédation par les prix dans le but d'éliminer les concurrents du marché. Durant la dépression, les 3 principaux fabricants de cigarettes augmentèrent leurs prix malgré la baisse de leurs coûts. Attirées par cette opportunité de profit et de ventes, de nouvelles entreprises entrèrent sur le marché en pratiquant des prix inférieurs de 5 cents aux prix des marques des trois principaux fabricants. Entre 1931 et 1932, ces nouvelles marques (dites à *10 cents*) virent leur part de marché augmenter de 1% à 23%.

Vers le début de 1933, les trois principaux fabricants réduisirent leur prix de vente d'environ 20%, de façon à ce que leurs prix ne soient que légèrement supérieur à celui des marques à 10 cents, dont la part de marché baissa alors à 6%. Les indications empiriques semblent montrer que ces prix n'étaient pas inférieur au coût total de production des principaux fabricants. Les marques à 10 cents conservèrent une part de marché significative jusqu'aux années 1940, puis disparurent. Bien que les prix ne fussent pas inférieurs au coût de production et que les marques à 10 cents purent survivre, le tribunal jugea que les compagnies dominantes avaient violé les lois antitrust en s'entendant pour baisser les prix dans l'intention d'éliminer les marques à 10 cents du marché.

SOURCE : Burns (1986), Tenant (1950, p. 43), Koller (1971) et *American Tobacco Co. v. United States*, 328 U.S. 781 (1946).

leur produit en distribuant gratuitement des échantillons, ce qui est un moyen très efficace de promotion du produit et correspond à une stratégie rationnelle de maximisation du profit. Pourtant, selon le critère d'Areeda et Turner, ce comportement ne peut pas être distingué de la prédation par les prix.

En effet, un prix nul (produit gratuit) est inférieur au coût marginal à court terme (sauf dans certains cas exceptionnels). Or il est possible de considérer ce type de promotion à court terme comme un investissement destiné à attirer de futurs consommateurs. Mais dans ce cas, le prix pratiqué après la période de promotion doit être supérieur à l'indicateur approprié du coût marginal. De même qu'un investissement classique en biens d'équipement ou en infrastructure, les promotions doivent être amorties. Mais il est difficile de vérifier si tel est le cas.

De même, une entreprise qui maximise son profit peut vendre un produit à perte de façon à faire savoir qu'elle continuera à fournir ce produit. Elle évite ainsi que le consommateur ne s'adresse temporairement à un concurrent et ne court pas le risque qu'il ne revienne plus une fois la production devenue rentable. Pittman (1984) soutient qu'il s'agit là de la politique suivie par IBM lorsque cette entreprise avait introduit son super ordinateur. Il ne s'agissait pas de prédation mais d'un signal envoyé aux consommateurs indiquant que la production de ce type d'ordinateur allait se poursuivre.

b. Apprentissage par la pratique. De même, le prix peut sembler plus bas que le coût marginal à court terme lorsqu'il y a *apprentissage par la pratique*: Le coût de production d'une entreprise diminue lorsqu'elle produit plus car elle apprend du même coup à produire plus efficacement. Par conséquent, les coûts de l'entreprise diminuent avec le temps. En fixant un faible prix dès le départ, l'entreprise peut vendre beaucoup, accumuler de l'expérience et réduire ses coûts par la suite. Dans ce cas, même si le prix courant est inférieur au coût de production courant, ce prix est justifié par la perspective d'une réduction future du coût, rendue possible par l'expérience accumulée. Le prix bas s'apparente alors à un investissement. Or le coût marginal à court terme ne tient pas compte de l'économie future de coût que l'entreprise s'attend à réaliser grâce à l'apprentissage par la pratique. Il faudrait donc ajouter au coût marginal de production actuel (la valeur actualisée de) la variation de coût future résultant de l'augmentation de la production présente.

c. Comportement concurrentiel. Beaucoup des plaintes déposées devant les tribunaux pour prédation proviennent d'entreprises victimes de la concurrence de leurs rivales. Ces entreprises confondent parfois la fixation d'un prix au-dessous du coût de production avec un prix plus bas pratiqué par un concurrent plus efficient. Lorsqu'une entreprise est plus efficiente qu'une autre, on doit s'attendre à ce que l'entreprise efficience fixe un prix inférieur et s'empare du marché. Il se peut que le prix pratiqué par l'entreprise efficience, quoique supérieur à son propre coût, soit inférieur au coût de production de l'entreprise inefficiente.

Par conséquent, une plainte pour prédation déposée par une entreprise moins efficiente que sa concurrente peut s'assimiler à une stratégie de protection de sa part de marché. Dans ce cas, les pertes infligées à l'entreprise inefficiente ne peuvent pas être distinguées de celles subies par une entreprise réellement victime de prédation. On voit donc que les poursuites pour prédation peuvent constituer un obstacle à la réduction du prix des entreprises efficientes et nuire aux consommateurs.

C'est la raison pour laquelle Easterbrook (1981) a suggéré que les tribunaux ne traitent que les cas de prédation par les prix où une entreprise à été éliminée du marché *et* où l'entreprise accusée à ensuite relevé ses prix. Ce n'est que dans ce cas que l'on a la certitude que l'entreprise éliminée du marché l'a été pour prédation et non du simple fait d'une vigoureuse concurrence.

D. Preuves empiriques de prédation par le prix

Devant le nombre de problèmes posés par l'identification de la prédation par le prix, on devait s'attendre à ce que les études d'économistes et de juristes n'aient mis en évidence que peu de cas de prédation réussie, c'est-à-dire de cas où une entreprise est éliminée du marché et où il s'ensuit un relèvement du prix. Les plaintes déposées pour prédation sont nombreuses, mais l'examen attentif des situations révèle que la prédation entendue comme la fixation d'un prix inférieur au coût est rare.

La création de la Standard Oil fut longtemps considérée comme un exemple de prédation par le prix réussie. Rockefeller aurait acheté de petites raffineries indépendantes après avoir baissé ses prix afin de les mettre en difficulté. Mais cette thèse n'a pas été confirmée par McGee (1958) qui a étudié cette affaire de façon détaillée et établi que les concurrents de Rockefeller furent rachetés dans des conditions relativement favorables pour eux.

Koller (1971) a passé en revue les affaires de prédation par le prix depuis 1890. Sur les 26 cas pour lesquels il existe des données adéquates, Koller en a recencé 7 où le prix avait bien été fixé à un niveau inférieur au coût. Sur ces 7 cas, 4 seulement aboutirent à l'élimination d'un concurrent (dont 3 par fusion).[10] Une synthèse récente portant sur les cas de prédation indique que les preuves de prédation sont souvent peu convaincantes et que les accusés gagnent le procès dans 90% des cas (Hurwitz *et al.*, 1981).

Des expériences dans lesquelles des étudiants étaient incités à se comporter comme des entreprises ont également confirmé qu'il était difficile de créer des circonstances favorables à la prédation par le prix (Isaac et Smith, 1985). Les données empiriques confirment l'idée que la prédation par le prix est rarement une stratégie profitable et que les accusations de prédation ne sont que des tentatives pour de se protéger contre la concurrence sévère (mais socialement désirable) d'un rival.

La théorie de la prédation par le prix repose sur l'idée que l'entreprise installée cherche par ce biais à créer une réputation de concurrent dangereux. La critique cette théorie souligne que ni la façon dont s'établit cette réputation, ni les raisons

[10] Aux États-Unis, les fusions qui augmentent le pouvoir de marché sont illégales. Il n'y a donc pas besoin d'une loi spécifique pour les cas de prédation qui augmentent le pouvoir de marché par le biais d'une fusion, car les lois antitrust protègent déjà le consommateur.

EXEMPLE 10.3 La guerre des microprocesseurs

Intel a inventé les microprocesseurs 386 et 486 qui ont longtemps équipé les ordinateurs individuels. En 1991, Advance Micro Devices, Inc. (AMD) introduisit un clone qui brisa le monopole d'Intel. Intel réagit par une augmentation des ventes de 386 et 486. Cyrix pénétra également sur le marché en commercialisant un microprocesseur similaire, bien que physiquement différent de celui d'Intel. En quelques mois, le prix du 386SX/20 MHz baissa de 200 $ à 50 $ sur le marché parallèle des microprocesseurs de Hong Kong. Intel doubla alors sa production de 386 et quadrupla celle des 486 (par rapport à l'année précédente). Au cours du premier trimestre de 1992, les 486SX-25 se vendaient 319 $ l'unité. Au dernier trimestre, ils ne valaient plus que 109 $. Une partie de cette baisse est attribuable à l'introduction par Intel de 386 et 486 plus rapides et se serait produite sans l'entrée des concurrents. Une baisse de ce type avait d'ailleurs déjà eu lieu pour les 286 lorsque les 386 furent introduits. En 1991, Intel vendit 10 fois plus de 386 que de 486. En 1992, Intel vendit 2,8 fois plus de 386 que de 486. En 1993, les ventes de chaque type de microprocesseur furent à peu près égales.

Néanmoins, comme AMD avait capturé près de 30% du marché des 386 en un an, Intel diminua de 75% le prix des 486, afin d'induire ses clients à acheter ces microprocesseurs plus performants que les 386.

AMD poursuivit Intel devant les tribunaux, l'accusant d'utiliser sa position dominante pour faire pression sur les fabricants d'ordinateurs qui envisageaient d'adopter les microprocesseurs d'AMD. Selon Cyrix, en 1992, Intel aurait envoyé une lettre aux fabricants d'ordinateurs qui n'utilisaient pas ses microprocesseurs. Cette lettre concernait un de ses brevets protégeant la façon dont l'unité centrale d'un PC fonctionnait avec la mémoire vive pour l'utilisation d'applications multitâches. D'après Cyrix, Intel proposait de ne leur faire payer que des droits modiques d'utilisation du brevet (entre 15 $ et 25 $ par microprocesseur) à condition d'utiliser un microprocesseur Intel. AMD et Cyrix engagèrent alors des poursuites contre Intel car ils avaient déjà passé un accord avec Intel concernant ce brevet pour leurs propres microprocesseurs. Intel nia cette accusation et se défendit d'exercer une pression sur le marché des microprocesseurs. Selon Intel, sa politique ne visait qu'exiger des royalties de tous les constructeurs de PC. D'autre part, Intel fit savoir que ses dirigeants étaient très soucieux du respect des lois antitrust et qu'ils suivaient des formations permanentes dans ce sens.

SOURCE : McCarthy, Vance. 1991. « Chip Glut Hits the Market as FTC Probes Intel ». *Pc Week.* « Intel to Slash 386 Prices Further ». *Infoworld.* 13 janvier 1992 : p. 137. Quinlan, Tom. 1992. « Intel Wins Battle ; Chip War Ranges On », *Infoworld.* 24 août : p. 23. Clarck, Don, « Intel Spurs Chip Sales By Slashing its Prices ». *San Francisco Chronicle*, 1er octobre 1992, B1. Smith Gina, « Inside Silicon Valley : Keep a Watch on Intel Corp ». *San Francisco Examiner*, 10 janvier 1993, E16.

qui la rende crédible aux yeux des concurrents, ne sont claires. Toutefois, n'importe quelle théorie repose sur un ensemble de postulats dont la *preuve* logique qu'ils sont faux ne peut pas être faite. Il est donc incorrect de considérer que la prédation par le prix n'existe pas (voir à ce sujet l'exemple 10.1). Dans certains cas, les tribunaux ont conclu à la prédation par le prix alors même qu'elle n'avait pas pu être établie par le critère de fixation d'un prix inférieur au coût (voir l'exemple 10.2). L'exemple 10.3 montre qu'en l'absence d'informations détaillées, il est très difficile de reconnaître une entreprise qui pratique une compétition saine (et qui fixe un prix supérieur au coût marginal) d'une entreprise qui fait de la prédation.

10.2.2 Prix limite

N'importe qui peut gagner s'il n'a pas de concurrents. – Georges Ade

La stratégie du **prix limite** consiste a choisir le prix et la production de telle façon que la demande restante soit insuffisante pour qu'une autre entreprise pénètre sur le marché. Les premiers modèles de prix limite ont été développé par Bain (1956), Modigliani (1958) et Sylos-Labini (1962). Dans ces premiers modèles, le candidat à l'entrée est supposé croire que son entrée ne modifiera pas la production de l'entreprise installée. Autrement dit, une entreprise qui envisage de s'implanter sur un marché considère que la production totale après son entrée sera égale à la sienne plus celle que l'entreprise installée produit avant son entrée. Dans ces conditions, l'augmentation de production va réduire le prix. Quant à l'entreprise installée, elle est sensée choisir son niveau de production et le prix correspondant de telle façon à dissuader l'entrée.

Supposons que l'entreprise installée et la nouvelle entreprise aient la même courbe de coût moyen, CM (voir la figure 10.2). Si l'entreprise installée produit q_i unités (et continue à produire autant après l'entrée), la courbe demande résiduelle de la nouvelle entreprise est égale à la courbe de demande totale diminuée de q_i unités.

Si la nouvelle entreprise choisit de rester à l'écart du marché, l'entreprise installée pourra vendre ses q_i unités au prix p^* (voir la figure 10.2). Mais si la nouvelle entreprise décide de s'implanter et produit q_e unités, la production totale sera alors égale à $q_e + q_i$ et le prix du marché à $\overline{p}$. Comme l'entreprise installée a choisi q_i, $\overline{p}$ est juste égal au coût moyen de la nouvelle entreprise lorsqu'elle produit q_e. Cette dernière est alors indifférente entre le fait d'entrer ou non (on peut présumer qu'elle n'entrera pas sur le marché).

Si q_i est choisi de telle façon que la demande résiduelle de la nouvelle entreprise soit inférieure (ou juste égale) à sa courbe de coût marginal, cette dernière ne pourra pas produire avec profit sur ce marché. Comme l'indique la figure 10.2, l'entreprise installée peut vendre q_i au prix p^*, ce qui est supérieur à son coût moyen de production, sans induire d'entrée. Le prix limite $\overline{p}$ empêche donc l'entrée. L'entreprise installée n'a pas besoin de produire q_i pour dissuader l'entrée, mais seulement de convaincre le candidat à l'entrée qu'elle produira bien q_i si l'entrée à lieu.

A. Prix limite lorsque les entreprises sont identiques

Le principal défaut de ce modèle de comportement stratégique est identique à celui du modèle de prédation par le prix : pourquoi la nouvelle entreprise, dont le coût de production est identique à celui de l'entreprise installée, croirait-elle que l'entreprise installée mettra sa menace de produire q_i à exécution une fois que l'entrée aura eu lieu. En effet, la stratégie qui consiste à produire q_i lorsque l'entrée a eu lieu ne maximise plus le profit dans ces nouvelles conditions. Par conséquent, lorsque les entreprises sont identiques, ce type de menace n'est pas crédible.

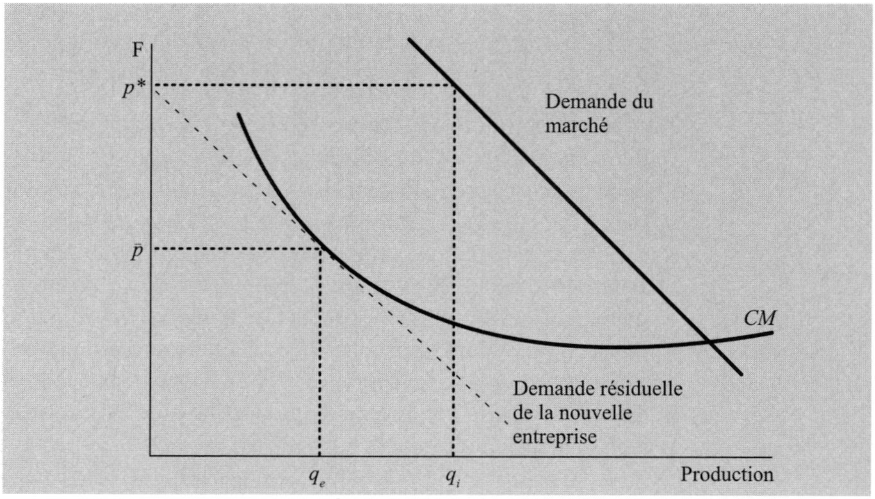

Figure 10.2: *Prix limite*

Comme les deux entreprises ont les mêmes coûts, on comprend mal comment une entreprise peut en effrayer une autre par la simple menace d'adopter un certain comportement en cas d'entrée. Où alors il faut admettre que la nouvelle entreprise peut aussi menacer de produire q_i si l'entreprise installée ne quitte pas le marché.

De plus, comme dans le cas de la prédation par le prix, la nouvelle entreprise peut contrer la menace de l'entreprise installée en incitant certains clients à conclure avec elle des contrats à un prix prédéterminé légèrement inférieur à p^*, mais largement supérieur à son coût moyen.

B. Prix limite lorsqu'une entreprise possède un avantage

Pour rendre la stratégie du prix limite crédible et applicable, l'entreprise intallée doit faire en sorte qu'après l'entrée il soit optimal pour elle de produire les q_i unités au prix limite $\overline{p}$.[11] Si les entreprises ont des courbes de coût moyen identiques, l'entreprise installée n'est pas crédible en annonçant un niveau de production inchangé en cas d'entrée d'une entreprise de grande taille. Pour être crédible, l'entreprise installée doit pouvoir manipuler l'environnement du marché de telle façon qu'il soit optimal pour elle de produire q_i en cas d'entrée.

[11] Voir, par exemple, Spence (1977, 1979), Dixit (1979, 1980), Salop (1979), Milgrom et Roberts (1982a), Fudenberg et Tirole (1983), Geanakoplos et Klemperer (1985b), Eaton et Ware (1987), Gilbert et Lieberman (1987). Beaucoup de ces articles insistent sur le rôle dissuasif de la capacité excédentaire de l'entreprise installée. Pour Leblanc (1992) l'entreprise installée effectue un arbitrage entre la stratégie du prix limite et celle de la prédation. Plus l'entreprise installée est puissante par rapport à la nouvelle entreprise, plus son choix aura tendance à s'effectuer en faveur de la prédation par le prix et inversement. Pour une analyse empirique de la dissuasion à l'entrée, voir Geroski (1991).

a. Engagement. Soit un jeu à deux périodes entre une entreprise installée et une entreprise candidate à l'entrée et une entreprise installée. Cette dernière peut construire une usine à la première période alors que la seconde entreprise ne peut prende la décision d'entrée qu'à la seconde période.

Supposons de plus que l'entreprise installée puisse construire une usine qui lui permette de produire exactement q_i unités.[12] Face à cette situation, l'entrant potentiel ne peut pas douter que l'entreprise installée produira q_i unités, qu'il entre ou non. Aussi, s'il est informé de la construction de cette usine, il choisira de ne pas entrer. Dans ce cas, la stratégie du prix limite est un succès pour l'entreprise installée, car en construisant cette usine, elle s'est *engagée* à produire q_i unités, ce qui rend sa menace crédible.[13]

Il existe une asymétrie entre l'entreprise installée et la nouvelle entreprise, inhérente à ce modèle. L'entreprise choisit d'investir en premier et peut donc s'engager à produire q_i unités, que l'entrée ait lieu ou non. Inversement, la nouvelle entreprise n'est pas en mesure de s'engager sur un certain niveau de production avant que l'entreprise installée n'ait pris sa propre décision. Cette asymérie déterminante est exploitée par l'entreprise installée pour crédibiliser sa stratégie.[14] L'entreprise installée utilise sa capacité de production (elle manipule l'environnement) pour s'octroyer un avantage sur le candidat à l'entrée.

Au cours de la première étape, l'investissement de l'entreprise installée prédétermine ses choix de production ultérieurs. Autrement dit, en l'absence de cet investissement, l'entreprise installée pourrait choisir de produire un large éventail de quantités plutôt que seulement q_i unités. À première vue, l'entreprise installée *se tire délibérément dans le pied* en réduisant l'éventail de ses options productives. Mais, bien loin de se nuire à elle-même, elle bénéficie de cette restriction. En effet, cette restiction crédibilise sa menace de produire q_i unités en cas d'entrée, ce qui empêche la nouvelle entreprise de pénétrer sur le marché.

En général, une entreprise a intérêt à s'engager par avance (c'est-à-dire à limiter volontairement ses options futures). En s'engageant de manière crédible, elle réduit ses possibilités futures mais augmente son profit.

b. Prix limite : représentation d'un jeu sous forme extensive. La figure 10.3 illustre le jeu du prix limite précédent (*représentation sous forme extensive* [voir le chapitre 7]). La figure montre l'ensemble des séquences d'actions disponibles pour chaque entreprise. Chaque ligne représente une action et chaque encadré un point de

---

[12] Généralement, l'usine peut produire plus (ou moins), mais nous supposons que le coût marginal est au plus bas lorsque la production est égale à q_i.

[13] La prise en compte de la dépréciation du capital complique notre schéma. Dans ce cas, il se peut que l'entreprise installée soit dans l'incapacité de maintenir l'asymétrie naturelle qui provient de ce qu'elle agit en premier. Lorsque la dépréciation est rapide, l'avantage de l'entreprise intallée subit une érosion accélérée. De ce fait, l'entreprise installée comme la nouvelle entreprise se retrouvent à égalité au moment de renouveler le capital.

[14] L'entreprise installée pourrait aussi s'engager en signant un contrat la pénalisant si elle renonçait à produire q_i. Mais comme de tels contrats ne sont généralement pas légaux, ils ne sont pas crédibles.

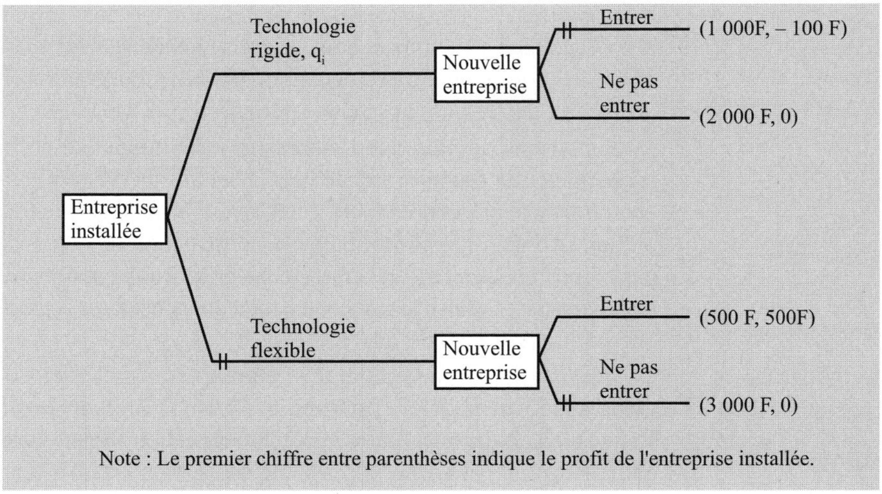

Figure 10.3: *Représentation sous forme extensive d'un jeu de prix limite*

décision. Le résultat d'une séquence d'action est indiqué entre parenthèses au bout de la ligne. Le profit de l'entreprise installée est indiqué par le premier chiffre. À la première étape du jeu, l'entreprise installé peut choisir entre deux technologies de production : l'une, flexible, autorise la production d'un large éventail de quantité ; l'autre, rigide, permet seulement de produire q_i unités, c'est-à-dire le niveau qui disuade l'entrée. À la seconde étape du jeu, la nouvelle entreprise doit prendre la décision d'entrer ou non.

La décision optimale de l'entreprise installée à la première étape s'obtient en raisonnant par récurrence en partant des solutions possibles à la seconde étape (partie droite de la figure). La nouvelle entreprise doit simplement décider si elle entre ou non. Si l'entreprise installée a choisi la technologie de production rigide, elle ne peut produire que q_i : le profit de la nouvelle entreprise est alors égal à 0 F et celui de l'entreprise installée à 100 F. Dans ce cas, la nouvelle entreprise choisira de ne pas entrer. Sur le graphique, la ligne correspondant à cette séquence (*Entrer*) est barrée par un double trait pour indiquer que cette solution n'est pas retenue.

Considérons maintenant le cas où l'entreprise installée a choisi la technologie flexible (partie basse de la figure 10.3). La nouvelle entreprise obtient un profit de 500 F si elle entre et de 0 F si elle n'entre pas. On peut donc éliminer par un double trait le choix *Ne pas entrer*. Grâce à ce raisonnement mené à partir de la seconde étape, l'entreprise installée peut déduire les conséquences de sa décision de la première période sur le comportement de la nouvelle entreprise à la seconde période.

Ainsi, à la première étape, l'entreprise installée sait que si elle choisit la technologie rigide, la nouvelle entreprise n'entrera pas et qu'elle bénéficiera donc d'un profit égal à 2 000 F. Elle sait d'autre part que si elle choisit la technologie flexible, la nouvelle entreprise entrera et que son profit ne sera que de 500 F. Elle a donc intérêt à choisir la technologie rigide.[15] Le bloc *technologie flexible* est donc barré d'un double trait. La solution qui consiste à choisir la technologie rigide correspond à un *sous-jeu parfait* (voir le chapitre 7), car la menace de produire q_i est crédible.[16]

Supposons maintenant que l'entreprise installée choisisse la technologie flexible tout en menaçant de produire q_i unités en cas d'entrée. L'entreprise installée essaie alors de jouer sur les deux tableaux : dissuader l'entrée par la menace et choisir malgré tout une technologie flexible pour le cas où l'entrée n'aurait pas lieu. Mais sa menace ne s'accompagne alors d'aucun engagement et n'est pas crédible. La nouvelle entreprise sait en effet que si elle entre, l'entreprise installée aura intérêt à se comporter comme en duopole et à produire moins que q_i. Autrement dit, la menace de produire q_i si l'entrée à lieu n'est pas un sous-jeu parfait. La seule façon d'empêcher l'entrée est donc de choisir la technologie rigide.

C. Stratégie du prix limite : approche dynamique

L'entreprise qui fixe les prix (ou les quantités) durant plusieurs périodes de façon à réduire ou éliminer les entrées adopte une stratégie de **prix limite en dynamique**. Il se peut par exemple qu'une grande entreprise dominante (voir le chapitre 5) applique un prix limite pour éliminer une frange concurrentielle composée de petites entreprises preneuses de prix.

Bien qu'une entreprise dominante puisse être en mesure de pratiquer un prix très élevé à court terme, il n'est pas certain qu'elle choisisse de le faire. En effet, un prix très élevé alimente la frange concurrentielle, ce qui agit à la baisse sur le prix du marché. Mais d'autre part, si l'entreprise installée pratique un prix très bas pour limiter l'entrée, ses profits seront très peu élevés, à court terme comme à long terme. Ainsi, une entreprise dominante confrontée à la menace d'entreprises nouvelles doit effectuer un arbitrage entre un profit élevé à court terme et un profit bas à long terme du fait de la concurrence de nouvelles entreprises.

Le coût d'entrée sur un nouveau marché est probablement plus élevé pour une entreprise qui cherche à s'implanter rapidement. Par exemple, si elle souhaite démarrer la production en 6 mois plutôt qu'en 1 an, il se peut qu'elle n'ait pas temps de recueillir suffisamment de commandes, ou qu'elle soit obligée de payer des heures supplémentaires ou encore qu'elle ne dispose pas d'un temps suffisant pour tester pleinement son nouvel équipement ou ses produits.

La rapidité d'entrée dépend de l'importance des profits escomptés. Par conséquent, l'entreprise installée n'a pas intérêt à égaliser son coût marginal à la recette

[15] S'il n'y avait aucune menace d'entrée, l'entreprise installée choisirait la technologie flexible (profit de 3 000 F) plutôt que la technologie rigide (profit de 2 000 F). Cependant, comme le montre l'exemple, la menace d'une entrée rend le choix de la technologie rigide plus profitable.

[16] Un équilibre de Nash en stratégie est un sous-jeu parfait si les stratégies initiales sont optimales au sens de Nash pour chaque sous-jeu (c'est-à-dire pour chaque jeu qui débute en période t et dure jusqu'à la fin du jeu), ce qui signifie qu'aucun joueur ne souhaite ultérieurement remettre sa stratégie en question.

EXEMPLE 10.4 Évolution de la part de marché des entreprises dominantes

La part de marché d'une entreprise dominiante tend généralement à se réduire avec le temps. Le tableau (Pascale, 1984) suivant illustre cette tendance sur 20 ans pour 13 entreprises dominantes opérant sur des marchés concurrentiels, nationaux (américains) ou internationaux. L'auteur a utilisé le classement de *Fortune 500* pour déterminer l'entreprise dominante du marché considéré :

Évolution de la part de marché de 13 entreprises dominantes

		Parts du marché		
Entreprise dominante	**Marché**	1962 (%)	1982 (%)	**Δ en %**
Sears	Grande distribution	5	5	0
Internat. Harvester	Tracteurs agricoles	24	18	−25
U.S. Steel	Acier fini	26	19	−27
Goodyear	Pneus en OEM	29	27	−7
General Electric	Electroménager (réfrigérateurs)	40	53	+33
RCA	Télévisions en couleur	49	20	−59
Boeing	Avions de ligne gros porteurs	51	60	+18
General Motors	Automobiles	52	46	−12
General Electric	Générateurs	59	61	+3
IBM	Gros ordinateurs	60	68	+13
Harley Davidson	Motos	100	36	−64
Xerox	Photocopieurs	100	42	−58

Sur ces 13 entreprises dominantes, 8 ont perdu des parts de marché et 1 a conservé sa position. Trois d'entre elles ont perdu la moitié de leur part de marché (RCA, Xerox et Harley Davidson), en particulier les 2 qui avaient un monopole total en 1962.

marginale issue de la demande courante, car elle doit tenir compte du fait que si le prix qu'elle pratique est élevé, les nouvelles entreprises pénètreront plus rapidement sur le marché. Cette considération la conduira à fixer un prix moins important.

L'entreprise dominante a souvent intérêt à fixer un prix élevé au début, puis à le réduire au fur et à mesure de l'arrivée de nouvelles entreprises. En effet, bien qu'un prix élevé augmente le taux d'entrée, l'entreprise installée accorde davantage d'importance au profit présent qu'au profit futur (à condition que le taux d'intérêt soit positif).

Cette politique de prix explique que les entreprises dominantes voient généralement leur part de marché se réduire avec le temps (exemple 10.4). Lorsque que U.S. Steel fut fondée en 1901, sa part du marché de l'acier était estimée à 66%. En 1982, sa part avait fondu à 19%.

Il existe de nombreux modèles différents du comportement de l'entreprise dominante face à l'entrée progressive de concurrents suivant l'évolution des prix et des profits anticipés. Deux modèles sont bien connus : celui de l'*entrée ponctuelle*, caractérisé par l'apparition d'un seul coup d'une frange concurrentielle et celui de l'*entrée continue* où les entreprises de la frange entrent progressivement au cours du temps.[17]

Dans le modèle d'entrée ponctuelle, les candidats à l'entrée perçoivent l'opportunité en même temps et construisent leurs usines en même temps. En outre, plus le profit escompté est grand, plus ils se dépêchent de construire afin de pénétrer sur le marché.

Étant donné que le profit de l'entreprise dominante diminue avec l'arrivée de nouvelles entreprises, elle a intérêt à retarder leur entrée tant que cela ne lui coûte pas trop cher. L'entreprise dominante peut réaliser des profits très importants pendant très peu de temps, avant que les concurrents n'apparaissent sur le marché. Mais elle choisira généralement de fixer un prix inférieur au prix de monopole à court terme, quoique supérieur à celui qui dissuade totalement l'entrée (Kamien et Schwartz, 1971, De Bondt, 1976). On comprend intuitivement que pour dissuader l'entrée, l'entreprise dominante à intérêt à maintenir son prix inférieur au prix de monopole à court terme. Elle troque ainsi un profit futur plus élevé (quand l'entrée est moindre) contre un profit actuel plus élevé (car son prix actuel est supérieur au prix limite).

Lorsque les entreprises pénètrent progressivement sur le marché, la politique de prix optimale consiste à pratiquer initialement un prix élevé et à le réduire progressivement (voir l'annexe A). S'il n'y a pas de frange au départ, l'entreprise dominante commence par fixer un prix égal à celui d'un monopole à court terme, puis le diminue progressivement. Plus le nombre d'entreprises s'accroît, plus l'entreprise dominante abaisse son prix, pour finalement descendre au-dessous du prix limite (c'est-à- dire le prix qui annule le profit de chaque entreprise de la frange). Autrement dit, l'entreprise dominante fixe un prix si faible que les entreprises de la frange subissent des pertes et quittent progressivement le marché. Une fois que les dernières entreprises ont quitté le marché, l'entreprise dominante relève alors son prix au niveau du prix limite et le maintient à ce seuil.

Il existe de nombreux exemples d'industries nouvelles où un produit est introduit à un prix élevé qui diminue ensuite rapidement sous l'effet de la concurrence. Lorsqu'une industrie est jeune, il y a peu de concurrence : quelques entreprises — ou une seule entreprise — contrôlent le marché. Avec le temps, l'arrivée de nouveaux concurrents réduit le prix. Un exemple particulièrement frappant est celui des débuts du stylo à bille (voir l'exemple 10.5).

10.2.3 Investissement de réduction des coûts de production

Dans le modèles d'oligopole, les résultats dépendent du coût des entreprise en concurrence (voir le chapitre 7). En effet, le coût de chaque entreprise est un élément de l'environnement du marché, lequel détermine le résultat de la compétition entre

[17] Pour les modèles d'entrée ponctuelle, voir Kamien et Schwartz (1991) et De Bondt (1976). Le premier modèle d'entrée continue fut présenté par Gaskins (1971) et Baron (1973), mais Stigler (1965) en avait proposé une explication intuitive.

EXEMPLE 10.5 Et il ne resta bientôt qu'un sourire

[Le chat de Cheshire] disparu plutôt rapidement. Ce fut d'abord le bout de la queue et, pour finir, le visage, dont l'expression sembla planer quelque temps encore — Lewis Carrol

Laszlo Jozsef Biro fut le premier a déposer un brevet pour le stylo à bille, à Paris en 1939. Il émigra en Argentine au cours de la Seconde Guerre Mondiale, où sa compagnie, Eterpen S. A., commença à produire et à commercialiser ses stylos en 1943. Contrairement au stylo à plume traditionnel, le stylo à bille contient une cavité dans laquelle se loge une bille qui utilise une encre spéciale séchant presque instantanément et disponible en quantité suffisante pour permettre au stylo de fonctionner pendant des mois sans être rechargé.

De plus, le stylo à bille peut s'utiliser en haute altitude sans risque de fuites, ce qui n'est pas le cas du stylo à plume. Cette caractéristique attira l'attention de l'armée de l'air américaine qui envoya des exemplaires de ce stylo à différents fabricants, en leur demandant s'ils étaient en mesure d'en produire dix mille. Les trois principaux fabricants — Parker, Sheaffer et Eversharp — s'intéressèrent alors au brevet et découvrirent ainsi qu'Eberhard Faber, un fabricant de stylos, détenait les droits de fabrication mais qu'il connaissait actuellement des difficultés. Eversharp put ainsi racheter les droits en 1945.

Eversharp donna au stylo une forme plus adaptée à la production de masse et lança une campagne publicitaire pour faire connaître ce « stylo miracle » au public. En fait, cette campagne bénéficia à Reynolds, qui finit par éliminer Eversharp du marché.

Lorsqu'il vit pour la première fois ce stylo en Amérique du sud et découvrit qu'il était trop tard pour racheter les droits de Biro, Reynolds décida de développer un produit légèrement différent. Il conçut pour cela un système d'alimentation de la bille en encre, basé sur la gravité, qui était différent de celui qui avait fait le succès de Biro.

La Reynolds International Pen Company débuta la production le 6 octobre 1945. Gimbel, un magasin très connu de New York, fit une importante campagne publicitaire vantant les mérites de ce stylo qui fonctionnait 2 ans sans être rechargé, qui permettait d'écrire sous l'eau et en haute altitude, ainsi que d'obtenir, par papier carbonne, jusqu'à 6 exemplaires lisibles. Aussi, à défaut d'être abordable, le prix de vente du stylo (12,50$, le maximum autorisé par l'Office de contrôle des prix en temps de guerre) parut-il extraordinairement bas.

Comme le coût initial de production était d'environ 80 cents par stylo, la vente de 10 000 unités (environ le tiers du chiffre d'affaire quotidien) rapporta un profit confortable à Gimbel dès le premier jour (29 octobre 1945). Ce succès encouragea Reynolds à accroître sa production. Vers le début de 1946, les 800 employés de l'entreprise produisaient environ 30 000 stylos par jour.

La production ne parvenait pas à suivre les commandes et il fallut même imprimer des « certificats de cadeaux » (attestations permettant au bénéficiaire de retirer le stylo →

les entreprises. Dans le modèle que nous allons étudier, une entreprise installée manipule l'environnement du marché à son avantage. Dans les deux exemples que nous verrons, une des entreprises possède un avantage, de sorte que sa stratégie a des chances de réussir. Le premier exemple illustre le cas où une des deux entreprises peut investir en recherche & développement (R&D) afin de réduire ses coûts futurs. Dans le second exemple, la réduction des coûts a lieu par le jeu de l'apprentissage par la pratique.

EXEMPLE 10.5 Et il ne resta bientôt qu'un sourire (suite)

dès qu'il serait disponible). En mars 1946, Reynolds avait gagné 3 millions de dollars. Une fois, les commandes enregistrées en 10 jours atteignirent 1,5 millions de dollars. En 1946, le profit après impôts de Reynolds fut de 1 558 607,81 de dollars.

Ce profit énorme attira des concurrents. Macy's, le concurrent de Gimbel, mit en vente le stylo de Biro à 9,98 $. Là encore, ce fut une réussite, ce qui encouragea davantage la concurrence. En avril, Eversharp entra sur le marché avec un stylo à 15 $. En juillet 1946, le magazine *Fortune* annonça que Shaeffer allait mettre en vente un stylo à bille au prix de 25 $.

Entre-temps Reynolds avait introduit un nouveau modèle à bille rétactable, coûtant 60 cents à produire et vendu initialement 12,50 $. Vers la fin de l'été 1946, ses stylos étaient vendus dans 37 pays (à Hong kong, le prix était de 75 $). Comme le profit restait élevé, d'autres concurrents entrèrent encore sur le marché.

La Ball Point Pen Company, de Hollywood, mis en vente une version à 9,95 $, ignorant une poursuite pour infraction à la loi sur les brevets. Un autre fabricant, David Kahn annonça qu'il allait mettre en vente un stylo à 3 $. En octobre, Reynolds proposa un nouveau stylo au prix de 3,85 $, qui coûtait 30 cents à produire.

Vers Noël 1946, environ 100 entreprises occupaient le marché et l'on pouvait trouver des stylos pour 2,98 $. Reynolds proposa encore un nouveau stylo à 1,68 $, mais Gimbel dut baisser le prix jusqu'à 88 cents, à cause de la concurrence de Macy's. Durant cette guerre de prix, Gimbel modifiait jusqu'à 5 fois le prix au cours de la journée. Reynolds introduisit un nouveau stylo à deux couleurs pour 98 cents, qui fut encore très profitable.

Vers le milieu de 1948, certains stylos se vendaient pour 39 cents et coûtaient entre 8 à 10 cents à produire. En 1951, le prix de certains stylos baissa à 25 cents et peu après à 19 cents. Le très grand nombre d'entreprises présentes sur le marché avait finalement fait baisser le prix jusqu'à faire disparaître tout profit anormal. Quand à la part de marché de Reynolds, elle fut réduite à zéro et l'entreprise cessa de produire des stylos pour le marché américain.

Cet exemple montre qu'une entreprise qui n'a aucun avantage de coût ou autre ne peut pas garder une importante part de marché à long terme. En revanche, même une courte période de domination peut être très lucrative. On estime que les profits de Reynolds ont atteint jusqu'à 500 000 $ par mois, ce qui représente 20 fois l'investissement initial (26 000 $).

SOURCE : Lipsey et Steiner (1981) et Whiteside, Thomas, « Where are They Now ? », *New Yorker*, 17 février 1951, p. 39 à 58.

A. Investissement en R&D

Supposons qu'il n'y ait que 2 périodes et 2 entreprises aux fonctions de coût initialement identiques. À la période 1, l'entreprise installée est en position de monopole et peut investir en recherche & développement (R&D), afin de réduire ses coûts en période 2. À la période 2, l'entreprise 2 peut entrer sur le marché. Cette asymétrie découle naturellement du fait qu'une entreprise est arrivée la première sur le marché.

L'entreprise installée a-t-elle intérêt à investir en R&D pour réduire ses coûts à la période 2 ? Afin d'analyser la stratégie de l'entreprise installée, plaçons-nous

Tableau 10.1
Investissement stratégique en R&D : monopole en période 1, concurrence à la Cournot en période 2

	Période 1			Période 2			Profit total des périodes 1 et 2
Entrée							
Pas d'investissement en R&D	Profit de l'entreprise installée	=	8 F	Profit de l'entreprise installée	=	3 F	11 F
				Profit de la nouvelle entreprise	=	3 F	11 F
	Prix	=	9 F	Prix	=	8 F	
Investissement en R&D	Profit de l'entreprise installée (8 F − 7,01 F = 0,99 F)	=	0,99 F	Profit de l'entreprise installée	=	10,11 F	11,10 F
	Prix	=	9 F	Prix	=	7,33 F	
Pas d'entrée							
Pas d'investissement en R&D	Profit de l'entreprise installée	=	8 F	Profit de l'entreprise installée	=	8 F	16 F
	Prix	=	9 F	Prix	=	9 F	
Investissement en R&D	Profit de l'entreprise installée (8 F − 7,01 F = 0,99 F)	=	0,99 F	Profit de l'entreprise installée	=	15 F	15,99 F
	Prix	=	9 F	Prix	=	8 F	

dans le cas particulier où les deux entreprises adoptent une stratégie de Cournot (voir le chapitre 7) en période 2.[18] En période 1, l'entreprise installée suporte un coût fixe de 1 F et son coût marginal (constant) est égal à 6 F. Si elle n'effectue aucun investissement en R&D à la période 1, son coût fixe et son coût marginal seront inchangés en période 2. Les coûts de la nouvelle entreprise en période 2 sont les mêmes que les coûts de l'entreprise installée en période 1. La courbe de demande du marché est linéaire : $q = 12 - p$.

Pour décider si elle doit ou non investir en R&D à la période 1, l'entreprise installée doit comparer, à l'équilibre, son profit sans R&D à son profit avec R&D. Le tableau 10.1 indique quel est le prix et le profit en fonction de la décision d'entrée de la nouvelle entreprise en période 2 et de la la décision d'investir en R&D de l'entreprise installée.

Étudions d'abord l'équilibre dans le cas où l'entreprise installée n'investit pas en R&D et où la nouvelle entreprise entre en période 2. En période 1, l'entreprise installée est un monopole : elle égalise la recette marginale qui découle de la courbe de demande du marché avec son coût marginal. Elle produit alors 3 unités au prix

[18] Bien que les résultats numériques dépendent du comportement d'oligopole supposé, l'idée générale s'applique à tous les modèles standard d'oligopole. La caractéristique essentielle de cet exemple est que le comportement de l'entreprise 1 en période 1 influence l'équilibre de la période 2.

de 9 F et son profit en période 1 est égal à 8 F.[19] En période 2, l'entreprise installée et la nouvelle entreprise sont confrontées aux mêmes conditions de coût et jouent un jeu de Cournot. À l'équilibre de la période 2, chaque entreprise produit 2 unités au prix de 8 F l'unité et obtient un profit de 3 F.[20] Donc, pour les deux périodes, le profit total de l'entreprise installée est de 11 F (en supposant, pour simplifier, que le taux de préférence pour le présent est nul). Ces résultats sont résumés dans le tableau 10.1.

Supposons maintenant que l'entreprise installée investisse en R&D à la période 1 et que la nouvelle entreprise entre sur le marché à la période 2. Supposons de plus qu'un investissement de 7,01 F permette à l'entreprise installée de réduire (avec certitude, pour simplifier) son coût marginal de 2 F. Si l'entreprise décide d'investir, son profit sera moindre à la période 1. Si elle décide de ne pas investir, son profit sera égal à 8 F à la période 1, alors que si elle décide d'investir il sera égal à 8 F − 7,01 F, soit 0,9 F à la période 1. L'investissement réduit le coût marginal de l'entreprise installée à la période 2, qui passe de 6 F à 4 F. À l'équilibre de Cournot en période 2, l'entreprise installée produit 3 1/3 unités, la nouvelle entreprise produit 1 1/3 unités et le prix est égal à 7,33 F.[21] À la période 2, le profit de l'entreprise installée est égal à 10,11 F (voir le tableau 10.1).

Avec le profit de 0,99 F réalisé en période 1, le profit total de l'entreprise installée sur les deux périodes atteint 1,10 F, ce qui est supérieur aux 11 F obtenus dans le cas où elle décide de ne pas investir. Ainsi, dans l'hypothèse d'entrée d'une nouvelle entreprise en période 2, l'entreprise installée obtient davantage de profit en investissant dans la R&D. En effet, la réduction de son profit en période 1 est inférieure à l'augmentation de son profit à la période 2. De plus, les consommateurs y gagnent aussi, car le prix en période 2 est moins élevé lorsque l'entreprise installée investit en période 2.

Supposons mantenant qu'en période 2, la nouvelle entreprise n'entre pas sur le marché. Est-il alors dans l'intérêt de l'entreprise installée d'investir en R&D ? Si

---

[19] En période 1, le profit de l'entreprise installée est égal à sa recette totale moins son coût total :

$$\pi_i = q_i(12 - q_i) - (1 + 6q_i).$$

La condition du premier-ordre pour la maximisation du profit est $12 - 2q_i - 6 = 0$, soit $q = 3$. Par conséquent, $p = 0$ et $\pi_i = 8$.

[20] En période 2 l'entreprise installée maximise :

$$\pi = q_i[12 - (q_i + q_e)] - (1 + 6q_i).$$

La fonction de réponse (réaction) optimale de l'entreprise installée (voir le chapitre 7) est : $q_i = 3 - q_e/2$. La nouvelle entreprise maximise une expression similaire à celle du profit de l'entreprise 1 et sa fonction de réponse optimale est $q_e = 2 - q_i/2$. À l'équilibre de Cournot (voir le chapitre 7), qui est déterminé par l'intersection des deux fonctions de réponse optimale, on a $q_i = q_e = 2$, $p = 8$ et $\pi_i = \pi_e = 3$.

[21] L'entreprise installée choisit q_i de façon à maximiser son profit, $q_i(12 - q_i - q_e) - (1 + 4q_e)$. La nouvelle entreprise choisit q_e pour maximiser $q_e(12 - q_i - q_e) - (1 + q_i)$. Les fonctions de réponse optimale entrent en intersection en $q_i = 31/3$ et $q_e = 11/3$.

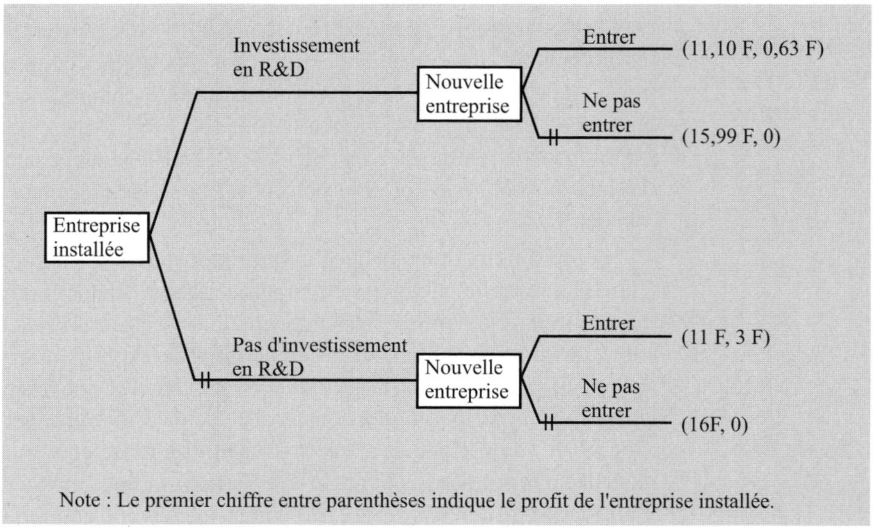

Figure 10.4: *Représentation d'un jeu de R&D sous forme extensive*

elle n'investit pas, son profit est égal à 8 F par période, soit 16 F sur les 2 périodes. Si elle investit, son profit de monopole se réduit à 0,99 F à la période 1 et passe à 15 F à la période 2 (voir le tableau 10.1).[22] Autrement dit, elle gagne 7,01 F de moins en période 1 que si elle n'investit pas et elle gagne 7 F de plus en période 2. Son profit total n'est que de 15,99 F, ce qui est inférieur au 16 F qu'elle gagnerait en n'investissant pas. Par conséquent, il vaut mieux qu'elle n'investisse pas.

La figure 10.4 illustre ce jeu de R&D sous forme extensive. Quelle que soit la décision de l'entreprise installée concernant l'investissement en R&D, la nouvelle entreprise entrera sur le marché (c'est pour cela que les options *ne pas entrer* du diagramme sont barrées d'un double trait). De ce fait, l'entreprise installée à intérêt à investir en R&D : elle obtient alors un profit de 11,10 F sur les deux périodes, au lieu de 11 F dans le cas contraire.

L'entreprise installée effectue ainsi un investissement en période 1 dont le but est de modifier l'environnement du marché en sa faveur. Ce comportement stratégique est rentable pour elle car il existe une asymétrie entre sa situation et celle de la nouvelle entreprise : l'entreprise installée peut en effet agir en premier. Cet exemple a la même structure que celle d'un modèle de Stackelberg (chapitre 7) où l'entreprise installée profite de sa liberté d'agir en premier pour s'engager de façon crédible à mettre sur le marché un volume de production dissuasif. Dans cet exemple, l'investissement en R&D bénéficie non seulement à l'entreprise installée, mais

[22] Si l'entreprise installée investit en R&D, son profit de monopole en période 2 est $q_i(12-q_i)-(1+4q_i)$. La condition du premier-ordre de la maximisation du profit (égalisation de la recette marginale avec le coût marginal) implique de fixer q_i égal à 4. Par conséquent, p est égal à 8 F et le profit est égal à 15 F.

aussi aux consommateurs. Notons également que si la menace d'entrée n'existait pas, l'investissement en R&D n'aurait pas lieu.[23]

B. Apprentissage par la pratique

Si l'entreprise installée peut réduire ses coûts de la période 2 grâce à l'apprentissage par la pratique effectué à la période 1, elle possède alors un avantage sur ses concurrents qui arrivent sur le marché à la période 2. L'entreprise installée est incitée à vendre davantage en période 1, dans l'unique but d'accumuler de l'expérience et d'avoir en période 2 un coût de production inférieur à celui de ses concurrents. Si elle veut augmenter ses ventes en période 1, l'entreprise installée doit vendre à un prix plus bas que le prix normal. De ce fait, son profit de la période 1 sera également moindre que si elle ne tenait pas compte du bénéfice accru procuré par la réduction du coût à la période 2.

Dans un modèle d'apprentissage par la pratique, l'avantage d'être le premier à pénétrer sur le marché dépend de l'importance de la réduction du coût et de la rapidité avec laquelle elle prend effet. Lorsque l'apprentissage est très rapide *ou bien* très lent, l'avantage d'être en avance n'est pas très important. Lorsque l'apprentissage se fait très vite, les nouveaux entrants peuvent rapidement rattraper l'entreprise installée. De même, lorsque l'apprentissage est très lent, l'avantage acquis par l'entreprise installée n'est pas très important. Dans les situations intermédiaires où l'apprentissage n'est ni trop rapide ni trop lent, l'effet sur le profit peut être très grand (Spence, 1981a). En fait, si l'avantage de coût lié à l'apprentissage par la pratique est suffisamment important, cela peut dissuader la seconde entreprise de pénétrer sur le marché.

10.2.4 Augmenter le coût de production des concurrents

Une entreprise peut adopter avec profit un comportement stratégique consistant à élever le coût de production de ses concurrents.[24] Dans les modèles d'oligopole (chapitre 7), le profit d'une entreprise dépend de la différence entre son coût de production et celui de ses concurrents. Si l'entreprise parvient à accroître cette différence, cela peut augmenter son profit aux dépens de ses rivaux. Pour influencer le coût de production de ses concurrents, une entreprise doit avoir un certain pouvoir de marché, voire un pouvoir politique. Dans cette section, nous allons étudier des stratégies qui augmentent la différence entre le coût de l'entreprise installée et celui des autres entreprises, ainsi que des stratégies qui consistent à augmenter le coût de toutes les entreprises (y compris les coûts de l'entreprise installée). Nous verrons également comment les entreprises qui cherchent à pénétrer sur le marché parviennent parfois à s'adapter aux stratégies précédentes.

[23] Gatsios et Karp (1992) étudient l'intérêt des fusions lorsque l'entrée est impossible.

[24] Voir Salop et Sheffman (1987), Krattenmaker et Salop (1986), ainsi que l'article de Salop (1981).

A. Augmenter la différence entre le coût de l'entreprise installée et celui de ses concurrents

Il est clair qu'une entreprise peut avoir intérêt à augmenter le coût de production de ses concurrents. Elle peut même avoir intérêt à augmenter son propre coût de production si cela augmente encore plus celui de ses concurrents. Pour atteindre cet objectif, il existe des méthodes directes et indirectes.

a. Méthodes directes. Une entreprise peut augmenter le coût de production de ses concurrents de façon directe si elle a une influence sur leurs méthodes de production ou de vente. Pour prendre un exemple extrême, des responsables sans scrupules peuvent décider de mettre le feu à l'usine de leurs concurrents ou bien saboter leurs machines. Ceci aura pour effet d'augmenter le coût de production des concurrents, de réduire la concurrence et donc d'augmenter le profit de l'entreprise qui adopte ce comportement stratégique (si toutefois il n'y a pas de poursuites légales). S'ils doivent dépenser de l'argent pour commettre ces actes immoraux, les dirigeants de l'entreprise devront alors comparer le coût de ces dépenses avec les gains liés à l'augmentation du coût de production des concurrents.

En 1993, British Airways (BA) a reconnu avoir usé de méthodes peu recommandables pour éliminer un petit concurrent — Virgin Atlantic Airways (VAA) — et accepté de payer 2,5 millions de dollars au propriétaire de VAA pour que l'affaire soit réglée à l'amiable. Des employés de BA avaient en effet réussi à accéder aux fichiers informatiques de VAA, contacté des clients en leur annonçant que les vols étaient annulés ou différés et leur avaient proposé des vols sur BA. BA avait également fait forcer les domiciles et les voitures de certains employés de VAA et recruté un consultant pour déterrer d'éventuelles affaires sordides concernant les dirigeants de VAA. Enfin, BA avait mis fin sans préavis à des accords de coopération avec VAA concernant la maintenance des appareils et la formation du personnel.(25) Dans ces conditions, on comprend que Richard Branson, PDG de VAA, ait pu déclarer un jour que la concurrence avec BA « ressemblait à une compétition saignante avec une banque du sang ».(26)

Dans le même ordre d'idée, le gouvernement français aurait fait dissimuler des micros à bord des avions d'Air France à destination de Paris pour obtenir des renseignements concernant les projets techniques et commerciaux d'entreprises américaines. Le ministre français des affaires étrangères de l'époque avait alors présenté cette accusation d'espionnage comme une tentative américaine d'empêcher l'accès de son pays à la technologie et au commerce international. Il semble que grâce à des renseignements concernant une offre commerciale faite par les américains à l'Inde, la France ait décroché un contrat de fourniture d'avions portant sur un milliard de dollars. D'après le FBI, les français auraient également cherché à infiltrer les états majors des filiales américaines d'IBM et de Texas Instrument pour obtenir des informations au profit de l'entreprise informatique Bull,

[25] Dwyer, Paula. « British Air : Not Cricket » *Business Week*, 25 janvier 1993, p. 50–1 ; « Tactics and Dirty Tricks ». *The Economist*, 16 janvier 1993 : 326, p. 21–2.

[26] London *Times*, 20 septembre 1984.

largement contrôlé par des intérêts publics. Le vol d'information est un moyen de réduire le coût de production d'une entreprise par rapport à celui de ses concurrents et revient donc à augmenter directement le coût de production des concurrents.

Un autre exemple de méthode directe consiste à compliquer la tâche de receuil d'informations par les concurrents. En effet, il est fréquent qu'une nouvelle entreprise dispose de moins d'informations sur le marché que l'entreprise installée et qu'elle ait donc besoin d'effectuer des recherches que l'entreprise installée à peut-être faites depuis longtemps.

Par exemple, si la nouvelle entreprise fait une étude marketing pour savoir si son produit sera demandé dans une certaine zone géographique, l'entreprise installée peut contre-attaquer en lançant sa propre étude factice, dans le but de « brouiller les pistes » et de réduire ainsi la pertinence de l'étude de sa concurrente (Fudenberg et Tirole, 1986). L'entreprise installée peut encore offrir d'importantes réductions promotionnelles dans les régions où son concurrent effectue l'étude, lui rendant ainsi plus difficile la tâche d'apprécier l'opinion des consommateurs sur les qualités respectives de son produit et de celui de l'entreprise installée. L'entreprise installée peut également détourner l'attention des consommateurs en lançant une campagne de publicité au moment de l'enquête marketing, empêchant ainsi son concurrent de cerner la demande pour son produit. L'entreprise installée peut aussi acheter un grand nombre de linéaires dans les grandes surfaces au moment même où son concurrent développe une campagne de publicité intense, l'empêchant du même coup de réaliser une partie des ventes. Comme on peut le constater, certaines des méthodes directes que nous venons d'exposer, sont à la limite de la légalité.

b. Recours à la réglementation publique. Une entreprise peut tenter d'élever le coût de production de ses concurrents par le biais des réglementations publiques. En effet, beaucoup de décrets et de lois « maternent » les entreprises installées en les protégeant de la concurrence, ce qui rend plus coûteux l'accès du marché aux entreprises nouvelles. Certaines lois sur l'environnement, par exemple, imposent des normes coûteuses aux nouveaux équipements, alors que les équipements déjà en service en sont exonérés. Les entreprises installées ont donc intérêt à favoriser ce type de réglementations car cela protège leur part de marché par l'augmentation du coût de production des nouvelles entreprises.

c. Production de compléments. Il arrive parfois qu'une entreprise installée fabrique deux produits complémentaires, alors que la nouvelle entreprise ne fabrique qu'un seul des deux produits. Un caméscope et des cassettes ou un PC et des périphériques (imprimantes, disques amovibles, etc.) sont des exemples de produits complémentaires. Comme l'utilisation conjointe de produits complémentaires nécessite fréquemment un certain degré de compatibilité, l'entreprise installée peut augmenter le coût de ses concurrents en les obligeant à s'adapter aux normes de compatibilité — ce qui nécessite des études de conception — qu'elle a défini. Ainsi, un fabriquant d'ordinateurs qui fabrique aussi des imprimantes peut-il imposer aux autres fabricants d'imprimantes l'utilisation d'un câble de connexion non standard. Même si cela réduit le prix que les consommateurs sont disposés à payer pour l'acquisition du

EXEMPLE 10.6
Une entreprise doit-elle informer la concurrence de ses projets ?

Berkey, un fabricant d'appareils photos et développeur de pellicules, a poursuivi Kodak devant les tribunaux (*Berkey Photo Inc. v. Eastman Kodak Co.*, 602 F.2d 263, cert. denied, 444 U.S. 1093 [1980]). L'un des motifs invoqués par Berkey était que Kodak aurait dû l'informer de son intention de sortir un nouvel appareil (le Kodak 110) et une nouvelle pellicule. Cette information aurait permi à Berkey de modifier son propre appareil et de soutenir la concurrence. En effet, lorsque le Kodak 110 apparut sur le marché en 1972, ce fut gros succès pour Kodak et un désastre pour Berkey, qui fut éliminé du marché des appareils photographiques. Le tribunal considéra que Kodak n'avait pas violé les lois antitrust en ne révélant pas ses projets. Une entreprise n'est donc pas obligée d'informer ses concurrents de son intention d'améliorer ses produits pour leur permettre de survivre à la concurrence.

PC, les gains liés à cette stratégie peuvent être supérieurs aux pertes (Farrell et Saloner, 1986, Matutes et Regibeau, 1988). Voir l'exemple 10.6.

d. Augmenter le coût d'adoption d'un nouveau produit par le consommateur. Une entreprise installée peut essayer d'empêcher le consommateur de se tourner vers le produit éventuellement offert par une entreprise qui cherche à entrer sur le marché (Schmalensee, 1982 et Klemperer, 1987, 1990). En effet, l'entreprise installée est parfois en mesure d'augmenter les coûts de marketing de la nouvelle entreprise. Par exemple, il est possible de faire en sorte qu'un programme écrit pour un ordinateur (PC) ne fonctionne pas sur un autre ordinateur (Mac). Là encore, même si cette politique contribue à réduire l'attrait du produit de l'entreprise installée aux yeux des consommateurs, elle contribue également à augmenter le coût d'un changement de produit. Ceci réduit la demande potentielle d'un nouvel entrant et donc son incitation à s'engager sur le marché.

e. Augmentation des salaires ou du prix des autres facteurs de production. Une entreprise installée qui utilise une technologie de production différente de celle de ses concurrents peut être en mesure d'augmenter de façon disproportionnée leurs coûts de production en élevant le coût d'ulisation d'un facteur de production pour toute l'industrie. Si, par exemple, une nouvelle entreprise utilise plus de travail par unité de production que l'entreprise installée, une augmentation de salaire affecte moins cette dernière que la nouvelle entreprise.

Parfois, l'entreprise installée est en mesure d'influencer le taux de salaire du marché (Williamson, 1968). Ainsi, tous les constructeurs automobiles américains négocient avec le même syndicat unique. Chaque fois que ce syndicat réclame une nouvelle convention avec l'un des constructeurs et qu'il la négocie (en utilisant la grève, si nécessaire), les autres constructeurs doivent également appliquer la convention. Il peut donc se faire qu'une entreprise accepte de négocier un salaire inhabituellement élevé.

De la même façon, une entreprise installée peut parfois élever le salaire du marché de façon directe, en recrutant de la main-d'œuvre en grande quantité ?

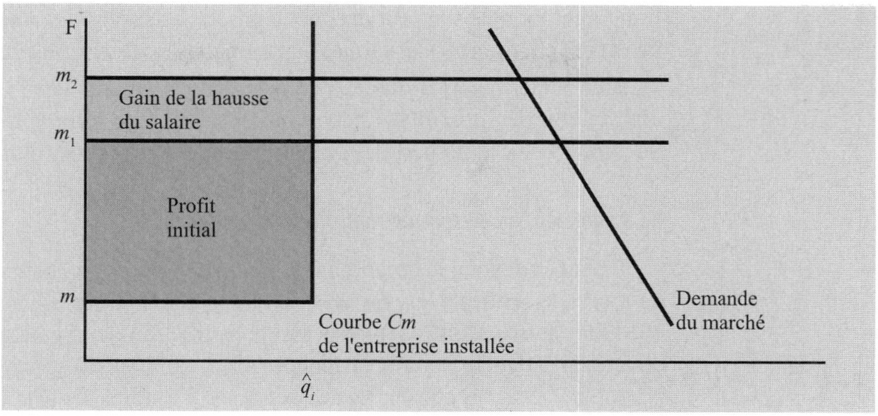

Figure 10.5: *Augmentation du coût de production des concurrents*

Dès lors que l'entreprise recrute suffisamment de main-d'œuvre pour influencer le taux de salaire du marché, elle possède un pouvoir de monopsone. Elle peut utiliser ce pouvoir de façon stratégique pour élever le coût de production des autres entreprises davantage que le sien si ces dernières utilisent proportionnellement plus de main-d'œuvre que l'entreprise installée.

Pour illustrer comment l'augmentation du coût des concurrents peut accroître le profit de l'entreprise installée même si son propre coût de production augmente aussi, prenons le cas d'une entreprise installée qui utilise moins de travail par unité produite que les autres. Supposons que l'entreprise installée ait un coût marginal (et moyen) constant égal à m tant que la capacité de production $\hat{q}_i$ n'a pas été atteinte et qu'ensuite le coût marginal devienne infini (voir la figure 10.5). Supposons également que la concurrence se présente sous la forme d'un grand nombre de petites entreprises (frange concurrentielle) ayant toutes le même coût marginal constant, m_1 (figure 10.5).

En l'absence de comportement stratégique, le prix d'équilibre du marché est m_1 et l'entreprise installée a intérêt à produire la capacité maximale, soit $\hat{q}_i$, ce qui lui procure un profit de $(m_1 - m)\hat{q}_i$. Supposons maintenant que l'entreprise installée puisque augmenter le taux de salaire du marché. Étant donné qu'elle n'utilise pas la même technologie que les entreprises de la frange, l'augmentation du salaire aura un effet différent sur m_1 et sur m. Admettons (cas extrême) que m ne change pas du tout, tandis que le coût marginal des entreprises de la frange passe de m_1 à m_2. Le prix d'équilibre augmente alors de m_1 à m_2, le niveau de production de l'entreprise installée demeure égal à $\hat{q}_i$ et son profit augmente de $(m_2 - m_1)\hat{q}_i$ (voir la figure 10.5). Ainsi, l'action stratégique consistant à augmenter le coût des concurrents de m_1 à m_2, a pour effet d'augmenter le profit de l'entreprise installée. Par ailleurs, même si l'élévation du taux de salaire augmente aussi le coût de l'entreprise installée, il peut néanmoins être rentable pour elle d'agir ainsi tant que l'augmentation de son propre coût de production est moins importante que celle de son profit (la figure 10.5 permet de comparer les deux grandeurs).

Une autre façon d'augmenter le coût des rivaux est d'élever le coût de la distribution des produits. Ceci est possible lorsque l'entreprise installée possède un contrôle sur la plupart des grossistes et des détaillants (Ordover et *al.*, 1990).

B. Augmentation du coût de toutes les entreprises

Il peut être rentable pour l'entreprise installée d'augmenter le coût de production de toutes les entreprises. En effet, il existe souvent une asymétrie naturelle entre elle et les autres. Cette asymétrie réside dans le fait que l'entreprise installée a déjà effectué des dépenses (coûts irrécupérables) qui rendent son départ du marché peu probable.[27] Ayant consenti à ces dépenses, l'entreprise installée est engagée plus que les autres sur le marché, ce qui lui donne un avantage stratégique. Cet avantage l'incite à dépenser plus (pour empêcher les nouvelles entreprises d'entrer) que ces dernières ne sont disposées à dépenser (pour entrer sur le marché). Voir Salop (1979) et Gilbert (1989).

Prenons un exemple pour illustrer le raisonnement précédent. Avant l'entrée, l'entreprise installée jouit d'un profit de monopole, $\pi_m = 100$ F. Après l'entrée, l'entreprise installée et la nouvelle entreprise ont chacune un profit de duopole, soit $\pi_d = 80$ F, ce qui est inférieur à π_m parce que les deux entreprises n'ont pas une stratégie de coopération parfaite (voir les chapitres 6 et 7). Si l'entreprise installée et la nouvelle entreprise partagent égalitairement les profits, la nouvelle entreprise sera disposée à payer $\pi_d/2 = 40$ F pour entrer, tandis que l'entreprise installée sera prête à payer $\pi_m - \pi_d/2 = 60$ F pour empêcher la nouvelle entreprise d'entrer.

Il s'agit là d'une asymétrie naturelle. Comme π_m est toujours supérieur à π_d, il est toujours plus payant pour le monopole de dissuader l'entrée que pour la nouvelle entreprise de forcer l'entrée.

Si l'entreprise installée peut élever le coût de la nouvelle entreprise et le sien de 50 F, son profit sera égal à 50 F si l'entrée n'a pas lieu et elle aura une perte de 10 F si l'entrée à lieu. Quant à la nouvelle entreprise, elle perdra maintenant 10 F si elle entre. Par conséquent, elle n'entrera pas (voir la figure 10.6, qui illustre ce jeu sous forme extensive). Puisque son profit est de 50 F si elle augmente son coût de production et celui de la nouvelle entreprise de 50 F, alors qu'il est de 40 F dans le cas contraire, l'entreprise installée à tout intérêt à adopter ce comportement stratégique.

L'une des façons d'agir dans ce sens consiste à militer en faveur d'une réglementation publique sur la pollution qui aurait pour effet d'augmenter le coût de l'entreprise installée et de sa rivale de 50 F. L'entreprise installée peut également

---

[27] Ghemawat et Nalebuff (1985) analyse les problèmes de stratégie qui se posent lorsqu'une entreprise envisage de quitter une industrie en déclin. Pour une étude empirique sur ce sujet, voir Lieberman (1990).

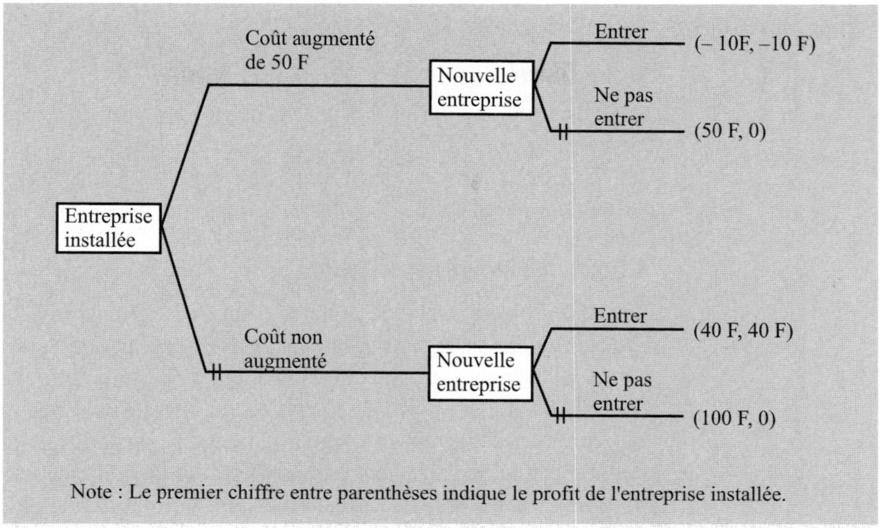

Figure 10.6
Jeu d'augmentation du coût des deux entreprises : représentation sous forme extensive

dépenser ces 50 F en publicité. Admettons en effet que la publicité laisse la consommation totale inchangée mais modifie les parts de marché. Dans ce cas, l'entreprise rivale doit également engager des dépenses publicitaires. Si l'on reste dans le cadre précédent, l'entreprise installée a la possibilité d'effectuer ces dépenses en premier et peut donc bénéficier de l'augmentation générale des coûts qu'elle déclenche.

Une autre conséquence de l'asymétrie naturelle qui existe entre l'entreprise installée et la nouvelle entreprise est que l'entreprise installée est généralement prête à payer davantage que la nouvelle entreprise pour contrôler une ressource rare qui conditionne l'accès au marché. Admettons par exemple qu'il n'existe qu'un seul circuit de distribution pour un produit. Dans le cadre de l'exemple numérique précédent, l'entreprise installée est alors prête à offrir 60 F pour en contrôler l'accès, alors que la nouvelle entreprise n'ira que jusqu'à 40 F. De plus, il se peut que l'entreprise installée possède déjà son circuit de distribution et ne prenne le contrôle de l'unique circuit supplémentaire que pour empêcher la concurrence d'entrer sur le marché. Cette exemple montre que la rareté des circuits de distribution est la clé du raisonnement. S'il y avait profusion de circuits de distribution, l'entreprise n'aurait pas les moyens de les contrôler tous et d'empêcher ainsi la concurrence (Salop et Sheffman, 1987).

Dans beaucoup de procès antitrust, les entreprises installées sont accusées d'accaparer les ressources rares dans le but d'empêcher les nouvelles entreprises d'y accéder. Par exemple, l'entreprise Alcoa (qui détenait le monopole de l'aluminium) fut accusée d'avoir négocié des contrats avec des compagnies d'électricité stipulant que ces compagnies ne devaient pas fournir d'électricité à d'autres entreprises désireuses de produire de l'aluminium.[28]

De même, une entreprise peut acquérir des *brevets dormants*, c'est-à-dire des brevets qui, une fois obtenus, vont « dormir » dans des cartons (Gilbert, 1981). Cette politique a pour effet d'empêcher les concurrents d'obtenir les brevets leur permettant d'utiliser les inventions correspondantes (voir l'exemple 17.9).

C. Atouts des nouvelles entreprises

Si l'entreprise installée a souvent un avantage naturel, la nouvelle entreprise dispose également de certains atouts. C'est le cas lorsque l'entreprise installée est de grande taille et qu'elle opère dans plusieurs zones géographiques ou qu'elle fabrique plusieurs produits. Dans cette hypothèse, si un nouveau concurrent se présente dans une zone donnée ou sur un segment de marché particulier, l'entreprise installée ne souhaite pas nécessairement engager une baisse générale de prix affectant toutes les zones ou tous les produits car elle y perdrait sans doute plus que sa concurrente. L'entreprise installée préférera alors laisser la nouvelle entreprise s'installer, plutôt que de déclencher une guerre de prix. Ainsi, une entreprise qui entre sur un marché et qui conserve une taille raisonnable peut échapper aux représailles.

Supposons qu'une grande entreprise possède des magasins à de nombreux endroits et qu'elle pratique partout le même prix. Admettons également que cette entreprise puisse bénéficier d'économies d'échelle en faisant de la publicité pour un prix unique au niveau national. Si une autre entreprise pénètre juste sur une seule zone, il se peut que l'entreprise installée se retire plutôt que d'avoir à baisser le prix partout. Naturellement, si l'entreprise installée pense que la nouvelle entreprise ne s'en tiendra pas à ce coup d'essai (ou que d'autres entreprises suivront l'exemple), elle pourra alors réagir plus vigoureusement.

Si la grande entreprise décider de contre-attaquer, elle peut éviter de baisser uniformément son prix en proposant une nouvelle marque dont le prix est bas et la disponibilité limitée aux zones où la (petite) entreprise rivale a pénétré le marché avec succès. Cette stratégie permet à la grande entreprise de réagir à la concurrence sans avoir besoin de réduire ses prix. Voir l'exemple 10.2.

De même, une entreprise qui fabrique plusieurs produits substituables est plus sensible à une baisse du prix d'un produit dans la mesure où cela affecte négativement les recettes liées aux autres produits. Inversement, pour une entreprise qui fabrique des produits complémentaires, une guerre de prix affectant un seul produit peut être compensée par une augmentation des recettes liées aux autres produits et l'entreprise y sera donc moins sensible. Par conséquent, une nouvelle entreprise a d'autant moins à craindre la réaction de l'entreprise installée à une politique de prix aggressive que l'entreprise installée fabrique une gamme de produits substituables, qu'elle est de grande taille et qu'elle pense que la nouvelle entreprise

[28] *United States v. Aluminum Co. of America*, 148F.2d 416 (1945). Lopatka et Godek (1992) contestent cette accusation.

ne cherche qu'à s'installer sur un segment limité du marché (Bulow et *al.*, 1985a ; Fudenberg et Tirole, 1984).[(29)]

10.2.5 Implications pour le bien-être et rôle des tribunaux

Il est difficile de savoir si les comportements stratégiques augmentent ou diminuent le bien-être. Ceci est compliqué par le fait qu'on ne peut pas distinguer clairement les comportements stratégiques des comportements concurrentiels.

Certains comportements stratégiques réduisent la concurrence et nuisent aux consommateurs. Par exemple, une stratégie de prédation par le prix qui engendre un pouvoir de marché à long terme n'a aucun aspect socialement bénéfique.

D'autres formes de comportement stratégique peuvent cependant avoir des effets sociaux bénéfiques. Ainsi, même lorsque les investissements en R&D sont effectués pour des raisons stratégiques, les consommateurs peuvent en bénéficier, ne serait-ce que par le biais des baisses de prix. D'ailleurs les brevets ne confèrent-ils pas un monopole à leur détenteur afin d'encourager le développement de connaissances nouvelles ? (voir le chapitre 17). Ces exemples suggèrent que les implications des comportements stratégiques doivent être envisagées au cas par cas. Dans certaines circonstances, les comportements stratégiques peuvent être socialement utiles lorsque dans d'autres circonstances, ils ne le sont pas.

En pratique, il est difficile de faire la différence entre un comportement stratégique et un comportement concurrentiel (socialement bénéfique). Par exemple, répercuter une baisse de coût sur les prix, investir en R&D pour réduire les coûts, faire une étude de marché et organiser le circuit de distribution d'un produit sont autant d'actions concurrentielles socialement bénéfiques qui peuvent dissimuler des comportements stratégiques.

Les lois antitrust américaines (chapitres 6 et 20) autorisent le gouvernement à intervenir s'il estime que l'action de certaines entreprises a pour effet de réduire la concurrence. Elles autorisent également les particuliers à engager des poursuites devant les tribunaux. La difficulté de faire la différence entre la concurrence bénéfique et les comportements stratégiques indésirables est un réel problème pour les organismes publics chargés de décider s'il y a lieu d'engager des poursuites devant les tribunaux. Une application trop laxiste des lois encourage les comportements indésirables et accroît le pouvoir de monopole. Inversement, une application trop stricte risque de décourager les entreprises qui craindront que leur comportement concurrentiel soit mal interprété. Par exemple, si les baisses de prix déclenchaient systématiquement des poursuites pour prédation, on risquerait de poursuivre à tort

[29] Bernheim et Whinston (1990) fournissent des exemples de la façon dont la présence simultanée sur plusieurs marchés ou d'autres caractéristiques peuvent servir d'indicateurs quand à la vigueur de réaction des entreprises installées face à une politique de prix aggressive. Les produits sont appelés *compléments stratégiques* lorsqu'une politique aggressive visant un produit induit une réaction vigoureuse (guerre de prix) et *substituts stratégiques* dans le cas contraire (pas de réaction à une politique de prix aggressive initiée par une entreprise rivale). Voir Bulow et *al.* (1985a).

des entreprises qui baissent leur prix dans l'unique but de faire jouer la concurrence en leur faveur. On voit donc que le rôle des organismes régulateurs n'est pas aisé à déterminer.

Afin d'élaborer des politiques de contrôle efficaces, il faut prendre en compte le risque d'erreurs et les coûts qui en découlent. Le succès d'un comportement stratégique dépend de l'asymétrie entre l'entreprise qui adopte ce comportement et l'entreprise qui en est victime. Si la nouvelle entreprise parvient au bout du compte à s'adapter à la stratégie de l'entreprise installée (par exemple si elle adopte une technologie qui élimine l'asymétrie initiale dans l'utilisation du facteur travail), le comportement stratégique est voué à l'échec. Dans ce cas, même si les tribunaux ne parviennent pas à empêcher ces stratégies, le pouvoir de marché qui en découle n'est que temporaire et subit une érosion à mesure que la nouvelle entreprise parvient à imiter l'entreprise installée (bien sûr, l'effet négatif reste d'autant plus important que la nouvelle entreprise éprouve des difficultés à s'adapter). Inversement, si un tribunal commet une erreur et condamne un comportement concurrentiel, le dommage causé ne peut pas être réparé par l'action ultérieure des entreprises.

10.3 Comportement stratégique coopératif

Le comportement stratégique coopératif correspond aux actions que des entreprises concurrentes entreprennent pour se prémunir réciproquement contre le non-respect d'un niveau de prix fixé conjointement.(30) La théorie du comportement stratégique coopératif repose sur la théorie des cartels (chapitres 6 et 7), d'après laquelle le profit d'un oligopole dépend de la capacité qu'à chaque membre de convaincre les autres qu'il ne déroge pas à l'accord de prix. Plus les entreprises ont le sentiment de pas se voler leur clientèle réciproque, plus le prix peut être maintenu avec succès au-dessus du niveau concurrentiel.

Nous allons d'abord étudier plusieurs des pratiques qui facilitent les ententes.(31) Nous verrons ensuite comment les autorités publiques y réagissent dans le cadre des lois antitrusts américaines.

10.3.1 *Pratiques facilitant les ententes*

Les oligopoles recourent à diverses actions stratégiques pour créer et maintenir leurs ententes. Nous les avons déjà évoqués brièvement au chapitre 6.

---

[30] Il n'est pas nécessaire que l'accord soit explicite pour qu'un oligopole réussisse à élever les prix au-dessus du niveau concurrentiel (voir les chapitres 6 et 7).

[31] Cette analyse est traitée de façon approfondie par Salop (1986).

A. Prix uniformes

Si tous les clients d'une entreprise doivent payer le même prix pour un produit, alors il est coûteux pour l'entreprise d'essayer d'attirer les clients d'un rival en leur offrant un prix légèrement plus bas. La raison en est que le prix légèrement plus bas doit alors être offert à tous les clients de l'entreprise. Par conséquent, l'uniformité du prix réduit l'intérêt de détourner la clientèle des concurrents. De plus, si tous les clients paient le même prix, la nouvelle d'une baisse de prix viendra rapidement aux oreilles des entreprises concurrentes.

Qu'est-ce qui peut obliger une entreprise à pratiquer le même prix pour tous ses clients ? Aux États-Unis, c'est la loi Robinson-Puttman qui oblige les entreprises à pratiquer les mêmes prix pour tous les consommateurs dès l'instant où ils achètent le même produit.(32) Les entreprises se retranchent d'ailleurs parfois derrière cette loi pour ne pas accorder de remise particulière à un client. De ce fait, la loi Robinson-Puttman peut avoir pour effet de favoriser les ententes.

Pour garantir aux autres entreprises qu'elle fait payer le même prix à tous les clients, une entreprise peut annexer la *clause du client le plus favorisé* à ses contrats (voir le chapitre 6). Cette clause garantit à tout acheteur qu'il paie le prix le plus bas possible, c'est-à-dire un prix identique à celui payé par le client ayant obtenu la meilleure offre. Si cette clause est appliquée à tous les clients, il est alors certain qu'ils paieront tous le même prix. Cette clause facilite donc la détection de toute réduction de prix et élève le coût des tentatives de détournement de la clientèle d'un concurrent car chaque réduction de prix doit être répercutée à tous les autres clients.

B. Pénalités en cas de remise sur le prix

Une façon encore plus brutale d'empêcher les entreprises d'essayer d'attirer la clientèle de leurs concurrents par des réductions de prix est de faire en sorte que toute baisse de prix ne soit pas uniquement répercutée sur les clients du moment (comme dans le cas précédent), mais aussi sur tous les clients d'une période déterminée. Par exemple, si une entreprise signe avec des acheteurs un contrat qui leur permet de bénéficier de toute remise ultérieure pouvant intervenir au cours de l'année suivante, elle se prive elle-même — dans une large mesure — de l'incitation le faire. Quant à ses concurrents, ils ont l'assurance qu'il est peu probable qu'elle le fasse en raison du coût qu'elle devrait alors supporter.

C. Prévenir à l'avance des changements de prix

Comme nous l'avons vu au chapitre 6, les cartels peuvent difficilement maintenir leurs ententes lorsque les prix varient beaucoup. Durant les périodes de fluctuations

[32] La loi Robinson-Puttman s'applique aussi dans le cas où les clients sont des entreprises et où la discrimination par les prix a pour effet d'en défavoriser certaines.

EXEMPLE 10.7 FTC contre Ethyl, *et al.*

En 1979, la FTC a poursuivi 4 producteurs d'un additif à de l'essence plombée : du Pont, Ethyl, Nalco et PPG (*E.I. du Pont de Nemours & Co. v. FTC*, 729 F.2d 128 (2d Cir., 1984). Selon la FTC, certaines pratiques de ces entreprises avaient pour effet de faciliter la collusion dans l'industrie. Ces pratiques concernaient la notification, 30 jours à l'avance, de l'augmentation des prix (mais non de leur diminution), l'application de la clause du client le plus favorisé et l'annonce à la presse des changements de prix. Comme il existait déjà des preuves empiriques du caractère non concurrentiel de cette industrie, la question soulevée par le procès était juste savoir si les pratiques incriminées avaient pour effet de la réduire encore davantage.

Selon la FTC, les pratiques en question réduisaient l'incertitude et facilitaient l'alignement des entreprises sur le prix du moment. Des tests empiriques ont été effectué pour vérifier ces affirmations. Par exemple, avant le procès, les annonces par voie de presse des hausses de prix étaient incessantes dans cette industrie. Or, la vitesse d'ajustement des entreprises à ces hausses ne semble pas avoir été modifiée par la cessation de cette pratique. D'autre part, alors que les baisses de prix ne faisaient pas l'objet d'annonces par voie de presse, l'ajustement des entreprises à ces baisses avait pourtant lieu aussi rapidement qu'en cas de hausse.

Les attendus du jugement mentionnent aussi que beaucoup des pratiques incriminées existaient déjà à une époque où il n'y avait qu'une seule entreprise dans cette industrie et n'avaient donc aucun effet sur une quelconque collusion, mais qu'elles pouvaient avoir un rôle d'amélioration de l'efficience. Ainsi, par exemple, l'annonce des hausses de prix permettent aux acheteurs de mieux planifier leurs achats. D'autre part, certaines des questions soulevées par l'accusation, comme l'éventualité d'interdire la publication des hausses de prix dans *The Wall Street Journal*, mettent en question la liberté d'expression. La FTC conclut à la culpabilité des 4 entreprises, mais le verdict fut annulé en appel.

SOURCE : Dennis W. Carlton est intervenu dans cette affaire comme expert pour le compte de Nalco industries.

de prix, les entreprises se méfient les unes des autres car elles se soupçonnent réciproquement de vendre à des prix différents.

Supposons que la hausse du prix soit nécessaire. Qu'est-ce qui peut inciter les entreprises de l'oligopole à s'y rallier ? Certaines industries ont un leader de prix, mais ce n'est pas le cas de toutes. La première entreprise qui élève son prix prend le risque de perdre des clients. Bien sûr, les autres entreprises devraient s'aligner sur cette hausse dans la mesure où c'est dans leur intérêt. Mais si l'entreprise qui agit en premier est pénalisée par rapport à ses concurrents, aucune entreprise ne voudra jouer le rôle du leader de prix.

Une façon de sortir de ce dilemme est de recourir à l'annonce anticipée des hausses de prix, ce qui permet à toutes les entreprises de choisir si elles s'alignent sur la hausse avant que celle-ci devienne effective. Si les autres entreprises choisissent de ne pas suivre, l'entreprise qui a annoncé la hausse peut revenir sur sa décision Dans ce cas, il est possible d'éviter que les entreprises d'un même marché vendent à des prix différents, ce qui réduit l'incitation à élever le prix.(33)

[33] Dans les industries où les hausses de prix sont annoncées par avance, la concurrence des entreprises

Inversement, lorsque la demande décroît, l'entreprise qui baisse son prix en premier gagne par rapport à ses concurrents qui mettent plus longtemps à réagir. Chaque entreprise est donc incitée à réduire son prix la première. Par conséquent, le fait d'annoncer par avance la baisse du prix peut atténuer cet effet en garantissant qu'aucune entreprise ne puisse tirer avantage du fait de baisser son prix en premier.

Il existe des industries où l'annonce des baisses de prix est planifiée. Aux États-Unis, des poursuites et des enquêtes ont été menées sur ces pratiques. Voir l'exemple 10.7.

D. Échanges d'informations

Les échanges d'informations entre entreprises peuvent faciliter le fonctionnement des cartels et promouvoir l'efficience. L'une des méthodes à la disposition d'une entreprise pour convaincre ses concurrents qu'elle ne cherche pas à prendre leur clientèle en pratiquant des remises est de leur faire connaître l'identité de ses nouveaux clients ainsi que le prix et les quantités négociés. De cette façon, si un client change de fournisseur, il est possible de vérifier qu'il ne l'a pas fait en raison d'une baisse de prix.

Les membres d'une même industrie peuvent aussi échanger des informations pour des raisons légitimes d'amélioration de l'efficience. Lorsqu'il n'existe pas de marché centralisé, la diffusion de l'information sur le prix améliore l'efficience du marché (voir l'exemple 10.8). De plus, les entreprises peuvent mieux contrôler leur propre efficience en comparant leurs coûts à ceux des autres entreprises.

E. Prix incluant les frais de livraison

Un système de prix **incluant les frais de livraison** spécifie que le prix de mise à disposition payé par l'acheteur n'est pas fonction de la distance entre l'usine et le lieu de vente, mais de la distance entre un *point de base* et le lieu de vente. Un prix de livraison peut donc être calculé en ajoutant au prix de marché le coût de l'acheminement entre le point de base et le lieu de vente. Par exemple, le prix de l'acier fut longtemps fixé en prenant Pittsburg comme point de base. Ainsi, lorsqu'une usine de l'Ohio expédiait de l'acier vers Chicago, le prix payé par le client était égal au prix du marché de Pittsburg, plus les frais de transport entre Pittsburg et Chicago. Les frais de transport étaient calculés à partir d'un barème standard.

À première vue, le système de prix incluant les frais de livraison paraît tellement bizarre qu'il suscite plutôt la méfiance. En fait, beaucoup d'économistes pensent

---

se joue sur la disponibilité du produit avant la hausse. La politique de certaines entreprises peut par exemple permettre aux clients d'acheter une plus grande quantité d'un produit dont le prix va augmenter (constitution d'un stock d'un mois par exemple). Plus généralement, la quantité que les consommateurs peuvent acheter avant que le prix n'augmente varie dans le temps et suivant les entreprises.

EXEMPLE 10.8 Échanges d'informations : le cas Hardwood

Dans le cas *Hardwood* [*American Column and Lumber Co. et al. v. United States*, 257 U.S. 377 (1921)], un groupe d'entreprises de l'industrie du bois fut accusé d'avoir violé le Sherman Act. Ces entreprises avaient fondé l'*American Hardwood Manufacturers Association* qui, par le biais de l'*Open Competition Plan*, collectait et diffusait des informations sur les prix et les production. L'industrie était composée d'un grand nombre d'entreprises — environ 9 000 dans 20 États. 465 entreprises participaient volontairement à l'*Open Competition Plan* (ces entreprises représentaient 30% de la production totale de l'industrie).

La coordination de la production et des prix peut faciliter l'entente, mais celle-ci demeure difficile dans une industrie composée d'un si grand nombre d'entreprises indépendantes. Bien que les accords de partage d'informations soit surtout suspects dans les industries composées d'un petit nombre d'entreprises, la Cour Suprême des États-Unis jugea cependant qu'il y avait violation du Sherman Act, ce qui mit fin à cette pratique. Selon Alexander (1988), l'échange d'informations n'avait pas d'influence sur la production du marché et servait plutôt à diffuser les informations utiles et coûteuses au sein d'une industrie concurrentielle.

qu'il s'agit d'un mécanisme dont le but essentiel est de faciliter l'entente.[(34)] Il facilite la collusion dans la mesure où il empêche les entreprises d'accorder secrètement des remises déguisées en réduction des frais de transport. L'obligation faite à toutes entreprises d'appliquer le même forfait rend plus facile la détection des déviations par rapport à l'accord de prix.

Le système de prix qui devrait selon les économistes émerger de la concurrence est celui du **prix FOB** : l'acheteur paie le prix FOB (*Free on Board* ou *Franco à bord* [FAB]), c'est-à-dire le prix départ usine, augmenté des frais réels de transport.[(35)] Dans un système de prix de ce type, le fret varie avec la localisation de l'acheteur et les vendeurs peuvent réduire les prix en sous-évaluant le coût du fret. De ce fait, les entreprises situées en différents endroits font payer un prix différent et l'application d'un accord de prix est plus compliquée.

L'analyse précédente présuppose que la détection du non-respect des accords de prix se fait en observant les déviations du prix par rapport au barème établi. Mais un autre façon de détecter les fraudes consiste à observer les évolutions des parts de

[34] Voir Thisse et Vives (1992) sur la façon dont un système de prix incluant les frais de livraison peut émerger dans un jeu statique avec des circonstances assez particulières, mais où il peut servir de sanction dans un jeu répété.

[35] Puisqu'en concurrence les prix reflètent les coûts, les économistes s'attendent à ce que les acheteurs paient le prix FOB augmenté du fret réel. En fait, même dans les industries concurrentielles, les entreprises utilisent souvent le système de prix incluant les frais de transport en raison de sa simplicité et parce qu'il permet d'économiser des coûts administratifs. Si le coût du fret ne varie pas trop d'un consommateur à l'autre, les entreprises font généralement payer le même prix de livraison à tous les clients. Ainsi, les magasins de meubles incluent la livraison dans le prix d'un article, à condition que l'acheteur n'habite pas exagérement loin du magasin. Certaines entreprises appliquent une tarification par zone. Dans ce cas, l'acheteur qui habite près de l'entreprise paie un faible prix et celui qui habite loin paie un prix élevé. Il semble que le système de prix de livraison uniforme soit généralement appliqué lorsque le fret représente moins du 10% du prix du produit (Carlton, 1983).

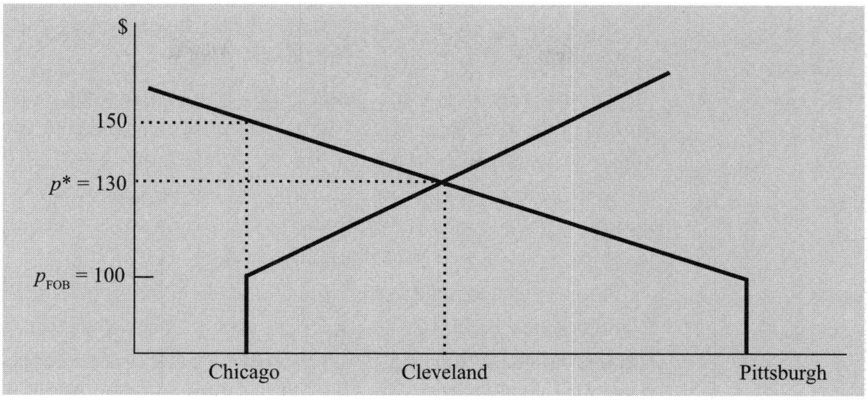

Figure 10.7: *Division du marché par le prix FOB*

marché. Si les entreprises s'aperçoivent qu'un concurrent gagne inexplicablement des parts de marché, elles suspecteront une fraude. Avec cette méthode, le système de prix incluant les frais de transport devient moins attrayant par rapport à celui du prix FOB.

L'un des principales difficultés de l'entente en cas d'utilisation du système de prix incluant la livraison concerne la répartition du marché entre les vendeurs. Supposons par exemple qu'il y ait deux vendeurs d'aciers, l'un à Chicago, l'autre à Pittsburg. Si c'est le système de prix incluant la livraison qui est appliqué — en prenant par exemple Pittsburg comme point de base — alors il est tout aussi rentable pour un acheteur situé à Chicago de s'approvisionner à Chicago qu'à Pittsburg. Par contre, si c'est le système du prix FOB augmenté du fret réel qui est appliqué, alors les clients de Chicago ne s'approvisionneront qu'à Chicago et ceux de Pittsburg ne s'approvisonneront qu'à Pittsburg.

La figure 10.7 illustre la division du marché engendrée par l'application d'un prix FOB. Supposons, comme l'illustre la figure, que les deux entreprises s'entendent pour appliquer le même prix FOB et y ajouter le coût réel du fret. Les lignes de prix représentent alors le prix payé par les clients situés à différents endroits. Les lignes sont croissantes pour indiquer que le prix augmente avec l'éloignement du client. Tous les clients situés à l'ouest de Cleveland achètent à Chicago et tous ceux situés à l'est de Cleveland achètent à Pittsburg.

Si l'usine d'acier de Pittsburg vendait dans la région de Chicago, on pourrait en déduire qu'elle n'adhère pas à l'accord sur le prix FOB. Par contraste, avec le système de prix incluant les frais de livraison, toutes les entreprises pratiquent le même prix et il n'y a pas de division nette du marché. De plus, l'entreprise de Chicago peut vendre à Pittsburg et celle de Pittsburg peut vendre à Chicago, ce qui engendre des coûts d'inefficience. En général, plus la distance entre deux entreprises est grande, plus les frais de transport s'élèvent et plus le système de prix

FOB apparaît comme un meilleur moyen d'entente et de partage du marché que le système de prix incluant les frais de livraison (Carlton, 1983).

Il existe une différence notable entre les deux systèmes de fixation du prix. Dans un équilibre avec prix FOB, toutes les entreprises doivent appliquer le même prix au client *marginal* (130 $ à Cleveland, voir la figure 10.7). Ailleurs qu'à Cleveland, les deux entreprises pratiquent un prix *différent* sous le système FOB mais un prix identique sous le système incluant les frais de livraison. En dépit de cette différence, les deux systèmes de prix peuvent parfois se ressembler.

Supposons que les clients soient situés à Pittsburg et Chicago mais qu'à l'origine la plupart des entreprises d'acier se trouvent à Pittsburg. Si l'équilibre est *concurrentiel* et qu'il coûte 100 $ pour produire une tonne d'acier, l'acheteur de Chicago paiera 100 $ plus le fret (de 50 $ par exemple), ce qui fait un prix final de 150 $. En quoi l'ouverture d'une petite entreprise d'acier à Chicago affecte-t-il l'équilibre ? Pour tout prix inférieur à 150 $, l'entreprise de Chicago obtient plus d'affaires qu'elle n'en peut traiter. Toutefois, il n'y a pas de raison pour que cette entreprise pratique un prix inférieur à 150 $! Dans cet équilibre concurrentiel, l'entreprise de Chicago appliquera donc un prix basé sur le coût du fret d'une expédition en provenance de Pittsburg. La petite entreprise de Chicago bénéficie ainsi d'une rente liée au choix d'une localisation plus avantageuse.

Si l'on oublie que des entreprises preneuses de prix situées en certains endroits (comme celle de Chicago dans l'exemple) peuvent appliquer un prix de 150 $, on risque de confondre un équilibre concurrentiel de prix FOB avec un système d'entente de prix incluant les frais de livraison. Plus il y a d'entreprises qui choisissent de s'implanter dans la région de Chicago pour vendre leur acier à 150 $, plus elles vont mordre sur la clientèle alentour (Cleveland). Dans ce cas, le prix FOB de Chicago ne pourra plus demeurer égal à 150 $. Si le prix FOB est égal à150 $ à Chicago et que l'usine de Chicago ajoute le fret pour Cleveland (30 $, par exemple), le prix de l'acier pour Cleveland devient supérieur au prix FOB pour Pittsburg augmenté du fret et par conséquent l'acier de Chicago ne se vendra pas à Cleveland (voir la figure 10.7). Par conséquent, le nouveau prix FOB d'équilibre concurrentiel à Chicago doit être inférieur à 150 $. L'installation d'entreprises concurrentielles dans la région de Chicago aboutit finalement à faire baisser le prix de Chicago à 100 $, ce qui correspond au coût marginal. Les acheteurs situés à proximité de Pittsburg achèteront alors à Pittsburg tandis que ceux de Chicago achèteront à Chicago.

L'intérêt du gouvernement américain pour ces mécanismes de fixation de prix a varié dans le temps. Dans l'affaire *FTC v. Cement Institute* (333 U.S. 683 [1948]), la FTC a soutenu qu'il existait une entente entre producteurs de ciment destinée à faciliter l'application d'un système de fixation de prix avec point de base.(36) La

[36] Les cas qui sont mentionnés dans cette section sont principalement extraits du U.S. Reporter, du Federal Reporter (F.2d) et du Supreme Court Reporter (S. Ct.), qui sont des références légales. Le cas impliquant la FTC est extrait du vol. 333 du U.S. Reporter (début à la page 683) et fut tranché en 1948 par la Cour Suprême.

FTC gagna le procès. Par la suite, des pressions exercées par les milieux d'affaires donnèrent lieu à des auditions au Congrès, lesquelles eurent pour effet de freiner l'ardeur de la FTC dans les affaires suivantes.

Plus récemment, la FTC s'attaqua aux politiques de prix de l'industrie du bois (*Boise Cascade v. FTC*, 63 F.2d 323 [9th Cir. 1980]). Jusqu'au début des années 1960, le contre-plaqué américain venait du nord-est de la région Pacifique. Puis il commença à venir aussi du sud, un peu au début, puis de plus en plus, jusqu'à atteindre des quantités significatives. Le prix du contre-plaqué en provenance du sud était toujours égal au prix FOB du bois, augmenté du fret, lequel était calculé sur la base du coût de transport du contre-plaqué provenant du nord-est de la région Pacifique. Le raisonnement exposé pour le cas de l'acier (figure 10.7) explique que cette pratique ait pu se développer. Mais elle aurait dû disparaître à mesure de la croissance cette industrie dans le sud. Or, cela n'a pas été le cas.

Les entreprises qui pratiquaient cette politique de prix prétendaient que c'était par commodité car cela facilitait les comparaisons de prix entre le sud et le nord-ouest. Elles prétendaient également que le prix FOB du nord-ouest était différent de celui du sud et que, par conséquent, chacun de ces deux prix était déterminé par les forces de l'offre et de la demande. Le prix d'équilibre FOB qui résultait de ce mécanisme devait donc être celui prévu par notre exemple concernant l'acier. Supposons que le prix concurrentiel du contre-plaqué du sud payé par un acheteur de New York, soit égal à 200 $ et qu'il se décompose en deux parties : 100 $ pour le fret et 100 $ pour le prix FOB. Si le fret pour le contre-plaqué en provenance du nord-ouest du Pacifique est de 150 $, le prix du contre-plaqué du sud devrait être égal au prix FOB de 50 $, plus 150 $ de fret, soit un total de 200 $. Le tribunal jugea cependant que ce shéma de prix ne correspondait pas à un comportement d'entente illégal. Gilligan (1992) a montré que le remplacement de ce système particulier par un système de prix FOB entraîna par la suite une baisse du prix dans le sud mais pas dans le nord-ouest.

En résumé, la méthode de fixation du prix utilisée peut avoir une influence sur les possibilités d'entente. Bien que le système de prix incluant les frais de livraison facilite l'entente, il ne l'implique pas nécessairement. Dans certaines circonstances, ce système peut aussi engendrer une plus grande concurrence que le système de prix FOB. De plus, ce système peut être plus efficient (réduction des coûts de transaction) et est parfois appliqué dans des industries où les ententes sont impossibles.

10.3.2 Comportement coopératif stratégique et rôle des tribunaux

Le comportement stratégique coopératif nécessite que les entreprises agissent de concert et semble apparemment plus facile à identifier et à condamner que le comportement stratégique non coopératif. De plus, les accords ou les pratiques tendant à réduire la concurrence sont nuisibles pour la société. Le problème est que beaucoup de ces pratiques peuvent également avoir pour but d'augmenter l'efficience (voir l'exemple 10.7)

Ainsi, l'annonce préalable d'une variation de prix peut à la fois bénéficier au consommateur et faciliter une entente. Une politique qui condamne les pratiques liées aux ententes cherchant à limiter la concurrence semble correcte. En revanche, une politique qui condamne sans discrimination toutes les pratiques des milieux d'affaires (même celles qui sont adoptées sur la demande expresse des clients) sous prétexte qu'elles peuvent éventuellement avoir un impact sur les ententes, est excessive et poserait des problèmes insolubles aux entreprises. Dans ce dernier cas, les entreprises risqueraient même de renoncer à certaines pratiques qui sont dans l'intérêt des consommateurs.

Résumé

1. Le comportement statégique est une tentative de l'entreprise pour influencer l'environnement concurrentiel du marché dans lequel elle évolue. Cet environnement comprend les opinions des concurrents et des consommateurs, la technologie et le coût de production des entreprises, ainsi que la connaissance du marché. Pour que la stratégie de l'entreprise soit couronnée de succès, elle doit paraître crédible aux concurrents. L'asymétrie des entreprises est l'élement clé de la réussite d'une stratégie.
2. La prédation par le prix est une politique coûteuse à adopter pour une entreprise. On ne connaît que peu d'exemples précis où le prix pratiqué a effectivement été inférieur au coût de production. Les autres stratégies non coopératives, comme la réduction du prix jusqu'au niveau du coût (mais pas au-dessous), les dépenses stratégiques en R&D ou l'augmentation du coût de production des concurrents peuvent être rentables et on peut s'attendre à ce qu'elle soit plus fréquemment employées que la prédation par le prix.
3. Le comportement stratégique coopératif requiert que les entreprises agissent de concert et est une application directe de la théorie de l'entente étudiée aux chapitres 6 et 7. Toutes les pratiques que les entreprises peuvent adopter collectivement pour réduire l'incertitude concernant leurs comportements respectifs sont succeptibles de faciliter les ententes.
4. Il est difficile de définir une politique à suivre vis-à-vis des comportements stratégiques. Certains comportements stratégiques, comme l'investissement en R&D, favorisent les consommateurs. D'autres comportements stratégiques nuisent aux consommateurs. Même lorsqu'il réussit, le comportement stratégique ne permet de maintenir un pouvoir de marché que jusqu'à l'entrée de nouvelles entreprises sur le marché. Par conséquent, le comportement stratégique ne peut avoir des effets négatifs sur les consommateurs que dans les industries où l'entrée est difficile.
5. Les économistes comme les juristes ont du mal à faire la différence entre les bons et les mauvais comportements stratégiques. Il faut donc se montrer prudent en ce qui concerne l'application des lois antitrust aux comportements apparemment stratégiques. La société doit trouver un compromis entre une application trop laxiste, qui engendre un pouvoir de marché excessif, et une application trop sévère, qui décourage la saine compétition.

Termes clés

Comportement stratégique	Prévision parfaite
Coopératif	Prix FOB
Non coopératif	Prix incluant les frais de livraison
Environnement de marché	Prix limite
Menace crédible	Prix limite en dynamique
Prédation par le prix	

Questions

Q.10.1 Aux États-Unis, certains contrats comportent une clause qui dégage le consommateur de son obligation d'acheter s'il obtient un meilleur prix ailleurs mais que l'entreprise refuse de s'aligner sur ce prix plus bas. Donnez une justification de cette clause en termes d'efficience. Donnez aussi une raison de son caractère anti-concurrentiel.

Q.10.2 Supposez que deux entreprises, A et B, produisent chacune des produits chimiques dont la préparation requiert un ingrédient spécifique qui dépend de l'ingénierie particulière à l'entreprise. En quoi le fait que l'entreprise A soit le fournisseur de l'entreprise B et que l'entreprise B soit le fournisseur des ingrédients spécifiquement utilisés par l'entreprise A affecte-t-il l'éventualité d'une collusion ?

Q.10.3 La sanction d'une entreprise qui consent des réductions à ses clients en réduisant temporairement le prix peut constituer un moyen de garantir une entente sur le prix. Le problème est que la sanction affecte aussi les entreprises qui l'infligent (car elles doivent baisser leur prix pour « punir » l'entreprise qui a rompu l'accord). Ne vaut-il pas mieux prévoir une clause contractuelle qui garantit que toute réduction de prix consentie par une entreprise doit s'appliquer rétroactivement aux autres consommateurs ? Une grande entreprise sera-t-elle davantage dissuadée par cette sanction qu'une petite ?

Q.10.4 Est-ce toujours optimal pour une entreprise de fixer sa production au niveau qui dissuade l'entrée ?

Q.10.5 Supposez qu'un monopole produise un bien qui nécessite l'usage d'un minerai rare uniquement employé pour produire ce bien. Le monopole achète suffisamment de minerai rare pour empêcher toute entrée sur le marché et obtenir un profit π. Envisagez une autre situation où il y a une concurrence sur le marché du produit final, mais un monopole de la production du minerai rare. Le producteur du minerai pourra-t-il obtenir le même profit π que précédemment ?

Q.10.6 Comment peut-on faire la différence entre une politique de prix limite en dynamique et des baisses successives de prix causées par des réductions de coûts ?

Problèmes [37]

P.10.1 Dans certaines industries, notamment aux États-Unis, les entreprises effectuent entre elles des échanges ou *swaps*. Supposons par exemple qu'une entreprise de papier californienne ait un client à New York et qu'une entreprise new yorkaise ait un client en Californie. Dans ce cas, les deux entreprises peuvent conclure un swap portant sur une tonne de papier : l'entreprise californienne livre alors le papier au client californien et l'entreprise new yorkaise le livre au client de New York. Cette pratique peut être étendue au cas d'entreprises ayant des succursales multiples. Indiquez en quoi elle peut être anti-concurentielle (*Suggestion* : Réfléchissez à la possibilité pour un cartel de répartir la clientèle au moyen de swaps.)

P.10.2 Tracez le graphe de la représentation sous forme extensive du jeu de prédation — analysé dans le chapitre — où la nouvelle entreprise ne connaît pas exactement le coût marginal de l'entreprise installée. (*Suggestion* : Voir le chapitre 7 pour un exemple de jeu en incertitude.)

P.10.3 Une entreprise endettée doit payer des intérêts à ses créanciers, sinon elle est déclarée en faillite. Supposons que les dirigeants d'une entreprise qui fait faillite acquièrent mauvaise réputation (voir le chapitre 2). Discutez en quoi l'entente entre des entreprises ayant un ratio dette/capital élevé peut être facilitée. Discutez les conséquences d'un endettement sur différentes années lorsque le taux d'intérêt varie d'une année à l'autre.

P.10.4 Utilisez un modèle de prédation par le prix pour expliquer en quoi le fait de pousser un concurrent à la faillite ne permet pas en tant que tel à une entreprise de pratiquer un prix de monopole. (*Suggestion* : Qu'advient-il des actifs de l'entreprise qui fait faillite ?)

P.10.5 Supposez que les entreprises japonaises de l'exemple 10.1 aient effectivement pratiqué une politique de prédation durant 20 ans, dans l'espoir de pouvoir pratiquer par la suite un prix de monopole. Supposez que leur perte ait été d'un milllion de dollars par an pendant 20 ans et soit π_m le profit annuel de monopole qu'elles espèrent percevoir ensuite. Déterminez la valeur de π_m pour que cette stratégie de prédation soit profitable, sachant que le taux d'intérêt est de 10%. (*Suggestion* : La somme actualisée de la perte sur 20 années consécutives est de :

$$\frac{1}{r}\left[1-\left(\frac{1}{1+r}\right)^{20}\right],$$

alors que la somme actualisée des profits futurs est donnée par :

$$\frac{\pi_m}{r}\left(\frac{1}{1+r}\right)^{20},$$

où r est le taux d'intérêt.)

---

[37] Les solutions des problèmes impairs sont données en fin de livre.

Lectures complémentaires

Pour un excellent exposé d'ensemble des théories modernes du comportement stratégique, consultez Gilbert (1989) et Ordover et Saloner (1989).

Bibliographie

AGHION, Philippe et Patrick BOLTON. 1987. « Contract as a Barrier to Entry ». *American Economic Review* 77 : 388–401.

ALEXANDER, Donald. 1988. « An Empirical Test of Monopoly Behavior : An Application to the Hardwood Case ». *Applied Economics* 20 : 1115–27.

AREEDA, Phillip E. et Donald F. TURNER. 1975. « Predatory Pricing and Related Practices Under Section 2 of the Sherman Act ». *Harvard Law Review* 88 : 697–733.

BAIN, Joe S. 1956. *Barriers to New Competition*. Cambridge, Mass. : Harvard University Press.

BARON, David P. 1973. « Limit Pricing, Potential Entry, and Barriers to Entry ». *American Economic Review* 63 : 666-74.

BERCK, Peter et Jeffrey M. PERLOFF. 1988. « The Dynamic Annihilation of a Rational Competitive Fringe by a Low-Cost Dominant Firm ». *Journal of Economics Dynamics and Control* 12 : 659–78.

BERCK, Peter et Jeffrey M. PERLOFF. 1990. « Dynamic Dumping. *International Journal of Industrial Organization* » 8 : 225–43.

BERNHEIM, B. Douglas et Michael WHINSTON. 1990. « Multimarket Contract and Collusive Behavior ». *Rand Journal of Economics* 21 : 1–26.

BULOW, Jeremy I., John D. GEANAKOPLOS et Paul D. KLEMPERER. 1985a. « Multimarket Oligopoly : Strategic Substitutes and Complements ». *Journal of Political Economy* 93 : 488–511.

BULOW, Jeremy I., John D. GEANAKOPLOS et Paul D. KLEMPERER. 1985b. « Holding Idle Capacity to Deter Entry ». *Economic Journal* 95 : 178–82.

BURNS, Malcom R. 1986. « Predatory Pricing and the Acquisition Cost of Competitors ». *Journal of Political Economy* 94 : 266-96.

CARLTON, Dennis W. 1983. « A Reexamination of Delivery Pricing Systems ». *Journal of Law and Economics* 26 : 51–70.

DEBONDT, Raymond R. 1976. « Limit Pricing, Uncertain Entry, and the Entry Lag », *Econometrica* 44 : 939–46.

DIXIT, Avinash. 1979. « A Model of Duopoly Suggesting a Theory of Entry Barriers ». *Bell Journal of Economics and Management Science* 10 : 20–32.

DIXIT, Avinash. 1980. « The Role of Investment in Entry Deterrence ». *Economic Journal* 90 : 95–106.

EASTERBROOK, Frank H. 1981. « Predatory Strategies and Counterstrategies ». *University of Chicago Law Review* 48 : 263–337.

EATON, B. Curtis et Roger WARE. 1987. « A Theory of Market Structure with Sequential Entry ». *The Rand Journal of Economics* 18 : 1–16.

FARRELL, Joseph et Garth SALONER. 1986. « Installed Base Compatibility : Innovation, Product Preannouncements, and Predation ». *American Economic Review* 76 : 940–55.

FLAHERTY, M. Therese. 1980. « Dynamic Limit Pricing, Barriers to Entry and Rational Firms ». *Journal of Economic Theory* 23 : 160–82.

FUDENBERG, Drew et Jean TIROLE. 1983. « Capital as a Commitment : Strategic Investment to Deter Mobility ». *Journal of Economic Theory* 31 : 227–50.

FUDENBERG, Drew et Jean TIROLE. 1984. « The Fat Cat Effect, The Puppy-Dog Play, and the Lean and Hungry Look ». *American Economic Review* 74 (Mai) 361–6.

FUDENBERG, Drew et Jean TIROLE. 1986. « A 'Signal- Jamming' Theory of Predation ». *Rand Journal of Economics* 17 : 366–76.

GASKINS, Darius W., Jr. 1971. « Dynamic Limit Pricing : Optimum Pricing Under Threat of Entry ». *Journal of Economic Theory* 3 : 306–22.

GATSIOS, Konstantine et Larry KARP. 1992. « How Anti- Merger Laws Can Reduce Investment, Help Producers, and Hurt Consumers ». *The Journal of Industrial Economics* 40 : 339–48.

GEROSKI, P.A. 1991. « The Empirical Analysis of Entry, Strategic Entry Deterrence and Market Selection ». London Business School Working Paper.

GHEMAWAT, Pankaj et Barry NALEBUFF. 1985. « Exit ». *The Rand Journal of Economics* 16 : 184–94.

GILBERT, Richard J. 1981. « Patent, Sleeping Patents and Entry Deterrence », *in* Steven SALOP, éd., *Stategy, Predation, and Antitrust Analysis*. Washington, D.C. : Federal Trade Commisssion.

GILBERT, Richard J. 1989. « Mobility Barriers and the Value of Incumbency », *in* Richard SCHMALENSEE et Robert WILLIG, éds, *Handbook of Industrial Organization.* New York : North Holland.

GILBERT, Richard J., et Marvin LIEBERMAN. 1987. « Investment and Coordination in Oligopolistic Industries ». *The Rand Journal of Economics* 18 : 17–33.

GILLIGAN, Thomas. 1992. « Imperfect Competition and Basing Point Pricing : Evidence from the Softwood Plywood Industry ». *American Economic Review* 82 : 1106–119.

HURWITZ, James D., William E. KOVACIC, Thomas A. SHEEHAN, III et Robert H. LANDE. 1981. « Current Legal Standards of Predation », *in* Steven C. SALOP, éd., *Strategy, Predation, and Antitrust Analyses*. Washington D.C. : Federal Trade Commission.

ISAAC, Mark, R. et Vernon L. SMITH. 1985. « In Search of Predatory Pricing ». *Journal of Political Economy* 93 : 320–45.

JUDD, Kenneth L. et Bruce C. PETERSEN. 1986. « Dynamic Limit Pricing and Internal Finance ». *Journal of Economic Theory* 39 : 368–99.

KARP, Larry S. 1988. « Consistent Policy Rules and the Benefits of Market Power ». Working Paper, Department of Agriculture & Resource Economics, University of California at Berkeley.

KAMIEN, Morton I. et Nancy L. SCHWARTZ. 1971. « Limit Pricing and Uncertain Entry ». *Econometrica* 398 (mai) : 441–54.

KLEMPERER, Paul. 1987. « The Competitiveness of Markets with Switching Costs ». *Rand Journal of Economics* 18 : 441–54.

KLEMPERER, Paul. 1990. « Competition When Consumers Have Swithching Costs : An Overview ». The 1990 *Review of Economic Studies* Lecture to the Royal Economic Society Conference (Nottingham, UK), St. Catherine's College and Institute of Economics & Statistics, Oxford University.

KOLLER, Roland L. 1971. « The Myth of Predatory Pricing ». *Antitrust aw Economics Review* 3 : 105–23.

KRATTENMAKER, Thomas G. et Steven C. SALOP. 1986. « Anticompetitive Exclusion : Raising Rivals' Costs to Achieve Power Over Price ». *Yale Law Journal* 96 : 209–93.

KREPS, David M., Paul MILGROM, John ROBERTS et Robert WILSON. 1982. « Rational Cooperation in the Finitely Repeated Prisoners' Dilemma ». *Journal of Economic Theory* 27 : 245–52.

KREPS, David M. et Robert WILSON. 1982. « Reputation and Imperfect Information ». *Journal of Economic Theory* 27 : 253–79.

LEBLANC, Greg. 1992. « Signalling Strength : Limit Pricing and Predatory Pricing ». *Rand Journal of Economics* 23 : 493–506.

LIEBERMAN, Marvin B. 1990. « Exit from Declining Industries : 'Shakeout' of 'Stakeout' ? » *Rand Journal of Econmics* 21 : 538–54.

LIPSEY, Richard G. et Peter O. STEINER. 1981. *Economics*, 6th ed. New York : Harper & Row.

LOPATKA, John et Paul GODEK. 1992. « Another Look at Alcoa : Raising Rivals' Cost Does Not Improve the View ». *Journal and Economics* 32 : 311–30.

MATUTES, Carmen et Pierre REGIBEAU. 1988. « Mix and Match : Product Compatibility Without Externalities ». *Rand Journal of Economics* 19 : 221–34.

MCGEE, John S. 19 ? ?. « Predatory Price Cutting : The Standard Oil (N.J.) Case ». *Journal of Law and Economics* 1 : 137–69.

MILGROM, Paul et John ROBERTS. 1982a. « Limit Pricing and Entry Under Incomplete Information : An Equilibrium Analysis ». *Econometrica* 50 : 443–59.

MILGROM, Paul et John ROBERTS. 1982b. « Predation, Reputation and Entry Deterrence ». *Journal of Economic Theory* 27 : 280–312.

MODIGLIANI, Franco. 1958. « New Developments on the Oligopoly Front ». *Journal of Political Economy* 66 : 215–32.

ORDOVER, Janusz A. et Garth SALONER. 1989. « Predation Monopolization, and Antitrust », *in* Richard SCHMALENSEE et Robert WILLIG, éds, *Handbook of Industrial Organization*. New York : North Holland.

ORDOVER, Janusz A. et Robert D. WILLIG. 1981. « An Economic Definition of Predation : Pricing and Product Innovation ». *Yale Law Journal* 91 : 8–53.

ORDOVER, Janusz A., Garth SALONER et Steven C. SALOP. 1990. « Equilibrium Vertical Foreclosure ». *American Economic Review* 80 : 127–42.

PASCALE, Richard T. 1984. « Perspectives on Strategy : The Real Story Behind's Success ». *California Management Review* 26 : 47–72.

PITTMAN, Russel W. 1984. « Predatory Investment : U.S. IBM ». *International Journal of Industrial Organization* 2 : 341– 65.

PORTER, Michael E. 1980. *Competitive Strategy : Techniques for Analysing Industries and Competitors.* New York : The Free Press.

PORTER, Michael E. 1985. *Competitive Advantage : Creating and Sustaining Superior Performance.* New York : The Free Press.

SALOP, Steven C. 1979. « Strategic Entry Deterrence ». *American Economic Review* 69 : 335–8.

SALOP, Steven C., éd. 1981. *Strategy, Predation, and Antitrust Analysis.* Washinton, D.C. : Federal Trade Commission.

SALOP, Steven C. 1986. « Practices That Credibly Facilitate Collusion », *in* Joseph STIGLITZ et G. Frank MATTHEWSON, éds, *New Developments in the Analysis of Market Structure.*, Mass. : The MIT Press.

SALOP, Steven C. et David T. SCHEFFMAN. 1987. « Cost-Raising Strategies ». *Journal of Industrial Economics* 36 : 19-34.

SCHERER, F.M. 1979. « The Welfare Economics of Product Variety : An Application to the Ready-to-Eat Cereals Industry ». *The Journal of Industrial Economics* 28 : 113–34.

SCHMALENSEE, Richard. 1978. « Entry Deterrence in the Ready- to-Eat Breakfast Cereal Industry ». *The Bell Journal of Economics* 9 : 305–27.

SCHMALENSEE, Richard. 1982. « Product Differentiation Advantages of Pioneering Brands » *American Economic Review* 72 : 349–65.

SELTEN, R. 1978. « The Chain Store Paradox ». *Theory and Decision* 9 : 127–59.

SPENCE, A. Michael. 1977. « Entry, Capacity, Investment and Oligopolistic Pricing ». *Bell Journal of Economics* 8 : 534–44.

SPENCE, A. Michael. 1979. « Investment Strategy and Growth in a New Market ». *Bell Journal of Economics and Management Science* 10 : 1–19.

SPENCE, A. Michael. 1981a. « The Learning Curve and Competition ». *Bell Journal of Economics* 12 : 49–70.

SPENCE, A. Michael. 1981b. « Competition Entry and Antitrust Policy », *in* C. Steven SALOP, éd., *Strategy, Predation, and Antitrust Analysis.* Washington, D.C. : Federal Trade Commission.

STIGLER, Georges J. 1965. « The Dominant Firm and the Inverted Umbrella ». *Journal of Law and Economics* 8 ; réimprimé dans George J. STIGLER, 1968. *The Organization of Industry.* Homewood, Ill. : Richard D. Irwin. Ch. 9, 108–22.

SYLOS-LABINI, Paolo. 1962. *Oligopoly and Technical Progress.* Cambridge, Mass. : Harvard University Press.

TENANT, Richard B. 1950. *The American Cigarette Industry : A Study in Economic Analysis and Public Policy.* New Haven, Conn. : Yale University Press.

THISSE, Jean-François et Xavier VIVES. 1992. « Basing Point Pricing : Competition Versus Collusion ». *The Journal of Industrial Economics* 40 : 249–60.

TIROLE, Jean. 1988. *The Theory of Industrial Organization.* Cambridge, Mass. : The MIT Press.

VON HOHENBALKEN, Balder et Douglas S. WEST. 1984. « Predation among Supermarkets : An Algorithmic Locational Analysis ». *Journal of Urban Economics* 15 : 244-57.

VON HOHENBALKEN, Balder et Douglas S. WEST. 1986. « Empirical Tests for Predatory Reputation ». *Canadian Journal of Economics* 19 : 160–78.

WALDMAN, Michael. 1987. « Noncooperative Entry Deterrence, Uncertainty, and the Free-Rider Problem ». *Review of Economic Studies* 54 : 301–10.

WEST, Douglas S. 1981. « Testing for Market Preemption Using Sequential Location Data ». *Bell Journal of Economics and Management Science* 12 : 129–43.

WEST, Douglas S. et Balder VON HOHENBALKEN. 1984. « Spatial Predation in a Canadian Retail Oligopoly. *Journal of Regional Science* 24 : 415–29.

WHINSTON, Michael. 1990. « Tying, Foreclosure, and Exclusion ». *American Economic Review* 80 : 837–59.

WILLIAMSON, Oliver E. 1968. « Wage Rates as a Barrier to Entry : The Pennington Case ». *Quarterly Journal of Economics* 82 : 85–17.

WILLIAMSON, Oliver E. 1977. « Predatory Pricing : A Strategic and Welfare Analysis ». *Yale Law Journal* 87 : 284–339.

Annexe A au chapitre 10

Stratégie du prix limite : approche dynamique

Le plus connus des modèles où les entreprises de la frange concurrentielle pénètrent de façon continue à un taux constant est celui de Gaskins (1971).[1] Ce modèle étudie le comportement de fixation du prix d'une entreprise dominante à faible coût de production, qui doit tenir compte de l'arrivée progressive et continue de nouvelles entreprises sur le marché. On suppose que le taux d'entrée des nouvelles entreprises est proportionnel au taux de profit anticipé : plus le taux de profit anticipé est élevé, plus l'entrée est rapide. On admet également que les anticipations des entreprises de la frange sont *myopes* en ce sens que l'anticipation du profit futur est égale au profit observé aujourd'hui. L'entreprise dominante prend ce taux d'entrée en compte pour déterminer le prix qui maximise ses profits.

Gaskins postule que les entreprises de la frange ont un coût de production marginal et moyen constant ($\overline{p}$) et qu'elle ne peuvent produire chacune qu'une seule unité de production. Par conséquent, si l'entreprise dominante applique un prix supérieur à $\overline{p}$, les entreprises de la frange entrent progressivement sur le marché. En revanche, si le prix pratiqué est inférieur à $\overline{p}$, elles quittent progressivement le marché. C'est la raison pour laquelle, $\overline{p}$ est appelé le « prix limite ».

Gaskins suppose aussi que l'entreprise dominante peut s'engager à suivre une politique de prix déterminée (un « sentier d'évolution du prix »). Autrement dit, dès l'instant initial, l'entreprise dominante choisit en fait l'ensemble des prix $p(t)$ qui prévaudront à tous les instants t. Gaskins montre alors que la stratégie de prix optimale de l'entreprise dominante, intitulée *myope* sur la figure 10A.1, dépend du nombre initial d'entreprises de la frange présentes sur le marché. L'axe des ordonnées de la figure indique le prix fixé par l'entreprise diminante à l'instant t, $p(t)$, et l'axe des abscisses indique le nombre d'entreprises de la frange à l'instant t, $n(t)$.

Si n_1, le nombre d'entreprises de la frange sur le marché au départ, est peu élevé, le prix initial de l'entreprise dominante, p_1, sera relativement élevé et diminuera progressivement vers $\overline{p}$, ce qui correspond à la trajectoire myope sur la figure (les flèches indiquent le sens de la trajectoire). Au prix $\overline{p}$, les entreprises de la frange sont au point mort : il n'y a pas d'incitation à entrer ou à sortir. Dans ce cas, l'entreprise dominante continue à pratiquer le prix $\overline{p}$ indéfiniment et il n'y a plus d'entrées. Comme le coût de production de l'entreprise dominante est inférieure à $\overline{p}$, elle réalise un profit positif.

Le prix $\overline{p}$ est un prix limite car s'il est maintenu indéfiniment, il bloque l'entrée (au niveau atteint précédemment). À court terme, l'entreprise dominante du modèle de Gaskins

[1] Baron (1973) propose également un modèle au scénario proche de celui que nous allons développer dans cette annexe. Pour une présentation intuitive plus ancienne, voir Stigler (1965).

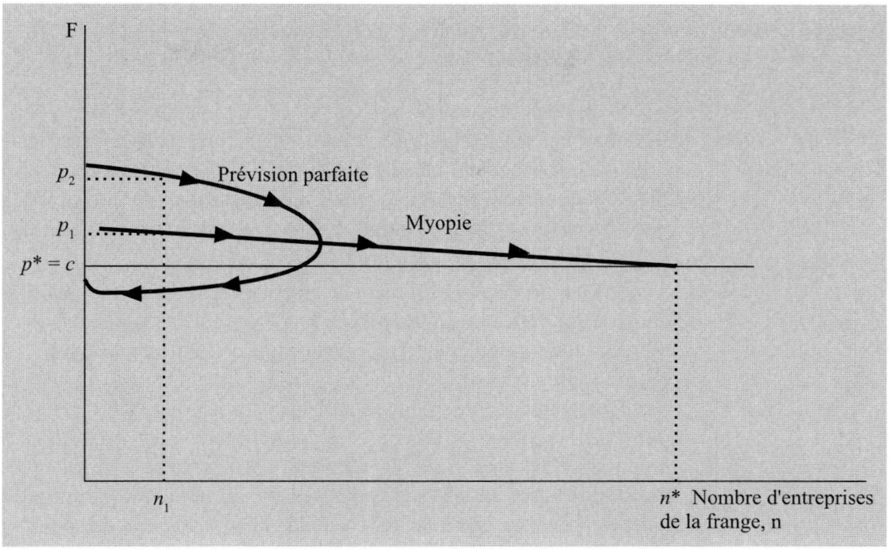

Figure 10A.1: *Prix limite en dynamique*

peut fixer un prix supérieur ou inférieur au prix limite. À long terme, elle doit pratiquer le prix limite et s'y tenir.[(2)]

Pour les entreprises de la frange, il est inefficient d'être sur un marché de ce type : elles produisent à un coût plus élevé que l'entreprise dominante. Néanmoins, leur présence est socialement utile car elles obligent l'entreprise dominante à pratiquer un prix — le prix limite $\overline{p}$ — plus bas qu'en leur absence Il existe donc un arbitrage entre efficience de la production (à bas coût) et efficience du prix.

Le postulat d'après lequel l'entreprise dominante possède un avantage de coût est déterminant. Dans le cas contraire, sa part de marché finirait pas se réduire au niveau de celui des autres entreprises de la frange.

Dans le modèle de Gaskins, une entreprise dominante à bas coût ne peut pas éliminer totalement la frange à long terme. Ce résultat est paradoxal car il est contraire à celui obtenu dans le modèle d'entrée instantanée où une entreprise dominante ayant un faible coût marginal de production (constant) élimine du marché les entreprises de la frange (voir le chapitre 5). Lorsque l'entrée des entreprises de la frange est instantanée, l'entreprise dominante pratique un prix légèrement inférieur au coût de production de la frange (c'est-à-dire n'importe quel prix inférieur à $\overline{p}$ et s'empare de tout le marché. La différence entre

[2] La figure 10A.1 n'illustre que le sentier d'ajustement myope à gauche de n^*. Bien que cela n'apparaisse pas sur la figure, il y a aussi une trajectoire située à droite de n^*, dans le prolongement de la première (mais les flèches sont alors dans l'autre sens). Si le nombre initial d'entreprises de la frange est élevé, l'entreprise dominante pratique alors un prix inférieur à $\overline{p}$. Dans ce cas, les entreprises de la frange subissent des pertes et certaines quittent le marché. À mesure que les entreprises quittent le marché, l'entreprise dominante élève son prix jusqu'à atteindre $\overline{p}$ quand le nombre d'entreprise est égal à n^*. Elle continue alors à pratiquer le prix $\overline{p}$ indéfiniment. Donc, à long terme, le prix $\overline{p}$ et le nombre d'entreprises de la frange, n^*, sont indépendants du nombre initial d'entreprises de la frange.

les deux modèles est d'autant plus surprenante que le modèle d'entrée instantanée est un cas particulier du modèle de Gaskins (si l'on fait tendre le taux d'entrée vers l'infini, les deux modèles sont équivalents).

Si les deux modèles aboutissent à des conclusions opposées, c'est en raison de la façon différente dont les entreprises de la frange forment leurs anticipations. Dans le modèle d'entrée instantanée (modèle statique), les entreprises de la frange connaissent leurs profits présent et futur, qui sont identiques. En revanche, dans le modèle de Gaskins, les entreprises de la frange ont des anticipations myopes concernant le profit : elles supposent *à tort* que le profit futur sera identique au profit présent.

Si les enteprises de la frange avaient des **anticipations parfaites** (c'est-à-dire si elles anticipaient correctement les prix et les profits futurs), le modèle dynamique aboutirait aux mêmes concusions à long terme que le modèle d'entrée instantanée (Berck et Perloff, 1988).[(3)] Les entreprises de la frange peuvent parfaitement prévoir leur profit étant donné que l'entreprise dominante s'engage dès le début à suivre un sentier de prix déterminé. De même que dans le modèle de Gaskins, les entreprises entrent progressivement parce que le coût d'entrée s'élève avec la rapidité d'entrée. Les entreprises entrent tant que la valeur actualisée des profits futurs anticipés est positive (et cela même si le profit présent est négatif). Elles quittent progressivement le marché si la valeur actualisée des profits futurs est négative (et cela même si le profit présent est positif).

Comme le montre la courbe de la figure 10A.1, appelée *prévision parfaite*, s'il y a n_1 entreprises au départ, l'entreprise dominante fixe son prix à p_2 (plus élevé que dans le modèle avec myopie). Ensuite, elle baisse son prix au-dessous de $\overline{p}$ suffisamment longtemps pour que toutes les entreprises de la frange quittent le marché. Puis elle augmente son prix au niveau limite $\overline{p}$ afin de dissuader toute entrée. Ainsi, lorsque les entreprises de la frange ont une prévision parfaite, l'entreprise dominante à faible coût finit par fixer le prix $\overline{p}$ et par s'emparer de tout le marché à long terme, comme dans le modèle avec entrée instantanée.

Une entreprise dominante ne peut atteindre le résultat précédent qu'en *s'engageant de façon crédible* sur un sentier de prix, de façon à ce que les entreprises de la frange soit convaincues que le prix sera durablement bas. Si l'engagement de l'entreprise dominante n'est pas crédible, c'est-à-dire si elle est susceptible de réviser ultérieurement sa politique de prix, elle ne peut pas convaincre les entreprises rationnelles de la frange que le prix sera maintenu jusqu'à ce qu'elles aient toutes quitté le marché. En l'absence d'un engagement crédible, l'entreprise dominante se contente de fixer un prix qui maximise son profit à chaque période (Karp, 1988 ; Berck et Perloff, 1990) et, à long terme, les entreprises de la frange qui anticipent rationnellement, demeurent sur le marché.

[3] Flaherty (1980) et Judd et Petersen (1986) ont élaboré des modèles où les anticipations des entrants ne sont pas myopes. Ces modèles diffèrent du modèle de Gaskins sur d'autres points, ce qui empêche de faire des comparaisons directes.

11

La discrimination par le prix

Tout homme a son prix. . .
Sir Robert Walpole

Les entreprises d'un marché parfaitement concurrentiel ne cachent nullement leur politique de prix. Le prix est donné par le marché et elles s'y conforment. Cependant, la plupart des marchés ne sont pas concurrentiels et les entreprises ont une politique de prix moins transparente. Ainsi, plutôt que de maximiser leurs profits en choisissant un prix uniforme, elles ont souvent une **politique de prix non uniforme** : elles font payer un prix différent pour le même produit ou bien elles font varier le prix en fonction de la quantité achetée. La **discrimination par le prix** est une des variantes de politique de prix non uniforme où l'entreprise fait payer un prix variable pour un même bien suivant le consommateur. Toutes les différences de prix observées ne s'expliquent pas nécessairement par la discrimination ou par d'autres politiques de prix non linéaire. Certaines disparités de prix reflètent les écarts de qualité ou de coût de fourniture du produit aux différents consommateurs.

Ce chapitre analyse trois questions :

1. Quelles sont les différentes politiques de prix non uniforme ?
2. Quelles sont les conditions nécessaires pour appliquer une discrimination par le prix ?
3. Quels sont les effets de la discrimination par le prix sur le bien-être ?

Le chapitre suivant est consacré à l'étude de méthodes plus complexes de discrimination par le prix, telles que la tarification en deux parties ou les ventes liées. L'annexe 11A analyse des exemples de discrimination par le prix dans l'agiculture.

11.1 Politique de prix non uniforme

Dans les modèles de concurrence, d'oligopole et de monopole que nous avons analysés jusque là, le prix par unité est le même pour tous les consommateurs. Cependant, beaucoup d'entreprises choisissent de pratiquer des prix non uniformes. La discrimination par le prix est l'une de ces politiques de prix non uniforme.

La discrimination par le prix est très répandue. Beaucoup de magazines, par exemple, offrent aux étudiants des abonnements à prix réduit. Les cinémas offrent également des réductions aux militaires et aux chômeurs. La cotisation de membre de l'*American Economic Association* dépend du revenu. L'emballage des produits neufs contient souvent un prospectus qui propose une réduction pour l'achat suivant. Dans ce dernier cas, les consommateurs fidèles paient moins cher que le nouveau consommateur. Voir l'exemple 11.1.

Ce chapitre traite de la discrimination par le prix et le suivant des autres politiques de prix non uniforme, telles que les quatres suivantes :

1. **Tarification en deux parties :** l'entreprise fait payer une somme fixe (première partie) qui confère au consommateur le droit d'acheter autant d'unités qu'il souhaite à un prix déterminé (seconde partie). Ainsi, les clubs de remise en forme font parfois payer une somme fixe correspondant à l'adhésion, à laquelle s'ajoute des suppléments en fonction des prestations souhaitées. Il en va de même pour les parcs d'attraction qui font payer un droit d'entrée et où chaque attraction fait ensuite l'objet d'une tarification spécifique.

2. **Rabais en fonction de la quantité :** Le prix varie en fonction de la quantité achetée. Les réductions pour l'achat de grosses quantités sont très fréquentes. C'est le cas des compagnies d'électricité aux États-Unis, qui ont des barêmes décroissants : les premières unités d'électricité coûtent plus cher que les suivantes.

3. **Ventes liées :** Le consommateur ne peut acheter un produit que s'il en achète aussi un autre. C'est le cas lorsqu'une entreprise vend un bien d'équipement sous la condition d'acheter aussi les services de réparation et les composants nécessaires en cas de réparation. C'est le cas également lorsqu'une entreprise vend des photocopieuses sous la condition d'acheter certaines fournitures spécifiques. Les appareils-photos peuvent être vendus avec certaines pellicules : c'est le cas du polaroïd.[1]

---

[1] La vente liée permet de faire payer un prix d'autant plus élevé que le consommateur utilise davantage

EXEMPLE 11.1 Bons de réduction et rabais

L'une des méthodes classiques de la discrimination par le prix consiste à proposer des bons de réduction à certains consommateurs. Comme nous le verrons plus loin dans ce chapitre, les études marketing ont pour but de déterminer quels consommateurs répondent le mieux à ces prix avantageux (c'est-à-dire les consommateurs dont la demande est plus élastique). D'après ces études, ce sont les consommateurs qui ont de faibles frais de transports (propriétaires d'automobiles), qui ont assez d'espace pour stocker leurs produits (propriétaires de maisons) et qui disposent de temps (femmes au foyer avec enfants en bas âge).

Aux États-Unis, la distribution de ces bons ne cesse de croître : 100 milliards en 1981, 200 milliards en 1985 et un maximum de 300 milliards en 1992. Les bons réellement utilisés par les consommateurs ne représentent que 2,55% du total (8 milliards sur 330), ce qui fait un chiffre d'affaires de 4,7 milliard de dollars. Ce sont les coupons placés à l'intérieur et à l'extérieur des paquets qui sont le plus souvent utilisés par les consommateurs (à proportion de 14% et 13% respectivement). Le taux de réponse des coupons expédiés par voie postale n'est que de 5,8% (contre 3,6% pour les coupons distribués de façon autonome et 2% pour ceux qui sont insérés dans les magazines). Cepndant, malgré le faible taux de réponse enregistré par les coupons insérés dans les magazines, ceux-ci représentent la forme le plus utilisée de diffusion (73% du total).

Selon une enquête, 74% des consommateurs dont le revenu est supérieur à 50 000$ par an utilisent ces coupons, contre 86% pour ceux dont le revenu est compris entre 40 000$ et 50 000$ et 83% pour ceux dont le renu est inférieur à 15 000$.

La pratique des rabais est aussi très répandue. Par exemple, en 1992, une publicité de M&M/Mars proposait de rembourser 5 cents par emballage vide retourné (taille normale et grande), à condition d'en expédier au moins 20 à la fois. Dans ce cas particulier, les gros consommateurs de sucreries disposant de temps (pour collectionner les emballages et les expédier) ont bénéficié de prix plus bas que les autres.

SOURCE : Blattberg *et al.* (1986) ; Narasimha (1983) ; Dougherty, Philip H., « Advertising : Redemption of Coupons », *New York Times*, 13 juillet 1988, C19 ; Shapiro, Eben, « Consumers' Use of Shopping Coupons Is Up » *New York Times*, 30 septembre 1992, C12 ; Lazarus, George, « Coupons Cruising at a Record Clip », *San Francisco Examiner*, 4 octobre 1992, E5.

4. **Discriminations quantitatives.** L'entreprise offre au consommateur un choix de produits aux qualités différentes pour un prix identique ou pour des différences de prix qui ne reflètent pas pleinement les écarts de qualité. Toutefois, le principe général consiste à *séparer* les consommateurs en proposant des produits de qualité à prix élevé à certains d'entre eux et des produits de qualité moindre à prix moins élevé aux autres. Le choix de la gamme des produits fabriqués par un monopole est un problème qui est lié à celui de la discrimination par le prix (voir le chapitre 12).

le produit lié. Aux États-Unis, les ventes liées constituent en principe une violation des lois antitrust et sont donc de moins en moins fréquentes. Cependant, la loi ne dit pas précisément ce qu'est une vente liée illégale.

Les différences de prix ne s'expliquent pas toutes par de la discrimination. Les prix peuvent également varier d'un consommateur à l'autre pour d'autres raisons. Par exemple, certaines commandes passées en grosse quantité sont moins coûteuses à traiter et sont donc facturées moins cher. Dans ce chapitre, ainsi que dans le suivant, nous analyserons les raisons pour lesquelles une entreprise ayant un pouvoir de marché peut avoir intérêt à pratiquer des prix non uniformes.

11.2 Facteurs et conditions de la discrimination par le prix

Une entreprise pratique la discrimination par le prix pour augmenter son profit. Mais la discrimination par le prix n'est possible que sous certaines conditions. Nous allons donc expliquer pourquoi la discrimination par le prix augmente le profit et analyser ces conditions nécessaires à ce résultat.

11.2.1 *Augmentation de profit liée à la discrimination par le prix*

La discrimination par le prix est source de profit car elle permet de faire payer davantage aux consommateurs qui accordent une plus grande valeur que les autres à un produit. Pour mettre en évidence l'avantage procuré par la discrimination, revenons au cas du monopole qui fait payer un prix unique à tous les consommateurs. Le monopole choisit le prix qui correspond à l'égalité de la recette marginale et du coût marginal (voir le chapitre 5).

Sa recette marginale — l'augmentation de recette totale qui résulte de la vente d'une unité supplémentaire — est la résultante de deux effets contraires. Le premier est l'augmentation de recettes *brute* liée à la vente d'une unité de plus, soit p. Le second est la baisse de recettes totale qui découle de la baisse de prix Δp, soit $Q\Delta p$.[(2)] Si le monopole peut ne réduire *que* le prix de l'unité supplémentaire, il obtient alors un profit moindre seulement sur la vente de l'unité supplémentaire, mais il continue à percevoir le même profit que précédemment pour les autres unités. La discrimination par le prix lui permet donc d'avoir un profit plus important.

Toutes les méthodes de discrimination par le prix peuvent être considérées comme des moyens de minimiser le second effet produit par l'augmentation des ventes sur la recette marginale. Ce chapitre et le suivant passent en revue ces diverses politiques de prix.

---

[2] Étant donné que la recette totale est égale à $p(Q)Q$, la recette marginale liée à une faible variation de quantité est égale à $p(Q) + Q(dP/dQ)$. Dans le texte ci-dessus, Δp désigne dP/dQ.

11.2.2 Conditions de la discrimination par le prix

Toutes les entreprises qui souhaitent pratiquer des prix discriminants ne sont pas en mesure de le faire. En effet, la discrimination par le prix ne peut réussir qu'à trois conditions :[3]

1. L'entreprise doit posséder un certain *pouvoir de marché* (capacité de fixer le prix au-dessus du coût marginal). Dans le cas contraire, elle est obligée de faire payer le prix concurrentiel à tous les consommateurs.
2. L'entreprise doit connaître — ou apprécier avec justesse — ce que chaque consommateur est disposé à payer pour chaque unité. Elle doit pouvoir *identifier* les consommateurs à qui elle peut faire payer un prix plus élevé. Par ailleurs, étant donné que la courbe de demande de chaque consommateur est généralement décroissante, l'entreprise peut théoriquement faire payer un prix différent pour chaque unité que le consommateur acquiert (par exemple 10 F pour la première unité et 5 F pour la seconde).
3. L'entreprise doit pouvoir *empêcher ou limiter la revente* des unités acquises à moindre prix par certains consommateurs. Dans le cas contraire, toute tentative de vendre plus cher à certains consommateurs risque d'être court-circuitée par d'autres clients ayant acheté le produit moins cher et qui vont en profiter pour le revendre. Par conséquent, quelle que soit la forme de discrimination par le prix, elle ne peut réussir que s'il est possible de limiter les reventes.

11.2.3 Reventes

Si une entreprise pratique la discrimination par le prix, les consommateurs qui achètent à un prix plus bas peuvent essayer de le revendre directement, sapant ainsi à la base la tentative du monopole. De même, si une entreprise offre des réductions pour l'achat de grosses quantités, elle doit s'assurer que la réduction n'est pas suffisamment importante pour encourager certains clients à acquérir des grosses quantités dans le simple but de revendre le produit au détail. Toutefois, il existe plusieurs facteurs qui rendent difficile, voire impossible, ce type de revente au détail :

A. Services

Beaucoup de services ne peuvent pas être revendus. Par exemple, si un dentiste fait payer un prix très élevé à un client et un prix très bas à un autre, celui qui paie le prix bas ne peut pas proposer sa place à celui qui paie le prix élevé. Cette particularité rend la discrimination par le prix plus aisée dans les services que dans l'industrie (Kessel, 1958). Voir l'exemple 11.2.

---

[3] La discrimination peut être pratiquée par une seule entreprise ou par un groupe d'entreprises, comme un cartel. Pour simplifier, nous n'étudierons que le cas de l'entreprise individuelle.

EXEMPLE 11.2 Merci docteur !

Le cinéma et la télévision ont popularisé l'image du bon docteur qui prend très peu d'argent aux pauvres mais fait payer cher les riches. Dans certains vieux films, on voit même le médecin de campagne accepter une oie en paiement. Faut-il en conclure que les médecins pratiquent la discrimination par le prix ? Les médecins qui ne font pas payer du tout les patients indigents font de la charité pure. Mais les autres profitent de leur situation pour pratiquer une discrimination par le prix.

L'*Association for Behavioral and Cognitive Therapy* publie un annuaire de ses membres de la région de San Francisco, ainsi qu'un barème du tarif des consultations. Dans l'édition de 1990-91, 3 praticiens ont une tarification à la carte, 10 une fourchette de prix et 31 un tarif unique. De plus, la plupart des praticiens de ce dernier groupe réduisent leurs tarifs dans certains cas.

L'échelle de tarification de l'un des praticiens varie de 0$ à 120$ par consultation. D'autres ont un tarif variable par consultation, avec un minimum de 40$, le maximum étant en moyenne égal à 1,8 fois ce minimum.

B. Garanties

Le producteur peut refuser que la garantie s'applique si le bien change de main. Par exemple, il arrive que la garantie ne s'applique qu'au premier acheteur, ce qui impose un coût supplémentaire aux acheteurs suivants.

C. Rendre le bien impropre à certains usages

Un producteur peut faire en sorte que son bien ne puisse servir qu'à un seul usage. Par exemple, l'alcool peut être utilisé comme boisson et comme médicament. Supposons que l'alcool soit produit par un monopole qui souhaite pratiquer un prix plus élevé pour la boisson que pour le médicament. Dans ce cas, il peut rendre le médicament impropre à la boisson (en ajoutant des substances qui en modifient la composition interne). Dans ce cas particulier, la méthode utilisée pour empêcher les reventes ne fonctionnerait pas si les consommateurs du médicament acceptaient de payer un prix plus élevé que les consommateurs de la boisson et que le producteur voulait empêcher la revente de la boisson comme médicament.

D. Coûts de transaction

Le produit se revendra d'autant moins que les consommateurs supportent d'importants coûts de transaction en cas de revente. Supposons par exemple que certains consommateurs aient reçus des bons de réduction par mailing. Le coût de transaction lié à la recherche de consommateurs ne possédant pas de coupons et souhaitant acheter le bien sont trop élevés pour que les titulaires de coupons cherchent à revendre le bien. Sur beaucoup de marchés, les coûts de stockage et de recherche, ainsi que les autres coûts de transaction, sont trop élevés pour qu'il y ait des reventes.

Les droits de douane et les coûts de transports sont deux exemples notables de coûts de transaction. Une entreprise manufacturière qui veut pratiquer un prix élevé aux États-Unis et un prix bas en Europe doit en principe se préoccuper de l'éventuel trafic que cette politique peut générer. Cependant, si les coûts de transport ou les droits de douane sont suffisamment élevés, le problème disparaît.

La loi favorise parfois l'entreprise qui vend un produit plus cher dans un pays que dans un autre en interdisant aux tiers d'acheter le produit dans le pays où il coûte moins cher pour le revendre là où il coûte plus cher. Ces lois empêchent d'effectuer un arbitrage entre les prix (c'est-à-dire de revendre le bien pour tirer profit de la différence de prix).

E. Clauses contractuelles

Une entreprise peut inclure dans le contrat d'achat un clause interdisant la revente. Par exemple, aux États-Unis, beaucoup d'universités et de collèges obtiennent des réductions pour les étudiants et les professeurs qui veulent acheter des ordinateurs. Mais l'acheteur doit signer un contrat qui l'engage à ne pas revendre l'ordinateur. Cependant, ces clauses contractuelles n'ont pas de valeur si la loi n'interdit pas les reventes.

F. Intégration verticale

Supposons qu'une entreprise qui fabrique des barres d'aluminium souhaite les vendre moins chères aux entreprises qui fabriquent du fil qu'à celles qui les utilisent comme composants pour la fabrication d'avions. S'il pratique deux prix différents, il risque de voir les producteurs de fil revendre de l'aluminium aux fabricants d'avions. Pour empêcher ce trafic, il peut produire lui-même du fil. Une entreprise qui contrôle elle-même plusieurs stades d'un processus de production est dite *verticalement intégrée*. Si l'entreprise d'aluminium est verticalement intégrée, elle peut pratiquer un prix moins élevé pour le fil et un prix élevé pour les composants d'avions, sans avoir à craindre les reventes. En effets, deux facteurs empêchent alors les reventes. Premièrement, le monopole contrôle la politique de prix de sa division fil d'aluminium et n'autorise donc aucune revente. Deuxièmement, comme l'aluminium en fil coûte plus cher que l'aluminium en barre, les producteurs d'avions l'achètent en barre. Cette méthode de prévention des reventes possède des points communs avec celle consistant à rendre le bien impropre à certains usages. Voir l'exemple 11.3.

G. Intervention du gouvernement

Le gouvernement peut également promulger des lois qui autorisent les entreprises d'une industrie concurrentielle à agir collectivement pour empêcher les reventes. Aux États-Unis, la quantité d'orange récoltée en tant que fruit et celle récoltée pour fabriquer du jus est réglementée (l'annexe 11A décrit les réglementations mises en œuvre aux États-Unis pour empêcher la discrimination par les prix dans l'agriculture). Dans la suite de ce chapitre, nous supposerons que les entreprises peuvent empêcher ou contrôler les reventes de leurs produits et nous nous concentrerons sur les différentes formes de discrimination par le prix.

EXEMPLE 11.3

L'intégration verticale comme moyen de discrimination par le prix : Le vrai visage d'Alcoa

De 1888 à 1930, Alcoa a eu un énorme pouvoir de monopole sur la production d'aluminium, grâce à des droits de douane protecteurs et au contrôle que cette entreprise exerçait sur la production de bauxite. De plus, la Première Guerre Mondiale a encore ralenti l'apparition de nouvelles entreprises.

On a longtemps pensé qu'Alcoa pratiquaient l'intégration verticale vers l'amont du processus de production (par rachat des entreprises indépendantes), ce qui lui aurait permis de conserver la maîtrise de la technologie et des réseaux de distribution des nouveaux produits utilisant l'aluminium. Mais des recherches récentes indiquent que l'intégration verticale d'Alcoa avait en fait pour but la discrimination par le prix.

En effet, comme les barres d'aluminium sont faciles à manipuler et donc à revendre, Alcoa ne pouvait pas pratiquer explicitement la discrimination par le prix. Alcoa a donc surmonté ce problème en intégrant verticalement son processus de production en direction des industries qui utilisaient l'aluminium dans leur processus de production.

Supposons qu'il n'y ait que deux industries (ou deux groupes d'industries) utilisant l'aluminium et que la demande d'aluminium par l'industrie 1 soit moins élastique au prix que la demande d'aluminium par l'industrie 2. Dans ce cas, Alcoa aurait intérêt à faire payer plus cher l'aluminium à l'industrie 1. Cependant, c'est impossible, car à ce moment là l'industrie 2 pourrait également revendre à l'industrie 1 une partie de l'aluminium qu'elle achète à Alcoa.

Par contre, si Alcoa procède à une intégration verticale vers l'industrie 2 (en rachetant les entreprises), elle peut empêcher les reventes par le biais de ses filiales. De plus, comme l'industrie 2 est approvisionnée par Alcoa en interne, seule l'industrie 1 achète l'aluminium sur le marché au prix fort.

Comme l'implique la théorie que nous venons d'exposer, l'intégration d'Alcoa fut sélectivement orientée vers les industries ayant une demande d'aluminium fortement élastique au prix. Le tableau ci-dessous résume les cinq débouchés de l'aluminium qui absorbaient plus de 90% de la production d'Alcoa à cette époque. Le fer, l'acier et la production de composants pour l'industrie aéronautique ayant la demande d'aluminium la moins élastique en raison de l'absence de bons substituts à l'aluminium pour ces industries, Alcoa ne chercha pas à prendre leur contrôle. Par contre, Alcoa chercha à contrôler la production des autres industries, car celles-ci avaient une demande d'aluminium relativement élastique. En effet, comme la production d'instruments de cuisine permettait l'utilisation de nombreux susbtituts à l'aluminium (comme l'étain, le fer, l'acier, le verre, etc.), de même que celle des câbles électriques (cuivre) et des composants automobiles (divers métaux), leur demande d'aluminium était plus élastique.

Principaux débouchés de l'aluminium

Industrie	Élasticité de la demande	Intégration par Alcoa ?
Ustensiles de cuisine	Élastique ($\varepsilon = -1{,}6$)	Oui
Câbles électriques	Élastique (cuivre = substitut)	Oui
Composants d'autos	Élastique ($\varepsilon = -1{,}5$)	Oui
Fer et acier	Inélastique (pas de substitut)	Non
Composants d'avions	Inélastique (pas de substitut à l'époque)	Non

SOURCE : Perry (1980).

11.3 Types de discrimination par le prix

Il existe de nombreuses manières de discriminer par le prix. Dans cette section, nous allons étudier quelques unes des plus simples d'entre elles. Les méthodes plus complexes seront analysées dans le chapitre suivant. Nous allons d'abord étudier la discrimination par le prix *parfaite* ou de *degré 1*, où les consommateurs perdent tout leur surplus (c'est-à-dire la différence entre le prix qu'ils sont disposés à payer pour le bien et le prix qu'ils paient). Nous étudierons ensuite la discrimination par le prix de *degré 3* où différents groupes de consommateurs ne paient pas le même prix par unité pour un produit identique. La discrimination par le prix de *degré 2*, où le prix par unité dépend du nombre d'unités achetées, sera étudiée au chapitre 12. Dans la discrimination de degré 2 et 3, l'entreprise s'approprie la totalité du surplus du consommateur.

11.3.1 Discrimination parfaite

L'objectif de toutes les méthodes de discrimination par le prix est de capter la plus grande partie possible du surplus du consommateur. La **discrimination parfaite** ou **discrimination de degré 1** correspond au cas d'un monopole qui est en mesure de faire payer à chaque consommateur le prix maximum que celui-ci est disposé à payer.

A. Chaque consommateur achète une unité

Supposons que chaque consommateur veuille acheter une unité de produit, mais que chacun soit prêt à payer un prix maximum différent pour cette unité. Dans ce cas, la courbe de demande est décroissante, comme l'illustre la figure 11.1. Admettons également que l'entreprise connaisse le montant maximum que chaque consommateur est prêt à payer. S'il n'y pas de possibilité de revendre le bien, l'entreprise peut faire payer à chaque consommateur le prix maximum et s'approprier ainsi tout son surplus. Le monopole servira tout consommateur prêt à payer un prix au minimum égal au coût marginal (constant) de l'entreprise, soit $Cm = m$. Le monopole qui discrimine parfaitement vend donc Q^* unités et fait payer p^* au consommateur marginal (voir la figure 11.1).

Une industrie concurrentielle vendrait Q^* unités et ferait payer p^*, c'est-à-dire le coût marginal, à tous les consommateurs. Qu'il s'agisse d'un monopole discriminant ou d'une industrie concurrentielle, le prix payé par le consommateur marginal, p^*, ainsi que la quantité totale vendue, Q^*, sont les mêmes.[4] La différence est que le monopole fait payer un prix supérieur à p^* à tous les autres consommateurs et qu'il ne laisse aucun surplus au consommateur. En concurrence, le surplus du consommateur est maximisé (surface située sous la courbe de demande

[4] Un monopole discriminant gagne des profits plus élevés qu'en concurrence et les consommateurs ont un revenu inférieur, mais nous ne tenons pas compte ici de ces effets redistributifs de la discrimination.

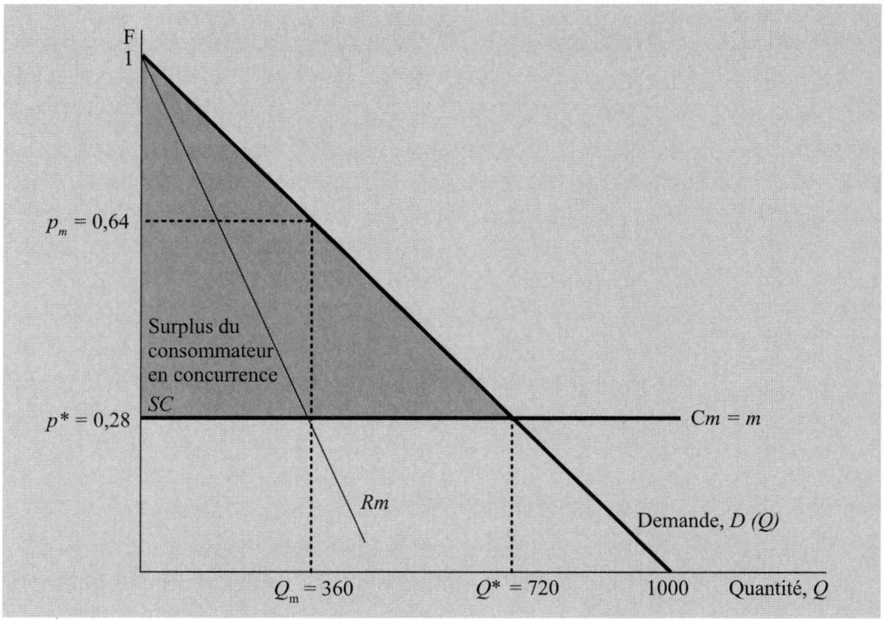

Figure 11.1
Concurrence, monopole non discriminant et monopole parfaitement discriminant

et au-dessus de p^* sur la figure 11.1), alors qu'il est entièrement éliminé (absorbé) par le monopole discriminant. Par conséquent, la discrimination parfaite n'engendre aucune perte d'efficience (le prix du dernier achat est toujours égal au coût marginal) mais elle affecte la répartition du revenu).

Un monopole non discriminant fait payer un prix unique p_m et produit la quantité Q_m qui correspond à l'égalité de sa recette marginale, Rm, avec son coût marginal, C_m (voir la figure 11.1). Les consommateurs ont donc un surplus (la surface sous la courbe de demande et au-dessus de p_m), mais ce surplus est plus faible qu'en concurrence. On constate également que le monopole parfaitement discriminant produit davantage que le monopole classique qui, par contraste, est donc moins efficient.

Si le monopole parfaitement discriminant produit plus que le monopole ordinaire, c'est parce que chaque unité supplémentaire lui rapporte un profit. Puisqu'il fait payer un prix différent à chaque consommateur, le monopole parfaitement discriminant ne subit pas l'effet sur la recette marginale qui affecte le monopole habituel. Autrement dit, la vente d'une unité supplémentaire par le monopole parfaitement discriminant n'a pas d'effet sur la recette des unités antérieures. De ce fait, la courbe de recette marginale se confond avec la courbe de demande.(5) Le monopole ne baisse que le prix de chaque unité supplémentaire qu'il vend. De ce fait, son revenu augmente du prix auquel il vend cette unité.

---

[5] Le monopole parfaitement discriminant choisit Q de façon à maximiser son profit. Le profit correspond

Pour illustrer la différence entre le monopole le monopole parfaitement discriminant, le monopole ordinaire et l'industrie concurrentielle, reprenons l'exemple déja employé aux chapitres 7 et 8 de la courbe de demande linéaire $p = D(Q) = 1 - 0{,}01Q$ et de la courbe de coût $C(Q) = 0{,}28Q$ (le coût marginal du monopole est donc constant à 0,28 F).

Placée dans ces conditions, l'industrie concurrentielle fixe un prix $p^* = 0{,}28$ F et vend $Q^* = 720$ unités. Quand au surplus du consommateur, il est de 259,20 F.

Le monopole non discriminant pratique un prix $p_m = 0{,}64$ F unique et vend $Q_m = 360$ unités, c'est-à-dire moitié moins qu'une industrie concurrentielle. Son profit est égal à 129,60 F et le surplus du consommateur à 64,8 F (le quart de sa valeur en concurrence).

Le monopole discriminant fait payer 0,28 F au consommateur marginal, mais tous les autres doivent payer le prix maximum qu'ils sont disposés à payer (ce prix est donné par la courbe de demande). Il vend autant que l'industrie concurrentielle, soit $Q^* = 720$ unités. Son profit est égal à 259,20 F. (6) Dans cet exemple, le profit du monopole parfaitement discriminant est égal au surplus du consommateur en concurrence. Le monopole discriminant vend deux fois plus d'unités et obtient un profit deux fois plus élevé que le monopole ordinaire.

B. Chaque consommateur achète plus d'une unité

Jusqu'à présent, nous avons supposé que les consommateurs n'avaient pas la même disposition à payer, mais que la demande de chacun d'entre eux était égale à 1 unité, même pour un prix très bas. Étudions maintenant le cas où les consommateurs sont identiques mais où chaque consommateur peut demander plus d'une unité lorsque la demande baisse. Supposons que les consommateurs ont tous la même courbe de demande décroissante. La figure 11.1 représente maintenant la demande

---

à la surface située au-dessous de la courbe de demande, $D(Q)$, moins le coût total, $C(Q)$:

$$\pi(Q) = \int_0^Q Q(Q)dq - C(Q).$$

La condition du premier-ordre pour un profit maximum (solution intérieure) est

$$p = D(Q) = C'(Q).$$

Autrement dit, le profit est maximisé pour la quantité Q qui égalise le prix au coût marginal. La condition du second-ordre est que $D'(Q) - C'' < 0$. Autrement dit, la courbe de coût marginal doit avoir une pente supérieure à celle de la courbe de demande.

[6] Son profit est de :

$$\pi = \int_0^Q (1 - 0{,}01q)ds - 0{,}28\ Q.$$

La condition du premier-ordre implique que le prix payé par l'acheteur marginal soit égal au coût marginal :

$$p = 1 - 0{,}01Q = 0{,}28.$$

En résolvant, $Q = 720$. Par intégration, on obtient le profit, soit $720 - 0{,}005(720)^2 - 0{,}28(720)$.

du consommateur type et non plus celle du marché. Nous continuons de supposer que le coût marginal est égal à la constante m.

Une monopole parfaitement discriminant fait payer un prix différent pour chaque *unité* du produit. De ce fait, en faisant payer un prix qui *dépend de la quantité*, il obtient la totalité du surplus de chaque consommateur. La première unité consommée est la plus chère, la seconde l'est un peu moins, et ainsi de suite, jusqu'à la dernière unité vendue, dont le prix est égal à m. Le barème (marginal) de prix du monopole est donc donné par la courbe de demande du consommateur représentatif.

De façon équivalente, le monopole parfaitement discriminant pourrait faire payer un *prix composé de deux élements* : un forfait fixe — ou droit d'achat — plus un prix par unité égal à m pour chaque unité consommée, quel que soit le nombre d'unités consommées. Si le surplus d'un consommateur est égal à SC (figure 11.1) lorsque le prix est m, le forfait est donné par SC. Le consommateur est indifférent entre le fait d'acheter ou de ne pas acheter parce que le monopole s'approprie la totalité du surplus. Cette méthode de fixation du prix implique une production égale au niveau concurrentiel et engendre le même profit que celui obtenu par un monopole parfaitement discriminant. L'exemple 11.4 illustre l'emploi de cette méthode par un syndicat.

Si chaque consommateur a une demande décroissante spécifique, le monopole lui fait payer m par unité à chacun d'eux, mais impose un droit fixe différent, pour profiter de la totalité de son surplus. Comme le monopole ne connaît probablement pas chaque demande et qu'il ne peut donc pas capter chaque surplus, il doit adopter des politiques de prix plus complexes (voir le chapitre suivant). On peut parfois connaître la valeur que les consommateurs attachent au produit. Par exemple, une entreprise qui loue des photocopieuses peut les équiper d'un compteur afin de savoir combien chaque consommateur fait de copies. Il peut alors fixer le coût de la location en fonction du nombre de copies. Cette méthode maximise le profit si l'on admet que les consommateurs qui font le plus de copies sont bien ceux qui apprécient le plus la machine.

Étant donné que la discrimination parfaite nécessite la connaissance détaillée de chaque acheteur, elle n'est généralement applicable que dans les transactions de gré à gré. Par exemple, un vendeur de voiture peut connaître la profession de l'acheteur, son lieu de résidence, ses achats antérieurs, etc.. Il peut ainsi se faire une idée de la somme maximale que le consommateur est prêt à dépenser. De la même façon, les médecins sont en mesure d'évaluer la richesse de leur client et peuvent de ce fait discriminer avec succès (voir Kessel, 1958 et l'exemple 11.2).

11.3.2 Groupes différents, prix différents

L'entreprise qui ne dispose pas d'informations suffisantes pour identifier chaque consommateur et déterminer le prix qu'il est prêt à payer, ne peut pas pratiquer la discrimination par le prix du premier degré lui permettant de profiter de la totalité du surplus du consommateur. Cette entreprise peut néanmoins disposer d'assez d'informations pour pratiquer une discrimanation imparfaite.

EXEMPLE 11.4 Marché du travail discriminant

Un syndicat puissant peut agir comme un monopole discriminant et s'emparer de la totalité du surplus du consommateur. Mais, comme il est difficile d'exiger un salaire différent suivant le nombre d'heures travaillées, les syndicats s'y prennent différemment et fixent à la fois le salaire et un nombre minimum d'heures (Leontief, 1946.)

Comme on peut le voir sur le graphique ci-dessous, si le marché du travail était concurrentiel, le salaire serait égal à w et le nombre d'heures de travail à H. Le surplus des demandeurs (les entreprises) serait alors donné par les surfaces A et B. En revanche, quand tous les salariés sont syndiqués, le syndicat peut agir comme un monopole parfaitement discriminant. Dans ce cas, le salaire payé pour toute heure de travail vendue est donné par la demande de travail. Seul le salaire correspondant à la dernière heure de travail vendue est égal à w. Toutes les autres heures sont payées davantage et le monopole obtient la totalité du surplus du consommateur.

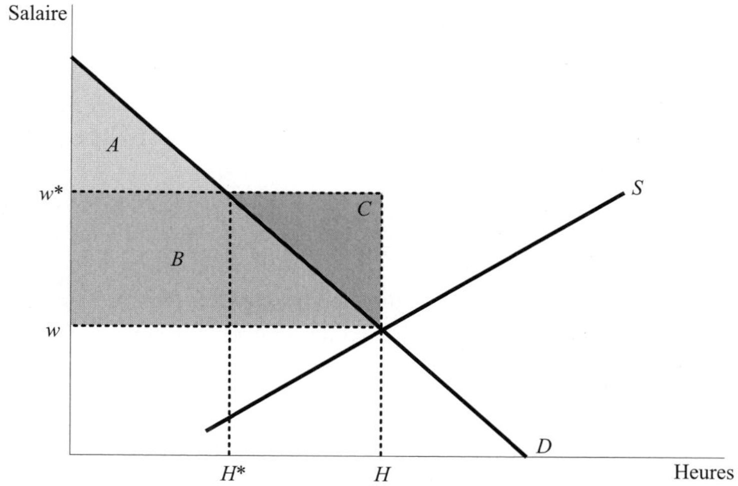

Le syndicat peut aussi obtenir la même masse salariale totale en fixant un salaire unique w^*, ainsi qu'un nombre minimum d'heures, H. Il offre alors le choix suivant aux entreprises : acheter H heures de travail au taux de salaire w^* (la masse salariale est alors égale à Hw) ou rien acheter du tout. Comme l'indique le graphique, si le syndicat ne fixait que le salaire à w^*, mais pas le nombre d'heures, les entreprises achèteraient moins d'heures (H^*). En effet, la seule raison qui peut pousser les entreprises à acheter H heures au taux w^* est que si elle ne le font pas, elles n'obtiennent rien du tout.

Le graphique montre aussi que les entreprises ont un surplus positif (surface A) pour les H^* premières heures, puis négatif (surface C) pour les $H - H^*$ heures suivantes. Le profit du syndicat — supérieur à ce qu'il obtiendrait en concurrence — est égal aux surfaces B et C. Si w^* est fixé de telle façon que A et C soient égales, le profit du syndicat est exactement le même qu'en discrimination parfaite.

Le syndicat américain des dockers a employé cette méthode (*U.S. Department of Labor*, 1975). De même, au début des années 1970, deux-tiers des accords syndicaux signés dans l'industrie des transports (à l'exception des chemins de fer et des transports aériens) comportaient des garanties salariales. Aujourd'hui, seul 11% des accords toutes branches confondues comportent encore ce type de garanties.

Supposons qu'une entreprise puisse déterminer si un consommateur particulier appartient à un groupe donné plutôt qu'à un autre, chaque groupe se caractérisant par une élasticité-prix de la demande particulière. S'il est possible d'empêcher (ou de limiter) les reventes entre les deux groupes et si l'entreprise connaît la demande globale caractérisant chaque groupe, elle a intérêt à pratiquer un prix différent pour chacun d'eux. Dans ce cas, on dit que le monopole pratique une **discrimination de degré 3**. Cette politique est possible lorsque des coûts de transaction élevés empêchent les reventes d'un groupe à l'autre. L'entreprise peut par exemple faire payer un certain prix aux consommateurs lillois et un autre prix aux consommateurs niçois.

Si le coût marginal et moyen du monopole est constant et égal à m, son profit π s'écrit :

$$\pi = [p_1(Q_1) - m]\,Q_1 + [p_2(Q_2) - m]\,Q_2, \tag{11.1}$$

où $p_1(Q_1)$ est le prix que le monopole doit faire payer au groupe 1 s'il lui vend Q_1 unités (courbe de demande inverse) et où, de façon similaire, $p_2(Q_2)$ est la demande inverse du groupe 2. Autrement dit p_1 ne dépend que du nombre d'unités vendues au groupe 1 et $p_2(Q_2)$ ne dépend que du nombre d'unités vendues au groupe 2. Le profit total est donné par $\pi = \pi_1 + \pi_2$, où π_i est le profit tiré des ventes au groupe i ($i = 1, 2$), soit $[p_i - m]Q_i$. π_i est donc égal au profit par unité vendue au groupe i, $[p_i - m]$, multiplié par le nombre d'unités vendues à ce groupe, soit Q_i.

Le monopole maximise son profit total (équation [11.1]) en maximisant séparément le profit des ventes à chaque groupe. Comme chaque consommateur d'un groupe donné paie le même prix, on peut déterminer le prix fixé par le monopole pour chaque groupe en employant la même méthode que celle utilisée dans le cas du monopole ordinaire (voir le chapitre 5). Le profit du monopole est maximum lorsque Rm_i, la recette marginale des ventes au groupe i, est égal au coût marginal de production m :

$$Rm_1 \equiv p_1\left(1 + \frac{1}{\varepsilon_1}\right) = m, \tag{11.2a}$$

$$Rm_2 \equiv p_2\left(1 + \frac{1}{\varepsilon_2}\right) = m, \tag{11.2b}$$

où ε_i représente l'élasticité de la demande du groupe i. La recette marginale tirée des ventes au groupe i peut s'écrire $p(1 - 1/\varepsilon_i)$, ainsi que nous l'avons vu au chapitre 5.(7)

[7] Les conditions du premier-ordre pour la maximisation du profit s'obtiennent en dérivant l'équation (14.1) par rapport à p_1 et à p_2, soit :

$$Rm_i \equiv p_i + Q_i p_i' = m \equiv Cm, \quad i = 1, 2.$$

En multipliant puis en divisant par p_i on obtient :

$$Rm_i = p_i\left(1 + p_i'\frac{Q_i}{p_i}\right) = p_i\left(1 + \frac{1}{\varepsilon_i}\right).$$

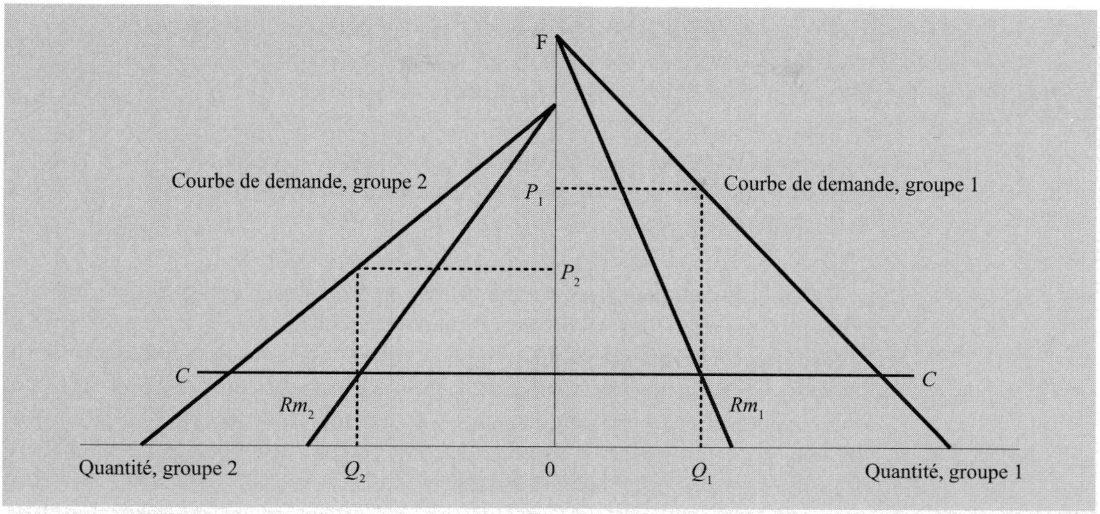

Figure 11.2: *Discrimination par le prix (de degré 3)*

Puisque le coût marginal, m, est le même dans les deux équations (11.2a) et (11.2b), le profit est maximum quand les recettes marginales sont égales : $Rm_1 = Rm_2$. Cette solution optimale signifie que si le monopole vend une unité de plus sur le marché 1 et une unité de moins sur le marché 2, ou vice versa, sa recette totale demeure inchangée. Tant que cette condition n'est pas remplie, le profit n'est pas maximum et le monopole a intérêt à répartir différemment ses ventes entre les deux marchés. L'égalisation du coût marginal à la recette marginale de chaque marché maximise donc le profit.[8]

La figure 11.2 illustre la fixation des prix par le monopole discriminant. Il y a deux fonctions de demande, une pour chaque groupe. Celle du groupe 2 (partie gauche du graphique), est inversée par rapport à celle du groupe 1 (partie droite du graphique), de façon à ce qu'on puisse lire le prix et la quantité sur les mêmes axes. L'intersection entre la recette marginale de chaque groupe et coût marginal constant m détermine les coordonnées du prix et de la quantité optimale pour chaque groupe, (p_1, Q_1) et (p_2, Q_2).

[8] Si le coût marginal varie avec la quantité produite, l'équation (11.1) devient :

$$\pi = p_1(Q_1) + p_2(Q_2) - C(Q_1 + Q_2),$$

où le coût marginal est $C'(Q_1 + Q_2) = Cm$. À l'optimum, le prix et la production sur chaque marché dépendent du prix et de la production optimaux sur l'autre marché et le prix comme la production sont toujours donnés par les équations (11.2a) et (11.2b) :

$$Rm_i \equiv p_i + Q_i p_i' = C'(Q_1 + Q_2) \equiv Cm.$$

Les équations (11.2a) et (11.2b) peuvent se reformuler ainsi :

$$\frac{p_1 - m}{p_1} = -\frac{1}{\varepsilon_1}, \tag{11.3a}$$

$$\frac{p_2 - m}{p_2} = -\frac{1}{\varepsilon_2}. \tag{11.3b}$$

Ces formules indiquent que la marge de profit obtenue pour chaque groupe, $[p_i - m]/p_i$, est inversement proportionnelle à l'élasticité de la demande. Plus l'élasticité de la demande d'un groupe est élevée, plus le prix pratiqué est bas et proche du coût maginal. Par conséquent, le groupe dont la demande est plus sensible au prix paie le prix le plus bas. Les équations (11.3a) et (11.3b) peuvent être combinées en une seule formule qui montre que le rapport des prix des deux groupes est fonction de leurs élasticités comparées :

$$\frac{p_1}{p_2} = \frac{1 + \frac{1}{\varepsilon_1}}{1 + \frac{1}{\varepsilon_2}}. \tag{11.4}$$

Par exemple, si le groupe 1 a une demande presque parfaitement élastique ($\varepsilon_1 \simeq -\infty$) et que le groupe 2 à une demande d'élasticité égale à -2, alors $p_1/p_2 = 1/2$. Le groupe 2, qui a une demande relativement inélastique, paie un prix deux fois plus élevé que le groupe 1. Autrement dit, la maximisation de son profit dicte au monopole discriminant d'accorder une remise au groupe qui a la demande la plus élastique. Voir les exemples 11.1 et 11.3.

Les compagnies aériennes offrent des remises sur les billets achetés d'avance ou sur certains vols (heures creuses et lignes peu fréquentées). Les vacanciers peuvent profiter de ces tarifs avantageux, mais pas ceux qui voyagent pour leur travail, car ils ont pas la même flexibilité horaire, ni la même facilité pour planifier leurs trajets. Les vacanciers ont donc demande plus élastique (ils peuvent opter plus facilement pour la voiture ou le train, ou même rester chez eux) que ceux qui voyagent pour affaires.

11.3.3 Autres formes de discrimination de degré 3

Les entreprises pratiquent aussi des formes plus subtiles de discrimination par les prix de degré 3. Ainsi il existe de nombreux marchés où certains consommateurs sont mieux informés que d'autres sur le prix. Ceci permet aux entreprises de définir un prix public et de faire payer ce prix aux consommateurs qui ne remarquent pas que le produit est vendu plus cher qu'ailleurs. Si certains clients remarquent la différence, l'entreprise s'aligne alors sur le prix du marché, mais pour eux

EXEMPLE 11.5 Discrimination par diminution du prix dans le temps

Le prix des nouveaux produits (calculatrices, PC, logiciels, livres, films, etc.) est d'abord très élevé, puis diminue ensuite. Parfois, la baisse du prix est simplement due à la réduction du coût avec le temps ou à la concurrence des autres entreprises. Mais dans d'autres cas, elle s'explique par la discrimination (Stockey, 1979).

Il y a des consommateurs qui mettent un point d'honneur à être les premiers à voir un film, lire un livre ou à posséder un gadget électronique. Les premières calculatrices ne permettaient que d'effectuer des calculs sommaires, mais se vendaient plusieurs centaines de francs l'unité. En quelques années, le prix de ces mêmes calculatrices a chuté dans des proportions considérables. On en trouve maintenant pour quelques francs. Il n'est pas toujours rentable de discriminer dans le temps pour une entreprise ayant un certain pouvoir de marché. En effet si les consommateurs savent que le prix ne peut que baisser avec le temps, ils vont avoir tendance à attendre avant d'acheter. Par conséquent, la discrimination dans le temps n'est rentable que s'il n'y a pas trop de consommateurs qui reculent la date de leur achat.

seulement. Avec cette méthode, les consommateurs mal informés paient un prix plus élevé que les autres.[9]

L'importance différente que les individus attache au temps peut aussi servir de base à la discrimination par le prix du troisième degré (voir l'exemple 11.5).

Les gens qui ont un salaire ou un revenu élevé attache généralement plus d'importance au temps (et ont sans doute aussi une demande plus inélastique pour certains biens) que ceux qui ont un salaire ou un revenu faible. Il est donc possible de discrimininer entre ces deux groupes en faisant une offre promotionnelle qui s'adresse à ceux qui ont plus de temps. Supposons par exemple qu'une entreprise vende un produit par correspondance, au prix normal, mais qu'elle accorde une remise à ceux qui prenne le temps de venir chercher eux-même le produit. C'est une manière de discriminer entre ceux qui n'ont pas le temps et qui paient le prix normal et ceux qui ont le temps d'aller chercher eux-mêmes le produit et paient un prix inférieur.

11.4 Effets de la discrimination sur le bien-être

Les effets de la discrimination parfaite sur le bien-être sont clairs : par rapport à la concurrence, la production est au même niveau d'efficience, mais les consommateurs y perdent. La discrimination parfaite n'a pas d'incidence sur le bien-être global, mais elle altère la répartition du revenu.

Les effets de la discrimination de degré 3 sur le bien-être sont plus difficile à déterminer. Comme dans le cas de la discrimination parfaite, les consommateurs

[9] La morale de cette histoire est qu'il ne faut pas hésiter à discuter le prix, surtout que la plupart des magasins se vantent généralement de ne pas faire payer un prix plus élevé qu'ailleurs. Le chapitre 14 analyse de façon détaillée le comportement des entreprises qui peuvent exploiter les différences d'informations entre consommateurs.

y perdent de l'argent. De plus, d'après les équations (11.3a) et (11.3b), le prix est supérieur au coût marginal, ce qui implique que la discrimination de degré 3 n'est pas aussi efficiente que la concurrence ou que la discrimination parfaites.

Cependant, du point de vue de l'efficience, la discrimination de degré 3 peut être pire ou meilleure que le monopole classique, selon la forme des courbes de demande et de coût. Plus le prix en discrimination imparfaite est proche du prix en discrimination parfaite, plus la discrimination parfaite conduit à un résultat plus efficient que celui du monopole classique.

La discrimination de degré 3 engendre trois formes d'inefficience. La première est celle que l'on trouve dans le cas du monopole classique : le prix est supérieur au coût marginal, ce qui implique une production restreinte et donc une inefficience liée à la production.

La seconde inefficience concerne la consommation. Étant donné que des consommateurs différents paient des prix par unité différent pour un même produit, la disposition à payer varie d'un consommateur à l'autre, ce qui engendre une inefficience due au fait que certaines opportunités d'échange ne sont pas exploitées. Supposons par exemple que les reventes soient impossibles et qu'il y ait 2 consommateurs. Henry est prêt à payer 10 F pour la première unité et 9 F pour la seconde, soit 19 F pour 2 unités. Si L'entreprise lui fait payer 10 F par unité, il n'en achètera qu'une seule. André est prêt à payer 7 F pour la première unité et 4 F pour la seconde, soit un total de 11 F pour 2 unités. Si l'entreprise lui fait payer 5 F l'unité, il n'en achètera qu'une seule. À la marge, Henri valorise davantage le produit qu'André. En effet l'unité supplémentaire vaut 9 F pour Henry, alors qu'elle ne vaut que 7 F pour André. Dans cet exemple, il serait plus efficient qu'Henry consomme 2 unités et qu'André ne consomme rien. Si Henry pouvait proposer à André de lui acheter son unité pour 8 F, il s'ensuivrait une amélioration de leur bien-être respectif. Mais comme ce type d'arbitrage est impossible (par hypothèse), la discrimination engendre une inefficience de consommation. Par conséquent, à production égale (ou inférieure), le monopole discriminant engendre un bien-être encore moins important que le monopole classique, du fait de cette inefficience de consommation.[(10)]

---

[10] Supposons que la demande totale du groupe 1 soit donnée par $Q_1 = a_1 - b_1 p_1$, celle du groupe 2 par $Q_2 = a_2 - b_2 p_2$ (a_i et b_i $[i = 1, 2]$ sont des nombres) et que le coût marginal soit égal à la constante m. Le monopole discriminant maximise son profit en choisissant des productions Q_1^* et Q_2^* telles que :

$$Q_i^* = \frac{a_i}{2} - \frac{b_i m}{2} \quad , \quad i = 1, 2.$$

Un monopole classique est confronté à une seule courbe de demande, $Q = (Q_1 + Q_2) = (a_1 + a_2) - (b_1 + b_2)p$ et fixe un prix unique, p. Si la quantité optimale implique une vente aux deux groupes, celle-ci sera égale à

$$Q^* = \frac{a_1 + a_2}{2} - \frac{b_1 + b_2}{2} m\,,$$

où l'on vérifie que $Q^* = Q_1^* + Q_2^*$. Il s'ensuit donc que lorsque les courbes de demande sont linéaires et le coût marginal constant, la production de monopole discriminant (degré 3) est identique à la production du monopole classique. Mais le bien-être associé à la discrimination de degré 3 est

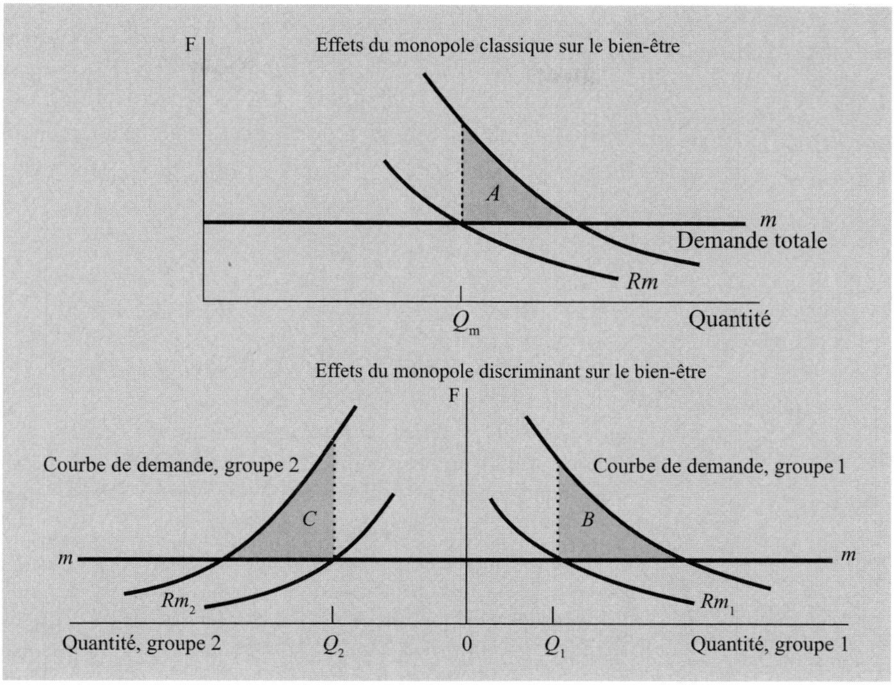

Figure 11.3: *Effets de la discrimination par le prix sur le bien-être*

La troisième inefficience provient du fait que les consommateurs doivent parfois dépenser des ressources pour bénéficier du prix faible. Il se peut par exemple qu'il faille attendre ou parcourir une longue distance pour obtenir le meilleur prix. D'une certaine manière, cette discrimination se traduit pour le consommateur par l'obligation d'acheter un *mal* (la file d'attente ou le trajet) en même temps que le bien à prix réduit (Chiang et Spatt, 1982).

Toutefois, si la production du monopole discriminant est plus élevée que celle du monopole classique, le bien-être peut également être plus important. Supposons par exemple qu'il y ait deux groupes de consommateurs et que le monopole classique choisisse un optimum tel qu'un des deux groupes ne consomme rien. Dans ce cas, comme le monopole discriminant produit pour les deux groupes, sa production est plus élevée, ce qui bénéficie aux consommateurs.

Plus généralement, la question de savoir quel type de monopole engendre le plus de bien-être ne peut être tranchée qu'empiriquement. Sur la figure 11.3, la surface *A* correspond à la perte sèche dans le cas d'un monopole classique avec un

inférieur à celui du monopole classique (à condition que le prix fixé par le monopole classique soit suffisamment bas pour que les deux groupes de consommateurs puissent acheter le produit), car le monopole discriminant engendre une inefficience de consommation qui n'existe pas pour le monopole classique).

coût marginal m constant. La perte sèche associée à la discrimination de degré 3 est donnée par les surfaces A et C. On ne peut pas déterminer a priori si la surface $A + B$ est supérieure à la surface A. Il n'est pas possible non plus de savoir si la production totale d'un monopole discriminant est supérieure ou inférieure à la production d'un monopole classique (c'est-à-dire si $Q_1 + Q_2$ est supérieur à Q_m sur la figure 11.3).[(11)]

Résumé

1. La pratique d'un prix non uniforme est très répandue et prend des formes diverses, dont la discrimination par les prix, les remises sur l'achat de grosses quantités, les ventes liées et la fourniture de produits de qualités différentes.
2. Le succès de la discrimination par le prix nécessite un certain pouvoir de marché, de connaître ce que les consommateurs sont prêts à payer pour le produit et d'être en mesure d'empêcher ou de contrôler les reventes. Dans le cas de la discrimination parfaite (de degré 1), l'entreprise doit connaître la courbe de demande de chaque consommateur. Dans le cas de la discrimination de degré 3, l'entreprise doit pouvoir identifier le groupe auquel le consommateur appartient et connaître la courbe de demande de ce groupe. Certaines entreprises ne peuvent pratiquer ni la discrimination de degré 1, ni la discrimination de degré 3. Elles doivent alors recourir à des politiques de prix plus complexes pour maximiser leur profit. Ces méthodes sont étudiées dans le chapitre suivant.
3. La discrimination parfaite est efficiente : la quantité vendue est identique à la quantité vendue en concurrence. La discrimination parfaite entraîne simplement une redistribution du revenu, car le surplus du consommateur est entièrement capté par le monopole. La discrimination imparfaite est moins efficiente que la discrimination parfaite et la concurrence. Elle peut être plus ou moins efficiente que le monopole classique. De même, le niveau de bien-être peut être plus ou mois élevé qu'avec le monopole classique.

Termes clés

Discrimination par le prix
- de degré 1 (ou parfaite)
- de degré 3

Politique de prix non uniforme

[11] Schmalensee (1981), Varian (1985), Katz (1987) et Ireland (1992) ont montré que dans certaines conditions (comme celles de la note de bas de page précédente), il était possible de comparer le bien-être et la production entre le monopole classique et le monopole discriminant. Gale et Holmes (1993) ont étudié les effets sur le bien-être dans le cas des compagnies aériennes selon qu'elles appliquaient ou non une tarification différente en fonction de l'heure du trajet.

Questions

Q.11.1 L'État doit-il interdire la discrimination par le prix ? Quels seraient les effets sur le bien-être et les difficultés d'application d'une telle mesure ?

Q.11.2 Supposez qu'afin de pratiquer une discrimination parfaite entre des consommateurs ayant chacun une demande décroissante particulière, une entreprise applique une tarification en deux parties. Expliquez pourquoi, dans ce cas, chaque consommateur paie un forfait différent mais le même prix (marginal) par unité.

Q.11.3 Supposez que la production d'un monopole soit fixée et qu'il y ait deux groupes de consommateurs aux demandes différentes. Expliquez pourquoi dans ce cas la discrimination de degré 3 procure un bien-être moins élevé que le monopole classique.

Q.11.4 L'impossibilité d'éliminer totalement les reventes interdit-elle toute discrimination par le prix ?

Q.11.5 Les magazines achetés en kiosque coûtent généralement plus chers à l'unité que les magazines achetés par abonnement. Le prix moins élevé payé dans le cadre d'un abonnement peut-il se justifier par une économie de coût réalisée par l'entreprise ?

Q.11.6 Les bourses d'étudiants varient souvent en fonction du revenu de leurs parents. Est-ce là une forme de discrimination par le prix ?

Problèmes [12]

P.11.1 Supposez qu'une entreprise ait le monopole de la production d'aluminium en barres et qu'elle se développe par intégration verticale afin de produire elle-même du fil d'aluminium, comme dans l'exemple discuté dans ce chapitre. Les producteurs de fil indépendant pourront-ils survivre ? Pourront-ils encore acheter l'aluminium à prix élevé et s'aligner sur le bas prix du fil vendu par le monopole verticalement intégré ?

P.11.2 Tracez un diagramme comme celui de la figure 11.3, montrant que la surface A peut être supérieure à la surface $A+C$ (déterminez les courbes de demande totale en additionnant les courbes de demande des 2 groupes de consommateurs).

P.11.3 Il est parfois difficile de distinguer la discrimination (pratique d'un prix différent pour un même produit) et la pratique de prix différents pour des produits différents. Par exemple, lorsque les enseignants recommandent un magazine à leurs étudiants, ils favorisent la vente du magazine, ce qui permet à l'éditeur d'économiser des coûts de marketing. L'éditeur a donc intérêt à proposer le magazine à un prix plus bas aux enseignants. En effet, pour l'éditeur, un magazine vendu à un enseignant n'est pas tout à fait identique à un magazine vendu à n'importe quel client. Ce type d'argument fondé sur la différentiation du produit s'applique-t-il aux réductions proposées par certains cinémas aux retraités ?

---

[12] Les solutions des problèmes impairs sont données en fin de livre.

P.11.4 Supposez qu'il y ait 2 groupes de consommateurs et qu'il soit optimal pour un monopole non discriminant de fixer un prix $p = 10F$. De plus, supposez qu'à ce prix, aucun consommateur du groupe 1 ne soit acheteur. Si le monopole peut discriminer, la production totale augmente-t-elle ? Expliquez votre réponse.

P.11.5 Supposez qu'un consommateur veuille une seule unité de bien et qu'il soit prêt à la payer 10 F. Tracez la courbe de demande et calculez le surplus maximum qu'il est possible d'obtenir du consommateur. Supposez ensuite qu'il y ait un second consommateur qui demande aussi une seule unité et qui est prêt à la payer 9 F. Un monopole parfaitement discriminant fera payer 10 F au premier consommateur et 9 F au second. Indiquez pourquoi cela n'entraîne pas — dans cet exemple particulier — d'inefficience de consommation, comme c'est le cas avec la discrimination de degré 3 ?

P.11.6 Est-ce qu'un monopole discriminant produit toujours moins qu'un monopole classique ?

Lectures complémentaires

Pour une excellente synthèse sur la discrimination par le prix, voir Varian (1989). Borenstein (1985), Holmes (1989), Katz (1984), ainsi que Lederer et Hurter (1986) ont étendu l'analyse de la discrimination de degré 3 à d'autres structures de marché que le monopole (concurrence monopolistique, par exemple). L'article de Phlips (1983) couvre un certain nombre d'extensions de la théorie de base et contient des applications empiriques.

Bibliographie

BERCK, Peter et Jeffrey M. PERLOFF. 1985. « A Dynamic Analysis of Marketing Orders, Voting, and Welfare ». *American Journal of Agricultural Economics* 67 : 487–96.

BLATTBERG, Robert, T. BUESING, P. PEACOCK et S. SEN. 1978. « Identifying the Deal-Prone Segment ». *Journal of Marketing Research* 15 : 369–77.

BORNSTEIN, Severin. 1985. « Price Discrimination in Free Entry Market ». *The Rand Journal of Economics* 16 : 380–97.

CARLTON, Dennis W. et Jeffrey M. PERLOFF. 1981. « Price Discrimination, Vertical Integration, and Divesture in Natural Resources Markets ». *Resources and Energy* 3 : 1–10.

CAVE, Jonathan et Stephen W. SALANT. 1987. « Cartels That Vote : Agricultural Marketing Boards and Induced Voting Behavior », *in* Elizabeth E. BAILEY, éd., *Public Regulation : New Perspectives on Institutions and Policies.* Cambridge, Mass. : The MIT Press.

CHIANG, Raymond et Chester SPATT. 1982. « Imperfect Price Discrimination and Welfare ». *Review of Economic Studies* 49 : 155–81.

GALE, Ian L. et Thomas J. HOLMES. 1993. « Advance-Purchase Discounts and Monopoly Allocation of Capacity ». *American Economic Review* 83 : 135-46.

GARDNER, Bruce L. 1984. « Price Discrimination or Price Stabilization : Debating with Models of U.S. Dairy Policy » *American Journal of Agricutural Economics* 66 : 763–8.

GAROYAN, Leon et James G. YOUDE. 1975. *Marketing Orders in California : A Description.* University of California Cooperative Extension Leaflet 2719.

HEIEN, Dale. 1977. « The Cost of U.S. Dairy Price Support Programs : 1949–1974 ». *Review of Economics and Statistics* 59 : 1–8.

HOLMES, Thomas J. 1989. « The Effects of Third-Degree Price Discrimination in Oligopoly ». *American Economic Review* 79 : 244–50.

IPPOLITO, Richard A. et Robert T. MASSON. 1978. « The Social Cost of Government Regulation of Milk ». *Journal of Law and Economics* 21 : 33–66.

IRELAND, Norman J. 1992. « On the Welfare Effects of Regulating Price Discrimination ». *The Journal of Industrial Economics* 40 : 237–48.

JESSE, Edward V. et Aaron C. JOHNSON, Jr. 1981. *Effectiveness of Federal Maketing Orders for Fruits and Vegetables*. U.S. Department of Agriculture, Economics and Statisics Service, Agricultural Economic Report n° 471.

KATZ, Michael L. 1984. « Price Discrimination and Monopolistic Competition ». *Econometrica* 53 : 1453–72.

KATZ, Michael L. 1987. « The Welfare Effects of Third-Degree Price Discrimination in Intermediate Goods Markets ».*American Economic Review* 77 : 154–67.

KESSEL, Reuben. 1958. « Price Discrimination in Medicine. *Journal of Law and Economics* 1 : 20–54.

KWOKA, John E. Jr. 1977. « Pricing Under Federal Milk Market Regulation ». *Economic Inquiry* 15 : 367–84.

LAFRANCE, Jeffrey T. et Harry DEGORTER. 1985. « Regulation in a Dynamic Market : The U.S. Dairy Industry ». *American Journal of Agricultural Economics* 67 : 821–32.

LEDERER Phillip J. et Arthur P. HURTER, Jr. 1986. « Competition of Firms : Discriminatory Pricing and Location ». *Econometrica* 54 : 623–40.

LEONTIEF, Wassily. 1946. « The Price Theory of the Guaranteed Annual Wage Contract ». *Journal of Political Economy* 54 : 76-80.

NARASIMHAN, C. 1984. « A Price Discrimination Theory of Coupons ». *Marketing Science* 3 : 128–47.

NOVAKOVIC, Andrew M. et Robert D. BOYNTON. 1984. « Do Changes in Farmer-First Handler Exchange Eliminate the Need for Government Intervention ? » *American Journal of Agricultual Economics* 66 : 769–75.

PHLIPS Louis. 1983. *The Economics of Price Discrimination*. Cambridge : Cambridge University Press.

PERRY, Martin K. 1980. « Forward Integration by Alcoa : 1888–1930 ». *The Journal of Industrial Economics* 29 : 37–53.

SCHMALENSEE, Richard. 1981. « Output and Welfare Effects of Monopolistic Third Degree Price Discrimination ». *American Economic Review* 71 : 242–7.

STOKEY, Nancy L. 1979. « Intertemporal Price Discrimination ». *Quarterly Journal of Economics* 94 : 355–71.

U.S. Department Of Labor, Bureau of Labor Statistics. 1975. *Characteristics of Major Collective Bargaining Agreements*, 1er juillet 1974. Bulletin 1888.

VARIAN, Hal R. 1985. « Price Discrimination and Social Welfare ». *American Economic Review* 75 : 870–5.

VARIAN, Hal R. 1989. « Price Discrimination », *in* Richard SCHMALENSEE et Robert WILLIG, éds, *Handbook of Industrial Organization*. New York : North Holland.

Annexe A au chapitre 11

Exemple de discrimination par le prix : l'organisation des marchés agricoles aux États-Unis

Aux États-Unis, *l'organisation des marchés agricoles*, au niveau fédéral et des États, a abouti à encourager la discrimination par le prix sur des marchés qui étaient concurrentiels. Les agriculteurs bénéficient en effet d'une immunité partielle vis-à-vis de la législation antitrust en ce qu'ils peuvent collectivement discriminer par le prix, faire de la publicité et, dans certains cas, resteindre leur production.[(1)] Cette organisation fut mise en place dans les années 1930 pour faciliter l'action collective des agriculteurs, forçant ainsi l'ensemble des fermiers à agir dans le même sens. Nous allons d'abord étudier comment cette organisation permet aux agriculteurs de discriminer par le prix, puis nous analyserons les effets de cette organisation sur l'efficience et le bien-être.

Fonctionnement des marchés agricoles organisés

Supposons que les agriculteurs aient le droit, mais non l'obligation, de discriminer par le prix. Dans ce cas, les agriculteurs qui font payer un prix élevé vont être concurrencés par ceux qui pratiquent un prix concurrentiel. Par conséquent, la discrimination ne peut fonctionner efficacement que si elle est obligatoire, afin d'empêcher certains agriculteurs d'agir en franc-tireur.

Barème de prix

Sur la plupart des marchés agricoles organisés, les agriculteurs doivent appliquer un barème de prix. Le prix varie en fonction du type de consommation. En général, il y a au moins deux prix, donc deux marchés : le prix du marché intérieur (qui concerne principalement les produits frais), relativement élevé car la demande est assez élastique, et le prix à l'exportation (produits conditionnés), relativement bas car la demande est peu élastique. Comme les produits conditionnés ne peuvent pas être transformés en produits frais et qu'il serait trop coûteux de réimporter les produits exportés, l'absence d'arbitrage entre les deux marchés rend possible la discrimination par le prix. Bien que l'organisation de ce double marché varie selon les produits, elle se fonde soit sur le contrôle des quantités produites, soit sur le contrôle de la qualité des produits.

---

[1] Nous limiterons notre analyse aux possibilités de discrimination par le prix. Le Congrès américain a voté ces lois d'organisation des marchés agricoles dans le but théorique d'aider les agriculteurs à agir collectivement pour compenser le pouvoir de monopsone des entreprises laitières (Novakovic et Boynton, 1984). Les défenseurs actuels de ces lois prétendent qu'elles sont nécessaires pour « stabiliser » les prix et les quantités, mais cette thèse est contestée par de nombreux spécialistes de l'économie agricole (Jesse et Johnson, 1981 ; Gardner, 1984).

Contrôle quantitatif. Dans ce cas, le pourcentage de production propre que chaque entreprise agricole peut vendre sur le marché primaire est fixé. Cette *limitation quantitative* favorise l'élévation du prix sur le marché intérieur et sa diminution sur le marché d'exportation. Parmi les produits dont le marché fonctionne sur ce mode, citons le lait de catégorie A, les amandes californiennes, les noisettes de l'Oregon et de l'État de Washington, les noix de la côte pacifique, ainsi que les dates et le raisin californien (Jesse et Johnson, 1981). Les restrictions quantitatives de ce type sont appliquées en Californie, au Colorado, en Georgie, en Caroline du Sud et en Utah (Garoyan et Youde, 1975), mais le nombre de marchés concernés a diminué ces dernières années.

Les quantités qui ne peuvent pas être écoulées sur le marché primaire sont parfois *stockées* (lorsque la nature du produit le permet) plutôt que d'être vendues sur le marché secondaire. Elles sont alors injectées sur le marché primaire les années suivantes lorsque la demande est plus importante. Elle peuvent également être exportées plus tard ou être utilisées autrement que pour la nourriture. Parmi les produits concernés, citons les canneberges, cerises, raisins, le houblon et les prunes (Jesse et Johnson, 1981).

Dans certains cas, les agriculteurs peuvent appliquer une discrimination dans le temps. C'est un alors un *contrôle du flux* qui est appliqué, comme pour le tilleul. Le même produit à deux mois d'intervalle est considéré comme différent et on lui applique un prix différent. Ce n'est plus l'espace (comme dans la distinction marché intérieur/exportations) ou la nature du produit (frais ou conditionné) qui servent de critère de séparation, mais le temps. Le marché du citron, du tokai de Californie et autres cépages, du céleri de Floride, de la laitue et du melon texan (Jesse et Johnson, 1981).

Contrôle qualitatif. La plupart des marchés organisés sont également soumis à un *contrôle qualitatif* : Les produits vendus doivent respecter certaines normes de qualité, de taille et de poids, ainsi que de fraîcheur. Ces contraintes favorisent aussi la discrimination par le prix. En général, les normes sont relativement stables, mais pas toujours.

Programmes visant à restreindre la production

Parfois, l'organisation des marchés agricoles prévoit non seulement des limites aux quantités produites sur le marché intérieur, ce qui facilite la discrimination par le prix, mais également des *réductions de production* totale, ce qui engendre directement un pouvoir de marché. On utilise par exemple les niveaux antérieurs de production pour déterminer des quotas collectifs et individuels. Un comité d'organisation chargé d'apprécier la situation du marché détermine alors le pourcentage du quota qui peut être vendu. Les excédents éventuels sont stockés. Les marchés des canneberges, du céleri de Floride, du houblon et du sirop de menthe du Far West fonctionnent de cette façon.

De même, l'organisation des producteurs californiens de pêche exige de tous les producteurs qu'ils récoltent une partie des fruits alors qu'ils sont encore verts, afin de les laisser pourrir. Certaines années, pour contrôler la production, les fermiers ont le choix entre cette méthode et la destruction de leurs plants.

La combinaison du contrôle de la production avec la fixation d'un barème de prix autorise les producteurs à agir collectivement comme un monopole discriminant. L'application du barème contribua à élever le profit des agriculteurs. Le nombre d'agriculteurs et la production augmentèrent, ce qui fit à nouveau baisser le profit à un niveau proche de zéro, en dépit de la discrimination par le prix. Ceci démontre que l'organisation d'un marché sans recours au contrôle de la production engendre un équilibre différent de celui du monopole discriminant.

Marchés concernés par les réglementations

La plupart des légumes et des fruits autres que les agrumes ne sont que partiellement concernés par ces programmes.(2) Comme l'organisation des marchés agricoles ne s'applique qu'à certains producteurs, ceux-ci se comportent comme une entreprise dominante confrontée à une frange concurrentielle composée d'agriculteurs qui ne sont pas concernés par les réductions de production. Sauf si la loi l'interdit (comme c'est le cas pour le lait), les producteurs indépendants ne vendent leur production que sur le marché primaire.

D'autres marchés sont presque entièrement réglementés. C'est le cas pour les produits suivants : noisettes, fruits secs, houblon, cerises, olives et canneberges. Neuf mécanismes fédéraux distincts gèrent 95% des fruits frais autres que les agrumes (pour ce qui est des fruits conditionnés, seul le quart est concerné). Les réglementations fédérales s'appliquent à 80% du lait de catégorie A. Comme les réglementations des États en couvrent 18% de plus, c'est la quasi-totalité du lait de catégorie A qui est concerné. En revanche, le lait de catégorie B n'est couvert par aucune réglementation. Au total, l'organisation fédérale concerne 65% du lait américain. Ce chiffre s'élève à 80% si l'on prend en compte les réglementations des États.(3)

Effets de l'organisation des marchés sur l'efficience et le bien-être

L'instauration d'un barème de prix a des effets positifs pour les agriculteurs et négatifs pour les consommateurs. Afin de le montrer, nous allons étudier un modèle simplifié où l'offre est fixe.(4) Selon ce mode d'organisation, la production totale est répartie entre deux marchés (voir la figure 11A.1) : le marché 1 (produits frais) et le marché 2 (produits conditionnés). La restriction de la production du marché 1 à Q_1 (ce qui est inférieur au niveau concurrentiel Q_1^c) élève le prix à p_1 (ce qui est supérieur au niveau concurrentiel p_1^c). Le reste de la production est vendu sur le marché 2, de sorte que Q_2 est plus élevé que son niveau concurrentiel (Q_2^c) et p_2 inférieur au niveau concurrentiel (p_2^c).

Comme le prix sur le marché des produits frais est supérieur au prix concurrentiel ($p_1 > p_c$), les consommateurs de produits frais voient leur surplus se réduire de la surface $A + B$. Le profit des agriculteurs pour la quantité Q_1 augmente de A ($= [p_1 - p_c]\, Q_1$). Par conséquent, la perte nette (la perte des consommateurs non compensée par un gain pour les agriculteurs) est égale à la surface B.

Sur le marché des produits conditionnés, le surplus des consommateurs augmente de la surface C parce que le prix est inférieur à son niveau concurrentiel ($p_2 < p_c$). Le profit des

---

2 Selon Jesse et Johnson (1981), seulement 10% du volume des fruits autres que les agrumes est couvert par l'organisation fédérale des marchés. De plus, cette organisation fédérale ne concerne que les ventes de pommes de terre fraîches, soit 70% de la récolte. L'organisation fédérale ne porte que sur 50% de l'ensemble des légumes et seulement 13% du marché des légumes frais est concerné.

3 L'organisation des marchés du lait prend généralement la forme d'une discrimination par le prix où le prix du lait de catégorie A non destiné à être transformé est plus élevé que le prix du lait destiné à être manufacturé (catégorie B). Comme le marché du lait de catégorie B n'est pas réglementé, les normes de qualité sont moins strictes, ce qui le destine prioritairement aux utilisations industrielles.

4 Des modèles statiques sont étudiées par Ippolito et Masson (1978), ainsi que par Berck et Perloff (1985). Berck et Perloff (1985) montrent également les changements qui découlent d'un passage à l'analyse dynamique, sous l'hypothèse d'un taux d'entrée assez lent dans l'industrie. Cave et Salant (1987) ont développé un modèle du comportement de vote pour l'élection des membres des comités d'organisation des marchés.

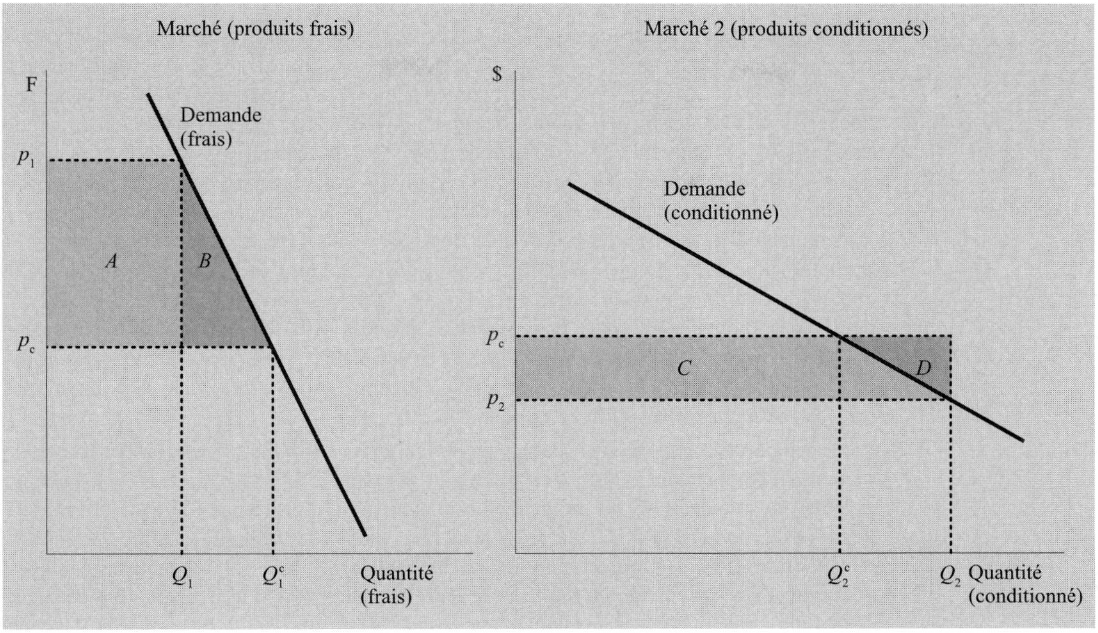

Figure 11A.1: *Discrimination par le prix sur les marchés agricoles réglementés*

agriculteurs sur les Q_2 unités vendues diminue des surfaces $C + D$ (par rapport au niveau qui serait atteint si le prix concurrentiel était pratiqué). La perte nette sur le marché des produits conditionnés est égal à la surface D.

Les consommateurs perdent $A + B$ sur le marché des produits frais et gagnent D sur le marché des produits conditionnés, ce qui fait une perte totale nette égale à $A + B - C$. Le profit des agriculteurs augmente : ils bénéficient d'un *prix mixte* (moyen), $p_{\text{mixte}} = (p_1 Q_1 + p_2 Q_2) / (Q_1 + Q_2)$. Le prix mixte est plus élevé que le prix concurrentiel, sinon la discrimination n'aurait aucun intérêt. Les agriculteurs ont un gain de profit égal à C sur le marché des produits frais et une perte de profit égale à $C + D$ sur le marché des produits conditionnés. Leur gain net total est donc égal à $A - (C + D)$. Les consommateurs perdent davantage que les agriculteurs ne gagnent : $(A + B - C) > (A - C - D)$, ce qui fait une perte nette totale de $B + D$. Avec le système de prix discriminant, le bien-être est donc moins élevé qu'en concurrence.

Pour simplifier, nous avons supposé que l'offre était fixe et que le seul effet du système d'allocation était de modifier la répartition de la production entre les 2 marchés. Plus généralement, lorsque les courbes d'offres sont croissantes, le prix mixte (moyenne du prix des produits frais et du prix des produits conditionnés) plus élevé engendré par l'organisation des marchés favorise l'augmentation de la production. Une bonne partie de cette offre supplémentaire est dirigée sur le marché secondaire (afin que le prix reste élevé sur le marché primaire). Comme le prix sur le marché secondaire est inférieur au prix concurrentiel (et donc au coût marginal), le coût de cette production supplémentaire est supérieur à sa valeur pour les consommateurs. La perte sociale est donc encore plus grande lorsque les courbes d'offre sont croissantes.

La perte sociale engendrée par la plupart de ces programmes est relativement faible car il s'agit de petits marchés, sauf en ce qui concerne le marché des produits laitiers. Selon Ippolito et Masson (1978), dont l'étude se fonde sur des données datant du début des années 1970, l'effet de la réglementation fut d'augmenter de 9,3% environ le prix du lait de catégorie A et d'augmenter le prix mixte de 3,7%. Par conséquent, la consommation du lait de catégorie B aurait été inférieure de 1,9% à son niveau concurrentiel et la consommation de lait de catégorie B aurait été supérieure de 9%. Ces auteurs ont également calculé que la réglementation des prix équivalait à un impôt de 338,8 millions de dollars par an sur la consommation de lait de catégorie A et à une subvention de 120,9 millions de dollars à la consommation de lait de catégorie B. Les profits des producteurs de lait frais auraient été de 210,6 millions de dollars/an et ceux des produceurs de lait conditionné auraient baissé de 105,2 millions de dollars/an. Les auteurs ont calculé qu'en tenant compte des coûts administratifs et des inefficiences induites dans le transport des produits, le coût social total représentait environ 60 millions de dollars.

La plupart des autres études, basées sur des approches différentes, aboutissent à des estimations de perte encore plus élevées. Selon Kwoka (1977) le système de prix discriminants et le mécanisme des réserves auraient entraîné une perte d'efficience égale à 179 millions de dollars. Selon Heien (1977) le coût social total serait 175 millions de dollars. LaFrance et de Gorter (1985) soulignent que tous ces résultats sont basés sur des analyses statiques qui ne tiennent pas compte du temps nécessaire à la constitution d'un cheptel bovin. Leur estimation, basée sur un modèle dynamique, aboutit à une perte sociale trois fois plus élevée que les études précédentes.

12

Politiques de prix plus élaborées

Un insensé ne garde pas longtemps son argent. Il est d'ailleurs étonnant qu'il puisse même en avoir.

Cyril Fletcher

Ce chapitre étudie des méthodes de discrimination plus élaborées que celles exposées au chapitre 11 : prix non linéaire, tarification en deux parties, remise de prix en fonction de la quantité achetée, vente liée et choix de la gamme qualitative des produits. Nous verrons comment ces politiques de prix visent à augmenter le profit des entreprises qui possèdent un pouvoir de marché suffisant pour les appliquer (ainsi que, lorsque c'est nécessaire, la capacité d'empêcher ou de contrôler les reventes). Contrairement aux méthodes étudiées dans le chapitre précédent, celles-ci ne nécessitent pas que les entreprises aient une bonne connaissance des consommateurs.

Les points essentiels de ce chapitre peuvent être résumés ainsi :

1. Les politiques de prix non linéaire permettent de discriminer lorsque l'entreprise ne connaît pas les demandes individuelles des consommateurs.
2. L'entreprise peut déceler le groupe auquel appartient un consommateur en lui proposant de choisir parmi plusieurs tarifs, chacun d'eux étant composé de deux éléments.

3. Lorsque les demandes pour certains biens sont interdépendantes, les ventes liées (obligation d'acheter plusieurs biens en même temps) permettent d'augmenter les profits.
4. Les entreprises ayant un pouvoir de marché utilisent diverses autres politiques pour augmenter leur profit au-delà du niveau qui serait obtenu en faisant payer le même prix à tous les consommateurs.

Le chapitre suivant est consacré à l'étude de méthodes plus complexes de discrimination par le prix, telles que la tarification en deux parties ou les ventes liées. L'annexe 11A analyse des exemples de discrimination par le prix dans l'agriculture.

12.1 Politique de prix non linéaire

L'entreprise qui pratique une **politique de prix non linéaire** fait varier le prix par unité, en fonction du nombre d'unités que le consommateur achète. Autrement dit, la dépense totale du consommateur ne varie pas de façon linéaire (ou proportionnelle) avec la quantité qu'il achète. Cette politique permet une *discrimination par le prix de degré 2* et est applicable lorsque l'entreprise peut empêcher ou au moins contrôler les reventes entres individus. Elle fait alors payer un prix différent à différents consommateurs, sans pour autant connaître leur demande individuelle.(1) L'entreprise se sert uniquement de la connaissance statistique qu'elle a de la demande. Dans cette section, nous allons d'abord étudier une politique de prix non linéaire simplifiée (tarif unique en deux parties). Par la suite, nous aborderons l'étude de la politique de prix non linéaire dans un cadre plus général (tarifs multiples en deux parties).

12.1.1 *Tarif unique en deux parties*

La *tarification en deux parties* consiste à faire payer un montant forfaitaire correspondant au droit d'acheter le bien et d'y ajouter un prix par unité consommée (chapitre 11 ; Oi, 1971 ; Schmalensee, 1981). Les compagnies téléphoniques appliquent un forfait mensuel fixe, auquel s'ajoute une somme qui dépend du temps passé au téléphone. De même, la location d'une voiture nécessite le paiement d'un montant forfaitaire auquel s'ajoute un prix par kilomètre parcouru. Beaucoup d'entreprises qui louent des photocopieuses font également payer un montant forfaitaire minimal plus une somme qui dépend du nombre de photocopies. Enfin, supposons qu'une entreprise vende des appareils photos nécessitant l'utilisation de

---

[1] Comme nous l'avons vu au chapitre 11, la politique de prix non linéaire permet également une discrimination de degré 1 lorsque l'entreprise connaît la demande de chaque consommateur. Mais, à l'inverse de la discrimination de degré 1, elle ne permet pas de s'emparer de la totalité du surplus du consommateur.

pellicules spécifiques (c'est le cas des polaroïds). Dans ce cas, la somme dépensée pour l'achat de l'appareil correspond au forfait et l'argent dépensé pour les pellicules constitue la composante variable qui dépend de la consommation de l'utilisateur.

L'application d'une tarification en deux parties implique que l'entreprise soit en mesure d'empêcher les reventes. Dans le cas contraire, on pourrait imaginer qu'un seul consommateur paie le forfait, puis achète tous les biens et les revende. Supposons par exemple qu'une entreprise demande 100 F à chaque consommateur, plus un prix par unité de 1 F. Si Lisa et Daniel achètent chacun 50 unités, ils paient 150 F chacun, ce qui fait une dépense totale de 300 F. En revanche, si Lisa achète pour les deux, la dépense totale n'est plus que de 200 F. Lisa et Daniel peuvent alors augmenter leur bien-être en ne payant que 100 F chacun. L'entreprise doit donc être en mesure d'empêcher Lisa de revendre à Daniel une partie de ce qu'elle achète. Par la suite, nous supposerons que c'est le cas et que l'entreprise applique pour cela une des méthodes exposées au chapitre précédent. Commençons par étudier le cas d'une entreprise qui applique un seul tarif en deux parties. Nous étudierons ensuite le cas de plusieurs tarifs.

Lorsque les consommateurs sont identiques, la tarification en deux parties permet de s'emparer de la totalité du surplus. Ce point a été illustré dans le chapitre 11 à la sous-section 11.3.1 dans la partie intitulée « chaque consommateur achète plus d'une unité ». Mais en général, les consommateurs n'appartiennent pas tous à la même catégorie et l'entreprise ne peut pas les distinguer. Supposons que l'entreprise sache que les demandes diffèrent mais ne les connaisse pas individuellement. Admettons par exemple que l'entreprise sache qu'environ 50% de ses consommateurs apprécient beaucoup ses produits tandis que les autres sont prêts à se tourner vers une autre entreprise. Dans ce cas, la connaissance qu'elle a de la demande ne lui permet pas d'identifier le groupe d'appartenance d'un consommateur particulier.

Supposons qu'il n'y ait que deux types de consommateurs, dont les courbes de demande sont représentées sur la figure 12.1. Comme l'indique la figure, pour le prix p, un consommateur de type 2 est prêt à acheter plus qu'un consommateur de type 1 et bénéficie donc d'un surplus plus important ($T_2 > T_1$). Si l'entreprise qui pratique le prix p pouvait identifier le groupe auquel appartient chaque consommateur, elle aurait intérêt à faire payer un forfait T_1 au consommateur 1 et un forfait T_2 au consommateur 2.

Nous admettrons également que pour maximiser son profit, l'entreprise ne détermine qu'un seul tarif en deux parties, composé du forfait, T, et de la somme p par unité. Tant que p est supérieur au coût moyen variable, l'entreprise réalise un profit sur chaque unité supplémentaire qu'elle vend. Si elle ne peut pas distinguer les deux types de consommateurs et qu'elle fait payer un seul tarif dont la composante unitaire est p, le forfait ne pourra pas être supérieur à T_1, sinon les consommateurs du groupe 1 ne consommeront rien. Si elle fixait par exemple un forfait égal à T_2, les consommateurs du type 1 ne consommeraient pas. L'entreprise est confrontée à un dilemme. D'une part, si elle fixe un prix bas, elle vend davantage et peut prélever un forfait plus élevé (voir la figure 12.1). Mais d'autre part, sa

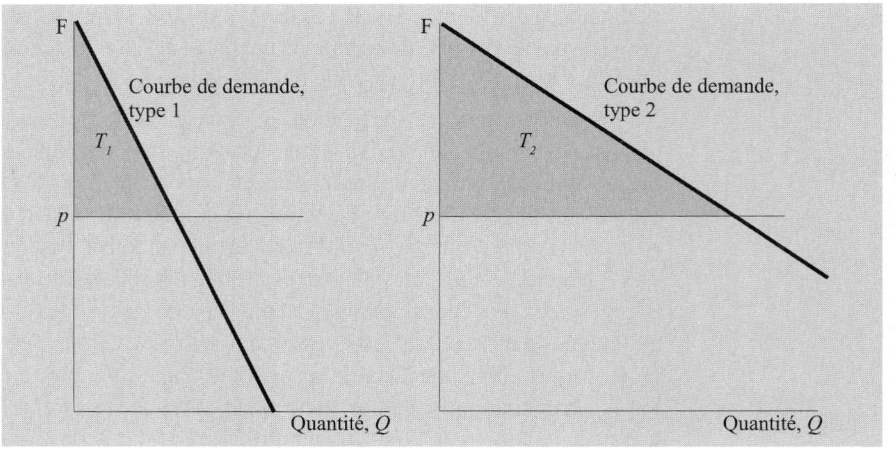

Figure 12.1: *Deux courbes de demande différentes*

possibilité de faire payer un forfait élevé afin de s'emparer du surplus des consommateur de type 2 est limitée par la faible disposition à payer des consommateurs du type 1. Bien souvent, l'entreprise peut gagner davantage en se concentrant sur les consommateurs du type 2, amenant ainsi ceux du type 1 à se désintéresser du produit. Plus les consommateurs du type 1 sont proches des consommateurs du type 2, plus il est difficile pour l'entreprise de capturer le surplus des consommateurs du type 2 en pratiquant un tarif unique en deux parties (voir les annexes A et B à ce chapitre).

La tarification en deux parties rapporte généralement plus de profit que la fixation d'un prix unique, car ce dernier n'est qu'une forme particulière de tarification en deux parties où la composante forfaitaire est nulle. En revanche, la tarification en deux parties rapporte moins de profit que la discrimination parfaite (de degré 1). Enfin, la tarification en deux parties peut rapporter plus ou moins de profit que la discrimination de degré 3 (où l'entreprise fait payer un prix différent à chaque catégorie de consommateurs). Notons également que, contrairement à la discrimination de degré 3, la tarification en deux parties n'implique pas d'identifier la catégorie d'appartenance des consommateurs.

La tarification en deux parties consiste en définitive à faire payer un montant fixe pour un premier produit et un montant marginal pour un second produit. Le montant fixe peut par exemple correspondre au prix d'un appareil photo et le montant marginal au prix des pellicules, dont la consommation varie en fonction de l'utilisateur. Les annexes A et B à ce chapitre démontrent qu'un prix variant en fonction de la quantité utilisée (comme c'est le cas pour celui des pellicules) tend à être supérieur au coût marginal, mais qu'en revanche le forfait fixe peut être bien inférieur au coût marginal du produit auquel il correspond (l'appareil photo dans notre exemple). Le montant fixe augmente généralement à mesure que la différence entre les quantités moyenne et marginale achetées par le consommateur se réduit et que l'élasticité de la demande augmente. Inversement, le prix, variant en fonction de la quantité, augmente à mesure que l'élasticité de la demande diminue et que la différence entre les quantités moyenne et marginale achetées par le consommateur augmente.

12.1.2 Deux tarifs en deux parties

La politique de tarification en deux parties que nous venons d'exposer est l'exemple le plus simple d'une politique où le prix moyen varie avec la quantité — ce qui est la caractéristique fondamentale de toute politique de prix non linéaire. En général, le montant payé peut varier avec la quantité achetée de toutes les façons possibles. En effet, dès lors que le prix est fonction de la quantité, l'entreprise peut choisir la forme fonctionnelle qu'elle désire. Il est difficile de déterminer la politique de prix non linéaire qui permet d'atteindre le profit maximal dans le cas d'un monopole.[2] Nous allons maintenant illustrer les aspects essentiels de cette question à l'aide d'un exemple simple.

Supposons qu'une entreprise connaisse les courbes de demande de deux catégories de consommateurs (type 1 et 2), ainsi que la répartition statistique de ces deux types de consommateurs dans la population. En revanche, elle ne connaît pas la catégorie d'appartenance d'un consommateur donné. Elle peut alors offrir aux consommateurs de choisir entre deux formules de tarification en deux parties. Chaque consommateur *choisit lui-même* le tarif qui lui procure le niveau d'utilité le plus élevé. La figure 12.2 illustre les deux formules par des lignes droites hachurées. Les ordonnées à l'origine correspondent au coût fixe de chaque formule, et les pentes des droites correspondent aux coûts marginaux constants. En observant la figure, on voit que pour des quantités faibles, il est plus intéressant d'adopter la formule 1, alors que pour des quantités élevées, il est plus intéressant de choisir la formule 2. Par conséquent les choix possibles d'un consommateur en fonction de la quantité sont données par « l'enveloppe inférieure » des deux droites (c'est la ligne coudée en trait plein).

L'entreprise choisit le barème de chacune des deux formules tarifaires de façon à maximiser son profit. Sa politique de prix est contrainte par le fait qu'elle ne peut pas déterminer la disposition à payer des consommateurs individuels. Pour séparer les consommateurs en deux groupes, elle va donc proposer le choix entre les deux formules, de façon à n'appliquer le bas prix qu'aux consommateurs d'un seul groupe. L'objectif de cette politique est donc bien identique à celui de toute politique de discrimination par le prix (chapitre 11).

Si l'entreprise pouvait connaître le groupe d'appartenance de chaque consommateur (et empêcher les reventes), elle pourrait proposer une formule pour chaque groupe. Nous avons vu au chapitre 11 que lorsque l'entreprise dispose de cette

---

[2] Pour plus de détails, voir Katz (1983), Spence (1977), Tirole (1988, ch. 3), ainsi que l'annexe D à ce chapitre.

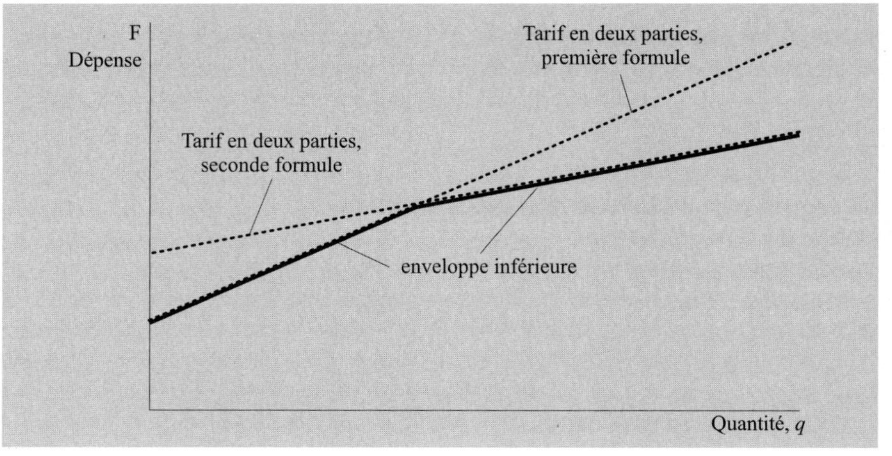

Figure 12.2: *Menu des formules de tarification en deux parties*

information, la politique optimale de discrimination parfaite consiste à faire payer à chaque consommateur un prix égal au coût marginal, m, et de s'emparer du surplus de chaque consommateur en lui faisant payer un droit forfaitaire. Donc, si $p = m$ sur la figure 12.1, l'entreprise doit faire payer T_1 à un consommateur de la catégorie 1 et T_2 à un consommateur de la catégorie 2.

Supposons que l'entreprise propose deux formules de tarification : l'une de (T_1, m) et l'autre de (T_2, m), où le premier terme, T_i, désigne le forfait et le second, m, le prix marginal. Si les deux catégories de consommateurs ont des courbes de demande comme celles de la figure 12.1, aucun d'eux ne choisira la seconde formule, puisque $T_2 > T_1$. Si l'entreprise souhaite discriminer, elle doit tenir compte du fait que les consommateurs choisissent toujours la formule qui les avantage. Dans cet exemple, la discrimination parfaite est impossible car aucun consommateur ne choisira spontanément la formule la plus coûteuse. Ainsi, le choix d'une politique de prix qui maximise le profit de l'entreprise doit-il tenir compte d'une *contrainte d'auto-sélection* : la politique de prix doit être telle qu'aucun consommateur d'un groupe donné ne préfère la formule proposée aux consommateurs de l'autre groupe. Nous allons nous concentrer maintenant sur l'étude de la solution lorsqu'elle implique que le monopole approvisionne les deux catégories de consommateurs.

Admettons que, pour tout prix, la demande des consommateurs du type 2 soit plus importante que celle de ceux du type 1 (figure 12.1). La politique de prix optimale consiste alors à faire payer un forfait T_2 aux consommateurs du type 2 qui soit supérieur au forfait T_1 des consommateurs du type 1 et un prix marginal p_2 inférieur à p_1 (voir l'annexe D). En proposant un bas prix aux gros clients, l'entreprise révèle leur important surplus, qu'elle n'a plus qu'à prélever par l'intermédiaire de T_2. La valeur élevée de T_2 dissuade les petits clients (du type 1) d'adopter la même formule. Ceux-ci préfèrent payer un prix marginal plus élevé

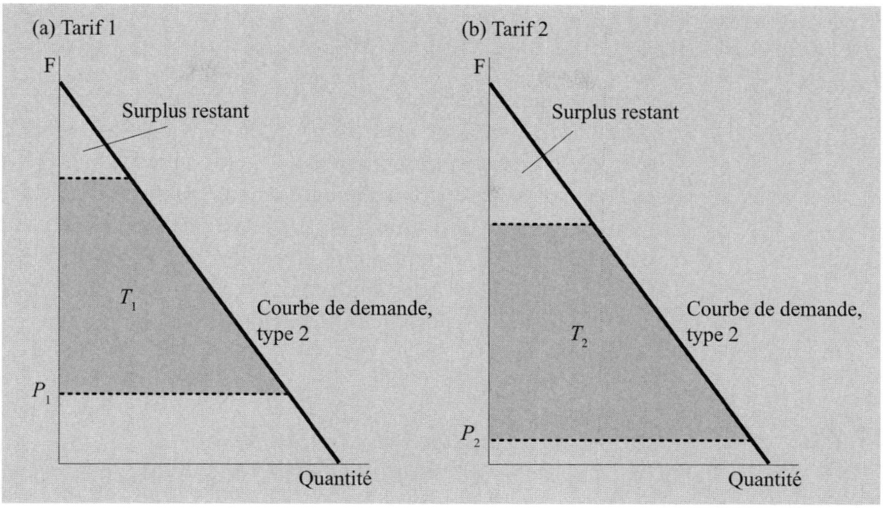

Figure 12.3
Choix d'un consommateur du type 2 en cas de double tarification en deux parties

sur les quantités plus faibles qu'ils achètent. En d'autres termes, les gros clients (type 2) apprécient bien davantage les bas prix que les petits clients (type 1). C'est ce qui permet à l'entreprise de séparer les consommateurs en deux groupes.

Les restaurants fournissent un exemple extrême d'une double tarification en deux parties conçue pour séparer les clients en deux groupes. Beaucoup offrent le choix entre un menu (T élevé, $p = 0$) et la carte ($T = 0$, p élevé). Aussi, les gros mangeurs choisissent-ils toujours le menu.

La figure 12.3 illustre le cas des consommateurs du type 2. Notons que ceux-ci préfèrent (T_2, p_2) à (T_1, p_1) car même si le forfait T_2 est supérieur à T_1, le prix est inférieur $(p_2 < p_1)$. Par conséquent, le surplus restant est plus élevé avec la seconde formule. De même, les consommateurs du type 1 préfèrent (T_1, p_1) à (T_2, p_2) car le surplus qui leur reste avec la formule (T_1, p_1) est plus élevé (le forfait est moins coûteux).

Les consommateurs du type 2 bénéficient de l'existence des consommateurs du type 1. Sans eux, leur utilité serait nulle. Ainsi, la diversité des consommateurs favorise les gros consommateurs (voir l'annexe D à ce chapitre).

12.2 Ventes liées

Lorsqu'un bien ne peut être acheté qu'à la condition d'acheter simultanément un autre bien, il s'agit d'une *vente liée*. Par exemple, si un grand magasin proposait une livre de café à condition d'acheter aussi du sucre, se serait une vente liée. Aux États-Unis, les ventes liées ont suscité beaucoup de contentieux juridiques et l'on dispose de ce fait d'un grand nombre d'exemples détaillés d'entreprises ayant employé ces méthodes de vente (voir le chapitre 20).

Les ventes liées sont un moyen de discriminer par le prix. Nous employons ici le terme *discrimination par le prix* dans un sens très général, pour désigner une politique qui permet au monopole d'obtenir un profit plus élevé que s'il avait vendu les deux produits séparément pour la même somme globale. De même que pour les autres formes de discrimination par le prix, la vente liée augmente le profit parce qu'elle permet de faire payer un prix plus élevé aux consommateurs qui valorisent le plus le bien. Mais si les ventes liées peuvent servir à discriminer par le prix elles sont aussi motivées par d'autres considérations sans rapport avec la discrimination par le prix.

12.2.1 Motivations générales des ventes liées

Les ventes liées permettent d'améliorer l'efficience, de contourner certains prix réglementés, d'accorder des remises implicites ou d'assurer un certain niveau de qualité. Après avoir étudié ces différentes motivations, nous verrons comment les ventes liées peuvent aussi servir à discriminer par le prix.[3]

A. Efficience

Les ventes liées peuvent améliorer l'efficience. Par exemple, si les chaussures sont fournies avec des lacets, c'est qu'il est plus efficient (coûts de transaction moins élevés) de vendre les chaussures avec leurs lacets que de vendre les chaussures et les lacets séparément (dans la mesure où les préférences des consommateurs à l'égard des lacets ne sont pas trop différentes). À la limite, tout produit peut être considéré comme un aggrégat de produits différents. Ainsi, une radio est-elle constituée de mutiples composants. La même chose est vraie d'une automobile qui n'est qu'un assemblage, comprenant moteur, pneus, carroserie, etc. Tous ces éléments pourraient être vendus séparément, mais ils sont assemblés car les consommateurs désirent acheter une voiture complète. Voir l'exemple 12.1.

Un autre facteur de l'efficience des ventes liées est qu'elles permettent de réaliser des économies en cas d'amélioration des produits. Les coûts totaux de recherche sont réduits si l'acheteur fait l'acquisition simultanée de plusieurs produits, plutôt que de les acheter séparément. Voir l'exemple 12.2.

B. Contourner les réglementations

Une autre motivation des ventes liées est de permettre le contournement des réglementations de prix. Supposons par exemple que le gouvernement fixe le prix de l'acier et que celui-ci soit inférieur de 5 F au prix du marché (prix qui égalise

---

[3] Une autre explication, avancée par Whinston (1990), est que les ventes liées peuvent servir de barrières à la mobilité (entrée ou sortie).

EXEMPLE 12.1

L'assemblage des voitures par le constructeur : un exemple d'une vente liée à l'avantage du consommateur

Plutôt que d'acheter une voiture assemblée — sous forme d'une vente liée — on peut éventuellement acheter chaque partie séparément, assembler soi-même le véhicule et peindre la carosserie. Mais cette seconde solution est beaucoup plus coûteuse. Selon le *Journal of American Insurance*, le coût d'une Buick *Skylark* assemblée était de 12 568 $ en 1988, alors qu'acquérir séparément les composants, assembler la voiture et la peindre aurait coûté 40 280 $.

SOURCE : Boyd, Brendan, « By the Numbers », *San Francisco Chronicle*, 3 Mars 1989 : B5.

l'offre et la demande). Pour contourner cette réglementation, l'entreprise peut exiger des consommateurs qu'ils achètent en même temps un stylo de 5,25 F qui coûte 0,25 F à produire. De cette façon, le prix du marché est atteint et le prix réglementé est respecté.

Une variante de l'exemple précédent consiste à appliquer la même méthode à la fourniture de certains services, comme l'électricité, dont les tarifs sont réglementés. Imaginons que les compagnies d'électricité puissent vendre aussi des ampoules et lier la souscription d'un contrat d'alimentation électrique à l'achat simultané d'ampoules. Elles disposeraient alors d'un moyen de contourner la réglementation en vendant les ampoules très chères, à moins bien sûr que le prix des ampoules soit également réglementé.

Cette possibilité de contourner les réglementations est particulièrement d'actualité aux États-Unis, depuis le démembrement d'AT&T. En effet, ce sont maintenant des entreprises régionales qui prennent en charge les communications téléphoniques locales. Comme les tarifs restent réglementés, ces entreprises cherchent fréquemment à obtenir le droit de commercialiser d'autres services liés à la téléphonie, dont les prix ne sont pas réglementés. Ceci leur donne la possibilité de compenser le tarif réglementé par un prix d'accès élevé aux services proposés. Lors du démentèlement d'AT&T, il était prévu que les entreprises locales n'auraient pas le droit de développer des activités non réglementées. Mais depuis, les conditions économiques ayant changé, certaines de ces restrictions ont été levées.

C. Remises de prix implicites

Les ventes liées permettent d'accorder discrètement des remises de prix. Imaginons par exemple qu'une entreprise d'un oligopole souhaite accorder des remises sans que ses rivaux ne le sachent (voir le chapitre 6). Elle peut dissimuler cette remise en liant la vente à celle d'un autre produit à très bas prix. Ainsi, une remise de 10% sur un produit valant 100 F peut se faire en offrant à l'acheteur un autre produit valant 10 F. L'entreprise peut également faire payer ce produit 10 F dans le cas d'une vente liée, mais plus cher s'il est vendu séparément.

EXEMPLE 12.2 À prendre ou à laisser

La plus grosse partie de la production mondiale de diamants est commercialisée par deBeers Consolidated Mines. L'acheteur peut stipuler la qualité qu'il désire. On lui remet alors un sac contenant plusieurs diamants, qu'il peut accepter ou refuser, mais il n'a pas le droit d'effectuer une sélection parmi les pierres proposées. Cette logique de vente se justifie par le fait qu'elle évite à deBeers d'avoir à examiner chaque pierre en détail, ce qui serait trop coûteux.

SOURCE : Kenney et Klein (1983).

D. Garantir la qualité

Les ventes liées peuvent aussi permettre de garantir la qualité des produits. Ainsi, l'entreprise Kodak prétend-elle qu'elle lie la vente de ses pellicules à leur développement par ses laboratoires parce que les autres ne sont pas en mesure de fournir un développement d'aussi bonne qualité.[4] Selon Kodak, le consommateur ne serait pas capable de déterminer si la mauvaise qualité éventuelle des photos provient de la pellicule ou du développement, ce qui peut avoir une influence négative sur la vente des pellicules.

Un autre exemple du même ordre concerne NutraSweet, un édulcorant dont le producteur, Searle, vantait le naturel et le goût. Le prix de ce produit étant plus élevé que celui de ses concurrents, comme la saccharine, les producteurs de sodas l'utilisèrent pour leurs sodas diététiques en le mélangeant à la saccharine. Mais selon Searle, cela risquait d'altérer le goût du produit et d'en donner une mauvaise opinion. Aussi l'entreprise exigea-t-elle de ses clients que le produit ne soit pas utilisé en mélange.[5] Bien entendu, les motivations secrètes de Searle, de même que celles de Kodak, sont peut-être bien différentes de celles invoquées.

12.2.2 *Ventes liées et discrimination par le prix*

La dernière motivation des ventes liées — sur laquelle nous allons concentrer notre attention dans le reste de ce chapitre — est qu'elles permettent d'augmenter le profit. Autrement dit, un monopole peut augmenter son profit en liant la vente d'un autre produit à celle du produit dont il possède le monopole. Certaines conditions doivent être rempies pour que les ventes liées puissent servir à la discrimination par le prix. Nous allons commencer par passer en revue les raisons générales qui motivent l'usage des ventes liées comme moyen de discrimination par les prix, puis nous en étudierons les conditions d'efficacité.

Il existe deux formes communes de ventes liées. La première est la **vente liée en package** (Adams et Yellen, 1976) : deux produits (ou plus) sont vendus ensemble,

[4] Les pellicules furent mêmes vendues pendant un temps avec le développement payé. Il suffisait alors d'envoyer la pellicule par la poste et Kodak se chargeait de son développement.

[5] *Newsweek*, 28 janvier 1985, p. 57.

en proportions fixes. Imaginons qu'un magasin vende les paquets de café et de sucre attachés ensemble. Le consommateur devrait alors consommer les deux produits en proportions fixes, quitte à se débarrasser de l'un des deux s'il n'en a pas l'usage.

La seconde forme commune est la **vente liée de consommables** : les acheteurs d'un produit doivent aussi se procurer certains accessoires auprès de la même entreprise. IBM exigeait autrefois que les utilisateurs de ses machines les fassent exclusivement fonctionner avec des cartes à perforer maison, quel que soit le nombre de cartes utilisées.(6) Dans cette seconde forme de vente liée, les différents consommateurs peuvent consommer différentes proportions des deux produits. Dans l'exemple d'IBM, un gros cabinet comptable utilisait bien plus de cartes qu'une petite entreprise. Dans certains cas, les accessoires ne sont fabriqués que par l'entreprise elle-même, de sorte que le consommateur n'a aucune liberté de choix (nous avons déjà évoqué le cas de Polaroïd, seule entreprise à fabriquer les pellicules appropriées à ses appareils).

L'entreprise qui utilise la vente liée de consommables pour discriminer par le prix doit s'assurer que les consommateurs ne peuvent pas revendre le produit, condition nécessaire pour que chaque consommateur paie un prix différent alors que le produit est identique. En effet, la vente liée en package (avec des proportions fixes à l'intérieur) échouerait si les consommateurs pouvaient revendre les différents produits séparément. De même, dans le cas de la vente liée de consommables, il ne faut pas que le consommateur puisse se procurer les consommables ailleurs à un prix plus intéressant.

Cette politique de prix non linéaire augmente le profit du monopole parce qu'il peut faire payer un prix différent à chaque catégorie de consommateurs. Mais s'il se développe un marché entre consommateurs, le prix tend à s'homogénéiser, ce qui supprime l'intérêt de la vente liée.

Nous allons maintenant étudier de façon détaillée les deux types de ventes liées et les conditions dans lesquelles elles augmentent le profit. Nous débuterons par l'analyse du cas de la vente liée de deux produits dont les demandes sont indépendantes. Les demandes de deux produits sont indépendantes si l'appréciation d'un des deux produits par le consommateur ne dépend pas de la quantité consommée de l'autre produit. Notre étude portera ensuite sur l'analyse de deux produits aux demandes interdépendantes.

A. Ventes liées de produits indépendants

Nous allons d'abord supposer que l'entreprise possède un monopole sur les deux produits. Puis nous examinerons le cas d'une entreprise dont le monopole ne s'étend qu'à un seul produit.

a. L'entreprise a le monopole des deux produits. Supposons que l'entreprise possède un monopole sur les produits A et B. C'est le cas, par exemple, d'un distributeur

---

[6] *IBM v. United States*, 298 U.S. 131 (1936). Il est probable que les consommateurs qui achetaient ces cartes payaient un prix plus élevé que s'ils les avaient achetées ailleurs.

Tableau 12.1: *Exemple d'une vente en package profitable*

	Catégorie 1	**Catégorie 2**
Disposition maximale à payer pour A	9 000 F	10 000 F
Disposition maximale à payer pour A	3 000 F	2 000 F
Disposition maximale à payer pour A et B	12 000 F	12 000 F

qui vend deux films très demandés, A et B, à des salles de cinéma. A-t-il intérêt à vendre les deux films séparément ou en package ? La réponse dépend de la valeur que les consommateurs (directeurs de salles) accordent séparément à chaque film par rapport à celle qu'ils accordent aux deux films considérés comme un package (Stigler, 1968).

Le distributeur vend à deux catégories de consommateurs (directeurs de salles). Les consommateurs du type 1 sont prêts à payer jusqu'à 9 000 F pour l'achat de A seul et jusqu'à 3 000 F pour l'achat de B seul (voir le tableau 12.1). Les consommateurs du type 2 sont prêts à payer jusqu'à 10 000 F pour A seul et 2 000 F pour B seul. Le montant que chaque groupe est prêt à payer pour A est indépendant de l'achat ou non de B, et vice versa.

Supposons que le coût de production des deux produits soit nul et que le monopole cherche à maximiser les recettes tirées de la vente à ces deux catégories de consommateurs. Le monopole peut choisir entre deux options : vendre A et B séparément ou les vendre en package. S'il vend A séparément au prix de 9 000 F, sa recette est maximale. À ce prix, les deux catégories de consommateurs achètent le produit A et le monopole reçoit 18 000 F. De même, afin de maximiser la recette obtenue en vendant B séparément, le monopole doit fixer un prix de 2 000 F. Dans ce cas, sa recette est de 4 000 F. Par conséquent, la recette totale obtenue de la vente séparée de A et B est égale à 22 000 F.

Considérons maintenant le cas où le monopole décide de vendre A et B en package. Les consommateurs des deux catégories sont disposés à payer 12 000 F pour l'ensemble. Si le monopole vend l'ensemble pour 12 000 F à chaque catégorie, il reçoit 24 000 F. Dans cet exemple, son profit (qui correspond à sa recette) est maximum s'il lie la vente des deux biens plutôt que de les vendre séparément. En vendant les deux films ensemble, le monopole fixe en fait un prix de B plus élevé pour les consomateurs du type 1 (3 000 F) que pour ceux du type 2 (2 000 F) et un prix de A plus bas pour les consommateurs du type 1 (9 000 F) que pour ceux du type 2 (10 000 F). En d'autres termes, bien que les consommateurs des deux catégories achètent le même package, ils n'évaluent pas de la même façon les produits qu'il contient. Cette vente liée constitue donc un exemple de discrimination par le prix : le monopole fait payer un prix différent aux consommateurs de chaque catégorie, alors que les produits achetés sont identiques.

En modifiant les chiffres du tableau 12.1, on peut montrer que la vente liée n'est pas nécessairement la stratégie la plus profitable. Le tableau 12.2 illustre un

Tableau 12.2: *Exemple d'une vente en package non profitable*

	Catégorie 1	**Catégorie 2**
Disposition maximale à payer pour A	9 000 F	10 000 F
Disposition maximale à payer pour A	500 F	2 000 F
Disposition maximale à payer pour A et B	9 500 F	12 000 F

cas où la vente séparée des deux produits est plus intéressante. Le profit maximum obtenu en vendant les deux produits séparément est de 20 000 F : 18 000 F pour A (acheté par les consommateurs des deux catégories) et 2 000 F pour B (acheté seulement par les consommateurs type 2). En revanche, le profit obtenu en vendant les produits A et B ensemble (aux deux catégories) n'est que de 19 000 F.

Revenons à l'exemple du tableau 12.1. Supposons qu'un consommateur puisse acheter le package composé de A et B et revendre séparément les produits A et B. Le prix de marché de A qui déclenche un achat de la part des deux catégories est de 9 000 F et celui de B est de 2 000 F. Si les consommateurs des deux catégories connaissent l'existence d'un second marché où les produits sont vendus séparément au prix de 9 000 F pour A et de 2 000 F pour B, ils s'abstiendront d'acheter les produits en package. Ils préfèreront en effet acheter les deux produits séparément pour un total de 11 000 F, plutôt qu'un package de 12 000 F. Par conséquent, s'il existe un second marché où les deux produits se vendent séparément, il n'est pas possible d'utiliser la vente liée comme moyen de discrimination par le prix.

L'exemple du tableau 12.1 montre qu'en l'absence d'un second marché, le bénéfice de la discrimination par le prix est due à l'existence d'une relation négative entre ce que chaque type de consommateur est disposé à payer pour les deux produits. On note par exemple que les consommateurs de type 1 apprécient beaucoup plus B que A.

b. L'entreprise a le monopole d'un seul des deux produits. Maintenant l'entreprise n'a plus qu'un monopole sur le produit A (dont le coût marginal de production est nul). La production de B se fait dans des conditions concurrentielles et le produit se vend au prix m (coût marginal de production constant). Les demandes de A et de B sont indépendantes, c'est-à-dire que l'évaluation de A par les consommateurs ne dépend pas de la quantité consommée de B et vice versa. L'entreprise qui monopolise le produit A a-t-elle intérêt à lier la vente de A à celle de B au sein d'un package contenant une proportion fixe des deux produits ?

Avant d'analyser cette question de façon détaillée, essayons de deviner intuitivement la réponse. Admettons qu'il soit profitable pour le monopole de lier l'achat d'un produit concurrentiel B à celui du produit monopolisé B. Comme A et B sont indépendants, tout autre produit que B pourrait également être placé dans le package dans le but d'augmenter le profit du monopole. Ceci signifie par exemple qu'une voiture pourrait être vendue en package avec n'importe quel autre produit.

Il s'agit d'un cas extrême qui se présente rarement, voire jamais. On peut donc en conclure qu'il n'est sans doute pas profitable pour un monopole de lier la vente de son produit à celle d'un autre bien dont la demande est totalement indépendante.

Passons maintenant à l'analyse formelle de cet exemple. Le monopole vend A en package avec B, ce qui implique que toute unité de A doit être achetée en même temps qu'une unité de B. Le monopole achète B au prix concurrentiel m, le place dans un paquet contenant A, et fait payer un prix p^* pour le tout. Le profit par package est égal à $p^* - m$. Pour savoir si cette stratégie est rentable, il faut comparer le profit qu'elle rapporte avec celui qui serait obtenu en vendant A tout seul au prix $p^* - m$.

Deux catégories de consommateurs sont succeptibles d'acheter le package. La première est celle de ceux qui attachent de l'importance au produit B. Si B n'était pas dans le package, ils pourraient l'acheter sur le marché au prix m. Pour ces consommateurs, tout se passe comme s'ils achetaient B au prix m et qu'ils payaient $p^* - m$ pour A. Aussi sont-ils complètement indifférents entre le fait de payer séparément $p^* - m$ pour A et m pour B ou d'acheter A et B dans un package au prix p^*.

Pour la seconde catégorie de consommateurs, une unité de B vaut moins que m (c'est-à-dire qu'ils ne sont pas disposés à acheter B au prix concurrentiel). S'ils achètent le package, ils sont obligés de consommer davantage du produit B qu'ils ne l'auraient fait s'ils avaient acheté B séparément au prix du marché, m. Il se peut par exemple qu'un consommateur qui se retrouve avec une unité de B ne sache pas quoi en faire, ce qui signifie que pour lui la valeur de cette unité est nulle. Par conséquent, ce type de consommateur n'achètera un package contenant A et B que s'il attache au produit A une valeur supérieure ou égale au prix du package, soit p^*.

Si A était vendu séparément au prix $p^* - m$, il y aurait davantage de consommateurs de la catégorie 2 qui achèteraient le produit qu'il y en a qui sont disposés à acheter le package au prix p^*. Par exemple, tous les consommateurs que B n'intéresse pas du tout, mais qui estiment que A vaut $p^* - m$, achèteraient A séparément au prix $p^* - m$, alors qu'ils ne sont pas disposés à acheter le package au prix p^*. Si le profit est de $p^* - m$ par package et qu'il est de $p^* - m$ par unité quand A est vendu séparément (au prix $p^* - m$), le monopole à intérêt à opter pour la seconde solution car il vendra un plus grand nombre d'unités de A. Autrement dit, si le prix du package est égal à p, il vaut mieux que le monopole vende A séparément au prix $p^* - m$. En vendant A et B ensemble, il perd certains consommateurs qui ne veulent pas acheter un paquet qui contient un produit B dont ils n'ont que faire. Par conséquent, même s'ils attachent une certaine valeur au produit A, ils n'achèteront peut-être pas le package. En conclusion, si les demandes sont indépendantes, le packaging en proportions fixes n'est pas une solution intéressante pour une entreprise dont le monopole ne concerne qu'un seul produit.[7]

[7] Matthewson et Winters (1992) ont montré que lier la vente d'un produit monopolisé à celle d'un produit concurrentiel pouvait augmenter le bien-être. L'exemple qu'ils fournissent est celui d'une compagnie

B. Demandes interdépendantes

Très souvent, les demandes sont interdépendantes. Prenons l'exemple des appareils photos et des pellicules. Le prix des pellicules influence celui des appareils photos et vice versa, car la valeur d'un appareil dépend de l'existence de pellicules. L'interdépendance des demandes permet d'utiliser la vente liée (sous ses deux formes) pour discriminer par le prix. Avant d'en étudier le mécanisme, voyons d'abord comment l'interdépendance des demandes affecte la maximisation du profit, indépendamment de toute vente liée.

a. Maximisation du profit lorsque les demandes sont interdépendantes. Supposons qu'une entreprise possède un monopole sur deux produits, A et B. Si les deux demandes sont indépendantes, la demande de A ne dépend que du prix de A et celle de B ne dépend que du prix de B. Lorsque les demandes sont interdépendantes, la demande de A dépend non seulement du prix de A, mais aussi de celui de B. De même, la demande de B dépend à la fois des prix de A et B.

Soit m_A le coût marginal constant de production de A, m_B celui de B, p_A le prix de A et p_B le prix de B. Les courbes de demande de A et de B sont respectivement données par $D_A(p_A)$ et $D_B(p_B)$. Le profit tiré de la vente de A s'écrit :

$$\pi_A(p_A, p_B) = (p_A - m_A) D_A(p_A, p_B).$$

où $(p_A - m_A)$ est le profit par unité de A vendue. De même, le profit obtenu par la vente de B est :

$$\pi_B(p_A, p_B) = (p_B - m_B) D_B(p_A, p_B).$$

Le problème du monopole consiste à maximiser π, le profit total provenant de la vente des deux produits, qui dépend des deux prix :

$$\begin{aligned} \pi(p_A, p_B) &= (p_A - m_A) D_A(p_A, p_B) + (p_B - m_B) D_B(p_A, p_B), \\ &= \pi_A(p_A, p_B) + \pi_B(p_A, p_B). \end{aligned} \tag{12.1}$$

Lorsqu'il choisit les prix optimaux, le monopole tient non seulement compte de π_A, le profit lié à la production et à la vente de A, mais aussi de la façon dont le prix de A agit sur π_B, le profit tiré de la vente de B, et vice versa. Autrement dit, si les demandes sont interdépendantes, le monopole doit tenir compte de cette interdépendance pour définir sa politique de prix optimale.

La figure 12.4 illustre le problème du monopole. La courbe de demande de A se déplace vers la droite quand le prix de B baisse de 5 F à 4 F. En modifiant le prix p_B, le monopole peut influencer la position de la courbe de demande du

pétrolière qui ravitaille simultanément les stations en carburant et en batteries ou autres accessoires pour automobiles. Bien que ne fabriquant pas elle-même les batteries et les autres accessoires, la compagnie pétrolière peut néanmoins les vendre avec profit. Cette stratégie lui permet d'optimiser sa marge de profit sur plusieurs produits au lieu d'un seul.

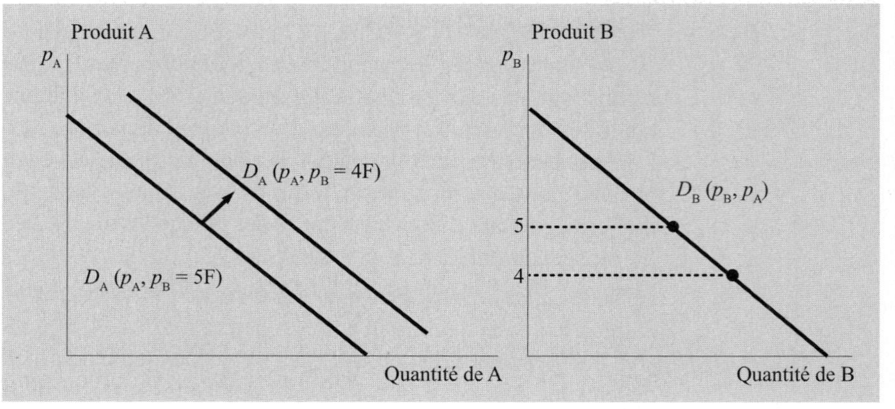

Figure 12.4: *Demandes interdépendantes*

produit A de façon à ce que le profit des ventes supplémentaires de A compense la baisse de profit liée à la diminution des ventes de B.[8] (si p_A change, alors D_B se déplace aussi). Donc, une entreprise qui possède un monopole sur deux produits peut fixer au moins un des deux prix à un niveau plus élevé que si chaque prix était fixé séparément par deux entreprises ayant chacune un monopole sur un produit.

Il peut être rentable de fixer p_B à un niveau inférieur au coût de production pour pouvoir vendre A à un prix plus élevé. Nous obtenons ainsi un résultat similaire à celui de la tarification en deux parties. Par exemple, dans la vente d'un appareil photo et d'une pellicule, nous avons les éléments d'une tarification en deux parties : le prix de l'appareil correspond à la partie fixe et celui des pellicules à la partie variable. Ainsi que nous l'avons vu lors de l'analyse de la tarification en deux parties, il peut être profitable de fixer le prix de l'appareil photo à un niveau inférieur à son coût de production. Nous allons maintenant procéder à l'analyse des deux formes de ventes liés lorsque les demandes sont interdépendantes.

b. Ventes liées en package lorsque les demandes sont interdépendantes. Lorsque les demandes sont interdépendantes, la vente liée en package permet d'améliorer l'efficience et donc le profit. Prenons l'exemple des automobiles. Celles-ci sont fabriquées notamment à partir d'acier et d'aluminium. La disposition des construc-

---

[8] Pour choisir les prix p_A et p_B qui maximisent le profit du monopole, il faut annuler la dérivée de π dans l'équation 12.1 par rapport à chacun de ces prix :

$$\frac{\partial \pi}{\partial p_A} = \frac{\partial \pi_A}{\partial p_A} + \frac{\partial \pi_B}{\partial p_A} = 0,$$

$$\frac{\partial \pi}{\partial p_B} = \frac{\partial \pi_A}{\partial p_B} + \frac{\partial \pi_B}{\partial p_B} = 0.$$

Ces conditions sont différentes de celles que l'on obtiendrait s'il y avait deux monopoles fixant séparément p_A et p_B au lieu d'un seul qui fixe *à la fois* le prix de A et celui de B. Les conditions seraient alors $\partial \pi_A / \partial p_A = 0$ et $\partial \pi_B / \partial p_B = 0$, en supposant un comportement à la Bertrand.

teurs d'automobiles à payer pour l'aluminium dépend notamment du prix de l'acier. Par conséquent, si la production d'automobiles peut être obtenue en utilisant des proportions variables d'aluminimum et d'acier, les demandes de ces deux facteurs sont interdépendantes.

Supposons que les industries de l'automobile et de l'acier soient concurrentielles, mais que celle de l'aluminium soit un monopole. Les fabricants d'automobiles choisissent alors une combinaison d'aluminium et d'acier qui dépend du ratio du prix de l'aluminium en monopole à celui de l'acier en concurrence. Comme le prix de l'aluminium est relativement plus élevé en monopole qu'en concurrence, ils utiliseront moins d'aliminium et plus d'acier qu'en concurrence, ce qui fait que la production d'automobile sera inefficiente. D'autre part, du point de vue de l'entreprise qui a le monopole de l'aluminium, la quantité vendue sera relativement faible.

Le monopole peut alors obliger les constructeurs automobiles à négocier un contrat les engageant à utiliser plus d'aluminium. Il peut par exemple exiger qu'ils utilisent la combinaison efficiente d'aluminium/acier (celle qui serait choisie en concurrence). Le monopole peut imposer cette obligation en ne vendant de l'aluminium qu'aux entreprises qui achètent en même temps de l'acier (qu'il achète alors lui-même sur le marché concurrentiel). Naturellement comme pour toutes les formes de vente liées, il faut que les consommateurs, en l'occurence les constructeurs automobiles, soient dans l'impossiblité d'acheter secrètement l'acier sur le marché concurrentiel, faute de quoi ils peuvent en quelque sorte « défaire le package ».[9]

c. Ventes liées de consommables lorsque les demandes sont interdépendantes. La forme la plus répandue de vente liée de consommables est sans doute celle où les consommateurs doivent acheter toutes les fournitures nécessaire au bon fonctionnement d'un produit chez le fabricant de ce produit. Plusieurs cas de ce type ont été portés devant les tribunaux (voir le chapitre 20). L'un des plus célèbres est celui du fabricant de photocopieuses A.B. Dick Company qui exigeait de ses clients qu'ils lui achètent aussi les cartouches d'encre alors qu'il existait d'autres marques compatibles sur le marché.[10] Un autre cas célèbre que nous avons déjà mentionné, est celui des cartes à perforer que les utilisateurs des machines à calculer d'IBM devaient nécessairement se procurer auprès de cette entreprise.

Dans une vente liée de consommables, l'entreprise fixe leur prix à un niveau supérieur au seuil concurrentiel. Ceci revient en fait à faire payer un prix plus élevé pour le premier bien aux consommateurs qui ont une demande importante d'accessoires. Par exemple, quelqu'un qui achetait une machine à calculer IBM et

---

[9] Une approche alternative consiste pour le monopole de l'aluminium à prendre le contrôle de l'industrie automobile (intégration verticale) de façon à éliminer l'inefficience de la production et à augmenter la demande d'aluminium et son profit (voir le chapitre 13). Lorsque les demandes sont interdépendantes, une vente liée en package permet au monopole d'obtenir la même augmentation de production que celle qu'il obtiendrait par l'intégration verticale.

[10] *Henry v. A.B. Dick Co.*, 224 U.S. 1 (1912).

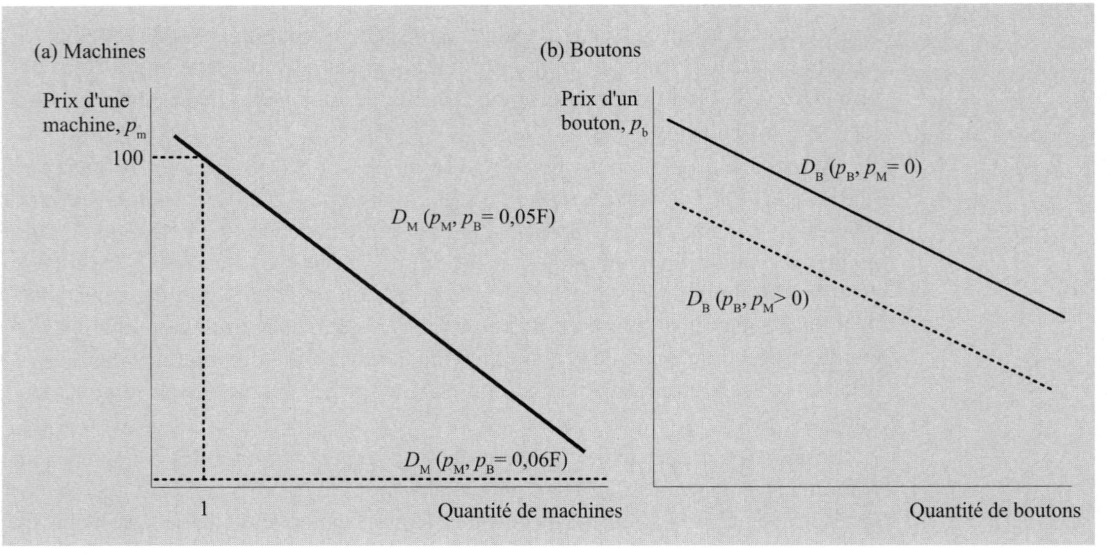

Figure 12.5
Déplacements des demandes de machines et de boutons provoqués par une vente liée

100 cartes payait davantage que s'il achetait seulement 10 cartes. Les différences de demande du bien consommable jouent ainsi un rôle essentiel dans la maximisation du profit. Voyons maintenant un exemple plus détaillé afin d'illustrer les affirmations précédentes.

Soit une entreprise qui invente une machine permettant de coudre automatiquement les boutons de chemises. Avant l'invention de cette machine, les boutons étaient cousus à la main, ce qui coûtait 1 centime de main-d'œuvre par bouton. L'industrie des chemises est composée d'un grand nombre d'entreprises. Une grosse entreprise qui utilise 100 000 boutons par an est prête à payer 100 F par an pour cette machine car elle lui permet d'économiser 100 F de main d'œuvre. En revanche, une petite entreprise qui coud seulement 1 000 boutons par an n'est prête qu'à payer 10 F par an pour la même machine.

Pour simplifier, admettons que la durée de vie de la machine soit d'un an et que le nombre total de boutons cousus par chaque entreprise soit indépendant de l'invention. La courbe de demande pour cette machine, $D_M(p_M, p_B)$ dépend du prix p_M de la machine et du prix p_B des boutons. La courbe de demande en trait plein de la figure 12.5 illustre le cas où le prix d'un bouton est égal à 5 centimes.

L'entreprise qui a inventé les machines les met gratuitement à disposition si on lui achète aussi les boutons au prix $p_B = 6$ centimes (ou un tout petit peu moins), soit 1 centimes de plus que le prix concurrentiel. Le monopole lie donc la vente des boutons à celle de la machine et fait payer 1 centime de plus (ou un petit peu moins) par bouton. Les entreprises acceptent ce marché car il leur permet par ailleurs d'économiser 1 centime par bouton.

Du fait de cette vente liée, les gros utilisateurs de boutons paient en réalité un prix beaucoup plus élevé pour l'utilisation de la machine. Par exemple, l'entreprise qui utilise 10 000 boutons paie en fait 100 F pour la machine, alors que celle qui n'utilise que 1 000 boutons ne paie que 10 F. Ainsi, la vente liée d'une machine et de boutons permet au monopole de faire payer un prix différent par machine : ceux qui utilisent beaucoup de boutons paient un prix plus élevé que ceux qui en utilisent peu. Par ce moyen, le monopole s'empare du surplus du consommateur situé au-dessous de la courbe de demande, ce qui signifie que le monopole pratique une discrimination parfaite.

Rapprochons cet exemple de notre analyse précédente des courbes de demande interdépendantes. Si le monopole fait payer 6 centimes par bouton et capture ainsi le surplus du consommateur, il est normal que les consommateurs ne veuillent rien payer pour la machine (ce qui explique que sur la figure 12.5a, la courbe de demande de machines soit représentée par un ligne horizontale en pointillé située juste au-dessus de l'axe des abscisses).

L'adoption de la machine provoque un déplacement vers la droite de la courbe de demande de boutons. Si la machine est donnée gratuitement à l'utilisateur, la courbe de demande de boutons se déplace vers la droite d'une distance correspondant à 1 centime quand on la mesure par rapport à l'axe des ordonnées. De même, si le prix des machines augmente, la courbe de demande de boutons des acheteurs de machines baisse (voir la figure 12.5b).[11] La vente liée telle que $p_M = 0$ F et $p_B = 0{,}06$ F déplace la courbe de demande de machine vers le bas et celle de demande de boutons vers le haut (ligne en pointillé), par rapport à leur position quand $p_M > 0$ et $p_B = 0{,}05$ centimes (ligne en trait plein). La vente liée permet ici à l'entreprise d'opérer une discrimnation par le prix parfaite, ce qui est plus profitable que de fixer un prix pour la machine sans vendre de boutons (ou de les vendre à un prix concurrentiel).

L'exemple que nous venons d'étudier est un peu particulier en ceci que chaque entreprise a une demande prédéfinie de boutons et que le coût de les coudre à la main est le même pour chacune d'elle. Il est plus vraisemblable de supposer que les entreprise disposent d'une marge de flexibilité concernant la quantité de boutons achetés et qu'elles n'attachent pas toutes la même importance à l'acquisition d'une machine. Dans ce cas, la vente liée d'une machine et de boutons où le prix des boutons est surévalué risque de réduire l'utilisation de boutons et, par conséquent, d'empêcher une discrimination parfaite. Cependant, même si le monopole ne prélève pas la totalité du surplus du consommateur, la vente liée peut être la stratégie la plus profitable. Si nous envisageons la vente liée sous l'angle d'une tarification en deux parties où le prix de la machine correspond au forfait et celui des boutons au prix par unité, nous voyons que la même raison qui empêche la

[11] Les décisions d'acheter une machine et une certaine quantité de boutons sont prises simultanément. Aucun acheteur n'est disposé à payer la machine s'il paie déjà 1 centime de plus par bouton. Plus le prix de la machine est élevé, moins les acheteurs sont disposés à payer par bouton.

discrimination parfaite dans le cas de la tarification en deux parties s'applique aussi à la vente liée.[12] Cette raison est que l'entreprise ne peut pas identifier séparément chaque consommateur et lui faire payer le prix maximum.

Dans les exemples précédents, la vente liée sert implicitement à comptabiliser la quantité du bien utilisé en quantité variable. Mais on peut aussi concevoir une comptabilisation explicite. Par exemple, IBM aurait pu installer un compteur sur ses machines afin de connaître le nombre de cartes perforées, laisser les consommateurs acheter les cartes n'importe où, mais facturer l'utilisation de la machine en fonction du nombre de cartes perforées. Le choix de l'une des deux méthodes dépend de leur coût respectif. Les compteurs peuvent être coûteux à installer ou faciles à trafiquer. D'un autre côté, les ventes liées ne sont pas toujours faciles à mettre en place lorsque les consommateurs peuvent acheter les accessoires ailleurs, ce qui nuit à leur utilisation efficace. Les compteurs sont fréquemment utilisés pour les photocopieurs, les téléphones et la consommation d'électricité.

Nous venons de voir comment l'emploi des ventes liées pouvait augmenter le profit d'un monopole. Soulignons pour finir que la vente liée concerne parfois plus d'un accessoire et qu'il est également possible de stipuler les accessoires qui *ne doivent pas* être utilisés avec le produit monopolisé.

12.3 Choix de la qualité

Soit un monopole qui produit plusieurs biens de qualité différente, par exemple des voitures de basse qualité, moyenne et supérieure. Les demandes de biens aux qualités différentes sont généralement interdépendantes car les biens sont substituables entre eux. Si la qualité des biens est prédéterminée, la politique de prix du monopole est identique à celle que nous avons étudié dans le cas des demandes interdépendantes. En revanche, lorsque le monopole choisit le degré de qualité des biens, il doit non seulement prendre en compte l'interdépendance des demandes pour fixer les prix, mais également pour le choix du degré de qualité de chaque produit (Mussa et Rosen, 1978). Ce dernier choix est influencé par les mêmes facteurs que ceux qui interviennent dans les politiques de prix non linéaire.

Par exemple, une entreprise qui a le monopole de la production d'automobiles peut choisir de ne produire que des modèles de très haute qualité et de très basse qualité. En refusant de fournir des modèles de qualité moyenne, il prive les consommateurs de substituts aux voitures de très haute qualité et peut ainsi augmenter son profit. En effet, il peut fixer un prix très élevé pour les voitures de qualité supérieure

[12] Si le nombre de boutons par chemise varie et qu'à la suite d'une augmentation du prix des boutons certaines entreprises réduisent le nombre de boutons par chemise, le propriétaire des machines sera alors obligé de stipuler que l'utilisation de la machine implique l'emploi d'un nombre minimum de boutons par chemise.

sans craindre que certains consommateurs se reportent sur d'autres modèles (les voitures de basse qualité ne sont pas des substituts directs).

En résumé, si les consommateurs ont le choix entre différents niveaux de qualité, le monopole peut manipuler la qualité des biens pour avoir une plus grosse part du surplus du consommateur. Le principe est le même que celui déjà analysé pour les autres formes de discrimination : choisir l'éventail de qualité de façon à faire payer un prix élevé aux consommateurs qui sont prêts à payer le plus et un prix bas à ceux qui sont prêts à payer le moins (voir Mussa et Rosen, 1978).

12.4 Autres politiques de prix non linéaire

Dans ce chapitre, nous avons évoqué les principales politiques de prix qu'un monopole peut envisager pour maximiser ses profits. Cependant, d'autres politiques méritent également d'être mentionnées.

12.4.1 *Quantités minimales et remises quantitatives*

Beaucoup d'entreprises stipulent la quantité minimale du produit que le consommateur doit acheter, ce qui est politique de prix non linéaire. En effet, le prix moyen payé par le consommateur est alors élevé s'il consomme peu et baisse s'il consomme au delà de cette quantité minimale. On obtient le même effet en pratiquant des remises en fonction de la quantité achetée.

12.4.2 *Sélection de la formule de tarification*

Les consommateurs doivent parfois choisir la formule de tarification qui leur sera appliquée *avant même* de savoir combien ils auront consommé. Ainsi, certaines compagnies téléphoniques américaines proposent aux consommateurs de choisir une formule de tarification dès le début du mois. Certains consommateurs préfèrent payer un forfait plus élevé pour avoir un consommation illimitée alors que d'autres préfèrent un forfait moins élevé mais doivent payer les appels supplémentaires à un prix élevé. Il se peut qu'à la fin du mois le consommateur s'aperçoive qu'il n'a pas choisi la formule la plus rentable. Cette pratique permet au monopole de discriminer entre les consommateurs qui savent prévoir correctement leur consommation et les autres. Ceux qui ne peuvent pas prévoir correctement leur consommation risquent alors se retrouver avec une facture supérieure.

Contrairement aux compagnies téléphoniques, les compagnies d'électricité américaines n'exigent pas des consommateurs qu'ils choisissent un barème d'avance. Le prix facturé décroît automatiquement en fonction de la quantité consommée (mais par paliers). Comme tous les consommateurs sont soumis au même régime, le montant de la facture est indépendant de la capacité à prévoir sa consommation.

Un autre exemple similaire concerne l'achat par avance d'une quantité déterminée d'un produit à un prix inférieur à celui qui serait payé si l'achat était exclusivement effectué en fonction des besoins du consommateur. Par exemple, le prix du ticket de métro coûte moins cher quand on achète un carnet au lieu de tickets à l'unité. La RATP profite ainsi des clients qui sous-estiment la fréquence de leurs trajets.

12.4.3 Facturation en fonction de la priorité

L'entreprise peut également facturer un prix différent en fonction de la rapidité avec laquelle le consommateur désire être servi. Ainsi, il est habituel de faire payer plus cher les produits nouveaux et de diminuer ensuite leur prix. De même, les compagnies aériennes font payer plus cher pour les billets achetés la veille du départ que pour ceux achetés plusieurs semaines avant. L'une des explications de cette stratégie est le désir d'exploiter la moins grande élasticité-prix de la demande de ceux qui voyagent pour raisons professionnelles (l'élasticité-prix de la demande des touristes est plus importante). En général, lorsque l'obtention d'un bien est incertaine, il est possible de discriminer par le prix en faisant payer différents prix en fonction des différentes probabilités d'obtenir le bien (Harris et Raviv 1981 ; Maskin et Riley, 1984).(13) Ces stratégies ne peuvent cependant pas être qualifiées de discriminatoires si le coût du produit pour l'entreprise varie en fonction du consommateur servi.

12.4.4 Enchères

Certaines entreprises ont recours aux enchères pour vendre des actifs de valeur : objets d'art, antiquités, concessions de plateformes pétrolières et bons du trésor. L'objectif des enchères est d'obtenir le maximum d'argent des acheteurs dans une situation où le vendeur ne peut pas distinguer quels sont les acheteurs qui attachent le plus de valeur au bien. Le problème est alors de déterminer le mécanisme d'enchère qui incite les acheteurs les plus motivés à faire les offres maximales.

Quel est le mécanisme d'enchère qui maximise la recette du vendeur ? Est-ce le mécanisme des **enchères anglaises** où celui qui fait l'offre la plus élevée l'emporte ? Où est-ce le mécanisme des **enchères hollandaises** où le commissaire priseur commence par faire une offre très élevée, puis réduit le prix jusqu'à ce qu'un acheteur accepte l'offre ? Faut-il stipuler un prix minimum ? En fait, si l'on pose quelques hypothèses plausibles, la réponse à ces questions est remarquablement simple. Lorsque chaque acheteur cherche à maximiser son surplus et que son

[13] Les implications de ces politiques de prix sur le bien-être sont très complexes. Par exemple, Gale et Holmes (1992) ont montré que les remises offertes pour l'achat de billets aériens à l'avance pouvait améliorer l'efficacité de la répartition des ressources entre les périodes de pointe et les périodes creuses, en l'absence d'un marché spot le jour du vol. D'autre part, la remise de prix socialement optimale peut être plus ou moins importante que celle offerte par le monopole.

évaluation du bien est indépendante de l'évaluation des autres consommateur, les enchères hollandaises et anglaises permettent d'obtenir le même revenu anticipé. Et il est optimal de fixer un prix minimum.[14]

Résumé

1. Même lorsqu'une entreprise dispose d'un certain pouvoir de marché, elle ne peut pas employer la discrimination par le prix pour maximiser son profit si elle ne connaît pas les demandes des différents groupes de consommateurs. Elle doit appliquer la même politique de prix à tous les consommateurs et les laisser choisir combien ils veulent dépenser et consommer. Elle peut cependant augmenter son profit en appliquant des politiques de prix non linéaire. Beaucoup de ces politiques — telles que les formules de tarification en deux parties — induisent les consommateurs à se comporter différemment les uns des autres et à payer des prix différents.
2. Le mécanisme des ventes liées est semblable à celui de la tarification en deux parties et à ceux des autres politiques de prix non linéaire. Toutes ces politiques de prix permettent de faire payer des prix différents à des consommateurs différents. Sous certaines conditions, les ventes liées de package ou de consommables augmentent le profit des entreprises.
3. En plus des politique de prix non linéaire, d'autres politiques de prix sont encore à la disposition des entreprises. Ces politiques permettent aux entreprises disposant d'un pouvoir de marché d'obtenir un profit plus élevé que si elles faisaient payer le même prix à tous les consommateurs. Parmi ces politiques, les plus connues sont le choix de l'éventail de qualité des produits, les enchères, l'indexation du prix sur la rapidité de fourniture du bien et la définition d'une quantité minimale d'achat.

Termes clés

Contrainte d'auto-sélection	Politique de prix non linéaire
Enchères	Vente liée
Anglaises	de consommables
Hollandaises	en package

Questions

Q.12.1 Supposez qu'une entreprise ne puisse proposer qu'une seule formule de tarification en deux parties. Expliquez intuitivement pourquoi le forfait fixe est d'autant plus élevé et la tarification par unité d'autant plus basse que la population des consommateurs est homogène.

---

14 Riley et Samuelson (1981) et McAfee et MacMillan (1987) analysent certains des résultats concernant la vaste littérature consacrée aux enchères.

Q.12.2 La méthode de tarification des communications téléphoniques est différente de celle employée pour la consommation d'électricité. Les compagnies téléphoniques exigent de leurs consommateurs qu'ils choisissent d'avance leur formule de tarification, alors que les compagnies d'électricité appliquent un barème unique. Indiquez les raisons qui peuvent expliquer l'emploi de ces méthodes différentes ? (*Suggestion* : les consommations de ces deux types de biens sont-elles également prévisibles ?)

Q.12.3 Supposez qu'une entreprise fabrique des ordinateurs ayant des imprimantes incorporées et qu'une nouvelle entreprise qui ne fabrique que des imprimantes arrive sur le marché. Analyser la politique de vente liée juste décrite sous l'angle d'un comportement stratégique visant à augmenter le coût d'entrée sur le marché de nouveaux concurrents.

Q.12.4 Il existe une analogie entre la discrimination par le prix optimale et la taxation optimale. Supposons qu'il y ait deux groupes de consommateurs d'électricité aux demandes différentes et que le gouvernement ait besoin de fonds pour financer la construction d'une centrale électrique. Le coût variable de production d'une unité d'électricité est égal à 1 centime. Sur quels principes faut-il fonder la taxation optimale lorsque le gouvernement peut distinguer le groupe d'appartenance d'un consommateur donné et qu'il veut imposer une taxe par unité différente pour chaque groupe ? Supposons que le premier groupe soit composé d'entreprises et le second de ménages. Quel est le groupe ayant la demande la plus élastique ? En quoi vos réponses aux questions précédentes sont-elles modifiées si le gouvernement peut proposer deux formules de tarification en deux parties différentes pour chaque groupe ?

Q.12.5 Répondez à la question précédente en supposant que le gouvernement propose seulement deux formules de tarification aux deux groupes car il ne peut pas distinguer a priori le groupe d'appartenance d'un consommateur donné. La perte sèche est-elle plus importante que dans le cas précédent ?

Problèmes [15]

P.12.1 Soit une entreprise qui distribue des coupons de remise à un certain nombre de consommateurs. Pourquoi l'entreprise a-t-elle intérêt à limiter le nombre de coupons qu'un consommateur peut utiliser par achat (généralement un seul) ?

P.12.2 L'annexe D à ce chapitre analyse comment déterminer une tarification en deux parties optimale. Expliquez intuitivement pourquoi l'optimum consiste à faire payer un prix marginal m au consommateur ayant la disposition à payer la plus élevée.

P.12.3 Supposez qu'un consommateur consomme X unités du bien 1 et Y unités du bien 2. Son utilité est donnée par $Y + 10X$. Ce consommateur dispose de 100 F, le prix de Y est égal à 1 F et la dépense non linéaire pour le bien X est donnée par X^2. Déterminez la quantité X qui maximise l'utilité de ce consommateur.

---

[15] Les solutions des problèmes impairs sont données en fin de livre.

P.12.4 Supposez qu'une entreprise commercialise une machine permettant de coudre plus rapidement les boutons. Les entreprises qui utilisent cette machine réalisent une économie de 1 centime par bouton. Chaque entreprise ne coud pas le même nombre de boutons par chemise. Le fournisseur de la machine ne la vend que si les entreprises lui achètent aussi tous les boutons dont elles ont besoin. Si chaque machine est équipée d'un compteur qui mesure le nombre de boutons cousus et que l'utilisation de la machine est facturée en fonction de ce nombre, est-il nécessaire de recourir à la vente liée ? Faut-il interdire la vente liée mais autoriser la tarification en fonction du nombre de boutons ?

P.12.5 Soit $q_1 = 10 - 2p_1$ la demande d'un bien 1 et $q_2 = 10 + p_1 - 2p_2$, celle d'un bien 2, où p_i est le prix du bien i. Le coût de production de chaque bien est nul. Déterminez le prix de chaque produit si chacun est monopolisé par une entreprise différente et que chaque entreprise considère que le prix fixé par l'autre est une donnée hors de son influence. Calculez ensuite le prix pratiqué par une entreprise qui a le monopole des deux biens.

P.12.6 Un monopole produit et livre des produits à des consommateurs situées à des endroits différents. Chaque unité coûte m francs à produire et le transport coûte 1 F par kilomètre. Les reventes sont impossibles. Calculez le prix fixé par le monopole pour les consommateurs situés à t kilomètres si leur demande est donnée par $q_t = a - bp_t$, où q_t et $_t$ sont respectivement le prix et la quantité correspondant aux consommateurs situés à t kilomètres de l'entreprise. Faites apparaître la relation entre p_t et p_t. Qui supporte le coût du frêt ?

Lectures complémentaires

Sur la tarification en deux parties, voir Oi (1971) et Schmalensee (1981). Adams et Yellen (1976), ainsi que Stigler (1968) analysent les ventes liées en package.

Bibliographie

Adams, William J. et Janet L. Yellen. 1976. « Commodity Bundling and the Burden of Monopoly ». *Quarterly Journal of Economics* 90 : 475–98.

Gale, Ian L. et Thomas J. Holmes. 1992. « The Efficiency of Advance-Purchase Discounts in the Presence of Aggregate Demand Uncertainty ». *International Journal of Industrial Organization* 10 : 413-37.

Harris, Milton et Arthur Raviv. 1981. « Monopoly Pricing Schemes with Demand Uncertainty ». *American Economic Review* 71 : 347-65.

Katz, Michael. 1983. « Nonuniform Pricing, Output, and Welfare under Monopoly ». *Review of Economic Studies* 50 : 37-56.

Kenney, Roy W. et Benjamin Klein. 1983. « The Economics of Block Booking ». *Journal of Law and Economics* 26 : 491-540.

MASKIN, Eric et John RILEY. 1984. « Monopoly with Incomplete Information ». *Rand Journal of Economics* 14 : 171-96.

MATHEWSON, Frank et Ralph WINTER. 1992. « Tied Sales and Leverage ». Institute for Policy Analysis, University of Toronto, document de travail.

MIRRLEES, James. 1971. « An Exploration in the Theory of Optimum Income Taxation ». *Review of Economic Studies* 38 : 175-208.

MCAFEE, R. Preston et John MCMILLAN. 1987. « Auctions and Bidding ». *Journal of Economic Literature* 25 : 699-738.

MUSSA, Michael et Sherwin ROSEN. 1978. « Monopoly and Product Quality ». *Journal of Economic Theory* 18 : 301-17.

OI, Walter Y. 1971. « A Disneyland Dilemma. Two Part Tariffs for a Mickey Mouse Monopoly ». *Quarterly Journal of Economics* 85 :77-96 .

RILEY, John G. et William F. SAMUELSON. 1981. « Optimal Auctions ». *American Economic Review* 71 : 381-92.

SCHMALENSEE, Richard. 1981. « Monopolistic Two Part Pricing Arrangements ». *Bell Journal of Economics* 12 : 445-66.

SPENCE, A. Michael. 1977. « Nonlinear Prices and Welfare ».*Journal of Public Economics* 8 : 12-8.

STIGLER, George J. 1968. « A Note on Block Booking », *in* George J. STIGLER, éd., *The Organization of Industry*. Homewood, Ill. : Irwin.

TIROLE, Jean. 1988. *The Theory of Industrial Organization*. Cambridge, Mass. : The MIT Press.

VARIAN, Hal R. 1984. *Microeconomic Analysis*. New York : W.W. Norton.

WHINSTON, Michael. 1990. « Tying, Foreclosure, and Exclusion ». *American Economic Review* 80 : 837-59.

Annexe A au chapitre 12

La tarification en deux parties : l'optimum (I)

Cette annexe à pour objectif d'isoler formellement les facteurs qui interviennent dans la détermination d'une politique optimale de tarification en deux parties. Soit p le prix payé pour l'utilisation d'une unité, T la somme forfaitaire fixe, N le nombre de demandeurs et Q la quantité totale demandée du produit. Q est fonction de p (le prix) et du forfait (T). Soit α l'indice qui représente la disposition à payer d'un consommateur donné. Plus α est élevé, plus le consommateur considéré est prêt à payer pour le produit. Soit $f(\alpha)$ le nombre de consommateurs de type α.

Le paramètre α varie entre $\underline{\alpha}$ et $\overline{\alpha}$. Pour tout couple (p, T), il existe une valeur critique α^* telle que les consommateurs dont l'indice α est supérieur à α^* (c'est-à-dire les consommateurs qui attachent plus d'importance au produit que les consommateurs du type α^*) achètent le produit. Les consommateur dont l'indice α est inférieur à α^* n'achètent pas le produit. Tout consommateur du type α^* est appelé *consommateur marginal.* Soit $S(p, \alpha)$ le surplus du consommateur du type α, en l'absence de forfait T, pour un prix égal à p. Par définition, le surplus du consommateur marginal (celui qui est indifférent entre le fait d'acheter ou de ne pas acheter) est égal au forfait. Soit :

$$S(p, \alpha^*) = T . \qquad (12A.1)$$

En l'absence de forfait le surplus obtenu en payant le prix p est exactement égal à la somme forfaitaire T : le surplus effectif est nul. Le nombre de consommateurs qui achètent le produit (ceux dont l'indice α est supérieur à α^*) est :

$$N = \int_{\alpha^*}^{\overline{\alpha}} f(\alpha)\, d\alpha . \qquad (12A.2)$$

Soit $q(p, \alpha)$ la courbe de demande d'un consommateur du type α. La quantité demandée totale en fonction de p et T est égale à la somme des demandes des consommateurs dont l'indice α est supérieur à α^* :

$$Q(p, T) = \int_{\alpha^*}^{\bar{\alpha}} q(p, \alpha)\, f(\alpha)\, d\alpha . \qquad (12A.3)$$

Pour un coût marginal m constant, le profit de l'entreprise s'écrit :

$$\pi = NT + (p - m) Q(p, T) . \qquad (12A.4)$$

où $(p - m)Q$ est le profit par unité et NT la somme totale collectée au titre du forfait. L'entreprise maximise son profit en choisissant les valeurs optimales p et T. La condition du premier-ordre pour la détermination du prix p peut s'écrire (voir l'annexe B à ce chapitre) :

$$\frac{p-m}{p} = -\frac{1}{\varepsilon}\left(1-\frac{q^*}{\overline{q}}\right), \tag{12A.5}$$

où $q^* = q(p, \alpha^*)$ est la demande du consommateur marginal, $\overline{q} = Q(p, T)/N$, la quantité demandée en moyenne par un consommateur qui achète (c'est-à-dire pour qui $\alpha \geq \alpha^*$) et ε est l'élasticité-prix de la demande des consommateurs qui achètent le bien :

$$\varepsilon = \int_{\alpha^*}^{\bar{\alpha}} \frac{q}{Q}\frac{p}{q}\frac{\partial q\,(p,\alpha)}{\partial p} f\,(\alpha)\,d\alpha \tag{12A.6}$$

Remarquons que ε diffère de l'élasticité-prix habituelle, laquelle relie uniquement la variation de α^* à celle de p.

À part le dernier terme entre parenthèses, l'équation (12A.5) ressemble à la condition de l'optimum du premier-ordre d'un monopole, $([p-m]/p = -1/\varepsilon)$. Le ratio qui figure dans le membre de droite de l'équation, $q^*/\overline{q}$, correspond à la quantité achetée par le consommateur marginal (le consommateur α^*) divisée par la quantité achetée en moyenne par les consommateurs. Si ce ratio est inférieur à 1, ce qui est en principe le cas, cela signifie que l'acheteur marginal achète moins que l'acheteur moyen.

Si tous les consommateurs étaient identiques, q^* serait égal à $\overline{q}$. L'équation (12A.5) s'écrirait :

$$\frac{p-m}{p} = 0, \tag{12A.7}$$

ce qui implique que le prix serait égal à m. Autrement dit, quand tous les consommateurs sont identiques, il est optimal de faire payer à chacun un prix égal au coût marginal. Tout le profit vient alors de la somme forfaitaire T (voir le chapitre 11).

Dans le cas général, la demande du consommateur marginal (celui qui est indifférent entre le fait d'acheter ou pas) est inférieure à la demande des autres acheteurs (donc $q^* < \overline{q}$). Autrement dit, la courbe de demande du consommateur marginal est située au-dessous de celle des autres acheteurs. Par conséquent, le terme entre parenthèses du membre de droite de l'équation (12A.5) est positif et le prix est supérieur à m. De plus, le prix se rapproche d'autant plus de m que ε augmente en valeur absolue et que les consommateurs se ressemblent (ceci est mesuré par la réduction de la différence entre 1 et le ratio $q^*/\overline{q}$).

Il peut arriver qu'il soit profitable de fixer p à un niveau inférieur au coût moyen si les consommateurs qui obtiennent le surplus le plus élevé n'achètent que de faibles quantités alors que la demande des consommateurs marginaux (ceux dont le surplus est nul) est très grande. Ce cas est illustré par la figure 12A.1.

Sur la figure 12A.1, le consommateur qui achète 15 unités obtient un très faible surplus alors que celui qui achète 5 unités obtient un surplus très élevé. On comprend intuitivement que, dans ce cas inhabituel, il est rentable pour l'entreprise de réduire le prix par unité au-dessous de m et d'augmenter le forfait payé par les deux types de consommateurs.

La valeur optimale de T ne peut jamais être négative car cela signifierait que les consommateurs qui acceptent de consommer le produit *reçoivent* une somme forfaitaire. Il semble évident qui si une entreprise payait les gens pour acheter son produit, elle ferait faillite.[(1)] À l'optimum, T est toujours positif ou nul. Une politique de tarification en deux

[1] Cette conclusion doit être révisée dans le cas de dons qui sont très coûteux à recueillir (coûteux en temps par exemple).

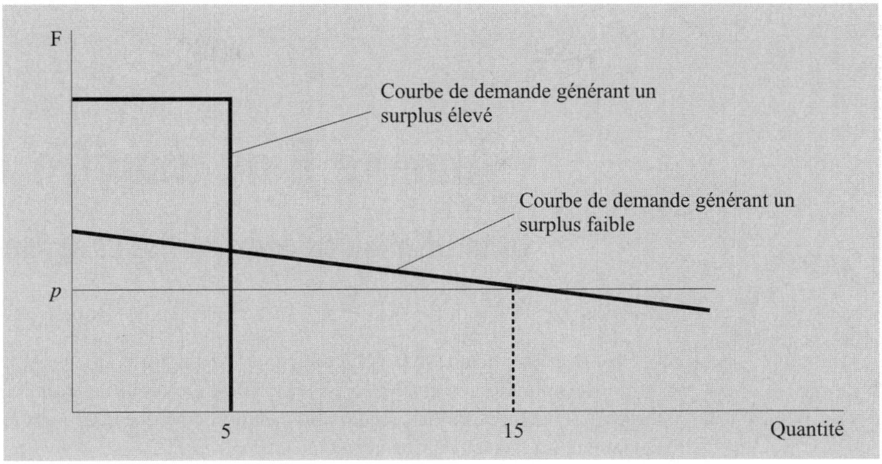

Figure 12A.1: *Configuration inhabituelle des courbes de demande*

parties procure généralement un profit plus élevé qu'une politique de prix ordinaire car cette dernière n'est que le cas particulier d'une tarification en deux parties où T est nul. Dans ce cas particulier, les deux politiques procurent le même profit.

Annexe B au chapitre 12

La tarification en deux parties : l'optimum (II)

Nous allons maintenant démontrer que l'équation (12A.5) est la condition nécessaire de la détermination optimale de p, le prix fixé par unité lorsque l'entreprise emploie une tarification en deux parties. La notation est la même que dans l'annexe A. Nous dériverons également une formule pour la valeur optimale de T.

L'entreprise fixe T et p de façon à maximiser son profit (équation [12A.4]) :

$$\pi = NT + (p - m)Q(p, t), \tag{12B.1a}$$

où (voir l'annexe A) :

$$N = \int_{\alpha^*}^{\bar{\alpha}} f(\alpha^*)\, d\alpha, \tag{12B.1b}$$

$$T = S(p, \alpha^*), \tag{12B.1c}$$

$$Q(p, T) = \int_{\alpha^*}^{\bar{\alpha}} q(p, \alpha) f(\alpha)\, d\alpha\, . \tag{12B.1d}$$

Les conditions nécessaires pour un profit maximum s'obtiennent en dérivant l'équation (12B.1a) par rapport à p et à T, respectivement. On obtient :

$$N_p T + Q(p, T) + (p - m)Q_p = 0, \tag{12B.2a}$$

et

$$N_T T + N + (p - m)Q_T = 0, \tag{12B.2b}$$

où les indices désignent les dérivées partielles. Ces deux conditions du premier-ordre déterminent les valeurs optimales de p et T.

Pour déduire l'équation (12A.5) de l'équation (12B.2a), ainsi qu'une expression comparable pour T, nous devons d'abord établir quelques résultats supplémentaires. La dérivée partielle de $S(p, \alpha)$ (surplus d'un consommateur de type α) par rapport à p est égal à la quantité demandé en l'absence d'effet de revenu[1], affectée du signe moins :

$$- S_p(p, \alpha) = q(p, \alpha), \tag{12B.3}$$

[1] L'explication intuitive suivante peut être donnée : si le prix baisse de 1 F, le surplus du consommateur augmente d'une surface égale à un rectange de hauteur 1 et de longueur q. Voir Varian (1984) pour une analyse formelle de cet aspect de la « théorie duale ».

où l'indice désigne la dérivée partielle (nous adoptons cette convention pour le reste de la démonstration).

Dérivons l'équation (12B.1c) par rapport à p en supposant que T reste constant :

$$\alpha_p^* = -\frac{S_p}{S_{\alpha^*}} \cdot \qquad (12B.4a)$$

Dérivons l'équation (12B.1c) par rapport à T en supposant que p reste constant :

$$\alpha_p^* = \frac{1}{S_{\alpha^*}} \cdot \qquad (12B.4b)$$

Dérivons l'équation (12B.1b) par rapport à T en supposant que p reste constant :

$$N_p = -\alpha_p^* f(\alpha^*) .$$

Remplaçons α_p^* par sa définition de l'équation (12B.4a) :

$$N_p = \frac{S_p}{S_{\alpha^*}} f(\alpha^*) . \qquad (12B.5a)$$

De même,

$$N_T = -\frac{1}{S_{\alpha^*}} f(\alpha^*) . \qquad (12B.5b)$$

Dérivons l'équation (12B.1d) par rapport à p et utilisons l'équation (12B.5) pour effectuer les substitutions nécessaires :

$$Q_p = \frac{Q}{p}\varepsilon + \frac{S_p}{S_{\alpha^*}} q(p, \alpha^*) f(\alpha^*) . \qquad (12B.6a)$$

De même, dérivons l'équation (12B.1d) par rapport à T et remplaçons α_T^* par sa définition dans l'équation (12B.4) :

$$Q_T = -\frac{1}{S_{\alpha^*}} q(p, \alpha^*) f(\alpha^*) . \qquad (12B.6b)$$

Utilisons ces résultats pour effectuer les substitutions nécessaires dans l'équation (12B.5a) (condition du premier-ordre concernant p). Nous obtenons alors l'équation (12A.5). En particulier, utilisons l'équation (12B.5) pour remplacer N_p et l'équation (12B.6a) pour remplacer Q_p :

$$\frac{S_p}{S_{\alpha^*}} f(\alpha^*) T + Q(p, T) + (p - m)\left[\frac{Q\varepsilon}{p} + \frac{S_p}{S_{\alpha^*}} q(p, \alpha^*) f(\alpha^*)\right] = 0. \qquad (12B.7a)$$

Remplaçons N_T et Q_T dans l'équation (12B.6b) par leurs expressions données respectivement par les équations (12B.5b) et (12B.6b) :

$$-\frac{1}{S_{\alpha^*}} f(\alpha^*) T + N + (p - m)\left(-\frac{1}{S_{\alpha^*}}\right) q(p, \alpha^*) f(\alpha^*) = 0. \qquad (12B.7b)$$

Afin d'éliminer T de l'équation (12B.7a), multiplions chaque membre l'équation (12B.7b) par S_p et ajoutons l'équation (12B.6a) à chaque membre :

$$Q(p, T) + NS_p + (p - m)\frac{Q}{p}\varepsilon = 0. \qquad (12B.8)$$

Remplaçons S_p par sa définition de l'équation (12B.3) et réorganisons les termes afin d'obtenir l'équation (12A.5).

En effectuant des substitutions et des réorganisations de termes similaires aux précédentes, nous pouvons réecrire la condition du premier-ordre concernant T de la façon suivante :

$$-T\frac{\varepsilon}{N}\frac{f(\alpha^*)}{S_{\alpha^*}} - \beta\left[q(p,\alpha^*) - \overline{q}\right] + \varepsilon = 0, \qquad (12B.8)$$

où :

$$\beta = f(\alpha^*)\frac{q(p,\alpha^*)}{S_{\alpha^*}}\frac{p}{Q(p,T)} \geqslant 0$$

et $\overline{q} = Q(p,T)/N$.

Comme $\varepsilon < 0$ et que $[f(\alpha^*)]/S_{\alpha^*} > 0$, il s'ensuit que T a le même signe que $\{-\varepsilon - \beta[\overline{q} - q(p,\alpha^*)]\}$ (voir l'équation [12B.9]). Si T était négatif, il faudrait que le monopole empêche les non-utilisateurs (ainsi que les petits utilisateurs) de recevoir le forfait T, faute de quoi il perdrait de l'argent. Ceci pourrait être obtenu en instaurant l'achat d'une consommation minimale.

Annexe C au chapitre 12

Tarification en deux parties et vente liée

Soit une entreprise qui fabrique des photocopieuses. Elle envisage d'appliquer une tarification en deux parties. Elle souhaite faire payer un prix T pour la machine et un prix p par cartouche d'encre. La vente de la machine est conditionnée à l'obligation d'acheter également les cartouches d'encre auprès de l'entreprise (comme dans le cas déjà évoqué d'A.B. Dick dans les années 1900). Le coût de production d'une cartouche d'encre est égal à m et celui d'une machine à m^*. Le profit de l'entreprise n'est plus donné par l'équation (12A.4) mais par :

$$\pi = N(T - m^*) + (p - m)Q(p, T). \tag{12C.1}$$

La première condition du premier-ordre (dérivée du profit par rapport à p) est identique à l'équation (12A.5). De la même façon que nous avons obtenu l'équation (12B.9), nous pouvons trouver la condition du premier-ordre d'après laquelle la dérivée du profit par rapport à T implique :

$$\text{signe}\,(T - m^*) = \text{signe}\left[-\varepsilon - \beta\,(\overline{q} - q^*)\right], \tag{12C.2}$$

où $\beta \geqslant 0$.

L'équation (12C.2) détermine si T, le prix optimal de la machine, est supérieur ou inférieur à son coût de production, m^*. Notons que $-\varepsilon$, le premier terme de l'expression entre crochets (membre de droite de l'équation [12C.2]), est positif et augmente avec le nombre de produits substituables. L'effet de ce terme sur le signe de l'expression est positif (plus il augmente, plus T tend à être supérieur à m^*).

Le second terme exerce en général un effet opposé. Dans le cas normal où l'achat marginal est inférieur à l'achat moyen ($q^* < \overline{q}$), le second terme de l'expression entre crochets du membre de droite de l'équation (12C.2) est négatif. Cet effet tend à rendre T, le prix optimal, inférieur à m^*.[1]

Le signe de $T - m^*$ n'est donc pas clairement déterminé dans le cas normal puisque les deux termes du membre de droite de l'équation (12C.2) ont des signes opposés. On peut en conclure que le cas d'un monopole qui vend une machine à un prix inférieur au coût de production n'est pas inhabituel. L'équation (12C.2) indique qu'une telle politique est d'autant plus vraisemblable que la différence entre l'acheteur marginal et l'acheteur moyen est élevée et que l'effet de substitution est faible (c'est-à-dire que n est faible en valeur absolue). Le prix de la machine est d'autant plus inférieur à son coût que la diversité des consommateurs (mesurée par la différence entre l'acheteur moyen et l'acheteur marginal) est grande et que ceux-ci sont peu sensibles au prix du bien lié.

---

[1] Si la valeur optimale de T est inférieure à m^*, le monopole peut instaurer une quantité minimale d'achat du bien lié.

D'après l'équation (12C.2), si tous les consommateurs sont identiques ($q^* = \overline{q}$), le prix de la machine, T, est supérieur à son coût, m^*. Lorsque les consommateurs sont identiques, p est égal à m et tout le profit provient de T. Il est donc nécessaire que T soit supérieur à m^*.

Annexe D au chapitre 12

Exemple de tarification non linéaire

Lorsque le prix est non linéaire, le problème du consommateur se formule ainsi :

$$\max_{q_i, y_i} u_i\,(q_i, y_i) \tag{12D.1}$$
$$\text{sous la contrainte } E\,(q_i) + y_i = I_i\,.$$

$E\,(q_i)$ représente la dépense totale lorsque q_i unités du bien 1 sont consommées, y_i tous les autres biens (leur prix unitaire est normalisé à 1), I_i le revenu du consommateur et u_i la fonction d'utilité du consommateur.

Le problème de maximisation du profit lorsque le prix est non linéaire se formule ainsi :

$$\text{choisir } E(\bullet) \text{ de façon à maximiser } \sum_i (E\,(q_i) - mq_i) \tag{12D.2}$$

avec pour contrainte l'équation (12D.1), d'après laquelle chaque consommateur i ($i = 1, \cdots, N$) maximise son utilité. m est le coût marginal constant et q_i la quantité consommée par l'individu i.

L'entreprise choisit la valeur $E(q)$ qui maximise son profit — c'est-à-dire la somme des profits qu'elle tire des ventes à chaque consommateur — avec pour contrainte l'équation de maximisation de l'utilité des consommateurs individuels (il s'ensuit donc que tout consommateur qui acquiert du bien 1 a un bien-être plus élevé que s'il renonce entièrement à la consommation du bien 1).

La solution du problème posé par l'équation (12D.2) n'est pas simple (voir Katz, 1983 ; Spence, 1977 ; Tirole, 1988, chapitre 3). Par conséquent, plutôt que de présenter la solution générale, nous allons en illustrer les caractéristiques essentielles en nous concentrant sur un exemple de double tarification en deux parties.

Revenons à un problème déjà analysé dans ce chapitre. Une entreprise propose deux formules de tarification en deux parties à 2 types de consommateurs (1 et 2) : (T_1, p_1) et (T_2, p_2). Le coût de production d'une unité du bien est égal à m. Si le consommateur du type 1 choisit (T_1, p_1) et que le consommateur du type 2 choisit (T_2, p_2), le profit de l'entreprise est égal à :

$$T_1 + (p_1 - m_1)\,q_1(p_1) + T_2 + (p_2 - m)\,q_2(p_2), \tag{12D.3}$$

où $q_i(p_i)$ est la courbe de demande du consommateur i. Dans ce problème, l'équilibre nécessite une condition supplémentaire importante : le consommateur 1 doit préférer (T_1, p_1)

à (T_2, p_2) et vice versa pour le consommateur 2. Soit $U_i(T, p)$ l'utilité du consommateur i, laquelle dépend de T et de p. Les contraintes d'auto-sélection sont alors :

$$\begin{aligned} U_1(T_1, p_1) &\geqslant U_1(T_2, p_2), \\ U_2(T_1, p_1) &\geqslant U_2(T_2, p_2). \end{aligned} \qquad (12D.4)$$

Soit $S_i(p)$ le surplus du consommateur i lorsque le prix est égal à p, en l'absence de prélèvement forfaitaire. L'utilité peut s'écrire sous la forme $U_i(T, P) = S_i(p) - T$. La politique de prix optimale s'obtient en résolvant le problème suivant :

$$\begin{aligned} \max_{T_1, p_1, T_2, p_2} \quad & T_1 + (p_1 - m)\, q_1(p_1) + T_2 + (p_2 - m)\, q_2(p_2) \\ \text{sous les contraintes} \quad & S_1(p_1) - T_1 \geqslant S_1(p_2) - T_2 \\ & S_2(p_1) - T_1 \geqslant S_2(p_2) - T_2 \\ & S_1(p_1) - T_1 \geqslant 0 \\ & S_2(p_2) - T_2 \geqslant 0. \end{aligned} \qquad (12D.5)$$

La fonction à maximiser est le profit total de l'entreprise lorsqu'elle fait payer les sommes forfaitaires T_1 et T_2, ainsi que le prix p_1 pour la quantité q_1 et le prix p_2 pour la quantité q_2. Cette maximisation est soumise aux contraintes d'auto-sélection des consommateurs. La première contrainte garantit que la formule de tarification (T_1, p_1) procure au consommateur 1 une utilité supérieure à la formule (T_2, p_2). La seconde contrainte garantit que la formule de tarification (T_2, p_2) procure au consommateur 2 une utilité supérieure à la formule (T_1, p_1). Les deux contraintes impliquent donc que le consommateur 1 choisit (T_1, p_1) et que le consommateur 2 choisit (T_2, p_2). Les deux dernières contraintes de l'équation (12D.5) rappellent que l'utilité de chaque consommateur doit être positive.[1]

Pour illustrer les principes de la tarification non linéaire, supposons que la demande du consommateur 2 soit $\lambda(> 1)$ fois supérieure à celle du consommateur 1 : $q_2 = \lambda q_1(p)$. Autrement dit, nous supposons que la courbe de demande du consommateur 2 est strictement à droite de celle du consommateur 1.

La figure 12D.1 illustre les courbes d'indifférence des deux consommateurs dans le plan (T, p). Une courbe d'indifférence indique l'ensemble des combinaisons de T et p entre lesquelles chaque consommateur est indifférent (car elles lui procurent le même niveau d'utilité). Le long d'une courbe d'indifférence, lorsque T augmente, p diminue : le consommateur accepte un forfait plus élevé, moyennant un prix plus bas. Plus les courbes d'indifférence sont éloignées de l'origine, plus l'utilité s'élève. Le long d'une courbe d'indifférence, l'importance de l'augmentation de T consécutive à une baisse de p dépend de la quantité achetée par le consommateur. Le consommateur qui achète une forte quantité du bien accepte une augmentation beaucoup plus importante de la somme forfaitaire en échange d'une baisse du prix par unité. De ce fait, comme on le voit sur la figure 12D.1, au point d'intersection des courbes d'indifférence, celle du consommateur 2 a une pente plus forte que celle du consommateur 1.

---

[1] Certaines solutions optimales se caractérisent par une utilité positive pour l'un des deux consommateurs seulement, l'autre ne consommant pas le bien. Nous ne retiendrons ici que les solutions optimales où les deux types de consommateurs achètent le bien (dans le chapitre 11, nous avons déjà analysé la tarification en deux parties en présence d'un groupe homogène de consommateurs).

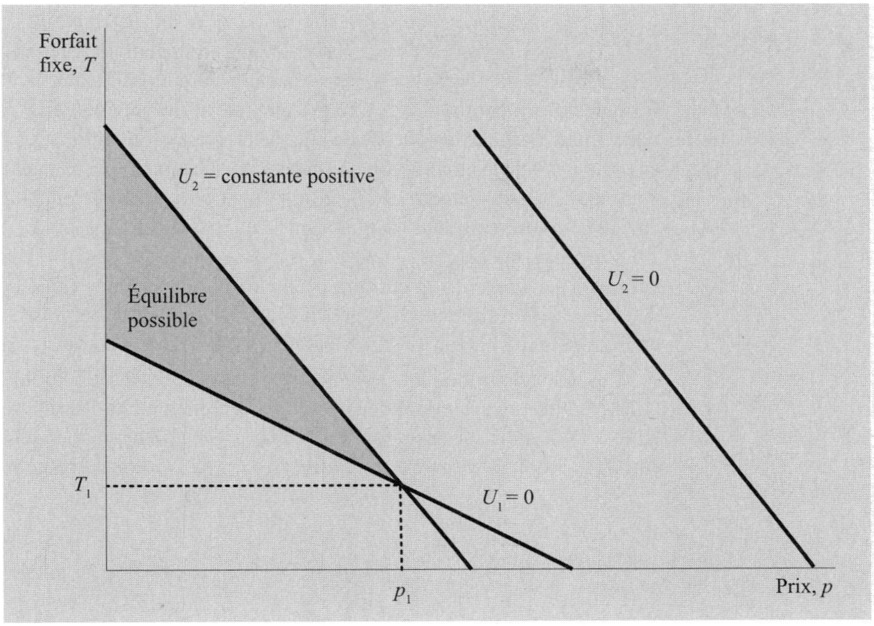

Figure 12D.1
Courbes d'indifférence des consommateurs des types 1 et 2 dans le plan (T, p).

L'équation de la courbe d'indifférence du consommateur 2 pour $U_2 = 0$ est $T_2 = S_2(p)$ et celle d'un consommateur 1 pour $U_1 = 0$ est $T_1 = S_1(p)$. Le long de ces courbes d'utilité nulle, le consommateur paie un forfait juste égal à son surplus. Prenons la courbe d'indifférence où le consommateur 2 est indifférent entre l'achat ou non du bien ($U_2 = 0$). Au point d'équilibre où la courbe d'indifférence du consommateur 1 croise la courbe $U_2 = 0$, le consommateur 1 n'achète rien. En effet, comme le surplus du consommateur 2 est supérieur (ou égal) à celui du consommateur 1 pour tout prix p et que le consommateur 2 est indifférent à l'achat du bien, c'est que le consommateur 1 préfère renoncer à consommer plutôt que de payer la somme forfaitaire exigée.

La solution optimale du problème posé par l'équation (12D.5) consiste à annuler l'utilité d'un des deux consommateurs au moins. En effet, tant que les deux consommateurs ont une utilité positive, le monopole peut augmenter son profit en augmentant la somme forfaitaire. Le profit augmente jusqu'au point où l'utilité de l'un des deux consommateurs au moins est nulle. À quelle catégorie ce consommateur appartient-il ? Supposons qu'il s'agisse du consommateur 2, dont la courbe $U_2 = 0$ est tracée sur la figure 12D.1. Nous avons vu qu'alors l'utilité du consommateur 1 est négative. Donc, seules les combinaisons (T, p) situées sous U_2 garantissent la présence du consommateur 1 sur le marché. D'autre part, pour le consommateur 2, toute formule de tarification (T, p) située sous $U_2 = 0$ est préférée à celles situées sur $U_2 = 0$. Ainsi, toute solution qui implique la présence des deux consommateurs, implique aussi une utilité positive pour le consommateur 2. Ce raisonnement nous permet de conclure qu'une solution optimale avec consommation positive des deux consommateurs implique une utilité nulle pour le consommateur 1.

(T_1, p_1) est donc situé sur la courbe $U_1 = 0$. Où se trouve (T_2, p_2) ? Il est impossible que (T_2, p_2) soit sous $U_1 = 0$, sinon le consommateur 1 préfèrerait cette formule, ce qui est contraire à la contrainte d'auto-sélection du consommateur 2, laquelle garantit que la formule de tarification (T_2, p_2) lui procure une utilité supérieure à (T_1, p_1). (T_2, p_2) ne peut donc qu'être situé à l'intérieure de la zone en grisé de la figure 12D.1. Comme le monopole cherche à obtenir le maximum de surplus du consommateur 2, mais qu'il doit respecter les contraintes d'auto-sélection, (T_2, p_2) ne peut être situé que sur la partie supérieure de la courbe d'indifférence du consommateur 2 qui passe par le point (T_1, p_1). Le consommateur 1 préfère toujours (T_1, p_1) à tout (T_2, p_2) situé au-dessus de $U_1 = 0$ ou sur la courbe $U_2 = 0$ qui passe par (T_1, p_1). Le consommateur 2 est indifférent entre (T_1, p_1) et les autres points de la courbe d'indifférence qui passent par (T_1, p_1). Pour simplifier, nous supposons que le consommateur 2 choisit (T_2, p_2) lorsqu'il est indifférent entre (T_1, p_1) et (T_2, p_2).

Ces indications intuitives vont nous permettre de résoudre le problème posé par l'équation (12D.5). Nous avons établi deux résultats. Premièrement, l'utilité du consommateur 1 est nulle à l'optimum, de sorte que $T_1 = S_1(p)$. Deuxièmement, l'utilité du consommateur 2 en (T_1, p_1) doit être égale à son utilité en (T_2, p_2). Ces deux résultats impliquent :

$$S_1(p_1) - T_1 = 0, \tag{12D.6a}$$

$$S_2(p_1) - T_1 = S_2(p_2) - T_2. \tag{12D.6b}$$

Ces deux équations permettent d'exprimer T_1 et T_2 en fonction de p_1 et p_2 et de remplacer les valeurs obtenues dans l'équation (12D.5) afin de reformuler le problème de l'entreprise ainsi :

$$\max_{p_1, p_2} S_1(p_1) + (p_1 - m)\, q_1(p_1) + S_2(p_2) - S_2(p_1) + S_1(p_1) + (p_2 - m)\, q_2(p_2)\,. \tag{12D.7}$$

Par hypothèse, pour tout p, $q\lambda_1(p) = q_2(p)$. Donc $\lambda S_1(p) = S_2(p)$. Par conséquent, l'équation (12D.7) peut s'écrire :

$$\max_{p_1, p_2} S_1(p_1) + (p_1 - m)\, q_1(p_1) + \lambda S_1(p_2) - \lambda S_1(p_1) + S_1(p_1) + \lambda(p_2 - m)\, q_1(p_2) \tag{12D.8}$$

$$\equiv (2 - \lambda) S_1(p_1) + PS(p_1) + \lambda S_1(p_2) + \lambda PS(p_2),$$

où $PS(p_i) = (p_i - m)\, q_i(p_i)$ est le «profit standart» que le monopole obtient lorsqu'il fixe le prix p_i. Comme l'illustre la figure 12D.2, la fonction $PS(p)$ atteint un maximum en p^*, c'est-à-dire pour le prix qu'un monopole standard appliquerait. À gauche de p^*, la pente de $PS(p)$ est positive, alors qu'à droite de p^*, elle est négative.

Déterminons maintenant les valeurs de p_1 et de p_2 qui maximisent l'équation (12D.8). Les conditions du premier-ordre sont :

$$(2 - \lambda) \frac{dS_1(p_1)}{dp_1} + \frac{dPS(p_1)}{dp_1} = 0, \tag{12D.9a}$$

$$\frac{dS_1(p_2)}{dp_2} + \frac{dPS(p_2)}{dp_2} = 0. \tag{12D.9b}$$

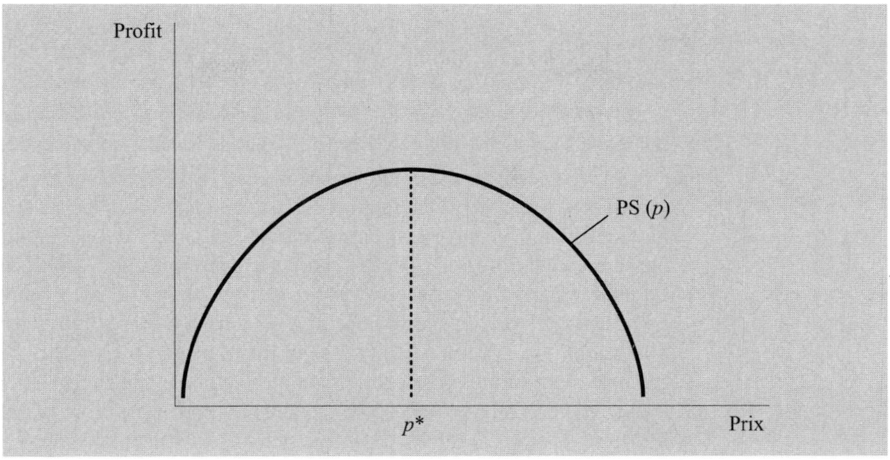

Figure 12D.2: *Profit du monopole*

Comme $dS_1/dp_1 = -q_1(p_1)$ et que $dS_2/dp_2 = -q_2(p_2)$,[2] nous pouvons reformuler l'équation (12D.9) ainsi :

$$\frac{dPS(p_1)}{dp_1} = (2-\lambda)\,q_1(p_1), \tag{12D.10a}$$

$$\frac{dPS(p_2)}{dp_2} = q_1(p_2). \tag{12D.10b}$$

D'après l'équation (12D.10a), si $\lambda > 2$, le prix p_1 optimal est tel que la pente de $PS(p_1)$ est négative, ce qui signifie que p_1 est supérieur à p^*. D'après l'équation (12D.10b), p_2 doit être choisi de telle sorte que la pente $PS(p)$ soit positive, ce qui signifie que p_2 doit être inférieur à p^*. Finalement, lorsque la demande du consommateur 2 est élevée par rapport à celle du consommateur 1 ($\lambda > 2$), le consommateur 1 paie un prix très élevé — c'est-à-dire supérieur au prix qui maximise habituellement le profit —, tandis que le consommateur 2 paie un prix bas et un forfait élevé. Bien que l'entreprise perde un peu de profit en faisant payer un prix inférieur à p^* au consommateur 1, cette perte est plus que compensée par le profit supplémentaire qu'elle tire du consommateur 2. Comme le prix payé par le consommateur 1 est élevé, la formule (T_1, p_1) ne présente aucun intérêt pour le consommateur 2, qui accepte de ce fait le forfait élevé T_2. Ainsi, en utilisant deux formules de tarification en deux parties, l'entreprise sépare les deux types de consommateurs et à évite à la fois de proposer un faible prix p_2 au consommateur 1 et un faible forfait T_1 au consommateur 2.

D'après l'équation (12D.10a), lorsque $1 < \lambda < 2$, la pente de $PS(p)$ en p_1 est positive, de sorte que $p_1 < p^*$. Comme l'indique la figure 12D.1, $p_2 < p_1$. De ce fait, $p_2 < p_1 < p^*$.[3]

---

[2] Quand le prix baisse de 1 F, le surplus supplémentaire est égal à la quantité consommée (abstraction faite des effets de revenu).

[3] Ce résultat s'obtient en annulant la dérivée de l'équation (12D.7) par rapport à p_2 et en notant que $\partial S_2(p_2)/\partial p_2 = -q_2(p_2)$.

La façon la plus efficiente de discriminer à l'encontre du consommateur 2 — sans interférer avec la contrainte d'auto-sélection du consommateur 1 — est de fixer un prix égal au coût marginal et de lui faire payer un forfait élevé. Ainsi $p_2 = m$ représente-t-elle la solution optimale. Ce résultat — sans distortion par rapport au consommateur 2 — est analogue à celui établi par Mirrlees (1971) dans le cadre de la taxation optimale.

En résumé, la tarification optimale dépend de l'importance de λ. Le prix par unité que paie le consommateur 1 doit toujours être supérieur à celui que paie le consommateur 2, alors que le forfait payé par le consommateur 1 doit toujours être inférieur au forfait que paie le consommateur 2. Le prix par unité payé par le consommateur 2 doit être égal au coût marginal. La présence du consommateur 1 exerce une contrainte sur les valeurs de T_2 et de p_2. Plus la demande relative du consommateur 2 est élevée (λ élevé), plus il est rentable de renoncer à tirer profit du consommateur 1 (ce qui implique que p_1 peut être supérieur à p^*) afin de faire payer un forfait élevé et un prix par unité faible au consommateur 2. Le bien-être des consommateurs du type 2 est ainsi amélioré par la présence sur le marché des consommateurs du type 1. D'après la solution de l'équation (12D.5), nous savons que $U_2(T_2, p_2) > 0$, mais que si le consommateur 2 était seul sur le marché, la tarification optimale consisterait à s'emparer de tout son surplus ($U_2 = 0$). La diversité des consommateurs favorise donc ceux qui attachent le plus d'importance au produit. En revanche, l'utilité du consommateur 1 n'est pas du tout affectée par la présence sur le marché du consommateur 2.

13

Intégration verticale et restrictions verticales

À l'extérieur de l'entreprise, les prix dirigent la production par le jeu des transactions du marché. À l'intérieur, c'est l'entrepreneur qui dirige la production. Il remplace le mécanisme complexe des transactions de marché. Ce sont deux méthodes alternatives de coordination de la production.

Ronald Coase (1937)

Une entreprise est dite **verticalement intégrée** si elle contrôle plus d'un des stades successifs de production d'un bien. Elle n'est pas verticalement intégrée si elle achète auprès d'autres entreprises les facteurs de production et les services dont elle a besoin pour produire ou distribuer son produit. Même lorsqu'une entreprise n'est pas verticalement intégrée, elle peut conclure des contrats à long terme avec ses partenaires. Ces contrats portent sur le prix des transactions ou sur les comportements des entreprises partenaires : ils posent en fait des **restrictions verticales**. Ainsi, les entreprises manufacturières restreignent-elles généralement le comportement de leurs distributeurs en déterminant des territoires de ventes ou en fixant un prix minimum de vente pour leurs produits.

Certaines entreprises choisissent l'intégration verticale afin de contrôler l'ensemble du processus de production et de distribution de leurs produits. D'autres optent pour une intégration partielle. Elles peuvent par exemple contrôler l'ensemble de la production mais laisser le soin à d'autres de commercialiser leurs produits. Il existe aussi des entreprises qui, quoique n'étant pas verticalement intégrées, ne s'approvisionnent qu'auprès d'un petit nombre de fournisseurs ou n'écoulent leurs produits qu'auprès d'un nombre limité de distributeurs.[1] Ces entreprises négocient fréquemment des contrats complexes qui limitent le champ d'action de leurs partenaires. Les restrictions verticales jouent le même rôle que l'intégration. D'autres entreprises s'approvisionnent sur le marché auprès de vendeurs anonymes. Par exemple, le blé s'achète à un courtier, sans savoir de quelle exploitation agricole il vient et sans négocier un contrat à long terme avec l'exploitant. Dans ce cas, les fournisseurs ne sont soumis à aucune restriction.

Dans les années 1950, le producteur de poulets Frank Perdue a développé son entreprise en suivant le schéma type de l'intégration verticale. Il a d'abord commencé par nourrir ses poulets avec son propre mélange plutôt que d'acheter le mélange proposé sur le marché, qu'il jugeait inférieur. En 1961, il racheta une usine de haricots pour pouvoir y fabriquer sa propre nourriture. En 1968, il acheta sa propre exploitation d'élevage de poulet, ce qui lui permit de contrôler tout le processus de production et de commercialisation de la viande de poulet et de s'affranchir complètement des entreprises agro-alimentaires du secteur. En 1969, il apparut lui-même dans un spot publicitaire pour vanter ses produits.[2]

La décision de s'intégrer verticalement, de négocier des contrats complexes contenant des restrictions verticales ou de recourir au marché relève de la stratégie de base de l'entreprise. Elle affecte en effet la politique de prix de l'entreprise, ainsi que celle de ses partenaires. Nous avons vu au chapitre 2 que l'intégration verticale pouvait permettre de réduire les coûts. Dans ce chapitre, nous allons approfondir les causes de l'intégration verticale et étendre l'analyse aux restrictions verticales. En effet, les restrictions verticales entre les entreprises et leurs distributeurs jouent un rôle important et sont depuis longtemps à l'origine de conflits juridiques. Nous étudierons à la fois les aspects concurrentiels et anti-concurrentiels de ces restrictions.

Nous commencerons par analyser pourquoi certaines entreprises, mais pas toutes, recourent à l'intégration verticale. Ceci nous permettra de voir que l'intégration verticale n'est préférée qu'à certains stades du cycle de vie de l'entreprise. Puis nous verrons pourquoi les restrictions verticales peuvent se substituer avantageusement à l'intégration verticale. Ensuite, nous étudierons brièvement la législation antitrust américaine vis-à-vis de ces pratiques. Enfin, nous présenterons quelques données empiriques sur le franchising, l'importance croissante prise par les restrictions verticales, ainsi que sur les motifs de l'intégration et des restrictions verticales.

---

[1] Toute entreprise qui s'engage dans les étapes successives d'un processus de production est au moins partiellement intégrée. Par exemple, un restaurateur qui passe lui-même ses tartes au four au lieu des les acheter toutes prêtes est partiellement verticalement intégré. N'importe quelle entreprise est au moins en partie verticalement intégrée.

[2] Plaskin, Glenn, « How Perdue Found Succcess », *San Francisco Chronicle*, 27 janvier 1993 : B4.

Les 4 questions essentielles traitées dans ce chapitre sont les suivantes :

1. Pourquoi les entreprises recourent-elles dans certains cas à l'intégration verticale plutôt qu'au marché (c'est-à-dire aux autres entreprises) pour se ravitailler en facteurs de production et distribuer leurs produits ?
2. Quelle politique le gouvernement doit-il adopter vis-à-vis de l'intégration verticale ? Nous savons déjà que les fusions horizontales ont parfois des effets anti-concurrentiels. Est-ce également le cas des fusions verticales ?
3. Pourquoi certaines entreprises instaurent-elles des restrictions verticales qui se traduisent par le transfert d'une partie de leur pouvoir de monopole à leurs distributeurs ?
4. Quelle politique le gouvernement doit-il adopter vis-à-vis des restrictions verticales ? Ces restrictions ont-elles des effets négatifs sur les détaillants et les consommateurs ?

13.1 Pour ou contre l'intégration verticale ?

Quand vous voulez que quelque chose soit bien fait, faites-le vous-même.

Le plus grand des esclaves est celui qui ne sert personne sauf lui.

Le choix de l'intégration verticale est le plus souvent lié à la volonté de réduire les coûts où d'éliminer une externalité. Toutefois, pour qu'une entreprise s'engage dans cette direction, il faut de solides motivations, car les coûts sont élevés.

Il existe au moins trois sortes de coûts. Premièrement, les coût de produire soi-même les facteurs de production et de distribuer le produit peuvent être plus élevés pour l'entreprise verticalement intégrée que pour celle qui dépend d'un marché efficient. Deuxièmement, les coûts d'organisation d'une entreprise intégrée augmentent avec sa taille. Or le recours au marché permet de réduire les coûts de surveillance et d'organisation. Troisièmement, en cas de fusion verticale, les coûts juridiques sont parfois importants. Par exemple, aux États-Unis il est souvent nécessaire de rémunérer des avocats afin de plaider la cause devant les juridictions compétentes (*U.S. Federal Trade Commission* et *U.S. Department of Commerce*).

Du fait de ces coûts, les entreprises n'ont recours à l'intégration verticale que si les bénéfices compensent les coûts. Il y a au moins six avantages majeurs à l'intégration verticale[(3)] :

1. L'intégration verticale peut permettre d'éviter des coûts de transaction, comme ceux liés aux transactions d'achat et de vente avec d'autres entreprises.

[3] Voir Perry (1989) pour une excellente synthèse de ces explications et d'autres encore.

2. L'intégration verticale peut permettre de garantir l'approvisionenment régulier d'un facteur de production essentiels. L'acquisition ou la construction d'une capacité de production permettant d'obtenir le facteur en question est appelée *intégration verticale vers l'amont*. Cette forme d'intégation verticale réduit les coûts d'approvisionement, car l'information circule souvent mieux dans l'entreprise que d'une entreprise à l'autre.

3. L'intégration verticale peut permettre de corriger des imperfections de marché dues à l'existence d'externalités, en internalisant ces externalités. L'entreprise McDonald's possède ou contrôle tous ses restaurants afin de garantir une qualité uniforme, ce qui est un facteur de bonne réputation (externalité). Ainsi, les consommateurs qui voyagent savent-ils qu'ils peuvent compter sur un certain niveau de qualité lorsqu'ils entrent dans l'un des restaurants de la chaîne.

4. L'intégration verticale peut permettre d'éviter certaines contraintes réglementaires. C'est le cas notamment des taxes, des contrôles de prix et de la réglementation des marges de profit (voir le chapitre 21).

5. L'intégration verticale peut permettre à l'entreprise de fonder un pouvoir de marché ou de l'augmenter. Par exemple, si l'unique fournisseur d'un facteur de production vital procède à une *intégration verticale vers l'aval* en rachetant les entreprises clientes, il étend son pouvoir de monopole vers le marché du produit et augmente son profit. De même, une entreprise peut tenter de prendre le contrôle d'un fournisseur unique afin d'augmenter ses sources de profit. D'autre part, l'intégration verticale peut servir à augmenter le profit d'un monopole en lui permettant de discriminer par les prix, d'éliminer la concurrence ou d'empêcher l'entrée.

6. Une entreprise qui souffre du pouvoir de marché d'un concurrent peut envisager l'intégration verticale pour s'en protéger. Vers le début du vingtième siècle, les éleveurs américains de vaches laitières se plaignirent du bas prix de monopsone que leur imposait l'unique entreprise de manufacture du lait. Afin d'augmenter le prix, ils décidèrent de recourir à une organisation verticale leur permettant de manufacturer eux-mêmes le lait.

Les sous-sections suivantes reviennent de façon plus détaillée sur ces différentes explications.[4]

---

[4] Le choix entre l'intégration ou le recours au marché peut être plus complexe que l'analyse précédente ne le suggère. Ainsi, Michael Dell, le PDG de Dell Computers, reconnaît-il que si les puces VGA (vidéo) des ordinateurs Compaq coûtent 2 $ de moins que les siennes, c'est qu'elles sont directement fabriquées par Compaq, mais que Dell achète quand même ses puces VGA sur le marché parce que cela lui permet d'avoir des puces supérieures donnant une meilleure résolution d'écran. « Dell : Don't Blame me for Canion's Demise ». *Info World*, 11 novembre 1991 : p. 129.

13.1.1 Intégration en vue de réduire les coûts de transaction

Nous savons bien ce qu'est un homme du centre : c'est celui qui trompe les uns et pille les autres. – Disraeli

Au chapitre 2, nous avons étudié les facteurs qui poussent une entreprise à entreprendre soi-même certaines activités plutôt que de les confier à d'autres. Les *coûts de transaction*, tels que les coûts liés à la négociation et au respect de l'application des contrats, sont l'un des facteurs les plus importants de ce choix (Williamson, 1975 ; Klein, Crawford et Alchian, 1978). Lorsque ces coûts sont élevés, une entreprise peut être tentée d'adopter un *comportement opportuniste* et d'exploiter l'entreprise partenaire. Plus une entreprise est dépendante d'une autre, plus les risques d'une telle exploitation sont grands. Par exemple, pour répondre à une hausse soudaine de la demande, un producteur d'automobile a besoin de commander davantage de composants. S'il n'a qu'un seul fournisseur pour certains composants essentiels, celui-ci peut profiter de la situation pour augmenter ses prix car le producteur doit nécessairement passer par lui à court terme. Même lorsque ces situations sont prévisibles, il n'est pas toujours évident de rédiger un contrat dont les clauses sont sufisamment précises pour éliminer les comportements opportunistes. Par exemple, l'entreprise Intel fabrique et vend beaucoup de puces semi-conductrices qui incorporent des fonctions spécifiques, telles que la réalisation efficace et rapide d'une tâche donnée. Les utilisateurs de ces puces ne peuvent pas se tourner vers d'autres producteurs car Intel refuse que ses puces soient fabriquées par d'autres entreprises. Par conséquent, ainsi qu'un observateur l'a noté « Chaque nouveau client est un captif de plus ».(5)

Nous avons vu au chapitre 2 que l'intégration verticale et la réalisation des activités en interne était une façon de réduire les coûts de transaction. De cette façon, le problème du contrôle des relations liant deux entreprises se transforme en un problème de contrôle des relations entre employés d'une entreprise. Au sein d'une entreprise, le patron peut coordonner les décisions entre les différentes divisions et contrôler les employés de façon plus précise que si l'activité en question faisait l'objet d'un contrat passé entre deux entreprises. Mais d'autre part, un employé qui reçoit un salaire fixe travaille peut-être moins que ne le ferait le propriétaire d'une entreprise sous-traitante.

Selon la théorie développée au chapitre 2, l'intégration verticale est d'autant plus souhaitable que les coûts de transaction liés à l'utilisation du marché augmentent. On distingue quatre cas où les coûts de transactions sont suffisamment élevés pour justifier l'intégration verticale : lorsque la transaction porte sur un *actif spécifique*, lorsqu'elle comporte une *incertitude* qui accroît la difficulté du contrôle, lorsqu'elle implique un transfert d'*information* ou lorsqu'elle nécessite une *coordination à grande échelle*.

---

[5] Michael Slater, responsable de l'éditorial de *Microprocessor Report*, cité par Don Clark, « Intel Corp. Planning New Chip Campaign », *San Francisco Chronicle* 2 avril 1988 : B1 et B20.

A. Actifs spécifiques

Un **actif spécifique** est un bien ou service spécialement produit pour satisfaire les besoins particuliers d'un petit nombre de clients. Afin d'illustrer pourquoi l'utilisation d'actifs spécifiques peut expliquer l'intégration verticale, prenons l'exemple d'un fournisseur qui a adapté son usine à la fabrication d'un produit spécifiquement utilisé par un client. Une fois que l'usine a été transformée, le fournisseur est à la merci de son client en cas de conflit, alors que le problème de dépendance ne se pose pas de la même façon si le fournisseur et le client font partie d'une même entreprise verticalement intégrée. Les trois principales catégories d'actifs spécifiques sont le capital physique spécifique, le capital humain spécifique et le capital localisé en un lieu spécifique (Williamson, 1968, p. 95–6).

Le *capital physique spécifique* comprend les immeubles et les machines qui ne peuvent être utilisés que par un ou quelques clients. Supposons par exemple que des matrices spécifiques soient nécessaires à la production d'un composant utilisé par un client particulier. Si le fournisseur est propriétaire de la matrice, il risque d'adopter un comportement opportuniste, c'est-à-dire augmenter le prix sachant qu'il serait trop coûteux à court terme pour le client de se tourner vers un autre fournisseur. En revanche, si le client possède la matrice et qu'il peut s'adresser à d'autres fournisseurs pour la faire tourner sur leur machine, le risque d'un comportement opportuniste disparaît et l'intégration verticale complète n'est pas nécessaire. La **quasi-intégration** verticale, situation où l'entreprise possède le capital spécifique (les matrices), mais non le fournisseur, permet dans ce cas d'éviter l'opportunisme. Cependant, si les machines elles-mêmes sont spécifiques, seule l'intégration verticale complète permet d'éliminer l'opportunisme.

Une entreprise a parfois besoin d'employer de la main-d'œuvre ayant une qualification très particulière (*capital humain spécifique* : ingénieurs, techniciens) pour fabriquer un produit particulier. Si elle sous-traite le travail à de la main-d'œuvre extérieure plutôt que de salarier des employés, elle s'expose à des comportements opportunistes. Par exemple, si le personnel extérieur apprend que l'entreprise doit impérativement respecter un délai, il peut en profiter pour exiger une rémunération plus forte. L'intégration verticale, en instaurant une relation d'emploi stable, permet de limiter ce type d'exigences.

L'intégration a parfois lieu lorsque les stades successifs d'un processus de production doivent être situés à proximité les uns des autres (*capital situé en un lieu spécifique*). En effet, si l'entreprise cliente cesse soudain de s'approvisionner auprès du fournisseur, celui-ci doit en théorie se relocaliser, ce qui est extrêmement coûteux. Dans ce cas, l'intégration verticale permet d'éviter l'opportunisme. À la section 13.3, nous passerons en revue trois études empiriques concernant l'industrie automobile, l'industrie aéronautique et l'industrie manufacturière, qui insistent sur le rôle du capital spécifique et/ou situé dans un lieu spécifique.

Lorsqu'une entreprise est très dépendante d'un seul fournisseur de produits spécialisés, elle risque non seulement d'être victime d'attitudes opportunistes, mais également d'un concurrent qui chercherait à utiliser stratégiquement la situation.

Par exemple, en 1990, Conner Peripherals Inc., un fabriquant de lecteur de disquette, a poursuivi en justice Seagate Technology Inc., un rival qui contrôlait la moitié du marché, l'accusant d'avoir bloqué la fourniture d'un composant critique. Conner s'approvisionnait en têtes de lecture auprès de Imprimis Technology Inc., le plus gros des trois principaux fournisseurs. Or ce dernier fut racheté par Seagate, qui refusa de conserver Conner comme client.[(6)]

B. Incertitude

Pour illustrer le rôle de l'incertitude dans l'intégration verticale, supposons que l'acheteur ne puisse pas déterminer a priori la durée de vie d'une machine. Dans ce cas, la meilleur façon d'évaluer la qualité de la machine (et donc son espérance de vie) est de pouvoir observer son processus de production. Ainsi, lorqu'une entreprise ne peut pas contrôler la qualité de la production de l'extérieur, elle peut choisir l'intégration verticale si elle attache une importance essentielle à la qualité du matériel.

C. Transferts d'informations

La troisième cause de l'intégration verticale concerne les transactions qui impliquent un échange d'informations. Il est parfois difficile de mettre au point un contrat qui oblige le fournisseur à divulger certaines informations. Supposons qu'un contrat stipule qu'une entreprise doit fournir un rapport sur la situation des marchés émergents moyennant une rémunération forfaitaire. Celle-ci n'est guère incitée à fournir des efforts exceptionnels pour trouver des informations. De plus, le client n'a que peu de moyens d'apprécier la qualité du travail fourni. Comme nous l'avons vu au chapitre 2, des désaccords difficiles à résoudre peuvent alors surgir en ce qui concerne la rémunération. L'intégration verticale permet d'éviter ce type de problèmes.

D. Coordination à grande échelle

La quatrième raison de l'intégration verticale est qu'elle facilite la coordination à grande échelle, ce qui est très utile dans des industries comme le transport ferroviaire ou aérien. Ainsi, les trajets des trains doivent-ils être très précisément coordonnés. Il est possible de concevoir un système de prix permettant de coordonner des trains de compagnies différentes, mais ce système serait très complexe. Par conséquent, les compagnies ferroviaires sont poussées à fusionner pour résoudre ce problème de coordination (Carlton et Klamer, 1983).

Notons que *les contraintes technologiques n'expliquent pas à elles seules l'intégration verticale d'une entreprise.* L'exemple classique est celui de l'intégration verticale d'une aciérie qui procède elle-même à l'extraction du minerai de

---

[6] Siegman, Ken, « Conner Sues Seagate Over Component Cut-Off », *San Francisco Chronicle* 19 avril 1990 : C1. Nakamura, Roxana Li, « Conner Sues Seagate for Contract Reneging ». *Info World*, 30 avril 1990.

EXEMPLE 13.1 Entreprises de biotechnologie

L'intérêt que présente l'intégration verticale peut évoluer avec le temps. Par exemple, une entreprise pharmaceutique qui décide d'entrer rapidement dans un domaine des biotechnologies nouvelles, comme le génie génétique, a plusieurs possibilités. Elle peut entreprendre elle-même un programme de R&D, fusionner avec une entreprise existante (une petite « startup » en général), ou se lancer dans une joint-venture avec une autre entreprise. Entreprendre son propre programme de recherche prend du temps. En attendant, l'entreprise peut choisir l'une des deux autres options.

En 1978, seules six entreprises établies étaient engagées dans un programme de R&D interne. Ce nombre a un peu augmenté depuis. Selon des données de 1981, la plupart des entreprises comptent également beaucoup sur les nouvelles entreprises engagées dans la biotechnologie ou sur d'aures sources de R&D. Ainsi, même les six entreprises ayant leur propres programmes de recherche ont noué des accords avec des entreprises de R&D en biotechnologie, des fondations, des universités ou des entreprises concurrentes. Toutes, sauf une, ont conclu des accords multiples avec des entreprises de R&D en biotechnologie.

Une entreprise de R&D en biotechnologie doit aussi décider si elle fabrique elle-même les produits qu'elle met au point ou si elle confie la production à une entreprise pharmaceutique. Une enquête récente a montré que 78% des nouvelles entreprises de biotechnologie produisent elles-mêmes leurs inventions et que certaines envisagent même une intégration verticale vers l'aval (distribution). →

fer. La fonte liquide est dirigée vers le haut-fourneau. Il est évidemment inefficient de la refroidir pour la transporter vers l'aciérie où elle doit être à nouveau portée à incandescence. Cette contrainte technique n'implique cependant pas que la fonte et l'acier doivent être produits par la même entreprise : deux entreprises indépendantes situées côte à côte peuvent obtenir le même résultat. En revanche, l'existence de deux entreprises indépendantes peut donner lieu à des comportements opportunistes. C'est pour cette raison que l'intégration verticale se rencontre fréquemment lorsque les différents stades d'un processus de production sont étroitement imbriqués. Voir l'exemple 13.1.

13.1.2 Intégration en vue de garantir l'accès à une ressource

L'intégration verticale s'explique souvent par la nécessité de garantir l'accès à un facteur de production important. Ainsi, bien que les modèles habituels n'en tiennent pas compte, les retards de livraison sont un souci permanent pour beaucoup d'entreprises. La garantie d'accès à une ressource peut jouer un rôle important sur les marchés où le prix n'est pas le seul instrument d'allocation des ressources (voir le chapitre 18). L'allocation des ressources par d'autres moyens que le prix est caractéristique d'un vaste éventail de situations. L'exemple type est celui du boulanger à court de pain bien avant la fermeture et qui pourtant n'augmente pas ses prix au cours de la journée. De même, les supermarchés sont souvent en rupture de stock sur certains produits et n'augmentent pas pour autant les prix de ces produits. Dans beaucoup d'industries de biens d'équipement, certaines entreprises

EXEMPLE 13.1 Entreprises de biotechnologie (suite)

Une analyse statistique des projets de R&D menés en 1982 par les 50 plus grosses entreprises pharmaceutiques révèle que l'opportunisme et l'expérience jouent un rôle important. Étant donné qu'un projet de recherche constitue souvent le point de départ d'une nouvelle recherche, chaque entreprise liée par un accord est vulnérable aux pressions opportunistes de ses partenaires. Par exemple, s'il y a peu d'entreprises qui font de la R&D, une entreprise peut avoir des difficultés à poursuivre une nouvelle recherche lorsque son précédent partenariat s'est avéré infructueux. D'une part, elle risque de devoir conserver le même partenaire. De plus, celui-ci peut profiter de la situation pour exiger une part plus importante des profits. L'étude statistique a montré que la réduction du nombre d'entreprises de 6 à 5 dans un domaine particulier de recherche augmentait de 7% la probabilité qu'une entreprise pharmaceutique établie s'engage dans un programme de recherche interne pour éviter d'être victime de comportements opportunistes.

L'analyse statistique a également révélé que l'expérience antérieure facilitait considérablement l'engagement dans des programmes de recherche internes. Par conséquent, à mesure que le nombre des autres entreprises de R&D diminue et que l'expérience propre de l'entreprise augmente, la probabilité que celle-ci se lance dans son propre programme de R&D augmente. Il n'est donc pas étonnant de constater que les entreprises pharmaceutiques conduisent de plus en plus des programmes de recherche autonomes.

SOURCE : Pisano (1988).

parviennent à être livrées en période de surchauffe, alors que d'autres doivent attendre. Dans ce dernier cas, c'est le service des ventes et non la réaction des consommateurs aux variations de prix qui réalise l'allocation des ressources. Ce rationnement est caractéristique de nombreuses industries, comme celle du papier, de la chimie et des métaux. Beaucoup d'entreprises japonaises, à l'instar de Toyota, mettent l'accent sur la livraison *juste-à-temps*, ce qui leur permet de minimiser les coûts de stockage tout en respectant les délais de livraison.

L'éventualité d'un rationnement favorise l'intégration verticale, car celle-ci apparaît alors comme un moyen d'augmenter la probabilité d'obtenir le produit rationné en quantité voulue. Imaginons qu'une entreprise ne produise pour ses propres besoins que pour faire face à la demande prévisible de son produit, mais qu'en cas d'augmentation inattendue de la demande, elle se procure les ressources supplémentaires auprès d'autres entreprises. Bien évidemment, ses fournisseurs risquent alors d'augmenter les prix en réponse à ces changements aléatoires de l'environnement économique. Il n'est donc pas forcément efficient de faire supporter le risque des variations de la demande aux fournisseurs extérieurs, ce qui incite à renforcer encore davantage l'intégration verticale (Carlton, 1979).

13.1.3 *Intégration pour supprimer les externalités*

L'intégration verticale peut s'expliquer par la nécessité d'internaliser une externalité (voir le chapitre 4). Lorsque les magasins d'une chaîne d'électro-ménager vendent les mêmes produits, assurent le même service avant et après-vente, le consommateur qui déménage peut s'attendre à retrouver un magasin identique près de son nouveau lieu de résidence. La réputation de la chaîne de magasin est donc une externalité, en ce sens qu'un consommateur qui apprécie un des produits est certain de retrouver le même partout. Il est de l'intérêt de la chaîne de préserver cette réputation en maintenant une qualité uniforme. Un seul magasin peut nuire à la réputation de tous les autres et réduire le profit de l'entreprise qui fabrique les produits. C'est la raison pour laquelle l'entreprise a souvent intérêt à intégrer le processus de distribution du produit. C'est le cas de Tandy qui, aux États-Unis, est propriétaire de la chaîne de distribution Radio Shack.

13.1.4 Intégration pour se soustraire aux interventions publiques

Ce qui nous sauve de la bureaucratie, c'est son inefficacité. – Eugène McCarthy

L'intégration verticale des entreprises s'explique aussi par le désir de se soustraire aux contrôles des prix, ainsi qu'aux taxes et autres interventions publiques. Une entreprise verticalement intégrée peut éviter les *contrôles de prix* dans la mesure où elle est son propre client. Par exemple, aux États-Unis, le gouvernement fédéral a instauré, à plusieurs reprises depuis la Seconde Guerre Mondiale, un contrôle des prix de l'acier. Concrètement, un prix maximum était fixé pour la vente de l'acier. Dans ces conditions, une entreprise ne pouvait pas forcément acheter tout l'acier dont elle avait besoin car les producteurs préfèraient parfois rationner la production plutôt que de vendre l'acier au prix fixé par le gouvernement. Par conséquent, une entreprise ayant un besoin vital d'acier pouvait être amenée à racheter une aciérie. Comme les transactions au sein de l'entreprise ne sont pas concernées par le contrôle des prix, l'entreprise verticalement intégrée obtenait ainsi autant d'acier qu'elle le souhaitait. La prise de contrôle d'une acérie apparaît donc comme le moyen le plus simple de contourner le contrôle des prix (voir l'exemple 13.2). En fait, si le rachat d'aciéries n'implique aucun coût de transaction et que les aciéries ont le droit de produire l'acier dans les proportions demandées par leurs propriétaires, le contrôle des prix de l'acier est complètement inutile car tous les utilisateurs ont recours à l'intégration verticale.

Les *taxes* favorisent aussi l'intégration verticale. Suivant l'endroit où les entreprises sont implantées, elles sont soumises à une imposition différente, puisque les taxes ne sont pas même d'un pays à l'autre, ni même d'une région à l'autre. L'entreprise verticalement intégrée peut faire passer les profits d'une unité à l'autre en jonglant avec les *prix de transfert*, c'est-à-dire les prix de vente qu'elle fixe elle-même pour ses transactions internes (voir l'exemple 13.3). Le déplacement du profit d'une juridiction fiscale pénalisante vers des cieux plus cléments permet d'en conserver une plus grosse partie. Bien sûr, les services fiscaux sont au fait de ces manipulations et dans certains pays, comme les États-Unis, ils veillent à ce que les prix de transfert ne s'écartent pas des prix de marché (voir le chapitre 19).

EXEMPLE 13.2 Soyez propriétaire de votre propre aciérie !

Une affaire portée devant les tribunaux, le cas *Perlman v. Feldman* (219F.2d 173 [1955]), illustre l'influence du rationnement sur l'intégration verticale. Feldman contrôlait la majorité des actions de Newport Steel Corporation, une aciérie. En 1950, l'offre d'acier devint tendue, apparemment du fait de la crainte d'un contrôle des prix consécutif à la guerre de Corée. Feldman proposa de vendre à Wilport Corporation, une entreprise utilisatrice d'acier, un nombre d'actions suffisant pour contrôler le conseil d'administration. Wilport aurait ainsi pu répartir à son gré la production d'acier (et donc s'en attribuer la quantité souhaitée) en cas de pénurie.

La plainte avait été déposée par un actionnaire qui exigeait de recevoir le même prix prix élevé pour ses actions que celui obtenu par Feldman (20 $ au lieu de 12 $), sous le prétexte que ce prix élevé reflétait celui de l'acier en l'absence de contrôle des prix. La Cour décida que Feldman n'avait pas le droit de disposer du droit de contrôle total de la production d'acier, mais seulement d'un contrôle égal au prorata des actions qu'il détenait. Même en tenant compte de la restriction, cet exemple illustre bien l'influence du contrôle des prix sur la décision d'intégration verticale.

Les *réglementations* publiques favorisent également l'intégration verticale (ou horizontale) des entreprises, du moins lorsque seuls les profits d'une unité donnée sont réglementés. C'est le cas par exemple, aux États-Unis, pour le prix des communications téléphoniques locales, qui est réglementé. Mais celui des téléphones ou d'autres biens et services susceptibles d'être fournis par une compagnie de téléphone ne l'est pas. Par conséquent, si la compagnie peut transférer le profit du secteur réglementé à ceux qui ne le sont pas, elle échappe du même coup à la réglementation des communications téléphoniques locales. Pour illustrer ce mécanisme, supposons que l'entreprise puisse transférer comptablement des coûts relevant des divisions non réglementées à la division réglementée. Ceci a pour

EXEMPLE 13.3 Abattement fiscal pour diminution des réserves pétrolières

Certains Texans aiment à évoquer le bon vieux temps où le gouvernement fédéral autorisait les enreprises propriétaires de puits à déduire de l'impôts sur le profit des sociétés une somme égale à 27,5% de la valeur du pétrole brut vendu, pour *épuisement des ressourses non renouvelables.* Une loi de 1924 plafonna l'abattement à 50% du revenu imposable avant déduction de l'abattement mais après déduction des dépenses directement associées à l'exploitation des puits. Ainsi, paradoxalement, les entreprises étaient encouragées à épuiser rapidement leur propres ressources.

De plus, cette abattement constituait une puissante incitation à l'intégration verticale : posséder les puits, produire le pétrole et vendre l'essence et les autres produits dérivés aux consommateurs, permettait de fixer le prix de transfert du pétrole brut. La loi incitait à fixer CE prix de transfert à un niveau très élevé puisque l'abattement était fonction de la valeur du brut vendu.

Il est inutile de préciser que les compagnies pétrolières ont abondamment profité de cet avantage fiscal en s'intégrant verticalement. À partir de 1974, date à laquelle l'avantage fiscal pris fin, beaucoup de compagnies renoncèrent au contrôle direct des stations d'essence.

SOURCE : Bolch et Damon (1978).

EXEMPLE 13.4 La scission d'AT&T

En 1984, AT&T et le ministère américain de la Justice parvinrent à un accord au terme duquel AT&T acceptait de se scinder en plusieurs entreprises. L'une d'elle, qui conservait le nom d'AT&T se spécialisait dans les communications téléphoniques à longue distance, tandis que les autres se spécialisaient dans les communications locales. Les juristes du ministère américain de la Justice semblent avoir considéré qu'une compagnie téléphonique verticalement intégrée (communications locales et à longue distance) ne favorisait pas l'efficience ou que la scission comportait d'autres avantages.

Selon le ministère de la Justice, la structure verticale de l'entreprise favorisait une concurrence déloyale par rapport aux autres prestataires de communications à longue distance. Par exemple, en faisant payer des tarifs de connection locale élevés ou en leur fournissant un service de mauvaise qualité, AT&T pouvait nuire à ses concurrents. Le ministère de la Justice était également soucieux de mieux contrôler l'imputation des coûts entre les activités réglementées d'AT&T (communications téléphoniques) et ses autres activités (fabrication de téléphones et autres équipements). La scission d'AT&T n'a sans doute que partiellement répondu aux préoccupations du ministère américain de la Justice.

SOURCE : Lavey et Carlton (1983). Voir aussi Noll et Owen (1994).

effet de réduire le profit de la division réglementée et d'augmenter le profit des autres divisions. Lorsque la commission administrative de fixation des prix se réunit, l'entreprise peut faire valoir que ses faibles profits justifient une hausse des tarifs. Ainsi, en transférant le profit de la division réglementée à celles qui ne le sont pas, l'entreprise peut augmenter son profit global. C'est peut-être d'ailleurs la crainte de voir ces transferts s'opérer et la difficulté de les détecter qui a motivé l'instauration d'un contrôle public sur l'entrée des compagnies téléphoniques dans des secteurs non réglementés (voir l'exemple 13.4).(7)

13.1.5 Intégration pour augmenter le profit de monopole

Aide-toi et le ciel t'aidera.

L'intégration verticale permet d'augmenter le profit de monopole de deux façons. Premièrement, une entreprise qui monopolise un facteur de production essentiel au processus de production d'une industrie concurrentielle peut augmenter son profit en transformant l'industrie concurrentielle en un monopole verticalement contrôlé. Inversement, une entreprise cliente peut absorber son unique fournisseur. Deuxièmement, un fournisseur verticalement intégré qui a le monopole de l'offre peut pratiquer une discrimination par le prix.(8)

---

7 Mais si l'arrivée des compagnies téléphoniques sur des marchés non réglementés comporte un risque de fraude, celui-ci peut être compensé par une amélioration de l'efficience. Voir le chapitre 21 sur la réglementation publique.

8 Comme nous l'avons vu au chapitre 10, l'entreprise qui a le monopole de facteurs de production rares peut mettre ses concurrents en difficulté.

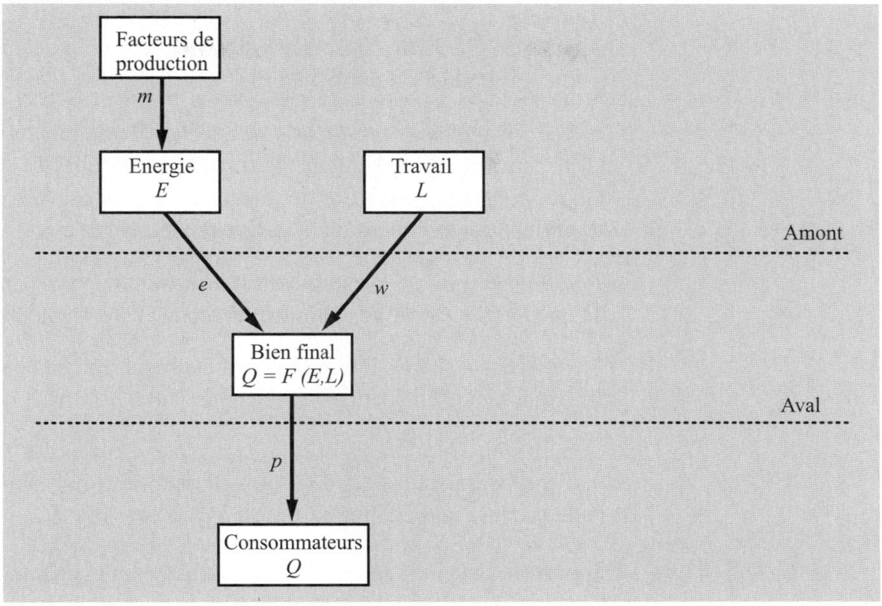

Figure 13.1: *Organisation verticale d'une industrie*

A. Intégration verticale pour s'assurer le monopole des débouchés d'une industrie

Dans certains cas, une fournisseur qui monopolise un facteur de production peut augmenter son profit par l'intégration verticale de l'industrie du produit qui utilise son facteur. Quelles sont les conditions pour que cette opération soit rentable ? Comme l'illustre le modèle suivant, la réponse dépend de la nature du processus de production.

La figure 13.1 illustre le cas d'une industrie concurrentielle qui vend Q unités. Le prix de chaque unité est égal à p. La fonction de production, F est fonction des facteurs E (énergie) et L (travail) :

$$Q = F(E, L). \tag{13.1}$$

Ces facteurs de production sont vendus à des entreprises concurrentielles aux prix respectifs e et w (salaire) par unité. Les entreprises qui fournissent les facteurs de production seront appelées **entreprises en amont** et celles qui fabriquent le produit final seront appelées **entreprises en aval**. Autrefois, les entreprises s'installaient près des rivières et les entreprises situées en amont du processus de production utilisaient tout naturellement le cours de l'eau pour livrer leurs produits par bateaux ou barges aux entreprises manufacturières qui se chargeaient de la distribution auprès des consommateurs.

Nous allons postuler que l'industrie représentée par la figure 13.1 possède les 5 caractéristiques suivantes :

1. *Rendements d'échelle constants :* la fonction de production $F(E, L)$ est à rendements d'échelle constants. Autrement dit, si la quantité des deux facteurs double, la production double aussi.

2. *Le coût marginal de production des facteurs est constant :* Les entreprises de l'aval peuvent recruter autant de travail, L, qu'elles le souhaitent au taux de salaire w (la courbe d'offre de travail est horizontale en w). Le coût marginal de production de l'énergie (E) est constant et égal à m.

3. *Monopole en amont :* L'énergie est fournie par une seule entreprise qui ne craint pas que l'arrivée d'autres entreprises menace son monopole.

4. *Concurrence en aval :* Les entreprises de l'aval sont en concurrence. Nous nous affranchirons de ce postulat par la suite.

5. *L'intégration verticale comporte des coûts :* Ce sont les coûts de négociation, ainsi que les frais juridiques. Ce postulat implique que l'intégration n'a lieu que si elle procure un bénéfice au moins égal à ces coûts.

Nous avons déja indiqué que le monopole n'avait intérêt à opérer une intégration vers l'aval qu'à certaines conditions concernant le processus de production. Plus précisément, ces conditions concernent les proportions dans lesquelles les facteurs de production peuvent être combinées. Dans le cas d'une **fonction de production à facteurs non substituables** les facteurs ne peuvent être utilisés que dans une proportion constante, quel que soit leur prix relatif. Dans le cas d'une **fonction de production à facteurs substituables**, les facteurs de production peuvent être combinés dans des proportions variables jusqu'à un certain point et la proportion de facteur est une fonction du prix relatif des facteurs.

Sous les conditions que nous venons d'énoncer, deux résultats essentiels peuvent être dégagés :

1. Si le processus de production des entreprises en aval est caractérisé par une fonction de production à facteurs non substituables, le monopole en amont n'a pas intérêt à s'engager dans une intégration verticale car son profit resterait inchangé.

2. Si le processus de production des entreprises en aval est caractérisé par une fonction de production à facteurs substituables, le monopole en amont a intérêt à s'engager dans une intégration verticale à condition que son profit augmente plus que les coûts d'intégration.

Nous allons étudier le cas de facteurs non substituables, puis celui des facteurs substituables, afin de les comparer.

a. Fonction de production à facteurs non substituables. La technologie ne permet pas de substituer les facteurs de production. L'idée de base peut être illustrée par un exemple (irréaliste). Supposons qu'il y ait deux marchés de facteurs, un pour les

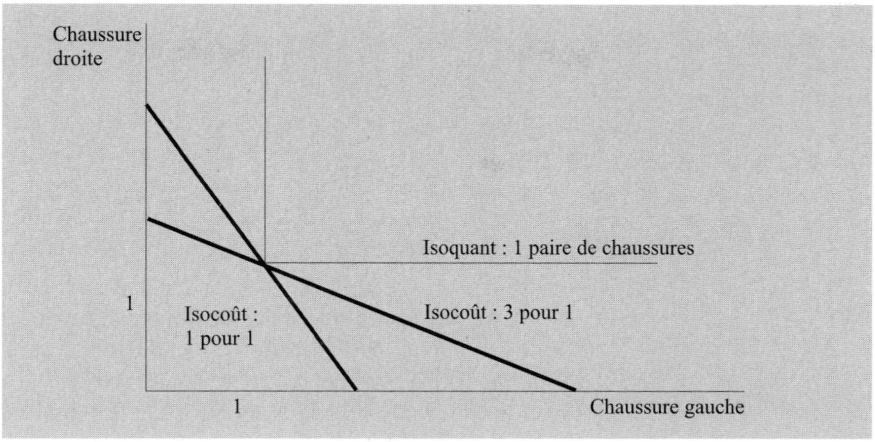

Figure 13.2
Isoquant d'une fonction de production à facteurs non substituables et courbes d'isocoût

chaussures droites et l'autre pour les chaussures gauches. La production consiste à se procurer une chaussure droite et une chaussure gauche et à les mettre ensemble. Si le prix d'une chaussure droite devient trois fois plus élevé que celui d'une chaussure gauche, l'entreprise qui appareille les chaussures doit cependant continuer à utiliser les chaussures dans les mêmes proportions car elle ne peut pas substituer les chaussures gauches aux chaussures droites.

Graphiquement, un tel processus de production peut être représenté par un *isoquant* en forme d'angle droit (un isoquant est une courbe qui indique les différentes combinaisons de facteurs qui permettent d'obtenir une quantité donnée de production), comme l'illustre la figure 13.2. L'isoquant indique les différentes façons de combiner les chaussures gauches et droites pour former une paire. Bien évidemment, la seule combinaison possible est celle qui comporte une chaussure gauche et une chaussure droite. Le fait d'utiliser deux chaussures gauches et une chaussure droite, ou une chaussure gauche et deux chaussures droites, ne permet pas d'obtenir plus d'une paire.

Deux courbes d'isocoût (une courbe d'isocoût indique les différentes combinaisons de facteurs qui coûtent la même somme) sont également représentées sur la figure. L'une représente le cas où le prix des deux chaussures est identique (1 pour 1) et l'autre représente le cas où le prix de la chaussure gauche est trois fois supérieur à celui de la chaussure droite (3 pour 1). La combinaison qui minimise le coût total est celle qui consiste à utiliser une chaussure gauche et une chaussure droite, quel que soit leur prix relatif : les deux courbes d'isocoût passent par l'isoquant à ce point (voir la figure 13.2).

Comparons maintenant le profit réalisé par le monopole de l'énergie avec et sans intégration verticale. Pour simplifier, supposons que la production d'une unité de Q nécessite 1 unité de E et 1 unité de L.(9)

En cas d'intégration verticale, le monopole devient l'unique producteur du bien final (puisque E est essentiel à la production du bien). De nombreux biens, comme les gros systèmes IBM, les Machines Xerox ou les produits Tupperware, sont exclusivement (ou principalement) distribués par l'intermédiaire du réseau de distribution propre de l'entreprise, ce qui constitue autant d'exemples d'intégration verticale en aval.

Le coût de production d'une unité de Q par le monopole intégré est égal à $m + w$. En effet, le coût de fabrication d' 1 unité de E est égal à c et 1 unité le recrutement d'une unité de L coûte w. Ce coût de production unitaire, ou marginal, $Cm_0 = m + w$ est représenté sur la figure 13.3a. La figure représente également la courbe de demande inverse pour le produit, $p(Q)$, c'est-à-dire la courbe qui indique le prix que les consommateurs sont prêts à payer pour acheter Q unités du bien. Enfin, la figure représente la courbe correspondante de recette marginale, Rm_0.

En cas d'intégration verticale, la maximisation du profit du monopole implique de choisir Q^* de telle façon que le coût marginal soit égal à la recette marginale : $Cm_0 = m + w = Rm_0$. Par conséquent, la quantité optimale des facteurs est telle que $E^* = L^* = Q^*$. Le prix est égal à p^* et le profit est donné par :

$$\pi^* = \left[p^* - (m + w)\right] Q^*. \tag{13.2}$$

Comparons maintenant l'intégration verticale avec le cas un monopole qui approvisionne en énergie une industrie concurrentielle. La droite verticale en trait plein de la figure 13.3b représente le coût marginal de production de l'énergie par le monopole, Cm_E, soit m. La demande inverse d'énergie par l'industrie concurrentielle, qui s'adresse au monopole, est donnée par $e(E)$ et est également représentée par une droite en trait plein sur la figure. Elle indique le prix maximum e que l'industrie est prête à payer pour obtenir E unités d'énergie. La recette marginale correspondante est donnée par Rm_E.

Les courbes de la figure 13.3a sont également reportées en pointillé sur la figure 13.3b, car l'échelle est identique (il faut une unité de E pour produire 1 unité de Q), ce qui facilite la comparaison.

La demande qui s'adresse au monopole se déduit de la demande qui s'adresse aux entreprises concurrentielles. La demande du monopole lui indique le prix le plus élevé qu'il peut faire payer aux entreprises pour une quantité donnée E. Le

9 En choisissant les unités de façon appropriée, nous pouvons faire en sorte que la production d'une unité de bien nécessite l'emploi d'une unité de chaque facteur. Mathématiquement, la fonction de production à facteurs non substituables s'écrit $Q = \min(E, L)$. Cela signifie que la quantité produite, Q, est donnée par le minimum de la quantité des deux facteurs, E et L. Par exemple, avec 3 unités de L et 2 unités de E, il est possible d'obtenir 2 unités de Q.

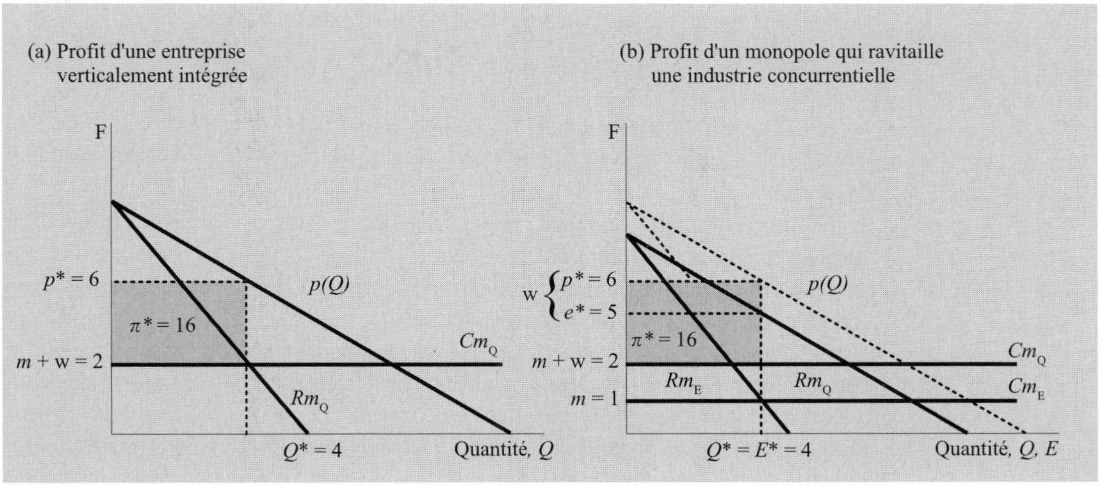

Figure 13.3: *Fonction de production à facteurs non substituables*

prix d'une unité de bien vendue par les entreprises concurrentielles est égal à p. Pour produire cette unité, chaque entreprise doit utiliser 1 unité de travail, ce qui lui coûte w. Elle peut donc payer au maximum $p - w$ pour l'achat d'une unité de E. Par conséquent, la demande qui s'adresse au monopole est égal à la demande qui s'adresse aux entreprises concurrentielles, moins w. Comme on peut le constater en examinant la figure, la courbe de demande qui s'adresse au monopole, $e(E)$, est obtenue par un déplacement vers la gauche égal à w de la courbe de demande qui s'adresse à l'industrie concurrentielle.(10)

Le monopole choisit E^* de façon à égaliser sa recette maginale, Rm_E, avec son coût marginal, $Cm_E = m$. Le profit à maximiser est donné par $[e(E) - m]\,E = [(p(E) - w) - m]\,E$, c'est-à-dire la même expression que dans le cas d'une intégration verticale (voir l'équation [13.2]), puisque $E = Q$. Le tarif fixé est donc m^*. Comme le diagramme l'indique, $E^* = Q^*$. Autrement dit, la production de l'industrie et la quantité d'énergie utilisée sont les mêmes que l'industrie soit

(10) Le prix fixé pour le produit vendu par l'industrie concurrentielle, p, est égal au coût marginal, $Cm(Q) = e + w$:

$$p = e + w.$$

Le prix (fonction de demande) décroît avec Q, e (le prix fixé par le monopole) et E. Comme $Q = E$, l'expression précédente peut se reformuler ainsi :

$$p(E) = e(E) + w,$$

ou,

$$e(E) = p(E) - w.$$

C'est-à-dire que la demande dérivée à laquelle le monopole de l'aval est confrontée est égale à la demande qui s'adresse aux entreprises concurrentielles, moins le coût unitaire du travail.

verticalement intégrée ou pas. Le profit maximum du monopole,

$$\pi^* = (e^* - m)\, E^* = \left[(p^* - w) - m\right] E^*,$$

est le même que précédemment. Le monopole reçoit e^* (c'est-à-dire $p^* - w$) au lieu de p^* par unité vendue. D'autre part, chaque unité produite lui coûte m au lieu de $m + w$.

Donc, comme le monopole obtient le même profit avec ou sans l'intégration verticale, elle n'optera pas pour l'intégration verticale car celle-ci comporte un coût. On peut donner une explication intuitive de ce résultat. En l'absence d'intégration verticale, lorsque le monopole augmente de 1 F le prix d'une unité de E, le coût marginal des entreprises de l'amont, $(m+w)$, augmente aussi de 1 F, de même que le prix payé par les consommateurs. Autrement dit, même en l'absence d'intégration verticale, le monopole peut parfaitement contrôler le prix du produit final. Il peut augmenter le prix et récupérer le profit correspondant. L'industrie concurrentielle n'en tire aucun bénéfice, car l'augmentation du prix ne fait que répercuter celle de l'énergie. Si le monopole peut ainsi contrôler le prix en l'absence d'intégration verticale, c'est parce que le processus de production des entreprises de l'amont ne leur permet pas de substituer un autre facteur à celui qu'elles achètent au monopole.

b. Fonction de production à facteurs substituables. L'explication précédente suggère que les résultats sont différents si la fonction de production des entreprises concurrentielles de l'aval est à facteurs substituables, de sorte que celles-ci peuvent se tourner vers un facteur substituable si le prix du facteur offert par le monopole augmente.

La figure 13.4 illustre un isoquant d'une fonction de production à facteurs substituables. Contrairement à l'isoquant d'une fonction de production à facteurs non substituables, celui-ci est une courbe continue qui traduit les possibilités de substitution (imparfaite) des deux facteurs. De ce fait, lorsque le prix relatif des facteurs se modifie (ce qui se traduit par une modification de la pente de la courbe d'isocoût), l'entreprise peut remplacer en partie le facteur dont le prix relatif augmente par celui dont le prix relatif diminue.

Lorsque la fonction de production est à facteurs substituables, toute augmentation du prix de l'énergie par le monopole se traduit par une substitution du travail à l'énergie. Par exemple, si le monopole augmente le prix de l'énergie de 1 F, le prix du produit final n'augmente pas de 1 F. De plus, la quantité de E utilisée baisse davantage que la quantité Q produite.

Imaginons un cas plus extrême dans lequel les deux facteurs de production sont parfaitement substituables. Dans ce cas, l'isoquant est une droite. Par exemple, si les deux facteurs sont l'huile de palme et l'huile de noix et que les entreprises utilisatrices d'huile ne font pas de différence entre ces deux variétés, celles-ci sont parfaitement substituables (l'isoquant est une droite de pente -1). Si une entreprise possède le monopole de la production d'huile de palme et qu'elle fixe un prix supérieur à celui de l'huile de noix, les entreprises n'utiliseront plus que de l'huile de noix. Par conséquent, le monopole ne peut pas fixer le prix de l'huile de palme à un niveau supérieur à celui de l'huile de noix.

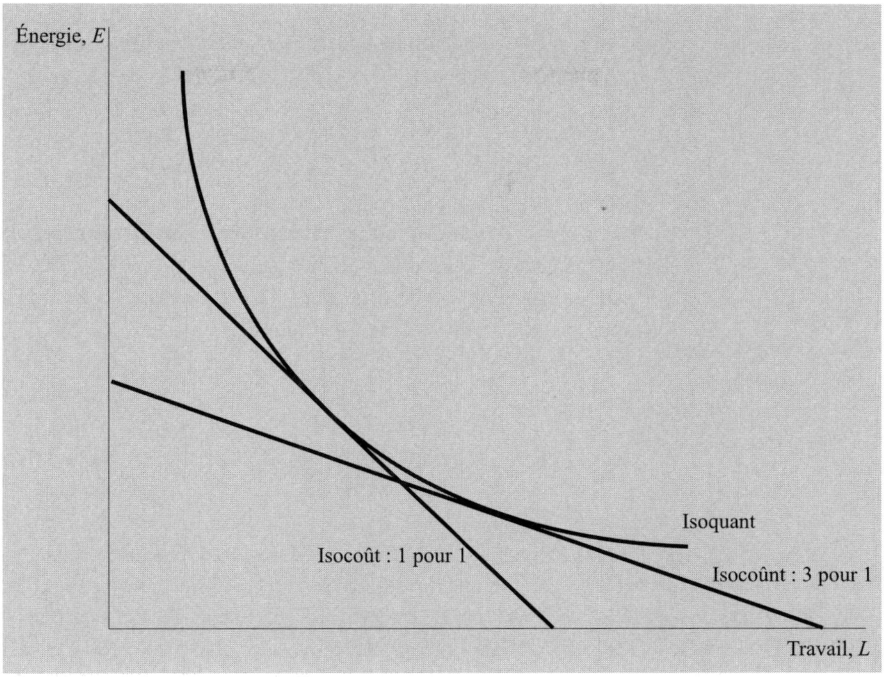

Figure 13.4
Isoquant d'une fonction de production à facteurs substituables et droites d'isocoût

En résumé, lorsque le processus de production est à facteurs substituables, le monopole ne peut pas contrôler complètement les entreprises de l'aval : s'il élève son prix, celles-ci peuvent substituer un autre facteur à celui offert par le monopole, ce qui engendre une inefficience de la production car l'optimum implique une égalité entre la pente de l'isoquant et le rapport des coûts marginaux des facteurs. Or, ce n'est plus le cas puisque les entreprises de l'aval utilisent trop de L et plus assez de E. Pour le monopole, cette inefficience implique un profit moins élevé.

Si le monopole s'engage dans une intégration verticale (prise de contrôle des entreprises de l'aval), il peut alors imposer l'utilisation de la combinaison de facteurs efficiente et augmenter son profit. Pour que l'intégration verticale ait lieu, il faut cependant que le profit augmente d'un montant supérieur au coût de l'intégration.

c. Exemple numérique. Lorsque la fonction de production n'est pas à facteurs substituables, l'intégration verticale n'augmente pas le profit. En revanche, lorsque la fonction de production est à facteurs substituables, l'intégration verticale peut augmenter le profit. Afin d'illustrer la différence entre ces deux types de fonction de production, nous allons étudier un exemple numérique ayant les caractéristiques suivantes :

Tableau 13.1: *Effets de l'intégration verticale*

		Monopole de E			
		Facteurs non substituables		Facteurs substituables	
	Marchés concurrentiels	Pas d'intégration	Intégration	Pas d'intégration	Intégration
Prix, p	2	6	6	5,63	6
Quantité Q	8	4	4	4,37	4
Surplus des consommateurs	32	8	8	9,55	8
Profit du propiétaire π_E	0	16	16	10,75	16
Perte sèche due à la fixation du prix en monopole	0	8	8	6,59	8
Perte par inefficience productive	0	0	0	5,11	0
E	8	4	4	1,55	0
L	8	4	4	12,30	4
m	1	5	1	7,93	1

Fonction de demande inverse : $p=10-Q$,
Coûts des facteurs : $w=c=1$,
Fonction de production à facteurs non substituables : $Q=\text{Min}(L,E)$,
Fonction de production à facteurs substituables : $Q=L^{(1/2)}E^{(1/2)}$.

- *Demande* : La courbe de demande inverse du bien final est linéaire,

$$p = 10 - Q\,. \tag{13.3}$$

- *Coût des facteurs :* Le coût marginal des deux facteurs de production, E et L, est tel que $m = w = 1$.

- *Processus de production :* nous envisagerons successivement le cas d'une fonction de production à facteurs non substituables et celui d'une fonction de production à facteurs substituables. Les deux fonctions ont les propriétés communes suivantes : (1) rendements d'échelle constants, et (2) 1 unité de E et 1 unité de L permettent d'obtenir 1 unité de Q.

Commençons par étudier le cas où tous les marchés sont concurrentiels, ce qui est socialement souhaitable puisque le bien-être (défini comme la somme du surplus des consommateurs et des profits) est alors maximum. Ensuite, nous comparerons ce cas avec celui d'un monopole de E lorsque les facteurs ne sont pas substituables, puis lorsqu'ils le sont. Nous avons choisi les fonctions de production et leurs paramètres de façon à ce que la production obtenue par le monopole soit la même avec ou sans intégration Le tableau 13.1 permet de comparer les résultats obtenus sous ces différentes hypothèses (les calculs sont détaillés dans l'annexe A à ce chapitre).

La première colonne du tableau 13.1 indique ce qui se produit lorsque tous les marchés sont concurrentiels. Puisque les marchés de facteurs sont concurrentiels, le prix de E, e, est égal à c, le coût social. D'autre part, comme 1 unité de E et 1 unité de L permettent d'obtenir 1 unité de Q, le coût marginal et donc le prix de Q est égal à 2 ($= mE + wL = 1 \times 1 + 1 \times 1$). À ce prix, 8 unités de Q sont produites, ce qui implique autant d'unités de E et de L inutilisées. En concurrence, il y a ni perte sèche ni perte d'efficience productive, de sorte que le surplus du consommateur — et donc le bien-être social — sont maximum (soit 32 dans notre exemple). Voyons maintenant les différents cas de figure comportant la présence d'une entreprise qui a le monopole de E.

Lorsque la fonction de production est à facteurs non substituables, de sorte que les proportions de facteurs utilisées sont insensibles aux variations de m/w, le prix relatif des facteurs, l'intégration verticale n'a pas d'effet sur le profit. Comme l'indiquent les seconde et troisième colonnes du tableau 13.1, le prix et la quantité du bien final, le surplus du consommateur et la perte sèche sont identiques dans les deux cas.[(11)] Le prix $p = 8$ maximise le profit du monopole. La seule différence entre les 2 colonnes est qu'en cas d'intégration verticale, le monopole fixe $e = m = 1$, alors qu'en l'absence d'intégration verticale, il fait payer $e = 5$ aux entreprises concurrentielles (voir la figure 13.5).

La production est efficiente dans les deux cas car les quantités de E et L minimisent le coût de production ($E^* = L^* = Q^* = 4$). Le prix de monopole, $p^* = 6$, est supérieur au coût marginal social (prix concurrentiel $= 2$), ce qui entraîne une perte sèche. Le bien-être total, passe de 32 en concurrence, à 24 en monopole (la différence, soit 8, correspond à la perte sèche). Le surplus des consommateurs de 32 à 8, d'où une forte dégradation de leur bien-être.

Lorsque la fonction de production est à facteurs substituables, l'intégration verticale modifie bien plus la valeur des variables que dans le cas de proportions fixes. Les résultats du tableau 13.1 sont obtenus à partir de la fonction de Cobb-Douglas suivante :

$$Q = L^{(1/2)}E^{(1/2)} \tag{13.4}$$

Ici, L et E sont (imparfaitement) substituables, ce qui fait que les isoquants de cette fonction ont la même forme que celui de la figure 13.4. Nous avons choisi les paramètres de la fonction pour que le prix, la quantité, le surplus des consommateurs et toutes les autres variables soient identiques à leur valeur lorsque la production est verticalement intégrée et les facteurs non substituables.

En cas d'intégration verticale par le monopole, le prix interne de l'énergie est égal à $e = m = 1$ et la quantité produite est efficiente, soit $E^* = L^* = Q^* = 4$, ce qui minimise le coût. En l'absence d'intégration verticale, les résultats obtenus

---

[11] Le surplus du consommateur est égal au triangle situé sous la courbe de demande et au-dessus du prix : $(10 - p)Q/2$. La perte sèche est aussi un triangle : $(p - 2)(8 - Q)/2$, où un côté est égal à la différence entre le prix et le coût marginal social, soit 2, et l'autre côté est égal à la quantité effective et la quantité qui aurait pu être produite si le prix avait été égal au coût marginal, soit 8.

changent. En effet, si le monopole augmente e, le prix de l'énergie, les entreprises concurrentielles de l'aval peuvent substituer L à E (voir la figure 13.4). Il s'ensuit que leur coût marginal de production n'augmente pas autant que e. Ce coût marginal est égal à :

$$Cm_Q = 2(we)^{(1/2)} = 2e^{(1/2)} \qquad (13.5)$$

parce que $w = 1$. Donc, si e double, le coût marginal n'augmente que de 41%.

Du fait de cette substitution de facteurs par les entreprises de l'aval, E et L ne sont plus utilisés en proportions égales. Au contraire, pour la valeur de e qui maximise le profit, L est égal à 7,93 fois E, soit 8 fois supérieur. Le coût marginal, donc le prix fixé par les entreprises concurrentielles de l'aval, est égal à 5,63, ce qui fait que le bien-être des consommateurs est plus élevé qu'en cas d'intégration : leur surplus a augmenté de 19%.

Il y a cependant une seconde perte sociale, en plus de celle résultant de la présence d'un monopole. En effet, la façon la plus économique de produire $Q = 4{,}37$, la quantité vendue, est d'utiliser 4,37 unités de E et de L. Or, $E = 1{,}55$ et $L = 12{,}30$, ce qui représente un coût social de 13,85. La perte sociale due à l'inefficience de la production est donc égale à $13{,}85 - 8{,}74 = 5{,}11$.(12) La perte sociale représente 16% du surplus du consommateur en concurrence et 54% du surplus du consommateur dans ce cas. Comme l'entreprise intégrée ne peut pas éviter cette perte sociale et pratique un prix plus élevé, son profit est aussi plus important : 16 au lieu de 10,75. Le monopole de l'amont est donc fortement incité à l'intégration verticale lorsque la fonction de production du bien final est à facteurs substituables. Il faut cependant que l'augmentation de profit qui résulte de l'intégration soit supérieure au coût de celle-ci.(13)

Sans intégration, le surplus du consommateur est plus important (9,55 au lieu de 8), car le prix n'est que de 5,63 au lieu de 6 (mais il reste supérieur à 2, son niveau concurrentiel). Le bien-être social est moins élevé en l'absence d'intégration ($20{,}3 = 9{,}55 + 10{,}75$ au lieu de $24 = 8 + 16$). Cette réduction de bien-être égale à 3,7 correspond à une perte d'inefficience productive de 5,11 qui est supérieure de 1,41 à la réduction de la perte sèche ($8 - 6{,}59 = 1{,}41$) car le prix n'est plus à son niveau de monopole.

Lorsque tous les marchés sont concurrentiels, le bien-être est à son niveau maximum. De plus, dans cet exemple, si les facteurs ne sont pas substituables, le bien-être est le même avec ou sans intégration (si l'on ne tient pas compte des coûts spécifiques d'intégration). En revanche, quand ils sont substituables, l'absence d'intégration (à cause d'une interdiction légale, par exemple), implique

[12] La somme du surplus des consommateurs, du profits des propriétaires de E, de la perte sociale et de la perte due à l'inefficience productive est identique dans les 5 cas. En effet, cette somme correspond à la surface située au-dessus du coût marginal (= 2) et sous la courbe de demande. Cette surface ne change pas et correspond en fait au surplus du consommateur en concurrence.

[13] Le tableau 13.1 ne tient pas compte de ce coût d'intégration. Cependant, il faudrait déduire ce coût du profit.

un bien-être moins élevé que l'intégration, car la perte causée par l'inefficence de la production s'ajoute alors à la perte due à la fixation du prix en monopole.

Cependant, les conclusions tirées de cet exemple, ne se généralisent pas. D'autres exemples montrent que le surplus du consommateur et le bien-être peuvent augmenter lorsqu'un monopole procède à une intégration verticale dans le but de consolider son pouvoir de contrôle. Il se peut par exemple que le prix baisse en raison des gains d'efficience (Mallela et Nahata, 1980).(14)

B. Discrimination par le prix

Un fournisseur en position de monopole peut choisir l'intégration verticale pour discriminer par le prix. Nous avons vu au chapitre 11 qu'un des ingrédients essentiels d'une discrimination réussie était de pouvoir empêcher ceux qui payaient un faible prix de revendre le produit à ceux qui payaient un prix plus élevé. S'il est impossible d'empêcher les reventes, il est également impossible de discriminer par le prix. Or l'intégration est un moyen d'empêcher les reventes.(15)

Par exemple, l'aluminium est utilisé dans la fabrication de nombreux produits (voir l'exemple 11.4). Pour simplifier, supposons que l'aluminium serve seulement à produire du fil d'aluminium et certains composants d'avions. Le cuivre est un bon substitut à l'aluminium pour faire des fils électriques, mais non pour la fabrication de composants d'avions. De ce fait, l'élasticité de la demande d'aluminium des fabricants de fils est beaucoup plus forte que l'élasticité de la demande d'aluminium des fabricants d'avions. Il est donc rentable de faire payer un prix plus élevé pour l'aluminium aux fabricants d'avions qu'aux fabricants de fils.

Si le monopole qui produit l'aluminium fait payer un prix plus élevé aux fabricants de composants d'avions, les fabricants de fils qui achètent l'aluminium moins cher peuvent le revendre aux fabricants d'avions à un prix moins élevé que celui fixé par le monopole. Pour empêcher ces reventes, l'entreprise qui a le monopole de la production d'aluminium peut opter pour l'intégration verticale de la production de fils d'aluminium afin d'en devenir l'unique producteur. Rien ne l'empêchera plus alors de faire payer très cher l'aluminininium aux fabricants d'avions, car il n'aura plus à s'inquiéter des reventes, l'intégration verticale de la fabrication du fil d'aluminium les empêchant définitivement.

13.1.6 Intégration pour éliminer le pouvoir de marché d'un fournisseur

Si l'intégration verticale permet d'augmenter le profit d'une entreprise, elle permet aussi de réduire le pouvoir de marché d'un fournisseur. Supposons par exemple

---

14 Voir les travaux antérieurs de Vernon et Graham (1971) et de Warren-Boulton (1974) sur cette question. Voir aussi Abiru (1988).

15 Carlton et Perloff (1981) ont montré que l'interdiction de l'intégration verticale, empêche les entreprises ayant déja un pouvoir de marché de discriminer par le prix et, par conséquent, réduit le taux d'épuisement des ressources non renouvelables telles que le pétrole.

qu'une seule entreprise vende un facteur de production essentiel au processus de production de son client. Si le prix fixé par le monopole est très élevé, l'intégration verticale vers l'amont peut être rentable. Ceci peut par exemple conduire l'entreprise à construire une usine pour fabriquer elle-même le facteur de production dont elle a besoin.

Si au lieu de construire une usine, l'entreprise décide d'absorber son fournisseur, la problématique est semblable à celle développée dans la sous-section précédente. Les profits joints du fournisseur et du client n'augmentent que si le processus de production est à facteurs substituables. Si les facteurs de production ne sont pas substituables, il n'y a pas de gain d'intégration. Dans ce dernier cas, l'acquisition du fournisseur par le client n'affecte ni le profit d'ensemble, ni le profit particulier d'une des deux entreprises. On peut en effet présumer que le prix d'acquisition du fournisseur sera approximativement égal à la valeur actualisée de ses profits futurs, de sorte que l'acheteur devra en définitive payer autant qu'en l'absence d'intégration verticale.

13.2 Cycle de vie de l'entreprise

L'intégration verticale n'a lieu que si les bénéfices qu'elle entraîne compensent les coûts. Stigler (1951) et Williamson (1975) se fondant sur le théorème d'Adam Smith suivant lequel « la division du travail est limitée par l'importance du marché », ont développé une théorie du cycle de vie des entreprises qui intègre les idées que nous avons étudiées dans la section précédente. Leur théorie explique pourquoi les entreprises ont recours au marché à certaines périodes de leur cycle de vie, tandis qu'à d'autres périodes elles préfèrent l'intégration verticale.

Lorsque la demande d'un produit est peu importante, la production des entreprises du marché est faible. Dans ce cas, chacune des entreprises entreprend elle-même toutes les activités liées à la production du bien final. On peut se demander pourquoi certaines d'entre elles ne se spécialisent pas dans la production d'un ou plusieurs composants, afin que les autres puissent se spécialiser dans l'assemblage du produit final. En fait, compte tenu de l'étroitesse du marché, ce type de spécialisation n'est pas rentable, même lorsque les rendements d'échelle sont croissants. En effet, le coût (fixe) de mise en place d'une production spécialisée est souvent considérable, ce qui implique que le coût moyen par unité ne peut décroître de façon importante que si la production est élevée. Or, si l'industrie est petite, les coûts unitaires sont élevés. Le coût moyen de production d'une entreprise intégrée est alors moins élevé que la somme des prix des entreprises spécialisées.

Mais à mesure que le marché s'élargit, la spécialisation des entreprises devient plus rentable du fait de la réduction des coûts unitaires de transaction.[(16)] Ainsi, la

[16] Une entreprise spécialisée ne peut pas fixer le prix de son produit à un niveau supérieur au coût de production du même produit par une entreprise verticalement intégrée.

croissance du marché provoque une *désintégration verticale*. Inversement, lorsque le marché est peu important, les entreprises réalisent elles-mêmes l'ensemble du processus de production et sont *verticalement intégrées*. Dans un marché plus vaste, les entreprises ont intérêt à acheter les produits et services intermédiaires auprès d'entreprises spécialisées plutôt que des les fabriquer elles-mêmes.

Par exemple, dans les années 1860, Birmingham était le premier centre de production des armes de petit calibre.[17] Les armuriers qui employaient les 5 800 personnes de cette industrie étaient pratiquement toutes situées dans le petit quartier de St. Mary Church. Cette concentration s'expliquait par l'importance de la spécialisation et la nécessité de transporter facilement les composants d'un atelier à l'autre. En fait, le maître-armurier typique possédait un entrepôt, plutôt qu'une usine ou un atelier. Il achetait des produits semi-finis à des fabricants de matériels (barrilets, détentes, crosses, canons, guidons, chiens, percuteurs, etc.). Il les envoyait ensuite à des assembleurs, artisans spécialisés dans une partie du montage de l'arme. Il y avait ceux qui ajustaient la culasse, ceux qui trempaient et polissaient l'acier du canon, les spécialistes de la crosse, de l'ajustement des différentes pièces, du gravage des initiales, etc., jusqu'à ceux qui vérifiaient la précision du tir.

À mesure qu'une industrie atteint son stade de maturité, de nouveaux produits se développent, ce qui a pour effet de réduire la demande et donc la production du produit initial. Il s'ensuit une nouvelle période d'intégration verticale.

En 1913, 13% des entreprises manufacturières étudiées possédaient au moins deux établissements verticalement intégrés, l'un fabricant un produit servant de facteur de production à la production de l'autre (Stigler, 1951, p. 135). En 1937, ce chiffre était de 10%. D'autre part, en 1919, 34,4% des grosses entreprises étaient verticalement intégrées. Ce chiffre était tombé à 27,5% en 1937. Depuis 1929, il ne semble pas y avoir eu de tendance globale vers l'intégration verticale (Adelman, 1955 ; Laffer, 1969 ; Livesay et Porter, 1969).

13.3 Restrictions verticales

Je n'ai pas confiance en lui, nous sommes amis. – Bertold Brecht

Lorsqu'une entreprise négocie un contrat de distribution de son produit, elle impose parfois certaines restrictions au distributeur qui vont bien au-delà du prix de gros. L'objectif de ces restrictions est de produire un résultat approximativement identique à celui obtenu par une entreprise verticalement intégrée. Les restrictions peuvent porter sur le nombre minimum d'unités vendues ou sur la localisation des entreprises distributrices, sur un prix minimum de vente ou encore sur l'exclusivité du produit (interdiction de la vente de produits concurrents).

---

[17] L'analyse de cet exemple est tirée de Allen, G. C. (1929). *The Industrial Development of Birmingham and the Black Country, 1860–1927*. Londres, p. 56–7 et 116–7, cité par Stigler (1951).

Pourquoi recourir à ces restrictions plutôt qu'à l'intégration verticale ? Si les entreprises manufacturières confient le plus souvent la vente de leurs produits à des distributeurs plutôt que de recourir à l'intégration verticale, c'est que les coûts d'organisation de la main-d'œuvre dans les points de distribution sont trop élevés. Par exemple, si les points de distribution sont éloignés de l'entreprise, les coûts de transport sont importants. D'autre part, les cadres de l'entreprise ne sont pas nécessairement les mieux placés pour évaluer les opportunités d'un marché éloigné.

Toute entreprise manufacturière, en monopole comme en concurrence, souhaite écouler son produit au moindre coût. Mais il faut aussi que le distributeur agisse au mieux des intérêts du producteur.

Pour l'économiste, la relation entre le producteur et le distributeur s'assimile à la relation **principal-agent**. Le *principal* recrute un *agent* pour exécuter une action dont il ne peut pas complètement contrôler l'exécution. L'entreprise manufacturière (le principal) noue un contrat avec le distributeur (agent) pour la vente d'un produit. Comme l'entreprise ne peut pas complètement observer le comportement du distributeur, celui-ci peut être tenté d'en profiter.

Par exemple, il se peut qu'un distributeur particulier fasse moins de publicité que les autres, ce qui lui permet de réaliser des économies sur le dos du producteur ou des autres, adoptant ainsi le comportement dit du *passager clandestin*. Comme l'expression l'indique, le **passager clandestin** est celui qui tire gratuitement bénéfice des actions d'autrui (à leur insu ou à leur corps défendant).[18] Si un distributeur peut se soustraire à l'effort publicitaire, c'est que le système ne fonctionne pas correctement. Ce type de problème est typique de la relation principal-agent et explique que les producteurs ne se contentent pas de vendre leur produit aux distributeurs, mais qu'ils imposent aussi certaines restrictions.

Les économistes (et, aux États-Unis, les tribunaux) ont longtemps hésité sur l'attitude à adopter face aux restrictions verticales. En effet, certaines de ces restrictions, comme l'interdiction de réduire le prix ou de vendre des produits concurrents, semblent porter atteinte à la concurrence et ne devraient pas exister sur un marché parfaitement concurrentiel. Mais cela ne fait que révéler l'inadéquation du modèle de la concurrence parfaite à ces situations, puisque celui-ci suppose que le coût de la distribution est nul. Le modèle de base de la concurrence ignore tout bonnement les coûts de l'effort de vente. Or, si la distribution d'un produit absorbe des ressources, l'entreprise doit rémunérer l'agent économique qui s'en charge tout en contrôlant ses résultats. Par conséquent, plus la distribution joue un rôle important dans le fonctionnement d'un marché, moins le modèle concurrentiel est adapté.

Dans les sous-sections qui suivent, nous allons passer en revue les différents problèmes qui se posent lorsque l'intégration verticale est impossible et décrire les méthodes utilisées pour y remédier. Nous analyserons ensuite les effets concurrentiels et anti-concurrentiels des restrictions verticales.

---

[18] Il s'agit d'une externalité, au même titre que celles étudiées au chapitre 4.

13.3.1 Restrictions verticales et distribution des produits

Quatre problèmes se posent habituellement lorsque la vente du produit comporte des coûts et que l'entreprise en confie le soin à un distributeur :

1. Lorsque la production et la distribution sont controlées par des monopoles, le profit de monopole est prélevé deux fois.
2. Des distributeurs peuvent être tentés d'agir en passagers clandestins en laissant les autres assurer la promotion des produits.[19]
3. Des producteurs peuvent agir en passagers clandestins au détriment d'autres producteurs.
4. Des externalités peuvent naître du manque de coordination entre les distributeurs.

Nous allons revenir sur chacun de ces problèmes et indiquer comment les restrictions verticales peuvent y remédier.

A. Double profit de monopole

Lorsque le producteur et le distributeur sont des monopoles, chacun ajoute sa marge (différence entre le prix et le coût marginal), de sorte que le consommateur paie encore plus cher. Cette double marge pousse les entreprises à l'intégration verticale ou à l'instauration de restrictions verticales pour améliorer l'efficience et par conséquent les profits joints. Nous allons d'abord prendre un exemple pour illustrer les pertes engendrée par le prélèvement d'une double marge et montrer comment l'instauration de restrictions verticales permet de réduire ces pertes lorsque l'intégration est impossible.

a. Exemple de perte due au prélèvement d'une double marge de profit. Pour illustrer l'effet d'une double marge, nous allons comparer un marché où le producteur est verticalement intégré dans la distribution avec un marché contrôlé par deux monopoles successifs. Nous verrons que la double marge a des effets négatifs à la fois pour les consommateurs et les entreprises.[20]

---

[19] Les études consacrées aux restrictions verticales insistent principalement sur le problème du passager clandestin. Voir cependant l'approche plus générale de Winter (1993), sur l'origine des restrictions verticales imposées par les entreprises manufacturières.

[20] Supposons qu'un seul détaillant achète le produit auprès du producteur pour le revendre et ne supporte aucun autre coût que le prix auquel il achète le produit. Il est confronté à une demande d'élasticité constante, ε_1. Sa situation de monopole lui permet de pratiquer un prix p_1 égal à $\mu_1 p_2$, où p_2 est le prix fixé par le producteur au distributeur et $\mu_1 = 1/[+1\varepsilon_1] > 1$ est la marge de monopole habituelle (voir le chapitre 5). Le producteur fixe son prix p_2 égal à $\mu_2 p_2$, où $\mu_2 = 1/[+1\varepsilon_2] > 1$. ε_2 est l'élasticité de la demande du distributeur au producteur. Enfin, si m est le coût marginal de production constant du bien, $p_1 = \mu_1 \mu_2 m$. Le coût est donc gonflé par le prélèvement d'une double marge égale à $\mu_1 \mu_2$, supérieure à μ_1 ou μ_2 pris isolément.

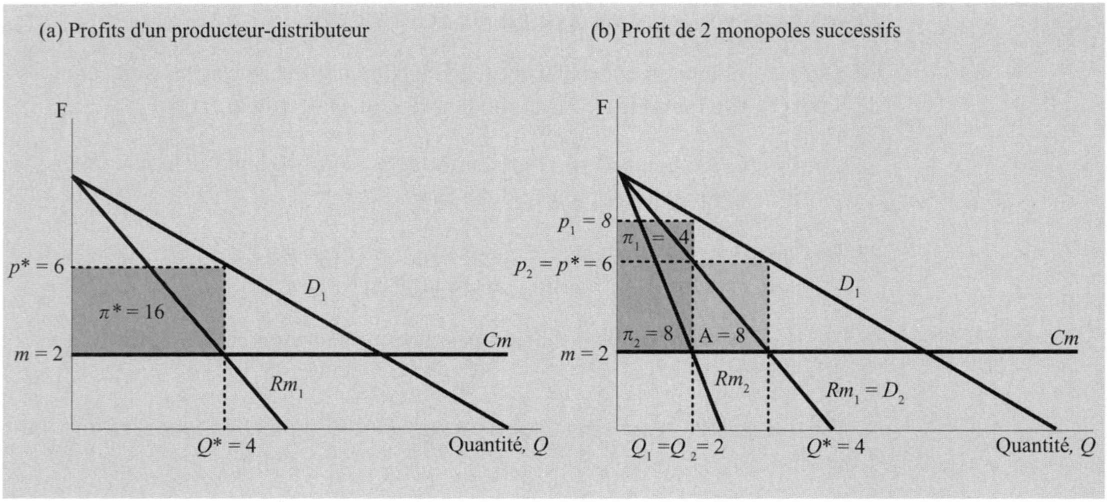

Figure 13.5: *Monopole de la production et monopole de la distribution*

Le monopole verticalement intégré, à la fois producteur et distributeur, est confronté à la courbe de demande décroissante D_1 de la figure 13.5a. Il produit la quantité Q^* qui égalise son coût marginal de production, c, à sa recette marginale, Rm_1.[(21)] La partie hachurée de la figure représente le profit par unité, π^*, c'est-à-dire la différence entre le prix de vente (p^*) et le coût unitaire, multipliée par le nombre d'unités vendues (Q^*).

Supposons qu'au lieu de distribuer lui-même son produit, le monopole passe par un distributeur en situation de monopsone. Dans ce cas, il y a prélèvement d'une double marge de profit, car celle du distributeur vient s'ajouter à celle du producteur. C'est maintenant le distributeur qui est confronté à la courbe de demande décroissante D_1 et à la recette marginale Rm_1 de la figure 13.5a. Le monopole fixe un prix de gros égal à p_2 par unité. Ce prix correspond au coût marginal du distributeur, qui maximise son profit en égalisant p_2 à sa recette marginale $Rm_1(Q_1)$ (voir la figure 13.5a). Comme il n'y a pas de coût de distribution et que les demandes sont linéaires, on a $p_2 = p^*$.

Le nombre d'unités demandées par le distributeur dépend du prix p_2 fixé par le producteur et est déterminé par l'intersection de la courbe Rm_1 avec la droite horizontale p_2. La courbe Rm_1 correspond à la demande D_2 qui s'adresse au producteur, lequel maximise alors son profit en égalisant son coût marginal c avec la courbe de recette marginale qui se déduit de D_2, soit Rm_2.

La figure 13.5b fait apparaître la double marge de profit qui est prélevée lorsqu'il y a deux monopoles successifs. D'une part, le producteur fixe un prix p_2, supérieur à son coût marginal c. D'autre part, le distributeur fixe un prix p_1, supérieur à

[21] Pour simplifier la présentation du graphique, nous supposons que les coûts de distribution sont nuls.

p_2, son coût marginal. Comme les courbes sont linéaires, $p^* = p_2 < p_1$. Les consommateurs achètent Q_2 unités, ce qui est inférieur à Q^*, la production du monopole intégré. Par conséquent, leur bien-être diminue. Si l'on prend la même courbe de demande que pour l'exemple précédent, $p = 10 - Q$, et que l'on pose $c = 2$, on a $p^* = p_2 = 6$ et $p_1 = 8$.(22) Les consommateurs paient donc un tiers de plus (8 F au lieu de 6 F) du fait de la présence du double monopole à la place d'un monopole intégré. Ils achètent également deux fois moins d'unités : $Q_1 = Q_2 = 2$ au lieu de $Q^* = 4$.

Le profit global des deux entreprises est aussi moins élevé que dans le cas de l'entreprise intégrée dont le profit est $\pi^* = 16$. Dans le cas des monopoles successifs, le profit du distributeur, π_1, est égal à 4 et celui du producteur, π_2, est égal à 8. Comme l'illustre la figure 13.5b, π^* est égal à π_2 plus la surface A (perte de profit due à la réduction des ventes du fait d'un prix plus élevé). Le profit global baisse donc de $A - \pi^* = 8 - 4 = 4$. Ainsi, le profit global des deux entreprises est 25% moins élevé que celui de l'entreprise intégrée.

Le bien-être des consommateurs et le profit des entreprises sont ainsi moindres lorsqu'on a deux monopoles successifs à la place d'une entreprise verticalement intégrée. L'intégration verticale apparaît donc souhaitable.(23) Cependant, celle-ci n'est pas toujours possible. Par exemple, lorsque le producteur est japonais et le distributeur français, il est trop coûteux pour le producteur de procéder lui-même à la distribution du produit. Il peut alors recourir aux restrictions verticales.

b. Restrictions verticales. En cas de monopoles successifs, le distributeur est incité à limiter les ventes et à augmenter le prix. Or le producteur n'a pas intérêt à cette réduction supplémentaire de production ou, de façon équivalente, à ce que le prix p_1 soit supérieur à p_2. En effet, le profit réalisé au niveau de la distribution va uniquement au distributeur. Le producteur, quant à lui, a intérêt à ce que le système de distribution soit aussi efficace que possible (c'est-à-dire à ce que la marge du distributeur soit aussi faible que possible).

Idéalement, le producteur a intérêt à ce que la distribution soit concurrentielle, afin que le prix au détail, p_2, soit aussi proche du prix de gros, p_1. Cependant, dans de nombreux cas, la distribution n'est pas concurrentielle et le producteur doit passer par un distributeur unique. Avant d'analyser pourquoi la distribution n'est pas toujours concurrentielle, nous allons étudier trois types de restrictions verticales

---

[22] Dans cet exemple, $p_1 = D_1(Q_1) = 10 - Q_1$, $Rm_1 = p_2 = D_1(Q_2) = 10 - Q_2$ et $Rm_2 = 10 - 4Q_2$. Égalisons le coût marginal et la recette marginale de l'entreprise en amont : $c = 2 = 10 - 4Q_2 = Rm_2$. Nous obtenons $Q_2 = 2$, de sorte que $p_2 = 10 - (2 \times 2) = 6$. Par conséquent, $p_2 = 6 = 10 - Q_2 = Rm_1$ et $p_1 = 10 - 2 = 8$.

[23] L'intégration profite à tous à condition que le monopole intégré fonctionne de façon aussi efficiente que deux entreprises successives ou que, s'il est moins efficient, l'effet positif de l'élimination de la double marge l'emporte sur la perte d'efficience. Il arrive cependant que certaines fusions verticales se révèlent profitables sur le plan privé mais indésirables sur le plan social ou désirables socialement mais non profitables sur le plan privé (Ross, 1990).

que les producteurs peuvent imposer à un distributeur unique afin que le produit soit distribué de façon plus concurrentielle.

Lorsque c'est légal, le producteur peut imposer contractuellement au distributeur un *prix de vente maximum*, $\overline{p}$. Il peut ainsi éviter que le prix du distributeur soit trop supérieur au prix de gros, p_2. Le distributeur vend alors plus. Si $\overline{p}$ est égal à p_2, le distributeur se comporte de façon concurrentielle, vend Q^* unités et le résultat est le même que celui obtenu par un entreprise intégrée. Si le distributeur n'accepte pas cette restriction et que $\overline{p}$ est compris entre p_1 etp_2, la quantité vendue sera comprise entre Q_1 et Q^*. De telles restrictions étaient très répandues aux États-Unis avant 1976. Mais depuis, il est devenu illégal que le producteur contrôle le prix fixé par les distributeurs indépendants.

Le producteur peut aussi recourir à une **limitation quantitative**, c'est-à-dire imposer un *quota de vente* au distributeur, qui doit vendre un nombre minimal d'unités. Dans ce cas, il n'a pas besoin d'imposer de limites sur le prix de vente du distributeur. Le quota de vente est un moyen d'inciter le distributeur à accroître ses ventes et donc à réduire le prix par unité. Cette pratique est très répandue dans la vente d'automobiles et celle d'ordinateurs grand public.

En ce qui concerne la politique de prix, le producteur peut également adopter une politique plus élaborée que celle consistant simplement à fixer un prix p_2 par unité. Il peut notamment recourir à une tarification en deux parties (voir le chapitre 12). Il fait alors payer un prix pour le produit et un prix pour le droit de distribuer le produit. Ainsi, pour obtenir une **franchise**, c'est-à-dire le droit de distribuer un produit (ou une marque), le distributeur doit payer une somme forfaitaire ou *droit de franchise*.

Pourquoi recourir à une tarification en deux parties ? Afin de répondre, supposons qu'au lieu de faire payer p_2 par unité, ce qui est supérieur au coût marginal m, le producteur fixe un prix égal au coût marginal. Le distributeur égalise alors sa recette marginale au coût marginal m et vend Q^* unités, c'est-à-dire la même quantité que l'entreprise intégrée. Ainsi, en fixant $p_2 = m$, le producteur évite la formation d'une distorsion de monopole au niveau de la distribution.

Cependant, si le producteur fait payer m par unité, il ne réalise aucun profit et c'est le distributeur qui bénéfice de la rente de monopole. Par contre, en faisant payer la franchise, le producteur récupère cette rente. En effet, s'il existe un grand nombre de distributeurs *potentiels*, cette méthode garantit au producteur le même profit que l'intégration verticale dans la distribution. Il offre aux enchères le *droit* de distribuer le produit, ainsi que la garantie contractuelle que le distributeur achète le produit au prix m par unité. La figure 13.5a indique que le droit maximal qu'un distributeur est disposé à payer pour obtenir la franchise, est égal à π, la valeur du profit de monopole. Lorsqu'un grand nombre de distributeurs sont en concurrence pour obtenir la franchise, le mécanisme des enchères concurrentielles garantit que le droit payé pour la franchise est égal à la valeur actualisée du profit de monopole. En faisant payer la franchise et un prix par unité égal à m, le producteur obtient ainsi le même résultat que l'entreprise verticalement intégrée.

En résumé, lorsqu'il n'y a qu'un seul distributeur, une double marge de profit est prélevée sur le produit. Lorsque l'intégration verticale n'est pas envisageable, ce résultat peut être évité par l'instauration de restrictions verticales comme la fixation d'un prix de vente maximum ou d'un quota de ventes, ou encore en faisant payer une franchise au distributeur.

B. Le problème du passager clandestin au niveau de la distribution

Très souvent, plusieurs entreprises indépendantes obtiennent le droit de distribuer le produit. De ce fait, un distributeur peut être tenté de profiter des campagnes promotionnelles effectuées par les autres sans y participer. Nous allons donc préciser ci-après les situations dans lesquelles ce type de comportement peut se produire et montrer comment les restrictions verticales permettent de le minimiser.

a. Situations favorables aux passagers clandestins. Lorsque les distributeurs doivent entreprendre un gros effort de vente (publicité, salons, formation d'un personnel de vente spécialisé, politique de qualité) pour promouvoir un produit, une partie de cet effort bénéficie à tous, ce qui favorise les comportements de passager clandestin. En effet, dans la mesure où le distributeur n'est pas certain d'être le seul à profiter des fruits de son effort publicitaire, il n'est pas incité à donner le maximum, ce qui réduit les ventes du produit. Le problème du passager clandestin découle donc de l'impossibilité de rémunérer *séparément* l'effort de vente consenti par un distributeur pour un produit donné autrement que par l'augmentation des ventes de ce produit.

Supposons qu'un distributeur fasse une grosse *publicité* pour un produit qui est également vendu par un autre distributeur. Le premier distributeur stimule ainsi la demande pour le produit, ce qui bénéficie aussi à l'autre distributeur, bien que ce dernier ne supporte aucun coût. S'il est impossible de remédier à cette situation, le distributeur qui voit une partie du fruit de ses efforts lui échapper risque de se décourager.

Il y a bien d'autres cas favorables aux passagers clandestins que celui de la publicité. Par exemple, la vente de biens d'équipement multiples (électronique grand public, électro-ménager, etc) nécessite une importante surface pour exposer les produits, afin que les consommateurs puissent choisir celui qui convient le mieux à leurs besoins. Mais la surface occupée, ainsi que les produits exposés, représentent un coût pour le distributeur. Lorsqu'un distributeur occupe une grande surface, il attire beaucoup de consommateurs, mais rien ne lui garantit que ceux-ci ne vont pas acheter les produits ailleurs, notamment si un autre distributeur qui n'a qu'une faible surface d'exposition leur propose les mêmes produits à un prix plus intéressant. De fait, si le prix est moins élevé, c'est parce que le coût de promotion des produits l'est aussi. Ce phénomène tend à réduire l'effort consenti pour la promotion des produits.

Le comportement précédent peut être illustré par le cas particulièrement contrasté de deux magasins de matériel stéréophonique qui étaient situés à proximité du campus de l'université de Berkeley, Californie. L'un avait opté pour une exposition très attractive de ses produits, tandis que l'autre se contentait d'empiler les cartons par catégorie de produits, mais faisait de grosses remises sur les prix. Ce dernier avait posé une banderolle sur ses vitrines qui disait : « Allez choisir votre produit à côté et venez l'acheter moins cher ici ».

Le comportement du passager clandestin s'observe aussi lorsque la vente d'un produit nécessite un *personnel de vente* très qualifié. La vente d'ordinateurs personnels est un bon exemple. Si un distributeur possède un personnel très qualifié, beaucoup de clients iront dans ce magasin pour se documenter sur les produits. Mais certains l'achèteront ailleurs moins cher, par correspondance ou chez un distributeur ayant un personnel de vente moins qualifié et donc des coûts moins élevés. Ceci n'encourage pas les distributeurs à développer le niveau de qualification de leurs vendeurs.

La *certification* est un autre exemple. Dans ce cas, le distributeur ne fournit aucun service explicite, mais simplement la garantie que le produit vendu est de bonne qualité. Par exemple, certains magasins ont la réputation de ne vendre que des vêtements de première qualité. On peut penser qu'ils ont acquis cette réputation grâce à la qualification d'un personnel qui suit de près les évolutions de la mode et sait sélectionner les meilleurs tissus.

Mais certains magasins peuvent se mettre à vendre les mêmes vêtements, profitant ainsi de la réputation acquise par les autres sans avoir eu besoin d'investir pour se constituer une réputation. Ceci crée un dilemme pour le producteur (Marvel et McCafferty, 1984). S'il ne vend ses produits qu'aux magasins ayant une bonne réputation, il risque de limiter le volume des ventes. S'il vend ses produits à tous les magasins, il empêche ceux ayant acquis une bonne réputation d'en tirer l'intégralité des bénéfices.

Citons un dernier exemple. Lorsque la *réputation d'un produit* dépend de la qualité des prestation de chaque distributeur, le comportement d'un seul distributeur se répercute parfois sur l'ensemble de la demande du produit. Prenons l'exemple d'une chaîne de restauration dont les différents établissements sont gérés par des propriétaires indépendants (c'est le cas des enseignes McDonald, Burger King ou Wendy).

La marque du produit est elle-même symbole d'une certaine réputation succeptible d'attirer la clientèle. Dans ce cas, si un seul magasin se met à lésiner sur la qualité et propose une prestation de qualité inférieure, les autres établissements risquent d'en souffir car cela dégrade directement la réputation de la marque. L'établissement en cause dégrade moins sa propre réputation que celle de la marque, dans la mesure où les clients se fondent essentiellement sur la réputation de la marque. Il bénéficie donc d'une réduction de coût sans ressentir l'effet direct de la baisse de réputation de la marque. C'est particulièrement évident si sa clientèle est essentiellement passagère (proximité d'une intersection). Il a alors intérêt à réduire la qualité moyenne de la prestation, tout en continuant à profiter de la réputation de la marque.

EXEMPLE 13.5 Exclusivité territoriale : le cas de la bière

Aux États-Unis, les distributeurs de bière ont souvent une exclusivité territoriale. En principe, cette exclusivité est légale si elle n'affecte pas la concurrence. Cependant, les tribunaux ont fréquemment du mal à déterminer dans quelle mesure une restriction exerce ou non une influence sur la concurrence. En fait, La *National Beer Wholesalers Association* et la *U.S. Brewers Association* ont milité en faveur du *Malt Beverage Interbrand Competition Act* afin que les lois antitrust ne s'appliquent pas aux territoires exclusifs. D'après eux, cela permettait de résoudre les problèmes de passagers clandestins et ils s'appuyaient sur une loi similaire de 1981 concernant l'industrie des sodas. Mais, pour les opposants à cette loi, ce n'était qu'une façon de réduire la concurrence. Ces derniers soulignaient qu'une étude effectuée par le service de la consommation de la ville de New York révélait que le prix de la bière avait augmenté de 30% pour la seule année 1983. Or, c'était l'année où Miller Brewing et Anheuser-Busch avaient mis en place des accords d'exclusivité territoriale. Voir aussi l'exemple 21.9.

SOURCE : *Fortune*, 9 décembre 1985, p. 135.

b. Restrictions verticales permettant de remédier au problème du passager clandestin. Les producteurs sont attentifs aux efforts de vente de leurs distributeurs dans la mesure où l'augmentation de la demande élève leurs profits. Si le problème du passager clandestin tend à décourager la promotion des produits par les distributeurs, les producteurs peuvent recourir aux restrictions verticales pour y remédier. Certaines de ces restrictions visent à protéger le *droit de propriété* (voir le chapitre 4) que le distributeur possède sur le résultat de son effort promotionnel en faveur du produit du producteur. Ces restrictions sont conçues pour que le distributeur puisse bénéficier du fruit de ses efforts.

L'une des plus utilisées est la concession d'un **territoire exclusif**, c'est-à-dire l'attribution à un seul distributeur du droit de vendre le produit dans une zone géographique déterminée. Le distributeur possède ainsi un monopole régional. Le producteur s'engage à ce que les distributeurs auxquels il accorde le droit de vendre son produit soient situés à une distance déterminée les uns des autres. Renault, par exemple, refuse tout nouveau distributeur qui s'installe dans une zone géographique déja occupée par un de ses concessionnaires. En accordant un monopole géographique au vendeur, le producteur l'isole de la concurrence, ce qui lui permet de s'approprier les résultats de son effort de vente (voir l'exemple 13.5). L'inconvénient de cette restriction verticale est qu'elle donne un pouvoir de marché au distributeur dont la marge de monopole vient alors s'ajouter à celle du producteur (problème de la double marge de profit). Pour éviter ce nouveau problème, il convient d'ajouter d'autres restrictions.

Un second type de restrictions verticales permettant d'encourager l'effort de vente des distributeurs est la *limitation du nombre des distributeurs*. L'effet est semblable à celui de l'exclusivité territoriale, en ce qu'il réduit la concurrence par le prix et récompense mieux les efforts promotionnels propres de chaque distributeur.

Cette restriction engendre elle aussi le problème de la double marge puisqu'elle augmente le pouvoir de marché de chaque distributeur.

Il est également possible de traiter le problème du passager clandestin en concluant des accords de **fixation du prix de détail**. Dans ce cas, le revendeur est obligé de respecter un *prix minimum*.[24] Ces accords incitent les revendeurs à déplacer la concurrence sur d'autres aspects que le prix. Par exemple, si le prix de gros payé par le distributeur est égal à 10 F et que le prix de vente minimum est fixé à 20 F, chaque distributeur dispose d'un maximum de 10 F pour financer ses efforts promotionnels. Il peut donc investir jusqu'à 10 F par unité vendue pour faire de la publicité, former son personnel, faire des expositions, etc. L'instauration d'un prix minimum, en déviant la concurrence entre distributeurs sur d'autres aspects que la réduction du prix, favorise l'effort de promotion du produit.

Beaucoup de pays ont interdit la pratique du prix minimum : le Canada en 1951, la Suède en 1954, le Royaume-Uni en 1965 (quoique certaines exceptions persistent) et les États-Unis en 1976.

Mais là où cette pratique demeure légale, elle est largement utilisée.[25] Selon une étude, au Royaume-Uni, 44% des dépenses de consommation concernaient des produits à prix minimum avant que cette pratique ne soit interdite. Selon d'autres études, ce pourcentage se serait situé entre 25 et 40% vers 1960. D'après une étude canadienne, la pratique du prix minimum concernait 20% des produits vendus en épicierie et 50% des produits vendus en droguerie. En Suède, le pourcentage était de 30%. Enfin, une étude portant sur les États-Unis indique que le prix minimum concernait 4% à 10% des ventes au détail.

Le producteur dispose d'une quatrième méthode de lutte contre le problème du passager clandestin. Celle-ci consiste à *faire la publicité pour le compte du distributeur*. Si c'est le producteur qui se charge des efforts promotionnels et de la publicité, il n'a pas à ce soucier du problème du passager clandestin entre distributeurs. Par contre, si c'est le producteur qui prend en charge l'effort de promotion du produit, il doit faire payer un prix de gros plus élevé ou un droit de franchise plus important. L'inconvénient de cette solution, c'est que le producteur qui se charge de la publicité et du marketing n'est pas aussi bien renseigné qu'un distributeur local sur la meilleure stratégie à adopter dans une zone géographique donnée. Il n'a donc intérêt à y recourir que si le distributeur local n'a pas d'avantage comparatif particulier en ce domaine. Même dans ce der-

---

[24] Voir Overstreet (1983) et Yamey pour une analyse détaillée des différentes variantes de cette méthode. Voir Telser (1960) pour une analyse des motivations des producteurs qui concluaient ces accords lorsqu'ils étaient autorisés aux États-Unis au titre des *fair trade laws*. Voir Mathewson et Winter (1984), Marvel et McCafferty (1984), Perry et Porter (1986), ainsi que Klein et Murphy (1988) pour d'autres analyses des restrictions verticales permettant de limiter les problèmes de passagers clandestins.

[25] Voir la synthèse des études sur le sujet réalisée par Overstreet (1983, p. 113 et p. 152–6). Les chiffres que nous citons ci-après sur le pourcentage de produits couverts par la pratique du prix minimum sont extraits de cet article. Voir aussi Yamey (1966) pour une analyse approfondie des lois appliquées par différents pays en ce domaine.

nier cas, toutes choses étant égales par ailleurs, l'intégration verticale directe est préférable.

Effectuer l'effort publicitaire en coopération peut cependant constituer une solution alternative. Le producteur limite alors sa participation au financement des dépenses publicitaires et confie la responsabilité de la campagne publicitaire au distributeur parce que ce dernier connaît mieux la situation. Comme c'est le producteur qui finance l'opération, le problème du passager clandestin ne provoque aucune érosion de l'effort publicitaire lui-même. Ce type d'accord implique que le contrôle du financement et donc de l'effort de vente est aux mains du producteur.

Enfin, le problème du passager clandestin peut aussi être résolu d'une cinquième façon, en contrôlant directement l'effort de vente du distributeur. Le producteur peut par exemple récompenser l'effort de ses meilleurs distributeurs en les approvisionnant plus rapidement ou plus largement au cours des périodes de demande tendue. Mais cette méthode est coûteuse pour le producteur.

C. Le problème du passager clandestin au niveau de la production

Le problème du passager clandestin se pose aussi entre producteurs, par exemple lorsque deux producteurs utilisent le même distributeur et que l'un d'eux finance une campagne de publicité massive pour inciter les clients à se rendre chez le distributeur en question. Dans ce cas, le second producteur profite aussi de l'augmentation du flux de clientèle et, comme il n'a effectué aucune dépense publicitaire, il a des coûts de production moindres et peut baisser ses prix. Le distributeur vantera alors (à juste titre) le meilleur rapport qualité-prix des produits du second producteur. Voir l'exemple 13.6.

Comme second exemple, citons celui d'un producteur qui forme le personnel d'un distributeur à réparer ou à vendre ses produits. Comme cette formation est coûteuse et peut servir aussi pour différents produits, d'autres producteurs risquent d'en bénéficier gratuitement. Leurs coûts seront alors plus bas que ceux du producteur qui a financé la formation.

Le dernier exemple est celui du producteur qui fournit une liste de clients potentiels à son distributeur. Si ce dernier vend aussi d'autres produits, les concurrents bénéficieront aussi de la liste. Tous ces exemples montrent que les conséquences du problème du passager clandestin au niveau de la production sont similaires à celles qui se produisent au niveau de la distribution. À moins de remédier au problème, les producteurs réduiront leur effort publicitaire, hésiteront à former les vendeurs à l'utilisation et à la réparation de leurs produits et ne fourniront pas de listes de clients potentiels aux distributeurs. Pour résoudre ce problème, il faut un système permettant au producteur de récupérer l'intégralité du fruit de son effort de vente. La solution la plus répandue est celle du **distributeur exclusif**, qui obtient le droit de distribuer le produit à condition de ne pas distribuer celui des concurrents (Marvel, 1982). Récemment, le glacier Double Rainbow a poursuivi Haägen-Dazs devant

EXEMPLE 13.6 Distribution exclusive

Aux États-Unis, le brasseur Coors Beers avait un accord de distribution exclusive avec certains restaurants et débits de boissons. Coors exigeait qu'ils ne servent que sa propre bière blonde à la pression et non d'autres marques. En ce qui concerne la bière brune ou la bière en canette et en bouteille, ils pouvaient vendre n'importe quelle autre marque. Cette pratique fut remise en question par la Federal Trade Commission qui obtint un jugement obligeant Coors à cesser d'exiger l'exclusivité de ces distributeurs.

Shishido-Topel (1984) soutient que cette pratique avait pour but d'empêcher les détaillants de flouer les consommateurs en leur servant une autre bière que la Coors. En effet, un consommateur qui boit de la Coors en bouteille ou en canette peut vérifier ce qu'il boit, alors que s'il boit une bière à la pression, il doit s'en remettre au goût et à la couleur. De la même façon, la restriction ne portait que sur la bière blonde à la pression, car un consommateur qui boit de la bière brune à la pression sait évidemment que ce n'est pas de la Coors. Coors craignait que sa publicité ne profite à d'autres marques que la sienne, dès lors que le consommateur qui commandait une Coors pouvait se retrouver à boire sans le savoir une bière d'une autre marque. En exigeant de ses distributeurs de ne servir que sa propre bière à la pression, Coors avait la garantie de pouvoir récupérer l'intégralité des bénéfices de sa publicité.

Bien sûr, Coors aurait également pu effectuer des vérifications ponctuelles pour dissuader les distributeurs de servir d'autres bières à la place de la sienne, mais cela lui aurait coûté plus cher. On ne peut pas exclure que d'autres motivations soient à l'origine des restrictions imposées par Coors.

les tribunaux pour avoir exigé de ses distributeurs qu'il ne vendent que ses propres glaces.(26)

D. Externalités dues à l'absence de coordination entre distributeurs

Un producteur qui passe par différents distributeurs indépendants et concurrents pour écouler son produit a intérêt, s'il le peut, à coordonner ou restreindre les effets de cette concurrence sur la vente de son produit. La localisation du point de vente est un élement de la concurrence entre les distributeurs (voir le chapitre 8 sur la concurrence monopolistique). Mais la localisation optimale du point de vente qui émerge de la concurrence monopolistique entre distributeurs indépendants n'est pas nécessairement celle qui serait souhaitée par le producteur.

Celui-ci veut avant tout que son produit soit disponible partout où il existe des consommateurs désireux de l'acheter. Le producteur peut par exemple souhaiter que son produit soit disponible dans certains points de vente non rentables, dans le simple but d'empêcher les consommateurs d'acheter un produit d'une marque concurrente. Cette stratégie contribue à cultiver la fidélité du consommateur. Mais le point de vue du distributeur indépendant est différent. Rien ne l'incite en effet à ouvrir un point de vente dans une zone où les profits sont inexistants. Il peut donc se produire un conflit entre le producteur et les distributeurs indépendants au sujet de la localisation des points de vente.

26 Calandra, Thom, « This Cold War is Also Over », *San Francisco Examiner*, 26 avril 1992 : E1.

Tableau 13.2: *Problèmes liés à la distribution et solutions possibles*

Problèmes liés à la distribution	Solutions pour le producteur
Double marge de monopole	Encourager la concurrence entre distributeurs ; Vendre au coût marginal et faire payer la franchise ; Quota de vente ou prix maximum.
Problème du passager clandestin au niveau de la distribution	Exclusivité territoriale ou limitation du nombre des distributeurs ; Fixer un prix minimum pour la vente au détail ; Prendre le marketing en charge ; Contrôler et subventionner l'effort de vente des distributeurs.
Problème du passager clandestin au niveau de la production	Imposer la distribution exclusive du produit.
Absence de coordination entre les distributeurs génératrice d'externalités	Panachage des solutions précédentes.

La concurrence entre distributeurs dépend aussi de la façon dont chacun pense que les autres vont réagir. Cette interaction stratégique entre vendeurs peut conduire à un prix et à une qualité de service qui ne correspondent pas à ceux désirés par le producteur. Comme nous l'avons vu aux chapitres 7 et 8, le prix et la qualité varient en fonction du comportement des entreprises entre elles et il est donc peu probable qu'un équilibre oligopolistique produise spontanément le résultat qui correspond aux souhaits du producteur. Ceci aussi peut conduire à un conflit entre le producteur et les distributeurs indépendants.

Comme dernier exemple, supposons que les consommateurs cherchent à obtenir le meilleur prix. Comme cette recherche du meilleur prix est coûteuse (voir le chapitre 14), les consommateurs ne l'entreprennent que s'ils pensent que les prix divergent d'un point de vente à l'autre. Par contre, si le producteur exige de ses distributeurs qu'ils pratiquent tous le même prix, l'incitation à chercher disparaît (de même que le coût de recherche). Lorsque différents distributeurs vendent différents produits substituables entre eux, le problème est analogue à celui déja rencontré au chapitre 12. Si les produits A et B sont substituables, il est plus rentable que leurs prix soient fixés par un monopole unique que par deux entreprises différentes. Dans le cas présent, il n'y a pas que le prix qui entre en compte, mais le principe est le même. S'il contrôle l'activité des distributeurs, le producteur peut coordonner leurs prix, leurs efforts de vente et la façon dont ils sont localisés les uns par rapport aux autres. Il obtiendra de meilleurs profits que ceux résultant d'un ensemble de décisions non coordonnées prises par des distributeurs en concurrence. Le tableau 13.2 résume les principaux problèmes pouvant surgir de la non-coordination des distributeurs et les solutions que le producteur peut y apporter.

13.3.2 Effets des restrictions verticales

Les producteurs combinent généralement plusieurs restrictions verticales pour résoudre les problèmes de la double marge, du passager clandestin et des interactions concurrentielles. Ces restrictions limitent le plus souvent la concurrence sur le marché et, dans le même temps, encouragent les distributeurs à faire des efforts supplémentaires pour vendre le produit.

Les économistes ont horreur de toute restriction de la concurrence, car cela peut augmenter le pouvoir de marché. Mais, d'un autre côté, ils ne peuvent qu'applaudir à l'augmentation des efforts de vente. Dans ces conditions, faut-il conclure que les restrictions verticales sont positives ou négatives ? Il est impossible de répondre de façon nette à cette question. Tout au plus peut-on faire quelques observations sur les inconvénients des restrictions et les avantages de l'augmentation des efforts de vente. Dans les paragraphes qui suivent, nous verrons que dans certains cas les restrictions verticales produisent des effets bénéfiques à la fois pour les entreprises et les consommateurs. Nous verrons aussi que les résultats ne sont pas toujours aussi nets et que parfois les restrictions verticales ont des effets négatifs pour les consommateurs. Enfin, nous analyserons les implications de l'interdiction des restrictions verticales.

A. Restrictions verticales aux effets bénéfiques

Les restrictions verticales qui bénéficient à la fois aux entreprises et aux consommateurs sont clairement souhaitables. Il est fréquent qu'un producteur guidé par son seul intérêt instaure des restrictions verticales qui améliorent le bien-être des consommateurs. Tout producteur, même lorsqu'il possède un important pouvoir de marché, souhaite que son produit soit distribué au moindre coût. La distribution n'est pour lui qu'un facteur de production nécessaire à la vente, tout comme une matière première contribue à la production. De même qu'une entreprise en situation de monopole cherche à produire son bien au moindre coût, elle essaie de le distribuer de façon aussi efficiente que possible.(27) Ainsi, bien que les restrictions verticales soient parfois utilisées dans un but anti-concurrentiel, beaucoup d'économistes pensent que nombre d'entre elles, sinon toutes, bénéficient aux consommateurs du fait de la réduction de prix et de l'amélioration du service qu'elles entraînent.

Les restrictions verticales peuvent réduire les prix parce qu'elles augmentent la production d'entreprises existantes ou parce qu'elles encouragent l'entrée de nouvelles entreprises sur le marché. Les restrictions verticales qui favorisent une meilleure promotion du produit d'une entreprise et font vendre davantage à un prix moins élevé sont positives à la fois pour l'entreprise et le consommateur. La concurrence entre les différentes marques, par exemple, est d'autant plus intense que

---

[27] Des exemples de situations où les restrictions verticales améliorent la concurrence sont étudiés dans Lafferty, Lande et Kirkwood (1984).

la concurrence entre les distributeurs d'une marque donnée est restreinte. En effet, dans ce cas, les restrictions verticales orientent l'effort de vente pour chaque marque. D'autre part, les restrictions verticales facilitent l'entrée de nouvelles entreprises sur le marché, ce qui contribue aussi à faire baisser les prix. En effet, les nouveaux produits dont la promotion nécessite un gros budget sont d'autant plus faciles à introduire sur le marché que l'effort promotionnel est correctement capitalisé.

Dans bien des cas, les consommateurs considèrent que le *produit véritable* n'est pas seulement le bien lui-même, mais aussi le service qui l'accompagne. Les consommateurs qui ne peuvent pas user pleinement d'un bien sans les conseils du vendeur sont lésés si le bien qui leur est vendu ne s'accompagne d'aucun service. Un photographe néophyte, par exemple, a intérêt à acheter un appareil photo dans un magasin dont le vendeur lui prodigue des conseils d'utilisation plutôt que de l'acheter moins cher par correspondance. Le service fourni par le vendeur peut valoir largement la différence. Dans de tels cas, le véritable produit, constitué du bien et du service, est très différent du même bien vendu sans aucun service. En l'absence de restrictions verticales favorisant la vente de bien avec services, le prix est moins élevé, mais le service fourni est inexistant.

B. Restrictions verticales aux effets contradictoires

Une restriction verticale est souhaitable ou non en fonction des mêmes critères que le choix d'un produit. Supposons qu'il existe deux groupes d'acheteurs d'un produit : ceux qui savent utiliser le produit (utilisateurs expérimentés) et ceux qui ne savent pas (débutants). Si aucune assistance n'est fournie, les utilisateurs expérimentés achètent le bien pour 100 F, tandis que les autres ne l'achètent pas. En revanche, s'il existe des restrictions verticales qui permettent de fournir une assistance aux utilisateurs, le produit coûte 110 F, mais les deux groupes de clients l'achètent. Les restrictions verticales ont alors un effet négatif sur les utilisateurs expérimentés car ils paient plus cher à cause d'un service dont ils n'ont pas besoin et un effet positif sur les autres car ils bénéficient d'un service qui vaut largement le supplément de prix qu'ils paient (c'est-à-dire que certains d'entre eux ont un surplus du consommateur positif).

L'assistance et la formation ne sont pas les seuls aspects utiles des restrictions verticales. Il y a aussi, par exemple, les stands qui permettent d'exposer les automobiles, les ordinateurs ou le matériel vidéo et audio. Sans ces stands, les consommateurs pourraient difficilement examiner les différents produits avant d'effectuer leurs achats. Beaucoup de consommateurs, sinon tous, préfèrent payer un peu plus cher pour une voiture et avoir la possibilité de l'essayer avant de l'acheter.

Les restrictions verticales, tout comme l'intégration verticale, permettent de discriminer par le prix. Supposons que les consommateurs du Sud de la France aient une demande inélastique pour un produit et que les consommateurs du Nord de la France aient une demande élastique. Si le producteur veut faire payer un prix plus élevé aux consommateurs du Sud qu'aux consommateurs du Nord, il risque d'y avoir des distributeurs indépendants pour acheter le produit dans le Nord et le revendre dans le Sud. Le producteur qui souhaite appliquer cette politique doit donc recourir à l'exclusivité territoriale s'il veut écouler son produit. En offrant l'exclusivité territoriale à ses distributeurs moyennant l'interdiction d'acheter le produit dans le Nord afin de le revendre dans le Sud, il pourra effectivement maintenir un prix plus élevé dans le Sud que dans le Nord. Comme nous l'avons expliqué dans les chapitres 11 et 12, les effets de la discrimination par le prix sont contradictoires et peuvent engendrer un bien-être plus ou moins élevé que la politique de prix d'un monopole classique. De la même façon, les restrictions verticales qui permettent à un producteur de contrôler les externalités découlant de la concurrence entre distributeurs peuvent avoir des effets contradictoires sur le bien-être (Rey et Tirole, 1986 ; Rey et Stiglitz, 1988).

C. Restrictions verticales aux effets négatifs

Dans certains cas, les restrictions verticales (de même que l'intégration verticale) peuvent avoir des effets négatifs sur la concurrence. C'est le cas lorsqu'elles permettent la constitution de cartels ou qu'elles aboutissent à limiter l'entrée sur un marché.

Les restrictions verticales conduisent parfois à la création de cartels de distribution ou de production. Un groupe de distributeurs peut en effet imposer des restrictions verticales afin d'agir comme un monopole. Par exemple, si ces distributeurs sont les seuls à pouvoir commercialiser un produit donné, ils peuvent forcer le producteur à leur accorder l'exclusivité territoriale, obtenir ainsi des monopoles locaux et restreindre la concurrence entre eux. Comme nous l'avons indiqué au chapitre 6, la répartition des territoires de vente est une forme de cartellisation et se traduit par une élévation des prix à la consommation. Ce genre de situation se produit lorsque le producteur n'a que peu de choix pour distribuer son produit et qu'il doit composer avec un cartel de distribution.

Les restrictions verticales (ou l'intégration verticale) peuvent favoriser le bon fonctionnement d'un cartel de production. Lorsqu'un groupe de producteurs souhaite former une entente, il lui est plus difficile d'observer les prix pratiqués par un ensemble de distributeurs indépendants que ceux pratiqués par un groupe verticalement intégré. En revanche, si tous les détaillants ont accepté de pratiquer les mêmes tarifs au terme de restrictions verticales (fixation des prix de détail par les producteurs), les producteurs peuvent plus facilement détecter si l'un d'entre eux cherche à baisser ses prix (les prix de détail sont plus faciles à observer que les prix de gros).

Les restrictions verticales (ou l'intégration verticale) contribuent aussi parfois à augmenter la difficulté de pénétration d'un marché. Nous avons vu au chapitre 10 comment une entreprise installée qui contrôle l'accès à la distribution pouvait empêcher une nouvelle entreprise d'entrer sur le marché. Or les accords de distribution exclusive permettent aux producteurs qui en bénéficient de verrouiller la distribution. De tels accords obligent les parties à exclure les tiers et sont un moyen efficace d'augmenter le coût d'accès au marché lorsque les canaux de distribution sont rares.

13.3.3 Faut-il interdire les restrictions verticales ?

Même lorsque les restrictions verticales ont des effets indésirables, leur interdiction ne résout pas nécessairement les problèmes. En effet, le producteur peut toujours opter pour l'intégration verticale de la distribution et imposer ainsi les restrictions qu'il souhaite. Il serait donc contre-productif d'interdire la conclusion de contrats entre entreprises si celles-ci peuvent imposer les restrictions qu'elles souhaitent par l'intégration verticale. Ce n'est que lorsque le coût de l'intégration verticale est beaucoup plus élevé que celui des restrictions verticales que l'interdiction légale de ces dernières à un sens.

En résumé, les producteurs imposent des restrictions verticales pour accroître l'effort de vente et donc, en principe, leurs profits. L'effet sur les consommateurs peut être positif ou négatif. Aux États-Unis, les tribunaux ont parfois jugé que les restrictions verticales avaient à la fois un effet positif sur la promotion des produits et la concurrence. Dans d'autres cas, ils les ont interdites car ils ont jugé qu'elles aboutissaient à créer ou à renforcer des cartels de production ou de distribution, ou encore qu'elles élevaient le coût d'accès aux marchés. Malheureusement, le fait de les interdire lorsqu'elles sont indésirables n'empêche pas les restrictions verticales de produire leurs effets, à moins que le recours à l'intégration verticale ne soit trop coûteux.

13.4 Intégration verticale, restrictions verticales et lois antitrust

Restreindre : *limiter, confiner. Mot rare en anglais.* – Dr. Samuel Johnson

Comme nous le verrons de façon plus détaillée au chapitre 20, les lois antitrust ne peuvent géralement rien contre l'intégration verticale lorsque celle-ci se réalise par croissance interne.[28] Ce n'est que si l'intégration verticale se manifeste par des fusions qui ont pour effet de limiter la concurrence que les lois antitrust peuvent éventuellement être invoquées.

Dans le cadre des lois antitrust américaines, la plupart des restrictions verticales autres que le contrôle des prix sont jugées au cas par cas, suivant les circonstances particulières à l'affaire (**règle de raison**). En d'autres termes, les restrictions verticales ne sont pas considérées a priori comme illégales. Les tribunaux essaient de pondérer les aspects favorables et les aspects contraires à la concurrence de chacune des restrictions verticales qu'ils sont amenés à juger.

Les jugements font parfois référence à la distinction entre les restrictions verticales qui ont une effet sur la concurrence entre marques et celles qui ont un effet sur la concurrence entre les distributeurs d'une même marque. Mais cette distinction

---

[28] *United States v. Alcoa*, 148 F.2d 416 (2d Cir. 1945) est une exception. Le tribunal a en effet jugé que l'intégration verticale d'Alcoa dans la bauxite et la production d'électricité restreignait la concurrence.

n'est pas forcément pertinente. En effet, l'effort de vente peut stimuler les ventes et donc bénéficier aux consommateurs même en l'absence de marques concurrentes.

Les restrictions verticales n'augmentent pas *nécessairement* le pouvoir de marché du producteur. Le producteur exerce un effet sur le prix de détail par l'intermédiaire de la fixation du prix de gros. Par ailleurs, s'il instaure des restrictions verticales, c'est parce qu'il n'a pas d'autres moyens de promouvoir les ventes. Les restrictions verticales ont davantage pour but de stimuler les ventes — et en ce sens, elles peuvent bénéficier aux consommateurs — que de contrôler les prix de détail.

Aux États-Unis, de puissants lobbies militent pour la suppression des restrictions verticales, car il y a par exemple des États où les revendeurs de voitures ont réussi à imposer le vote de lois qui limitent le contrôle que les constructeurs peuvent exercer sur eux. Dans certains États, les franchisés ont même le droit de faire obstacle à l'installation de nouveaux distributeurs sur la zone géographique qu'ils contrôlent.

Si les restrictions verticales autres que le prix sont jugées au cas par cas, celles qui portent sur les prix sont en revanche illégales. Dans le cas de restrictions verticales autres que celles portant sur les prix, le tribunal considère les circonstances du cas pour déterminer si elles ont un impact négatif, alors que si les restrictions concernent le prix, elles sont d'emblées jugées illégales et le tribunal ne prend en compte ni les circonstances éventuellement favorables, ni les aspects bénéfiques de ces restrictions.

Le contrôle des prix de détail par les producteurs est désormais contraire à la loi. Avant leur abrogation (le 1er janvier 1976), les lois Miller-Tydings de 1937 et McGuire de 1952 autorisaient les producteurs à fixer le prix de détail de leurs produits. Aux début des années 1950, ces lois étaient appliquées dans tous les États sauf l'Alaska, le Missouri, le Texas et le Vermont. Au moment de leur abrogation, seuls 36 États les appliquaient encore, souvent avec peu de zèle. Selon l'Union Américaine des Consommateurs, le pourcentage du commerce de détail soumis à ces lois a diminué de moitié entre 1959 et 1974 (Shepard, 1978).

Dans le cas *Monsanto v. Spray-Rite* (465 U.S. 752[1984]), Spray-Rite, un distributeur, se plaignait du contrôle exercé par Mosanto sur les prix (Warren-Boulton, 1994). Comme le contrôle des prix est explicitement interdit par la loi américaine, le Département de la Justice, qui avait plaidé en faveur du contrôle des prix dans ce cas particulier, fut débouté. Les opposants au contrôle des prix de détail (c'est-à-dire, aux États-Unis, les magasins qui pratiquent des remises de prix permanentes), avaient fait pression pour que le Ministère de la Justice soit débouté. La Cour Suprême a donc finalement renoncé, contre l'avis du Ministère de la Justice, à considérer que le contrôle des prix de détail pouvait parfois être légal.

Le contrôle des prix de détail est considéré comme une violation directe des lois antitrust. C'est la raison pour laquelle, par exemple, en 1989, les dirigeants de l'entreprise Panasonic Co., bien que refusant de reconnaître avoir commis quelque faute que ce soit, acceptèrent de rembourser 16 millions de dollars aux consommateurs qui menaçaient de porter plainte contre Panasonic pour avoir fait payer ses produits 5 à 10%. Selon les représentants des consommateurs, Panasonic aurait menacé de ne plus ravitailler les distributeurs qui vendaient ses produits à un prix inférieur au prix conseillé.[(29)]

Comme nous l'avons montré précédemment, *toutes* les restrictions verticales peuvent avoir des effets aussi bien favorables que contraires à la concurrence. Il n'y a donc aucune raison économique de faire une différence entre le contrôle des prix de détail et les autres restrictions verticales.

13.5 Système de la franchise

Le système de la *franchise* est une forme de relation verticale qui a connu un important développement aux États-Unis ainsi que dans d'autres pays (Caves et Murphy, 1976 ; Rubin, 1978). C'est un contrat entre un *franchiseur* et un *franchisé*. Le franchiseur — une entreprise comme McDonald's, par exemple — vend une méthode éprouvée de commercialisation d'un produit, ou juste le droit d'exploiter une marque, à un franchisé — un individu disposant d'un local, par exemple. Le système de la franchise est très utilisé dans la restauration, la réparation automobile, les stations d'essence, la vente des voitures et la mise en bouteille de sodas. Aux États-Unis, on distingue la franchise complète, dite d'*affaires*, de la franchise simple, qui ne concerne en pratique que les stations d'essence, la vente d'automobiles et la mise en bouteille de sodas.

Le système de la franchise n'a cessé de croître en importance. Aux États-Unis, de 1975 à 1985, le nombre de franchiseurs a pratiquement doublé, passant de 1 000 à 2 000 environ. Le nombre de franchisés est passé de 220 000 à près de 300 000 avec, pour ce qui qui concerne les franchises complètes, un chiffre d'affaires en 1985 égal à 141 millards de dollars.[(30)] De 1990 à 1991, le nombre de franchisés a augmenté de 4% pour s'établir à 542 496.[(31)] De 1985 à 1990, le chiffre d'affaires des franchises complètes a augmenté de 141 à 213 milliards de dollars.[(32)] Le tableau 13.3 donne quelques statistiques concernant les 6 entreprises recourant au système de la franchise complète qui connaissaient la plus forte croissance vers le milieu des années 1980.[(33)]

---

[29] « Panasonic Plans Mass Refund in Price-Fix Case », *San Francisco Chronicle*, 19 janvier 1989 : A1, A14.

[30] *The 1986 Franchise Annual*. 1986. Lewiston, N.Y. : Info Press : H5.

[31] Byrd, Veronica, « Hamburgers or Home Decorating ? Businesses That Sell », *New York Times*, 4 octobre 1992 : 10.

[32] *The 1986 Franchise Annual*. 1986. Lewinston, N.Y. : Info Press, H55 et *The 1991 Franchise Annual*. 1991. Lewiston, N.Y. : Info Press : H22.

[33] Pour les curieux et les affamés : aux États-Unis, il y a 6 150 McDonald's, 3 555 Burger King et 2 106 Wendy's franchisés. Sur les 3, c'est McDonald's qui fait payer le droit de franchise le plus faible, soit 12 500 $, mais le pourcentage de royalties le plus élevé, soit 11,5% du chiffre d'affaires (*Venture* novembre 1986 : p. 52–3).

Tableau 13.3
Entreprises recourant au système de la franchise (plus fort taux de croissance dans les années 1980)

Franchiseur	Affaires directement contrôlées/franchisés	Droit de franchise*	Royalties en % du chiffre d'affaires
Subway	10/1 823	7 500 $	8%
Domino's Pizza	1 103/3 206	6 500 $	5,5%
Chem-Dry	0/2 887	1 500–7 600 $	50–125 $/mois
Little Caesar's Pizza	441/1 352	15 000–20 000 $	5%
Coverall	9/973	3 800–14 000 $	10%
N.W. Repair	0/619	2 900 $	6%

NOTE : L'échantillon inclut seulement les franchises complètes pour lesquelles les deux dernières années fiscales étaient disponibles.

* Les dépenses publicitaires et de démarrage varient suivant les entreprises.

SOURCE : *Venture*, Novembre 1988, p. 36–7.

Le taux de faillite des affaires franchisées est beaucoup plus faible que celui des affaires indépendantes : 20% au lieu de 80%.(34) Ceci s'explique par le fait que le franchiseur fournit au franchisé formation et assistance, ce qui comprend des conseils concernant la politique d'achat, de prix, le choix de la localisation, la comptabilité et la publicité. Le franchisé accepte en retour de gérer l'affaire en fonction des critères définis par le franchiseur, lequel contrôle régulièrement les performances afin de s'assurer que ses méthodes sont appliquées. Aux États-Unis, les lois antitrust et les lois propres à chaque État limitent quelque peu le contrôle exercé par le franchiseur sur le franchisé (voir le chapitre 20). Cependant, le franchisé reste en général étroitement soumis aux restrictions verticales imposées par le franchiseur (voir Brickley *et al.*, 1991, pour une analyse de l'impact de la législation sur le comportement des franchiseurs). En général, le franchiseur a la possibilité de mettre fin au contrat qui le lie au franchisé. Le franchisé paie un droit de franchise, plus un pourcentage du chiffre d'affaires (royalties), qui est généralement inférieur à 10%.

Dans la relation franchiseur-franchisé, chaque partie dépend des efforts effectués par l'autre, lesquels ne sont pas nécessairement observables. Ainsi, le franchiseur ne peut pas toujours vérifier avec exactitude la façon dont le franchisé gère son affaire. Mais, en lui laissant le bénéfice de la plus grosse partie des profits supplémentaires, le franchiseur motive le franchisé. De ce fait, le franchisé est davantage enclin à fournir des efforts qu'un simple salarié.

Lorsque le comportement du franchisé est facilement observable, le franchiseur a intérêt à posséder le fond de commerce, voire les murs. Beaucoup de franchiseurs

[34] *The 1991 Franchise Annual.* 1991. Lewinston, N.Y. : Info Press : H6.

sont propriétaires du fond, en tout ou partie. Aux États-Unis, environ 26% du chiffre d'affaires des franchiseurs est réalisé par des affaires dont les fonds appartiennent aux franchiseurs.[35] La vente des automobiles est franchisée à 100%, la distribution de l'essence à 85%, la restauration rapide n'est franchisée qu'à 60% et les bazars ne sont franchisés qu'à 40% (Hadfield, 1990). Les affaires qui sont directement contrôlées par les entreprises sont généralement de plus grande taille que les distributeurs franchisés et sont généralement situées à plus grande proximité du quartier général de l'entreprise que les franchisés indépendants. La tendance à long terme semble être au déclin du contrôle direct et à l'augmentation du système de la franchise (Martin, 1988 ; Brickley et Dark, 1987). D'après les résultats de Lafontaine (1992), le système de la franchise est le plus fréquemment utilisé pour régler un problème de contrôle ou comme moyen de stimuler les ventes.

Une fois franchisé, le distributeur attend du franchiseur qu'il lui fournisse les services stipulés dans le contrat et qu'il préserve la réputation de la marque. En effet, si le franchiseur se mettait à vendre la franchise à des distributeurs incompétents, la réputation de la marque en serait affectée et cela se répercuterait sur chaque franchisé, que son affaire soit gérée efficacement ou non. Comme le franchisé verse au franchiseur un pourcentage des ventes en plus des droits de franchise, le franchiseur est incité à fournir l'assistance nécessaire au bon fonctionnement de l'affaire. En effet, si les ventes baissent, les recettes perçues par le fanchiseur baissent aussi.

Il est plus difficile de comprendre pourquoi le pourcentage versé par le franchisé au franchiseur est calculé en fonction des ventes plutôt que du profit. En effet, c'est le profit et non les ventes que franchisés et franchiseurs cherchent à maximiser. Peut-être est-ce parce que les ventes sont plus facilement mesurables que le profit (pour mesurer le profit, il faut calculer la dépréciation du capital, ce qui est sujet à caution). C'est peut-être aussi parce qu'en calculant son pourcentage en fonction des ventes des franchisés et non de leur profit, le franchiseur est davantage incité à augmenter le nombre des franchisés. Mais cette explication est difficile à vérifier.

13.6 Études empiriques

Beaucoup de théories expliquent pourquoi les entreprises optent pour l'intégration verticale ou imposent des restrictions verticales. Mais ce sont les données empiriques qui permettent de déterminer la valeur explicative de ces théories et de recueillir des informations sur la réalité de l'intégration verticale et des contrôles verticaux. Nous allons maintenant passer en revue les résultats empiriques disponibles sur l'intégration verticale, puis ceux concernant les restrictions verticales.

[35] International Trade Administration, U.S. Department of Commerce. 1987. *Franchising in the Economy : 1985–1987*. Washington D.C. : U.S. Government Printing Office.

13.6.1 Études empiriques concernant l'intégration verticale

La plupart des études des causes de l'intégration verticale se concentrent sur les théories des coûts de transaction et du pouvoir de marché, que nous avons étudiées dans ce chapitre. Selon la théorie des coûts de transaction ou des actifs spécifiques de Williamson (1975, 1985), l'entreprise qui investit dans un actif spécifique (c'est-à-dire un actif qui n'a aucun usage alternatif) peut recourir à l'intégration verticale pour éviter l'opportunisme. Le comportement opportuniste consiste le plus souvent à renier un contrat implicite ou explicite, ou une promesse, dans le but de s'approprier une plus grosse part de la rente générée par la transaction. L'entreprise opte pour la solution la moins coûteuse — intégration verticale ou recours au marché — lui permettant de se prémunir contre l'opportunisme de ses partenaires. Selon la théorie du pouvoir de marché, l'entreprise voit dans l'intégration verticale un moyen d'augmenter son profit ou d'éliminer le pouvoir de marché d'autres entreprises. Pour vérifier la pertinence des ces théories, nous allons passer en revue les études empiriques qui examinent pourquoi les entreprises fabriquent certains biens par elles-mêmes et recourent aux marchés pour se procurer les autres.

L'étude de Monteverde et Teece (1982) s'intéresse à la quasi-intégration de l'industrie automobile. Les auteurs cherchent à expliquer pourquoi, dans certains cas, le producteur préfère posséder l'équipement servant à produire un composant plutôt que d'acheter le composant auprès d'un fournisseur qui serait propriétaire de l'équipement. Pour comprendre leur raisonnement, supposons que la production d'un composant nécessite une machine fabriquée sur mesure. Dans ce cas, si c'est le producteur du composant qui possède la machine, il est à la merci de son client qui peut soudainement lui annoncer qu'il ne souhaite plus acheter ce composant, rendant ainsi la machine quasiment inutile. Ce comportement opportuniste peut être évité par l'intégration verticale, c'est-à-dire la prise de contrôle du client. La quasi-intégration, qui consiste ici à ne contrôler que la machine (et non l'entreprise dans laquelle elle fonctionne) apparaît ici comme une solution moins extrême. Dans ce cas, l'entreprise qui fait fonctionner la machine pour le compte du client lui facture un taux horaire.

Monteverde et Teece ont étudié un échantillon de composants fabriqués par deux divisions d'un des principaux constructeur américain d'automobiles et cherché à vérifier si le risque d'opportunisme était à l'origine de la quasi-intégration, les composants en question ne pouvant être fabriqués qu'à l'aide d'équipements spécifiques et ne pouvant pas être achetés directement sur le marché. L'idée de départ est que l'opportunisme est d'autant plus probable que la valeur de l'actif spécialisé est plus élevée pour l'entreprise en amont que pour une autre entreprise qui serait susceptible de racheter l'actif. Pour illustrer cette idée, supposons a contrario qu'une machine servant à fabriquer un certain type de composants spécifiques puisse facilement être reconvertie dans la production d'un autre type de composants. Dans ce cas, l'entreprise qui possède la machine est bien davantage à l'abri d'un comportement opportuniste de son client que si la machine n'avait aucun autre usage alternatif. Monteverde et Teece pensent également que l'opportunisme est d'autant plus probable que le coût de production de la machine spécialisée est élevé et que le composant est spécialisé (parce que le coût de reconversion de la machine est alors censé être plus élevé). Leurs résultats empiriques confirment ces différentes hypothèses.

Cependant, les stratégies diffèrent souvent d'un constructeur automobile à l'autre. Ainsi, General Motors obtient 57% de ses composants de ses propres filiales, alors que ce pourcentage tombe à 30% dans le cas de Chrysler.[(36)]

L'étude de Masten (1984) porte sur l'intégration verticale dans l'industrie aéropatiale. Là également, les entreprises ont le choix entre la production interne des différents composants ou le recours à des sous-traitants. Comme dans l'étude précédente, l'intégration verticale est d'autant plus probable que les moyens de production utilisés sont spécifiques. Masten emploie deux mesures du degré de spécificité des actifs. La première est une mesure de la *spécificité de l'équipement* nécessaire à la production du composant (qui conditionne son utilisation par une autre entreprise aéronautique, voire une entreprise d'une autre branche). Par exemple, les transistors sont des composants standardisés. La machine qui les produit peut donc être utilisées dans différents secteurs. Inversement, certains circuits hybrides sont conçus spécifiquement pour certaines entreprises. La machine qui les produit est alors moins facilement transférable d'une entreprise à l'autre. La seconde est une mesure de la *spécificité de localisation* et indique dans quelle mesure le fait de produire le composant à proximité de l'entreprise réduit les coûts. Masten emploie également un indicateur de la complexité du produit : plus le produit est *complexe*, plus le risque de connaître des problèmes ou d'être confronté à des comportements opportunistes augmente. Son étude statistique révèle que les composants complexes à produire et très spécifiques sont plus fréquemment fabriqués par l'entreprise elle-même mais qu'en revanche, la spécificité de la localisation, du moins dans cette industrie, n'est pas un facteur important. Lorsqu'un composant est à la fois complexe à produire et spécifique, il est fabriqué par l'entreprise elle-même dans 92% des cas. S'il est spécifique mais que sa production est simple à mettre en œuvre, il est fabriqué par l'entreprise elle-même dans 31% des cas. Le pourcentage tombe à 2% lorsque le composant n'est pas spécifique, qu'il soit ou non complexe à produire. L'étude révèle donc que dans cette industrie, le facteur essentiel de l'intégration est la spécificité du composant.

L'étude de Spiller (1985) cherche à déterminer si les théories de l'actif spécifique et du pouvoir de marché expliquent les fusions verticales, c'est-à-dire principalement les prises de contrôle d'un client ou d'un fournisseur. Selon la première théorie, lorsque la production nécessite un actif spécifique, l'intégration verticale a lieu pour supprimer l'opportunisme. Selon la seconde théorie, l'intégration verticale a pour but d'augmenter le pouvoir de marché de l'entreprise ou de limiter celui de ses concurrents sur le marché des facteurs de prodution.

---

[36] Woodruff, David et Zachary Schiller, « Smart Step for a Wobbly Giant », *Business Week*, 7 décembre 1992, p. 38.

Spiller a effectué un test de ces théories à partir de l'analyse du gain total de la fusion et de sa répartition entre les deux entreprises. Ces informations sont obtenues en étudiant les variations de la valeur des actions liées à l'annonce de la fusion (donc non anticipées). Selon la théorie des actifs spécifiques, le gain total des deux entreprises devrait croître avec le degré de spécificité des actifs des deux entreprises. Selon la théorie du pouvoir de marché, le gain de la fusion devrait croître avec le degré de concentration du marché des facteurs de production (en admettant que le degré de concentration soit un indicateur pertinent du pouvoir de marché).

Spiller utilise la spécificité de localisation (la distance entre les deux entreprises) comme indicateur de la spécificité de l'actif et le ratio de concentration comme indicateur du pouvoir de marché de l'entreprise. Ses résultats confirment la théorie de l'actif spécifique car ils révèlent que les gains totaux de la fusion sont d'autant moins élevés que la distance entre les deux entreprises est grande. Par contre, ces résultats ne confirment pas la théorie du pouvoir de marché. En effet, à partir des tests que nous venons de décrire et d'autres encore, Spiller aboutit à la conclusion que les fusions sont davantage liées à la spécificité des actifs qu'à la volonté d'accroître le pouvoir de marché des entreprises concernées ou de réduire celui des autres entreprises du marché. D'autres études, comme celle de Crocker et Reynolds (1993) ou celle de Minkler et Park (à paraître), confirment le rôle joué par les actifs spécifiques.

Selon Weiss (1992), si les fusions verticales s'expliquent par la spécificité du capital, on devrait observer la même corrélation positive avec le profit ou le rendement des actions avant et après la fusion, c'est-à-dire une fois que les effets liés à la spécificité des actifs sont éliminés. Les résultats de l'étude empirique qu'il a menée confirment cette thèse.

Lieberman (1991) cherche a évaluer l'importance respective de la spécificité des actifs, du pouvoir de marché et de la volonté d'assurer les approvisionnements pour expliquer l'intégration verticale dans l'industrie chimique. Son étude contient le seul test rigoureux de la théorie de Carlton (1979) concernant le rôle joué par la volonté d'assurer les approvisionnements. Les données recueillies par Lieberman confirment à la fois l'importance de la spécificité des actifs et de l'assurance des approvisionnements, mais non celle du pouvoir de marché, dans l'explication de l'intégration verticale.

13.6.2 Études empiriques sur les restrictions verticales

La plus grande partie des études empiriques sur les restrictions verticales se concentrent sur les effets du contrôle des prix de détail par le producteur.[37]

[37] Ekelund *et al.* (1987) ont analysé les effets de l'exclusivité territoriale sur le prix de la bière. D'après leurs résultats, lorsque l'on tient compte de l'effet sur le prix des lois concernant la publicité sur l'alcool, il n'y a aucune preuve que l'exclusivité territoriale augmente le prix.

Nous allons passer en revue deux études basées sur la comparaison des périodes antérieures et postérieures à la modification de la loi américaine sur la fixation des prix de détail. La plupart des études qui furent présentées au Congrès lors des débats préliminaires à l'abrogation de la loi montraient que dans les États où il était pratiqué, le contrôle des prix de détail par le producteur avait pour effet d'augmenter les prix de 16% à 19% par rapport aux États où ce contrôle n'existait pas. Une étude publiée par la bibliothèque du Congrès indiquait que les consommateurs avaient payé entre 1,66 et 6,23 milliards de dollars supplémentaires du fait du contrôle des prix de détail. Ainsi, dans les États où les lois permettaient le contrôle des prix de détail par les producteurs, la somme supplémentaire annuelle moyenne payée s'élevait-elle à 150 dollars par ménage (Shepard, 1978).

Si les résultats de ces études sont corrects, l'abrogation de la loi en 1976 devrait avoir entraîné une baisse de la concurrence hors-prix et une diminution des prix de détail. L'étude de Shepard (1978), qui porte sur les 18 mois qui suivirent l'abrogation de la loi (de janvier 1976 à juin 1977) semble indiquer que ces effets se sont bien produits en partie et que les consommateurs auraient payé quelque 6,5 milliards de dollars supplémentaires dans les États où la loi était appliquée. L'étude montre que les prix des magasins pratiquant des remises permanentes ont chuté de 11,6% par rapport à leur niveau de décembre 1975 et que ceux des autres magasins ont chuté de 1,8%. L'écart de prix entre les magasins pratiquant des remises permanentes et les autres a augmenté d'environ 20 à 30% pour les meubles, l'habillement et les outils. En revanche, la concurrence hors prix a probablement reculé du fait de l'augmentation de la concurrence par le prix. D'après une enquête menée auprès des détaillants de Californie (État où la loi sur le contrôle des prix de détail par les producteurs était appliquée) révéla que les magasins ordinaires se mettaient désormais à faire des remises sur certains produits quand ils étaient également vendus par des magasins pratiquant des remises permanentes situés à proximité. De plus, 15% des détaillants ayant participé à l'enquête ont indiqué qu'ils avaient réduit leur budget publicitaire à la suite de l'abrogation de la loi. Cette affirmation est confirmée, en moyenne, par les statistiques d'achat d'emplacements publicitaires dans les principaux journaux des 108 plus grandes villes américaines. En 1975, avant l'abrogation, le taux moyen de publicité dans les 82 villes qui appliquaient la loi était plus élevé de 13,2% que dans les villes où la fixation des prix était libre. En 1976, après l'abrogation, la publicité dans ces villes n'était plus que 12,7% plus élevée.

L'étude d'Ornstein et Hanssens (1987) cherche à déterminer si le contrôle des prix de détail par les producteurs de liqueur a un effet positif ou négatif sur le bien-être. En principe, si le contrôle des prix de la liqueur par les producteurs a pour effet d'augmenter l'efficience de la distribution, il s'ensuit une augmentation de la production, ce qui améliore le surplus du consommateur.(38) Ils ont comparé

[38] S'il se vend plus de liqueur à un prix moins élevé, le surplus du consommateur augmente de fait de la l'accroissement de la consommation directe. Naturellement, l'augmentation de la consommation

les États ayant appliqué le contrôle des prix avec les autres sur la période 1974–78. Leurs résultats montrent que le contrôle des prix réduit la consommation par tête de 8%, toutes choses égales par ailleurs. Ils ont également comparé les résultats obtenus dans les différents comtés de Californie, 8 ans avant l'abrogation de la loi et en 1984. Leurs résultats révèlent que l'abrogation de la loi a eu pour effet de réduire notablement la valeur des licences de magasins de liqueurs (entre 23% et 25%). Cette forte baisse confirme la thèse suivant laquelle le contrôle des prix de détail a servi à maintenir les prix au-dessus de leurs niveaux concurrentiels. Elle confirme également la thèse suivant laquelle le contrôle des prix de détail a permis de créer des profits pour le secteur de la distribution afin d'encourager l'effort de vente.

À partir d'une analyse comparative entre États, ils ont effectué une estimation de la réduction de bien-être liée au contrôle des prix de détail, sans tenir compte des externalités négatives engendrées par la consommation d'alcool. Au moyen d'estimations de la demande d'alcool variant de $-0{,}5$ à $-1{,}5$, ils ont calculé que la réduction directe de bien-être était comprise entre 2,5 et 7,5 millions de dollars. Le transfert des consommateurs en faveur des entreprises est encore plus important : 226,6 milliards de dollars en 1978, soit 4,5% des prix au détail des États concernés. Étant donné les difficultés techniques liées à la mesure de ces effets, Ornstein et Hanssens soulignent que ces résultats doivent être considérés avec prudence.

Résumé

1. L'intégration verticale s'explique de la même façon que l'existence des entreprises : l'opportunité de réaliser ou d'augmenter un profit de monopole. Mais d'autres facteurs, liés à l'efficience, interviennent aussi.
2. À défaut de l'intégration, l'entreprise peut aussi imposer des restrictions à ces partenaires commerciaux. C'est souvent dans l'intérêt du producteur, car cela limite le pouvoir de monopole des distributeurs. Ces restrictions obligent les distributeurs à augmenter leur effort de vente.
3. Les restrictions verticales peuvent entraîner une augmentation des ventes et même favoriser la concurrence quoiqu'elles soient parfois utilisées — tout comme l'intégration verticale — à des fins exclusivement anti-concurrentielles.
4. Sauf dans quelques cas particuliers, il est en général difficile de démontrer que l'intégration verticale ou les restrictions verticales réduisent le bien-être.

---

de liqueur peut avoir des effets très néfastes, comme la conduite en état d'ivresse. Ces effets négatifs indirects ne sont pas pris en compte dans les estimations de bien-être.

Termes clés

Actif spécifique	Franchise
Distribution exclusive	Intégration verticale
Entreprise	Limitation quantitative
en amont	Passager clandestin
en aval	Principal-agent
Fixation des prix de détail	Quasi-intégration
Fonction de production	Règle de raison
à facteurs non substituables	Restrictions verticales
à facteurs substituables	Territoire exclusif

Questions

Q.13.1 Supposez qu'un constructeur automobile parmi beaucoup d'autres soit l'unique client d'entreprises de production d'aluminium situés à proximité de son usine. Sous quelles conditions a-t-il intérêt à opter pour l'intégration verticale ?

Q.13.2 Expliquez pourquoi les fabricants de vêtements de mode peuvent souhaiter que leur vêtements ne soit pas vendus par des chaînes de magasins pratiquant des remises permanentes sur les prix.

Q.13.3 Les contrôles qu'un franchiseur impose à un franchisé devraient-ils faire l'objet d'une réglementation publique lorsqu'il y a plusieurs franchisés en concurrence ?

Q.13.4 À quoi cela sert-il d'interdire l'intégration verticale quand elle prend la forme d'une fusion & acquisition, mais pas quand elle se fait par croissance interne ?

Q.13.5 Discutez l'affirmation suivante : « Les entreprises ne sont jamais totalement verticalement intégrées ou, au contraire, totalement verticalement désintégrées. Elles sont situées entre ces deux extrêmes ».

Q.13.6 Dans quelles circonstances une entreprise doit-elle procéder à l'intégration verticale (prise de contrôle d'un client ou d'un fournisseur) plutôt que de recourir à la quasi-intégration verticale (contrôler un actif, une machine par exemple, sans être propriétaire de l'entreprise qui l'utilise) ?

Problèmes[39]

P.13.1 Montrez qu'il est plus efficient (profit plus élevé) pour un franchiseur d'exiger d'un franchisé des royalties calculées en pourcentage des profits, plutôt qu'en pourcentage des ventes. Pourquoi, en dépit de cela, la plupart des franchiseurs préfèrent-ils calculer les royalties en pourcentage des ventes ?

P.13.2 Supposez qu'une entreprise soit l'unique fournisseur de plusieurs entreprises dont une est elle-même en position de monopole sur le marché d'un bien final. Si l'intégration verticale n'est pas envisageable, quelle solution les autorités publiques peuvent-elles envisager pour éliminer la double marge de monopole qui résulte de cette situation ?

P.13.3 Supposez qu'une taxe sur les profits purs soit prélevée au niveau du commerce de détail (la taxe est calculée en pourcentage du profit). Est-ce que cela modifie l'intérêt de l'intégration verticale pour un monopole situé en aval ? L'incitation est-elle modifiée si la taxe est prélevée en amont et en aval ? Une taxe prélevée sur les ventes (au détail) a-t-elle une influence sur la décision d'intégration verticale ?

P.13.4 Soit un producteur en situation de monopole qui contrôle un réseau de vente. sa politique consiste à limiter le nombre de distributeurs et de leur accorder une exclusivité territoriale au plan national. Par ailleurs, il exporte une partie de sa production. Certains importateurs étrangers se mettent alors à revendre, *illégalement* le produit sur le territoire national. Indiquez les raisons pour lesquelles le producteur n'a pas nécessairement intérêt à faire cesser ce trafic ?

P.13.5 On raconte qu'aux États-Unis, une femme qui cherchait à faire une farce à une amie, voulut acheter une barquette de poulet *vide* de la marque Kentucky Fried Chicken. Lorsqu'elle formula sa requête au gérant, celui-ci lui fit savoir qu'elle devrait payer 10 $, alors que le prix de la barquette pleine n'est que de 10,99 $! La raison de cette faible différence de prix vient du fait que la maison-mère oblige ses franchisés à lui acheter directement les barquettes vides et qu'elle tient le compte de la quantité de poulets vendue en comptant le nombre de barquettes.[40] Faut-il interdire ce type d'obligation imposées par les franchiseurs à leur franchisés ? Quel est l'avantage de cette méthode pour le franchiseur ? Comment peut-on contourner cette restriction ?

P.13.6 L'importance de l'intégration verticale peut être mesurée notamment par le ratio de la valeur ajoutée (ventes moins coût des matières premières et de l'énergie) aux ventes. Cet indicateur a-t-il le même sens s'il est appliqué à l'industrie minière et à l'industrie automobile ?

Lectures complémentaires

L'article de Perry (1989) sur les relations verticales, et celui de Katz (1989) sur les relations contractuelles verticales, sont d'excellentes synthèses, assez peu techniques, sur la littérature

---

39 Les solutions des problèmes impairs sont données en fin de livre.

40 DeLeon, Clark, « The Colonel : That will Work, Won't it ? » *Philadelphia Inquirer*, 30 décembre 1980 : 2–B.

consacrée à ces questions. Les articles classiques sur l'intégration verticale sont ceux de Coase (1937) et de Stigler (1951). Les deux ouvrages du partisan le plus connu de l'approche par les coûts de transaction, Williamson (1975, 1985), sont faciles et très intéressants à lire. Blair et Kaserman (1983) propose un analyse claire mais plus technique. Le premier article sur l'analyse moderne des relations verticales, par Telser (1960), est assez peu technique. Ce sujet est clairement présenté dans White (1985). Sur les travaux récents concernant le système de la franchise, voir Martin (1988), Hadfield (1990, 1991), Gallini et Lutz (1992), Lafontaine (1992) et katz et Owen. Preston (1994), Noll et Owen (1994), Warren-Boulton et Guerin-Calvert (1994) contiennent des applications de l'analyse économique à cinq cas récents concernant des accords verticaux.

Bibliographie

ABIRU, Masahiro. 1988. « Vertical Integration, Variables Proportions and Successive Oligopolies ». *Journal of Industrial Economics* 36 : 315–25.

ADELMAN, Morris A. 1955. « Concept and Statistical Measurement of Vertical Integration », *in* George J. STIGLER, éd., *Business Concentration and Price Policy*. Princeton, N.J. : Princeton University Press.

BLAIR, Roger D. et David L. KASERMAN. 1983. *Law and Economics of Vertical Integration and Control*. New York : Academic Press.

BOLCH, Ben et William W. DAMON. 1978. « The Depletion Allowance and Vertical Integration in the Petroleum Industry ». *Southern Economic Journal* 45 : 241–9.

BRICKLEY, J. et F. DARK. 1987. « The Choice of Organizational Form : The Case of Franchising ». *Journal of Financial Economics* 18 : 401–20.

BRICKLEY, James A., Frederick H. DARK et Michael S. WEISBACH. 1991. « The Economic Effects of Franchise Termination Laws ». *Journal of Law and Economics* 34 : 101–32.

CARLTON, Dennis W. 1979. « Vertical Integration in Competitive Markets Under Uncertainty ». *Journal of Industrial Economics* 27 : 189–209.

CARLTON, Dennis W. et M. KLAMER. 1983. « The Need for Coordination Among Firms with Special Reference to Network Industries ». *University of Chicago Law Review* 50 : 446–65.

CARLTON, Dennis W. et Jeffrey M. PERLOFF. 1981. « Price Discrimination, Vertical Integration and Dive titure in Natural Resource Markets ». *Resources and Energy* 3 : 1–11.

CAVES, Richard E. et William F. MURPHY. 1976. « Franchising : Firms, Markets, and Intangible Assets ». *Southern Economic Journal* 42 : 572–86.

COASE, Ronald H. 1937. « The Nature of the Firm ». *Economica* 4 : 386–405.

CROCKER, Keith J. et Kenneth J. REYNOLDS. 1993. « The Efficiency of Incomplete Contracts : An Empirical Analysis of Air Force Engine Procurement ». *RAND Journal of Economics* 24 : 126–46.

EKELUND, Robert B., Jr., John D. JACKSON, David S. SAURMAN, William F. SHUGART III et Robert D. TOLLISON. 1987. « Exclusive Territories and Advertising Restrictions in the Malt Beverage Industry ». Manuscrit.

GALLINI, Nancy et Nancy LUTZ. 1992. « Dual Distribution and Royalty Fees in Franchising ». *Journal of Law, Economics and Organization* 8 : 471–501.

GUERIN-CALVERT, Margaret E. 1994. « Vertical Integration as a Threat to Competition : Airline Computer Reservation Systems (1992) », *in* John E. KWOKA, Jr. et Lawrence J. WHITE, éds, *The Antitrust Revolution : The Role of Economics*. New York : HarperCollins Publishers.

HADFIELD, Gillian K. 1990. « Problematic Relations : Franchising and the Law of Incomplete Contracts ». *Stanford Law Review* 42 : 927–92.

HADFIELD, Gillian K. 1991. « Credible Spatial Preemption through Franchising ». *Rand Journal of Economics* 22 : 531–43.

KATZ, Barbara G. et Joel OWEN. 1992. « On the Existence of Franchise Contracts and Some of Their Implications ». *International Journal of Industrial Organization* 10 : 567-93.

KATZ, Michael. 1989. « Vertical Contractual Relations », *in* Richard SCHMALENSEE et Robert WILLIG, éds, *The Handbook of Industrial Organization.* New York : Elsevier Science Publishers, Inc.

KLEIN, Benjamin, Robert G. CRAWFORD et Armen A. ALCHIAN. 1978. « Vertical Integration, Appropriable Rents, and the Competitive Contracting Process », *Journal of Law and Economics* 21 : 297–326.

KLEIN, Benjamin et Kevin M. MURPHY. 1988. « Vertical Restraints as Contract Enforcement Mechanisms ». *Journal of Law and Economics* 31 : 265–98.

LAFFER, Arthur B. 1969. « Vertical Integration by Corporations, 1929-1965 ». *Review of Economics and Statistics* 51 : 91–3.

LAFFERTY, Ronald N., Robert H. LANDE et John B. KIRKWOOD, éds. 1984. *Impact Evaluations of Federal Trade Commission Vertical Restraint Cases.* Washington, D.C. : Bureau of Competition, Bureau of Economics, Federal Trade Commission (August).

LAFONTAINE, Francine. 1992. « Agency Theory and Franchising : Some Empirical Results ». *Rand Journal of Economics* 23 : 263–83.

LAVEY, Warren et Dennis W. CARLTON. 1983. « Economie Goals and Remedies of the AT&T Modified Judgment ». *Georgetown Law Review* 17 : 1497–1518,

LIEBERMAN, Marvin B. 1991. « Determinants of Vertical Integration : An Empirical Test », *Journal of Industrial Economics* 39 : 451–66.

LIVESAY, Harold C. et Patrick C. PORTER. 1969. « Vertical Integration in American Manufacturing, 1899-1948 ». *Journal of Economic History* 29 : 494–500.

MALLELA, Parthasaradhi et Babu NAHATA. 1980. « Theory of Vertical Control with Variable Proportions ». *Journal of Political Economy* 88 : 1009–25.

MARTIN, R. 1988. « Franchising and Risk Management ». *American Economic Review* 78 : 954–68.

MARVEL, Howard P. 1982. « Exclusive Dealing ». *Journal of Law and Economics* 25 : 1–25.

MARVEL, Howard P. et Stephen MCCAFFERTY. 1984. « Resale Price Maintenance and Quality Certification ». *Rand Journal of Economics* 15 : 246–359.

MASTEN, Scott E. 1984. « The Organization of Production : Evidence from the Aerospace Industry ». *Journal of Law and Economics* 27 : 403–17.

MATHEWSON, G. Frank et Ralph A. WINTER. 1984. « An Economic Theory of Vertical Restraints ». *Rand Journal of Economics* 15 : 27–38.

MINKLER, Alanson P. et Timothy A. PARK. À paraître. « Transaction Cost Determinants of Vertical Integration : An Empirical Investigation Using Franchising Data ». *Journal of Law, Economics and Organization.*

MONTEVERDE, Kirk et David J. TEECE. 1982. « Appropriable Rents and Quasi-Vertical Integration ». *Journal of Law and Economics* 25 : 403–18.

NOLL, Roger G. et Bruce M. OWEN. 1994. « The Anticompetitive Uses of Regulation : U.S. v. AT&T (1982) », *in* John E. KWOKA, Jr. et Lawrence J. WHITE, éds, *The Antitrust Revolution : The Role of Economics.* New York : HarperCollins Publishers.

ORNSTEIN, Stanley I. et Dominique M. HANSSENS. 1987. « Resale Price Maintenance : Output Increasing or Restricting ? The Case of Distilled Spirits in the United States ». *Journal of Industrial Economics* 36 : 1–18.

OVERSTREET, Thomas R., Jr. 1983. *Resale Price Maintenance : Economic Theories and Empirical Evidence.* Washington, D.C. Federal Trade Commission, Bureau of Economics Staff Report (Novembre).

PERRY, Martin K. 1989. « Vertical Integration : Determinants and Effects », *in* Richard SCHMALENSEE et Robert WILLIG, éds, *Handbook of Industrial Organization.* New York : North Holland.

PERRY, Martin K. et Robert H. PORTER. 1986. « Resale Price Maintenance and Exclusive Territories in the Presence of Retail Service Externalities ». Bell Communications Research, Inc., Economics Discussion Paper 20 (Mai).

PISANO, Gary P. 1988. « Innovation Through Markets, Hierarchies, and Joint Ventures : Technology, Strategy, and Collaborative Arrangements in the Biotechnology Industry ». Ph.D. diss., University of California, Berkeley.

PRESTON, Lee E. 1994. « Territorial Restraints : *GTE Sylvania* (1977) », *in* John E. KWOKA, Jr. et Lawrence J. WHITE, éds, *The Antitrust Revolution : The Role of Economics.* New York : HarperCollins Publishers.

REY, Patrick et Joseph E. STIGLITZ. 1988. « Vertical Restraints and Producers' Competition ». *European Economic Review* 32 : 561–66.

REY, Patrick et Jean TIROLE. 1986. « The Logic of Vertical Restraints ». *American Economic Review* 76 : 921–39.

ROSS, Thomas W. 1990. « On the Vertical Integration of Successive Monopolies ». Manuscrit.

RUBIN, Paul H. 1978. « The Theory of the Firm and the Structure of the Franchise Contract ». *Journal of Law and Economics* 21 : 223–33.

SHEPARD, Lawrence. 1978. « The Economic Effects of Repealing Fair-Trade Laws ». *The Journal of Consumer Affairs* 12 : 220–36.

SHISHIDO-TOPEL, L. 1984. « An Economic Analysis of Exclusive Dealing ». Ph.D. diss., University of California, Los Angeles.

SPILLER, Pablo T. 1985. « On Vertical Merger ». *Journal of Law, Economics, and Organization* 1 : 285–312.

STIGLER, George J. 1951. « The Division of Labor Is Limited by the Extent of the Market ». *Journal of Political Economy* 59 : 185–93.

TELSER, Lester G. 1960. « Why Should Manufacturers Want Fair Trade ? » *Journal of Law and Economics* 3 : 86–105.

VERNON, John M. et Daniel A. GRAHAM. 1971. « Profitability of Monopolization by Vertical Integration ». *Journal of Political Economy* 79 : 924–5.

WARREN-BOULTON, Frederick R. 1974. « Vertical Control with Variable Proportions ». *Journal of Political Economy* 82 : 783–802.

WARREN-BOULTON, Frederick R. 1994. « Resale Price Maintenance Re-examined : *Monsanto v. Spray-Rite* (1984) », *in* John E. KWOKA, Jr. et Lawrence J. WHITE, éds, *The Antitrust Revolution : The Role of Economics*. New York : HarperCollins Publishers.

WEISS, Avi. 1992. « The Role of Firm-Specific Capital in Vertical Mergers ». *Journal of Law and Economics* 35 : 71–88.

WHITE, Lawrence J. 1985. « Resale Price Maintenance and the Problem of Marginal and Inframarginal Customers ». *Contemporary Policy Issues* 3 : 17-22.

WINTER, Ralph A. 1993. À paraître. « Price and Non-Price Competition ». *Quarterly Journal of Economics*.

WILLIAMSON, Oliver E. 1975. *Markets and Hierarchies : Analysis and Antitrust Implications*. New York : The Free Press.

WILLIAMSON, Oliver E. 1985. *The Economic Institutions of Capitalism*. New York : The Free Press.

YAMEY, B.S., éd. 1966. *Resale Price Maintenance*. Chicago : Aldine.

Annexe A au chapitre 13

Intégration verticale et substitution des facteurs

L'exemple du tableau 13.1 illustre les effets de l'intégration verticale dans le cas où les facteurs ne sont pas substituables et dans le cas où ils le sont. Une entreprise ayant le monopole d'une source d'énergie, E, vend cette ressource à des entreprises concurrentielles, qui achètent également un facteur de production concurrentiel, L.

La demande qui s'adresse aux entreprises de l'aval est linéaire :

$$p = a - bQ \qquad (13A.1)$$

où p est le prix du bien et Q sa quantité. La recette marginale est donc :

$$Rm = a - 2bQ\,. \qquad (13A.2)$$

Soit la fonction de production à facteurs non substituables (de type *Leontief*) suivante :

$$Q = \min(E, L). \qquad (13A.3)$$

Cette fonction est à rendements d'échelle constants. Soit la fonction de production à facteurs substituables suivante :

$$Q = E^{1/2}L^{1/2}\,, \qquad (13A.4)$$

c'est la *fonction de production Cobb-Douglas*. les rendements d'échelle sont constants car la somme des coefficients de E et L est égale à $(1 = 1/2 + 1/2)$.

Quand la production est à rendements d'échelle constants, l'absence d'intégration verticale implique qu'il peut y avoir un nombre arbitraire d'entreprises en aval. Pour mieux comparer les résultats, nous avons choisi les paramètres de façon à ce que les coûts marginaux soient les mêmes pour les deux fonctions de production en cas d'intégration verticale.

Fonction de production à facteurs non substituables

Lorsque la fonction de production est à coefficients fixes, la production finale n'est pas influencée par le fait que les entreprises soient verticalement intégrées ou non. Par conséquent, le prix et les profits combinés sont identiques dans les deux cas. De ce fait, si l'intégration comporte le moindre coût, elle ne se fera pas.

Intégration verticale

Le monopole verticalement intégré vers l'aval chosit la production Q_i qui égalise le coût marginal du bien final à sa recette marginale (laquelle est donnée par l'équation 13A.2). Lorsque la fonction de production est à coefficients fixes, 1 unité de E et 1 unité de L servent à produire 1 unité de Q_i. Par conséquent, le coût marginal de l'entreprise intégrée est égal à $m + w$, où m est le coût de production d'une unité de E et w celui d'une unité de L (taux de salaire). Égalisons $m + w$ avec le membre de droite de l'équation (13A.2) afin d'obtenir la production du monopole verticalement intégré :

$$Q_i = \frac{a - m - w}{2b}. \tag{13A.5}$$

Sans intégration verticale

Si les entreprises ne sont pas verticalement intégrées, celles de l'amont égalisent le prix p du produit à leur coût marginal. Celui-ci est égal à $e + w$, où e est le prix pratiqué par le monopole pour E. Puisque $p = e + w$, la courbe de demande à laquelle le monopole est confrontée est :

$$e = p - w = a - bQ - w = a - bE - w. \tag{13A.6}$$

Ce résultat s'obtient en utilisant l'équation (13A.1) et le fait que $Q = E$ lorsque les coefficents de production sont fixés.

Le monopole maximise son profit :

$$\pi = (e - m)E = (a - bE - w - m)E, \tag{13A.7}$$

où $(e - m)$ est la marge par unité de E vendue. Le monopole choisit E de façon à maximiser l'équation (13A.7). La condition du premier-ordre est :

$$a - w - m - 2bE = 0. \tag{13A.8}$$

Or, comme E est égal à Q, la production en l'absence d'intégration, on a :

$$Q_n = \frac{a - m - w}{2b}. \tag{13A.9}$$

La production est donc la même que lorsque les entreprises sont verticalement intégrées (voir l'équation [13A.5]).

Si $a = 10$ et $b = m = w = 1$, alors $Q_n = Q_i = 4$. Le prix p est alors égal à 6. S'il n'y a pas d'intégration verticale, l'équation (13A.6) implique $e = 5$ et donc $e + w = 6 = p$.

Fonction de production à facteurs substituables

Lorsque le fonction de production des entreprises de l'aval est à proportions fixes, la production, le prix et les profits ne sont pas les mêmes selon que l'industrie est verticalement intégrée ou non. Pour le montrer, commençons par déterminer la fonction de coût des entreprises de l'aval.

Fonction de coût

Les entreprises combinent E et L pour produire au moindre coût. La fonction de coût pour un niveau de production et des prix de facteurs donnés est donc :

$$C(e, w, Q) = \min_{L,E} eE + wL \tag{13A.10}$$

sous contrainte de l'équation (13A.4). En remplacant L par sa définition de l'équation (13A.4), nous pouvons donc écrire :

$$C\,(e,\,w,\,Q) = \min_{L,E} eE + \frac{wQ^2}{E}\,. \tag{13A.11}$$

Résolvons cette équation en E afin d'obtenir la demande de E pour un niveau de production et des prix de facteurs donnés :

$$E\,(e,\,w,\,Q) = Q\left(\frac{w}{e}\right)^{1/2}. \tag{13A.12}$$

L'expression de $L(e,\,w,\,Q)$ est identique, sauf que les positions de w et e sont inversées. Le coût total, $C(e,\,w,\,Q) = eE(e,\,w,\,Q) + wL(e,\,w,\,Q)$, soit :

$$C\,(e,\,w,\,Q) = 2Q\,(we)^{1/2}. \tag{13A.13}$$

Intégration verticale

L'entreprise verticalement intégrée maximise son profit de monopole en égalisant sa recette marginale (équation [13A.2]) avec son coût marginal. Le coût marginal s'obtient en posant $e = m$ dans l'équation (13A.13) et en dérivant par rapport à Q. Autrement dit, $Cm = 2w^{1/2}m^{1/2}$. La production de l'entreprise intégrée est :

$$Q_i = \frac{a - 2w^{1/2}m^{1/2}}{2b}\,. \tag{13A.14}$$

En prenant les mêmes valeurs numériques que précédemment, $Q_i = 4$. Autrement dit, avec les paramètres que nous avons choisi, l'entreprise verticalement intégrée produit la même quantité que la fonction de production soit à proportion fixes ou à proportions variables.

Pas d'intégration verticale

Lorsque les entreprises ne sont pas verticalement intégrées, la demande de E qui s'adresse au monopole s'obtient en égalisant la définition de p dans l'équation (13A.1) au coût marginal $Cm = 2w^{1/2}e^{1/2}$ et en remplaçant Q par sa valeur de l'équation (13A.12) :

$$E = \frac{a\left(\frac{w}{e}\right)^{1/2} - 2w}{b}\,. \tag{13A.15}$$

Le monopole maximise son profit $(e - m)E$. La condition du premier-ordre (choix de e qui maximise le profit) est :

$$aw^{1/2} - 2we^{1/2} - \frac{1}{2}(e - m)a\frac{w^{1/2}}{e} = 0\,. \tag{13A.16}$$

En prenant les mêmes valeurs numériques que précédemment, l'équation (13A.16) donne $e = 7{,}9265$. Le coût marginal est alors égal à

$$2w^{1/2}e^{1/2} = 2e^{1/2} = 5{,}6308 = p\,.$$

La courbe de demande de l'équation (13A.1) donne

$$Q_n = 10 - 5{,}6308 = 4{,}2692\,.$$

Ainsi, lorsqu'on prend une fonction à facteurs substituables et à rendements constants, $Q_i < Q_n$.

QUATRIÈME PARTIE

Information et publicité

14

L'information

La connaissance absolue n'existe pas... Toute information est imparfaite. Nous devons la traiter avec humilité.

J. Bronowski

Ce chapitre analyse les problèmes qui découlent de la limitation de l'information dont disposent les consommateurs. En effet, il est fréquent que ceux-ci ne sachent ni quel magasin vend un produit donné au meilleur prix, ni quelles sont les différences entre les marques d'un même produit. L'information que l'on fournit aux consommateurs sur le prix, les caractéristiques et la qualité des produits influence leur comportement d'achat et, par conséquent, la structure du marché. Les résultats des études récentes sur le fonctionnement des marchés où les consommateurs n'ont qu'une information limitée sont assez surprenants et contredisent les conclusions les plus solidement établies des modèles économiques standards basés sur l'information parfaite. En particulier, lorsque l'information des consommateurs est limitée, la qualité des produits offerts baisse généralement, certains effets positifs de la concurrence ne se manifestent plus et les entreprises ont intérêt à limiter de plus en plus l'information.

Les 5 questions essentielles traitées dans ce chapitre sont les suivantes :

1. Quelles sont les effets d'une information limitée des consommateurs sur la qualité des produits ?
2. Quelles sont les effets d'une information limitée des consommateurs sur le prix des produits ?

3. Si certains consommateurs seulement sont pleinement informés, obtient-on malgré tout un équilibre d'information parfaite ?
4. Les entreprises qui désirent discriminer par le prix ont-elles intérêt à limiter l'information des consommateurs ?
5. L'amélioration de l'information des consommateurs implique–t-elle une baisse du prix d'équilibre ?

Dans ce chapitre, nous montrerons que si les consommateurs sont mal informés sur la qualité des produits, l'un au moins des deux problèmes suivants ne manque pas de se poser : absence de marché ou, s'il existe un marché, qualité différente (généralement moindre) de la qualité obtenue lorsque l'information est parfaite.(1) Il est fréquent, par exemple, que seuls les produits de la plus basse qualité soient disponibles. Nous verrons que l'information procurée par les experts, les normes et la certification des produits ne sont socialement utiles que si les bénéfices qu'en tirent les consommateurs sont supérieurs aux coûts de collecte et de diffusion de ces différents moyens d'information. Nous verrons aussi que les problèmes engendrés par l'imperfection de l'information peuvent être résolus par le recours aux systèmes de la garantie et de l'assurance.

Nous montrerons que lorsque les consommateurs ne sont pas complètement informés sur le prix des biens, le marché fonctionne mal, les entreprises — même petites — peuvent pratiquer un prix supérieur au coût marginal et un produit homogène peut avoir des prix différents. En d'autres termes, lorsque l'information sur le prix est imcomplète, la concurrence parfaite est impossible et les lois *de l'offre et de la demande* et *du prix unique* ne sont plus vérifiées.

Nous verrons que les entreprises peuvent délibérément chercher à élever le coût de recherche de l'information afin d'accroître leur pouvoir de marché. Par exemple, une entreprise peut pratiquer différents prix pour un produit identique vendu à plusieurs endroits et sous diverses marques, ce qui complique la tâche de trouver la marque la moins chère. Enfin, nous montrerons que dans certains cas, une meilleure information du consommateur peut réduire le prix moyen d'un produit.

---

[1] Pour beaucoup d'économistes, un équilibre d'information imparfaite est *sous-optimal* ou *inefficient* et traduit un *dysfonctionnement du marché*. Pour rester fidèle à cette terminologie, nous qualifierons d'inefficients les écarts par rapport à la concurrence parfaite. Mais il convient de souligner que cette terminologie implique que tout écart par rapport à la concurrence parfaite est mauvais et devrait être corrigé. Or, si l'information est coûteuse à réunir et à diffuser, il peut arriver dans certains cas que le coût de l'information parfaite soit supérieure à son bénéfice. Donc, bien que les situations qui s'écartent de la concurrence parfaite soient généralement qualifiées de sous-optimales, il n'est pas nécessairement optimal ou possible d'y remédier.

EXEMPLE 14.1 Comment les consommateurs s'informent-ils ?

Une étude de 1979–80 portant sur 2430 consommateurs américains sélectionnés de façon aléatoire dans l'annuaire révèle comment les consommateurs obtiennent l'information nécessaire à leurs achats alimentaires. Les deux-tiers (68,8%) lisent les publicités diffusées par les magasins d'alimentation. Cette proportion augmente avec la taille du ménage. On peut penser en effet que plus la famille est nombreuse, plus il est rentable de trouver le meilleur prix. La moitié (54,1%) de ces consommateurs ont déclaré que ces publicités avaient une influence sur leurs achats. La moyenne des publicités lues s'élève à 2,5 par semaine.

Près de la moitié des consommateurs (47,6%) s'informent en regardant des publicités télévisées. La moyenne des publicités regardées s'élève à 1,8 par semaine. Cependant, seulement 18,3% de ces téléspectateurs déclarent que les publicités télévisées influencent leurs choix.

74,4% des consommateurs comparent les prix entre les supermarchés. Ils effectuent majoritairement cette comparaison à partir de la lecture des publicités de magazines, mais également en se déplaçant dans les magasins.

Le consommateur moyen se ravitaille auprès de 2,2 magasins (en moyenne) par mois. Le nombre moyen de déplacement est de 1,4 par semaine (mais seulement 26,7% des consommateurs font leurs courses plus d'une fois par semaine).

Les consommateurs sont fidèles à leur magasin habituel. Seulement 18,2% des personnes interrogées ont changé de magasin habituel au cours de l'année. Ce sont les jeunes et les familles nombreuses qui changent le plus souvent. Dans 36,8% des cas, la raison principale du changement est que le nouveau magasin leur propose des prix plus intéressants.

Les consommateurs ont donc différents moyens d'information à leur disposition. Ceux qui en profitent le plus, qui s'y intéressent et qui l'utilisent le plus pour effectuer leurs choix sont les familles nombreuses.

SOURCE : Burgoyne, Inc. 1979–80. *The National Study of Supermaket Shoppers.*

14.1 Pourquoi l'information est-elle limitée ?

Les recherches menées par les psychologues, les économistes et les experts du marketing et d'autres disciplines ont montré que les consommateurs connaissaient mal la qualité et le prix des produits disponibles sur le marché. Selon une étude de la *Federal Trade Commission* (1978), il existe cinq explications principales à cet état de fait.

Premièrement, l'information disponible n'est pas toujours crédible et, par conséquent, le consommateur rationnel n'accorde pas une égale confiance à toutes les sources d'information. De plus, même si une information est correcte à un moment donné, elle peut ensuite devenir périmée.

Deuxièmement, la collecte de l'information comporte un coût. Il n'est donc pas rentable pour le consommateur de chercher à s'informer au delà du point où le bénéfice marginal d'une information devient égal au coût de la collecte de cette information. Par exemple, il est tout à fait déraisonnable d'aller dans plusieurs magasins pour trouver celui dans lequel une certaine sucrerie est vendue au meilleur prix. Voir l'exemple 14.1.

EXEMPLE 14.2
Les consommateurs connaissent-ils le prix des produits qu'ils achètent ?

Les consommateurs connaissent-ils le prix exact des produits qu'ils achètent dans les supermarchés ? La réponse est négative. Une enquête a été menée en juillet 1974, sur 560 clients de 4 supermarchés de la région de Providence et de Boston aux États-Unis. Les clients étaient interrogés sur le prix de 44 marques de produits très connues et ayant fait l'objet de publicités au niveau national (*Progressive Grocer*, novembre 1974, p. 39). Seulement 24% des clients interrogés purent indiquer le prix correct d'un produit spécifique (avec une marge d'erreur sur le prix exact inférieure à 5%). Une étude comparable menée en 1963 donnait un pourcentage de 32%.

Le même résultat a été établi pour la Grande-Bretagne (Gabor et Granger, 1961), à partir d'une enquête menée sur un échantillon aléatoire de ménagères de Notthingham, Angleterre. La question portait sur le prix de 7 articles achetés la semaine précédente. Si le prix donné n'était pas le bon, la réponse était considérée comme incorrecte. Toutes catégories sociales et de produits confondues, 57% des ménagères ont donné une réponse correcte, 24,5% une réponse fausse et les autres n'ont pas donné de réponse. Ainsi, un quart des ménagères croyaient connaître le prix alors que leur réponse était fausse et 4 sur 10 ne connaissaient pas le prix ou se sont trompées. Le pourcentage de réponses correctes variait de 37,5% pour les céréales à 79,3% pour le thé.

Parmi les réponses incorrectes, 43,2% ne différaient pas plus de 5% du prix correct, 50% environ étaient trop élevées et 50% trop basses. Si les auteurs de l'enquête avaient considéré comme correctes les réponses qui ne divergaient pas de plus de 5% de la bonne réponse, le taux de réponses correctes aurait atteint 73,1%.

L'enquête a montré que la justesse des réponses est une fonction décroissante de la richesse et du nombre d'articles achetés. En effet, les catégories aisées ont le plus faible pourcentage de réponses correctes et après elles, les classes moyennes. Ainsi, les consommateurs qui dépensent un pourcentage relativement faible de leur revenu en nourriture sont ceux qui connaissent le moins bien les prix.

Troisièmement, les consommateurs ne peuvent mémoriser aisément qu'une quantité limitée d'information (voir l'exemple 14.2). De plus, ils retiennent mieux les informations importantes. L'information est d'autant plus facile à retenir qu'elle est facile à « coder » par le cerveau et l'encodage est d'autant plus facile qu'il est conforme à une structure cohérente. Malheureusement, les prix pratiqués par les différents magasins pour les centaines de produits disponibles ne sont pas faciles à organiser en structures cohérentes. De plus, le prix d'un article peut varier dans des proportions importantes. Une enquête menée sur les prix pratiqués dans la région de Boston a montré que le prix de 18 articles sur les 39 choisis aléatoirement pouvait varier du simple au double et que pour 4 produits, le prix allait de 1 à 5 et même davantage (Pratt, Wise et Zeckhauser, 1979).

Quatrièmement, il est souvent plus efficient de traiter l'information au moyen de procédures simplifiées, ne serait-ce en raison du coût nécessaire au traitement de l'information. De ce fait, le consommateur n'utilise qu'une partie de l'information collectée. C'est le cas, par exemple, d'un consommateur qui vérifie l'addition d'un restaurant pour voir s'il n'y figure pas de plats qu'il n'a pas commandé, mais qui ne refait pas l'addition proprement dite. Un consommateur sensé traite l'in-

EXEMPLE 14.3 L'art d'interpréter les informations

Le label « 0% de matières grasses » n'est pas forcément trompeur car ce sont les autres ingrédients qui font grossir.

Beaucoup de consommateurs ne savent pas comment interpréter des informations aussi simples que celles-ci :

Prix unitaire : Le prix par unité permet de savoir quelle marque ou quelle taille est la moins coûteuse. Une enquête menée en 1975 sur 300 personnes venant de faire des achats a révélé que 39% des clients regardent systématiquement le prix par unité et que 32% le regardent occasionnellement. 19% des personnes interrogées ne regardent jamais ou rarement le prix par unité pour faire des comparaisons et 10% ne savent même pas que cette information figure sur le rayonnage. Ainsi, 7 consommateurs sur 10 utilisent occasionnellement le prix unitaire. Enfin, 22% considèrent qu'il ne s'agit pas d'une information « utile ». Il se peut que parmi les consommateurs qui n'utilisent pas cette information, certains ne sachent pas la traiter. En effet, une expérience a montré que la compréhension du prix unitaire dépendait du niveau d'éducation (voir le tableau ci-après).

Niveau d'éducation	*Pourcentage de ceux qui savent interpréter un prix unitaire*
École élémentaire	47,7
Secondaire non achevé	71,1
Secondaire avec diplôme	75,0
Supérieur non achevé	80,9
Supérieur avec diplôme	82,7

Coût de l'assurance : Des enquêtes ont montré qu'aux États-Unis, le modèle standard des contrats d'assurance sur la vie adopté par la *National Association of Insurance Commisioners* est incompréhensible pour le consommateur moyen. Seulement 38% de ceux qui achètent une police d'assurance savent qu'il existe sur le formulaire un indice qui permet de comparer le coût des différentes polices. Seulement 21% savent que plus cet indice est faible, plus le coût de l'assurance est bas et 61% ne savent pas comment utiliser un indice. →

formation jusqu'au point où le bénéfice marginal du traitement d'une information supplémentaire est égal à son coût (c'est le principe de *rationalité limitée*[2]).

Cinquièmement, certains consommateurs ne sont pas suffisamment intelligents ou éduqués pour traiter correctement l'information. De plus, même un consommateur intelligent ne sait pas nécessairement déterminer la qualité d'un ordinateur ou d'un manuel d'économie industrielle, ni si un produit est bon pour la santé ou si une certaine plante pourra survivre en appartement. Enfin, certains consommateurs ne savent pas comparer le coût d'un achat à crédit (automobile, par exemple) avec le coût d'un achat au comptant. Voir l'exemple 14.3.

[2] Simon (1957, 1959), Cyert et March (1963) et Williamson (1964).

EXEMPLE 14.3 L'art d'interpréter les informations (suite)

Luminosité des ampoules : Aux États-Unis, depuis 1970, la *Federal Trade Commission* exige que le degré de luminosité figure sur les boîtes d'ampoules électriques. Cinq ans après la promulgation de la loi, la plupart des consmmateurs ne comprenaient toujours pas le concept de « lumens », censé mesurer la luminosité. Sur un échantillon de 168 personnes interrogées, une seule a mentionné le *lumens* comme une facteur pertinent pour le choix d'une ampoule.

Nutrition : D'après un sondage Harris mené en 1991, 22% des personnes interrogées ont reconnu qu'elles éprouvaient des difficultés à comprendre les informations concernant le contenu nutritionnel des aliments. De plus, bien que la Food and Drug Administration impose une étiquette sur les aliments non standardisés, beaucoup de consommateurs (y compris les auteurs de ce manuel) parviennent difficilement à comprendre certains des termes utilisés. Ainsi, lorsqu'un produit est une imitation qui n'a pas le même contenu nutritionnel que l'original, il doit porter le label « imitation ». En revanche, si le contenu nutritionnel est identique, il peut porter la mention « substitut ». Les termes « sans sel », « pas de sel », « sans sel ajouté » et « non salé » sont souvent déroutants pour les consommateurs. En effet, ils signifient seulement que du sel n'a pas été ajouté au cours du processus de traitement et non qu'il n'y a pas de sel ou de sodium dans le produit (il peut y en avoir en grande quantité).

Beaucoup de consommateurs croient que les étiquettes fournissent toute l'information utile. Mais ce n'est pas forcément le cas. Par exemple, aux États-Unis, lorsque le produit est reconditionné par le magasin, l'information peut ne plus figurer sur le nouveau paquet. Par exemple, si un mélange de céréales aux fruits secs contient des conservateurs chimiques, ce n'est pas forcément marqué sur la boîte finale, alors que c'est obligatoirement marqué sur les boîtes intermédiaires contenant chacune les différents éléments à mélanger.

SOURCE : *The Progressive Grocer*, Octobre 1975, p. 48 ; McCullogh, D. et D.I. Padberg. 1971. « Unit Pricing in Supermarkets ». *Search : Agriculture.* 1, p. 18, tableau 22 ; Federal Trade Commission (1979 ; p. 93–4) ; Margen, Sheldon et Dale Ogar, « To your Health : The Writing on Food Labels Often Confuses », *San Francisco Chronicle*, 22 octobre 1986 : FF4 ; Margen, Sheldon et Dale Ogar, « To Your Health : Labels on Our Food Don't Tell the Whole Story », *San Francisco Chronicle*, 29 octobre 1986 : FF3. Associated Press, « 20% Confused by Food Labels », *San Francisco Chronicle* 12 mars 1991 : B4.

14.2 Information limitée concernant la qualité

Définition d'un travail difficile selon Lord Bowen : répondre par oui ou non lorsqu'on n'est pas pleinement informé.

Quand ils font appel à des professions libérales ou à des artisans (médecins, avocats, plombiers, électricien et économistes), les consommateurs ne savent pas, le plus souvent, comment la qualité de la prestation varie en fonction de la « marque ». Le même problème se pose aussi pour l'achat de produits alimentaires conditionnés, de produits d'occasion, ainsi que de produits mécaniques et électroniques complexes. C'est une **asymétrie d'information :** une partie (le vendeur) a connaissance d'un fait (la qualité du bien ou de la prestation), mais pas l'autre partie (l'acheteur). L'information asymétrique concernant la qualité peut engendrer l'un ou l'autre des deux effets indésirables suivants : absence d'équilibre ou, si un équilibre existe, utilisation moins efficience des ressources que lorsque l'information est parfaite et symétrique.

14.2.1 *Marché des « citrons »*

L'étude qui est doute la plus connue sur la façon dont l'information imparfaite peut perturber gravement le fonctionnement d'un marché est celle désormais classique d'Akerlof (1970) sur le marché des voitures d'occasion. Akerlof a montré que lorsque les vendeurs sont parfaitement informés et que les acheteurs ont une information limitée, l'existence même du marché est remise en question ou alors seuls les produits de très basse qualité se vendent.

Par exemple, sur le marché des voitures d'occasion, le vendeur d'une voiture (son propriétaire actuel) sait par expérience si elle a besoin d'être rarement ou fréquemment réparée (dans ce dernier cas, dans le jargon américain, c'est un « citron »). Tout ce que l'acheteur connaît, au mieux, c'est la probabilité de tomber sur une bonne voiture. Si les acheteurs ne peuvent pas distinguer entre les bonnes et les mauvaises voitures, les deux sortes de voitures se vendront au même prix.

A. Les mauvais produits chassent les bons

Sur un marché de ce type, les mauvaises voitures sont surévaluées et les bonnes sont sous-évaluées. Supposons, par exemple, que les clients potentiels pensent que la moitié des voitures sont des mauvaises occasions ne valant pas plus de 10 000 F et que les autres sont de bonnes occasions valant 20 000 F. Supposons, de plus, que les consommateurs sont neutres vis-à-vis du risque : ils sont indifférents entre le fait d'avoir 1 F avec certitude et le fait d'avoir quelque chose qui a 50% de chances de ne rien valoir du tout et 50% de chances de valoir 2 F. Dans ce cas, une voiture choisie au hasard par un client type vaut 15 000 F = 1/2 × 10 000 F + 1/2 × 20 000 F). Autrement dit, le client type est disposé à payer plus que le prix d'une mauvaise voiture (15 000 F > 10 000 F) parce qu'il est possible qu'il s'agisse d'une bonne occasion, mais il n'est pas disposé à payer le plein tarif d'une bonne voiture (15 000 F < 20 000 F) parce qu'il est possible qu'il s'agisse d'une mauvaise occasion.

Sur ce marché, les mauvaises voitures chassent les bonnes. En effet, si le propriétaire d'une mauvaise voiture est enchanté de pouvoir vendre sa voiture à un prix supérieur à ce qu'elle vaut, celui qui possède une bonne voiture ne veut pas la vendre moins cher qu'elle ne vaut et préfère la garder. Donc, sur ce marché où n'existe que deux sortes de voitures, seules les mauvaises voitures se vendent. De ce fait, les acheteurs savent qu'ils ne peuvent pas espérer trouver une bonne occasion et n'acceptent pas de payer plus de 10 000 F pour une voiture. Autrement dit, *il n'y a pas de marché pour les bonnes voitures d'occasion.*

Si l'on étend cet exemple à un plus grand nombre de qualités de voitures, on obtient les mêmes conclusions. Les plus mauvaises voitures chassent progressivement toutes les bonnes voitures du marché, pour les mêmes raisons que précédemment.(3)

Ce type de problème survient aussi sur les marchés de l'assurance et de la réparation à domicile. Aux États-Unis, le prix de l'assurance pour la santé augmente avec l'âge parce que les gens âgés présentent plus de risques. Dans ces conditions, les individus âgés en bonne santé ne sont pas enclins à s'assurer du fait de l'importance de la prime. De même que dans l'exemple des voitures d'occasion, on est en présence d'une **sélection adverse** : à mesure que le prix de l'assurance augmente, seuls les individus qui présentent le plus de risques continuent à s'assurer. Si les individus peuvent mieux évaluer leur état de santé réel que les compagnies d'assurance, celles-ci vont avoir une clientèle principalement composée d'individus ayant une santé fragile.

De même, supposons que certains couvreurs utilisent des tuiles de mauvaise qualité et d'autres des tuiles de bonne qualité. Si le propriétaire d'une maison ne peut pas déterminer l'honnêteté d'un couvreur avant plusieurs années (par exemple, si les mauvaises tuiles ne laissent passer les intempéries qu'après 5 ans tandis que les bonnes résistent au moins 10 ans) et qu'il doit payer la même somme dans les deux cas, on finira par voir les mauvais couvreurs chasser les bons, car ces derniers ont des coûts de production supérieurs. Dans ces différents exemples, les biens de bonne qualité ne peuvent être vendus que si les acheteurs et les vendeurs disposent d'une information symétrique et ne peuvent pas être vendus lorsque l'information est asymétriquement répartie. Dans ce dernier cas, les consommateurs sont privés de certains biens.

B. L'information asymétrique réduit la qualité

Bien que tous les marchés où l'information est asymétriquement distribuée ne dégénèrent pas (c'est-à-dire qu'on n'y trouve pas seulement des biens de la plus mauvaise qualité), ils sont toujours plus inefficients que les marchés d'information parfaite, parce que la qualité des produits y est plus basse (Leland, 1979a, 1979b). Cette inefficience est engendrée par l'écart entre le rendement privé et le rendement social. Malheureusement, l'intervention publique ne permet pas toujours de remédier à ces situations car le coût de l'information est souvent prohibitif.

Dans l'exemple des voitures d'occasion, les vendeurs ne peuvent pas modifier la qualité de leur automobile, alors que sur la plupart des marchés, les entreprises ont une influence sur la qualité de leur production. De ce fait, lorsque les entreprises ne peuvent pas s'approprier pleinement les bénéfices engendrés par la production

---

[3] Le modèle d'Akerlof est particulièrement adapté à tous les marchés, comme celui de l'assurance, où les individus ne peuvent pas facilement passer de la position de vendeur à celle d'acheteur et réciproquement. Kim (1985) a montré que les résultats peuvent changer quand les individus ont le choix entre le statut de vendeur et celui d'acheteur.

de biens de haute qualité (présence d'externalités), elles ont tendance à produire des biens de moins bonne qualité.

Si les consommateurs peuvent facilement reconnaître les produits de bonne qualité, ils acceptent dépenser davantage pour ces produits que pour les produits de qualité moyenne. Autrement dit, la valeur sociale d'un produit de haute qualité est supérieure à celle d'un produit de qualité moyenne. Mais si le marché ne permet pas aux consommateurs de déterminer la qualité d'un produit, la valeur privée (c'est-à-dire ce que les consommateurs sont disposés à payer) du produit de la meilleure qualité est égale, à l'équilibre, à celle d'un produit de qualité moyenne. Dans ce dernier cas, comme la valeur sociale du bien de haute qualité est supérieure à sa valeur privée, l'existence des biens de qualité inférieure engendre une inefficience.

Ce dysfonctionnement du marché est causée par une *externalité* (voir le chapitre 4). Cette externalité est due au fait que l'entreprise qui améliore la qualité de son produit ne s'en approprie pas complètement le bénéfice. En effet, lorsqu'elle introduit sur le marché un produit de qualité supérieure à la moyenne, elle augmente du même coup la qualité moyenne des produits du marché, ce qui fait que les clients sont disposés à payer plus pour *tous* les produits. En d'autres termes, comme le prix de tous les produits augmente, l'entreprise qui fabrique des produits de haute qualité partage ses bénéfices avec les entreprises qui vendent des produits de qualité inférieure.

14.2.2 Une solution : l'information symétrique

Nous savons bien ce qu'est un homme du centre : c'est celui qui trompe les uns et pille les autres. – Charles Dickens

Les mauvais produits chassent les bons en raison d'une asymétrie d'information. Si l'information était symétrique, le marché fonctionnerait mieux. Nous allons envisager deux cas d'information symétrique. Le premier cas est celui où les deux parties ont gratuitement accès à la même information et le second cas est celui où les deux parties ont une égale méconnaissance de l'information.

Sur le marché de l'occasion, lorsque les acheteurs et les vendeurs sont également informés de l'état réel des voitures, le prix reflète la vraie valeur des voitures et celles de bonne qualité se vendent plus cher que les autres. Le marché est alors parfaitement concurrentiel et il n'y a pas d'inefficience (voir le chapitre 4)

Lorsque les vendeurs n'en savent pas plus que les acheteurs (comme c'est le cas pour les voitures neuves), les bonnes et les mauvaises voitures se vendent à un prix qui correspond à la moyenne du prix théorique associé à chaque qualité. Autrement dit, le prix ne reflète pas la valeur réelle d'une voiture donnée, mais sa valeur anticipée. Ainsi, lorsque l'information est imparfaite mais symétrique, le marché fonctionne.

La rentabilité d'une information pour le consommateur (ou pour le vendeur) dépend de la comparaison entre le coût d'obtention et le bénéfice de cette information. Lorsque le coût d'obtention de l'information est relativement bas, les consommateurs en bénéficient et le marché fonctionne relativement bien. S'il est élevé, l'information n'est pas réunie ce qui engendre des résultats inefficients.[4]

L'une des façons de résoudre le problème de l'information asymétrique consiste à exiger du vendeur la diffusion d'un minimum d'informations (voir le chapitre 15). Mais il existe au moins cinq autres façons pour le consommateur d'obtenir de l'information.

A. Garanties et assurances

En fournissant des *garanties* ou des *assurances* sérieuses, les vendeurs de produits de haute qualité diffusent du même coup une information sur la qualité de leur production. Cette façon d'informer les consommateurs permet aux entreprises de justifier le prix élevé qu'elles font payer à leurs clients.

Les garanties reflètent d'autant mieux l'information sur la qualité du produit qu'elles sont crédibles. Ainsi, la garantie d'un vendeur professionel est-elle plus crédible que la parole d'un particulier. De façon générale la garantie n'est crédible que si l'acheteur est convaincu de pouvoir retrouver le vendeur et l'obliger, le cas échéant, à honorer sa garantie.[5]

En général, le produit n'est garanti que si son fonctionnement ne dépend pas trop fortement de la façon dont les consommateurs l'utilisent. Sinon, les consommateurs sont incités à l'utiliser sans précaution et à se retourner vers le vendeur pour résoudre les problèmes couverts par la garantie. On appelle *aléa de moralité* le risque auquel s'expose le vendeur qui offre une garantie couvrant tous les problèmes (y compris ceux crées par le consommateur).

B. Obligations légales

Les obligations légales ont parfois la même fonction que les garanties explicites. Si le consommateur sait que le producteur doit respecter certaines contraintes

---

[4] Sur certains marchés, le prix reflète l'information qui permet aux consommateurs de juger de la qualité, mais ce n'est pas toujours le cas (voir Grossman et Stiglitz, 1980) et Cooper et Ross, 1984). Selon Ginter, Young et Dickson (1987), qui ont passé en revue les études concernant la relation entre prix et qualité sur un grand nombre de marchés différents (vêtements, appareils photos, chaussures, produits alimentaires, petits appareils, etc.), la corrélation entre prix et qualité est presque toujours basse (dans toutes les études, la corrélation moyenne est inférieure à 0,29). En revanche, le prix est corrélé avec la qualité pour certains biens durables (Gerstner, 1985 ; Tellis et Wernerfelt, 1987 et Curry et Reisz, 1988). Selon Smallwood et Conlisk (1979), ainsi que Chan et Leland (1982), les prix élevés correspondent à une qualité élevée lorsque les consommateurs sont informés. Bagwell et Riordan (1988) ont montré que lorsque la qualité était donnée, un prix élevé était l'indication d'une qualité élevée à condition que le bien de qualité élevée coûte plus cher à produire. Pour Klein et Leffler (1981), un prix élevé est l'indice d'une qualité élevée parce que c'est le gage de la fidélité des consommateurs. Nous reviendrons de façon plus détaillée sur ces analyses dans la suite de ce chapitre et le suivant.

[5] Selon une étude de la *Federal Trade Commission*, seulement 4,8% à 14,8% des consommateurs étudient soigneusement les garanties et les assurances avant d'acheter un produit. Celles-ci ont donc d'autres fonctions que celle de signaler la qualité du produit (Crocker, 1986).

légales pour fabriquer correctement son produit, il n'est pas nécessaire de les codifier à nouveau dans une garantie. Cependant, les obligations légales ne sont pas toujours aussi clairement définies qu'une garantie explicite. Par conséquent, le coût de transaction (le coût d'un procès) peut être élevé. C'est pourquoi les producteurs préfèrent souvent ajouter des garanties explicites.

C. Réputation

Un magasin ou une entreprise se fondent parfois sur leur réputation pour signaler la qualité leurs produits. Ainsi, un vendeur qui s'attend à ce qu'un consommateur revienne à plusieurs reprises effectuer des achats dans son magasin est-il fortement incité à ne pas lui fournir de produits défectueux. Sur les marchés où les mêmes clients et les mêmes vendeurs se rencontrent régulièrement, la réputation est facile à établir. Par contre, pour les produits qui s'achètent ponctuellement, c'est plus difficile.

D. Expertise

Une partie désintéressée, comme un expert, peut apporter aux consommateurs une information digne de foi. Par exemple, lorsque l'acheteur potentiel d'une voiture usagée peut lui faire subir un contrôle technique (en France, c'est une obligation légale du vendeur), le problème de l'information asymétrique ne se pose plus.

Les associations de consommateurs publient aussi des comparatifs de différentes marques d'un produit. Aux États-Unis, c'est le cas de *Consumer Reports* (et en France, il y a *60 millions de consommateurs* et *Que Choisir*). Il est rare cependant qu'une information objective soit fournie par une organisation extérieure car l'information est un *bien public* (un bien qui est fourni à un individu, peut être fourni à tous les autres sans coût supplémentaire). L'information est socialement utile si elle vaut plus (disons, pour les consommateurs) qu'elle ne coûte à fournir. Mais il est possible qu'en dépit de son utilité sociale, une information ne puisse pas être fournie lorsque l'organisme qui pourrait le faire n'est pas assuré d'en tirer tous les bénéfices. C'est le cas des associations de consommateurs n'obtiennent pas la totalité du bénéfice des informations qu'elles diffusent. Dans l'exemple du magazine *Consumer Reports*, seuls les abonnés paient pour le recevoir, mais pas leurs amis qui peuvent ainsi lire gratuitement le magazine. De plus, le magazine peut être consulté gratuitement dans les bibliothèques. Enfin, les autres journaux diffusent largement les nouvelles intéressantes publiées par ce magazine. Tous ces bénéfices potentiels échappent à l'association de consommateurs qui publie ce magazine, ce qui a pour effet de la décourager d'entreprendre des recherches aussi approfondies qu'elle ne le ferait dans le cas contraire.

E. Normes et certifications

Le gouvernement, les associations de consommateurs, les groupements industriels ou autres, peuvent diffuser de l'information par l'intermédiaire des *normes* et des *certifications*. Une **norme** est un étalon de mesure ou un standard permettant d'évaluer la qualité d'un produit particulier. Aux États-Unis, par exemple, la lettre « R » indique un certain degré d'isolation. La **certification** est un label ou un document qui prouve qu'un produit particulier possède une qualité égale ou supérieure à la norme.

a. Organismes chargés d'élaborer les normes. Les groupements d'entreprises peuvent déterminer leurs propres normes, comme c'est le cas, aux États-Unis, de *Underwriters' Laboratories* (UL) et de *Factory Mutual Engineering Corporation* (FMEC), afin que leurs produits puissent être certifiés conformes. Les normes sont souvent créées pour garantir une certaine conformité entre les marques. Par exemple, le possesseur d'un magnétoscope VHS a l'assurance qu'il pourra employer n'importe quelle cassette de type VHS, quel que soit le fabriquant.

Les organismes publics peuvent exiger des producteurs qu'ils diffusent certaines informations concernant leurs produits, telles que la consommation d'énergie d'un appareil électrique ou les effets secondaires d'un médicament sur la santé. Le gouvernement peut imposer certaines normes minimales en distribuant des licences de production, en exigeant qu'un médicament soit efficace ou encore en faisant effectuer des tests sur les produits. Ainsi, aux États-Unis, en 1988, la *Food and Drug Administration* a estimé que 115 000 préservatifs étaient défectueux, refusé l'importation de 30 millions de préservatifs au motif qu'ils n'étaient pas assez sûrs et ordonné de retirer 3 millions de préservatifs de la vente.[6] Le gouvernement peut aussi instaurer des amendes pour que les entreprises respectent les normes ou encore obliger les entreprises à dédommager les consommateurs victimes du mauvais fonctionnement d'un produit.

Certaines associations de consommateurs ont leurs propres normes. Ainsi, aux États-Unis, la *National Society for the Prevention of Blindness* fut pionnière en ce qui concerne la fixation de normes pour la protection des yeux (Hemenway, 1975, p. 62). Pour que les informations diffusées par un organisme indépendant soient jugées crédibles par les consommateurs, il faut que ceux-ci n'aient pas été déçus dans le passé. Aux États-Unis, l'association *Consumers Union* essaie de fonder sa réputation sur le refus de la publicité ou de tout autre forme de rémunération de la part des entreprises.

b. Effets des normes. Malheureusement, les normes et certifications peuvent avoir aussi bien des effets positifs que négatifs. Elles ont des effets négatifs si l'information qu'elles diffusent est dégradée ou source de confusion, où si cette information est utilisée de façon contraire à la concurrence. Lorsqu'elles renseignent gratuitement les consommateurs sur les qualités respectives de tous les biens disponibles sur le marché, les normes et les certifications sont incontestablement utiles. Cependant, l'information qu'elles diffusent est souvent dégradée.

Par exemple, les normes officielles se contentent souvent de classer les produits comme bons ou mauvais, même lorsque la qualité pourrait être mesurée sur une

---

[6] Andrew, Robert, M., « His Job : Condom Tester », *San Francisco Chronicle*, 9 février 1990 : B6.

échelle continue. De ce fait, les entreprises peuvent se contenter de fabriquer des produits ayant le niveau minimal de qualité (et donc un très faible coût de production) où alors des produits ayant juste le niveau de qualité suffisant pour être considérés comme « bons ».

Les normes vont fréquemment de pair avec des systèmes permettant l'exclusion de produits ou de services de basse qualité. Par exemple, aux États-Unis, beaucoup d'États délivrent des licences permettant d'exercer une profession. De cette façon, seules les personnes ayant un niveau de qualification suffisant obtiennent le droit de pratiquer. Dans la plupart des États, des centaines de professions et de métiers, comme les électriciens, les plombiers, les dentistes, les psychologues, les entrepreneurs et les esthéticiens, nécessitent une licence pour être exercé. En Californie, en 1991, près d'un actif sur quatre détenait une licence professionnelle, y compris approximativement 400 000 spécialistes de cosmétologie, 300 000 entrepreneurs et 200 000 détectives privés.

Le système des licences à deux effets contradictoires (Leland, 1979a, 1979b). Premièrement, la restriction de l'accès à la profession augmente la qualité moyenne des produits et des services, en éliminant ceux de basse qualité. Deuxièmement, la restriction de l'accès augmente le prix payé par les consommateurs. En effet, le nombre de personnes susceptibles d'offrir leurs produits et services est limité au nombre de licences distribuées, ce qui réduit l'offre potentielle. De ce fait, les consommateurs qui souhaiteraient obtenir des produits et des services de moins bonne qualité mais moins coûteux ne le peuvent pas. Il se peut donc que le bien-être augmente ou diminue suivant que l'effet lié à l'amélioration de la qualité l'emporte ou non sur l'effet lié à l'élévation du prix. L'augmentation du bien-être suppose en tout cas que les standards puissent être fixés et modifiés en fonction des exigences de la situation. Le problème se pose alors de savoir si les organismes publics sont les mieux placés pour conduire correctement cette tâche.

La fourniture d'une information objective sur les qualités respectives des marques d'un produit ou des membres d'une profession apparaît comme une meilleure solution que la fixation de normes ou la délivrance de licences, car elle laisse aux consommateurs le soin d'apprécier si l'économie de prix justifie l'achat d'un produit ou d'un service de moindre qualité. Néanmoins, si les consommateurs sont dans l'incapacité de comprendre la subtilité de certains systèmes d'évaluation de la qualité, ou lorsqu'il est trop coûteux de se former à leur compréhension, la mise en place de normes officielles ou la délivrance de licence peuvent être plus efficaces.

Une autre problème lié à l'instauration de normes et de certifications est qu'elles peuvent avoir des effets négatifs sur la concurrence, comme la création de barrières empêchant l'arrivée de nouvelles entreprises ou de nouveaux produits sur le marché. Par exemple, aux États-Unis, il existait une norme stipulant que les tuyaux de plomberie ou utilisés dans la constuction devaient être en cuivre (d'autres matériaux, en nombre limité, étaient également tolérés) et avoir certaines dimensions précises (*Federal Trade Commission*, 1978, p. 162–3). Cette réglementation a eu pour effet de bloquer la production de tuyaux en plastique.[7] L'instauration de normes obligatoires peuvent donc faire obstacle à la diffusion des innovations (Oster et Quigley, 1977 ; exemple 21.4).

Aux États-Unis, de nombreuses professions distribuent leur propres licences sous les auspices du gouvernement. Ainsi, les médecins, les avocats, les électriciens et d'autres professions encore, ont-ils leurs propres normes. Ces groupes ont donc le pouvoir de définir des normes qui empêchent l'entrée de professionnels venant d'autres États ou qui viennent juste d'être diplômés, de façon à préserver le niveau de rémunération de leurs membres. Dans ce cas, le système des licences est socialement nuisible, car il aboutit à l'exclusion de professionnels qualifiés et augmente le prix que les consommateurs doivent payer. Malheureusement pour les économistes, leur profession n'est pas réglementée, ce qui les empêchent d'agir de façon contraire à la concurrence en limitant l'offre pour augmenter leur salaire.

14.2.3 Données empiriques et expérimentales sur les marchés de « citrons »

La théorie des marchés de « citrons » a fait l'objet de vérifications à la fois empiriques et expérimentales. Les études ont cherché à déterminer si les conclusions de cette théorie étaient vérifiées en pratique et si les solutions proposées étaient applicables.

A. Données empiriques

On a cherché à déterminer si le problème des « citrons » existait sur le marché des voitures d'occasion et si les lois obligeant les vendeurs à révéler tous les défauts connus d'une automobile d'occasion supprimaient le problème. Lacko (1986) a utilisé les résultats d'une enquête téléphonique sur les voitures d'occasion effectuée par la *Federal Trade Commission* entre le mois d'octobre 1978 et le mois de janvier 1980. Seules les réponses des personnes ayant acheté, vendu ou échangé une voiture pour plus de 25 $ au cours des 12 mois précédents ont été prises en considération. Les personnes ayant vendu 5 voitures ou plus étaient considérés comme des vendeurs professionnels et exclus de l'étude. L'un des tests indirects de la théorie des citrons consiste à observer comment la qualité varie en fonction des caractéristiques du vendeur. Si les garanties, la réputation ou l'amitié permettent de supprimer le problème des citrons, on devrait alors constater que les voitures achetées par ce biais sont de meilleure qualité que celles achetées à un inconnu ayant passé une simple annonce.

Pour tester cette hypothèse, trois indicateurs de qualité d'une voiture ont été retenus. Une première question demandait d'évaluer sur 10 points l'état mécanique du véhicule au moment de l'achat (1 = *cerceuil ambulant* et 10 = *petite merveille*).

---

[7] L'une des raisons de ce blocage est que les tuyaux en plastique peuvent s'installer plus rapidement et nécessitent une main-d'œuvre moins qualifiée. Ceci explique que le syndicat des plombiers ait milité en faveur des tuyaux en plomb afin de protéger la main-d'œuvre qualifiée.

Dans la mesure où la question était posée assez longtemps après l'achat du véhicule, on peut supposer que les personnes interrogées avaient eu le temps de découvrir sa qualité réelle. Une seconde question demandait si la voiture avait eu besoin de réparations. La troisième question demandait d'indiquer, le cas échéant, quelle avait été le montant des dépenses de réparation. Chacun de ces trois indicateurs possède des qualités et des défauts. La moyenne des réponses donne un état mécanique égal à 6,5 sur 10, un taux de réparation égal à 39% et une dépense moyenne de réparation égale à 264 $.

Une analyse statistique fut ensuite effectuée en tenant compte de divers facteurs tels que l'âge, le kilométrage et le taux de réparation des voitures d'occasion (indicateurs publiés par le magazine *Consumer Reports* pour certains modèles de voitures). En ce qui concerne les voitures de 1 à 7 ans, on observe peu de différences suivant le type de vendeur (particulier, ami ou connaissance, vendeur de voitures neuves et d'occasion, vendeurs de voitures d'occasion uniquement, ou bouche à oreille).

S'agissant des voitures anciennes (8–15 ans), la qualité moyenne diffère significativement suivant le type de vendeur. Les voitures achetées à un ami ou par annonce et celles achetées à un vendeur de voitures neuves et d'occasion ont obtenu une note supérieure (de 0,91 points). Statistiquement parlant, les voitures achetées à un ami où à une connaissance ont moins souvent besoin d'être réparées que celles achetées par annonce. Enfin, comparées aux voitures achetées par annonce, les dépenses de réparation occasionnées par les voitures achetées à un ami ou une connaissance sont inférieures de 418 $, celles occasionnées par les voitures achetées à un vendeur de voitures neuves et d'occasion sont inférieures de 533 $ et celles occasionnées par les voitures achetées à par le bouche à oreille ou autrement sont inférieures de 449 $. Les résultats de l'enquête furent ensuite utilisés pour tester l'efficacité d'une loi promulguée par le Wisconsin obligeant les vendeurs de voitures à révéler les défauts des voitures d'occasion. Les résultats indiquent que cette loi ne semble pas avoir eu d'effet notable sur la qualité (si on effectue une comparaison avec les voitures vendues dans les autres États). L'une des explications tient peut-être au fait que la loi ne s'appliquait qu'aux vendeurs professionnels. Or cette catégorie est moins concernée par le problème des « citrons ».

Il semble donc que le problème des « citrons » ne concerne pas les voitures qui ont moins de 8 ans, mais seulement celles qui ont entre 8 et 15 ans. Il apparaît également que la réputation et l'honnêteté aident à supprimer le problème. En effet, les voitures achetées à des amis ou connaissances sont généralement de meilleure qualité que celles achetées par annonce. Les vendeurs de voitures neuves et d'occasion offrent aussi des voitures d'occasion de meilleure qualité, sans doute parce qu'ils ont une réputation à préserver.

En étudiant les résultats du système de vente de voitures d'occasion mis en place par Chrysler (qui concerne tous les États des États-Unis), Smithson et Thomas (1988) ont essayé de mesurer la valeur que les consommateurs attribuent à une protection contre le risque de tomber sur une mauvaise occasion. D'après leurs résultats, les consommateurs apprécient d'autant plus cette protection que la voiture qu'ils achètent est une grosse cylindrée. Ainsi, pour le consommateur marginal, une garantie de 30 jours vaut 2 $ pour les modèles compacts, 138 $ pour les modèles intermédiaires et 218% pour les grosses voitures.

Vers la fin de 1986, 41 États, plus Washington D.C., avaient des lois protégeant contre le risque d'acheter une mauvaise voiture d'occasion. Mais la plupart des consommateurs ne les utilisent pas. Ainsi, dans le Connecticut, au cours des 13 premiers mois qui ont suivi la promulgation loi sur les « citrons », seulement 40 voitures sur 113 000 ont été rendues au vendeur (Smithon et Thomas, 1988).

B. Études expérimentales

La *Federal Trade Commission* a sponsorisé une étude expérimentale sur le fonctionnement des marchés où les acheteurs sont moins bien informés que les vendeurs (Lynch *et al.*, 1986). Dans cette expérience, les rôles d'acheteurs et de vendeurs étaient tenus par des étudiants. Les transactions portaient sur deux types de produits de qualité différente : les produits de basse qualité, dits *ordinaires* et ceux de haute qualité, dits *supérieurs*. Les expérimentateurs permettaient aux vendeurs de se procurer les produits supérieurs pour 1,65 $ l'unité et les produits ordinaires pour 0,65 $ l'unité. Les acheteurs pouvaient revendre les produits supérieurs et ordinaires aux expérimentateurs, pour 3,30 $ et 1,80 $ l'unité, respectivement. Dans ces conditions, lorsqu'un vendeur et un acheteur échangeaient un produit supérieur pour 3 $, le vendeur faisait un profit de 1,35 $. Quand à l'acheteur, il pouvait revendre le produit supérieur à l'expérimentateur pour 3,30 $ et gagner ainsi 0,30 $.

Si un vendeur parvenait à placer un produit ordinaire pour 3 $, son profit s'élevait à 2,35 $, mais l'acheteur perdait alors 1,20 $. On voit donc que les expérimentateurs avaient fixé les prix de façon à ce qu'il soit plus intéressant, pour les vendeurs comme pour les acheteurs, d'échanger des produits supérieurs plutôt que des produits ordinaires, car le profit réalisé par les deux parties lors d'une transaction sur un produit supérieur était plus élevé.

Les acheteurs et les vendeurs étaient dans des pièces différentes. Les demandes et les offres se faisaient par l'intermédiaire d'une radio CB et étaient inscrites sur un tableau. Dans certaines expériences, les vendeurs ne pouvaient pas être identifiés (ce qui correspond à un produit sans marque). Dans d'autres expériences, ils étaient identifiés (produit avec marque).

De même, dans certaines expériences, les vendeurs étaient autorisés à faire de la publicité en envoyant un message concernat la qualité du produit offert (message du type « vendeur numéro 5 offre un produit supérieur pour 3 $ ». Dans d'autres expériences, les vendeurs étaient mêmes autorisés à faire des offres mensongères.

L'expérience donna les résultats principaux suivants :

- En l'absence de marques ou de publicité, il n'y a pratiquement que les produits de basse qualité (citrons) qui se vendent, ce qui confirme la thèse d'Akerlof.

- Lorsque les offres mensongères sont interdites, le marché fonctionne de façon quasiment efficiente. Les produits de haute qualité sont offerts, que les marques soient autorisées ou non.

- La réputation ne suffit pas à surmonter le problème des citrons. Autrement dit, quand il y a des marques mais que les vendeurs peuvent mentir, pratiquement tous les citrons se vendent.

Ce dernier résultat est surprenant car on aurait pu pesner que la réputation suffisait en elle-même à supprimer le problème des citrons. Ce résultat s'explique peut-être, dans le cadre de cette expérience, par le fait que la réputation d'honnêteté d'une marque ne pouvait pas être établie sur une durée suffisamment longue pour être rentable.

14.3 Information limitée concernant le prix

La personne qui réussit est celle qui est la mieux informée. – Disraeli

Les entreprises peuvent fonder leur pouvoir de marché sur la méconnaissance des prix et de la qualité des produits par les consommateurs. L'information imparfaite peut expliquer qu'on puisse oberver un prix de monopole sur un marché qui est concurrentiel par ailleurs.

Supposons par exemple qu'un grand nombre de magasins d'une zone géographique donnée vendent le même produit. Si un magasin augmente son prix au-dessus du niveau pratiqué par les autres et que tous les consommateurs s'en aperçoivent — ce qui implique que les consommateurs sont *pleinement informés* — il perdra toute sa clientèle. Dans ce cas, chaque magasin est confronté à une demande parfaitement horizontale au prix du marché et n'a aucun pouvoir de marché. Le prix du marché, p^c, est fixé de façon concurrencielle et l'information est parfaite.

Supposons maintenant que certains consommateurs ne sachent pas que d'autres magasins font payer un prix moins élevé que le magasin qui vient d'augmenter son prix. Lorsque les consommateurs ont une *information limitée* sur les prix, un magasin peut augmenter son prix sans perdre toute sa clientèle (Diamond, 1971).(8) Le magasin est alors confronté à une demande décroissante, ce qui lui confère un pouvoir de marché. Comme le modèle que nous allons développer ci-après le montre, s'il n'y a qu'un seul prix sur le marché, ce prix est supérieur à p^c. Il se peut également que le marché ne fonctionne pas où qu'il y ait plusieurs prix d'équilibre (c'est le cas lorsqu'un même bien est vendu dans différents magasins à des prix différents).

---

[8] Scitovsky (1950) fut le premier développer explicitement cette analyse. L'article de Diamond (1971) présente la première analyse mathématique sur ce sujet. Salop et Stiglitz (1979) sont des excellentes synthèse, relativement peu technique, sur la littérature consacrée à cette question.

14.3.1 Le modèle du piège à touristes

Une touriste type, Lisa, arrive dans une petite ville qui fourmille de boutiques de souvenirs. Chaque boutique vend des tasses avec une peinture qui représente la rue principale. Lisa s'aventure dans l'une d'elle, remarque les tasses et décide d'en acheter une. Elle ne dispose que peu de temps avant le départ de son autocar et elle ne reviendra probablement jamais dans cette ville. Elle ne peut donc ni comparer les prix des différentes boutiques, ni utiliser ultérieurement le résultat de sa connaissance limitée du prix (le prix qu'elle observe dans la boutique où elle est entrée).

Si tous les touristes lui ressemblent, quel est le prix pratiqué par les différentes boutiques pour ces tasses ? Pour répondre à cette question de façon précise, nous allons poser quatre postulats :

- Toutes les magasins ont les mêmes coûts de production et vendent un produit identique.
- Tous les consommateurs ont des fonctions de demande identiques.
- Il existe un guide touristique qui donne des informations générales sur les prix (c'est-à-dire combien de boutiques pratiquent un prix donné), mais non le prix pratiqué par chaque boutique.
- Le coût pour un touriste d'aller dans une boutique pour s'informer d'un prix est égal à c, ce qui correspond au temps et aux frais de taxi.

Donc, si Lisa visite 2 boutiques, son coût de recherche s'élèvera à $2c$. Si elle achète la tasse dans la seconde boutique au prix p, son coût total sera égal à $p+2c$. Par conséquent, une tasse lui reviendra au minimum à $p + c$, car elle doit visiter au moins une boutique pour se la procurer.

A. Nombre de boutiques fixé

Nous supposons pour l'instant que le nombre de boutiques, n, est fixé. Quel est le prix pratiqué par chaque boutique pour une tasse ? Chaque boutique fait-elle payer p^c, le prix concurrentiel d'information parfaite, qui est égal au coût marginal ?

a. Rupture de l'équilibre concurrentiel d'information parfaite. Pour savoir si c'est l'équilibre concurrentiel d'information parfaite (prix égal au coût marginal) qui prévaut lorsque les consommateurs n'ont qu'une information limitée, nous devons déterminer si une boutique quelconque à intérêt à pratiquer un prix différent. Si c'est le cas, nous dirons qu'il y a **rupture de l'équilibre** et donc que l'équilibre envisagé n'est pas réalisé.

Si toutes les autres boutiques font payer le prix concurrentiel d'information parfaite p^c, la boutique déviante à intérêt à faire payer $p^* = p^c + \varepsilon$, où ε est un nombre positif, assez petit. Comme les touristes ne connaissent pas le prix pratiqué par chaque boutique, si ε est suffisamment petit, la boutique ne perdra pas tous ses clients.

Suppsons par exemple que Lisa entre dans une boutique et constate que les tasses se vendent au prix p^*. En consultant le guide, elle sait que le prix est égal à p^c dans toutes les autres boutiques. « Quelle malchance peu ordinaire » va-t-elle penser (ou à peu près), « Je suis tombée sur la seule boutique de la ville qui prend les touristes pour des pigeons ! ». Contrariée, elle envisage d'aller dans une autre boutique car elle est certaine qu'elle y trouvera les mêmes tasses pour moins cher. Cependant, elle ne peut aller dans une autre boutique si le prix dans celle où elle se trouve, p^*, est inférieur à $p^c + c$, c'est-à-dire le prix qu'elle paierait ailleurs, *augmenté* du coût de déplacement. Autrement dit, elle n'a pas intérêt à se rendre dans une autre boutique si le coût de recherche, c, est supérieur à ε, la marge de profit.

La boutique déviante peut donc augmenter son prix d'un montant légèrement inférieur au coût supplémentaire de recherche. Par conséquent, l'équilibre envisagé dans lequel toutes les boutiques pratiquent le prix concurrentiel d'information parfaite, p^c, peut être rompu : *Lorsque les consommateurs n'ont qu'une information limitée sur les prix, le prix concurrentiel d'information parfaite ne peut pas constituer un équilibre.*

Faut-il en conclure qu'à l'équilibre toutes les boutiques pratiquent le prix p^* ? Non, car cet équilibre aussi serait rompu. En effet, si une boutique augmentait son prix de façon à faire payer $p^{**} = p^* + \varepsilon = p^e + 2\varepsilon$, les touristes entrés par malchance dans cette boutique n'auraient pas pour autant intérêt à chercher ailleurs. Ainsi, p^* n'est pas plus que p^{**} un prix d'équilibre, pour les mêmes raisons.

Quel est alors le prix d'équilibre ? Nous savons déjà que le prix d'équilibre ne peut pas être inférieur à p^c, car si les boutiques pratiquaient un prix inférieur au prix d'équilibre concurrentiel d'information parfaite, elles perdraient de l'argent. D'autre part, nous avons montré que le prix d'équilibre ne peut ni être égal à p^c, ni même légèrement supérieur à p^c, car les boutiques ont intérêt à fixer un prix plus élevé.

Une éventualité n'a pas été écartée : celle d'un prix de monopole, p^m, qu'aucune boutique ne saurait dépasser. *S'il existe un prix d'équilibre, celui-ci et nécessairement égal à* p^m. Tant que le prix est inférieur à p^m, les boutiques ont intérêt à l'augmenter.

Une fois que Lisa connaît prix pratiqué par la boutique dans laquelle elle se trouve, elle doit décider si elle achète ou pas. Si le prix est trop élevé, la boutique perd une cliente et donc un profit (la recette marginale est supérieure au coût marginal). D'autre part, pour que le profit de la boutique soit maximum, il faut que la recette marginale soit égale au coût marginal, ce qui implique un prix de monopole. À ce prix, même si le magasin peut encore augmenter son prix sans perdre toute sa clientèle, il n'a pas intérêt à le faire.

Un magasin a-t-il intérêt à fixer un prix inférieur à p^m quand tous les autres pratiquent ce prix ? Si la réponse est négative, cela prouve que p^m est un prix d'équilibre unique. Si la réponse est positive, c'est qu'il existe plus d'un équilibre.

Un magasin n'a intérêt à réduire son prix que si la baisse est suffisante pour inciter les consommateurs à chercher cette boutique qui pratique des prix si bas.[9] Lorsque la réduction de prix est inférieure au coût de recherche c, les clients n'entreprendront pas de chercher le magasin. Le magasin ne fera donc que perdre un peu d'argent sur chaque vente et son profit baissera. Par contre, une baisse de prix supérieure à c peut être rentable s'il n'y a pas trop de magasins, car les clients chercheront le magasin qui fait des prix si intéressants. Dans ce cas, même si le magasin gagne moins par unité vendue, son profit peut augmenter si l'accroissement du volume des ventes est suffisant. Ainsi, il existe plus d'un prix d'équilibre possible.

Plus il y a de magasins, moins les clients sont incités à chercher celui qui fait les prix les plus bas, car leur chances de le trouver se réduisent. Par conséquent, quand il y a beaucoup de boutiques, la recherche du prix le plus bas devient trop difficile et p^m est un prix d'équilibre unique.[10]

b. Réduction du coût de recherche. La diminution du coût de recherche abaisse-t-elle le prix d'équilibre ? Curieusement, non : tant que le coût de recherche demeure positif et que le prix d'équilibre est unique, ce dernier ne change pas.

Supposons que le gouvernement ou une entreprise privée vende de l'information concernant chaque entreprise et que cette information (qui donne le prix pratiqué dans une boutique particulière) permette de réduire le coût de recherche à $c/2$.

Répétons maintenant l'analyse précédente. Si toutes les boutiques fixaient le prix concurrentiel d'information parfaite p^c, une boutique particulière pourrait gagner un profit plus important en augmentant son prix. Tant que l'augmentation de prix reste inférieure à $c/2$, les clients qui entrent par malchance dans la boutique n'iront pas chercher ailleurs. Autrement dit, la boutique augmente d'autant moins son prix que le coût de recherche est bas, mais elle l'augmente tout de même. Donc, bien que les écarts de prix soient moins important quand le coût de recherche est bas, tout équilibre où le prix est inférieur à p^m peut être rompu. Le seul équilibre avec prix unique est donc à nouveau p^m.

Ainsi, *la réduction du coût de recherche n'a pas d'effet sur le prix d'équilibre unique à moins que le coût de recherche ne tombe à zéro.*[11] Si le coût de recherche est nul, c'est que les consommateurs sont pleinement informés. Dans ce cas, le seul prix d'équilibre possible est p^c (égalité du prix et du coût marginal).

c. Rupture de l'équilibre à prix unique. L'équilibre avec prix unique p^m et coût de recherche positif peut-il être rompu ? La réponse dépend de la forme de la courbe

---

[9] Nous avons postulé que les touristes possédaient un guide indiquant quels étaient les prix en général, mais pas quelle boutique pratiquait les prix les plus intéressants. Il est évident que ce postulat n'est pas réaliste lorsqu'il n'y a que quelques magasins.

[10] On peut cependant concevoir que les entreprises qui ont des prix bas fassent de la publicité, ce qui rend la recherche plus facile (voir le chapitre suivant).

[11] Voir cependant Stahl (1989), qui propose un modèle d'oligopole où le prix varie entre le coût marginal et le prix de monopole à mesure que le coût de recherche augmente.

de demande des consommateurs, du nombre de magasins, ainsi que du coût de recherche.

Ainsi que nous l'avons déja indiqué, s'il y a peu de magasins, le prix d'équilibre unique p^m peut être rompu par des magasins qui baissent leur prix.[(12)] Ce qui est encore plus étonnant, c'est que pour certaines formes de la courbe de demande des consommateurs, ceux-ci n'achètent rien au prix p^m. Dans ce cas, il n'y a pas de marché (Stiglitz, 1979, p. 340).

Ainsi, lorsque le prix est égal à p^m, il se peut qu'aucun consommateur n'entre dans une boutique. Supposons que chaque touriste veuille acheter une tasse au maximum, à condition que le prix ne dépasse pas p^u. Autrement dit, la courbe de demande d'un touriste est une droite verticale d'abscisse 1 et pour ordonnée maximale p^u. Dans ce cas, $p^m = p^u$.

S'il visite un magasin, le touriste supporte un coût de recherche égal à c. Par conséquent, le coût total d'une tasse est égal à son prix augmenté du coût de recherche, soit $p^m + c$. Par conséquent, le coût total de l'achat pour le consommateur $p^m + c = p^u + c$, est supérieur à p^u, la valeur maximale que le consommateur attribue à la tasse, ce qui fait qu'il ne l'achète pas.

Dans leur désir effréné de gruger les touristes, les boutiquiers fixent un prix si élevé que les touristes ne jugent même pas utile d'entrer dans leurs échoppes. Donc, lorsque les consommateurs ont une courbe de demande de ce type, p^m n'est pas un prix d'équilibre et il n'y a pas de prix d'équilibre unique.

S'il n'y a que quelques boutiques, il peut être rentable pour une boutique de réduire son prix, ce qui rompt l'équilibre à prix unique. De plus, comme nous l'avons montré, il se peut qu'il n'existe pas d'équilibre avec prix unique pour certaines formes des courbes de demande, même lorsqu'il n'y a que quelques magasins. *S'il n'y a pas d'équilibre avec prix unique, le seul équilibre possible est que chaque magasin fixe un prix différent.* Dans ce modèle très simple du piège à touristes, la boutique qui à le prix le plus bas est incitée à l'augmenter pour la même raison que précédemment. De ce fait, il peut non seulement y avoir un équilibre à prix multiple, mais il peut également ne pas y avoir d'équilibre du tout. Nous reviendrons de façon plus détaillée sur les équilibres à prix multiples après avoir analysé les effets sur l'équilibre de l'ouverture de nouveaux magasins.

B. Liberté d'entrée

S'il n'y a que quelques magasins qui pratiquent un prix de monopole, chacun d'eux peut réaliser un profit élevé. S'il n'y a pas de barrières à l'entrée, ces profits vont entraîner l'ouverture de nouveaux magasins. Même s'il y a des coûts d'entrée, des nouveaux magasins s'ouvriront, ce qui réduira le nombre de touristes qui entrent dans une boutique donnée, ainsi que le profit par boutique. Le processus d'entrée

---

[12] Il ne peut pas être rentable d'augmenter le prix. En effet, si les demandes sont inélastiques en $p^m = p^u$ (voir ci-après), le magasin qui augmente son prix n'attire aucun consommateur supplémentaire et continue à ne rien vendre du tout.

se poursuivra jusqu'à ce que les profits soient nuls. On aboutit ainsi à un équilibre de *concurrence monopolistique* : bien que le prix pratiqué soit supérieur au coût marginal, le profit de chaque magasin est nul.(13)

Contrairement à ce qui se passe sur un marché où les consommateurs sont pleinement informés, le coût supplémentaire d'entrée ne réduit pas nécessairement le prix lorsque l'information est incomplète. Les nouveaux entrants doivent supporter certains coûts irrécupérables (comme l'achat d'une échoppe), ce qui fait que le bien-être social est réduit par la liberté d'entrée : les consommateurs n'y gagnent pas, les profits de monopole disparaissent (puisque l'entrée fait tendre le profit vers zéro) et les dépenses de la société en coût irrécupérables augmentent.

En fait, la réduction du nombre d'entreprises, dans certaines circonstances, peut accroître la concurrence *réelle*. Dans notre exemple exemple, s'il y a un grand nombre de boutiques, il n'est pas rentable pour l'une d'elles de pratiquer un prix inférieur à p^m. Si plusieurs boutiques fusionnent pour former une chaîne de magasins de souvenirs et réduisent collectivement le prix, elles peuvent inciter les touristes à rechercher l'une des boutiques de la chaîne à bas prix (Stiglitz, 1979, p. 340). Donc, la réduction du nombre de magasins indépendants (mais pas nécessairement du nombre total de magasins), peut augmenter la concurrence réelle et réduire le prix.

Ce raisonnement suggère une conclusion diamétralement opposée à celle qui découle d'un marché où les consommateurs sont parfaitement informés. *Si les consommateurs ont une information limitée*, la concurrence peut conduire à un gaspillage pour la société du fait de l'existence des coûts d'entrée, de sorte que *le bien-être peut augmenter à la suite de la réduction du nombre d'entreprises.*(14)

14.3.2 Modèle des touristes et des autochtones

Même un fou à parfois raison, par hasard. – William Cowper

Notre analyse du modèle du piège à touristes soulève deux questions concernant les marchés où les consommateurs ont une information imparfaite sur les prix. Premièrement, existe-t-il un modèle avec un équilibre à prix multiples, c'est-à-dire un équilibre où les prix pratiqués par les magasins pour un même article sont différents, de sorte que l'on observe une **dispersion des prix** ? Deuxièmement, si certains consommateurs seulement sont parfaitement informés, peut-on obtenir un équilibre d'information parfaite avec égalité du prix au coût marginal ?

---

[13] Si les courbes de demande des consommateurs sont décroissantes, l'équilibre est semblabe à celui de la concurrence monopolistique illustré à la figure 8.1. Le prix est supérieur au coût marginal (pour la quantité qui égalise la recette marginale et le coût marginal) et la courbe de demande est tangente à la courbe de coût moyen (le profit est nul).

[14] Certains des résultats surprenants du modèle du piège à touristes sont modifiés si l'on tient compte de la répétition des transactions. Nous reviendrons de façon plus détaillée sur le rôle des transactions répétées et de la réputation dans le chapitre suivant.

EXEMPLE 14.4 Dispersion des prix

Pour beaucoup de produits, il existe une importante dispersion de prix selon les magasins. Pendant sept mois, 2 fois par mois, Gabor (1980) a recencé les prix pratiqués pour 7 marques de produits par les détaillants d'une zone commerciale d'Angleterre. Le tableau ci-après indique les écarts maximum de prix en pourcentage du prix le plus bas.

Produit	*Nombre de magasins*	*Plus grand écart de prix (%)*
Farine McDougall	4	40,0
Liquide vaisselle Fairy	5	33,3
Pois congelés Bird's Eye	3	30,0
Crème de riz Ambrosia	4	27,3
Soupe au poulet Heinz	4	26,6
Nescafé	4	19,3
Haricots cuits Heinz	4	17,3
Thé Typhoo	4	16,7
Nourriture pour chiens Pal	5	13,3

Une étude similaire, menée aux États-Unis, a également relevé de larges écarts (Maynes et Assum, 1982). Par exemple, sur 17 articles recensés, le prix le plus élevé était au moins 100% supérieur au prix le plus bas pour 42% des articles et le prix le plus élevé était de 50% à 99% supérieur au prix le plus bas pour 23% des articles. Ce n'est que pour 23% des articles que l'écart trouvé fut inférieur à 30%.

Maynes et Assum ont remarqué que la perception du degré de dispersion des prix par les consommateurs était plus important pour les articles dont la dispersion était relativement faible, comme la nourriture et le fuel. Les consommateurs auraient ainsi tendance à sous-estimer la dispersion des prix quand celle-ci est importante, comme c'est le cas pour les biens durables.

Ces deux questions trouvent une réponse en modifiant le modèle du piège à touristes de façon à prendre deux catégories de clients en compte. Pour que la dispersion des prix soit durable, il faut que certains consommateurs refusent obstinément (ou soient dans l'impossibilité) de découvrir les magasins qui pratiquent un bas prix.[15] Il ressort de ces modèles que lorsque certains consommateurs seulement sont pleinement informés, il peut y avoir soit un équilibre à prix multiples (voir l'exemple 14.4) soit un équilibre à prix unique où le prix est égal au coût marginal.

Soit un marché où tous les magasins ont des coûts identiques mais deux sortes de consommateurs ayant des coûts de recherche différents. La première catégorie

[15] Stigler (1961) a montré que si les prix étaient dispersés, les consommateurs recherchaient les prix les plus bas mais que si la recherche était coûteuse, ils ne recherchaient pas jusqu'au point de connaître l'ensemble des prix. Plusieurs économistes ont élaboré des modèles dans lesquels les entreprises ont des coûts différents et où le marché est perturbé par des chocs aléatoires de sorte que les magasins qui pratiquent les prix les plus bas changent et que les consommateurs ne peuvent pas facilement découvrir les magasins qui pratiquent les prix les plus bas à un moment donné. Dans le modèle développé ci-après, nous supposons que les magasins ont des fonctions de coût identiques et il n'y a pas de chocs aléatoires. Voir Reinganum (1979) pour une analyse dans laquelle les coûts sont différents.

regroupe les autochtones, consommateurs *informés*, dont le coût le recherche est nul. Ils connaissent l'ensemble des prix pratiqués sur le marché. La seconde catégorie est constitué des touristes, consommateurs *peu informés*, dont le coût de recherche est égal à c. Les autochtones d'une ville connaissent les prix pratiqués par chaque restaurant, mais pas les touristes. Ceux-ci doivent consacrer un certain temps (coût) à la recherche des prix pratiqués par un restaurant donné.

Les autochtones ne vont que dans les magasins à bas prix pour faire leurs achats. De ce fait, même si les touristes ne connaissent pas l'ensemble des prix pratiqués par les magasins de la ville, ils peuvent observer le comportement d'achat des autochtones. Cela peut suffire à faire tendre le prix du marché vers le prix concurrentiel d'information parfaite, p^c, égal au coût marginal. Pour qu'il en soit ainsi, il faut cependant que le nombre de consommateurs informés soit suffisamment important.

Dans une version rigoureuse de ce modèle, Salop et Stiglitz (1977) ont montré que s'il y a beaucoup de consommateurs de chaque catégorie, l'équilibre concurrentiel avec prix unique est possible, au même titre que l'équilibre à prix unique plus élevé que le prix concurrentiel ou l'équilibre à prix multiples. Afin d'illustrer leurs résultats, nous allons ajouter les postulats suivants :

- Sur L consommateurs présents sur le marché, αL sont des autochtones bien informés et $(1-\alpha)L$ sont des touristes peu informés.
- Chaque consommateur achète 1 unité du bien tant que le prix n'est pas supérieur à p^u.
- Il y a n magasins.

Dans ce modèle, il y a plusieurs équilibres possibles, parmi lesquels l'équilibre concurrentiel d'information parfaite à prix unique et l'équilibre à deux prix. Si c'est l'équilibre concurrentiel d'information parfaite à prix unique qui prévaut, à quelles conditions peut-il être rompu ? Au départ, toutes les boutiques pratiquent le prix p^c et nous supposons qu'elles ont toutes le même nombre de clients, ce qui implique que chacune d'elle vend $q^c = L/n$ unités. Supposons qu'une boutique décide d'augmenter son prix à $p^* = p^c + \varepsilon$. En appliquant le même raisonnement que pour le modèle du piège à touristes, nous pouvons conclure que cette boutique conservera la même part de clients non informés que les autres si $\varepsilon < c$, mais perdra tous ses clients informés. Elle ne vendra plus alors que $(1-\alpha)q_c$.

A. Cas 1 : Beaucoup de consommateurs informés

S'il y a beaucoup de consommateurs informés, il n'est pas rentable pour la boutique de pratiquer un prix supérieur à p^c. Comme le montre la figure 14.1, la courbe de demande adressée à un magasin qui dévie du prix concurrentiel se décompose en 4 parties. Si le prix qu'il pratique est supérieur à p^u, il ne vend

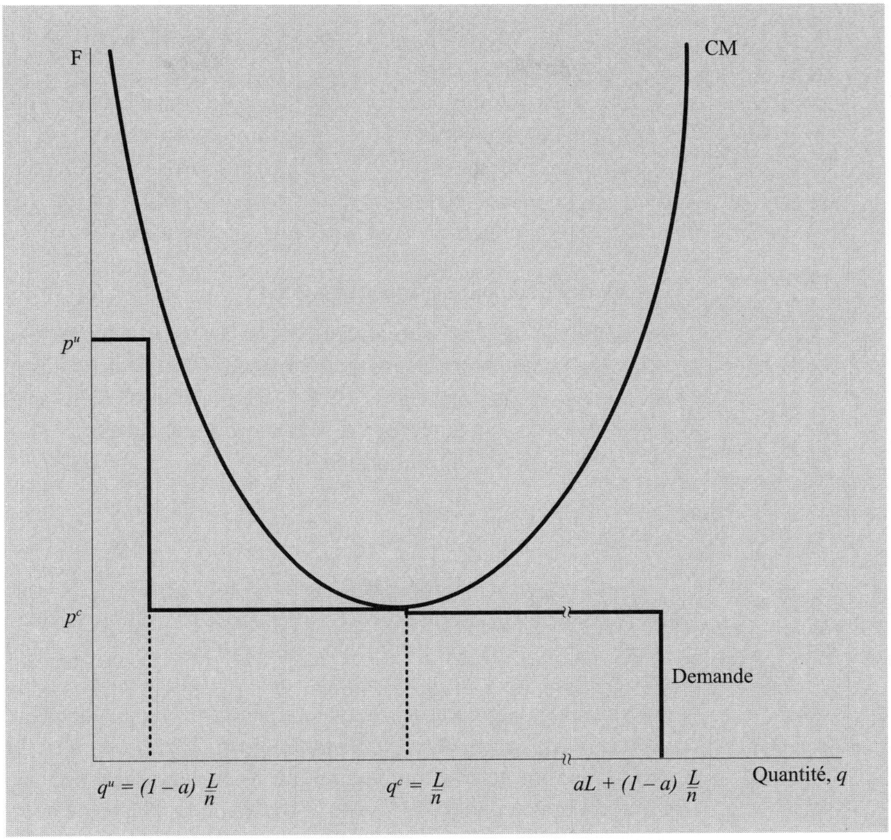

Figure 14.1: *Marché avec prix d'équilibre unique*

rien, car la demande est égale à zéro.[16] Si le prix qu'il pratique est inférieur à p^u mais supérieur à p^c, il vend $q^u = (1 - \alpha)q^c$, car il perd tous les consommateurs informés. Si le prix qu'il pratique est égal à p^c, il vend q^c. Si son prix est légèrement inférieur à p^c, il conserve toute sa clientèle, informe ou non. Ses ventes sont alors égales à $\alpha L + (1 - \alpha)q^c$. Le magasin n'a aucun intérêt à faire payer moins que p^c car il ne couvrirait plus son coût moyen et subirait une perte.

Lorsque les courbes de demande sont de la même forme que celle de la figure 14.1, il n'est pas rentable qu'un magasin dévie du prix pratiqué par les autres, car il subirait des pertes. En effet, bien qu'il gagnerait plus sur chaque unité vendue

[16] Le tracé de la figure 14.1 suppose implicitement que le magasin pratique un prix p^u. Le magasin qui dévie du prix commun fait payer ε de plus que les autres (voir le modèle du piège à touristes) ou bien p^u (prix maximum que les consommateurs acceptent de payer) lorsque le prix précédent est supérieur. Le magasin à intérêt à faire payer p^u si c, le coût de recherche, est suffisamment élevé pour que $p^c + c \geq p^u$.

($p^u > p^c$), il vendrait si peu que son coût serait supérieur à sa recette (en q^u, le coût moyen est supérieur à p^u).

Par conséquent, l'équilibre au prix p^c ne peut pas être rompu. Il y a tellement de consommateurs informés qu'un magasin qui fait payer plus que p^c perd assez de clients pour subir une perte. Ainsi, *s'il y a suffisamment de consommateurs informés, tous les magasins feront payer le prix d'équilibre concurrentiel d'information parfaite.*

B. Cas 2 : Peu de consommateurs informés

En revanche, s'il y a relativement peu de consommateurs informés, un magasin peut augmenter son prix sans perdre trop de clients. Soit q^a la quantité pour laquelle le coût moyen est égal à p^u, $CM\,(q^a) = p^u$, comme l'illustre la Figure 14.2. Dans ce cas, un magasin à intérêt à dévier du prix concurrentiel si $q^u = (1-\alpha)L/n = (1-\alpha)q^c > q^a$, ce qui implique

$$\alpha < 1 - \frac{q^a}{q^c} \cdot \tag{14.1}$$

Sur la figure 14.2, lorsque la quantité est égale à q^u, le coût moyen du magasin qui pratique un prix plus élevé est inférieur à p^u : il obtient donc un profit en faisant payer p^u. Comme son profit serait nul pour le prix p^c, il à intérêt à augmenter son prix. Donc, *s'il y a suffisamment peu de clients informés* (α relativement petit), il est rentable de dévier du prix pratiqué par les autres magasin, ce qui fait que *l'équilibre avec prix concurrentiel d'information parfaite est rompu.* L'équation 14.1 montre que le nombre de consommateurs informés nécessaire pour produire un équilibre à prix unique dépend à la fois de la forme de la courbe de coût moyen et de p^u, le prix maximum que les consommateurs sont prêts à payer.

Le prix d'équilibre ne peux pas être p^u, sinon n'importe quel magasin pourrait fixer un prix inférieur et attirer tous les consommateurs informés et augmenter ses ventes au prix d'une baisse de prix minime (le prix n'est que légèrement inférieur à p^u).

Un équilibre à prix multiple est-il possible ? D'après nos postulats, *un équilibre à deux prix est possible, mais un équilibre avec plus de deux prix est impossible.*

Pour le montrer, supposons que l'on ait un équilibre avec trois prix : certains magasins font payer $p^1 = p^u$, d'autres font payer p^2 tel que $p^u > p^2 > p^c$ et les autres font payer $p^2 = p^c$. Dans ce cas, les magasins qui font payer p^2 n'ont aucun client informé. De plus, ils ont en moyenne autant de clients mal informés que ceux qui qui font payer p^u, mais ils ont un chiffre d'affaires moins élevé. En fait, le magasin qui fait payer p^2 ne perdrait aucun client et aurait un profit plus important s'il augmentait son prix. Ceci prouve que l'équilibre supposé peut-être rompu[17] et qu'il n'est pas rationnel pour un magasin de pratiquer un prix supérieur à p^c mais inférieur à p^u.

[17] Ce raisonnement reste valable si $p^1 < p^u$ et $p^3 > p^c$.

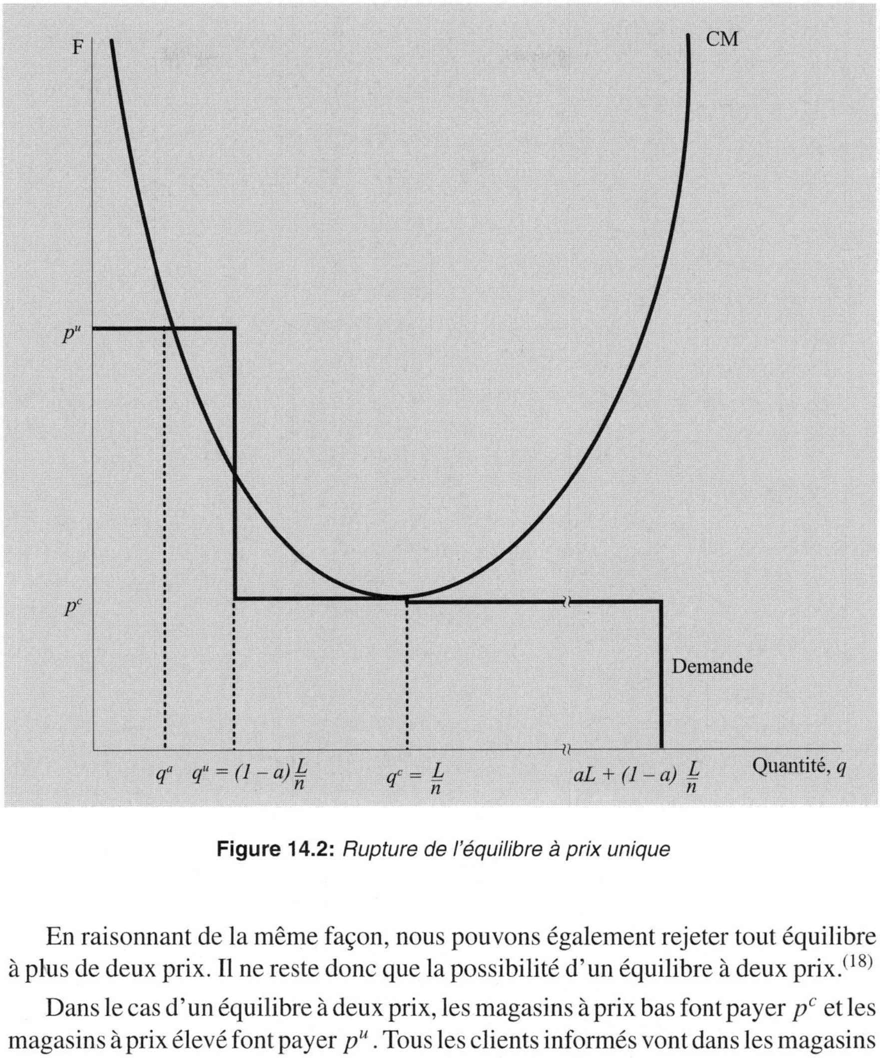

Figure 14.2: *Rupture de l'équilibre à prix unique*

En raisonnant de la même façon, nous pouvons également rejeter tout équilibre à plus de deux prix. Il ne reste donc que la possibilité d'un équilibre à deux prix.[(18)]

Dans le cas d'un équilibre à deux prix, les magasins à prix bas font payer p^c et les magasins à prix élevé font payer p^u. Tous les clients informés vont dans les magasins à bas prix et les autres se répartissent au hasard. Par conséquent, les magasins à bas prix ont une part de marché supérieure au pourcentage des consommateurs informés

[18] En posant des conditions plus restrictives, on peut obtenir des équilibres à plus de deux prix. Par exemple, si l'on postule que les consommateurs connaissent les prix pratiqués dans certains magasins seulement, on obtient une plus grande diversité de prix (Butters, 1977). Pour une bonne synthèse des théories de la recherche et de la dispersion des prix, voir Rothschild, 1974). Lorsqu'il y a un grand nombre de prix et donc un grand nombre d'entreprises, on peut présumer que le coût de recherche est plus élevé. De ce fait, certaines entreprises peuvent élever leur prix en réaction à l'entrée de nouveaux concurrents. Une étude sur les prix pratiqués dans 92 villes américaines par les médecins assurant les soins de première urgence montre que l'augmentation du nombre de praticiens ou des autres facteurs qui élèvent le coût de recherche, augmente le prix moyen (Pauly et Satterwaite, 1981).

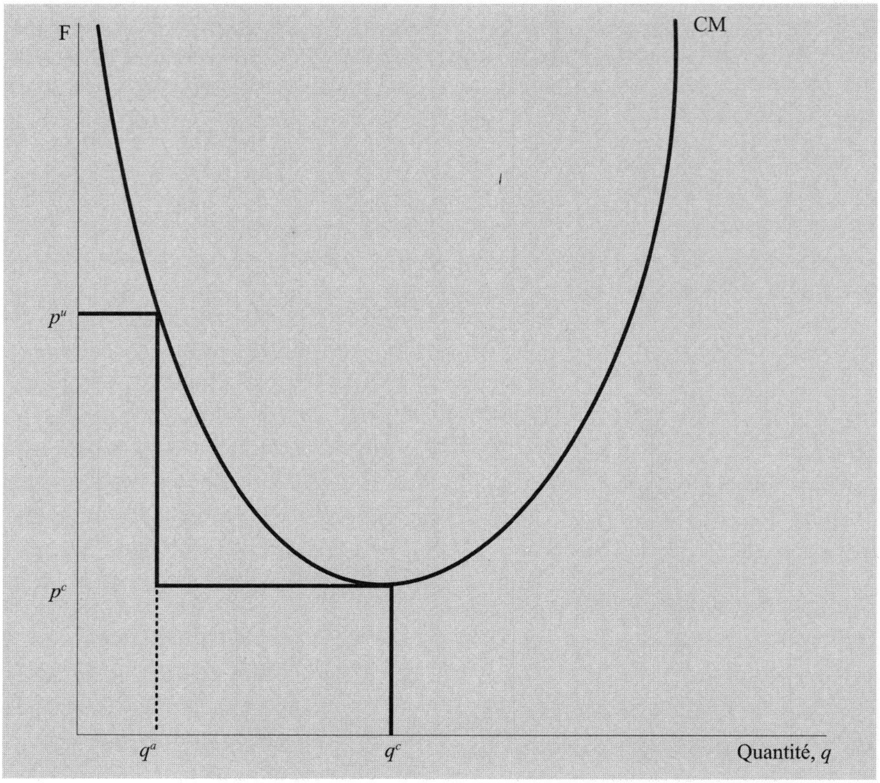

Figure 14.3: *Équilibre à deux prix*

dans la population totale.[19] Dans l'annexe A à ce chapitre, nous montrons comment calculer le nombre de magasins et leur part de marché à l'équilibre.

Tous les magasins obtiennent nécessairement le même profit, faute de quoi les politiques de prix seraient modifiées. Les magasins à prix bas ne font pas de profit puisque $p^c = CM(q^c)$ (voir la figure 14.3). Donc, à l'équilibre, les magasins à prix élevé ne font pas non plus de profit. Supposons, a contrario, qu'ils en fassent (voir la figure 14.2). Dans ce cas, soit de nouveaux magasins vont s'ouvrir, soit les magasins à bas prix vont se mettre à pratiquer des prix élevés. À mesure que le nombre de magasins à prix élevé va augmenter, leur ventes vont diminuer (car les consommateurs mal informés se répartiront sur un plus grand nombre de magasins).

---

[19] On peut donc en déduire que les consommateurs qui fréquentent les grands magasins et achètent les marques qui ont la plus grosse part de marché agissent rationnellement (Smallwood et Conlisk, 1979). Les consommateurs peuvent s'informer en observant les parts de marché. Cependant, si les parts de marché servent d'indicateurs, la première entreprise ayant pénétré sur un marché peut maintenir sa part élevée du simple fait de sa prééminence historique et non en raison de la supériorité de son produit.

Le nombre de magasins à prix élevés augmentera jusqu'à ce que le profit de ce type de magasin soit nul, quoique le prix pratiqué soit toujours déterminé par la condition de maximisation du profit (voir la figure 14.3).

Pour résumer, lorsqu'il n'y a qu'un nombre relativement faible de consommateurs informés, on peut avoir un équilibre de concurrence monopolistique à deux prix. Les magasins à bas prix pratiquent un prix égal au coût marginal (prix concurrentiel d'information parfaite) et les magasins à prix élevé pratiquent le prix qui maximisent leur profit. Cependant, à l'équilibre, les deux types de magasins ont un profit nul du fait de la liberté d'entrée. Comme tous les consommateurs informés et certains consommateurs mal informés font leurs courses dans les magasins à prix bas, ces magasins ont une part de marché plus importante.

14.4 Brouillage de l'information et discrimination par le prix

Les gens qui ne font pas de bruit sont dangereux. – Jean de la Fontaine

Puisque l'information imparfaite peut engendrer des prix plus élevés, l'intérêt bien compris des entreprises peut les conduire à *brouiller* les pistes en pratiquant différents prix pour des produits pratiquement identiques, ou identiques mais vendus dans des magasins différents. Ainsi, en augmentant la dispersion du prix, les entreprises réduisent encore davantage l'information des consommateurs.

Certains producteurs de biens durables, par exemple, vendent des produits pratiquement identiques sous deux ou plusieurs marques différentes. Le produit est alors vendu sous la marque propre au constructeur à un prix relativement élevé, mais aussi sous une autre marque (parfois appelée *sous-marque*) à un prix moins élevé.

Salop (1977) a mis en évidence les conditions dans lesquelles il était rentable qu'une entreprise discrimine par les prix de cette façon.[20] Le point de départ de son analyse est que l'entreprise a des objectifs contradictoires. D'une part, comme la recherche d'information est coûteuse pour le consommateur et peut le conduire à se désintéresser du marché (ce qui aurait pour effet d'augmenter le coût de production de l'entreprise), l'entreprise à intérêt à réduire la dispersion des prix afin d'éliminer les coûts de recherche inutiles. Autrement dit, dans la mesure où les coût de recherche augmentent le prix payé par le consommateurs sans procurer de bénéfices au producteur, il est préférable de les supprimer, toutes choses égales par ailleurs.

D'autre part, lorsque les consommateurs ont des coûts de collecte de l'information différents, la dispersion des prix peut bénéficier à l'entreprise si elle lui permet de discriminer par le prix. Dans ce cas, les consommateurs informés (ceux

[20] L'analyse qui suit est basée sur Calvo (n. d.)

qui cherchent beaucoup) sont en mesure de trouver le meilleur prix, mais la grande majorité des consommateurs non informés (ceux qui cherchent peu) paient un prix élevé. De ce point de vue, le modèle qui suit est similaire au modèle des touristes et des autochtones.

La dispersion du prix est un moyen peu onéreux de répartir les consommateurs en deux groupes dans le but de discriminer. Si le coût de recherche n'est pas tel qu'il décourage le consommateur et que les élasticités de la demande ont certaines caractéristiques (que nous allons préciser dans l'exemple qui suit), le fait de favoriser la dispersion des prix est plus rentable que de pratiquer un prix unique.

Comme exemple, supposons qu'une entreprise ait le monopole des n restaurants d'une ville et que chaque restaurant serve la même nourriture. Pour simplifier, nous supposons également que le coût marginal de production des repas est nul.

Il y a L consommateurs. Parmi eux, il y a αL autochtones qui ne supportent aucun coût de recherche et achètent 1 unité du produit (1 repas) tant que le prix n'est pas supérieur à p^a. Les $(1-\alpha)L$ touristes ont un coût de recherche plus élevé et achètent 1 unité du produit tant que le prix n'est pas supérieur à p^u, où $p^u > p^a$. Autrement dit, les autochtones ne sont pas disposés à payer autant que les touristes pour un repas car ils sont parfaitement informés des prix. Les touristes choisissent leur restaurant au hasard car ils ne savent pas où se trouvent ceux qui ont les prix les plus bas (où ceux qui font la meilleure cuisine).

Voyons maintenant pourquoi le monopole peut avoir intérêt à pratiquer des prix différents suivant le restaurant. Aucun restaurant ne fera payer plus de p^u par repas, sinon il n'attirerait pas de clients. De même, aucun restaurant ne fera payer moins de p^a car nous avons postulé que les autochtones ont une demande inélastique tant que le prix n'est pas supérieur à p^a. Par conséquent, en pratiquant un prix inférieur à p^a, le monopole ne vendra pas davantage de repas. Le prix qui maximise son profit est donc au moins égal à p^a. S'il est rentable pour le monopole de pratiquer différents prix, il n'affichera le prix bas (p^a) que dans un seul restaurant, celui où les autochtones se retrouvent, sachant d'autre part que les touristes ne vont qu'une seule fois au restaurant dans la période considérée. À l'exception du restaurant à bas prix, tous les autres afficheront un prix élevé, puisque, par hypothèse, les touristes choisissent leur restaurant au hasard.

Si le monopole n'affichait que des prix élevés dans ses restaurants, aucun n'autochtone n'irait au restaurant et son profit serait donc exclusivement tiré des repas servis aux touristes pour le prix p^u, soit $(1-\alpha)Lp^u$, où $(1-\alpha)L$ est le nombre de repas servis au prix p^u.[21]

[21] Étant donné que le monopole fait payer le même prix dans tous ses restaurants, on peut se demander s'il n'a pas plutôt intérêt à fixer le prix à p^a plutôt qu'à p^u, ce qui attirerait aussi la clientèle des autochtones. Cette solution n'est plus rentable que si $(1-\alpha)Lp^u < Lp^a$, soit $(1-\alpha) < p^a/p^u$. Autrement dit, à mesure que α, la proportion des autochtones augmente ou que le prix payé par les autochtones tend vers le prix payé par les touristes, il devient plus rentable de fixer un prix bas. De même, à mesure que la proportion des touristes augmente ou que le prix que les touristes sont disposés à payer augmente, il devient plus rentable de fixer un prix élevé. Nous ne poursuivront pas

Si le monopole fait payer p^a dans un seul restaurant et p^u dans tous autres, il vend des repas à tous les consommateurs, soit L repas. Tous les autochtones vont dans le restaurant à bas prix, ce qui implique que le profit tiré des repas servis aux autochtones est égal à $(1-\alpha)Lp^a$. Les touristes mangent presque tous dans les restaurants où le prix est égal à p^u (dans la proportion $[n-1]/n$), mais une proportion $1/n$ de touristes chanceux mangent dans l'unique restaurant à bas prix de la ville. Le profit total anticipé du monopole, π, est donc donné par :

$$\pi = \alpha Lp^a + \frac{1}{n}(1-\alpha)Lp^a + \frac{(n-1)}{n}(1-\alpha)Lp^u, \qquad (14.2)$$

où le premier terme est le profit des repas servis aux autochtones, le second terme le profit anticipé des repas servis aux $(1-\alpha)L/n$ touristes chanceux et le dernier terme est le profit anticipé des repas servis aux $(1-\alpha)L(n-1)/n$ touristes malchanceux qui paient le prix p^u.

Si le profit du monopole quand il pratique deux prix différents (π dans l'équation [14.2]) est plus élevé que le profit qu'il obtient en pratiquant le prix unique p^u, soit $(1-\alpha)Lp^u$, il a intérêt au *brouillage* et à la discrimination par le prix qui en découle. La différence entre le profit avec discrimination et le profit avec prix unique est donnée par :

$$\Delta = \alpha Lp^a - \frac{1-\alpha}{n}L\left(p^u - p^a\right). \qquad (14.3)$$

Si Δ est positif, il est rentable pour le monopole de discriminer par le prix. Comme le premier terme du membre de droite de l'équation (14.3) est positif et que le second terme est négatif, la discrimination est d'autant plus probable que le second terme tend à être petit en valeur absolue par rapport au premier. On note qu'à mesure que la proportion des touristes $(1-\alpha)$ baisse ou que le nombre de restaurants (n) augmente, le second terme diminue en valeur absolue par rapport au premier et la discrimination par le prix devient donc plus intéressante.

Plus la proportion des touristes diminue, plus le monopole a intérêt à ménager la clientèle des autochtones autant que celle des touristes. La rentabilité de la discrimination augmente d'autant plus que $(1-\alpha)$ baisse.[22]

De même, lorsque le nombre de restaurants (n) augmente, la discrimination devient plus rentable.[23] Si le monopole peut ouvrir de nouveaux restaurants sans supporter de coûts trop élevés, il a intérêt à chosir n de façon à ce que le second terme de l'équation (14.3) tende vers zéro, car cela facilite la stratégie de brouillage. En effet, de cette manière, le monopole accroît la difficulté pour les touristes de

cette analyse car le fait de discriminer par le prix en faisant payer p^a dans un seul restaurant et p^u dans tous les autres rapporte un profit plus élevé que le fait de faire payer p^a dans tous les restaurants.

[22] La dérivée de Δ par rapport à α est $d\Delta/d\alpha = L\left[p^a + \left(p^t - p^a\right)/n\right] > 0$.

[23] La dérivée de Δ par rapport à n est $d\Delta/dn = (1-\alpha)L\left(p^t - p^a\right)/n^2 > 0$.

dénicher l'unique restaurant à bas prix, ce qui garantit la rentabilité de la politique discriminatoire.

En résumé, lorsque certains consommateurs seulement sont informés des prix sur un marché, un monopole à intérêt à *brouiller l'information* en fixant différents prix pour un bien homogène vendu en différents endroits. Cette stratégie rend plus difficile la découverte de l'endroit où le prix est le plus bas. Cette politique n'est possible que parce qu'il est coûteux de consacrer du temps à trouver l'endroit (restaurant dans notre exemple) où le prix est le plus bas.

14.5 Qualité de l'information et niveau des prix

Il est très regrettable que la connaissance ne puisse s'acquérir qu'au terme d'un travail laborieux. Ce serait tellement plus facile si la poudre amère de l'information utile pouvait être agréablement mélangée avec la confiture de la fiction. – W. Somerset Maugham

Il semble intuitivement évident que si l'on informait mieux les consommateurs sur les différents prix, cela ferait baisser la moyenne des prix observés sur le marché. Mais, comme l'illustre le modèle du piège à touristes, la réduction du coût de recherche n'entraîne aucun effet sur le prix, à moins qu'il ne devienne nul. En effet, la réduction du coût de recherche n'apporte pas une meilleure information au consommateur, car les touristes ne font pas davantage de recherches lorsque le coût de recherche diminue et, par conséquent, ne sont pas mieux informés.

Seule l'information directement dispensée aux consommateurs se traduit par une réduction du prix d'équilibre. Nous allons maintenant en analyser le mécanisme théorique. Puis nous passerons en revue les résultats empiriques qui vont dans le même sens.

14.5.1 *L'amélioration de l'information réduit-elle les prix ?*

Il existe au moins deux sortes de modèles qui lient l'amélioration de l'information à la réduction des prix. D'une part, comme l'illustre le modèle des touristes et des autochtones avec un grand nombre de magasins, mieux les consommateurs sont informés, plus la part de marché des magasins à petits prix augmente. En fait, si les consommateurs deviennent majoritairement bien informés, tous les magasins sont obligés de pratiquer le prix concurrentiel. D'autre part, comme l'illustre le modèle que nous allons développer maintenant, si l'information permet aux consommateurs de se faire une idée plus précise des prix réels, le prix moyen peut baisser. Ce modèle démontre l'existence d'un prix d'équilibre unique situé entre le prix concurrentiel d'information parfaite (coût marginal) et le prix de monopole.

Dans ce modèle, les consommateurs qui veulent faire leurs achats dans le magasin à bas prix mais ne savent pas de quel magasin il s'agit, doivent se procurer l'information nécessaire. Pour se faire une idée des prix, ils se fondent sur l'information dont ils disposent concernant le prix pratiqué par chaque magasin et choisissent ensuite celui qui leur paraît avoir le prix le plus bas (Perloff et Salop, 1986).

Cependant, comme les consommateurs ne connaissent pas les prix exacts pratiqués par les différents magasins, un magasin peut augmenter son prix sans perdre tous ses clients. Autrement dit, la courbe de demande à laquelle chaque magasin est confronté n'est pas parfaitement élastique comme en concurrence, mais possède une élasticité finie du fait de la limitation de l'information.

Tant que les consommateurs se servent de leurs estimations des prix relatifs pour choisir leur magasin, les courbes de demande des différents magasins ne sont pas parfaitement élastiques. En effet, si les consommateurs considèrent que leur estimation est correcte, ils n'ont pas de raison de douter que le prix pratiqué par le magasin qu'ils ont choisi n'est pas le plus bas. Ainsi, un magasin qui augmente son prix ne perdra pas tous ses clients, car certains d'entre eux penseront que les autres magasins ont un prix encore plus élevé. Mais si les consommateurs sont mieux informés ou si le nombre de magasins augmente, les prix peuvent baisser. l'exemple qui suit illustre l'effet produit par une amélioration de l'information des consommateurs.

A. Amélioration de l'information des consommateurs

Supposons qu'il n'y ait que 2 magasins sur le marché et que L consommateurs achètent chacun 1 unité du produit. Les consommateurs ne sont pas parfaitement informés et, par conséquent, leur estimation du prix n'est pas systématiquement correcte. Nous supposons qu'en moyenne leurs estimations sont correctes, mais qu'un consommateur particulier peut se tromper. De plus, nous supposons que le coût de déplacement est suffisamment élevé pour que les consommateurs ne se rendent que dans le magasin dont ils pensent que les prix sont les plus bas.

Le prix du magasin 1 est égal à 10 F l'unité. Au départ, il y a un tiers des consommateurs qui estiment que le prix du magasin 1 est égal à 9 F, un tiers qui estiment qu'il est égal à 10 F et les autres pensent qu'il est égal à 11 F. Le prix du magasin 2 est égal à 10,50 F. Il y a un tiers des consommateurs qui estiment que le prix du magasin 2 est égal à 9,50 F, un tiers qui estiment qu'il est égal à 10,50 F et les autres pensent qu'il est égal à 11,50 F.

Nous supposons aussi que l'estimation du prix d'un magasin est indépendante de celle du prix de l'autre. De ce fait, par exemple, il y a un neuvième des consommateurs qui pensent que le prix du magasin 1 est égal à 10 F et que celui du magasin 2 est égal à 9,50 F (voir le tableau 14.1). Ces consommateurs iront dans le magasin 2. De même, les deux neuvièmes des consommateurs qui pensent que le prix du magasin 1 est égal à 11 F et celui du magasin 2 à 9,50 F ou à 10,50 F iront dans le magasin 2. En définitive, dans cet exemple, les deux tiers des consommateurs vont dans le magasin 1 et les autres vont dans le magasin 2.

Supposons maintenant que les consommateurs obtiennent une meilleure information, leur permettant de faire des estimations plus proches de la réalité (voir le

Tableau 14.1 : *Lieu d'achat des consommateurs en fonction de leur estimation du prix*

		Estimation du prix du magasin 1		
		9,00 F	10,00 F	11,00 F
Estimation du prix du magasin 2	9,50 F	1	2	2
	10,50 F	1	1	2
	11,50 F	1	1	1

Tableau 14.2
Lieu d'achat des consommateurs en fonction de leur nouvelle et meilleure estimation du prix

		Estimation du prix du magasin 1		
		9,70 F	10,00 F	10,30 F
Estimation du prix du magasin 2	10,20 F	1	1	2
	10,50 F	1	1	1
	11,80 F	1	1	1

tableau 14.2). Si, comme précédemment, le prix du magasin 2 est plus élevé que celui du magasin 1 de 0,50 F, les consommateurs qui vont chez lui ne représentent plus maintenant que le neuvième du total. Ses ventes ne correspondent plus qu'au tiers des ventes précédentes.

Ainsi, lorsque l'information s'améliore, le magasin 2 vend moins, bien que son prix soit toujours de 0,50 F supérieur à celui du magasin 1. Cependant, tant que l'information reste imparfaite, le magasin 2 peut pratiquer un prix plus élevé que le magasin 1 et conserver malgré tout une partie de sa clientèle. La différence de prix est une fonction inverse de la précision des informations dont les consommateurs disposent : mieux ils sont informés, plus la demande est élastique. Lorsque l'information est parfaite, l'élasticité de la demande est infinie et chaque magasin doit fixer le même prix que l'autre sous peine de perdre tous ses clients.

B. Davantage de magasins

Si de nouveaux magasins peuvent s'ouvrir indéfiniment, les prix tendent vers le niveau de concurrence avec information parfaite (même si l'information reste incomplète), à condition de poser certains postulats au demeurant réalistes. Comme précédemment, les consommateurs font toujours des estimations statistiquement correctes du prix dans chaque magasin. Donc, l'augmentation du nombre de magasins accroît automatiquement le nombre d'estimations. Pour que la répartition statistique des prix demeure inchangée, nous allons supposer que chaque magasin est remplacé par 10 magasins identiques, c'est-à-dire des magasins qui pratiquent le même prix. L'augmentation du nombre de magasins modifie cependant la probabilité qu'un consommateur pense qu'un magasin pratique à peu près le même prix que le magasin dont il pensait précédemmment qu'il avait le prix le plus bas. Autrement dit, l'élasticité de la demande à laquelle chaque magasin est confronté augmente.

Pour résumer, le fait d'améliorer l'information des consommateurs (en ce sens que les consommateurs peuvent estimer plus précisément le prix réellement pratiqué dans les différents magasins), augmente initialement la part de marché des magasins à bas prix. L'élasticité de la demande à laquelle chaque magasin est confronté augmente, ce qui l'oblige à réduire son prix. Il s'ensuit que le prix moyen, ainsi que les écarts de prix, diminuent. De même, l'augmentation du nombre de magasins accroît l'élasticité de la demande à laquelle chaque magasin est confronté, ce qui fait que le prix moyen, de même que les écarts de prix, tendent à se réduire.

14.5.2 Étude expérimentale de l'effet de l'information sur les prix alimentaires

Une meilleure information des consommateurs augmente-t-elle la part de marché des magasins qui ont les prix les plus bas et réduit-elle la moyenne, ainsi que la variance des prix pratiqués par les différents magasins ? Une expérimentation menée en 1974 par le *Food Price Review Board* du Canada fut conçue pour vérifier ces prévisions dans le cas des magasins d'alimentation.[(24)]

L'expérimentation comportait 3 phases. Durant la première phase (1 semaine), l'information concernant les prix pratiqués par les supermarchés fut collectée dans deux villes : la ville-témoin (Winnipeg) et la ville expérimentale (Ottawa-Hull). Durant la phase 2 (5 semaines), l'information fut diffusée auprès des consommateurs d'Ottawa-Hull, par l'intermédiaire des journaux et fut également envoyée à un groupe de consommateurs dont le comportemment était étudié de façon détaillée. Par contre, dans la ville-témoin, Winnipeg, aucune information ne fut diffusée. Enfin, durant la troisième phase (6 semaines), l'information concernant les prix fut à nouveau collectée dans les 2 villes, mais non diffusée.

Les prix moyens des aliments ont effectivement baissé de 1,5% à Ottawa-Hull durant la première semaine de la phase 2, puis sont resté stables pendant les 3 semaines suivantes. Ensuite, au cours de la première semaine qui suivit la fin de la période 2, les prix baissèrent encore de 2,5%. Ainsi, au total, la baisse fut de 7,1% sur 6 semaines. Dans la ville-témoin, les prix baissèrent de 0,6% durant la phase 2. Par conséquent, comme l'illustre la figure 14.4, les prix dans la ville expérimentale baissèrent de 6,5% par rapport à ceux de la ville-témoin au cours des 6 semaines (qui incluent la première semaine de la phase 3).

---

[24] Devine et Marion (1979) et Devine (1978). Lesser et Bryant (1980) ont adressé des critiques sur l'étude de Devine et Marion (1979). Pour la réponse, voir Devine et Marion (1980).

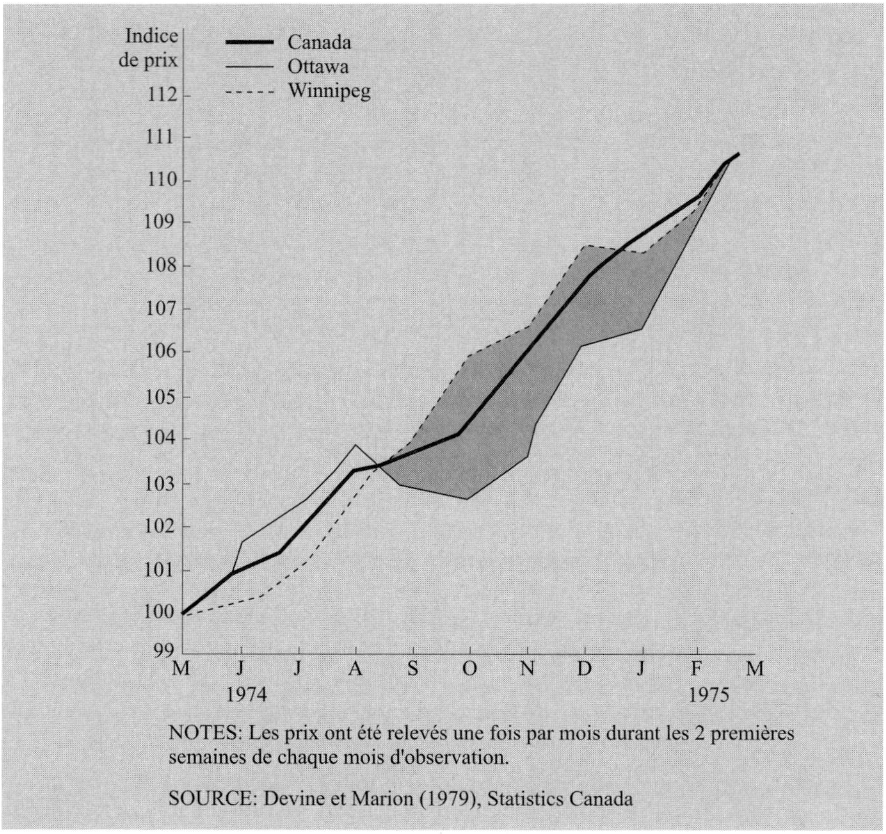

Figure 14.4

Indice de détail des prix alimentaires consommés dans les foyers de mai 1974 (=100) à mars 1975

Pendant la période de l'expérience, les magasins (et les chaînes de magasins) dont les prix étaient les plus élevés ont davantage baissé que ceux des magasins (et des chaînes) qui avaient déja des prix bas. L'écart des indices de prix entre les magasins chers et les magasins bon marché passa d'un maximum de 15% pendant la phase 1 à un minimum de 5,4% au cours de la phase 2. La différence d'indice de prix entre les chaînes à prix élevés et les autres passa d'un maximum de 7,3% à un minimum de 3,1%. La variance moyenne des prix était de 9,71% au cours de 12 semaines ayant précédé l'expérimentation et se réduisit à 7,83% durant la phase 2.

Une enquête a révélé que 43% des consommateurs avaient changé de magasin à la suite de la campagne d'information sur les prix. Ces changements sont confirmés par l'augmentation de 74% à 81% de la part de marché des 4 principales chaînes de magasins bon marché. Au cours des 2 semaines qui suivirent la fin de l'expérientation, les prix moyens augmentèrent à nouveau (de 8,8% par rapport à la priode d'expérimentation). Ce phénomène peut s'expliquer ainsi : si, au cours de la campagne d'information, les prix moyens augmentèrent ponctuellement, puis revinrent à leurs niveaux initiaux dès la fin de la campagne, c'est que les responsables des magasins savaient que la campagne d'information ne durerait qu'un temps. Ils ont donc cherché à donner une bonne image en s'efforçant de convaincre les consommateurs qu'ils étaient particulièrement aggressifs sur les prix. Mais pour maintenir le bas niveau de prix atteint, il aurait fallu que la campagne d'information se poursuive.

Un calcul sommaire des gains en bien-être (variations du surplus des consommateurs et des profits) indique qu'ils peuvent notablement dépasser les coût de la collecte d'information. Les résultats principaux de cette expérimentation furent largement confirmés par une autre étude conduite dans le Saskatchewan en octobre 1975 et qui avait pour objectif de déterminer les effets à long terme d'une campagne d'information (Devine, 1978).

Une autre étude de ce type concernant 4 paires de villes fut effectuée aux États-Unis par l'université de Purdue et l'*U.S. Department of Agriculture* (Boynton *et al.*, 1981 ; McCracken, Boynton et Blake, 1982). Au cours de l'expérience, les prix relatifs diminuèrent de 0,2% à 3,7% par rapport aux marchés témoins. Dans 3 villes sur 4, on observa une baisse statistiquement significative du prix de 26 articles et dans les 4 villes l'indice global (100 articles) diminua.[(25)]

Plusieurs études ont confirmé qu'une meilleure information des consommateurs peut réduire le prix moyen des produits. Cependant, après une campagne de prix ponctuelle, les prix regagnent leur ancien niveau. D'autre part, le fait de mieux informer les consommateurs n'augmente pas nécessairement leur bien-être (voir les exemples 14.5 et 14.6).

EXEMPLE 14.5

Conséquences économiques des campagnes de prévention de la santé

Bien que les consommateurs les négligent trop souvent, les campagnes de prévention pour la santé ou la sécurité ont, pour certaines d'entre elles, des effets économiques importants. Le cas suivant est particulièrement dramatique. Vers le milieu de l'année 1988, le magazine *Consumer Reports* publia un article d'après lequel le véhicule utilitaire sportif *Susuki Samurai* avait tendance à se retourner dans les virages. En juin 1988, 2199 utilitaires furent vendus, alors que le mois précédent, le chiffre atteignait 6074 véhicules (et 7479 en juin 1987). →

[25] L'un des résultats les plus significatifs de cette campagne d'information est qu'un certain nombre de magasins retenus dans l'étude ont refusé que l'on relève leurs prix (Yeager, Don. « U.S. Price Study Goes on Despite Two-City "Lockout" » *Supermarket News*, 11 février 1980, p. 1). Dans certaines villes, au contraire, les magasins concentraient leurs efforts pour obtenir l'indice le plus bas possible (Yeager, Don. « U.S. Purdue Price Study to Be Ended Early ». *Supermarket News*, 25 février 1980, p. 1 et 34).

EXEMPLE 14.5 Conséquences économiques des campagnes... (suite 1)

Le gouvernement fédéral américain et le gouvernement français font de nombreuses campagnes de prévention. Aux États-Unis, le *Surgeon General* rappelle régulièrement que le fait de fumer peut causer le cancer où d'autres maladies graves. L'*U.S. Department of Agriculture* (USDQA), la *Food and Drug Administration* (FDA) et la *Federal Trade Commission* (FTC) diffusent des mises en garde concernant l'aflatoxine, le cholestérol, le sodium, le potassium, la saccharine et les cyclamates. Comme en France, ces organismes exigent d'autre part que les entreprises publient des informations sur le contenu des aliments en calories, protéines et autres composants. Il arrive aussi, comme c'est le cas pour les produits contenant des cyclamates, que le gouvernement les fasse retirer du marché. Dans ce dernier cas, l'effet économique ne dépend même pas de la réaction des consommateurs.

Aux États-Unis, les consommateurs réagissent fortement à certaines de ces campagnes :

- Les mises en garde et la publicité concernant le cholestérol semblent avoir réduit notablement la consommation de viande et d'œufs. De 1963 à 1985, la consommation de lait et de crème a baissé de 39% et la consommation d'œuf a diminué de 26%. L'étude de Brown et Schrader (1990) montre qu'entre 1955 et 1987, la campagne d'information sur le cholestérol a eu pour effet de diminuer la consommation civile d'œuf par tête d'environ 16% à 25%, compte tenu des autres facteurs.
- Les mises en garde et la publicité concernant la sacharine, les cyclamates et autres substituts du sucre semblent avoir eu des effets sur plusieurs marchés. En effet, les demandes des différentes boissons non alcolisées se sont modifiées.
- Les mises en garde et la publicité concernant le tabac ont eu un impact considérable sur ce marché : la consommation de cigarette par tête à baissé de 20% de 1964 à 1985.
- Selon l'enquête d'un *Livre rouge*, 50% des femmes américaines déclarent avoir arrêté ou réduit leurs achat d'un produit alimentaire à cause de sa teneur élevée en sucre, 39% à cause du risque de cholestérol et 29% à cause de la présence d'additifs.

En 1988, au cours d'un interview, le ministre britannique de la santé, Edvina Currie, a fait la déclaration très controversée suivante : « La plus grande partie de la production d'œufs de ce pays est infectée par la salmonelle, une bactérie qui peut empoisonner la nourriture ». La journée qui suivit, les ventes d'œufs chutèrent de 60%. Cette baisse se produisit en dépit des interventions du ministre de l'agriculture et du premier ministre pour rassurer la population et déclarer qu'ils continuaient à manger des œufs. La baisse subite de la demande entraîna la destruction de dizaines de milliers d'œufs et, selon les estimations des agricultures, l'élimination du quart des 10 millions du stock de poules pondeuses. Le gouvernement dut racheter une partie de la production pour soutenir les cours et multiplier les interventions rassurantes.

La réaction des milieux économiques concernés ne se fit pas attendre. 11 plaintes en diffamation et furent déposées contre Currie par les producteurs d'œufs et elle dut finalement démissionner sous la pression conjuguée des milieux agricoles et politiques. Les producteurs d'œufs firent effectuer des études qui conclurent que sur 1 millions d'oeufs testés, aucun n'était infecté.

Les affirmations contradictoires des producteurs et du gouvernement aboutissent dans le meilleur des cas à créer la confusion dans l'esprit des consommateurs. Par exemple, en réponse à l'affirmation selon laquelle une trop forte consommation d'œufs pourrait →

EXEMPLE 14.5 Conséquences économiques des campagnes... (suite 2)

être dangereuse pour la santé en raison du cholestérol qu'ils contiennent (notamment pour les consommateurs qui ont déja un taux élevé de cholestérol), un employé de la *California Egg Commission* déclara : « les œufs contiennent 6 fois plus de lécithine que de cholestérol... Cela émulsifie le cholestérol et le rend inoffensif ». Or cette thèse est rejetée par beaucoup d'experts.

Selon la *National Coffee Association*, la caféine « rend plus calme ». De même, beaucoup de marques de sodas se vantent d'utiliser NutraSweet, sans préciser que leur breuvage contient également de la saccharine. Dans sa publicité, Del Monte Corp. prétend que ses légumes en conserve « sont aussi nourrissants que les légumes achetés frais et cuits à domicile ». Les consommateur peuvent difficilement évaluer toutes ses affirmations qui contredisent souvent leurs propres convictions.

Pour que le bien-être augmente à la suite de ces campagnes, il faut que les consommateurs interprètent correctement ces mises en garde, y réagissent positivement et que leur coût ne soit pas trop élevé. L'exemple 14.6 montre que ce n'est pas toujours le cas et que, par exemple, le coût de diffusion de l'information est parfois supérieur à son coût.

SOURCE : *Commodity Yearbook* (diverses années). New York : Commodity Research Bureau. « Diet and Heart Disease ». 1981. *Consumer Reports* 46 : p. 256–60. « Nutrition, the *Redbook* Nutrition Report ». 1976. *Redbook Magazine*. Henderson, Nell, « What You Eat May Not Be What You Thought », *The Washington Post National Weekly Edition*, 1er juillet 1985 : p. 22. Bashin, Bryan Jay, « *Does* Anything Go with Eggs ? » *San Francisco Examiner*, 8 novembre 1987 : « This World » section, p. 12. « Susuki Samurai Sales Plunged 70% in June », *San Francisco Chronicle* 7 juillet 1988 : C1, C8. DeJoung, Karen, « British Egg Scandal Breaks–Official Quits », *San Francisco Chronicle* » 17 décembre 1988 : A1, A20.

Résumé

1. Cinq résultats principaux peuvent être dégagés des modèles dans lesquels les consommateurs ont une information limitée sur la qualité ou le prix des produits. Premièrement, lorsque les consommateurs ont une information limitée sur la qualité d'un produit, le marché ne peut pas fonctionner ou alors le niveau de qualité des produits est inférieur au niveau d'information parfaite. L'information fournie par les experts, la réputation, les normes et certifications permettent de compenser le déficit d'information des consommateurs en ce qui concerne la qualité des produits. Cependant, il arrive que la fixation des normes obéisse à des considérations anti-concurrentielles.

2. Deuxièmement, lorsque les consommateurs ont une information limitée sur le prix, la loi de l'offre et de la demande n'est plus vérifiée et de petites entreprises peuvent pratiquer un prix supérieur au coût marginal. Dans ce cas, le bien-être peut être d'autant plus élevé qu'il y a moins d'entreprises.

3. Troisièmement, lorsque certains consommateurs connaissent les prix pratiqués par tous les magasins tandis que les autres consommateurs ne peuvent les connaître qu'en supportant un coût de recherche, deux types d'équilibre sont possibles. S'il y a suffisamment de consommateurs informés, le prix d'équilibre est égal au coût marginal. S'il y a trop peu de consommateurs informés, on risque plutôt d'avoir un équilibre à deux prix : certains magasins auront un prix élevé et d'autres un prix égal au coût marginal, même s'il s'agit d'un bien homogène. La loi du prix unique n'est plus vérifiée.

EXEMPLE 14.6
Analyse coût-bénéfice de la diffusion d'une meilleure information

La diffusion d'informations n'a de sens que si les bénéfices sont supérieurs aux coûts. Ainsi, aux États-Unis, une analyse a été menée pour déterminer les coûts et les bénéfices de l'amélioration de l'information concernant le poids indiqué sur les étiquettes des poulets vendus dans les supermarchés.

Certains aliments, comme la viande et la volaille, se remplissent d'humidité durant le processus de préparation et perdent cette humidité lors de la phase de conditionnement et de stockage. Le résultat net dépend des caractéristiques biologiques du produit et de conditions générales telles que la température ou la durée de stockage. De ce fait, le poids qui figure sur l'étiquette est souvent différent du poids réel au moment de l'achat.

Pour être sûr de se conformer aux obligations légales, certaines entreprises indiquent un poids inférieur au poids réel, une technique appelée *overpacking*. Comme chaque État a ses propres normes — certains se réfèrent au poids de la matière sèche, les autres au poids total — la différence entre le poids indiqué et le poids réel varie d'un État à l'autre. C'est la raison pour laquelle l'étude conduite par le *Department of Agriculture* a retenu les deux critères de pesée. Les résultats indiquent que dans la moitié des cas de l'échantillon étudié, le poids sec était supérieur au poids indiqué et que dans l'autre moitié des cas, il était inférieur.

En principe, les consommateurs devraient être disposés à payer davantage par livre s'ils savent que le paquet pèse davantage que l'emballage ne l'indique. L'étude de Sexton (1981) a estimé que pour l'année 1978, le gain d'une information plus précise s'élevait à 2,1 millions de dollars, soit 0,01% de la dépense totale consacrée à l'achat de poulets. En revanche, le coût d'une information plus précise s'élevait à 59 millions de dollars par an. Donc, dans cet exemple, le coût de diffusion de l'information est supérieur au bénéfice de sa diffusion.

4. Quatrièmement, sur un marché de ce type, un monopole peut faire payer des prix différents selon l'endroit afin de discriminer entre les consommateurs informés et les autres.
5. Cinquièmement, la réduction du coût de collecte de l'information ne réduit pas toujours le prix moyen. Ainsi, dans l'équilibre à prix unique, la réduction du coût de recherche n'a pas nécessairement d'effet sur les prix. En revanche, si l'on désigne aux consommateurs le magasin qui a le prix le plus bas, le prix moyen baisse.
6. Les marchés où l'information est limitée ont un fonctionnement très différent de ceux où l'information est parfaite. Les campagnes d'information ou les mesures de réduction du coût d'obtention de l'information n'améliorent pas forcément le bien-être car il faut tenir compte du coût de ces campagnes. Dans le chapitre suivant, nous verrons que l'intérêt des entreprises les pousse à informer ou parfois à désinformer les consommateurs au moyen de la publicité. Nous étudierons également les effets économiques de la publicité.

Termes clés

Certification	Normes
Dispersion des prix	Rupture de l'équilibre
Information asymétrique	Sélection adverse

Questions

Q.14.1 À quelles conditions l'information supplémentaire apportée aux consommateurs améliore-t-elle le bien-être social ?

Q.14.2 Aux États-Unis, dans beaucoup d'États et de villes, il est nécessaire d'avoir une licence pour exercer certaines professions. L'obtention de la licence est subordonnée à un test d'aptitude. Dans un petit nombre de cas, on se contente de faire passer un test aux candidats. Les résultats du test sont à la dispositon des consommateurs, mais les candidats les moins qualifiés peuvent tout de même exercer la profession. Ce système est-il préférable à celui de la licence ?

Q.14.3 Quels sont d'après vous les marchés sur lesquels l'intervention du gouvernement peut permettre de résoudre les problèmes causés par l'inadéquation de l'information des consommateurs. Autrement dit, sur quels marchés les bénéfices de cette intervention sont-ils supérieurs aux coûts ? Comment le gouvernement peut-il se procurer l'information utile aux consommateurs ? Pouvez-vous citer un exemple réel d'intervention gouvernementale réussie dans ce domaine ?

Q.14.4 Une grande différence entre le prix le plus élevé et le prix le plus bas d'un marché est-elle l'indication d'un dysfonctionnement ? Dans l'affirmative, que doit-on ou que peut-on faire pour réduire cet écart ?

Q.14.5 Des associations comme *Consumers Union* aux États-Unis ou des publications comme *60 millions de consommateurs* en France, sont très utiles. Comment peut-on favoriser la diffusion optimale d'information par ces organismes ? Comment déterminer le niveau optimal d'information ?

Problèmes [26]

P.14.1 Expliquez comment un producteur peut agir en monopole qui brouille l'information au moyen de coupons distribués aux consommateurs dans des journaux ou des magazines. À quelles conditions cette méthode est-elle rentable pour le producteur ?

P.14.2 Supposez qu'il y ait 2 sortes d'entreprises mais que toutes aient la même courbe de coût en forme de U. La première catégorie comprend n entreprises ayant pour courbe de coût moyen $CM(q)$ et la seconde catégorie comprend m entreprises ayant pour courbe de coût moyen $CM(q) + k$. Il y a aussi 2 sortes de consommateurs : les autochtones (qui ont un coût de recherche nul) et les touristes (qui ont un coût de recherche élevé). Décrivez l'équilibre de ce modèle.

P.14.3 Deux économistes écrivent un manuel. Leur éditeur leur propose des royalties d'un montant égal à α% des ventes. Mais, comme les économistes sont soucieux que leur livre se vende bien, ils attirent l'attention de l'éditeur sur le fait que ce mode de rémunération incite à vendre moins d'exemplaires que le nombre correspondant à la maximisation des profits joints. Expliquez pourquoi. Ils suggèrent le paiement de royalties sous forme d'un forfait, L, ou d'un pourcentage β des profits,

---

[26] Les solutions des problèmes impairs sont données en fin de livre.

ce qui favoriserait la vente d'un nombre optimal d'exemplaires. Ils finissent cependant par accepter le système des royalties en pourcentage es ventes. Expliquez pourquoi.

P.14.4 Déterminez les prix, les quantités et le nombre de magasins à prix bas et à prix élevé à l'équilibre du modèle des autochtones et des touristes lorsque les consommateurs ont des courbes de demande linéaires t décroissantes du type $q = a - bp$, où a et b sont des constantes positives.

P.14.5 En réinterprétant le premier modèle de l'annexe C au chapitre 8 (modèle spatial avec consommateur représentatif), développez un modèle expliquant l'effet d'informations supplémentaire sur le niveau dess prix. *Suggestion :* Supposez que l'estimation que fait un consommateur du prix fixé par un magasin i est égal au prix réel augmenté d'un terme d'erreur, $\beta\varepsilon$, où la moyenne de ε est égale à 0 et où β est une constante. Dans ce cas, l'amélioration de l'information se traduit par une baisse de β.

Lectures complémentaires

Les deux articles faciles à lire de Salop (1978) et de Beales, Craswell et Salop (1981) sont une bonne synthèse des questions étudiées dans ce chapitre. Les articles de Colantoni, Davis et Swaminuthan (1965), Allen (1981),. Kahnemann, Slovic et Tversky (1982), sur l'incertitude, l'information et le bien-être, sont plus techniques. Parmi les principaux travaux sur le prix de l'information, citons celui de Lave (1963), Gould (1974), ainsi que celui de Antonovitz et Roe (1986). En ce qui concerne les travaux sur la recherche d'information et le comportement stratégiques des entreprises, il faut mentionner l'article de Wilde et Schwartz (1979), ainsi que celui de Varian (1980). Le rôle de l'information dans la concurrence oligopolistique et monopolistique est analysé par Shapiro (1982), ainsi que par Wolinski (1986) et Ross (1988). L'article de Stiglitz (1989) est une excellente synthèse de l'ensemble de la littérature sur ces questions.

Bibliographie

AKERLOF, George A. 1970. « The Market for 'Lemons' : Quality Uncertainty and the Market Mechanism ». *Quarterly Journal of Economics* 84 : 488–500.

ALLEN, Beth. 1981. « Generic Existence of Completely Revealing Equilibria for Economies with Uncertainty When Prices Convey Information ». *Econometrica* 49 : 1173–99.

ANTONOVITZ, Frances et Terry Roe. 1986. « A Theoretical and Empirical Approach to the Value of Information in Risky Markets ». *Review of Economics and Statistics* 68 : 105–14.

BAGWELL, Kyle et Michael RIORDAN. 1988. « High and Declining Prices Signal Product Quality ». Northwestern University working paper (octobre).

BEALES, Howard, Richard CRASWELL et Steven SALOP. 1981. « Efficient Regulation of Consumer Information ». *Journal of Law and Economics* 24 : 491–539.

BOYNTON, Robert D., Joseph N. UHL, Brian F. BLAKE et Vicki A. MCCRACKEN. 1981. « An Analysis of the Impacts of Comparative Foodstore Price Reporting on Price Structures and Consumer Behavior ». Purdue University Agricultural Experiment Station Research Bulletin 968 (août).

BROWN, Deborah J. et Lee F. SCHRADER. 1990. « Cholesterol Information and Shell Egg Consumption ». *American Journal of Agricultural Economics* 72 : 548–55.

BUTTERS, Gerard R. 1977. « Equilibrium Distribution of Sales and Advertising Prices ». *The Review of Economic Studies* 44 : 465–91.

CALVO, Guillermo. n.d. « The Noisy Monopolist : Salop Simplified ». Mimeo.

CHAN, Yuk-Shee et Hayne E. LELAND. 1982. « Prices and Qualities in Markets with Costly Information ». *The Review of Economic Studies* 49 : 499–516.

COLANTONI, C.S., O.A. DAVIS et M. SWARNINUTHAN. 1965. « Imperfect Consumers and Welfare Comparisons of Policies Concerning Information and Regulation ». *The Bell Journal of Economics* 7 : 602–15.

COOPER, Russell et Thomas W. ROSS. 1984. « Prices, Product Qualities, and Asymmetric Information : The Competitive Case ». *The Review of Economic Studies* 51 : 197–207.

CROCKER, Keith J. 1986. « A Reexamination of the 'Lemons' Market When Warranties are Not Prepurchase Quality Signals ». *Information Economics and Policy* 2 : 147–62.

CURRY, D. et P. REISZ. 1988. « Prices and Price/Quality Relationships : A Longitudinal Analysis ». *Journal of Marketing* 52 : 36–51.

CYERT, R.M. et J.G. MARCH. 1963. *A Behavioral Theory of the Firm*. Englewood Cliffs, N.J. : Prentice-Hall.

DEVINE, D. Grant. 1978. « A Review of the Experimental Effects of Increased Price Information on the Performance of Canadian Retail Food Stores in the 1970s ». *Canadian Journal of Agricultural Economics* 26 : 24–9.

DEVINE, D. Grant et Bruce W. MARION. 1979. « The Influence of Consumer Price Information on Retail Pricing and Consumer Behavior ». *American Journal of Agricultural Economics* 61 : 228–37.

DEVINE, D. Grant et Bruce W. MARION. 1980. « The Influence of Consumer Price Information on Retail Pricing and Consumer Behavior : Reply ». *American Journal of Agricultural Economics* 62 : 267–9.

DIAMOND, Peter. 1971. « A Model of Price Adjustment ». *Journal of Economic Theory* 3 :156–68.

Federal Trade Commission, Bureau of Consumer Protection. 1978. *Standards and Certification, Proposed Rule and Staff Report*. Washington, D.C. : U.S. Government Printing Office.

Federal Trade Commission. 1979. *Consumer Information Remedies, Policy Review Session*. Washington, D.C. : U.S. Government Printing Office.

GABOR, André. 1980. « Price and Consumer Protection », *in* D. MORRIS, éd., *Economics of Consumer Protection*. London : Heinemann Educational Books.

GABOR, André et C.W.J. GRANGER. 1961. « On the Price Consciousness of Consumers ». *Applied Statistics* 10 : 170–88.

GERSTNER, E. 1985. « Do Higher Prices Signal Higher Qualities ? » *Journal of Marketing Research* 22 : 209–15.

GINTER, James L., Murray A. YOUNG et Peter R. DICKSON. 1987. « A Market Efficiency Study of Used Car Reliability and Prices ». *The Journal of Consumer Affairs* 21 : 258–76,

GOULD, John P. 1974. « Risk, Stochastic Preference, and the Value of Information ». *Journal of Economic Theory* 8 : 64–85.

GROSSMAN, Stanford J. et Joseph E. STIGLITZ. 1980. « On the Impossibility of Informationally Efficient Markets ». *American Economic Review* 70 : 393–408.

HEMENWAY, David. 1975. *Industrywide Voluntary Product Standards*. Cambridge, Mass. : Ballinger.

KAHNEMANN, Daniel, Paul SLOVIC et Amos TVERSKY, éds. 1982. *Judgement Under Uncertainty : Heuristics and Biases*. Cambridge : Cambridge University Press.

KIM, Jae-Cheol. 1985. « The Market for 'Lemons' Reconsidered : A Model of the Used Car Market with Asymmetric Information ». *American Economic Review* 75 : 836–43.

KLEIN, Benjamin et Keith LEFFLER. 1981. « The Role of Market Forces in Assuring Contractual Performance ». *Journal of Political Economy* 89 : 615–41.

LACKO, James M. 1986. *Product Quality and Information in the Used Car Market*. Federal Trade Commission, Bureau of Economics Staff Report. Washington, D.C. : U.S. Government Printing Office.

LAVE, Lester B. 1963. « The Value of Better Weather Information to the Raisin Industry ». *Econometrica* 31 : 151–64.

LELAND, Hayne E. 1979a. « Quacks, Lemons, and Licensing : A Theory of Minimum Quality Standards ». *Journal of Political Economy* 87 : 1328–46.

LELAND, Hayne E. 1979b. « Minimum Quality Standards in Markets with Asymmetric Information », in Simon ROTTENBERG, ed., *Occupational Licensure*. Washington, D.C. : American Enterprise Institute.

LESSER, William H. et W. Keith BRYANT. 1980. « The Influence of Consumer Price Information on Retail Pricing and Consumer Behavior : Comment ». *American Journal of Agricultural Economics* 62 : 265–6.

LYNCH, Michael, Ross MILLER, Charles R. PLOTT et Russell PORTER. 1986. *Experimental Studies of Markets with Buyers Ignorant of Quality Before Purchase : When Do 'Lemons' Drive Out High-Quality Products ?* Bureau of Economics, Federal Trade Commission. Washington, D.C. : U.S. Government Printing Office.

MAYNES, Scott E. et Terje ASSUM. 1982. « Informationally Imperfect Consumer Markets : Empirical Findings and Policy Implications ». *The Journal of Consumer Affairs* 16 : 62–87.

MCCRACKEN, Vicki A., Robert D. BOYNTON et Brian F. BLAKE. 1982. « The Impact of Comparative Food Price Information on Consumers and Grocery Retailers : Some Preliminary Findings of a Field Experiment ». *The Journal of Consumer Affairs* 16 : 224–39.

OSTER, Sharon M. et John M. QUIGLEY. 1977. « Regulatory Barriers to the Diffusion of Innovation : Some Evidence from Building Codes ». *The Bell Journal of Economics* 8 : 361–77.

PAULY, Mark V. et Mark A. SATTERTHWAITE. 1981. « The Pricing of Primary Care Physicians' Services : A Test of the Role of Consumer Information ». *The Bell Journal of Economics* 12 : 488–506.

PERLOFF, Jeffrey M. et Steven C. SALOP. 1986. « Firm-Specific Information, Product Differentiation, and Industry Equilibrium ». *Oxford Economic Papers* 38 : 184–202.

PRATT, John W., David A. WISE et Richard ZECKHAUSER. 1979. « Price Differences in Almost Competitive Markets ». *Quarterly Journal of Economics* 93 : 189–211.

REINGANUM, Jennifer F. 1979. « A Simple Model of Equilibrium Price Dispersion ». *Journal of Political Economy* 87 : 851–8.

ROSS, Thomas W. 1988. « Brand Information and Price ». *The Journal of Industrial Economics* 36 : 301–14.

ROTHSCHILD, Michael. 1974. « Models of Market Organization with Imperfect Information : A Survey ». *Journal of Political Economy* 82 : 1283–1308.

SALOP, Steven C. 1976. « Information and Monopolistic Competition ». *American Economic Review* 66 : 240–5.

SALOP, Steven C. 1977. « The Noisy Monopolist : Imperfect Information, Price Dispersion, and Price Discrimination ». *The Review of Economic Studies* 44 : 393–406.

SALOP, Steven C. 1978. « Parables of Information Transmission in Markets », *in* Andrew A. MITCHELL, ed., *The Effect of Information on Consumer and Market Behavior*. Chicago : American Marketing Association, 3–12.

SALOP, Steven C. et Joseph STIGLITZ. 1977. « Bargains and Ripoffs : A Model of Monopolistically Competitive Price Dispersion ». *The Review of Economic Studies* 44 : 493–510.

SCITOVSKY, Tibor. 1950. « Ignorance as a Source of Oligopoly Power ». *American Economic Review* 40 : 48–53.

SEXTON, Richard. 1981. « Welfare Loss from Inaccurate Information : An Economic Model with Application to Food Labels », *Journal of Consumer Affairs* 15 : 214–31.

SHAPIRO, Carl. 1982. « Consumer Information, Product Quality, and Seller Reputation ». *The Bell Journal of Economics* 13 : 20–35.

SIMON, Herbert A. 1957. *Models of Man*. New York : John Wiley and Sons.

SIMON, Herbert A. 1959. « Theories of Decision-Making in Economics and Behavioral Science ». *American Economic Review* 49 : 253–83.

SMALLWOOD, Dennis E., et John CONLISK. 1979. « Product Quality in Markets Where Consumers are Imperfectly Informed ». *Quarterly Journal of Economics* 93 : 1–23.

SMITHSON, Charles W. et Christopher R. THOMAS, 1988. « Measuring the Cost to Consumers of Product Defects : The Value of 'Lemon Insurance' ». *Journal of Law and Economics*, 31 (2), octobre : 485–502.

STAHL, Dale 0. II. 1989. « Oligopolistic Pricing with Sequential Consumer Search ». *American Economic Review* 79 : 700–12.

STIGLER, George. 1961. « The Economics of Information ». *Journal of Political Economy* 69 : 213–25.

STIGLITZ, Joseph E. 1979. « Equilibrium in Product Markets with Imperfect Information ». *American Economic Review* 69 : 339–45.

STIGLITZ, Joseph E. 1989. « Imperfect Information in the Product Market », in Richard SCHMALENSEE et Robert WILLIG, éds., *The Handbook of Industrial Organization*. New York : Elsevier Science Publishers, Inc.

TELLIS, Gerard J. et Birger WERNERFELT. 1987. « Competitive Price and Quality Under Asymmetric Information ». Marketing Science 6 : 240–53.

VARIAN, Hal. 1980. « A Model of Sales ». *American Economic Review* 70 : 651–9.

WILDE, Louis L. et Alan Schwartz. 1979. « Equilibrium Comparison Shopping ». *The Review of Economic Studies* 46 : 543–53.

WILLIAMSON, Oliver E. 1964. *The Economics of Discretionary Behavior*. Englewood Cliffs, N.J. : Prentice-Hall.

WOLINSKY, Asher. 1986. « True Monopolistic Competition as a Result of Imperfect Information ». *Quarterly Journal of Economics* 101 : 493–511.

Annexe A au chapitre 14

Parts de marché dans le modèle des touristes et des autochtones

Soit l'équilibre à deux prix du modèle des autochtones et des touristes. p^c est le prix des magasins à bas prix, q^c la quantité vendue par chaque magasin à bas prix et $1-\alpha$ la part de marché de ces magasins. Les magasins à prix élevé n'ont pour client que $(1-\alpha)L$ consommateurs non informés (les touristes) et vendent une quantité totale égale à $(1-\alpha)L(1-\beta)$. Chaque magasin à prix élevé vend donc :

$$q^u = \frac{(1-\alpha)L(1-\beta)}{n\,(1-\beta)} = \frac{(1-\alpha)\,L}{n}\,. \qquad (14A.1)$$

La part de marché des magasins à prix élevé est :

$$1-\beta = \frac{q^t}{L} = \frac{1-\alpha}{n}\,. \qquad (14A.2)$$

Les magasins à prix bas vendent à αL consommateurs informés et à $\beta(1-\alpha)L$ consommateurs non informés mais chanceux. Par conséquent :

$$q^c = \frac{\alpha L + (1-\alpha)\,L\beta}{n\beta}\,. \qquad (14A.3)$$

et

$$\beta = \frac{q^c}{L} = \frac{\alpha + (1-\alpha)\,\beta}{n\beta}\,. \qquad (14A.4)$$

À l'équilibre, les magasins à bas prix obtiennent toute la clientèle informée et une partie des touristes (ceux qui tombent dessus par hasard). Ils ont donc une part de marché plus importante que les magasins à prix élevé : $\beta > \alpha$.

À l'équilibre, les magasins à bas prix et les magasins à prix élevé ont un profit nul du fait de la liberté d'entrée. Soit q^a la quantité pour laquelle le coût moyen est égal à p^u. À l'équilibre, $q^a = q^u$, de sorte que :

$$q^a = \frac{(1-\alpha)\,L}{n}\,. \qquad (14A.5)$$

De même, soit q^A, la quantité pour laquelle le coût moyen est égal à p^c :

$$q^A = q^c = \frac{\alpha L + (1-\alpha)\,L\beta}{n\beta}\,. \qquad (14A.6)$$

Donc, l'équation (14A.5) donnant q^a et l'équation (14A.6) donnant q^A forment un système de 2 équations à 2 inconnues (β et n). Résolvons l'équation (14A.5) en n :

$$n = \frac{(1-\alpha)\,L}{q^a}. \tag{14A.7}$$

Remplaçons l'expression de n donnée par l'équation (14A.7) dans l'équation (14A.6) et réarrangeons les termes :

$$\beta = \frac{\alpha q^a}{(1-\alpha)\left(q^A - q^a\right)}. \tag{14A.8}$$

L'équilibre à 2 prix est caractérisé par n et β (équations [14A.7] et [14A.8]). Il y a βn magasin à bas prix qui vendent chacun $q^A = q^c$ (équation [14A.6]) unités au prix p^c et $(1-\beta)n$ magasins à prix élevé qui vendent $q^a = q^u$ (équation [14A.5]) au prix p^u.

15

La publicité

La publicité est la seule vérité que contienne un journal.
W.S. Thomas Jefferson

La publicité est un racket... Sa contribution positive à l'humanité est tout bonnement nulle.
F. Scott Fitzgerald

La publicité a de nombreuses fonctions. Une publicité peut informer les consommateurs de l'existence d'un nouveau produit ou d'un prix plus bas, comme elle peut servir à différencier un produit des produits concurrents. Une entreprise a recours à la publicité pour informer les consommateurs des qualités d'un produit mais non de ses faiblesses. Les entreprises dévoilent à contre-cœur certains faits, en dissimulent d'autres et font volontiers la promotion de certains autres.

La publicité est une industrie énorme. Comme le montre le tableau 15.1, l'entreprise américaine qui a le plus gros budget publicitaire, Procter et Gamble, a dépensé 2,28 milliards de dollars en 1991 pour la publicité de ses savons, détergents et autres produits. Le numéro 2, Phillip Morris, un producteur de cigarettes, a dépensé 2,21 milliards de dollars. Par comparaison, le gouvernement américain a dépensé 304 millions de dollars et se classe seulement au 39e rang des annonceurs.

Exprimée en pourcentage du chiffre d'affaires, les dépenses publicitaires varient considérablement. Par exemple, General Motors, le quatrième annonceur, n'a dépensé que 1,8% de son chiffre d'affaires en publicité, alors que Warner-Lambert Co., une entreprise pharmaceutique qui n'arrive qu'au 15e rang des annonceurs, a dépensé 25,8% de son chiffre d'affaires.

Tableau 15.1: *Les 50 principaux annonceurs publicitaires américains*

		Publicité aux E.U. en 1991	
	Rang	**en milliers de $**	**en % du C.A. aux E.U.**
Automobile			
Chrysler Corp.	21	528 412	1,9
Ford Motor Co.	16	616 035	1,1
General Motors Corp.	4	1 502 829	1,8
Honda Motor Co., Ltd.	36	318 007	n.d.
Mazda Motor Corp.	45	247 856	n.d
Nissan Motor Co., Ltd.	27	410 245	n.d
Toyota Motor Corp.	17	580 738	n.d
Chimie & pétrole			
American Cyanamid Co.	35	248 460	2,9
Mobil Corp.	50	167 777	0,9
Électronique et équipements de bureau			
Eastman Kodak Co.	34	255 586	2,9
General Electric Co.	25	354 250	n.d.
International Business Machines	31	295 498	1,2
Tandy Corp.	33	262 161	n.d.
Distractions et Médias			
CBS, Inc.	46	184 837	4,5
Time, Inc.	44	190 587	n.d.
Walt Disney Co.	38	219 138	n.d.
Finance			
American Express Co.	45	190 002	1,6
Alimentation			
Con Agra	46	246 086	n.d.
General Mills	20	538 981	8,5
Grand Metropolitan	5	882 636	11,0
H.J. Heinz Co.	37	307 927	7,9
Hershey Foods Corps	32	338 680	13,5
Kellog Co.	18	577 693	18,9
Nestlé SA	14	635 895	n.d.
Quaker Oats Co.	34	329 310	8,5
Ralston Purina Co.	31	354 501	6,9
RJR Nabisco	13	636 087	5,3
Sara Lee Corp.	38	306 713	n.d.
Gouvernement			
Gouvernement américain	39	304 045	n.d.

suite page suivante

Tableau 15.1: *Les 50 principaux annonceurs publicitaires américains (suite et fin)*

		Publicité aux E.U. en 1991	
	Rang	**en milliers de $**	**en % du C.A. aux E.U.**
Chewing-gum et sucreries			
Mars, Inc.	42	272 417	n.d.
Pharmacie			
American Home products Corp.	25	415 434	9,0
Bristol-Myers Squibb Co.	24	428 659	6,1
Johnson & Johnson	12	653 710	12,1
Pfizer, Inc.	40	279 875	8,1
Warner-Lambert Co.	15	630 838	25,8
Distribution			
Dayton Hudson Corp.	35	318 685	n.d.
Federated Department Stores	41	273 710	n.d.
J.C. Penney Co.	28	393 781	n.d.
K-Mart Corp.	9	693 218	n.d.
R.H. Macy and Co.	43	272 203	n.d.
May Department Stores Co.	30	363 605	n.d.
Sears Roebucks and Co.	3	1 507 066	n.d.
Restauration			
McDonald's Corp.	8	764 144	19,7
Savons, Détergents & droguerie			
Colgate-Palmolive Co.	44	264 967	14,0
Procter & Gamble Co.	44	264 967	14,0
Unilever, N.V.	19	568 909	6,6
Sodas			
Coca-Cola Co.	29	377 173	9,6
PepsiCo, Inc.	6	849 064	6,0
Téléphone			
American Telephone and Telegraph	7	796 533	n.d.
Tabac			
American Brands	49	277 084	4,8
Philip Morris	2	2 210 233	6,1
Vins, bières et liqueurs			
Anheuser-Busch	14	459 231	n.d.

SOURCE : *Advertizing Age.* 25 septembre 1991, p. 71.

Les annonceurs américains se classent devant ceux des 57 autres pays qui dépensent le plus en publicité. Les dépenses publicitaires totales des entreprises américaines sont 3,4 fois plus élevées que celles des entreprises japonaises (second rang) et 9,8 fois plus élevées que celles des entreprises anglaises (troisième rang). En 1988, les dépenses publicitaires par habitant des dix principaux pays dans ce domaine s'élevaient à 480 $ pour les États-Unis, 357 $ pour la Finlande, 302 $ pour la Suisse, 282 $ pour le Japon, 233 $ pour le Canada, 212 $ pour le Royaume-Uni, 211 $ pour l'Australie, 192 $ pour l'Allemagne (Ouest seulement), 188 $ pour la Nouvelle-Zélande et 181 $ pour la Norvège.(1)

Les programmes de télévision et de radio sont largement financés par la publicité. Le monde serait bien triste sans les dessins animés du samedi matin financés par les publicités pour jouets et céréales ! Les entreprises peuvent également influencer le contenu des programmes en menaçant de retirer leur financement.(2) La publicité représente jusqu'à 50% du chiffre d'affaires des magazines et 80% du chiffre d'affaires des quotidiens. La NASA a fait payer un demi million de dollars pour laisser figurer une publicité de 58 pieds sur l'une de ses fusées.(3) La publicité postale américaine représente 1 envoi sur 6 au niveau mondial.(4). La chaîne de restaurants Rease, qui contrôle 500 établissements, envisage de mettre de la publicité sur ses menus.(5) Certains interdits subsistent cependant. Ainsi, la ville de Roanoke, en Virginie, prohibe la vente d'emplacements publicitaires dans les cimetières.

En dépit de la place envahissante de la publicité dans nos vies, les modèles de base de la concurrence n'en tiennent pas compte. Ce chapitre remédie à cette absence en étudiant des modèles concurentiel et non concurrentiel qui incorporent le rôle de la publicité.

Nous commencerons par analyser comment la nature du produit affecte le contenu informatif de la publicité, ce qui nous permettra d'opposer la publicité qui informe à celle qui persuade sans divulguer de faits réels. Nous étudierons ensuite comment se détermine le niveau de publicité qui maximise le profit et nous nous demanderons dans quelle mesure ce niveau est socialement optimal. Puis nous décrirons les effets de la publicité sur les prix, les barrières à l'entrée ainsi que le bien-être du consommateur.

Nous verrons quels critères appliquer pour distinguer le caractère informatif du caractère mensonger d'une publicité et nous tenterons de déterminer le niveau optimal d'application des lois qui répriment la publicité mensongère. Enfin, nous

---

[1] Foster, Hal « America's Growing Mania for Advertizing », *San Francisco Chronicle*, 5 avril 1990 : C1.

[2] On rapporte par exemple qu'un magazine américain de santé aurait offert de publier des articles élogieux sur deux produits diététiques moyennant 25 000 $ (Samuelson, Robert J. « The End of Advertizing ? » *Newsweek*, 19 août 1991, p. 40).

[3] Garchik, Leah. « Personals : NASA Rocket becomes Ad Sites », *San Francisco Chronicle*, 19 janvier 1993 : C20.

[4] Boyd, L.M. « Grab Bag », *San Francisco Chronicle*, 23 janvier 1993 : C20.

[5] Greene, Bob, « Advertizing ad Nauseum », *San Francisco Chronicle*, 8 février 1990 : E14.

analyserons les éléments de la décision qui conduit l'entreprise à divulguer ou à dissimuler les informations concernant ses produits. En effet, s'il est peu probable qu'une entreprise hésite à faire connaître aux consommateurs les qualités de ses produits ou leurs bas prix, il est possible qu'elle hésite à divulguer des faits concernant les insuffisances des ses produits, comme leurs effets secondaires ou la probabilité qu'ils tombent en panne. En fait, comme nous l'avons vu au chapitre 14, une entreprise peut acquérir ou renforcer son pouvoir de marché en limitant l'information des consommateurs. Cependant, dans de nombreux cas, il est malgré tout dans l'intérêt bien compris de l'entreprise de divulger certaines informations critiques. Enfin, même s'il est clair que les lois sur la publicité encouragent la divulgation des faits véritables, il est également possible qu'elles aient des effets pervers.

Les questions essentielles abordées dans ce chapitre sont les suivantes :

1. Le but de la publicité est d'augmenter les ventes en influençant les préférences des consommateurs ou en les informant sur l'existence d'opportunités.

2. Bien que certaines publicités soient néfastes pour le bien-être, beaucoup d'autres ont au contraire un impact bénéfique. Toutefois, les entreprises font souvent trop de publicité.

3. L'esprit critique des consommateurs est le meilleur rempart possible contre la publicité mensongère. En effet, l'application partielle des lois sur la publicité mensongère peut conduire à augmenter aussi bien la publicité informative que la publicité mensongère.

4. Lorsque les lois sur la publicité mensongère sont pleinement appliquées, les entreprises sont généralement incitées à diffuser toute l'information dont elles disposent. Mais, dans certaines circonstances, ces lois ont pour effet de limiter la divulgation de l'information.

15.1 Information et publicité

La publicité peut véhiculer des faits bruts, des affirmations vagues ou tenter de créer une attitude favorable à l'achat du produit. Certains prospectus publicitaires ne font qu'énumérer les prix des produits vendus dans un magasin. Dans ce cas, si les consommateurs apprennent que les prix d'un magasin sont les plus bas, la demande pour les produits de ce magasin augmentera probablement. D'autres publicités ne font que mettre en scène l'utilisation d'un produit dans un contexte agréable. Une personne attirante qui déguste un soda près d'une cascade suggère que le produit est rafraîchissant. En persuadant les consommateurs que le produit a certaines caractéristiques désirables, l'entreprise le différencie de celui des concurrents. Plus le produit et différencié, plus la demande qui s'adresse à l'entreprise augmente et plus l'élasticité de la demande diminue. L'entreprise peut ainsi augmenter son prix et accroître son profit (voir le chapitre 8). Ainsi, une marque de liquide nettoyant se vendra-t-elle peut-être à un prix plus élevé que les autres si elle a bénéficié d'un effort publicitaire plus important.

15.1.1 Promotions

La publicité prend parfois des formes subtiles pour s'insinuer dans l'esprit des consommateurs. Mais ce n'est qu'une des façons de promouvoir un produit. Les magasins peuvent également faire des remises ou employer un personnel de vente spécialisé. Lorsqu'un produit est difficile à décrire, l'entreprise peut inclure un coupon de réduction dans le prospectus publicitaire, afin d'encourager le consommateur à essayer le produit. Les vendeurs spécialisés font un travail qui a la même finalité que la publicité. En plus des publicités dans les magazines, à la radio et à la télévision, les entreprises peuvent recourir à des moyens indirects en cherchant à promouvoir leur image ou en cultivant leur réputation.

Par exemple, aux États-Unis, certaines entreprises agro-alimentaires vendent les fruits et les légumes sous des noms de marques (voir l'exemple 15.1). Contrairement aux vendeurs de produits sans marques, ces entreprises essaient de développer la réputation de leurs produits (de haute qualité, probablement). Il s'agit là d'une façon de résoudre le problème des « citrons » évoqué au chapitre 14. Bien que dans ce chapitre, nous nous concentrons sur la publicité, les analyses développées s'appliquent aussi, le plus souvent, aux autres formes de promotion des produits.

15.1.2 Observation ou expérience : comment déceler lescaractéristiques des biens ?

Le contenu informatif d'une publicité dépend de la façon dont les consommateurs peuvent apprécier la qualité d'un produit avant de l'acheter (Nelson, 1970, 1974). Certains biens ont des **caractéristiques observables**. C'est le cas des meubles ou des vêtements (d'un style déterminé). Pour d'autres biens, les **caractéristiques se révèlent à l'usage**. C'est le cas des produits alimentaires conditionnés, des programmes informatiques et des psychothérapies.[6]

La publicité fournit une information directe sur les produits aux caractéristiques observables. Le plus souvent, il s'agit d'une publicité où l'on voit l'objet. Parfois, lorsque les attributs physiques ne sont pas directement observables, il est possible de les décrire d'une façon concise. Par exemple, pour les produits alimentaires et les boissons, on indiquera leur contenu calorique. En ce qui concerne les biens

[6] Pour certains économistes, il existe une troisième catégorie, celle des biens dont la qualité ne peut pas être déterminée, même après usage. Ce sont des biens dont la qualité doit être appréciée *sur parole*, selon l'expression de Darby et Karni (1973). Il en va ainsi des services de réparation et des soins médicaux, pour lesquels le consommateur n'a pas d'autre possibilité que de se fier aux paroles rassurantes du prestataire. Voir aussi Becker et Murphy (1990) pour une approche différente de la publicité.

EXEMPLE 15.1 Marques et publicité

La plupart des fruits et légumes vendus sur le marché n'ont pas de marques. Les consommateurs sont ainsi invités à admettre qu'une tomate est une tomate et livrés à eux-mêmes pour reconnaître les bonnes. D'une certaines façon, tout se passe comme s'il s'agissait de marchés concurrentiels et de produits parfaitement homogènes. Récemment, cependant, plusieurs entreprises américaines (Natural Pak Produce Inc., Campbell Soup Co. et Dart & Kraft Inc.) ont commencé à commercialiser des tomates sous des noms de marque.

Les nouvelles techniques basées sur la génétique et de meilleures conditions de stockage permettent à ces entreprises de fournir des tomates ayant un goût plus savoureux et restant fraîches plus longtemps. La création de ces marques s'explique par le fait que les entreprises en question n'ont aucun intérêt à ce que la réputation de qualité de leur tomates bénéficie à l'ensemble du marché, surtout que le coût de production des tomates de bonne qualité est probablement plus élevé (voir le chapitre 14).

S'ils pensent que le produit est de qualité supérieure, les consommateurs accepteront de le payer plus cher. Les oranges Sunkist, les ananas Dole et les bananes Chiquitas rapportent 10% à 60% de plus que leur concurrents génériques. De même, lorsqu'elles furent introduites sur le marché, les tomates de marque se vendirent 1 $ la livre, soit 0,30 $ de plus que les tomates sans marques.

Vendre un produit de marque comporte un risque. En effet, les consommateurs peuvent lui préférer les produits génériques si la qualité n'est pas au rendez-vous. Pourquoi payer plus cher pour un produit qui n'est pas meilleur que les autres ? De plus, même si les consommateurs pensent que le produit est supérieur et le paient un peu plus cher, la différence de prix ne couvre pas forcément le coût de la qualité et les sommes investies dans la création d'une image de marque. C'est le cas pour Castle & Cooke, Budd Co. et d'autres petites entreprises qui n'ont pas pu amortir les investissements qu'elles avaient effectués dans la création de marques de choux-fleurs, de raisins et de brocolis.

SOURCE : Eklund, Christopher S. « Will a Tomato by Any Other Name Taste Better ? » *Business Week* 30 septembre 1985, p. 105.

dont les caractéristiques se révèlent à l'usage, l'essentiel de l'information peut être transmise sous forme d'une publicité distrayante qui parfois se contente de mentionner la marque. Ces publicités se fondent sur l'idée que la répétition des spots aura pour effet d'ancrer la notion de qualité dans l'esprit du téléspectateur.

Certaines entreprises font des publicités qui vantent simultanément la qualité de l'ensemble de leurs produits : si vous avez aimé l'un de nos produits, vous aimerez les autres (Duncan Hines, Green Giant) ! Bien que ces publicités ne se contentent pas seulement de mentionner la marque, elles ne décrivent pas non plus les caractéristiques des produits de façon détaillée. Certaines publicités cherchent à convaincre que le produit est supérieur à ceux vendus sous d'autres marques, ce qui est une forme de différenciation (Bayer contre l'aspirine générique, Clorox contre les liquides de nettoyage génériques, Coca contre Pepsi, Tide contre les lessives génériques).

15.1.3 Publicité informative contre publicité persuasive

Certains économistes distinguent la **publicité informative**, qui décrit les caractéristiques objectives d'un produit, de la **publicité persuasive**, qui cherche à modifier les préférences des consommateurs. Une publicité informative mentionnera par exemple le prix du produit, proposera dans les pays où c'est légal) de le comparer avec celui d'autres marques, décrira les caractéristiques du produit et énumérera ses usages possibles. Au contraire, une publicité persuasive se contentera d'affirmations explicites ou implicites comme « fumez ces cigarettes pour paraître plus adulte et plus sexy ».

Lorsque le contenu informatif d'une publicité ne peut pas être modifié, certaines entreprises utilisent la publicité persuasive pour influencer la perception du produit par les consommateurs (repositionnement de la marque). C'est le cas, par exemple, de Dr Pepper's, dont la part dans les sodas augmenta d'environ un dixième de 1991 à 1992 à la suite de la modification de son image. Jusque-là, au cours des années 1970 et 1980, cette marque s'était posée en rivale de Coca-Cola, sans se rendre compte qu'en critiquant Coca-Cola, elle perdait des clients. De ce fait, Dr. Pepper n'avait qu'une très faible part de marché. Grâce à une nouvelle publicité qui la faisait apparaître comme une boisson alternative mais non concurrente de Coca Cola, Dr. Pepper réussit à modifer son image.[7]

Il semble logique de penser que les producteurs de biens aux caractéristiques observables recourent plus volontiers aux publicités informatives tandis que les producteurs de biens aux qualités se révélant à l'usage recourent de préférence aux publicités persuasives. Mais cette opposition n'est pas toujours vérifiée. Le ratio publicité/ventes pour les produits classés dans la catégorie des biens dont les qualités se révèlent à l'usage est trois fois plus élevé que celui des produits classés dans la catégorie des biens aux caractéristiques observables et cette différence est statistiquement significative (Nelson, 1974 ; p. 738–40). Il se peut notamment que les images (utilisées dans la publicité persuasive) s'oublient plus vite que les faits (utilisés dans la publicité informative). Ainsi, les consommateurs peuvent-ils facilement retenir qu'un produit contient peu de calories et est donc moins nourissant, alors qu'il faudra effectuer un véritable bonbardement publicitaire pour parvenir à les persuader qu'un produit « a bon goût ».

Ces données empiriques doivent être appréciées avec prudence, car il est difficile de déterminer avec exactitude quels sont les produits aux caractéristiques observables et quels sont ceux dont les caractéristiques se révèlent à l'expérience. Il en va de même des publicités, qui appartiennent souvent aux deux genres. Si un jeune adolescent à besoin de se sentir « cool » et qu'on lui montre une publicité dans laquelle un acteur ou un chanteur connu porte des lunettes d'une marque particulière, il se peut qu'il considère ce type de publicité comme informative (voir

[7] Elliott, Stuart, « Advertising : Mainstream Nonconformist Is Dr Pepper's Self-Identity », *New York Times*, 2 décembre 1992 : C18.

EXEMPLE 15.2 Le sexe fait-il vendre ?

Selon une enquête portant sur 1 000 consommateurs américains et 5 000 publicités télévisées effectuée par Research Systems Corp. (RSC), une entreprise spécialisée dans la recherche publicitaire, l'humour, le sexe et les vedettes ne font pas réellement vendre les produits. D'après cette étude, les publicités les plus efficaces sont celles qui font apparaître en quoi le produit est différent des autres. D'autre part, les consommateurs seraient aussi sensibles aux démonstrations concrètes. Selon le directeur d'un autre organisme d'étude, les vedettes du show-biz ne font pas vendre car les consommateurs savent qu'elles ne connaissent pas bien le produit qu'elles vantent. D'autre part, toujours selon ce directeur, la composante érotique des publicités televisées est trop peu importante pour retenir l'attention du téléspectateur.

L'étude de RSC mentionnait qu'une publicité pour Diet Pepsi dans laquelle on voyait Ray Charles jouer de la trompette n'avait fait changé d'avis que 1% des consommateurs ayant vu la publicité. Mais Pepsi ne renonça pas à sa campagne promotionnelle et celle-ci se traduisit en définitive par une augmentation de sa part de marché des boissons non alcolisées de 1,5% à 2,7%.

SOURCE : Beckett, Jamie. « Sex Doesn't Sell Products, Study says »,
San Francisco Chronicle, 15 mai 1992 : B1.

l'exemple 15.2).[8] Cette publicité l'informe, ainsi que ses amis, que la paire de lunette est « cool ». Mais pour quelqu'un de plus âgé, cette publicité peut apparaître comme d'un genre plutôt persuasif et d'un pauvre contenu informatif. Il semble que les consommateurs deviennent de plus en plus réceptifs à la publicité persuasive : selon une étude effectuée par l'agence de publicité américaine N.W. Ayer Inc., les entreprises investissent deux fois plus dans les promotions à effet immédiat que dans la publicité destiné à maintenir l'image du produit. Il y a 20 ans, c'était l'inverse.[9]

15.1.4 Publicité et maximisation du profit

La morue pond dix mille œufs et la poule n'en pond qu'un.
La morue ne caquette jamais pour ce qu'elle fait.
Nous la dédaignons tandis que nous louons la poule.
Ce qui prouve que la publicité paie.

Toute publicité, qu'elle repose sur des faits ou des illusions, a pour but d'augmenter la demande pour le produit d'une entreprise. Par conséquent, une augmentation de α à α' des dépenses publicitaires provoque un déplacement vers la droite de la courbe de demande qui s'adresse à l'entreprise, de $D(Q, \alpha)$ à $D(Q, \alpha')$ sur la figure 15.1.[10] Pour un niveau donné des dépenses publicitaires, l'entreprise

[8] Honus Wagner est sans doute la première vedette américaine à avoir exploité son image de façon publicitaire en acceptant, en 1905, que sa signature figure sur des battes de base-ball. Boyd, L. M. « The Grab Bag » *San Francisco Examiner*, 4 septembre 1988 : Sunday Punch 7.

[9] Horovitz, Bruce. « Study : 'Brand images' Need Nurturing », *Los Angeles Times*, 20 août 1990 : D2.

[10] L'analyse que nous allons développer ne tient pas compte de l'effet sur les autres entreprises des

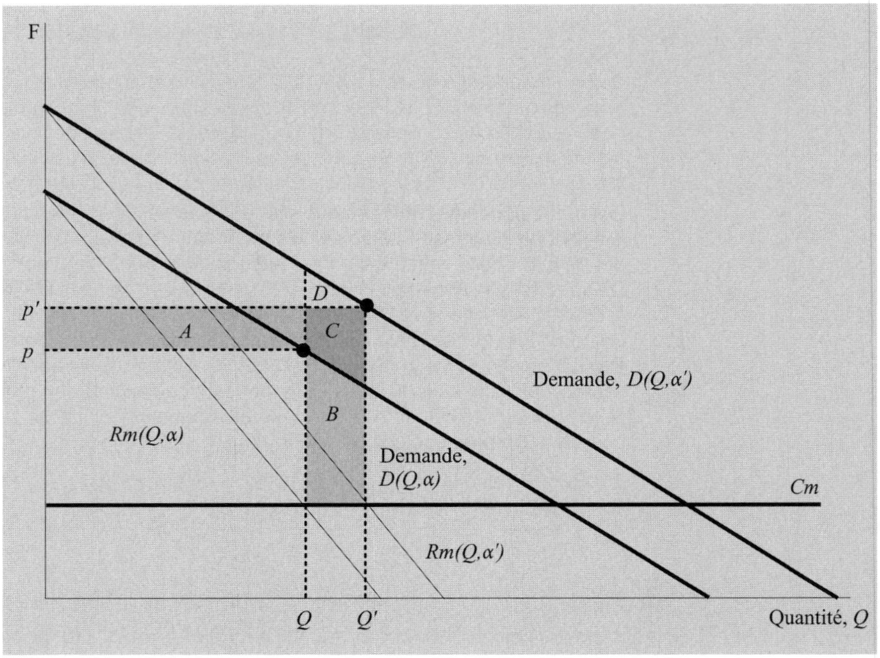

Figure 15.1: *Publicité et maximisation du profit*

choisit la quantité à produire en égalisant sa recette marginale, $Rm(Q, \alpha)$ et son coût marginal, Cm.[(11)]

Le déplacement vers la droite de la courbe de demande élève le profit (si l'on ne tient pas compte des dépenses publicitaires plus élevées) pour deux raisons. Premièrement, le profit augmente des surfaces B et C du fait de l'accroissement des ventes de Q à Q'. Ce profit supplémentaire est égal à $(p' - CM)(Q' - Q)$, où CM représente le coût moyen (et marginal) de production et $(p' - CM)$ représente le profit par unité. Deuxièmement, l'entreprise obtient un profit plus important sur les Q unités initialement vendues, ce qui correspond à la surface A. En effet, comme le prix augmente de p à p', le profit réalisé sur les Q unités est plus élevé de $(p' - p)Q$. Ainsi, si l'on ne tient pas compte des frais qu'elle implique, la publicité supplémentaire augmente globalement le profit des surfaces A, B et C.

décisions concernant les dépenses publicitaires et la quantité à produire. Les études empiriques montrent cependant que la structure du marché influence les dépenses publicitaires (Weiss, Pascoe et Martin, 1983). Lambin (1976) a établi que la publicité des entreprises rivales réduit à peu près autant la part de marché de l'entreprise que ses propres dépenses publicitaires ne l'augmentent.

[11] C'est-à-dire que $Rm(Q, \alpha) \equiv \partial R(Q, \alpha)/\partial Q$, où la recette totale, R, est donnée par $D(Q, \alpha)Q$.

EXEMPLE 15.3 La publicité pour la consommation de lait aux États-Unis

Aux États-Unis, les programmes nationaux et locaux de promotion de la vente de lait coûtent environ 200 millions de dollars par an. Ceci représente environ 15 cents par centaine d'unités de lait vendue dans les 48 États concernés. Le tiers au moins de ces 15 cents est consacré à de la publicité et à de la promotion nationale. Le reste est dépensé au niveau local.

Selon Liu et Forker (1988), la publicité doit être permanente car les consommateurs oublient constamment. Leurs calculs montrent qu'une augmentation permanente de 1% de la publicité entraîne un accroissement du niveau la demande de lait en 6 mois. L'élasticité de la demande de lait par rapport aux dépenses publicitaires serait égale à 0,0028. Ceci signifie, compte tenu du niveau actuel des dépenses publicitaires et des 18,27 livres de lait mensuellement consommées par habitant, que si les dépenses publicitaires ne représentaient que 10% de leur niveau moyen (historique), la consommation de lait par habitant baisserait de 17,99 livres par mois, toutes choses égales par ailleurs.

D'après les calculs de Liu et Forker, les ventes des producteurs de lait augmentent de 1,50 $ par dollar dépensé en publicité, compte tenu du niveau moyen (historique) des dépenses en publicité. Toutefois, leurs résultats indiquent que un niveau de dépenses publicitaires de maximisation du profit ne correspond qu'à 55% de son niveau moyen (historique). Le tableau ci-après indique quel est le rapport du bénéfice marginal estimé au coût marginal :

Publicité en % de différents niveaux passés	*Bénéfice marginal* / *Coût marginal*
10	4,16
20	2,44
30	1,74
40	1,35
50	1,11
60	0,94
70	0,81
80	0,72
90	0,64

Le tableau montre que si les dépenses publicitaires étaient ramenées au niveau de maximisation du profit, chaque dollar supplémentaire augmenterait les ventes de 2 $.

Si les frais supplémentaires de publicité, $E = \alpha' - \alpha$, sont inférieurs où égaux à l'augmentation de profit, $A + B + C$, la publicité additionnelle se justifie. Si le profit augmente davantage que les dépenses publicitaires, c'est que la publicité devrait être encore plus importante. Une entreprise qui veut maximiser son profit doit choisir un niveau de dépenses publicitaires tel que le dernier franc dépensé en publicité augmente exactement d'un franc son profit net (voir l'annexe A à ce chapitre). Ainsi, la maximisation du profit implique que le coût marginal de la publicité soit égal à son bénéfice marginal (voir l'exemple 15.3 pour une illustration).

Selon Seldon et Doroodian (1989), la publicité (américaine) pour le tabac augmente la demande de cigarettes et les campagnes anti-tabac (publicité négative, principalement) la diminue.[12] Les entreprises réagissent à chaque campagne antitabac pour un accroissement de leur effort publicitaire.

Plus le coût de la publicité baisse, plus il y a de publicité. Dans l'Égypte ancienne, certains marchands recrutaient déjà des crieurs pour annoncer l'arrivée de leurs cargaisons. Vers 1630, l'invention de l'imprimerie réduisit suffisamment le coût de la publicité pour que son utilisation à grande échelle se généralise. Plus récemment, la télévision et la radio ont permis une nouvelle réduction des coûts. Aujourd'hui, les plus gros annonceurs dépensent plus d'un milliard de dollars par an, ce qui explique que nous soyons constamment sollicités par la publicité.

Le modèle de la concurrence parfaite (chapitre 4) ne tient pas compte de l'existence d'un coût publicitaire et postule que les entreprises peuvent vendre la quantité qu'elles désirent au prix du marché, sans publicité. Ce sont habituellement les entreprises qui ont un pouvoir de marché qui investissent dans la publicité, pour déplacer leur courbe de demande vers la droite ou la rendre plus élastique (afin de vendre plus quand elles augmentent leurs prix). Cependant, même les entreprises ayant des courbes de demande très élastiques font de la publicité. En effet, une entreprise preneuse de prix peut faire de la publicité pour informer les consommateurs sur l'endroit où elle se trouve. De même, des entreprises concurrentes peuvent-elles faire conjointement de la publicité pour un produit homogène dans le but d'augmenter la demande globale. C'est le cas des fermiers de Californie, qui dépensent plus de 100 millions de $ par an en publicité (Carman, Green et Mandour, 1992). La publicité pour les « raisins qui dansent » représente ainsi plus de 5,8 % de la valeur de la récolte de raisin californien.

15.2 Effets de la publicité sur le bien-être

La publicité peut être considérée comme l'art de neutraliser l'intelligence de l'homme le temps suffisant pour lui soutirer son argent. – Stephen Leackock

Aux États-Unis comme en France, certains observateurs critiquent sévèrement la publicité. Mais des organismes officiels, comme la *Federal Trade Commission* aux États-Unis, qui défendent les intérêts des consommateurs, soutiennent au contraire que la publicité bénéficie aussi aux consommateurs et s'opposent à son interdiction. Les données empiriques de l'effet de la publicité sur les prix relatifs indiquent qu'elle augmente la concurrence et améliore le bien-être. De plus, dans certains cas, quand la publicité porte sur d'autres critères que le prix, elle permet de résoudre le problème des « citrons » analysé au chapitre 14. Cependant, tous les modèles théoriques n'aboutissent pas à la conclusion que la publicité améliore le bien-être.

---

[12] Voir Baltagi et Levin (1986), Becker, Grossman et Murphy (1990), ainsi que McGuiness et Cowling (1975) pour d'autres études sur les effets de la publicité sur la demande de cigarettes.

15.2.1 Publicité des prix et bien-être

Lorsque la publicité renseigne sur les prix relatifs, elle tend à réduire le prix du marché. En effet, les publicités honnêtes facilitent la découverte du meilleur prix par les consommateurs. Cependant, comme la publicité est coûteuse, les entreprises n'en font que dans la mesure où les coûts ne deviennent pas supérieurs aux gains qu'elle engendre par le biais de l'augmentation de la demande.

Si les magasins qui ont les prix les bas font de la publicité pour attirer les consommateurs, ils augmentent leur part de marché, ce qui fait baisser le prix moyen du marché (Smallwood et Conlisk, 1979). Dans le modèle des touristes et des autochtones (chapitre 14), les touristes ne peuvent s'informer qu'en visitant chaque magasin. De ce fait, si le coût de recherche est suffisamment élevé, on obtient un équilibre à deux prix : certains magasins font payer un bas prix aux autochtones (et à quelques touristes chanceux) et les autres font payer un prix élevé à la plupart des touristes. Cependant, si les magasins à bas prix faisaient de la publicité dans un journal local, cela ferait baisser le coût d'information des touristes et ils seraient mieux informés, ce qui augmenterait la part de marché des magasins à bas prix. S'il y a assez de touristes informés, tous les magasins doivent s'aligner sur le bas prix. Ainsi, sans publicité, il peut être rentable pour certains magasins seulement de pratiquer des prix bas, tandis qu'avec de la publicité, tous les magasins doivent s'aligner sur le prix le plus bas.[13]

De nombreuses études américaines ont montré que la publicité-prix réduisait le prix moyen payé par le consommateur pour des produits tels que les médicaments (Cady, 1976), les lunettes (Benham, 1972 ; exemple 15.4), les liqueurs (Luksetich et Lofgren, 1976), les jouets (Steiner, 1973) et l'essence à la pompe (Maurizi, 1972). En ce qui concerne les lunettes, certaines études ont cependant montré que si la publicité réduisait le prix moyen, elle engendrait aussi une baisse de la qualité (Arnould, 1972 ; Muris et McChesney, 1979 ; Kwoka, 1984).

Selon Benham (1972), le prix des lunettes dans les États qui interdisent la publicité-prix mais pas les autres formes de publicité n'est que très légèrement plus élevé que dans les États qui autorisent la publicité-prix. En revanche, dans les États où toute forme de publicité pour les lunettes est interdite, leur prix serait nettement plus élevé, ce qui tend à prouver que même la publicité hors-prix peut réduire les prix (voir aussi Bagwell et Ramey, 1988).

Dans la mesure où la publicité peut réduire le prix de marché, on comprend que certains groupements professionnels s'y opposent. Ainsi, aux États-Unis, il a

[13] Butters (1977) a montré que le prix du marché était d'autant plus bas que la publicité était peu onéreuse ou que le coût d'information était faible. Il a également démontré comment le marché engendre spontanément le montant optimal de publicité ainsi que le bien-être maximal. Stigler et Becker (1977), ainsi que Nichols (1985) ont également montré que des entreprises en concurrence choisissent le montant socialement optimal de publicité. Inversement, Stegeman (1991) a établi que dans certaines conditions, si les consommateurs ne sont informés des prix qu'à travers la publicité, le niveau de publicité généré par les entreprises est inférieur à l'optimum.

EXEMPLE 15.4

Des lunettes pour mieux voir le gain social de la publicité

Autrefois, la publicité pour les lunettes était interdite dans certains États américains. Selon une étude de Benham (1972), en 1963, le prix des lunettes était nettement plus élevé dans les États où la publicité était interdite que dans ceux où elle était autorisée. En tenant compte des différences inter-étatique dans la composition par catégories de revenu, d'âge, de sexe et de structure familiale, il a estimé que le coût des lunettes était plus élevé de 7,37 $ dans les États où la publicité pour les lunettes était totalement prohibée, ce qui représente un prix de 28 % plus élevé que dans les États qui autorisaient la publicité (où le coût moyen estimé était de 26,34 %).

Dans les États qui prohibaient seulement la publicité-prix mais pas les autres formes de publicité, la différence n'était que de 1,32 % (statistiquement non significatif). Ainsi, la différence la plus significative provenait-elle de l'interdiction de la publicité-prix.

Une étude commandée par la *Federal Trade Commission* (Bond *et al.*, 1980) aboutit également à la conclusion que les prix étaient plus bas dans les villes où la publicité était autorisée, sans que la qualité des lunettes diffère pour autant entre les deux catgories de villes. Dans les villes où la publicité était autorisée, même les ophtalmologites qui ne faisaient pas personnellement de publicité pratiquaeint en moyenne des prix inférieurs de 20 $ pour les examens et les verres.

Vers la fin des années 1970, la *Federal trade Commission* (FTC) fit promulguer un règlement qui empêchait les organisations d'ophtalmologistes et d'opticiens de s'opposer à la publicité pour les lunettes ou les prestations liées à l'ophtalmologie. Cette décision de la FTC s'appuyait sur les résultats des études économiques qui montraient que l'interdiction de la publicité avait augmenté le prix moyen (voir Ippolito, 1986).

fallu une décision de la Cour Suprême pour faire accepter la publicité aux docteurs, dentistes et avocats, qui s'y opposaient sous le prétexte fallacieux qu'elle était contraire à leur éthique. Aujourd'hui, 16% des avocats de Floride font insérer des publicités dans les pages jaunes. Certains cabinets d'avocats font placer des encarts dans les journaux pour faire connaître les procès qu'ils gagnent, envoient des mailings à des clients potentiels et louent les services d'agences publicitaires pour les aider à mieux pénétrer le marché.[14]

A. Publicité et sélection adverse

Sur certains marchés, les entreprises ne parviennent pas à rentabiliser les produits de haute qualité parce que les consommateurs ne sont pas en mesure de les reconnaître a priori (problème de la sélection adverse déjà évoqué au chapitre 14). La publicité, tout comme les garanties et les assurances, peut permettre de signaler la qualité d'un produit et de résoudre ainsi le problème de la sélection adverse.[15]

[14] Naisbitt, John. « Trendnotes », *San Francisco Chronicle* », 5 mars 1985, p. 51.

[15] Voir Nelson (1974), Schmalensee (1978), Klein et Leffler (1981), Shapiro (1983), Wolinski (1983), Kihlstrom et Riordan (1984), Milgrom et Roberts (1986) et Rogerson (1986). Voir aussi Allen (1984) pour une perspective différente. Selon Bagwell et Riordan (1991), un prix élevé est l'indice d'un produit de qualité dans la mesure où la baisse du volume des ventes qui résulte d'un prix élevé est

Supposons, par exemple, qu'une entreprise désire commercialiser un produit de haute qualité dont les caractéristiques ne peuvent être découvertes qu'à l'usage. L'entreprise mise sur le fait que si les consommateurs essaient le produit, ils l'aimeront et continueront à l'acheter par la suite. L'entreprise choisit donc une politique de haute qualité dans le but de fidéliser le consommateur (Klein et Leffler, 1981 ; Shapiro, 1983 ; Rogerson, 1986). Autrement dit, la politique de qualité vise à attirer les consommateurs dans l'espoir d'augmenter les profits.

Afin de ne pas trop compliquer notre exemple, nous allons poser les deux postulats suivants. Premièrement, nous allons supposer que les consommateurs doivent essayer personnellement le bien pour apprécier sa qualité. En d'autres termes, l'entreprise ne peut pas compter sur le bouche à oreille pour vendre son produit (Dodson et Muller, 1978). Deuxièmement, nous allons supposer que le coût marginal et le coût variable moyen de l'entreprise sont identiques à ceux des entreprises qui fabriquent des produits de basse qualité (nous nous affranchirons de ce postulat par la suite). Dans ces conditions, si l'entreprise qui fabrique des produits de haute qualité en vend davantage que les autres au même prix, son profit sera plus élevé.

L'entreprise qui fabrique les produits de haute qualité à davantage intérêt à faire de la publicité que celles qui vendent des produits de basse qualité. En effet, la publicité ne lui permet pas seulement de vendre le produit une seule fois, comme c'est le cas pour les entreprises qui vendent des produits de basse qualité mais elle lui permet aussi de fidéliser les consommateurs. Or, comme les coûts de production et de publicité sont identiques pour les deux types d'entreprises, la publicité est plus rentable pour l'entreprise qui produit des produits de haute qualité. Elle fera donc davantage de publicité que les autres.[(16)]

15.2.2 Quand la publicité devient excessive

À Roanoke, en Virginie, il est interdit d'utiliser les pierres tombales comme emplacements publicitaires.

On ne compte plus les articles, les films et les livres de philosophes qui dénoncent la publicité. La publicité est accusée d'inciter les consommateurs à acheter des biens dont ils n'ont pas « besoin ». Récemment, certaines de ces analyses ont été formalisées. On a pu montrer ainsi que les entreprises ont tendance à faire plus de publicité persuasive et informative que cela n'est socialement optimal lorsque les produits sont différenciés. Nous allons voir cependant que cette conclusion n'est pas toujours vérifiée.

---

plus dommageable pour les produits de basse qualité à coûts de production faibles.

[16] Rogerson (1986) analyse un modèle plus complexe de ce type.

A. Publicité et produits homogènes

Jusqu'à une date récente, la plupart des économistes jugeaient qu'ils ne pouvaient pas dire grand chose de sensé sur les effets de la publicité persuasive.[17] Ils pensaient que si la publicité avait pour effet de modifier les préférences (donc, les fonctions d'utilité des consommateurs), il devenait impossible d'effectuer une comparaison entre le bien-être en l'absence de publicité et le bien-être avec publicité.

Supposons qu'une publicité persuade un grand nombre de consommateurs qu'une certaine eau de toilette les rend plus attirants et permette d'en vendre davantage à un prix plus élevé. Le bien-être des consommateurs est-il amélioré ? D'une part, le prix est plus élevé qu'avant. D'autre part, l'utilisation de l'eau de toilette procure davantage de bien-être. Beaucoup d'analystes n'ayant pas une formation d'économiste prétendent que cette augmentation de bien-être n'est qu'une illusion et que l'on ne doit pas en tenir compte. Les économistes, quant à eux, considèrent que les consommateurs sont les meilleurs juges de leur propre bien-être, tout en admettant qu'il est difficile de comparer le bien-être des consommateurs en l'absence de publicité avec le bien-être des consommateurs lorsqu'il y a de la publicité, dès lors que celle-ci a pour effet de modifier l'échelle de mesure du bien-être.

Dans un article très pénétrant mais controversé, Dixit et Norman (1978) ont soutenu que l'on pouvait analyser l'effet de la publicité sur le bien-être en utilisant alternativement deux fonctions d'utilité extrêmes pour évaluer cet effet. Pour simplifier, si la publicité n'engendre qu'aliénation, il faut utiliser la fonction d'utilité initiale pour apprécier la variation de bien-être due à la publicité. En revanche, si la publicité révèle au consommateur ses propres besoins, il faut utiliser la fonction d'utilité modifiée par la publicité pour apprécier l'effet de la publicité sur le bien-être. Selon Dixit et Norman, si l'on obtient les mêmes résultats qualitatifs dans les deux cas, c'est que ceux-ci sont indépendants des préférences sous-jacentes.

Commençons par analyser les effets de la publicité sur un monopole et les consommateurs qui achètent son produit. Le coût marginal de production du monopole est supposé constant. Le coût de la publicité est également supposé constant, ce qui fait que les agences de publicité n'obtiennent pas un profit supérieur au profit normal et que le coût privé et le coût social de la publicité sont identiques. Dans ces conditions, nous pouvons ignorer les agences de publicité, dont les profits sont nuls quel que soit le montant de publicité qu'elle fournissent.

Soit α le niveau initial de publicité et α' le nouveau niveau, plus élevé. Sur la figure 15.1, la dépense publicitaire supplémentaire, $E = \alpha' - \alpha$, provoque un déplacement vers la droite de la courbe de demande, qui devient $D(Q, \alpha')$. Autrement dit, pour tout prix donné, les consommateurs ont une demande plus élevée du fait de la publicité. Si la production baissait, le bien-être baisserait aussi et il ne serait pas nécessaire de pousser plus avant l'analyse. Nous supposons donc que le prix et la quantité d'équilibre, p' et Q' sont plus élevés qu'avant l'augmentation

[17] Les premières analyses concernant les effets de la publicité sur le bien-être remontent à Kaldor (1949-50) et Telser (1966).

du niveau de publicité (quand le prix et la quantité d'équilibre étaient égaux à p et Q [voir la figure 15.1]).

Pour commencer, nous allons mesurer l'effet du bien-être en prenant pour base les préférences initiales des consommateurs, ainsi qu'elles sont reflétées par la courbe de demande qui correspond au niveau de dépenses α, soit $D(Q, \alpha)$. Le nouvel équilibre est caractérisé par une augmentation de consommation égale à $Q' - Q$, due au fait que les consommateurs apprécient davantage le produit. Puisque nous évaluons l'impact sur le bien-être en nous référant aux préférences initiales, l'augmentation de surplus des consommateurs liée à la consommation de ces unités supplémentaires correspond à la surface située sous la courbe de demande initiale, entre Q et Q'. D'autre part, le coût de production de ces unités supplémentaires correspond à la surface située sous la courbe de coût marginal (et moyen) entre Q et Q'. Par conséquent, le gain social net est égal à la surface B, dont il faut encore déduire E, le coût de la publicité aditionnelle.

Mesurons maintenant l'effet de la publicité sur le bien-être en prenant pour référence les nouvelles préférences des consommateurs, telles qu'elles sont reflétées par la courbe de demande qui correspond au niveau de dépenses α', soit $D(Q, \alpha')$. L'augmentation de surplus des consommateurs liée à la consommation des unités supplémentaires correspond alors à la surface située sous la nouvelle courbe de demande, entre Q et Q'. La variation de bien-être est donc égale à l'augmentation du surplus des consommateurs situé au dessus de la courbe de coût marginal, soit $B + C + D$, moins le coût de la publicité supplémentaire, E. Ainsi, si l'on se réfère aux nouvelles préférences, la variation de bien-être ne correspond plus seulement à $B - E$, mais à $B + C + D - E$. Lorsque l'augmentation de publicité est faible, les surfaces C et D sont relativement petites comparée à la surface B, ce qui fait que les deux indicateurs de la variations de bien-être donnent des résultats similaires.

Dans les deux cas, le gain de la publicité est donné par la surface située sous la courbe de demande *appropriée* — $D(Q, \alpha)$ ou $D(Q, \alpha')$ — entre Q et Q' et au-dessus de la courbe de coût marginal, moins les dépenses publicitaires additionnelles, soit E. Nous avons donc deux mesures de la valeur sociale du changement de production de Q à Q'.

Le déplacement vers la droite de la courbe de demande à la suite de l'augmentation du niveau des dépenses publicitaires accroît le profit du monopole pour deux raisons que nous avons déjà exposées. Premièrement, la quantité vendue par le monopole augmente de $Q' - Q$. Deuxièmement, le prix de chaque unité vendue augmente de $p' - p$ francs. Donc, l'augmentation de profit du monopole est égale à la somme des surfaces A, B et C, moins le coût de la publicité supplémentaire, E. D'un autre côté, l'augmentation du prix réduit le bien-être des consommateurs de $A = (p' - p)Q$. Dans ces conditions, quelle que soit la mesure utilisée, la variation de bien-être est approximativement égale à l'augmentation du profit de monopole moins les dépenses supplémentaires des consommateurs (surface A).

Si l'on prend les préférences initiales comme base, on voit que le bien-être ne peut augmenter que si la publicité est rentable pour le monopole. En effet, la variation de bien-être, $B - E$, est inférieure à l'augmentation du profit, $A + B + C - E$.[18] Donc, le bien-être ne peut s'améliorer que si l'augmentation de la publicité accroît le profit du monopole. Autrement dit, l'élévation du profit est une condition *nécessaire* à l'augmentation du bien-être à la suite de l'élévation des dépenses publicitaires. Ce n'est pas une condition *suffisante* car même si la publicité augmente le profit ($A + B + C - E$), le bien être peut baisser ($B - E < 0$).

Si l'on prend les nouvelles préférences comme base, la variation de bien-être est égale à $B + C + D - E$. Si l'on raisonne sur de faibles augmentations de publicité, C et D sont petits par comparaison avec A et B. Ainsi, quelles que soient les préférences utilisées comme critère d'évaluation, la condition nécessaire de l'augmentation du bien-être par la publicité est que le profit du monopole augmente.

Pour le monopole, l'équilibre est atteint lorsque la dépense supplémentaire en publicité, E, est exactement égale à l'augmentation de profit net (des dépenses publicitaires supplémentaires), soit $A + B + C$. Autrement dit, à l'équilibre, la variation de profit net engendrée par un franc supplémentaire dépensé en publicité, doit être nulle. La variation de bien-être engendrée par le dernier franc est négative, car elle est égale au profit marginal (nul à l'équilibre) moins les dépenses (positives) de consommation engendrées par la publicité supplémentaire. Ainsi, à l'équilibre, l'augmentation de la publicité réduit approximativement le bien-être de la surface B (le montant des dépenses de consommation supplémentaires), que l'on recoure aux préférences initiales ou finales comme critère d'évaluation. Par conséquent, le niveau de publicité à l'équilibre est trop élevé : *à l'équilibre, une légère baisse du niveau de publicité augmente le bien-être.*

Dixit et Norman (1978) ont étendu ce résultat aux marchés de concurrence ologopolistique et monopolistique. Leurs conclusions peuvent se résumer ainsi :

- Une faible augmentation de publicité ne peut accroître le bien-être que si elle est rentable pour l'entreprise. La publicité n'est donc jamais insuffisante, puisque la société ne peut tirer un bénéfice de la publicité que si celle-ci est rentable pour l'entreprise.

- À l'équilibre, toute réduction de la publicité augmente le bien-être. Ce résultat est vérifié que l'on recoure aux préférences initiales ou finales des consommateurs comme critère d'évaluation.

Il se peut donc que le niveau de publicité qui maximise à la fois le profit et le bien-être soit inférieur au niveau de publicité effectivement choisi par les entreprises.

---

[18] La variation de bien-être est approximativement égale à la différence entre le profit supplémentaire du monopole ($A + B + C - E$) et l'augmentation du prix de la production initiale pour le consommateur, soit A ou $B + C - E$. Pour un faible niveau de dépenses publicitaires, C est petit par comparaison avec B, de sorte que $B + C - E$ est approximativement égal à $B - E$, la variation de bien-être. La surface A représente un transfert de richesse des consommateurs au monopole et n'affecte donc pas le bien-être total : par conséquent, le gain du monopole est supérieur à la perte des consommateurs.

Toutefois, même dans ce cas, le bien-être peut être supérieur à ce qu'il serait sans publicité.

L'article de Dixit et Norman (1980) a fait l'objet de deux critiques principales.[19] Premièrement, ainsi que l'ont souligné Fisher et McGowan (1979), il n'est généralement pas correct d'apprécier la variation de bien-être en se référant soit aux préférences initiales, soit aux préférences modifiées. Supposons en effet que le déplacement de la demande découle d'une amélioration de la qualité du produit plutôt que d'un accroissement de la publicité. Dans ce cas, l'analyse de Dixit et Norman implique que l'investissement dans la qualité du produit est trop important. Cette conclusion qui contredit le bon sens découle de la référence à une seule structure de préférence pour évaluer le bien-être dans les deux situations d'équilibre. Mais ce n'est plus approprié dans ce cas. De fait, il faudrait utiliser les préférences initiales pour évaluer le bien-être à l'équilibre initial et les préférences modifiées pour évaluer le bien-être au nouvel équilibre. Mais alors, on ne pourrait plus aboutir à aucune conclusion claire. En effet, si l'échelle (ordinale) de mesure du bien-être n'est pas la même dans la situation initiale et dans la nouvelle situation, aucune comparaison ne peut plus être faite concernant le bien-être.

Deuxièmement, selon Shapiro (1980), si la publicité sert à informer de l'existence d'un produit plutôt qu'à modifier les préférences, le niveau de publicité n'est pas trop élevé, mais au contraire insuffisant. Dans l'exemple de Shapiro, certains consommateurs ne connaissent pas le produit avant que l'entreprise en fasse la publicité. Une fois qu'ils ont vu la publicité, ils achètent le produit, sans que leurs préférences soient modifiées. Mais, à moins que le monopole puisse discriminer par le prix, il ne fera pas assez de publicité car une partie des bénéfices de celle-ci lui échapperont (il ne peut pas récupérer la totalité de l'augmentation du surplus du consommateur).[20]

B. Publicité et produits différenciés

Grossman et Shapiro (1984) ont montré que la différenciation des produits engendre un niveau trop important de publicité informative. Dans leur modèle, les entreprises vendent des produits différenciés et les consommateurs ne connaissent l'existence d'une marque particulière qu'à travers la publicité.[21] Une entreprise qui veut toucher davantage de consommateurs doit faire plus de publicité (dans les magazines, par prospectus, etc.). Une fois qu'un consommateur a été informé de l'existence d'une marque particulière, toute publicité supplémentaire est inutile.

---

[19] Voir Dixit et Norman (1979, 1980) pour la réponse à ces critiques.

[20] Voir Shapiro (1980) pour une analyse graphique. Voir également Diamond et Rothschild (1978) pour une analyse similaire. Les articles de Shapiro (1980) et de Dixit et Norman (1980) analysent aussi le cas où l'effet de la publicité n'est pas le même sur tous les consommateurs.

[21] Pour analyser la différenciation des produits, Grossman et Shapiro utilisent le modèle du cercle de Salop (1979) que nous avons analysé au chapitre 8 et pour analyser la transmission de l'information, ils utilisent le modèle de la publicité de Butters (1977).

Si les produits sont différenciés et que la publicité permet une meilleure correspondance entre les besoins de consommateurs et les marques, le bien-être augmente. Cet effet bénéfique joue d'autant plus que les produits sont fortement différenciés. Si les produits étaient parfaitement homogènes, la publicité ne ferait que modifier le choix des produits par les consommateurs et serait donc un gaspillage pour la société.

Grossman et Shapiro montrent que l'équilibre est caractérisé par un nombre excessif d'entreprises (et donc une trop grande diversité des produits), mais que chaque entreprise ne fait pas assez de publicité par rapport à l'optimum social. Cependant, comme il y a trop d'entreprises, le niveau global de publicité est néanmoins trop élevé. L'effet bénéfique d'une meilleure adéquation des produits aux besoins des consommateurs n'est pas assez important pour compenser le gaspillage engendré par la modification de la répartition des consommateurs entre les entreprises. S'il y a trop de publicité, c'est parce que le rendement privé de la publicité est supérieur à son rendement social.

Lorsque les entreprises ciblent les groupes de consommateurs auxquels elles destinent leurs publicité, le gaspillage dû à la redondance des publicités est moins important. Si certains consommateurs lisent seulement *Info Pc* et d'autres seulement *Wapiti*, les entreprises qui vendent des ordinateurs ont davantage intérêt à placer leur publicité dans le premier magazine que dans le second. Voir l'exemple 15.5. Ainsi, dans la mesure où le ciblage publicitaire permet une plus grande efficience, le marché peut devenir plus concurrentiel et le prix baisser.

Cependant, même lorsque les produits sont différenciés, il est facile d'imaginer des situations dans lesquelles les entreprises font trop peu de publicité informative. Beaucoup d'agriculteurs, par exemple, obtiennent la plus grande part de l'information concernant l'utilisation des équipements, pesticides et autres produits auprès de leurs fournisseurs. Ces informations permettent non seulement aux agriculteurs de choisir les produits, mais les aident également à les utiliser. Or, les entreprises qui fournissent les produits n'ont pas intérêt à faire trop de publicité informative. C'est le cas notamment si une meilleure information sur l'utilisation des pesticides se traduit par une baisse des ventes des agriculteurs. Ainsi, dans le cas de marchés où les produits sont différenciés, l'importance de la publicité informative dépend généralement des circonstances.

C. La publicité comme barrière à l'entrée

Ni Dixit et Norman (1980), ni Grossman et Shapiro (1984) ne prétendent que la publicité est néfaste, mais seulement que les entreprises en font parfois trop. Par contre, d'autres économistes soutiennent clairement que la publicité est contraire à la concurrence et qu'elle devrait être interdite.

La publicité persuasive serait anti-concurrentielle pour deux raisons (Bain et Comanor, 1956 ; Comanor et Wilson, 1974). Premièrement, elle peut conduire les consommateurs à croire que certaines marques recouvrent un produit différent alors que c'est faux (c'est la **différentiation factice**). Par exemple, certains consomma-

EXEMPLE 15.5 Choix des supports publicitaires

Les entreprises doivent recourir à différents supports publicitaires selon les catégories de consommateurs qu'elles souhaitent atteindre. Aux États-Unis, les deux-tiers (68,8%) des consommateurs s'intéressent aux publicités pour les produits alimentaires insérées dans les journaux. Comme l'on peut s'y attendre, plus la famille est grande (et donc plus les bas prix sont intéressants), plus la lecture des publicités de journaux augmente. Seulement 59,9% des personnes seules lisent ces publicités, alors que le chiffre passe à 70,6% pour les familles de 3 personnes et à 73,4% pour les familles de 5 personnes ou plus.

Moins de la moitié des gens concernés par l'enquête regardent les publicités télévisées pour produits alimentaires. Les consommateurs appartenant aux basses catégories de revenu les regardent davantage. De plus, seulement 18,3% des consommateurs qui regardent les publicités télévisées reconnaissent avoir été influencées par elles, alors que ce chiffre passe à 54,1% dans le cas des publicités insérées dans les journaux. L'une des explications de cet écart est peut-être que les publicités des magazines contiennent davantage d'informations concernant les prix que les publicités télévisées qui insistent surtout sur la « qualité » et d'autres aspects abstraits relatifs à la réputation d'un produit, tandis que les publicités des magazines préfèrent véhiculer une information plus « directe ».

SOURCE : Burgoyne, Inc. *The National Study of Supermarket Shoppers 1979–80 : Census Profile and Demographic Profile.* n.d.

teurs vont accepter de payer davantage pour une certaine marque de détergent, alors que le prooduit est identique aux détergents génériques. Le fait que le comportement d'achat dépend de la perception du produit par le consommateur plutôt que des caractéristiques réelles du produit, explique que la publicité permette de faire payer certains produits de marque plus chers que les autres. Il est difficile de dire dans quelle mesure les consommateurs sont abusés par les affirmations publicitaires vagues concernant la supériorité d'un produit. Il se peut qu'ils craignent que certains produits génériques soient de mauvaise qualité ou contaminés, ce qui expliquerait qu'ils soient prêts à payer davantage pour un produit de marque afin d'être rassurés (pour une crainte qui est peut-être imaginaire).

Deuxièmement, certains économistes soutiennent que la publicité faite par les entreprises déja installées sur le marché peut rendre l'accès du marché plus difficile aux nouvelles entreprises. En effet, pour établir sa réputation, une nouvelle entreprise doit investir d'autant plus massivement en publicité que les entreprises installées ont déjà réalisé des investissements importants dans ce domaine. En revanche, la première entreprise à pénétrer sur un marché n'a pas besoin de réaliser d'emblée des investissements aussi importants. Cette barrière à l'entrée accroît le pouvoir de marché des entreprises installées et leur permet de fixer des prix plus élevés. L'importance de cette barrière à l'entrée dépend de l'effet plus ou moins durable exercé par la publicité. Les indications empiriques sur ce point sont relativement confuses. Certaines études, comme celle d'Ayanian (1983), indiquent que pour certains produits, l'effet de la publicité se manifeste durant plusieurs années. Mais d'autres études, comme celle de Boyd et Seldon (1990), indiquent que pour d'autres produits, l'effet de la publicité disparaît en un an.

Cependant, selon Schmalensee (1974), même lorsque l'entreprise installée s'est constitué une réputation grâce à la publicité, ceci ne constitue pas une entrave à l'entrée de nouvelles entreprises si elles peuvent utiliser aussi efficacement les mêmes techniques publicitaires. En effet, dès lors que la nouvelle entreprise peut faire autant de publicité que l'entreprise installée, les deux entreprises sont à égalité sur le plan concurrentiel. Prévoyant cela, l'entreprise qui cherche à pénétrer sur le marché n'hésitera pas à le faire et la publicité ne constitue donc pas, de ce point de vue, une barrière à l'entrée à long terme au sens du chapitre 4 (voir aussi von Weisäcker, 1980). De plus, dans bien des cas, la nouvelle entreprise est dispensée de certains coûts déja supportés par les entreprises installées, comme celui de persuader le consommateur de l'intérêt du produit. En revanche, si la seconde entreprise qui pénètre sur le marché a des coûts de marketing plus élevés que la première (voir le chapitre 10), la publicité constitue bien une barrière à l'entrée. Comme il y a des arguments favorables aux deux aspects de la question, seuls les résultats empiriques permettraient de trancher. Mais si certaines études indiquent que la publicité et la différenciation des produits créent parfois des barrières à l'entrée (voir le chapitre 4),[22] d'autres études, presque aussi nombreuses, concluent que la publicité n'a pas d'effets négatifs sur la concurrence.

Beaucoup d'études empiriques ont déja été consacrées au lien entre les ratios de concentration et la publicité.[23] Là encore, les études qui concluent que la publicité augmente les ratios de concentration (Mann, Henning et Meehan, 1967 ; Ornstein *et al.*, 1973 ; Strickland et Weiss, 1976) ne sont pas plus nombreuses que celles qui concluent que la publicité n'a pas d'effet sur les ratios de concentration, voire qu'elle les réduit (Telser, 1964, 1969 ; Ekelund et Maurice, 1969 ; Ekelund et Gramm, 1970 ; Vernon, 1971 ; Edwards, 1973). La question de savoir si ces diverses études constituent de véritables tests de l'effet de la publicité sur les barrières à l'entrée reste posée (Schmalensee, 1976). Par exemple, Weiss, Pascoe et Martin (1983) postulent que la structure du marché, mesurée par le ratio de concentration, détermine le rapport des dépenses publicitaires au chiffre d'affaires. Mais le lien entre le ratio de concentration et la structure de marché est au mieux ténu. De plus, le sens de la causalité entre le ratio de concentration et la publicité n'est pas évident à déterminer. En fait, il est probable que leur détermination soit simultanée.[24]

---

[22] Commanor et Wilson (1979, p. 470) ont passé en revue les études disponibles sur la question. Ils concluent que : « La plus grande partie des indications empiriques confirme l'hypothèse d'après laquelle une publicité intensive peut avoir des conséquences anti-concurrentielles notables. Cependant, l'importance de la publicité varie trop d'un secteur à l'autre pour conclure que ce résultat est valable au niveau de l'économie toute entière, ou même au niveau du seul secteur manufacturier ».

[23] L'étude de Telser (1964) est sans doute la première dans ce domaine. Pour un aperçu d'ensemble assez complet, voir Ornstein (1977) ainsi que Comanor et Wilson (1979).

[24] Lambin (1976) et Schmalensee (1973) ont tenté de mesurer séparément les effets de la publicité des entreprises sur leur propre courbe de demande et les effets de la publicité des entreprises sur la courbe de demande du marché. Mais les données dont ils disposaient ne leur ont pas permis de mesurer précisément les deux effets.

Une autre approche consiste à examiner le lien entre divers indicateurs du profit comptable et la publicité (Comanor et Wilson, 1974 ; Miller, 1969 ; Weiss, 1969). Là également, la question du sens de la causalité reste posée. De plus, si la publicité actuelle influence durablement les décisions d'achat futures, le fait de relier les différences de profit à l'importance de la publicité peut induire en erreur.[(25)] En effet, les entreprises supportent des coûts publicitaires, ce qui réduit le profit immédiat, mais augmente le profit futur. Selon les résultats d'Ayanian (1983), la durée moyenne du stock de publicité (c'est-à-dire l'effet cumulé d'une série de publicités) est généralement égal à 7 ans. En tenant compte de cette donnée, il aboutit à la conclusion que la publicité n'engendre pas de barrières à l'entrée permettant de réaliser des profits inhabituellement élevés.

Comme nous l'avons vu précédemment, de nombreuses études montrent que la publicité-prix aboutit à la réduction du prix moyen du marché. La publicité persuasive permet aux entreprises de différencier leurs produits et peut ainsi faciliter leur entrée sur le marché. Donc, même s'il est théoriquement possible que la publicité persuasive soit créatrice de barrières à l'entrée, sa limitation aurait également pour effet d'accroître la difficulté d'entrée sur le marché.

15.3 Publicité mensongère

La publicité est un mensonge légal. – H.G. Wells

Dans la plupart des pays, la publicité mensongère est interdite. Mais, si les lois sont appliquées de façon laxiste, certaines entreprises peuvent diffuser durant des années des publicités fausses ou trompeuses sans être réellement inquiétées. Dans cette section, nous allons analyser les facteurs qui favorisent la publicité mensongère et rechercher si les lois sur la publicité mensongère ont bien l'impact qu'on leur prête. La conclusion est paradoxale : le plus souvent, elles engendrent encore davantage de publicité mensongère.

15.3.1 Limites de la publicité mensongère

La vérité est le plus sûr des mensonges.

Pourquoi toutes les publicités ne sont-elles pas mensongères ? Sans doute est-ce notamment parce qu'il n'est pas si aisé que cela d'abuser les consommateurs

---

[25] D'après les résultats de Lambin (1976, p. 97), l'élasticité du chiffre d'affaires par rapport aux dépenses publicitaires est généralement plus élevée à long terme. Ainsi, l'élasticité à court terme est égale à 0,229 pour les rasoirs (c'est-à-dire qu'une augmentation de 1% des dépenses publicitaires accroît le chiffre d'affaires de 0,229%), alors que l'élasticité à long terme est égale à 0,597, soit plus du double. De même, les élasticités à court et long terme pour les cigarettes sont-elles respectivement égales à 0,154 et 0,752. Celles des détergents sont égales à 0,055 et 0,659 et celles des boissons non alcolisées à 0,057 et 0,415.

(Nelson, 1974 ; Schmalensee, 1978).[26] Nelson (1974, p. 749) propose un règle simple qui devrait éviter au consommateur d'être déçu « Croire une publicité ... lorsqu'elle concerne les fonctions d'un produit ; ne pas la croire si elle concerne la façon dont le produit rempli ces fonctions ». Il est facile de déterminer les fonctions d'un produit avant de l'acheter (car celles-ci apparaissent à l'observation). Par contre, les performances d'un produit ne peuvent être confirmées qu'après l'avoir acheté (car celles-ci apparaissent à l'usage). Ainsi, il est beaucoup plus facile de vérifier la véracité d'une publicité qui affirme qu'une entreprise vend des lits très grands que si elle affirme que les lits dureront 50 ans. Par conséquent, la première affirmation est plus plausible que la seconde.

La publicité mensongère concerne beaucoup plus fréquemment les biens dont les qualités se révèlent à l'usage que ceux dont les qualité se révèlent à l'observation. Par exemple, sur 58 cas de publicité mensongère examinés en 6 mois par la *Federal Trade Commission*, tous concernaient des produits dont les qualités se révèlent à l'usage (Nelson, 1974, p. 750). Une affirmation mensongère concernant un bien dont les caractéristiques sont visibles à l'observation n'entraîne aucun achat si le consommateur peut la vérifier à un coût raisonnable avant l'achat. De telles affirmations ne peuvent que nuire à la réputation d'une entreprise. Celles-ci n'ont donc pas intérêt à faire ce type de publicité. Par contre, elles peuvent avoir intérêt à mentir en ce qui concerne les biens dont les caractéristiques ne se révèlent qu'à l'usage, car le mensonge peut inciter le consommateur à l'achat.

Toutefois, l'importance de la publicité mensongère est limitée, car les entreprises qui fabriquent des produits de bonne qualité n'ont aucun intérêt à diffuser des publicités mensongères.[27] Après avoir essayé et apprécié une marque, le consommateur est incité à choisir de nouveau cette marque, alors que s'il est déçu par la mauvaise qualité du produit, il ne l'achètera plus. Par conséquent, une entreprise qui fabrique des produits de bonne qualité tire un bénéfice beaucoup plus important du premier achat qu'une entreprise qui fabrique des produits de mauvaise qualité, en supposant que les deux entreprises ont les mêmes coûts de production. De ce fait, les entreprises qui fabriquent des bons produits devraient davantage être incitées à faire de la publicité que les autres. Si ce raisonnement est correct, le *volume* de publicité persuasive peut être considéré comme un indicateur de qualité des produits d'une entreprise.

L'argument suivant lequel les entreprises qui fabriquent des produits de haute qualité ont plus intérêt à faire de la publicité que les entreprises qui fabriquent des produits de basse qualité suppose, comme nous l'avons indiqué, que les deux types d'entreprises ont les mêmes coûts. Or, le plus souvent, sinon toujours, les entreprises qui fabriquent des biens de basse qualité ou sans respecter les normes

[26] Cependant, si l'on en croit un article publié par *Fortune* en 1945, dix hommes au moins aurait écrit à Betty Crocker, la porte-parole fictive d'une entreprise agro-alimentaire, pour la demander en mariage.

[27] Les conditions dans lesquelles la publicité sert à signaler la qualité sont analysées par Nelson (1974), Schmalensee (1978), Klein et Leffler (1981), Shapiro (1983), Wolinski (1983), Allen (1984), Kihlstrom et Riordan (1984), Milgrom et Roberts (1986) et Rogerson (1986, 1988).

de fabrication, ont des coûts plus bas. Une entreprise qui ne respecte pas les normes peut fabriquer un produit sans valeur mais ne coûtant presque rien à produire. Grâce à une publicité mensongère, elle peut alors réaliser un profit très élevé sur ses ventes initiales sans ce soucier du futur car elle n'a pas l'intention de rester sur le marché très longtemps. Dans ces conditions, il n'est pas certain que ce soient les entreprises qui fabriquent des biens de haute qualité à coûts de production élevés qui fassent le plus de publicité (Schmalensee, 1978 ; Kihlstrom et Riordan, 1984 ; Milgrom et Roberts, 1986).

En principe, la publicité consacrée aux produits de haute qualité sera d'autant plus importante que le coût variable de l'entreprise qui les fabrique n'est pas plus élevé que celui d'une entreprise qui fabrique des produits de basse qualité et que les consommateurs ne peuvent pas connaître les qualités réelles du produit autrement que par la consommation (Shapiro, 1983 ; Rogerson, 1986).[28] Par contre, si le coût variable est élevé, le raisonnement précédent n'est plus nécessairement vrai.[29] Donc, puisque les entreprises peuvent faire beaucoup de publicité quelle que soit la qualité des leurs produits, on ne peut pas conclure qu'une entreprise qui fait beaucoup de publicité produit des biens de haute qualité. Dans l'étude qu'ils ont menée sur l'automobile et l'assurance-vie, Kotowitz et Mathewson (1986) n'ont pas trouvé de lien entre la qualité des produits et l'importance de la publicité.

Aux États-Unis, de nombreux groupes de pression hostiles à la publicité font le siège d'institutions publiques telles que la FTC ou la *Food and Drug Administration* (FDA) pour qu'elles interviennent plus activement. Par exemple, le *Public Citizen's Health Research Group* demande que les produits pharmaceutiques soient obligatoirement approuvés par les organismes appropriés avant d'être mis en vente. Il s'appuie sur une étude qui a révélé que sur 109 pages publicitaires publiées en 1990 dans les magazines médicaux, 100 pages contenaient des publicités qui ne respectaient pas au moins une des règles imposées par la FDA.[30]

Depuis 1994, les États-Unis appliquent une législation plus rigoureuse concernant l'étiquetage des produits, ce qui devrait limiter davantage encore les indications trompeuses, la FDA contrôlant déja 17 000 produits alimentaires. D'après une étude menée en 1991 (Caswell, 1992), les étiquettes des deux-tiers des marques alimentaires contenaient des informations nutritionnelles et 60% d'entre-elles contenaient des informations concernant la santé.

L'industrie publicitaire américaine fait sa propre police jusqu'à un certain point. L'*American Association of Advertizing Agencies*, qui regroupe des agences de

---

[28] Si les consommateurs peuvent connaître la qualité du produit par le bouche à oreille, l'entreprise qui produit un bien de bonne qualité a seulement besoin d'en vendre une quantité limité à un prix de lancement pour convaincre les consommateurs qu'il s'agit d'un produit valable et elle évite ainsi d'avoir à faire un énorme battage publicitaire.

[29] Mais dans certains cas, un très fort battage publicitaire peut indiquer malgré tout qu'il s'agit d'un produit de qualité (Milgrom et Roberts, 1986).

[30] « Many Drugs Ads Called Inaccurate », *San Francisco Chronicle*, 31 juillet 1992 : E3.

publicité contrôlant environ 80% de la production publicitaire télévisée et écrite, a mis en place en 1974 un comité d'approbation des publicités visant les enfants. Depuis lors, ce comité a obtenu que 270 publicités de nature à tromper ou à désorienter les enfants ne soient plus diffusées ou qu'elles soient modifiées.(31)

15.3.2 Lois sur la publicité mensongère

Une publicité pour un carburateur censé économiser l'essence se terminait ainsi : « . . . En cas d'insatisfaction, l'argent sera retourné ». Aux consommateurs qui étaient mécontents du produit et qui réclamaient leur argent, l'entreprise répondait, « Jusque-là, l'argent que nous avons reçu était satisfaisant ».(32)

Une entreprise qui vend des produits peu sûrs ou qui ne respecte pas certaines normes peut généralement produire à moindre coût que celles qui vendent des produits sûrs et respectant toutes les normes. Si cette entreprise fait de la publicité trompeuse, elle peut convaincre les consommateurs que son produit est sûr et qu'il respecte les normes. Même si les consommateurs insastisfaits se garderont bien de racheter le produit par la suite, l'entreprise peut y gagner dès l'instant où ses coûts de production sont suffisammment bas. Il existe cependant des lois qui permettent de poursuivre l'entreprise qui agit ainsi.

Mais, paradoxalement, lorsque ces lois ne sont pas assez rigoureusement appliquées, il peut s'ensuivre davantage de publicité mensongère que s'il n'y avait pas de lois du tout (Nelson, 1974, p. 749–51). C'est le cas d'une loi qui interdirait d'apposer frauduleusement un nom de marque sur un vêtement. En effet, si les consommateurs pensent qu'ils sont protégés par la loi, ils auront spontanément confiance, ce qui peut encourager les entreprises malhonnêtes à abuser de cette confiance. Autrement dit, si les consommateurs se fient à la marque, il est facile de les abuser avec de fausses marques (voir l'exemple 15.6). En revanche, s'il n'y avait pas de loi, les consommateurs ne se fieraient pas aux marques à moins qu'ils ne soient persuadés qu'il est dans l'intérêt de l'entreprise de leur fournir des informations véridiques.(33) Dans ce dernier cas, l'étiquetage mensonger a peu d'effet, car personne ne s'y fie a priori. De ce fait, les entreprises ne se risquent pas à faire de la publicité mensongère.

Doit-on conclure de l'analyse précédente qu'il faut supprimer les lois contre la publicité mensongère ou cesser de les appliquer ? Une telle conclusion serait excessive. Ces lois incitent tout de même les entreprises à divulger davantage d'informations aux consommateurs. En effet, s'il n'y avait pas de lois du tout, les entreprises ne se soucieraient pas de diffuser la moindre information. Il existe

[31] Ramirez, Anthony. « Advertizing : Campaigns for Children Criticized », *New York Times*, 18 juillet 1990 : C9.

[32] Boyd, L. M. « Grab Bag » *San Francisco Chronicle*, 20 avril 1988 : C12.

[33] Par exemple, Eaton et Grossman (1986) ont montré qu'une entreprise peut être incitée à divulguer des informations dignes de foi si son produit est très différents de celui de ses rivales.

EXEMPLE 15.6 Faut-il interdire les sucreries aux enfants ?

Il est souvent difficile pour les consommateurs de déterminer si certains produits alimentaires sont de mauvaise qualité ou si leur étiquetage ne correspond pas à leur contenu. Entre 1978 et 1982, Beech-Nut Nutrition Corp., la seconde entreprise américaine vendant de la nourriture pour bébés, a commercialisé un faux jus de pommes pour bébé. L'étiquette du produit indiquait qu'il s'agissait de pur jus de pomme, alors que c'était en fait un « cocktail » qui en contenait très peu et peut être même pas du tout, si l'on en croît les déclarations du chimiste de Beech-Nut qui a vendu la mèche et permis aux autorités fédérales d'engager des poursuites contre l'entreprise. D'après le gouvernement, l'achat de ce mauvais concentré aurait permis à l'entreprise d'économiser 750 000 $ et d'éviter une perte de 3 millions de dollars en vendant malgré tout le jus de pomme factice au lieu de détruire les stock après que les dirigeants se soient aperçus de l'erreur.

L'entreprise reconnu avoir faussement étiqueté le produit dans le but de tromper les consommateurs. Elle accepta de payer 2 millions de dollars d'amende, une somme 6 fois plus élevée que la somme maximale jamais versée jusque-là au titre du *Food, drug and Cosmetic Act* de 1938. Beech-Nut accepta également de payer 140 000 $ pour les frais d'enquête de la *Food and Drug Administration*. Beech-Nut paya également 7,5 millions de dollars pour éteindre les poursuites (5 millions pour les distributeurs de ses produits et 2,5 millions pour les consommateurs ayant acheté le produit faussement étiqueté). En tout, Beech-Nut aurait payé quelques 10 millions de dollars. De plus, Beech-Nut a dû payer plusieurs millions de dollars à certains de ses anciens employés. Enfin, il est probable que sa réputation a souffert du scandale occasionné par l'affaire.

SOURCE : Buder, Leonard. « Two Former Executives of Beech-Nut Guilty in Phony Juice Case », *New York Times*, 18 février 1988, p. 27. Gordon, Al. « Beech-Nut BabyFood : How Firm Was Caught Selling Fake Juice », *San Francisco Chronicle* », 14 juin 1988, A8. Consumers Union. « Beech-Nut Convictions Overtuned ». *Consumer Reports*, juin 1989, p. 354.

donc un équilibre à trouver entre la diffusion de l'information publicitaire (avec le risque de mensonge qu'elle comporte) et la rétention d'information.

C'est à l'État de déterminer l'optimum d'application des lois. Enpêcher totalement les affirmations mensongères, à supposer que ce soit possible, serait trop coûteux. Supprimer les lois ou laisser entendre qu'elle ne sont pas appliquées réduirait l'incitation des entreprises à diffuser des informations aux consommateurs. Par conséquent, il faut trouver le juste milieu entre ces deux extrêmes.

15.3.3 Lois sur la diffusion d'informations

Jurez-vous de dire la vérité, toute la vérité, rien que la vérité ?

En plus des lois sur la publicité mensongère, qui ne font qu'obliger les entreprises à ne pas introduire de mensonges dans les informations qu'elles choisissent elles-mêmes de diffuser, il existe des lois qui obligent les entreprises à révéler un minimum d'informations fiables sur leurs produits. Les entreprises font principalement de la publicité pour informer les consommateurs des propriétés positives de leurs produits, mais elles divulguent aussi des informations négatives, tels que les effets secondaires de certains médicaments. En particulier, des mises en garde appropriées mettent l'entreprise à l'abri des poursuites en cas de problème. Parfois, des informations sur les aspects négatifs d'un produit sont divulguées dans le but de maximiser le profit de l'entreprise. Dans d'autres cas, c'est la loi qui exige que les entreprises diffusent tous les faits *matériels* à sa connaissance, c'est-à-dire les facteurs positifs, aussi bien que négatifs, succeptibles d'avoir une influence sur la décision d'acheter le produit.

Comme nous l'avons vu au chapitre précédent, des problèmes de sélection adverse peuvent se poser si les produits de haute qualité ne peuvent pas être distingués des autres. Dans ce qui suit, nous postulons que les entreprises qui offrent des produits de haute qualité ont à la fois le désir et la possibilité de les différencier.[34]

Rappelons que lorsqu'il est possible d'établir à peu de frais la qualité d'un produit après la vente, les entreprises ne se contentent pas d'affirmations vraies, elles les accompagnent de garanties et d'assurances (voir le chapitre 14). Si une entreprise affirme qu'une cagette contient 30 mandarines, il est facile de le vérifier en l'ouvrant.

Les garanties offertes s'écartent parfois des normes habituelles, comme lorsque les caractéristiques d'un produit sont coûteuses à révéler avant la vente ou à établir après la vente. C'est le cas s'agissant de la qualité d'une automobile, dont il est difficile de décrire en détail toutes les étapes du processus de production et de vérifier si les composants sont tous de bonne qualité et correctement assemblés. La garantie ne portera donc pas sur la qualité de chaque partie, ni sur l'assemblage, mais sur les défaillances éventuelles. Nous allons maintenant étudier quelle est l'importance et quels sont les effets des lois sur la divulgation de l'information, en adoptant différents postulats concernant les entreprises et les consommateurs.

A. Cas 1 : Les entreprises possèdent l'information et les consommateurs le savent

Supposons que les entreprises sachent tout sur leur produit, alors même que les consommateurs ne l'ont pas encore essayé, mais qu'ils savent que les entreprises possèdent l'information. De plus, admettons que les consommateurs n'achètent qu'une seule fois le produit. Dans ces conditions, on pourrait penser que les vendeurs ont intérêt à tromper les clients sur la qualité du produit. Mais, paradoxalement, ce n'est pas le cas si les consommateurs sont rationnels. En effet, même s'il n'existe aucune loi obligeant à divulger toute l'information disponible, il se peut qu'elles la diffusent spontanément et intégralement. Pour le montrer, supposons qu'il existe une loi qui interdise de mentir sur la qualité d'un produit (mais qui n'oblige pas à divulger une information vraie), que cette loi soit pleinement appliquée et que les amendes en cas de violation soient importantes. Les entreprises n'ont alors que le choix de dire la vérité ou de se taire.

---

[34] L'analyse qui suit est basée sur Grossman et Hart (1980), Milgrom (1981) et plus particulièrement sur Grossman (1981).

C'est le bon sens des consommateurs qui incite les entreprises à divulger toute l'information dont elles disposent. Une entreprise qui vend une cagette de mandarines peut indiquer leur nombre exact sur la boîte, ne rien indiquer du tout, ou encore qu'il y a au moins 30 mandarines dans la cagette. Supposons enfin que les consommateurs ne puissent pas savoir à priori quelle est le nombre exact de mandarines contenues dans la cagette. Quelle serait alors la réaction des consommateurs face à chacune de ces trois formes d'étiquetage ?

Premièrement, si l'étiquetage indique que la cagette contient 30 madarines, le consommateur supposera qu'il y a *exactement* 30 madarines dans la cagette, car il sait que la loi interdit les affirmations mensongères.

Deuxièmement, si l'étiquetage indique qu'il y a au moins 30 mandarines dans la cagette, le consommateur supposera aussi qu'il y en a *exactement* 30. En effet, s'il y en avait 35, l'étiquette l'indiquerait sûrement, car ce serait dans l'intérêt de l'entreprise. Troisièmement, si l'étiquetage n'indique rien, le consommateur supposera qu'il n'y a *aucune* orange. En effet, s'il y avait ne serait-ce qu'une seule orange dans la boîte, l'étiquetage l'indiquerait. Donc, si les consommateurs n'ont pas d'autres informations concernant le nombre de mandarines contenues dans une cagette, ils se diront que l'intérêt du vendeur est d'indiquer le nombre exact.

En résumé, *le consommateur rationnel s'attend au pire*, c'est-à-dire à ce que le nombre indiqué soit juste compatible avec l'obligation de dire la vérité. Il sait d'autre part que le prix est d'autant plus élevé qu'il y a de mandarines dans la cagette et donc que l'entreprise à intérêt à ne pas minorer leur nombre. Par conséquent, lorsque la loi interdit les affirmations mensongères et qu'elle est rigoureusement appliquée, les entreprises ont intérêt à divulger toute l'information.(35) Cet exemple nous permet de conclure que lorsque l'information ou les garanties peuvent être fournies à coût nul et que les consommateurs sont en mesure de les comprendre, la loi n'a pas besoin d'obliger les entreprises à divulger l'information, mais doit seulement interdire les affirmations mensongères. L'intérêt des entreprises les conduit alors spontanément à diffuser toute l'information dont elles disposent.

Mais pourquoi ne pas créer une loi sur la diffusion d'information, même si elle n'est pas nécessaire ? Parce que l'application d'une telle loi coûterait cher, étant donné que les lois sur la diffusion obligent généralement à une diffusion très large de l'information. Ainsi, l'entreprise qui introduit sa société en bourse, ou le particulier qui vend sa maison, doivent diffuser toutes les informations à leur disposition aux acheteurs éventuels. Par exemple, depuis 1987, le code civil de Californie (Oakland) requiert de tout vendeur d'une maison qu'il remplisse une déclaration décrivant l'état précis de la maison et par laquelle il s'engage à ne pas dissimuler de faits qui pourraient porter préjudice à l'acheteur. Un acheteur peut donc se retourner contre le vendeur en cas de malfaçon, s'il peut prouver que le fait était connu du vendeur mais que celui-ci l'a délibérément dissimulé. Pour éviter

[35] Lorsqu'il y a seulement quelques consommateurs informés, le résultat est différent, comme nous l'avons vu dans le modèle du brouillage de l'information (chapitre 14).

d'avoir à supporter les frais éventuels liés à ces poursuites, les vendeurs révèlent par anticipation beaucoup plus d'informations qu'il ne le feraient en l'absence de cette loi, même si cela leur coûte davantage (il faut payer un notaire pour la rédaction du document) ou si les informations en question n'ont aucun intérêt. Des lois de cette sorte peuvent donc transformer une situation où l'information est naturellement diffusée à coût nul, en une situation où trop d'informations sont diffusées à grands frais.(36) Dans ces conditions, l'absence de lois sur la diffusion d'information augmente le bien-être.

B. Cas 2 : Les entreprises choisissent les informations qu'elles se procurent et qu'elles diffusent

La loi doit-elle obliger les entreprises à diffuser les résultats de tests qu'elles ont délibérément effectués sur leurs produits ? Pour répondre à cette question, nous allons supposer à nouveau qu'il n'existe qu'un seul vendeur et que la loi interdit les affirmations mensongères. La réponse est surprenante : lorsque la loi oblige à diffuser les résultats, les entreprises renoncent parfois à effectuer des tests (Matthews et Postlewaite, 1985).

En appliquant le même raisonnement que précédemment, nous pouvons affirmer que si les consommateurs savent que l'entreprise connaît la qualité de son produit, ils supposent le pire en cas de non-diffusion de l'information. Supposons qu'au départ l'entreprise ne connaît pas la qualité de son produit, mais qu'elle peut effectuer certains tests sans frais. La connaissance par les consommateurs de l'existence de ces tests, ainsi que l'existence d'une loi sur la diffusion de l'information sont les deux facteurs qui vont influencer la décision de l'entreprise d'effectuer des tests et de diffuser ou non leurs résultats.

S'il n'y a pas de loi, les consommateurs réagissent négativement à la non-diffusion des résultats des tests car ils supposent que l'entreprise essaient de dissimuler quelque chose. L'entreprise est donc incitée à effectuer les tests et à divulguer les résultats, quels qu'il soient. Par conséquent, si la loi se contente d'interdire les affirmations mensongères (et qu'elle est appliquée rigoureusement) mais n'oblige pas à publier l'information, les entreprises effectueront les tests et les résultats qu'elles divulguront seront peut-être sélectifs mais vrais.

En revanche, si la loi oblige à diffuser toute l'information disponible, les consommateurs conclueront qu'une entreprise qui ne diffuse aucune information n'a fait aucun test, mais non qu'elle dissimule l'information.(37) L'entreprise peut donc se dispenser d'effectuer des tests et ne rien avoir à diffuser. Lorsque la loi oblige

---

[36] De même, aux États-Unis, La *Securities and Exchange Commission* exige que les entreprises fournissent un minimum d'informations aux actionnaires éventuels. Les frais postaux de ces informations sont parfois substantiels, lorsqu'il y a des millions d'actionnaires.

[37] Il est d'autant plus probable que l'entreprise ne fasse pas de tests si elle s'attend à ce que les résultats soient au-dessous des attentes des consommateurs. Par conséquent, pour que l'absence de tests n'engendre aucune conclusion négative dans l'esprit des consommateurs, il faut que ceux-ci pensent que l'entreprise ne peut pas prévoir les résultats des tests.

à publier l'information disponible, une entreprise qui ne diffuse rien n'est pas une entreprise qui dissimule des résultats négatifs, mais seulement une entreprise qui n'a pas fait de tests. En conclusion, l'existence d'une loi sur la diffusion de toute l'information disponible peut inciter les entreprises à ne pas entreprendre de tests.

Les résultats de Matthews et Postlewaite dépendent de façon déterminante du coût des tests.(38) S'il est connu que les tests ou la diffusion des résultats coûtent chers, l'entreprise qui prétendra n'avoir pas effectué de tests pourra être crédible aux yeux des consommateurs (Jovanovic, 1983) et ils ne penseront pas que c'est la basse qualité éventuelle du produit qui a décidé l'entreprise à ne pas effectuer les tests. Lorsque les tests sont coûteux, un monopole effectue moins de tests qu'il ne serait socialement optimal de faire (Nelson, 1959 ; Arrow, 1962 ; Kwerel, 1980), parce qu'il ne peut pas s'approprier la totalité des bénéfices alors qu'il supporte la totalité des coûts.

C. Résultats empiriques

Des lois sur la diffusion de l'information existent notamment pour les marchés financiers et de l'immobilier, ainsi que pour tous les marchés où la qualité des produits est complexe à déterminer et où les vendeurs sont nettement mieux informés que les acheteurs. Naturellement, ces marchés ne remplissent pas toutes les conditions que nous avons postulées pour établir les résultats des sections précédentes : les entreprises y sont nombreuses et hétérogènes, les consommateurs n'ont ni les mêmes informations, ni la même capacité cognitive, ni la même conception de la qualité des produits, la qualité des produits est modifiable par les entreprises et les lois sur la publicité mensongère ne sont pas toujours appliquées de façon rigoureuse.

La législation fédérale américaine sur l'émission d'actions a été conçue dans le but d'éviter que les nouvelles actions soient introduites en bourse à un prix trop élevé, profitant du fait que les acheteurs potentiels ne connaissent pas les caractéristiques indésirables de ces actions (Benston, 1973 ; Hilke, 1984). Stigler (1964) et Jarrel (1981) ont comparé le taux de rendement et le risque des investissements effectués dans ces actions nouvellement introduites, avant et après le *Securities Act* de 1993, qui imposa des règles plus sévères concernant la publica-

[38] Il faut aussi que les entreprises ne soient pas en mesure d'anticiper le résultat des tests, ce qui n'est pas toujours vrai. Ainsi, d'après le *News & Record* de Greensboro, l'entreprise R. J. Reynolds Tobacco Co. a brusquement renvoyé 26 biochimistes en 1970, interrompant du même coup une recherche qui semblait conclure au lien entre la cigarette et le cancer de la gorge. Selon les responsables de Reynolds, le licenciement des biochimistes et l'arrêt des recherches auraient été décidés parce que les tests sur les animaux pouvaient être réalisés plus économiquement par des universités ou par le *Council for Tobacco Research.* « Tobacco Firm Halted Tests on health Risk in 1970, Paper Says », *San Francisco Chronicle*, 26 septembre 1992 : A3.

tion de l'information. Ils n'ont trouvé de faibles différences de performances, mais que l'instauration de la loi a réduit le nombre d'actions risquées.[39]

Des études ont également été consacrées à l'achat des biens durables. Les consommateurs n'ont pas les mêmes aptitudes à discerner la qualité des produits avant l'achat, ni les mêmes aptitudes au marchandage et, quand ils sont satisfaits de leur achat, cela n'a pas toujours le même impact bénéfique pour l'entreprise. Selon l'étude de McNeil *et al.* (1978), les pauvres ont tendance à payer plus cher pour les voitures d'occasion, sont moins facilement remboursés lorsqu'ils découvrent des imperfections et sont plus enclins à croire qu'on a cherché à les abuser. Cette étude a établi que dans le Wisconsin, la loi sur la diffusion d'information n'avait pas eu d'effets notables. Plus généralement, il y a peu d'indications empiriques attestant de l'effet positif des lois sur la diffusion de l'information, que ce soit sur les marchés financiers ou sur les marchés de voitures d'occasion (voir le chapitre 14).

Résumé

1. L'intérêt des entreprises les pousse à informer les consommateurs des qualités de leurs produits et à essayer de les influencer. En plus de la publicité classique diffusée dans les magazines, sur les ondes et à la télévision, les entreprises bénéficient indirectement de la publicité grâce à la réputation de leurs marques.
2. L'entreprise choisit le volume de publicité qui maximise son profit en égalisant le coût marginal de la publicité avec le bénéfice marginal qui découle de l'accroissement des ventes que la publicité est supposé engendrer. Les études empiriques indiquent que les entreprises font davantage de publicité pour les produits dont les qualités se révèlent à l'usage que pour les produits dont les qualités se révèlent à l'observation.
3. Les effets de la publicité sur le bien-être sont complexes à déterminer et dépendent à la fois du produit et du type de publicité. Les études menées aux États-Unis pour les lunettes semblent indiquer que la publicité-prix réduit généralement le prix moyen des produits homogènes. Si ces études font penser qu'un certain niveau de publicité est souhaitable, elles ne prouvent pas en revanche que les entreprises choisissent spontanément le niveau compatible avec l'optimum social. De plus, lorsque la publicité est persuasive et qu'elle modifie les préférences des consommateurs, il est impossible de déterminer si le niveau de publicité est inférieur ou supérieur à l'optimum.
4. La publicité dont le but est de créer une différenciation factice entre les produits — et donc d'élever le prix — est socialement néfaste. De plus, la publicité peut également engendrer des barrières à l'entrée, quoique les études empiriques ne soient pas parvenues à éclaircir cette affirmation. Les effets de cet aspect de la publicité sur le bien-être restent controversés. En effet, tout en ayant pour effet d'augmenter le pouvoir de marché, l'existence de la publicité peut aussi faciliter l'entrée sur le marché par la constitution d'une réputation.

[39] Selon Hilke (1984), il n'est pas certain que la loi de 1993 ait significativement augmenté la publication d'informations.

5. Le bon sens des consommateurs est le meilleur des remparts contre la publicité mensongère, car les lois sur la publicité mensongères peuvent aussi bien augmenter le volume de publicité mensongère qu'informative. C'est la société qui doit déterminer le juste milieu entre le coût d'une application plus rigoureuse des lois sur la publicité mensongère et les effets négatifs de ce type de publicité.
6. Lorsque les lois sur la publicité mensongère sont pleinement appliquées, les entreprises sont incitées à diffuser toute l'information pertinente dont elles disposent. Curieusement, l'instauration d'une loi qui oblige les entreprises à diffuser toute l'information dont elles disposent peut réduire le volume d'information globalement diffusé. Les études empiriques montrent qu'en ce qui concerne les marchés financiers ou le marché des voitures d'occasion, les lois sur l'obligation de publier l'information n'ont pas les effets bénéfiques qu'ont pourrait en attendre.

Termes clés

Biens dont les qualités	Différentiation factice
se révèlent à l'expérience	Publicité informative
se révèlent à l'observation	Publicité persuasive

Questions

Q.15.1 Quelles sont d'après-vous les industries qui font trop de publicité ? Celles qui n'en font pas assez ? Pourquoi ?

Q.15.2 Quels sont les avantages et les inconvénients des lois sur la publicité mensongère ? Ces lois peuvent-elles se substituer à celles sur la diffusion de l'information ?

Q.15.3 Y-a-t-il trop ou pas assez de publicité-prix ? Pourquoi ?

Q.15.4 Faut-il renforcer les lois sur la diffusion d'information par les entreprises ? Pourquoi ?

Q.15.5 S'il n'est pas réaliste de faire appliquer à la lettre les lois sur la publicité mensongère et sur la diffusion d'information, comment faudrait-il les modifier pour les rendre plus efficaces ?

Problèmes [40]

P.15.1 Faites un graphique pour illustrer la critique de Shapiro (1980) du raisonnement de Dixit et Norman (1978) suivant lequel si la publicité faite par un monopole informe les consommateurs sans modifier leurs préférences, il n'y en a pas assez. Faites l'hypothèse que la demande est linéaire et le coût marginal constant.

[40] Les solutions des problèmes impairs sont données en fin de livre.

P.15.2 Comment la règle de maximisation du profit est-elle modifiée si l'effet de la publicité s'estompe avec le temps (c'est-à-dire si les consommateurs finissent par oublier le message).

P.15.3 Que se passe-t-il lorsque certains consommateurs seulement voient (ou lisent) un message publicitaire ? (*Suggestion :* Placez-vous dans le cadre du modèle des touristes et des autochtones étudié au chapitre 14).

P.15.4 Supposez qu'une entreprise recoure à des restrictions verticales pour inciter ses distributeurs à faire de la publicité localement (voir le chapitre 13). À quelles conditions l'effet de ces restrictions est-il socialement bénéfique ?

P.15.5 Dans le modèle de l'annexe A à ce chapitre, supposez que $p = a + \alpha - bQ$ (où α est le volume de publicité) et que la fonction de coût soit donnée par mQ. Déterminez alors le niveau optimal de production et de publicité.

Lectures complémentaires

Les articles suivants (ou certaines de leurs sections) sont d'une lecture aisée. Pour un bon aperçu d'ensemble de la littérature sur la publicité, le lecteur peut se reporter à Schmalensee (1973), ainsi qu'à Comanor et Wilson (1974, 1979), ou encore à la synthèse plus récente d'Ekelund et Saurman (1988). Pour un modèle très simple intégrant la publicité, voir Dorfman et Steiner (1954). L'article de Grossman (1981) analyse clairement la problématique de la désillusion publicitaire.

Bibliographie

ALLEN, Franklin. 1984. « Reputation and Product Quality ». *Rand Journal of Economics* 15 : 311–27.

ARNOULD, Richard J. 1972. « Pricing Professional Services : A Case Study of the Legal Services Industry. » *Southern Economic Journal* 38 : 495–507.

ARROW, Kenneth. 1962. « Economic Welfare and the Allocation of Resources for Invention », in Universities-National Bureau of Economic Research Conference Series, *The Rate and Direction of Economic Activity : Economic and Social Factors*. Princeton : Princeton University Press.

AYANIAN, Robert. 1983. « The Advertising Capital Controversy ». *Journal of Business* 56 : 349–64.

BAGWELL, Kyle et Garey RAMEY. 1988. « Advertising, Coordination, and Signaling ». Northwestern University, Center for Mathematical Studies in Economics and Management Science, Discussion Paper No. 7897.

BAGWELL, Kyle et Michael RIORDAN. 1991. « High and Declining Prices Signal Product Quality ». *American Economic Review* 81 : 224–39.

BAIN, Joe S. 1956. *Barriers to New Competition : Their Character and Consequences in Manufacturing Industries*. Cambridge : Harvard University Press.

BALTAGI, Badi H. et Dan LEVIN. 1986. « Estimating Dynamic Demand for Cigarettes Using Panel Data ». *Review of Economics and Statistics* 68 : 148–55.

BECKER, Gary S. et Kevin M. MURPHY. 1990. « A Simple Theory of Advertising as a Good. » Center for the Study of the Economy and the State Working Paper 58, University of Chicago.

BECKER, Gary S., Michael GROSSMAN et Kevin M. MURPHY. 1990. « An Empirical Analysis of Cigarette Addiction ». Working Paper 3322, Cambridge, Mass. : National Bureau of Economic Research.

BENHAM, Lee. 1972. « The Effect of Advertising on the Price of Eyeglasses. » *Journal of Law and Economics* 15 : 337–51

BENSTON, George J. 1973. « Required Disclosure and the Stock Market. An Evaluation of the Securities Exchange Act of 1934. » *American Economic Review* 63 : 1323–55.

BOND, Ronald S., John E. KWOKA, Jr., John J. PHELAN et Ira Taylor WHITTEN. 1980. « Staff Report on Effects of Restrictions on Advertising and Commercial Practice in the Professions : The Case of Optometry ». Bureau of Economics, Federal Trade Commission. Washington, D.C. : U.S. Government Printing Office.

BOYD, Roy et Barry J. SELDON. 1990. « The Fleeting Effect of Advertising ». *Economic Letters* 24 : 375–9.

BUTTERS, Gérard R. 1977. « Equilibrium Distributions of Sales and Advertising Prices ». *The Review of Economic Studies* 44 : 465-91.

CADY, John F. 1976. « An Estimate of the Price Effects of Restrictions on Drug Price Advertising ». *Economic Inquiry* 14 : 493-510.

CARMAN, Hoy F., Richard D. GREEN et Gay J. MANDOUR. 1992. « Commodity Advertising Pays ... Or Does It ? » *California Agriculture* 46 : 8–12.

CASWELL, Julie A. 1992. « Current Information Levels on Food Labels ». *American Journal of Agricultural Economics* 74 : 1196–1201.

COMANOR, William S. et Thomas A. WILSON. 1974. *Advertising and Market Power*. Cambridge, Mass. : Harvard University Press.

COMANOR, William S. et Thomas A. WILSON. 1979. « Advertising and Competition : A Survey. » *Journal of Economic Literature* 17 : 453–76.

DARBY, Michael R. et Edi KARNI. 1973. « Free Competition and the Optimal Amount of Fraud ». *Journal of Law and Economics* 16 : 67–88.

DIAMOND, Peter A. et Michael ROTHSCHILD. 1978. *Uncertainty in Economics*. New York : Academic Press.

DIXIT, Avinash et Victor NORMAN. 1978. « Advertising and Welfare. » *The Bell Journal of Economics* 9 : 1–17.

DIXIT, Avinash et Victor NORMAN. 1979. « Advertising and Welfare : Reply ». *The Bell Journal of Economics* 10 : 728–9.

DIXIT, Avinash et Victor NORMAN. 1980. « Advertising and Welfare : Another Reply ». *The Bell Journal of Economics* 11 : 753–4.

DODSON, Joe A., Jr. et Eitan MULLER. 1978. « Models of New Product Diffusion Through Advertising and Word-of-Mouth ». *Management Science*. 24 : 1568-78.

DORFMAN, Robert et Peter 0. STEINER. 1954. « Optimal Advertising and Optimal Quality ». *American Economic Review* 44 : 826–36.

EATON, Jonathan et Gene M. GROSSMAN. 1986. « The Provision of Information as Marketing Strategy ». *Oxford Economic Papers* 38 : 166–83.

EDWARDS, Franklin R. 1973. « Advertising and Competition in Banking. » *Antitrust Bulletin* 18 : 23–32.

EKELUND, Robert B., Jr. et Charles MAURICE. 1969. « An Empirical Investigation of Advertising and Concentration : Comment ». *Journal of Industrial Economics* 18 : 76–80.

EKELUND, Robert B., Jr. et William P. GRAMM. 1970. « Advertising and Concentration : Some New Evidence ». *Antitrust Bulletin* 5 : 243–9.

EKELUND, Robert B., Jr. et David S. SAURMAN. 1988. *Advertising and the Market Process*. San Francisco : Pacific Research Institute for Public Policy.

FISHER, Franklin M. et John J. MCGOWAN. 1979. « Advertising and Welfare : Comment ». *The Bell Journal of Economics* 10 : 726–7.

GROSSMAN, Gene M. et Carl SHAPIRO. 1984. « Informative Advertising with Differentiated Products. » *The Review of Economic Studies* 51 : 63–81.

GROSSMAN, Sanford J. 1981. « The Informational Role of Warranties and Private Disclosure About Product Quality. » *Journal of Law and Economics* 24 : 461–83.

GROSSMAN, Sanford J. et Oliver HART. 1980. « Disclosure Laws and Takeover Bids ». *Journal of Finance*. 35 : 323–34.

HILKE, John C. 1984. « Early Mandatory Disclosure Regulations ». Bureau of Economics, Federal Trade Commission Working Paper No. 111. Washington, D.C. : U.S. Govemment Printing Office.

IPPOLITO, Pauline M. 1986. « Consumer Protection Economics : A Selective Survey », *in* Pauline M. IppolitoAnd David T. Scheffman, éds., *Empirical Approaches to Consumer Protection Economics*. Federal Trade Commission. Washington, D.C. : U.S. Government Printing Office.

JARRELL, Gregg A. 1981. « The Economic Effects of Federal Regulation of the Market for New Security Issues ». *Journal of Law and Economics* 24 : 613–75.

JOVANOVIC, Boyan. 1983. « Truthful Disclosure of Information ». *The Bell Journal of Economics* 13 : 36–44.

KALDOR, Nicholas. 1949-50. « The Economic Aspects of Advertising ». *The Review of Economic Studies* 18 : 1–27.

KIHLSTROM, Richard et Michael RIORDAN. 1984. « Advertising as a Signal ». *Journal of Political Economy* 92 : 427–50.

KLEIN, Benjamin et Keith LEFFLER. 1981. « The Role of Market Forces in Assuring Contractual Performance ». *Journal of Political Economy* 89 : 615–41.

KOTOWITZ, Yehuda et G. Frank MATHEWSON. 1986. « Advertising and Consumer Learning », in Pauline M. IPPOLITO et David T. SCHEFFMAN, éds., *Empirical Approaches to Consumer Protection Economics*. Federal Trade Commission. Washington, D.C. : U.S. Government Printing Office, 109–34.

KWEREL, Evan R. 1980. « Economic Welfare and the Production of Information by a Monopolist : The Case of Drug Testing. » *The Bell Journal of Economics* 11 : 505–18.

KWOKA, John E., Jr. 1984. « Advertising and the Price and Quality of Optometric Services ». *American Economic Review* 74 : 211–6.

LAMBIN, Jean Jacques. 1976. *Advertising, Competition and Market Conduct in Oligopoly over Time*. Amsterdam : North-Holland.

LIU, Donald J. et Olan D. FORKER. 1988. « Generic Fluid Milk Advertising, Demand Expansion, and Supply Response : The Case of New York City ». *American Journal of Agricultural Economics* 70 : 229–36.

LUKSETICH, William et Harold LOFGREN. 1976. « Price, Advertising, and Liquor Prices ». *Industrial Organization Review* 4 : 13–25.

MANN, H. Michael, John A. HENNING et James W. MEEHAN, Jr. 1967. « Advertising and Concentration : An Empirical Investigation ». *Journal of Industrial Economics* 16 : 34–45.

MATTHEWS, Steven et Andrew POSTLEWAITE. 1985. « Quality Testing and Disclosure ». *The Rand Journal of Economics* 16 : 328–40.

MAURIZI, Alex R. 1972. « The Effect of Laws Against Price Advertising : The Case of Retail Gasoline ». *Western Economic Journal* 10 : 321–9.

MCGUINNESS, Tony et Keith COWLING. 1975. « Advertising and the Aggregate Demand for Cigarettes ». *European Economic Review* 6 : 311–28.

MCNEIL, Kenneth, John R. NEVIN, David M. TRUBEK, Richard E. MILLER et Lauren EDELMAN. 1978. « Market Discrimination Against the Poor and the Impact of Consumer Disclosure Laws : The Used Car Industry ». Institute for Research on Poverty Discussion Paper No. 486-78, University of Wisconsin-Madison.

MILGROM, Paul. 1981. « Good News and Bad News : Representation Theorems and Applications. » *The Bell Journal of Economics* 12 : 380–91.

MILGROM, Paul et J. ROBERTS. 1986. « Price and Advertising Signals of Product Quality ». *Journal of Political Economy* 94 : 796–821.

MILLER, Richard A. 1969. « Market Structure and Industrial Performance : Relation of Profit Rate to Concentration, Advertising Intensity, and Diversity ». *Journal of Industrial Economics* 17 : 104–18.

MURIS, Timothy J. et Fred S. MCCHESNEY. 1979. « Advertising and the Price and Quality of Legal Services : The Case for Legal Clinics ». *American Bar Foundation Research Journal* 1979 : 179–207.

NELSON, Richard. 1959. « The Simple Economics of Basic Research ». *Journal of Political Economy* 67 : 297–306.

NELSON, Phillip. 1970. « Information and Consumer Behavior ». *Journal of Political Economy* 78 : 311–29.

NELSON, Phillip. 1974. « Advertising as Information ». *Journal of Political Economy* 81 : 729–54.

NICHOLS, Len M. 1985. « Advertising and Economic Welfare ». *American Economic Review* 75 : 213–8.

ORNSTEIN, Stanley I., J. Fred WESTEN, Michael INTRILIGATOR et Ronald SHRIEVES. 1973. « Determinants of Market Structure ». *Southern Economic Journal* 39 : 612–25.

ORNSTEIN, Stanley 1. 1977. *Industrial Concentration and Advertising Intensity*. Washington, D.C. : American Enterprise Institute for Public Policy Research.

ROGERSON, William P. 1986. « Advertising as a Signal When Price Guarantees Quality ». Center for Mathematical Studies in Economics and Management Science Discussion Paper No. 704, Northwestern University.

ROGERSON, William P. 1988. « Price Advertising and the Deterioration of Product Quality ». *The Review of Economic Studies* 55 : 215–29.

SALOP, Steven C. 1979. « Monopolistic Competition with Outside Goods. » *The Bell Journal of Economics* 10 : 141-56.

SCHMALENSEE, Richard. 1973. *The Economics of Advertising*. New York : Humanities Press.

SCHMALENSEE, Richard. 1974. « Brand Loyalty and Barriers to Entry ». *Southern Economic Journal* 40 : 579–88.

SCHMALENSEE, Richard. 1976. « Advertising and Profitability : Further Implications of the Null Hypothesis ». *Journal of Industrial Economics* 25 : 45–54.

SCHMALENSEE, Richard. 1978. « A Model of Advertising and Product Quality ». *Journal of Political Economy* 86 : 485–503.

SELDON, Barry J. et Khosrow DOROODIAN. 1989. « A Simultaneous Model of Cigarette Advertising ». *Review of Economics and Statistics* 71 : 673–7.

SHAPIRO, Carl. 1980. « Advertising and Welfare : Comment ». *The Bell Journal of Economics* 11 : 749–52.

SHAPIRO, Carl. 1983. « Premiums for High-Quality Products as Returns to Reputation ». *Quarterly Journal of Economics* 98 : 659–79.

SMALLWOOD, Dennis E. et John Conlisk. 1979. « Product Quality in Markets Where Consumers arc Imperfectly Informed ». *Quarterly Journal of Economics* 93 : 1–23.

STEGEMAN, Mark. 1991. « Advertising in Competitive Markets ». *American Economic Review* 81 : 210–23.

STEINER, Robert L. 1973. « Does Advertising Lower Consumer Prices ? » *Journal of Marketing*. 37 : 19–26.

STIGLER, George J. 1964. « Public Regulation of the Securities Markets ». *Journal of Business*. 37 : 117–42.

STIGLER, George J. et Gary S. BECKER, 1977. « De Gusibus Non Et Disputandum ». *American Economic Review* 67 : 76–90.

STRICKLAND, Allyn D. et Leonard W. WEISS. 1976. « Advertising, Concentration, and Price-Cost Margins ». *Journal of Political Economy* 84 : 1109-21.

TELSER, Lester G. 1964. « Advertising and Competition ». *Journal of Political Economy* 73 : 537–62.

TELSER, Lester G. 1966. « Supply and Demand for Advertising Messages. » *American Economic Review* 56 : 457–66.

TELSER, Lester G. 1969. « Another Look at Advertising and Concentration ». *Journal of Industrial Economics* 18 : 85–94.

VERNON, John M. 1971. « Concentration, Promotion, and Market Share Stability in the Pharmaceutical Industry ». *Journal of Industrial Economics* 19 : 246–66.

VON WEIZSÄCKER, C. 1980. « A Welfare Analysis of Barriers to Entry ». *The Bell Journal of Economics* 11 : 399–420.

WEISS, Leonard W. 1969. « Advertising Profits and Corporate Taxes ». *Review of Economics and Statistics* 51 : 421-30.

WEISS, Leonard W., George PASCOE et Stephen MARTIN. 1983. « The Size of Selling Costs ». *Review of Economics and Statistics* 65 : 668–72.

WOLINSKY, Asher. 1983. « Prices as Signals of Product Quality ». *The Review of Economic Studies* 50 : 647–58.

Annexe A au chapitre 15

Publicité et maximisation du profit

Supposons que le prix pratiqué par une entreprise, p, soit une fonction de la quantité produite, Q, ainsi que du volume de publicité, α. La fonction de demande inverse s'écrit donc :

$$p = p(Q, \alpha) \tag{15A.1}$$

Et la recette totale s'écrit :

$$R = p(Q, \alpha)Q \equiv R(Q, \alpha). \tag{15A.2}$$

Les coûts de l'entreprise sont donnés par la somme des coûts de production et de publicité, soit $C(Q) + \alpha$ (on suppose qu'une unité de publicité vaut 1 F).

Dans un modèle à une seule période, il n'est pas nécessaire de prendre en compte l'effet de la publicité sur les dépenses futures. L'entreprise doit donc choisir les niveaux de Q et de α tels que :

$$\max_{Q,\alpha} = R(Q, \alpha) - C(Q) - \alpha. \tag{15A.3}$$

Les deux conditions du premier-ordre sont :

$$\pi_Q = R_Q - C' = 0, \tag{15A.4}$$

$$\pi_Q = R_\alpha - 1 = 0, \tag{15A.5}$$

où $R_Q \equiv \partial R/\partial Q$ et $R_\alpha \equiv \partial R/\partial \alpha$. Les valeurs optimales de Q et de α doivent simultanément satisfaire les équations (15A.4) et (15A.5). L'équation (15A.4) indique qu'il faut choisir Q de façon à ce que le recette marginale d'une unité supplémentaire de production, R_Q, soit égale au coût marginal de production de cette unité. L'équation (15A.5) indique que le niveau de publicité doit être choisi de façon à ce que la recette marginale résultant de l'augmentation du volume de la publicité, R_α, soit égale au coût marginal de la publicité, soit 1 (franc).

CINQUIÈME PARTIE

Modèles dynamiques et ajustement du marché

16

Le choix de la durée de vie des biens

Le temps est la façon dont la nature s'y prend pour que les choses se produisent successivement.

Ce chapitre et le suivant analyse la façon dont les décisions de l'entreprise se prennent dans la durée. Dans ce chapitre, nous allons étudier les marchés de **biens durables**, c'est-à-dire les biens dont la durée de vie s'étale sur plusieurs périodes. Parmi les biens durables, on trouve notamment les ampoules électriques, les automobiles, les biens électro-ménagers et les ordinateurs individuels. Aux États-Unis, les biens durables représentent environ 12% de l'ensemble des dépenses de consommation des ménages.[(1)]

Ce sont les producteurs qui décident de la durée de vie de leurs produits. En effet, plus ils investissent, plus les biens qu'ils fabriquent ont une durée de vie importante. ce chapitre examine deux questions relatives à la durée de vie des biens :

1. La structure de marché exerce-t-elle une influence sur la durée de vie des biens ? Par exemple, est-ce qu'un monopole fabrique des biens dont la durée de vie est plus longue que ceux fabriqués par une entreprise concurrentielle ?

2. Un monopole qui produit des biens durables doit-il les louer ou les vendre ?

[1] *1992 Economic Report of the President* (tableau B-5).

16.1 Durée de vie d'un bien en concurrence et en monopole

À long terme, nous serons tous mort. – John Maynard Keynes

Le consommateur qui achète un bien durable tient compte de sa durée de vie et de l'évolution de sa valeur dans le temps. C'est la raison pour laquelle certains constructeurs automobiles font valoir qu'une voiture de bonne qualité, quoique plus coûteuse qu'une voiture ordinaire, dure plus longtemps et peut être revendue à meilleur prix au bout de quelques années.

Une entreprise doit supporter des coûts de production initiaux d'autant plus élevés que la durée de vie du bien qu'elle fabrique augmente, ce qui risque d'élever à l'excès le prix de vente. La politique optimale consiste donc à investir jusqu'au point où le coût marginal d'une augmentation de la durée de vie devient égal au bénéfice marginal d'un prix de vente plus élevé. De nombreux facteurs entrent dans cette décision, parmi lesquels le pouvoir de marché de l'entreprise et la présence ou non d'un marché secondaire sur lequel le bien durable peut être revendu. Nous allons étudier successivement cette décision dans le cas d'une entreprise concurrentielle et d'un monopole.

16.1.1 *Détermination de la durée de vie d'un bien : le cas de l'entreprise en concurrence*

Je n'ai pas peur de mourir.
Mais je voudrais être là quand ça se produira. – Woody Allen

Prenons le cas de la production d'une ampoule électrique dont la durée de vie normale est de N périodes. Pour simplifier, nous supposons que la qualité de l'ampoule reste identique au cours de sa durée de vie (elle fournit autant de lumière qu'une ampoule neuve) et qu'au delà de la n-ième période, l'ampoule doit systématiquement être remplacée (ce n'est pas rentable de la réparer).[(2)]

Nous considérons ici que l'ampoule est un **actif réel**, c'est-à-dire qu'elle rend un *service* (d'où son utilité) au cours de chacune des périodes de sa vie.[(3)]

L'entreprise doit choisir N, la durée de vie de l'ampoule. Supposons que le coût marginal de production d'une ampoule qui dure N périodes, $C(N)$, soit uniquement fonction de la durée de vie de l'ampoule : plus N augmente, plus l'ampoule est coûteuse à produire. L'entreprise doit alors arbitrer entre une durée de vie plus longue à un coût initial de production élevé et une durée de vie plus courte mais

---

[2] Il est évident que la plupart des biens se dégradent avec le temps et que leur durée de vie n'est pas exactement identique. Cependant, les principaux résultats que nous allons établir ne dépendent pas de ce postulat.

[3] L'ampoule est donc assimilée à une machine, c'est-à-dire un *stock de capital*, sans dimension temporelle. Le sevice qu'elle rend est un *flux* dont la dimension temporelle est la quantité de lumière fournie *par période*.

un coût de production moindre. Le choix de la durée de vie optimale conditionne la survie de l'entreprise concurrentielle.

Calculons le coût de fourniture d'un éclairage continu pour un nombre infini de périodes. Le coût de production de la première ampoule est égal à $C(N)$. L'ampoule dure N période, puis il faut la remplacer, ce qui implique un nouveau coût de production, $C(N)$, et ainsi de suite.

Les coûts futurs jouent cependant un rôle moins important dans la décision présente, car ils sont affectés d'un facteur d'escompte qui correspond au taux d'intérêt. Par exemple, si celui-ci est égal à 10%, un franc actuel vaudra 1,10 F à la période suivante. De même, un franc disponible seulement à la période suivante, vaut 0,91 F aujourd'hui (c'est-à-dire 1 F/1,1). Pour calculer la valeur actuelle d'une succession de coûts présents et futurs, nous devons effectuer une somme *actualisée*. Par exemple, si quelqu'un doit payer 1 F cette année et 1 F l'année prochaine, que le taux d'intérêt est de 10%, la *valeur actualisée* de l'ensemble est égale à 1 F + 0,91 F, soit 1,91 F. En appliquant ce raisonnement à l'ampoule électrique, on voit que le coût de fourniture d'un flux permanent de lumière est égal au coût de production actuel d'une ampoule, plus le coût actualisé de production d'une ampoule au bout de N périodes, plus le coût actualisé de production d'une ampoule au bout de $2N$ périodes, et ainsi de suite.[4]

Supposons maintenant qu'une entreprise puisse produire soit une ampoule qui dure 5 ans pour 1 F, soit une ampoule que dure 10 ans pour 1,60653 F. Nous supposons également que ces coûts de production sont constants dans le temps. Quelle est le choix le plus économique ? La réponse dépend à la fois des coûts de production et du taux d'intérêt.

Si l'on utilise le premier type d'ampoule pour produire le flux continu de lumière, il faudra fabriquer une ampoule tous les 5 ans. La première ampoule sera immédiatement fabriquée et coûtera 1 F. La seconde ampoule sera fabriquée 5 ans plus tard et coûtera aussi 1 F à ce moment là. Avec un taux d'intérêt annuel de 10%, le coût actualisé est donc de 0,61 F et il est égal à 0,37 F pour une ampoule fabriquée dans 10 ans. Le tableau 16.1 indique quel est le coût actualisé de 5 ans en 5 ans (deuxième colonne colonne) et de 10 ans en 10 ans, jusqu'à 145 ans. En additionnant ces coûts, on obtient le coût actualisé de fourniture d'un flux permanent de lumière soit 2,54 F dans les 2 cas. En effet, bien que les ampoules qui durent 10 ans coûte 61% de plus à fabriquer, il faut les remplacer 2 fois moins souvent que celles qui durent 5 ans.

Le tableau 16.1 révèlent donc que les deux types d'ampoules ont la même valeur actualisée. Maintenant, si le coût de production d'une ampoule durant 10 ans était légèrement plus élevé, soit 1,75 F au lieu de 1,61 F, il serait plus économique de

[4] On peut aussi employer une méthode de composition continue plutôt qu'annuelle. Dans ce cas, en supposant que le taux d'intérêt est de 10%, la valeur actualisée d'un franc disponible dans un an est égale à 1 $Fe^{-0,1} = 0,90$ F. Dans ce qui suit, sauf mention contraire, nous emploierons la méthode de composition continue.

Tableau 16.1: *Coût actualisé de production d'une ampoule à différentes périodes*

Années	Ampoule de 5 ans	Ampoule de 10 ans
0	1,000000	1,606530
5	0,606531	0
10	0,367879	0,597009
15	0,223130	0
20	0,135335	0,217420
25	0,082085	0
30	0,049787	0,079984
35	0,030197	0
40	0,018316	0,029425
45	0,011109	0
50	0,006738	0,010825
55	0,004087	0
60	0,002479	0,003982
65	0,001503	0
70	0,000912	0,001465
75	0,000553	0
80	0,000335	0,000539
85	0,000203	0
90	0,000123	0,000198
95	0,000075	0
100	0,000045	0,000073
105	0,000028	0
110	0,000017	0,000027
115	0,000010	0
120	0,000006	0,000010
125	0,000004	0
130	0,000002	0,000004
135	0,000001	0
140	0,000001	0,000001
145	0,000001	0
Valeur actuelle pour un taux d'intérêt de 10%	2,541494	2,541494

fabriquer l'ampoule qui dure 5 ans. De même, si le taux d'intérêt était de 15% au lieu de 10%, il serait plus économique de fabriquer une ampoule durant 5 ans, car l'inconvénient de la changer plus souvent que celle durant 10 ans serait compensé par le coût moins élevé de l'opération (la valeur actualisée des coût futurs est moins élevée). À la limite, si le taux d'intérêt tend vers l'infini, ce qui implique une indifférence totale des consommateurs à l'égard du futur, seul compte alors le coût actuel de production des lampes, de sorte que l'entreprise à intérêt à fabriquer la lampe ayant la plus courte durée de vie possible et donc le plus faible coût possible).

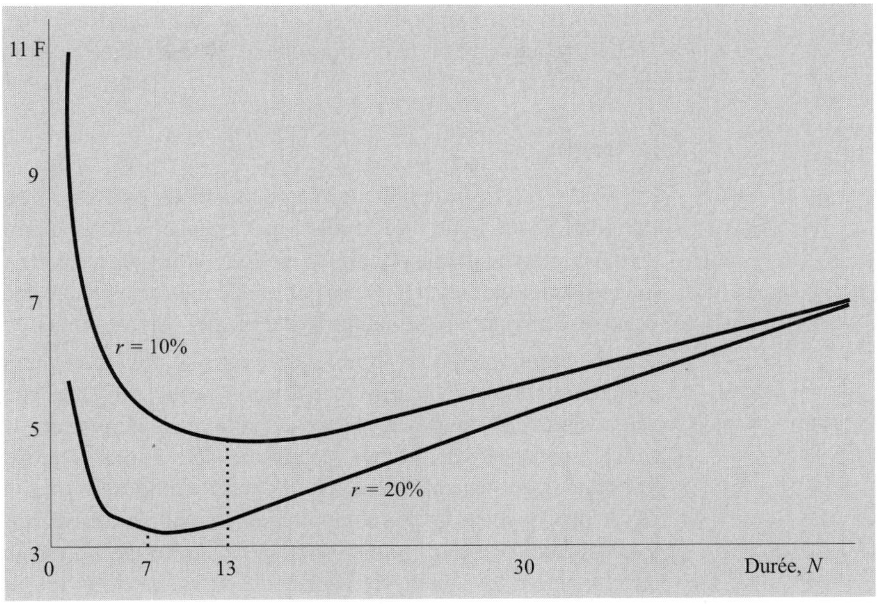

Figure 16.1: *Coût actualisé de la fourniture indéfinie d'une unité de lumière*

La figure 16.1 illustre l'effet exercé par le taux d'intérêt. Le coût actualisé y est tracé en fonction de N, la durée de vie de l'ampoule, la fonction de coût étant donnée.[(5)] La courbe la plus élevé correspond à un taux d'intérêt de 10% et la courbe la plus basse à un taux d'intérêt de 20%. L'entreprise en concurrence choisit la durée de vie N qui minimise le coût actualisé de fourniture indéfinie d'une unité de lumière. Pour un taux d'intérêt de 10%, cette valeur correspond à $N = 13$ ans. Si le taux d'intrêt est égal à 20%, on obtient $N = 7$ ans. Ainsi, plus le taux d'intérêt est élevé, plus la durée de vie optimale de l'ampoule se raccourcit, car l'économie réalisée en retardant la date de remplacement de l'ampoule diminue alors que le coût de fabrication d'une ampoule à durée de vie plus longue doit être payé dans l'immédiat et n'est donc pas influencé par le taux d'intérêt.

16.1.2 Détermination de la durée de vie d'un bien : le cas du monopole

La vie n'a de sens que parce qu'elle s'arrête. – Franz Kafka

Le choix du monopole diffère-t-il de celui de l'entreprise en concurrence ? Pour répondre à cette question, supposons qu'une seule entreprise puisse produire des ampoules électriques. Le choix de la durée de vie de l'ampoule n'est pas le même selon que l'entreprise la vend ou la loue. Commençons par analyser le cas où

[5] Cette fonction est $C(N) = N^{\alpha}$, où $\alpha = 0{,}487$ sur la figure 16.1. Voir l'annexe A à ce chapitre pour une formulation mathématique du problème.

l'entreprise loue l'ampoule, c'est-à-dire qu'elle vend le service fourni par l'ampoule (éclairage) et non l'ampoule elle-même. Nous étudierons ensuite le cas de la vente de l'ampoule.

A. Location

Soit $Q(R)$ le nombre d'unités demandées par les consommateurs à chaque période lorsque le prix de l'unité louée est égal à R par période. Nous supposons que la courbe de demande, $Q(R)$, ne se modifie pas avec le temps. Si le monopole loue les ampoules au prix R par période, il reçoit un revenu égal à $RQ(R)$ à chaque période. Son coût de production est égal à $Q(R)$ toutes les N périodes.

Le monopole choisit alors le prix, R — ou loyer — par unité de service et la durée de vie, N, qui maximisent son profit, lequel est donné par la différence entre la valeur actualisée des loyers et les coûts actualisés. Notons que les consommateurs ne sont pas concernés par le choix de la durée de vie dès lors que le monopole remplace instantanément les ampoules grillées par des ampoules neuves. Seul importe pour eux le prix de location des ampoules. Le monopole choisit N de façon à minimiser le coût actualisé d'une production de $Q(R)$ unités de lumière indéfiniment. Comme les rendements d'échelle sont constants, la valeur de N qui minimise le coût total est aussi celle qui minimise le coût d'une unité.

Ainsi, l'entreprise concurrentielle comme le monopole choisissent la même valeur pour N : celle qui minimise le coût de production d'une unité de lumière permanente. Ce résultat n'est pas surprenant car l'entreprise concurrentielle et le monopole choisissent toujours de produire au moindre coût. Aussi, lorsque le choix de la durée de vie d'un produit ne fait intervenir que le coût de production, l'entreprise concurrentielle et le monopole choisissent la même durée. S'il n'y a pas d'économie d'échelle et que la durée de vie n'a pas d'influence sur la demande, *la durée optimale est identique en monopole et en concurrence.*[(6)] Voir l'annexe A.

En plus de la durée de vie optimale N, le monopole doit choisir le nombre d'ampoules Q qu'il doit produire et louer. Il maximise son profit en choisissant Q de façon à égaliser sa recette marginale et son coût marginal. L'entreprise

---

[6] Pour une synthèse de la littérature sur ce sujet, voir Schmalensee (1979) et Liebowitz (1982). Swan (1970) fut le premier a montrer que le monopole choisit la même durée de vie que l'entreprise concurrentielle lorsque les rendements d'échelle sont constants (le coût augmente avec la durée mais non avec le niveau de production). Sieper et Swan (1973) ont assoupli le postulat des rendements d'échelle constants par l'introduction d'un coût fixe de capacité et montré que la durée de vie était indépendante de la structure de marché à l'équilibre de long terme (mais pas nécessairement à court-terme). Kamien et Schwartz (1974) ont montré que lorsque les courbes de coût étaient croissantes, un monopole choisissait un durée plus courte que l'entreprise concurrentielle. Swan (1977) note cependant que si le monopole est caractérisé par la même structure technologique que les entreprises concurrentielles (s'il y a beaucoup d'établissements), la durée choisie était la même. Plus récemment, Abel (1983) a prouvé que l'indépendance de la structure de marché par rapport à la durée de vie optimale était *parfois* vérifiée dans des conditions moins restrictives que les rendements constants. Nous montrerons d'autre part que lorsque le produit est vendu au lieu d'être loué, le monopole peut choisir une durée de vie plus courte.

Tableau 16.2: *Évolution dans le temps des revenus et des coûts*

Période	1	2	3	4	...	N	N+1	N+2	N+3	...
Recette par unité louée	R	R	R	R	...	R	R	R	R	...
Recette par unité vendue	$R\gamma$	0	0	0	...	0	$R\gamma$	0	0	...
Coût par unité	$C(N)$	0	0	0	...	0	$C(N)$	0	0	...

concurrentielle, quant à elle, choisit Q de façon à égaliser le coût marginal au prix. Donc, bien que la durée de vie choisie par le monopole et l'entreprise concurrentielle est la même, ce n'est pas le cas de la production, qui est moindre dans le cas du monopole.

B. Vente

Le fait que le monopole loue ou vende les ampoules ne modifie en rien l'analyse *tant que les consonsommateurs sont convaincus que le monopole ne modifiera pas sa politique de prix au cours du temps*. Supposons à nouveau que la demande globale ne se modifie pas avec le temps. Le tableau 16.2 indique comment les revenus et les coûts du monopole évoluent au cours du temps. L'entreprise reçoit R par unité louée à chaque période (première ligne). La dernière ligne indique le coût par période. R et N sont choisis de façon à maximiser le profit de l'entreprise.

Supposons maintenant qu'au lieu de percevoir R à chaque période, l'entreprise ne collecte l'argent qu'une fois toutes les N périodes. Elle reçoit alors $R\gamma$ à chaque collecte, où $R\gamma$ représente la somme actualisée sur N périodes des sommes qui étaient préalablement versées au début de chacune d'elles.[(7)] Par exemple, si le prix de location est égal à 1 F par période, que la durée N est de 3 périodes et que le taux d'intérêt est égal à 10%, la somme actualisée des rentes de 3 périodes est alors $R\gamma = 1\text{ F} + 0{,}9048\text{ F} + 0{,}8187\text{ F} \simeq 2{,}72\text{ F}$. La collecte n'est donc que de 2,72 F au lieu de 3 F, car le prix de location futur vaut moins que le prix de location présent.

Ainsi, lorsque les coûts de transaction sont négligeables et que *les consommateurs pensent que les prix ne changeront pas dans le futur*, le monopole et les consommateurs sont indifférents entre un versement de 1 F par période et un versement de 2,72 F toute les trois périodes. Comme 2,72 F est la somme qui correspond à la maximisation de son profit, le monopole n'a aucun intérêt à modifier ce montant, en hausse comme en baisse, car cela réduirait ses profits.

Par conséquent, si l'ampoule est vendue au lieu d'être louée, le monopole fixera un prix égal à $R\gamma$, ce qui correspond à la somme actualisée des loyers sur la période de vie de l'ampoule. Dans ce cas, le profit actualisé sera le même en cas

---

[7] En composition continue, le facteur d'escompte est $\gamma = (1 - e^{-rN})(1 - e^{-r})$, où R est le taux d'intérêt annuel.

de location et en cas de vente. Comme les coûts de production sont identiques et que (par construction) les sommes collectées sur N périodes ont la même valeur actualisée, les résultats établis dans le cas d'une location s'appliquent aussi au cas de la vente. Ainsi, le monopole choisira-t-il la durée de vie qui minimise son coût de production, comme dans le cas concurrentiel.

16.1.3 Coût d'installation et entretien du produit

Nous venons juste de montrer que sous certaines conditions, la durée de vie d'un produit est identique en concurrence et pour un monopole qui vend ou qui loue le produit. Cependant, lorsqu'il existe un coût d'installation ou que l'entretien du produit augmente sa durée de vie, la structure de marché à une influence sur la durée de vie.

A. Coût d'installation

Supposons maintenant que l'installation de l'ampoule soit coûteuse, par exemple parce qu'il faut payer l'employé qui effectue l'opération. Si le coût est indépendant du consommateur, l'incidence sera la même sur le monopole que sur l'entreprise concurrentielle qui continueront tous les deux à choisir une durée de vie identique, celle qui minimise le coût total, ce denier incluant maintenant les frais d'installation.

Mais que se passe-t-il si les frais d'installation ne sont pas aussi élevés pour tous les consommateurs, de sorte que ceux qui supportent des frais d'installation élevés préfèrent acheter une ampoule à durée de vie plus longue (et donc plus coûteuse) et ceux pour qui les frais d'installation sont peu élevés préfèrent acheter une ampoule à durée de vie plus courte (et donc moins coûteuse). Dans ce cas, la durée de vie est une variable que le monopole peut exploiter pour discriminer entre les consommateurs et le problème est similaire à celui du choix d'un niveau de qualité. Nous avons vu au chapitre 12 que le monopole choisissait un éventail de qualité différent de l'entreprise concurrentielle.

B. Entretien du produit

Considérons maintenant un cas plus réaliste. Supposons que la durée de vie dépende en partie du comportement du consommateur (si j'avais su que j'allais vivre aussi longtemps, j'aurais davantage pris soin de ma santé). Un consommateur peut accroître la durée de vie d'une machine (automobile, ordinateur, etc.) s'il en prend soin régulièrement. Pour simplifier, supposons que le travail nécessaire à l'entretien de la machine s'achète sur un marché concurrentiel et se combine avec la machine pour produire le service.

Supposons enfin que l'on puisse envisager un grand nombre de combinaisons différentes entre une machine à durée de vie donnée et la quantité de travail utilisée. Dans ce cas, plus le prix de la machine est élevé, plus le consommateur l'entretiendra avec soin afin d'augmenter sa durée de vie. Par exemple, quand le prix des automobiles augmente, les consommateurs les renouvellent moins souvent.

Le problème est analogue à celui de l'intégration verticale quand les facteurs de production sont substituables (voir le chapitre 13). Le monopole qui produit la machine ne souhaite pas voir le consommateur substituer le travail au capital. Il cherchera donc à empêcher cette substitution en proposant des contrats qui instaurent des restrictions verticales. Il se peut par exemple que le monopole *lie* le contrat d'entretien à l'achat de la machine.[8] De la même manière, lorsque l'entreprise loue le produit avec un contrat d'entretien au lieu de le vendre.

Dans une célèbre affaire antitrust américaine, l'entreprise United Shoe était accusée d'avoir voulu monopoliser le marché des machines servant à fabriquer les chaussures. Avant d'être condamnée par les tribunaux, l'une des tactiques de l'entreprise consistait en effet à louer certaines de ses machines avec un contrat de maintenance et à refuser de les vendre. Cette politique de *leasing* peut s'expliquer par le désir de contrôler la durée de vie de la machine (car si les acheteurs avaient été propriétaires des machines, ils les auraient gardées plus longtemps que le temps compatible avec l'intérêt de l'entreprise). Voir l'exemple 16.1.

16.2 Le monopole doit-il vendre ou louer un bien durable ?

Mieux vaut acheter une bouteille de lait pour un penny que d'élever une vache. – James Howell

Même si les machines ne nécessitaient aucun entretien, un monopole pourrait préférer les louer plutôt que les vendre. Dans l'exemple précédent, le monopole et les consommateurs étaient indifférents entre la location et la vente car nous avions supposé que les consommateurs étaient persuadés que le monopole ne modifierait pas son prix dans l'avenir. Mais lorsque l'on s'affranchit de ce postulat, le monopole peut avoir intérêt à louer son produit plutôt qu'à le vendre. En effet, lorsque le monopole vend son produit, il perd une grande partie (voire la totalité) de son pouvoir de marché. Pour illustrer cette idée, nous allons d'abord analyser les conséquences de l'existence d'un marché d'occasion. Puis nous analyserons le comportement des consommateurs et du monopole.

16.2.1 *Marché d'occasion*

Jusqu'à présent, nous avons supposé que les machines étaient conservées jusqu'à ce qu'elles soient bonnes à mettre au rebut. Nous allons maintenant étudier

[8] Epple et Raviv (1979) ont montré que ces résultats étaient également valables lorsque la durée de vie était aléatoire (variation stochastique autour de la moyenne).

EXEMPLE 16.1 United Shoe

L'entreprise United Shoe, qui a contrôlé jusqu'à 80% du marché des machines à fabriquer les chaussures, ne proposait certaines machines qu'en location. Mais, à la suite d'une décision antitrust (*U.S. v. United Shoe Machinery Corporation*, 110F. Supp. 295 [1953]), United Shoes fut contrainte de les proposer également à la vente. Le cas de United Shoe est souvent cité comme l'exemple du monopole qui produit un bien durable et préfère le louer plutôt que de le vendre.

Masten et Snyder (1993) ont soutenu que les conclusions du tribunal concernant les motivations de la politique de location de United Shoe sont fausses. Selon eux, la politique de United Shoe n'était qu'une réponse à des problèmes d'aléa moral. En effet, certaines des machines les plus complexes tombaient fréquemment en panne et nécessitaient d'être en permanence entretenues et perfectionnées. Une entreprise qui aurait acheté ce genre de machine aurait pu à juste titre craindre que United Shoe ne fournisse pas le service après-vente approprié. D'un autre côté, un contrat de service après-vente classique qui aurait stipulé une indemnité conséquente dans le cas où United Shoe n'aurait pas réparé la machine dans les délais aurait pu inciter certaines entreprises à détériorer intentionnellement la machine au cours des périodes de ralentissement de l'activité économique.

Le contrat de location proposé par United Shoe permettait de minimiser ces problèmes d'aléa moral, car il stipulait qu'en cas de panne United Shoe cessait de recevoir le prix de location jusqu'à ce que la réparation ait été effectuée. Cette pénalité incitait United Shoe à intervenir rapidement lorsqu'une machine essentielle à la production tombait en panne.

Masten et Snyder apportent deux preuves à l'appui de leur thèse. Premièrement, ils soulignent que United Shoe ne pratiquait cette politique de location que pour certaines machines. Sur 343 modèles, 42 étaient proposés à la vente uniquement, 122 à la vente et à la location et 179 à la location uniquement. Par conséquent, la théorie de l'entreprise qui veut conserver son monopole en louant uniquement son matériel n'explique pas le comportement global de United Shoe.

Deuxièmement, ils ont découvert que la politique de location exclusive était principalement appliquée aux machines coûteuses, complexes et essentielles au processus de production des clients, ce qui confirme l'idée que le but des contrats de location était de favoriser une intervention sur site rapide et efficace.

les effets de l'existence d'un marché d'occasion sur un monopole qui fabrique un bien durable.

Prenons le cas d'un monopole qui produit un bien non durable (complètement consommé en une seule période) et qui vend Q^* unités à 10 F chacune aux consommateurs qui sont le plus intéressés par le produit. Comme nous venons de postuler que ce sont les consommateurs les plus intéressés qui acquièrent le produit, l'existence d'un marché d'occasion où les unités peuvent être revendues n'entraîne aucune transaction supplémentaire et le prix du marché reste fixé à 10 F.

Nous pouvons transposer l'analyse au cas des biens durables si l'on admet que les consommateurs qui sont le plus intéressés par le produit ne changent pas au cours du temps. Supposons que le monopole vende des machines dont la durée de vie est égale à N et que la maximisation du profit implique une production de Q^* unités toutes les N périodes. Autrement dit, les consommateurs achètent en fait Q^* unités de service (d'éclarairage, par exemple) à chaque période. Comme les consommateurs qui apprécient le plus ce service sont les premiers acheteurs, il n'y a pas de revente et la présence d'un marché d'occasion n'affecte pas le niveau optimal des ventes.

Supposons maintenant que la demande globale de services soit la même à chaque période, mais que les consommateurs qui apprécient le plus ce service changent. Dans ce cas, les consommateurs qui apprécient moins le service vont revendre leurs machines aux consommateurs qui les apprécient le plus mais n'en possèdent pas. Mais comme il y a Q^* machines disponibles à chaque période (quantité optimale vendue par le monopole), la valeur que les consommateurs accordent à la consommation d'une unité de service (prix implicite de location) ne change pas. Comme dans l'exemple du tableau 16.2, les reventes ne modifient pas la valeur de R (le prix de location implicite) et la solution est identique au cas où les consommateurs qui apprécient le plus le bien ne changent pas.

Illustrons ce raisonnement par l'exemple de l'ampoule électrique. Les consommateurs sont prêts à payer 1 F par période pour une ampoule, le taux d'intérêt est égal à 10% et la solution optimale implique une production de 50 ampoules ayant une durée de vie égale à 3 périodes. Pour un prix de location de 1 F par période, le prix actualisé d'une ampoule durant 3 périodes est égal à 2,72 F ($=$ 1 F$+$0,90 F$+$0,82 F).

Supposons maintenant que les désirs des consommateurs se modifient avec le temps, de sorte qu'à chaque période il y ait des reventes, mais que la demande globale de services demeure constante. Si le propriétaire initial d'une ampoule la revend au bout d'un an, la valeur actualisée, calculée de la période 1 au début de la période 2, est égale à 1,72 F.[9] Autrement dit, une fois la lampe revendue, son propriétaire a finalement dépensé 2,72 F $-$ 1,72 F $=$ 1 F pour l'utilisation de l'ampoule pendant 1 an. Comme la demande globale est inchangée, cette revente ne présente aucun intérêt pour le monopole. En effet, la quantité d'ampoules qu'il vend à chaque période ne change pas plus que dans le cas où les préférences des consommateurs sont constantes : le nombre d'ampoules demandées à chaque période est identique. La solution optimale pour le monopole est indépendante de la modification éventuelle des préférences des consommateurs car la totalité de son profit provient des ventes initiales.[10] L'existence d'un marché de machines d'occasion n'exerce donc pas de contrainte sur le prix pouvant être fixé par le monopole durant les périodes suivant la vente initiales. Voir l'exemple 16.2.

En l'absence d'un marché d'ocasion, lorsque les consommateurs qui apprécient le plus le bien changent au cours du temps, le monopole ne peut pas obtenir un profit aussi élevé que dans le cas où ce sont toujours les mêmes consommateurs qui

---

[9] Le propriétaire initial reçoit 1,9048 F à la seconde période, ce qui implique que la valeur actualisée de cette revente est égal à 1,72 F.

[10] Autrement dit, le monopole n'a pas besoin de réduire sa production avec le temps du fait des reventes. S'il devait réduire sa production, la politique de vente n'aurait pas les mêmes conséquences que la politique de location.

EXEMPLE 16.2 Machines d'occasion : l'exemple des tracteurs

En 1985, Deere & Co a offert d'acquérir la division des machines agricoles de Versatile Co., une entreprise canadienne. Deere & Co. est l'un des plus gros producteurs mondiaux de tracteurs de différentes sortes et Versatile l'un des plus gros producteurs de tracteurs à 4 roues motrices (4WD).

En 1985, Versatile et Deere étaient les deux principaux producteurs de tracteurs 4WD. Ils étaient de même taille et, hormis 2 autres entreprises importantes, contrôlaient la plus grosse part des ventes de nouveaux tracteurs. Quelques années plus tôt, il y avait 2 fois plus d'entreprises, mais le fort ralentissement de l'activité agricole réduisit la demande de tracteurs 4WD d'environ 30% par rapport à 1981 (voir le tableau ci-après).

Ventes de tracteurs en Amérique du Nord, 1976–85

Année	*Nombre d'unités vendues*
1976	13 752
1977	10 303
1978	11 500
1979	14 710
1980	14 568
1981	14 021
1982	9 964
1983	7 647
1984	6 494
1985	5 093

Les tracteurs sont des biens durables, en particulier les 4WD, dont la durée de vie varie en 15 et 30 ans. Le marché des tracteurs d'occasion est donc très bien organisé et les agriculteurs peuvent chosir entre l'achat d'un tracteur neuf ou d'occasion. Il existe donc une relation étroite en les variations de prix sur les 2 marchés.

Si les tracteurs neufs et usagés sont substituables, les parts de marché calculées sur la base des ventes de tracteurs neufs ont une signification limitée. Par exemple, si une entreprise obtient le monopole des ventes de tracteurs neufs mais que les ventes de machines neuves ne représentent qu'une faible part du total des tracteurs en circulation, elle ne pourra pas augmenter significativement le prix des nouveaux tracteurs.

Le prix de location des tracteurs est déterminé par l'intersection de la courbe d'offre de services (rendus par les tracteurs) et de la courbe de demande. Le prix de vente d'un tracteur est égal à la somme actualisée des prix de location futurs. À toute année, l'offre de services est égale aux services rendus par le stock de tracteurs neufs et usagés. L'offre de services provenant de tracteurs usagés doit être affectée d'un coefficient de dépréciation. La courbe d'offre à l'année t peut s'écrire comme une fonction du prix de location R de l'année courante et de l'année précédente :

$$S(R, t) = S_0(R, t) + S_n(R, t),$$

où $S_0(R, t)$ est l'ancienne offre au prix R à l'année t et $S_n(R, t)$ est la nouvelle offre au prix de location R à l'année t.

Si l'on néglige l'entretien, le prix de location R n'a pas d'influence sur l'offre des années précédentes, ce qui nous évite d'avoir à exprimer l'offre des années précédentes en fonction du prix de location. D'après une analyse économétrique, le pourcentage →

EXEMPLE 16.2 Machines d'occasion : l'exemple des tracteurs (suite)

annuel de dépréciation est égal à 8%. Par conséquent, puisque chaque année 92% de l'offre de l'année précédente reste disponible, l'offre pour 1985 s'écrit :

$$S_0(1985) = 0{,}92S_n(1984) + 0{,}92 \times 0{,}92S_n(1983) + \cdots$$

D'après cette formule et les données du tableau, le ratio des nouveaux tracteurs au stock de tracteurs existant en 1985 est inférieur à 10%. Comme les tracteurs anciens sont largement plus nombreux que les neufs et que la situation ne risque pas de s'inverser rapidement, l'existence d'un monopole de la production des tracteurs neufs ne peut pas réduire avec rentabilité, ni même de façon significative, l'offre totale (et donc augmenter les prix) pendant plusieurs années au moins.

Lorsque le *U.S. Department of Justice* apprécie l'opportunité d'une fusion, il se fonde sur l'effet de la fusion sur les prix. Il est donc compréhensible qu'il accepte une fusion qui confère un grosse part de marché à une entreprise si celle-ci n'a pas le pouvoir d'augmenter les prix.

Bien que sensible à l'argument suivant lequel la présence d'un stock important de machines usagées empêchait théoriquement l'augmentation du prix, l'*U.S. Department of Justice* considérait qu'il ne s'agissait pas d'une assurance suffisante. Sur l'insistance du gouvernement Canadien pour qui l'acquisition était la condition de la survie de Versatile, il accepta cependant de donner son accord à l'acquisition si aucun autre acheteur ne se présentait. Mais, en définitive, l'affaire ne se fit pas.

Cet exemple illustre cependant le fait que l'exercice du pouvoir de monopole est difficile à court terme pour les biens durables qui ont un faible taux de dépréciation et s'il y a déjà un important stock sur le marché (Carlton et Gertner, 1989). Dans l'industrie automobile américaine, le taux de dépréciation est de 23% par an (soit trois fois plus élevé que pour les tracteurs). De ce fait, toutes choses égales par ailleurs, une entreprise qui a un monopole dans l'automobile peut augmenter les prix beaucoup plus rapidement que son homologue de l'industrie des tracteurs, car la contrainte exercée par le stock de biens existant dure moins longtemps.

De plus, dans l'industrie des biens durables, la concurrence entre les oligopoleurs est généralement plus intense que dans l'industrie des biens non durables (Carlton et Gertner, 1989). Intuitivement, ce résultat s'explique par le fait qu'une entreprise qui vend davantage dans l'immédiat prend non seulement une part du marché de son rival dans l'immédiat, mais aussi une part des ses ventes futures, ce qui amplifie l'intérêt d'accroître immédiatement les ventes.

NOTE : Carlton a travaillé comme consultant pour Deere & Co.

SOURCE : Farm and Industrial Equipment Institute. *State of he Industry 1985 Update* et *The State of The Industry 1978–1980*, Canadian Firm and Industrial Equipment Institute. *Industry Outlook 1986*. U.S. Department of Agriculture, Economic Research Service. *Outlook and Situation Report*, août 1985.

apprécient le plus le bien. Supposons par exemple que vous souhaitiez utiliser un réfrigérateur pour l'année scolaire seulement. Si vous ne pouvez pas le revendre, vous n'accepterez pas de payer autant que si vous aviez l'intention de le garder jusqu'à ce qu'il soit hors d'usage. La revente aide à la fois les consommateurs et le monopole à réduire le coût effectif de fourniture de chaque unité de service aux consommateurs car elle permet au monopole d'incorporer la valeur de revente du produit dans le prix initial.

Prenons l'exemple d'un monopole qui contrôle la production de l'aluminium. Supposons que l'aluminium soit utilisé par des fabricants de pots en aluminium. Une fois ces pots usés, ils sont jetés par les consommateurs, mais récupérés par une entreprise qui recycle l'aluminium. L'aluminium ainsi récupéré est vendu sur un *marché secondaire* qui concurrence la production du monopole. D'un autre côté, si les consommateurs pouvaient revendre les pots usagés, ils accepteraient de payer davantage pour les pots neufs. Ainsi, l'existence d'un marché secondaire est une contrainte pour le monopole, mais a également une incidence sur la disposition à payer des consommateurs.

Le rôle du marché secondaire ou d'occasion fut débattu aux États-Unis lors de l'affaire antitrust impliquant Alcoa, le seul producteur d'aluminium en barre. Cependant, l'aluminium usagé pouvait être recyclé et resservir à fabriquer de nouvelles barres. Dans ces conditions, le tribunal chercha à savoir si le pouvoir de marché d'Alcoa était réel alors même que l'entreprise ne contrôlait pas directement le marché secondaire. En effet, avec le temps, l'existence du second marché pouvait exercer une contrainte de plus en plus forte sur le prix fixé par Alcoa sur le marché primaire. D'un autre côté, comme la demande d'aluminium augmente avec le temps, l'effet net exercé par l'existence d'un marché secondaire doit être apprécié empiriquement (voir l'exemple 16.3 et Martin, 1982). En effet, lorsque la demande augmente très rapidement, l'offre du marché secondaire ne représente pas une partie importante de la demande et la contrainte qui s'exerce sur le monopole est moins importante. Les analyses les plus récentes de l'affaire Alcoa penchent en faveur de cette thèse (voir l'exemple 16.3).

16.2.2 Comment les anticipations des consommateurs contraignent-elles le monopole ?

Nous devrions tous nous sentir concernés par le futur car nous y passerons le reste de nos vies. – Charles Francis Kettering

Lorsqu'il existe un marché d'occasion, le prix que les consommateurs sont disposés à payer pour un bien durable dépend à la fois de la valeur des services rendus par le bien pendant la période durant laquelle il est conservé et de sa valeur de revente à la fin de cette période. Autrement dit, les anticipations des consommateurs concernant le futur prix de revente ont une influence sur le prix initial. Par exemple, le prix qu'une personne est prête à payer pour l'achat d'une maison dépend du prix qu'elle pense pouvoir la revendre quelques années plus tard. Nous allons donc maintenant analyser les effets des anticipations des consommateurs sur le prix fixé par le monopole.

Les produits qui semblent devoir se démoder, donc perdre leur valeur en peu de temps, se vendent moins chers. En général, les anticipations de prix des consommateurs dépendent de leur opinion concernant la courbe de demande ainsi que de la production du monopole au cours de périodes ultérieures, car c'est cette demande et cette production qui déterminent le prix de revente.

EXEMPLE 16.3 Alcoa ou l'économie des produits de seconde main

En 1945, le juge Learned Hand rédigea le rapport de conclusion du groupe de trois juges qui avaient statué sur le cas d'Alcoa (Aluminium Company of America). Le rapport concluait qu'Alcoa était coupable d'avoir monopolisé le marché américain de l'aluminium. D'après le rapport, le marché en question était essentiellement constitué de la production intérieure d'aluminium et des importations nettes de barres d'aluminium, mais ne prenait pas en compte la production obtenue à partir du marché secondaire, par recyclage de l'aluminium utilisé dans divers produits usagés, bien que cet aluminium fut un substitut. Le rapport concluait qu'Alcoa contrôlait indirectement ce second marché du fait de sa domination sur le marché primaire. Selon ce raisonnement, l'existence d'un marché secondaire de l'aluminium n'amputait nullement les profits de monopole réalisé par Alcoa.

Plusieurs économistes ont cherché à déterminer si les conclusions du juge Hand étaient correctes. Gaskin (1974) a effectué une estimation de la demande d'aluminium et de l'offre du marché secondaire, puis utilisé ces résultats avec d'autres informations pour obtenir une simulation des effets à long terme de la présence et de l'absence d'un marché secondaire. Deux résultats essentiels ressortent de son étude. Premièrement, l'existence d'un marché secondaire favorise la fixation d'un prix initial plus élevé par le monopole. Deuxièmement, lorsque la demande d'aluminium augmente avec le temps, l'influence du marché secondaire est atténuée.

L'une de ses simulations indique que le prix initial pratiqué par le monopole est 6% plus élevé qu'en l'absence du marché secondaire et près de 3,5 fois plus élevé que le prix concurrentiel (coût marginal à long terme). La simulation indique également que le prix d'équilibre à long terme est 14% plus bas que le prix en l'absence de marché secondaire, mais 2,8 fois plus élevé que le prix concurrentiel. La simulation indique enfin que la présence d'un marché secondaire provoque bien une réduction graduelle du prix, mais qu'il faudrait environ 100 ans pour enregistrer une baisse de 5% par rapport à la valeur d'équilibre à long terme.

En employant d'autres modèles, Swan (1980) a effectué des simulations aux conclusions similaires : le prix pratiqué par Alcoa en présence d'un marché secondaire n'était que très légèrement plus faible que le prix que l'entreprise aurait pu pratiquer en l'absence d'un marché secondaire et largement au-dessus du prix concurrentiel (calculé à partir des coûts de production d'Alcoa).

Pour expliquer pourquoi le prix initial d'Alcoa est plus élevé que ne le serait le prix à court terme en l'absence d'un marché secondaire, Gaskin propose le raisonnement suivant. (1) Au départ, le stock d'aluminium existant est nul et il n'y a pas de marché secondaire. Par la suite, pour un stock donné d'aluminium dans le monde, il est d'autant plus rentable de recycler l'aluminum que le prix de l'aluminum est élevé, de sorte que l'offre sur le marché secondaire est une fonction croissante du prix. (2) La maximisation des profits actualisés implique un arbitrage entre le profit à court terme et le profit à long terme. L'entreprise doit tenir compte du fait qu'une production élevée à court terme engendre un stock important et accroît la concurrence future exercée par le second marché. (3) Par conséquent, à la période initiale, le monopole à intérêt à vendre encore moins qu'en l'absence d'un second marché, ce qui explique que le prix soit encore plus élevé.

Selon Gaskin, le juge Hand a eu raison de considérer dans ce cas particulier que le fait de contrôler la production sur le marché primaire était pratiquement équivalent à un monopole absolu, en ce qui concerne les implications normatives de la situation. Autrement dit, le fait de négliger le marché secondaire n'a pas eu d'effet notable sur les conclusions. Le fait de tenir compte du marché secondaire aurait malgré tout fait apparaître une très grosse part de marché pour Alcoa et aboutit aux mêmes

→

EXEMPLE 16.3 Alcoa où l'économie des produits de seconde main (suite)

conclusions. Mais comme le second marché peut jouer un rôle important dans d'autres cas, il est en général erroné de ne pas en tenir compte (Fisher, 1974). Selon Suslow (1986b), le pouvoir de marché d'Alcoa n'a pas été affecté par l'existence du marché secondaire parce que l'aluminium primaire et l'aluminium secondaire n'étaient pas parfaitement substituables. Elle souligne également que le temps de recyclage assez long de l'aluminium a permis à Alcoa de ne pas être inquiétée au cours des premières années. D'après ses calculs, avant 1940, l'écart prix-coût (marge de profit) représentait environ 59% du coût marginal à court terme d'Alcoa. Elle en conclut donc que le « problème d'Alcoa » ne fut jamais un problème pour Alcoa.

NOTE TECHNIQUE : Dans les simulations de Gaskin et de Swan, il est supposé qu'Alcoa peut maintenir le prix fixé initialement. Donc, leur résultats diffèrent de ceux obtenu par un modèle plus approprié où Alcoa aurait pu ajuster sa politique de prix dans le temps. Voir, dans ce chapitre, l'analyse du rôle des anticipations des consommateurs, ainsi que Suslow (1986a).

L'effet contraignant exercé par les anticipations des consommateurs aboutit à un résultat curieux, parfois appelé **Conjecture de Coase** (Coase, 1972) : une entreprise qui a le monopole de production d'un bien durable a un pouvoir de marché moins important si elle le vend au lieu de le louer.[11] L'intuition qui sous-tend ce résultat est qu'un monopole qui vend son produit est incité à réduire son prix futur, ce qui n'est pas le cas s'il le loue. Nous allons illustrer cette idée à partir de quelques exemples.

A. Les consommateurs n'anticipent pas de réduction du prix

Premièrement, supposons qu'un monopole produise un bien non durable (ne durant qu'une seule période) et dont le coût de production est nul. La courbe de demande du service rendu par le bien est donnée par :

$$Q(R) = 20 - R \tag{16.1}$$

où R représente le prix de location et $Q(R)$ la quantité demandée à ce prix. Sur un marché à une seule période, la politique optimale du monopole consiste à fixer un prix égal à 10 F et à vendre 10 unités.[12] Le profit du monopole (sa recette totale) est donc égal à 100 F. Le fait de vendre ou de louer n'a aucune incidence car il n'y a qu'une seule période.

[11] Voir Stokey (1981), Bulow (1982) et Gul, Sonnenschein et Wilson (1986) pour des preuves de la conjecture de Coase sous diverses hypothèses. Bagnoli, Salant et Swierzbinski (1989) ont montré que la preuve de la conjecture de Coase par Gul, Sonnenschein et Wilson (1986) dépend de l'existence d'un continum de consommateurs (c'est-à-dire du fait que deux consommateurs ayant des goûts très proches sont virtuellement identiques) et donc que la conjecture de Coase n'était pas vérifiée lorsque la demande était discontinue.

[12] Le profit du monopole est égal à sa recette totale, $20R - R^2$. La condition du premier-ordre pour un maximum donne $20 - 2R = 0$, ce qui implique que $R = 10$.

Supposons maintenant que la durée de vie du bien soit de 2 périodes et que la courbe de demande du service fourni par le bien soit donnée à chacune des 2 périodes par l'équation (16.1). Si le monopole se contente de louer le bien et que la courbe de demande ne se modifie pas, la politique optimale consiste à louer 10 unités à la période 1 pour 10 F chacune et 10 unités à la période 2 pour 10 F chacune. La production sera de 10 unités à la première période et nulle à la seconde période. Cette politique rapporte 200 F au monopole (en supposant pour simplifier que le taux d'intérêt est nul).

Considérons maintenant la politique de vente optimale *lorsque les consommateurs n'anticipent aucune réduction de prix en période 2 et que le monopole peut s'engager à ne rien produire en période 2*. Le monopole vend alors 10 unités au début de la période 1, pour 20 F chacune. Les consommateurs sont disposés à payer 20 F par unité parce que d'après l'équation (16.1), ils sont prêts à payer 10 F par période (ce qui fait 20 F pour deux périodes). Le monopole obtient ainsi 200 F de bénéfice à la période 1 et aucun bénéfice à la période 2. Le raisonnement est identique à celui qui sous-tend la construction du tableau 16.2. Par conséquent, la politique optimale de vente est équivalente à la politique optimale de location et rapporte 200 F de profit au monopole.

B. Les consommateurs anticipent une réduction de prix

Pour que la politique de vente et la politique de location soient équivalentes, le monopole doit vendre 10 unités en période 1 et rien en période 2. Mais cette politique est-elle crédible ? Nous allons montrer que le monopole à intérêt à produire aussi à la seconde période pour un prix moins élevé qu'en période 1, mais que les consommateurs rationnels anticipent cette décision.

Prenons la courbe de demande à laquelle le monopole est confronté à la période 2. Comme au début de la période 2 il ne reste plus qu'une période, un consommateur disposé à louer le bien au début de cette période au prix de location R sera également disposé à l'acheter pour le même prix. Autrement dit, à la dernière période, il n'y a pas de différence entre le prix de location et le prix de vente d'un bien durable. Par conséquent, la courbe de demande à laquelle un monopole est confronté en période 2 est donnée par l'équation (16.1) moins les 10 unités déjà disponibles sur le marché. Cette courbe de demande résiduelle en période 2 est donnée par l'équation (16.2), où R_2 est le prix de location équivalent au prix de vente du bien en période 2 et $Q_2\,(R_2)$ le nombre d'unités que le monopole vend en période 2 au prix R_2 :

$$Q_2\,(R_2) = (20 - R_2) - 10 = 10 - R_2. \qquad (16.2)$$

À partir du moment où il existe une demande résiduelle en période 2, il est clair que le monopole va décider de produire aussi à cette période. L'équation (16.2) implique alors une production $Q_2 = 5$ au prix $R_2 = 5$ F et donc un revenu de 25 F en période 2.[13] Le monopole est donc incité à produire en période 2. La politique de vente caractérisée par une production de 10 unités en période 1 et de 0 unités en période 2 ne peut donc pas être crédible aux yeux des consommateurs qui savent que le monopole à intérêt à produire aussi en période 2.

Dans ces conditions, les ventes en période 2 sont-elles toujours souhaitables ? Curieusement, dès lors que les consommateurs peuvent anticiper le comportement du monopole, la réponse à cette question est négative. Si le monopole pouvait vendre 10 unités en période 1 et gagner 200 F, puis vendre encore 5 unités en période 2 et gagner encore 25 F, son profit total serait de 225 F. Malheureusement pour le monopole, ce raisonnement n'est pas correct.

Un monopole qui se contente de louer son produit peut choisir sans contrainte le prix de location qui maximise son profit. Nous avons vu que dans ce cas, le profit maximum était égal à 200 F. Il est donc impossible de gagner plus puisque 200 F *est* le profit maximum. Ce qui pose problème dans le raisonnement précédent sur le calcul des ventes, c'est que personne ne voudra payer 20 F par unité en période 1 si tout le monde sait que le monopole vendra la même unité pour 5 F à la période 2.[14] En d'autres termes, à la période 1, les consommateurs acceptent seulement de payer $R_1 + R_2$ pour une machine, où R_1 est le prix de location implicite qu'ils attribuent à la machine en période 1 (10 F) et R_2 est le prix de location à la période 2 (5 F). Aucun consommateur ne voudra payer 10 F à la période 2 s'il peut obtenir la machine pour 5 F seulement. Si le monopole produit des unités supplémentaires en période 2, de sorte que $R_2 = 5$ F au lieu de 10 F, les consommateurs n'accepteront pas de payer plus que 15 F (et non 20 F) pour acheter le bien à la période 1. Ainsi, le gain total du monopole en cas de vente est en fait égal à $15 \text{ F} \times 10 + 5 \text{ F} \times 5 = 175$ F, ce qui est inférieur aux 200 F qu'il aurait pu gagner en louant les machines.

Cet exemple illustre un point important : lorsque le monopole vend le bien au lieu de le louer il est incité à produire de nouvelles unités en période 2, ce qui fait baisser le prix de la période 2 au-dessous du niveau atteint en l'absence de production de ces unités. Ce prix plus bas entraîne à son tour une réduction du prix que les consommateurs sont prêts à payer pour le bien en période 1. En effet, comme les consommateurs sont conscients que le monopole à intérêt à produire en période 2, ils *anticipent* cette production, ce qui influence leur comportement dès la période 1.

---

[13] Le profit du monopole est égal à $p_2 = (10 - R_2)R_2$. D'après la condition du premier-ordre en R_2, $R_2 = 5$. Remplaçons R_2 par 5 dans l'équation (6.2) pour avoir $Q_2 = 5$.

[14] Nous postulons que les consommateurs sont rationnels et peuvent parfaitement prévoir le comportement du monopole à la période 2. Si les consommateurs ne pouvaient pas prévoir le comportement du monopole et ne s'attendaient pas à ce qu'il produise à la période 2, le monopole pourrait alors réaliser un profit de 25 F. Le profit maximum du monopole est égal à 200 F lorsque les consommateurs ne peuvent pas être floués et plus s'ils peuvent l'être. Par exemple, si les consommateurs sont crédules, le monopole peut même annoncer que le prix augmentera à la seconde période, afin de les inciter à payer davantage dès la première période.

Si le monopole loue son produit, il n'est pas contraint par les anticipations de prix des consommateurs. Il peut produire davantage au cours des périodes suivantes sans que le prix de location de la période 1 ne soit affecté par sa décision, car les consommateurs ne se soucient aucunement de la production future. Cependant, il n'est pas optimal pour le monopole de produire et de louer des unités supplémentaires en période 2, car cela ferait baisser le prix de location au-dessous du niveau de maximisation du profit.

Ainsi, un monopole qui doit vendre le bien est-il soumis à une contrainte qui ne joue pas dans le cas de la location. S'il vend son produit au lieu de le louer, il ne peut pas s'engager de façon crédible à ne rien produire à la période 2. En effet, les consommateurs savent qu'il *n'est pas* optimal de ne rien produire à la période 2 en cas de vente, alors que c'est optimal en cas de location.

Comme dans le cas de la location, la maximisation du profit n'est soumise à aucune contrainte, le profit du monopole est au moins aussi élevé qu'en cas de vente. Le monopole est lésé s'il vend son produit au lieu de le louer parce qu'il ne peut pas s'engager de façon crédible à restreindre sa production future. En d'autres termes, le monopole subit un préjudice du fait d'avoir intérêt à produire des unités supplémentaires à la période 2, car cela réduit le prix qu'il peut fixer en période 1. United Shoe, IBM et Xerox pratiquaient toutes la location de certaines de leurs machines durables avant que la loi américaine n'exige qu'elles les vendent (Bulow, 1982, p. 318).

Les anticipations des consommateurs peuvent être déjouées de plusieurs façons par le monopole. Avant de les passer en revue, revenons au problème du monopole qui doit vendre un bien durable dans un monde à deux périodes, afin de déterminer quelle est la politique de *second-rang* (c'est-à-dire la politique « optimale » s'il est obligé de vendre plutôt que de pouvoir louer).

C. Politique optimale du monopole en cas d'obligation de vendre

Pour déterminer l'optimum de second-rang en cas de vente obligatoire, nous allons raisonner par récurrence en partant de la période 2 (voir l'annexe B à ce chapitre pour une analyse détaillée). Supposons que le monopole vende Q_1 à la période 1. La courbe de demande résiduelle à laquelle le monopole est confronté à la période 2 est alors :

$$Q_2(R_2) = 20 - R_2 - Q_1, \tag{16.3}$$

ce qui généralise l'équation (16.2) lorsqu'on remplace 10 par Q_1. Le monopole choisit alors le prix optimal de location R_2 qui maximise son profit, sachant que la demande dépend de la quantité vendue à la période 1.

La courbe de demande résiduelle de la figure 16.2 entre en intersection avec l'axe des abcisses et celui des ordonnées (R_2 et Q_2, respectivement) pour la même valeur $20 - Q_1$. Comme la courbe de demande résiduelle est linéaire, la courbe de recette marginale Rm qui lui correspond croise l'axe des Q_2 à mi-distance de l'origine, soit en $10 - (1/2)Q_1$. De plus, comme le coût (marginal et moyen) de

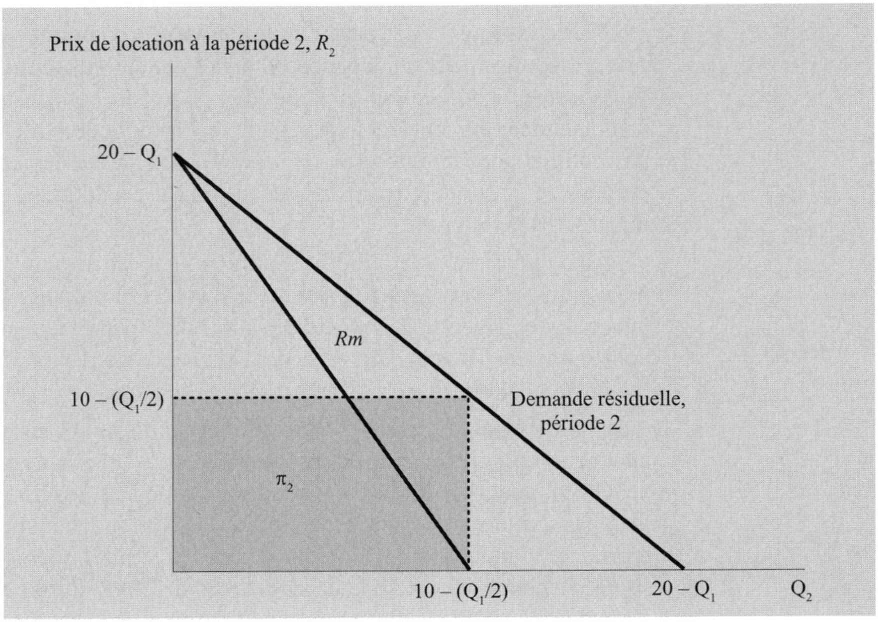

Figure 16.2: *Profit de la période 2*

production est supposé nul, le profit est maximum lorsque $Rm = 0$, ce qui se produit lorsque $R_2 = Q_2 = 10 - (1/2)Q_1$. Le profit total en période 2 correspond à la zone en grisé sur la figure. Ainsi, en période 2, la production, le prix de location et le profit, dépendent de Q_1, la production de la période 1. Le monopole veut maximiser la somme actualisée du profit à chaque période, ce qui correspond ici (en supposant que le taux d'intérêt est nul et donc que le profit de la période 2 n'est pas multiplié par un coeficient d'actualisation) à la somme directe du profit de la période 1 et du profit de la période 2. Autrement dit, le profit actualisé (PA) est donné par :

$$PA = \pi_1 + \pi_2 = (R_1 + R_2)Q_1 + R_2Q_2. \tag{16.4}$$

Le prix de vente à la période 1 est égal au prix de location à cette période augmenté du prix de location de la période 2. Le prix de vente à la période 2 est égal au prix de location à cette période. Le prix de location à la période 2 dépend de la quantité totale consommée à cette période, soit $Q_1 + Q_2$.

Maintenant que nous avons montré que les choix de R_2 et de Q_2 par le monopole dépendent de Q_1, nous allons analyser la relation entre le profit et Q_1. Comme R_1 dépend de Q_1 (voir l'équation [16.1]), PA (dans l'équation [16.4]) peut être exprimé en fonction de Q_1 uniquement. Le tableau 16.3 indique la relation entre le profit et Q_1 et montre que lorsque $Q_1 = 8$ (ligne où les chiffres sont en gras), le profit actualisé maximum est égal à 180 F.

Tableau 16.3: *Profits dans un modèle à 2 périodes*

Q_1	R_1	Q_2	R_2	π_1	π_2	$PA = \pi_1 + \pi_2$
1	19	9,5	9,5	28,5	90,25	118,75
2	18	9,0	9,0	54,0	81,0	135,0
3	17	8,5	8,5	76,5	12,25	148,75
4	16	8,0	8,0	96,0	64,0	160,0
5	15	7,5	7,5	112,5	56,25	168,75
6	14	7,0	7,0	126,0	49,0	175,0
7	13	6,5	6,5	136,5	42,25	178,25
8	**12**	**6,0**	**6,0**	**144,0**	**36,0**	**180,0**
9	11	5,5	5,5	148,5	30,25	178,75
10	10	5,0	5,0	150,0	25,0	175,0
11	9	4,5	4,5	148,5	20,25	168,75

Q_1 = ventes à la période 1 ; $Q_2 = 10 - (1/2)Q_1$ = ventes à la période 2 ; R_1 = prix de location à la période 1, R_2 = prix de location à la période 2, $\pi_1 = (R_1 + R_2)\,Q_1$ = profit à la période 1, $\pi_2 = R_2 Q_2$ = profit à la période 2, $PA = \pi_1 + \pi_2$ = profit actualisé des 2 périodes.

Ce profit actualisé (PA) de 180 F est plus élevé que celui de 175 F (calculé plus haut) que l'on obtient pour $Q_1 = 10$. Fixer $Q_1 = 10$ conduit à un profit en période 1 plus important que $Q_1 = 8$, mais le profit de la période 2 est alors suffisamment bas pour que PA soit inférieur. De toute façon, ce profit de 180 F est inférieur à 200 F, le PA obtenu par la politique de location du bien.

La figure 16.3 traduit les données du tableau 16.3. La partie 16.3a illustre le profit marginal à chaque période et le profit marginal actualisé des 2 périodes (PmA) en fonction de la production de la période 1. Le profit marginal de la période 1, Pm_1 est décroissant en Q_1, mais positif pour $Q_1 > 10$. Autrement dit, le profit de la période 1 a pour maximum 10 (figure 16.3b).

Le profit marginal de la période 2 (Pm_2) est croissant en Q_1. Il s'annule pour $Q_1 = 20$, ce qui signifie que le profit est minimum à ce point (figure 16.3b).

Le profit actualisé des 2 périodes, $PA = \pi_1 + \pi_2$ atteint un maximum au point $Q_1 = 8$ (figure 16.3b et tableau 16.3). Le profit marginal actualisé est décroissant en Q_1 (figure 16.3a) et s'annule pour $Q_1 = 8$. Le monopole accroît Q_1 jusqu'au point où le profit marginal actualisé des 2 périodes est nul, car c'est alors que le profit total actualisé des 2 périodes est maximum.

Le profit marginal actualisé des 2 périodes est nécessairement égal à la somme des profits marginaux de chaque période, $Pm_1 + Pm_2$. Donc, lorsque le profit marginal actualisé des 2 périodes est égal à 0, on a $Pm_1 = -Pm_2$. Autrement dit, lorsque $Q_1 = 8$, le profit marginal en période 1, Pm_1, est égal à la valeur négative du profit marginal en période 2, Pm_2.

Ces courbes nous révèlent qu'à mesure que le monopole augmente Q_1, le profit marginal de la première période baisse et celui de la seconde période augmente. Le

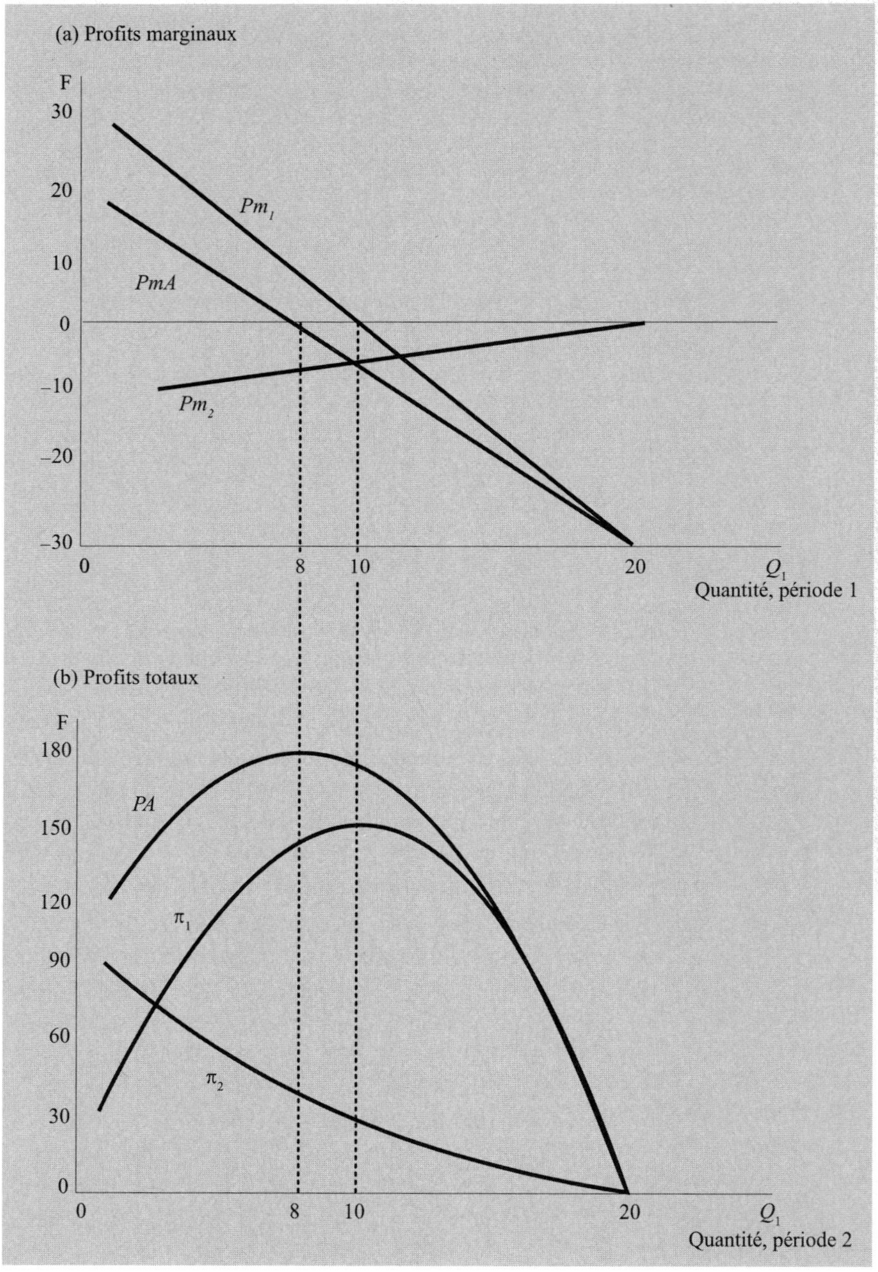

Figure 16.3: *Profits marginaux et totaux dans un modèle à 2 périodes*

monopole doit augmenter Q_1 jusqu'au point où le profit marginal de la première période est égal au négatif du profit marginal de la seconde période. Le monopole doit ainsi effectuer un arbitrage entre le profit de la période 1 et celui de la période 2. Si le profit marginal de la période 1 est supérieur en valeur absolue à celui de la période 2 (ce qui est le cas lorsque $Q_1 = 6$), le monopole à intérêt à augmenter Q_1, parce que la perte en période 1 est compensée par un gain plus important en période 2.

D. Le paradoxe

L'analyse précédente démontre que le profit du monopole est moins important s'il vend son produit au lieu de le louer. Plus généralement, si la vente est moins rentable, c'est parce qu'elle implique une production trop importante au cours des périodes futures. Dans notre exemple, le monopole à intérêt à ne rien produire en période 2. Or, dans le cas où il vend ses machines, cette stratégie n'est pas crédible car les consommateurs sont conscients que le monopole va néanmoins produire en période 2 et donc que le prix de la période 2 sera inférieur à celui de la période 1. De ce fait, ils paieront moins en période 1 que s'ils s'étaient attendus à une production nulle en période 2. En revanche, lorsque le monopole loue son bien, les anticipations des consommateurs n'ont pas cet effet.

Dans notre exemple à deux périodes, le prix de la période 2 est inférieur à celui de la période 1. Lorsque l'analyse est étendue à plus de 2 périodes (annexe B à ce chapitre), on montre que le prix baisse un peu plus à chaque période et qu'il tend vers 0 à mesure que le nombre de périodes augmente. Le comportement d'un monopole qui vend son produit de façon continue peut être approché par un modèle avec un nombre fini de périodes. Lorsque la durée des périodes diminue, leur nombre s'accroît. Le modèle suggère alors que le prix tend rapidement vers zéro lorsque le nombre de périodes augmente (voir l'annexe B à ce chapitre). Il s'ensuit qu'un monopole qui vend un bien durable ne peut jamais fixer un prix supérieur au niveau concurrentiel (zéro dans notre exemple) même pour un temps très court. Ce résultat paradoxal peut s'expliquer par le fait que si l'engagement du monopole de ne pas produire dans le futur n'est pas crédible, c'est comme s'il s'agissait d'une nouvelle entreprise à chaque période. Lorsqu'il y a un nombre infini de périodes, c'est comme s'il y avait un nombre infini de concurrents. Ces monopoles futurs sont en concurrence avec le monopole actuel, ce qui fait tendre le prix vers son niveau concurrentiel.[(15)]

Ce résultat curieux s'explique en partie par le postulat extrême concernant le coût de production. Ce n'est pas le fait que nous avons postulé un coût nul qui pose problème, car le résultat demeure valable quand on postule un coût marginal positif constant, mais le fait que la production peut augmenter aussi vite que le monopole le désire sans que le coût augmente plus que proportionnellement pour

---

[15] Notre analyse ne tient pas compte de la dépréciation des biens durables. Bond et Samuelson (1984), Suslow (1986a) et Karp (1992) étudient le problème en tenant compte de la dépréciation.

EXEMPLE 16.4 Vente ou location ?

Nous avons vu que les anticipations des consommateurs concernant les prix futurs peuvent faire préférer au monopole la location à la vente (problème de la conjecture de Coase). En revanche, une entreprise qui a quelques concurrents peut préférer vendre. En effet, l'augmentation des ventes, de même qu'une plus grande durée de vie, permet alors à l'entreprise de capturer le client (c'est-à-dire de l'empêcher d'acheter par la suite le produit d'un concurrent). On devrait donc s'attendre à ce qu'il existe un lien positif entre l'importance de la concurrence à laquelle une entreprise est confrontée et son ratio ventes/locations.

Ainsi, IBM et Xerox ont-elles fortement augmenté leur ratio vente/location (les locations incluent aussi les prestations de services) entre 1968 et 1983, alors qu'au cours de la même période, la concurrence à laquelle ces entreprises étaient confrontées n'a fait qu'augmenter. En ce qui concerne IBM, le ratio a augmenté de 0,46 en 1966 à 1,38 en 1983. Pour ce qui est de Xerox, le ratio a augmenté de 0,28 en 1968 à 0,85 en 1983. Il est possible cependant que d'autres facteurs aient également influencé l'évolution de ce ratio.

SOURCE : Bulow (1986), Carlton et Gertner (1989).

autant. Or, si l'accroissement de la production impliquait un accroissement plus que proportionnel du coût, les consommateurs penseraient que la production future du monopole est contrainte, ce qui lui permettrait de pratiquer un prix supérieur au coût marginal.[16] Cette explication débouche sur diverses politiques que le monopole peut mettre en œuvre pour contourner le problème des anticipations.

E. Solutions au problème des anticipations

Nous venons de voir qu'un monopole qui vend un bien durable perd son pouvoir de fixer le prix au-dessus du seuil concurrentiel quand les consommateurs peuvent anticiper correctement son comportement futur.[17] La seule façon d'éviter ce problème consiste pour le monopole à s'engager de façon crédible à ne pas tirer parti de certaines opportunités futures. Il existe au moins 5 manières de le faire (Bulow, 1982, p. 329–31).

Premièrement, le monopole peut refuser de vendre le produit et se contenter de le *louer* (voir l'exemple 16.4).

Deuxièmement, comme le problème des anticipations ne se pose que dans le cas des biens durables, le monopole peut produire des biens *moins durables*. Il peut appliquer à cet effet une politique d'**obsolescence planifiée** (c'est-à-dire fabriquer un bien dont la durée de vie est délibérément raccourcie) pour limiter la diminution

[16] Kahn (1986) a montré que dans le cas d'un monopole qui vend un produit à durée de vie infinie dont le coût marginal de production augmente, la politique de vente implique un stock (c'est-à-dire des ventes cumulées) inférieur au niveau socialement optimal à court terme, mais asymptotiquement égal au niveau socialement optimal à long terme. Néanmoins, lorsque la durée de vie du produit est finie, le stock demeure inférieur à son niveau socialement optimal.

[17] Pour une analyse des biens durables en oligopole, voir Ausubel et Deneckere (1987), Gul (1987), ainsi que Carlton et Gertner (1989).

de son pouvoir de fixation du prix (Bulow, 1986 ; Waldman, à paraître). L'arrivée de nouveaux modèles sur le marché chaque année — comme c'est le cas pour les automobiles où les vêtements qui suivent de près la mode — peut s'expliquer par une politique d'obsolescence planifiée. Toutefois, le coût élevé de conception de nouveaux produits limite l'application maximale de cette politique.

Troisièmement, le monopole peut concevoir un processus de production de telle façon que toute augmentation de production future soit excessivement coûteuse. De cette façon, les consommateurs seront informés de cette contrainte qui pèse sur la capacité de production future. Un exemple extrême illustrant cette politique est celui de l'artiste qui brise le moule ayant servi à fabriquer un objet une fois qu'un nombre précis d'exemplaires ont été fabriqués.

Quatrièmement, le monopole peut *garantir* le rachat du produit au prix initial à tout consommateur qui en fait la demande. Cette clause de *rachat* constitue une garantie contre la baisse éventuelle du prix en cas d'augmentation de la production. Mais cette politique n'est pas concevable lorsque l'utilisation du produit réduit progressivement sa valeur (automobile) ou que le produit est difficile à affecter à un usage alternatif (comme les rails de chemins de fer).

Cinquièmement, si l'entreprise ne peut pas explicitement s'engager à contrôler sa production future, elle peut avoir *réputation* de ne jamais baisser le prix. C'est le cas de De Beers, le monopole sud-africain du diamant, dont l'image de marque tient au fait que sa politique consiste à ne jamais réduire le prix (nominal) du diamant (encore qu'il ait été contraint de le faire en certaines occasions). Voir l'exemple 16.5.

Il existe donc plusieurs façons pour un monopole qui produit des biens durables de s'engager auprès des consommateurs qui achètent le produit que son prix ne baissera par la suite. S'il ne le loue pas le produit, il peut maintenir sa valeur en le vendant dans différentes conditions qui ont toutes pour caractéristiques de le contraindre de son propre gré, sans contraindre pour autant les consommateurs.

Résumé

Le futur n'est plus ce qu'il était.

1. La structure de marché n'a généralement pas d'impact sur la durée de vie d'un produit lorsque la durée n'a pas d'importance pour les consommateurs et que les entreprises ne sont pas contraintes par les anticipations consommateurs. Sur les marchés d'occasion, l'entreprise concurrentielle comme le monopole choisissent la durée de vie qui minimise le coût de fourniture du service.
2. Le monopole a le plus souvent intérêt à louer un produit durable plutôt qu'à le vendre. En effet, lorsque le produit est vendu, les consommateurs en prennent davantage soin, ce qui prolonge sa durée de vie et réduit les ventes futures. De plus, les consommateurs anticipent que le monopole augmentera sa production dans le temps, ce qui réduit alors le prix du produit, ainsi que sa valeur de revente, et se répercute sur le prix initial.

EXEMPLE 15.1 Un diamant est éternel. Mais son prix ?

Les diamants existent en abondance et seraient probablement beaucoup moins chers si 80% du marché n'était pas contrôlé par le cartel De Beers depuis 1934. Comme le diamant est un produit durable, sa demande dépend des anticipations des consommateurs concernant son prix futur. La stratégie de De Beers consiste à essayer de convaincre que le prix du diamant ne baissera jamais.

À l'heure actuelle, l'intégrité du cartel est menacé par une production mondiale qui est de plus en plus difficile à contrôler. Ainsi, la guerre civile en Angola a-t-elle remis en question la participation de ce pays au cartel. De même, bien que la Russie fasse partie du cartel, il semble que ce pays viole occasionnellement l'accord. De plus, le polissage des diamants s'effectue de plus en plus en Russie même, par l'intermédiaire d'entreprises en joint-venture qui n'appartiennent pas au cartel, ce qui fait qu'une partie de la production est écoulée à l'Ouest sans passer par De Beers.

En 1992, De Beers a tenté de calmer la nervosité de ses membres en promettant qu'il ne baisserait pas le prix d'acquisition des gemmes brutes. Malgré cela, la récession a obligé De Beers à réduire ses achats de 25% pour la première fois depuis le début de la décennie (et ses profits ont baissé d'environ 30%). Jusque-là, De Beers avait coutume de stocker les diamants bruts pendant les périodes de ralentissement, pour stabiliser les prix. Puis, lorsque la demande reprenait, le cartel écoulait les stocks excédentaires. Mais, en 1992, le prix du diamant sur le marché d'Anvers a baissé au-dessous du prix fixé par de Beers.

La même chose s'était déjà produite en 1981–82, lorsque certains spéculateurs avaient décidé de vendre leurs stocks en plein milieu de la récession, engendrant une panique parmi les membres du cartel, dont certains avaient menacé de rompre leurs accords. Cependant, De Beers avait réussi à stabiliser les prix et à maintenir le cartel.

Mais cette fois-ci, la situation semble beaucoup plus dramatique, notamment s'il s'avère que les stocks disponibles en Russie sont aussi abondants qu'on le dit. La récession de 1991–92 aurait déjà obligé De Beers à dépenser près de 1,8 milliards de dollars en 18 mois pour éviter que les prix ne chutent. Selon d'autres sources, De Beers a dû acheter pour 4,8 milliards de dollars de diamants (dont 4,3 à ses clients habituel et le reste en provenance d'Angola) et n'a pu en revendre que pour 3,5 milliards, ce qui fait que ses stocks auraient augmenté de 1,3 milliards de dollars en 1 an. De Beers n'aurait jamais dépensé de telles sommes s'il ne cherchait par ce bias à maintenir la réputation selon laquelle le prix du diamant ne baisse jamais.

SOURCE : Keller, Bill. « De Beers May be Losing Grip on Diamond Market ». *New York Times*, 3 septembre 1992 : A1. « Is It a Crack or a Scratch ? » *The Economist*, 12 septembre 1992, p. 76.

3. Dans certaines conditions, un monopole qui vend un bien durable, peut ne réaliser aucun profit. Il a donc intérêt à s'engager *de manière crédible* à ne pas augmenter sa production future, de façon à ce que les prix ne baissent pas. S'il y parvient, il peut obtenir le même profit en vendant son produit qu'en le louant.

Termes clés

Actif réel	Conjecture de Coase
Bien durable	Obsolescence planifiée

Questions

Q.16.1 Les éditeurs ont-ils intérêt à encourager les auteurs à travailler à de nouvelles éditions révisées et augmentées de leurs ouvrages ? *Suggestion :* Analyser les conséquences d'une nouvelle édition sur le prix de revente d'un manuel usagé d'une édition précédente, ainsi que les conséquences d'une nouvelle édition sur les coûts de production de l'éditeur.

Q.16.2 Comparer les effets de l'existence d'un marché d'occasion sur le prix du produit dans les exemples 16.2 et 16.3.

Q.16.3 Commentez l'affirmation suivante : « Le mininistère de la Justice (américain) ne devrait pas se sentir concerné par les fusions anti-concurrentielles dans le secteur des biens durables puisque Coase a montré que dans ce secteur les prix tendaient vers leurs niveaux concurrentiels. »

Q.16.4 Qu'est-ce qu'un gouvernement peut faire pour réduire le prix des diamants pour ses citoyens lorsque ceux-ci les achètent à un monopole ?

Q.16.5 Un producteur de biens durables peut-il recourir à la clause du consommateur le plus favorisé pour résoudre le paradoxe des anticipations ? Une telle clause consisterait par exemple pour le monopole à rembourser la différence de prix à un acheteur qui aurait payé précédemment le même produit plus cher.

Q.16.6 À quelles conditions l'existence d'une industrie du recyclage d'un produit a-t-elle des effets bénéfiques pour les consommateurs ?

Problèmes [18]

P.16.1 À partir de l'exemple 16.2, calculez l'élasticité de la demande à laquelle un monopole de production de tracteurs 4WD est confronté en supposant qu'il décide de louer les tracteurs alors qu'il en a déjà vendu 20. Montrez que la valeur de l'élasticité est fonction du ratio des nouvelles machines aux anciennes.

P.16.2 Montrez comment l'analyse du problème 1 serait modifiée si les agriculteurs pouvaient maintenir indéfiniment leurs tracteurs en état de fonctionnement.

P.16.3 Montrez comment l'analyse du problème 1 serait modifiée si les agriculteurs ne vendaient ou n'achetaient jamais de tracteurs d'occasion (en supposant que les coûts de transaction sont trop élevés pour que se développe un marché des tracteurs d'occasion).

P.16.4 Montrez comment l'analyse du problème 1 serait modifiée si les agriculteurs bénéficiaient d'une déduction fiscale à chaque fois qu'ils investissaient dans l'achat d'un tracteur neuf, entraînant ainsi une surconsommation de tracteurs.

---

[18] Les solutions des problèmes impairs sont données en fin de livre.

P.16.5 Montrez comment l'analyse du problème 1 serait modifiée s'il existait des tracteurs substituables aux tracteurs 4WD.

P.16.6 Supposez que le coût de production d'une machine qui dure N périodes soit donné par $C(N) = N^{(1/2)}$. Calculez N sachant que le taux d'intérêt est égal à 5%. Indiquez dans quelles conditions l'entreprise à intérêt à modifier le choix de N si le coût du maintient en fonctionnement de la machine est égal à 1 F par an. Votre réponse dépend-elle du choix de l'entreprise entre location et vente ?

P.16.7 Pourquoi un artiste a-t-il intérêt à détruire une plaque lithographique après avoir réalisé un nombre déterminé d'exemplaires ?

Lectures complémentaires

Voir Schmalensee (1979) et Liebowitz (1982) pour des synthèses de la littérature sur la durée de vie des produits.

Bibliographie

ABEL, Andrew B. 1983. « Market Structure and the Durability of Goods ». *The Review of Economic Studies* 50 : 625–37.

AUSUBEL, Lawrence et Raymond J. DENECKERE. 1987. « One Is Almost Enough for Monopoly ». *Rand Journal of Economics* 18 : 255–74.

BAGNOLI, Mark, Stephen W. SALANT et Joseph E. SWIERZBINSKI. 1989. « Durable-Goods Monopoly with Discrete Demand ». *Journal of Political Economy* 97 : 1459–78.

BOND, Eric W. et Larry SAMUELSON. 1984. « Durable-Good Monopolies with Rational Expectations and Replacement Sales ». *Rand Journal of Economics* 15 : 336–45.

BULOW, Jeremy I. 1982. « Durable-Goods Monopolists ». *Journal of Political Economy* 90 : 314–32.

BULOW, Jeremy I. 1986. « An Economic Theory of Planned Obsolescence ». *Quarterly Journal of Economics* 101 : 729–49.

CARLTON, Dennis W. et Robert GERTNER. 1989. « Market Power and Mergers in Durable Good Industries ». *Journal of Law and Economics* 32 : S203–26.

COASE, Ronald H. 1972. « Durability and Monopoly ». *Journal of Law and Economics* 15 : 143–9.

EPPLE, Dennis et Artur RAVIV. 1979, « Product Reliability and Market Structure ». *Southern Economic Journal* 46 : 280–7.

FISHER, Franklin M. 1974. « Alcoa Revisited : Comment ». *Journal of Economic Theory* 9 : 357–9.

GASKINS, Darius W., Jr. 1974. « Alcoa Revisited : The Welfare Implications of a Secondhand Market ». *Journal of Economic Theory* 7 : 254–71.

GUL, Faruk. 1987. « Foundations of Dynamic Oligopoly ». *Rand Journal of Economics* 18 : 248–54.

GUL, Faruk, Hugo SONNENSCHEIN et Robert Wilson. 1986. « Foundations of Dynamic Monopoly and the Coase Conjecture ». *Journal of Economic Theory*. 39 : 155–90.

KAHN, Charles. 1986. « The Durable-Goods Monopolist and, Consistency with Increasing Costs ». Econometrica 54 : 275–94.

KAMIEN, Morton I. et Nancy L. SCHWARTZ. 1974. « Product Durability Under Monopoly and Competition ». *Econometrica* 42 : 289–301.

KARP, Larry S. 1992, « Depreciation Erodes the Coase Conjecture ». Manuscrit.

LIEBOWITZ, S. J. 1982. « Durability, Market Structure, and New-Used Goods Models ». *American Economic Review* 72 : 816–24.

MARTIN, Robert H. 1982. « Monopoly Power and the Recycling of Raw Materials ». *Journal of Industrial Economics* 30 : 405–19.

MASTEN, Scott et Edward SNYDER. 1993. « United States v. United Shoe Machinery Corporation : On the Merits », *Journal of Law and Economics*.

SCHMALENSEE, Richard. 1979. « Market Structure, Durability, and Quality : A Selective Survey ». *Economic Inquiry* 11 : 177–96.

SIEPER, E. et Peter L. SWAN. 1973. « Monopoly and Competition in the Market for Durable Goods ». *The Review of Economic Studies* 40 : 333–51.

STOKEY, Nancy. 1981. « Rational Expectations and Durable-Goods Pricing ». *The Bell Journal of Economics* 12 : 112–28.

SUSLOW, Valerie Y. 1986a. « Commitment and Monopoly Pricing in Durable-Goods Models ». *International Journal of Industrial Organization* 4 : 451–60.

SUSLOW, Valerie Y. 1986b. « Estimating Monopoly Behavior with Competitive Recycling : An Application to Alcoa ». *Rand Journal of Economics* 17 : 389–403.

SWAN, Peter L. 1970. « Durability of Consumption Goods ». *American Economic Review* 60 : 884–94.

SWAN, Peter L. 1977. « Product Durability Under Monopoly and Competition : Comment ». *Econometrica* 45 : 229–35.

SWAN, Peter L. 1980. « Alcoa : The Influence of Recycling on Monopoly Power ». *Journal of Political Economy* 88 : 76–99.

WALDMAN, Michael. À paraître. « A New Perspective on Planned Obsolescence ». *Quarterly Journal of Economics*.

Annexe A au chapitre 16

Durée de vie optimale d'un bien : concurrence et monopole

Quelle doit être la durée de vie d'un bien ? Dans l'exemple de l'ampoule électrique, la durée de vie, N, dépend du coût de production $C(N)$ — qui dépend lui-même de la durée de vie — et du taux d'intérêt, r (on applique la méthode de la composition continue).

Le coût total de production actualisé d'une unité de lumière continue est donné par :

$$C(N)\left(1 + e^{-rN} + e^{-2rN} + \cdots\right) = \frac{C(N)}{1 - e^{-rN}}. \qquad (16A.1)$$

Le membre de gauche de l'équation (16A.1) peut se reformuler ainsi :

$$C(N) + C(N)\left(e^{-rN} + e^{-2rN} + \cdots\right).$$

Le premier terme représente le coût actuel de production d'une ampoule de durée de vie N et le second terme son coût de production futur. Autrement dit, le premier terme reflète le coût d'une qualité accrue et le second terme en reflète le bénéfice, c'est-à-dire un coût de remplacement moins élevé. Étant donné que seul le second terme dépend du taux d'intérêt, r, la variation du taux d'intérêt n'a d'effet que sur le bénéfice. Intuitivement, plus le taux d'intérêt est bas, plus nous attachons d'importance au futur et plus nous apprécions la durée.

Formellement, nous pouvons minimiser l'équation (16A.1) en annulant sa dérivée par rapport à N. Après réagencement des termes, nous obtenons :

$$\frac{C'(N)}{1 - e^{-rN}} - \frac{C(N)re^{-rN}}{\left(1 - e^{-rN}\right)^2} = 0. \qquad (16A.2)$$

Le premier terme de l'équation (16A.2) représente la différence (actualisée) de coût de production d'une ampoule plus durable. Le second terme représente l'économie qui découle de la réduction du nombre de fois où l'ampoule devra être remplacée.

L'équation (16A.2) peut se simplifier ainsi :

$$\frac{C'(N)}{C(N)} = \frac{r}{e^{rN} - 1}. \qquad (16A.3a)$$

Dans l'exemple de la figure (16.1), la fonction de coût était $C(N) = N^{\alpha}$. En prenant la même fonction, l'équation (16A.3) s'écrit :

$$\frac{\alpha}{N} = \frac{r}{e^{rN} - 1}, \qquad (16A.3b)$$

soit $\alpha = rN/e^{rN} - 1$. Pour $\alpha = 0{,}4870197$ (ce qui correspond à la valeur de α utilisée dans la figure 16.1), la valeur de N qui résout l'équation (16A.3b) est égale à 13 pour $r = 10\%$.

Le monopole loue $Q(R)$ unités si le prix de location est égal à R par période. La location rapporte une somme actualisée égale à :

$$\int_0^{\infty} RQ(R)e^{-rt}dt - \frac{C(N)}{1 - e^{-rN}}Q(R). \qquad (16A.4)$$

Le premier terme représente la valeur actualisée d'un flux de revenu égal à $RQ(R)$ par période et le second terme représente le coût de produire indéfiniment $Q(R)$ unités de service par période (d'après l'équation [16A.1]).

La solution du monopole s'obtient en maximisant l'équation (16A.4) par rapport à R et à N. La condition du premier-ordre par rapport à N est donnée par l'équation (16A.2), à condition de multiplier le membre de gauche de cette équation par $Q(R)$. Comme $Q(R)$ est positif, la condition du premier-ordre se ramène à l'équation (16A.2). Ainsi, l'entreprise concurrentielle et le monopole choisissent le même N : celui qui minimise le coût de production. Pour interpréter ce résultat, notons que N entre seulement dans le second terme de l'équation (16A.4) du profit de monopole, de sorte que choisir N pour maximiser le profit revient à choisir N de façon à minimiser le coût unitaire de production.

Annexe B au chapitre 16

Monopole et biens durables : location ou vente ?

Comme nous l'avons expliqué dans le chapitre, un monopole qui vend un bien durable obtient un profit moins élevé que s'il le louait. Dans cette annexe, nous allons déterminer la quantité et le prix à chaque période, en débutant par l'étude d'un modèle à 2 périodes.

Deux périodes

Un monopole vend un bien durable. Pour simplifier, nous postulons que :

- Le coût de production est égal à 0 (de même, par conséquent, que le coût marginal).
- Le taux d'intérêt est égal à 0.
- La durée de vie du bien est fixée à 2 périodes.
- Le bien peut être revendu sur le marché d'occasion.
- La demande totale de services est constante à chaque période :

$$Q_i = 20 - R_i \,, \tag{16B.1}$$

où Q_i est la production vendue à la période i et R_i le prix de location correspondant.

Afin de déterminer la politique optimale du monopole, nous allons raisonner par récurrence en partant de la période 2. Supposons que le monopole ait vendu Q_1 à la période 1. La demande résiduelle à laquelle il est confronté en période 2 est alors :

$$Q_2\,(R_2) = 20 - R_2 - Q_1 \,. \tag{16B.2}$$

Il faut maintenant déterminer le prix de location en période 2, R_2, qui maximise le profit, sachant que la demande dépend de la quantité vendue à la période 1.

Comme nous avons postulé que le coût de production était nul, le profit du monopole en période 2 est égal à sa recette, soit :

$$\pi_2\,(R_2, Q_1) = R_2 Q_2\,(R_2) = R_2\,(20 - R_2 - Q_1)\,. \tag{16B.3}$$

Notons que le profit de la période 2 est fonction du prix de location de la période 2 et de la production de la période 2 : $\pi_2\,(R_2, Q_1)$.

Dérivons l'équation (16B.3) par rapport à R_2 et annulons le résultat de la dérivée partielle. Après réagencement des termes, nous avons :

$$R_2 = \frac{20 - Q_1}{2} \,. \tag{16B.4}$$

C'est ce résultat qui est illustré par la figure 16.2. Remplaçons l'équation (16B.4) dans l'équation (16B.2) afin d'obtenir le niveau de production de la période 2 qui maximise le profit :

$$Q_2 = \frac{20 - Q_1}{2}. \qquad (16B.5)$$

Remplaçons R_2 et Q_2 dans l'équation (16B.3) en utilisant les équations (16B.4) et (16B.5), afin d'obtenir le profit de la période 2 :

$$\pi_2 = \frac{(20 - Q_1)^2}{4}. \qquad (16B.6)$$

Ainsi, la production, le prix de location et le profit de la seconde période dépendent tous de la production de la première période, Q_1.

Le monopole souhaite maximiser PA, le profit actualisé des 2 périodes, c'est-à-dire le profit de la période 1, plus le profit actualisé de la période 2 (mais comme le taux d'intérêt est supposé nul, le profit de la période 2 est directement ajouté) :

$$PA = \pi_1 + \pi_2 = (R_1 + R_2)\, Q_1 + R_2 Q_2. \qquad (16B.7)$$

Rappelons que $p_1 = R_1 + R_2$ et $p_2 = R_2$. En remplaçant p_2 (à partir de l'équation [16B.6]) et en notant que $Q_1 = 20 - R_1$ soit $R_1 = 20 - Q_1$, nous obtenons :

$$PA = \left[(20 - Q_1) + \frac{(20 - Q_1)}{2}\right] Q_1 + \frac{(20 - Q_1)^2}{4}. \qquad (16B.8)$$

L'équation (16B.8) exprime le profit total actualisé en fonction de Q_1 exclusivement. Une fois Q_1 déterminé, on obtient Q_2 à partir de l'équation (16B.5) et l'on peut ensuite calculer les prix de location et de vente des 2 périodes.

Pour maximiser le profit total actualisé, il suffit d'annuler la dérivée de l'équation (16B.8) par rapport à Q_1. En simplifiant le résultat, on obtient $Q_1 = 8$. Remplaçons ensuite Q_1 dans les autres équations afin d'avoir $R_2 = 6$, $Q_2 = 6$, $R_1 = 12$, $\pi_2 = 36$, $\pi = 144$ et $PA = 180$ (ce qui est inférieur à 200, le profit actualisé en cas de location).

Nombre infini de périodes

Supposons maintenant que le monopole vende son produit pendant T périodes, où T est un nombre arbitrairement grand. On montre alors que le prix de location à la période i est :

$$R_i = \beta_i R_i. \qquad (16B.9)$$

où $\beta_i < 1$ est constant à la période i. D'après l'équation (16B.9), il s'ensuit que le prix de location à la période i peut aussi s'exprimer comme une fonction du prix de location à la période initiale, R_0 :

$$R_i = (\beta_i \beta_{i-1} \beta_{i-2} \cdots \beta_1)\, R_0. \qquad (16B.10)$$

Le produit des β tend vers zéro lorsque i tend vers l'infini (Stokey, 1981). Puisque la durée d'une période est arbitraire, lorsqu'on la choisit très courte (ce qui augmente le nombre de périodes contenue dans un laps de temps déterminé), le prix de location tend vers zéro. Cette conclusion implique notamment que le prix en cas de vente d'un bien durable à coût de production nul tend vers le prix concurrentiel, c'est-à-dire zéro. Voir cependant Kahn

(1986) pour un modèle où le coût marginal est croissant, ainsi que Bagnoli *et al.* (1989) pour un modèle où les consommateurs sont hétérogènes. Une situation dans laquelle un monopole vend de façon continue pendant un laps de temps déterminé peut être approchée par un modèle avec un grand nombre de périodes très courtes. La similitude est d'autant plus grande que la durée de chaque période se raccourcit et donc que leur nombre augmente dans le laps de temps déterminé.

17

Brevets et progrès technique

Le Congrès [des États-Unis] devra. . . encourager le développement des sciences et des arts libéraux, en garantissant aux auteurs et inventeurs, pour une période limitée, un droit exclusif sur leurs écrits et leurs inventions.

Constitution des États-Unis, Article 1, Section 8.

Les brevets donnent à l'inventeur ou au créateur d'un nouveau produit le droit exclusif de vendre ce produit. Ils ont à la fois des effets positifs et négatifs. Le bénéfice principal des brevets est que la garantie d'un profit de monopole stimule l'activité inventive. Sans les brevets et autres encouragements similaires, les inventions risqueraient de se tarir. L'inconvénient principal des brevets est que le produit protégé est vendu à un prix trop élevé (prix de monopole) lorsqu'il n'a pas de substitut proche.

Si les droits de l'inventeur n'étaient pas protégés, les entreprises pharmaceutiques n'investiraient pas des sommes aussi énormes dans la recherche contre le cancer ou les maladies cardiaques. D'un autre côté, une fois qu'un médicament est découvert, le fait de le mettre en vente à un prix plusieurs fois supérieur à son coût de production empêche un grand nombre de consommateurs de pouvoir en bénéficier, alors qu'ils seraient heureux de pouvoir l'acheter au prix concurrentiel (sans parler de ceux qui donneraient toute leur fortune).

Ce chapitre commence par l'analyse descriptive des différentes méthodes permettant de garantir les droits exclusifs aux inventeurs et autres créateurs afin d'encourager leur activité. Il se fonde sur la conception américaine des brevets, mais celle-ci prévaut très largement aussi en France, à quelques détails juridiques près. Le reste du chapitre se concentre sur 5 questions relatives aux liens entre brevets et concurrence imparfaite :

1. L'absence de brevets et autres incitations gouvernementales provoquerait-elle une insuffisance de recherche & développement (R&D) ?

2. Si la recherche est insuffisante, faut-il l'encourager par une meilleure protection des brevets ou par d'autres méthodes, telles que récompenses, contrats de recherche, joint ventures (projets de recherche conduits par plusieurs entreprises) ?

3. Le système des brevets étant donné, quelle doit être la durée optimale d'un brevet, c'est-à-dire la durée qui représente le meilleur compromis possible entre l'aspect positif du brevet (stimulation de la recherche) et l'aspect négatif (constitution d'un monopole) ?

4. Le propriétaire d'un brevet obtient-il un profit plus important en exploitant lui-même son invention ou en accordant une licence de production à d'autres entreprises ?

5. En quoi la structure du marché du produit affecte-t-elle l'incitation à effectuer des recherches et la rapidité des innovations ?

17.1 Brevets, copyrights et marques

Les brevets, les copyrights et les marques donnent aux créateurs un droit de propriété exclusif. Ces 3 types de protection diffèrent quant à leur domaine d'application et à leur durée.[1]

17.1.1 *Brevets*

Les **brevets** procurent aux inventeurs un droit exclusif portant sur un *produit*, un *processus*, une *substance* ou un *concept*, pourvu qu'ils soient nouveaux et utiles. Les nouveaux produits sont par exemple des machines (mécanismes composés de parties mobiles) ou des produits manufacturés (sans parties mobiles) tels que marteau ou scie égoïne. Les méthodes et processus nouveaux sont, par exemple, les

[1] Les secrets de fabrication, comme celui de la formule du Coca-Cola, représentent une quatrième forme de protection (encore faut-il pouvoir garder le secret).

processus chimiques de traitement des métaux ou de fabrication des médicaments, les processus mécaniques de fabrication des produits manufacturés ou les processus électriques. Les nouvelles substances sont, par exemple, les composants chimiques et les mélanges dérivés, y compris tout ce qui touche à la structure de la matière et à la biologie (les nouvelles plantes, par exemple).[2] Les nouveaux concepts concernent également la forme des produits lorsque celle-ci joue un rôle fonctionnel. De plus, les *améliorations* de produits, de processus et de substances peuvent également être brevetées. Une décision de la Cour Suprême des États-Unis datant de 1981 a levé tous les obstacles légaux qui s'opposaient à ce que les logiciels informatiques puissent être brevetés.

La première loi américaine sur les brevets, qui avait pour but « d'encourager » l'ingéniosité, fut rédigée par Thomas Jefferson et votée par le Congrès en 1790. La même année, Samuel Hopkins déposa le premier brevet qui concernait l'utilisation de la potasse pour la production d'engrais, de savons et autres produits. Citons également le brevet déposé en 1794 par Eli Whitney pour la fabrication du coton. Abraham Lincoln obtint un brevet pour la fabrication de pneumatiques (1849) ; Mark Twain pour un album d'auto-collants (1873) et pour un jeu historique (1885) ; Hedy Lamarr (sous le nom de Hedwig Keisler Markey) obtint avec George Antheil (un metteur en scène) un brevet pour une méthode de brouillage des radars (nazis) ; Danny Kaye obtient un brevet pour un appareil à faire du bruit au cours des surprise-parties (1952) ; John Dos Passos obtint un brevet (1959) pour le chewing-gum à faire des bulles (dit « malabar » en France). E. (Buzz) Aldrin Jr. (qui marcha sur la lune) fit breveter une station spatiale (1993). Mais le record du nombre de brevets, détenu par 3 personnes, n'est pas menacé par les exemples précédents : Thomas Edison (1 093 brevets), Edwin Land (inventeur du polaroïd, 533 brevets) et Jerôme Lemelson (environ 500 brevets pour l'instant). Chaque année, environ 100 000 brevets sont déposés auprès du *Patent and Trademark Office* américain et plus de 5 millions de brevets ont été accordés depuis 1790.

Aux États-Unis, les brevets protègent les inventions pendant 17 ans et seulement 14 ans pour ce qui concerne les nouveaux concepts. Les droits à payer pour faire breveter une invention s'élèvent à 280 $ quand il s'agit d'inventeurs indépendants, de petites entreprises ou d'organisations à but non lucratif et à 560 $ quand il s'agit de grandes entreprises. De plus, les petites entités doivent payer des droits supplémentaires au bout de 3,5 ans (225 $), 7,5 ans (445 $) et 11,5 ans (670 $). Les grandes entreprises doivent payer respectivement 450 $, 890 $ et 1 340 $. Pour

---

[2] En 1988, l'Université de Harvard a déposé le premier brevet portant sur un animal génétiquement transformé (une souris). Actuellement, on travaille beaucoup à la création d'une variété de porc qui contiendrait 70% de cholestérol en moins, ainsi qu'à la création de bovins qui produiraient davantage de lait. Un lobby agricole, craignant que les progénitures de ces nouveaux animaux ne mettent en faillite beaucoup de petits agriculteurs, a fait pression pour que le Congrès vote en 1989 une loi les autorisant à élever les progénitures de ces animaux sans avoir à payer de royalties aux posseseurs des brevets. Mais ce type de loi risquait de rendre caduques les brevets protégeant la création d'animaux génétiquement transformés. Par conséquent, le Sénat américain refusa de voter la loi. Toutefois, l'Office des brevets instaura un mémorandum de 5 ans sur ce type de brevets, qui prit fin en 1993.

obtenir un brevet, un inventeur doit prouver que son invention est utile (surtout dans le domaine des produits chimiques), *nouvelle* et *non triviale* (il est interdit de breveter une modification mineure d'un produit connus de tous). Il doit également rendre publique la description de son invention et, le cas échéant, fournir un modèle qui fonctionne. Environ 90% des brevets sont déposés en France, 80% au Royaume-Uni, 35% en Allemagne et 72% aux États-Unis (Griliches, 1990).

17.1.2 Copyrights

Le *copyright* donne au créateur un droit exclusif de production, de publication et de vente de toute œuvre artistique, dramatique ou littéraire : articles, livres, dessins, cartes, compositions musicales ou photographies sont donc visés par cette définition. Le copyright couvrent tous les « travaux d'auteurs dès lors qu'ils peuvent être « fixés » sur un « support tangible » tel qu'un livre ou une bande magnétique. Les logiciels informatiques ou les enregistrements musicaux correspondent donc à cette définition. Aux États-Unis, le dépot d'un copyright coûte 10 $.

Contrairement aux brevets, qui protègent la fonction et le but d'une idée, d'un procédé, d'un mécanisme ou d'une méthode, les copyrights ne protègent que l'expression artistique. La loi (§ 102[b]) stipule que :

> La protection du copyright ne couvre en aucun cas les idées, procédures, processus, systèmes, méthodes de fonctionnement, concepts, principes ou découvertes, qui découlent d'une œuvre originale, quelle que soit la façon dont ils seraient expliqués, illustrés ou apparentés à l'œuvre originale.

Aux États-Unis, depuis 1978, les copyrights durent 75 ans (ou 100 ans lorsque la date de création remonte à moins de 75 ans) pour les entreprises et toute la vie plus 50 ans lorsqu'ils concernent des particuliers. La durée de la protection varie selon les pays. Par exemple, au Japon, elle est de 50 ans après la mort de l'artiste, mais les enregistrements ne sont protégés que 20 ans. Dans tous pays, il existe des dérogations. Ainsi, aux États-Unis, la *Fair Use Doctrine* autorise les copies à usage personnel ainsi que les courtes citations d'ouvrages.(3) Les *copyrights internationaux* sont des accords réciproques entre pays. Les États-Unis ont des accords avec plus de 70 autres pays. Au terme d'un accord de ce type, un auteur étranger reçoit un *traitement national*, c'est-à-dire qu'il bénéficie des mêmes protections qu'un auteur national.

---

[3] Une autre exemption curieuse existe. Dans une affaire récente, *BV Engineering v. University of California, Los Angeles*, 853F.2d 1394 (9th cir.), une cour d'appel fédérale a conclu que les institutions publiques pouvaient « violer les lois fédérales sur le copyright et demeurer virtuellement impunies » du fait d'une clause d'immunité prévue par le 11e amendement de la constitution qui interdit de poursuivre les États pour obtenir des dommages, ainsi que d'une clause de la loi sur le copyright qui exempte les États. Il semble donc qu'un particulier puisse seulement obtenir qu'une injonction de cesser la violation du copyright soit faite à une institution, sans que celle-ci n'ait besoin de payer des dommages. La Cour souligne cependant que le Congrès pourrait remédier à cette anomalie en reformulant la loi de façon plus explicite. (Salan, Nathan. 1989. « No Damages from States ». *ABA Journal*, mars : p. 32.)

Ces dernières années, les lois sur le copyright ont été élargies de nombreuses façons. Par exemple, le *Software Copyright Bill* de 1982 a fait passer du statut de délit à celui de crime le fait de copier un logiciel dans le but d'en tirer « un avantage commercial » ou un « gain financier personnel ». De même, en 1992, un tribunal fédéral a condamné une chaîne de drugstores pour avoir violé la loi sur le copyright en vendant le parfum *Amariage* sans l'autorisation de Givenchy, qui détenait le copyright pour l'emballage. En effet, il est interdit d'importer des produits protégés par un copyright sans l'autorisation du propriétaire.(4)

Les amendes pour violation d'un copyright peuvent être très élevées. Par exemple, en 1976, l'ancien Beatle George Harrison a dû payer 576 000 $ pour avoir copié l'air de « My Sweet Lord » sur la chanson des Chiffons « He's So Fine ».(5)

17.1.3 Marques

Les **marques** sont des mots, des symboles ou d'autres signes distinctifs permettant d'identifier un produit ou un service de ceux fournis par d'autres entreprises. Aux États-Unis, les marques peuvent être déposées auprès du *Patent Office*.(6) Ainsi, Kodak est-elle une marque de pellicules, Total une marque pour l'essence, Apple une marque d'ordinateurs et Ariel une marque de lessive. De même, le Bibendum de Michelin symbolise les pneus fabriqués par cette entreprise et le Marabout stylisé est le logo d'une célèbre collection d'ouvrages de poche. Sweet 'N Low fut la millionième marque à être enregistrée par le *Patent Office*. Contrairement aux copyrights et aux brevets, les marques n'expirent pas après un certain délai, quoique la protection juridique dont elles bénéficient puisse cesser. Par exemple, il se peut qu'un nom de marque finisse par devenir le nom générique de tous les produits d'une industrie.

Pour éviter ces situations, une entreprise comme General Foods développe l'appellation « café décaféiné de la *marque* Sanka » afin que que l'on ne prenne pas l'habitude d'appeler n'importe quel café décaféiné du « Sanka ». De même, Xerox diffuse la publicité suivante : « Une marque n'est pas éternelle ... Aidez-nous ... Employez notre nom en tant qu'adjectif : copieur Xerox ou services financiers Xerox. N'employez jamais le verbe "Xeroxer" à la place de "photocopier" ou le nom "Xerox" à la place de "photocopie". Avec votre aide et quelques précautions de notre part, notre marque demeurera toujours une marque ». Les exemples de noms de marques qui sont devenus des noms génériques ne manquent pas : aspirine,

---

4 Stromb, Stéphanie. « Discount Seller of Perfume Loses Ruling on Copyright », *New York Times*, 11 novembre 1992 : C3.

5 Morris, Scot. *The Emperor Who Ate the Bible and More Strange Facts and Useless Information*. New York : Doubleday, 1991, p. 32.

6 Une *marque* est un mot ou un logo qui permet de distinguer un *produit* ou un *service*. Aux États-Unis, une marque qui n'est pas déposée régulièrement mais qui jouit d'une *renommée* a des droits similaires. L'*enregistrement par un État* d'une marque est préférable à la renommée, mais ne la protège pas dans les autres États. La *raison sociale* est la dénomination choisie par l'entreprise dans les affaires.

cellophane, corn-flakes, kérosène, linoléum, nylon, octane, thermos, trampoline et yo-yo (Landes et Posner, 1987).

17.1.4 Différences entre brevets, copyrights et marques

Dans la suite de ce chapitre, nous allons nous concentrer sur les brevets. Les copyrights peuvent généralement s'analyser de la même manière, c'est-à-dire comme une protection permettant d'encourager l'activité créative. Les marques aussi peuvent s'interpréter comme une protection favorisant le développement d'une réputation permettant aux consommateurs de mieux discerner les produits (Landes et Posner, 1987).

Une distinction importante entre les brevets et les copyrights est que les copyrights protègent l'expression d'une idée particulière alors que les brevets protègent toute incarnation tangible de l'idée elle-même. Ainsi, deux versions d'une même histoire peuvent-elles être protégées par deux copyrights (*Roméo et Juliette* et *West Side Story*). En revanche, un brevet empêche les autres d'utiliser l'application d'une idée.

Par conséquent, les brevets autorisent une flexibilité plus grande et confèrent sans doute un pouvoir de monopole plus important. Mais les brevets sont plus difficiles à obtenir que les copyrights. Comme les analyses qui vont suivre le montreront, la politique des brevets d'un pays reflète la façon dont sont pondérés l'encouragement à l'invention et la protection des monopoles. Or, comme les profits sont d'autant plus rapide à empocher que le pouvoir de monopole est grand, il n'est pas surprenant que la durée des brevets soit généralement inférieure à celle des copyrights.

17.2 De la nécessité d'encourager la recherche

Le progrès fut une bonne chose. Mais il dure depuis trop longtemps. – Ogden Nash

Si l'on supprimait toutes les inventions qui ont vu le jour depuis que le monde existe, il ne resterait rien à l'exception d'un grand nombre de gens sous la pluie. – Tom Stoppard

Beaucoup d'économistes et de responsables politiques sont convaincus que sans les brevets et autres incitations publiques, la recherche serait insuffisante. En effet, les inventions sont avant tout de l'information nouvelle et l'information est un bien public (voir le chapitre 4)[7]. Si quelqu'un a mangé un sandwich, plus personne ne peut manger le même sandwitch. Par contre, si une personne possède une information, quelqu'un d'autre peut la connaître aussi et l'exploiter. Si

---

[7] Voir aussi, par exemple, Arrow (1962). Lorsque le secret d'une découverte peut être préservé, le problème ne se pose pas (Taylor et Silberston, 1973, ch. 9 ; Kitch, 1975 et Cheung, 1982).

certains utilisateurs peuvent obtenir gratuitement cette information (par exemple, en consultant un ouvrage dans une bibliothèque), l'incitation à produire cette information sera moins forte que si tout le monde devait payer pour l'obtenir. Pourquoi quelqu'un serait-il disposé à supporter l'intégralité du coût de production d'une information, d'un processus ou d'un produit nouveaux si d'autres peuvent en bénéficier gratuitement ? Il est certain que quelques personnes ont produit des inventions pour le bien de l'humanité.[8] Mais beaucoup de chercheurs et d'entreprises ne recherchent que la rentabilité pécunière. Par conséquent, s'ils n'en tirent aucun bénéfice, ils n'entreprendront aucune recherche.

Si la recherche motivée par le profit disparaissait, la société en souffrirait, car la recherche à une valeur sociale. En effet, les nouvelles méthodes réduisent le coût de fabrication des produits existants et permettent de tirer une plus grande quantité de biens d'une quantité donnée de ressources. Les nouveaux produits améliorent la productivité (ainsi, de meilleurs engrais améliorent la production ou la qualité des produits) ou augmentent les possibilités de se distraire (magnétoscopes). La société est devenue dépendante des inventions. 47% des Américains admettent qu'ils ne savent pas comment ils s'en sortiraient s'ils ne pouvaient pas utiliser de ruban adhésif quand ils en ont besoin.[9] La majorité des Américains pensent que la roue est la plus grande invention de l'humanité, mais 10% pensent que c'est l'automobile.[10] Comment pourrions-nous survivre sans le papier toilette, inventé en 1880 par l'anglais Walter James Alcock ; sans la fermeture éclair, inventée par un ingénieur de Chicago, Whitcomb L. Judson, pour fermer les chaussures et les bottes (brevet déposé en 1893) ; ou la poupée Barbie, conçue par Ruth Handler en 1959 ?[11] Tout le monde n'est pas convaincu des bienfaits de la nouveauté. Par exemple, 67% des habitants de l'Iowa pensent que les clips vidéos sont parmi les « nouveautés les moins utiles » de la vie moderne.[12] Enfin, 0% des Américains ont une paire de gants dans le compartiment théoriquement réservé à cette effet dans leur voiture.[13]

Beaucoup d'entreprises investissent des sommes considérables dans la création de nouveaux produits. Par exemple, IBM a consacré 4 milliards de dollars à la recherche en 1987. Les dépenses de recherche & développement en pourcentage du chiffre d'affaires varient beaucoup d'une entreprise à l'autre : en 1987, Chevron (pétrole) a investi 1% de son chiffre d'affaires en R&D, Hewlett-Packard (équipements, ordinateurs) a investi 11,1%, Software Publishing, 19,9%, Advanced Micro Devices, 24,9%, Genetech (biotechnologie), 30,9% et Alza (biotechnologie),

---

[8] John Walker (l'inventeur des allumettes) ou Pierre et Marie Curie (qui ont découvert la méthode d'isolation du radium) n'ont jamais déposé de brevets car ils étaient persuadés que leur invention appartenait à l'humanité entière.

[9] *Roper Organisation*, d'après Lapham, Pollan et Etheridge (1987).

[10] R.H. Bruskin, d'après Lapham, Pollan et Etheridge (1987).

[11] Wallace, Irving, David Wallechinsky et Amy Wallace. « The Column of Lists : Anonymous Inventions' » *San Francisco Chronicle*, 10 août 1988 : B3.

[12] *Des Moines Register* and *Tribune Company*, d'après Lapham, Pollan et Etheridge (1987).

[13] *Runzheimer International*, d'après Lapham, Pollan et Etheridge (1987).

36,9%.[14] Sur les 51 183 brevets déposés par des Américains aux États-Unis en 1991, 68% l'ont été par des entreprises, 26% par des inventeurs indépendants, 3% par des universités et 2% par le gouvernement.[15]

General Electric (GE) possède plus de brevets U.S. (18 541 en 1991) que n'importe quelle autre entreprise. Cependant, au cours des 3 dernières années, c'est l'entreprise japonaise Hitachi Ltd. qui en déposé le plus (908 contre 785 pour GE). En 1990, les 4 premières entreprises du classement des brevets déposés aux États-Unis étaient japonaises : Hitachi, Toshiba, Canon et Mitsubishi.[16] En 1991, les inventeurs étrangers sont à l'origine de 47% des 96 514 brevets déposés aux États-Unis (contre 36% en 1977).

Les États-Unis dépensent presque autant en R&D que leurs principaux concurrents pris ensemble. Ils dépensent également davantage que les autres en recherche militaire (53% des dépenses publiques de recherche). En 1991, les dépenses publiques de R&D des États-Unis s'élevaient à 68 milliards de dollars et seulement 4% de cette somme allait à la recherche générale. Aux États-Unis, les dépenses en R&D représentent entre 1,5% et 2% du PNB, alors qu'elles représentent 3% du PNB au Japon. Le Japon est le pays qui a le plus de brevets (324 239), les États-Unis viennent en second (146 904), suivis par l'Allemagne (84 406), le Royaume-Uni (79 916) et la France (66 095). En termes de brevets pour 100 000 habitants, la Suisse arrive au premier rang (486), le Japon vient en second (334) et les États-Unis en douzième position (112).[17] Il semble enfin que les États-Unis investissent davantage que les autres pays dans la recherche pure, puisque le nombre de prix Nobel en sciences décernés depuis 1950 à des américains est supérieur à l'ensemble des prix Nobel décernés à des scientiques d'autres pays.

17.2.1 L'imitation décourage la recherche

Les hommes applaudissent souvent l'imitation et sifflent l'original. – Ésope

Sans les brevets, n'importe qui pourrait utiliser les nouvelles informations et les *imitations* d'inventions nouvelles seraient vendues en toute légalité. Supposons par exemple que quelqu'un découvre un traitement contre le SIDA. Si un brevet protège sa découverte, le médicament pourra lui rapporter énormément d'argent. Sans brevet, toutes les entreprises pharmaceutiques se mettraient immédiatement

---

[14] Clark, Don, « Hight Tech Bucks R&D Trend » *San Francisco Chronicle*, 14 juin 1988 : C1, C16. Ces comparaisons sont parfois trompeuses. Par exemple, les compagnies pétrolières semblent faire peu de recherche d'après ces chiffres parce que leur valeur ajoutée est faible. Mais si l'on rapportait leur R&D à la valeur ajoutée, le chiffre serait beaucoup plus élevé (ou si l'on comparait le nombre de chercheurs à l'emploi total).

[15] Buderi, Robert *et al.* « American Inventors are Reinventing Themselves ». *Business Week*. 18 janvier 1993 : 78–82.

[16] Eckhouse, John. « U.S. Firms Get Fewer Patent », *San Francisco Chronicle,* 15 février 1992 : B1.

[17] World Rank Research Team, cité dans « Inventing the New World » *San Francisco Chronicle*, 28 mai 1992, D4.

à fabriquer son médicament et la concurrence fera baisser le prix à son niveau concurrentiel. L'inventeur aurait ainsi supporté tous les frais de recherche, mais ne pourrait pas profiter de tous les bénéfices. Cette mésaventure est arrivée à Ford, quand il inventa la chaîne de fabrication. Son invention fut rapidement imitée par d'autres constructeurs. Ces exemples montre que sans brevets, chaque entreprise copierait les inventions des autres, mais aucune ne voudrait supporter les dépenses nécessaires à la recherche. Ceci permettrait peut-être aux consommateurs de payer les nouveaux produits à un prix très compétitif, mais les produits nouveaux seraient une denrée très rare ! Lorsqu'un pays souhaite freiner le développement d'un certain type d'invention, il suffit qu'il refuse de la breveter. Par exemple, aux États-Unis, il est impossible de faire breveter une nouvelle machine à sous ou un jeu de hasard.

Mais les brevets ne permettent pas toujours d'égaliser le bénéfice privé d'une invention avec son bénéfice social. Par exemple, Xerox a fait d'importants profits grâce à la vente de ses photocopieurs. Mais d'autres entreprises ont imité son produit, malgré les brevets déposés par Xerox et ont réussi à s'emparer d'une bonne part du marché : en 10 mois (année 1974), 16 entreprises, dont IBM, Kodak, 3M, Addressograph-Multigrah, Bell & Howell, GAF, Litton et Pittney-Bowes avaient déposé 390 brevets dans le domaine de la reprographie (Scherer, 1981, p 292). Cet exemple montre que dans la plupart des cas, les concurrents sont en mesure de « contourner » un brevet en déposant un autre brevet légèrement différent, ce qui a pour effet de réduire le bénéfice du brevet initial.[(18)]

En 1992, une cour d'appel a jugé que l'ingénierie inverse (le fait de copier un produit en démontant l'original pour voir comment il est fabriqué) était une « utilisation acceptable » d'un logiciel. Le jugement rendu indique que[(19)]

> La décompilation du code source d'un programme est une utilisation légale d'un logiciel lorsqu'elle est le seul moyen d'accéder à des éléments du code non protégés par un copyright et le copieur a parfaitement le droit de chercher à se les procurer.

L'ingénierie inverse est utilisée par les entreprises qui fabriquent des logiciels pour créer des applications compatibles avec certains matériels ou tout simplement pour imiter les fonctions réalisées par les logiciels existants.

De plus, les brevets et les copyrights sont souvent ignorés. Le piratage est un sérieux problème dans beaucoup d'industries, en particulier dans celle des logiciels informatiques où il est facile de copier un programme. Selon une estimation, plus de 80% de tous les logiciels qui circulent en Inde sont des copies illégales, ce qui représente un manque à gagner de 63 millions de dollars pour les développeurs de logiciels américains en 1991.[(20)]

---

[18] Pour empêcher l'entrée de concurrents, l'inventeur inital peut déposer plusieurs *brevets dormants*, c'est-à-dire des brevets qui ne sont pas utilisés mais qui empêchent les autres de breveter des produits similaires. Voir Gilbert et Newbery (1982), chapitre 10 et l'analyse ci-après.

[19] Willet, Shan. 1992 « Appeals Court Judge Rules Reverse Engineering is Fair Use of Software ». *InfoWorld*, 2 novembre, 14 : p. 24.

[20] Bharagava, Sunita Wadekar. 1993. « Software from India ? Yes, It's for Real ». *Business Week*, 18 janvier : p. 77.

Tableau 17.1
Estimation du pourcentage d'augmentation du coût d'imitation dû aux brevets pour 33 produits nouveaux : industries chimique, pharmaceutique, électronique et mécanique

% d'augmentation du coût d'imitation	Nombre de produits	% des cas étudiés
Inférieur à 10%	13	39%
10–19%	10	30%
20–49%	4	12%
50–99%	0	0%
100–199%	3	9%
200% et plus	3	9%
Total	33	100%

SOURCE : Mansfield (1984).

Selon Mansfield *et al.* (1982), le coût de l'imitation ne représente que 65% du coût de l'innovation. Une enquête portant sur des cadres responsables de la R&D et concernant 129 lignes de produits a montré que beaucoup d'entreprises sont en mesure d'imiter la plupart des produits nouveaux ou les améliorations de produits existants (Levin, Klevorick, Nelson et Winter, 1987). En ce qui concerne les produits nouveaux et les améliorations de produits, les chiffres sont les suivants : dans 2% des cas, les entreprises ne sont pas en mesure d'imiter ; dans 25% des cas, 1 ou 2 entreprises sont en mesure d'imiter ; dans 73% des cas, 3 à 5 entreprises sont en mesure d'imiter ; dans 25% des cas, 6 à 10 entreprises sont en mesure d'imiter et dans 4% des cas, il y en a plus de 10. En ce qui concerne les produits nouveaux seulement, les chiffres correspondants sont : 1%, 5%, 33%, 63% et 26%. Autrement dit, pour un produit neuf type, dans 89% des cas, 6 entreprises ou plus sont en mesure de l'imiter.

Les innovations peuvent être imitées très rapidement. L'information concernant les programmes de R&D dans l'industrie manufacturière est disponible auprès de quelques concurrents au moins dans les 12 à 18 mois qui suivent la décision de mise en route du programme (Mansfield, 1985). L'information se diffuse par l'intermédiaire des employés qui changent d'entreprise, ou au cours de rencontres formelles ou informelles d'ingénieurs et de scientifiques (notamment au cours de rencontres professionnelles), ou par l'intermédiaire des clients et des fournisseurs, ou enfin grâce à l'ingénierie inverse appliquée au nouveaux produits.

Cependant, même si les brevets peuvent être contournés, ils augmentent le coût de l'imitation (voir le tableau 17.1). Ils permettent au minimum de retarder l'entrée des concurrents sur le marché. Selon Mansfield (1968), aux États-Unis, le temps qui s'écoule entre la première application d'une innovation majeure et le moment ou 60% des produits du marché l'incorporent, peut être très court (un mois pour les stylos à bille, voir l'exemple 10.5 ; un an pour les canettes de bière en aluminium)

Tableau 17.2

Coût d'imitation d'une innovation en % du coût d'innovation : fréquence des réponses médianes

Type d'innovation	< à 25%	26%–50%	51%–75%	76%–100%	> à 100%	Imitation impossible
Processus majeur						
- Breveté	1	5	19	66	26	10
- Non breveté	5	10	55	49	6	2
Processus type						
- Breveté	2	15	61	41	6	2
- Non breveté	8	43	58	14	4	0
Produit majeur						
- Breveté	1	4	17	63	30	12
- Non breveté	5	13	58	40	7	4
Produit type						
- Breveté	2	18	64	32	9	2
- Non breveté	9	58	40	15	5	0

NOTE : Le total de chaque ligne donne 127, ce qui correspond au nombre de lignes de produits de l'enquête.
SOURCE : Levin, Klevorick, Nelson et Winter (1987, tableau 8, p. 809).

ou très long (plusieurs décennies pour le coke et l'acier trempé). Une enquête américaine portant sur 48 entreprises indique que les brevets augmentent le coût d'imitation. Le taux d'augmentation médian est égal à 11%. Il est de 30% dans le cas des médicaments pour lesquels toute publicité est interdite, 10% pour les produits chimiques et 7% pour l'électronique et les machines (Mansfield *et al.*, 1982).

Une enquête effectuée par Levin, Klevorick, Nelson et Winter (1987, voir le tableau 17.2) montre que le coût d'imitation d'une innovation en pourcentage du coût d'innovation est plus élevé pour les produits brevetés que pour les autres. L'enquête montre aussi qu'en moyenne il faut plus longtemps pour imiter un nouveau produit breveté qu'un nouveau produit non breveté. Par conséquent, même si le fait de déposer un brevet implique de révéler certaines informations utiles aux imitateurs potentiels, beaucoup d'entreprises n'hésitent pas à le faire.

17.2.2 Les brevets encouragent la recherche

En élevant le coût de l'imitation, les brevets augmentent le pouvoir de marché des entreprises qui les détiennent. Le profit de monopole qui en découle peut inciter fortement une entreprise à découvrir de nouveaux produits. Un inventeur rationnel investit dans la recherche jusqu'au point où le rendement marginal anticipé de la est égal au coût marginal. Mais comme le rendement privé de la recherche est inférieur à son rendement social, les sommes investies dans la recherche resteront

EXEMPLE 17.1 L'importance des brevets varie selon les industries

Sans les brevets et autres moyens d'incitation à la recherche et au développement, il n'y aurait pas assez de recherche, surtout si l'imitation est facile et rapide. Cependant, une enquête portant sur 27 entreprises britanniques appartenant à des secteurs très orientés vers la recherche suggère que la diminution de la R&D varierait beaucoup suivant l'industrie considérée. Le pourcentage des dépenses de R&D que les dirigeants de ses entreprises ont estimé dépendre des brevets est donné dans le tableau suivant :

Chimie	
Pharmacie	64%
Autres produits finis et spécialités	25%
Chimie de base	5%
Ingénierie mécanique	
Usines, Machines & équipements	7%
Composants et matériels	2%
Ingénierie électrique	Négligeable

SOURCE : Taylor et Silberston (1973).

insuffisantes du point de vue de l'optimum social. En permettant aux inventeurs d'obtenir une part plus importante des profits qui découlent de leur innovation, les brevets favorisent la recherche. Ils ont pour effet d'internaliser une externalité en accordant des droits d'exploitation exclusifs à l'inventeur, mais l'isolent du même coup de la concurrence (voir l'exemple 17.1).

Mais les brevets peuvent aussi engendrer des innovations inutiles, voire nocives (Hirshleifer, 1971 ; Mansfield *et al.*, 1977). Supposons par exemple qu'une nouvelle méthode de prévision météorologique permette d'améliorer la prévision du rendement des récoltes dès les plantations effectuées. L'inventeur qui ferait breveter sa méthode pourrait alors gagner une fortune en spéculant sur les prix agricoles futurs. Mais, en dehors de ces profits spéculatifs, cette nouvelle méthode de prévision météorologique ne présenterait guère d'intérêt pour la société.

17.2.3 Les brevets encouragent la diffusion d'informations

Beaucoup de pays ont des lois sur les brevets qui favorisent une diffusion précoce des nouvelles découvertes. Ainsi, pour obtenir un brevet, l'inventeur doit démontrer que son invention est nouvelle et non triviale. En acceptant de protéger les inventions par des brevets, la société obtient deux résultats bénéfiques : encouragement à effectuer des recherches et des développements nouveaux et accélération de l'innovation du fait de la diffusion de l'invention.[(21)] Aux États-Unis, la section 112 de la loi sur les brevets stipule que :

[21] Cette sous-section se fonde sur les travaux de Scotchmer et Green (1988).

> La spécification [de l'invention] doit contenir une description écrite . . . suffisamment complète, claire et exacte pour que toute personne spécialisée dans le domaine en question . . . soit en mesure de la reproduire.

Ces informations peuvent accélérer le developpement de nouvelles inventions par un phénomène cumulatif.

C'est dans cet esprit que le gouvernement américain a créé un « zoo de microbes » à Rockville, dans le Maryland. Pour 70 $ (40 $ pour les organisations à but non lucratif), pratiquement tout le monde peut se procurer une copie de la cellule génétiquement altérée par l'entreprise Genetech pour produire le TPA, un médicament qui protège contre les attaques cardiaques (et dont la mise au point a couté 200 millions de dollars).[22] L'acquéreur peut utiliser la copie pour effectuer ses propres recherches et concurrencer Genetech sans pour autant transgresser la loi sur les brevets. La cellule en question fait partie de la collection des 8 000 variétés de cellules brevetées de l'*American Type Culture Collection*. Pour 560 $, une entreprise peut y déposer 6 cellules modifiées, qui seront alors conservées 30 ans. En effectuant ce dépôt, l'entreprise répond en partie à l'exigence de fournir une information suffisante permettant aux spécialistes de reproduire son invention. Cependant, une étude a montré que seulement 1 % des brevets portant sur des recombinaisons d'ADN avait réellement besoin d'être accompagné de ce type de dépot. En effet, la communauté scientifique en question a une connaissance suffisamment pointue pour qu'une simple description écrite suffise. En payant un droit de 100 $, le déposant obtient la liste de ceux qui ont demandé un échantillon de la cellule brevetée, ce qui peut lui donner des informations utiles sur ses concurrents.

Certaines entreprises ne déposent pas de brevets pour que leurs concurrents ne sachent rien sur leurs inventions. Dans ce cas, elles doivent être particulièrement attentives à protéger leurs connaissances secrètes (*secret d'affaires*) contre les fuites qui peuvent par exemple se produire lorsqu'un de leurs employés est recruté par une entreprise concurrente (en principe, l'employé n'a pas le droit de révéler les secrets de son ancien employeur). Il est donc clair que le système des brevets permet une plus grande circulation d'information que la manie du secret.

Depuis 1951, l'*Invention Secrecy Act* voté aux États-Unis a pour objet de bloquer l'attribution de certains brevets et, dans certains cas, d'interdire aux inventeurs de vendre ou de mettre sous licence leurs technologies si le gouvernement estime que cela peut menacer la sécurité nationale. Environ 6 000 inventions sont encore concernées par cette loi, alors même que la guerre froide est terminée. Il s'agit principalement de technologies non nucléaires, comme des méthodes de fabrication de matériel informatique, des matériaux nouveaux et des systèmes employant la technologie du laser. Le nombre annuel de ces brevets secrets est passé de 290 en 1979 à 774 en 1991.[23]

---

[22] Russel, Sabin. « "Microbe zoo" Store Life Forms », *San Francisco Chronicle » 23 mai 1988 : C1, C5.*

[23] Andrews, Edmund. « Cold War Secrecy Still Shrouds Inventions », *San Francisco Chronicle*, 23 mai 1992 : A23.

Il arrive que des entreprises en concurrence fassent la même découverte à peu près en même temps, mais c'est assez rare : seulement 1% des brevets américains concernent des cas d'applications d'une invention similaire. Dans la plupart des pays, sauf au États-Unis et au Canada, on applique le principe *premier arrivé, premier servi* : le brevet est accordé au premier qui se présente au bureau des inventions. En revanche, aux États-Unis et au Canada, le brevet est accordé à celui qui peut prouver qu'il est l'inventeur le plus ancien. Ainsi, l'entreprise japonaise Sankyo avait obtenu un brevet japonais pour un médicament contre le cholestérol, mais c'est l'entreprise américaine Merck qui a obtenu le brevet américain du fait des différences de règles d'attribution entre les deux pays. Sankyo a pris des parts de marché à Merck dans beaucoup de pays sauf aux États-Unis, où Merck a pu prouver que son invention était antérieure. La règle appliquée aux États-Unis et au Canada permet de maintenir plus longtemps le secret d'une invention. En effet, tant qu'une entreprise est sûre de pouvoir prouver l'antériorité de sa découverte, elle a intérêt à attendre qu'une autre entreprise vienne déposer un brevet pour se dévoiler. C'est la raison pour laquelle certains préconisent actuellement de reconsidérer cette règle.

L'exigence de nouveauté pour qu'une invention soit brevetée a un impact considérable sur les profits et l'incitation à dévoiler l'invention. Plus cette exigence est forte, plus il est difficile d'obtenir un nouveau brevet et plus le titulaire actuel du brevet peut bénéficier de profits de monopole. Par conséquent, plus l'exigence de nouveauté pour l'attribution d'un brevet est grande, plus il est rentable de posséder un brevet et plus la recherche est stimulée. Inversement, s'il y a moins de brevets accordés, l'information circule moins, ce qui ralentit la recherche. Par conséquent, le critère de nouveauté doit être modulé en fonction des exigences opposées de rémunération des découvertes et de circulation de l'information.[(24)]

17.3 Brevets, prix, contrats de recherche et joint ventures

La plupart des recherches économiques sur la manière de stimuler l'activité inventive se sont concentrées sur le choix d'un système optimal de brevets. Mais pourquoi la société devrait-elle s'en tenir aux brevets ? Pourquoi d'autres incitations comme les *récompenses* ou les *contrats de recherche publics* ne permettraient-ils pas également de favoriser la recherche ?[(25)] Le gouvernement pourrait par exemple offrir un prix (une grosse somme d'argent) à la première personne qui découvrira un remède contre le SIDA, ou financer des contrats de recherche portant sur la

[24] Scotchmer et Green (1988) ont montré qu'il était préférable d'appliquer un critère de nouveauté peu contraignant pour certains marchés, mais leur analyse n'est pas généralisable à tous les marchés. En revanche, ils montrent que la règle d'attribution du brevet au premier qui se présente au guichet des inventions est préférable dans tous les cas.

[25] La comparaison que nous allons effectuer entre récompenses, contrats de recherche et brevets s'inspire largement des travaux de Wright (1983)

Tableau 17.3: *Coûts et bénéfices des programmes de recherche*

n	BSMA	Gain anticipé avec prix = B	Probabilité de succès, $\rho(n)$	Bénéfice social anticipé, $B\rho(n)$	Coût social $C(n)$	Bénéfice social net $B\rho(n) - C(n)$
1	4,14	4,60	0,18	4,60	1,00	3,60
2	3,38	4,17	0,33	8,35	2,00	6,35
3	2,76	3,80	0,46	11,41	3,00	8,41
4	2,25	3,48	0,56	13,91	4,00	9,91
5	1,84	3,19	0,64	15,94	5,00	10,94
6	1,50	2,93	0,70	17,61	6,00	11,61
7	1,23	2,71	0,76	18,97	7,00	11,97
8	**1,00**	**2,51**	**0,80**	**20,08**	**8,00**	**12,08**
9	0,82	2,33	0,84	20,98	9,00	11,98
10	0,67	2,17	0,87	21,72	10,00	11,72
11	0,54	2,03	0,89	22,32	11,00	11,32
12	0,44	1,90	0,91	22,81	12-00	10,81
13	0,36	1,79	0,93	23,22	13,00	10,22
14	0,30	1,68	0,94	23,54	14,00	9,54
15	0,24	1,59	0,95	23,81	15,00	8,81
16	0,20	1,50	0,96	24,03	16,00	8,03
17	0,16	1,42	0,97	24,21	17,00	7,21
18	0,13	1,35	0,97	24,35	18-00	6,35
19	0,11	1,29	0,98	24,47	19,00	5,47
20	0,09	1,23	0,98	24,57	20,00	4,57
21	0,07	1,17	0,99	24,65	21,00	3,65
22	0,06	1,12	0,99	24,71	22,00	2,71
23	0,05	1,08	0,99	24,77	23,00	1,77
24	0,04	1,03	0,99	24,81	24,00	0,81
24,84	0,03	1,00	0,99	24,84	24,84	0,00
25	0,03	0,99	0,99	24,84	25,00	−0,16

• n = nombre de projets. • BSMA : Bénéfice social marginal anticipé. • $m = 1$, coût par entreprise d'un projet de recherche. • $B = 25$, valeur actualisée d'une découverte. • $\alpha = 0{,}031$. • $\rho(n) = (1 - e^{-\alpha n})$, probabilité de succès lorsqu'il y a n projets.

guérison du SIDA. Aux États-Unis, le gouvernement pourrait aussi assouplir les lois antitrust (ce qui a d'aileurs été fait) pour permettre aux entreprises de coordonner leurs activités de recherche sous forme de **joint ventures**.

L'exemple suivant illustre la façon dont les brevets, récompenses, contrats de recherche et joint ventures influencent la recherche (voir l'annexe 17A pour les aspects mathématiques). Supposons qu'il existe une industrie de la recherche ayant les caractérisiques suivantes (voir le tableau 17.3) :

- Il existe un nombre illimité d'entreprises identiques qui peuvent entreprendre chacune un projet de recherche. Le nombre d'entreprises (et par conséquent le nombre de projets), n, est indiqué par la première colonne du tableau 17.3.

- Le coût moyen et marginal de développement d'un projet est supposé constant : $m = 1$. Par conséquent, le coût total de la recherche pour les n entreprises est donné par $C(n) = nm = n$ (colonne 6).
- Plus les entreprises cherchent activement à découvrir une invention particulière, plus augmente la probabilité qu'au moins une entreprise la découvre. Donc, $\rho(n)$, la probabilité de réussite (colonne 4), est une fonction croissante du nombre d'entreprises, n.
- La recherche a lieu à la période $t = 0$. Si une découverte est faite à cette période, la société en bénéfice pour les périodes suivantes ($t = 1, 2, \ldots$). Pour simplifier, nous supposons qu'il n'y a plus de recherche après la période 0 (que la découverte ait ou non lieu).
- Si elle réussit, la recherche permet de fabriquer un nouveau produit dont le coût marginal est supposé constant. Soit $B = 25$ F, le bénéfice social potentiel actualisé de l'invention (surplus actualisé des consommateurs calculé sur la base du prix concurrentiel). Le bénéfice social anticipé d'une compétition entre n entreprises est alors égal à $B\rho(n)$, c'est-à-dire le bénéfice multiplié par la probabilité de succès (colonne 5).

Nous allons tout d'abord déterminer le nombre optimal d'entreprises qui doivent participer à la compétition. Puis, nous supposerons que le gouvernement est aussi bien informé que les entreprises sur tous les projets de recherche possibles et nous déterminerons le nombre optimal d'entreprises pour 5 politiques alternatives : aucune aide publique, financement public de recherche, attribution d'un prix (somme d'argent), joint venture (projet de recherche commun à deux entreprises ou plus) et brevets. Enfin, nous verrons comment l'analyse est modifiée lorsque le gouvernement possède moins d'information que les entreprises.

17.3.1 Détermination du nombre optimal d'entreprises

La société doit en principe choisir le nombre d'entreprises participant à la recherche de façon à maximiser le *bénéfice social net* (colonne 7 du tableau 17.3), c'est-à-dire le bénéfice social anticipé $B\rho(n)$, moins le coût social, $C(n) = nm = n$. Dans notre exemple, le bénéfice social net est maximum lorsqu'il y a 8 entreprises (voir la ligne en gras du tableau 17.3 et la figure 17.1).

La figure 17.1a montre que le coût social $C(n) = n$ et le bénéfice social anticipé d'un programme de recherche augmentent simultanément avec le nombre de projets. Lorsqu'il y a peu d'entreprises, l'arrivée d'une entreprise nouvelle accroît fortement la probabilité de succès. Cependant, comme dans cet exemple, la probabilité de succès tend vers 1 (succès garanti) lorsque le nombre d'entreprises augmente, l'effet de l'arrivée de nouvelles entreprises n'apparaît pas aussi nettement. C'est ce qui explique que le bénéfice social anticipé augmente d'abord rapidement puis plafonne à partir d'un certain nombre d'entreprises. La ligne pointillée de la figure 17.1

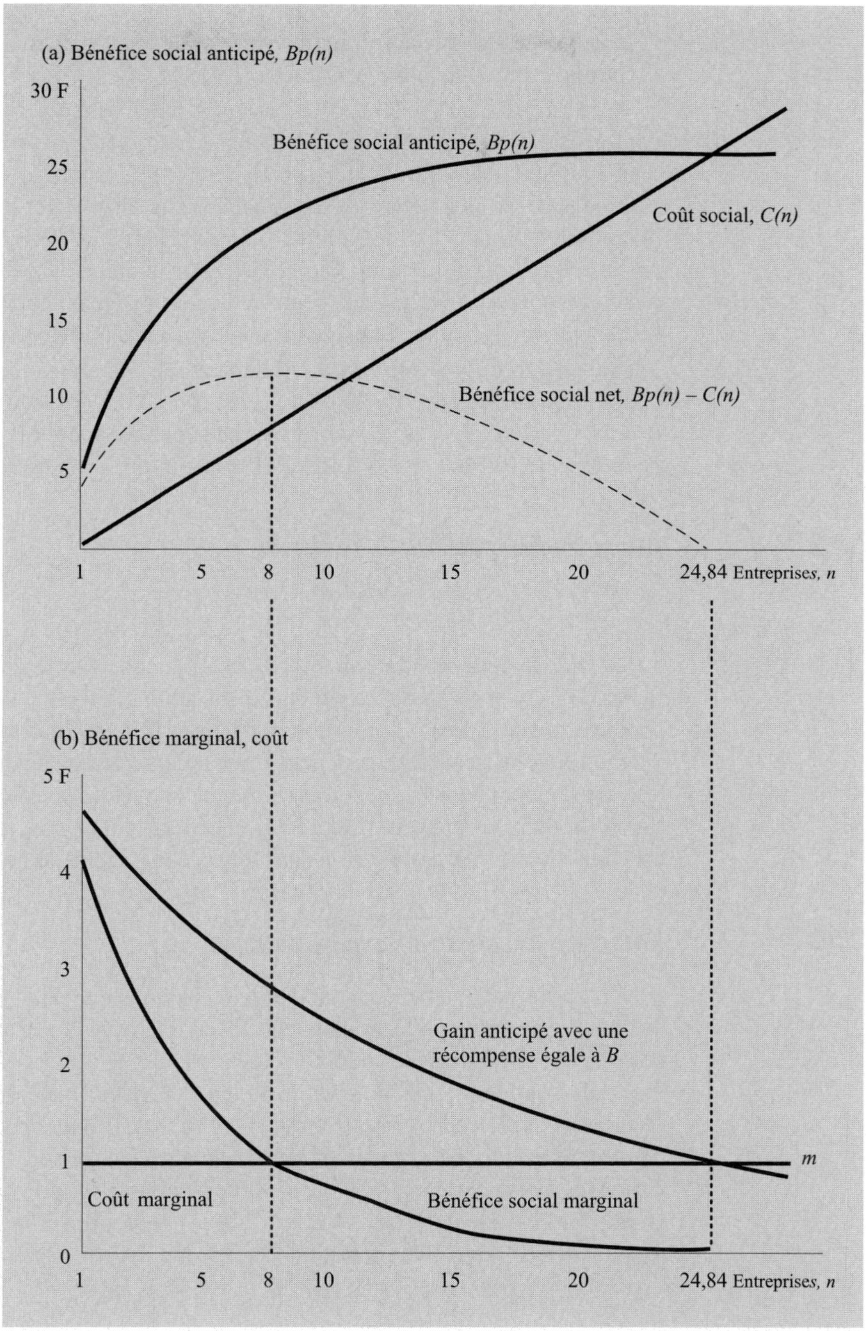

Figure 17.1: *Coût, bénéfice anticipé et bénéfice social net de la R&D*

représente le bénéfice social net anticipé, $B\rho(n) - C(n)$, c'est-à-dire l'écart entre le bénéfice social et le coût. Cette courbe atteint son maximum lorsque le nombre d'entreprises est égal à 8.

Ce résultat peut également se formuler ainsi : lorsqu'il y a 8 entreprises, le coût marginal (social) est égal au bénéfice social marginal (voir la figure 17.1). Le coût marginal social d'un projet de recherche supplémentaire, $m = 1$, correspond à l'ordonnée de la courbe de coût marginal de la figure 17.1b et à la pente de la courbe de coût de la figure 17.1a. La ligne pointillée verticale de la figure 17.1a passant par $n = 8$ indique que l'écart entre le bénéfice anticipé et le coût est maximum, ce qui correspond à l'égalité de la pente de la courbe de coût marginal et de la courbe de bénéfice marginal (cette pente est égale à 1 dans notre exemple).

Supposons qu'une entreprise supplémentaire fasse de la recherche. Le bénéfice anticipé augmente alors de 20,08 à 20,98, soit de 0,9 (tableau 17.3). Mais comme le coût marginal de ce projet de recherche supplémentaire est égal à 1, le bénéfice net baisse de 12,08 à 11,98, soit de 0,1 (c'est-à-dire 1 − 0,9).[26]

17.3.2 Aucun soutien public de la recherche

Est-ce un progrès lorsqu'un cannibale utilise une fourchette et un couteau ? – Stanislas Lem

Notre exemple montre que s'il n'y avait aucune forme d'encouragement à la recherche, il y aurait beaucoup moins d'inventions. En effet, à chaque fois qu'une découverte aurait lieu, chacun pourrait la copier. Les nouveaux produits seraient vendus à leur prix concurrentiel, mais l'inventeur ne ferait aucun profit économique. Si les inventeurs doivent supporter la totalité du coût privé et social de la recherche ($m = 1$) mais ne peuvent tirer aucun bénéfice de leur invention, la solution qui maximise leur profit consiste à ne pas faire de recherche du tout.

17.3.3 Recherche financée par le gouvernement

Un gouvernement peut encourager la recherche en prenant en charge une partie du coût des projets (subventionnement). C'est ainsi que le gouvernement américain accorde aux entreprises un crédit d'impôt égal à 20% des dépenses en R&D. Cette forme de soutien n'a cessé de se développer. En 1992, une décision de justice a même autorisé les entreprises à intégrer les stock-options (options que les salariés peuvent exercer pour acheter des actions de leur entreprise à un prix préférentiel) attribuées aux ingérieurs dans le calcul de l'assiette de la R&D donnant droit au crédit d'impôt. Dans le même ordre d'idée, l'Inde offre à la fois des réductions fiscales et des zones d'exportation détaxées aux entreprises qui produisent des logiciels.

[26] Lorsque $n = 8$, le bénéfice marginal, c'est-à-dire la dérivée de $B\rho(n)$ par rapport à n, est approximativement égal au bénéfice quand $n = 8$ moins le bénéfice quand $n = 7$.

Le gouvernement peut également subventionner plus directement les entreprises pour qu'elle fasse de la recherche. Dans notre exemple (tableau 17.3), le gouvernement peut faire en sorte d'atteindre le nombre optimal de projet en offrant 8 contrats de recherche aux enchères, moyennant l'exclusivité du droit d'exploitation en cas de réussite. Le mécanisme des enchères garantit alors que le prix tendra vers $m = 1$. Si l'on admet que les entreprises se consacrent énergiquement à la recherche bien que la rémunération soit indépendante de la réussite du projet, cette approche permet d'atteindre la solution optimale. Naturellement, le gouvernement ne peut choisir le nombre optimal d'entreprises que s'il connaît le coût réel de la recherche et le montant des bénéfices anticipés. Même si ces informations sont disponibles, cette approche n'est optimale que si la recherche est efficacement financée (il faut que l'argent soit prélevé sur les citoyens au moyen d'impôts qui n'engendrent eux-mêmes aucune distorsion de l'activité économique, comme les impôts forfaitaires).[27]

De nombreux gouvernement financent la recherche. Par exemple, les dépenses en recherche et développement du *Commonwealth Departments and Authorities* australien représentent près de la moitié des dépenses de recherche de ce pays (Tisdell, 1974).

En 1992, le gouvernement fédéral a payé 43% des 151 milliards de dollars qui ont été dépensés en R&D aux États-Unis cette année-là et le secteur privé a payé 81 milliards, soit 54%.[28]

En 1986, 22% des nouvelles dépenses en R&D ont été consacrées au programme militaire *Star Wars*.[29] En 1987, le gouvernement américian a consacré 68,8% de l'argent de la recherche à la défense (contre 34,1% pour la France, 12,5% pour l'allemagne, 50,3% pour le Royaume-Uni et 4,5% pour le japon).[30] La même année, l'éducation représentait 26,6% du budget pour la France, 43,8% pour l'Allemagne, 50,8% pour le Japon, 20,2% pour le Royaume-Uni et seulement 3,6% pour les États-Unis.

Le ministère japonais du commerce international et de l'industrie (MITI) finance la recherche de laboratoires qui fabriquent des produits à usages commerciaux. Le plus souvent, une découverte est proposée sous licence au plus grand nombre d'entreprises possibles. Parfois, cependant, la découverte n'est soumise qu'à 2 ou 3 entreprises, le temps de développer la technologie nécessaire, puis proposée plus largement. Le MITI dépense ainsi environ 2 milliards de dollars par an, soit le

---

[27] Ces dernières années, le fait que le gouvernement américain finance la recherche médicale mais n'accorde le monopole de l'exploitation des résultats qu'à une seule entreprise a été critiqué. Ainsi, le *National Institute of Health* a dépensé 30 millions de dollars pour développer le Taxol, un médicament utilisé dans le traitement du cancer et a ensuite accordé à Bristol-Myers Squibb Co. l'exclusivité de la commercialisation en 1991. Smart, Tim. 1993. « How many Times Must a patient Pay ? » *Business Week*, 1 février : p. 30–1.

[28] U.S. National Science Foundation, 1992. *National Patterns of R&D Resources : 1992*. NSF 92–330. Washington, D.C. : U.S. Government Printing Office : 7, 8, 10.

[29] Carroon et Black in *Space*, cité dans Lapham, Pollan et Etheridge (1987).

[30] Passel, Peter. « Hight-Tech Industry is hard to Help », *New York Times*, 2 février 1993 : B5, B8.

EXEMPLE 17.2 R&D privée et publique

Beaucoup de projets de recherche des universités et d'autres institutions publiques sont simultanément financés par des fonds publics et privés. Certains craignent que le financement privé détourne la recherche de son objectif de maximisation du bien public.

Une étude canadienne portant sur l'orge de malt utilisée dans la production de la bière illustre comment le financement privé peut affecter la recherche. La recherche en question fut financée à la fois par le gouvernement canadien, des universités et des institutions associées, ainsi que par le *Brewing and Malting Barley Institute* (qui est lui-même financé par des entreprises privées). La contribution des entreprises privées à ce projet représentait 28,3% du total en 1951, mais seulement 6,7% en 1981.

La recherche peut améliorer la qualité comme la productivité du malt. Ulrich, Furtan et Schmitz (1986) ont calculé les taux de rendement public (social) et privé (pour l'industrie) de ce projet. Leurs calculs montrent que le taux de rendement social serait plus élevé de 40% si seule la recherche productive était financée. La part (relativement faible) du secteur privé et les recherches effectuées en collaboration par ce secteur semblent avoir incité les instituts publics à se concentrer sur des directions de recherche ayant abouti à des améliorations de la qualité et de la productivité. La stratégie optimale du secteur privé fut donc d'apporter juste assez d'argent pour encourager « le bon type » de recherches, par ailleurs publiquement financées. Selon les calculs, chaque dollar dépensé par le secteur privé aurait coûté 25,74 dollars au secteur public, cet argent étant investi dans une recherche qui réduit en fin de compte le bien-être.

Ainsi, l'interaction entre les secteurs public et privé peut engendrer deux problèmes. Celui qui a traditionnellement retenu l'attention des économistes est l'éviction de l'investissement privé par l'investissement public. La part du secteur privé dans la R&D sur le malt a en effet beaucoup baissé au cours du temps. Le second problème est que même une contribution privée relativement faible au financement de la recherche peut détourner de leur but les projets de recherche publics. Dans le cas du malt, la perte sociale ainsi engendrée est relativement importante.

huitième du budget japonais de la recherche.[31] D'autres institutions japonaises, comme le *Japan Research Development Corp.*, apporte également un soutien à la recherche.

L'étude de Mansfield (1984) portant sur 25 entreprises majeures des industries américaines de la chimie, du pétrole, de l'équipement électrique et des métaux primaires montre que sans aide de la part de l'État, ces entreprises n'auraient financé que 3% à 20% des recherches qu'elles ont effectivement menées. Selon Lichtenberg (1987), en ce qui concerne la totalité du secteur privé américain, l'aide fédérale à la R&D n'a pas eu d'impact — que ce soit positif ou négatif — significatif sur les dépenses de ce secteur. Autrement dit, l'État peut financer de nouveaux projets de recherche sans pour autant que la recherche privée diminue d'autant (voir cependant l'exemple 17.2). Une réduction de la recherche privée est encore moins probable si le gouvernement finance les projets laissés de côté par le secteur privé.

[31] Goozner, Merrill. « Japan : Industrial Matchmaker », *San Francisco Examiner*, 24 mai 1992 : E14.

EXEMPLE 17.3 R&D privée et publique

Les prix peuvent stimuler la recherche. Les trois exemples historiques que nous allons décrire ci-après en témoignent : l'invention du chronomètre, de la boîte de conserve et du celluloïd. Plus récemment, il y a l'invention d'un réfrigérateur économique et moins polluant.

Vers 1713, des prix étaient offerts en Angleterre pour l'invention d'une mesure de la longitude en mer. L'une des découvertes importantes fut celle de Mayer qui permettait de calculer la position de la lune et donc d'en déduire la longitude d'un bateau. La veuve de Mayer reçut une récompense de 3 000 £ pour cette découverte. Des récompenses de 10 000 £, 15 000 £ et 20 000 £ furent ensuite offertes pour la mesure de la longitude avec une précision respective de 60, 40 et 30 minutes. En 1762, 49 ans plus tard, John Harrison décrocha les 20 000 £. De nouvelles récompenses furent encore offertes en 1773. Vers 1815, 101 000 £ avaient été gagnées en prix divers.

En 1795, la Société Napoléonienne pour l'encouragement de l'industie offrit un prix de 12 000 F pour la découverte d'une méthode de conservation de la nourriture qui puisse servir dans l'armée. 15 ans plus tard, en 1810, Nichlas Appert reçut le prix pour sa méthode de mise en conserve basée sur le réchauffement de la nourriture conservée dans des bouteille de champagne.

Dans les années 1860, John Wesley Hyatt inventa le celluloïd, premier plastique synthétique. Il gagna un prix de 10 000 $ offert à celui qui trouverait un substitut aux balles de billards en ivoire.

Les compagnies d'électricité essaient souvent de décourager la consommation marginale d'électricité, du fait du contrôle exercé sur elles par les autorités publiques (voir le chapitre 21). Or, les réfrigérateurs représentent environ le cinquième de la consommation d'électricité des ménages. C'est pourquoi, en 1992, 25 compagnies américaines d'électricité offrirent un prix de 27,5 millions de dollars pour la conception d'un réfrigérateur qui consommerait 25 % d'électricité de moins que le standard imposé par le gouvernement et n'utiliserait pas de CFC (responsable du trou dans la couche d'ozone). Il y eu 500 propositions. C'est Whirlpool qui gagna le prix en 1993.

SOURCES : Wright (1983, p. 704), Stigler (1986), Morris, Scot (1991). *The Emperor Who Ate the Bible and More Strange Facts and Useless Information.* New York. Doubleday.

17.3.4 Récompenses publiques

Les prix portent malheur. Les récompenses académiques, prix de vertu, décorations et autres inventions diaboliques encouragent l'hypocrisie et gèlent l'expression spontanée d'un cœur libre. – Charles Baudelaire

Les prix sont un moyen économique d'encourager les entreprises à faire de la recherche, car si personne ne fait de découvertes, le gouvernement n'a rien à dépenser. De plus, même si la découverte est copiée par la suite, la simple perspective d'une récompense financière substantielle incite les inventeurs potentiels à mener à bien leurs projets (voir l'exemple 17.3). Le gouvernement doit cependant choisir le montant optimal de la récompense s'il ne veut pas induire un niveau excessif ou insuffisant de recherche.

A. La récompense optimale

Une entreprise ne débutera une recherche afin de gagner un prix que si le gain anticipé est au moins aussi élevé que le coût de la recherche.[(32)] Le nombre d'entreprises qui participent au concours est déterminé par l'importance du prix. Pour induire le nombre optimal d'entreprises, n^*, à concourir, le gouvernement doit fixer la somme de telle façon que si n^* entreprises sont en compétition, le gain anticipé de chacune soit égal à son coût de recherche.

Soit $\rho(n)$ la probabilité qu'au moins une entreprise fasse une découverte. Si chacune des n entreprises pense qu'elle a une chance égale de gagner, son gain anticipé est égal à $\rho(n)/n$, multiplié par la somme à gagner. D'après l'analyse précédente, nous savons qu'avec le nombre optimal d'entreprises, $n^* = 8$, le coût d'un projet de recherche, $m = 1$, est juste égal au bénéfice social marginal lorsque n^* entreprises sont en compétition. Le montant optimal du prix s'obtient donc en divisant le bénéficie marginal social anticipé pour $n^* = 8$, c'est-à-dire 1, par la probabilité de gagner d'une entreprise particulière, $\rho(8)/8$. D'après les chiffres du tableau 17.3, le montant optimal de la récompense est égal à 9,96 F, soit 1/(0,80304/8) francs.[(33)]

Si la récompense est fixée à ce niveau, le gain anticipé de chaque entreprise est égal au bénéfice marginal social anticipé lorsque $n = 8$ (voir tableau 17.3). Avec $n = 8$, le gain anticipé de chaque entreprise est de 1 F, ce qui correspond à son coût. Une neuvième entreprise calculerait que son gain anticipé est égal à 0,93 F (9,96 F$\times\rho(9)/9$), soit moins que son coût (1 F) et déciderait de ne pas entrer dans la compétition. Par conséquent, il n'y a que 8 entreprises, le nombre optimal, qui participent au concours. Le bénéfice social net est maximum, soit 12,08 F. Ainsi, lorsque le gouvernement dispose de l'information nécessaire pour fixer le montant optimal de la récompense et que la somme peut être collectée sans créer de distorsions dans l'activité économique, le système du concours favorise efficacement l'innovation.

B. Récompense trop élevée

Il peut sembler préférable de fixer une récompense égale à la valeur sociale de la découverte, soit $B = 25$ F, plutôt qu'égale à 9,96 F. Ce serait cependant une récompense trop élevée, qui engendrerait une recherche excessive.

La colonne *gain anticipé avec B=prix* du tableau 17.3 indique que le bénéfice anticipé d'une entreprise qui s'engage dans la recherche est égal à 25 F. Si 24 entre-

---

[32] Pour simplifier, nous supposons que les entreprises sont neutres vis-à-vis du risque et disposée à prendre un risque calculé. Autrement dit, elle accepte de participer au concours si leur gain anticipé est au moins égal à leur coût anticipé. Nous supposons aussi que si deux entreprises ou plus l'emportent, le prix est soit partagé également, soit tiré au sort entre les gagnants.

[33] Le prix est égal à $B\rho'(n)/\left[\rho(n^*)/n^*\right]$, où $B\rho'(n^*)$ est le bénéfice marginal social anticipé lorsque n^* entreprises sont en concurrence et $\rho(n^*)/n^*$ est la probabilité qu'une des n^* entreprises soit la première à faire une découverte (voir l'annexe A à ce chapitre).

prises font de la recherche, la probabilité, $\rho(24)$, qu'une entreprise au moins fasse une découverte est de 99,24%, de sorte que la probabilité qu'une entreprise particulière gagne le prix est égale à 0,9924/24 = 4,13%. Il s'ensuit que la récompense anticipée par chaque entreprise est égale à 25 F $\times$ 4,13%, soit 1,03 F (voir le tableau 17.3). Avec 25 entreprises en concurrence, le gain anticipé de chacune est de 0,99 F (moins que le coût du projet). Donc, puisque le nombre d'entreprises pouvant concourir doit être entier, il ne peut y avoir que 24 entreprises.

Une telle intensité de recherche est excessive car la concurrence dissipe pratiquement toute la rente de la recherche. Le tableau 17.3 montre que le bénéfice social net quand $n = 24$ est égal à 0,81 F, c'est-à-dire que le coût social de la recherche est presque égal à son bénéfice anticipé. Le problème est analogue à celui des zones communes de pêche étudié au chapitre 4. Chaque entreprise décide de participer à la recherche en fonction du bénéfice social et non du bénéfice privé. S'il peut y avoir un nombre non entier de projets de recherche, celui-ci doit être égal à 24,84 pour que tout le bénéfice social net soit dissipé. La figure 17.1b montre que le rendement anticipé de chaque projet de recherche est égal à son coût marginal, 1 F, lorsqu'il y a 24,84 projets. En revanche, le bénéfice marginal anticipé du dernier projet pour la société n'est que de 0,01 F (voir le tableau 17.3).

Pour résumer, lorsque la récompense est fixée à 9,96 F, il n'y a que 8 entreprises en compétition et la probabilité qu'une au moins d'entre elles fasse une découverte n'est que de 80%. Lorsque la récompense est fixée à 25 F, il y a 24 entreprises en course et la probabilité d'une découverte s'élève à 99%. L'augmentation de 19% de la probabilité a pour contrepartie un accroissement du coût social de la recherche de 8 F à 24 F, soit 100%, ce qui n'est pas rentable. En fixant la récompense à 9,96 F, le bénéfice social net atteint un maximum de 12,08 F, alors qu'il tend vers 0 si la récompense est fixée à 25 F.

17.3.5 Assouplissement des lois antitrust : les joint ventures

La raison pour laquelle la recherche a besoin d'incitations telles que les récompenses ou le financement public est que l'inventeur ne peut pas s'approprier la totalité du bénéfice de sa découverte (problème de l'externalité). En effet, s'il n'y a pas de brevets, chaque entreprise préfère copier les découvertes des autres plutôt que de chercher elle-même un nouveau produit, car ainsi elle ne supporte pas les frais de recherche. Ce phénomène engendre une insuffisance de recherche au niveau global.

Si les entreprises se mettaient d'accord pour partager les frais de recherche (« joint venture »), le problème de l'externalité pourrait être résolu. Cependant, les entreprises peuvent alors craindre d'être poursuivies pour infraction aux lois antitrust. En effet, le gouvernement peut penser que lorsque les entreprises se réunissent pour faire de la recherche, elles en profitent aussi pour fixer le prix du nouveau produit à un niveau de monopole. C'est pourquoi, beaucoup d'économistes et de responsables politiques américains plaident pour un assouplissement des lois antitrust, afin d'encourage les joint ventures de recherche (mais non la fixation des prix par entente).[34] Le *National Cooperative Research Act* de 1984 a tenté de réduire la crainte des entreprises d'être poursuivies pour infraction aux lois antitrust en réduisant les indemnités qu'une joint venture doit payer si elle porte atteinte aux lois antitrust.[35]

Mais comment savoir si la formation de joint ventures en R&D permet le financement d'un nombre optimal de projets ? D'une part, les joint ventures permettent d'éviter la multiplication des projets similaires, ce qui réduit les coûts de recherche par rapport à la concurrence. Mais d'autre part, si la joint venture ne peut pas s'approprier la totalité du bénéfice social anticipé, $B\rho(n)$, alors qu'elle doit supporter la totalité du coût du projet, elle n'investira pas suffisamment.[36]

Sauf dans le cas où la joint venture peut agir en monopole discriminant, elle ne peut généralement pas s'approprier la totalité de la valeur sociale d'un nouveau produit, laquelle tient compte du surplus du consommateur. De plus, dans une industrie où les découvertes peuvent facilement être copiées par des entreprises extérieures à la joint venture, le gain risque d'être encore moins important. Dans ce dernier cas, les joint ventures ne semblent pas de nature à favoriser la recherche.

Les joint ventures dans les industries de haute technologie, où les coûts de R&D sont élevés, sont de plus en plus fréquentes aux États-Unis (voir l'exemple 13.1 sur les joint ventures dans le domaine des biotechnologies). Dans le cadre du *National Cooperative Research Act*, 111 joint ventures ont été créées entre janvier 1985 et juin 1988 (Jorde et Teece, 1988). Les joint ventures sont également très fréquentes au Japon et en Europe.

On assiste aussi de plus en plus à la formation de joint ventures internationales. Par exemple, en 1992, Toshiba, IBM et Siemens ont annoncé qu'ils allaient coopérer pour développer des mémoires plus performantes et, le même jour, Fujitsu et Advanced Micro Device ont annoncé qu'ils allaient collaborer au développement de mémoires « flash ». D'avril 1991 à juillet 1992, il s'est formé au moins 7 alliances technologiques entre entreprises américaines et japonaises pour produire des mémoires.

17.3.6 Brevets

Les brevets, qui confèrent un droit exclusif aux inventeurs, favorisent également la recherche. Cependant, contrairement aux récompenses ou aux contrats de re-

[34] Voir, par exemple, Ordover et Willig (1985), Grossman et Shapiro (1986), Brodley (1990), Jorde et Teece (1990), ainsi que Shapiro et Willig (1990).

[35] Il est même prévu que les joint ventures régulièrement constituées ne peuvent pas être condamnée à payer de dommages pour infraction aux lois antitrust.

[36] Si des entreprises d'une industrie obtiennent un brevet pour la découverte conjointe d'un produit, cela rend l'entrée plus difficile. Mais cette barrière naît du brevet, non de la joint venture. Le brevet favorise ainsi les joint ventures, parce qu'il empêche de nouvelles entreprises de profiter des découvertes ainsi faites.

EXEMPLE 17.4 Un monopole breveté

Le monopole de Bell était basé sur les brevets. Les brevets originaux furent déposés en 1876 et 1877, puis offerts à Western Union pour 100 000 $, la compagnie de télégraphe qui déclina l'offre, bien qu'elle fit par la suite tard l'acquisition des brevets téléphoniques d'Amos Dolbear, de Thomas A. Edison et d'Elisa Gray. Une décision de la Cour Suprême des États-Unis accorda en 1876 le brevet essentiel d'exploitation du téléphone à Bell. Au cours de négociations ultérieures, Western Union admit la validité du brevet de Bell et offra à Bell d'utiliser ses propres brevets sous licence, se retirant ainsi de l'industrie téléphonique et promettant même de ne plus y revenir. Western Union accepta même de payer 20% du coût d'acquisition de nouveaux brevets par Bell. En échange, Bell accepta de ne pas pénétrer dans l'industre du télégraphe et de dédommager Western Union pour la perte de royalties sur ses brevets que Bell exploitait.

Par la suite, Bell entama plus de 600 procès contre des compagnies concurrentes pour protéger ses brevets, dont 200 contre American Cushman Telephone Company. Ainsi, la plupart des entreprises quittèrent ce secteur. Ce n'est qu'en 1884, lorsque le brevet original vint à expiration, que de nouvelles entreprises commencèrent à s'implanter sur le marché.

Mais, dans l'intervalle Bell avait déposé d'autres brevets, de sorte que vers les années 1930, il possédait quelques 9 000 brevets (dont plus de 1 200 en cours de validation) et en exploitait près de 6 000 sous licence. Ces brevets donnèrent à Bell le monopole quasi total de la technologie des transmissions téléphoniques à longue distance pour de nombreuses années.

Comme toujours, Edison eut sa part dans cette invention majeure qu'est le téléphone. C'est à lui que l'on doit le fameux « Allo ! » (Bell avait proposé « Ahoy ! »).

SOURCE : Irwin (1971). Grimes, William. « Ahoy ! What is Wanted ? »
San Francisco Examiner, 15 mars 1992.

cherche publics, ils engendrent des distorsions de prix dues à la fixation monopoliste du prix. Ils sont donc moins efficients que les récompenses optimales ou que les contrats de recherche publics lorsque le gouvernement possède suffisamment d'informations pour induire l'effort optimal de recherches. Mais, comme le gouvernement n'est généralement pas suffisamment informé, les brevets conservent leur utilité. De toute façon, les brevets restent une méthode d'encouragement à la recherche extrêmement répandue dans le monde. Ainsi, même en ex-Union soviétique, où l'on aurait pu s'attendre à ce que la recherche soit uniquement stimulée par le financement public, le nombre de brevets déposés était une fois à une fois et demie plus élevés qu'aux États-Unis.(37) L'exemple 17.4 traite d'une industrie américaine dans laquelle les brevets jouent un rôle important.

A. Valeur d'un brevet

Supposons que la première entreprise à faire une découverte reçoive un brevet lui donnant le droit exclusif de vendre le produit. Ces profits de monopole suffisent-ils à inciter un nombre suffisant d'entreprises à faire de la recherche ? Pour déterminer

[37] Boyd, L.M. « The Grab Bag », *San Francisco Examiner*, 24 juillet 1988 : « This World », section 7.

le nombre d'entreprises qui s'engagent dans une **course aux brevets** afin d'être la première à faire une découverte et à obtenir le brevet, nous devons calculer la valeur d'un brevet.

Continuons avec le même exemple que précédemment, mais ajoutons quatre postulats pour calculer la valeur du brevet :

1. La demande du nouveau produit à chaque période est linéaire :

$$p = 6 - 5Q,$$

où p est le prix et Q le nombre d'unités vendues.

2. Le coût marginal (et moyen) de production est égal à 1.

3. Si 2 entreprises font simultanément la même découverte, elles se partagent le brevet.[38]

4. Le taux d'intérêt, r, est égal à 10%.

Une entreprise qui obtient un brevet peut alors agir en monopole et maximiser son profit en égalisant sa recette marginale à son coût marginal. Dans notre exemple, cela conduit à fixer un prix $p_m = 3{,}50$ F et à vendre $q_m = 0{,}5$ unités. Le profit annuel est donc égal à $\pi_m = 1{,}25$ F. Le surplus des consommateurs est alors de 0,65 F, ce qui représente le quart du surplus des consommateurs en concurrence. Ces calculs préliminaires permettent de déterminer la valeur du brevet, à condition d'en connaître la durée. Nous allons étudier deux cas : celui où la durée du brevet est infinie et celui où elle n'est que de quelques années.

B. Brevet à durée infinie

Si la durée du brevet est infinie, il en va de même du profit du monopole. Cela incite sans aucun doute un trop grand nombre d'entreprises à se lancer dans la recherche.[39]

Si le brevet dure indéfiniment et que le taux d'intérêt est égal à 10%, la valeur actualisée du brevet est $\pi_m/r = 12{,}50$ F. Autrement dit, la valeur actualisée d'un

---

[38] Avec les découvertes modernes, souvent complexes, les procès coûteux sur la paternité des brevets sont nombreux. Les plus récents incluent notamment *Hoffman-La Roche v. Burroughs Wellcome* pour l'interféron alpha (traitement du cancer), *Amgen v. Genetech* pour le facteur VIII (anti-coagulant), *Genetech v. Eli Lilly* pour une hormone de croissance humaine (traitement du nanisme) et *Genetech v. Wellcome Foundation* pour le TPA (prévention des attaques cardiaques). Lehrman, Sally. « The Patent Game Muscles Up », *San francisco Examiner*, 18 septembre 1988 : D1.

[39] Il existe une vaste littérature sur les courses aux brevets. Les premiers articles comprennent notamment ceux de Usher (1964) et Barzel (1968). Des travaux plus récents — Loury (1979), Dasgupta et Stiglitz (1980), Lee et Wilde (1980), Reiganum (1982) — synthétisés par Reiganum (1984), sont consacrés aux courses dans lesquelles le fait qu'une entreprise découvre la première un produit ne dépend que du niveau actuel de ses dépenses en R&D et non de ses dépenses passées. Des travaux encore plus récents, qui tiennent compte de l'expérience de recherche passée des entreprises, seront présentés dans la suite de ce chapitre.

flux permanent de profit égal à 1,25 F chaque année est de 12,50 F. En effet, si l'on place 12,50 F sur un compte qui rapporte 10% par an, on reçoit 1,25 F d'intérêt par an. Remarquons que dans notre exemple, la valeur actualisée du brevet représente 50% de la valeur sociale nette de l'invention (12,50 F/25 F) dans le cas où le produit est vendu à son prix concurrentiel.

Chaque entreprise a une chance égale d'obtenir le brevet, ce qui fait que le rendement anticipé d'une entreprise qui se lance dans la recherche est égal à 12,50 F multiplié par la probabilité qu'elle découvre le produit en premier, $\rho(n)/n$. Une entreprise a donc intérêt à se lancer dans la course technologique tant que le coût de recherche, $m = 1$, est inférieur au bénéfice anticipé dans le cas où elle gagnerait la course.

Dans cet exemple, le nombre de projets de recherche entrepris est égal à 11,22 (voir l'annexe A à ce chapitre) si l'on admet que les projets sont divisibles et à 11 sinon. Ainsi, notre exemple montre qu'un brevet à durée infinie engendre une recherche excessive : il y a en effet 40% de projets de plus que le nombre optimal (qui est égal à 8).[40]

C. Brevet à durée finie

En limitant la durée des brevets à t, le gouvernement peut décourager l'excès de recherche. Le fait de n'avoir un droit exclusif que pour t années réduit la valeur actualisée du flux de profits de monopole. Par conséquent, le bénéfice privé anticipé de chaque entreprise s'amenuise et il y a moins d'entreprises tentées par la recherche.

Contrairement à la récompense ou au contrat de recherche, le brevet engendre une distorsion de prix (prix de monopole). Le gouvernement doit donc faire un choix : plus la durée du brevet augmente, plus la recherche immédiate est favorisée au détriment de la recherche future et plus la perte sèche liée à la création d'un monopole est élevée. S'il décide de recourir au système des brevets, il doit choisir la durée t qui maximise le bénéfice social anticipé en prenant en compte la fixation monopolisitique du prix. Le tableau 17.4 et la figure 17.2 montrent quels sont les bénéfices sociaux nets correspondant à diverses durées (t).[41] Ils indiquent le nombre correspondant de projets dans le cas où les projets sont divisibles et dans le cas où ils ne le sont pas.

Comme l'indique le tableau 17.4, si les projets sont divisibles, le bénéfice social net est maximum pour $t = 11{,}4475$, ce qui correspond à $n = 6{,}004$ projets et à un bénéfice social net de 8,608908 F. Lorsque les projets ne sont pas divisibles,

---

[40] Mais ce résultat dépend en partie de la fonction de probabilité particulière que nous avons choisi : $\rho(n) = 1 - e^{\alpha n}$ avec $\alpha = 0{,}2031$. Si nous avions pris $\alpha = 0{,}1342$, le nombre optimal de projet aurait été égal à 9 et un brevet ayant une durée de vie indéfinie en aurait engendré 8,51, c'est-à-dire moins que le nombre optimal.

[41] Nous supposons que le titulaire d'un brevet ne peut pas discriminer par le prix. Voir cependant Haussman et MacKie-Mason (1988), qui analysent l'intérêt social de la discrimination par le prix et ses effets sur la durée optimale d'un brevet.

Tableau 17.4: *Durée optimale d'un brevet*

	Projets divisibles		Projets non divisibles	
Durée du brevet, *t*	**Nombre de projets, *n***	**Bénéfice social net (en francs)**	**Nombre de projets, *n***	**Bénéfice social net (en francs)**
5,35	0,50	1,66	0,00	0,00
5,71	1,00	3,10	1,00	3,20
6,53	2,00	5,35	2,00	5,35
7,47	3,00	6,91	3,00	6,91
8,56	4,00	7,91	4,00	7,91
9,00	4,35	8,14	4,00	7,84
9,87	5,00	8,44	5,00	8,44
10,00	5,09	8,47	5,00	8,42
11,00	5,74	8,60	5,00	8,29
11,4408	**6,00**	**8,60890**	**6,00**	**8,60891**
11,4475	**6,004**	**8,608908**	**6,00**	**8,60793**
12,00	6,31	8,59	6,00	8,53
13,00	6,82	8,51	6,00	8,41
13,40	7,00	8,47	7,00	8,47
14,00	7,26	8,39	7,00	8,39
15,94	**8,00**	**8,08**	**8,00**	**8,08**
19,51	9,00	7,48	9,00	7,48
25,36	10,00	6,72	10,00	6,72

la meilleure solution est $t = 11{,}4408$, $n = 6$ et le bénéfice social net est égal à 8,608906 F. Losque t est fixé à 15,94, il y a 8 projets et le bénéfice social net est de 8,08 F.

Du fait des distorsions engendrées par le système des brevets, il est socialement préférable d'avoir environ 6 projets plutôt que 8, comme c'est le cas lorsque les récompenses ou les contrats de recherche sont utilisés pour stimuler la recherche. Pour qu'il y ait 8 projets au lieu de 6 avec un système de brevets, la durée des droits exclusifs doit augmenter de 39%, soit de 11,44 à 15,94. Mais l'augmentation du nombre de projets de 6 à 8 n'accroît que de 70% à 80% la probabilité de réussite (tableau 17.3), ce qui ne compense pas pleinement l'élévation du coût. De ce fait, le bénéfice social net baisse de 8,61 F à 8,08 F, soit de 6,2% (tableau 17.4).

Aux États-Unis, les brevets durent 17 ans. Pourquoi 17 ans ? La loi fixant la durée des brevets, fut l'une des premières lois à être votée après l'adoption de la Constitution et promulguée par Georges Washington en 1790. Selon le juge Giles Rich, la durée fut déterminée par analogie avec celle d'un apprentissage, qui est de 7 ans.(42) Certains voulaient que la protection dure 14 ans (2 apprentissages) et

[42] Schrage, Michael. « Patent System Outmoded », *San Francisco Examiner*, 3 novembre 1991 : E14.

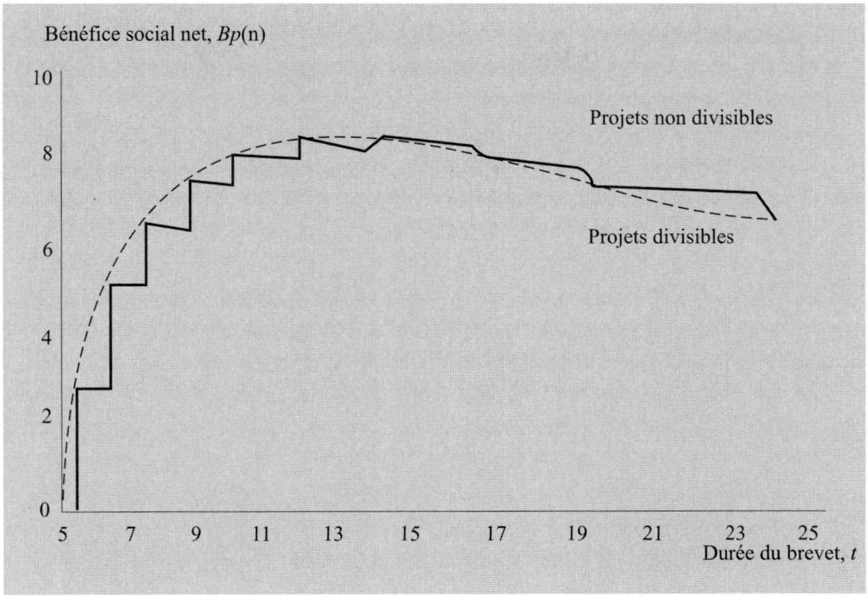

Figure 17.2: *Bénéfice social net et durée des brevets*

d'autres 7 ans de plus. Pour mettre tout le monde d'accord, on décida de diviser la durée supplémentaire approximativement en deux.

Étant donné que cette durée est la même pour toutes les inventions, il est probable qu'elle soit trop longue pour certains produits et trop courte pour d'autres.[43] La durée effective du brevet est parfois raccourcie lorsque les entreprises doivent obtenir une autorisation de commercialiser le produit. Ce problème a trouvé une solution partielle avec le *Price Competition ands Patent Term Restoration Act* de 1984, qui étend la durée des brevets pour les produits pharmaceutiques, afin de compenser les délais nécessaires à la commericalisation de ces produits (Grabowski et Vernon, 1986). Ainsi, en 1991–92, devant la lenteur de la *Food and Drug Administration* à donner son approbation pour le substitut gras Olestra, l'entreprise Procter & Gamble a déposé une demande auprès du Congrès américain pour que leur brevet, qui allait expirer en 1994, soit prolongé (selon certains, Procter & Gamble aurait volontairement retardé la publication d'études portant sur la sécurité du produit). Upjohn and U.S. Bioscience Inc. ont aussi essayé de prolonger un de leurs brevets de cette façon.

[43] Nordhaus (1969) soutient cependant que 17 ans est une durée optimale pour beaucoup d'industries. Son analyse est à comparer avec celles de DeBrock (1985) et de Dasgupta et Stiglitz (1980). Voir aussi l'analyse de la durée optimale d'un brevet par Gilbert et Shapiro (1990). Caves, Hurwitz et Whinston (1991) ont étudié l'effet de l'expiration du brevet sur le prix des médicaments. Ils ont montré que le prix restait souvent élevé, ce qui indique que le pouvoir de monopole s'étend au-delà de la durée du brevet.

EXEMPLE 17.5 Les brevets en Europe

Dans beaucoup de pays, les titulaires de brevets doivent payer une taxe annuelle pour renouveler leur droit exclusif d'exploiter une invention. Une entreprise ne renouvelle donc son droit que si le rendement anticipé d'un an supplémentaire de droits exclusifs est supérieur au coût du renouvellement. Pakes (1986) a effectué une estimation de la valeur des brevets en France et en Allemagne. Son étude montre que celle-ci varie au cours de la vie du brevet. Le tableau ci-après indique comment évolue d'année en année la valeur moyenne des droits exclusifs du propriétaire d'un brevet.

En France, il n'y a aucun droit de renouvellement à payer avant 2 ans (3 ans en Allemagne et 5 ans au Royaume-Uni). Un brevet peut être renouvelé pendant 16 ans au Royaume-Uni, 18 ans en Allemagne et 20 ans en France. Les droits de renouvellement sont relativement faibles dans ces 3 pays. Cependant, en Allemagne, ils augmentent assez sensiblement après quelques années.

Les rendements moyens d'un brevet indiqués par le tableau se rapportent aux décennies 1950, 1960 et 1970, pour la France et l'Allemagne et concernent seulement les 5 premières années (les montants sont exprimés en dollars de 1980) :

Année	*France*	*Allemagne*
1	380	1 609
2	1 415	3 401
3	1 432	3 225
4	1 339	2 899
5	1 193	2 641

→

Le temps nécessaire pour obtenir un brevet de l'*U.S. Patent Office* diffère en fonction des industries. Selon l'*U.S. General Accounting Office*, les entreprises doivent attendre en moyenne 4 ans pour obtenir un brevet dans l'ingénierie génétique, 3 ans dans d'autres domaines de la biotechnologie et seulement 18 mois pour tous les autres produits.(44)

Là où l'innovation est très rapide, la durée d'un brevet ne joue peut-être aucun rôle, dans la mesure où les nouveaux produits éliminent de toute façon la demande pour les produits anciens, mêmes si ces derniers sont encore protégés par un brevet. Dans beaucoup de pays européens, la durée des brevets peut être prolongée d'année en année par le paiement d'une redevance, ce qui permet aux entreprises de choisir elles-mêmes la durée de leur pouvoir de monopole (voir l'exemple 17.5).

17.3.7 Cas où l'État n'a pas assez d'informations pour mener une politique optimale

Les exemples illustrés par les tableaux 17.3 et 17.4 démontrent que si le gouvernement possède autant d'informations que les entreprises qui mènent les re-

[44] *San Francisco Chronicle*, « How Slow Patent Process Hurts Biotechnology Firms », 19 juillet 1990 : C2.

EXEMPLE 17.5 Les brevets en Europe (suite)

En France, le rendement moyen d'un brevet est initialement de 380 $ et un cinquième des titulaires d'un brevet trouve un débouché, leur permettant d'obtenir par la suite un rendement plus important. Environ 6 % ne trouvent aucun débouché profitable pour leur brevet et ne renouvellent donc pas leur droit l'année suivante. Les autres renouvellent leur droit et continuent à chercher un débouché profitable. Le rendement moyen des brevets restants augmente à 1 415 $. L'année suivante, 9 % des brevets ne sont pas renouvelés et le rendement moyen passe à 1 432 $. Les chances de trouver une utilisation à leur brevets diminuant avec le temps, il n'y a pratiquement plus aucune chance après 5 ans, ce qui explique la baisse du rendement à 1 193 %.

Contrairement à ce qui se passe en France, le rendement initial est en moyenne beaucoup plus élevé en Allemagne (1 608 $ la première année). Cela peut s'expliquer notamment par le fait que seulement 35 % des candidats à un brevet l'obtiennent en Allemagne, contre 93 % en France. Il s'ensuit qu'en Allemagne, la question de l'applicabilité d'un brevet se pose moins. Par ailleurs, les données françaises sont basées sur tous les brevets, alors que les données allemandes ne couvrent que les brevets ayant trouvé un débouché rentable. En Allemagne, la rentabilité moyenne d'un brevet passe à 3 401 $ la seconde année, à 3 225 $ la troisième année, 2 899 $ la quatrième année et 2 641 $ la cinquième année.

Ces résultats indiquent que la plupart des brevets ont une très faible valeur initiale. En fait, la grande majorité des titulaires ne trouvent pas d'utilisation pour leur brevets au cours des premières années et ne renouvellent donc pas leur droit. Quant à ceux qui trouvent une application rentable, cela se produit généralement au cours premières années.

cherches, il peut déterminer les montants optimaux des récompenses ou des contrats de recherche et maximiser ainsi le bénéfice social net. Dans ce cas, les brevets et les joint ventures, dans la mesure où ils aboutissent à une distorsion des prix, sont moins souhaitables sur le plan social. En revanche, les récompenses ou les contrats de recherche permettent de vendre les nouveaux produits à leur prix concurrentiel et maximisent de ce fait le surplus des consommateurs.[45] Inversement, lorsqu'un nouveau produit est protégé par un brevet, l'entreprise fixe un prix de monopole et la quantité vendue est plus faible qu'en concurrence. Cependant, si les inventeurs sont mieux informés que le gouvernement sur le succès éventuel d'une recherche ou sur la valeur d'une invention — ce qui semble évident — les brevets et les joint ventures peuvent être des moyens plus efficaces de stimuler la recherche.

Pour le montrer, supposons que le gouvernement détermine le montant d'une récompense ou d'un contrat de recherche, ou encore la durée d'un brevet, avant que la valeur d'une invention soit connue. Si le chercheur prévoit correctement que son invention vaut davantage que le montant fixé par le gouvernement, le brevet peut alors induire davantage de recherche que la récompense ou le contrat de recherche.

[45] Cependant, si la recherche publiquement financée bénéficie également de la protection des brevets, comme c'est le cas par exemple en Australie, cet avantage disparaît (Tisdell, 1974).

Naturellement, si la durée du brevet est très courte, la récompense ou le contrat de recherche, même fixés à un niveau insuffisant, demeurent préférables.[(46)]

En général, il est plutôt difficile, même pour l'inventeur potentiel, de prévoir la valeur d'une invention avant même d'avoir commencé la recherche. D'ailleurs, même lorsque le produit est découvert, sa valeur n'est pas clairement déterminée tant que les incertitudes qui pèsent sur la demande et sur la paternité du brevet ne sont pas levées. Par exemple, alors que l'inventeur des lacets à gagné 2,5 millions de dollars avec son brevet, celui des épingles à nourices n'a gagné que 400 \$.[(47)] On estime que seulement 1 brevet sur 50 permet à son titulaire de gagner réellement de l'argent.[(48)]

17.3.8 Production directe ou sous licence ?

Un brevet donne à l'inventeur le monopole d'une idée pour un temps déterminé. Il peut l'exploiter directement (en produisant lui-même le produit) ou le faire produire sous **licence** par une autre entreprise, moyennant le versement de **royalties** (ou redevances). Nous allons montrer que lorsque le marché est concurrentiel au moment de l'invention, l'inventeur qui cherche à maximiser son profit est indifférent entre le fait de produire lui-même ou de faire produire sous licence.[(49)]

A. Un modèle de production sous licence

Supposons qu'un marché soit initialement concurrentiel et que toutes les entreprises présentes sur ce marché aient un coût (marginal et moyen) constant, m. Le prix concurrentiel est égal à m et Q unités sont vendues. Supposons ensuite que quelqu'un invente un nouveau procédé permettant au même bien d'être produit à un coût moins élevé, $\underline{m}$ (voir la figure 17.3a).

Si l'entreprise qui possède le brevet décide de l'exploiter elle-même, le modèle devient similaire à celui de l'entreprise dominante ayant un coût de production plus bas que la frange d'entreprises concurrentielles à laquelle elle est confrontée (chapitre 5).[(50)] Le prix le plus bas envisagé par l'entreprise est $\underline{m}$, car tout prix

46 Wright (1983) a déterminé les conditions d'optimalité des brevets, récompenses et contrats de recherche dans un monde d'incertitude. Ainsi, les brevets sont préférables lorsque la probabilité de succès est faible et que l'élasticité de l'offre de recherche est relativement élevée.

47 Boyd, L. M. « The Grab Bag », *San Francisco Examiner*, 27 mars 1988 : « This World », section 7.

48 Boyd, L. M. « The Grab Bag », *San Francisco Examiner*, 6 septembre 1987 : « Sunday Punch », section 7.

49 Cette section se concentre sur un seul aspect de la production sous licence, assez mineur. Voir Gallini (1984), Gallini et Winter (1985), ainsi que Katz et Shapiro (1985, 1986) pour l'analyse d'autres aspects plus importants de la production sous licence. Gallini (1984) et Gallini et Winter (1985) montrent par exemple que dans certaines circonstances la production sous licence permet de réduire les dépenses de R&D inefficientes.

50 L'illustration graphique se conforme à celles de Arrow (1962), McGee (1966), Nordhaus (1969), ainsi que Dasgupta et Stiglitz (1980).

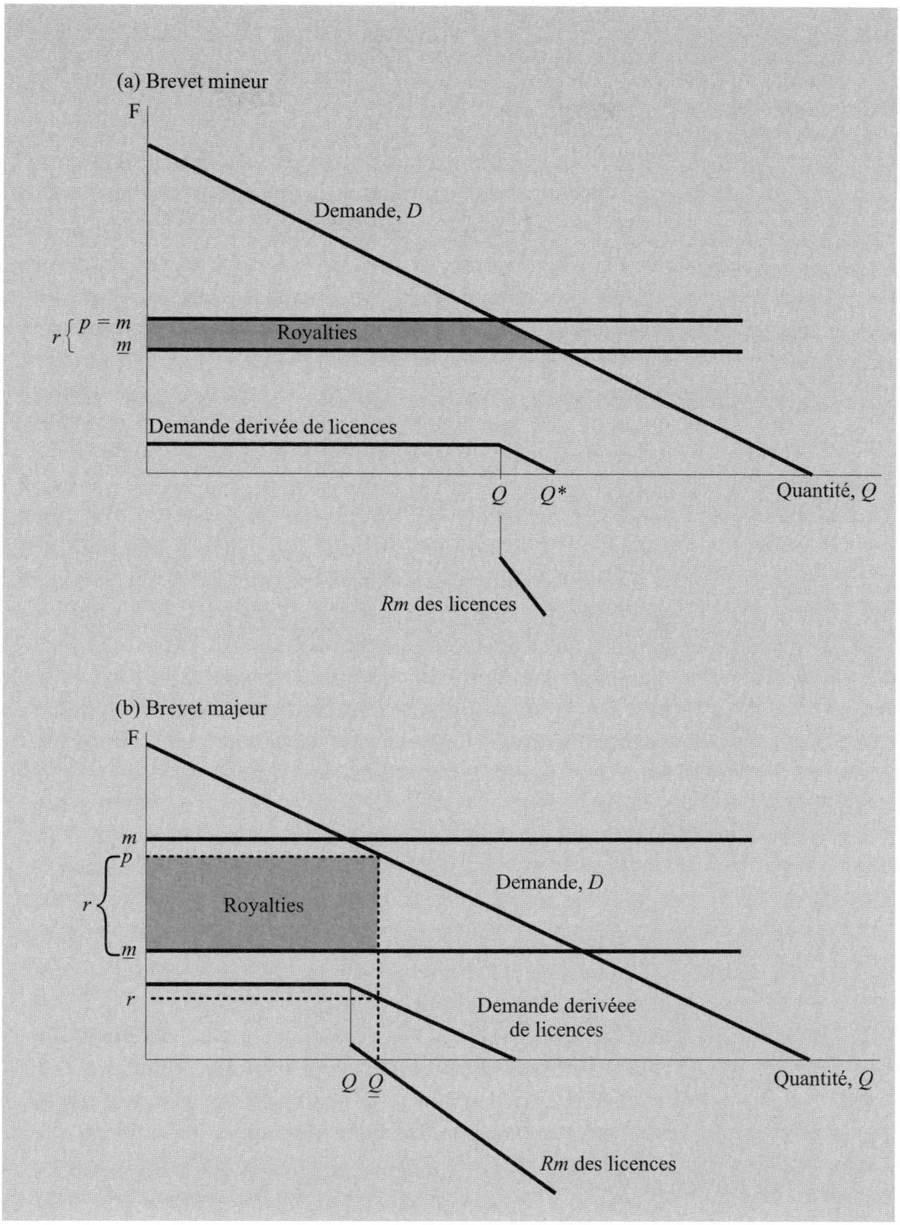

Figure 17.3: *Royalties en cas de production sous licence*

inférieur se traduirait par une perte. Le prix le plus élevé est égal à m, car tout prix plus élevé permettrait aux entreprises de la frange de pratiquer un prix plus bas. Supposons qu'il soit optimal pour l'entreprise dominante de fixer un prix légèrement inférieur à m afin d'empêcher les entreprises de la frange d'entrer sur le marché. Dans ce cas, le profit de l'invention est égal à la différence entre l'ancien et le nouveau coût de production, multipliée par le nombre d'unités vendues. Ce montant correspond à la zone libellée *Royalties* sur la figure 17.3a.

Supposons maintenant que l'entreprise permette à d'autres entreprises d'employer sa technologie sous licence. Elle leur fait alors payer des royalties pour chaque unité vendue.

Quel est le montant de royalties qui maximise le profit de l'entreprise ? Pour répondre à cette question, nous devons d'abord déterminer la demande dérivée de licences, c'est-à-dire le prix maximum qu'une entreprise est prête à payer pour produire sous licence. La figure 17.3a illustre le cas d'une invention mineure qui ne réduit que légèrement le coût de production. La demande dérivée de licences est donnée par la différence entre la demande résiduelle à laquelle l'entreprise qui détient le brevet est confrontée et le coût de production lorsque le nouveau procédé est employé, $\underline{m}$. Autrement dit, le montant maximal de royalties qu'une entreprise concurrentielle est disposée à payer pour obtenir une licence est égal à la différence entre le prix concurrentiel et le coût de production quand le nouveau procédé est employé. Ainsi, comme pour les Q premières unités (quantité vendue par une industrie concurrentielle), le prix est égal à m, les royalties sont au maximum égal à $m - \underline{m}$, ce qui correspond à la zone intitulée *Demande dérivée de licences* sur la figure 17.3a. Si davantage d'unités sont vendues, le prix de la licence baisse et la demande dérivée baisse. En Q^*, la valeur de la licence est nulle, parce que le prix concurrentiel est égal au coût de production avec le nouveau procédé.

Le montant de royalties qui maximise le profit s'obtient en égalisant la recette marginale (Rm) obtenue en vendant une licence supplémentaire avec le coût marginal d'une licence (qui est égal à zéro). Le montant de royalties qui maximise le profit est donc déterminé par l'intersection entre la courbe de recette marginale d'une licence et l'axe des abscisses (axe des quantités). Dans le cas illustré par la figure, l'intersection à lieu pour la quantité Q et le montant de royalties correspondant est $r = m - \underline{m} = p - \underline{m}$. Autrement dit, le montant de royalties qui maximise le profit est égal à l'économie *totale*, par unité produite, que l'utilisation du nouveau procédé permet de réaliser. Ce montant correspond en fait au gain que l'entreprise réaliserait en produisant le bien elle-même.

La figure 17.3b utilise les mêmes courbes pour analyser le cas d'un nouveau procédé qui réduit considérablement le coût de production. Cette fois, la recette marginale de la demande dérivée de licences devient nulle en $\underline{Q}$. Le prix qui maximise le profit est compris entre m et $\underline{m}$. On en déduit donc que le montant des royalties ($r = p - m$) est inférieur à la réduction de coût ($m - \underline{m}$), mais que $\underline{Q} - Q$ licences sont vendues.

EXEMPLE 17.6 Production sous licence internationale

De nos jours, le commerce international de la technologie, des brevets et du savoir-faire est largement développé. La diffusion internationale des innovations de produits et de procédés se fait par le biais des filiales d'entreprises multinationales, par des joint ventures avec des entreprises locales, par la production sous licence, la vente de brevets et autres droits de la propriété intellectuelle, la vente de machines et d'équipements, ainsi que la fourniture d'*usines clés en mains* (usines totalement équipées et prêtes à fonctionner).

Les flux financiers liés aux brevets, licences et autres formes de rémunération du savoir-faire ont augmenté de 2% par an en termes réels entre 1975 et 1983. Les ventes de produits manufacturés fabriqués sous licence internationale représentent approximativement 10% des flux d'investissements directs internationaux.

Les nouvelles technologies proviennent principalement des États-Unis, du Royaume-Uni, de la France, de l'Allemagne et du Japon (ces 5 pays représentent 85% du total). Les États-Unis fournissent entre 50% et 75% des nouvelles technologies des pays importateurs. La plupart des pays (à l'exception des États-Unis, du Royaume-Uni, de la Suède et de la Suisse) sont des importateurs nets de technologie. En 1983, l'excédent de la balance des échanges technologiques des États-Unis s'élevait à 7,3 millions de dollars, celle du Royaume-Uni à 201 millions de dollars et celle de la Suède à 45 millions de dollars. Parmi les pays qui avaient une balance déficitaire à cette date, on relève l'Espagne (489 millions de dollars), l'Allemagne (457 millions de dollars), l'Italie (452 millions de dollars), la Belgique et le Luxembourg (190 millions de dollars), ainsi que le Japon (162 millions de dollars). En 1990, les États-Unis avaient un excédent de 12,6 milliards, tandis que les pays suivants avaient un déficit : Japon (– 3,5 milliards), Allemagne (– 1,9 milliards), France (– 0,5 milliard) et Royaume-Uni (– 0,1 milliard).

L'importance de l'excédent des États-Unis s'explique par le fait que les entreprises américaines déposent plus de brevets à l'étranger que leurs homologues des autres pays (les entreprises américaines déposent autant de brevets que les entreprises allemandes et japonaises cumulées, alors que ces deux pays arrivent respectivement au deuxième et au troisième rang en ce qui concerne le nombre de brevets déposés).

SOURCE : Vickery (1986). « Policing Thoughts », *The Economist*
22 août 1992 : p. 55.

Deux conclusions peuvent être tirées de cette analyse. Premièrement, lorsque l'inventeur est en mesure de produire aussi efficacement que les autres, il est indifférent entre le fait de produire lui-même son invention et le fait de la faire produire sous licence car dans les deux cas, l'effet contraignant de la frange concurrentielle s'exerce de la même façon sur le monopole. En revanche, si les autres entreprises ont des coûts de production inférieurs aux siens, l'inventeur a intérêt à produire sous licence. Comme le montre l'exemple 17.6, la production sous licence est un mécanisme important de diffusion internationale des innovations.

Deuxièmement, si l'inventeur peut s'approprier la totalité du bénéfice social d'une découverte, ce n'est pas possible pour une invention majeure. En effet, lorsqu'il s'agit d'une invention mineure, les consommateurs continuent d'acheter les mêmes quantités aux mêmes prix et ne sont pas concernés par la découverte. Par contre, lorsqu'il s'agit d'une invention majeure, le prix baisse et la quantité vendue augmente, de sorte que le surplus du consommateur augmente. De ce fait, le gain de l'inventeur est inférieur au gain social.

B. Exemples de royalties

La production sous licence et le système des royalties sont très répandus. Nous allons évoquer les exemples de deux entreprises très connues (IBM et Nintendo) ainsi que celui de l'industrie du disque.

IBM possède des brevets nombreux et fondamentaux dans le domaine de l'informatique. Cette entreprise détient par exemple un brevet concernant le déplacement du curseur sur l'écran (tel que lorsque le curseur arrive en bout de ligne et que l'on appuie sur la touche d'entrée, le texte qui apparaît sur l'écran monte d'une ligne sur l'écran). IBM a vendu l'utilisation de cette méthode sous licence pendant 30 ans. Vers 1990, IBM déclarait posséder des accords de production sous licence avec 90% des fabricants de PC du monde, ce qui lui rapportait 1% à 3% de l'ensemble des ventes de PC dans le monde. Pour éviter d'avoir à payer des royalties, certaines entreprises du secteur informatique passent des accords croisés avec IBM d'après lesquels chaque entreprise autorise l'autre à utiliser ses brevets. Plus de 100 entreprises ont des accords croisés de ce type avec IBM.[(51)] En 1991, IBM augmenta le pourcentage des royalties, passant de 2% à 4%. cette année-là, IBM encaissa plus de 100 millions de dollars en royalties.[(52)] Vers 1993, le pourcentage passait à 5%.

Nintendo, qui fabrique des consoles de jeu, vend aux concepteurs de jeu le droit de les adapter à ses consoles. De ce fait, Nintendo contrôle le nombre de jeu qu'un concepteur peut fabriquer pour ses consoles. Techniquement, le concepteur achète à Nintendo les cartouches de mémoire ROM (Read Only Memory) et doit payer en outre des royalties pour la licence. Le coût par cartouche dépend de son volume et varie de 10 $ à 17 $, c'est-à-dire le tiers du prix de détail, lequel est compris entre 49,95 $ et 59,95 $.[(53)]

Depuis de nombreuses années, l'industrie du disque essaie de trouver un moyen pour prélever des royalties sur les cassettes audio qui sont susceptibles d'être utilisée pour copier illicitement des enregistrements musicaux. Depuis 1991, avec l'arrivée sur le marché des cassettes numériques et du disque compact, c'est devenu possible. Ils ont négocié un accord avec les producteurs de cassettes numériques et les producteurs de produits électroniques destinés à l'enregistrement du son, pour que toutes les cassettes fabriquées aux États-Unis soient munies d'un composant qui permette à l'utilisateur de faire une seule copie à usage personnel, mais qui empêche les copies en série. De plus, les producteurs de musique ont obtenu des royalties de 3% sur les cassettes audio vierges et de 2% sur les ventes d'appareils électroniques comme les magnétophones. Le Congrès devait ratifier l'accord.[(54)]

---

[51] Cringely, Robert X., « Notes from the Field », *InfoWorld*, 28 novembre 1988, p. 94.

[52] Scheier, Robert L. « IBM fees Take Bite out of PC Vendors' Profits », *PC Week*, 18 mai 1992 : p. 195.

[53] Bejarin, Tim. « Exciting 3DO », *Bay Area Computer Currents*, 12–25 janvier 1993 : p. 30–1.

[54] Schrage, Michael. « Innovation : Cough It Up, Music Lovers (You Thieves) », *San Francisco Examiner*, 1er septembre 1991 : E7.

17.4 Structures de marché et innovation

L'incitation à conduire des recherches, l'échelonnement des innovations dans le temps et l'intensité de la concurrence technologique dépendent étroitement des structures du marché du produit. Joseph Schumpeter (1950) fut le pionnier de l'analyse moderne de l'effet des structures de marché sur l'innovation, insistant sur le rôle des agents économiques dans le progrès technique. Selon Schumpeter, il existe une relation positive entre l'innovation et le pouvoir de marché, c'est-à-dire que les grandes entreprises innovent davantage que les petites (voir l'exemple 17.7).[(55)]

Le raisonnement de Schumpeter repose sur l'idée que l'innovation exerce un effet plus important que la concurrence par les prix, car elle représente un moyen puissant de prendre l'avantage sur les concurrents. Pour Schumpeter, le lien entre la structure du marché et l'innovation est double. Premièrement, les brevets permettent un gain de pouvoir de marché. Deuxièmement, les entreprises ayant un pouvoir de marché peuvent bloquer l'entrée de nouvelles entreprises sur le marché et empêcher l'imitation par le dépôt de brevets défensifs ou maintenir leur pouvoir de marché par la découverte permanente de nouveaux produits. Il est difficile de se procurer les fonds nécessaires à la R&D. Par conséquent, comme un monopole réalise de larges profits, il est mieux placé que les nouvelles entreprises pour financer la recherche de nouveaux produits.

Les deux questions essentielles que nous traiterons dans cette section sont les suivantes :

1. L'innovation est-elle plus favorisée par la concurrence ou par le monopole ?[(56)]

2. Quel type d'entreprise innove le plus vite (monopole ou entreprise en concurrence) ?

Nous verrons d'abord que lorsque les entreprises ne se livrent pas à une course aux brevets, la concurrence favorise plus l'innovation que le monopole. Puis nous montrerons par un exemple que l'entreprise concurrentielle peut parfois innover trop rapidement et en tous cas toujours plus rapidement qu'un monopole. Enfin, nous montrerons qu'un monopole qui doit tenir compte de rivaux potentiels cherchant pénétrer son marché est incité à innover pour défendre sa position. Cette menace concurrentielle pousse le monopole à innover davantage que l'entreprise concurrentielle. Nous pourrons ainsi conclure que c'est l'existence ou non d'une course aux brevets qui détermine quel type d'entreprise est le plus incité à innover.

---

[55] Voir Schumpeter (1950), Galbraith (1952), Nelson et Winter (1982), Kamien et Schwartz (1982), ainsi que Geroski (1991).

[56] Nous limiterons notre analyse au cas du monopole et à celui d'un marché concurrentiel composé d'entreprises identiques. Naturellement, les entreprises réelles sont hétérogènes et peuvent donc avoir des politiques de recherche différentes (Scott, 1984, 1991).

EXEMPLE 17.7 Taille d'entreprise et innovation

De nombreux responsables politiques américains ont récemment plaidé en faveur d'un assouplissement des lois antitrust, afin de permettre aux entreprises d'acquérir la taille nécessaire à l'innovation. Ils supposent en effet que les grosses entreprises innovent davantage et que le rendement de ces innovations l'emporte sur le coût social engendré par l'augmentation de leur pouvoir de marché. Il est donc intéressant de vérifier s'il est exact que le grandes entreprises innovent beaucoup plus que les petites.

Joseph Schumpeter (1950) a lancé ce débat en soutenant que les grandes entreprises ayant un gros pouvoir de marché innovaient davantage du fait de leur plus grande capacité de financement, de la possibilité d'étaler les risques et des économies d'échelle qu'elles pouvaient réaliser dans la gestion des laboratoires de recherche. D'un autre côté, on peut soutenir que la bureaucratie nuit à la recherche et au développement.

Selon Scherer (1984, 1984, ch. 11), l'étude de la banque de données de *Gelman Research associate* sur les innovations majeures révèle que les petites entreprises font relativement plus d'innovations majeures que les grosses. Les entreprises ayant moins de 1 000 employés sont à l'origine de 47,3% des innovations importantes, une part supérieure à leur part dans l'emploi total (41,2%). En revanche, les entreprises ayant plus de 10 000 employés sont à l'origine de 34,5% des innovations alors qu'elles représentent 36% de l'emploi total. Ainsi, les grandes entreprises innovent à peu près dans la même proportion que leur poids dans l'emploi total alors que les petites entreprises innovent plus que porportionnellement (quant aux entreprises de taille intermédiaire, elles innovent relativement peu).

Toujours selon Scherer (1984, ch. 11), l'étude d'un autre échantillon d'innovation majeures (*Industrial Research & Development*), 72% des innovations majeures sont faites par des entreprises américaines à but lucratif, 12,9% par des laboratoires de recherche publics et 10,7% par des organisations privées à but non lucratif. Selon une enquête de la *Federal Trade Commission*, les grandes entreprises représentent 73% des dépenses de recherche (le pourcentage prend à la fois en compte les dépenses directement financées par les entreprises et celles financées à l'aide de contrats publics de recherche), alors qu'elles ne représentent que 55% à 60% des ventes de l'industrie manufacturière et 55% des innovations majeures. Ceci confirme

→

17.4.1 Effet de la structure de marché en l'absence de course aux brevets

Supposons qu'une entreprise qui a pour objectif principal d'innover, pense qu'elle est la seule à pouvoir inventer un nouveau procédé particulier. Si elle est initialement en situation concurrentielle, il est probable qu'elle soit avantage incitée à inventer un procédé lui permettant de réduire ses coûts que s'il s'agissait d'un monopole. En effet, l'entreprise concurrentielle vendra davantage d'unités, et donc aura un profit total plus important, que le monopole (Arrow, 1962).

Reprenons l'exemple de la section précédente, concernant l'invention d'un procédé mineur permettant de réduire le coût de production. Supposons que le procédé soit utilisé sous licence par différentes entreprises qui paient des royalties à l'entreprise innovatrice et envisageons deux cas deux figures opposés. Dans le premier cas, l'entreprise innovatrice fait partie d'une industrie concurrentielle. Dans le second cas, c'est un monopole (sur le marché du produit) protégé par de solides

EXEMPLE 17.7 Taille d'entreprise et innovation (suite)

également la faiblesse du lien éventuel entre la taille des entreprises et leur capacité d'innovation, du moins aux États-Unis. Dans l'échantillon de la FTC, les grandes entreprises ne représentent que 61% de toutes les inventions brevetées, c'est-à-dire légèrement moins que les 73% de ressources en R&D qu'elles mobilisent.

En utilisant le même échantillon de données que la FTC, Cohen, Levin et Mowery (1987) ont effectué une analyse statistique montrant que la taille des entreprises n'avait pas d'effet sur l'intensité de la R&D (dépenses de R&D en % du chiffre d'affaires), mais avait par contre un impact sur la décision initiale de conduire des recherches. Techniquement parlant, la taille d'entreprise explique moins de 1% de la variance de l'intensité de la R&D, contrairement aux autres facteurs, d'origine industrielle, qui expliquent pratiquement la moitié de la variance.

Bound, Cummins, Griliches, Hall et Jaffe (1984) ont employé des techniques statistiques encore plus élaborées pour tenir compte de la sous-estimation des déclarations de dépenses en R&D par les entreprises ont établi qu'il existait un lien positif entre les dépenses en R&D et le chiffre d'affaires ainsi que la taille brute d'entreprise en 1976. Pour la moyenne de l'échantillon, une augmentation de 1% du chiffre d'affaires entraîne une élévation de 0,7% de la R&D. Cependant, l'impact de la taille n'est pas linéaire, car les entreprises les plus petites comme les plus grandes ont une intensité de R&D plus importante que les entreprises de taille moyenne. Les petites entreprises qui font de la recherche déposent davantage de brevets par dollar investi en R&D que les grandes entreprises. En effet, les grandes entreprises — ayant d'importants programmes de R&D — ont un ratio brevets/dépenses en R&D approximativement constant. Selon une étude de Jensen (1987) concernant l'industrie pharmaceutique, il n'y aurait aucun avantage, ni désavantage, à ce qu'un programme de recherche donné soit entrepris dans une petite entreprise plutôt que dans une grande. Enfin, Holmes, Hutton et Weber (1991) ont établi que l'intensité en R&D variait avec la taille de l'entreprise dans certaines industries mais non dans d'autres, mais que là où il existait une relation, celle-ci était tantôt positive, tantôt négative. Ces différentes études ne semblent donc pas confirmer l'hypothèse de Schumpeter pour les États-Unis. Voir cependant l'exemple 17.10.

barrières à l'entrée.

Si le marché du produit est concurrentiel et que le prix concurrentiel avant l'invention est égal à m, il sera égal à $\underline{m} + r$ après l'invention, où r est le montant de royalties par unité produite (voir la figure 17.4). Pour une invention mineure, le nouveau prix est égal à $\underline{m} + r$, soit m, comme nous l'avons vu dans la section précédente. Donc, le prix concurrentiel, de même que la quantité Q, sont identiques avant et après l'innovation. En revanche, le monopole égalise sa recette marginale à son coût marginal. La figure 17.4 montre que le prix correspondant au coût initial, m, est p_m, alors que le prix correspondant au nouveau coût est $\underline{p}_m$. Les quantités respectives sont Q_m et $\underline{Q}_m$.

Grâce à l'innovation, le monopole réalise un profit plus important sur les Q_m unités initiales et obtient un profit sur les $\underline{Q}_m - Q_m$ unités supplémentaires vendues. Par conséquent, son profit total augmente. Au départ, son coût total, mQ_m, était donné par la surface $A + B$. Après la découverte, le coût total, $\underline{m}\underline{Q}_m$, est donné par la surface $B + E$. Donc, la variation de coût total est égale à

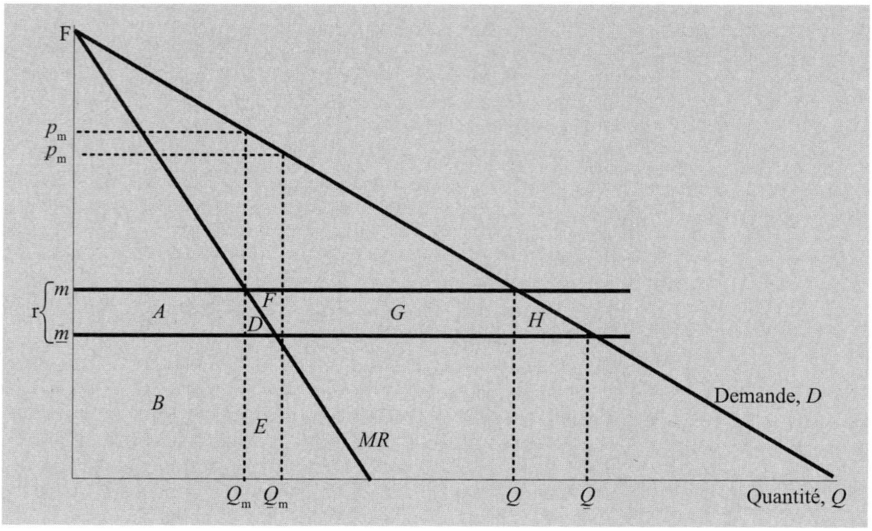

Figure 17.4: *Bénéfices d'une découverte et structure de marché*

$(A + B) - (B + E) = A - E$. Sa recette totale augmente de la surface située sous la courbe de recette marginale comprise entre Q_m et $\underline{Q}_m$, soit $D + E$. Ainsi, son profit augmente de $(D + E) + (A - E) = D + A$.

La figure permet de voir que la même invention rapporte moins au monopole qu'à l'entreprise concurrentielle. Le montant optimal de royalties prélevé par une entreprise concurrentielle est $r = m - \underline{m}$. Donc, sur un marché concurrentiel, l'invention rapporte $rQ = (m - \underline{m})Q$, ce qui corrspond à la surface $A + D + F + G$ de la figure 17.4. En d'autres termes, dans une industrie concurrentielle, le gain de l'inventeur est supérieur au gain d'un monopole d'une surface $F + G$. En fait, sur les Q_m unités initiales, l'entreprise concurrentielle gagne $A + D + F$ alors que le monopole ne gagne que $A + D$. Quant aux royalties sur les $Q - Q_m$ unités supplémentaires vendues par l'entreprise en concurrence, il s'agit d'un « bonus ». Cet exemple montre ainsi qu'un monopole est moins incité à effectuer des recherches qu'une entreprise concurrentielle.

Toutefois, même le bénéfice obtenu par une entreprise concurentielle est inférieur au bénéfice social de l'invention, soit $A + D + F + G + H$, c'est-à-dire la surface définie par les lignes m, $\underline{m}$ et la courbe de demande lorsque la production est égale à $\underline{Q}$. Par conséquent, la société est encore davantage intéressée par les innovations que l'entreprise concurrentielle et, a fortiori, que le monopole.

Il est important de noter que l'inventeur envisagé dans ce modèle, qu'il s'agisse de celui d'une industrie concurrentielle ou d'un monopole, ne craint pas qu'il se produise une course aux brevets. Nous verrons dans la suite du chapitre comment la structure de marché agit sur l'incitation à innover lorsqu'il y a une course aux brevets.

17.4.2 Échelonnement optimal des inventions dans le temps

Les choses ne se sont jamais présentées dans l'histoire de la façon dont elles se présentent aujourd'hui. – Dwight David Eisenhower

Comme seule la première entreprise qui innove peut bénéficier de royalties, les entreprises sont fortement incitées à innover en premier. Un marché concurrentiel favorise plus l'innovation qu'un monopole, car le monopole n'a pas à se soucier de la concurrence et innove à son propre rythme.

Il y a deux décennies, plusieurs entreprises avaient les connaissances et la capacité technologiques pour construire un avion supersonique. Néanmoins, la mise en œuvre de la production nécessitait un investissement considérable. La course entre les américains, les franco-anglais (équipe du *Concorde*) et les russes peut fort bien avoir accéléré l'arrivée de cet avion sur le marché, jusqu'à mettre sa rentabilité en question.

Pour illustrer comment des entreprises en concurrence peuvent innover beaucoup plus rapidement qu'un monopole, prenons un nouvel exemple (voir le tableau 17.5) :[(57)]

- Supposons que les connaissances nécessaires pour produire une innovation mineure aient un coût nul, mais que la mise en chantier du projet coûte 2 000 F. Une fois développée, l'innovation peut être utilisée indéfiniment sans coût supplémentaire.
- Cette innovation mineure permet d'économiser 1 F par unité produite dans un processus de production particulier. Comme expliqué précédemment, l'inventeur fixe un montant de royalties égal à 1 F pour utilisateur du procédé. Pour simplifier, nous supposons que les royalties sont payées indéfiniment à l'inventeur.
- L'année 1, 60 unités sont demandées au prix du marché. Le prix demeure constant et la demande croît, de sorte que chaque année, la production s'accroit de 10 unités. De ce fait, l'innovation devient de plus en plus rentable. Au bout de 15 ans, la demande est égale à 200 unités.
- Le taux d'intérêt est fixé à 10% par an.

Les 2 000 F peuvent être utilisés de 4 façons différentes. Premièrement, l'entreprise peut investir les 2 000 F et mettre immédiatement l'innovation en œuvre. Le profil de gain associé est alors donné par la seconde colonne du tableau 17.5. Comme 60 unités sont vendues dès la première année et que les royalties sont égales à 1 F par unité, l'entreprise gagne 60 F la première année et chaque année suivante, elle gagne 10 F de plus. Pour un taux d'intérêt de 10%, la valeur actualisée de

[57] Cet exemple est basé sur Barzel (1968). Voir également Kamien et Schwartz (1982, ch. 4) pour une version rigoureuse d'un modèle similaire.

Tableau 17.5: *Profils de gains associées aux quatres façons d'investir 2 000 F*

Année	Innover maintenant	Investir ailleurs	Innover dans 5 ans	Innover dans 15 ans
1	60 F	200 F	200 F	200 F
2	70	200	200	200
3	80	200	200	200
4	90	200	200	200
5	100	200	100	200
6	110	200	110	200
7	120	200	120	200
8	130	200	130	200
9	140	200	140	200
10	150	200	150	200
11	160	200	160	200
12	170	200	170	200
13	180	200	180	200
14	190	200	190	200
15	200	200	200	200
16	210	200	210	210
17	220	200	220	220
18	230	200	230	230
19	240	200	240	240
20	250	200	250	250
⋮	⋮	⋮	⋮	⋮
Valeur actualisée	1 600 F	2 000 F	2 000 F	2 263 F

l'ensemble de ses gains s'élève de ce fait à 1 600 F, ce qui est inférieur aux 2 000 F initialement investis.

Le seconde stratégie (colonne 3) consiste à investir les 2 000 F ailleurs et à empocher 10% d'intérêt par an, soit 200 F. La valeur actualisée de cette stratégie est de 2 000 F.

La troisième stratégie (colonne 4) consiste à innover au bout de 5 ans et à placer les 2 000 F en attendant. L'entreprise gagne ainsi 200 F pendant 4 ans, puis 100 F la cinquième année, 110 F la sixième année et ainsi de suite. La valeur actualisée de cette stratégie est de 2 000 F.

La quatrième stratégie est la plus rentable : l'innovation est introduite au bout de 15 ans seulement et l'argent est placé durant l'intervalle. La valeur actualisée de cette stratégie est égale à 2 263,33 F. Par conséquent, plus l'entreprise innove tôt, plus la valeur actualisée de ses gains est faible. Comme l'indique le tableau 17.5, c'est la quatrième stratégie qui a la valeur actualisée la plus grande.

Cependant, la date optimale d'introduction de l'innovation est celle qui correspond à une valeur actualisée égale au coût d'opportunité de l'investissement initial. Autrement dit, l'innovation doit avoir lieu au moment où la recette marginale (provenant des royalties) devient suffisante pour couvrir le coût marginal (les intérêts perdus, soit 200 F). Telle sera la stratégie choisie par un monopole.

Par contre, il n'est pas certain qu'une entreprise concurrentielle choisisse cette stratégie, car elle doit tenir compte de ses concurrentes. Pour le comprendre, mettons-nous à la place de l'entreprise innovatrice. Elle sait que si elle est la première à produire l'innovation, elle percevra indéfiniment des royalties. Elle sait de plus que si l'innovation a lieu seulement dans 15 ans, son gain sera maximum, quoiqu'elle ne soit peut-être pas en mesure d'attendre jusque-là. Elle sait enfin que pour que l'innovation soit rentable, il faut attendre au moins 5 ans, mais qu'une autre entreprise peut aussi la découvrir. Il se peut donc qu'elle innove dès la cinquième année afin d'éviter de se faire distancer par une concurrente, ce qui fait qu'elle est indifférente entre le fait d'innover et de placer à la banque le montant de l'investissement initial.

Étant donné les options offertes par le tableau 17.5, il est probable que les innovations soient plus rapides sur un marché concurrentiel que sur un marché contrôlé par un monopole. Alors que le monopole introduit l'innovation au moment qui lui convient le mieux, l'entreprise concurrentielle à tendance à investir *trop tôt*. Cependant, la date optimale d'introduction de l'innovation est celle qui correspond à une valeur actualisée égale au coût d'opportunité de l'investissement initial. Autrement dit, l'innovation doit avoir lieu au moment où la recette marginale (provenant des royalties) devient suffisante pour couvrir le coût marginal (les intérêts perdus, soit 200 F). Telle sera la stratégie choisie par un monopole.

En général, la date d'introduction d'une innovation sur le marché dépend de divers facteurs tels les fonctions de coût et de demande, ainsi que le nombre d'entreprises rivales. Comme nous venons de l'expliquer, la date minimale d'introduction d'une innovation sur un marché concurrentiel est celle qui garantit au moins un profit nul (Kamien et Schwartz, 1982). Il est possible de concevoir des exemples dans lesquels une entreprise concurrentielle innove plus tôt ou plus tard qu'un monopole. Cette incertitude tient notamment au fait que le monopole n'a pas la même politique de prix que l'entreprise concurrentielle (son prix est plus élevé) et, par conséquent, les barèmes de gains d'une innovation entre lesquels il doit choisir ne sont pas les mêmes que ceux d'une entreprise concurrentielle.

Jusqu'à présent, tout ce que nous avons pu démontrer, c'est qu'une entreprise concurrentielle peut parfois innover plus rapidement qu'un monopole qui n'est pas concerné par la course aux brevets (voir également l'exemple 17.8). Nous allons maintenant concentrer notre attention sur le cas d'un monopole impliqué dans une course aux brevets.

EXEMPLE 17.8

Adoption d'une technologie nouvelle : le cas des scanners optiques

La structure de marché n'influence pas uniquement le montant des dépenses de R&D d'une industrie, mais également la rapidité d'adoption des nouvelles technologies. Le cas des scanners otpiques utilisés pour la lecture des codes barres des produits est une illustration récente de cette affirmation.

Aux États-Unis, les scanners de ce type existent depuis 1972. Le système standardisé des codes barres date de 1973. Le premier scanner optique fut installé en 1974. Vers 1981, 4261 magasins en étaient équipés (1 magasin sur 8).

Une analyse statistique a montré que les magasins adoptaient d'autant plus volontiers les scanners optiques que leur part de marché était importante (toutes choses égales par ailleurs). Ainsi, une augmentation de 1% de la part de marché augmentait de 16% la probabilité d'adoption du scanner optique pendant les premières années d'introduction de cette technologie et de 7% par la suite.

Par contre, plus le taux de concentration (mesuré par la part de marché des quatre plus grosses entreprises du marché) augmentait, moins la technologie progressait rapidement : dans les premières années, chaque point de pourcentage supplémentaire du ratio de concentration correspondait à une probabilité d'adoption inférieure de 6,7%. L'effet diminua de moitié par la suite. Cette étude montre donc que les grosses entreprises adoptent plus rapidement les technologies nouvelles, mais que la concentration du marché constitue un frein.

SOURCE : Levin et Meisel (1987).

17.4.3 Monopoles et course aux brevets

Il était bon par conséquent que les hommes suivent l'exemple du temps lui-même en ce qui concerne les innovations, qui en vérité est un grand innovateur, mais à un rythme tranquille et imperceptible. – Francis Bacon

Supposons qu'un monopole craigne qu'un rival potentiel invente un produit nouveau, similaire au sein, pénétrant ainsi sur son marché. Le monopole comme son concurrent potentiel ont alors intérêt à innover en premier. Si c'est le monopole qui innove le premier, il peut maintenir son pouvoir de monopole. Si c'est son rival potentiel, le marché se transformera en un duopole. Le résultat est donc asymétrique : le monopole a plus à perdre que son rival. Le rival ne perd au pire que l'investissement en R&D, alors que le monopole perd à la fois le montant de l'investissement et ses profits de monopole.

Le but principal du monopole est de ne pas perdre sa position, non d'innover. Ce qui l'intéresse surtout, c'est que ses concurrents n'innovent pas. Ceci explique que s'il est le premier à faire une découverte, il peut très bien laisser le brevet « dormir » au fond d'un tiroir. On comprend ainsi qu'un monopole puisse détenir des brevets sur des produits proches du sien dans le simple but d'empêcher d'autres entreprises de les utiliser (voir le chapitre 10 ainsi que l'exemple 17.9).

Supposons qu'on invente un produit légèrement plus performant que celui qu'un monopole vendait jusqu'à présent. Dans ce cas, le monopole sera prêt à offrir davantage pour le brevet que tout rival potentiel. En effet, le brevet lui permet

EXEMPLE 17.9 Le problèmes des brevets dormants

Les journaux se font souvent l'écho d'affaires, judiciaires ou non, dans lesquelles certaines entreprises ont acquis des brevets, non pour les utiliser, mais simplement pour empêcher d'autres entreprises de les exploiter. Pour éviter ce comportement, la loi peut obliger l'inventeur à utiliser le brevet où à laisser d'autres l'exploiter. Les lois sur les brevets obligent souvent à licencier l'invention dans un délai « raisonnable » à défaut de l'utiliser ou en cas d'abus des droits exclusifs. L'exemple 17.5 montre que de nombreux brevets ne sont pas utilisés.

Pays	*Période couverte*	*Nombre de demandes :* *déposées*[a]	*refusées*	*abandonnées*	*acceptées*
Pays développés à économie de marché					
Australie	1958–63	Aucune	–	–	Aucune
Canada	1935–70	192	14	72	79
Danemark	*b*	7	–	1	3
Irlande	*b*	1	–	–	Aucune
Japon	1958–63	Aucune	–	–	Aucune
Pays-Bas	1958–63	Aucune	–	–	Aucune
Nouvelle-Zélande	1955–63	Aucune	–	–	Aucune
Norvège	1910–63	27	2	11	11
Suisse	1952–63	Aucune	–	–	Aucune
Royaume-Uni	1959–68	57	–	–	6
Pays en développement					
Cuba	1958–63	Aucune	–	–	Aucune
Inde	*b*	4	–	–	1
Israël	*b*	3	–	–	Aucune
Maroc	1958–63	Aucune	–	–	Aucune
Philippines	*b*	8	–	–	Aucune
République de Corée	*b*	1	–	–	Aucune
Pays socialiste					
Pologne	*b*	7	–	–	Aucune

[a] Y compris les demandes déposées à la fin de la période couverte.
[b] La période précise est inconnue, mais une référence est faite aux « 5 dernières années ».

SOURCE : Gilbert (1981, p. 249–50), d'après les données de l'ONUDI. 1975. *The Role of the Patent System in the Transfert of Technology to Developing Countries.* New York : Nations Unies.

Cependant, les lois sur l'obligation de mettre sous licence un brevet sont rarement appliquées. Le tableau ci-avant indique notamment le nombre de demandes de licences obligatoires déposées et acceptées dans différents pays dont les lois prévoient l'obligation de mettre sous licence. Il révèle soit que les entreprises ne se servent pas des brevets dormants comme barrière à l'entrée, soit que les lois sur l'obligation de mettre sous licence un brevet inutilisé ne sont pas une bonne solution. Supposons en effet qu'une entreprise prenne le risque financier d'entamer une procédure afin de prouver qu'un concurrent possède un brevet dormant et obtienne une licence d'exploitation. D'autres entreprises vont alors s'engouffrer dans la brèche et obtenir aussi le droit d'exploiter le brevet, mais sans avoir à supporter les frais d'une procédure judiciaire puisque la preuve de l'existence du brevet dormant est déja faite. La première entreprise à se lancer dans la bataille juridique aura donc dépensé beaucoup plus que les autres, ce qui engendre une externalité. De ce fait, les entreprises ont tendance à attendre que ce soit leurs concurrentes qui agissent en premier et il faut très longtemps pour obtenir le droit d'exploitation d'un brevet de cette manière là.

EXEMPLE 17.10 Expérience par la pratique, innovation et structures de marché

L'étude empirique de Lieberman (1987) montre que l'*expérience par la pratique* joue un rôle important dans l'industrie chimique. Plus le processus d'innovation commence tôt, plus les employés de l'entreprise peuvent acquérir une expérience sur le tas, ce qui favorise l'innovation et réduit les coûts. Une augmentation de 1% du taux de croissance de la production cumulée (indicateur utilisé pour mesurer approximativement l'expérience) accroît le nombre de brevets probables de 8%, toutes choses égales par ailleurs. De plus, les prix baissent avec l'expérience : un doublement de la production cumulée engendre une réduction de 23% des prix.

Lieberman a établi que les dépenses de R&D dans l'industrie chimique avaient peu d'effet sur le nombre de brevets, mais que la taille des entreprises et la structure du marché avaient un effet important. Les grosses entreprises brevètent plus d'inventions : une augmentation de 1% de la taille de l'entreprise entraîne une augmentation de 0,3% des brevets (ainsi, contrairement aux résultats des études passées en revue dans l'exemple 17.7, l'hypothèse de Schumpeter n'est pas réfutée dans l'industrie chimique). D'autre part, plus la part de marché d'une entreprise est élevée, plus le nombre de brevets déposés augmente. En revanche, la propension à breveter baisse avec la concentration industrielle.

Ce dernier résultat est compatible avec deux explications. D'une part, il se peut que les entreprises appartenant à des industries à fort taux de concentration préfèrent conserver le secret de leurs inventions plutôt que de déposer des brevets créateurs de barrières à l'entrée. D'autre part, il se peut que les entreprises appartenant à des marchés très concentrés n'aient pas à se soucier des rivaux potentiels et soient donc moins innovatrices que les industries concurrentielles.

L'effet des brevets sur les prix est complexe, car lorsqu'une entreprise fait breveter un nouveau procédé permettant une légère baisse de coût, le prix du produit ne baisse pas si elle se contente de collecter des royalties en licenciant son procédé. Par contre, les innovations brevetées permettant d'importantes baisses de coût peuvent engendrer une réduction des prix. Quand aux brevets concernant les innovations de produits, elles peuvent au contraire engendrer une hausse du prix du produit du fait de l'amélioration de la qualité.

Les brevets qui ne sont pas déposés par des entreprises qui les exploitent elles-mêmes, ou qui sont d'origine étrangère, amènent des baisses de prix, contrairement aux brevets déposés par les entreprises nationales. Aux États-Unis, un brevet déposé par une entreprise qui ne l'exploite pas elle-même provoque en moyenne une baisse de 0,9% du prix à la production. Un brevet d'origine étrangère provoque une baisse de prix égale à 0,15%. En revanche, un brevet déposé par une entreprise nationale provoque en moyenne une hausse de 0,5% du prix. Ces résultats indiquent que l'entreprise nationale qui dépose un brevet est la mieux placée pour en capturer les bénéfices. Il semble aussi que les entreprises nationales qui exploitent leurs propres brevets soient plus souvent à l'origine d'innovations permettant de légères améliorations de coûts tandis que les brevets d'origine étrangère ou qui sont déposés par des entreprises qui ne les exploitent pas elles-mêmes concernent plutôt des innovations permettant de fortes réductions de coût.

de maintenir son pouvoir de monopole alors qu'il n'ouvre que la perspective d'un marché de duopole à l'entreprise rivale (voir le chapitre 10). L'offre du monopole sera donc supérieure d'un montant égal à l'écart entre le profit de monopole et le profit de duopole. Ajoutons d'autre part qu'une entreprise installée peut aussi avoir un avantage sur le plan de l'innovation elle-même, du fait de l'expérience acquise (voir l'exemple 17.10).

Tableau 17.6
Efficacité des différentes méthodes pour protéger un avantage concurrentiel dans un nouveau procédé ou un nouveau produit

	Moyennes*	
Méthodes	**Procédés**	**Produits**
Brevets pour empêcher l'imitation	3,52	4,33
Brevets pour bénéficier de royalties	3,31	3,75
Secret	4,31	3,57
Avance	5,11	5,41
Effet d'expérience	5,02	5,09
Effort de vente et qualité du service	4,55	5,59

* Les chiffres figurant dans le tableau sont les moyennes des notes données par 650 responsables de la R&D d'un échantillon d'entreprises américaines. Chaque responsable devait affecter une note de 1 à 7 (1 = inefficacité totale et 7 = efficacité maximale) aux différentes méthodes.

SOURCE : Levin, Klevorick, Nelson et Winter (1987, tableau 1, p. 794).

Malheureusement pour le monopole, celui-ci n'est pas toujours en mesure de faire une offre pour le brevet. S'il est à l'origine de l'invention, il peut déposer le brevet. Si c'est un concurrent potentiel qui dépose un brevet, ce dernier a davantage intérêt à revendre le brevet au monopole qu'à entrer en concurrence avec lui (duopole), mais les lois antitrust sont en principe faites pour empêcher ce genre de pratiques.

Dans ces conditions, comment un monopole peut-il s'y prendre pour maintenir son pouvoir de marché ? En particulier, quelle garantie a-t-il d'être le premier à innover (Gilbert et Newbery, 1982 ; Kamien et Schwartz, 1982 ; Fudenberg *et al.*, 1983 ; Harris et Vickers, 1985) ? Une entreprise qui a une très grande avance dans la course aux brevets peut parvenir à décourager tous ses concurrents potentiels. Une entreprise qui ne possède qu'une faible avance peut aussi chercher à empêcher ses rivaux d'entrer dans la course. Si les entreprises retardataires abandonnent, elles ont néanmoins forcé le monopole à innover plus rapidement qu'il ne le souhaitait peut-être . Par ailleurs, les entreprises qui estiment qu'elles ont de bonnes chances de « doubler » l'entreprise de tête vont demeurer dans la course aux brevets.

Une enquête portant sur des reponsables de la recherche d'entreprises américaines (Levin, Klevorick, Nelson et Winter, 1987) indique que dans de nombreux cas, les brevets ne sont pas un moyen important de protéger un avantage concurrentiel (voir le tableau 17.6) Les brevets arrivent même au dernier rang des mécanismes efficaces pour protéger l'avantage concurrentiel d'une entreprise qui développe des nouveaux procédés. Le secret, l'avance acquise, la rapidité de déplacement le long de la « courbe d'apprentissage » (effet d'expérience qui permet de réduire les coûts), l'effort commercial et la qualité du service sont jugés plus efficaces. En ce qui concerne les nouveaux produits, les brevets sont cités avant le secret, mais après l'avance acquise, l'effet d'expérience, l'effort commercial et la qualité du service Mais il s'agit de moyennes obtnue sur l'ensemble des industries, ce qui masque un peu la réalité de certains secteurs particuliers. En effet, les brevets arrivent au premier rang pour la protection des nouveaux produits dans les industries suivantes : chimie organique et inorganique, médicaments et matériaux en plastiques. On peut conclure de cette enquête que la course aux brevets a surtout lieu pour les nouveaux produits et seulement dans certaines industries particulières dont l'effort de R&D est particulièrement intense.

Résumé

1. Dans ce chapitre, nous avons abordé 5 questions principales concernant les brevets et le progrès technique. Nous avons dégagé les conclusions suivantes. Premièrement, sans brevets ou autres encouragements à la R&D, il n'y aurait pas assez d'inventions. En effet, les externalités d'information empêchent l'inventeur de bénéficier de la valeur totale de sa découverte du fait d'un respect incomplet des droits de propriété. Les brevets, récompenses, contrats publics de recherche et joint ventures sont des moyens de remédier à ce problème.
2. Deuxièmement, si les brevets favorisent l'activité inventive, ils engendrent aussi des distorsions de prix. Le choix de leur durée reflète un compromis entre la stimulation de la recherche et l'amélioration de l'efficacité du mécanisme des prix. Ainsi, la baisse de la durée des brevets réduit le dommage causé par la fixation d'un prix de monopole mais également l'incitation à innover. La plupart des gouvernements ont choisi d'accorder des brevets d'une durée déterminée pour encourager la recherche. Dans certains cas, une modification de la durée des brevets, une plus large utilisation des récompenses ou des contrats de recherche, ainsi que l'obligation de licencier les brevets inutilisés, permettrait d'améliorer le bien-être social.
3. Troisièmement, les récompenses et les contrats de recherche publics n'ont pas les mêmes défauts que les brevets et les joint ventures (fixation d'un prix de monopole). Mais les brevets permettent peut-être mieux d'atteindre le niveau optimal de R&D lorsque l'État n'a pas de l'information nécessaire pour fixer le niveau des récompenses ou des contrats de recherche. C'est le cas notamment si l'État est moins bien informé que les chercheurs eux-mêmes de la valeur potentielle d'une recherche donnée ou de sa probabilité d'aboutissement.
4. Quatrièmement, lorsque les entreprises ont toutes les mêmes coûts de production, l'inventeur obtient le même profit en exploitant lui-même son brevet ou en le licenciant moyennant le versement de royalties. D'autre part, dans le cas d'une innovation réduisant les coûts de production de façon mineure, le propriétaire du brevet peut récupérer la totalité de son bénéfice social, ce qui n'est pas le cas si elle permet de réaliser une très grosse réduction de coût.

5. Cinquièmement, les structures de marché influencent le processus d'innovation. Lorsqu'il n'y a qu'une seule entreprise qui fait de la recherche, elle a tendance à innover moins vite qu'une entreprise en concurrence. Lorsqu'un monopole ou une entreprise en concurrence sont engagés dans une course aux brevets, l'innovation est plus rapide. Cependant, une entreprise qui acquiert une avance suffisante peut décourager la course aux brevets. De plus, les monopoles ont intérêt à empêcher d'autres entreprises d'innover car les brevets ont davantage de valeur pour eux que pour les entreprises concurentielles. En effet, lorsqu'un monopole innove, il conserve ses profits de monopole alors que si un concurrent potentiel innove, le marché se transforme en duopole, ce qui offre une perspective de profit moindre. Il est impossible de déterminer en théorie si un accroissement du pouvoir de monopole stimule ou non l'innovation dans une industrie particulière. Le seul moyen de répondre à cette question est d'effectuer des études empiriques.

Termes clés

Brevets	Licence
Copyrights	Marques
Course aux brevets	Royalties
Joint venture	

Questions

Q.17.1 À quelles conditions la recherche est-elle insuffisante ? Excessive ?

Q.17.2 Discutez le pour et le contre de cette affirmation : « La durée des brevets devrait être fixée différemment selon les industries et le type d'inventions ».

Q.17.3 Discutez le pour et le contre de cette affirmation : « Les artistes éprouvent du plaisir à créer. Par conséquent, la durée des copyrights devrait être inférieure à celle des brevets ».

Q.17.4 Les tableaux doivent-ils être protégées par des copyrights ou des brevets ? Y a-t-il d'autres moyens d'encourager la peinture ? Par exemple, faut-il envisager de leur verser une part des plus-values liés à la revente de leurs tableaux ?

Q.17.5 Discutez le pour et le contre de cette affirmation : « Si un brevet n'est pas utilisé par son titulaire après un an, il devrait tomber dans le domaine public de façon à ce que n'importe qui puisse bénéficier de l'invention ».

Q.17.6 À quelles conditions peut-on s'attendre à ce que les grands monopoles innovent davantage que les petites entreprises concurrentielles ? À quelles conditions doit-on s'attendre à l'inverse ?

Problèmes [58]

P.17.1 Étant donné le système des brevets, quel est l'effet sur l'incitation à innover d'un impôt sur le chiffre d'affaires ?

P.17.2 Quel est l'effet sur l'incitation à innover d'un impôt sur les profits ?

P.17.3 Illustrez graphiquement (au moyen des courbes de bénéfice et de coût de la figure 17.1) l'effet de l'allongement de la durée des brevets sur l'incitation à innover ?

P.17.4 Si le gouvernement connaissait l'ensemble des prix, des quantités et des royalties (mais pas les courbes de demande ou de coût marginal), pourrait-il déterminer si des royalties données concernent une innovation mineure ou majeure ?

P.17.5 Utilisez un modèle similaire à celui de la concurrence monopolistique (voir le chapitre 8) pour montrer que les entreprises qui font de la recherche opèrent sur la partie décroissante de leur courbe de coût moyen.

Lectures complémentaires

Les articles pionniers d'Arrow (1962) et de Barzel (1968) sont fondamentaux et relativement peu mathématiques. Pour de bonnes synthèses de la théorie de l'innovation, voir Kamien et Schwartz (1982) et Reiganum (1989). Le livre de Griliches (1984) regroupe un ensemble intéressant de recherches empiriques sur les brevets. L'article de Griliches (1990) fait la synthèse des travaux récents sur les conclusions que l'on peut tirer des statistiques disponibles sur les brevets et l'article de Mairesse (1991) donne un aperçu d'ensemble sur les travaux consacrés à la relation entre R&D et productivité. L'article de Novos et Waldman (1984) est consacré aux copyrights et ceux de Landes et Posner (1987) et Economides (1988) aux marques. L'article de Wright (1983) analyse les brevets et leurs alternatives. Katz et Shapiro (1987) étudient le problème soulevé par les brevets lorsque les licences ou l'imitation sont prises en compte. Le *Rand Journal of Economics*, Vol. 21, 1990, a consacré un numéro spécial aux brevets et à la technologie. L'article de Riordan (1992) étudie comment la réglementation affecte l'adopotion des technologies et analyse le cas de la télévision cablée.

Bibliographie

ARROW, Kenneth J. 1962. « Economic Welfare and the Allocation of Resources for Invention », in National Bureau of Economic Research, *The Rate and Direction of Inventive Activity*. Princeton, N.J. : Princeton University Press.

BARZEL, Yoram. 1968. « Optimal Timing of Innovations ». *Review of Economics and Statistics* 50 : 348–55.

[58] Les solutions des problèmes impairs sont données en fin de livre.

BOUND, John, Clint CUMMINS, Zvi GRILICHES, Bronwyn H. HALL et Adam JAFFE. 1984. « Who Does R&D and Who Patents ? » in Zvi GRILICHES, éd., *R&D, Patents, and Productivity*. Chicago : University of Chicago Press, 21–54.

BRODLEY, Joseph F. 1990. « Antitrust Law and Innovation Cooperation ». *Journal of Economic Perspectives* 4 : 97–112.

CAVES, Richard E., Michael D. WHINSTON et Mark A. HURWITZ. 1991. « Patent Expiration and Competition in the U.S. Pharmaceutical Industry ». *Brookings Papers on Economic Activity* : 1–48.

CHEUNG, Steven N.S. 1982. « Property Rights in Trade Secrets ». *Economic Inquiry* 20 : 40–52.

COHEN, Wesley M., Richard C. LEVIN et David C. MOWERY. 1987. « Firm Size and R&D Intensity : A Re-Examination ». *The Journal of Industrial Economics* 35 : 543–65.

DASGUPTA, Partha et Joseph E. STIGLITZ. 1980. « Uncertainty, Industrial Structure, and the Speed of R&D ». *The Bell Journal of Economics* 11 : 1–28.

DEBROCK, Lawrence M. 1985. « Market Structure, Innovation and Optimal Patent Life ». *Journal of Law and Economics* 4 : 223–44.

ECONOMIDES, Nicholas. 1988. « The Economics of Trademarks ». *Trademark Reporter* 78 :523-39.

FUDENBERG, Drew, Richard GILBERT, Joseph E. STIGLITZ et Jean TIROLE. 1983. « Preemption, Leapfrogging, and Competition in Patent Races ». *European Economic Review* 22 : 3–31.

GALBRAITH, John K. 1952. *American Capitalism*. Boston : Houghton Mifflin.

GALLINI, Nancy T. 1984. « Deterrence Through Market Sharing : A Strategic Incentive for Licensing ». *American Economic Review* 74 : 931–41.

GALLINI, Nancy T. et Ralph A. WINTER. 1985. « Licensing in the Theory of Innovation ». *Rand Journal of Economics* 16 : 237–52.

GEROSKI, P.A. 1991. « Entry and the Rate of Innnovation ». *Economic Innovation of New Technology* 1 : 203–14.

GILBERT, Richard J. 1981. « Patents, Sleeping Patents, and Entry Deterrence », in Steven C. SALOP, éd., *Strategy, Predation, and Antitrust Analysis*. Washington, D.C. : Federal Trade Commission, 205–69.

GILBERT, Richard J. et David M.G. NEWBERY. 1982. « Preemptive Patenting and the Persistence of Monopoly ». *American Economic Review* 72 : 514–26.

GILBERT, Richard et Carl SHAPIRO. 1990. « Optimal Patent Length and Breadth ». *Rand Journal of Economics* 21 : 106–112.

GRABOWSKI, Henry et John Vernon. 1986. « Longer Patents for Lower Imitation Barriers : The 1984 Drug Act ». *American Economic Review* 76 : 195–8.

GRILICHES, Zvi, éd. 1984. *R&D, Patents, and Productivity*. Chicago : University of Chicago Press.

GRILICHES, Zvi. 1990. « Patent Statistics as Economic Indicators : A Survey ». *Journal of Economic Literature* 2 28 : 1661–707.

GROSSMAN, Gene, et Carl SHAPIRO. 1986. « Research Joint Ventures : An Antitrust Analysis ». *Journal of Law, Economics, and Organization* 2 : 315–37.

HARRIS, Christopher et John VICKERS. 1985. « Patent Races and the Persistence of Monopoly », in P.A. GEROSKI, L. PHLIPS et A. ULPH, éds., *Oligopoly, Competition, and Welfare*. New York : Basil Blackwell.

HAUSMAN, Jerry A. et Jeffrey K. MACKIE-MASON. 1988. « Price Discrimination and Patent Policy ». *The Rand Journal of Economics* 19 : 253–65.

HIRSHLEIFER, Jack. 1971. « The Private and Social Value of Information and the Reward to Inventive Activity ». *American Economic Review* 61 : 561–74.

HOLMES, James M., Patricia A. HUTTON et Edward WEBER. 1991. « A Functional-Form-Free Test of the Research and Development/Firm Size Relationship ». *Journal of Business and Economic Statistics* 9 : 85–90.

IRWIN, Marley R. 1971. « The Communication Industry », in Walter ADAMS, éd., *The Structure of American Industry*. New York : Macmillan.

JENSEN, Elizabeth J. 1987. « Research Expenditures and the Discovery of New Drugs ». *The Journal of Industrial Economics* 36 : 83–95.

JORDE, Thomas M. et David J. TEECE. 1988. *Innovation, Cooperation, and Antitrust*. Berkeley : University of California, Berkeley, School of Business Administration.

JORDE, Thomas M. et David J. TEECE. 1990. « Innovation and Cooperation : Implications for Competition and Antitrust ». *Journal of Economic Perspectives* 4 : 75–96.

KAMIEN, Morton I. et Nancy L. SCHWARTZ. 1982. *Market Structure and Innovation*. Cambridge : Cambridge University Press.

KATZ, Michael L. et Carl SHAPIRO. 1985. « On the Licensing of Innovations ». *Rand Journal of Economics* 16 : 504–20.

KATZ, Michael L. et Carl SHAPIRO. 1986. « How to License Intangible Property ». *Quarterly Journal of Economics* 101 :567–90.

KATZ, Michael L. et Carl SHAPIRO. 1987. « R&D Rivalry with Licensing or Imitation ». *American Economic Review* 77 : 402–20.

KITCH, Edmund W. 1975. « The Nature and Function of the Patent System ». *Journal of Law and Economics* 13 : 1–37.

LANDES, William M. et Richard A. POSNER. 1987. « Trademark Law : An Economic Perspective ». it Journal of Law and Economics 30 : 265–309.

LAPHAM, Lewis H., Michael POLLAN et Eric ETHERIDGE. 1987. *Harper's Index Book*. New York : Henry Holt and Company.

LEE, Tom et Louis WILDE. 1980. « Market Structure and Innovation : A Reformulation ». *Quarterly Journal of Economics* 94 : 429–36.

LEVIN, Richard C., Alvin K. KLEVORICK, Richard R. NELSON et Sidney G. WINTER. 1987. « Appropriating the Returns from Industrial Research and Development ». *Brookings Papers on Economic Activity* 3 : (Special Issue on Microeconomics) 783–820.

LEVIN, Sharon G., Stanford L. LEVIN, and John B. MEISEL. 1987. « A Dynamic Analysis of the Adoption of a New Technology : The Case of Optical Scanners ». *Review of Economics and Statistics* 69 : 12–7.

LICHTENBERG, Frank R. 1987. « The Effect of Government Funding on Private Industrial Research and Development : A Re-Assessment ». *The Journal of Industrial Economics* 36 : 97–104.

LIEBERMAN, Marvin B. 1987. « Patents, Learning by Doing, and Market Structure in the Chemical Processing Industries ». *International Journal of Industrial Organization* 5 : 257–76.

LOURY, Glenn C. 1979. « Market Structure and Innovation ». *Quarterly Journal of Economics* 93 : 395–410.

MAIRESSE, Jacques. 1991. « R&D and Productivity : A Survey of Econometric Studies at the Firm Level ». *STI Review* 8 : 9–43.

MANSFIELD, Edwin. 1968. *Industrial Research and Technological Innovation : An Econometric Analysis*. New York : W.W. Norton & Co.

MANSFIELD, Edwin. 1984. « R&D and Innovation : Some Empirical Findings », in Zvi Griliches, éd., *R&D, Patents and Productivity*. Chicago : University of Chicago Press.

MANSFIELD, Edwin. 1985. « How Rapidly Does New Industrial Technology Leak Out ? » *Journal of Industrial Economics* 34 : 217–23.

MANSFIELD, Edwin *et al.* 1977. « Social and Private Rates of Return from Industrial Innovations ». *Quarterly Journal of Economics* 91 : 221–40.

MANSFIELD, Edwin, Anthony ROMEO, Mark SCHWARTZ, David TEECE, Samuel WAGNER et Peter BRACH. 1982. *Technology Transfer, Productivity, and Economic Policy*. New York : W.W. Norton & Co.

MANSFIELD, Edwin, Mark SCHWARTZ et Samuel WAGNER. 1981. « Imitation Costs and Patents : An Empirical Study ». *Economic Journal* 91 : 907–18.

MCGEE, John S. 1966. « Patent Exploitation : Some Economic and Legal Problems ». *Journal of Law and Economics* 9 : 135–62.

NELSON, Richard R. et Sidney G. WINTER. 1982. « The Schumpeterian Tradeoff Revisited ». *American Economic Review*. 73 : 114–32.

NORDHAUS, William D. 1969. *Inventions, Growth, and Welfare : A Theoretical Treatment of Technological Change*. Cambridge, Mass. : MIT Press.

NOVOS, Ian E. et Michael WALDMAN. 1984. « The Effects of Increased Copyright Protection : An Analytical Approach ». *Journal of Political Economy* 92 : 236–46.

ORDOVER, Janusz A. et Robert D. WILLIG. 1985. « Antitrust for High-Technology Industries : Assessing Research Joint Ventures and Mergers ». *Journal of Law and Economics* 28 : 311–33.

PAKES, Axiel. 1986. « Patents as Options : Some Estimates of the Value of Holding European Patent Stocks ». *Econometrica* 54 : 775–84.

REINGANUM, Jennifer F. 1982. « Dynamic Games of R&D : Patent Protection and Competitive Behavior ». *Econometrica* 50 : 671–88.

REINGANUM, Jennifer F. 1984. « Practical Implications of Game Theoretic Models of R&D ». *American Economic Review* 74 : 61–6.

REINGANUM, Jennifer F. 1989. « The Timing of Innovation : Research, Development, and Diffusion », in Richard SCHMALENSEE and Robert WILLIG, éds., *The Handbook of Industrial Organization*. New York : Elsevier Science Publishers, Inc.

Riordan, Michael H. 1992. « Regulation and Preemptive Technology Adoption ». *Rand Journal of Economic* 23 : 334–49.

SCHERER, F.M. 1981. « Comments on *Patents, Sleeping Patents, and Entry Deterrence* », in Steven C. Salop, éd., *Strategy, Predation, and Antitrust Analysis*. Washington, D.C. : Federal Trade Commission.

SCHERER, F.M. 1984. *Innovation and Growth : Schumpeterian Perspectives*. Cambridge, Mass. : MIT Press.

SCHUMPETER, Joseph. 1950. *Capitalism, Socialism, and Democracy*. 3rd ed. New York : Harper and Row.

SCOTCHMER, Suzanne et Jerry GREEN. 1988. « Novelty and Disclosure in Patent Law ». Graduate School of Public Policy, University of California, Berkeley, Working paper no. 148.

SCOTT, John T. 1984. « Firm versus Industry Variability in R&D Intensity », in Zvi GRILICHES, éd., *R&D, Patents, and Productivity*. Chicago : University of Chicago Press.

SCOTT, John T. 1991. « Research Diversity Induced by Rivalry », in Zoltan J. ACS et David B. AUDRETSCH, éds., *Innovation and Technological Change : An International Comparison*. New York : Harvester Wheatsheaf.

SHAPIRO, Carl et Robert D. WILLIG. 1990. « On the Antitrust Treatment of Production Joint Ventures ». *Journal of Economic Perspectives* 4 : 113–30.

STIGLER, Stephen M. 1986. *The History of Statistics*. Cambridge, Mass. : Harvard University Press.

TAYLOR, Charles T. et Z. Aubrey SILBERSTON. 1973. *The Economic Impact of the Patent System*. Cambridge : Cambridge University Press.

TISDELL, Clem. 1974. « Patenting and. Licensing of Government Inventions-General Issues Raised by Australian Policy ». *Australian Economic Papers* 13 : 188–208.

ULRICH, Alvin, Hartley FURTAN et Andrew SCHMITZ. 1986. « Public and Private Returns from Joint Venture Research : An Example from Agriculture ». *Quarterly Journal of Economics* 101 : 103–29.

USHER, Dan. 1964. « The Welfare Economics of Invention ». *Economica* 31 : 279–87.

VICKERY, Graham. 1986. « International Flows of Technology-Recent Trends and Developments ». *STI Review* (Automne) : 47–84.

WSRIGHT, Brian D. 1983. « The Economics of Invention Incentives : Patents, Prizes, and Research Contracts ». *American Economic Review* 73 : 691–707.

Annexe A au chapitre 17

Brevets, récompenses et contrats de recherche

Cette annexe compare les brevets, récompenses et contrats de recherche. Elle se base sur l'article de Wright (1983). Supposons que chaque entreprise d'une industrie concurrentielle s'engage dans un projet de recherche dont le coût, m, est constant. Le coût total de la recherche pour l'ensemble des n entreprises de l'industrie est donc $C(N) = nm$. Les entreprises se lancent dans une course technologique. La probabilité qu'une d'entre elles au moins découvre quelque chose est $\rho(n)$. Plus il y a d'entreprises, plus cette probabilité augmente : $\rho'(n) > 0$. Cependant, l'augmentation se fait à un taux décroissant : $\rho''(n) < 0$. Soit B, la valeur de la découverte pour la société. Dans ce cas, $B\rho(n)$ est la valeur anticipée de la découverte au moment où les recherches débutent.[1]

La recherche à lieu en t. Si une découverte est faite en t, la société en bénéficie ensuite indéfiniment. Pour simplifier, nous ne tenons pas compte d'une poursuite éventuelle des recherches si aucune découverte n'est faite en t.

Il faut choisir le nombre optimal de projet (et donc d'entreprises), n, qui maximise le bénéfice social net, $S(n)$, soit le bénéfice anticipé moins le coût :

$$\max_n S(n) \equiv B\rho(n) - C(n) = B\rho(n) - nm. \tag{17A.1}$$

S est maximum pour n^* tel que :

$$S'(n^*) = B\rho'(n^*) - C'(n^*) = B\rho'(n^*) - m = 0. \tag{17A.2}$$

Autrement dit, le bénéfice marginal, $B\rho'(n^*)$, est égal au coût marginal, m.

Nous postulons que $\rho(n) = 1 - e^{-\alpha n}$ (comme pour le tableau 17.2 et la figure 17.1). L'équation (17A.2) peut donc se reformuler ainsi :

$$S'(n^*) = \alpha B e^{-\alpha n^*} - m = 0. \tag{17A.2'}$$

Résolvons l'équation (17A.2) en n^* :

$$n^* = -\frac{1}{\alpha} \ln\left(\frac{m}{\alpha B}\right). \tag{17A.3}$$

Dans le tableau 17.2, on a pris $m = 1$, $B = 25$ et $\alpha = 0{,}2031$, de sorte que $n^* = 8$.

[1] B est égal à la valeur actualisée du surplus des consommateurs, évaluée au prix concurrentiel. Par conséquent B est égal au surplus des consommateurs d'une seule période, divisé par r, le taux d'actualisation social.

Récompenses octroyées par l'État

Supposons que l'État offre une récompense égale à B, la valeur de la découverte, à la première entreprise qui la trouve. Rappelons que la probabilité qu'une découverte soit faite est égale à $\rho(n)$. Si plusieurs entreprises trouvent en même temps, la récompense est partagée ou attribuée par tirage au sort. Par conséquent, la probabilité qu'une des n entreprises gagne est égale à $\rho(n)/n$. Dans ce cas, une entreprise qui cherche à maximiser son profit ne se lancera dans la recherche que si le bénéfice anticipé est supérieur ou égal au coût anticipé :

$$B\frac{\rho(n)}{n} \geqslant m. \tag{17A.4}$$

Dans l'exemple du tableau 17.3, cette équation est vérifiée à l'égalité pour $n = 24{,}84$.

Une récompense égale à $Bn^*\rho'(n^*)/\rho(n^*)$ permet-elle d'obtenir le nombre optimal de projets de recherche ? Le gain anticipé de chaque entreprise est alors égal à $B\rho'(n^*)$ et, d'après l'équation (17A.2), ce gain anticipé incite un nombre optimal d'entreprise à entreprendre des recherches ($n^* = 8$). Mais comme $\rho''(n) < 0$, la probabilité moyenne de faire une découverte est supérieure à la probabilité marginale : $\rho(n)/n > \rho'(n)$. Ainsi, $Bn\rho'(n)/\rho(n) < B$, ce qui fait que la récompense envisagée est inférieure à B et engendre donc un nombre insuffisant de projets de recherche.

Contrats de recherche financés par l'État

Le gouvernement peut s'assurer qu'un nombre optimal de projets sera conduit ($n^* = 8$) en offrant de les financer lui-même, qu'ils aboutissent ou non. Les 8 entreprises seront par exemple sélectionnées par un système d'enchères. La concurrence fera baisser le prix à $m = 1$.

Brevets

Supposons que la première entreprise à faire une découverte recoive un brevet lui donnant le droit exclusif de vendre son produit. Si plusieurs entreprises aboutissent en même temps, le brevet est partagé ou tiré au sort. Pour déterminer combien d'entreprises vont conduire un projet de recherche, nous devons d'abord déterminer la valeur du brevet.

Dans l'exemple, la demande est linéaire et le coût de production est constant. La demande est donnée par :

$$p = a - bQ, \tag{17A.5}$$

où $a = 6$ et $b = 5$. Le coût marginal de production est $m = 1$. Donc, si le produit est vendu au prix concurrentiel ($= m$), $p = 1$. Le surplus des consommateurs (bénéfice de la découverte), SC, à toute période, est égal à la surface située sous la courbe de demande et au-dessus de $m = 1$: $SC = (a - m)^2/(2b) = 2{,}50$ F. La valeur actualisée de ce surplus au prix concurrentiel est SC/r, où r est le taux d'intérêt. Lorsque $r = 10\%$, le surplus actualisé est égal à 25 F, c'est-à-dire B, le bénéfice social de la découverte.

Le monopole maximise son profit en égalisant la recette marginale au coût marginal. Ici, la recette total est égale à $aq - bq^2$, ce qui implique une recette marginale égale à $a - 2bq$. Le coût marginal est $m = 1$. Donc, le monopole pratiquera un prix égal à $p_m = (a + m)/2 = 3{,}50$ F, vendra $q_m = (a - m)/(2b) = 0{,}5$ unités et obtiendra un profit $\pi_m = 1{,}25$ F. Avec un prix de monopole, le surplus des consommateurs est $SC_m = 0{,}625$ F par période, soit le cinquième de sa valeur en concurrence.

Si le brevet dure indéfiniment et en admettant que la découverte ait lieu, le profit total actualisé du monopole est $\pi_m/r = 12{,}50$ F. Si chaque entreprise a une chance identique d'obtenir le brevet, le rendement anticipé d'une entreprise qui se lance dans la recherche est égal à $12{,}50\,\text{F}\rho(n)/n$. Les entreprises démarrent alors un projet de recherche si $m = 1 \leqslant 12{,}50\ \text{F}\rho(n)/n$. Avec un brevet permanent, le rendement anticipé net d'une entreprise est $12{,}50\ \text{F}\rho(n)/n - 1$, ce qui fait zéro lorsque le nombre d'entreprises est égal à 11,22 (c'est-à-dire 11 entreprises si l'on impose un nombre entier). Ainsi, un brevet permanent engendre-t-il une recherche trop importante ($11{,}22 > 8$).

Quelle est la durée d'un brevet qui conduirait $n^* = 8$ entreprises à entre dans la course aux brevets ? Calculons la valeur actualisée d'un brevet qui dure t années (VAB) :

$$VAB\,(t) = \pi_m \int_0^t e^{-rs} ds = \frac{\pi_m}{r}\left(1 - e^{rt}\right). \qquad (17A.6)$$

Le rendement anticipé de toute entreprise qui participe à la course aux brevets est donc $VAB(t)\rho(n)/n$. Une entreprise n'entre dans la course aux brevets que si ce rendement anticipé est supérieur où égal au coût marginal de la recherche : $VAB(t)\rho(n)/n \leqslant qm$. Dans l'exemple du chapitre, la durée t^* qui conduit à $n^* = 8$ s'obtient en résolvant $VAB(t^*)\rho(8)/8 = 1$, ce qui fait $t^* = -10\ln(1 - 8/[12{,}50\rho(8)]) = 15{,}94$.

Cependant, contrairement aux récompenses, les brevets engendrent une distorsion une fois la découverte effectuée : le prix fixé par le monopole est trop élevé. Le gouvernement est donc confronté à un choix. Un allongement de la durée du brevet augmente la recherche et la probabilité de succès mais augmente aussi le coût total de la recherche et la perte liée au profit de monopole.

Si le gouvernement recoure tout de même au système des brevets, il doit alors chosir la durée t^* qui maximise le bénéfice social net anticipé, sachant que le prix sera fixé en monopole. Le gain social net anticipé d'un brevet de durée t est :

$$BSNA\,(t) = \left[(SC_m + \pi_m)\int_0^t e^{-rs} ds + \frac{SC}{r} e^{-rt}\right] \rho\,(n_m) - n_m m. \qquad (17A.7)$$

Le premier terme du membre de droite représente la valeur actualisée de la somme des surplus des consommateurs et des profits sur t années durant lesquelles le brevet exclusif protège le monopole. Le second terme représente la valeur actualisée du surplus des consommateurs un fois que le brevet a expiré. $\rho(n_m)$ est la probabilité de succès lorsque n_m entreprises participent à la course aux brevets. Le dernier terme du membre de droite représente le coût total de la recherche pour les n_m entreprises. Les entreprises entrent dans la course aux brevets tant que le coût marginal de la recherche est (supérieur ou) égal au rendement marginal anticipé :

$$m = 1 = \frac{\pi_m \rho\,(n_m)}{r n_m}\left(1 - e^{-rt}\right). \qquad (17A.8)$$

Pour t donné, la valeur de n_m qui résout cette expression est celle utilisée pour les calculs du tableau 17.4.

La solution optimale s'obtient en maximisant l'équation (17A.7) par rapport à t, sous contrainte de l'équation (17A.8). On obtient $t = 11{,}4475$, ce qui implique $n_m = 6{,}004$ et est inférieur à $n^* = 8$. Voir le tableau 17.4.

18

L'ajustement des marchés : théories et faits

La fortune et le marché ont ceci en commun : si vous attendez un peu, le prix baisse.

Francis Bacon

Jusqu'à présent, nous avons supposé que l'**ajustement du marché**, c'est-à-dire le mécanisme d'équilibre des quantités offertes et demandées, se faisait exclusivement par le prix.[1] Cependant, sur la plupart des marchés — peut-être même tous — d'autres élements que le prix interviennent dans ce mécanisme. Ce chapitre est consacré à l'examen des indications empiriques de l'ajustement des prix, ainsi qu'à l'exposé de certaines des théories récentes qui permettent de rendre compte des faits observés.[2]

Nous commençons par un exposé des trois théories les plus simples et les plus traditionnelles de l'ajustement des marchés. L'objectif de ces théories est d'expliquer comment les prix gouvernent l'allocation des ressources selon la structure

[1] Sauf au chapitre 17, pour l'analyse de la R&D.

[2] Il s'agit en fait d'une version révisée de l'article de Carlton (1989).

concurrentielle, oligopolistique ou monopolistique du marché considéré. Nous passerons ensuite en revue les données empiriques concernant le mécanisme des prix. Ces données s'écartent à tel point des théories traditionnelles qu'il faut s'interroger sérieusement sur leur pertinence.

Nous étudierons ensuite différentes théories alternatives qui tentent d'expliquer certaines des caractéristiques paradoxales des données empiriques sur les prix. Nous analyserons en particulier une théorie plus générale qui retient d'autres facteurs que le prix pour expliquer l'ajustement. Enfin, nous verrons aussi que le ratio de concentration n'est pas le seul indicateur de la structure d'un marché, notamment lorsqu'il s'agit de comprendre comment la structure d'un marché modifie l'impact des chocs qui affectent l'offre ou la demande. Comme l'absence d'ajustement des marchés par le prix est l'un des postulats essentiels de certaines théories macroéconomiques, les questions évoquées dans ce chapitre ont beaucoup plus attiré l'attention des spécialistes de cette matière (voir Mankiw et Romer, 1991, par exemple) que celles des spécialistes d'économie industrielle.

Les 5 questions principales qui sont abordées dans ce chapitre peuvent être résumées ainsi :

1. Les théories de base d'après lesquelles le prix suffit à ajuster les marchés ne sont pas compatibles avec les données empiriques du fonctionnement de la plupart des marchés.

2. La consommation et les stocks sont d'autres facteurs qui interviennent dans l'ajustement temporel des marchés.

3. Les coûts de transaction, parmi d'autres facteurs, expliquent la lenteur de réaction des entreprises dans l'ajustement de leurs prix.

4. Le type de relations à long terme qui nouent les entreprises entre elles ont une influence sur le mécanisme d'ajustement du marché.

5. La façon dont les marchés réagissent aux chocs sur la demande et sur les coûts ne dépend pas seulement du degré de concentration des marchés.

18.1 Trois théories de l'ajustement des marchés

Cette section passe brièvement en revue les trois modèles les plus importants du fonctionnement des marchés. Dans la section suivante, nous confrontons ces modèles aux données empiriques sur les prix. Cette façon de procéder permettra de repérer les insuffisances des modèles de base et d'essayer d'y remédier.

18.1.1 Concurrence

Le modèle de base de la concurrence est le plus simple et le plus utilisé des modèles. Il suppose que le prix s'ajuste de façon à égaliser l'offre et la demande. Ce modèle postule un marché qui fonctionne parfaitement, sans coûts de transaction ni incertitudes tenant à l'offre ou à la demande.

Le modèle de la concurrence a pour qualité l'élégance et la simplicité de ses conclusions. Toute variation de l'offre ou de la demande entraîne un ajustement du prix permettant l'équilibre du marché.[3] L'importance de la variation du prix ne dépend pas seulement de l'importance de l'offre ou de la demande, mais également des formes des courbes d'offre et de demande. À l'équilibre, tous les consommateurs et tous les offreurs sont satisfaits. Les consommateurs paient tous le même prix et les producteurs pratiquent tous le même prix. De même, les variations de prix se répercutent de la même façon sur tous les consommateurs.

18.1.2 Oligopole

Le modèle concurrentiel n'est pas approprié lorsque le marché n'est composé que de quelques entreprises conscientes de leur interdépendance mutuelle. À l'heure actuelle, il n'existe pas de théorie unique de l'oligopole. Toutefois, dans la plupart des modèles statiques d'oligopole, on postule qu'aucun acheteur, ni aucun vendeur, n'est insatisfait par le prix du marché, que les variations du prix se répercutent simultanément sur tous les acheteurs et que les coûts de transaction sont nuls. De même, la plupart des modèls d'oligopole se caractérisent par un fonctionnement du mécanisme des prix différent du mécanisme concurrentiel (chapitres 6 et 7).

Beaucoup de théories de l'oligopole concluent que le prix est relativement peu influencé par les variations de coût (voir, par exemple, le chapitre 6 et l'annexe D au chapitre 7). En effet, pour ne pas troubler la discipline de l'oligopole, les entreprises répercutent assez peu les variations du coût sur le prix, notamment quand elles sont faibles (voir le chapitre 6). En effet, comme toute variation de prix en oligopole peut déclencher une guerre de prix, chacune des entreprises de l'ologopole réfléchit longuement avant de modifer son prix.

18.1.3 Monopole

Le monopole égalise sa recette marginale à son coût marginal (chapitre 5). Donc, le prix fixé par un monopole est supérieur au coût marginal. De même que pour les modèles de concurrence et d'oligopole, il n'y a pas de demandeurs insatisfaits par le prix du marché et le coût d'allocation des biens (le coût du recours au marché) est supposé nul. La théorie suppose en outre que la courbe de demande est connue et que les variations de prix sont parfaitement corrélées entre les acheteurs.

---

[3] La façon dont le prix s'ajuste pour atteindre le nouvel équilibre n'est généralement pas expliquée. On ne sait pas, pas exemple, quelle entreprise initie le mouvement, ni pourquoi. Voir Arrow (1959).

La théorie explique aussi comment le monopole réagit face à une variation de l'offre ou de la demande. Par exemple, si le coût marginal se modifie, le nouveau prix est déterminé par l'intersection de la nouvelle courbe de coût marginal avec la courbe (supposée inchangée) de recette marginale.

Il est généralement admis que le prix fixé par un monopole est moins sensible aux variations de coût que le prix concurrentiel. Cette affirmation ne tient que si l'on admet que la courbe de demande est linéaire, ce qui implique que les variations de coût marginal se traduisent par des variations de prix *inférieures* à celle du coût marginal. En concurrence, comme le prix est égal au coût marginal, la variation du prix est toujours égale à celle du coût marginal. Supposons que la courbe de demande soit donnée par :

$$Q = 9 - p,$$

et que le coût marginal soit égal à 1 F. Dans ce cas, le prix de monopole sera est à 5 F. Si le coût marginal augmente de 1 F à 3 F, le prix de monopole varie de 5 F à 6 F. La variation du prix est donc égale à la moitié de celle du coût marginal. En revanche, dans une industrie concurrentielle, le prix augmente autant que le coût marginal.

Il existe des exemples dans lesquels le prix de monopole change plus que le prix concurrentiel lorsque le coût varie. Ainsi, quand l'élasticité de la demande et le coût marginal sont constants et que le prix s'obtient en multipliant le coût marginal par un facteur constant supérieur à 1, toute hausse du coût marginal accroît davantage le prix. Par exemple, si l'élasticité est égale à – 2, le prix de monopole à 2 F et le coût marginal à 1 F, une augmentation du coût marginal de 1 F à 3 F se traduit par une augmentation du prix de 2 F à 6 F. Ainsi, le prix aura augmenté de 4 F en réaction à une augmentation du coût marginal de 2 F. Si l'industrie considérée était concurrentielle, le prix aurait augmenté exactement autant que le coût marginal.

Ces exemples de la variabilité du prix montrent que la relation entre les changements de prix et ceux du coût dépendent de la forme de la fonction de demande. Par conséquent, il est impossible de tirer des conclusions générales sur la façon dont cette relation est affectée par la structure concurrentielle ou monopolisitique du marché. Il est également impossible de dégager des conclusions dans le cas de l'oligopole, car sa structure peut se rapprocher, selon les cas, de la concurrence ou du monopole (cependant, certaines théories soutiennent que lorsque les variations du coût sont très faibles, le prix en oligopole demeure inchangé).

18.2 Indications empiriques sur le rôle des prix dans l'ajustement des marchés

Des observations ponctuelles ainsi que des enquêtes plus systématiques ont permis de mieux compendre le rôle des prix dans l'ajustement des marchés. Elles éclairent plus particulièrement les deux questions suivantes :

- Jusqu'à quel point les prix sont-ils rigides ?
- Comment le prix et la marges prix-coût (différence entre le prix et le coût marginal) varient-ils au cours du cycle économique ?

18.2.1 Rigidité des prix

Les observations ponctuelles indiquent que les prix sont plus rigides que ne le suggèrent les théories simples. Il est évident, par exemple, que les consommateurs ne trouvent pas toujours les biens qu'ils désirent. D'autre part, lorsque plusieurs voitures font la queue à une pompe, leurs occupants savent bien que le prix à la pompe n'augmentera pas pour autant et qu'ils n'ont qu'à attendre leur tour pour être servi. Plus généralement, le prix des biens ne varie pas de façon continue, mais reste fixe pendant des périodes plus ou moins longues. C'est la raison pour laquelle le consommateur qui cherche un produit ne peut pas l'obtenir (car les stocks sont épuisés).

Les articles de journaux rapportent souvent le cas d'entreprises qui ont du mal à satisfaire la demande en période de forte croissance. Les monographies historiques d'entreprises (Chandler, 1977) montrent que l'intégration verticale (vers l'amont) ne s'explique pas toujours par le désir de payer moins cher les produits mais également par la volonté d'assurer la disponiblité d'un produit de façon fiable. Sur de nombreux marchés, le fait d'attendre une livraison, voire l'impossibilité de se procurer un produit, sont des phénomènes considérés comme normaux. En période d'offre tendue, seuls les clients privilégiés sont approvisionnés et les autres doivent attendre ou même renoncer.

Ces indications suggèrent que sur beaucoup de marchés, le prix n'est pas la seule variable d'ajustement du marché. Or, aucune des théories de base que nous avons rappelées dans la section précédent ne permettent par exemple d'expliquer l'existence de consommateurs insatisfaits, alors qu'il s'agit pourtant d'une caractéristique notable du fonctionnement de nombreux marchés.

A. Premières enquêtes sur les prix

Frederick Mills (1927) est l'auteur d'une des plus anciennes études sur la flexibilité des prix et leur évolution. Mills a étudié de nombreuses statistiques de prix réunies par l'*U.S. Bureau of Labor Statistics* (BLS), afin d'établir la fréquence et l'amplitude de leurs variations. Son analyse représente une contribution remarquable à notre connaissance du comportement des prix.

La figure 18.1 présente certains des résultats de l'étude de Mills, sur la fréquence des variations de prix au cours de diverses périodes, toutes industries confondues. Le graphique permet de voir que la courbe de fréquence des variations de prix est en forme de U, ce qui signifie qu'il y a beaucoup de produits dont les prix changent fréquemment et beaucoup de produits dont les prix changent peu.

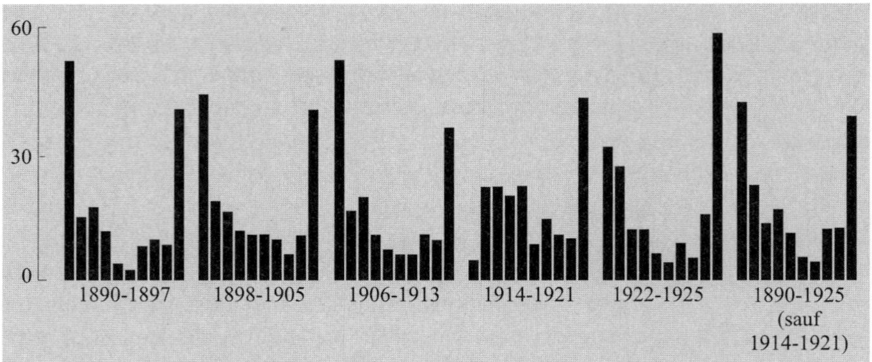

L'abcisse indique les fréquences de variation du prix. Pour une période donnée, les déplacements vers la droite indique une élévation de la fréquence. L'ordonnée indique le nombre de biens associés à une fréquence donnée.
SOURCE: Mills (1927, p.371)

Figure 18.1: *Fréquence des variations de prix*

Il se peut que l'offre et la demande soient en équilibre dans toutes les industries et que le graphique traduise simplement la fréquence des chocs sur l'offre et la demande. Ainsi, il existerait beaucoup de marchés sur lesquels ces chocs sont fréquents et beaucoup de marchés sur lesquels ils sont plus rares. Mais il se peut aussi que sur certains marchés les prix changent beaucoup car ils sont le moyen essentiel, voire exclusif, d'ajustement. De même, si les prix changent peu sur d'autres marchés, c'est peut-être parce que d'autres facteurs que le prix interviennent dans l'ajustement du marché. Le terme **rigidité du prix** est utilisé ici pour désigner l'absence de variation du prix en réaction aux fluctuations du coût ou de la demande.(4)

Gardiner Means (1935) mérite également d'être mentionné. Contrairement à celle de Mills, son étude eut non seulement un énorme retentissement sur les économistes, mais également sur les responsables politiques. Son influence est encore perceptible aujourd'hui. Selon Means, les modèles traditionnels ne permettent pas d'expliquer le rôle des prix sur de nombreux marchés. Si la Grande Dépression s'est produite, c'est parce que les lois de l'offre et de la demande ont cessé de

[4] Les prix rigides présentent un intérêt non pas du fait de leur rigidité, mais parce que cette rigidité *peut* impliquer qu'ils n'ajustent pas les marchés. Si les prix étaient parfaitement indexés sur l'inflation, ils changeraient en permanence. Dans ce cas, l'existence d'acheteurs insatisfaits demeurerait un fait troublant, car elle indiquerait que les prix n'ajustent pas les marchés. Dans les modèles de base, l'allocation inefficiente des ressources se produit lorsque le prix *marginal* (le prix de l'unité supplémentaire) ne permet pas d'ajuster le marché. Un contrat qui stipule une quantité déterminée à un prix déterminé *n'est pas* une cause d'inefficience car le prix de l'unité supplémentaire est le prix d'achat de cette unité sur le marché (autrement dit, si la quantité peut être choisie, le prix du contrat est le prix marginal et, par conséquent, la rigidité n'empêche pas l'efficience).

gouverner les marchés et que les prix n'ont pas varié dans les proportions requises par l'ajustement des marchés. Les arguments de Means ont reçu une très grande attention, car il soutenait que la Grande Dépression, qui demeurait inexplicable pour la plupart des économistes, résultait de la faillite du mécanisme d'ajustement par les prix, dans lequel tous les économistes avaient foi.[5] Les analyses de Means ont stimulé la réflexion des économistes professionnels car mêmes si elles sont fausses (comme nous le verrons plus loin) elles mettent en évidence l'inadéquation des théories traditionnelles.

Selon la théorie de Means, beaucoup de marchés fonctionnent sous un régime de **prix administrés**, c'est-à-dire de prix contrôlés par les entreprises et indépendants des lois de l'offre et de la demande. D'après cette théorie, les entreprises choisissent, pour des raisons inexplicables, de ne pas ajuster leur prix. Selon Means, les variations de prix intervenant sur les marchés administrés sont beaucoup plus rares que celles intervenant sur les marchés concurrentiels et, lorsqu'elles se produisent, sont beaucoup plus fortes. Comme les marchés administrés connnaissent de longues périodes de prix rigides, ils ne peuvent pas s'ajuster et il en résulte d'importants déséquilibres, comme la Grande Dépression.

Pour Means, les prix administrés ne concernent pas uniquement les marchés ayant un fort taux de concentration. Comme ce qu'il entendait par prix administré n'était pas clairement défini, ses thèses ont nourri une abondante littérature, pleine de controverses, dont l'objectif était de cerner leur cohérence d'ensemble.[6] Ces travaux ont confirmé que le comportement de certains prix au moins n'était pas conforme à la représentation que les modèles traditionnels en donnent.[7]

Les travaux antérieurs de Mills (1927), qui ont beaucoup moins retenu l'attention que les thèses de Gardiner Means, ne révèlent cependant aucune augmentation significative de la rigidité des prix entre les années 1890 et le milieu des années 1920 (voir la figure 18.1). Par ailleurs, nous n'avons pas connaissance d'études montrant que la rigidité des prix a augmenté après 1929. Means avait raison de souligner l'inadéquation des théories postulant des prix flexibles, mais ce phénomène n'est pas

[5] Keynes et d'autres macroéconomistes ont développé des théories de la Grande Dépression d'après lesquelles l'absence de flexibilité des salaires (et non le prix des autres biens) empêchait l'ajustement des marchés. Cependant, il est probable que la rigidité des salaires joue un rôle moins important que celle des autres prix, de sorte que le poids que lui accordent certains macroéconomistes est exagéré (Garman et Richards, 1992). Les indications empiriques concernant la façon dont les salaires réels (salaires ajustés pour tenir compte de l'inflation) évoluent au cours du cycle économique permettent de déterminer si les salaires sont plus rigides que les prix. Si les prix sont plus rigides que les salaires, les salaires réels doivent être procycliques (c'est-à-dire qu'ils doivent augmenter au cours des périodes d'expansion et diminuer au cours des phases de récessions). Si les salaires sont plus rigides que les prix, les salaires réels sont contra-cycliques (c'est-à-dire qu'ils doivent baisser au cours des périodes d'expansion et augmenter au cours des phases de récessions). Selon Zarnowitz (1985), les salaires réels sont rocycliques.

[6] Voir Beals (1975), Lustgarten (1975), Qualls (1979), Scherer (1980, ch. 13), Weiss (1977), Weston et Lustgarten (1974), ainsi que la bibliographie figurant dans ces références.

[7] Voir, par exemple, Weiss (1977), mais également Stigler et Kindahl (1973) pour un point de vue différent.

spécifiquement lié à la Grande Dépression. En fait, comme nous allons le voir maintenant, il est également caractéristique de l'économie américaine contemporaine.

B. Études plus récentes

La principale critique adressée à l'étude de Means est qu'elle s'appuie sur les statistiques de prix de l'*U.S. Bureau of Labor Statistic* (BLS). Or, une étude de McAllister (1961), effectuée pour un comité du Congrès consacré aux statistiques de prix, a établi que les chiffres du BLS ne tenaient généralement pas compte des remises de prix consenties par les entreprises. De plus, un examen de la façon dont le BLS recueillait ses statistiques a montré que le nombre d'entreprises qui transmettaient leur prix au BLS variait d'un secteur à l'autre. Or, plus le nombre d'entreprises qui déclarent leurs prix est élevé, plus la probabilité d'enregistrer une certaine flexibilité moyenne augmente, notamment lorsque les produits sont hétérogènes.

Face à l'inadéquation des statistiques de prix fournies par le BLS, Stigler et Kindahl (1970) ont réuni des données sur les transactions individuelles entre acheteurs et vendeurs. Bien que leurs données contiennent inévitablement des erreurs, elles sont aujourd'hui encore la meilleure source d'information dont nous disposons sur le comportement des prix. Stigler et Kindahl ont calculé des indices de prix (des moyennes) pour chacun des produits étudiés et mis en évidence que les prix des transactions réelles semblaient beaucoup plus ajustables que ne l'indiquaient les chiffres du BLS. Les résultats de Stigler et Kindahl ne confirment explicitement aucune des théories de base de l'ajustement des marchés, mais ils permettent largement de comprendre pourquoi les résultats obtenus à partir des chiffres du BLS étaient si paradoxaux.

Les résultats de Stigler et Kindahl contiennent d'ailleurs des informations surprenantes au regard des théories traditionnelles. Ainsi, ils ont établi que les transactions entre acheteurs et vendeurs étaient généralement stables à long terme, même lorsqu'elles concernaient des produits hétérogènes, ce qui semble indiquer que les agents économiques valorisent la durée. Nous verrons par la suite que cette caractéristique expliquent peut-être une bonne part du comportement apparemment paradoxal des prix.

Les prix étudiés par Stigler et Kindahl n'évoluent pas seulement de façon moins rigide que ceux du BLS. Ils évoluent aussi de façon différente sur certaines périodes. Les chiffres du BLS reflètent principalement les prix des produits « à emporter », alors que ceux de Stigler et Kindhal sont basés sur le prix des produits commandés d'avance et négociés sur une base régulière entre clients et fournisseurs. Ainsi que nous l'avons déjà indiqué, cette caractéristique explique que les chiffres de Stigler et Kindahl traduisent beaucoup mieux l'importance des relations commerciales à long terme (Stigler et Kindahl, 1970, p. 6). La comparaison des chiffres de Stigler et Kindahl et de ceux du BLS montre que durant les récessions, les prix au comptant

Tableau 18.1: *Rigidité des prix selon les industries*

Industrie	Durée moyenne de la rigidité des prix (en mois)
Acier	17,9
Métaux non ferreux	7,5
Pétrole	8,3
Pneus	11,5
Papier	11,8
Chimie	19,2
Ciment	17,2
Verre	13,3
Moteurs de camions	8,3
Contre-plaqué	7,5
Électroménager	5,9

SOURCE : Carlton (1986, tableau 1).

(prix des produits disponibles immédiatement) augmentent relativement aux prix des contrats à long terme.[8]

Une autre caractéristique intéressante du comportement des prix révélée par l'étude de Stigler et Kindhal est que les relations contractuelles à long terme ne sont généralement pas caractérisées par un prix et une quantité spécifiques. Il est donc faux de croire que les contrats à long terme impliquent la fixation rigide d'un prix et d'une quantité (Williamson, 1975).

Weiss (1977) a comparé les résultats de Stigler et Kindahl avec ceux de Means (1935, 1972). Il conclut que s'il est difficile de donner un contenu empirique aux thèses de Means, les données disponibles sur l'évolution des prix ne sont guère compatibles avec les conclusions auxquelles les modèles de base nous ont habitué.

Carlton (1986) a également fait une analyse des prix recueillis par Stigler et Kindahl, en s'interdisant de construire des indices (moyenne), partant de l'idée que les moyennes masquent parfois des évolutions individuelles significatives. Par exemple, si les nouveaux acheteurs ne paient pas le même prix que les acheteurs plus anciens, le résultat moyen donnera l'impression que le prix est flexible, alors qu'en fait les prix des contrats sont fixés de façon rigide. Il se peut donc que le prix soit parfois un moyen d'ajustement, mais que d'autres facteurs, telle qu'une bonne connaissance par le vendeur des besoins de ses clients, soit également un moyen d'allocation des ressources.

Carlton a calculé la fréquence de changement d'un prix après qu'il ait été fixé une première fois pour un acheteur (tableau 18.1). Le degré de rigidité du prix, c'est-à-dire la durée moyenne de stabilité du prix, varie beaucoup d'une industrie

[8] Les comparaisons entre les deux ensembles de chiffres sont assez rares. Voir Stigler et Kindahl (1970), Carlton (1979), ainsi qu'Hubbard et Weiner (1986).

à l'autre : d'environ 6 mois pour les appareils électroménagers, à 18 mois pour les produits chimiques. Carlton a même trouvé des cas où le prix payé par un acheteur restait constant pendant 5 ans.[9]

Si l'on admet certains postulats extrêmes, les indications du tableau 18.1 peuvent être compatibles avec les théories de base de l'évolution des prix. On peut par exemple soutenir que là où les prix observés sont rigides, les conditions de l'offre et de la demande changent assez peu, mais que là où les prix observés sont flexibles, les conditions de l'offre et de la demande changent fréquemment. Toutefois, la durée de stabilité de certains prix de l'échantillon est telle que cette analyse est peu vraisemblable.

Les chiffres de Stigler et Kindahl permettent également d'étudier la corrélation (co-mouvement) des variations de prix entre différents acheteurs d'un bien identique. D'après les conclusions de tous les modèles de base d'ajustement du marché, les variations de prix auxquelles les acheteurs individuels sont soumis devraient être fortement corrélées. Ce résultat est confirmé pour certains produits, mais pas tous.

L'un des résultats notables de l'étude de Carlton est l'existence d'une relation solide entre la concentration d'un marché et la rigidité des prix. Plus un marché est concentré, plus les prix restent stables sur de longues périodes. Rappelons cependant que les modèles de base ne permettent aucune conclusion quant au lien entre la rigidité des prix et le degré de concentration d'un marché.[10]

En résumé, l'examen attentif des chiffres de Stigler et Kindahl revèle que l'évolution des prix ne confirme pas les modèles de base d'ajustement du marché. Si ces résultats ne prouvent pas que les marchés sont inefficients, ils indiquent cependant que les modèles de base d'ajustement par le prix ne s'appliquent pas à certains marchés.

C. Études internationales

Gordon (1983), Encaoua et Geroski (1984) et d'autres économistes ont analysé les différents degré de flexibilité des prix selon les pays. Encaoua et Geroski ont utilisé une base de donnée très désagrégée pour apprécier la relation entre prix, coût et concentration pour un échantillon les pays (Canada, Japon, Suède, Royaume-Uni et États-Unis) et de produits. Ils ont trouvé que lorsqu'un marché avait un degré de concentration élevé, les prix s'ajustaient généralement plus lentement aux variations de coût.[11] Ils ont également trouvé que plus il y a de concurrence

---

[9] Cecchetti (1985) a étudié l'évolution des prix pratiqués par les kiosques à journaux et établi que la fréquence de changement s'était accélérée depuis les années 1950, où elle était environ de 7 ans, aux années 1970, où elle était passée à 3 ans en moyenne.

[10] La théorie de l'oligopole peut justifer qu'un prix reste fixe lorsque la variation du coût est peu importante. Mais l'augmentation du degré de concentration implique que l'oligopole se transforme progressivement en monopole. Or, dans le modèle de base, aucune raison théorique ne peut être invoquée pour justifier la stabilité des prix en monopole.

[11] Domberger (1979) avait conclut au résultat inverse pour le Royaume-Uni.

(mesurée par les importations) et de nouvelles entreprises sur un marché, plus les prix s'ajustent rapidement aux variations de coûts. Leurs résultats montrent enfin que la flexibilité des prix varie d'un pays à l'autre. Ainsi, le Japon a-t-il des prix plus flexibles que les États-Unis. Les raisons de cette diversité demeurent inexpliquées.

18.2.2 Évolution des prix et des marges prix-coût au cours du cycle économique

Il existe de nombreuses études empiriques portant sur la relation entre prix, marges prix-coût, cycle économique et concentration.[12] Nous allons rendre compte de certaines des plus récentes. Comme ces études aboutissent à des conclusions différentes, il s'agit d'un domaine où la recherche se poursuit activement.

Domowitz, Hubbard et Petersen (1986a, 1986b, 1987) ont étudié l'évolution des prix du secteur manufacturier aux États-Unis, sur la période 1958–81, à partir de chiffres concernant 400 industries. Ils ont dégagé 3 conclusions intéressantes. Premièrement, dans les industries concentrées, les marges prix-coûts (qui devraient théoriquement être égales au ratio des prix moins le rapport du coût marginal au prix) sont *procycliques* : elles augmentent pendant les périodes d'expansion et diminuent au cours des récessions (voir aussi Qualls, 1979). Deuxièmement, dans les industries relativement peu concentrées, les marges prix-coûts sont *contra-cycliques* : elles baissent pendant les périodes d'expansion et augmentent au cours des récessions. Troisièmement, la syndicalisation de la main-d'œuvre, qui semble plus importante dans les industries concentrées, engendre une plus grande stabilité des salaires au cours du cycle.

Selon eux, si les marges sont procycliques dans les industries concentrées, c'est que les coûts, en particulier les salaires réels, sont plus rigides dans ces industries. Autrement dit, en phase d'expansion, lorsqu'une entreprise appartenant à une industrie concentrée augmente son prix, cette augmentation n'est associée qu'à une faible élévation de son coût de production, de sorte que l'écart entre le prix et le coût (marginal) augmente. La présence d'employés syndiqués est peut-être l'une des explications de la plus grande rigidité des salaires dans les industries concentrées car le taux de syndicalisation est positivement corrélé avec le taux de concentration.

La découverte de l'existence de marges prix-coût procycliques dans les industries concentrées a d'importantes implications concernant le mode de fonctionnement des marchés. En effet, une entreprise n'augmente normalement sa marge prix-coût que lorsque sa courbe de demande devient moins élastique. Or, il n'y a apparemment aucune raison pour que ce soit le cas précisément pendant les périodes d'expansion. Par conséquent, il est nécessaire de chercher d'autres explications du caractère procycliques de la marge prix-coût dans les industries concentrées, telles que l'interdépendance des entreprises d'un oligopole (par exemple, plus grande

[12] Voir le chapitre 9, ainsi que Schmalensee (1989) pour un aperçu d'ensemble.

tendance à ne pas respecter le prix fixé par l'oligopole en période d'expansion) ou l'existence de relations à long terme entre clients et fournisseurs.

Certains chercheurs aboutissent à une conclusion inverse concernant l'évolution des marges. Par exemple, Scherer (1980, ch. 9), après avoir fait une synthèse des recherches sur ce thème, conclut que les marges des industries concentrées sont vraisemblablement contra-cycliques. Sa conclusion se fonde sur les résultats des études ayant établi que les prix s'ajustaient plus lentement aux variations de coût dans les industries concentrées.

L'évolution procyclique des marges est également remise en question par Bils (1987). Selon ses recherches, le coût marginal est procyclique et la marge est généralement contracyclique. De plus, la concentration n'aurait aucun effet sur cette relation. Mais ce résultat est obtenu à partir d'un nombre d'observations moins élevé que celui de Domowitz *et al.* Bils s'est particulièrement attaché à mesurer le coût marginal plutôt que le coût moyen variable, alors que Domowitz *et al.* ont utilisé un indicateur du coût variable moyen pour calculer la marge. Si le coût marginal est croissant, la marge prix-coût réelle (celle calculée à partir du coût marginal) peut demeurer inchangée ou même baisser au cours du cycle économique (et cependant augmenter d'après Domowitz *al.* qui ne le mesurent pas de la même façon). Même si cette différence dans le choix de l'indicateur de coût n'explique pas entièrement l'écart entre la conclusion de Bils et celle de Domowitz *et al.*, elle réconcilie tout de même en partie leurs points de vue.

Mentionnons une dernière étude qui contredit la thèse des marges procycliques. Il s'agit de l'étude de Mills (1936) sur l'évolution des marges durant et après la Grande Dépression. Celle-ci aboutit également à la conclusion qu'elles sont procycliques. Bien que Mills n'ait pas analysé la relation entre les marges et la concentration, sa conclusion contredit cependant la thèse de Domowitz *et al.*, d'après lesquels les marges n'évoluent de façon contracyclique que dans les industries peu concentrées.

18.3 Interprétation des résultats empiriques

Les résultats empiriques sur l'évolution des prix indiquent que si le fonctionnement de certains marchés peut s'expliquer par les modèles de base, ce n'est pas le cas de tous les marchés. La flexibilité des prix varie selon les marché et la concentration semble être un facteur important de cette variabilité. Sur certains marchés, les variations de prix affectant les acheteurs individuels ne sont pas corrélées entre elles, ce qui suggère que d'autres facteurs, tels que la connaissance de l'acheteur par le vendeur, entrent également en jeu.

Il existe plusieurs tentatives (à commencer par celle de Tucker, 1938) de réconciliation de la théorie économique avec les observations. L'une d'elle consiste à étendre et à améliorer les théories de base. Comme cette approche peut s'avérer particulièrement fructueuse, nous décrirons certaines des extensions qui ont été proposées. Mais l'élargissement des théories de base ne permet pas de résorber toutes les incohérences entre la théorie et les faits. Aussi, le reste de cette section sera-t-il consacré à l'exposé de théories alternatives qui visent à mieux prendre en compte ces faits.[(13)]

18.3.1 Extension des théories de base : l'introduction du temps

Les théories de base qui insistent sur le mécanisme d'ajustement par le prix ne prennent pas en compte le mécanisme de la **substitution intertemporelle**, c'est-à-dire la possibilité de différer la production ou la consommation dans le temps. Cette extension du modèle concurrentiel de base est facile à effectuer, car il suffit de considérer que les biens sont différents à chaque date (Debreu, 1959, p. 7). Dans un modèle dynamique, le consommateur peut substituer d'autres biens actuels à la consommation d'un bien donné, mais il peut aussi lui substituer la consommation future de ce bien. De même, une entreprise peut substituer l'offre future à l'offre présente en faisant varier ses stocks.

L'introduction du temps dans les modèles de base de la concurrence, de l'oligopole ou du monopole les rend plus réalistes grâce à la prise en compte des possibilité de substituion intertemporelle de la demande comme de l'offre. Nous allons maintenant décrire comment chacun de ces modèles est modifié par l'introduction du temps.

A. Concurrence

Pour introduire le temps dans le modèle concurrentiel, il suffit de dater les biens. Chaque bien à chaque date est alors considéré comme un bien particulier. On comprend alors intuitivement que la substituion intertemporelle de l'offre et de la demande va jouer un rôle important dans les processus d'ajustement.

La courbe de demande pour un produit à un moment donné ne dépend pas seulement du prix de ce produit à ce moment-là, mais aussi de la perception du prix futur par les consommateurs. Si les consommateurs sont disposés à attendre ne serait-ce qu'un court instant pour consommer le produit, toute augmentation du prix présent par rapport au prix futur anticipé va induire une réduction de la consommation présente au profit de la consommation future, ce qui signifie que l'élasticité-prix de la consommation présente est positive.

De même, la courbe d'offre à un moment donné ne dépend pas seulement du prix à ce moment-là, mais également des prix futurs anticipés. La possibilité de substitution intertemporelle influence à tout moment la disposition des entreprises à offrir le produit à un prix donné. Les entreprises savent qu'au lieu de produire et de vendre aujourd'hui, elle peuvent alternativement produire aujourd'hui, conserver

[13] Nous n'étudierons pas le rôle de l'aversion pour le risque dans l'explication de la rigidité des prix, car les recherches empiriques ont montré qu'il n'était pas important (Carlton, 1986). Voir Polinski (1987) pour une étude détaillé de la relation entre l'aversion pour le risque et la fixation des prix.

Tableau 18.2: *Fluctuations des prix et des délais de livraison*

Industrie	Écart-type du log : du prix	Écart-type du log : des délais de livraison	Temps médian de livraison (mois)
Textiles	0,06	0,17	1,26
Papier et assimilés	0,05	0,08	0,46
Acier	0,03	0,25	1,95
Métaux	0,03	0,18	3,06
Mécanique	0,04	0,25	3,63
Machines électriques	0,05	0,10	3,86

SOURCE : Carlton (1983b, tableau 1).

un stock et vendre demain. La possibilité de déterminer l'échelonnement temporel optimal de la production, ainsi que de l'emploi des facteurs de production (les stocks sont l'un de ces facteurs), a une influence sur la forme de la courbe de coût marginal à court terme.

L'équilibre concurrentiel est caractérisé par un prix particulier pour chaque bien à chaque date à laquelle il peut être consommé. Tout ce qui est susceptible de modifier le coût de production présent ou futur, ou la demande présente ou future, affecte non seulement le prix présent, mais aussi les prix futurs. Par conséquent, tout choc se produisant maintenant sur l'offre ou la demande peut avoir un faible effet sur le prix présent comme sur les prix futurs, mais engendrer d'importants déplacements de la consommation dans le temps.

L'idée essentielle qui se dégage de ce modèle élargi de concurrence est que de très faibles variations de prix peuvent suffire à égaliser l'offre et la demande, car ce sont les variations intertemporelles des quantités qui assurent en fait l'essentiel de l'ajustement.(14)

S'il se produit d'importantes modifications dans l'échelonnement temporel de la consommation en réaction aux conditions de demande ou d'offre, les chiffres devraient faire apparaître de fortes variations dans les délais de livraisons (écart entre la commande et la livraison). Zarnowitz (1962, 1973), Maccini (1973) et Carlton (1983b) soulignent l'importance des délais de livraison comme mécanisme d'ajustement du marché. Beaucoup de marchés sont caractérisés par de fortes fluctuations des délais de livaison et de faibles variations de prix. Le tableau 18.2 présente des indicateurs de variabilité (l'écart-type du log d'une variable indique

[14] Si l'on décrit un bien par un vecteur de caractéristiques, ce n'est plus seulement le prix ou la quantité du bien qui peuvent varier en réponse à une perturbation de l'offre ou de la demande, mais n'importe quelle caractéristique du vecteur (Rosen, 1974). Par exemple, si la demande de transport par bus augmente au cours des heures de pointe, le prix du transport n'augmente pas, mais les bus sont surchargés, ce qui signifie qu'un bien de moindre qualité a été substitué à un bien d'une qualité donnée (un transport effectué dans des conditions décentes).

Tableau 18.3: *Élasticités (prix et délais de livraison)*

Industrie	**Prix**	**Délais de livraison**
Papier et assimilés	-1,37	-0,4
	(7,9)	(3,7)
Acier	-14,36	-0,78
	(2,8)	(3,0)
métaux	-1,75	-0,30
	(1,8)	(3,6)
Mécanique	-3,5	-0,35
	(5,4)	(3,5)
Machines électriques	-1,60	-0,64
	(2,2)	(3,3)

NOTE : Les valeurs absolues du t sont données entre parenthèses (d'après les critères habituellement employés en statistique, un t supérieur à 2 indique que le coefficient estimé est statistiquement différent de zéro).
SOURCE : Carlton (1985).

la variation du pourcentage de variation de cette variable) du prix et des délais de livraison dans quelques industries majeures. Comme on peut le constater, dans la plupart des cas, l'indicateur de variabilité des délais de livraison est plus élevé que celui de variabilité du prix (de 1,6 fois à 8,3 fois). L'intuition de la théorie dynamique de la concurrence suivant laquelle les fluctuations de prix nécessaires à l'ajustement des marchés sont moins importantes que ne le prévoient le modèle en l'absence d'effets de substitution intertemporelle, est donc compatible avec les indications empiriques.

Carlton (1985) a tenté d'évaluer si les délais de livraison avaient une influence sur la demande (voir le tableau 18.3). Si on rapproche les résultats du tableau 18.3 de ceux du tableau 18.2, on doit conclure que sur beaucoup de marchés, les fluctuations de délais de livraisons jouent un rôle notable dans la réalisation de l'équilibre entre l'offre et la demande. Par exemple, les chiffres des tableaux 18.2 et 18.3 impliquent qu'une augmentation du log du prix de l'acier égale à une fois l'écart-type engendre une baisse de la demande d'environ 0,43% (soit $0{,}03 \times 14{,}36$), alors qu'une augmentation du log des délais de livraison de même ampleur n'engendre qu'une baisse de la demande d'environ 0,2% (soit $0{,}25 \times 0{,}78$).

Nadiri et Rosen (1973), Haltwanger et Maccini (1983) et Topel (1982) ont effectué des estimations de l'ajustement temporel de la production des entreprises face aux variations de la demande. Ces études partent de l'idée que les entreprises peuvent non seulement faire varier les prix, mais également les stocks, l'emploi et la quantité utilisée des autres facteurs de production pour s'adapter aux fluctuations de la demande. Cette prise en compte des phénomènes de substitution intertemporelle permet de mieux cerner l'évolution des prix dans le temps. Par exemple, lorsque la gestion des stocks est peu coûteuse, les entreprises peuvent vendre moins dans l'immédiat afin de conserver leur production en stock, ce qui aura pour effet d'élever le prix présent. En revanche, si elles s'attendent à ce que le prix futur baisse, elles écouleront leur stock, ce qui fera baisser le prix actuel. En définitive, les variations de stocks ont un effet régulateur sur le prix.

La technologie choisie par l'entreprise exerce une influence sur les possibilités de substitution intertemporelle et donc sur la courbe d'offre. Mills et Schuman (1985) ont cherché à déterminer quelles étaient les entreprises qui adoptaient une technologie de production flexible leur permettant d'ajuster les facteurs de production en fonction de la production. Une entreprise possédant une technologie flexible peut par exemple choisir de produire entre 10 et 100 unités sans altérer son efficience, alors qu'une entreprise posséant une technologie rigide ne pourra produire avec efficience que des quantités comprises entre 45 et 55 unités. Si l'on peut expliquer le choix de flexibilité technologique de l'entreprise, on pourra d'autant mieux prévoir les ajustements de production lui permettant de s'adapter aux fluctuations à court terme de la demande (Stigler, 1939). Mils et Schuman ont établi que les petites entreprises avient généralement des technologies de production plus flexibles que les grandes. Il peut s'ensuivre que les industries dans lesquelles l'entrée et la survie sont difficiles pour les petites entreprises connaissent un accroissement de production moins important en période d'expansion que les industries n'ayant pas ces caractéristiques. Ainsi, dans des secteurs comme l'agriculture, où la flexibilité technologique est faible, les variations de prix engendrées par les variations à court terme de la demande sont beaucoup plus importantes que dans le reste de l'économie.

En résumé, le modèle dynamique de la concurrence permet d'expliquer pourquoi les marchés s'ajustent sans variations importantes des prix. Plutôt que les prix, ce sont les quantités produites et demandées qui s'ajustent très fortement dans le temps, du fait de la substitution intertemporelle opérées par les entreprises et les consommateurs.

B. Oligopole

La prise en compte du temps a également un incidence sur les modèles d'oligopole, principalement pour les mêmes raisons que celles que nous venons d'exposer dans le cadre du modèle concurrentiel. Autrement dit, la possibilité de substituer la consommation ou la production dans le temps affecte la façon dont les marchés s'ajustent aux variations de l'offre et de la demande. Des travaux récents (voir le chapitre 6) ont montré que lorsqu'on prend en compte l'interaction répétée des entreprises d'un oligopole sur de nombreuses périodes, l'équilibre obtenu est différent de celui du modèle de base statique. Par exemple, lorsque les entreprises peuvent s'envoyer réciproquement des signaux, la probabilité du succès des ententes augmente.

Au chapitre 6, nous avons analysé les implications des différents modèles d'oligopole à plusieurs périodes sur la politique de prix des entreprises.[15] Dans le modèle de Rotemberg et Saloner (1986), les guerres de prix s'apaisent en période d'expansion, alors que dans ceux de Stigler (1964), Porter (1983), ainsi que Green et Porter (1984), les guerres de prix s'apaisent en revanche lorsque l'activité ralentit ou lorsque l'incertitude sur les perspectives économiques s'accroît, comme dans le périodes d'inflation (Vining et Elwertowski, 1976).[16] Les études empiriques exposées au chapitre 6 infirment la thèse de Rotemberg et Saloner suivant laquelle les périodes d'apaisement des guerres de prix correspondraient aux phases ascendantes du cycle.

C. Monopole

L'introduction d'éléments dynamiques dans l'étude du monopole engendre le même type d'effets de substitution intertemporelle de la production ou de la consommation qu'en concurrence. Par exemple, un monopole qui a la possibilité de constituer des stocks fixera son prix en tenant compte de la relation entre les différentes courbes de recette marginale associées aux diverses périodes. Il s'ensuivra une politique de prix plus stable que celle suggérée par les modèles de base du monopole (Amihub et Mendelson, 1983 ; Blinder, 1982 ; Phlips, 1983 et Reagan, 1982).

La prise en compte du temps dans le cas du monopole (voir dans celui de l'oligopole) soulève cependant des problèmes qui ne se posent pas pour la concurrence. Ainsi, un monopole doit-il non seulement tenir compte de l'influence du prix courant sur la demande courante, mais aussi de l'influence du prix courant sur la demande future (ce problème est analysé au chapitre 16 dans le cas d'un monopole produisant un bien durable). Par exemple, une augmentation du prix de l'acier en barre peut inciter certains producteurs à réviser leur projet de construction de nouveaux hauts-fourneaux, ce qui en retour exerce une influence sur le prix de l'acier en barre. De même, si le comportement futur des consommateurs est influencé par le prix présent, le monopole peut prendre cette interaction en compte dans la fixation du prix. En revanche, une entreprise en concurrence ne peut contrôler ni le prix actuel, ni la demande future.

Par exemple, si le coût de production s'accroît de façon inattendue à court terme, mais que le monopole sait que cette augmentation est temporaire, il peut s'abstenir d'augmenter le prix de crainte que cette répercussion soit interprétée comme une hausse de prix définitive par les consommateurs, ce qui engendrerait une baisse de la demande à long terme. Le monopole peut ainsi avoir intérêt à absorber les

---

[15] Voir notamment Rotenberg et Saloner (1989), pour l'incidence du comportement stratégique des entreprises d'un oligopole sur leurs gestions des stocks.

[16] Carlton (1983a) analyse les effets de l'inflation sur la politique de prix en oligopole. L'inflation accroît les coûts d'information et peut favoriser le développement de produits plus standardisés aux prix plus flexibles.

augmentations temporaires de coût, de facon à ce que l'évolution du prix n'inquiète pas les consommateurs.

18.3.2 Coût fixe de changement du prix

Si l'entreprise doit supporter un coût à chaque fois qu'elle modifie son prix, il n'y aura pas de modification continue comme le prévoit le modèle de base d'ajustement du marché, que ce soit en concurrence ou en monopole. Au contraire, le prix demeurera inchangé jusqu'à ce qu'un nouveau prix suffisamment élevé pour compenser le coût de changement puisse être fixé (Barro, 1972).[(17)]

Il est clair que cette théorie rend compte de la rigidité des prix, mais pour être crédible, elle doit justifier l'existence d'un coût fixe de changement du prix. Il peut par exemple s'agir du coût de publication d'un nouveau catalogue, d'impression d'un nouveau menu ou du changement du prix d'articles se trouvant déjà sur les rayonnages.

En plus des coûts de changement des prix, d'expédition des nouveaux catalogues ou d'impression des menus, il existe une autre raison pour laquelle les entreprises peuvent hésiter à changer leur prix : certains clients n'achètent qu'après avoir effectué une comparaison entre les prix proposés par plusieurs magasins. Donc, si l'entreprise ne change pas son prix et s'ils pensent que le prix n'a pas changé ailleurs, ils resteront fidèles à leur entreprise habituelle. Par contre, si l'entreprise change son prix, ils peuvent interpréter ce changement comme le signal d'un changement des conditions du marché et se mettre à nouveau en quête d'un magasin proposant un prix plus attractif. Voir l'exemple 18.1, ainsi que Ball et Cecchetti (1988).

Si les coûts fixes de changement du prix sont élevés, on ne devrait pas observer de faibles variations de prix, mais seulement des variations assez importantes. Carlton (1986) a recensé les plus faibles variations de prix observées pour un large échantillon de produits intermédiaires du secteur manufacturier. Le tableau 18.4 présente ses résultats et montre que pour la plupart des produits, les variations les plus faibles sont très petites, ce qui suggère qu'en ce qui concerne ces produits au moins, les coûts fixes de variation des prix sont assez faibles.[(18)]

18.3.3 Rigidité des prix et gestion des stocks

Comme une fois qu'ils sont fixés, les prix de nombreux produits ne changent plus pour un certain temps (Ceccetti, 1985 ; Carlton, 1986), il se peut que les

[17] Rotenberg et Saloner (1987) ont montré que sous certaines conditions, la fixation des prix en duopole avec coût fixe d'ajustement, est plus flexible qu'en monopole.

[18] Nous employons le verbe *suggérer* parce qu'il est possible que nous n'observions ces faibles variations de prix que lorsque les nouvelles conditions d'offre et de demande qui les ont déclenchées sont anticipées comme étant durables. Ces observations seraient alors compatibles avec l'existence de coûts fixes de changement assez élevés lorsque les déplacements d'offre et de demande sont temporaires, mais non quand ils sont définitifs. Quoique cette explication demeure envisageable, nous n'avons connaissance d'aucune indication empirique qui la confirme.

EXEMPLE 18.1

Dispersion des prix et coûts de recherche : la version du Talmud

Le Talmud, qui fut rédigé par des érudits juifs il y a environ 1 200 à 1 500 ans, contient des lois, des interprétations et des discussions. Dans une de ces discussions, les rabbins analysent les conséquences de la dispersion des prix. Un groupe de rabbins propose que si l'acheteur d'un bien paie un prix supérieur d'un sixième au juste prix du marché (terme qui n'est jamais défini précisément), il peut exiger l'annulation de la vente et être intégralement remboursé. Ce droit doit cependant être limité au temps nécessaire pour faire expertiser le bien par quelqu'un de compétent (un autre vendeur, par exemple).

Mais le rabbin Tarfon, de Lod, n'est pas d'accord et propose que l'acheteur ne puisse demander l'annulation et le remboursement que s'il a payé un prix supérieur d'un tiers au juste prix du marché. Comme Lod était une ville très commerçante, la proposition du Rabbin Tarfon fut initialement soutenue par les marchands, mais ils changèrent d'avis lorsqu'il entendirent qu'il donnait un jour entier à l'acheteur pour exercer ses droits. Les marchands étaient bien placés pour savoir qu'étant donné leur nombre et la faiblesse des coûts de recherche, un acheteur pourrait toujours trouver un vendeur qui lui confirmerait qu'il avait payé un prix trop élevé.

SOURCE : *The Talmud, Steinsalz Edition.* 1990. Random House,
Volume III, Partie III, Tractate Bava Metzia : p. 99–100.

consommateurs ne puissent pas se les procurer temporairement. Cependant, alors même qu'il s'agit d'un fait communément reconnu, les théories de base ne prennent jamais en compte la pénurie temporaire d'un produit.

Mills (1962) a étudié le comportement d'un monopole qui doit fixer le prix et la quantité avant de connaître la demande. La politique optimale d'un monopole neutre à l'égard du risque consiste à produire suffisamment pour que le prix anticipé soit égal au coût marginal. Le prix anticipé est égal au prix pratiqué multiplié par la probabilité qu'un consommateur achète le produit. La gestion optimale du stock dépend alors de l'écart entre le prix et le coût marginal. Plus le prix est proche du coût marginal, plus le stock optimal est faible. Inversement, plus l'écart est élevé, plus le stock optimal est important. L'intérêt de détenir un stock se réduit avec l'ampleur de la marge car le profit par unité vendue baisse du fait d'un coût fixe de gestion du stock. L'intérêt de cette analyse est qu'elle montre que la probabilité de *pénurie* augmente à mesure que le prix du marché baisse avec le coût marginal.

Dans les modèles de Carlton (1977, 1978, 1984b, 1991), DeVany et Saving (1977) et Gould (1978), les consommateurs ne jugent pas uniquement l'entreprise sur sa politique de prix, mais également sur sa gestion des stocks. En effet, les consommateurs sont à la fois sensibles au prix d'une produit et à sa disponibilité. Il se peut par exemple que certains consommateurs préfèrent fréquenter un magasin où les prix sont un peu plus élevés, mais où les rayons sont régulièrement approvisionnés, tandis que d'autres consommateurs préfèrent les magasins à bas prix, quitte à ce que les produits qu'ils cherchent soit fréquemment indisponibles. Étant donné qu'une entreprise qui veut répondre à une demande fluctuante doit gérer un

Tableau 18.4: *Proportion des faibles variations de prix dans les variations totales*

		Ampleur de la variation du prix			
Produit	**Type de contrat**	**< 0,25%**	**< 0,5%**	**< 1%**	**< 2%**
Acier	Annuel	0,04	0,08	0,11	0,27
	Trimestriel	0,05	0,11	0,17	0,24
	Mensuel	0,09	0,20	0,36	0,52
Métaux non ferreux	Annuel	0,02	0,05	0,09	0,27
	Trimestriel	0,02	0,05	0,12	0,25
	Mensuel	0,08	0,15	0,28	0,49
Pétrole	Annuel	0	0	0,08	0,24
	Trimestriel	0	0	0,02	0,17
	Mensuel	0,01	0,05	0,19	0,47
Pneus caoutchouc	Annuel	0,12	0,21	0,30	0,44
	Trimestriel	0,07	0,11	0,18	0,34
	Mensuel	0,13	0,23	0,38	0,63
Papier	Annuel	0,04	0,09	0,08	0,27
	Trimestriel	0	0,19	0,24	0,33
	Mensuel	0,13	0,23	0,43	0,62
Chimie	Annuel	0,04	0,08	0,13	0,24
	Trimestriel	0	0,05	0,11	0,24
	Mensuel	0,05	0,14	0,30	0,42
Ciment	Annuel	0,14	0,22	0,32	0,46
	Trimestriel	0	0	0,01	0,19
	Mensuel	0,71	0,75	0,85	0,94
Verre	Annuel	0	0	0,07	0,19
	Trimestriel	0	0	0,20	0,40
	Mensuel	0,03	0,20	0,45	0,67
Moteurs de camion	Annuel	0,03	0,03	0,12	0,20
	Trimestriel	0	0	0	0,08
	Mensuel	0,12	0,27	0,50	0,75
Contre-plaqué	Annuel	—	—	—	—
	Trimestriel	0,01	0,02	0,06	0,19
	Mensuel	0,19	0,38	0,54	0,72
Appareils ménagers	Annuel	0	0	0	0,25
	Trimestriel	—	—	—	—
	Mensuel	0,22	0,44	0,70	0,95

SOURCE : Carlton (1986, tableau 1).

stock important, la variabilité de la demande exerce un effet sur le coût de production. La fonction de coût d'une entreprise dépend donc aussi des caractéristiques de la demande et la séparation habituelle entre l'offre et la demande des modèles traditionnels, n'est plus applicable ici.

Si la variabilité de la demande exerce un effet sur le coût de production de l'entreprise, celle-ci peut préférer faire payer des prix différents aux clients en fonction de leur plus ou moins grande constance d'achat. Il ne s'agit pas alors de discrimination par les prix proprement dite, puisque ces différences de prix reflètent des différences de coût. Les prix payés par les clients dépendent de la variabilité de leur demande, même si chacun achète à long terme la même quantité d'un produit homogène. De plus, si la variabilité de la demande d'un clients fluctue, le prix payé par ce client peut changer alors même que celui payé par les autres reste constant. Il s'ensuit donc une faible corrélation entre les variations de prix affectant les différents clients, ce qui correspond aux observations empiriques.

18.3.4 Asymétrie d'information et aléa de moralité

Les transactions économiques impliquent le plus souvent des acheteurs et des vendeurs différemment informés. Par exemple, l'acheteur d'une maison en sait moins sur son état que celui qui la vend après y avoir habité longtemps. De même, certains acquéreurs d'actions IBM en savent moins sur cette entreprise que les employés qui peuvent également acheter et vendre des actions.

Cette asymétrie d'information a-t-elle une influence sur l'équilibre du marché ? Comme nous l'avons vu au chapitre 14, selon Akerlof (1970), la réponse est affirmative.

Le modèle d'Akerlof peut être utilisé pour montrer comment un équilibre peut être caractérisé par un excès d'offre ou de demande (Stiglitz, 1976, 1984). Supposons par exemple qu'une entreprise veuille recruter un employé d'un niveau de qualification donné. L'entreprise souhaite évidemment rémunérer cet employé au plus juste. Cependant, si elle publie une offre proposant un salaire peu attractif, les candidats à l'emploi risquent d'être médiocrement qualifiés. Plus le salaire offert est élevé, plus la qualité moyenne des candidats augmente. Si l'en est ainsi, c'est parce que les candidats de valeur se mettent à postuler (en plus des autres qui postulaient déjà quand le salaire était faible). Partant de là, lorsqu'une entreprise n'est pas en mesure d'évaluer a priori la qualification d'un candidat, elle peut fixer un salaire assez élevé pour attirer beaucoup de candidats. On obtient ainsi un équilibre caractérisé par un salaire élevé et un excès d'offre de travail. Dans ces conditions, il se peut alors que le salaire ne varie pas, même si l'offre de travail augmente, afin de ne pas réduire la qualité des candidats.(19)

18.3.5 Vers une théorie générale de l'ajustement des marchés

Nous allons maintenant esquisser une théorie qui permettrait d'expliquer certaines des indications empiriques paradoxales concernant l'évolution des prix. Cette

---

[19] Voir aussi Keeton (1980) et Stiglitz et Weiss (1981) pour des modèles d'information asymétriques dans lesquels le taux d'intérêt est supposé constant.

théorie s'appuie sur l'idée que le recours au système des prix comporte un coût, expliquant ainsi le développement de mécanismes d'ajustement alternatifs.[(20)]

A. Coût du fonctionnement d'un marché qui s'ajuste uniquement par variation du prix

Les théories de base de l'ajustement du marché ne tiennent pas compte du coût de création d'un marché où seul le prix permet l'allocation optimale des ressources. Ces théories prétendent généralement qu'un commissaire-priseur fictif ajuste les prix. Mais, dans la réalité, il existe peu de marchés qui fonctionnent avec ce système.

Les marchés d'instruments financiers comme les options sont ceux qui se rapprochent sans doute le plus des marchés concurrentiels décrits dans les manuels de base. Sur un marché d'options, les transactions portent sur le droit d'acheter et de vendre un bien déterminé à une période future. Pour se représenter le mécanisme des options, imaginons par exemple que Daniel accepte d'acheter un boisseau de blé le 1er avril de l'année prochaine et que Lisa accepte de le vendre à la même date. Le fonctionnement d'un marché où se déroulent des transactions de ce type est coûteux. En plus d'un lieu précis pour accueillir les participants, il faut tenir compte du temps que les participants passent à effectuer les transactions. Par exemple, au *Chicago Board of Trade*, il y a en permanence des arbitragistes et des employés des entreprises de courtage qui travaillent. Il faut donc que toutes ces personnes qui participent directement ou indirectement au déroulement des transactions de leurs clients soient rémunérées.[(21)] Cette rémunération peut prendre plusieurs formes, telles que commissions, ou écarts entre les prix d'achat et de vente. Dans le cas de l'écart entre le prix d'achat et le prix de vente, la différence correspond à la rémunération de l'arbitragiste.

Le temps que les utilisateurs d'un marché consacrent à effectuer leurs transactions est aussi un élément important du coût de fonctionnement de ce marché (Becker, 1965). L'efficience d'un marché peut être limitée par le temps que les clients doivent passer à effectuer leurs achats. En effet, le but d'un marché n'est pas seulement de permettre la réalisation des transactions, il est aussi de faire en sorte que ces transactions se déroulent au moindre coût.

De plus, comme la gestion d'un marché est elle-même une activité productive qui consomme des ressources, on peut envisager l'existence d'un marché sur lequel ce type de services se négocient. De même qu'il existe une concurrence pour la production du meilleur piège à souris, il existe aussi une concurrence pour la mise en œuvre de méthodes efficaces de gestion d'un marché (Carlton, 1984b). D'ailleurs, le *New York Stock Exchange* est en concurrence avec l'*American Stock Exchange*, de même que le *Chicago Mercantile Exchange* est en concurrence avec le *Chicago*

---

[20] Cette théorie est développé de façon détaillée dans Carlton (1991). Voir aussi Okun (1981) et Williamson (1975).

[21] Ces marchés produisent aussi des informations qui peuvent être utilisées gratuitement par des observateurs extérieures, créant ainsi un problème de passager clandestin.

EXEMPLE 18.2 De la difficulté de créer des marchés d'options

La création d'un marché d'options qui fonctionne avec succès n'est pas chose facile. Les marchés d'options sont exclusivement ajustés par les prix et n'existent actuellement que pour un petit nombre de produits. L'existence de ces marchés engendre des bénéfices sociaux évidents et une partie de ces bénéfices vont au secteur privé. Il est donc clair que leur rareté provient du coût élevé de leur création.

Le tableau ci-dessous indique les taux moyen d'échec des marchés d'options ayant été créés aux États-Unis (ceux ayant figuré à un moment ou à un autre à la rubrique qui leur est consacrée dans le *Wall Street Journal*). L'examen du tableau révèle que près de 40% des marchés d'options finissent par disparaître dans les 5 premières années de leur existence. La création de ce type de marché est donc une activité risquée, d'autant plus que, comme le savent bien les opérateurs, il est difficile de distinguer les marchés qui vont connaître le succès de ceux qui vont connaître l'échec.

Âge (Année)	*Probabilité d'échec dans les 5 ans*
1	0,16
2	0,25
3	0,31
4	0,37
5	0,40
10	0,50

SOURCE : Carlton (1984a)

Board of Trade. Faire en sorte qu'un marché fonctionne bien est une tâche difficile (voir l'exemple 18.2).

B. Produits différenciés

L'hétérogénité des produits est peut-être la caractéristique la plus déterminante de la façon dont un marché doit être organisé (par un commissaire-priseur, par exemple) pour que le prix réalise à lui seul l'ajustement. En effet, lorsque les clients achètent leurs produits dans différents endroits, à différents moments et ont des préférences différentes, il est difficile de concevoir un marché dont la gestion s'effectue uniquement par les variations de prix. On risque de se retrouver avec autant de marché qu'il y a de variétés de produits, chacun n'étant composé que de quelques vendeurs et acheteurs et le coût d'organisation devenant trop élevé (Telser et Higgenbotham, 1977).

Supposons que chaque acheteur puisse choisir entre un produit standardisé et un produit spécifiquement conçus pour ses besoins. Il est évidemment avantageux de se procurer le produit personnalisé, mais cela oblige le client à recourir à un marché moins « fluide » (c'est-à-dire où il y a moins de transactions). S'il y a peu d'entreprises susceptibles de satisfaire notre client, le coût de transaction sera élevé. Or plus le produit désiré a des spécifications particulières, moins il y a de chances que le marché s'ajuste par le prix. En fait, la situation extrême est celle où chaque acheteur demande un produit particulier et où les coûts de transaction sont tellement élevés que l'organisation des marchés devient pratiquement impossible.

C. Ajustement en l'absence de marché organisé

Lorsqu'il n'y a pas de marché organisé, les entreprises ne peuvent pas connaître gratuitement le prix d'ajustement et elles doivent donc s'appuyer sur d'autres méthodes de répartition de leurs produits entre les acheteurs. Il existe une large variété de mécanismes d'ajustement différents. Présentons d'abord celui suggéré par Stigler (1961). Dans le modèle de Stigler, il n'y a pas de marché organisé permettant la fixation d'un prix qui égalise l'offre et la demande. Les acheteurs doivent s'informer auprès des différents vendeurs (voir le chapitre 14). Dans ce cas, les coûts de recherche des consommateurs se substituent en quelque sorte aux coûts de fonctionnement du marché.

Mais cette approche selon laquelle les entreprises affichent leurs prix et les consommateurs s'informent auprès des différentes entreprises, n'est qu'une des nombreuses façon de concevoir l'ajustement du marché. Il se peut aussi que les entreprises recrutent des vendeurs dont le travail consiste à se familiariser avec la demande des consommateurs individuels. Même si cette méthode est difficilement compatible avec la fixation d'un prix d'ajustement du marché, elle permet d'identifier les consommateurs qui souhaitent le plus acquérir les biens et donc une allocation efficiente de la production.[22] L'entreprise peut d'abord se servir du prix pour sélectionner les acheteurs qui apprécient le plus son produit et ensuite employer sa connaissance des besoins de chaque acheteur pour répartir la production. Cela expliquerait alors qu'en période de tension sur l'offre, seuls les clients les plus fidèles soient livrés, alors que les nouveaux clients doivent attendre. Cela expliquerait également les relations à long terme entre clients et fournisseurs, comme on les observe fréquemment au Japon.

Lorsque le prix n'est pas l'unique mécanisme d'ajustement du marché, l'allocation des biens peut se faire efficacement même si le prix est rigide. Ainsi, bien que la rigidité du prix implique l'inefficience dans les modèles de base d'ajustement du marché, ce n'est pas nécessairement vrai dans un monde où le prix n'est qu'une des méthodes d'allocation des biens. Voyons maintenant quelles sont les 5 caractérisitiques majeures d'un modèle où le prix est combiné avec d'autres méthodes d'ajustement du marché.[23]

---

[22] Imaginons par exemple qu'une entreprise ayant une capacité de production de 100 unités n'ait que 2 clients identiques, mais dont le niveau de demande n'est pas connu d'avance. Si l'entreprise fonctionne à pleine capacité (c'est-à-dire que la demande de chacun de ses clients est au plus haut au prix qu'elle propose), l'allocation efficiente consiste à diviser la production en 2 parts égales, même si le prix exact d'ajustement du marché n'est pas connu (Carlton, 1991).

[23] Voir Carlton (1986, 1991) pour l'analyse et le test des caractéstiques supplémentaires suivantes : périodes de contrôle des prix, vitesse d'ajustement des prix, évolution des indices de prix et rôle des services marketing des entreprises.

a. Connaissance des besoins des clients. Plus les acheteurs et les vendeurs se connaissent depuis longtemps (mieux ils se connaissent réciproquement), moins ils ont besoin de s'appuyer sur le prix pour réaliser l'allocation efficiente de la production. La connaissance par le vendeur des besoins de l'acheteur peut être un excellent substitut à un marché impersonnel (d'enchères) qui s'ajuste uniquement par le prix. Par exemple, un vendeur qui sait que la demande d'un client est au plus haut durant l'été, peut faire en sorte d'augmenter son offre à cette période.

b. Traitement différent des consommateurs en fonction de leur fidélité. En l'absence d'un ajustement exclusif par le prix, la durée de la relation entre l'acheteur et le vendeur devient une caractéristique qui différencie les clients aux yeux du vendeur. Il se peut par exemple que le vendeur fasse payer un prix différent aux clients fidèles lorsque la relation commerciale s'étend sur toute la durée du cycle économique. Les variations de prix d'un même produit qui affecte les consommateurs peuvent alors être d'ampleurs différentes sans qu'on puisse en tirer de conclusion concernant l'efficience allocative. Ainsi, les observations d'après lesquelles les prix spots ne varient pas dans les mêmes proportions que les prix au comptant (Stigler et Kindahl, 1970), de même que l'absence presque totale de corrélation des variations de prix affectant les différents consommateurs, s'explique mieux à la lumière de cette hypothèse.

c. Prix adaptés au profil temporel des acheteurs. Le profil d'achat d'un client au cours du cycle (ou le degré de corrélation des demandes des différents clients) est une information précieuse pour le vendeur, car elle lui permet de planifier sa capacité de production en fonction des besoins des consommateurs. Même si deux clients achètent un bien identique, le vendeur ne leur fera pas payer le même prix s'ils ont un profil temporel d'achat différent. Les indications concernant les variations de prix affectant les différents clients d'un même produit confirment cette hypothèse.

d. Rotation des clients et rigidité des prix. Lorsque la rotation des clients est rapide et les relations à long terme impossibles, la connaissance des besoins des clients ne peut pas servir de moyen d'allocation des ressources. C'est le cas des industries où le taux de renouvellement des entreprises est élevé ou bien où la fidélité à la marque peu développée. Dans ce cas, c'est le mécanisme d'ajustement par les prix qui devrait prévaloir.

e. Opposition des entreprises à la création des marchés d'options. La création de nouveaux marchés à d'options (parfois appelés « marchés à terme ») remet en question les politiques de prix des entreprises, ce qui engendre parfois des oppositions. Ainsi, lorsque le marché à terme de l'aluminium fut crée vers la fin des années 1970, les producteurs d'aluminium s'y opposèrent (*American Metal Market*, 6 janvier 1978, p. 6). Dans la mesure où l'allocation des biens est une activité productive qui consomme des ressources, les marchés d'options doivent être considérés comme des concurrents directs du service commercial des entreprises de l'industrie concernée. En leur absence, ce sont les agents commerciaux qui créent les informations concernant les prix et leur évolution et qui sont donc rémunérés à ce titre. La création d'un marché à terme augmente donc la concurrence sur le segment marketing de l'industrie, réduisant du même coût le prix des services spécialisés. On comprend ainsi pourquoi les entreprises qui avaient des services marketing performants avant la création du marché à terme aient manifesté une opposition.

18.4 La structure de marché ne se résume pas à la concentration

Les spécialistes d'économie industrielle étudient souvent la façon dont le fonctionnement des marchés est affecté par la variation du taux de concentration.[24] Or, il existe bien d'autres d'autres facteurs qui interviennent dans le fonctionnement d'un marché et, en particulier, dans la façon dont il réagit aux chocs d'offre ou de demande. Par exemple, dans les sections précédentes, nous avons vu que le fonctionnement d'un marché était notablement influencé par la possibilité de substitution intertemporelle de la consommation ou de la production, ainsi que par le rôle du prix dans le mécanisme d'ajustement.

Cette section étudie en détail deux caractéristiques qui influencent la réaction d'un marché aux chocs d'offre ou de demande.[25] Ces deux caractéristiques sont l'importance des stocks et la rigidité des prix face aux aléas de la demande. Pour simplifier, nous considérons ces caractéristiques comme données et analysons l'effet qu'elles exercent sur le fonctionnement du marché. Il est clair cependant que ces caractéristiques peuvent dépendre elles-mêmes de conditions économiques sous-jacentes.

18.4.1 Produire sur commande ou produire pour les stocks ?

Les industries sont organisées selon deux modes différents : celui de la **production sur commande**, où les entreprise attendent d'avoir des commandes pour produire, et celui de la **production pour les stocks**, où les entreprises produisent une certaine quantité qu'elles stockent ensuite en attendant de la vendre (Zarnowitz, 1973 ; Belesley, 1975). Dans de nombreux pays, le système de la production sur commande s'est beaucoup accru par rapport au système de la production pour les stocks, notamment en raison de la place prise par les services dans l'économie. Cette tendance est d'ailleurs à relier avec le concept du *juste-à-temps* appliqué par les entreprises japonaises pour minimiser leurs stocks.

---

[24] Cela n'a de sens que si la concentration était une variable exogène. Or, il semble que la concentration soit plutôt une variable endogène, en partie influencée par l'efficience des entreprises de l'industrie considérée (Demsetz, 1973, Peltzman, 1977 et le chapitre 9). Voir Schmalensee (1985) pour un avis contraire.

[25] Parmi les autres caractéristiques qui exercent une influence sur la réaction d'un marché aux chocs d'offre ou de demande, citons la capacité de prévision des entreprises (Carlton, 1982), le degré d'intégration verticale (Carlton, 1983a ; Wachter et Williamson, 1978), l'importance des nouveaux produits (Shleifer, 1986) et les possibilités de chercher (l'information, etc.) (Lucas, 1981 ; Diamond, 1982).

Une industrie qui fonctionne sur le mode de la production pour les stocks peut satisfaire plus rapidement les clients et mieux profiter des économies d'échelle qu'une industrie qui fonctionne sur la base du carnet de commandes. Mais, par ailleurs, une industrie qui produit à la commande n'a pas à se soucier des coûts de gestion des stocks (en tout cas pour ce qui concerne les produits finis). Elle peut aussi fabriquer des produits mieux adaptés aux besoins des clients et peut-être aussi employer des technologies de production plus flexibles pour compenser l'absence de stocks. La nécessité de l'ajustement par les prix est souvent plus grande dans les industries qui produisent en fonction des stocks. La transmission des chocs aux autres secteurs de l'économie ou dans le temps dépend également du mode de fonctionnement de l'industrie (avec ou sans stocks). Par exemple, si les entreprises ou les consommateurs font des stocks, une augmentation temporaire de la demande est au moins en partie absorbée par une réduction des stocks. En revanche, s'il n'y a pas de stocks, l'augmentation de la demande ne peut qu'accroître les prix et, le cas échéant, la production de la période courante et des périodes futures.

18.4.2 Transmissions des chocs dans les industries à prix fixés

Sur beaucoup de marchés, une fois que les prix sont fixés, ils ne varient plus pendant un certain temps. La production des biens a lieu avant que la demande ne soit connue et les entreprises prennent donc le risque d'avoir des stocks insuffisants. On peut montrer que le ratio des stocks à la demande moyenne dépend du ratio du prix au coût (Carlton, 1977). En effet, le coût d'opportunité d'une vente manquée augmente avec le prix, ce qui fait que l'incitation à détenir un stock augmente avec le prix. Si le prix est très supérieur au coût, la quantité produite est alors supérieure à la demande moyenne. Par contre, si le prix est très proche du coût, le stock est faible par rapport à la demande moyenne et il est fréquent que les stocks soient épuisés.

Carlton (1977) a également montré qu'en réponse à une demande de plus en plus aléatoire, les entreprises augmentent leurs stocks lorsque le prix est très supérieur au coût marginal et diminue en revanche leurs stocks lorsque le prix est très proche du coût marginal. Les entreprises qui ont un stock faible ne peuvent pas amortir les chocs de demande. Par conséquent, lorsque les prix sont temporairerement fixes et que la demande devient plus aléatoire, l'économie est plus vulnérable aux ruptures de stocks lorsque les prix se rapprochent des coûts marginaux.

Les économistes ont récemment commencé à étudier les implications macro-économiques de modèles prenant en compte les coûts fixes de changement des prix (Akerlof et Yellen, 1985 ; Mankiw, 1985 ; Blanchard et Kiyotaki, 1987).[26] Leurs travaux montrent que le besoin d'ajuster les prix est sans doute moins important pour une entreprise qui possède un pouvoir de marché (qui peut fixer un

[26] Voir aussi Drèze (1975), Fisher (1977), Hall (1978), Malinvaud (1979), Rotemberg (1982), ainsi que Phelps et Taylor (1977).

prix supérieur au coût marginal) qu'au niveau de l'économie dans son ensemble. La décision de l'entreprise de modifier son prix en réponse à une variation de la demande est fonction de l'augmentation de profit qu'elle en attend, laquelle n'a lieu que si l'écart entre la nouvelle recette marginale et le nouveau coût marginal est supérieur au coût fixe de changement du prix. L'augmentation de bien-être social causée par la variation de prix dépend quant à elle de la comparaison de l'écart entre le prix (et non la recette margianle) et le coût marginal avec le coût fixe de changement du prix. Si l'entreprise maximise initialement son profit, de sorte que la recette marginale est égale au coût marginal, une faible baisse de la demande ne l'incitera pas à diminuer son prix, bien que cette baisse serait socialement bénéfique. Par conséquent, l'incitation sociale et l'incitation privée à ajuster le prix sont différentes lorsqu'il existe un coût fixe de changement du prix.[27]

Résumé

1. Les indications empiriques concernant l'évolution des prix ne confirment pas de façon satisfaisante les théories de base de l'ajustement des marchés. En particulier, les prix de certains produits au moins sont beaucoup plus rigides qu'aucune des théories de base ne le prévoit. Les économistes se sont donc tournés vers d'autres théories.
2. Les marchés sur lesquels les prix s'ajustent lentement sont caractérisés par des pénuries fréquentes. D'autres mécanismes interviennent concurrement avec celui des prix pour ajuster le marché, parmi lesquels l'ajustement temporel de la consommation et des stocks. Les coûts de transaction, parmi d'autres facteurs, peuvent expliquer que les entreprises n'ajustent que lentement leurs prix.
3. Les nouvelles théories rendent compte de certaines des caractéristiques les plus paradoxales de l'ajustement des marchés. Elles prennent notamment en compte le rôle de la substitution intertemporelle, du coût de l'organisation des marchés et du recours simultané à d'autres formes d'ajustement du marché que le prix.
4. La nature des relation entre acheteurs et vendeurs détermine la meilleure forme d'ajustement du marché. La création des marché d'options nouveaux a peut-être une incidence sur la forme d'ajustement. La façon dont les marchés réagissent aux chocs sur la demande et les coûts dépendent de nombreux autres facteurs que le degré de concentration du marché.

---

[27] De la même façon, lorsqu'il existe une différence entre le prix et le coût marginal, la valeur sociale d'une augmentation de production est supérieure à la valeur privée (pour l'entreprise) de cette augmentation (voir Haberger, 1971). Hart (1982) et Hall (1988) ont appliqué cette idée dans un cadre macroéconomique.

Termes clés	
Ajustement du marché	Production pour les stocks
Prix administrés	Rigidité du prix
Production sur commande	Substitution intertemporelle

Questions

Q.18.1 Les Duranton ont prévu que dans 3 mois, pour fêter leur anniversaire de mariage, ils iraient au restaurant. Ils décident de faire venir une baby-sitter pour s'occuper de leur enfant en bas âge pendant leur absence et insèrent pour cela une annonce dans un hebdomadaire. Ont-ils intérêt d'offrir 25 F de l'heure dans un premier temps, puis, si personne ne se présente, de proposer le tarif plus conventionnel de 100 F/heure ? Expliquez votre réponse.

Q.18.2 La rigidité des prix implique-t-elle l'inefficience ?

Q.18.3 Dans le modèle concurrentiel, le prix s'ajuste aux déplacements de la courbe d'offre. Montrez qu'il en est de même dans le cas d'une augmentation de l'élasticité de la demande.

Q.18.4 Peut-on prévoir comment évoluera le prix d'un monopole confronté à une baisse de la demande en période de récession ?

Q.18.5 Les stocks permettent aux entreprises de faire face aux augmentations inattendues de la demande. Si ces augmentations étaient prévisibles, les stocks seraient moins nécessaires. L'amélioration de la communication inter-entreprises aurait-elle le même effet ?

Problèmes [28]

P.18.1 Supposez que le coût de fabrication d'une baguette revienne à 1 F. Supposez également que la probabilité que le boulanger ait 50 ou 100 clients soit la même et que, sachant que le prix est inférieur ou égal à 5 F, chaque consommateur demande au plus une baguette. Déterminez la quantité de baguettes produites, ainsi que le prix optimal, si le boulanger est en situation de monopole. Indiquez ce qui change si le prix maximum que la plupart des consommateurs sont prêts à payer pour une baguette est égal à 1,50 F.

P.18.2 Quelles changements des conditions économiques peuvent pousser une entreprise qui produit sur commande à produire en fonction des stocks ?

P.18.3 Soit une entreprise dont la courbe de coût marginal est croissante. Expliquez comment les ratios du prix au coût marginal et au coût moyen évoluent avec l'augmentation du prix.

[28] Les solutions des problèmes impairs sont données en fin de livre.

P.18.4 La création d'un marché d'enchères organisées profite-t-elle davantage aux petites ou au grandes entreprises ?

P.18.5 Supposez que deux consommateurs paient un prix différent pour un bien identique. Donnez une raison suffisante permettant à un observateur de conclure qu'il ne s'agit pas de discrimination par le prix.

Bibliographie

AKERLOF, George A. 1970. « The Market for "Lemons" : Quality, Uncertainty, and the Market Mechanism ». *Quarterly Journal of Economics* 84 : 488–500.

AKERLOF, George A. et Janet L. YELLEN. 1985. « A Near-Rational Model of the Business Cycle, with Wage and Price Inertia ». *Quarterly Journal of Economics* 100 (Suppl.) : 823–38.

AMIHUD, Yakov et Haim MENDELSON. 1983. « Price Smoothing and Inventory ». *Review of Economic Studies* 50 : 87–98.

ARROW, Kenneth J. 1959. « Toward a Theory of Price Adjustment », in Moses ABROMOVITZ *et al.*, éds, *The Allocation of Economic Resources*, Stanford, Calif. : Stanford University Press.

BALL, Laurence M. et Stephen J. CECCHETTI. 1988. « Imperfect Information and Staggered Price Setting ». *American Economic Review* 78 : 999–1018.

BARRO, Robert J. 1972. « A Theory of Monopolistic Price Adjustment ». *Review of Economic Studies* 39 : 17–26.

BEALS, R. 1975. *Concentrated Industries, Administered Prices, and Inflation : A Survey of Empirical Research.* Washington D.C. : Council on Wage and Price Stability.

BECKER, Gary. 1965. « A Theory of Allocation of Time ». *Economic Journal* 75 : 493–517.

BELESLEY, David A. 1975. Industry Production Behavior. Amsterdam : North Holland.

BILS, Mark. 1987. « The Cyclical Behavior of Marginal Cost and Price ». *American Economic Review* 77 : 838–55.

BLANCHARD, Oliver et N. KIYOTAKI. 1987. « Monopolistic Competition and the Effects of Aggregate Demand ». *American Economic Review* 77 : 647–66.

BLINDER, Alan S. 1982. « Inventories and Sticky Prices : More on the Microfoundations of Macroeconomics ». *American Economic Review* 72 : 334–48.

CARLTON, Dennis W. 1977. « Uncertainty, Production Lags, and Pricing ». *American Economic Review* 67 : 244–49.

CARLTON, Dennis W. 1978. « Market Behavior with Demand Uncertainty and Price Inflexibility ». *American Economic Review* 68 : 571–87.

CARLTON, Dennis W. 1979. « Contracts, Price Rigidity, and Market Equilibrium ». *Journal of Political Economy* 87 : 1034–62.

CARLTON, Dennis W. 1982. « Planning and Market Structure », in John J. MCCALL, éd., *The Economics of Information and Uncertainty.* Chicago : University of Chicago Press, 47–72.

CARLTON, Dennis W. 1983a. « The Disruptive Effect of Inflation on the Organization of Markets », in Robert Hall, ed., *Inflation*. Chicago : University of Chicago Press, 139–52.

CARLTON, Dennis W. 1983b. « Equilibrium Fluctuations When Price and Delivery Lag Clear the Market ». *Bell Journal of Economics* 14 : 562–72.

CARLTON, Dennis W. 1984a. « Futures Markets : Their Purpose, Their History, Their Growth, Their Successes and Failures ». *Journal of Futures Markets* 4 : 237–71.

CARLTON, Dennis W. 1984b. *Market Behavior Under Uncertainty*. New York : Garland Press.

CARLTON, Dennis W. 1985. « Delivery Lags as a Determinant of Demand ». Unpublished.

CARLTON, Dennis W. 1986. « The Rigidity of Prices ». *American Economic Review* 76 : 637–58.

CARLTON, Dennis W. 1989. « The Theory and Facts of How Markets Clear : Is Industrial Organization Useful for Understanding Macroeconomics ? » in Richard SCHMALENSEE et Robert WILLIG, éds, *The Handbook of Industrial Organization*. Amsterdam : North Holland Press.

CARLTON, Dennis W. 1991. « The Theory of Allocation and Its Implications for Marketing and Industrial Structure ». *Journal of Law and Economics* 34 : 231–62.

CECCHETTI, Stephen G. 1985. « Staggered Contracts and the Frequency of Price Adjustment ». *Quarterly Journal of Economics* 100 : 935–59.

CHANDLER, Alfred D., Jr. 1977. *The Visible Hand : The Managerial Revolution in American Business*. Cambridge, Mass. : Harvard University Press.

DEBREU, Gérard. 1959. *Theory of Value : An Axiomatic Analysis of Economic Equilibrium*. New York : John Wiley and Sons.

DEMSETZ, Harold. 1973. « Industry Structure, Market Rivalry, and Public Policy ». *Journal of Law and Economics* 16 : 1–9.

DEVANY, Arthur S. et Thomas R. SAVING. 1977. « Product Quality, Uncertainty, and Regulation : The Trucking Industry ». *American Economic Review* 67 : 583–94.

DIAMOND, Peter. 1982. « Aggregate Demand Management in Search Equilibrium ». *Journal of Political Economy* 90 : 881–94.

DOMBERGER, Simon. 1979. « Price Adjustment and Market Structure ». *The Economic Journal* 89 : 96–108.

DOMOWITZ, Ian, Glenn R. HUBBARD et Bruce C. PETERSEN. 1986a. « The Intertemporal Stability of the Concentration-Margins Relationship ». *Journal of Industrial Economics* 35 : 13–34.

DOMOWITZ, Ian, Glenn R. HUBBARD et Bruce C. Petersen. 1986b. « Business Cycles and the Relationship Between Concentration and Price-Cost Margins ». *Rand Journal of Economics* 17 : 1–17.

DOMOWITZ, Ian, Glenn R. HUBBARD et Bruce C. Petersen. 1987. « Oligopoly Supergames : Some Empirical Evidence on Prices and Margins ». *Journal of Industrial Economics* 35 : 379–98.

DRÈZE, Jacques H. 1975. « Existence of an Exchange Equilibrium Under Price Rigidities ». *International Economic Review* 16 : 301–20.

ENCAOUA, David et Paul GEROSKI. 1984. « Price Dynamics and Competition in Five Countries ». University of Southampton, Working Paper no. 8414.

FISCHER, Stanley. 1977. « Long-Term Contracts, Rational Expectations, and the Optimal Money Supply Rule ». *Journal of Political Economy* 85 : 191–205.

GARMAN, David et Daniel RICHARDS. 1992. « Wage-Price Flexibility, Market Power, and the Cyclical Behavior of Real Wages, 1959-80 ». *Quarterly Journal of Economics* 107 : 1437–50.

GORDON, Robert. 1983. « A Century of Evidence on Wage and Price Stickiness in the United States, The United Kingdom, and Japan », in James TOBIN, éd., *Macroeconomics, Prices, and Quantities : Essays in Memory of Arthur M. Okun*. Washington, D.C. : The Brookings Institution, 85–134.

GOULD, John P. 1978. « Inventories and Stochastic Demand : Equilibrium Models of the Firm and Industry ». *Journal of Business* 51 : 1–42.

GREEN, Edward J. et Robert H. PORTER. 1984. « Noncooperative Collusion Under Imperfect Price Information ». *Econometrica* 52 : 87–100.

HALL, Robert E. 1978. « The Macroeconomic Impact of Changes in Income Taxes in the Short and Medium Runs ». *Journal of Political Economy* 86 : 571–85.

HALL, Robert E. 1988. « A Non-Competitive Equilibrium Model of Fluctuations ». National Bureau of Economic Research, Working Paper no. 2576.

HALL, R.L. et C.J. HITCH. 1939. « Price Theory and Business Behavior ». *Oxford Economic Papers* 2 : 12–45.

HALTWANGER, John et Louis J. MACCINI. 1983. « A Model of Inventory and Layoff Behavior Under Uncertainty ». Unpublished.

HARBERGER, Arnold C. 1971. « Three Basic Postulates for Applied Welfare Economics : An Interpretive Essay ». *Journal of Economic Literature* 9 : 109–38.

HART, Oliver. 1982. « A Model of Imperfect Competition with Keynesian Features ». *Quarterly Journal of Economics* 97 : 109–38.

HUBBARD, Glenn et Robert WEINER. 1986. « Contracting and Price Flexibility in Product Markets ». Unpublished.

KEETON, William R. 1980. *Equilibrium Credit Rationing*. New York : Garland Press.

LUCAS, Robert E., Jr. 1981. *Studies in Business-Cycle Theory*. Cambridge : The MIT Press.

LUSTGARTEN, Steven H. 1975. « Administered Inflation : A Reappraisal ». *Economic Inquiry* 13 : 191–206.

MCALLISTER, Henry. 1961. « Government Price Statistics ». Hearings before the Subcommittee on Economic Statistics of the Joint Economic Committee, 87th Cong., lst Session. Washington, D.C. : U.S. Government Printing Office.

MACCINI, Louis J. 1973. « On Optimal Delivery Lags ». Journal of Economic Theory 6 :107-25.

MALINVAUD, E. 1979. *The Theory of Unemployment Reconsidered*. New York : Halsted Press.

MANKIW, N. Gregory. 1985. « Small Menu Costs and Large Business Cycles : A Macroeconomic Model ». *Quarterly Journal of Economics* 100 : 529–38.

MANKIW, N. Gregory et David ROMER, eds. 1991. *New Keynesian Economics*, vols. 1 and 2. Cambridge, Mass. : MIT Press.

MEANS, Gardiner C. 1935. « Industrial Prices and Their Relative Inflexibility ». Senate Document 13, 74th Congress, lst session. Washington, D.C. : U.S. Government Printing Office.

MEANS, Gardiner C. 1972. « The Administered Price Thesis Reconfirmed ». *American Economic Review* 63 : 292–306.

MILLS, David E. et Laurence SCHUMANN. 1985. « Industry Structure with Fluctuating Demand ». *American Economic Review* 75 : 758–67.

MILLS, Edwin. 1962. *Prices, Output and Inventory Policy*. New York : John Wiley and Sons.

MILLS, Frederick C. 1927. *The Behavior of Prices*. New York : National Bureau of Economic Research.

MILLS, Frederick C. 1936. *Prices in Recession and Recovery*. New York : National Bureau of Economic Research.

NADIRI, M. Ishaq et Sherwin ROSEN. 1973. *A Disequilibrium Model of the Demand for Factors of Production*. New York : National Bureau of Economic Research and Columbia University Press.

OKUN, Arthur. 1981. *Prices and Quantities : A Macroeconomic Analysis*. Washington, D.C. : The Brookings Institution.

PELTZMAN, Sam. 1977. « The Gains and Losses from Industrial Concentration ». *Journal of Law and Economics* 20 : 229–63.

PHELPS, Edmund S. et John B. TAYLOR. 1977. « Stabilizing Powers of Monetary Policy Under Rational Expectations ». *Journal of Political Economy* 85 : 163–90.

PHLIPS, Louis. 1983. *The Economics ofPrice Discrimination : Four Essays in Applied Price Theory*. New York : Cambridge University Press.

POLINSKY, A. Mitchell. 1987. « Fixed-Price versus Spot-Price Contracts : A Study in Risk Allocation ». *Journal of Law, Economics and Organization* 31 : 27–46.

PORTER, Robert H. 1983. « Optimal Cartel Trigger-Price Strategies ». *Journal of Economic Theory* 29 : 313–38.

QUALLS, P. David. 1979. « Market Structure and the Cyclical Flexibility of Price-Cost Margins ». *Journal of Business* 52 : 305–25.

REAGAN, Patricia B. 1982. « Inventory and Price Behavior ». *Review of Economic Studies* 49 : 137–42.

ROSEN, Sherwin. 1974. « Hedonic Prices and Implicit Markets : Product Differentiation in Pure Competition ». *Journal of Political Economy* 82 : 34–55.

ROTEMBERG, Julio J. 1982. « Sticky Prices in the United States ». *Journal of Political Economy* 90 : 1187–1211.

ROTEMBERG, Julio J. et Garth Saloner. 1986. « A Supergame-Theoretic Model of Price Wars During Booms ». *American Economic Review* 76 : 390–407.

ROTEMBERG, Julio J. et Garth Saloner. 1987. « The Relative Rigidity of Monopoly Pricing ». *American Economic Review* 77 : 917–26.

ROTEMBERG, Julio J. et Garth Saloner. 198–9. « The Cyclical Behavior of Strategic inventories ». *Quarterly Journal of Economics* 104 : 73–97.

SCHERER, Frederic M. 1980. *Industrial Market Structure and Economic Performance*. Chicago : Rand McNally.

SCHMALENSEE, Richard. 1985. « Do Markets Differ Much ? » *American Economic Review* 75 : 341–51.

SCHMALENSEE, Richard. 1989. « Inter-Industry Studies of Structure and Performance », in Richard SCHMALENSEE et Robert WILLIG, éds, *Handbook of Industrial Organization. New York* : North Holland.

SHLEIFER, Andrei. 1986. « Implementation Cycles ». *Journal of Political Economy* 94 : 1163–90.

STIGLER, George J. 1939. « Production and Distribution in the Short Run ». *Journal of Political Economy* 47 : 305–27.

STIGLER, George J. 1961. « The Economics of Information ». *Journal of Political Economy* 69 : 213–25.

STIGLER, George J. 1964. « A Theory of Oligopoly ». *Journal of Political Economy* 72 : 44–61.

STIGLER, George J. et James K. KINDAHL. 1970. *Behavior of Industrial Prices*. New York : National Bureau of Economic Research.

STIGLER, George J. et James K. KINDAHL. 1973. « Industrial Prices, as Administered by Dr. Means ». *American Economic Review* 63 : 717–21.

STIGLITZ, Joseph E. 1976. « Prices and Queues as Screening Devices in Competitive Markets ». IMSS Technical Report no. 212. Stanford University.

STIGLITZ, Joseph E. 1984. « Price Rigidities and Market Structure ». *American Economic Review* 74 : 350–5.

STIGLITZ, Joseph E. et Andrew Weiss. 1981. « Credit Rationing in Markets with Imperfect Information ». *American Economic Review* 71 : 393–410.

TELSER, Lester G. et Harlow N. HIGGENBOTHAM. 1977. « Organized Futures Markets : Costs and Benefits ». *Journal of Political Economy* 85 : 969–1000.

TOPEL, Robert H. 1982. « Inventories, Layoffs, and the Short-Run Demand for Labor ». *American Economic Review* 72 : 769–87.

TUCKER, Rufus. 1938. « The Reasons for Price Rigidity ». *American Economic Review* 28 : 41–54.

VINING, Daniel R., Jr. et Thomas C. ELWERTOWSKI. 1976. « The Relationship Between Relative Prices and the General Price Level ». *American Economic Review* 66 : 699–708.

WACHTER, Michael L. et Oliver E. WILLIAMSON. 1978. « Obligational Markets and the Mechanics of Inflation ». *Bell Journal of Economics* 9 : 549–71.

WEISS, Leonard W. 1977. « Stigler, Kindahl, and Means on Administered Prices ». *American Economic Review* 67 : 610–19.

WESTON, Fred et Stephen LUSTGARTEN. 1974. « Concentration and Wage-Price Changes », in Harvey J. Goldschmidt, éd., *Industrial Concentration : The New Learning*. Boston : Little, Brown, 307-38.

WILLIAMSON, Oliver, E. 1975. *Markets and Hierarchies-Analysis and Antitrust Implications : A Study in the Economics of Internal Organization*. New York : The Free Press.

ZARNOWITZ, Victor. 1962. « Unfilled Orders, Price Changes, and Business Fluctuations ». *Review of Economics and Statistics* 44 : 367–94.

ZARNOWITZ, Victor. 1973. *Orders, Production, and Investment : A Cyclical and Structural Analysis*. New York : National Bureau of Economic Research.

ZARNOWITZ, Victor. 1985. « Recent Work on Business Cycles in Historical Perspective : A Review of Theories and Evidence ». *Journal of Economic Literature* 23 : 523–80.

SIXIÈME PARTIE

Les politiques publiques et leurs effets

19

Le commerce international

Le libre-échange est l'un des plus grands bienfaits qu'un gouvernement puisse apporter à ses électeurs. Pourtant, dans presque tous les pays, il est impopulaire.

Thomas Babington, Lord Macaulay, 1824

L'économie industrielle s'intéresse de plus en plus aux problèmes posés par l'environnement international.[(1)] Deux raisons au moins expliquent cet intérêt grandissant. Premièrement, les thèmes de l'économie internationale, qu'il s'agisse de la différenciation des produits, du dumping, des politiques tarifaires, des subventions, des quotas ou des prix de transfert, sont tous étroitement liés à l'économie industrielle. Deuxièmement, les groupes de pression qui réclament une protection contre la concurrence étrangère ou qui cherchent à capter l'argent des contribuables sous forme de subventions, se réfèrent souvent aux théories de l'économie industrielle pour donner une apparence de rigueur à leurs arguments. Mais en fait, les politiques commerciales vont souvent à l'encontre de l'intérêt des consommateurs et ne peuvent pas se justifier sur le plan de la théorie économique.

Ce chapitre traite cinq sujets principaux :

1. Les déterminants des échanges entre pays du point de vue de l'économie industrielle : différentiation des produits, prédation, discrimination par le prix et *free riding*.

[1] Voir Krugman (1989) pour une excellente synthèse de la littérature sur ce thème.

2. L'utilisation des droits de douane pour créer une situation de monopole ou la combattre.
3. L'utilisation des politiques commerciales stratégiques pour favoriser les entreprises nationales face à leurs concurrentes étrangères.
4. Les gagnants et les perdants des politiques commerciales.
5. La politique des prix de transfert employée par les entreprises multinationales pour se soustraire à la fiscalité.

19.1 Déterminants du commerce entre les pays

Les pays commercent entre eux pour de nombreuses raisons. La plus importante tient aux économies de coût permises par l'échange international. La *théorie de l'avantage comparatif* explique une part importante du volume des échanges, mais d'autres explications jouent aussi un rôle notable, notamment en ce qui concerne les échanges de produits similaires (Feenstra, 1988). Aussi, après avoir résumé la théorie de l'avantage comparatif, nous présenterons les explications de l'échange qui se fondent sur les théories développées en économie industrielle concernant la différentiation des produits, le problème du passager clandestin (ou free riding) et le dumping (exportation à un prix inférieur au coût moyen ou au prix intérieur).

19.1.1 *L'avantage comparatif*

On explique traditionnellement le commerce entre les pays par la théorie de l'avantage comparatif. Selon cette théorie, un pays exporte les biens qu'il peut produire à un coût relativement faible et importe ceux qu'il ne peut produire qu'à un coût relativement élevé.(2)

Pour illustrer cette théorie, supposons qu'en l'absence d'échange international, les États-Unis et le Japon soient initialement en situation d'équilibre concurrentiel, les prix étant égaux aux coûts marginaux. Les États-Unis produisent et vendent du riz au prix de 1 $ le sac et des téléviseurs pour 10 $ l'unité. Le Japon produit du riz au prix de 200 yens le sac et des téléviseurs pour 1 000 yens l'unité. Dans ces conditions, si les États-Unis produisent un téléviseur de moins, ils peuvent produire 10 sacs de riz en plus. Inversement, si le Japon produit un téléviseur de plus, il doit renoncer à produire 5 sacs de riz. Par conséquent, si les deux pays acceptent cette nouvelle répartition des ressources, ils peuvent produire le même nombre de téléviseurs et disposer de 5 sacs supplémentaires de riz. Abstraction

---

2 Notre exposé est volontairement succinct. Pour un traitement plus détaillé, voir par exemple les manuels de Krugman et Obstfeld (1988), Caves, Jones et Frankel (1990, ch. 3), ou Houck (1990).

faite des coûts de transports, les 2 pays gagnent à ce que les États-Unis exportent du riz vers le Japon et le Japon des téléviseurs vers les États-Unis.[3]

Le **taux de change** est le prix d'une monnaie en termes d'une autre. Dans notre exemple, si le taux de change est égal à 200 yens par dollar, un sac de riz se vendra au même prix dans les deux pays, mais un téléviseur japonais vaudra moitié moins qu'un téléviseur américain (les téléviseurs japonais seront exportés vers les États-Unis). Si le taux de change est égal à 100 yens pour un dollar, un téléviseur vaudra autant dans les deux pays, mais un sac de riz américain vaudra moitié moins cher qu'un sac de riz japonais (le riz américain s'exportera vers le Japon).[4]

Plus généralement, l'avantage comparatif des pays dans la production de nourriture ou de vêtements, par exemple, dépend de leurs technologies ou de leur ressources (terrre, travail, etc.). Ainsi, un pays qui possède beaucoup de main-d'œuvre et peu de capital devrait exporter des produits relativement intensifs en main-d'œuvre et importer des produits relativement intensifs en capital (en provenance d'un pays ayant beaucoup de capital et peu de terre). Les États-Unis, par exemple, ont une main-d'œuvre en moyenne très qualifiée et l'on doit donc s'attendre à ce qu'ils exportent plutôt des biens et des services dont la production requiert de la main-d'œuvre qualifiée vers des pays qui ont une main-d'œuvre moins qualifiée.

19.1.2 Commerce intra-branche de produits différenciés

Le commerce de produits similaires entre pays de même niveau de développement a considérablement augmenté.[5] Par exemple, un pays comme la France est à la fois exportateur et importateur d'automobiles, de produits agro-alimentaires, de vêtements et de beaucoup d'autres produits. Ce phénomène révèle donc que l'échange international ne concerne pas seulement des pays et des produits différents, mais également des pays de même niveau de développement et des biens similaires.

Les modèles de produits différenciés peuvent expliquer le commerce de produits similaires. S'il paraît absurde qu'un pays soit à la fois exportateur et importateur d'un produit homogène tel que le riz d'une qualité donnée (soit il l'exporte, soit il l'importe), il peut en revanche exporter et importer des produits différenciés. C'est le cas des voitures : les consommateurs français achètent à la fois des voi-

---

[3] Les *gains de l'échange* ne dépendent pas des niveaux absolus de productivité. En effet, les gains de l'échange existeraient tout de même si un travailleur japonais pouvait produire plus des 2 biens qu'un travailleur américain, ou l'inverse. Le raisonnement repose uniquement sur la comparaison du coût *relatif* des biens entre les deux pays.

[4] Les modèles plus élaborés incorporent une contrainte qui relie la valeur des importations à celle des exportations. Dans ces modèles, il existe une équivalence entre un droit de douane sur les importations et l'instauration d'une taxe sur les exportations (Lerner, 1936). Ce chapitre fait abstraction de plusieurs questions concernant le lien entre exportations et importations au niveau de l'équilibre général.

[5] Helpman et Krugman (1985), Helpman (1988), Helpman et Krugman (1989).

tures françaises (et celles-ci sont exportées partout dans le monde) et des voitures importées.

Reprenons le modèle du chapitre 8 pour montrer que le commerce international de produits différenciés bénéficie aux consommateurs. Dans chaque pays, les consommateurs demandent différentes variétés d'un produit et apprécient toute augmentation du nombre des variétés disponibles. Comme il y a des économies d'échelle, chaque entreprise ne produit qu'une seule variété et chaque pays ne dispose que d'un ensemble limité de variétés.

En l'absence de commerce international, le nombre de produits (à l'équilibre), est par exemple égal à n. Si les deux pays échangent, les deux marchés ne font plus qu'un et chaque pays continue à produire n variétés, ce qui fait un ensemble de $2n$ produits.[6] Les consommateurs ont un bien-être plus élevé parce qu'ils sont confrontés à un éventail de choix plus vaste.[7]

19.1.3 Free riding, différences internationales de prix et marchés « gris »

Le taux de change du dollar par rapport aux autres monnaies a considérablement varié au cours des années 1980, que ce soit par rapport au franc français ou au mark allemand. Par exemple, 1 dollar valait 4,20 F en 1980, 9 F en 1985 et 5,4 F en 1993. Ces variations du taux de change affectent notablement les échanges entre les États-Unis et les autres pays.

Par exemple, supposons qu'initialement, 1 $ = 1 F. Dans ce cas, un produit vendu 1 F en France devrait être vendu 1 $ aux États-Unis. Mais que se passe-t-il si le dollar se dévalue, de telle sorte que 1 $ = 0,50 F (ou 1 F = 2 $) ? Un exportateur américain peut alors vendre le produit 1 F en France et encaisser 2 $ au change, au lieu de 1 $ précédemment. Au niveau global, l'offre devrait baisser aux États-Unis et augmenter en France, ce qui entraînera une hausse du prix américain et une baisse du prix français. Ce processus « d'arbitrage », conduit à l'égalisation des prix évalués au nouveau taux de change. Par exemple, si le produit n'est fabriqué qu'aux États-Unis, le prix américain reste alors fixé à 1 $, mais le nouveau prix français s'établira à 0,5 F (ce qui fait 1 $ au nouveau taux de change).

Cependant, lorsque le taux de change varie, les prix de nombreux produits n'évoluent pas de cette façon. Beaucoup de prix demeurent à leurs niveaux initiaux plutôt que de s'ajuster aux variations du taux de change. Ainsi, même si au départ les prix des biens américains et français sont approximativement égaux, dès que le taux de change se modifie, ils deviennent différents. C'est la raison pour laquelle les

---

[6] L'équilibre de concurrence monopolistique est déterminé par les coûts et la demande. Pour maximiser son profit, chaque entreprise égalise sa recette marginale à son coût marginal. Le nombre de produits augmente jusqu'à ce que le profit de chaque entreprise devienne nul. Par postulat, les $2n$ produits sont différents.

[7] La même chose se produit lors de la croissance d'une région au sein d'un pays. Plus elle se développe, plus la région peut produire un nombre élevé de biens.

parfums français, les Mercedes allemandes et les appareils photographiques Nikon se vendaient beaucoup plus chers aux États-Unis vers le milieu des années 1980 (car le taux de change du dollar qui prévalait alors fut appliqué directement au prix du pays d'origine sans que ce dernier ait été ajusté).

Les fabricants de ces produits pouvaient en effet éviter l'arbitrage entre les prix. Certains n'exportaient par exemple leurs produits que par un réseau de revendeurs agrées qui risquaient de perdre leur licence s'ils achetaient directement le produit sur le marché européen plutôt qu'auprès du fabricant. Cependant, une partie des produits parvenaient aux États-Unis par d'autres voies, engendrant ainsi une sorte de marché noir, qualifié de « marché gris ». L'exemple 19.1 présente le cas de quelques produits concernés par les marché gris.[8]

Le développement des marchés gris peut s'expliquer de 2 manières. Selon la première explication, il s'agit de discrimination par le prix. La seconde explication fait intervenir le coût de promotion du produit et le problème du passager clandestin (free riding). Considérons d'abord l'explication en termes de discrimination par le prix. Supposons qu'initialement l'élasticité-prix de la demande soit la même aux États-Unis et dans les autres pays, mais qu'elle ait diminué aux États-Unis pour certains produits lorsque le dollar augmentait. Dans ce cas, un producteur disposant d'un pouvoir de marché pouvait discriminer par le prix en faisant payer un prix plus élevé aux États-Unis et en essayant au maximum d'empêcher la revente de son produit par d'autres circuits que les distributeurs agréés. Mais pourquoi l'élasticité-prix de la demande aurait-elle augmenté aux États-Unis en même temps que le dollar ? Et pourquoi seulement pour certains produits ?[9] D'autre part, plusieurs des industries concernées sont concurrentielles, de sorte que l'hypothèse d'un pouvoir de marché n'est pas vérifiée.

Envisageons maintenant l'explication plus plausible qui fait intervenir le free riding. L'une des caractéristiques de la plupart des produits concernés est que leur promotion est faite à grand renfort de publicité. Supposons que l'un de ces produits, le parfum, soit fabriqué en France. Le parfum fait généralement l'objet d'intenses campagnes publicitaires destinées à créer une « image » dans l'esprit des consommateurs. Cette publicité s'accompagne de distribution d'échantillons et de démonstrations dans les grands magasins. L'importance et l'efficacité des efforts promotionnels varient d'un pays à l'autre. D'ailleurs, l'image du produit varie aussi d'un pays à l'autre. De ce fait, on peut considérer qu'il ne s'agit pas du même produit aux Étas-Unis et en France. On ne peut donc pas parler de discrimination par le prix pour expliquer d'éventuelles différences, mais plutôt de différences de coûts promotionnels et publicitaires.[10]

---

[8] Fargeix et Perloff (1989) ont montré que sous certaines conditions les producteurs gagnaient à l'existence aux marchés gris et s'opposaient même à l'instauration de droits de douane protecteurs.

[9] Il existe d'ailleurs une contrainte théorique sur la somme des élasticités de tous les biens, qui implique que toutes les élasticités ne peuvent pas augmenter en même temps.

[10] Le coût de formation peut également expliquer les écarts de prix. Par exemple, beaucoup de consom-

EXEMPLE 19.1 Marchés « gris »

Entre le début et le milieu des années 1980, le dollar augmenta fortement par rapport aux principales monnaies, ce qui engendra d'importantes différences de prix pour les produits de marques, d'un pays à l'autre : une Mercedes-Benz se vendait 24 000 \$ à Los Angeles et 12 000 \$ à Munich, une montre Rolex coûtait 600 \$ à Zurich et 1 800 \$ à New York. Des différences du même ordre s'observaient pour les parfums et les appareils photographiques.

De ce fait, les distributeurs agréés des marques européennes aux États-Unis étaient confrontés à la concurrence de ces produits sur les marchés d'importation directe, appelés « marchés gris », pour souligner que ces importations se faisaient sans le consentement du producteur. Par exemple, un distributeur agréé vendait un appareil photo Olympus pour 240 \$, alors qu'on pouvait trouver le même appareil pour 190 \$ sur le marché gris. Les distributeurs et les producteurs ont essayé par tous les moyens de limiter le développement des ventes sur les marchés gris, mais n'obtinrent que des résultats médiocres.

Cependant, les consommateurs qui s'approvisionnaient sur les marchés gris et payaient un prix inférieur, ne pouvaient pas bénéficier des mêmes services que ceux qui passaient par les circuits de distribution agréés. En particulier, les appareils photos achetés sur le marché gris ne bénéficiaient pas de la garantie habituelle. Certains clients qui ignoraient ce détail furent désagréablement surpris lorsqu'ils apprirent que le numéro de série de leur appareil ne leur permettait pas de bénéficier de la

→

Pour préciser le raisonnement précédent, supposons qu'un producteur français soit confronté à la même élasticité de demande en France et au États-Unis, ε, de sorte que la discrimination par le prix soit impossible. Le coût de production et de distribution (formation des vendeurs en particulier) marginal et moyen est supposé constant et égal à m. Conformément à l'analyse développée au chapitre 13, nous supposons que le distributeur est incité à développer un effort de vente moyennant l'exclusivité territoriale pour le produit (dans notre cas, le territoire concerne le pays). Le producteur fait payer le coût marginal, m, au distributeur et prélève l'intégralité du profit par l'intermédiaire de la franchise (qui correspond au droit de vendre le produit en exclusivité).

Pour simplifier, supposons qu'au départ les distributeurs francais et américain doivent supporter E dollars par unité de produit pour les dépenses de promotion et de formation et qu'un dollar vaut un franc. Le distributeur maximise son profit en égalisant sa recette marginale et son coût marginal. De façon équivalente, la marge de profit rapportée au prix (indice de Lerner) doit être égale au négatif de la

mateurs n'achèteront un appareil photo et ne s'en serviront avec profit que si le personnel de vente est suffisamment compétent (et donc formé à grands frais) pour les informer sur les caractéristiques et les utilisations possibles de l'appareil. Par conséquent, un appareil vendu par un vendeur qualifié est un produit différent de l'appareil vendu par un vendeur non qualifié. On peut s'attendre à ce que le prix de l'appareil soit plus élevé dans les pays où les consommateurs ont accès à un système de distribution coûteux et à des vendeurs bien formés.

EXEMPLE 19.1 Marchés « gris » (suite)

garantie. Certains constructeurs acceptèrent néanmoins de faire jouer la garantie afin de préserver leur réputation. À cette époque, il y eut de nombreux articles dans les journaux, qui mettaient en garde les consommateurs contre les problèmes potentiels posés par l'achat de produits au marché « gris ».

Vers la fin des années 1980, le dollar baissa beaucoup par rapport aux autres monnaies, ce qui fait que les marchés gris perdirent considérablement de leur importance aux États-Unis.

Par contre, avec la montée du yen par rapport au dollar, les marchés gris de produits américains se développèrent au Japon. Par exemple, en 1988, un appareil photo Canon se vendait 340 $ à New York, mais valait l'équivalent de 420 $ au Japon. En général, les appareils vendus sur le marché gris valait 30% à 40% de moins que ceux distribués par les voies normales.

SOURCE : Amstrong Larry. « Now, Japan is Feeling the Heat From the Gray Market ». *Business Week*, 14 mars 1988 : p. 50–1. Porter, Sylvia. « Gray Market Goods Cause Consumer Problems ». *The Dispatch*, 15 juillet 1985 : p. 11. Weinstein, Grace. « Gray Market Discounts : Be Careful ». *Good Housekeeping*. 1 septembre 1985. Westerman, Maks. « The $ 7 billion Gray Market : Where it Stops, Nobody Knows ». *Business Week*, 15 avril 1986 : p. 86–7.

réciproque de l'élasticité de la demande[11], soit :

$$\frac{p-(m+E)}{p}=-\frac{1}{\varepsilon}, \tag{19.1}$$

où les prix et les coûts sont exprimés en francs. Aux États-Unis, le prix de détail optimal est alors déterminé par :

$$\frac{p-(fm+E)}{p}=-\frac{1}{\varepsilon}, \tag{19.2}$$

où p et E sont en dollars, m en francs et où f représente le taux de change (au départ $f = 1$) du franc en dollars. Si $m = 1$, $E = 1$ et que l'élasticité de la demande, ε, est égale à -2, alors $p = 4$ dans chaque pays.

Supposons qu'un distributeur américain non autorisé se procure le produit en France et le revende aux États-Unis sur le marché gris. Dans ce cas, le distributeur

[11] Le profit du distributeur est $\pi = [p(q)q - (m + E)]q$ moins un droit de franchise (fixe). La condition du premier-ordre est donc :

$$p'q + p = (m + E),$$

ce qui correspond à l'égalité de la recette marginale au coût marginal. Cette expression peut se reformuler ainsi :

$$\frac{p-(m+E)}{p}=-\frac{p'q}{p}.$$

Notons que $p'q/p = (dp/dq)(q/p) = 1/\varepsilon$. On en déduit l'équation (19.1), qui est équivalente à l'équation (5.3).

non agréé agit en passager clandestin, ne supportant aucun coût de promotion et de formation. Par exemple, au lieu de supporter les frais d'un stand publicitaire et de démonstration, le revendeur non autorisé peut envoyer les clients essayer le produit chez un concurrent agréé.

De plus, le distributeur agréé français a intérêt à vendre le produit au free rider américain, car il n'a pas besoin de supporter les frais promotionnels (1 F). Par exemple, le distributeur français peut lui vendre le produit pour 3 F, ce qui permet de le revendre aux États-Unis pour 3,5 F, soit moins cher que le prix pratiqué par le distributeur américain agréé (4 F).

De même, le distributeur américain agréé à intérêt à vendre le produit à un distributeur français non agréé, lequel peut agir en passager clandestin par rapport aux efforts promotionnels du distributeur français agréé. Le mécanisme du free riding engendre ainsi un commerce international bilatéral ! Comme notre exemple le montre, ce type de commerce peut se développer en l'absence de toute différence de prix de détail entre les deux pays. Les passagers clandestins nuisent au producteur car ils détruisent l'incitation du distributeur agréé à faire des efforts de promotion du produit. Mais, comme nous l'avons vu au chapitre 13, ils nuisent également aux consommateurs, car ils éliminent parfois complètement la promotion et le service attachés aux produits normalement distribués.

Dans un contexte international, le free riding a deux implications supplémentaires. Premièrement, le prix américain optimal est fonction du taux de change, f. En résolvant l'équation (19.2) en p, on obtient $(fm + E)\varepsilon/(1+\varepsilon)$. Le coût de production, m, est fixe en francs car le produit est fabriqué en France. En revanche, p varie avec f. Le pourcentage de variation du prix américain en réaction à une modification de f est d'autant plus faible que le coût de production représente une faible part du coût total.[12] Pour beaucoup de produits bénéficiant d'importants efforts promotionnels, comme le parfum, le coût de production représente généralement une faible part du coût total, ce qui explique que les variations du taux de change n'ait guère d'impact sur le prix optimal américain. C'est la raison pour laquelle le free riding constitue une explication plausible de la fixité du prix des produits internationalement échangés qui font l'objet de fortes dépenses promotionnelles même s'il y a d'importantes fluctuations du taux de change.

Deuxièmement, le free riding tend à augmenter avec l'importance des dépenses promotionnelles (voir le chapitre 13). Même si au départ E dollars valent E francs, une forte augmentation du dollar (baisse de f), rend l'effort promotionnel américain beaucoup plus coûteux que l'effort français correspondant, ce qui incite le distributeur agréé français à vendre ses produits à un distributeur américain non agréé. On comprend que les exportations vers des distributeurs non agréés aient été plus importantes au milieu que vers la fin des années 1980. De plus, les distributeurs

[12] Le pourcentage de variation du prix par rapport à la variation du taux de change est donné par $(dp/df)/p = m/(fm + E)$. Si $f = 1$ au départ, le pourcentage de variation est égal à la part des coûts de production dans les coûts totaux.

français ne sont pas les seuls à vouloir exporter. Lorsque f diminue au-dessous de 1, sa valeur initiale, le prix au détail français, $(m+E)\varepsilon/(1+\varepsilon)$, converti en dollars, diminue par rapport au prix de détail américain. Cette différence incite certains agents économiques à acheter le produit au détail en France pour le revendre aux États-Unis.[13]

En fait, vers le milieu des années 1980, beaucoup de personnes achetaient les produits au détail en France et les revendaient aux États-Unis. De plus, les détaillants français exportaient leurs produits à des distributeurs américains non agréés. Ces produits du marché gris étaient généralement vendus par des discounters à des prix beaucoup moins élevés que dans le circuit officiel.

Les producteurs avaient alors eu peur que le free riding des discounters ne finissent par détruire l'incitation des distributeurs autorisés à faire la promotion de leurs produits. Ils ont donc essayé de contrôler le phénomène et dépensé des sommes importantes pour s'assurer que leurs distributeurs agréés ne participent aux marchés gris. Mais il leur était difficile d'empêcher les consommateurs eux-mêmes (ainsi que les détaillants) de participer à ce trafic.

Vers le milieu des années 1980, beauoup de producteurs réclamaient du gouvernement américian qu'il protège leur marque en interdisant le commerce parallèle des produits ou au moins en interdisant que les produits importés par ce biais puissent se prévaloir de la marque. Mais ils n'obtinrent que rarement gain de cause.

19.1.4 Dumping

D'après les lois qui régissent le commerce international, une entreprise fait du **dumping** lorsqu'elle exporte son produit à un prix inférieur au prix domestique ou au coût de production intérieur. Par exemple, si une entreprise japonaise vend l'acier à 250 $ la tonne aux États-Unis mais 300 $ la tonne au Japon, elle fait du dumping.

Pour justifier les lois antidumping, on invoque souvent le fait qu'il s'agit d'une stratégie destinée à nuire aux concurrents. Il y a beaucoup d'explications dumping.[14] Nous en retiendrons trois : la prédation, la discrimination par le prix et le commerce réciproque fondé sur des considérations spatiales. Nous évoquerons également les aspects juridiques du dumping.

---

[13] L'exemple se complique si les détaillants font aussi la promotion du produit (voir *An Analysis of Gray Markets*, Lexecon Report, 1985, travail auquel Carlton a participé), mais la conclusion essentielle demeure inchangée. Le free riding incite alors les consommateurs, les détaillants et les distributeurs à exporter vers les États-Unis.

[14] Nous avons vu comment le free riding pouvait engendrer des exportations à des prix plus bas que les prix intérieurs. Selon Ethier (1982), le dumping peut aussi s'expliquer par les fluctuations cycliques. Lorsque la demande domestique est atone, les entreprises essayent d'exporter à moindre prix plutôt que de licencier leur personnel. Voir aussi Davies et McGuiness (1982), Bernhardt (1984), Brander et Krugman (1984), Hillman et Katz (1986), Gruenspecht (1988a), Berck et Perloff (1990), ainsi que Dick (1991).

A. Dumping prédateur

Lorsqu'une entreprise fixe un prix à un niveau extrêmement bas par rapport à ses concurrentes étrangères, on dit qu'elle pratique un **dumping prédateur** (voir le chapitre 10). Ainsi, il est fréquent que des entreprises américaines se plaignent qu'une entreprise dominante (ou qu'un ensemble d'entreprise agissant collectivement) d'un pays étranger exporte aux États-Unis à des prix inférieurs au coût moyen minimum des entreprises américaines, risquant d'entraîner leur faillite. Une fois l'industrie domestique détruite, l'entreprise étrangère serait libre de fixer son prix comme un monopole.[15]

Les problèmes logiques posés par dumping prédateur ont déja été évoqués au chapitre 10. Quelle entreprise étrangère accepterait de supporter des pertes jusqu'à la fermeture hypothétique des entreprises nationales ? Pourquoi ces dernières ne répliqueraient-elles pas en mettant par exemple d'énormes quantités de produits à la disposition des consommateurs afin de décourager les producteurs étrangers ? Qu'est-ce qui empêche les entreprises nationales de revenir sur le marché une fois que l'entreprise étrangère à relevé ses prix ? La Cour Suprême américaine, reconnaissant explicitement ces problèmes, n'a pas jugé plausible l'accusation de dumping formulée par des entreprises américaines à l'encontre d'entreprises japonaises (voir l'exemple 10.1).

Lorsqu'une entreprise étrangère a des coûts de production identiques à ceux des entreprises nationales et qu'elle fait du dumping prédateur, elle risque d'échouer et de faire faillite, sauf si elle est en mesure de taxer les contribuables de son pays (sous forme de subvention) afin de financer son dumping. Dans ce cas, l'entreprise étrangère peut pratiquer un bas prix pendant très longtemps. Toutefois, lorsque le prix augmente à nouveau, rien n'empêche les entreprises nationales de revenir sur le marché. Du point de vue des consommateurs nationaux, le dumping prédateur des entreprises étrangères apparaît comme un cadeau.

Par contre, si l'entreprise étrangère a des coûts de production inférieurs à ceux des entreprises nationales, elle peut provoquer leur faillite sans pour autant pratiquer un prix inférieur à son propre coût de production. Une fois les entreprises nationales éliminées du marché, elle peut relever son prix jusqu'au point où il est indifférent pour les entreprises nationales de rester hors du marché ou d'y entrer à nouveau (politique de prix limite, voir le chapitre 10).[16] Aux États-Unis, une entreprise nationale qui pratique cette politique peut être poursuivie pour atteinte aux lois antitrust. Si l'on doit se féliciter que des entreprises efficientes contrôlent le marché pour le plus grand bien des consommateurs, on ne voit pas pourquoi les entreprises

[15] *The Economist* (5 avril 1986, p. 82) rapporte par exemple que : « L'entreprise américaine de confection Crompton fut réduite à la faillite par le dumping japonais. À peine eut-elle fermé ses portes que les japonais augmentaient leurs prix de 50% ».

[16] Il n'est pas optimal pour l'entreprise étrangère à bas coût de faire de la prédation au point de fixer un prix inférieur à son coût marginal, même pour éliminer les autres entreprises du marché (Berck et Perloff, 1990).

étrangères devraient être traitées différemment des entreprises nationales (toutes considérations de politique étrangère mises à part).

B. Dumping discriminatoire

Le **dumping discriminatoire** consiste à fixer un prix plus bas à l'exportation que sur le marché domestique dans le but de discriminer par le prix (Viner, 1923). Aux États-Unis, il existe des lois antidumping (il existe aussi des accords antidumping au niveau international). Pour illustrer le dumping discriminatoire, supposons qu'un monopole coréen vende son produit à la fois en Corée et aux États-Unis. Si la demande coréenne est moins élastique que la demande américaine, le monopole maximisera son profit en fixant un prix plus bas aux États-Unis qu'en Corée. Cette discrimination bénéfice aux consommateurs américains et nuit aux consommateurs coréens.

S'il n'y avait pas d'obstacles au commerce ni de coûts de transports, les biens seraient exportés des pays à bas prix vers les pays à prix élevés (arbitrage) jusqu'à ce que les prix soient les mêmes partout. Autrement dit, la discrimination par le prix n'est envisageable que si les reventes d'un marché à l'autre sont impossibles (chapitre 11).

Dans notre exemple, les consommateurs américains sont bénéficiaires du dumping. Puisque leurs consommateurs ne trouvent rien à y redire, pourquoi les États-Unis se plaindraient-il du dumping ? En fait, ce sont les producteurs qui sont lésés par le dumping. Ainsi, même si le gain des consommateurs l'emporte sur la perte des producteurs, ces derniers déposent généralement des plaintes devant la justice américaine, empêchant les consommateurs de bénéficier du dumping.[(17)]

C. Dumping réciproque

Le **dumping réciproque** (Brander et Krugman, 1983) est une variante du dumping discriminatoire dans laquelle deux entreprises appartenant a deux pays différents font chacune du dumping dans le pays de l'autre. Il s'agit d'un modèle de concurrence spatiale (chapitre 10).

Supposons qu'il n'y ait qu'une seule entreprise dans chaque pays, produisant le même bien homogène. En l'absence de commerce international, chaque entreprise fixe le (même) prix de monopole p_m dans son pays.

Lorsque les deux pays font du commerce, chaque entreprise exporte alors son produit vers l'autre pays si le coût de transport T est suffisamment faible : si $p_m - T$ est supérieur au coût marginal m, chaque entreprise a intérêt à exporter vers le pays de sa concurrente. Cependant, dans chaque pays, l'entreprise domestique possède un avantage de coût (de transport) sur sa rivale étrangère.

---

[17] Ceci montre à quel point il est difficile de justifier les lois antidumping en invoquant leurs effets sur le bien-être du pays importateur (Dixit, 1988a).

À l'équilibre, l'entreprise domestique vend plus que sa concurrente étrangère. Le nouveau prix p est inférieur à p_m, car la concurrence entre les 2 entreprises fait baisser le prix. De plus, le prix reçu par chaque entreprise sur ses ventes domestiques est supérieur au prix net qu'elle reçoit sur ses exportation, soit $p - T$. Par conséquent, les 2 entreprises font de la discrimination par le prix puisqu'elles obtiennent un prix net différent selon que le produit est vendu sur le marché domestique ou exporté. Cette discrimination par le prix (ou dumping) réciproque est bénéfique pour les consommateurs des *deux* pays, car elle réduit le prix au-dessous du niveau de monopole. Toutefois, le prix reste supérieur au niveau concurrentiel.

Il est clair que ces échanges de produits identiques (échanges croisés) sont inefficients. En effet, il n'est pas rentable pour un pays de payer des coûts de transport supplémentaires pour importer un bien qui peut être produit localement au même coût. C'est la structure non concurrentielle du marché qui engendre ce résultat. Toutefois, les consommateurs en bénéficient car le prix baisse.

D. Aspects juridiques

L'Accord Général sur les Tarifs et le Commerce, ou GATT(18), définit le dumping comme la vente d'un produit « à un prix inférieur à sa valeur normale ». Selon le GATT, lorsqu'un produit est exporté du pays 1 vers le pays 2, il y a dumping :

1. Si le prix dans le pays 2 est inférieur au prix d'un produit comparable dans le pays 1, ou bien

2. S'il est impossible d'effectuer une comparaison des prix mais que soit (a) le prix du produit exporté est inférieur au prix d'un produit comparable exporté dans un autre pays que le pays 2, soit (b) le prix du produit exporté est inférieur à son coût de production et de commercialisation.

a. Application des lois antidumping. En principe, la législation antidumping adoptée par chacun des pays appartenant à l'OMC doit être compatible avec les accords du GATT.(19) Aux États-Unis, c'est l'*International Trade Administration* (ITA) qui, au sein de l'*U.S. Department of Justice*, est responsable de l'application des lois antidumping. Mais l'*U.S. International Trade Commission* (ITC), un organisme fédéral indépendant, conduit également des enquêtes pour déterminer l'existence de dumping. Le *Court of International Trade* et en cas d'appel, la *Court of Appeals for the Federal Circuit*, déterminent si l'ITC et l'ITA agissent en conformité avec les règles internationales.

---

18 Le GATT (de l'anglais *General Agreement on Tarifs and Trade*) a fait place à l'OMC (Organisation Mondiale du Commerce). Il s'agit d'un ensemble de règles acceptées par de nombreux pays concernant leurs échanges internationaux. L'un des objectifs du GATT était d'empêcher les « guerres » commerciales, c'est-à-dire l'escalade des mesures protectionnistes qui finissent par tuer le commerce international et par nuire à l'ensemble des pays.

19 Dans le cas des États-Unis, cette mise en conformité date de 1979.

Tableau 19.1: *Nombre de plaintes déposées pour dumping*

	Année (juillet-juin)												Actions contre:	
Pays	**1980**	**1981**	**1982**	**1983**	**1984**	**1985**	**1986**	**1987**	**1988**	**1989**	**1990**	**Total**	**les E.U.**	**Japon**
Australie	0	0	71	70	63	54	40	20	19	23	46	202	45	38
Canada	29	64	34	26	35	27	24	20	14	15	12	112	56	16
CEE	22	39	26	33	34	23	17	30	29	15	15	129	24	41
Nouvelle-Zélande	0	0	0	0	0	0	0	2	12	11	13	38	17	4
États-Unis	15	51	19	46	61	63	41	31	25	24	52	236		58
Total	66	154	150	175	193	167	122	103	99	88	138	717	142	157

SOURCE : GATT, *Basic Instruments and Selected Documents*, tableaux annexes.
Remerciements à J. Michael Finger pour avoir fourni ces données.

Aux États-Unis, les lois antidumping sont l'instrument le plus fréquemment utilisé pour limiter la concurrence des importations (Horlick, 1989, p. 102). Entre 1980 et 1991, 525 pétitions antidumping ont été déposées auprès de l'ITA et de l'ITC contre les entreprises de 53 pays. Le nombre annuel de plaintes sur cette période est égal à 43,8 contre 22,9 par an dans les années 1970 (Sun, 1993). Les entreprises domestiques déposent généralement ces plaintes parce que les pénalités en cas de dumping reconnu sont souvent très élevées et offrent par conséquent une protection appréciable contre la concurrence étrangère.[20] En 1993, par exemple, l'*U.S. Department of Commerce* a imposé un droit de douane de 27% aux producteurs japonais d'acier, de 106% aux producteurs espagnols et de 109% aux producteurs anglais.[21]

Parmi les cas enregistrés entre 1980 et 1991, 12% concernaient des entreprises japonaises, 6,6% des entreprises taïwanaises, 6,5% des entreprises est-allemandes, 5,7% des entreprises chinoise et sud-coréennes, 5,3% des entreprises canadiennes et 5,1% des entreprises brésiliennes (voir le tableau 19.1 pour les chiffres détaillés).

Sur les cas enregistrés depuis 1980, seulement 36,6% ont donné lieu à l'instauration de droits antidumping (Sun, 1993), ce qui semble indiquer que les accusations sont fréquemment sans fondement. Ce chiffre varie cependant d'un pays à l'autre : 64,7% pour les entreprises japonaises contre 24% seulement pour les entreprises est-allemandes et 33% pour les entreprises canadiennes.

b. Interprétation juridique du dumping. Aux États-Unis, le dumping est défini comme « une vente à un prix inférieur à la juste valeur du bien ». La définition de la juste valeur est extrêmement complexe.[22] La loi précise que le prix du pays d'origine ne peut pas servir de comparaison s'il ne correspond pas au coût de production

[20] On peut aussi appliquer un droit compensateur dans le cas où le pays exportateur subventionne ses exportations.

[21] Bradshaw, Keith. « US Slaps Big Tariffs On Steel », *San Francisco Chronicle*, 28 janvier 1993 : C1.

[22] La section 722(d)(1)(C) du *Tariff Act* de 1920, modifiée par les sections 1677a(d)(1)(C) et 353.10

réel augmenté d'une marge de profit raisonnable. La loi permet de se baser sur le coût réel du produit augmenté d'une marge de 8%. Ce mode de calcul a été utilisé dans 60% de l'ensemble des cas antidumping depuis 1980 (Horlick, 1989, p. 136). Curieusement, alors que cette méthode semble être de plus en plus utilisée dans les cas antidumping, la doctrine de la Cour Suprême est devenue beaucoup plus sévère dans son application des critères de prédation par le prix (voir le chapitre 20 et l'exemple 10.1).

Lorsque le critère de comparaison précédent n'est pas employé, on détermine s'il y a dumping en comparant le prix aux États-Unis et celui dans le pays d'origine. Cependant, dans la mesure où le prix d'un même produit varie selon les transactions, cette méthode peut induire en erreur. Supposons par exemple que le prix moyen d'un produit soit égal à 5 $ à la fois dans le pays exportateur et aux États-Unis, mais que la moitié des transactions américaines se fasse à 6 $ et l'autre à 4 $. L'accusation de dumping peut alors être retenue puisque la moitié des transactions effectuées aux États-Unis se font à un prix inférieur à la juste valeur du bien (soit 5 $). Les transactions effectuées à 6 $ ne sont pas prises en compte et le droit antidumping est calculé sur la base du prix moyen.

Les lois antidumping américaines admettent la notion de préjudice causé à l'*industrie nationale* (non aux *consommateurs*). Cependant, si les importations réduisent la part de la production domestique, cela n'implique pas nécessairement qu'il y ait préjudice.[(23)] Il y a préjudice lorsque les prix, la production, l'investissement, l'emploi ou les profits sont inférieurs à ce qu'ils seraient en l'absence du dumping. Il faut cependant que ces variables soient significativement affectées pour que le préjudice soit reconnu.

L'élément clé d'un procédure antidumping est constitué par la preuve que le dumping est bien la « cause » du préjudice. En effet, d'autres facteurs que le dumping pouvant affecter la situation d'une industrie, il convient de les apprécier pour déterminer le plus précisément possible le préjudice causé par le dumping proprement dit.

L'absence de fondements économiques des lois antidumping et la façon arbitraire dont l'administration les applique expliquent qu'elles ont un effet négatif sur les consommateurs américains beaucoup plus important que leur effet bénéfique sur l'industrie américaine.[(24)] Comme nous allons le voir maintenant, les lois antidum-

---

concernant les règlements antidumping prévoit que pour déterminer si le prix pratiqué par l'entreprise étrangère aux États-Unis est inférieur au prix qu'elle pratique dans son propre pays, l'*International Trade Commission* de l'*U.S.Department of Commerce* doit ajouter au prix initial : « · · · le montant de toutes les taxes éventuelles que le pays d'exportation prélève normalement sur le produit (et dont les exportations sont exonérées) · · · » Ceci rend évidemment les comparaisons difficiles (Karp et Perloff, 1989).

[23] Or, la simple crainte d'un préjudice peut parfois être prise en considération.

[24] De nombreuses études consacrées aux effets des lois antidumping ont conclu qu'elles entraînaient essentiellement des distorsions commerciales (Webb, 1987 ; Gruenspecht, 1988a ; Leidy et Hoekman, 1990, ainsi que Staiger et Wolak, 1991a, 1991b).

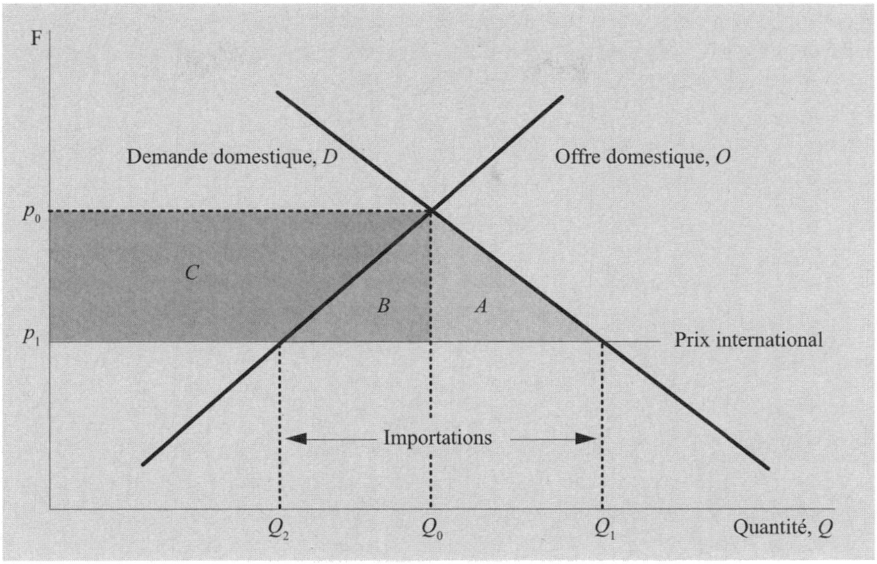

Figure 19.1: *Effets des importations sur un marché concurrentiel*

ping ne sont qu'un des instruments de l'arsenal protectionniste du gouvernement. Si ces pratiques continuent, les pertes sociales qu'elles entraînent ne pourront qu'augmenter à mesure que les opportunités des gains de l'échange se développent.

19.2 Droits de douane, subventions et quotas

Les droits de douane, subventions et quotas servent à isoler le marché intérieur du commerce international et peuvent aider les entreprises nationales à concurrencer leurs rivales étrangères.[25] Nous les étudierons dans le cadre d'un marché concurrentiel, puis d'un monopole. Nous verrons ensuite le cas d'un marché caractérisé par des externalités positives. Nous concluerons notre exposé par des indications empiriques sur l'impact des politiques commerciales stratégiques.

19.2.1 *Concurrence*

Supposons que l'industrie nationale soit concurrentielle avec une courbe de demande domestique $D(p)$ et une courbe d'offre $O(p)$ (voir la figure 19.1). En l'absence de commerce international, le prix d'équilibre est alors p_0 et la quantité consommée Q_0.

[25] Voir un manuel de base comme celui de Krugman et Obstfeld (1988), Caves, Frankel et Jones (1990) ou Bhagwati et Ramaswami (1963).

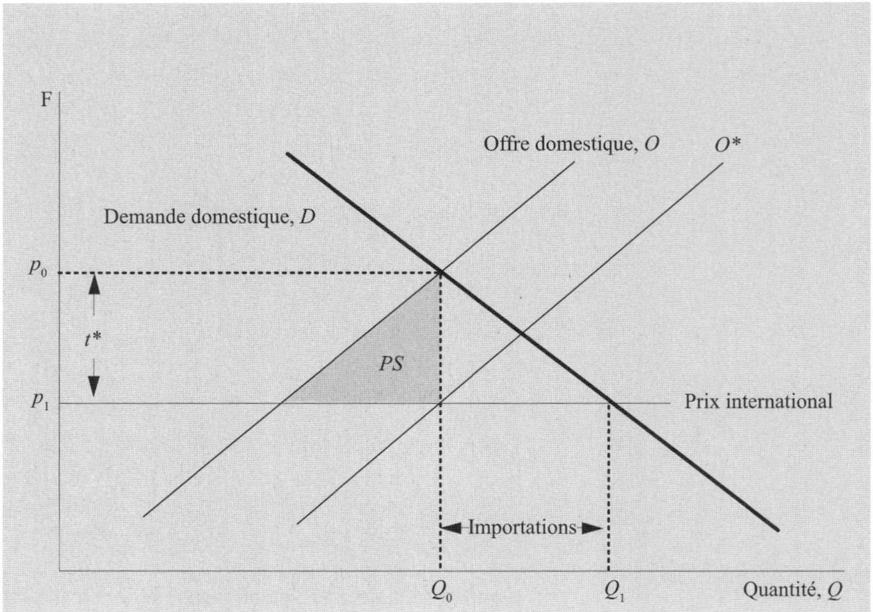

Figure 19.2: *Droit de douane t^* permettant l'élimination complète des importations*

Supposons également que l'offre du reste du monde soit concurrentielle, ce qui donne une courbe d'offre horizontale, par exemple en p_1 (inférieur à p_0). Dans ce cas, s'il y a commerce international, le prix d'équilibre domestique devient p_1 et la quantité consommée passe à Q_1 (supérieure à Q_0). La production domestique baisse alors de Q_0 à Q_2 et les importations comblent la différence entre la consommation, Q_1 et la production domestique, Q_2.

Le commerce international améliore le bien-être des consommateurs car ils consomment davantage à un prix inférieur. Le pays économise des ressources puisqu'il ne dépense que p_1 pour la partie de la consommation qu'il importe comme pour celle qu'il produit, au lieu de p_0. Les ressources ainsi économisées peuvent être affectées à d'autres usages productifs. Le gain net du commerce international pour le pays est égal à la somme des triangles A et B.

Supposons maintenant que les entreprises parviennent à convaincre le gouvernement qu'il faut instaurer un *droit de douane* (c'est-à-dire une taxe sur les importations), t, égal ou supérieur à $p_0 - p_1$. S'ils doivent payer un droit de douane aussi élevé, les producteurs étrangers cesseront d'exporter vers ce pays et l'on sera ramené à l'équilibre antérieur (p_0, Q_0). Les producteurs domestiques y gagneront la surface C et les consommateurs y perdront la surface $A+B+C$ (voir la figure 19.1). La perte sociale nette est donc égale au triangle $A + B$. L'interdiction directe de toutes les importations aboutirait au même résultat.

Si, au lieu d'instaurer un droit de douane prohibitif, le gouvernement subventionnait la production domestique d'un montant t^*, égal à $p_0 - p_1$ par unité, cela

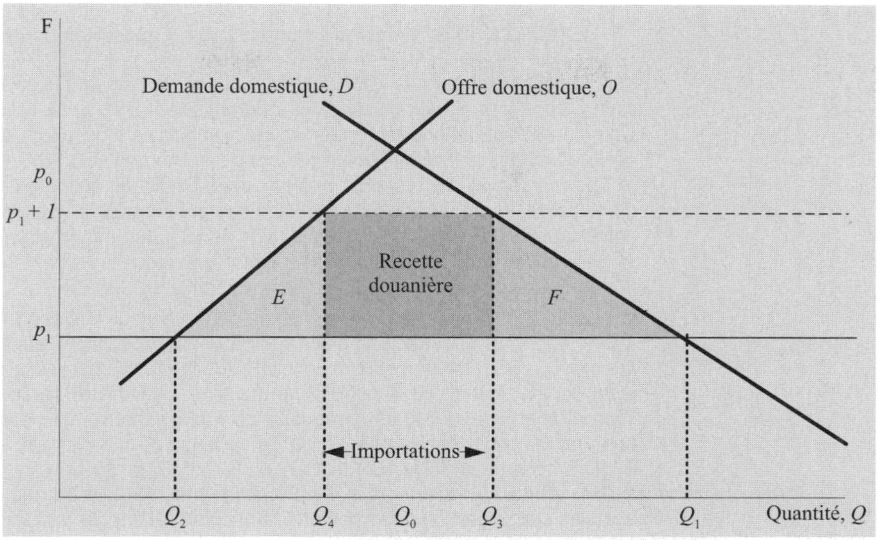

Figure 19.3: *Droit de douane t permettant de réduire les importations*

engendrerait un déplacement égal à t^* de la courbe d'offre qui deviendrait O^* (voir la figure 19.2). Le nouveau prix d'équilibre serait p_1, l'offre domestique Q_0 et les importations $Q_1 - Q_0$. Pour les consommateurs, cet équilibre est préférable à celui d'un droit de douane prohibitif car p_1 est inférieur à p_0. En ce qui concerne les producteurs nationaux, leur position est inchangée par rapport à l'équilibre d'autarcie (absence de commerce international).

La perte sèche (triangle en gris de la figure 19.2) est identique à la perte représentée par la surface B de la figure 19.1, laquelle est inférieure à la perte qui résulte d'une suppression complète des importations (surface $A + B$ de la figure 19.1). Un pays peut donc aider ses producteurs par une subvention aussi bien que par un droit de douane, tout en engendrant une perte sociale moins importante.

Supposons maintenant que l'industrie domestique ne soit pas suffisamment puissante sur le plan politique pour obtenir un droit de douane $t^* = p_0 - p_1$, mais qu'elle obtienne un droit de douane inférieur, t qui ne permette pas l'élimination totale des importations (figure 19.3). Le prix domestique est alors $p_1 + t$, la quantité consommée Q_3, la quantité produite localement Q_4 et les importations $Q_3 - Q_4$. La perte sèche pour la société engendrée par le droit de douane est égale à $E + F$. La recette douanière est égale au droit de douane multiplié par la quantité importée, soit $t(Q_3 - Q_4)$ (voir la figure 19.3).

Supposons enfin qu'au lieu de prélever un droit de douane, le gouvernement décide d'instaurer un quota d'importation égal à $Q_3 - Q_4$. On obtient alors le même résultat que précédemment (figure 19.3) avec cependant une différence importante : le gouvernement n'encaisse plus de recette douanière car le quota enrichit les producteurs étrangers d'un montant égal à la recette douanière précédente.

EXEMPLE 19.2 Guerres commerciales : l'exemple du bois canadien

Vers le milieu des années 1980, les producteurs de bois américains déposèrent une plainte auprès de l'*International Trade Commission* (ITC) et de l'*U.S. Department of Commerce* pour dénoncer le préjudice qu'ils subissaient du fait du subventionnement des producteurs de bois canadien par leur gouvernement. En 1986, l'*U.S. Department of Commerce* publia un rapport préliminaire qui indiquait que le gouvernement canadien accordait une subvention de 15% à ses producteurs. Sans attendre la décision définitive de l'ITC, un droit compensateur de 15% fut immédiatement mis en place sur les importations de bois canadien. Il était prévu que les sommes prélevées soient remboursées si la décision de l'ITC était favorable au Canada.

La production de bois est une activité importante pour le Canada. Elle représente 4% de son PNB et le Canada exporte 60% de sa production vers les États-Unis, ce qui représente 30% de l'offre américaine totale. On comprend que les Canadiens aient été mécontents de la décision américaine. Le ministre canadien du commerce international qualifia le droit de douane de « harcèlement » et menaça de recourir à des représailles. Ces représailles prirent la forme d'un droit de douane de 67% sur le blé américain exporté vers le Canada. Le droit de douane sur le bois canadien devait commencer à être prélevé le 30 décembre 1986, tandis que des négociations avec les canadiens se poursuivaient. Un accord fut conclu au terme duquel le droit de douane de 15% (collecté par les États-Unis) serait remplacé par une taxe de 15% sur les exportations canadiennes, prélevée par le gouvernement canadien. Mais le gouvernement canadien ne supprima pas pour autant le droit de douane qu'il avait instauré sur le blé américain.

Qui bénéficia de cette guerre commerciale ? Si le droit de douane prévu par les États-Unis avait été mis en place, il aurait permi aux États-Unis d'exercer un pouvoir de monopsone. En taxant la production canadienne, il aurait ainsi pu capter une partie de la rente de monopole de ce pays. Les consommateurs américains en auraient souffert, mais les producteurs américains en auraient bénéficié. De plus, le gouvernement américain aurait encaissé de la recette douanière. Les gains et les pertes d'un droit de douane ont été estimées par Kalt (1986) et figurent dans le tableau ci-après.

→

En instaurant un quota à la place d'un droit de douane, le pays enrichi donc les producteurs étrangers. Les gouvernements étrangers peuvent alors vendre des licences d'exportation aux enchères afin d'encaisser la recette douanière à la place du gouvernement domestique.

Les quotas sont une façon d'enrichir les producteurs étrangers tout en avantageant les producteurs nationaux, mais il y en a d'autres (voir l'exemple 19.2).

19.2.2 Monopole

Les gouvernements peuvent tenter d'augmenter le bien-être de leurs pays ou les profits de leurs producteurs en favorisant les monopoles nationaux ou en contrecarrant l'action des monopoles étrangers.[26] Nous allons envisager successivement quatre cas de figure. Premièrement, un gouvernement peut aider un monopole

[26] L'analyse du monopsone est symétrique. Voir l'exemple 19.2

EXEMPLE 19.2 Guerres commerciales : l'exemple du bois canadien (suite)

Effet (en millions de dollars U.S.) d'un droit de douane américain de 15%		
	Gains	*Pertes*
Producteurs américains de bois	416,8	
Utilisateurs de bois américains		556,9
Gouvernement américain (recette douanière)	340,5	
Net États-Unis	200,4	
Net Canada		223,0
Net États-Unis et Canada		22,5

Le Canada solda cette querelle en instaurant une taxe sur ses exportations de bois vers les États-Unis. Les recettes douanières canadiennes augmentèrent et les exportations diminuèrent. Les producteurs américains bénéficièrent de cette protection, mais les consommateurs américains furent lésés. Les gains et les pertes dus à cette taxe figurent dans le tableau ci-après (Kalt, 1986).

Effet (en millions de dollars U.S) d'une taxe canadienne de 15%		
	Gains	*Pertes*
Producteurs américains de bois	416,8	
Utilisateurs de bois américains		556,9
Gouvernement américain (recette douanière)	0	
Net États-Unis	140,1	
Net Canada		117,6
Net États-Unis et Canada		22,5

Ainsi les producteurs américains de bois furent les grands gagnants et les consommateurs américains les grands perdants. Sur un plan global, le Canada en tira un bénéfice, mais les États-Unis y perdirent.

national au détriment de ses consommateurs en le protégeant de la concurrence internationale. Deuxièmement, un gouvernement peut aider les entreprises nationales à agir comme des monopoles vis-à-vis du reste du monde. Troisièmement, un gouvernement peut aider les entreprises étrangères à restreindre leur production en instaurant un quota d'importation, favorisant ainsi la création d'un pouvoir de marché néfaste pour les consommateurs nationaux. Quatrièmement, un gouvernement peut aider les consommateurs nationaux en s'opposant à l'action d'un monopole étranger.

A. Création d'un monopole national

Supposons qu'une entreprise nationale soit en position de monopole sur le marché intérieur et en situation concurrentielle par rapport au reste du monde. Elle souhaite demeurer isolée de la concurrence internationale sur son marché intérieur afin de pouvoir y exercer son pouvoir de monopole. Comme l'illustre la figure 19.4, en l'absence de commerce international, l'entreprise fixe un prix p_m sur le marché national et vend Q_m (ces coordonnées sont déterminées par l'intersection de la

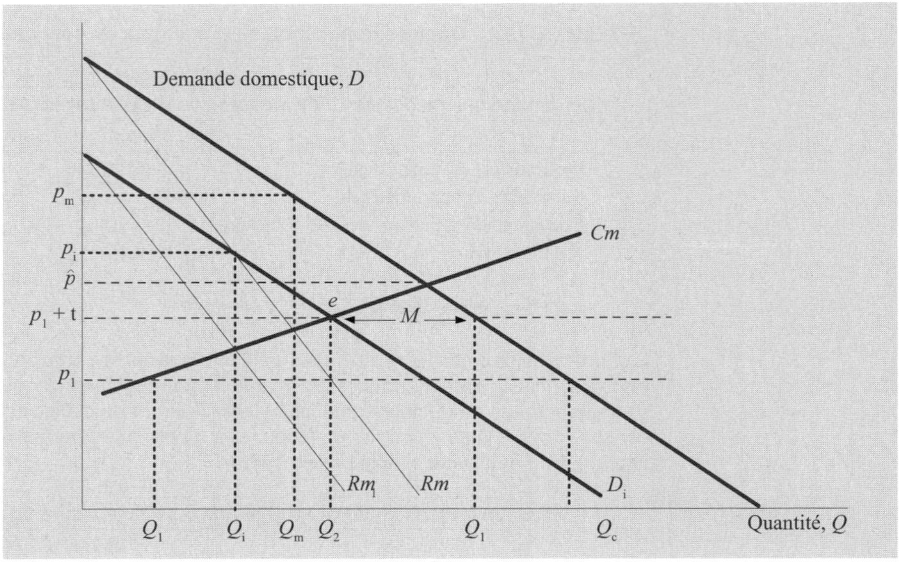

Figure 19.4
Comparaison du droit de douane et du quota dans le cas d'un monopole domestique

courbe de coût marginal, Cm, avec la courbe de recette marginale, Rm, laquelle se déduit de la courbe de demande domestique, D).

Pour simplifier, supposons que les producteurs étrangers aient une offre parfaitement élastique en p_1. Si le commerce international est possible, le prix domestique sera alors p_1 et la quantité total consommée Q_c (figure 19.4). En présence de la concurrence internationale, l'entreprise nationale perd son pouvoir de marché et vend la quantité Q_1, déterminée par l'intersection de sa courbe de coût marginal avec la courbe d'offre étrangère horizontale en p_1.

B. Droit de douane

Si le gouvernement instaure un droit de douane t, l'entreprise nationale vendra alors Q_2 unités au prix $p_1 + t$ (point d'équilibre e sur la figure 19.4). Si, comme c'est le cas sur la figure, t est suffisamment petit pour que $p_1 + t$ soit inférieur à $\hat{p}$ (déterminé par l'intersection de D et de Cm), les importations seront égales à M (voir la figure 19.4). En effet, la quantité demandée, Q_t, est supérieure à la quantité que le monopole souhaite produire, Q_2. Cependant, lorsque t est si élevé que $\hat{p} < p_1 + t < p_m$, il n'y a pas d'importations, mais le prix auquel l'entreprise nationale peut vendre son produit reste contraint par la menace de la concurrence étrangère . En revanche, si t est si élevé que $p_1 + t$ est supérieur à p_m, la menace de la concurrence étrangère n'a plus d'effet sur le prix pratiqué par le monopole.

C. Quota

Supposons que le gouvernement instaure un quota au lieu du droit de douane. Le quota est déterminé de façon à ce que M unités du produit puisse être importées (ce qui correspond à la quantité importée lorsque le gouvernement instaure un droit de douane t sur la figure 19.4). Faut-il préférer un droit de douane t à un quota M, ou les deux sont-ils équivalents ?

L'entreprise préfère un quota. Un quota M déplace la courbe de demande vers la gauche en $D_i = D - M$. Par construction, la nouvelle courbe de demande passe par le point d'équilibre e obtenu en cas d'instauration d'un droit de douane.

Cependant, lorsqu'il est protégé par un quota, le monopole ne souhaite pas produire Q_2 comme c'est le cas au point d'équilibre e, mais Q_1 (déterminé par l'intersection entre la nouvelle courbe de coût marginal, Rm_i, qui se déduit de la nouvelle courbe de demande, D_i, avec Cm). Le prix fixé par le monopole est alors égal à p_i, supérieur à $p_i + t$, le prix en cas de droit de douane. Le quota est donc moins contraignant que le droit de douane pour le monopole.

La politique restrictive choisie a donc une influence sur l'effet exercé par la concurrence étrangère sur le monopole. En fait, certains quotas peuvent même n'exercer *aucune* contrainte sur le prix domestique fixé par le monopole. Pour le montrer, supposons par exemple que le quota limite les importations Q_f à un pourcentage fixe, α des ventes domestiques Q_d. Autrement dit, $Q_f = \alpha Q_d$.

Dans ce cas, le monopole choisit Q_d de façon à maximiser son profit, soit :

$$\pi = \left[p\left(Q_f + Q_d\right) - m\right] Q_d,$$

où $p\left(Q_f + Q_d\right)$ est l'inverse de la courbe de demande qui lie le prix à la quantité totale, $Q_f + Q_d$ et m est le coût marginal constant. Étant donné la restriction portant sur les importations, le profit du monopole peut s'écrire :

$$\pi = [p\,(Q_d(1+\alpha)) - m]\, Q_d.$$

Pour maximiser son profit, le monopole doit choisir Q_d de telle sorte que :

$$\frac{p-m}{p} = -\frac{1}{\varepsilon}, \tag{19.3}$$

où ε représente l'élasticité-prix de la demande.[27] Autrement dit, le monopole choisit la production telle que l'indice de Lerner soit égal au négatif de la réciproque de l'élasticité de la demande, ce qui correspond à la condition classique du monopole (voir l'équation 5.3).

Le prix fixé par le monopole est donc égal à ce qu'il serait s'il n'y avait pas du tout d'importations ! Bien qu'il vende moins du fait des importations, le monopole

[27] La condition du premier-ordre est $p'[1+\alpha]Q_d + [p-m] = 0$. Réarrangeons les termes en notant que $1/\varepsilon = p'Q_d(1+\alpha)/p$. Nous obtenons l'équation (19.3).

ne modifie pas son prix. Cela s'explique par le fait que le monopole contrôle la quantité importée par le biais de la relation entre Q_f et Q_d. Ce lien permet au monopole de restreindre la quantité totale du marché au niveau compatible avec un prix de monopole.(28)

L'influence d'un droit de douane ou d'un quota sur la pression concurrentielle exercée par les entreprises étrangères sur le monopole national dépend donc de leur formes particulières.(29)

D. Soutien d'un monopole d'exportation

Dans les exemples que nous venons d'étudier, le droit de douane ou le quota réduisent le bien-être parce que les pertes infligées aux consommateurs du pays sont supérieures aux avantages procurés aux producteurs. Nous allons maintenant étudier des exemples de politiques commerciales qui augmentent le bien-être national.

a. Taxes sur les exportations. Supposons que tous les producteurs d'un bien vendu internationalement soient concentrés dans le même pays. Soit p_0 le prix qui se fixe de façon concurrentielle sur le marché mondial. Le gouvernement du pays s'aperçoit qu'il peut tirer parti de la situation en agissant comme un monopole à l'égard des autres pays. Il décide d'instaurer une taxe t sur les exportations, de sorte que le prix reçu par les entreprises, $p_1 + t$, corresponde au prix qui serait perçu par un monopole (voir la figure 19.5). Le gouvernement ne se soucie que du bien-être de ses citoyens et ne tient pas compte de l'effet négatif de la taxe sur les consommateurs des autres pays.

Le pays perçoit donc une recette fiscale égale à $t + Q_m$ (rectangle $A + B$ sur la figure 19.5). La taxe réduit les exportations du pays de Q_0 à Q_m et les producteurs perdent de ce fait une partie de leur surplus (surfaces B et C).

Globalement, le pays exportateur bénéficie de la taxe car la recette douanière est supérieure à la réduction du surplus des producteurs (si le rectangle A n'était pas plus grand que le triangle C, p_m ne serait pas un prix de monopole). S'il n'y avait pas de taxe et que les producteurs agissaient au sein d'un cartel, le prix et la quantité exportée seraient identiques, mais ce seraient les producteurs et non le gouvernement qui bénéficieraient de la restriction des exportations.

---

[28] Maximiser $[p(Q_d) - m]Q_d$ donne le même résultat que de maximiser $[p(1+\alpha)Q_d - m](1+\alpha)Q_d$. En posant $(1+\alpha)Q_d = Z$, on voit que cette seconde fonction, $[p(Z) - m]Z$ est de la même forme que la première. Donc, la quantité Q_d qui maximise la première fonction a la même valeur que la quantité Z qui maximise la seconde fonction et le prix optimal est identique dans les deux cas. Le monopole national maximise la première fonction lorsque $\alpha = 0$ (pas de commerce international) et il maximise la seconde fonction multiplié par la constante $1/[1+\alpha]$ lorsque $\alpha > 0$. Par conséquent, le prix optimal est indépendant de α.

[29] Ce résultat implique notamment que l'organisme public qui est chargé d'évaluer l'impact des fusions nationales sur la concurrence devrait prendre en compte le type de protection employée pour protéger le marché intérieur de la concurrence des importations. Aux États-Unis, cet aspect est explicitement pris en compte depuis avril 1992 par le *Department of Justice and FTC Merger Guidelines* (Section 1.43–*Facteurs spéciaux affectant les entreprises étrangères*).

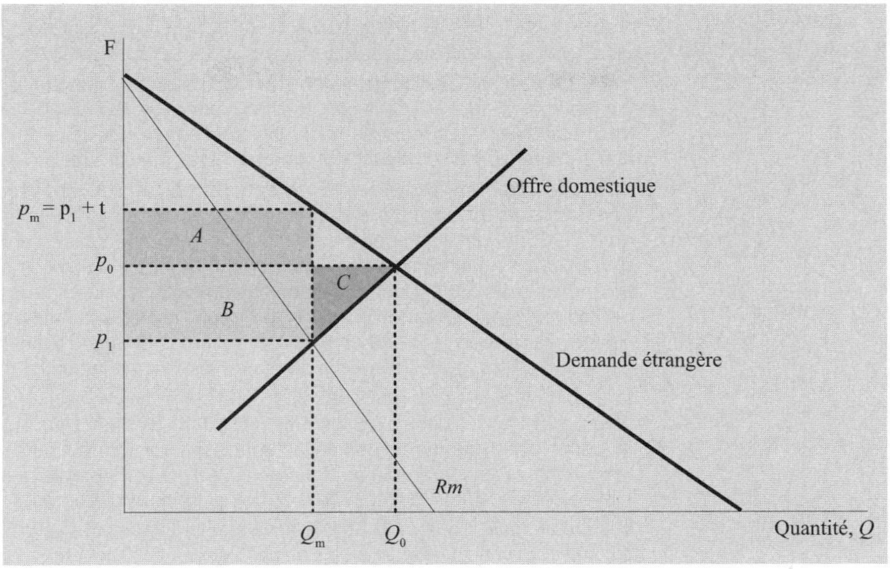

Figure 19.5: *Taxe sur les exportations permettant de fixer un prix de monopole*

b. Contrôle quantitatif des exportations. Une autre méthode pour cartelliser l'industrie domestique consiste à imposer un contingent d'exportation. Si la production de l'industrie est restreinte au niveau que produirait un monopole, soit Q_m, le prix est égal à p_m (voir la figure 19.5). Contrairement à ce qui se passe dans le cas de la taxe, les producteurs qui ont la chance de pouvoir produire une partie de la quantité limitée conservent leurs profits. Chacune de ces deux politiques commerciale bénéficie au pays qui l'applique, mais le bénéfice est obtenu au détriment des consommateurs étrangers.

E. Création d'un monopole étranger

De même que le contrôle des expotrtations contribue à la création d'un monopole domestique, le contrôle des importations peut donner naissance à un monopole étranger. Si un grand pays comme les États-Unis restreint ses importations d'un certain produit au moyen d'un quota, il fait monter le prix du produit sur le marché intérieur et le profit des entreprises étrangères augmente. Plus le gouvernement réduit les importations, plus le profit des entreprises étrangères augmente, jusqu'à ce que les importations atteignent le niveau qui serait exporté par un monopole étranger (dans ce cas, la restriction des importations est équivalente à la création d'un cartel étranger). Si les importations diminuent encore plus, le profit des entreprises étrangères commence à baisser. Bien entendu, une interdiction complète des importations réduit les profits étrangers à zéro. Les quotas aident les producteurs nationaux et étrangers mais nuisent aux consommateurs du pays qui les instaure car ils élèvent les prix intérieurs (voir l'exemple 19.3).

EXEMPLE 19.3 En voiture ! (japonaise)

Entre 1975 et 1980, la part de marché des voitures japonaises sur le marché américain a augmenté de 10% à 20%. À partir de 1981, pour faire face à cette forte augmentation, les États-Unis instaurèrent un quota limitant l'entrée des voitures japonaises. De ce fait, en 1987, la part de marché japonaise n'avait pas changé par rapport à 1980.

Le quota eut pour effet d'élever le prix des voitures, au détriment des consommateurs américains et au bénéfice des producteurs américains et japonais. On a calculé qu'en 1985, la réduction des importations de voitures japonaises avait eu pour effet d'augmenter le prix moyen des voitures japonaises de 2 000 $ et celui des voitures américaines de 750 $. Ces augmentations de prix ont évidemment réduit le bien-être des consommateurs américains. Si l'on applique ces estimations aux chiffres des ventes réalisées entre 1980 et 1986, on obtient la somme rondelette de 80 millions de dollars payés par les consommateurs américains en raison du quota.

L'augmentation du prix des voitures japonaises a accru les profits des entreprises japonaise et les a aidées à agir comme un cartel. Les États-Unis auraient pu atteindre le même niveau d'importations en instaurant un droit de douane à la place du quota, mais dans ce cas les recettes douanières du gouvernement américain se seraient substitués aux profits supplémentaires des entreprises japonaises.

Les producteurs d'automobiles américains ont également bénéficié du quota car leur prix ont augmenté. Du début au milieu des années 1980, leurs profits ont sensiblement augmenté. Les travailleurs de l'automobile ont aussi bénéficié du quota. Dans les années 1970, les salaires du secteur automobile étaient déjà supérieurs de 40% à 50% à la moyenne du secteur manufacturier. Cet écart était de 50% à 60% dans les années 1980.

SOURCE : Crandall (1987).

F. Lutte contre un monopole étranger

Un pays (le pays 1) ne profite d'une taxe ou d'un quota sur ses exportations que si le pays étranger (le pays 2) ne réagit pas. Or, le pays 2 peut riposter de plusieurs façons (création d'un monopsone, cartellisation de ses industries exportatrices, guerre, etc.). Si l'on raisonne au niveau mondial, les deux pays ont davantage intérêt au libre-échange et à des prix concurrentiels qu'à un échange contraint qui engendre des *distorsions* de prix.

Un pays importateur confronté à un cartel étranger peut réagir en imposant un prix plafond égal au prix concurrentiel et rendre ainsi sa courbe de demande parfaitement élastique au prix. S'il ne connaît pas le prix concurrentiel, il peut déterminer une fourchette de prix et rendre la demande très élastique à l'intérieur de cette fourchette en imposant un droit de douane très élevé pour tout prix supérieur à la fourchette dans laquelle le prix concurrentiel est supposé se trouver, forçant du même coup le monopole étranger à choisir un prix à l'intérieur de la fourchette.

L'instauration d'un droit de douane ordinaire sur les ventes du monopole étranger a deux effets. Premièrement, la quantité vendue baisse et le prix intérieur augmente au détriment des consommateurs. Deuxièmement, le pays encaisse une recette douanière. Ainsi, selon la forme de la courbe de demande, le droit de douane peut avoir un effet net positif pour le pays qui l'instaure. Plus généralement, il existe toujours un droit de douane optimal (ou une subvention optimale) permettant d'augmenter le bien-être d'un pays dont les importations dépendent d'un monopole étranger.

Le cas d'une subvention est intéressant à étudier car il montre qu'il est parfois optimal pour un pays de subventionner la production étrangère ! Prenons le cas d'une courbe de demande du pays importateur d'élasticité constante égale à -2. Si le producteur étranger veut maximiser son profit, il doit fixer un prix égal au double de son coût marginal (voir les équations 19.3 ou 5.3). Une subvention de 1 F par unité octroyée au monopole étranger réduit de 2 F le prix payé par le pays importateur. Le niveau de consommation étant fixé, les consommateurs du pays importateur gagnent davantage par unité de produit que la subvention ne coûte, ce qui peut engendrer un gain net de bien-être, en particulier si la consommation du produit importé est élevée.

Le pays importateur victime d'un monopole étranger peut aussi le menacer d'interdire totalement les importations. Le monopole peut alors tenir ou céder face au gouvernement. Celui des deux qui aura l'attitude la plus crédible obtiendra alors gain de cause.

19.2.3 Politique commerciale stratégique

Les travaux récents portant sur l'application des modèles d'oligopole au commerce international ont retenu l'attention des responsables de la politique commerciale[30] (surtout aux États-Unis et dans les pays anglo-saxons, mais très peu en France). Ces modèles montrent que lorsqu'un gouvernement peut aider ses entreprises à s'engager de façon crédible dans certaines actions commerciales, celles-ci peuvent l'emporter sur leurs rivales étrangères. Il existe un vaste éventail de politiques commerciales stratégiques qu'un gouvernement peut adopter pour aider ses entreprises (voir l'exemple 19.4).

Au chapitre 10, nous avons déja vu le gain qu'une entreprise pouvait tirer d'un engagement crédible. Par exemple, dans le modèle de Stackelberg, si l'entreprise leader peut choisir un niveau de production avant l'entreprise suiveuse, elle optera pour un niveau relativement élevé de façon à induire un choix relativement faible de la part de sa concurrente. Cette stratégie d'engagement crédible permet à l'entreprise leader d'avoir un profit plus élevé que l'entreprise suiveuse.

Dans le modèle de Cournot statique, contrairement au modèle de Stackelberg, les entreprises choisissent en même temps le niveau de production. Aucun entreprise ne peut donc s'engager avant l'autre pour persuader sa rivale de son intention de produire un niveau élevé. Lorsque les deux entreprises sont identiques, leur production l'est aussi. Cependant, si le gouvernement d'une des deux entreprises lui vient en aide, il rend l'engagement de celle-ci crédible en lui permettant de produire

[30] Voir Krugman et Helpman (1985, 1989), Krugman (1989) et Baldwin (1992) pour de bonnes synthèses de cette littérature.

EXEMPLE 19.4 Politiques commerciales stratégiques

La plupart des pays développés ont recours à deux catégories de politiques commerciales stratégiques : les subventions et les taxes, qui visent les exportations ou les importations, d'une part ; les subventions qui sont destinées à aider l'investissement ou l'ajustement de certaines productions, d'autre part. À quelques exceptions près, dont les produits agricoles, les subventions à l'exportation sont interdites par les accords du GATT (ancien nom de l'OMC). Au départ, les États-Unis étaient favorables au subventionnement des exportations agricoles. Mais leur position a changé et maintenant ils essaient de rallier les pays de la Communauté Européenne à leurs vues.

Les politiques de subvention à l'investissement ou à la production ont généralement pour but d'aider les industries qui périclitent à se reconvertir ou les industries naissantes à se développer. La plupart des pays de l'OCDE aident les entreprises et les employés des industries en déclin telles que le textile et la construction navale. Les crédits à l'exportation visent assez fréquemment les industries nouvelles en croissance rapide, comme l'électronique au Japon. En 1980, le montant des subventions fournies par les pays de l'OCDE dans le cadre de leur programme de crédits à l'exportation était d'environ 4 milliards à 5,5 milliards de dollars (Hufbauer et Erb, 1984).

États-Unis. Le *U.S. Trade Adjustment Act* de 1974 a pour objectif d'apporter une assistance aux employés et aux entreprises des secteurs touchés par une augmentation rapide des importations. Par ailleurs, le gouvernement américain subventionne la R&D de l'industrie aérospatiale et des autres industries de défense.

Canada. Le système d'aide à l'ajustement mis en place par le gouvernement canadien (*Canadian-American Automotive Agreement*) ne consentait au départ que des prêts aux fabricants de composants automobiles pour favoriser leurs exportations plutôt que de leur accorder des subventions directes. En 1968, le Canada débuta un programme plus ambitieux (*General Adjustment Assistance Program*). Les entreprises concernées pouvaient obtenir des prêts publics ou faire assurer les prêts du secteur privé par un organisme public. De 1968 et 1971, le programme servit surtout à

→

avec profit un niveau de production plus élevé que celui de l'équilibre naturel de Cournot. Dans ce cas, l'aide du gouvernement de l'une de des 2 entreprises transforme le modèle de Cournot en modèle de Stackelberg.[31]

Nous allons maintenant illustrer l'utilisation de la politique commerciale stratégique dans le cadre d'un modèle de duopole. Supposons que le pays 1 et le pays 2 aient chacun une entreprise qui exporte vers un troisième pays. En l'absence d'intervention publique, le comportement des entreprises est décrit par un modèle de Cournot, avec les postulats suivants :

[31] Étant donné que le gain provient de la capacité d'engagement, le gouvernement peut par exemple aider l'entreprise domestique à maintenir un niveau de production élevé par des impôts qui rendraient coûteux toute diminution de la production (Karp et Perloff, 1992, 1993). L'avantage de ce système par rapport aux subventions à l'exportation est qu'il rapporte de l'argent à l'État au lieu de lui en coûter et qu'en plus il est compatible avec les accords du GATT.

EXEMPLE 19.4 Politiques commerciales stratégiques (suite)

l'assurance des prêts privés. Mais après 1971, des industries entières menacées par la concurrence des importations bénéficièrent de prêts publics dans le cadre de ce programme.

Allemagne. L'Allemagne offre diverses garanties ainsi que des prêts directs à taux bonifiés à certaines entreprises pour les aider à devenir plus compétitives. Cependant, la plupart des mécanismes d'aide mis en place par l'Allemagne sont moins orientés vers le commerce international que vers la rationalisation de l'industrie et le développement régional (pour favoriser l'implantation d'entreprises nouvelles dans les régions où l'on anticipe un déclin des industries traditionnelles).

Royaume-Uni. De 1966 à 1971, la *British Industrial Reorganisation Corporation* eut un rôle de conseil dans les fusions d'entreprises et apportait une assistance financière aux entreprises des industries menacées par la montée des importations ou d'autres facteurs de déclin structurel. Toutefois, de même que pour l'Allemagne, les systèmes d'aide britanniques ne sont pas spécifiquement liés aux problèmes du commerce international, mais servent généralement à favoriser la reconversion des régions dont les industries sont en déclin (textile, construction navale, etc.). L'aide au titre du développement régional et de la politique de l'emploi a permi de débloquer des sommes importantes dans le cadre de l'*Industry Bill* de 1972 et du *Redundancy Payments Act* de 1965 (remboursement de 70% environ des indemnités de licenciement versées par les entreprises).

La plupart des pays développés à l'exception des États-Unis ont des systèmes qui protègent les employés contre les licenciements pour cause de fermetures d'entreprises. Le Canada, en particulier, a un sytème très rigoureux. Ces politiques ont pour effet de retarder les ajustements nécessaires. Il existe d'ailleur un vif débat au sein de la Communauté Européenne, opposant le Royaume-Uni aux autres membres, au sujet de la politique de l'emploi, notamment en ce qui concerne les droits des femmes enceintes, le nombre maximal d'heures de travail par semaine et les procédures en cas de fermeture d'établissement. Les anglais s'opposent à l'application de lois rigides dans ces domaines car ils redoutent que cela nuise à la flexibilité de leurs entreprises.

- *Pas d'entrée* d'entreprises nouvelles sur le marché.
- *Homogénéité.* Les deux entreprises produisent le même bien. La production totale du marché, Q, est égale à la production de l'entreprise 1 (pays 1), soit q_1, plus la production de l'entreprise 2 (pays 2), soit q_2 : $Q = q_1 + q_2$.
- *Demande.* La courbe de demande inverse du marché du troisième pays est linéaire :
$$p = 36 - q_1 - q_2.$$
- *Coûts.* Le coût marginal de production de chaque entreprise est nul. Ce postulat simplificateur n'est pas essentiel.[32]

[32] Lorsque le coût marginal est nul, une subvention engendre logiquement un niveau de production infini à moins que le gouvernement ne limite le montant de la production subventionnée. C'est ce que nous supposerons dans cet exemple.

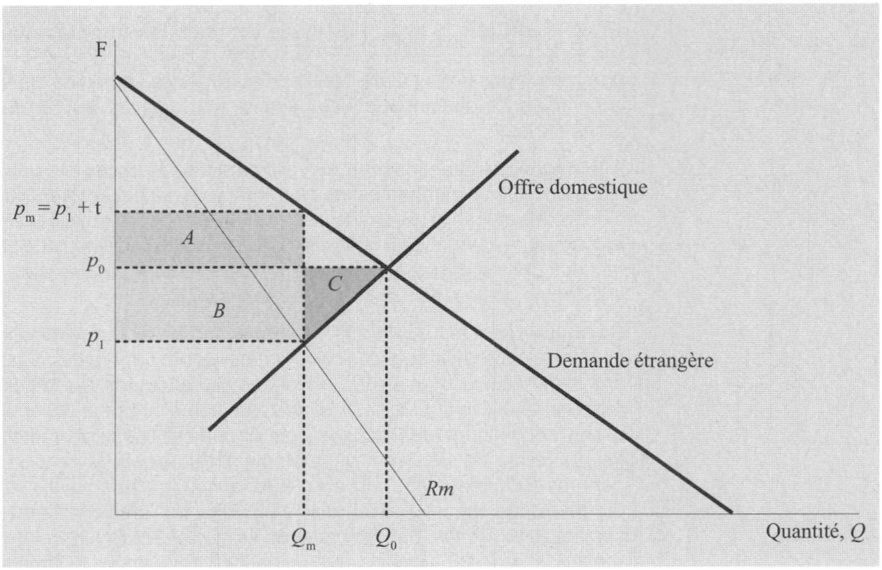

Figure 19.6: *Effet d'une subvention à l'exportation dans le modèle du duopole de Cournot*

La figure 19.6 illustre les fonctions de réponse optimale qui découlent des postulats précédents et l'annexe A montre comment elles s'en déduisent formellement. L'équilibre de Cournot est $q_1 = q_2 = 12$ et $p = 12$. Le profit de l'entreprise i $(i = 1, 2)$, π_i, est égal à 144 $(= pq_i)$ puisque le coût de production est nul.

Supposons que le pays 1 puisse aider son entreprise sans crainte de représailles de la part du pays 2 et qu'il accorde une subvention s par unité produite à l'entreprise 1. Cette subvention encourage l'entreprise 1 à produire plus et donc à être plus agressive sur le marché extérieur. Par exemple, alors que l'entreprise 2 produit toujours 12 unités, l'entreprise 1 en produit maintenant 13, ce qui entraîne une chute du prix à 11. Le profit de l'entreprise 1 baisse de 144 à 143, mais si la subvention est supérieure à 1, l'opération est rentable.

Comme l'annexe A le montre, la fonction de réponse optimale de l'entreprise 1 est donnée par :

$$q_1 = 18 - \frac{1}{2}q_2 + \frac{1}{2}s\,.$$

Plus la subvention est élevée, plus la production de l'entreprise 1 augmente pour un niveau donné de q_2. Autrement dit, la fonction de réponse optimale de l'entreprise 1 se déplace de $\frac{1}{2}$ vers la droite (voir la figure 19.6 où l'on a pris $s = 9$).

Le nouvel équilibre avec subvention correspond à l'intersection entre l'ancienne fonction de réponse optimale de l'entreprise 2 et la nouvelle fonction de réponse optimale subventionnée de l'entreprise 1. Au nouvel équilibre, la production de l'entreprise 1 est $q_1 = 18$ et celle de l'entreprise 2 est $q_2 = 9$. L'entreprise 1 fait un chiffre d'affaires égal à 162 (soit $q_1 \times p$) et reçoit une subvention égale à 162

Tableau 19.2: *Effet d'une subvention à l'exportation*

	Pays 1			Pays 2		
s	q_1	π_1	Bien-être	q_2	π_2	p
0	12	144	144	12	144	12
3	14	196	154	11	121	11
6	16	256	160	10	100	10
9	18	324	162	9	91	9
12	20	400	160	8	64	8

Bien-être du pays 1 = profit de l'entreprise 1 moins subvention soit $\pi_1 - sq_1$.

(soit $q_1 \times s$), ce qui fait un profit $\pi_1 = 324$. La subvention est un transfert du gouvernement à l'entreprise. Mais, si l'on admet que la subvention peut être versée sans entraîner de perte sèche sur le plan social, le nouvel équilibre correspond à une augmentation nette de bien-être (profit moins subvention) pour le pays 1.

Le pays 1 peut choisir le niveau de subvention qui maximise le bien-être social. Le tableau 19.2 indique quels sont les niveaux de production, les profits et le bien-être (π_1- subventions versées) du pays 1 en fonction de différentes valeurs de s. Le bien-être du pays 1 est maximum pour $s = 9$, même si, comme l'indique le tableau 19.2, l'entreprise 1 préférerait recevoir une subvention supérieure à la subvention socialement optimale. La subvention augmente le profit de l'entreprise 1 par rapport à son niveau de libre-échange, accroît le bien-être du pays 1, réduit celui du pays 2 et bénéficie au consommateur du pays importateur du fait de la baisse de prix.

En choisissant $s = 9$, le gouvernement du pays 1 met son entreprise en situation de leader de Stackelberg. Comme le montre l'annexe A, l'équilibre avec subvention est identique à l'équilibre que l'on obtient dans un modèle ou l'entreprise 2 peut choisir son niveau de production avant l'entreprise 2 (modèle de Stackelberg). L'intervention du gouvernement suppose donc que celui-ci comprenne exactement la situation (ou jeu) existant entre les deux entreprises et choisisse la subvention permettant d'atteindre la situation optimale pour le pays 1.

Bien que les résultats obtenus dans le cadre de ce modèle soient logiquement corrects, on peut s'interroger sur la vraisemblance des postulats du modèle.(33) Trois de ces postulats jouent un rôle essentiel dans ces conclusions.

[33] Spencer et Brander (1983), Dixit (1984), Brander et Spencer (1985), Eaton et Grossman (1986), Carmichael (1987), Cheng (1988), Gruenspecht (1988b), Markusen et Venables (1988) et Neary (1991) ont montré que la politique optimale variait considérablement en fonction des postulats de base (nature du jeu, choix des variables de décision, nombre d'entreprises, barrières à l'entrée, exogénéité des coûts, ordre d'intervention des acteurs [gouvernements et entreprises], existence d'un marché intérieur en plus du marché tiers et intervention du gouvernement de l'autre pays [pays 2]).

Premièrement, le gouvernement du pays 1 doit pouvoir agir avant les entreprises. Dans notre exemple, l'entreprise 1 ne peut pas agir avant l'entreprise 2, mais le gouvernement du pays 1 peut.

Deuxièmement, nous avons envisagé un jeu de Cournot. Avec un jeu différent, la politique optimale change Par exemple, s'il sagit d'un jeu de Bertrand et que les produits sont différenciés, la politique optimale consiste à instaurer une taxe.(34)

Troisièmement, rien n'empêche le pays 2 de subventionner également l'entreprise 2. Si les deux gouvernements interviennent, la situation se transforme en un jeu entre pays au lieu d'un jeu d'entreprises. Or la prise en compte de comportement politique au sein d'un jeu, quoiqu'elle ouvre des perspectives intéressantes à l'analyse, complique considérablement la réflexion. Les rares indications empiriques que l'on possède actuellement sur ce type de jeu laissent penser que la prise en compte de l'environnement politique obscurcit davantage l'analyse qu'elle ne l'éclaire.

Nous avons vu au chapitre 10 que l'engagement crédible était une caractristique nécessaire de tout équilibre de sous-jeu parfait. Ceci suggère que les pays doivent être en mesure de prendre des engagements crédibles à long terme s'ils veulent que leurs politiques stratégiques soient crédibles. Or, il est connu que les pays peuvent rarement tenir des engagements à long terme. Par exemple, en 1981, le Président Mitterrand s'était engagé a poursuivre une politique de nationalisation de l'économie. Or, 14 ans plus tard, presque toutes les entreprises nationales étaient privatisées ou en voie de l'être.

La plupart des économistes qui étudient les politiques commerciales stratégiques ne sont pas favorables à leur emploi. Ils soulignent en particulier qu'un pays qui veut appliquer une politique stratégique doit être capable de prévoir le comportement des entreprises mondiales et la façon dont les autres pays réagiront. Il doit de plus être crédible et s'en tenir à la politique choisie aussi longtemps que nécessaire. Si les autres pays emploient aussi des politiques stratégiques, il est probable que le résultat global sera négatif. Les politiques commerciales stratégiques sont une source permanente de conflits entre pays. C'est la raison pour laquelle le GATT condamne explicitement l'usage accru des subventions à l'exportation (sauf pour ce qui concerne l'agriculture).

19.2.4 Industries générant des externalités positives

Les gouvernements recourent aussi aux politiques commerciales afin de favoriser le développement des industries qui génèrent des externalités positives pour le reste de l'économie, notamment lorsque ces externalités ne rapporte pas ou pas assez de profit aux entreprises qui les génèrent. Ainsi, certaines recherches

---

[34] Dans le modèle de Bertrand, le gouvernement du pays 1 taxe son entreprise de façon à ce que le prix du marché augmente. Comme les produits sont supposés étroitement (mais non parfaitement) substituables, il s'ensuit une augmentation du prix du produit de l'entreprise 2.

menées dans un domaine particulier ont des répercussions positives et gratuites dans d'autres domaines. Les entreprises qui génèrent ce type d'externalités ne sont pas incitées à produire jusqu'au point où leur coût marginal est égal au bénéfice marginal social parce qu'elles ne perçoivent pas une rémunération suffisante pour les connaissances nouvelles qu'elles créent (voir le chapitre 17). Les pays doivent donc intervenir pour stimuler la recherche. Comme nous l'avons vu au chapitre 17, ils disposent pour cela de différents moyens : brevets, récompenses ou financement direct des entreprises qui s'engagent à fournir un niveau de recherche compatible avec l'optimum social.

L'inefficience de la recherche provient généralement d'une différence *domestique* entre le coût marginal et le bénéfice marginal social. L'insuffisance de la recherche est en effet indépendante de la situation des entreprises vis-à-vis du commerce international. Or l'argument des externalités de recherche est souvent employé pour justifier une politique commerciale protectionniste (droits de douane ou quotas). On prétend alors que si les entreprises n'étaient pas harcelées par la concurrence internationale, elles pourraient s'occuper davantage de la recherche, au plus grand bénéfice de la société. Dans le même ordre d'idée, certains polémistes soutiennent que les nouvelles industries génératrices d'externalités doivent être protégées au moins jusqu'à ce qu'elles atteignent un certain seuil de maturité.[(35)]

Si le subventionnement de la recherche dans les industries qui créent des externalités positives est une bonne idée, son détournement à des fins protectionnistes pose problème. Dans le meilleur des cas, les politiques commerciales constituent une solution de second rang (donc inefficiente). De toute façon, les distortions qu'elles engendrent (fixation monopoliste des prix, guerres commerciales, etc.) sont plus importantes que les bénéfices de la recherche supplémentaire. De plus, une subvention, un droit de douane ou un quota protègent une industrie de la concurrence et lui permettent de survivre, qu'elle soit efficiente ou non. Enfin, il y a toujours un risque que les subventions ou les mesures protectionnistes soient détournées par des entreprises qui ont de puissants appuis politiques au détriment d'entreprises qui génèrent réellement des externalités positives.

Donc, de même que dans le cas de la politique commerciale stratégique, il est théoriquement possible que les subventions et la protection contre la concurrence étrangère augmentent le bien-être national. Mais ce n'est pas nécessairement le cas. Seuls les études empiriques permettent de trancher. Enfin, dans la mesure où il est reconnu qu'elles améliorent le bien-être global, les subventions directes sont cependant préférables aux autres formes de protection car elles ne provoquent pas les distortions qui accompagnent les autres politiques commerciales.

[35] Les entreprises des industries nouvelles à évolution technologique rapide bénéficient aussi parfois d'effets d'expérience (baisse du coût de production unitaire à mesure que la production augmente). Ces entreprises tentent souvent d'obtenir une protection contre la concurrence étrangère jusqu'à ce qu'elles soient suffisamment puissantes pour générer d'importantes retombées positives pour le reste de l'économie. Se fondant sur cet argument, le Japon a protégé le développement de l'industrie des semi-conducteurs (en empêchant les importations).

19.2.5 Études empiriques des politiques commerciales

Comme le montrent les théories que nous venons de passer en revue, les politiques commerciales ont des fondements très variés. Les études empiriques existantes portent à la fois sur les déterminants des politiques commerciales et sur leurs aspects normatifs (bénéficient-elles à l'ensemble du pays ou seulement à certains groupes d'intérêt ?)

A. Déterminants des politiques commerciales

Il existe deux théories sur les motivations de l'existence des politiques commerciales. La première insiste sur le fait que les droits de douane, les subventions et les quotas sont conçus pour protéger certains groupes particuliers — tels que les producteurs ou les travailleurs d'une industrie — aux dépens de la collectivité.[36] Selon la seconde explication, les politiques commerciales sont conçues dans le but d'augmenter le bien-être global du pays. Par exemple, un pays qui instaure une taxe à l'exportation le fait dans le but d'aider ses producteurs à acquérir un pouvoir de monopole, mais aussi dans l'intérêt du pays. De même, un pays qui instaure un droit de douane pour aider les industries nationales qui génèrent des externalités le fait parce que c'est dans l'intérêt du pays.

Comme l'illustre l'exemple du tableau 19.2, les entreprises cherchent à obtenir le plus de subventions possibles et non le niveau socialement optimal. De nombreuses entreprises à travers le monde font ainsi le siège de leurs gouvernements afin que ceux-ci leur accordent les subventions qu'elles réclament ou les protègent de la concurrence étrangère.

Les études empiriques indiquent que dans les pays développés, les restrictions au libre-échange ont principalement pour but d'aider les producteurs nationaux. Il y a peu de de pays développés qui emploient des taxes à l'exportation pour acquérir un pouvoir de monopole dans l'échange (Baldwin, 1992). En revanche, les pays en développement ont fréquemment tenté de former des cartels (avec des succès divers) pour augmenter les prix de leurs produits (Baldwin, 1992).

Si les droits de douane et les quotas sont vraiment des rentes pures pour les groupes d'intérêt les mieux organisés, on devrait les observer plus fréquemment dans certaines circonstances. Premièrement, s'il génèrent des rentes, les droits de

[36] Les politiques macroéconomiques destinées à réduire le chômage ne doivent pas être confondues avec le protectionnisme dont il est question ici, lequel ne bénéficie qu'à des groupes particuliers de main-d'œuvre. Bien qu'il soit vrai que les employés de certaines industries puissent perdre leur emploi ou voir leurs salaires réduits du fait de l'échange international, il ne s'ensuit pas que le pays entier gagne à la protection d'une industrie inefficiente. Dans ce cas, le protectionnisme n'est qu'une façon de taxer le pays pour financer l'emploi ou les salaires d'un groupe particulier. Il est donc généralement préférable d'opter pour le libre-échange, quitte à créer un impôt spécifique pour indemniser les travailleurs qui perdent leur emploi. Ceux qui perdent leur emploi doivent pouvoir en trouver un autre où ils contribueront de nouveau à la production. L'efficience implique que les pays emploient des instruments macroéconomiques plutôt que le protectionnisme pour garantir un emploi productif à l'ensemble de la main-d'œuvre.

douane et les quotas devraient être d'autant plus fréquent que les industries sont concentrées, car les entreprises des industries concentrées peuvent s'organiser plus facilement pour faire pression sur le gouvernement.[37] Deuxièmement, plus les victimes d'un prix élevé (dû au protectionnisme) sont nombreuses, peu puissantes et difficiles à organiser, plus l'opposition au protectionnisme a des chances d'être faible. Par exemple, un marché composé d'un grand nombre de consommateurs plutôt que de quelques gros clients, devraient être des points de fixation idéaux pour les groupes de pression protectionnistes à la recherche de rentes (Godek, 1985). Troisièmement, les groupes réclamant la protection devraient également se rencontrer dans les industries condamnées par l'avantage comparatif. Les États-Unis, par exemple, ont un avantage comparatif dans le commerce des produits nécessitant une main-d'œuvre qualifiée et un désavantage comparatif dans le commerce des produits nécessitant une main-d'œuvre peu qualifiée. Il devrait donc s'ensuivre que les travailleurs peu qualifiés exigent davantage des mesures protectionnistes que les autres.[38] Bien que le commerce international augmente globalement le bien-être des pays qui y participent, certains groupes (comme les travailleurs non qualifiés en Europe et aux États-Unis) y perdent, à moins de recevoir une compensation.

Dans l'ensemble, l'étude de Godek (1985) confirme ces trois hypothèses. Godek a également établi que les quotas représentaient une part d'autant plus importante de la protection d'une industrie que le niveau global de cette protection était élevé.[39] L'utilisation des quotas s'est largement développée au cours des années 1970 et 1980. Il est possible que ce soit en raison du fait qu'ils permettent aux producteurs (ou pays) étrangers de récupérer la recette douanière qu'aurait collecté le pays s'il avait instauré un droit de douane équivalent à la place du quota. Si cette explication est exacte, cela signifie que les groupes de pression étrangers bénéficient de plus en plus des bontés des gouvernements nationaux.

Si les restrictions commerciales isolent efficacement une industrie de la concurrence étrangère, on doit s'attendre à ce que de nouvelles entreprises nationales entrent dans l'industie protégée. En effet, comme l'industrie est protégée, même les entreprises inefficientes peuvent y survivre (Horstmann et Markusen, 1986). Il existe des preuves empiriques qui confirment cette hypothèse dans le cas du Canada et de certains pays en développement (Eastman et Stykolt, 1960 ; Harris, 1984 ; Harris et Cox, 1984 ; Caves, 1989, Baldwin, 1992).

---

[37] Les quotas empêchent souvent la concurrence internationale de menacer les cartels nationaux. Voir Vercammen et Schmitz (1992) pour une analyse normative de cette question.

[38] Le commerce international peut d'ailleurs être envisagé sous l'angle d'une concurrence internationale entre les facteurs de production des différents pays. En effet, les biens ne s'échangent que dans la mesure où les facteurs de production sont partiellement immobiles (ou coûteux à déplacer). Le libre-échange des biens peut parfois être un substitut parfait aux flux internationaux de facteurs de production. Ceci explique que la rémunération des facteurs de production comme le travail peu qualifié baisse dans les pays (comme les États-Unis) qui ont un avantage comparatif dans les biens intensifs en travail qualifié.

[39] Les quotas sont également utilisés parce qu'ils sont moins soumis aux mesures de rétorsion prévues par les accords du GATT.

EXEMPLE 19.5 Airbus et l'industrie mondiale des avions civils gros porteurs

La France, l'Allemagne, le Royaume-Uni et l'Espagne ont unis leurs efforts dans le cadre d'Airbus, une entreprise qui fabrique des avions civils gros porteurs. Cette industrie est caractérisée par d'importants coûts fixes irrécupérables, des économies d'échelle, une durée de vie des produits particulièrement longue et de très gros effets d'expérience. Selon son concurrent Boeing, Airbus aurait bénéficé d'importantes subventions lui permettant d'affronter plus facilement la concurrence. Airbus rétorque que le gouvernement américain subventionne indirectement Boeing par le jeu des contrats passés avec l'industrie de la défense.

Les sommes reçues par Airbus sont mal connues et leur importance reste controversée. Baldwin et Krugman (1988b) ont employé une variante du modèle de Cournot avec subventions pour stimuler sous diverses conditions les effets du subventionnement d'Airbus. Leurs résultats montrent que le soutien public d'Aibus a notablement accru la concurrence internationale et bénéficié aux consommateurs du monde entier. Ils montrent aussi que les États-Unis ont été les grands perdants de cette politique car le déclin des profits de Boeing fut plus important que le gain de surplus des consommateurs américains. Enfin, ils montrent que le gain net des pays européens après déduction des subventions fut sans doute négatif.

B. Études sectorielles sur les effets du protectionnisme

Des études empiriques ainsi que des simulations ont été conduites dans différentes industries afin de déterminer quels étaient les bénéficiaires des subventions, droits de douane et autres quotas. Une étude de l'industrie automobile (Dixit, 1988b) a montré que les gains que les États-Unis tiraient de l'utilisation stratégique des droits de douane étaient relativement faibles. Baldwin et Krugman (1988a) ont cherché à vérifier si le protectionnisme avait permi le développement de l'industrie japonaise des semi-conducteurs (plus précisément l'industrie des mémoires RAM [*Random Access Memory*]). Leurs résultats montrent qu'en l'absence de ce protectionnisme, l'industrie japonaise se serait malgré tout développée et que l'industrie américaine aurait connu un essor encore plus important. Leurs conclusions indiquent également qu'en dépit de la croissance de l'industrie japonaise des semi-conducteurs, le pays n'a pas tiré parti de la politique protectrice car la production japonaise s'est faite à un coût beaucoup plus élevé que les productions américaines comparables. Par conséquent, le protectionnisme japonais a eu des effets néfastes à la fois pour le Japon et pour les États-Unis. Baldwin et Krugman (1988b) ont abouti à la même conclusion pour ce qui est de l'Airbus (voir l'exemple 19.5).

Les études sectorielles ne tiennent pas compte, par définition, des problèmes d'équilibre général. Or, lorsque les resources sont limitées, la croissance d'un secteur n'est possible que si un autre secteur décroît. Harris (1984) et Harris et Cox (1984) ont employé des modèles d'équilibre général pour évaluer les effets de la libéralisation du commerce entre les États-Unis et le Canada. D'après leurs résultats, le PNB du Canada augmenterait de 8% à 12% grâce au libre-échange.

Certains gouvernements prônent ouvertement l'utilisation des politiques commerciales destinées à soutenir les indutries qui génèrent des externalités ou qui sont susceptibles d'en créer une fois parvenue à maturité. Cependant, ces politiques n'ont des effets positifs que si les prévisions concernant l'industrie sont correctes et si les subventions ou autres formes de soutien sont employés dans des proportions correctes.(40)

Sur un plan pratique, le gouvernement peut choisir de subventionner les industries qui ont un poids politique plus important plutôt que celles qui ont un fort potentiel d'externalités. Les choix effectués par certains pays devraient mettre en garde contre l'usage abusif des subventions. Ainsi, un article paru dans la presse notait que :(41)

> Le commerce stratégique n'a pas toujours servi les intérêts des concurrents des États-Unis. C'est le cas par exemple du Japon, qui a dépensé en vain 2,5 millions de dollars dans les années 1970, pour soutenir l'industrie de l'aluminium. Le gouvernement de ce pays a également commis l'erreur de subventionner la production d'acier au moment ou les Sud-coréens et les Brésiliens commençaient à maîtriser pleinement cette technologie et qu'ils avaient à leur disposition des armées de travailleurs à bas salaires. Plus récemment, les contribuables japonais ont encore été obligé de régler des notes imposantes pour soutenir sans succès le développement des technologies de l'intelligence artificielle et de la télévision à haute définition.

Apparemment, le gouvernement britannique commence à être plus attentif avant de s'engager dans le soutien stratégique de ses industries. Ainsi, on rapporte que l'ex-premier ministre John Major aurait confié aux officiels américains que les politiques industrielles destinées à encourager des industries spécifiques se soldaient généralement par des échecs et qu'elles auraient même contribué à affaiblir sérieusement l'économie du Royaume-Uni.(42)

Si les politiques commerciales stratégiques permettent sans doute d'aider certains groupes au sein d'un pays (nous avons vu qu'elles *pouvaient* contribuer à améliorer la situation de certains groupes), elles déclenchent aussi des représailles et des guerres commerciales, ce qui est généralement nuisible pour l'ensemble des pays. En stoppant les échanges internationaux, les guerres commerciales obligent les pays à produire des biens dans des conditions inefficientes. Selon Kindleberger (1986), les politiques protectionnistes des années 1930 ont fortement contribué à accentuer la Grande Dépression.

Dès lors que les pays sont conscients des dangers des guerres commerciales et de leurs effets potentiellement négatifs, ils peuvent se prémunir en acceptant

---

[40] Selon Borrus, Tyson et Zysman (1986), l'industrie japonaise des semi-conducteurs est devenu un concurrent majeur sur le marché mondial « aux dépens des américains » et à la suite « d'un choix politique délibéré ». De la même façon, la France aurait également soutenu largement ses industries de haute-technologie, comme l'aéronautique civile, la biotechnologie, l'informatique, les machines-outils, l'énergie nucléaire, les semi-conducteurs et les télécommunications (Carliner, 1986). Toutefois, même si c'est le cas (il n'y a pas d'acord sur ce point), il reste à prouver que ces politiques ont atteint leur but. Voir Krugman (1984) pour une énumération des difficultés pratiques posées par l'application de ces politiques.

[41] Nasar, Sylvia. « The Risky Allure of Strategic Trade », *New York Times*, 28 février 1993 : section 4, p. 1.

[42] Forman, Craig. « The Hidden Dangers of Industrial Policy », *Wall Street Journal*, 1 mars 1993, p. 1.

d'être liés dans le cadre de traités qui interdisent certaines politiques. C'est le cas du GATT, qui influence en partie la nature des relations commerciales entre les pays, ainsi que leurs politiques commerciales. Autrement dit, le GATT peut être considéré comme un mécanisme délibément choisi par les pays qui l'ont signé pour s'interdire par avance le recours aux guerres commerciales.

19.3 Entreprises multinationales et prix de transfert

Lors de sa première campagne présidentielle, Bill Clinton s'était engagé à limiter l'évasion fiscale pratiquée par les entreprises multinationales. En effet, lorsqu'une entreprise a des filiales situées dans des différents pays, chaque filiale est soumise à la fiscalité du pays où elle se trouve. Ceci procure une grande latitude à l'entreprise multinationale qui veut maximiser ses profits après impôt, car elle peut faire en sorte de déclarer le maximum de profits là où ils sont le moins imposés et de déclarer le minimum de profits là où ils sont le plus imposés. Pour réaliser cet objectif, l'entreprise ajuste les prix des transactions effectuées entre ses différentes divisions (que l'on appelle *prix de transfert*).

Supposons par exemple que la division A située dans le pays A livre des machines à la division B située dans le pays B. Désignons par p le prix facturé par la division A à la division B (le choix de p est effectué au niveau de la direction de la multinationale). Si l'impôt sur le profit des sociétés est égal à 90% dans le pays A et à 10% dans le pays B, l'entreprise multinationale a intérêt à fixer p au niveau le plus bas possible, afin de minimiser le chiffre d'affaires de la filiale A (pour des charges données) et à minimiser le coût de la filiale B (pour un chiffre d'affaires donné), ce qui revient à transférer le profit de la filiale A vers la filiale B. Ce processus engendre une évasion fiscale dont le pays A fait les frais et qui devrait rapidement attirer l'attention des services fiscaux spécialisés.

Aux États-Unis, l'*U.S. Internal Revenue Service* (IRS) est habilité à vérifier si les transactions internes sont facturées à un prix raisonnable.[43] Pour qu'un prix soit considéré comme raisonnable, il faut qu'il corresponde au prix qui serait pratiqué sur un marché ordinaire. Pour différentes raisons assez évidentes, ce critère est difficile à appliquer.

Premièrement, il n'existe pas toujours de marché pour évaluer le prix des transactions comparables.[44] Lorsqu'une entreprise multinationale a une division

---

[43] Les cas traités par l'IRS à ce titre sont souvent appellés *Cas 482* par référence à la section 482 du code de l'IRS. En France, les fiscalistes de l'administration sont mal armés sur le plan conceptuel pour traiter ces problèmes et ne peuvent que « flairer » leur existence.

[44] Les prix de transfert sont couramment utilisés par les entreprises verticalement intégrées. L'organisation verticale exige en effet qu'une division en approvisionne une autre. Or, nous avons vu (chapitre 2 et 13) qu'une des raisons principales de l'intégration verticale des entreprises était la possibilité de faire des économies par rapport aux transactions identiques réalisées sur un marché ordinaire. Par

de recherche qui diffuse les connaissances à toutes les filiales du groupe, on ne peut guère comparer ces échanges à ceux qui auraient lieu sur un marché ordinaire car les échanges de connaissances laissent une trop grande place à l'opportunisme et se déroulent rarement sur un marché (voir les chapitres 2 et 13).

Deuxièmement, lorsque les prix de marché des transactions ne sont pas observables, certaines méthodes alternatives de comparaison sont envisageables. On peut par exemple calculer le ratio du chiffre d'affaires au coût de production, sinon pour les transactions comparables se déroulant sur un marché ordinaire, du moins pour des transactions équivalentes effectuées par d'autres entreprises à titre interne. La difficulté réside alors dans la définition d'une transaction « comparable ». Certains économistes ont avancé que « comparable » signifiait « à risque identique », impliquant que deux transactions ayant la même rentabilité anticipée (et peut-être réelle) étaient comparables. Mais là encore, il est difficile de trouver deux transactions (ou deux entreprises) qui sont suffisamment similaires pour que leurs rentabilités soient comparables. Il est donc généralement nécessaire de constituer une liste d'entreprises ou de transactions et de calculer la moyenne (ou la médiane), puis de se servir de cette moyenne comme critère d'évaluation.

Supposons par exemple que les services fiscaux du pays d'origine d'une entreprise multinationale cherchent à vérifier si le prix de transfert qu'elle applique aux transactions de l'une de ses divisions n'est pas sous-évalué dans le but de se soustraire à la fiscalité. Ils peuvent calculer le rapport du chiffre d'affaires au coût de production et le comparer au ratio obtenu pour d'autres entreprises (ou d'autres transactions). Supposons par exemple que le ratio de l'entreprise considérée soit égal à 1,1 tandis que les ratios des autres entreprises varient entre 1,0 et 2,9 avec une moyenne de 1,9. Comme 1,1 est largement inférieur à la moyenne, les services fiscaux peuvent légitimement conclure à une sous-estimation. Cependant cette méthode n'indique pas à partir de quel écart à la moyenne les services fiscaux doivent entamer une procédure de redressement.(45)

Étant donné la part croissante prise par les entreprises multinationales dans les échanges internationaux, les stratégies de prix de transfert engendrent des pertes fiscales de plus en plus grandes. C'est la raison pour laquelle Bill Clinton avait promis dans sa campagne qu'il ferait appliquer de façon plus rigoureuse les lois sur les prix de transfert (exemple 19.6).

---

conséquent, dans la majorité des cas, les transactions effectuées à un prix de transfert ne sont pas directement comparables à des transactions effectuées au prix du marché.

[45] Dans un cas de ce type, le juge américain Goff (*Westreco v. Comr.* ; num. 24078–88, J.C. Memo 1992–561, 23 septembre 1992) a considéré que le prix de transfert pouvait prendre *n'importe quelle* valeur au sein de l'intervalle des résultats observés lors de transactions « comparables ». Toutefois, cette méthode encourage les entreprises à choisir un prix de transfert compatible avec la valeur minimale de l'intervalle (soit 1,0 dans notre exemple), ce qui donne alors une latitude considérable dans la fixation du prix de transfert. Au moment ou ce chapitre était écrit, la décision était en appel et Carlton devait témoigner comme expert pour le compte de l'IRS.

EXEMPLE 19.6 Fiscalité et délocalisations d'entreprises

La politique fiscale d'un pays peut avoir un effet très important sur la localisation de ses entreprises. Ainsi, la section 396 de l'IRS permettait aux entreprises américaines de bénéficier d'un crédit d'impôt égal à une partie des profits générés par leurs filiales situées à Porto Rico. L'intention initiale était de créer des emplois à Porto Rico, mais le mécanisme fut détourné par beaucoup d'entreprises qui ne créèrent des filiales à Porto Rico que pour y fabriquer des produits à forte valeur ajoutée nécessitant peu de main-d'œuvre.

De nombreuses entreprises pharmaceutiques bénéficièrent ainsi de ce mécanisme car leurs produits sont généralement caractérisés par un ratio élevé prix/coût de production. En 1990, 17 des 21 médicaments les plus prescrits aux États-Unis étaient produits à Porto Rico et la moitié de l'ensemble des crédits d'impôts au titre de la section 396 étaient accordés à des entreprises pharmaceutiques. On estime qu'en 1990, les entreprises concernées par la section 396 ont créé 18 000 emplois à Porto Rico et reçu environ 1,5 milliard de dollars en crédit d'impôt, ce qui fait 80 000 dollars par emploi, pour une rémunération annuelle moyenne de 26 000 dollars par emploi.

Les efforts déployés pour réformer la section 936 se sont heurtés à une résistance considérable de la part du lobby pharmaceutique et portoricain. Toutefois, une loi votée en 1993 réduisit ces crédits.

SOURCE : Ward, Leah Beth. « The Offshore Threat to Pharmaceuticals », *New York Times*, 14 mars 1993 : p. 5 (*Business*) ; De Cordoba José, « Tax Proposal Raises Concern in Puerto Rico », *Wall Street Journal*, 26 février 1993 : B5A.

Résumé

1. Les modèles de l'économie industrielle permettent d'expliquer certaines formes de commerce international. Les modèles de différenciation des produits expliquent pourquoi les pays échangent des produits similaires. Le free riding explique aussi pourquoi les échanges de produits de marque sont aussi dynamiques. Le free riding augmente généralement lorsque le taux de change fluctue beaucoup et engendre d'importantes différences de prix entre les produits selon la monnaie dans laquelle ils sont exprimés. Les modèles de discrimination par les prix expliquent pourquoi le prix d'un produit varie d'un pays à l'autre. Le dumping, qu'il soit discriminatoire, prédateur ou réciproque, favorise les consommateurs nationaux au détriment des consommateurs étrangers.

2. Les motivations des politiques commerciales sont multiples. Ces politiques privilégient souvent les producteurs nationaux au détriment des consommateurs nationaux. Il est possible en théorie qu'une politique commerciale bénéficie à l'ensemble d'un pays, par exemple lorsqu'il peut tirer parti du pouvoir de marché de ses producteurs ou de ses consommateurs en formant un cartel. Un pays peut aussi aider une industrie dont la croissance entraîne des retombées importantes sur toute l'économie. Enfin, l'intervention d'un gouvernement peut contribuer à crédibiliser l'engagement une entreprise. Les études empiriques suggèrent cependant qu'il faut être prudent dans l'utilisation de ces politiques car loin d'aider la collectivité, elles ne servent parfois qu'à protéger certaines entreprises de la concurrence étrangère et sont néfastes pour les consommateurs.

Termes clés	
Dumping	Taux de change
discriminatoire	
prédateur	
réciproque	

Questions

Q.19.1 Faut-il indemniser les travailleurs défavorisés par le libre-échange (réductions de salaires ou pertes d'emplois) ?

Q.19.2 Existe t-il une relation entre les politiques commerciales et le chômage à long terme ?

Q.19.3 Est-il plus facile à un gouvernement qu'à une entreprise de s'engager de façon crédible (et donc irréversible) ?

Q.19.4 Une industrie ancienne a t-elle plus de chances d'obtenir les appuis politiques nécessaires pour bénéficier protection vis-à-vis de la concurrence internationale ? En quoi cela affecte t-il la capacité d'un gouvernement à identifier les industries qu'il faudrait subventionner ?

Q.19.5 Supposez qu'une entreprise ait une division qui transfère sa production à une autre division située dans un pays différent en pratiquant un prix de transfert égal au coût marginal. Si la division vend également le même produit aux consommateurs, faut-il que le prix soit le même dans les deux cas ? La réponse à la question précédente dépend-elle de la structure du marché considéré ?

Problèmes [46]

P.19.1 Le free riding et les marchés gris peuvent-ils exister lorsque le prix au détail est le même dans les différents pays ? Dans ce cas, qui paie les frais d'exportation ?

P.19.2 Illustrez graphiquement les gains nets qu'un pays tire de l'instauration d'une taxe sur un monopole étranger.

P.19.3 Supposez qu'une entreprise 1 située dans le pays 1 produise le bien 1 et qu'une entreprise 2 située dans le pays 2 produise le bien 2. Les deux biens sont vendus aux consommateurs d'un troisième pays. Les courbes de demande des deux biens sont :

$$\begin{aligned} q_1 &= 15 - 2p_1 + p_2 , \\ q_2 &= 15 + p_1 - 2p_2 . \end{aligned}$$

[46] Les solutions des problèmes impairs sont données en fin de livre.

Calculez l'équilibre de Bertrand en supposant que le coût marginal de chaque bien est nul. Supposez ensuite que les pays 1 et 2 instaurent chacun un taxe de 3 F par unité exportée. Recalculez les prix et les profits d'équilibre des deux entreprises.

P.19.4 Supposez qu'une entreprise verticalement intégrée possède une filiale située à l'étranger et que les services fiscaux s'intéressent aux prix de transfert de cette entreprise. Grâce aux statistiques dont ils disposent, les services fiscaux peuvent calculer le ratio du chiffre d'affaires aux coûts (hors amortissements) de plusieurs entreprises « comparables ». Si l'entreprise contrôlée à un ratio capital/production plus élevé que les entreprises de la liste des services fiscaux, cela peut-il fausser la comparaison de son ratio chiffre d'affaires/coûts avec celui des autres entreprises pour déterminer si elle pratique un prix de transfert approprié ?

P.19.5 Supposez que tous les acheteurs d'un certain produit soient situés dans le pays 1 alors que tous les producteurs sont situés dans le pays 2. La courbe d'offre du pays 2 est donnée par $Q = p$ et la courbe de demande du pays 1 est donnée par $Q = 18 - p$. Calculez l'équilibre concurrentiel. Supposez que le pays 1 prélève un droit de douane, t, égal à 2 F par unité importée. Calculez le prix et la quantité d'équilibre, ainsi que le montant des recettes fiscales. Calculez l'équilibre si le pays 1 agit en monoposne. Déterminez le droit de douane qui maximise le bien-être du pays 1 (en l'absence de représailles).

Bibliographie

BALDWIN, Robert E. 1992. « Are Economists' Traditional Trade Policy Views Still Valid ? » Journal of Economic Literature 30 : 804–29.

BALDWIN, Robert E. et Paul R. KRUGMAN 1988a. « Market Access and International Competition : A Simulation Study of 16K Random Access Memories », in Robert FEENSTRA, éd., *Empirical Methods for International Trade*. Cambridge, Mass. : MIT Press.

BALDWIN, Robert E. et Paul R. KRUGMAN 1988b. « Industrial Policy and International Competition in Wide Bodied Jet Aircraft », in Robert E. BALDWIN, éd., *Trade Policy Issues and Empirical Analysis*. Chicago : University of Chicago Press.

BERNHARDT, Dan. 1984. « Dumping, Adjustment Costs and Uncertainty ». *Journal of Economic Dynamics and Control* 8 : 349–70.

BERCK, Peter et Jeffrey M. PERLOFF. 1990 « Dynamic Dumping ». *International Journal of Industrial Organization* 8 : 225–43.

BHAGWATI, Jagdish et V.K. RAMASWAMI. 1963. « Domestic Distortions, Tariffs and the Theory of Optimum Subsidy ». *Journal of Political Economy* 71 : 44–50.

BORRUS, Michael, Laura D'Andrea TYSON et John ZYSMAN. 1986. « Creating Advantage ; How Government Policies Shape International Trade in the Semiconductor Industry », in Paul R. KRUGMAN, éd., *Strategic Trade Policy and the New International Economics*. Cambridge, Mass. : MIT Press.

BRANDER, James A. et Barbara J. SPENCER. 1985. « Export Subsidies and International Market Share and Rivalry », *Journal of International Economics* 18 : 83–100.

BRANDER, James A. et Paul R. KRUGMAN. 1983. « Intra-industry Trade in Identical Commodities »,. *Journal of International Economics* 15 : 313–21.

BRANDER, James A. et Paul R. KRUGMAN. 1984. « A "Reciprocal Dumping" Model of International Trade ». Journal of International Economics 15 : 313–21.

CARLINER, Geoffrey. 1986. « Industrial Policies for Emerging Industries », in Paul R. KRUGMAN, éd., *Strategic Trade Policy and the New International Economics*. Cambridge, Mass. : MIT Press.

CARMICHAEL, C.M. 1987. « The Control of Export Credit Subsidies and Its Welfare Consequences ». *Journal of International Economics* 23 : 1–19.

CAVES, Richard E. 1989. « International Differences in Industrial Organization », in Richard SCHMALENSEE et Robert WILLIG, éds, *The Handbook of Industrial Organization*. New York : Elsevier Science Publishers, Inc.

CAVES, Richard E., Jeffrey A. FRANKEL et Ronald W. JONES. 1990. *World Trade and Payments*. New York : HarperCollins Publishers.

CHENG, Leonard. 1988. « Assisting Domestic Industries under International Oligopoly : The Relevance of the Nature of Competition to Optimal Policies ». *American Economic Review* 78 : 746–58.

CRANDALL, Robert W. 1987. « The Effects of U.S. Trade Protection for Autos and Steel ». *Brookings Paper in Economic Activity* : 271–88.

DAVIES, Stephen W. et Anthony J. MCGUINNESS. 1982. « Dumping at Less Than Marginal Cost ». *Journal of International Economics* 12 : 169–82.

DICK, Andrew R : 1991. « Learning by Doing and Dumping in the Semiconductor Industry ». *Journal of Law and Economics 34* : 133–59.

DIXIT, Avinash K. 1984. « International Trade Policies for Oligopolistic Industries ». *Economic Journal* 94 : 1–16.

DIXIT, Avinash K. 1988a. « Antidumping and Countervailing Duties under Oligopoly ». *European Economic Review* 32 : 55–68.

DIXIT, Avinash K. 1988b. « Optimal Trade and Industrial Policy for the U.S. Automobile Industry », in Robert FEENSTRA, éd., *Empirical Methods for International Trade*. Cambridge, Mass. : MIT Press.

EASTMAN, Harry C. et Stefan STYKOLT. 1960. « A Model for the Study of Protected Oligopolies ». *Economic Journal* 70 : 336–47.

EATON, Jonathan, and Gene M. GROSSMAN. 1986. « Optimal Trade and Industrial Policy Under Oligopoly ». *Quarterly Journal of Economics* 101 : 383–406.

ETHIER, Wilfred. 1982. « Dumping ». *Journal of Political Economy* 90 : 487–506.

FARGEIX, André et Jeffrey M. PERLOFF. 1989. « The Effects of Tariffs in Markets with Vertical Restraints ». *Journal of International Economics* 26 : 99–117.

FEENSTRA, Robert C., éd. 1988. *Empirical Methods for International Trade*. Cambridge, Mass. : MIT Press.

GODEK, Paul E. 1985. « Industry Structure and Redistribution Through Trade Restrictions ». Journal of Law & Economics 28 : 687–703.

GRUENSPECHT, H.K. 1988a. « Dumping and Dynamic Competition ». *Journal of International Economics* 25 : 225–48.

GRUENSPECHT, H.K. 1988b. « Export Subsidies for Differentiated Products ». *Journal of International Economics* 24 : 331–44.

HARRIS, Richard. 1984. « Applied General Equilibrium Analysis of Small Open Economies with Scale Economies and Imperfect Competition ». *The American Economic Review* 74 : 1016–32.

HARRIS, Richard avec David COX. 1984. *Trade, Industry Policy, and Canadian Manufacturing*. Toronto : Ontario Economic Council, University of Toronto Press.

HELPMAN, Elhanan. 1988. « Imperfect Competition and International Trade : Evidence from Fourteen Countries ». in Michael SPENCE et Heather A. HAZARD, éds, *International Competitiveness*. Cambridge, Mass. : Ballinger Publishing Co.

HELPMAN, Elhanan et Paul R. KRUGMAN. 1985. *Market Structure and Foreign Trade : Increasing Returns, Imperfect Competition, and the International Economy*. Cambridge, Mass. : MIT Press.

HELPMAN, Elhanan et Paul R. KRUGMAN. 1989. *Trade Policy and Market Structure*. Cambridge, Mass. : MIT Press.

HILLMAN, Arye L. et Eliakim KATZ. 1986. « Domestic Uncertainty and Foreign Dumping ». *Canadian Journal of Economics* 19 : 403–16.

HORLICK, Gary N. 1989. « The United States Antidumping System », in John H. JACKSON et Edwin A. VERMULST, éds, *Antidumping Law and Practice*. Ann Arbor : University of Michigan Press.

HORSTMANN, Ignatius J. et James R. MARKUSEN. 1986. « Up Your Average Cost Curve : Inefficient Entry and the New Protectionism ». *Journal of International Economics* 20 : 225–49.

HOUCK, James P. 1986. *Elements of Agricultural Trade Policies*. Prospect Heights, III : Waveland Press, Inc.

HUFBAUER, Gary Clyde et Joanna Shelton ERB. 1984. *Subsidies in International Trade*. Washington, D.C. : Institute for International Economics.

KALT, Joseph. 1988. « The Political Economy of Protectionism : Tariffs and Retaliation in the Timber Industry », in Robert E. BALDWIN, éd., *Trade Policy Issues and Empirical Analysis*. Chicago : University of Chicago Press.

KARP, Larry S. et Jeffrey M. PERLOFF. 1989. « Estimating Market Structure and Tax Incidence : The Japanese Television Market ». *Journal of Industrial Economics* 37 : 225–39.

KARP, Larry S. et Jeffrey M. PERLOFF. 1992. « The Long-Run Value of Inflexibility », in L. Alan WINTERS, éd., *Trade Flows and Trade Policy After "1992"*. Cambridge : Cambridge University Press.

KARP, Larry S. et Jeffrey M. PERLOFF. 1993. « Industrial Policy as an Alternative to Trade Policy : Helping by Hurting ». *Review of International Economics* 1 :253-62.

KINDLEBERGER, Charles P. 1986. *The World in Depression, 1929-1939*. Berkeley : University of California Press.

KRUGMAN, Paul R. 1984. « The U.S. Response to Industrial Targeting ». *Brookings Papers on Economic Activity* : 77–121.

KRUGMAN, Paul R. 1989. « Industrial Organization and International Trade », in Richard SCHMALENSEE et Robert WILLIG, éds, *The Handbook of Industrial Organization*. New York : Elsevier Science Publishers, Inc.

KRUGMAN, Paul R. et Maurice OBSTFELD. 1988. *International Economics : Theory and Policy*. Glenview, III : Scott, Foresman and Company.

LEIDY, Michael P. et Bernard M. HOEKMAN. 1990. « Production Effects of Price and Cost-Based Antidumping Law Under Flexible Exchange Rates ». *Canadian Journal of Economics* 24 : 873–95.

LERNER, Abba P. 1936. « The Symmetry Between Import and Export Taxes ». *Economica* 3 : 306–13.

MARKUSEN, J.R. et Anthony J. VENABLES. 1988. « Trade Policy with Increasing Returns and Imperfect Competition : Contradictory Results from Competing Assumptions ». *The Journal of International Economics* 24 : 299–316.

NEARY, J. Peter. 1991. « Export Subsidies and Price Competition », in E. HELPMAN et A. RAZIN, éds, *International Trade and Industrial Policy*. Cambridge, Mass. : MIT Press.

STAIGER, Robert W. et Frank A. WOLAK. 1991a. « Strategic Use of Antidumping Laws to Enforce Tacit International Collusion ». NBER Working Paper 3016.

STAIGER, Robert W. et Frank A. WOLAK. 1991b. « The Effect of Domestic Antidumping Law in the Presence of Foreign Monopoly ». NBER Working Paper 3254.

SUN, Xiaolun. 1993. « The Effects of Antidumping Law Enforcement ». University of California, Department of Agricultural & Resource Economics Working Paper.

VERCAMMEN, James et Andrew SCHMITZ. 1992. « Supply Management and Import Concessions ». *Canadian Journal of Economics* 25 : 957–71.

VINER, Jacob. 1923. *Dumping : A Problem in International Trade*. Chicago : University of Chicago Press.

WEBB, Michael A. 1987. « Antidumping Laws, Production Location and Prices ». *Journal of International Economics* 22 : 363–8.

Annexe A au chapitre 19

Calcul de la subvention optimale

L'entreprise 1 dans le pays 1 et l'entreprise 2 dans le pays 2 exportent toutes les deux un bien identique vers le reste du monde. La courbe de demande inverse du reste du monde pour ce bien est donnée par :

$$p = 36 - (q_1 + q_2)\,, \tag{19A.1}$$

où q_1 représente la production de l'entreprise 1 dans le pays 1 et q_2 la production de l'entreprise 2 dans le pays 2. On suppose que le coût marginal de production de chaque entreprise est nul.

Le pays 1 envisage d'accorder une subvention s par unité à l'entreprise 1. Le pays 2 n'accorde pas de subvention. Les profits des entreprises s'écrivent donc :

$$\pi_1 = pq_1 + sq_1\,, \tag{19A.2a}$$

$$\pi_2 = pq_2\,. \tag{19A.2b}$$

On obtient les fonctions de réponse optimales de Cournot en annulant la dérivée des π_i par rapport aux q_i. Pour ce qui est de l'entreprise 1, on remplace d'abord p dans l'équation (19A.2b) par sa définition dans l'équation (19A.1) et on dérive par rapport à q_1.[(1)] Après simplification, on a :

$$q_1 = 18 - \frac{1}{2}q_2 + \frac{1}{2}q_s\,. \tag{19A.3a}$$

En appliquant une démarche similaire pour l'entreprise 2, on obtient :

$$q_2 = 18 - \frac{1}{2}q_1\,. \tag{19A.3b}$$

La solution simultanée des équations (19A.3a) et (19A.3b) donne les quantités d'équilibre suivantes :

$$q_1(s) = 12 + \frac{2}{3}s\,, \tag{19A.4a}$$

$$q_2(s) = 12 - \frac{1}{3}s\,. \tag{19A.4b}$$

---

[1] Rappelons que pour simplifier, nous avons postulé un coût marginal nul. Comme la subvention est positive, l'entreprise 1 souhaite produire une quantité virtuellement illimitée car son profit n'a pas de bornes. Pour que notre exemple demeure simple, nous devons donc aussi supposer que le pays 1 restreint le montant total de la subvention au niveau de production qui résulte de l'équilibre de Cournot.

Autrement dit, les quantités d'équilibre sont une fonction de s.

L'équilibre de Cournot sans subvention s'obtient en posant $s = 0$ dans les équations (19A.4a) et (19A.4b). Notons que d'après ces équations, lorsque s augmente, q_1 augmente et q_2 diminue.

Le pays 1 peut maximiser son bien-être net, π_1 moins la subvention sq_1 (qui est un transfert public). Lorsque le gouvernement choisit sq_1, il doit tenir compte de l'effet de s sur le comportement des 2 entreprises, tel que donné par les équations (19A.4a) et (19A.4b). Le problème à résoudre par le pays 1 est donc :

$$\begin{aligned} \max_s &= [36 - q_1(s) - q_2(s)]\, q_1(s) \\ &= \left(36 - \left[12 + \frac{2}{3}s\right] - \left[12 - \frac{1}{3}s\right]\right)\left(12 + \frac{2}{3}s\right). \end{aligned} \tag{19A.5}$$

Le bien-être net est maximum pour $s = 9$, ce qui implique $q_1 = 18$.

Si l'entreprise 1 peut agir en leader de Stakelberg, son problème revient à maximiser son profit sous contrainte de la fonction de réaction de l'entreprise 2, soit :

$$\max_{q_1} = [36 - q_1(s) - q_2(s)]\, q_1 = \left(36 - q_1 - \left[18 - \frac{1}{2}q_1\right]\right) q_1. \tag{19A.6}$$

La condition du premier-ordre de la maximisation du profit donne le même résultat que le calcul de la subvention optimale, soit $q_1 = 18$.

20

Lois et politiques antitrust

La première chose à faire, c'est de tuer tous les juristes !
William Shakespeare

Les **lois antitrust** servent à limiter le pouvoir de marché des entreprises et à réguler la concurrence inter-entreprises. Elles n'interdisent pas les monopoles, mais elles contrôlent la façon dont les entreprises obtiennent et maintiennent leur pouvoir de marché. Ce chapitre décrit les lois antitrust (en prenant le modèle américain pour principal exemple) et l'influence qu'elles ont sur l'efficience économique, mais ce n'est pas un cours sur le droit de la concurrence. Il ne fait que donner un aperçu de la législation antitrust américaine et des problèmes qu'elle pose.[1]

Nous allons d'abord exposer le contenu et les objectifs des principales lois antitrust américaines. Comme c'est le cas pour de nombreuses lois, leur lecture ne renseigne guère sur la façon dont elles sont appliquées. Nous compléterons donc cet exposé par l'analyse de différentes décisions, en nous concentrant sur la notion de pouvoir de marché qui est le centre d'intérêt principal des lois antitrust. Nous étudierons ensuite deux domaines d'application essentiels des lois antitrust :

[1] Voir Posner et Easterbrook (1980), Posner (1976), Bork (1978), Areeda et Turner (1978, 1980) et Areeda (1986) pour un examen plus détaillé des problèmes relatifs aux lois antitrust. La présentation et l'analyse des cas traités dans ce chapitre s'inspirent largement de Posner et Easterbrook (1980). Bien qu'il existe aussi des lois antitrust au niveau des États, nous concentrons notre attention sur les lois fédérales.

accords inter-entreprises (fixation des prix ou fusions, actions qu'une entreprise peut mener pour nuire à ses concurrentes (comportements stratégiques tels que la prédation par le prix, accords verticaux et ventes liées). Pour finir, nous analyserons la position des lois antitrust sur la discrimination par le prix, ainsi que l'effet des lois antitrust sur l'organisation des entreprises.

Les points essentiels traités dans ce chapitre peuvent se résumer ainsi :

1. L'interprétation des lois antitrust a varié avec le temps.
2. L'objectif des lois antitrust est de promouvoir l'efficience.
3. Les monopoles ne sont pas interdits, mais certaines activités qui peuvent conduire une entreprise à atteindre ou à exercer un pouvoir de monopole sont réprimées.
4. Il est généralement interdit à une entreprise de fixer le prix du marché.
5. Certains accords entre concurrents, les relations verticales nouées par les entreprises et diverses stratégies d'entreprises peuvent selon les circonstances accroître ou diminuer le bien-être social, d'où la nécessité d'une appréciation au cas par cas.
6. Il arrive parfois, peu fréquemment, que l'application des lois antitrust réduise le bien-être social. C'est le cas quand elles sont utilisées pour réprimer la discrimination par le prix sous prétexte que cette discrimination réduit la concurrence entre les consommateurs.
7. L'interdiction sélective de certaines activités peut être à l'origine d'inefficience dans l'organisation des entreprises.

20.1 Les lois antitrust

Bien qu'elles soient simples à énoncer, les lois antitrust sont difficiles à appliquer. La Cour Suprême américaine a plusieurs fois changé d'avis au sujet de leur interprétation. Après avoir étudié le contenu de ces lois, nous verrons quels sont leurs objectifs, dans quel cas elles s'appliquent et quelles sont les sanctions prévues pour leur violation.

20.1.1 Contenu des lois antitrust

Les trois principales lois antitrust sont le *Sherman Act* (voté en 1890), le *Clayton Act* (1914) et le *Federal Trade Commission Act* (1914). Au fil des ans, ces lois ont subi de nombreuses modifications.

Avant le Sherman Act, certains principes avaient été dégagés par la jurisprudence. Les accords de fixation des prix, bien que légaux, ne pouvaient pas faire l'objet d'un recours en justice. De la même façon, les clauses anti-concurrentielles annexées aux contrats de vente (fond de commerce, entreprise) ou aux contrats d'embauche pouvaient être rejetées par les tribunaux lorsque ceux-ci les jugeaient « déraisonnables ». Les accords pour fixer les salaires ou pour faire grève étaient souvent considérés comme illégaux. En revanche, les tentatives d'exclure les concurrents du marché (prédation par le prix, par exemple) n'étaient pas considérées comme une violation de la loi en l'absence d'agissements frauduleux (Posner et Easterbrook, 1980, p. 18).

Les lois antitrust furent adoptées à une période où l'économie américaine connaissait de profonds bouleversements. Comme nous l'avons vu au chapitre 2, les années 1890 ont vu naître les grandes entreprises américaines modernes sous l'effet des fusions et des économies d'échelle. En fait, si on les rapporte à la taille relativement modeste de l'économie américaine de l'époque, les années 1890 et le début des années 1900 ont connu la période de fusion la plus intense de l'histoire des États-Unis (voir le chapitre 2).

Le Sherman Act apparaissait donc en partie comme une adaptation des structures juriques aux modifications économiques en cours. La section 1 du Sherman Act stipule que :

> Les contrats, ententes, combinaisons sous forme de trusts ou conspirations ayant pour but de restreindre le commerce dans le pays ou avec les autres nations sont contraires à la loi...

La section 1 interdit donc les cartels explicites. La section 2 stipule que :

> Toute personne qui monopolise, tente de monopoliser ou conspire, avec ou sans l'aide d'autres personnes pour monopoliser tout ou partie du commerce national ou international, sera déclaré coupable de félonie...

Bien que la section 2 interdise explicitement les monopoles, les tribunaux l'ont interprété différemment. Comme nous le verrons par la suite, ce n'est pas le monopole en soi qui est condamnable, mais seulement certains de ces agissements.

L'interprétation du Sherman Act par les tribunaux laissait planer un doute sur la légalité de certains comportements d'entreprises. C'est la raison pour laquelle deux nouvelles lois furent votées en 1914 : le Clayton Act et le Federal Trade Commission Act. Le Clayton Act vise directement quatre pratiques spécifiques. La section 2 du Clayton Act (modifiée en 1936 par le *Robinson-Pattman Act*) interdit la discrimination par le prix lorsqu'elle atténue la concurrence. La section 3 interdit les ventes liées et la distribution exclusive lorsqu'elles réduisent la concurrence. La section 7 (modifiée en 1950 par *Celler-Kefauver Act*) interdit les fusions quand elles réduisent la concurrence. La section 8 traite de la création d'organismes de concertation et de coordination (de l'activité d'entreprises normalement concurrentes). Le Clayton Act prévoit également le paiement d'une **triple indemnité** aux victimes des pratiques anti-concurrentielles et met les frais de justice à la charge du condamné.(2)

Le Federal Trade Commission Act crée un nouvel organisme, la *Federal Trade Commission* (FTC) dont la fonction est de faire appliquer les lois antitrust et de trancher les conflits résultant de l'application de ces lois. De plus, le Federal Commission Act condamne les pratiques commerciales déloyales (section 5), renforce la protection des consommateurs et prévoit des sanctions en cas de publicité mensongère.

Les plaintes déposées pour violation des lois antitrust concernent souvent plusieurs lois en même temps. Par exemple, une plainte pour ventes liées peut faire référence à la violation simultanée du Sherman Act et du Clayton Act.

20.1.2 Application des lois antitrust

La FTC et l'*American Department of Justice* sont co-responsables de l'application de lois antitrust. Lorsque c'est le ministère de la justice qui instruit un cas, celui-ci est jugé par un tribunal fédéral. Lorsque c'est la FTC qui instruit le cas, celui-ci est traité par les membres de la FTC.(3) Les tribunaux fédéraux sont compétents pour juger en appel les décisions rendues par la FTC.

Les décisions de la FTC se traduisent par des ordres exécutoires, dits *cease and desist orders*, interdisant une ou plusieurs actions spécifiques. Les décisions équivalentes des tribunaux fédéraux sont qualifiées *d'injonctions*. Mais les tribunaux fédéraux peuvent en plus infliger des amendes ou des peines de prison. Lorsque c'est le gouvernement qui est partie civile, les tribunaux fédéraux peuvent non seulement exiger du coupable le rembousement des dommages causés, mais également les frais de justice. Lorsque c'est une personne privée qui est à l'origine de la condamnation, celle-ci peut obtenir une indemnité égale au triple des dommages causés, plus le remboursement des frais de justice et les honoraires de leur(s) avocat(s). Ceci explique qu'une part non négligeable des actions en justice proviennent de personnes privées (White, 1989).

20.1.3 Objectifs des lois antitrust

Beaucoup d'économistes pensent que l'objectif des lois antitrust *devrait* tout simplement être de promouvoir l'efficience. Autrement dit, ces lois devraient

[2] Le triplement de l'indemnité par rapport aux dommages se justifie ainsi : sur le plan économique, l'entreprise a intérêt à violer les lois antitrust lorsque la peine anticipée est inférieure au gain. Par conséquent, comme la probabilité d'être pris en faute est inférieure à 1 (certitude), une amende juste égale au dommage n'est pas dissuasive. Selon Salant (1987), le triplement des indemnités peut aussi avoir des effets indésirables.

[3] La FTC peut également porter le cas devant un tribunal fédéral, par exemple pour empêcher préventivement une fusion.

EXEMPLE 19.1 Lois antitrust et industries réglementées

Une entreprise réglementée peut-elle être poursuivie pour infraction aux lois antitrust ? La réponse est oui, car son statut ne la protège pas complètement. Par exemple, avant qu'elle soit démantelée dans les années 1980, l'entreprise de téléphone AT&T fut plusieurs fois poursuivie dans le cadre des lois antitrust. Au cours de procès privés ou publics, l'entreprise fut accusée d'avoir mené des actions anti-concurrentielles telles que la fixation monopoliste des prix et le refus de partager son réseau avec des concurrents, ce qui obligeaient ces derniers à installer une infrastructure coûteuse et redondante (*Litton System v. American Telephone and Telegraph Co.* 746 F.2d 168 [2d Cir. 1984] ; *MCI Communications v. American Telephone and Telegraph Co.* 708 F.2d 1081 [7th Cir. 1983] ; *United States v. Western Electric* [A& T], 552F. Supp. 131 [1982]). Les actions privées donnèrent lieu à des versements d'indemnités aux montants sans précédents.

Les poursuites publiques engagées contre AT&T aboutirent à son démantèlement en sept entreprises locales indépendantes (dites « Baby Bells ») et une entreprise spécialisée dans les communications à longue distance. Entre octobre 1982 et octobre 1992, la valeur boursière de ces entreprises fut multipliée par $2\frac{1}{2}$, ce qui représente une augmentation de 140 milliards de dollars.

SOURCE : Lavey et Carlton (1983), Posner et Easterbrook (1980), ainsi que Comanor, William S. « Break 'Em Up for Their Own Good », *Los Angeles Times*, 30 décembre 1992 : B7. Noll et Owen (1994).

empêcher les pratiques d'entreprises qui nuisent à la société, notamment celles qui résultent de l'exercice d'un pouvoir de marché.

Cependant, certains économistes ne partagent pas ce point de vue. Selon eux, l'objectif de ces lois n'est pas de promouvoir l'efficience, mais d'aider certains groupes au détriment du reste de la collectivité. Ils soulignent par exemple que certaines lois ont été votées dans le but de protéger les petites entreprises contre les grandes, en dehors de toute considération d'efficience. Les lois sur la discrimination par le prix, en particulier, auraient été votées en réponse au lobbying politique des petites entreprises qui souffraient de la capacité des grandes à négocier de meilleurs prix avec leurs fournisseurs (Ross, 1984).

Un autre exemple de la façon dont les entreprises peuvent utiliser les lois antitrust à leur profit concerne les exemptions prévues par ces lois. En effet, la compétition inter-entreprises exige parfois de mettre les concurrentes actuelles ou potentielles en situation difficile. Or, comme les lois antitrust imposent des contraintes à l'action des entreprises, celles qui bénéficient d'exemptions disposent d'atouts supplémentaires.

Certains groupes d'entreprises ou d'individus cherchent à être exemptés de l'application des lois antitrust, car en réduisant ainsi la concurrence, elles augmentent leur bien-être. De nombreux groupes ont obtenu des exemptions. C'est le cas des syndicats, dont l'objectif est d'augmenter les salaires en empêchant la concurrence de jouer librement. C'est le cas aussi des lobbies d'agriculteurs ou d'exportateurs (aux États-Unis, mais aussi en France). Aux États-Unis, certains secteurs réglementées, comme l'assurance, ont obtenu des exemptions, mais en général ils restent soumis aux lois antitrust (voir l'exemple 20.1). De plus, comme nous le verrons au chapitre 21, le législateur renforce souvent la protection naturelle dont bénéficent déjà les groupes qui ne sont pas soumis aux lois antitrust. En effet, il est légal de tenter d'infléchir la législation pour se protéger de la concurrence et de l'application des lois antitrust.[4]

La thèse suivant laquelle les lois antitrust devrait servir l'efficience économique plutôt que d'être un instrument permettant de prendre des ressources à un groupe pour les distribuer à un autre semble convaincre un nombre croissant de juristes et d'universitaires. Cette thèse donne en effet une vision plus claire de l'objectif de la politique antitrust que celle qui soutient qu'elle doit servir à aider certains groupes, fussent-ils « défavorisés ».

Si l'objectif de la politique antitrust est d'améliorer l'efficience, il reste cependant difficile de s'accorder sur la définition des pratiques qui provoquent l'inefficience. Supposons par exemple que deux entreprises fusionnent et que l'atténuation de la concurrence qui en résulte se traduise par une élévation du prix. Jusque là, l'affaire semble entendue. Supposons néanmoins que la nouvelle entreprise développe de nouveaux produits plus performants ou qu'elle fabrique le même produit que précédemment mais offre des services d'accompagnement plus appréciables, ou encore que ces coût de production baissent. Dans ce cas, l'affaire se complique. Faut-il donc interdire les fusions en tenant uniquement compte de leur effet direct sur la concurrence, ou faut-il pondérer la décision par les autres gains d'efficience qu'elles peuvent engendrer ?

Pour voir comment l'augmentation de prix et l'augmentation d'efficience peuvent simultanément être prises en compte, supposons qu'à la suite de la fusion, la nouvelle entreprise augmente le prix de 1 F à 1,10 F (augmentation permise par la réduction de la concurrence). Ceci engendre une perte sèche (voir le triangle en gris clair de la figure 20.1). Supposons que la fusion permette également à l'entreprise de fonctionner plus efficacement et que son coût marginal se réduise de 1 F à 0,90 F (voir le rectangle en gris foncé de la figure 20.1).

Si le triangle de perte sèche (augmentation du prix) est plus petit que le rectangle (amélioration de l'efficience productive), la fusion est socialement bénéfique. La grandeur respective des 2 surfaces dépend des circonstances. Plus la quantité vendue est importante, plus les gains d'efficience sont élevés et plus la surface du rectangle est grande comparée à celle du triangle. Ainsi, même de faibles réductions de coût par unité peuvent engendrer des gains d'efficience plus importants que la perte sèche.[5]

---

[4] Ce type de lobbying découle de la doctrine dite *Noerr-Pennington* : *Eastern Railroad Presidents Conference v. Noerr Motor Freight, Inc.* 365 U.S. 127 (1961) et *United Mine Workers of America v. Pennington*, 381 U.S. 637 (1965). Les cas que nous citons sont principalement ceux de l'*U.S. Reporter*, du *Federal Reporter* et du *Supreme Court Reporter*, qui constituent les sources habituelles. Par exemple, le cas Pennington apparaît dans le volume 381 de l'*U.S. Reporter* (commençant à la page 637) et fut jugé par la Cour Suprême en 1965. En général, la première décision relève d'un tribunal de district. Puis, d'appel en appel, peut aboutir à la Cour Suprême.

[5] Le gain d'efficience (qui dépend de la quantité produite) l'emporte sur la perte sèche (qui dépend de

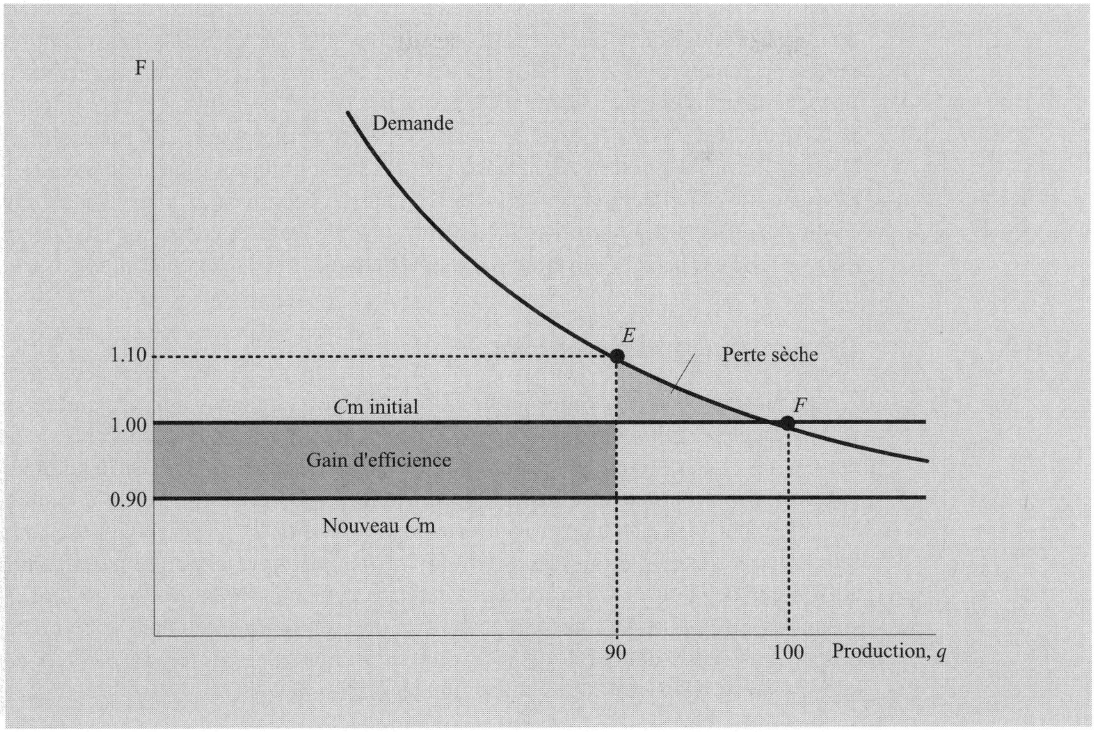

Figure 20.1: *Efficience productive et perte sèche dans le cas d'une fusion*

Supposons que la quantité initialement produite soit égale à 100 unités (point F) et que la quantité après la fusion soit égale à 90 unités (point E). Comme le gain d'efficience est égal à 0,10 F par unité, le gain total est de 9 F. La perte sèche est approximativement égale à 0,50 F ($\simeq -\frac{1}{2}\Delta p \Delta Q = -\frac{1}{2} \times 0{,}10$ F $\times [-10]$) (voir le chapitre 4 pour la méthode de calcul). Dans cet exemple, le gain d'efficience l'emporte sur la perte sèche.

Ces calculs deviennent complexes dans les cas concrets et l'on peut se demander si les tribunaux sont compétents pour décider sur cette base de la légalité des fusions (Williamson, 1968–69). D'après le *1992 Horizontal Mergers Guidelines* publié par le *Department of Justice* et la *Federal Trade Commission*, l'opportunité des fusions doit s'apprécier en tenant compte de gains d'efficience qu'elles autorisent. Cependant, il est également précisé que la présomption d'effets anti-concurrentiels (hausse du prix) suffit à remettre en question la fusion, quelle que soit l'importance des gains d'efficience.

---

la réduction de production due à la fusion), si la réduction de production est faible par rapport à la quantité totale.

Il est peu réaliste de penser que des juristes sont capables d'appliquer les analyses économiques élaborées requises pour évaluer les effets des fusions et autres pratiques de ce type. Par ailleurs, les tribunaux sont parfois confrontés à des problèmes qui n'ont même pas encore fait l'objet d'analyses économiques et ne peuvent pas s'offrir le luxe de consacrer le temps nécessaire à leur résolution. Il est toutefois impossible de se passer complètement des principes économiques élémentaires. D'alleurs, aux États-Unis, l'analyse économique intervient de plus en plus dans les procès antitrust. Il en résulte une plus grande complexité des débats dont le fond est parfois constitué par un problème d'analyse économique pure.

20.1.4 Qui peut engager des poursuites ?

En principe, les poursuites antitrust peuvent être engagées non seulement par le *Department of Justice* et par la FTC, mais également par des individus et des entreprises. Les critères qui permettent de décider si une plainte est **légalement recevable** sont complexes. Tout d'abord, il faut avoir été victime d'un dommage explicitement visé par une des lois antitrust pour que la plainte soit recevable. Suposons par exemple que deux entreprises fusionnent et que la nouvelle entité ainsi créée deviennent suffisamment efficiente pour baisser le prix du produit. Si les autres entreprises du marché décident de déposer une plainte dans le cadre des lois antitrust, celle-ci ne sera pas recevable car l'objectif de ces lois est de favoriser la baisse des prix au profit des consommateurs.(6)

Supposons maintenant que plusieurs entreprises manufacturières s'entendent pour augmenter les prix de leurs produits dans les magasins. Le distributeur ne fait pas partie de l'entente et se contente de répercuter le prix fixé par les entreprises en prélevant sa marge. Dans ces conditions, qui peut déposer une plainte recevable ? Le distributeur peut déposer une plainte car il est directement concerné. Les consommateurs le peuvent-ils ? Il semble que non, car se serait admettre que les entreprises fautives puissent être condamnées à verser deux fois des indemnités (au distributeur et aux consommateurs) pour une faute unique. Dans l'affaire *Illinois Brick*, la Cour Suprême a ainsi limité le droit de poursuite des acheteurs indirects.(7) Cette décision peut se justifier par la difficulté de déterminer avec précision les parties directement et indirectement lésées et pouvant donc légitimement prétendre au versement d'indemnités (Landes et Posner, 1979).

Supposons enfin que les consommateurs soient directement acheteurs du produit dont les entreprises de l'exemple précédent ont artificiellement augmenté le prix. Dans ce cas, bien qu'ils aient le droit d'engager individuellement des poursuites pour avoir payé un prix abusivement élevé, auront-ils intérêt à le faire ? Il est probable que non, car même en admettant qu'ils reçoivent chacun une indemnité

---

6 *Brunswick Corp. v. Pueblo Bowl-O-Mat, Inc.*, 429 U.S. 477 (1977) et *Cargill Inc v. Monfort of Colorado*, 197 S. Ct. 484 (1986).

7 *Illinois Brick Company v. Illinois*, 431 U.S. 720 (1977).

égale au triple du dommage causé et que les frais de justice et d'avocats leur soient remboursés, ils hésiteront à s'engager dans cette voie pour un gain net aussi faible. C'est la raison pour laquelle les tribunaux autorisent les *attorneys* à engager des poursuites au nom de l'ensemble des consommateurs et à encaisser à leur place, le cas échéant, l'indemnité globale. Naturellement, ce système peut aussi induire un zèle excessif de la part des *attorneys*.

20.1.5 Détermination des indemnités

La théorie économique peut servir à fixer le montant optimal des indemnités qu'un coupable doit verser aux victimes. Cependant, le recours à l'analyse économique est moins fréquemment sollicité dans ces circonstances que pour déterminer la légitimité d'une plainte antitrust.

Le point de départ de l'analyse est qu'une indemnité est optimale si elle dissuade de causer le dommage qu'elle est censée réparer. Cependant, si elle doit dissuader les activités inefficientes, elle ne doit pas décourager les activités efficientes. Par exemple, si à chaque fois que deux entreprises sont reconnues coupables d'avoir fixé leurs prix en commun, leurs directeurs sont exécutés, plus personne ne voudra diriger une entreprise. Il est déja difficile de prouver que deux entreprises ont réellement conspiré ensemble. Si, de plus, la faute est punie de mort, tout un ensemble d'activités parfaitement légales et socialement bénéfiques risquent de disparaître. L'indemnité optimale est donc celle qui pondère les aspects positifs et négatifs de la dissuasion.

Une indemnité optimale dissuade les acivités illégales. Supposons par exemple qu'un groupe d'entreprises s'entendent pour augmenter leur profits de 100 F. Si la conspiration pouvait être détectée avec certitude et sans frais, une amende égale à 100 F serait suffisante pour la dissuader. Mais la détection des activités illégales n'est jamais certaine et toujours coûteuse. Comme les entreprises savent qu'elles ont une chance de passer à travers les mailles du filet, l'amende n'est dissuasive que si elle est supérieure à 100 F. Supposons par exemple que les ententes ne soient découvertes qu'une fois sur trois. Dans cette hypothèse, une amende dissuasive devrait être fixée en première approximation à 300 F.[(8)]

Supposons qu'un groupe d'entreprises ait été reconnu coupable d'avoir violé les lois antitrust. Quelle somme chaque entreprise doit-elle payer ? Une seule entreprise doit-elle payer pour toutes les autres, ou faut-il appliquer une règle de partage des frais ? Et si oui, laquelle ? S'il y a par exemple deux entreprises dont l'une parvient à régler l'affaire à l'amiable moyennant le versement d'une somme de 100 F et qu'au procès, l'entreprise restante est condamnée à verser une somme plusieurs fois supérieure à 100 F, celle-ci doit-elle régler entièrement l'indemnité ? Selon la

[8] Pour une analyse plus fouillée des indemnités optimales dans les affaires antitrust, voir Landes (1983) et White (1989). Selon Landes, l'amende optimale doit être égale aux dommages que les entreprises coupables infligent aux tiers.

Cour Suprême des États-Unis, un accusé dans une affaire antitrust n'a pas le droit de faire appel à la **contribution** de tiers également impliqués dans l'affaire, mais non condamnés.[9] Cette décision a été critiquée car elle peut paraître inéquitable. Cependant, elle incite les parties à régler l'affaire à l'amiable, ce qui réduit les coûts de règlement du litige (Easterbrook, Landes et Posner, 1980).

20.2 Pouvoir de marché et marché : définitions

Le but essentiel des lois antitrust est de contrôler la création et la perpétuation d'un pouvoir de marché. Nous allons définir le pouvoir de marché, expliquer comment il se mesure et préciser les limites de cette mesure. De la même façon, avant même de pouvoir calculer la part de marché d'une entreprise pour apprécier son pouvoir de marché (si l'on admet qu'une part de marché élevée implique un pouvoir de marché important, voir le chapitre 9), il est nécessaire de définir avec précision ce qu'est un marché. Cette section est donc également consacrée à définir une notion de marché applicable dans les procès antitrust.

20.2.1 Pouvoir de marché

Une entreprise (ou un groupe d'entreprises agissant ensemble) a un pouvoir de marché dès lors qu'il lui est possible de fixer avec profit un prix supérieur à celui qui serait pratiqué en concurrence, qui est habituellement égal au coût marginal. Le comportement des entreprises et leur capacité à fixer un prix supérieur au coût marginal devraient en principe être évalués par rapport au modèle de concurrence parfaite (chapitre 4). Toutefois, avec ce critère, il est probable que n'importe quelle entreprise, aux États-Unis comme ailleurs, possède un pouvoir de marché, si faible soit-il. En effet, le modèle de la concurrence parfaite est un modèle tellement extrême qu'il existe très peu de marchés — peut-être même aucun — qui fonctionnent de cette façon. Par conséquent, lorqu'un tribunal décrète qu'une entreprise possède un pouvoir de marché, il veut probablement dire que l'entreprise possède un pouvoir de marché *anormalement élevé* durant une période déterminée. Malheureusement, les tribunaux en savent encore moins que les économistes sur ce qu'est un pouvoir de marché anormalement élevé au cours d'une période déterminée. Est-ce qu'un prix supérieur de 5% au coût marginal pendant 2 ans correspond à un pouvoir de marché exagéré ? Ou bien faut-il que le prix soit supérieur de 10% au coût marginal pendant 1 an seulement ?

Le coût marginal est difficile à mesurer (voir le chapitre 9) et il est donc également difficile de mesurer les déviations du prix par rapport au coût marginal. Le fait que les tribunaux aient décrété que la déviation devait être substantielle pour

[9] *Texas Industries, Inc. v. Radcliff Materials, Inc.*, 451 U.S. 630 (1981).

qu'il y ait pouvoir de marché ne change rien à l'affaire. Il existe une méthode de mesure indirecte qui consiste à calculer l'élasticité-prix de la demande résiduelle (demande du marché moins la quantité offerte par les autres entreprises) adressée à une entreprise (ou à un groupe d'entreprises). Cette élasticité traduit la capacité de l'entreprise (ou d'un groupe d'entreprise agissant ensemble) à exercer un pouvoir de marché. En effet, la marge prix-coût est égale au négatif de l'inverse de cette élasticité (équation [5.5]) : $(p - Cm)/p = -1/\varepsilon$, où p est le prix, Cm le coût marginal et ε l'élasticité de la demande résiduelle.[10]

Si cette élasticité est élevée, l'entreprise a peu de pouvoir de marché. Les estimations empiriques des courbes de demande d'entreprises vendant des produits de marque (non génériques) montrent que la valeur absolue de l'élasticité-prix est généralement comprise entre 5 et 10 (Telser, 1970, p. 274–306). En utilisant la formule de la marge prix-coût, nous voyons qu'une élasticité égale à -5 implique un prix supérieur de 25% au coût marginal et qu'une élasticité égale à -10 implique un prix supérieur de 11% au coût marginal.

La question de savoir si une entreprise possède ou non un pouvoir de marché ne doit pas être confondue ave celle de savoir si, à la suite d'une fusion, une entreprise peut augmenter notablement son pouvoir de marché. La réponse à la première question (le prix est-il significativement supérieur au coût marginal ?) peut être obtenue directement en comparant le prix et le coût marginal ou, indirectement, en calculant l'élasticité de la demande à laquelle l'entreprise est confrontée. La réponse à la seconde question (la fusion accroît-elle sensiblement le pouvoir de marché de l'entreprise) peut être obtenue directement en déterminant l'effet de la fusion sur l'évolution du prix ou, indirectement, en déterminant l'effet de la fusion sur l'élasticité de la demande.

Supposons par exemple qu'une entreprise fabrique un produit différencié A et que sa courbe de demande résiduelle soit fonction du prix de A et du prix d'un produit substitut B, fabriqué par une autre entreprise. Si l'élasticité-prix de A est très élevée, c'est que l'entreprise n'a pratiquement aucun pouvoir de marché. Dans le cas d'une fusion, l'économiste doit calculer de combien l'élasticité de chaque produit varie du fait de la fusion. Supposons par exemple que les deux entreprises décident de fusionner. La fusion leur permet de fixer leurs prix conjointement et l'on peut calculer ces prix en se fondant sur la courbe de demande qui s'adresse à la nouvelle entreprise (Baker et Bresnahan, 1985). Le pouvoir de marché augmente si les prix après la fusion sont plus élevés qu'avant.

Il est parfois impossible d'effectuer une estimation correcte de l'élasticité-prix parce que les chiffres sont inadéquats ou manquants. Dans ce cas, les tribunaux et les experts apprécient le pouvoir de marché de l'entreprise en calculant sa part de

---

[10] Dans un modèle statique, l'élasticité de la demande résiduelle résume entièrement le pouvoir de marché d'une entreprise et conditionne sa politique de prix. Dans un modèle dynamique, cette relation simple n'est plus vérifiée car le prix qui maximise le profit dépend aussi de la façon dont les réactions des consommateurs et des entreprises évoluent avec le temps.

marché. Cela suppose d'avoir préalablement défini le marché sur lequel elle opère. Si la part de marché de l'entreprise (ou du groupe d'entreprise) est élevée, on présume que l'entreprise possède un pouvoir de marché. Le *Department of Justice* ou la FTC regardent ensuite si la fusion augmente la concentration du marché. Bien qu'il n'y a pas d'accord sur la part (ou la variation de part) de marché considérée comme « élevée », on admet généralement qu'une part de marché comprise entre 30% et 50% n'est pas suffisante pour engendrer un pouvoir de marché important dans une industrie si le reste du marché est composé d'une frange concurrentielle.

La part de marché est un indicateur médiocre du pouvoir de marché et il est nécessaire de disposer d'autres informations avant de conclure à l'existence d'un pouvoir de marché. Par exemple, lorsque l'entrée sur le marché est aisée, le pouvoir de fixation des prix est limité même si l'entreprise installée possède une part de marché importante. On peut également vérifier si les conditions d'application d'un accord de cartel sont réunies ou non (voir le chapitre 6).

20.2.2 Définition d'un marché

Dans les affaires de fusions ou les procès antitrust, les économistes chargés des expertises sont amenés à essayer de définir précisément la notion de marché. En l'absence de cette nécessité juridique, il est probable que peu d'études auraient été consacrées à cette question.

Selon Alfred Marshall (1920, p. 324), un marché est une zone dans laquelle « le prix (hors coût de transport) d'un même bien est identique ». Depuis Marshall, les économistes et les juristes ont été amenés à aprofondir cette définition. La **définition d'un marché** doit non seulement spécifier le produit concerné, mais aussi la zone géographique à prendre en compte pour évaluer le degré de concurrence dans la détermination du prix. Ainsi, il semble évident que Coca Cola et Pepsi Cola appartiennent au même marché. Mais faut-il ajouter Canada Dry, Heineken, voire Evian ?

La façon de définir un marché détermine souvent l'issue d'un procès antitrust ou d'une affaire de fusion. Par exemple, avant d'autoriser une fusion, le gouvernement examine les parts de marché des entreprises pour se faire une idée du pouvoir de marché futur de la nouvelle entité. Or, la part de marché d'une entreprise dépend étroitement de la définition du marché. Par exemple, la part de marché de Coca Cola est beaucoup plus importante si la définition du marché ne prend en compte que les sodas à base de cola (dans ce cas, il n'y a pratiquement que 2 entreprises) que si on prend en compte tous les sodas. L'exemple 20.2 illustre la façon dont les définitions sont appliquées dans les affaires de fusion aux États-Unis.

A. Détermination des produits correspondant à un marché

Pour que des produits soient considérés comme appartenant à un même marché, il faut qu'ils soient étroitement substituables en termes de demande ou d'offre (voir

EXEMPLE 20.2 Principes directeurs du code américain des fusions de 1992

Pour définir un marché, les autorités américaines se rapportent aux principes directeurs de leur code des fusions, publié en 1992 (*1992 Horizontal Merger Guidelines*) par le *Department of Justice* et la FTC. Cet ouvrage codifie la définition des marchés et la façon d'apprécier l'effet des fusions dans le cadre des lois antitrust.

L'étude d'une fusion débute par la définition correcte du marché considéré. Selon le code, un marché est le plus petit groupe de produits et la plus petite zone géographique qui permettraient à un monopole hypothétique d'élever le prix au-dessus des niveaux courants ou futurs probables d'un certain pourcentage (par exemple 5% ou 10% au-dessus de ces niveaux). Cette définition pose différents problèmes, notamment en ce qui concerne la prise en compte des petites entreprises concurrentielles dans les marchés dominés par un oligopole (voir aussi les objections soulevées par Stigler et Sherwin, 1985).

Le code indique aussi comment déterminer si la fusion accroît la concentration du marché (et donc, probablement, le pouvoir de marché). La concentration est mesurée par l'indice d'Herfindahl-Hirschman (IHH), qui s'obtient en additionnant le carré des part de marché (exprimées en pourcentage) des entreprises de l'industrie. Selon le code, si l'indice avant la fusion est inférieur à 1 000, celle-ci ne devrait pas avoir d'effet notable sur la concurrence. Par contre, si l'indice est compris entre 1 000 et 1 800, la fusion peut avoir des effets sensibles sur la concurrence si celle-ci augmente l'indice de 100 points ou plus. Si l'indice initial est supérieur à 1 800, la fusion peut avoir des effets sensibles sur la concurrence dès que celle-ci augmente l'indice de 50 points ou plus.

Supposons par exemple qu'une industrie soit composée de 4 entreprises, chacune ayant une part de marché de 25% et que 2 d'entre elles souhaitent fusionner. L'indice IHH initial est égal à 2 500 (c'est-à-dire $25^2 + 25^2 + 25^2 + 25^2$), ce qui est supérieur à 1 800. D'autre part, après la fusion, l'indice est égal 3 750 ($50^2 + 25^2 + 25^2$), ce qui représente une augmentation de plus de 50 points. Par conséquent, selon le code, la fusion a un effet notable sur la concurrence.

Le raisonnement précédent suppose implicitement que la part de marché de la nouvelle entreprise est égale à la somme des parts de marché de chacune des entreprises qui fusionnent. Le code prévoit cependant des aménagements dans le cas où cette hypothèse s'avère irréaliste. De plus, le code admet la prise en compte d'autres facteurs permettant d'apprécier la concurrence réelle (comme par exemple la facilité d'entrée sur le marché). Dans les faits, le *Department of Justice* et la FTC tient le plus grand compte de ces autres facteurs avant de se prononcer sur l'opportunité d'une fusion.

le chapitre 9).[(11)] Le produit B est un substitut du produit A en termes de demande si l'augmentation du prix de A incite les consommateurs à acheter plus du produit B. Le produit B est un substitut du produit A en termes d'offre si l'augmentation du prix de A incite les entreprises qui fabriquent le produit B à produire davantage du produit A.[(12)] Dans les 2 cas, B exerce une influence notable sur la fixation du

[11] La définition économique d'un marché donne parfois lieu à des controverses, entretenues par les mémos que rédigent les spécialistes du marketing qui emploient ce mot avec un sens différent. C'est pourquoi certains avocats préconisent à leurs clients d'interdire l'emploi du mot « marché » dans les mémos de marketing.

[12] La relation entre l'élasticité de la demande à laquelle une entreprise est confrontée et la notion de substitut en termes d'offre ou de demande peut être illustrée au moyen du modèle de l'entreprise

prix de A, puisque une augmentation du prix de A entraîne soit une baisse de la demande de A du fait d'un déplacement vers la demande du produit B, soit une augmentation de l'offre de A du fait d'un abandon de la production de B en faveur de celle de A.

Le degré de substitution entre produits dépend du niveau de leur prix respectif. Il se peut par exemple que A et B soient fortement substituables lorsque le prix de A est élevé et faiblement substituables lorsque le prix de A est faible. Ainsi, même un monopole peut être confronté à la concurrence d'autres produits s'il élève de façon trop importante le prix de son produit. Cependant, le fait qu'il existe des substituts au produit du monopole quand son prix est élevé (prix de monopole) *n'implique pas* que le monopole n'a pas de pouvoir de marché (il peut cependant être dans l'impossibilité d'élever davantage son prix). Ce n'est que dans la mesure où les possibilités de substitution sont si élevées que l'élasticité de la demande résiduelle du monopole est très élevée que le pouvoir de marché disparaît. Comme il est parfois difficile de déterminer quels produits inclure dans la définition d'un marché, la part de marché est au mieux qu'un indicateur sommaire du pouvoir de marché.

Le cas *Cellophane* illustre les difficultés de définition des produits d'un marché.[(13)] Le tribunal devait en effet déterminer le pouvoir de marché de l'entreprise du Pont de Nemours dans la fixation du prix de la cellophane. Le tribunal a considéré que du Pont n'avait pas de pouvoir de marché car le prix pratiqué par du Pont ouvrait la possibilité aux utilisateurs d'acheter de nombreux substituts (comme le papier d'emballage) et qu'en tenant compte de ces substituts, sa part de marché n'était pas si importante que cela. D'autre part, il n'y avait pas d'indications claires d'un prix très supérieur au coût marginal. Notre analyse précédente montre que c'est une erreur d'avoir pris les autres formes d'emballage en compte dans la définition du marché car elles n'empêchaient pas l'exercice d'un pouvoir de marché quoiqu'elles aient pu limiter la hausse du prix par rapport au coût marginal. Si, plutôt que de chercher à savoir si du Pont avait un pouvoir de marché, le tribunal s'était demandé si une fusion aurait eu pour effet d'augmenter le prix de la cellophane, sa définition du marché aurait été correcte.

---

dominante et de la frange concurrentielle (voir l'annexe A du chapitre 5, ainsi que Landes et Posner, 1981). Revenons à l'équation (5A.7″) :

$$\varepsilon_d = \frac{Q}{Q_d}\varepsilon - \frac{Q_f}{Q_d}\eta_f ,$$

où ε_d est l'élasticité de la demande résiduelle de l'entreprise dominante, ε l'élasticité de la demande du marché, Q la quantité totale du marché, Q_d la quantité vendue par l'entreprise dominante, Q_f la quantité vendue par les entreprises de la frange concurrentielle et η_f l'élasticité de l'offre des entreprises de la frange. À mesure que la valeur absolue de ε augmente (augmentation de la substitution en termes de demande), que η_f augmente (augmentation de la subtitution en termes d'offre) et que la part de l'entreprise dominante, (Q_d/Q), baisse, ε_d augmente en valeur absolue ce qui signifie que le pouvoir de marché de l'entreprise dominante se réduit.

[13] *United States v. E.I. du Pont de Nemours & Co.*, 351 U.S. 377 (1956).

Dans l'affaire *Brown Shoe*, la Cour Suprême a mis au point une liste de critères *à la Prévert* pouvant intervenir dans la définition d'un marché.[14] Cette liste prévoit que « les limites d'un marché spécifique peuvent être déterminées en examinant des indices pratiques tels que l'opinion du public ou des professionnels, les caractéristiques du produit et ses utilisations, l'infrastructure de production, le profil des consommateurs, les prix, leurs fluctuations et l'existence de vendeurs spécialisés ». Mais l'application de ces critères n'a guère permis d'améliorer la précision de la définition des marchés dans l'application des lois antitrust.[15]

De nombreuses méthodes ont été essayées pour identifier les substituts d'un produit donné. L'une d'entre elles consiste à interviewer les responsables des entreprises concernées, car ils sont les mieux placés pour connaître à la fois les consommateurs et la concurrence.

Si les produits A et B appartiennent au même marché économique, leurs prix devraient fluctuer dans la même direction. Par conséquent, une *première étape* pour définir un marché économique consiste à étudier la corrélation des prix des différents produits que l'on souhaite inclure dans la définition du marché (la corrélation est un indicateur statistique de la similarité des fluctuations de prix).[16]

Il n'existe pas de niveau type de corrélation pouvant servir de critère pour terminer l'appartenance des produits à un même marché. Cependant, les données disponibles pourraient facilement permettre d'en créer. Supposons par exemple qu'il y ait un accord sur le fait que deux matériaux en platiques appartiennent à un même marché. On pourrait alors calculer la corrélation des prix de ces deux produits et s'en servir pour déterminer si un troisième matériau appartient ou non au même marché économique que les deux premiers.

C'est l'élasticité-prix directe et *non* l'élasticité croisée de la demande qui détermine le pouvoir de marché. L'**élasticité croisée de la demande** indique de quel pourcentage la quantité demandée d'un bien varie lorsque le prix d'un autre bien change de 1%. Les tribunaux débattent souvent du rôle de l'élasticité croisée dans la définition des marchés. Le terme est alors utilisé dans un sens vague, comme

---

[14] *Brown Shoe Company v. United States*, 370 U.S. 294 (1962).

[15] Les tribunaux s'essaient non seulement à l'art difficile de définir les marchés, mais également à celui encore plus risqué de définir des *segments de marchés* à l'intérieur d'un même marché. Le raisonnement intuitif qui sous-tend leur démarche est que la concurrence entre deux produits appartenant à différents segments d'un même marché est plus intense que celle existant entre des produits relevant de marchés différents. Mais cette distinction ne fait qu'accroître la confusion. Nous ne l'utiliserons pas et nous laisserons à d'autres le soin de définir la notion de *segment de marché*.

[16] L'étude de la corrélation des prix est une première étape utile. Cependant, il faut souligner qu'une corrélation élevée n'implique pas forcément que les deux produits appartiennent au même marché. Il se peut par exemple que les prix de produits différents soient simplement corrélés parce qu'ils sont fabriqués à partir des mêmes facteurs de production. De même, une faible corrélation ne signifie pas non plus que les produits n'appartiennent pas au même marché, par exemple, lorsque les variations de prix relatifs entraînent de fortes variations de quantités. Dans ce cas, si le prix d'un produit augmente, alors que celui d'un bon substitut reste constant, la quantité demandée du produit dont le prix a augmenté baisse fortement.

indicateur du degré de substitution de deux produits. Il existe en effet une relation entre l'élasticité croisée et l'élasticité-prix directe.[17]

Pour qu'un débat impliquant la notion d'élasticité croisée soit intelligible, il est nécessaire de préciser s'il est question de l'élasticité croisée de A par rapport au prix de B ou de l'élasticité de B par rapport au prix de A. En effet, bien que les tribunaux ne s'embarrassent pas de cette distinction, les deux élasticités sont généralement différentes.[18] Lorsqu'il s'agit de savoir si la définition du marché du produit A doit inclure aussi le produit B, il faut calculer l'élasticité-croisée de la demande de A par rapport au prix de B.

B. Détermination de l'aire géographique d'un marché

La limite géographique d'un marché s'obtient en déterminant si l'augmentation du prix d'un produit vendu dans un endroit donné a un effet sur le prix d'un produit vendu dans un autre endroit. Si c'est le cas, les deux endroits font partie du même marché. La méthode de détermination des limites géographiques d'un marché est analogue à celle utilisée pour définir les produits à inclure dans un marché donné. Prenons l'exemple de la consommation d'oranges à Chicago. Les oranges peuvent arriver de différents endroits éloignés de la ville. Tous ces endroits font partie du même marché géographique que Chicago s'il est rentable d'expédier des oranges de l'un d'eux vers Chicago (ou si une hausse du prix des oranges rend l'opération rentable). D'autre part, si les producteurs peuvent également expédier des oranges à Milwaukee dans les mêmes conditions qu'à Chicago, c'est que les deux villes font partie du même marché et cela devrait se traduire par l'observation d'une corrélation dans l'évolution des prix.[19]

---

[17] La somme de l'élasticité directe et des élasticités croisées est égale à 0. Désignons par

$$\varepsilon_{AB} \equiv \frac{\partial Q_A}{\partial p_B} \frac{p_B}{Q_A}$$

l'élasticité-croisée de la demande du produit A par rapport au prix du produit B, où Q_A est la demande (compensée) du produit A et p_B le prix de B. Donc,

$$0 = \varepsilon_{AA} + \sum_B \varepsilon_{AB},$$

où ε_{AA} est l'élasticité-prix directe de la demande de A (Henderson et Quandt, 1980, p. 31–3). L'élasticité croisée de la demande est positive pour les produits substituts, alors que l'élasticité-prix directe est négative. L'élasticité directe peut être élevée même si aucune des élasticités croisées ne l'est.

[18] D'après la théorie de la demande, $\partial Q_A/\partial p_B = \partial Q_B/\partial p_A$. Cette relation n'implique pas que les élasticités croisées de demande ε_{AB} et ε_{BA} (définies à la note de bas de page précédente) soient égales (Henderson et Quandt, 1980, p. 30).

[19] Voir Landes et Posner (1981), Scheffman et Spiller (1987), ainsi que Stigler et Sherwin (1985) pour une analyse plus approfondie de la définition d'un marché.

20.3 Coopération entre concurrents

Cette section analyse les restrictions imposées par les lois antitrust à la coopération entre concurrents. Nous examinerons d'abord les accords explicites de fixation des prix ou de la production, puis ceux qui portent sur la production de biens nouveaux, ainsi que la coopération au niveau des échanges d'information. Nous analyserons ensuite le cas d'entreprises oligopolistiques qui agissent de la même façon sans avoir conclu d'accords explicites. Enfin, nous étudierons les fusions.

20.3.1 Accords de fixation des prix ou de la production

Les tribunaux considèrent comme illégaux les accords de fixation des prix ou de la production s'ils ont pour unique but d'éliminer la concurrence et d'augmenter les prix au-dessus de leurs niveaux concurrentiels. Les accords de ce type violent la loi, quel que soit le prix résultant de l'accord. La simple preuve de l'existence d'un accord suffit à les condamner. C'est pourquoi on cite souvent les accords de fixation des prix ou de la production comme des exemples de violation directe des lois antitrust.[20] L'exemple 20.3 traite des lois appliquées par les autres pays aux accords passés entre concurrents.

Peu après l'adoption du Sherman Act, deux cas d'accord de fixation des prix et de partage du marché furent jugés. Dans le cas *Trans-Missouri Freight Association*, plusieurs entreprises de chemin de fer avaient passé un accord de fixation des tarifs.[21] Selon les entreprises impliquées, leur accord avait pour but d'éviter une concurrence suicidaire et les tarifs fixés étaient raisonnables. Mais le tribunal rejeta cette argumentation et décida qu'il était

> inadmissible que des entreprises s'arrogent le droit de juger ce qu'est un tarif raisonnable et passent un accord dans le but de maintenir ce tarif [. . .] La concurrence se charge elle-même d'amener le tarif à un niveau raisonnable. . .

Mais les compagnies de chemin de fer continuèrent à faire pression pour pouvoir fixer leurs tarifs à l'abri de la concurrence et finirent par obtenir gain de cause. Plus récemment, le Staggers Act de 1980 supprima la plupart des restrictions imposées à la concurrence. Il en résulta un important mouvement de fusions.

À peu près en même temps que l'affaire *Trans-Missouri*, l'affaire *Addyston Pipe*, qui concernait aussi un cas d'accord de prix, fut jugée.[22] Il s'agissait d'entreprises

---

[20] Curieusement, un accord de fixation des prix ou de la production conclu entre deux entreprises appartenant à une industrie très concurrentielle est considéré comme illégal en soi alors qu'une fusion ne l'est pas nécessairement Si les accords de fixation des prix ou de la production n'amélioraient jamais l'efficience, le fait de les condamner systématiquement permettrait de réduire le coût d'application de la loi. Mais ce n'est pas cas, puisque tout comme les fusions, ces accords permettent parfois d'améliorer l'efficience. Il est donc curieux de ne pas les traiter de la même façon que les fusions. On peut cependant soutenir que les fusions permettent beaucoup plus souvent d'améliorer l'efficience que les accords de fixation des prix ou de la production.

[21] *United States v. Trans-Missouri Freight Association*, 166 U.S. 290 (1897).

[22] *United States v. Addyston Pipe & Steel Co.*,175 U.S. 211 (6th Cir. 1899).

EXEMPLE 20.3 Lois antitrust dans d'autres pays que les États-Unis

Dans beaucoup de pays, contrairement aux États-Unis, les accords passés par les entreprises ne sont pas considérés comme illégaux. Par exemple, en Allemagne, au Japon et au Royaume-Uni, les gouvernements autorisent la formation des cartels quand ils jugent que cela peut améliorer l'eficience. Dans ces pays on reconnaît généralement que la concurrence est souhaitable, mais que dans certaines circonstances elle ne conduit pas à l'efficience. L'Allemagne et le Japon, par exemple, autorisent les cartels d'entreporises quand ils permettent la réduction des capacités durant les périodes de surproduction. Audretsch (1987) a montré qu'en Allemagne les prix augmentaient durant les périodes de fonctionnement des cartels et diminuaient à la suite de leur dissolution.

Le Royaume-Uni a récemment opté en faveur de la concurrence. Ce revirement politique, qui s'est traduit par une attitude beaucoup plus circonspecte à l'égard des accords passés entre concurrents, a engendré une accélération du mouvement de fusion. La même chose s'était déjà produite aux États-Unis vers la fin des années 1890 et le début des années 1900 lorsque le Sherman Act commença à être appliqué aux cartels de fixation des prix ou des quantités (Bittlingmayer, 1985).

SOURCE : Audretsch (1987), Swan *et al.* (1974), ainsi que Bittlingmayer (1985).

manufacturières qui avaient passé des accords pour la fixation du prix de l'acier dans certaines régions. Là également, leur défense reposait sur le fait que le prix fixé était équitable, raisonnable et avait pour unique but d'éviter une concurrence destructrice. La Cour Suprême rejeta à nouveau cet argument. Plusieurs mois après le procès, les entreprises impliquées fusionnèrent et le gouvernement ne remis pas en question la fusion. Les entreprises purent ainsi réaliser ce qu'elles n'avaient pas pu faire sous forme d'accords horizontaux. Les deux cas que nous venons d'étudier ont deux caractéristiques communes : d'une part, il s'agissait d'entreprises appartenant à des industries où les coûts fixes sont élevés et d'autre part, les entreprises se sont défendues en invoquant le risque d'une concurrence suicidaire.(23)

Environ 30 ans plus tard, la Cour Suprême confirma encore sa position lors de l'affaire d'entente sur les prix *Trenton Potteries*.(24) Les entreprises concernées fabriquaient et distribuaient 82% des accessoires pour salles de bain et cabinet de toilettes des États-Unis. Elles avaient établi une liste de prix et faisaient campagne pour que l'ensemble de la branche s'y conforme. Sans même vérifier l'impact de cet accord sur les prix, la Cour Suprême jugea que :

> L'objectif et le résultat de tout accord de fixation des prix, lorsqu'il atteint son but, est l'élimination d'une forme de concurrence. Le pouvoir de fixer les prix, qu'il soit raisonnablement exercé ou non, contient en germe le contrôle du marché et le choix arbitraire et déraisonnable des prix. En effet, un prix qui semble raisonnable aujourd'hui peut, sous l'influence des conditions changeantes de l'économie et

[23] Les industries où les coûts fixes sont élevés sont parfois caractérisées par l'absence d'équilibre (voir le chapitre 4). Voir aussi Bittlingmayer (1982) pour une analyse du cas *Addyston Pype* dans cette perspective.

[24] *United States v. Trenton Poteries Co.* 273 U.S. 392 (1927).

> des affaires, devenir déraisonnable demain [...] La distinction entre la légalité et l'illégalité ne peut donc pas s'appuyer sur le caractère raisonnable ou non de la fixation d'un prix.

La Cour Suprême rejette ainsi clairement toute justification de la fixation d'un prix fondé sur son caractère raisonnable.

Durant les années 1930, l'idée se répandit que la Grande Dépression était en bonne partie due au jeu de la concurrence. De ce fait, beaucoup de responsables de politique voulurent favoriser la formation de cartels explicites. En 1933, comme pour se conformer à l'air du temps, la Cour Suprême rendit dans l'affaire *Appalachian Coals*, un jugement apparemment contradictoire avec sa jurisprudence antérieure. Il s'agissait cette fois d'entreprises minières qui avaient passé un accord de fixation du prix du charbon en s'unissant au sein d'une centrale de vente, qui est l'un des moyen habituellement employé par les cartels (voir le chapitre 6).(25) Les entreprises justifièrent l'accord en invoquant le fait qu'il s'agissait pour elles de soutenir la vente du charbon dans des circonstances économiques particulièrement difficiles. La Cour Suprême accepta cette défense et admit que la création d'une centrale de vente ne constituait pas une violation des lois antitrust.

Mais la décision rendue dans l'affaire *Appalachian Coals* fut remise en question par la Cour Suprême en 1940 lors du jugement *Socony-Vacuum*, où sa jurisprudence antérieure concernant la passation entre concurrents d'accords de fixation de prix fut réaffirmée.(26) Des producteurs de pétrole avaient formé une organisation dans le but d'élever les prix et d'aider cette industrie à sortir des difficultés dans lesquelles elle se trouvait. La Cour jugea que « l'élimination des soit-disants maux de la concurrence ne constitue pas une justification légale » d'un accord de cartel.

20.3.2 Tous les accords entre concurrents ne sont pas illégaux

Bien qu'un accord de fixation des prix ou de restriction de la production soit considéré comme une violation de la loi, il ne faut pas en conclure que tous les acords qui se traduisent par la fixation d'un prix sont illégaux. Selon la Cour Suprême, si l'accord a pour but de favoriser la concurrence, il est légal. Il faut donc rechercher si l'accord de prix est une condition nécessaire à la réalisation de l'objectif concurrentiel qui sous-tend l'accord.

La Cour a depuis longtemps reconnu que des entreprises concurentes doivent parfois coopérer et que cette coopération peut avoir un effet sur le prix du marché. Mais plutôt que d'appliquer une règle rigide à ces accords, elle a préféré tenir compte des circonstances. L'un des premiers cas fameux où cette jurisprudence fut appliquée est celui du *Chicago Board of Trade*.(27) Les membres de cette bourse

---

[25] *Appalachian Coals v. United States*, 288 U.S. 344 (1933).

[26] *United States v. Socony-Vacuum Oil Co.* 310 U.S. 150 (1940). Ce cas est parfois appelé *Madison Oil* parce qu'il fut initialement jugé à Madison, Wisconsin.

[27] *Board of Trade of City of Chicago v. United States* 246 U.S. 231 (1918). Cependant, le premier cas

de commerce (qui étaient en concurrence pour l'achat et la vente de contrat de récoltes de blé) s'étaient entendus afin qu'après la fermeture de la bourse les transactions éventuelles soient nécessairement conclues au prix de clôture. La bourse était ouverte chaque matin et durant la période d'ouverture, le prix des transactions pouvait fluctuer. Le dernier prix enregistré, ou *prix à la clôture* servait ensuite de référence pour les transactions jusqu'au lendemain (ainsi que pour les transactions effectuées en dehors de la bourse). Cet accord rendait les transactions après la fermeture plus difficiles car l'offre et la demande pouvaient évoluer et le prix du marché s'écarter du prix de clôture. Cet accord avait donc pour effet de concentrer le gros des transactions durant la période d'ouverture de la bourse.

Un marché organisé fournit un service important à ses participants. Il traduit les informations en provenance des acheteurs et des vendeurs en un prix de marché. En contrepartie de ce service, chaque transaction est taxée. Sans l'obligation de conduire les transations hors marché au prix de clôture de la veille, certains agents économiques adopteraient un comportement de passager clandestin, c'est-à-dire qu'ils observeraient le prix du marché, mais effectueraient la transaction en dehors de la bourse pour éviter de payer les frais de transaction. Donc, l'accord incite non seulement les agents économiques à concentrer leur activité au moment de l'ouverture de la bourse, mais il décourage également les comportement de passager clandestin (puisque toutes les transactions doivent passer par la bourse ou, dans le cas contraire, s'effectuer au prix de clôture du jour précédent).

La Cour Suprême a jugé que cet accord ne violait pas l'esprit des lois antitrust. L'opinion de la Cour, rédigée par le juge Brandeis, fut que :

> Cette accusation [. . .] qui repose sur l'idée hardie qu'une règle ou un accord par lequel des hommes occupant des positions clés dans certaines branches de l'industrie fixent les prix auxquels les transations doivent se dérouler durant une partie importante de la journée, constitue une restriction du commerce qui viole les lois antitrust. Mais la légalité d'un accord ou d'une règle ne peut pas être déterminée par un critère aussi simple, car tout accord et toute règle sont par nature restrictifs. Il faut déterminer si la restriction en question a pour but de faciliter les échanges et de favoriser la concurrence ou au contraire de la supprimer. Pour répondre à cette question, il faut tenir compte des conditions particulières de l'activité à laquelle l'accord ou la règle s'appliquent. . .

Ainsi, selon la Cour Suprême des États-Unis, il y a des cas où un accord de fixation des prix entre concurrents peut accroître la concurrence.

Dans l'affaire *Broadcast Music, Inc. (BMI)*, la Cour Suprême a précisé les conditions de rémunération des auteurs de mélodies et de chansons.[(28)] Les auteurs de mélodies et de chansons reçoivent des droits à chaque diffusion de leurs œuvres. Toutefois, il serait impossible pour les stations de radio et de télévision de localiser

---

où cette règle de bon sens fut employée est *Standard Oil Co. of New Jersey v. United States* 221 U.S. 1 (1911).

[28] *Broadcast Music, Inc., v. Columbia Broadcasting System, Inc.* 441 U.S. 1 (1979).

tous les auteurs dont ils diffusent les musiques. De même, chaque auteur ne peut pas surveiller sans arrêt la diffusion de ses œuvres.

Des organismes ont donc été créés pour résoudre ce problème. En France, cet organisme est la *Société des Auteurs et Compositeur d'Œuvres Musicales* (SACEM). Aux États-Unis, les deux organismes correspondants sont l'*American Society of Composers, Authors et Publishers* (ASCAP) et la *Broadcast Music, Inc.* (BMI). Les auteurs appartiennent à l'un ou l'autre de ces organismes (voire aux deux), lesquels prélèvent les droits en leurs noms. Ces organismes vendent des licences donnant le droit de diffuser les œuvres correspondantes. Le montant des droits est généralement égal à une somme fixée d'avance ou à un pourcentage des recettes totales du client. En ce sens, on a pu soutenir que l'ASCAP et la BMI fixaient elles-mêmes les prix et qu'elles étaient en définitive des organisations d'auteurs constituées dans ce but.

La Cour Suprême a reconnu que ces deux organismes rendaient un service important et que la prestation de ce service nécessitait la fixation des prix. Dans la mesure ou l'ASCAP et la BMI réduisent les coûts de transaction et augmentent ainsi le volume d'œuvres diffusées plutôt que de le restreindre, elles servent la concurrence et non l'inverse. La Cour Suprême a donc refusé de considérer que ces deux organismes violaient les lois antitrust :

> Les licences de ce type sont nécessaires à l'efficience et ne peuvent être émises sans que leur prix soit fixé [. . .] Loin d'être une « pure restriction des échanges » dont l'unique but serait d'étouffer la concurrence, la licence permet au contraire le développement des échanges, leur contrôle et l'application des lois sur la propriété des œuvres musicales.

Là encore, ce cas illustre la jurisprudence souple de la Cour Suprême. Voir Carlton et Klamer (1983), ainsi que Halverson (1988).

Récemment, la Cour Suprême a jugé une affaire concernant la diffusion télévisée des matchs de football américain entre les universités. Cette diffusion est contrôlée par la *National Collegiate Athletic Association* (NCAA).[29] Dans ce cas également, la Cour Suprême a admis la nécessité d'une coopération entre les différentes universités au sein de la NCAA, reconnaissant toutefois que la tâche de coordination réalisée par la NCAA n'impliquait pas la restriction artificielle du nombre de matchs diffusés. Voir également l'exemple (20.4) pour un autre exemple d'acord de fixation des prix impliquant les universités américaines.

20.3.3 Échanges d'informations entre concurrents

Les entreprises concurrentes d'une même activité se regroupent communément au sein d'association. Ces associations collectent des informations utiles sur l'activité du secteur et peuvent servir à fixer les prix en commun (voir le chapitre 6). Ce dernier objectif ne doit cependant pas masquer que ces associations servent

[29] *NCAA v. University of Oklahoma*, 468 U.S. 85 (1984). Voir Horowitz (1994).

EXEMPLE 20.4

Universités et lois antitrust : votre université fait-elle partie d'un cartel ?

Dès les années 1950, certaines universités américaines, parmi les plus prestigieuses, s'étaient mises d'accord pour limiter le montant des aides financières accordées à leurs athlètes. Vers les années 1980, 23 universités de premier plan du nord-est des États-Unis participaient à cet accord. Celui-ci comprenait 3 points principaux : (1) chaque université devait proportionner l'aide aux besoins du sportif, (2) définir ces besoins en fonction d'un protocole commun et (3) lorsqu'un étudiant recevait deux offres différentes, ajuster le montant des offres pour ne pas faire jouer la concurrence.

Les universités prétendaient que cet accord leur permettait de consacrer plus de ressources à aider les étudiants pauvres et d'atteindre le double objectif (1) d'admission des étudiants sur la base du seul mérite et (2) de garantir une aide complète à chaque étudiant défavorisés admis. Peu d'universités, en dehors de celles participant à l'accord, se conformaient à ces règles. Pour les universités ayant signé l'accord, leur politique était pleinement compatible avec le système fédéral d'éducation, qui n'octroie des des bourses qu'en fonction des besoins des étudiants (et non en fonction de leurs capacités sportives).

En 1991, l'*US Department of Justice* menaça les 8 plus grandes universités américaines (les *Ivy Leagues*) et le MIT d'un procès pour violation de la section I du Sherman Act. Selon le ministère de la justice, l'accord auquel ces universités participait était illégal car il avait pour but de fixer les prix et donc d'augmenter les recettes des universités. Les 8 universités acceptèrent de mettre fin à l'accord mais pas le MIT, qui préféra aller en justice.

→

principalement à des échanges d'informations entre membres, lesquels prennent ainsi conscience des prix pratiqués par leurs concurrents.

Dans l'affaire *Harwood*, la Cour Suprême s'est intéressée aux activités de l'*Americain Harwood Manufacturers' Association*, qui comptait environ 400 membres[(30)] et dont l'activité consistait à réunir des données sur les ventes, la production, les stocks et les prix de chaque membre afin que tous puissent en bénéficier. De plus, au cours de leurs réunion, les membres de l'association s'entretenaient des conditions générales de leur activité et de l'opportunité d'augmenter ou de réduire la production à la lumière de ces conditions. Ces comportements ressemblaient à ceux d'un cartel, mais on imagine mal comment faire régner une discipline quelconque au sein d'un cartel de 400 membres. Il est donc peu probable qu'un tel cartel ait pu maintenir un prix élevé durablement. On peut donc penser que les échanges d'informations permettaient à ces entreprises d'avoir une meilleure connaissance du marché sans pour autant élever les prix. Néanmoins, la Cour Suprême juge que les activités de cette association étaient illégales (voir l'exemple 10.8).

Le juge Brandeis désapprouva la décision des ses collègues de la Cour dans l'affaire *Harwood* et motiva son opinion de façon éloquente en expliquant que cette association avait eu pour effet de créer un marché d'information et qu'il s'agissait là d'un aspect bénéfique des associations commerciales :

---

[30] *American Column & Lumber Company v. The United States*, 257 U.S. 377 (1921).

EXEMPLE 20.4

Universités et lois antitrust : votre université fait-elle partie d'un cartel ? (suite)

En fait, même s'il est possible que l'accord ait eu pour but d'augmenter les recettes des universités, on ne peut pas nier que l'intention des universités ait été de mieux pouvoir aider les étudiants défavorisés. D'ailleurs, l'un des objectifs des universités, qui ont généralement un statut d'entreprises à but non lucratif (voir l'exemple 2.1), est d'aider les étudiants. Une étude économétrique a été menée pour déterminer si l'accord avait eu pour effet d'augmenter le montant moyen des droits d'entrée payés par les étudiants. Les résultats n'ont pas permis de confirmer cette thèse, mais il est cependant incontestable que, du fait de l'accord, certains étudiants ont payé des droits plus élevés pour financer l'aide apportée à certains autres.

S'appuyant sur le fait que les universités sont des entreprises à but non luctratif, la Cour Suprême n'a pas voulu appliquer la loi de façon trop rigide. Elle a reconnu que l'accord violait les lois antitrust dans la mesure ou il éliminait la concurrence entre les universités pour attirer les athlètes (un point qui avait échappé au ministère de la justice dont l'objectif n'était pas de rétablir ce type de concurrence). La décision du tribunal qui avait jugé l'affaire et condamné le MIT fut cependant cassée. Mais, peu après, une nouvelle législation fut votée par le Congrès américain, afin de permettre aux universités qui le souhaitaient de continuer à respecter le code de bonne conduite qui constituait le fond de l'accord.

SOURCE : Carlton, Bamberger et Epstein (1993). Carlton a témoigné comme expert pour le MIT.

> Ce n'est certainement pas contre l'intérêt public de diffuser des informations commerciales, quel que soit leur niveau de détail. Dans cette affaire, la coopération n'est qu'incidente et ne supprime pas la concurrence. Au contraire, elle tend à la favoriser sous toutes ses formes, ce qui est souhaitable. En substituant la connaissance à l'ignorance [. . .] elle remplace le risque et la ruse par la réflexion et la raison [. . .]. La mise à disposition d'informations aux entreprises favorise l'égalité d'accès aux opportunités. Quand à la mise à disposition d'information au public en général, c'est ce que l'on peut faire de mieux pour protéger la communauté contre le racket commercial. Même si, comme on le prétend, l'association a permis de substituer la stabilité des prix à des fluctuations violentes, cela ne va pas non plus contre l'intérêt public.

Quelques années plus tard, la Cour Suprême jugea à nouveau un cas d'association commerciale, la *Maple Flooring Manufacturers' association*, dont les 22 membres contrôlaient environ 70% des ventes de bois de plancher.(31) Cette association fournissait des données à ses membres sur les coûts de production et de frêt, ainsi que sur les quantités vendues et les prix pratiqués par chaque entreprise. Elle organisait également des réunions durant lesquelles les membres pouvaient échanger des points de vue concernant leur industrie. Cette fois, la Cour Suprême jugea que les activités de l'association ne violaient pas les lois antitrust et souligna les aspects concurrentiels et bénéfiques qui résultaient de la libre diffusion d'informations aux entreprises qui avaient ainsi une vision plus claires des conditions du marché. Les théories que nous avons étudié concernant les conditions de succès

[31] *Maple Flooring Manufacturers' Association v. United States*, 268 U.S. 563 (1925).

des cartels nous enseignent pourtant que la probabilité de réussite était bien plus élevée dans le cas *Maple Flooring* (petit nombre de membres) que dans l'affaire *Harwood* (400 membres). Malgré cela, la Cour a condamé *Maple* et non *Harwood.*

Plusieurs décennies après, la Cour a jugé une nouvelle affaire d'échanges d'informations concernant les prix entre producteurs de containers en tôle ondulée.[(32)] Les producteurs échangeaient notamment des informations sur le dernier prix auquel une affaire avait été traitée. De plus, il s'agissait d'une industrie très concentrée, où les entreprises accusées contrôlaient à peu près 90% des ventes de containers en tôle ondulée du sud des États-Unis. L'examen des conditions économiques propres à cette industrie amena la Cour Suprême à rendre la décision suivante :

> Sur certains marchés, l'échange d'informations concernant les prix n'a peut-être pas d'influence sur le prix concurrentiel. Mais l'industrie des containers en tôle ondulée est composée d'un petit nombre d'entreprises. De plus, il s'agit d'un produit homogène, de sorte que la concurrence s'exerce principalement par le prix. [. . .] Comment ne pas conclure, dans ces conditions, que l'échange d'informations a un effet anticoncurrentiel ?

La Cour Suprême a donc retenu l'effet négatif des échanges d'informations sur la concurrence par les prix en se fondant sur les conditions spécifiques qui caractérisaient cette industrie.

Les théories passées en revue aux chapitres 6 et 7 montrent que les échanges d'informations peuvent favoriser les comportements d'ententes. C'est la raison pour laquelle les tribunaux prêtent une attention particulière aux associations commerciales. Mais, d'autre part, ils reconnaissent également que l'information est un bien rare et que sa diffusion est souvent utile. La difficulté réside donc dans l'appréciation de ces deux effets contraires.

20.3.4 Comportements des entreprises d'un oligopole

Le prix fixé sur un marché à structure d'oligopole non coopératif est généralement supérieur au prix concurrentiel. En effet, des entreprises conscientes de leur dépendance mutuelle ont intérêt à ce que le prix soit supérieur à son niveau concurrentiel (voir le chapitre 7). Le problème posé aux tribunaux est de déterminer si le comportement des entreprises d'un oligopole peut être considéré comme une entente entre concurrents et donc une violation des lois antitrust. L'application des lois antitrust se concentre souvent sur les accords explicites passés par les entreprises et le travail de l'accusation consiste généralement à réunir des preuves écrites plutôt qu'à mettre en évidence l'effet du comportement d'entente sur le prix (augmentation du prix, par exemple).

L'affaire *Interstate Circuit*[(33)] a donné l'occasion à la Cour Suprême d'affirmer sa jurisprudence sur ce point. Selon la Cour, il est possible de déduire l'existence

---

[32] *United States v. Container Corp. of America*, 393 U.S. 333 (1969).

[33] *Interstate Circuit, Inc., v. United States*, 306 U.S. 208 (1939).

d'une entente ou d'un accord : « en se fondant sur l'observation du comportement des entreprises soupçonnées ». En particulier, la similarité de comportement des entreprises peut constituer la preuve de l'existence d'un accord.

Dans l'affaire *American Tobacco*[34], la Cour Suprême a étudié de façon détaillée le comportement des entreprises de l'industrie de la cigarette dans les années 1930. Les listes de prix établies par les trois plus grosses entreprises du secteur (les « big three »), Reynolds, American et Ligget & Myers, étaient le plus souvent identiques. Au cœur de la Grande Dépression, alors même que leurs coûts de production baissaient, ces entreprises élevèrent leurs prix, afin d'accroître leurs profits. Comme l'indique le rapport de la Cour Suprême : « Ces années furent parmi les meilleures de toute l'histoire de ces trois entreprises ».

La hausse du prix attira de nouvelles entreprises qui purent vendre leurs marques pour 10 cents le paquet, au lieu des 15 cents par paquet exigés par les « big three ». De ce fait, la part de marché des « big three » commenca à diminuer. Vers 1932, ces entreprises avaient perdu 22% du marché. En réaction, elle baissèrent leurs prix, ce qui fit chuter considérablement les ventes des cigarettes à 10 cents, dont la part de marché fut ramenée à 6,5% vers 1933. Les « big three » employèrent en outre toute leur influence pour s'assurer que les débits de tabac ne vendaient pas leurs paquets de cigarettes plus de 3 cents au-dessus du prix des marques à 10 cents (voir l'exemple 10.2).

La Cour Suprême jugea que la similarité de comportement des « big three » était une indication suffisante de l'existence d'une entente illégale :

> Lorsque les circonstances permettent au tribunal de s'assurer de l'existence d'un but et d'un comportement communs aux entreprises, il peut conclure à l'existence d'une entente illégale.

Cependant, l'affaire *American Tobacco* n'avait pas permi de dégager les critères d'un comportement d'oligopole illégal au regard des lois antitrust. On ne savait toujours pas, par exemple, si le parallélisme de comportement d'entreprises conscientes de leur dépendance réciproque suffisait à qualifier une entente ?

Par la suite, la Cour Suprême attaqua très aggressivement la politique de distribution d'entreprises appartenant à des marchés d'oligopole (voir le chapitre 10). Cependant, à partir de 1954, sa jurisprudence s'infléchit. Dans l'affaire *Theatre Enterprises*, la Cour Suprême se prononça sur le mimétisme de comportement des distributeurs de film.[35] Ceux-ci avaient en effet refusé de distribuer des films en exclusivité à un directeur d'une salle remise à neuf, car d'autres salles avaient déjà obtenu cette exclusivité. La Cour Suprême décida que :

> L'observation du comportement des entreprises peut permettre, dans certaines circonstances, de déterminer si elle violent les lois antitrust. [. . .] Mais le mimétisme conscient ne constitue pas une preuve suffisante d'entente. En d'autres termes, le mimétisme conscient n'est pas en lui-même une violation du Sherman Act.

---

[34] *American Tobacco Company v. United States v. United States*, 238 U.S. 781 (1946).

[35] *Theatre Enterprises Inc v. Paramont Film Distributing Corp.*, 346 U.S. 537 (1954).

Ainsi, le refus commun des distributeurs de film de permettre à un directeur de salle de diffuser leurs films en première exclusivité n'a pas été jugé contraire aux lois antitrust. Ce cas est souvent interprété comme voulant dire que le comportement mimétique est une résultante naturelle de la situation d'interaction au sein d'un oligopole et n'est pas lui-même une violation des lois antitrust. Il faut une charge supplémentaire pour que ce comportement soit jugé illégal.

La jurisprudence d'après laquelle le parallélisme de comportement n'est pas suffisant pour constituer une violation des lois antitrust a été réaffirmée à plusieurs reprises ces dernières années dans des affaires instruites par la *Federal Trade Commission* où des entreprises étaient accusées soit d'adopter un comportement de monopole partagé (elles décident de ne pas se faire concurrence pour les mêmes consommateurs et se répartissent des territoires)[36], soit d'avoir un comportement non concurrentiel du fait de pratiques adoptées par chacune d'elles sans concertation des autres. Par exemple, dans l'affaire *du Pont*[37], la FTC accusait des entreprises de certaines pratiques communes, mais adoptées sans concertation, telles que la notification des augmentations de prix aux clients, l'application de la clause du client le plus favorisé, la pratique d'une politique de prix uniforme dans la distribution et l'annonce des prix dans la presse. Ces différentes pratiques avaient pour but, selon la FTC, de faciliter la fixation non concurrentielle des prix. Le tribunal jugea que :

> La simple existence d'une structure de marché oligopolistique dans laquelle un petit groupe d'entreprises fixent consciemment un prix identique pour un produit homogène ne constitue pas une violation des lois antitrust.

20.3.5 Fusions

L'interdiction de la fixation des prix en commun n'aurait que peu d'effet en l'absence de lois limitant les fusions. Ces lois ont pour but d'empêcher les entreprises d'augmenter leur pouvoir de marché par le jeu des fusions. La question qui est posée dans les affaires de fusion n'est donc pas de savoir si l'industrie concernée est concurrentielle ou non, mais si la fusion projetée aura pour effet de la rendre moins concurrentielle. Cependant, comme les fusions engendrent parfois une plus grande efficience, toute politique qui les dissuade à l'excès impose un coût à la société. D'un autre côté, une politique trop laxiste aboutit à une augmentation du pouvoir de marché. Nous étudierons d'abord la question des fusions entre concurrents existants, puis celle des fusions entre concurrents potentiels.

---

[36] *FTC v. Kellogg et al.*, Dockett No. 8883, 99 FTC Reporter 8, 1982. La FTC a finalement renoncé à poursuivre. Voir Schmalensee (1978) pour une analyse de cette affaire.

[37] *E.I. du Pont de Nemours & Co. v. FTC*, 729 F.2d 128 (2d Cir. 1984). Cette affaire est parfois appelée *Cas Ethyl* du fait de la mise en question d'Ethyl. Voir l'exemple 10.7 et Hay (1994).

A. Fusions entre concurrents existants

L'affaire *Northern Securities Company* fut l'une des premières à être jugée par la Cour Suprême. Une holding regroupant deux énormes compagnies de chemin de fer, la Great Northern Railroad Company et la Northern Pacific Railway Company, devait être créée.(38) Le passage sous contrôle unique de ces deux entreprises précédemment indépendantes, fut jugé contraire aux lois antitrust. La décision, qui date de 1904, coïncide avec l'arrêt du mouvement général de fusions qui s'est produit au États-Unis vers la fin des années 1900 (voir le chapitre 2).

Peu après la décision *Northern Securities*, la Cour Suprême rendit un jugement similaire dans l'affaire *Standard Oil*.(39) La Cour Suprême étudia la création de la Standard Oil et sa politique d'acquisitions dans l'industrie pétrolière. On reprochait aux accusés, parmi lesquels figurait John D. Rockefeller, d'avoir :

> acquis des intérêts [. . .] et conclu des accords avec [. . .] diverses personnes [. . .] et d'avoir acheté, raffiné et vendu des produits pétroliers et leurs dérivés [. . .] dans le but de fixer le prix du pétrole brut et raffiné, ainsi que le prix des produits dérivés, d'avoir pour cela limité la production et contrôlé l'infrastructure de transport afin de restreindre [. . .] et de monopoliser le commerce entre les États [des États-Unis].

Ils étaient également accusés d'avoir éliminé du marché les raffineries qui refusaient de participer à l'accord de fixation des prix, en employant des tactiques telles que la prédation par le prix. Enfin, on les accusait d'avoir appliqué des politiques de prix non concurrentielles pour le transport du pétrole par pipelines, d'avoir passés des contrats avec leurs concurrents, de s'être livrés à l'espionnage et d'avoir divisé les États-Unis en districts afin de limiter la concurrence au sein de chacun d'eux. La Cour jugea les accusés coupables d'avoir voulu monopoliser l'industrie du pétrole et ordonna la dissolution de l'empire ainsi créé. Ce cas est célèbre car c'est la première fois où la Cour Suprême, plutôt que de condamner directement la fusion elle-même, rechercha si la fusion avait eu pour effet de restreindre l'activité.

Dans l'affaire *United Steel*, la Cour Suprême changea sa jurisprudence habituelle d'application stricte des lois antitrust.(40) Une nouvelle entreprise, *United States Steel Company*, avait été créée par la fusion d'environ 180 entreprises indépendantes. U.S. Steel contrôlait 80% à 90% de la production américaine d'acier. La Cour Suprême refusa pourtant de considérer cette fusion comme illégale. Elle jugea qu'à l'inverse de la Standard Oil, U.S. Steel n'avait pas exploité sa situation de façon contraire aux lois antitrust.

La déception engendrée par les jugements de la Cour Suprême (en particulier face à l'impossibilité de stopper une autre acquisition(41)) incita le Congrès à voter

---

[38] *Northern Securities Company v. United States*, 193 U.S. 197 (1904).

[39] *Standard Oil Company of New Jersey v. United States*, 221 U.S. 1 (1911). Voir McGee (1958), pour une analyse de ce cas.

[40] *United States v. United States Steel Corporation*, 251 U.S. 417 (1920).

[41] *United States v. Columbia Steel Company* 334 U.S. 495 (1948).

le *Kefauver Act* en 1950, afin de renforcer la section 7 du Clayton Act (sur les fusions). C'est dans l'affaire *Brown Shoe* que la Cour Suprême a appliqué pour la première fois la section 7 modifiée du Clayton Act. L'affaire concernait la fusion éventuelle de la G.R Kinney Company et de la Brown Shoe Company.(42) Ces deux entreprises appartenaient à l'industrie de la chaussure (production et vente au détail). Le gouvernement était soucieux d'éviter que le secteur de la vente des chaussures ne soit trop concentré. En effet, dans 20 villes américaines, la part des chaussures pour femmes vendues par ces deux entreprises était supérieure à 20%. Dans 31 villes, la part combinée des chaussures pour femmes et enfants dépassait 20%. Enfin, dans 6 villes, cette part était supérieure à 40%. La Cour Suprême jugea qu'une part de marché supérieure à 5% dans une ville était excessive, compte tenu de la tendance croissante à la concentration qui caractérisait cette industrie. Selon la Cour Suprême, cette fusion horizontale correspondait aux cas visés par la section 7 amendée du Clayton Act. La Cour rappela également que la révision récente de la section 7 du Clayton Act avait pour objectif « de protéger la concurrence, non les concurrents ». De plus, « le contrôle des fusions a pour but de vérifier qu'elle n'aboutissent pas à réduire la concurrence ». C'est aussi à cette occasion que la Cour Suprême publia la fameuse liste de critères *à la Prévert* que nous avons évoqué à la section 2, concernant la façon de définir un marché.

La Cour Suprême suivit aussi cette ligne dure dans l'affaire *Philadelphia Bank*, concernant la fusion de la Philadelphia National Bank et de la Girard Trust Corner Exchange Bank, qu'elle refusa de cautionner.(43) À l'époque, il s'agissait des deuxième et troisième banques commerciales de la région de Philadelphie. La fusion aurait permi de contrôler environ 36% des actifs et des dépôts de cette région. Le jugement de la Cour Suprême indique que :

> L'un des objectifs fondamentaux de la révision de la section 7 est de stopper la tendance à la concentration et au monopole, avant que toute la liberté des consommateurs ne disparaisse...

La Cour Suprême souleva aussi la question de savoir s'il était approprié de tenir compte des effets bénéfiques éventuels des fusions en termes d'efficience. Elle répondit :

> Nous pensons que les fusions qui ont pour effet de réduire la concurrence ne peuvent être tolérées du simple fait, qu'au terme d'un obscur calcul des bénéfices et des coûts sociaux ultimes, elles seraient jugées bénéfiques [...] Un tel bilan est bien au-delà des possibilités humaines [...] Nous devons admettre que le Congrès a prohibé les fusions anti-concurrentielles en sachant pertinemment quel était le prix à payer.

La Cour Suprême a donc refusé de prendre en considération les effets bénéfiques des fusions sur l'efficience.

---

42 *Brown Shoe Company v. United States*, 370 U.S. 294 (1962). Voir Peterman (1975), pour l'analyse du cas *Brown Shoe*.

43 *United States v. Philadelphia National Bank*, 374 U.S. 321 (1963).

EXEMPLE 20.5 Le code américain des fusions de 1968

En 1968, alors que la Cour Suprême jugeait l'affaire *Von's*, le *Department of Justice* publia un nouveau code des fusions pour informer les entreprises du type de fusions horizontales (entre entreprises concurrentes) qu'il était susceptible de mettre en question. Le code définissait un marché très concentré comme un marché où les 4 plus grosses entreprises avaient ensemble une part de marché égale à 75%. Sur ces marchés où la concentration était supérieure à 75%, le *Department of Justice* précisait qu'il contesterait les fusions ayant les caractéristiques suivantes en termes de parts de marché :

Entreprise à l'initiative de la fusion	*Entreprise visée par la fusion*
4%	4% ou plus
10%	2% ou plus
15% ou plus	1% ou plus

En ce qui concerne les marchés pour lesquels le ratio de concentration serait inférieur à 75%, les caractéristiques suivantes étaient retenues :

Entreprise à l'initiative de la fusion	*Entreprise visée par la fusion*
5%	5% ou plus
10%	4% ou plus
15%	3% ou plus
20%	2% ou plus
25% ou plus	1% ou plus

Le code de 1968 était beaucoup plus sévère que celui de 1992. Par exemple, si l'indice IHH augmentait de 50 points après une fusion (par exemple si une entreprise ayant 5% du marché faisait l'acquisition d'une entreprise ayant la même part), cela suffisait à mettre en question la légalité de la fusion. Actuellement, une telle fusion serait légale.

L'arrêt le plus sévère est celui de l'affaire *Von's*.(44) La chaîne Von's Grocery souhaitait acquérir les magasins Shopping Bag Food, une autre chaîne de magasin de la région de Los Angeles. Leur ventes totales s'élevaient à 7,5% de toutes les ventes de cette région. Là encore, se fondant sur la tendance à la concentration croissante de ce marché, la Cour Suprême bloqua l'acquisition. Peu après 1968, le *Department of Justice* publia un nouveau code des fusions, beaucoup plus strict, qui rendait les fusions encore plus difficiles (voir l'exemple 20.5).

Les deux codes plus récents de 1984 et de 1992 (voir l'exemple 20.2) ont admis que les fusions pouvaient parfois accroître l'efficience. Ces codes sont donc en partie une réponse au refus de la Cour Suprême et du gouvernement d'accepter les fusions sous le prétexte que les gains d'efficience pouvaient compenser l'augmentation de la concentration du marché. Dans l'application du code actuel, le *Department*

[44] *United States v. Von's Grocery Company*, 384 U.S. 270 (1966).

of Justice et la FTC tiennent compte de l'effet des fusions sur l'efficience, mais considèrent que cet effet ne suffit pas à justifier la fusion si l'on pense qu'elle va entraîner une augmentation du prix. Par contre, si l'on prévoit une amélioration d'efficience et une baisse du prix, la fusion est justifiée.

L'une des défenses généralement admise par les tribunaux dans les cas de fusion est celle dite de l'*entreprise en difficulté* : l'acquisition d'une entreprise est alors justifiée par le risque de disparition de celle-ci si l'opération n'a pas lieu. Dans ce cas, si la fusion proposée est la solution la moins néfaste pour la concurrence et permet d'éviter que les actifs de l'entreprise en difficulté ne quittent l'industrie, le *Department of Justice* et la FTC ne la remettront pas en question. Par contre, si l'entreprise fait faillite, mais que les créanciers (le liquidateur judiciaire) continuent à la faire fonctionner, il n'y a pas d'effet sur la concurrence et la fusion ne se justifie pas.

L'argument de l'entreprise en difficulté implique que la part de marché actuelle d'une entreprise ne reflète pas nécessairement l'importance future de l'entreprise qui va se fondre au sein de la nouvelle entité. Lorsqu'une entreprise est menacée de faillite à moins de fusionner avec d'autres, sa part de marché actuelle, qu'elle soit élevée ou faible, ne doit pas intervenir dans la décision d'autoriser la fusion. Pour donner le feu vert à l'opération, les autorités doivent apprécier avant tout le potentiel concurrentiel de l'entreprise fusionnée.(45) Ce principe a été reconnu à plusieurs reprises par la Cour Suprême, où elle a admis que les parts de marchés n'étaient pas des indicateurs fiables du potentiel concurrentiel futur de l'entreprise à l'origine de l'acquisition.(46)

Les critères utilisés par la Cour Suprême et le Gouvernement pour l'analyse des fusions ont donc considérablement évolué depuis la loi Celler-Kefauver de 1950. D'une part, la Cour Suprême a éliminé certaines des imprécisions de sa définition des marchés. D'autre part, les économistes et les juristes utilisent maintenant des indicateurs plus précis pour définir les marchés et mesurer leur concentration. Enfin, la politique du gouvernement à l'égard des fusions est devenue plus cohérente. De ce fait, une fusion comme celle de l'affaire *Von's* ne serait plus contestée aujourd'hui. De plus, comme cela est expliqué dans l'exemple 20.6, la FTC et le *Department of*

---

[45] Supposons qu'un marché soit composé de trois entreprises dont les parts de marché sont respectivement égales à 30%, 30% et 40%, mais que l'entreprise qui contrôle 40% du marché est sur le point de faire faillite. Si elle fait faillite, les deux entreprises restantes auront chacune 50% du marché. Par contre, si l'entreprise qui est sur le point de faire faillite est rachetée par l'une des deux autres, les parts seront égale à 70% pour l'entreprise ayant opéré la fusion et à 30% pour l'autre. Ainsi, en cas de fusion, la concentration (mesurée par l'indice IHH) augmente (voir le chapitre 9). Cependant, la comparaison des deux valeurs de l'IHH (avant la fusion — dans le cas où il ne reste plus que deux entreprises, la troisième ayant disparu — et après la fusion) n'est pas correcte, car la production n'est pas la même dans les deux cas. L'acquisition permet de maintenir les actifs de l'entreprise en difficulté dans l'industrie, ce qui accroît le bien-être des consommateurs en dépit de l'augmentation de la concentration (mesurée par comparaison avec ce qu'elle aurait été sans fusion mais avec disparition de l'entreprise en difficulté).

[46] Voir par exemple l'affaire *United States v. General Dynamics Corporation*, 415 U.S. 486 (1974).

EXEMPLE 20.6 Principales étapes d'une fusion

Lorsque deux entreprises veulent fusionner, la proposition est examinée soit par la FTC, soit par le Department of Justice. Ces organismes sont chargés d'apprécier si les conditions économiques entourant la fusion la rendent acceptable ou non.

Si la FTC ou le *Deparment of Justice* décident que la fusion est contraire aux lois antitrust, ils peuvent demander à un tribunal de prononcer une première injonction. Dans ce cas, les entreprises renoncent généralement à la fusion pour ne pas avoir à faire face à un procès long et coûteux. En effet, le tribunal peut bloquer la fusion pendant la durée du procès.

Alternativement, le *Department of Justice* et la FTC peuvent autoriser provisoirement la fusion mais faire un procès afin d'obtenir ultérieurement une scission en deux entités distinctes. Naturellement, une fois que deux entreprises ont fusionné, il est difficile de les séparer.

Beaucoup d'entreprises, soucieuses d'éviter le veto de la FTC ou du *Department of Justice*, tentent de remédier par avance aux éventuels effets contraires à la concurrence de l'acquisition projetée. Par exemple, lorsque deux entreprises veulent fusionner, elles préparent un dossier pour essayer de convaincre les autorités que leur projet ne nuira pas à la concurrence. Si elles ne sont pas assez convaincantes et que le *Department of Justice* soulève certaines objections, elles peuvent toujours restructurer leur projet et soumettre un nouveau dossier. Les deux entreprises peuvent par exemple céder certaines divisions à une troisième entreprise avant de fusionner. Dans ce cas, cela peut suffire à appaiser les craintes du *Department of Justice* concernant le risque d'une augmentation de la concentration du marché. Cette politique de mise au point scrupuleuse des détails de la fusion avant de la soumettre aux autorités est devenue la règle depuis les années 1980.

Justice autorisent maintenant les entreprises dont la première demande de fusion a été rejetée à déposer une nouvelle proposition.

B. Fusions entre concurrents potentiels

Supposons que deux entreprises qui ne sont pas actuellement en concurrence sur le même marché souhaitent fusionner. La fusion peut-elle être bloquée par le gouvernement s'il pense que les deux entreprises auraient été en concurrence par la suite ? Logiquement, il semble envisageable de bloquer une fusion dans le but d'améliorer la concurrence future. Cependant, en pratique, il est très difficile d'identifier des concurrents potentiels. La jurisprudence sur ce point a évolué et les fusions entre concurrents potentiels sont de plus en plus remises en question.

L'affaire *El Paso Natural Gas*[(47)] est l'une des premières ayant concerné une fusion entre concurrents potentiels. L'entreprise El Paso Natural Gas souhaitait faire l'acquisition de Pacific Northwest Pipeline Corporation. Les deux entreprises étaient dans l'industrie du transport de gaz naturel par pipeline. Mais l'une d'elles seulement, El Paso Natural Gaz, fournissait le gaz de la région de San Francisco. D'après le gouvernement, ce marché aurait été moins concurrentiel si la fusion projetée avait eu lieu. Bien que Pacific Northwest n'ait jamais vendu de gaz sur

[47] *United States v. El Paso Natural Gas Company*, 376 U.S. 651 (1964).

ce marché, cette entreprise avait essayé à plusieurs reprises d'obtenir les autorisations nécessaires pour le faire. En particulier, Pacific Northwest avait mené une négociation approfondie avec l'un des plus gros clients de ce marché. Une fois les autorisations requises délivrées — et même si la négociation avait échoué comme ce fut le cas — cela aurait abouti à une intensification de la concurrence. La Cour Suprême décida qu'en dépit de l'échec de Pacific Northwest, cette entreprise était un concurrent potentiel : « Les concurrents, malheureux ou heureux, sont des concurrents ». L'acquisition fut donc bloquée. Cependant, comme Pacific Northwest avait déja soumis une offre sur le marché en question au moment où l'acquisition allait avoir lieu, il est peut-être plus légitime de considérer qu'il s'agissait d'un concurrent réel plutôt que potentiel.

L'affaire *Procter & Gamble*[48] est un autre cas de concurrence potentielle. L'entreprise Procter & Gamble avait fait l'acquisition de Chlorox Chemical, un des principaux producteurs de lessive liquide qui contrôlait près de 50% du marché. Procter & Gamble ne fabriquait pas de lessive liquide et n'en vendait pas non plus, mais était un acteur majeur du marché des autres produits ménagers vendus en droguerie et dans les supermarchés. La Cour Suprême refusa de valider l'acquisition au motif que Procter & Gamble était un entrant potentiel sur le marché des lessives liquides.

La FTC craignait également que « le remplacement de Chlorox, une entreprise dominante du secteur des lessives liquides, par Procter & Gamble, qui possède des avantages énormes en termes financiers et publicitaires, aurait pour effet de décourager l'entrée de nouvelles entreprises et découragerait en outre toute concurrence active de la part des autres entreprises déjà sur le marché par peur des représailles de la part de Procter ». La Cour Suprême était également soucieuse d'éviter que l'arrivée de Procter n'élève les barrières à l'entrée dans cette industrie. De ce fait, elle rejeta l'argument de Procter & Gamble selon lequel l'acquisition aurait pour effet d'accroître l'efficience. Selon la Cour Suprême : « les gains d'efficience ne justifient pas l'illégalité ». En définitive, Chlorox dû se séparer de Procter & Gamble en 1969 (12 ans après la fusion).

La Cour Suprême s'intéressa à nouveau à la théorie de la concurrence potentielle lors de la joint venture proposée entre Pennwald Chemicals Corporation et Olin Mathieson Chemical Corporation.[49] Ces deux gros producteurs de chlorate de sodium voulaient s'associer dans la création d'une nouvelle usine de production de chlorate dans une région du sud des États-Unis où aucun d'eux ne vendaient jusque là leurs produits et n'avaient donc aucun poids sur le marché. La Cour Suprême autorisa la joint venture au motif qu'il était peu probable qu'aucune des deux entreprises entre isolément sur le marché. Selon la Cour Suprême, qui renvoya le cas à la Cour de district, en l'absence de joint venture, une entreprise serait entrée sur le marché tandis que l'autre, sans entrer, aurait tout de même constitué un

---

[48] *Federal Trade Comission v. Procter & Gamble Company*, 386 U.S. 568 (1967).

[49] *United States v. Penn-Olin Chemical Co.*, 378 U.S. 158 (1964).

concurrent potentiel. Mais, sourde à cette argumentation, la Cour de district réitéra son autorisation.

Dans l'affaire *United States v. Falstaff Brewing Corporation*[50], la Cour Suprême eut encore recours à la doctrine de la concurrence potentielle. Falstaff, l'un des plus gros brasseurs américains, souhaitait faire l'acquisition de Narragansett, l'un des plus gros brasseurs de la Nouvelle-Angleterre, un marché que Falstaff n'avait pas encore pénétré. La FTC proposa de bloquer la fusion du fait que Falstaff était un entrant potentiel sur le marché de la Nouvelle-Angleterre. Sur le plan logique, il est clair qu'un concurrent *perçu* comme potentiel peut avoir une influence sur le marché. Mais comment vérifier si un concurrent *perçu* comme potentiel est effectivement un concurrent potentiel ? Ainsi, même si la doctrine est logiquement impeccable, elle est difficile à mettre en œuvre, car tout dépend de l'opinion des parties concernant la réalité d'une concurrence potentielle (certaines entreprises menacées par la concurrence bien réelle de la joint venture ont intérêt à grossir le trait pour que la fusion soit rejetée).

L'affaire *Marine Bancorporation*[51] fut l'occasion pour la Cour Suprême de préciser les conditions d'application de la théorie de la concurrence potentielle. Le gouvernement avait mis en question un projet de fusion entre une banque commerciale de Seattle et une banque commerciale de Spokane. Bien que situées dans le même État, les deux banques n'étaient pas directement concurrentes. Selon le gouvernement, la banque de Seattle, qui était l'origine de la fusion, cherchait un moyen de pénétrer le marché de la région de Spokane. Or, toujours selon le gouvernement, il existait des moyens plus concurrentiels de le faire. L'avis de la Cour Suprême fut le suivant :

> La théorie de la concurrence potentielle requiert deux éléments. Premièrement, il faut qu'il existe des moyens réalistes autres que l'acquisition pour entrer sur un marché. Deuxièmement, il faut que ces moyens favorisent effectivement la concurrence.

La Cour Suprême n'était pas convaincue qu'une méthode alternative d'entrée entraînerait les mêmes effets concurentiels que l'acquisition. Notons que l'avis rendu par la Cour Suprême insiste sur les moyens réalistes d'entrée. Il faut donc prouver d'abord que le concurrent potentiel à un avantage unique à l'entrée. Il faut montrer ensuite que ce moyen permettra au concurrent potentiel de prospérer sur le marché. Depuis la décision *Marine Bancorporation*, la doctrine de la concurrence potentielle n'a plus guère été utilisée (Posner et Easterbrook, 1980, p. 351). Naturellement, si l'on donnait une définition plus large des marchés, il serait moins nécessaire d'avoir recours à la doctrine de la concurrence potentielle car les concurrents potentiels seraient plus fréquemment inclus dans le marché.

---

50 *United States v. Falstaff Brewing Corporation*, 410 U.S. 526 (1973).

51 *United States v. Marine Bancorporation Inc.*, 418 U.S. 602 (1974)

20.4 Actions d'exclusion et autres comportements stratégiques

Jusqu'à présent, nous avons seulement étudié la façon dont les lois antitrust contribuent à empêcher les entreprises concurrentes, soit de passer des accords de fixation des prix, soit de fusionner, dans le but d'accroître leur pouvoir de marché. Nous allons maintenant analyser la façon dont elles peuvent contribuer à limiter les actions d'une seule entreprise (ou d'un groupe d'entreprises agissant collectivement). Il s'agit d'actions destinées à éliminer des concurrents ou à leur infliger des dommages, à seule fin de maintenir ou de créer un pouvoir de monopole. Ces actions, dites **actions d'exclusion**, comprennent les politiques de prédation par le prix, le refus de fournir certains produits essentiels à la production d'entreprises concurrentes, les relations verticales nouées avec d'autres entreprises et les ventes liées. Ces pratiques sont le plus souvent prohibées par la section 2 du Sherman Act. C'est la raison pour laquelle les poursuites engagées dans le cadre de la section 2 sont généralement appelées *affaires de la section 2*.

La section 2 du Sherman Act interdit les conduites d'exclusions de la part des entreprises lorsqu'elles peuvent avoir un effet sur la concurrence. Le problème récurrent qui se pose dans les cas de la section 2 est qu'il est parfois difficile de déterminer dans quelle mesure une entreprise dominante agit de façon exclusive. De plus, les économistes ne peuvent pas toujours discerner, parmi les comportements stratégiques qui nuisent aux entreprises concurrentes, ceux qui bénéficient aux consommateurs (voir le chapitre 10). Prenons par exemple le cas d'une entreprise qui investit stratégiquement afin déviter que d'autres entreprises ne pénètrent sur son marché. Une telle politique, néfaste pour les concurrents, peut bénéficier aux consommateurs. Cet exemple montre que la répression systématique des comportements d'exclusion est parfois contraire au bien public.

Comme tous les procès, ceux concernant la section 2 peuvent être coûteux pour les entreprises impliquées. Un exemple fameux est celui d'IBM, dont le gouvernement américain avait réclamé la division en plusieurs entités, sous prétexte qu'IBM cherchait à éliminer toute concurrence. Le temps consacré par l'administration au règlement de l'affaire et les frais d'avocats et de justice payés par IBM représentent plusieurs centaines de millions de dollars. [52]

Quand les tribunaux doivent-ils recourir à la section 2 pour contraindre l'action des entreprises ? La réponse dépend des caractéristiques spécifiques du marché concerné. Lorsque l'entrée est possible, le pouvoir de marché peut n'être que transitoire et il n'est pas nécessaire de recourir à la section 2. En effet, une application trop rigoureuse de la section 2, si elle réduit le pouvoir de marché, peut aussi dissuader les entreprises de poursuivre certaines politiques efficientes qui bénéficieraient aux consommateurs. La perte d'efficience peut être importante et durable. Les tribu-

[52] Le gouvernement renonça finalement à son projet. Voir Fisher, McGowan et Greenwood (1983) pour une description de cette longue affaire dans l'optique d'IBM et Houthakker (1985) pour une perspective différente.

naux doivent donc appliquer la section 2 de façon pondérée, ce qui est souvent difficile. Nous allons voir maintenant comment les tribunaux — la Cour Suprême, en particulier — ont appliqué cette section 2 aux cas de comportements stratégiques d'entreprises vis-à-vis des autres concurrents, ainsi que dans le cadre de relations verticales.

20.4.1 Comportements stratégiques horizontaux

En général, la concurrence bénéficie aux consommateurs. Cependant, certains comportements stratégiques peuvent réduire la concurrence (voir le chapitre 10). Nous allons donc passer en revue les principaux types de comportements entre entreprises rivales que la Cour Suprême a jugé contraires aux lois antitrust. Mais, au préalable, nous évoquerons certains cas célèbres qui ont donné l'occasion aux tribunaux de préciser leur jurisprudence sur les comportements d'entreprises indésirables. Puis, nous analyserons des exemples spécifiques de ces comportements, tels que la prédation par le prix et le refus par une entreprise de fournir certains biens essentiels au processus de production d'entreprises concurrentes.

A. Comportements stratégiques indésirables

L'un des cas les plus fameux d'application de la section 2 est l'affaire *Alcoa.* [(53)] En plus de la production et de la vente de barres d'aluminium, Alcoa produisait et vendait également de nombreux produits finis et semi-finis à base d'aluminium. Jusqu'à 1909, Alcoa n'avait pas de concurrents car elle possédait ou avait racheté les brevets de fabrication de la plupart des produits à base d'aluminium. Lorsque le gouvernement américain prit l'affaire en main, en 1945, il découvrit qu'après 1909, Alcoa avait maintenu sa position de monopole en employant diverses tactiques d'exclusion, parmi lesquelles : (1) la signature de contrats interdisant aux compagnies d'électricité de fournir du courant aux autres entreprises qui voudraient fabriquer des produits à base d'aluminium ; (2) la conclusion d'accords explicites de fixation de prix avec des producteurs étrangers d'aluminium pour empêcher les importations d'aluminium sur le territoire américain ; (3) l'augmentation du prix de l'aluminium acheté par les entreprises qui l'utilisaient pour produire des plaques afin de limiter leurs profits compte tenu du prix fixé par Alcoa pour la vente de ses propres plaques ; (4) l'accroissement des capacités de production d'Alcoa dans le but d'éliminer la concurrence. Selon le gouvernement, ces différentes stratégies expliqueraient qu'Alcoa soit demeuré l'unique producteur d'aluminium des États-Unis jusqu'en 1945.

Alcoa se défendit d'abord de ses accusations en faisant valoir que ses profits n'étaient pas si élevés que cela. Le tribunal qui jugea l'affaire refusa cependant de tenir compte de cet argument : « L'intention du Congrès [en votant les lois antitrust] n'était pas de distinguer les trusts rentables de ceux qui ne le sont pas, mais de les

---

[53] *United States v. Aluminum Company of America*, 148 F.2d 416 (1945).

condamner tous ».[54] Par ailleurs, le tribunal rappela que *la simple acquisition d'un monopole n'est pas nécessairement illégale* :

> Il ne s'ensuit pas que la possession d'un tel monopole par Alcoa signifie que l'entreprise ait « monopolisé » la production d'aluminium. Il se peut qu'elle n'ait pas cherché à acquérir cette position, mais qu'il s'agisse d'une donnée de fait. [. . .] Il arrive que parmi un groupe d'entreprises au sein duquel règne une vive concurrence, une seule d'elles survive, du simple fait de ses compétences supérieures et de sa capacité à prévoir. [. . .] L'entreprise qui sort ainsi du lot par le jeu de la concurrence ne doit pas être condamnée pour avoir réussi.

Mais, bien qu'il ait souligné ainsi que la croissance d'une entreprise efficiente ne doit pas être pénalisée, le tribunal a pourtant rejeté la politique d'anticipation de la demande et de constitution de capacités excédentaires d'Alcoa :

> Il est vrai qu'Alcoa ne pouvait pas à tous les coups prévoir avec justesse les augmentations de la demande d'aluminium et y faire face. [...] Alcoa insiste d'ailleurs sur le fait qu'elle n'a jamais cherché ouvertement à exclure des concurrents. Pourtant, il nous semble qu'il n'existe aucun moyen plus efficace d'exclure les concurrents qu'en accaparant par avance toutes les opportunités offertes par le marché.

Une telle rhétorique laisse perplexe. En effet, il est difficile pour un économiste de distinguer les stratégies « malignes » d'accroissement de capacité de celles qui résultent d'une aptitude supérieure à prévoir les évolutions de la demande.

Le tribunal précisa également que, pour être condamnable, « un monopole doit non seulement avoir le pouvoir de monopoliser, mais également l'intention de monopoliser ». En mettant ainsi l'accent sur les intentions, plutôt que sur les actes réels, le tribunal ouvrait la voie à des débats sans fins. Le tribunal jugea enfin que la politique de prix employée par Alcoa pour éliminer ses concurrents était contraire aux lois antitrust.[55]

---

[54] L'Affaire Alcoa ne fut pas jugée par la Cour Suprême mais par une cour d'appel ordinaire. En effet, des conflits d'intérêts complexes, impliquant les différents niveaux du système judiciaire américain, ont finalement abouti à la désignation d'une cour de dernier ressort autre que la Cour Suprême, présidée par le Juge Learned Horn, pour juger l'affaire Alcoa.

[55] L'un des aspects passionnant de l'affaire *Alcoa* concerne la définition du marché. L'aluminium contenu dans les objets usagés peut être recyclé et entrer de ce fait en concurrence avec l'aluminium qui vient juste d'être produit. Le problème est alors de savoir si l'aluminium recyclé doit être pris en compte dans la définition du marché de l'aluminium. Le tribunal répondit par la négative, ce qui fait que sa définition du monopole en termes de part de marché s'appuyait sur une conception restrictive : selon le tribunal, une part de marché égale à 90% indiquait définitivement une position de monopole, une part égale à 67% laissait présumer une position de monopole et une part de 33% ne suffisait pas à constituer un monopole. En fait, l'aluminium primaire et secondaire sont en concurrence directe (voir l'exemple 16.3). La concurrence de l'aluminium recyclé ne provoque pas forcément l'érosion immédiate du pouvoir de monopole sur le marché primaire. Mais à chaque fois que de l'aluminium primaire se vend, cela augmente la quantité d'aluminium recyclable. Par conséquent, le marché secondaire exerce une contrainte sur le prix *futur* de l'aluminium primaire. La définition du marché pertinent soulève également la question de la prise en compte des importations. Le tribunal, à juste titre, décida de les inclure.

Le résultat de ce long procès fut assez maigre. Alcoa fut seulement condamnée à se séparer de ses filiales canadiennes. Parallèlement, face aux besoins grandissants d'aluminium liés à la seconde guerre mondiale, le gouvernement américain attribua de nouvelles concessions à deux entreprises, Reynolds et Kaiser, qui devinrent ainsi concurrentes d'Alcoa et mirent fin à son monopole. En 1958, la part de marché d'Alcoa dans la production américaine d'aluminium était tombée à 35%.

L'affaire *Alcoa* eut pour effet de brouiller la définition juridique d'un comportement d'entreprise dominante. Quel devait-être le comportement d'une entreprise qui souhaitait éviter l'accusation de chercher délibérément à accroître son pouvoir de marché ? Comment savoir si la position de monopole d'une entreprise était une donnée de fait, liée à ses capacités et à son habileté commerciale ou le fruit d'actions répréhensibles aux yeux de la loi ?

Dans un autre cas célèbre relevant de la section 2, l'affaire *United Shoe*, le gouvernement accusait United Shoe d'avoir acquis 75% à 85% du marché américain des machines à fabriquer les chaussures en obligeant les fabricants de chaussures à louer ses machines plutôt que de les acheter.[(56)] Selon le gouvernement, le refus de vendre les machines constituait une barrière à l'entrée sur ce marché, car comme United Shoe réparait elle-même ses machines, il n'existait aucune entreprise indépendante pouvant réparer les machines d'un concurrent éventuel. Par conséquent, pour pénétrer ce marché, il fallait nécessairement investir dans une infrastructure de réparation. La Cour Suprême décida que le système de location des machines sur 10 ans employé par United Shoes « dissuadait les fabricants de chaussures de s'équiper en machines auprès d'autres fournisseurs que United Shoe ». Le jugement ajoutait que « le système de location était conçu et appliqué de façon à renforcer le pouvoir d'exclusion des concurrents de United Shoe ». La Cour Suprême admit la supériorité des nombreux produits et services proposés par United Shoe, mais n'accepta pas que son système de la location contribue à rennforcer son pouvoir de marché et décida que l'entreprise devrait désormais offrir ses machines aussi bien à la location qu'à la vente. L'affaire *United Shoe* illustre le raisonnement que nous avons exposé au chapitre 16 concernant le fait qu'un monopole à intérêt à louer un bien durable plutôt qu'à le vendre. Voir cependant l'exemple 16.1.

La Cour Suprême a motivé sa décision par le fait que le bail de location était conclu pour 10 ans. Mais on comprend mal pourquoi la concurrence ne pourrait pas s'exercer au moment du renouvellement du bail et donc pourquoi le système de la location réduirait la concurrence. Ce n'est que si la rotation de la clientèle s'effectue trop lentement et qu'elle empêche un concurrent d'atteindre une masse critique de clientèle dans une période suffisamment courte pour garantir sa survie que l'on peut considérer que le système de la location viole les lois antitrust.[(57)]

---

[56] *United States v. United Shoe Machinery Corporation*, 110 F. Supp. 295 (1953). Cette citation est extraite du *Federal Supplement*, publication légale de référence dans laquelle les décisions des tribunaux de district sont consignées.

[57] Aghion et Bolton (1987) analysent des modèles dans lesquels l'existence de contrats à long terme

Même dans ce cas, il faudrait encore tenir compte des effets bénéfiques qui résultent de la conclusion de contrats à long terme.

Dans l'affaire *Griffith*, la Cour Suprême a remis en question les pratiques de tarification de certaines chaînes de salles de cinéma.(58) Ces chaînes avaient en effet négocié le prix de location d'un film en pourcentage du nombre de places vendues par l'ensemble des salles plutôt qu'en pourcentage du nombre d'entrées réalisées par chaque salle. De ce fait, dans une ville où il y avait une salle appartenant à une chaîne et une salle indépendante, la salle appartenant à la chaîne obtenait le film pour un prix plus intéressant que la salle indépendante. La Cour Suprême jugea que cette formule, qui mettait en difficulté les salles indépendantes, était une violation de la section 2 du Sherman Act et que :

> Il n'est pas toujours nécessaire de prouver l'existence d'une intention de restreindre le commerce ou de constituer un monopole pour établir qu'il y a eu violation des lois antitrust. Il suffit que la restriction du commerce ou le monopole apparaissent comme la conséquence de la conduite ou des accords négociés par l'entreprise accusée.

Cette conception, d'après laquelle ce sont les actions plus que les intentions qui comptent, a permis d'importants progrès dans la résolutions des cas ultérieurs.

Dans l'affaire *Berkey*, une cour d'appel devait se prononcer sur les devoirs d'une entreprise dominante envers ses concurrents (voir l'exemple 10.6).(59). Kodak, qui était en position dominante sur le marché américain des appareils photographiques et des pellicules, lança en 1972 le Pocket Instamatic 110 et un format de pellicule spécifiquement adapté à cet appareil. Berkey était un fabricant d'appareils photographiques et un développeur de pellicules. Berkey reprochait notamment à Kodak de ne pas avoir divulgué le format de sa nouvelle pellicule de façon à lui permettre de fabriquer des appareils adaptés à ce nouveau format. Selon Berkey, la position dominante de Kodak sur le marché des appareils et des pellicules l'obligeait à prévenir ses concurrents de tout changement dans le format de ses pellicules, car cela affecterait nécessairement la concurrence sur le marché des appareils photographiques. Le tribunal jugea que les lois antitrust n'obligeaient pas une entreprise dominante à divulger ce type d'information. Le tribunal rappela que les lois antitrust, en particulier la section 2, n'interdisaient pas les monopoles eux-mêmes et que c'étaient la possession et l'utilisation délibérées d'un pouvoir de monopole qui étaient répréhensibles, non la croissance et le développement d'une entreprise fabriquant des produits de qualité supérieure, ayant une gestion plus efficace ou bénéficiant de circonstances plus clémentes.(60)

---

engendre des effets contraires à la concurrence.

58 *United States v. Griffith*, 334 U.S. 100 (1948).

59 *Berkey Photo, Inc. v. Eastman Kodak Company*, 603 F.2d 263 (2d Cir. 1979) cert. denied, 444 U.S. 1093 (1980).

60 Voir aussi *United States v. Grinnell Corp.*, 384 U.S. 563 (1966).

B. Prédation

La prédation par le prix (voir le chapitre 10) est l'une des actions classiques d'exclusion. Il existe cependant un risque de confusion entre la prédation par le prix et une concurrence vigoureuse. L'affaire *Utah Pie* illustre cette difficulté.[(61)] L'entreprise Utah Pie vendait des gâteaux congelés dans l'Utah et était en concurrence avec trois autres entreprises : Continental Baking, Carnation et Pet Milk. La région de Salt Lake City, en particulier, était l'enjeu d'une intense concurrence entre ces 4 entreprises. Les prix pratiqués à Salt Lake City étaient en effet beaucoup plus bas qu'ailleurs. Certaines des entreprises en question vendaient même à des prix inférieurs au coût de production direct augmenté d'une marge pour tenir compte des frais généraux. De plus, le procès a révélé qu'une des entreprises accusée avait employé un espion pour infiltrer le quartier général d'Utah Pie afin de connaître sa stratégie. La Cour Suprême a jugé que ce type de compétition, qui s'accompagnait d'une discrimination par le prix (entre les consommateurs de Salt Lake City et ceux du reste de l'État) était prédatrice, qu'elle détruisait la concurrence et violait les lois antitrust.[(62)]

Dans l'affaire *Telex*, une cour d'appel devait se prononcer sur la politique de prix d'IBM concernant certains périphériques (comme les disques durs) raccordés aux unités centrales.[(63)] Selon Telex, IBM violait les lois antitrust en cassant le prix de ses périphériques. Les calculs effectués par les experts nommés par le tribunal ont cependant révélé que les prix pratiqués par IBM n'étaient pas inférieurs à ses coûts de production et que la plainte de Telex n'était pas fondée.

Dans l'affaire *Matsushita*, la Cour Suprême devait se prononcer sur un cas de prédation par les prix.[(64)] Certains producteurs japonais étaient accusés d'avoir pratiqué une politique de prédation par le prix durant 20 ans. La Cour jugea cette accusation totalement absurde, considérant qu'il était irrationnel de perdre de l'argent pendant 20 ans et l'affaire fut classée (voir l'exemple 10.1). Ainsi, pour qu'une politique de prix soit jugée prédatrice et contraire aux lois antitrust, il faut apporter des preuves solides.

Dans l'affaire *Brooke Group v. Brown and Williamson Tobacco* (113 S. Ct. 2578[1993]), Ligget (Brooke), qui fut la première entreprise à lancer des cigarettes génériques à bas prix, accusa l'entreprise Brown et Williamson d'avoir introduit sur le marché, des cigarettes génériques à un prix prédateur. La Cour Suprême jugea que pour être retenue, l'accusation de prédation par le prix, devait faire non

[61] *Utah Pie Company v. Continental Baking Company*, 386 U.S. 685 (1967). Voir Elzinga et Hogarty (1978) pour une analyse économique de ce cas.

[62] Le jugement rendu dans le cas *Utah Pie* semble indiquer que la discrimination par le prix peut violer les lois antitrust même lorsque le prix est supérieur au coût moyen. Comme nous l'avons expliqué au chapitre 10, la méthode comptable d'imputation des coûts ne permet pas de déterminer s'il y a prédation par le prix.

[63] *Telex Corp. v. International Business Machines Corp.* 510 F.2d 894 (1975).

[64] *Matsushita Electric Industrial Co. v. Zenith Radio Corporation*, 106 S. Ct. 1348 (1986).

seulement la preuve que le prix était inférieur à un indicateur du coût de l'entreprise accusée de prédation, mais également que cette entreprise avait de bonnes chances de rentabiliser sa politique de prédation. Les experts nommés par la Cour Suprême ont conclu que la structure du marché des cigarettes génériques ne permettait pas à Brown et Williamson de recouper leurs pertes. Par conséquent, la Cour jugea que même si le prix était inférieur au coût moyen variable, cela ne suffisait pas à étayer l'accusation de prédation. Dans cette affaire, les deux parties s'étaient mises d'accord pour employer le coût moyen variable comme indicateur de coût, ce qui fait que la Cour Suprême n'a encore jamais eu à se prononcer sur la pertinence de l'indicateur de coût à employer dans les affaires de prédation par le prix.

C. Refus de vente, d'achat ou d'accès à des ressources essentielles

Lorsqu'un groupe d'entreprises, agissant collectivement, décide de boycotter un rival en refusant de commercer ou en lui barrant l'accès à certains marché, elles peuvent être poursuivies pour violation des sections 1 et 2 du Sherman Act. Dans l'affaire *Eastern States*, la Cour Suprême a condamné l'action d'un groupe d'entreprises qui vendaient du bois au détail pour avoir refusé d'acheter du bois aux grossistes qui faisaient également de la vente au détail.[(65)]

Les tribunaux ont longtemps tenu l'action collective de refus de commercer pour une violation des lois antitrust. Deux affaires récentes indiquent cependant un changement de jurisprudence. Dans l'affaire *Northwest Wholesale Stationers, Inc. v. Pacific Stationnary and Printing Company*, la Cour Suprême refusa d'appliquer la lois au sens strict dans le cas d'un accord de ce type passé entre concurrents.[(66)] Il s'agissait d'une entreprise qui avait été expulsée d'une coopérative d'achat. La Cour jugea qu'en dépit du fait que la coopérative d'achat était un accord entre concurrents, elle ne violait par forcément la loi en expulsant un de ses concurrents. D'autre part, le simple fait de s'unir en coopérative ne constituait pas, selon la Cour Suprême, la preuve que le groupe d'entreprises possédait réellement un pouvoir de marché ou empêchait l'accès à des ressources vitales pour la concurrence. En l'absence de preuves concernant ces dernières accusations, la Cour jugea donc qu'il ne fallait pas appliquer la loi à la lettre.[(67)]

Dans ce type de décision concernant le refus de commercer, les tribunaux recherchent souvent si l'accès à des **ressources essentielles** pour survivre dans un environnement concurrentiel n'a pas été interdit à un concurrent. Supposons par exemple qu'une entreprise de transport par camions possède l'unique pont d'accès à une île. Selon la doctrine de l'accès aux ressources essentielles, l'entreprise doit permettre l'accès du pont aux autres concurrents.

---

[65] *Eastern State Retail Lumber Dealers Association v. United States*, 234 U.S. 600 (1914).

[66] *Northwest Wholesale Stationers, Inc. v. Pacific Stationery and Printing Company*, 105 S. Ct. 2613 (1985).

[67] Voir aussi *Federal Trade Commission v. Indiana Federation of Dentists*, 106 S. Ct. 2009 (1986).

Dans l'affaire *Terminal Railroad*, tous les ponts ferroviaires de St. Louis appartenaient à un groupe de compagnies de chemin de fer.[(68)] L'accusation plaidait que le fait de contrôler l'ensemble des ponts nuisait aux entreprises rivales (Reiffen et Kleit, 1990). La Cour Suprême décida que le groupe d'entreprises propriétaire des ponts devait fournir l'accès aux entreprises concurrentes dans des conditions raisonnables.

Les accords noués par les entreprises ont toujours été considérés avec circonspection dans le cadre des lois antitrust, en raison du risque de restriction de la concurrence qu'elles impliquent. De fait, de nombreuses joint ventures qui ont pour but de limiter l'entrée (comme les ligues de football américain aux États-Unis) ont été attaquées devant les tribunaux pour avoir appliqué des stratégies d'exclusion. À la suite de l'affaire *Colgate*, il semblait qu'une entreprise pouvait décider souverainement du choix de ses partenaires commerciaux.[(69)] Mais cette jurisprudence n'a pas fait école et les affaires suivantes ont montré qu'une entreprise avait parfois l'obligation d'entretenir des relations commerciales avec ses concurrents. Par exemple, dans l'affaire *Aspen Ski Company v. Aspen Hightland Skiing Corporation*, 472 U.S. 585 (1985), la Cour Suprême a jugé que le propriétaire de trois pistes de ski avait l'obligation de continuer à vendre des billets permettant non seulement de skier sur ses pistes, mais également d'emprunter une quatrième piste appartenant à un concurrent. Il peut sembler assez contraignant pour une entreprise dominante d'avoir à entretenir des relations avec un concurrent sous le prétexte qu'elle en a eu dans le passé, alors qu'elle n'aurait pas cette obligation si elle n'avait jamais eu aucun rapport. Dans l'affaire *Kodak*, la Cour Suprême précisa la position qu'elle avait déjà prise dans l'affaire *Aspen* : un monopole ne peut refuser de traiter avec la concurrence que « s'il existe des raisons concurrentielles légitimes à ce refus ».[(70)]

En général, ce type de refus se produit dans un contexte où une entreprise possède le contrôle exclusif d'une ressource rare dont ses concurrents ont besoin pour pouvoir accéder au marché. Ces cas font donc intervenir un élément vertical et s'analysent dans le cadre des modèles du chapitre 10 (stratégies d'élévation du coût de production des rivaux ou avantage naturel de l'entreprise installée). Par exemple, en refusant l'accès d'un pont ferroviaire aux concurrents, ou en leur faisant payer un droit d'accès plus élevé, la compagnie qui exploite le pont peut augmenter leurs coûts de production.

Pour finir, notons deux problèmes auxquels les tribunaux doivent être particulièrement attentifs dans ce type d'affaire. Premièrement, lorsqu'un tribunal oblige une entreprise à ouvrir l'accès d'une ressource rare qu'elle contrôle à ses concurrents, il doit s'assurer que le prix qu'elle leur fait payer en contrepartie n'est pas déraisonnable, autrement les concurrents seraient malgré tout désavantagés.

---

[68] *United States v. Terminal Railroad Association of St. Louis*, 224 U.S. 383 (1912).

[69] *United States v. Colgate & Co.*, 250 U.S. 300 (1919).

[70] *Eastman Kodak Co. v. Image Technical Sevices, Inc.*, 112 S. Ct. 2091 n. 32.

Deuxièmement, si l'on admet que le prix doit être raisonnable dans le cas particulier d'accès à une ressource rare contrôlée par un monopole, comment justifier qu'un monopole « ordinaire » puisse quant à lui pratiquer les prix qu'il désire ?

20.4.2 Comportements stratégiques verticaux

Nous venons de voir comment les lois antitrust permettaient de limiter les actions stratégiques d'entreprises susceptibles de nuire à leurs rivales. Mais les lois antitrust prévoient aussi des limites aux relations verticales ou aux accords verticaux noués par des entreprises non concurrentes, comme les accords qui lient un producteur et un distributeur. C'est ce type de relations que nous allons maintenant passer en revue (accords sur la fixation des prix de détail, accords d'exclusivité territoriale et accords de distribution exclusive). Il s'agit d'un domaine en constante évolution où certains aspects de la loi apparaissent en contradiction avec les conclusions de la théorie économique.

L'intégration verticale et les restrictions verticales ne sont pas nécessairement contraires à la concurrence (voir le chapitre 13). Même lorsque le producteur est un monopole, l'imposition de restrictions verticales à ses distributeurs ne réduit pas nécessairement le bien-être des consommateurs. Il n'est pas possible de prouver que l'intégration verticale ou les restrictions verticales, de même que le choix par un monopole de la qualité du produit ou de tout autre caractéristique du produit améliorent systématiquement le bien-être social. De plus, même l'examen détaillé de cas d'intégration verticale ou de choix de qualité d'un produit ne permettent généralement pas d'effectuer des prévision fiables concernant leurs effets sur le bien-être des consommateurs. Peu d'économistes pensent que les lois antitrust devraient permettre de contrôler la façon dont un monopole détermine le niveau de qualité de ses produits ou la façon dont il les fabrique. De même, il n'y a guère plus de fondements théoriques pour justifier que les lois antitrust limitent la manière dont un monopole organise la distribution de son produit.

Sur certains marchés particuliers, l'intégration verticale ou les restrictions verticales réduisent la concurrence et nuisent à la société. Dans ce cas, il est souhaitable que les lois antitrust puissent limiter l'action des entreprises. C'est ce que nous allons évoquer maintenant.

La distribution exclusive d'un produit peut avoir des effets négatifs sur le bien-être lorsqu'elle empêche les concurrents de distribuer leurs produits. En revanche, si d'autres méthodes de distribution efficientes sont à la disposition des entreprises concurrentes, la distribution exclusive n'empêche pas plus l'entrée sur le marché que les autres restrictions verticales.

D'autres restrictions verticales, telles que les contrats d'exclusivité territoriales peuvent avoir des effets négatifs sur la concurrence si elles sont imposées aux producteurs par un cartel de distributeurs. En effet, les distributeurs peuvent former un cartel de répartition des zones géographiques.[71] Mais cela suppose que les distributeurs disposent d'un pouvoir de monopsone (voir le chapitre 13). Naturellement, les producteurs sont lésés par ce type d'accords entre distributeurs car cela augmente le coût de distribution de leurs produits.

La politique antitrust vis-à-vis des relations verticales a des implications concernant la possibilité qu'ont les entreprises de discriminer par le prix. En effet l'intégration verticale et les relations verticales sont parfois nécessaires à la mise en place d'une politique de discrimination par le prix (voir le chapitre 13). Par exemple, lorsqu'un producteur souhaite pratiquer un certain prix à New York et un autre prix à Los Angeles (pour un bien identique), il doit pouvoir empêcher les reventes d'un État à l'autre. Pour ce faire, il peut imposer un accord d'exclusivité territoriale à ses distributeurs, leur interdisant de vendre à l'extérieur de leur zone géographique. Comme il est difficile de déterminer si les effets sociaux de la discrimination par le prix sont positifs ou négatifs (chapitre 11), il n'est pas souhaitable de la proscrire de façon systématique. D'un autre côté, juger chaque cas en fonction de ces particularités peut s'avérer difficile et coûteux.

A. Intégration verticale

Les premières affaires de relations verticales jugées par les tribunaux ont fait apparaître une conception floue, pour ne pas dire plus. Apparemment, la Cour Suprême était essentiellement soucieuse des risques de *limitation de la concurrence*, comme dans le cas où une fabricant de chemises procéderait à une intégration verticale dans la production des boutons, privant ainsi les autres producteurs de boutons de la possibilité de lui vendre leurs boutons.

Dans l'affaire *Yellow Cab*, la Cour Suprême a jugé que l'intégration verticale par fusion pouvait être illégale.[72] Mais, un peu plus tard, elle a rendu un jugement contraire (et plus cohérent) : « il nous paraît clair que l'intégration verticale en tant que telle ne peut pas consituer une violation du Sherman Act ».[73]

L'affaire *du Pont* fut ensuite l'un des cas d'intégration verticale notables que la Cour Suprême eut à juger.[74] Depuis 1920, du Pont était le principal fournisseur de composants du fabricant de voitures General Motors et contrôlait 23% de son capital. Le gouvernement américain décida d'intenter un procès à du Pont, car il considérait que cette relation verticale était contraire aux lois antitrust. La Cour Suprême donna raison au gouvernement, bien qu'il fut impossible d'établir si cette participation de du Pont dans General Motors était contraire aux intérêts des consommateurs américains.

---

[71] L'intégration verticale et les restrictions verticales permettent également aux cartels de producteurs de détecter plus facilement les comportements de passagers clandestins de leurs membres (voir les chapitre 6 et 13).

[72] *United States v. Yellow Cab Co.*, 332 U.S. 218 (1947).

[73] *United States v. Columbia Steel Company*, 334 U.S. 495 (1948).

[74] *United States v. E. I. du Pont de Nemours & Company*, 353 U.S. 586 (1957).

Tableau 20.1
Enquêtes préliminaires sur les fusions horizontales et verticales menées par la division antitrust du Department of Justice : 1968–1984

Année	Nombre d'enquêtes préliminaires			Horizontales / Verticales
	Horizontales	Verticales	Total	
1968	51	441	492	0,11
1969	26	460	486	0,06
1970	12	239	251	0,05
1971	22	236	258	0,09
1972	47	204	251	0,23
1973	49	124	173	0,39
1974	37	88	125	0,42
1975	41	23	64	1,78
1976	55	24	79	2,29
1977	70	8	78	8,75
1978	94	2	96	47,00
1979	129	5	134	25,80
1980	71	25	96	2,84
1981	60	8	68	7,50
1982	79	11	90	7,18
1983	74	7	81	10,57
1984	108	7	115	15,43

SOURCE : Johnson et Smith (1986), tableau 3.

Mais, depuis l'affaire *du Pont*, la jurisprundence de la Cour Suprême semble être revenue à la position (plus raisonnable) adoptée à l'occasion de l'affaire *Columbia Steel*. Le code actuel employé par le *Department of Justice* pour les affaires d'intégration verticale précise que l'intégration verticale en elle-même ne pose pas de problèmes, mais qu'il est nécessaire de s'assurer qu'elle n'aboutisse pas à augmenter le pouvoir de maché.

Le tableau 20.1 montre que depuis 1973, date à laquelle l'*Economic Policy Office* du *Department of Justice* fut créé, les enquêtes préliminaires menées par le *Department of Justice* ont davantage concerné les fusions horizontales que les fusions verticales. Or, le point de départ d'une enquête préliminaire est généralement la présomption qu'une fusion projetée, verticale ou horizontale, risque de gêner le processus concurrentiel.

Si la FTC et le *Department of Justice* sont moins hostiles qu'autrefois à l'intégration verticale, les tribunaux sont parfois demeurés en retrait de cette position. Dans plusieurs cas relativement récents, les tribunaux ont en effet rejeté la thèse d'après laquelle les relations verticales nouées par les entreprises pouvaient être bénéfiques. Dans l'affaire *Fotomat*, par exemple, une cour d'appel condamna un franchiseur qui avait ouvert des points de vente en concurrence avec ses propres franchisés.(75) Ce jugement laisse perplexe, car on comprend mal pourquoi l'intégration verticale dans la distribution violerait les lois antitrust du simple fait que des distributeurs indépendants viendraient accroître la concurrence à laquelle les franchisés sont confrontés.

B. Restrictions verticales

Nous avons vu au chapitre 13 qu'au lieu de recourir à l'intégration verticale, une entreprise pouvait aussi imposer des restrictions verticales à ses partenaires. Si les restrictions verticales étaient interdites, mais l'intégration verticale autorisée, cela fournirait une raison de plus aux entreprises de recourir à l'intégration verticale. Les restrictions verticales les plus fréquemment employées sont notamment le fixation des prix de détail par le producteur, l'exclusivité territoriale et la distribution exclusive.

a. Fixation des prix de détail. Un producteur qui veut exercer un contrôle sur le prix auquel le détaillant revend son produit, peut fixer lui-même le prix (voir le chapitre 13). En 1911, la Cour Suprême a dû décider si un producteur pouvait imposer des restrictions au prix pratiqués par ses distributeurs (affaire *Dr. Miles*). John D. Park, un distributeur avait refusé d'appliquer le prix minimum imposé par Dr. Miles aux détaillants qui vendaient ses produits de droguerie.(76) La Cour Suprême décida que ce contrat de fixation des prix par le producteur était illégal car il supprimait la concurrence entre les distributeurs et revenait à fixer les prix.

Cependant, cette jurisprudence devint rapidement impopulaire et le Congrès modifia finalement les lois antitrust afin d'autoriser la fixation des prix de détail par les producteurs, pour certains produits. En 1937, le Congrès vota le *Miller-Tydings Resale Price Maintenance Act* et en 1951, il vota le *McGuire Act*. Ces lois donnent aux producteurs le droit de fixer librement le prix de détail de leurs produits, sous réserve que l'État dans lequel l'entreprise opère soit régit par la loi du *Fair-Trade*, qui autorise la gestion des prix de détail à condition qu'ils soient fixés de façon « équitable ». Beaucoup d'États se sont dotés de cette loi. En effet, en l'absence de cette loi, certains distributeurs pouvaient agir en passagers clandestins et concurrencer par des prix très bas ceux qui prenaient en charge les efforts de promotion du produit (c'est d'ailleurs pour éviter ce problème que les producteurs — et même les distributeurs — sont parfois favorables à la fixation des prix de détail par le producteur, voir le chapitre 13). Les lois autorisant la fixation des prix de détail par le producteur furent abrogées en 1975 et aujourd'hui la gestion des prix de détail par le producteur est théoriquement illégale.

La fixation des prix de détail par le producteur a un effet positif sur la concurrence car elle lui permet d'inciter les distributeurs à promouvoir ses produits

---

75 *Photovest v. Fotomat Corp.*, 606 F.2d 704 (7th Cir. 1979).

76 *Dr. Miles Medical Company v. John D. Park & Sons Company*, 220 U.S. 373 (1911).

(voir le chapitre 13). Cet aspect n'était pas bien compris des économistes avant les années 1960. Jusqu'à cette période ils ne s'intéressaient qu'aux effets sur la concurrence des restrictions imposées par les producteurs à la distribution de leurs produits. Ils ne faisaient pas de différence entre les restrictions concernant le prix et les autres restrictions. Or ces deux types de restrictions peuvent favoriser la concurrence et limiter les problèmes de passager clandestin (Posner, 1981). La fixation des prix de détail par les producteurs peut également nuire à la concurrence dans la mesure ou elle facilite les ententes.

Depuis l'abrogation en 1975 des lois autorisant la fixation des prix de détail par les producteur, ceux-ci ne peuvent plus imposer leur politique de prix aux distributeurs, ni même fixer des prix minimum. Cependant, une décision récente de la Cour Suprême semble remettre cette interdiction en question.[(77)] Il s'agissait d'un détaillant qui n'était plus approvisionné par le producteur parce que, selon lui, il avait cassé les prix. Il accusait donc le producteur d'avoir violé les lois antitrust. La Cour Suprême jugea que dans la mesure où il n'existait pas d'accord de prix entre le producteur et les autres distributeurs, la plainte du distributeur évincé n'était pas recevable. La Cour Suprême souligna à cette occasion que dans les relations verticales nouées par les entreprises, ce n'étaient pas les restrictions éventuelles qui étaient condamnables, mais le fait qu'elles pouvaient avoir une incidence négative sur la concurrence :

> En l'absence d'un accord de prix conclu entre le producteur et les autres distributeurs, rien n'indique que la fin de l'accord entre le producteur et le distributeur qui a cassé les prix ait restreint la concurrence et réduit la production.

Donc, bien qu'en apparence la Cour Suprême n'ait pas remis en question l'interdiction de la fixation des prix par le producteur, sa décision rejoint celle de nombreux économistes qui pensent que le contrôle des prix de détail par le producteur n'est pas nécessairement contraire aux lois antitrust.

b. Exclusivité territoriale. Il est parfois rentable pour le producteur d'assigner des zones géographiques ou *territoires exclusifs* à chacun de ses distributeurs et à leur interdire de vendre ses produits en dehors de cette zone (chapitre 13). Les accords d'exclusivité territoriale incitent les distributeurs à promouvoir le produit et les empêchent d'agir en passager clandestin en profitant des efforts promotionnels réalisés par les autres. L'exclusivité territoriale peut également exercer un effet négatif sur la concurrence lorsqu'elle facilite la formation d'un cartel. Paradoxalement, même si l'objectif d'un contrat d'exclusivité territoriale est de promouvoir le produit et d'en écouler davantage, il constitue une limite à la concurrence entre les distributeurs imposée par le producteur lui-même.

En 1963, la Cour Suprême dut se prononcer sur la question des restrictions territoriales dans l'affaire *White Motor*.[(78)] Un constructeur de camions limitait le

---

[77] *Business Electronics Corporation v. Sharp Electronics Corporation*, 485 U.S. 717 (1988).

[78] *White Motor Company v. United States*, 372 U.S. 253 (1963).

territoire de vente de chacun de ses distributeurs. La Cour Suprême jugea que cette restriction n'était pas nécessairement contraire aux lois antitrust et que la légalité de la restriction territoriale devait être appréciée en fonction de ses effets.

Dans *General Motors*, la Cour Suprême eut à juger de la légalité d'une clause de localisation que General Motors incluait dans les contrats passés avec ses revendeurs, d'après laquelle un revendeur ne pouvait pas changer de territoire.(79) On reprochait aussi à General Motors d'interdire à ses revendeurs de commercialiser leurs véhicules dans des magasins qui ne faisaient aucun effort promotionnels mais tiraient parti de l'effort global des autres revendeurs en venant les véhicules à des prix très bas. La Cour Suprême décida que la tentative « d'empêcher les ventes de la nouvelles Chevrolet par les discounters avait pour but de protéger la franchise et de limiter la concurrence par les prix » et que General Motors avait enfreint les lois antitrust.

Dans l'affaire *Schwinn*, la Cour Suprême durcit encore sa position concernant l'exclusivité territoriale.(80) En effet, elle décida que :

> Le Sherman Act ne permet pas aux producteurs de délimiter les zones ou les clientèles afin d'établir une domination commerciale. [. . .] De telles pratiques sont si clairement contraires à la concurrence que leur simple existence témoigne contre elles.

La Cour Suprême a donc jugé que l'exclusivité territoriale était une violation *en soi* des lois antitrust.

Dans les affaires *Sealy* et *Topco*, la Cour Suprême définit les restrictions territoriales comme des accords de limitation de la concurrence conclus par des entreprises rivales.(81) Dans les deux cas, une groupe d'entreprises avait conclu un accord d'exclusivité territoriale afin de promouvoir une marque de produits et d'éviter les problèmes de passagers clandestins. Selon la Cour Suprême, il s'agissait d'une violation *en soi* de la section 1 du Sherman Act. Cependant, dans la mesure où les restrictions territoriales étaient nécessaires au développement de la marque — et à la lumière de la décision ultérieure prise dans l'affaire *BMI* (les accords d'entreprises sont admis seulement lorsqu'ils conditionnent la fourniture du produit) — il est probable que les cas *Sealy* et *Topco* ne seraient plus jugées illégaux aujourd'hui.

En 1977, la Cour Suprême est revenu sur la décision *Schwinn* dans l'affaire *GTE Sylvania*.(82) L'entreprise Sylvania imposait des restrictions à la localisation de ses distributeurs. La Cour Suprême a admis que dans ce cas précis les restrictions verticales pouvaient améliorer les conditions de vente du produit et résoudre certains aspects du problème du passager clandestin (voir le chapitre 13). Elle est ainsi revenue sur sa décision de l'affaire *Schwinn* où elle avait jugé que les restrictions

---

79 *United States v. General Motors Corp.*, 384 U.S. 127 (1966).

80 *United States v. Arnold, Schwinn & Company*, 388 U.S. 365 (1967).

81 *United States v. Sealy, Inc.*, 388 U.S. 350 (1967) et *United States v. Topco Associates Inc.*, 405 U.S. 596 (1972).

82 *Continental TV Inc., v. GTE Sylvania Inc.*, 433 U.S. 36 (1977). Voir Preston (1994).

territoriales était illégales *en soi* et elle a institué à la place une *règle de raison* permettant de décider de leur légalité en fonction des circonstances.

Dans l'affaire *GTE Sylvania*, la Cour Suprême a voulu favoriser la concurrence entre les marques plutôt que la concurrence entre les distributeurs d'une même marque. Mais cette distinction est parfois trompeuse. En effet, s'il est exact que les restrictions verticales peuvent parfois favoriser la concurrence entre les marques en rentabilisant l'effort de promotion des distributeurs, il ne s'ensuit pas nécessairement un effet négatif sur la concurrence entre les distributeurs d'une même marque. Bien que l'exclusivité territoriale restreigne la possibilité de vendre dans le territoire des autres distributeurs, elle n'intervient pas nécessairement dans la politique de prix des entreprises (voir le chapitre 13). En effet, pour élever le prix de détail, le producteur peut tout bonnement augmenter le prix de gros, qu'il y ait des restrictions verticales ou non (en admettant toutefois que la concurrence des produits substituables le permette). Étant donné qu'il contrôle le prix de gros, le producteur peut influencer le prix de détail partout où son produit est vendu. Ceci explique que les restrictions verticales soient davantage un moyen de contrôler l'activité promotionnelle des distributeurs qu'une façon d'imposer le prix. Ainsi, en instituant une règle de raison à l'occasion de l'affaire *GTE Sylvania*, la Cour Suprême a admis que les restrictions verticales pouvaient favoriser la concurrence.

c. Distribution exclusive. La Cour Suprême a également jugé des affaires de *distribution exclusive*, c'est-à-dire lorsqu'un producteur interdit à ses distributeurs de vendre des marques concurrentes de la sienne. La distribution exclusive permet aux producteurs de résoudre une autre forme du problème du passager clandestin que dans le cas de l'exclusivité territoriale (chapitre 13) : il s'agit d'éviter que d'autres producteurs ne profitent des efforts promotionnels consentis par un distributeur pour le compte d'un producteur particulier.

En 1922, la Cour Suprême a refusé de faire appliquer un contrat par lequel un producteur interdisait à ses détaillants de vendre d'autres marques que la sienne.[83] En 1949, dans l'affaire *Standard Stations*, la Cour Suprême s'est à nouveau penché sur le problème de la distribution exclusive.[84] La Standard Oil of California exigeait de ses distributeurs indépendants qu'ils n'achètent les produits pétroliers et les accessoires automobiles qu'à elle seule. Dans cette affaire, plutôt que d'appliquer une règle de raison, la Cour Suprême a conclu que se serait trop difficile de montrer que l'obligation de distribution exclusive réduisait la concurrence. Elle a donc jugé que « la section 3 [du Clayton Act, qui interdit la distribution exclusive] s'applique dès l'instant où il est prouvé que la concurrence, ou une partie importante du commerce, ont été notablement affectés ». Le juge Jackson de la Cour Suprême émit un avis différent de celui de ses collègues. Pour lui, ce jugement contenait une erreur de raisonnement économique :

---

[83] *Standard Fashion Company v. Magrain-Houston Co.*, 258 U.S. 346 (1922).

[84] *Standard Oil Company of California v. United States*, 337 U.S. 293 (1949).

> Je ne vois pas en quoi les restrictions imposées par ce contrat sont contraires aux lois antitrust, ce qui est pourtant l'avis des autres membres de la Cour. Je pense que ces restrictions n'ont pas pour but de supprimer la concurrence, mais plutôt de la stimuler.

Autrement dit, la distribution exclusive, tout comme l'exclusivité territoriale, peuvent favoriser la concurrence.

Dans l'affaire *Tampa Electric*, la Cour revint encore une fois sur la question de la distribution exclusive, mais dans un contexte différent de celui dans lequel nous l'avons abordé au chapitre 13.[(85)] Dans cette affaire, une compagnie d'électricité avait signé un contrat de 20 ans avec un producteur de charbon. Une fois le contrat signé, le fournisseur de charbon voulu le dénoncer sous prétexte que certaines des clauses étaient contraires à la concurrence. La Cour Suprême jugea cependant que le contrat ne violait pas les lois antitrust car «la limitation de concurrence concernée par ce contrat ne représente pas une part significative du marché». La Cour Rappela à cette occasion que la part de marché soustraite à la concurrence dans l'affaire *Standard Stations* était égale à 16%, soit beaucoup plus importante que dans l'affaire *Tampa Electric* (1% du marché environ).

De même que pour l'affaire *United Shoe* analysée précédemment, beaucoup d'économistes comprennent mal la raison pour laquelle la Cour Suprême veille si scrupuleusement à ce que les contrats de ce type ne concernent pas une part trop importante du marché du marché alors qu'il est établi que les contrats à long terme ne réduisent pas nécessairement la concurrence et peuvent accroître l'efficience. Il est probable cependant que les jugements futurs tiendront compte de la décision rendue dans l'affaire *GTE Sylvania* et reconnaîtront que les restrictions verticales peuvent parfois accroître l'efficience du marché.

C. Conflits juridiques engendrés par l'intégration verticale et les restrictions verticales

Il arrive fréquemment qu'un distributeur se plaigne qu'un accord liant un producteur à d'autres distributeurs ait pour but d'éliminer ou de limiter la concurrence. Il formule alors sa plainte de façon à laisser entendre l'existence d'un accord de fixation des prix ou de restriction de la production. Les plaignants espèrent ainsi faire jouer les lois antitrust et obtenir des indemnités triplées. En effet, s'ils plaident la rupture simple du contrat, ils n'obtiennent au mieux des indemnités ordinaires. Par conséquent, à la suite d'une rupture de contrat, un revendeur peut essayer d'augmenter ses indemnités en accusant le producteur d'avoir enfreint des lois antitrust.

L'affaire *Klor* est un bon exemple de tentative pour faire apparaître une restriction verticale comme contraire aux lois antitrust.[(86)] Klor, un magasin qui vendait des appareils divers, était situé à proximité de Broaway Hale, un magasin du même type, mais qui vendait de nombreuses marques prestigieuses qu'on ne trouvait pas

---

[85] *Tampa Electric Company v. Nashville Coal Company*, 365 U.S. 320 (1961).

[86] *Klor's, Inc. v. Broadway Hale Stores Inc.*, 359 U.S. 207 (1959).

chez Klor. Klor accusait Broadway Hale d'avoir ourdi un complot avec les producteurs pour qu'ils ne distribuent pas leurs produits chez Klor et l'éliminent ainsi du marché. Selon Broadway Hale, cette accusation était fausse car l'on pouvait trouver des appareils de marques dans d'autres magasins situés dans la même zone que Klor. Le problème économique posé par cette affaire est de savoir si Bradway Hale disposait d'un pouvoir de monopsone suffisant pour empêcher les producteurs de vendre à Klor. Dans le cas contraire, la seule raison expliquant que les producteurs aient refusé que leur produits soient distribués par Klor est l'existence d'un problème de passager clandestin (voir le chapitre 13).

20.5 Discrimination par le prix

Dans le cadre des lois antitrust de nombreuses formes de discrimination par le prix sont illégales. La prédation par le prix, par exemple, est l'une de ces formes, car elle suppose généralement qu'une entreprise pratique un prix bas lorsqu'elle a des concurrents et un prix plus élevé lorsqu'elle est seule. Les tribunaux adoptent un cadre de référence différent de celui que nous avons employé dans les chapitres 11 et 12. Ils distinguent la *discrimination par le prix de type 1*, comme par exemple dans l'affaire *Utah pie* et la *discrimination par le prix de type 2* (voir la définition ci-après). Le *Robinson-Pattman Act* prohibe ces deux formes de discrimination. Les lois antitrust interdisent également les ventes liées, qui sont une troisième forme de discrimination par le prix. Dans cette section, nous étudierons des cas de discrimination par le prix de type 2 et de ventes liées.

20.5.1 *Le Robinson-Pattman Act*

Le Robinson-Pattman Act interdit aux entreprises de discriminer par le prix si celle-ci a pour effet de soustraire des clients à la concurrence (discrimination de type 2). Le Robinson-Pattman Act (qui est un amendement de la section 2 du Clayton Act de 1936) fut voté sous la pression des petits commerçants inquiets de la concurrence des supermarchés qui avaient la possibilité d'acheter de plus grandes quantités pour moins cher, ce qui leur permettait de pratiquer des prix plus bas (Ross, 1984). Pour beaucoup d'économistes, le Robinson-Pattman Act est une législation qui favorise directement les petits commerçants au détriment des chaînes de supermarchés plus efficientes (Posner, 1976 ; Ross, 1984).

L'une des conséquences du Robinson-Pattman Act est que les consommateurs paient des prix plus élevés, car ils sont privés des bénéfices liés aux économies d'échelle que les grandes chaînes de distribution seraient forcées de répercuter sous la pression de la concurrence qu'elles se livreraient entre elles (Ross, 1984). Le Robinson-Pattman Act a conduit à de nombreux procès (mais de moins en moins de la part du gouvernement) et a également engendré des distortions de prix sur de nombreux marchés (Elzinga et Hogarty, 1978). Il est clair que cette loi a des effets négatifs sur les consommateurs. Le plus souvent, elle donne lieu à des procès privés (quoique la FTC ait entamé plusieurs poursuites ces dernières années).

Les entreprises n'aiment pas la concurrence et ont une tendance naturelle à se plaindre de leurs rivales. Aux États-Unis, par exemple, les supermarchés se plaignent de la concurrence des entrepôts des clubs (comme le *Price Club* et le *Sam's Club*), qui achètent en grosses quantités et peuvent ainsi obtenir des prix très bas pour leurs membres du fait de la faiblesse de leurs frais généraux. Dans l'un de ces clubs, les membres pouvaient acheter du Coca light pour 56% de moins que dans le supermarché d'à côté (le jus d'orange Tropicana coûtait 57% de moins et les poitrines de poulet désossées 59% de moins).(87)

20.5.2 Les ventes liées

Les lois antitrust interdisent également les *ventes liées*, c'est-à-dire le fait de conditionner la vente d'un produit à celle d'un autre. Les tribunaux considèrent généralement les ventes liées comme un moyen d'empêcher les concurrents de vendre un produit. Sur le plan économique, les ventes liées peuvent s'expliquer par les gains d'efficience qu'elles permettent ou par le pouvoir de marché qu'une entreprise possède. Dans ce dernier cas, la vente liée permet à une entreprise d'obtenir un profit plus élevé que la vente séparée des produits (voir le chapitre 2). Ainsi, les ventes liées peuvent s'analyser comme une variante de discrimination par le prix. Elles augmentent le rendement d'un monopole mais elles n'engendrent pas nécessairement des pertes d'efficience et peuvent même se traduire par une augmentation de la production.

Les ventes liées peuvent aussi s'expliquer par le fait qu'il est souvent plus efficace de vendre des produits assemblés que séparés : c'est le cas notamment des automobiles, qui sont un assemblage assez complexe de produits différents, de même que les ordinateurs. Les consommateurs seraient sans doute très mécontents si le gouvernement interdisait l'assemblage des différents composants sous prétexte que les ventes liées sont illégales. Il y a cependant des cas où les ventes liées ont des effets négatifs sur la concurrence. Elles peuvent par exemple servir à augmenter les coûts d'entrée sur un marché (en liant la vente d'une machine à un contrat de réparation, l'entreprise empêche la création d'entreprises spécialisées dans la réparation et oblige ainsi les nouvelles entreprises à investir dans une infrastructure de réparation qu'elle a déjà amortie). Cependant, les tribunaux ne condamnent pas seulement ces formes spécifiques de ventes liées.

Dans les premières affaires qu'elle a traité, qui concernaient des produits brevetés, la Cour Suprême a jugé que les ventes liées étaient légales. Par exemple, dans l'affaire *A. B. Dick*, la Cour n'a pas condamné la politique d'A.B. Dick, qui exigeait pourtant des utilisateurs qu'ils lui achètent l'encre et les autres petites fournitures

---

[87] Shapiro, Eben. « Grocers Attack Deals Given to Warehouse Clubs », *San Francisco Chronicle*, 7 mai 1992 : C1.

allant avec ses machines à polycopier.[88] Cette politique de vente liée permettait à A. B. Dick d'identifier les consommateurs qui utilisaient le plus intensément ses machines et de leur faire payer plus que les autres (voir le chapitre 12).

Le Clayton Act qui fut voté en 1914, après l'affaire *A. B. Dick*, comprenait une section qui interdisait les ventes liées ayant pour effet de réduire la concurrence. Peu après, dans l'affaire *Motion Picture Patents*,[89] la Cour Suprême rendit un jugement contraire à celui de l'affaire *A. B. Dick*. Dans les deux cas suivants, elle refusa également de revenir sur l'interdiction des ventes liées. Dans un autre cas, l'affaire *IBM*, le gouvernement mit en question la politique d'IBM, qui vendait des machines à perforer et exigeait des utilisateurs qu'ils emploient des cartes à perforer également fabriquées par IBM.[90] Selon IBM, le fait d'utiliser des cartes différentes risquait d'endommager ses machines et de nuire à la réputation de la marque. IBM avait cependant accordé une dérogation au gouvernement qui pouvait ainsi fabriquer ses propres cartes, mais devait verser en contrepartie une rente de 15%. S'appuyant sur cette dérogation, la Cour Suprême jugea illégale la vente liée de machine à perforer et de cartes.

Dans l'affaire *International Salt*, jugée par la Cour Suprême, une entreprise exigeait que les utilisateurs de ses machines lui achètent également le sel.[91] Comme dans le cas *IBM*, l'entreprise rejeta l'argument selon lequel la vente liée avait pour effet de protéger la réputation de l'entreprise contre les produits de mauvaise qualité qui pourraient endommager ses machines. La Cour décida qu'une part suffisante du marché était soustraite à la concurrence pour que la vente soit jugée illégale.

Dans l'affaire *Northern Pacific*, la Cour Suprême jugea que la compagnie ferroviaire Northern Pacific ne pouvait pas légalement exiger que certaines terres lui soient louées pour accepter de convoyer les marchandises de leurs propriétaires sous certaines conditions :[92]

> Le fait de conditionner un accord à un autre ne peut avoir d'autre but que celui de supprimer la concurrence. Cela empêche d'autres concurrents d'accéder librement au marché dont le produit est vendu sous condition, non parce que l'entreprise qui impose l'accord lié possède un meilleur produit, mais parce qu'elle possède un moyen de pression sur un autre marché.

La Cour décida que l'entreprise accusée possédait un pouvoir économique suffisant et conclut que la vente liée était illégale. Dans l'affaire *Fortner II*, la Cour décida que « pour qu'une vente liée soit illégale, le vendeur doit tirer de la vente liée un avantage que les autres vendeurs ne possèdent pas ».[93]

---

88 *Henry v. A. B. Dick Company*, 224 U.S. 1 (1912).

89 *Motion Picture Patents v. Universal Film Manufacturing Co.*, 243 U.S. 502 (1917).

90 *IBM Corporation v. United States*, 298 U.S. 131 (1936).

91 *International Salt Company v. United States*, 332 U.S. 392 (1947). Voir également Peterman (1979) pour une analyse économique de ce cas.

92 *Northerrn Pacific Railway Company v. United States*, 356 U.S. 1 (1958).

93 *United States Steel Corporation v. Fortner Enterprises, Inc.*, 429 U.S. 610 (1977).

L'affaire *Hyde* est un autre cas important concernant une vente liée.[94] Un hôpital (américain) avait passé un contrat avec un cabinet d'anesthésistes qui l'engageait à ne pas recourir aux services d'autres anesthésistes. Un anesthésiste n'appartenant pas au cabinet concerné poursuivit l'hôpital en justice en l'accusant de lier la prestation de ses autres services à ceux du cabinet d'anesthésie avec lequel il avait passé un contrat d'exclusivité. La décision rendue par la Cour Suprême fut assez ténébreuse. Celle-ci décida en effet qu'une vente liée était illégale si elle remplissait 3 conditions : (1) la vente de deux produits (ou services), (2) un pouvoir de marché pour un des 2 produits et (3) une *contrainte*. La notion de contrainte semble ici désigner le fait qu'en l'absence de la vente liée, le produit lié ne serait pas acheté. D'après la Cour Suprême : « Il est depuis longtemps établi par la jurisprudence que certaines ventes liées menacent la concurrence de façon inacceptable. [...] ». Malgré cette affirmation, la Cour ne condamna pas l'hôpital, sans doute parce qu'elle jugea que celui-ci ne possédait pas de pouvoir de marché.

L'affaire *Kodak* est un autre exemple important de vente liée.[95] Kodak vendait des photocopieurs et exigeait que certaines réparations soit faites par ses soins. L'entreprise fut attaquée pour avoir lié la vente de composants et de services à celle de ses photocopieurs. Selon Kodak, la compétition était telle sur le marché des photocopieurs que les consommateurs n'auraient pas acheté ses photocopieurs s'ils avaient pensé qu'ils devraient payer un prix excessif pour les composants usagés ou les services de réparation. Mais la Cour Suprême rejeta l'argumentation de Kodak. Selon elle, même si Kodak n'avait pas de pouvoir sur le marché des photocopieuses, cela n'excluait pas que les consommateurs puissent être mal informés ou incapables de prévoir avec précision leurs frais de réparation éventuels. Pour la Cour Suprême, même s'il y a des centaines de producteurs, chacun d'eux peut être considéré comme un monopole en ce qui concerne les services de réparation et seule une enquête factuelle peut permettre de décider si une vente liée est illégale ou non. La Cour n'expliqua cependant pas quel serait l'effet sur le bien-être des consommateurs si, Kodak étant forcé de vendre des composants à des magasins de réparation indépendants, l'entreprise pouvait néanmoins en fixer le prix.

Les décisions des tribunaux concernant les cas de vente liées, en particulier celles impliquant des franchiseurs et des franchisés, ont généralement été incohérentes avec les résultats de la théorie économique (voir le chapitre 13). En effet, un franchiseur peut imposer diverses restrictions à ses franchisés afin d'obtenir d'eux une meilleure performance. En contrepartie, le franchiseur doit récompenser le franchisé pour ses efforts. L'un des méthodes de rémunération consiste à offrir divers avantages aux franchisés dont certains prennent la forme de ventes liées. Dans la restauration, par exemple, un franchiseur peut demander aux franchisés qu'ils achètent exclusivement ses serviettes au lieu de leur faire payer une franchise en

---

94 *Jefferson Parish Hospital District No. 2 v. Hyde*, 466 U.S. 2 (1984). Lynk (1994) analyse ce cas.

95 *Eastman Kodak Co. v. Image Technical Services, Inc*, 112 S. Ct. 2072 (1992). Voir Calkins (1993) pour une analyse de ce cas.

pourcentage du chiffre d'affaires. Cependant, ce type d'accord a été considéré par le tribunal comme un moyen de limiter la concurrence sur le marché des serviettes.[96]

20.6 Effets des lois antitrust sur l'organisation des entreprises

Lorsque les lois antitrust empêchent les entreprises d'agir d'une certaine façon, elles cherchent d'autres moyens d'atteindre leurs objectifs. Par exemple, comme les lois antitrust interdisent les accords verticaux et horizontaux conclus par des entreprises indépendantes, celles-ci ont recours aux fusions ou à la croissance interne. Les fusions sont donc plus nombreuses et la croissance interne des entreprises plus importante qu'en l'absence de lois antitrust. Selon Bittlingmayer (1985) le mouvement de fusions d'entreprises américaines qui a eu lieu à la fin du dix-neuvième siècle et au début du vingtième siècle s'explique en partie par le vote des lois antitrust qui interdisent les accords mais non les fusions.

De même, les décisions de la Cour Suprême qui interdisent certaines restrictions verticales incitent les entreprises à se tourner vers l'intégration verticale.[97] De ce fait, plusieurs États américains ont voté des lois pour interdire aux entreprises de développer leur intégration verticale dans la distribution, en particulier dans le secteur pétrolier où les grandes compagnies tentaient de contrôler l'ensemble du réseau de distribution de l'essence.

Ainsi que nous l'avons déjà mentionné, les lois antitrust affectent également les relations entre franchiseurs et franchisés. L'effet des lois antitrust (conjugué avec l'effet des lois propres à certains États des États-Unis) est de transférer certains droits des franchiseurs aux franchisés, ce qui rend le sytème de la franchise moins attractif en tant que méthode de distribution des produits (Smith, 1982). En effet, si les lois compliquent la tâche de contrôle des franchisés par le franchiseur, elles contribuent à décourager l'emploi de ce mode d'organisation des relations verticales. On peut alors craindre que l'organisation qui sera adoptée sous la pression des lois soit moins efficiente que celle qui émerge de façon spontanée.

Résumé

1. Les principales lois fédérales qui répriment les lois antitrust aux États-Unis sont le Sherman Act, le Clayton Act et le Federal Trade Commission Act. Leur interprétation par les tribunaux a beaucoup varié au cours du temps. Les décisions des tribunaux s'inspirent

[96] Voir, par exemple, *Siegel v. Chicken Delight Inc.*, 448 F.2d (9th Cir. 1971) cert. denied, 405 U.S. 955.

[97] Les entreprises peuvent également employer des astuces juridiques. Ainsi, un distributeur peut-il laisser ses produits en dépôt chez le distributeur au lieu de les lui vendre. Dans ce cas, les lois antitrust ne s'appliquent pas.

de plus en plus des conclusions de l'analyse économique. Pour les économistes, les lois antitrust devraient servir principalement à promouvoir l'efficience des marchés.

2. On croit à tort que les lois antitrust interdisent les monopoles. En fait, elles interdisent seulement certaines actions qui tendent à l'acquisition où à la conservation d'un pouvoir de monopole.
3. Dans beaucoup d'affaires antitrust, la question essentielle est de savoir si une entreprise dispose ou non d'un pouvoir de marché, c'est-à-dire du pouvoir de fixer avec profit un prix supérieur au prix concurrentiel. Il est souvent difficile de déterminer de façon simple si une entreprise a un pouvoir de marché. C'est la raison pour laquelle les tribunaux, à la suite des économistes, utilisent la part de marché comme indicateur approximatif du pouvoir de marché d'une entreprise. Pour que cet indicateur ait un sens, il faut que la définition du marché soit correcte, ce qui implique la prise en compte de tous les produits dont l'existence exerce une contrainte significative sur le prix du produit concerné.
4. Les tribunaux prennent leurs décisions en se fondant à la fois sur les lois et sur des règles de raison. Une loi est appliquée *en soi* lorsque qu'elle ne tient pas compte des effets des actes qu'elle prohibe. Par exemple, les tribunaux considèrent qu'un accord de fixation des prix est une violation *en soi* des lois antitrust. L'application d'une règle de raison implique la prise en compte des effets de la conduite prohibée. Par exemple, les restrictions verticales autres que celles portant sur les prix sont maintenant jugées en fonction d'une règle de raison.
5. Les lois antitrust limitent sévèrement les formes de coopération entre les entreprises. Par exemple, toute tentative de fixer les prix ou de restreindre la production qui pourrait nuire aux consommateurs est considérée comme une violation *en soi* des lois antitrust. Autrement dit, même une tentative infructueuse de fixer les prix peut être réprimée. Cependant, lorsque la coopération est nécessaire à la production du bien, les accords sont tolérés, y compris lorsqu'ils concernent la fixation des prix. Les fusions d'entreprises peuvent être interdites si leur effet est d'augmenter le pouvoir de marché. Curieusement, deux entreprises n'ayant pas de pouvoir de marché peuvent fusionner alors qu'il leur est interdit de s'entendre pour fixer les prix quand elles demeurent indépendantes.
6. Les lois antitrust répriment également les actions d'entreprises qui ont pour effet de nuire à leurs concurrentes. Par exemple, les comportements stratégiques, comme la prédation par le prix dans le but d'éliminer une entreprise du marché, sont interdits. Il est souvent difficile de distinguer la concurrence agressive, qui bénéficie aux consommateurs, de la prédation par le prix, qui est néfaste pour eux. Une application trop zélée des lois antitrust peut donc se retourner contre les consommateurs.
7. Les lois antitrust ont abondamment été appliquées aux relations verticales entre les entreprises. Mais le raisonnement de la Cour Suprême dans ce domaine est souvent obscur et s'appuie sur l'idée que les relations verticales ne doivent pas soustraire une trop grande part de marché à la concurrence (par exemple, l'intégration d'un producteur de fer dans la producion d'acier ne doit pas avoir pour effet d'empêcher les autres entreprises de vendre de l'acier).
8. Il existe de nombreuses raisons pour lesquelles une entreprise procède à l'intégration verticale dans la distribution ou impose des restrictions verticales à ses distributeurs. Beaucoup de ces restrictions, loin de nuire à la concurrence, la favorisent. La Cour Suprême a récemment admis que les restrictions verticales autres que celles concernant

les prix pouvaient avoir des effets positifs pour la concurrence, mais elle considère toujours les restrictions verticales comme une violation *en soi* des lois antitrust.

9. Il est impossible de prouver que les restrictions verticales bénéficient toujours à tous les consommateurs, car les effets de certaines d'entre elles sont indéterminés. Une restriction verticale peut avoir des effets positifs pour certains consommateurs et négatifs pour d'autres. Mais comme la même conclusion s'impose concernant les effets du choix de la qualité des produits fabriqués par une entreprise, il n'y a pas plus de raisons de contrôler la politique de distribution d'une entreprise que sa politique de qualité, etc.
10. Il existe des cas où les restrictions verticales ont incontestablement un effet négatif pour les consommateurs, par exemple lorsqu'elles empêchent l'entrée de concurrents sur le marché, ou lorsqu'elles permettent aux producteurs ou aux distributeurs d'agir comme des cartels.
11. Les effets de la discrimination par le prix et des ventes liées sur le bien-être sont en général indéterminés et, de même que dans le cas des restrictions verticales, il est difficile et coûteux de réaliser des études pemettant de déterminer leurs effets dans un cas particulier. Il n'est donc pas souhaitable d'appliquer une politique antitrust systématique dans ce domaine dont les aspects normatifs sont mal connus.
12. L'utilisation des lois antitrust pour contrôler certaines activités et non d'autres peut conduire les entreprises à adopter des formes organisationnelles inefficientes. Par exemple, dans la mesure où les lois antitrust interdisent l'instauration de certaines restrictions verticales mais permettent l'intégration verticale, les entreprises peuvent choisir l'intégration verticale comme moyen d'atteindre leurs objectifs alors que les restrictions verticales auraient été moins coûteuses.

Termes clés

Contribution
Définition d'un marché
Élasticité croisée de la demande
Légalement recevable
Lois antitrust
Ressources essentielles
Triple indemnité

Questions

Q.20.1 Supposez qu'une entreprise vende des ordinateurs et des imprimantes et qu'elle ait un monopole dans la production des ordinateurs. Supposez également que pour des raisons de compatibilité, seules les imprimantes fabriquées par l'entreprise peuvent être utilisées avec ses ordinateurs et que l'entreprise refuse de livrer aux autres fabricants les informations nécessaires pour fabriquer des imprimantes compatibles. Analysez les effets du comportement de cette entreprise en tenant compte des efforts nécessaires au développement de matériels compatibles, de la théorie des ventes liées (la vente d'un ordinateur et d'une imprimante s'assimile à une vente par package) et des barrières à l'entrée. Quels sont les faits qui démontrent la conduite néfaste de l'entreprise ? Ces faits sont-ils suffisants pour obtenir la condamnation de l'entreprise dans le cadre des lois antitrust ?

Q.20.2 La définition du marché de détail dans l'affaire *Brown Shoe* inclut les chaussures vendues dans les rayons des supermarchés. Cette définition vous paraît-elle appropriée ?

Q.20.3 Soit une entreprise A, située en Europe, qui exporte des produits vers les États-Unis. Le prix fixé pour les produits vendus aux États-Unis tient-il uniquement compte des ventes dans ce pays ou doit-il tenir compte de la capacité totale de production de l'entreprise A ?

Q.20.4 Expliquez pourquoi un franchiseur peut souhaiter ouvrir certains établissements en concurrence avec son propre réseau de franchisés ? Cela peut-il avoir des effets négatifs sur les consommateurs ?

Q.20.5 Sur la Figure 20.1, montrez comment la comparaison entre le gain d'efficience et la perte sèche est modifiée si la perte sèche tient compte des ressources éventuellement dépensées par l'entreprise pour acquérir sa position de monopole ? (Révisez le chapitre 5).

Problèmes [98]

P.20.1 Dans l'affaire *United Shoe*, la Cour Suprême a jugé qu'un contrat de 10 ans avait un effet négatif sur la concurrence parce que cela empêchait notamment d'autres concurrents de vendre aux clients qui avaient conclu le contrat. Mais ceci est vrai de n'importe quel contrat, quelle que soit sa durée. Or tous les contrats ne nuisent pas à la concurrence. Précisez les conditions pour qu'un contrat à long terme ait réelllement un effet négatif sur la concurrence.

P.20.2 Supposez qu'une entreprise A soit la seule à vendre un certain produit dans la région parisienne mais que dans le reste de la France, elle soit en concurrence. Si cette entreprise peut discriminer par le prix, pensez-vous que le prix pratiqué à Paris sera plus élevé que celui pratiqué ailleurs en France ? Doit-on s'attendre à une corrélation élevée entre les variations de prix observées à Paris et celles observées dans le reste de la France ? Doit-on considérer qu'il y a un seul ou deux marchés ?

P.20.3 Supposez que sur certains marchés, l'équilibre concurrentiel n'existe pas (« noyau vide », voir le chapitre 4). Faut-il alors autoriser les entreprises à conclure des ententes ?

P.20.4 Lorsque les courbes de demande sont compensées (c'est-à-dire ajustées de façon à éliminer les effets de revenu), on a :

$$\frac{\partial Q_i}{\partial p_i} = \frac{\partial Q_j}{\partial p_j},$$

où Q est la quantité demandée, p le prix et où les indices désignent respectivement les produits i et j. Soit $p_i = p_j$, mais $Q_i = 100Q_j$. Déterminez les élasticités-croisées de chacun des deux produits. Montrer pourquoi il est important de préciser laquelle des deux on utilise pour déterminer les limites d'un marché.

---

[98] Les solutions des problèmes impairs sont données en fin de livre.

P.20.5 On démontre que :

$$\frac{p_i}{Q_i}\frac{\partial Q_i}{\partial p_i} = -\sum_{j \neq i} \frac{p_j}{Q_i}\frac{\partial Q_i}{\partial p_j},$$

où $\sum$ représente le symbole de la sommation (sur j différent de i), p est le prix et Q la demande compensée. Montrez comment cette relation peut être utilisée pour relier l'élasticité-prix de la demande aux élasticités croisées de la demande. Utilisez cette formule pour déterminer quelle est l'élasticité croisée appropriée pour savoir si le produit B a une influence sur le prix du produit A dans le cadre d'une analyse du pouvoir de marché concernant le produit A.

Lectures complémentaires

L'ouvrage publié sous la direction de Kwoka et White (1994) rassemble des articles faciles à lire et qui contiennent d'excellentes analyses de certaines affaires antitrust récentes. Les livres de Posner (1976), Posner et Easterbrook (1980) et de Williamson (1987) sont parmi les plus intéressants sur l'analyse économique des lois antitrust. Pittman (1992) analyse les lois sur les fusions en Europe Centrale et en Europe de l'Est.

Bibliographie

AGHION, Philippe et Patrick BOLTON. 1987. « Contracts as a Barrier to Entry. *American Economic Review* 77 : 338–401.

AREEDA, Phillip. 1986. *Antitrust Law*, vols. 6 and 7. Boston : Little, Brown and Co.

AREEDA, Phillip et Donald TURNER. 1978, 1980. *Antitrust Law*, vols. 1-5. Boston : Little, Brown and Co.

AUDRETSCH, David. 1987. « The Effects of Legalized Cartels in West Germany ». Berlin : International Institute of Management.

BAKER, Jonathan B. et Timothy F. BRESNAHAN.1985. « The Gains from Merger or Collusion in Product Differentiated Industries ». *Journal of industrial Economics* 33 : 427–44.

BITTLINGMAYER, George. 1982. « Decreasing Average Cost and Competition : A New Look at the Addyston Pipe Case ». *Journal of Law and Economics* 25 : 201–29

BITTLINGMAYER, George. 1985. « Did Antitrust Policy Cause the Great Merger Wave ? » *Journal of Law and Economics* 28 : 77–118.

BORK, Robert H. 1978. *The Antitrust Paradox : A Policy at War with itself.* New York : Basic Books.

CALKINS, Stephen. 1993. « Supreme Court Antitrust 1991–92, The Revenge of the Amici ». *Antitrust Law Journal* 61 : 269–311.

CARLTON, Dennis W. et Mark J. KLAMER. 1983. « The Need for Coordination Among Firms with Special Reference to Network Industries ». *University of Chicago Law Review* 50 : 446–65.

CARLTON, Dennis W., Gustavo BAMBERGER et Roy EPSTEIN. 1993. « Antitrust & Higher Education : What Are the Real Determinants of Tuition ? » mimeo.

EASTERBROOK, Frank H., William M. LANDES et Richard A. POSNER. 1980. « Contributions Among Antitrust Defendants : A Legal and Economic Analysis ». *Journal of Law and Economics* 23 : 331–70.

ELZINGA, Kenneth G. et Thomas F. HOGARTY. 1978. « Utah Pie and the Consequences of Robinson-Patman ». *Journal of Law and Economics* 21 : 427–34.

FISHER, Franklin M., John J. MCGOWAN et Joen E. GREENWOOD. 1983. *Folded, Spindled and Mutiated : Economic Analysis and U.S. v. IBM*. Cambridge, Mass. : MIT Press.

HALVERSON, James T. 1988. « The Future of Horizontal Restraints Analysis ». *Antitrust Law Journal* 57 : 33–48.

HAY, George A. 1994. « Practices That Facilitate Cooperation : The Ethyl Case (1984) », in John E. KWOKA, Jr. and Lawrence J. WHITE, éds, *The Antitrust Revolution : The Role of Economics*. New York : HarperCollins Publishers.

HENDERSON, James J. et Richard E. QUANDT. 1980. *Microeconomic Theory*. New York : McGrawHill.

HOROWITZ, Ira. 1994. « The Reasonableness of Horizontal Restraints : NCAA (1984) », in John E. KWOKA, Jr. et Lawrence J. WHITE, éds, *The Antitrust Revolution : The Role of Economics*. New York : HarperCollins Publishers.

HOUTHAKKER, Hendrik. 1985. « Book Review » of FISHER *et al.* (1983). *Journal of Political Economy* 93 : 618–21.

JOHNSON, Richard L. et David D. SMITH. 1986. « Antitrust Division Merger Procedures and Policy, 1968–1984 », Department of Justice Discussion Paper.

KWOKA, John E., Jr. et Lawrence J. WHITE, éds 1994. *The Antitrust Revolution : The Role of Economics*. New York : HarperCollins Publishers.

LANDES, William M. 1983. « Optimal Sanctions for Antitrust Violations ». *University of Chicago Law Review* 50 : 652–78.

LANDES, William M. et Richard A. POSNER. 1979. « Should Indirect Purchasers Have Standing to Sue Under the Antitrust Laws ? An Economic Analysis of the Rule of Illinois Brick ». *University of Chicago Law Review* 46 : 602–35.

LANDES, William M. et Richard A. POSNER. 1981. « Market Power in Antitrust Cases ». *Harvard Law Review* 95 : 937–96.

LAVEY, Warren et Dennis W. CARLTON. 1983. « Economic Goals and Remedies of the AT& T Modified Judgment ». *Georgetown Law Review* 17 : 1497–1518.

LYNK, William J. 1994. « Tying and Exclusive Dealing : Jefferson Parish Hospital v. Hyde (1984) », in John E. KWOKA, Jr. et Lawrence J. WHITE, éds, *The Antitrust Revolution : The Role of Economics*. New York : HarperCollins Publishers.

MARSHALL, Alfred. 1920. *Principles of Economics*. Philadelphia : Porcupine Press.

MCGEE, John. 1958. « Predatory Price Cutting : The Standard Oil (N.J.) Case ». *Journal of Law and Economics* 1 :137–69.

NOLL, Roger G. et Bruce M. OWEN. 1994. « The Anticompetitive Uses of Regulation : U.S. v. AT& T (1982) », in John E. KWOKA, Jr. et Lawrence J. WHITE, éds, *The Antitrust Revolution : The Role of Economics*. New York : HarperCollins Publishers.

PETERMAN, John. 1975. « The Federal Trade Commission v. The Brown Shoe Company ». *Journal of Law and Economics* 18 : 361–421.

PETERMAN, John. 1975. 1979. « The International Salt Case ». *Journal of Law and Economics* 22 : 351–64.

PITTMAN, Russell. 1992. « Merger Law in Central and Eastern Europe ». U.S. Department of Justice, Antitrust Division Discussion Paper EAG92–2.

POSNER, Richard A. 1976. *Antitrust Law, An Economic Perspective*. Chicago : University of Chicago Press.

POSNER, Richard A. 1976. *The Robinson-Patman Act. Regulation of Price Differences*, Washington, D.C. : American Enterprise Institute.

POSNER, Richard A. 1981. « The Next Step in the Antitrust Treatment of Restricted Distribution : Per Se Legality ». *University of Chicago Law Review* 48 : 6-26.

POSNER, Richard A. et Frank H. EASTERBROOK. 1980. *Antitrust Cases, Economic Notes, and Other Materials*. St. Paul, Minn. : West Publishing Co.

PRESTON, Lee E. 1994. « Territorial Restraints : GTE Sylvania (1977) », in John E. KWOKA, Jr. et Lawrence J. WHITE, eds :, *The Antitrust Revolution : The Role of Economics*. New York : HarperCollins Publishers.

REIFFEN, David et Andrew N. KLEIT. 1990. « Terminal Railroad Revisited : Foreclosure of an Essential Facility or Simple Horizontal Monopoly ? » *Journal of Law and Economics* 33 : 419–37.

ROSS, Thomas W. 1984. « Winners and Losers Under the Robinson-Patman Act ». *Journal of Law and Economics* 27 : 243–71.

SALANT, Stephen W. 1987. « Treble Damage Awards in Private Lawsuits for Price Fixing ». *Journal of Political Economy* 95 : 1326–36.

SCHEFFMAN, David et Pablo SPILLER. 1987. « Geographic Market Definition Under the U.S. Department of Justice Merger Guidelines ». *Journal of Law and Economics* 30 : 123–48.

SCHMALENSEE, Richard. 1978. « Entry Deterrence in the Ready-to-Eat Breakfast Cereal Industry ». *Bell Journal of Economics* 9 : 305–27.

SMITH, Richard. 1982. « Franchise Regulation : An Economic Analysis of State Restrictions on Automobile Distribution ». *Journal of Law and Economics* 25 : 125–57.

STIGLER, George J. et Robert A. SHERWIN. 1985. « The Extent of the Market ». *Journal of Law and Economics* 29 : 555–85.

SWANN, Dennis D., Dennis O'BRIEN, W. Peter MAUNDER et W. Stewart HOWE. 1974. *Competition in British Industry ; Restrictive Practices Legislation in Theory and Practice*. London : Allen & Unwin.

TELSER, Lester G. 1972. *Competition, Collusion, and Game Theory*. New York : Macmillan.

WHITE, Lawrence J., ed. 1989. *Private Antitrust Litigation : New Evidence, New Learning*. Cambridge, Mass. : MIT Press.

WILLIAMSON, Oliver E. 1968–69. « Economies as an Antitrust Defense : The Welfare Tradeoffs ». *American Economic Review* 58 :18–36 ; 58 : 1372–6 et 59 :954–69.

WILLIAMSON, Oliver E. 1987. *Antitrust Economics*. Cambridge, Mass. : Basil Blackwell, Inc.

21

La réglementation des marchés

Il n'existe aucun problème humain qui ne puisse être résolu en suivant mes conseils.
Gore Vidal

L'une des plus grosses erreurs des hommes est de croire que les maux de ce monde peuvent être éliminés par la législation.
Thomas B. Reed

La réglementation publique des entreprises peut augmenter le bien-être lorsque les marchés ne sont pas parfaitement concurrentiels. Cependant, la plupart des réglementations ne sont pas optimales et ne font qu'exacerber les inefficiences.

L'exemple type d'un marché inefficient est celui d'un monopole qui pratique un prix trop élevé. Dans ce cas, la réglementation peut obliger le monopole à fixer un prix concurrentiel. Cependant, une mauvaise réglementation peut aboutir au rationnement de la production et à d'autres inefficiences. Par ailleurs, même lorsque la réglementation est bonne, les coûts administratifs qu'elle entraîne peuvent être supérieurs aux bénéfices.

La réglementation est parfois à l'origine de nouvelles inefficiences. Par exemple, l'organisation des marchés agricoles permet aux entreprises de discriminer par le prix et de limiter leur production (voir l'annexe A du chapitre 11).

La réglementation des monopoles est très répandue dans les économies de marché. Dans certains pays, comme l'Allemagne, le nombre d'heures durant lesquelles les entreprises peuvent fonctionner est strictement limité. Le tableau 21.1 énumère les principaux organismes de réglementation des États-Unis. Par exemple,

Tableau 21.1: *Principaux organismes de réglementation (États-Unis)*

Organisme	Année de création	Compétence[a]
Réglementation de l'économie		
Interstate Commerce Commission	1887	Chemins de fer entre les États (1887) Transports routiers entre les États (1935) Transport de l'eau entre les États (1940) Communications téléphoniques entre les États (1910–34) Oléoducs entre les États (1906–77)
State Regulatory Commission	35 États (1907–20), 50 États depuis 73	Électricité locale (46 États depuis 1973) Gaz local (47 États en 1973) Téléphone local (48 États en 1973)
Federal Communications Commission (FCC)	1934	Téléphone entre les États (1934) Émissions (radio-télé) (1934) Télévision câblée (1968)
Federal Power Commisson (FPC)	1935	Vente en gros d'électricité entre les États (1935)
Federal Energy Regulatory Commission (FERC)	1977	Pipelines de gaz naturel entre les États (1938) Prix de base du gaz vendu nationalement (1954) Pipeline de pétrole (1977) Gaz et pipelines de gaz (1978)
Federal Maritime Commission (FMC)	1936	Pêche en haute mer (1936)
Civil Aeronautics Board (CAB)	1938	Lignes aériennes entre les États (1938)
Postal Rate Commission	1970	Définition des catégories de courrier et fixation des tarifs (1970)
Federal Energy Admin stration (FEA) Energy Regulatory Administration	1973 1974	Prix et quantités du pétrole (1973)
Copyright Royalty Tribunal	1976	Copyright (1976)
Environnement, sécurité et réglementation sanitaire		
Food and Drug Adminstration (FDA)	1906	Nourriture, médicaments (1906) et cosmétiques (1938) Efficacité des médicaments (1962)
Federal Trade Commission (FTC)	1914	Publicité mensongère (surtout après 1938), antitrust
Security and Exchange Commission (SEC)	1934	Sécurité publique et taux de change (1934) Holding d'entreprises réglementées
Civil Aeronautics Board (CAB)	1938	Sécurité aérienne (1938) (normes de vol seulement)
Federal Aviation Administration	1958	
Atomic Energy Comission (AEC) Nuclear Regulatory Comission (NRC)	1947 1975	Autorisation d'usines nucléaires (1947)
National Hightway Traffic Safety Administration (NHTSA)	1970	Sécurité automobile (1970),économies d'essence (1975)
Occupational Safety and Health Administration (OSHA)	1971	Sécurité et santé dans l'industrie (1971)
Environmental Protection Agency (EPA)	1972	Pollution : air, eau, bruit (diverses lois furent appliquées par d'autres organismes (1963–72)
Consumer Product Safety Commission	1972	Sécurité des produits consommés (1972)
Mine Enforcement Safety Administration (MESA)	1973	Sécurité et santé dans les mines (en particulier de charbon) (1973)

[a] Début d'année et fin d'année le cas échéant.

SOURCES : Weiss (1981a, tableau 1), MacAvoy (1979, tableau A.1).

l'*Environmental Protection Agency* (EPA) s'occupe de la protection de l'environnement (voir le chapitre 4), l'*Occupational Safety and Health Agency* (OSHA) protège les salariés et la *Federal Trade Commission* (FTA) ainsi que la *Food and Drug Adminstration* (FDA) protègent les consommateurs (voir l'exemple 21.1). La FTC réglemente également la publicité et la diffusion d'informations par les entreprises (voir le chapitre 15).

En 1992 et 1993, les 53 organismes de réglementation américains ont dépensé environ 14 milliards de dollars, soit quatre fois plus qu'en 1970. 125 000 personnes travaillent aujourd'hui pour ces organismes, alors qu'il y en avait 70 000 en 1970 et 122 000 en 1980. Leurs dépenses se répartissent entre le secteur bancaire et financier (29%), l'industrie (33%) et l'économie générale (38%).

Ce chapitre traite des réglementations qui ont un effet direct sur les prix, les quantités, la qualité des produits et le nombre d'entreprises qui peuvent opérer sur un marché. Nous allons étudier les objectifs de la réglementation, puis les différentes réglementations destinées à rendre les monopoles plus concurrentiels, ainsi que celles qui transforment les marchés concurrentiels en monopole. En conclusion, nous passerons en revue les effets du mouvement récent de déréglementation qui s'est produit aux États-Unis.

Les questions essentielles traitées dans ce chapitre sont les suivantes :

1. Quels sont les objectifs de la réglementation des marchés ?
2. Sous quelles conditions cette réglementation peut-elle améliorer le bien-être ?
3. Certaines réglementations ont-elles un effet négatif sur le bien-être ?
4. Quelles ont été les effets de la déréglementation des marchés (aux États-Unis) ?

21.1 Objectifs de la réglementation des marchés

Encore une chose, mes chers concitoyens : un gouvernement frugal et avisé doit empêcher les hommes de se nuire réciproquement, favoriser l'industrie et le progrès et ne pas prendre le pain de la bouche de celui qui l'a gagné. Voici, en résumé, ce qu'est un bon gouvernement. Ainsi sera clos le cercle de nos félicités. – Thomas Jefferson

Mais qui sera le gardien des gardes ? – Juvénal

Il existe deux conceptions opposées de la réglementation et de ses effets. Selon la première, le gouvernement doit et peut réglementer correctement les inefficiences du marché. Selon la seconde, c'est la réglementation elle-même qui provoque les inefficiences, soit parce que le gouvernement ne dispose pas de l'information suffisante pour réglementer de façon optimale, soit parce que les groupes d'intérêt exercent des pressions sur le législateur et les organismes de réglementation.

EXEMPLE 21.1 La réglementation des pizzas

Chaque américain, adulte et enfant, consomme en moyenne 7 pizzas par an. Pour protéger ces consommateurs, 310 règles qui remplissent pas moins de 40 pages de documents fédéraux, gouvernent la façon de fabriquer et de présenter une pizza. On trouve notamment les règles suivantes :

- Croûte : sa composition doit contenir 2,9 milligrammes de thiamine, 24 milligrammes de niacine et au moins 13 (mais pas plus de 16) milligrammes de fer par livre de farine.
- Mozzarella : le fromage doit contenir au moins 30% mais pas plus de 45% de matières grasses et il doit être fait à partir de lait de vache pasteurisé.
- Anchois : ils doivent provenir d'Espagne, du Portugal ou du Maroc et être conservés dans de l'huile et dans une solution comprenant au moins 12% de sel.
- Poivre vert : les conservateurs tels que le chloride de calcium contenu dans le poivre vert ne doivent pas dépasser 0,026% du poids de la nourriture.
- Oignons : les oignons en conserves peuvent être utilisés à condition de provenir du bulbe de la plante et non de la tige.
- Bœuf : la teneur en graisse ne doit pas dépasser 30%.
- Sauce italienne : pour être appelée ainsi, la sauce ne doit pas avoir été séchée et contenir au moins 85% de viande. Si les éléments délayants représentent plus de 13%, l'étiquette doit porter la mention « farine de soja [ou autre] ajoutée ».

Ces différentes règles ont une incidence notable —et parfois inattendue— sur le produit final. Ainsi, la division des labels du *U.S department of Agriculture* a-t-elle décidé que la pizza congelée lancée par le célèbre chef Wolfgang Puck de Los Angeles ne pouvait être appelée ainsi car elle ne contenait pas de tomates. Puck déclara : « Il est ridicule que des bureaucrates de Washington s'imaginent être capable de décider ce qu'est une pizza. C'est la sauce tomate qui donne de la pizza l'image d'un produit bon marché. Nous avions décidé de relever cette image en employant des ingrédients frais ». Puck accepta néanmoins d'ajouter quelques morceaux de tomates dans la composition de sa sauce. L'USDA découvrit également que la sauce en question, dite « country sausage » était en réalité fabriquée dans une zone non rurale. Puck fut donc obligé de changer le label de sa sauce qu'il appela alors : « Spago's Original Sausage and Herbs ».

SOURCE : « The Pizza Principles », *San Francisco Examiner*, 6 juin 1982 : « This World », section 15. Garchik, Leah. « Federal Ruling on Pizza Without Tomatoes », *San Francisco Chronicle*, 11 novembre 1987 : A10.

21.1.1 Inefficiences des marchés

On justifie le plus souvent les réglementations par la nécessité de corriger les inefficiences qui naissent d'un fonctionnement non concurrentiel des marchés. Comme nous l'avons vu dans ce livre, les causes de ces inefficiences sont multiples : pouvoir de monopole, externalités (comme la pollution, par exemple), diverses formes d'opportunisme, etc.

Selon Williamson (1975), les facteurs humains et environnementaux sont à l'origine des imperfections de marché. Les facteurs humains sont notamment la rationalité limitée et l'opportunisme, tandis que les facteurs environnementaux sont en particulier l'incertitude et le petit nombre d'entreprises d'un marché. La *rationalité limitée* (chapitre 2) limite la capacité des individus à analyser et à traiter les situations complexes ou dont l'issue est incertaine. L'opportunisme crée des problèmes lorsqu'il y a peu d'entreprises ou peu de clients (pouvoir de marché) ou bien lorsque l'information est asymétrique (chapitres 5 et 13).

Malheureusement, les mêmes facteurs qui sont à l'origine des imperfections de marché rendent également leur correction difficile. De plus, toutes les inefficiences ne peuvent pas être corrigées, même par une intervention publique optimale. Par exemple, lorsque les inefficiences sont causées par l'imperfection de l'information, le gouvernement n'est pas nécessairement en mesure d'obtenir et de diffuser l'information nécessaire à un coût raisonnable. Le monde serait sans aucun doute meilleur si l'information était parfaite, mais ce n'est malheureusement pas le cas.

21.1.2 Correction des inefficiences

Les défenseurs des consommateurs, tels que Ralph Nader aux États-Unis, sont favorables aux réglementations, car ils considèrent qu'elles développent ou protègent le bien-être social.[(1)] De leur côté, les législateurs votent ces lois car ils pensent que le gouvernement peut améliorer le bien-être collectif. Ces hommes de bonne volonté ont cependant des conceptions opposées concernant les objectifs que le gouvernement doit poursuivre. Les deux principales conceptions de la réglementation publique sont les suivantes :

- Beaucoup d'économistes, sinon tous, pensent que l'objectif majeur de la réglementation publique doit être l'*efficience économique*, c'est-à-dire la corrections des inefficiences de marché (Schmalensee, 1979 ; Kahn, 1970, 1975).
- Certains économistes et défenseurs des consommateurs pensent que la réglementation doit aussi servir à la *redistribution du revenu.*

Certains économistes croient que la réglementation peut servir à la redistribution du revenu (Feldstein, 1972a, 1972b), mais d'autres pensent qu'il est difficile de redistribuer par la réglementation et que c'est peut-être même contre-productif (Kahn, 1975 ; Peltzman, 1976). Selon Schmalensee (1979, p. 23), l'appréciation des problèmes de redistribution est peut-être possible, en principe, mais extrêmement difficile dans les faits. Par conséquent, dans la suite de ce chapitre, nous concentrerons notre attention sur l'emploi des réglementations dans le but d'améliorer l'efficience économique.

---

[1] Voir aussi Joskow (1974) pour une analyse du rôle des défenseurs de l'environnement dans la réglementation de la production d'électricité.

21.1.3 Théorie des groupes d'intérêt

L'homme est le seul animal à rire
et à avoir un gouvernement – Samuel Butler

La **théorie des groupes d'intérêt** — réaliste, mais cynique — explique l'existence des réglementations publiques par l'attitude de persuasion (au besoin de corruption et de menace) des entreprises d'une industrie à l'égard des organismes publics, de façon à ce qu'ils agissent dans la direction souhaitée. Selon cette théorie, la réglementation a pour but de protéger les entreprises de la concurrence. Les économistes qui soutiennent cette théorie ne contestent pas que l'objectif initial de la réglementation soit de corriger les inefficiences du marché, mais ils pensent que même lorsque des lois adaptées sont votées, les entreprises des industries concernées parviendront à les subvertir en manipulant les organismes chargés de les appliquer.

Dans sa version la plus générale, cette théorie considère que les différents groupes d'intérêt sont différemment affectés par les réglementations et sont en concurrence pour essayer d'obtenir la législation qui leur est la plus favorable. Par conséquent, ce sont les mieux organisés et les plus concernés par une loi qui vont dépenser le plus d'argent ou d'énergie pour que la loi serve leurs intérêts ou que les organismes chargés de l'appliquer l'interprètent dans un sens favorable à leurs intérêts. Selon cette théorie, les groupements d'entreprises ou d'individus peuvent littéralement capturer un organisme de réglementation (Stigler, 1971 ; Posner, 1971, 1974 ; Peltzman, 1976 ; Becker, 1983). Dans certains cas, un groupe social peut même augmenter son avantage au détriment des autres groupes (voir l'exemple 21.2).

L'exemple le plus notable du rôle joué par les groupes d'intérêt est celui de l'attribution des licences d'exercice d'une profession (plombiers, électriciens, médecins, avocats et esthéticiens, etc.). Aux États-Unis, ces professions ont fait pression sur le Congrès pour obtenir le droit de fixer elles-mêmes les règles de fonctionnement de leur activité, ainsi que les conditions d'accès (voir l'exemple 21.3 et le chapitre 14), ce qui a pour effet de les rendre plus lucratives.

Les groupes d'intérêt exercent un contrôle direct ou indirect, sur les organismes de réglementation. Premièrement, les entreprises d'une industrie peuvent faire du lobbying au Congrès pour obtenir la réglementation qu'ils souhaitent (voir Noll, 1989). Aux États-Unis, il existe (ou existait) de puissants groupes de pression pour la réglementation de l'accès à certaines professions, celle des chemins de fer, du transport routier et de la fourniture de l'eau. Deuxièmement, les entreprises d'une industrie peuvent également agir directement auprès des employés des organismes de réglementation.

Il existe au moins trois raisons de penser que les employés des organismes de réglementation peuvent être soumis à une pression de la part des industries dont ils s'occupent (Asch et Seneca, 1985, pp. 316–317). Premièrement, les commissions de réglementations sont généralement composées d'experts qui ont le plus souvent travaillé dans les industries en question et y ont conservé des liens qui

EXEMPLE 21.2 Subventions croisées

Beaucoup d'entreprises réglementées fixent leurs prix par subventionnement indirect ou « croisé ». Elles font par exemple payer un prix plus élevé à certains consommateurs, pour un service identique (discrimination par le prix). Dans ce cas, ceux qui paient un prix élevé subventionnent ceux qui paient un prix bas. Parfois, deux groupes paient le même prix, alors que le coût de fourniture du service aux deux groupes est différent. Par exemple, les tarifs des communications téléphoniques dans les régions rurales sont les mêmes que ceux pratiqués dans les régions urbaines, alors que le coût de fourniture du service dans les régions rurales est plus élevé.

Ce sont les organismes chargés de la réglementation qui imposent souvent ce type de subventionnement croisé aux entreprises. Pourquoi ? L'une des explications avancées est qu'un groupe de consommateurs parvient à faire pression sur l'organisme de réglementation et à obtenir un avantage au détriment des autres groupes (qui le subventionnent indirectement).

Cette hypothèse, d'après laquelle ce sont les organismes chargés de la réglementation qui imposent les subventions croisées, a été testée sur des données relevées à une période où la fourniture d'électricité n'était pas encore réglementée dans tous les États américains. Les entreprises consomment beaucoup plus d'électricité que les ménages et sont beaucoup moins nombreuses, de sorte qu'elles peuvent mieux faire pression sur l'organisme de réglementation. Si cette hypothèse est correcte, le ratio du prix payé par les ménages à celui payé par les entreprises devrait être plus élevé dans les États réglementés que dans les États non réglementés. Il est supposé ici que le coût de fourniture du service n'est pas sensiblement différent pour les deux groupes d'utilisateurs, dans les États réglementés comme dans les autres.

Cette prévision a été confirmée par le test. En 1917, le ratio moyen du prix payé par les ménages au prix payé par les entreprises était égal à 1,616 dans les États réglementés et à 1,445 dans les États non réglementés. Donc, le prix relatif payé par les ménages des États réglementés était 12% plus élevé que celui payé par les ménages des États non réglementés. Les ratios correspondant pour l'année 1937 était égaux à 2,459 dans les États réglementés et à 2,047 dans les États non réglementés, ce qui fait que le prix relatif payés par les ménages était 20% plus élevé dans les États réglementés que dans les autres. En résumé, la réglementation avait pour effet d'obliger les ménages à subventionner indirectement les entreprises.

SOURCE : Stigler et Friedland (1962). Voir aussi Faulhaber (1975) pour une définition plus précise des subventions croisées.

tendent à leur faire épouser spontanément les intérêts des entreprises (voir l'exemple 21.4). Deuxièmement, les membres de ces organismes cherchent fréquemment à obtenir des postes bien rémunérés dans les entreprises qu'ils sont chargés de réglementer. Cela est d'autant plus vraisemblable qu'ils ont acquis une expérience de la réglementation qui peut s'avérer très utile à l'entreprise qui les recrute. La perspective d'un emploi bien rémunéré peut donc leur faire épouser la cause des entreprises de l'industrie. Troisièmement, les ressources financières des commissions de réglementation sont souvent limitées et leur financement dépend en partie des sommes qui leur sont versées par les entreprises les plus prospères du secteur. Ce financement peut donner lieu à « remboursement » sous forme d'une indulgence plus grande à l'égard des profits réalisés par ces entreprises.

EXEMPLE 21.3 Monopoles légaux

Partout dans le monde, les avocats ont acquis un pouvoir de marché en restreignant l'accès à leur profession et en fixant eux-mêmes les prix. Dans pratiquement tous les pays appartenant à l'Organisation de Coopération et de Développement Économique ou OCDE (pays de la CEE, Australie, Canada, Japon, Nouvelle-Zélande et États-Unis), les avocats doivent d'abord décrocher un diplôme d'une école reconnue et ensuite obtenir le droit d'exercer. Ils sont souvent contraints d'appartenir à un « barreau » ou à un ordre ou une société juridique (comme aux Pays-Bas).

Selon un rapport de l'OCDE (1985, p. 35) :

> Dans la plupart des pays, le contrôle du droit d'exercer par des associations d'avocats aboutit, directement ou indirectement, à limiter le nombre de personnes pouvant accéder à la profession. De plus, les « codes de bonne conduite » autorisent la prise de décisions subjectives lors de la délivrance du droit d'exercer.

Aux États-Unis, ainsi que dans d'autres pays, les barreaux d'avocats organisent eux-mêmes les examens d'accès à la profession. Or, comme les membres du barreau sont des avocats en exercice, il n'est pas surprenant que le taux d'échec soit de 25% à 30% des candidats qui ont pourtant obtenu leurs diplômes dans des écoles de droit reconnues.

Dans beaucoup de pays, l'accès aux écoles de droit est lui-même limité. Par exemple, en Irlande, il n'y a que 150 places par an. Dans certains pays, comme en Belgique et en France, les quotas s'étendent à d'autres fonctions juridiques (notaires, huissiers, conservateurs d'hypothèques, etc.)

La mobilité des avocats est également limitée dans la plupart des pays de l'OCDE. Ces limites sont théoriquement posées par garantir la familiarité des avocats avec les lois

→

Sur les 174 personnes recrutées en 1977 par le *Civil Aeronautics Board* (CAB), la *Federal Communication Commission* (FCC) et l'*Interstate Commerce Commission* (ICC), 48% avaient précédemment travaillé dans le secteur public relevant de la compétence de ces commissions et 21% avaient occupé divers emplois privés ayant trait à l'activité concernée (Eckert, 1981). Sur les 142 membres dont les emplois occupés par la suite sont connus, 51% ont obtenu des postes dans des entreprises de l'industrie dont ils avaient la charge et 11% ont pris un emploi similaire dans le secteur public (si l'on ajoute ceux qui sont morts ou partis en retraite, cela représente 70% des membres des commissions). En résumé, les membres de ces commissions viennent deux fois plus souvent du secteur public que du secteur privé, mais ils quittent 5 fois plus souvent ces commissions pour un emploi dans le privé que dans le public. Selon une autre source (Spiller, 1988), près de la moitié (49%) des membres des commissions venant du secteur public trouvent ensuite un emploi dans le privé contre seulement un tiers pour ceux qui viennent du secteur privé.

L'exemple le plus frappant de la pression à laquelle les organismes de réglementation sont soumis est celui de la commission des chemins de fer lorsque les transports routiers ont commencé à leur faire concurrence sur le marché des transports à longue distance au début des années 1930 (Stigler, 1971, p. 8). Les commissions du

EXEMPLE 21.3 Monopoles légaux (suite)

et les réglements locaux. Aux États-Unis, les avocats doivent obtenir la licence d'exercer de l'État dans lequel ils pratiquent et la réciprocité entre les États est limitée. Cette réciprocité existe au Royaume-Uni, entre l'Écosse, l'Irlande du Nord, l'Angleterre et le Pays de Galles, mais après trois ans de pratique seulement. Au Canada, le passage d'une Province à l'autre est également limité. Par exemple, dans la Province d'Alberta, la législation limite la possibilité d'être défendu par un avocat d'une autre Province, même si celui-ci travaille en collaboration avec un avocat de la Province. Dans la plupart des pays de l'OCDE, il est traditionnellement interdit aux avocats de faire de la publicité (ce qui aurait pour effet d'accroître la concurrence par le prix). Ils n'ont pas le droit non plus de chercher à obtenir de la publicité gratuite de la part des médias, ni de recourir à différents moyens d'augmenter leur clientèle. Depuis quelques années, certains pays, dont le Danemark, la Suède et les États-Unis, ont remis en question ces interdictions. Mais d'autres pays, parmi lesquels la Belgique, le Royaume-Uni, la Finlande, l'Allemagne, le Japon, la Norvège et l'Espagne, les ont maintenues.

Enfin, la fixation des tarifs ou « honoraires » est également une pratique commune dans la plupart des pays de l'OCDE. Ceux-ci sont généralement fixés par le barreau, sous l'autorité du gouvernement. En Irlande, les tarifs sont fixés par des lois et des réglements d'associations. Au Canada, ils sont déterminés localement ou régionalement. En Allemagne, le gouvernement impose un plafond. En Australie, ce sont les tribunaux ou d'autres organismes autorisés qui règlent les tarifs. Dans certains pays, comme le Royaume-Uni, les tarifs ne sont pas fixés. Au Danemark et en France, les avocats doivent dans certaines conditions assurer gratuitement la défense de leurs clients (« avocats commis d'office »), ce qui aurait une incidence sur les barêmes officiels. Aux États-Unis, les tribunaux ont récemment rendu des décisions condamnant sévèrement les tarifs excessifs pratiqué par certains avocats. On peut donc espérer que les pratiques les plus monopolistiques de cette profession vont progressivement disparaître.

SOURCE : Organisation de Coopération et de Développement Économique (1985).

Texas et de Louisianne avaient alors imposé une limite de 7 000 livres aux camions desservant deux stations ferroviaires ou plus (et qui donc faisaient concurrence au rail) et seulement une limite de 14 000 livres à ceux qui ne desservaient qu'une seule station (et ne faisaient donc pas concurrence au rail).

Il arrive souvent cependant que plusieurs organismes s'occupent de la réglementation d'une industrie. Dans ce cas, leur contrôle par les groupes de pression est moins aisé. C'est le cas de la biotechnologie, où plusieurs organismes contrôlent la fabrication des produits génétiquement altérés : l'*Environmental Protection Agency* (EPA), l'*U.S. Department of Agriculture* (USDA), la *Food and Drug Administration* (FDA), l'*Occupational Safety and Health Administration* (OSHA) et le *National Institute of Health* (NIH). Chacun de ces organismes peut décider de rejeter un produit s'il estime qu'il présente des risques inacceptables. De plus, le *National Environmental Policy Act* (NEPA) de 1969 donnent au tribunaux le pouvoir de contrôler les décisions de ces organismes s'ils estiment qu'elles peuvent avoir un

EXEMPLE 21.4

Normes américaines régissant la construction de maisons individuelles

De nombreuses études ont révélé que les normes démodées qui régissent la construction de maisons individuelles freinent le progrès technique. Bien que l'objectif proclamé de ces normes soit de protéger les consommateurs contre les défauts de construction, elles ont en réalité pour effet de ralentir l'emploi de matériaux et de méthodes plus efficaces et plus économiques. Diverses études ont montré que l'élimination des 10 normes les plus archaïques permettraient de réaliser une économie de 5% à 15% sur le prix payé par les ménages qui font construire une maison.

Pourquoi les codes de la construction pénalisent-ils si lourdement la société ? Plusieurs explications ont été avancées. Selon Oster et Quigley (1977), la probabilité qu'une innovation de matériau, de conception ou de maîtrise d'œuvre soit intégrée dans les réglementations qui régissent la construction dépend de l'expérience professionnelle du responsable principal de la commission de la région concernée, ainsi que de la façon dont il apprécie l'importance des conflits engendrés par l'introduction de l'innovation. L'importance réelle de ces conflits dépend elle-même des interactions entre les entreprises existantes et nouvelles, des syndicats professionnels et des associations représentatives des ménages.

Ces différents groupes tentent d'autant plus d'influencer la décision que les bénéfices qu'ils escomptent sont supérieurs aux coûts du lobbying. Supposons par exemple que les câbles de connexion non métalliques sont moins chers et plus faciles à installer que les conduites métalliques et qu'ils peuvent donc être installés par du personnel moins qualifié. Dans ce cas, les producteurs de conduites métalliques s'allieront aux syndicats professionnels d'électriciens (en particuliers ceux qui représentent les électriciens les plus qualifiés et les mieux payés) pour bloquer l'introduction des câbles non métalliques.

L'étude menée par Oster et Quigley sur quatre innovations de ce type montre que les facteurs précédents ont une influence sur le rythme d'adoption des nouveautés. Par exemple, dans le cas de la plomberie pré-assemblée — une innovation qui réduit la demande de professionnels qualifiés — si le responsable principal de la commission à 2 ans d'éducation supplémentaire (la moyenne est de 14 ans), la probabilité d'adoption passe de 5% à 6%. Par ailleurs, plus le pourcentage de travailleurs locaux syndiqués est élevé, moins les innovations qui réduisent la demande de travail local ont de chances d'être adoptées. De même, plus la taille moyenne des entreprises de construction de maisons individuelles augmente (et donc que les coûts fixes de lobbying sont faciles à amortir), plus les innovations seront faciles à introduire.

« impact significatif » sur l'environnement.[2] D'autre part, pour certaines industries, des organismes de réglementation fédéraux se superposent aux organismes de réglementation internes aux États.

Dans le reste de ce chapitre, nous ne tiendrons pas compte de l'écart entre les objectifs proclamés des organismes de réglementation et les objectifs des individus qui la composent. Nous nous concentrerons sur l'analyse des effets des différentes

[2] Hubert, Peter, W. « Biotechnology and the Regulation HYDRA ». *Technology Review*, 1987 : 57–65. À la suite d'un rapport du *White House Office of Science and Technology* publié en juin 1986, les relations entre ces différents organismes se sont un peu mieux structurées et il existe maintenant un comité de coordination.

formes de réglementation. Nous étudierons d'abord les réglementations destinées à favoriser la concurrence et ensuite celles destinées à la réduire.

21.2 Rendre les monopoles plus concurrentiels

Dans la plupart des industries monopolisées, l'allocation des ressources ne se fait pas efficacement car le prix est supérieur au coût marginal. L'existence de cette distorsion sert le plus souvent à justifier la réglementation des monopoles. Ce raisonnement n'explique cependant pas comment une entreprise devient un monopole. De plus, il y a trois cas de monopole où la réglementation n'est pas nécessaire et même où elle est néfaste.

Premièrement, les entreprises sont incitées à développer des produits nouveaux, à faire des découvertes et à développer des technologies plus efficientes que leurs concurrentes. Une réglementation qui supprime cette incitation sans la remplacer par une autre peut donc avoir un effet négatif (voir le chapitre 20). Deuxièmement, si un marché est *contestable* (Baumol, Panzar et Willig, 1982), de sorte que l'entrée et la sortie s'effectuent à un coût nul, il y a peu de raisons, voire aucune, de réglementer un monopole, car la pression du marché suffit à éliminer le pouvoir de monopole. Troisièmement, le coût de la réglementation d'un monopole est parfois si élevé ou les responsables de la réglementation si incompétents ou corrompus, que celle-ci exerce un effet encore plus négatif que le monopole sur la société.

Lorsqu'un pouvoir de monopole n'est pas susceptible d'être éliminé par la possibilité d'entrée d'une autre entreprise, où lorsque sa perspective ne stimule pas l'innovation, l'intervention publique peut s'avérer nécessaire. En particulier, lorsqu'un monopole a été créé par la restiction artificielle de l'entrée sur le marché, il peut s'ensuivre un défaillance sévère du marché. La réglementation s'impose tout particulièrement lorsque c'est l'État lui-même qui a choisi de n'autoriser qu'une seule entreprise à opérer sur le marché (Kahn, 1970 ; Schmalensee, 1979 ; Joskow et Noll, 1981). Ces monopoles appartiennent généralement à l'une des deux catégories suivantes : soit ils ont été directement créés par l'État (qui bloque alors l'entrée de toute entreprise nouvelle), soit ils résultent de la structure des coûts de production de l'industrie considérée.

Ce second cas est celui où il est plus efficient qu'une seule entreprise seulement produise du fait de la présence d'économies d'échelle. Lorsqu'une seule entreprise peut produire la quantité demandée par le marché à un coût inférieur à celui nécessaire pour que 2 entreprises ou plus produisent la même quantité, il existe un *monopole naturel*. Les monopoles naturels découlent nécessairement de l'existence d'une courbe de coût moyen décroissante à long terme, mais ils peuvent aussi naître dans d'autres circonstances, comme nous allons le voir ci-après. Lorsqu'un marché est caractérisé par un monopole naturel, la concurrence ne permet pas d'atteindre l'efficience. Mais le monopole non réglementé ne permet pas non plus d'atteindre l'efficience car le prix qu'il fixe est trop élevé (supérieur au coût marginal). Le problème de la fixation des prix dans les situations de monopole naturel a longtemps été l'une des principales justification de la réglementation des monopoles produisant des biens ou des services d'intérêt public, comme les communications téléphoniques, l'électricité et le gaz naturel. Il existe cependant plusieurs façons de concevoir la réglementation de ces monopoles. La première approche suggère que l'État soit directement propriétaire du monopole. À cette conception extrême, on peut substituer diverses formes de réglementation qui ont pour but de contrôler la rentabilité du monopole et d'augmenter la concurrence qui existe sur ces marchés. Après avoir étudié ces différentes approches, nous évoquerons certains des effets non désirés de la réglementation des monopoles.

La réglementation des monopoles n'est pas l'unique forme de l'intervention du gouvernement. Par exemple, lorsqu'un monopole est créé par la fusion de plusieurs entreprises, il est souhaitable que le gouvernement rétablisse la concurrence (c'est-à-dire qu'il empêche la fusion), plutôt que de réglementer le monopole ainsi créé. Comme nous l'avons vu au chapitre 20, les lois antitrust ont pour but d'empêcher les actions des entreprises qui visent à réduire la concurrence. La réglementation, quant à elle, a pour but de contrôler l'activité des monopoles naturels. Nous allons maintenant analyser les différentes formes de réglementation des monopoles, qu'ils soient naturels ou non.

21.2.1 Monopoles publics

Certains monopoles naturels appartiennent directement (ou majoritairement) à l'État. Ce sont alors des fonctionnaires qui fixent les prix de façon à maximiser le bien-être social plutôt que les profits. Beaucoup de pays européens, comme le Royaume-Uni, la France, la Suède, etc., ont longtemps contrôlé les monopoles naturels de cette manière (et certains continuent à le faire).

Aux États-Unis, il est également fréquent que l'État soit directement propriétaire des monopoles d'intérêt public. Ainsi, aujourd'hui, 75% de la population américaine est alimentée en eau par des entreprises publiques et 20% de la population reçoit l'électricité produite par des entreprises publiques. 28% des salariés qui travaillent dans des secteurs d'intérêt public sont fonctionnaires, alors qu'il y en a seulement 20% au Japon, mais 43% en Allemagne et 60% en Suisse (Schmalensee, 1979, p. 85). Dans la plupart des pays, les services postaux sont directement contrôlés par l'État. En Grande-Bretagne, beaucoup d'industries ont été alternativement dans le giron public ou privé en fonction des gouvernements qui se sont succédé au pouvoir depuis la fin de la seconde guerre mondiale.

Il y a peu d'indications que la gestion des monopoles publics soit optimale. En général, les entreprises publiques sont plutôt moins efficientes que les entreprises privées (voir l'exemple 21.5). Selon Williamson (1967), c'est parce que les responsables d'entreprises publiques ne sont pas incitées à maximiser les profits. D'après une étude de Pashigian (1976), les entreprises publiques de transport ont une rentabilité inférieure aux entreprises privées. Il y a également peu de preuves que les

EXEMPLE 21.5

Le ramassage des ordures : monopole public, monopole privé ou concurrence ?

Aux États-Unis, le ramassage des ordures est organisé de différentes manières selon les villes. Dans certaines villes, comme à New York, c'est un monopole public qui s'occupe du ramassage. Dans d'autre villes, comme à Boston, c'est un monopole privé. Enfin, dans quelques villes, comme Portland ou Oregon, il existe plusieurs entreprises privées qui ne ramassent que les ordures de leur clientèle.

Si le ramassage des ordures est soumis aux économies d'échelle, c'est un monopole naturel et seule une entreprise unique pourra effectuer le ramassage au coût moyen le plus bas. S'il n'y a pas d'économies d'échelle, seule la concurrence entre plusieurs entreprises pourra permettre de maintenir le prix au niveau le plus bas possible. On pense généralement qu'il y a des économies d'échelle car il est moins coûteux qu'une seule entreprise s'occupe du ramassage des ordures d'un quatier plutôt qu'il y ait plusieurs entreprises dont les camions s'occupent sélectivement des ordures de chaque maison.

Stevens (1978) a effectué une étude portant sur 340 villes américaines. Elle a calculé les fonctions de coût dans chaque cas en supposant la qualité du service constante et la structure du marché donnée. Ses quatres conclusions principales sont les suivantes :

1. Il y a des économies d'échelles dans les villes de moins de 20 000 habitants (ou dans les villes desservies par moins de 4 camions).
2. Le coût de ramassage est de 2% à 48% plus élevé que le coût de ramassage par un monopole privé, du fait de dépenses de facturation plus élevées et des coûts supplémentaires imposées par la non exclusivité du ramassage dans les différentes zones.
3. Dans les villes de moins de 50 000 habitants, le prix fixé par les monopoles privé est équivalent au coût de production des monopoles publics.
4. Dans les villes plus grandes, les solutions publique et concurentielle sont de 27% à 37% plus coûteuses que le monopole privé.

La quatrième conclusion peut s'expliquer par le fait que la productivité du travail d'un monopole public est inférieure à celle d'un monopole privé et que la différence augmente avec la taille de la ville. Le nombre moyen d'employés par équipe de ramassage est égal à 3,26 dans les monopoles publics et à 2,15 seulement dans les monopoles privés. D'autre part, les monopoles public utilisent des camions dont la capacité (environ 20 m^3) est inférieure à la capacité des camions des monopoles privés (environ 27 m^3).

entreprises publiques fixent les prix de façon à maximiser le bien-être.[3] Selon Peltzman (1971), par exemple, les entreprises municipales pratiquent en moyenne des prix plus bas, mais la différence est compensée par les impôts.

[3] Voir cependant la synthèse de DeAlessi (1974). DeAlessi note que les tarifs applicables aux différentes catégories de consommateurs varient en fonction de la propriété publique ou privée des services d'intérêt collectifs.

21.2.2 Système de la mise aux enchères des franchises

En dehors de la propriété publique, d'autres solutions sont envisageables. L'une d'entre elles est la **mise aux enchères des franchises**, où le gouvernement vend le droit d'exploitation à l'entreprise qui fait la meilleure offre.[4] Dans ce cas, au lieu de donner le droit de monopole à une entreprise privée, le gouvernement vend ce droit à l'entreprise la plus offrante (ce système est employé aux États-Unis pour les droits de diffusion radiophonique et télévisuels) et s'approprie ainsi la rente du monopole. Ce système a longtemps existé en France pour la fourniture de l'eau et les services funéraires. Il était également employé à New York au début du siècle (Schmalensee, 1979, p. 71).

Dans ce système, le gouvernement peut exiger que l'entreprise soit gérée de façon à ce que le niveau de bien-être soit supérieur à celui classiquement atteint en monopole.[5] Les enchères peuvent par exemple porter sur le prix que le monopole fera payer au consommateurs et non sur le droit d'exploitation. Dans ce cas, le monopole peut être obligé de pratiquer un prix concurrentiel et le profit de monopole est éliminé (Demsetz, 1968 ; Posner, 1972 ; Baumol, Panzar et Willig, 1982). Le gouvernement renonce alors à s'approprier la rente du monopole et attribue la licence à l'entreprise qui produit dans les meilleures conditions pour les consommateurs (voir l'exemple 21.6). Il y a un siècle, certaines franchises d'exploitation des chemin de fer étaient attribuées aux compagnies qui proposaient les tarifs les plus bas (Chadwick, 1859).

Aux États-Unis, c'est la *Federal Communications Commission* (FCC) qui est chargée de répartir les fréquences entre la radio, la télévision, les téléphones mobiles, la police et l'armée. Elle attribuait traditionnellement les licences sur la base d'audition ou parfois même de lotteries (depuis 1980), mais jamais sur la base de la qualification des enchérisseurs. En 1991, les droits de franchise récoltés par la FCC s'élevaient à 46,6 millions de dollars et les droits moyens payés pour obtenir une franchise s'élevaient à 6 760 $. Le système des lotteries encourage certains individus à participer aux lotteries pour décrocher une franchise et la revendre à prix d'or à des entreprises qui en ont réellement besoin (mais qui n'ont pas eu de chance à la lotterie). Ainsi, un gagnant d'une lotterie organisée en 1990 pour l'attribution de fréquence de téléphonie mobile dans le Massachussets a t-il revendu sa franchise pour 41 millions de dollars. Une étude réalisée pour le compte d'une commission du budget du Congès (Greenfield et Moore, 1992) a établi qu'un système de mise aux enchères du spectre des fréquences permettrait au gouvernement de gagner entre 1,3 et 5,7 milliards de dollars. C'est la raison pour laquelle, en 1993, le Congrès a voté une loi qui autorise pour la première fois à mettre aux enchères une partie du spectre pour les nouveaux services de communications personnels, tels que les

---

[4] Selon Schmalensee (1979, pp. 68–73), cette idée remonte à John Stuart Mill (1948).

[5] De façon analogue, Spiller (1988) a étudié les conditions d'une mise aux enchères des emplois offerts par les organismes de réglementation, afin de tenir compte des rémunérations occultes dont leur titulaires peuvent bénéficier de la part des entreprises qu'ils sont chargés de réglementer.

EXEMPLE 21.6

Mise aux enchères des franchises de monopole : l'exemple de la télévision par câble aux États-Unis

C'est en 1969, à Oakland, Californie, qu'eut lieu pour la première fois la mise aux enchères d'une franchise pour la fourniture de télévision par câble (Williamson, 1985). La ville imposait l'inspection des installations, l'examen des comptes et la possibilité de mettre fin à la franchise pour non-respect du cahier des charges avec un préavis de 30 jours et sous réserve d'une audition publique. La ville se réservait également le droit de reprendre la franchise et de faire fonctionner la station au coût de production.

Plutôt que de proposer immédiatement la franchise aux enchères, la municipalité organisa des réunions préliminaires avec les franchisés potentiels et les différentes communautés concernées. Après 10 mois, 5 candidats furent retenus pour faire une offre. Le cahier des charges imposait de fournir divers services de radio et de télévision, d'assurer une couverture de toute la région, de payer 8% des recettes brutes à la ville (avec un plancher de 125 000 dollars par an) et d'offrir gratuitement à la ville un certain nombre de services et de connexions (y compris la mise à disposition de studios d'enregistrement). La ville imposait également un délai maximal pour la mise en place des divers services et autorisait les candidats à prévoir une augmentation annuelle des tarifs. La durée de la franchise fut fixée à 15 ans.

L'offre la plus intéressante fut faite par une entreprise locale, Focus Cable, qui proposa un abonnement de 1,70 $ par mois. La seconde offre était égale à 3,48 $ par mois et Tele Prompt Ter proposait un abonnement de 5,95 $. Comme Focus n'avait pas les ressources financières nécessaires à la réalisation de son projet, il fut finalement décidé que la franchise serait accordée à une joint venture entre Focus et Tele Prompt Ter, au sein de laquelle Tele Prompt Ter contrôlait la moitié du capital et pouvait exercer à tout moment une option lui permettant de posséder 80% des actions. Tele Prompt Ter semble avoir accepté cet accord car elle escomptait compenser le manque à gagner lié à la fourniture des prestations de base en proposant un bouquet optionnel, ainsi que d'autres services, à un prix plus élevé.

La franchise fut accordée dans les 18 mois qui suivirent cet accord. L'entreprise fut autorisée à proposer un bouquet optionnel pour 6,45 $ par mois, ce qui fait que l'abonnement global se chiffrait à 6,15 $ par mois. Mais certains ménages ne purent pas être câblés dans les délais prévus. Focus négocia et obtint une réduction de l'amende infligée pour non-réalisation du contrat dans les délais. D'autre part, un câble unique fut installé, au lieu du double câble initialement prévu. Là encore, la municipalité préféra négocier plutôt que de chercher un autre partenaire (par peur de se retrouver face au même problème) ou de reprendre la franchise à son compte. →

téléphones mobiles. D'après certaines études, cette méthode devrait permettre au gouvernement de gagner 40 milliards de dollars ou plus.[6]

Si la mise aux enchères des franchises permet d'éliminer les profits de monopole, elle n'implique pas nécessairement une fixation efficiente des prix (Telser, 1969 ; Williamson, 1976 ; Schmalensee, 1979 ; Williamson, 1985). En effet, l'efficience implique que le prix soit égal au coût marginal. Or, à ce prix, un monopole naturel peut perdre de l'argent, comme nous le verrons ci-après. De ce fait, aucun des enchérisseurs candidat à la gestion d'un monopole naturel n'est prêt à prati-

[6] Ramirez, Anthony. « US Could Win Big in Auction of Airwaves ». *New York Times* 9 août 1993 : C11.

EXEMPLE 21.6 Mise aux enchères des franchises de monopole... (suite)

Le principal défaut du système d'enchères qui fut adopté est qu'il exigeait seulement des entreprises candidates de proposer un tarif d'abonnement pour les services de base, sans tenir compte des options supplémentaires et des services annexes. Or, près de 90% des abonnés choisirent d'ajouter les options à l'offre de base, de sorte qu'ils payèrent finalement un prix 3 fois et demi plus élevé que celui initialement prévu. D'autre part, le large éventail des offres reçues laissent penser que celle de Focus (1,70 $ par mois) était probablement inférieure au coût de production. D'ailleurs, la municipalité reçut tellement de plaintes à propos de la qualité des services fournis qu'elle eut recours aux services d'une entreprise extérieure pour évaluer la qualité du service rendu par Focus et la façon dont les exigences techniques étaient satisfaites. En définitive, ce système a abouti à fournir un service de qualité médiocre et beaucoup plus coûteux que cela n'était prévu. Mais le principe de la mise aux enchères avait été posé. À Manhattan, en revanche, les franchises furent accordées de façon arbitraire à 2 entreprises pour 20 ans. Le fait d'accorder plus d'une franchise peut être plus intéressant. Une étude comparative a montré que lorsque les télévisions par câble sont en concurrence, les tarifs sont en moyenne inférieurs de 18% à 24% à ceux pratiqués par les télévisions câblées qui ont un monopole.

Au cours des années 1980, les municipalités obtinrent le droit de réglementer les tarifs d'abonnement proposés par les télévisions câblées. En 1989, cette réglementation fut supprimée. Une étude gouvernementale a montré que dans les 2 ans qui suivirent, les tarifs augmentèrent de 26% en moyenne. Selon une étude de Jaffe et Kanter (1990), c'est dans les grandes villes, là où il y a le plus de concurrence, que cette augmentation fut la plus faible. En revanche, dans les petites villes, où l'offre est moins importante, les tarifs augmentèrent davantage. Selon Rubinovitz (1993) la déréglementION aurait entraîné une augmentation en termes réels de 18% des taux de base. En 1992, les municipalités furent à nouveau autorisées à réglementer les taux de base. Enfin, en 1993, la FCC adopta une formule à la suite de laquelle les tarifs d'abonnement durent baisser de 10% par rapport au mois de septembre de l'année précédente.

SOURCE : Williamson (1985, p. 352–64) ; Jaffe et Kanter (1990) ; marshall, Johnathan. « Cable TV Competition vs. Regulation », *San Francisco Chronicle*, 7 avril 1992 : A1 et A8 ; Andrew, Edmund L. « FCC Orders Cuts in Cable TV Rates : Eases Rerun Rule », *New York Times*, 2 avril 1993 : p. 1 et Rubinovitz (1993).

quer une politique de prix efficiente (à moins de pouvoir discriminer par le prix). D'autre part, la mise aux enchères des franchises ne supprime pas la nécessité de la réglementation : le gouvernement doit s'assurer régulièrement que le franchisé s'acquite correctement de ses obligations, qu'il n'augmente pas le prix et qu'il ne réduit pas la qualité du service.[7] La modification de l'environnement économique au cours du temps constitue encore un autre problème, car l'accord initial peut s'avérer indésirable par la suite. Il est donc parfois nécessaire de renou-

[7] Selon Ellingsen (1991), les acheteurs peuvent parfois faire pression pour obtenir l'instauration d'un contrôle des prix. Par conséquent, les candidats à la franchise qui anticipent ce risque ont tendance à minorer leur offre. Selon Ellingsen, le lobbying des acheteurs a toujours un effet socialement bénéfique lorsque le monopole pratique la discrimination par le prix. Il augmente encore davantage le bien-être s'il a lieu après l'attribution de la franchise plutôt qu'au moment des enchères.

veler périodiquement les enchères. Dans ce cas, du fait de l'expérience acquise, l'entreprise ayant obtenu une première fois la franchise se trouve en position privilégiée par rapport aux nouveaux candidats (Williamson, 1976, 1985).[8]

Riordan et Sappington (1987) proposent pour politique optimale de maximiser le bien-être anticipé des consommateurs lorsque les entreprises candidates n'ont qu'une connaissance imparfaite de leurs coûts de production. Ils recommandent d'accorder la franchise à l'entreprise dont les coûts anticipés sont les plus bas, mais de permettre à celle-ci de pratiquer un prix supérieur au coût marginal afin d'inciter les entreprises à faire des enchères plus agressives.

21.2.3 Contrôle des prix

Il n'est pas indifférent de savoir qui sera l'agneau sacrifié. – Martin Luther

Les gouvernements emploient fréquemment le **contrôle des prix** (plafond imposé aux prix fixés par les entreprises) afin de maîtriser l'inflation ou de maintenir les prix d'un marché particulier à un niveau jugé raisonnable. Nous allons donc étudier les effet du contrôle des prix de monopole.

Les nombreuses méthodes employées pour contrôler les prix (prélèvement de taxes, octroi de subventions, etc.) ont une incidence directe sur le prix pratiqué par un monopole. Dans la plupart des pays occidentaux, des organismes spécialisés ou des administrations s'occupent de la réglementation des prix pratiqués par les monopoles. En général, ces commissions fixent directement le prix ou donnent leur approbation au prix proposé par le monopole.

Dans l'exemple qui suit, nous allons supposer que c'est l'administration qui fixe directement le prix maximum que le monopole peut pratiquer. Nous allons successivement analyser les effets de la réglementation du prix sur un monopole dont le coût marginal est croissant, puis sur un monopole naturel (dont le coût marginal est constant ou décroissant).

A. Coût marginal croissant

Dans ce cas, la réglementation des prix à des effets sur l'efficience et sur la répartition des revenus. Une réduction modérée du prix accroît la quantité vendue et augmente l'efficience. Une réduction trop importante du prix crée un rationnement et peut même réduire la quantité vendue. La réduction du prix redistribue également le revenu du monopole aux consommateurs. Ceci explique que les monopoles soient hostiles à la réglementation des prix alors que les consommateurs en sont friands.

La figure 21.1 illustre le cas d'un monopole dont la courbe de coût marginal est croissante, confronté à une courbe de demande décroissante. La figure illustre

---

[8] Voir cependant Zupan (1989) et Prager (1990), dont les analyses concernant l'exploitation des télévisions câblées aboutissent à la conclusion que l'opportunisme de l'entreprise installée ne constitue pas nécessairement un problème sérieux.

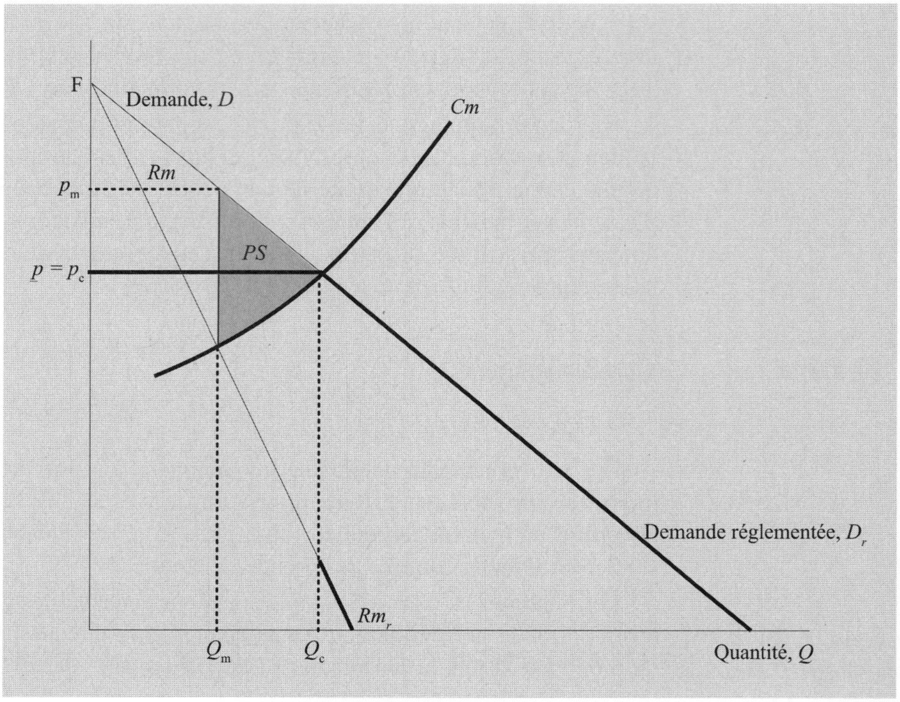

Figure 21.1: *Réglementation efficiente du prix*

également la courbe de recette marginale associée à la courbe de demande. En l'absence de réglementation, le monopole maximise son profit en fixant un prix p_m et en vendant la quantité Q_m (ces coordonnées sont déterminées par l'intersection des courbes de recette marginale et de coût marginal, ainsi que nous l'avons expliqué au chapitre 5). La perte sèche (PS) de la société correspond au triangle situé sous la courbe de demande, au-dessus de la courbe de coût marginal et à droite de Q_m (surface en gris foncé). Cette perte sèche reflète à la fois les pertes de surplus du consommateur et du producteur qui sont dues à la restriction de la quantité vendue. Si le prix était égal au coût marginal de production, c'est-à-dire à p_c, les consommateurs seraient disposés à acheter un plus grande quantité, soit Q_c. L'inefficience est donc causée par la fixation d'un prix supérieur au coût marginal, ce qui implique une quantité inférieure à Q_c.

Si l'administration fixe $\underline{p}$ (prix maximum que le monopole peut appliquer) à un niveau supérieur à p_m, la réglementation du prix n'a aucun effet.[9] Nous allons d'abord montrer que si $\underline{p}$ est égal à p_c (le prix concurrentiel ou efficient), le bien-

[9] Ceci n'est vrai que dans un modèle statique. Dans un modèle dynamique, la contrainte peut devenir active par la suite et engendrer alors des distorsions (Lee, 1978).

être est maximum. Nous montrerons ensuite que si $\underline{p}$ est inférieur à p_c, cela peut provoquer un rationnement.

a. Réglementation efficiente du prix. Si l'administration fixe le prix maximum de telle sorte que $\underline{p} = p_c$, la perte sèche disparaît, comme nous allons maintenant le montrer. Comme il ne peut plus pratiquer un prix supérieur à p_c, le monopole est en fait confronté à la courbe de demande à prix réglementé D_r (courbe en tracé épais sur la figure 21.1), dont une portion est horizontale au niveau p_c et dont l'autre portion se confond avec l'ancienne courbe de demande décroissante à partir de l'abscisse Q_c.

La courbe de recette marginale du monopole à prix réglementé, Rm_r se confond avec la portion horizontale de la nouvelle courbe de demande,[(10)] puis est identique à l'ancienne courbe de recette marginale sur la portion où la nouvelle courbe de demande se confond avec l'ancienne (portion de l'ancienne courbe de coût marginal en tracé épais sur la figure). En Q_c, la courbe de recette marginale du monopole à prix réglementé est discontinue.

Le monopole à prix réglementé détermine son prix en égalisant la nouvelle recette marginale à son coût marginal. La nouvelle courbe de recette marginale (en trait épais sur la figure 21.1) est égale au coût marginal en Q_c et non plus en Q_m, comme c'était le cas avant que le monopole ne soit réglementé. Si le monopole vend une unité de moins, il réduit son profit car sa recette totale diminue davantage que son coût total. S'il vend une unité de plus, sa recette totale augmente moins que son coût total. Le profit du monopole est moins élevé qu'en l'absence de réglementation, mais il s'agit bien d'un profit maximum.

En résumé, si $\underline{p} = p_c$, on obtient la solution efficiente (concurrentielle) et la perte sèche est éliminée car le prix est égal au coût marginal. Comme Kahn (1970, p. 65) l'écrit : « La leçon essentielle de la microéconomie se résume à l'égalité du prix et du coût marginal ».

Cependant, même dans un modèle statique, ce type de réglementation n'est ni désirable, ni réalisable si deux autres conditions ne sont pas également remplies. D'une part le monopole doit encore pouvoir réaliser un profit positif, sinon il n'est plus incité à produire. Deuxièmement, le coût de fonctionnement de l'organisme de réglementation doit être inférieur au gain social engendré par la réglementation (qui correspond à l'élimination de la perte sèche). Malheureusement, le coût d'administration des commissions de réglementation est souvent élevé. Par exemple, selon une étude de Gerwig (1962), le coût de la réglementation des prix du gaz naturel aux États-Unis représente environ 7% du prix de base du gaz.

---

[10] La courbe de recette marginale est horizontale tout comme l'est celle d'une entreprise concurrentielle. En effet, la courbe de demande étant horizontale, chaque unité supplémentaire peut être vendue sans que le prix ne baisse. La recette marginale est donc égale à la recette moyenne, c'est-à-dire au prix. Mathématiquement, la recette marginale est donnée par $d[p(Q)Q]/dQ = p'(Q)Q + p(Q)$, où $p(Q)$ est la courbe de demande inverse, $p(Q)Q$ la recette totale et où $p'(Q)$ est la pente (négative) de la courbe de demande. Si la courbe de demande est horizontale en $\underline{p}$, $p(Q) = \underline{p}$ et $p'(Q) = 0$, ce qui fait que la recette marginale est égale à $p(Q) = \underline{p}$.

b. Réglementation inefficiente du prix. L'administration éprouve souvent les plus grandes difficultés à fixer $\underline{p}$ égal à p_c, car elle connaît rarement avec précision les coûts de l'entreprise ou la courbe de demande. Donc, même si son intention est de choisir $\underline{p} = p_c$, il arrive souvent qu'elle se trompe et qu'en définitive $\underline{p}$ soit trop élevé ou trop bas.[11] Si l'administration fixe $\underline{p}$ entre p_m et p_c, le monopole choisira ce prix, par le même raisonnement que précédemment.[12] Le bien-être des consommateurs est plus élevé qu'en l'absence de réglementation : ils achètent plus à un prix moins élevé. Leur bien-être est cependant plus élevé lorsque $\underline{p}$ est égal à p_c.

Si le prix fixé est trop bas, un nouveau problème apparaît : l'entreprise peut faire faillite et les consommateurs perdre tout leur surplus. Un cas moins extrême, mais où $\underline{p}$ est cependant inférieur à p_c, est illustré par la figure 21.2. La courbe de demande à prix réglementé est à nouveau horizontale en $\underline{p}$, puis décroissante dans la partie où elle se confond avec la courbe de demande intiale. Là où la courbe de demande est horizontale, la courbe de recette marginale associée l'est aussi et se confond avec elle.

Le monopole maximise alors son profit en fixant un prix égal à $\underline{p}$ et une quantité $\underline{Q}$. À ce prix, les consommateurs voudraient acheter Q_h ($< \underline{Q}$) unités. Mais le monopole ne souhaite pas produire cette quantité. Toute unité supplémentaire vendue au-delà de Q_h lui fait perdre de l'argent. La quantité disponible sera donc rationnée et il y a aura une pénurie égale à $Q_h - \underline{Q}$ unités. Quels consommateurs auront la chance d'être servis ? Tout dépend de la façon dont le monopole décide de distribuer sa production. Il peut servir les premiers qui se présentent comme il peut choisir toute règle de répartition qui lui convient, à l'exception d'une modification du prix. Les consommateurs servis auront alors un bien-être plus grand qu'en l'absence de réglementation car ils pourront acheter le bien à prix réduit, mais ceux qui ne sont pas servis auront un bien-être inférieur car ils ne pourront même pas acheter le bien.

La façon dont la figure a été dessinée fait apparaître une perte sèche plus importante qu'en l'absence de réglementation du prix. La perte sèche associé à

---

[11] Il existe diverses méthodes pour inciter les entreprises à divulger les informations nécessaires à l'évaluation de leurs coûts de production (voir par exemple, Baron et Meyerson [1982], ainsi que Riordan [1984]). Par exemple, l'administration peut offrir au monopole de choisir parmi plusieurs contrats conçus de façon à ce que le choix effectué par le monopole — qui correspond nécessairement à la maximisation de son profit — révèle implicitement sa structure de coût. D'où l'appellation de contrat optimal *incitatif* (parce qu'il incite l'entreprise à révéler implicitement ses coûts) et *compatible* (avec la maximisation du profit de l'entreprise). Il existe un *principe de révélation* d'après lequel, à tout mécanisme indirect de réglementation (même dans le cas où l'entreprise elle-même à une perception erronée de ses coûts de production), correspond un mécanisme direct qui garantit tout aussi sûrement la réalisation de l'objectif de l'administration et qui induit la révélation des informations clés.

[12] La courbe de demande à prix réglementé est horizontale en $\underline{p}$ jusqu'à l'intersection avec la courbe de demande originale en $\underline{Q}$ (où $Q_m < \underline{Q} < Q_c$), où elle se confond avec elle. La courbe de recette marginale correspondante est horizontale jusqu'à $\underline{Q}$ puis verticale jusqu'à ce l'intersection avec la courbe de recette marginale initiale avc laquelle elle se confond alors, comme sur la figure 21.1. La courbe de coût marginal entre alors en intersection avec la courbe de recette marginale dans sa partie verticale, de sorte que le monopole chosit le prix $\underline{p}$.

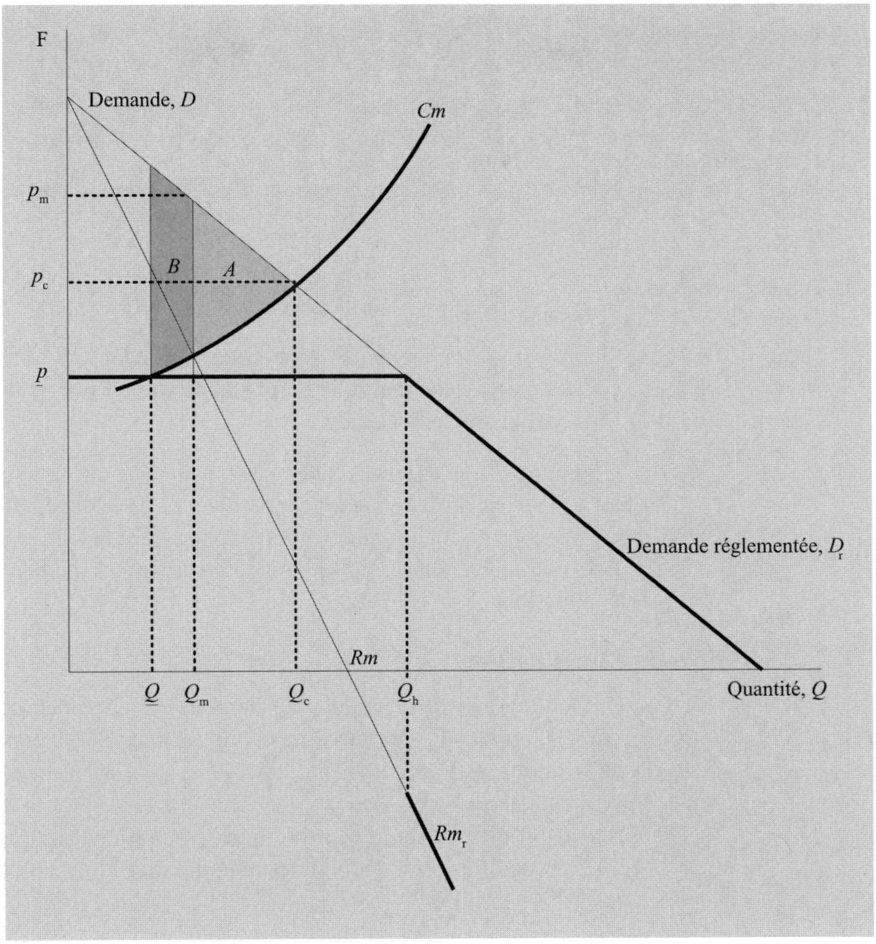

Figure 21.2: *Réglementation du prix créant un rationnement*

l'absence de réglementation est égale à la surface A de la figure 21.2 (et correspond à la surface PS de la figure 21.1). La perte sèche d'une réglementation à un prix inférieur à p_c correspond aux surfaces A et B. Sur la figure 21.2, nous avons supposé que $\underline{p}$ était très inférieur à p_c, ce qui explique l'importance de la perte sèche. En revanche, si nous avions fixé $\underline{p}$ très légèrement au-dessous de p_c, la pénurie aurait été beaucoup moins grande et la perte sèche inférieure à celle qui résulte d'une absence de réglementation.

Par conséquent, si l'administration constate que le monopole est au bord de la faillite ou qu'il y a des pénuries, elle doit envisager d'augmenter $\underline{p}$. Encore doit-elle s'assurer qu'il ne s'agit pas d'un bluff de la part du monopole, lequel peut organiser un rationnement alors même que $\underline{p} \geq p_c$.

c. Effet de la réglementation du prix. Pour résumer, l'effet de la réglementation dépend de la valeur de $\underline{p}$:

- Si $\underline{p} \geq p_c$, la réglementation n'a pas d'effet dans un modèle statique. Le prix du monopole reste égal à p_m et la quantité vendue à Q_m.
- Si $p_m > \underline{p} > p_c$, alors le prix fixé par le monopole est égal à $\underline{p}$, la quantité produite est comprise entre Q_m et Q_c et la perte sèche est réduite mais non supprimée.
- Si $\underline{p} = p_c$, alors le prix est égal à p_c, la quantité à Q_c et la perte sèche disparaît.
- Si $\underline{p} = p_c$, le prix fixé par le monopole est égal à $\underline{p}$ et la quantité produite à Q_c. La perte sèche peut alors être supérieure ou inférieure à celle obtenue en l'absence de réglementation.

L'administration doit donc fixer $\underline{p}$ de façon à ce que $\underline{p} = p_c$. Si elle se trompe et fixe $\underline{p}$ trop bas, qu'une pénurie apparaît et se développe, elle doit augmenter $\underline{p}$. Enfin, si le coût de fonctionnement du service chargé de la réglementation est trop élevé, la meilleure solution est encore de disperser ses membres et de renoncer à la réglementation.

B. Monopole naturel

Une entreprise est un monopole naturel si elle peut produire la quantité du marché, Q, à un coût inférieur à celui auquel deux ou plusieurs entreprises pourraient la produire. Formellement, soit $q_1, \cdots, q_k$ la production de k entreprises telles que $q_1 + q_2 + \cdots + q_k = Q$. Si chacune des entreprises a pour fonction de coût $C(q_i)$ et qu'une seule peut produire Q à un coût inférieur à la somme des coûts de production des k entreprises quel que soit $k \geq 2$, alors :

$$C(Q) < C(q_1) + c(q_2) + \cdots + C(q_k), \tag{21.1}$$

et il est moins coûteux (plus efficient) qu'une seule entreprise produise Q. Une fonction de coût est dite sous-additive en Q si cette inégalité est vérifiée. Par conséquent, la sous-additivité est une condition nécessaire à l'existence d'un monopole naturel (Sharkey, 1982 ; Baumol, Panzar et Willig, 1982).

Un monopole a souvent un coût moyen décroissant et un coût marginal constant ou décroissant dans l'intervalle de production où il opère. Une courbe de coût moyen strictement décroissante implique la sous-additivité, mais la réciproque n'est pas nécessairement vraie. En effet, une entreprise peut être un monopole naturel tout en ayant une courbe de coût moyen traditionnelle en forme de U. Supposons par exemple que le coût moyen minimum soit atteint pour un niveau de production égal à 50. Dans ce cas, si la production du marché est égale à 51, il se peut malgré tout qu'une seule entreprise soit plus efficace pour produire la quantité demandée par le marché. La figure 21.3 illustre le cas d'un monopole naturel dont la courbe de coût moyen est décroissante et la courbe de coût marginal constante.

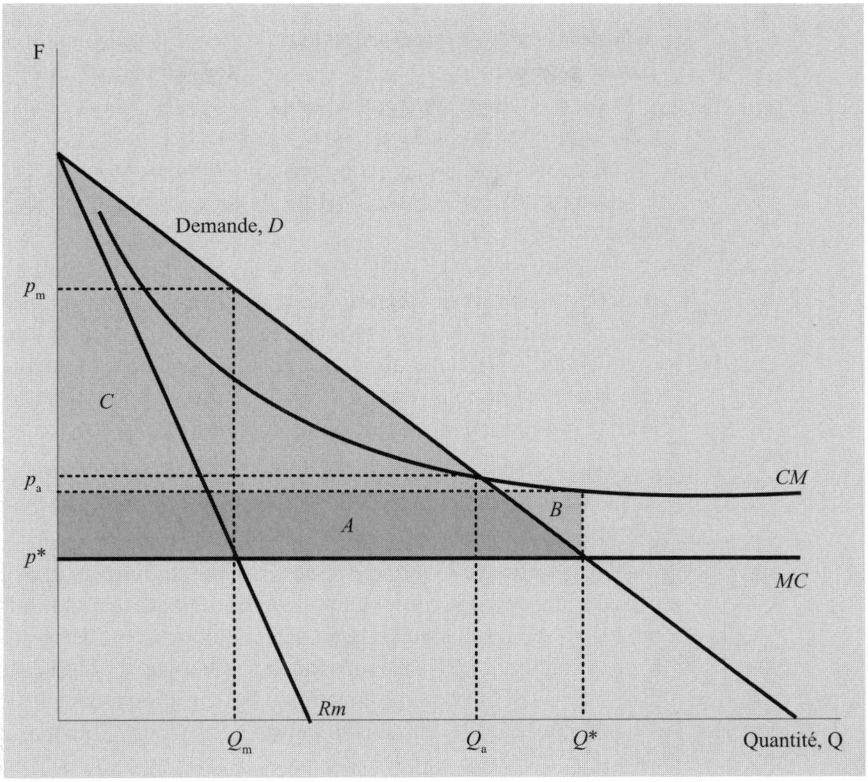

Figure 21.3: *Réglementation du prix dans le cas d'un monopole naturel*

On cite souvent l'électricité, le gaz, les communication téléphoniques et d'autres biens et services d'intérêt collectif comme ayant vocation à être produits par des monopoles naturels. En effet, la construction, l'entretien d'une centrale électrique et l'acheminement de l'électricité jusqu'aux ménages et aux entreprises impliquent un coût fixe très élevé, de même que la mise en place d'une infrastructure téléphonique, alors que le coût marginal de fourniture de ces services est constant voire décroissant. Il s'ensuit par conséquent que le coût marginal est constant ou décroissant et le coût moyen croissant en fonction de l'élévation de la production.(13)

[13] La littérature empirique laisse planer un doute sur l'existence de rendements d'échelle dans la production de nombreux biens et services d'intérêt public, ce qui est pourtant nécessaire pour que les courbes de coût marginal et moyen soit décroissantes. De plus, le fait de mettre en évidence l'existence d'économies d'échelle pour un certain intervalle de quantités produites ne suffit pas à démontrer qu'une entreprise est un monopole naturel (c'est-à-dire que sa fonction de coût est sous-additive). Voir par exemple Fuss et Waverman (1981) ou Evans et Heckman (1982a, 1982b). Selon Shin et Ying (1992), aux États-Unis, les unités de transmission de communications locales n'étaient pas des monopoles naturels avant la déréglementation. Enfin, selon Friedlaender (1992), il existe des indications empiriques nombreuses qui permettent de conclure à l'existence d'économies d'échelle dans l'industrie des transports ferroviaires.

a. Réglementation du prix et subventions. Si le monopole naturel n'est pas réglementé, il fixera un prix p_m, vendra Q_m unités et obtiendra un profit important (car le prix est largement supérieur au coût marginal). Si l'administration fixe $\underline{p} = p_a$, c'est-à-dire le prix déterminé par l'intersection entre la courbe de coût moyen et la courbe de demande, le monopole vendra alors Q_a unité et ne fera pas de profit. Les consommateurs seront satisfaits de cette réglementation car ils paieront un prix moins élevé.

Le choix $\underline{p} = p_a$ peut s'expliquer par le fait que l'administration sait qu'en fixant $\underline{p}$ à un niveau inférieur, le monopole cesserait de produire. Mais ce n'est pas une politique de prix efficiente car $p_a > Cm$. Le consommateur paie donc la dernière unité plus cher qu'elle ne coûte. La solution efficiente est $\underline{p} = p^* = Cm$, afin que le monopole vende Q^* unités. Comme le coût moyen décroît strictement avec la production, une seule entreprise peut occuper le marché.

Mais lorsque $\underline{p} = p^*$, le monopole perd de l'argent. Sa perte correspond à la surface $A+B$ sur la figure 21.3.[14] Le monopole préférera donc cesser de produire, plutôt que de supporter des pertes.

Pour éviter que le monopole ne cesse de produire au prix p^*, le gouvernement peut décider de lui accorder une subvention égale à la perte, soit $A+B$. En $\underline{p} = p^*$, on a $C + A$ (surplus du consommateur) moins $A + B$ (perte du monopole), égal $C - A$ (figure 21.3). Par conséquent, si les coûts administratifs sont faibles, le bien-être — défini comme le surplus du consommateur plus le gain (ou la perte) du monopole, moins les coûts administratifs — est alors maximisé en p^*.[15]

Lorsque la subvention est financée par des impôts levés sans créer de distorsions, le bien-être social est amélioré car la subvention n'est qu'un transfert de richesse entre les citoyens (on prélève sur le monopole de ceux qui ne consomment pas le bien pour redistribuer à ceux qui consomment le bien) qui n'a aucun effet sur l'efficience, mais elle permet d'assurer l'égalité entre le prix et le coût marginal, qui n'existait pas préalablement. Donc, la combinaison d'une réglementation du prix au coût marginal et d'une subvention permet d'assurer l'efficience. Malheureusement, les impôts ne sont pratiquement jamais levés de façon efficiente. En effet, la plupart des impôts, comme la TVA, engendrent un écart entre le prix et le coût marginal des biens. Par conséquent, les subventions ont généralement un coût supérieur au transfert qu'elles représentent.[16] Par conséquent, la réglementation

---

[14] Le monopole couvre cependant son coût variable puisque p^* = coût moyen variable, mais non son coût fixe, F. L'équation de la courbe de coût total qui correspond au tracé des courbes de coût moyen et variable de la figure 21.3 est de la forme $C(Q) = mQ + F$, où m est à la fois égal au coût marginal et au coût moyen variable. Lorsque $p^* = m$, le profit est égal à $\pi(Q^*) = p^*Q^* - mQ^* - F = -F$.

[15] À tout prix plus élevé, l'augmentation du profit est inférieure à la diminution du surplus du consommateur (voir le problème 1).

[16] De plus, il n'est pas rentable de subventionner davantage l'entreprise (Coase, 1946), car on risque alors de subventionner des industries dont les recettes ne compensent pas les coûts. De toute façon, il est politiquement impossible de subventionner un monopole, à moins qu'il ne soit la propriété de l'État, comme c'est le cas des services postaux dans la plupart des pays.

consiste généralement en un optimum de second rang où le prix est fixé à p_a plutôt qu'à p^*.[(17)]

b. Discrimination par le prix. Il est également possible de maintenir le monopole en activité et de lui permettre de produire avec efficience, à condition d'autoriser la discimination par le prix. Dans ce cas, certains consommateurs seront lésés parce qu'une partie de leur revenu ira au monopole et que cette solution crée une inégalité de traitement entre les consommateurs.[(18)]

Lorsqu'une entreprise fabrique plusieurs produits, l'analyse de la réglementation optimale est plus complexe. On appelle **prix de Ramsey** (du nom de Frank Ramsey [1927], qui a découvert le premier cette méthode de fixation des prix) les prix réglementés qui maximisent le bien-être du consommateur sous la contrainte d'une couverture des coûts par les recettes. La solution est similaire à celle de la discrimination par le prix et consiste essentiellement à fixer les prix optimaux en respectant la contrainte d'égalité des recettes et des coûts (Baumol et Bradford, 1970 ; Sharkey, 1982).[(19)]

---

[17] La nécessité de la réglementation des prix de monopole ou de la réglementation de l'activité économique en général sont analysés en détail dans Demsetz (1968), Bailey et Panzar (1981), Baumol, Panzar et Willig (1982) et résumé de façon concise par Sharkey (1982, p. 147–51).

[18] Vers le début du vingtième siècle, certains économistes se firent les défenseurs d'une forme particulière de discrimination par le prix, connue sous le nom de *tarification en fonction des heures de la journée* (Hausman et Neufeld, 1984). Depuis les années 1970, cette forme de tarification (dites des *heures pleines et creuses* ou *saisonnières*) est très utilisée, en particulier par les compagnies d'électricité et de téléphone (voir Weiss, 1981b, pour ce qui concerne les États-Unis, en particulier la Californie, New York et le Wisconsin). Ce type de discrimination par les prix est différent de la discrimination habituelle car les coûts que les consommateurs imposent au système dépendent de l'heure à laquelle ils recourent au service.

[19] Pour simplifier, supposons que les fonctions de demande pour les n produits $(q_1, q_2, \cdots, q_n)$ soient indépendantes :

$$q_i = D_i(p_i),$$

pour $i = 1, 2, \cdots, n$. La recette totale est alors :

$$R(q_1, q_2, \cdots, q_n) = p_1(q_1)q_1 + \cdots + pn(q_n)q_n.$$

Le coût de production de ces n biens est donné par la fonction $C(q_1, \cdots, q_n)$. L'administration doit choisir la production de façon à maximiser le surplus du consommateur :

$$\sum_{i=1}^{n} \int_0^{q_i} p_i(t)dt - C(q_1, \cdots, q_n),$$

sous la contrainte d'une égalité des recettes et des coûts (ou d'un profit fixé). Les conditions du premier-ordre sont :

$$p_- - C_i = -\lambda(R_i - C_i),$$

où C_i et R_i sont les dérivées partielles de C et de R par rapport à q_i et où λ est le multiplicateur de Lagrange de la contrainte. Les conditions précédentes peuvent aussi se formuler ainsi :

$$\frac{p_i - C_i}{p_i} = -\frac{k}{\varepsilon_i},$$

c. Monopole naturel soutenable. Curieusement, un monopole naturel n'est pas nécessairement à l'abri de l'arrivée d'une nouvelle entreprise attirée sur le marché par la perspective des profits (Faulhaber, 1975 ; Baumol, Bailey et Willig, 1977 ; Panzar et Willig, 1977 ; Baumol, Panzar et Willig, 1982 ; Sharkey, 1982). En effet, même s'il est plus efficient qu'une seulement entreprise produise la totalité de la quantité demandée par le marché, cette entreprise n'est pas nécessairement en mesure d'empêcher l'arrivée d'une nouvelle entreprise, de satisfaire les consommateurs et de couvrir ses coûts de production. Lorsqu'un monopole naturel est en mesure d'empêcher toute entrée sur le marché, on dit qu'il est **soutenable**.[(20)]

Un monopole naturel fabricant plusieurs produits est soutenable si et seulement si, chaque processus de production est caractérisé par des économies d'échelle globales (Sharkey, 1982, p. 88–90). Autrement dit, lorsque les rendements d'échelle sont croissants et que la courbe de coût moyen est strictement décroissante (comme sur la figure 21.3), le monopole naturel est à l'abri de l'arrivée de nouvelles entreprise sur le marché. En revanche, un monopole naturel dont la courbe de coût moyen à long terme est en forme de U n'est pas nécessairement à l'abri de l'arrivée de nouvelles entreprises sur le marché.

Pour illustrer cette distinction, supposons qu'un monopole ait une courbe de coût moyen en forme de U (voir la figure 21.4) et la courbe de demande croise la courbe de coût moyen au point où le prix est égal à 1,10 F et la quantité à 110 unités. Supposons de plus que le monopole soit réglementé pour produire à ce prix (il ne fait donc pas de profit), ce qui correspond à une solution de réglementation de second rang (prix unique, pas de subvention). Cette solution n'est pas efficiente puisque le prix demeure supérieur au coût marginal et le bien-être social est inférieur à ce qu'il serait si le prix était égal au coût marginal (réglementation optimale de permier-rang).

Une autre entreprise peut alors pénétrer sur le marché si elle a la même fonction de coût que le monopole. Elle peut en effet produire 100 unités et faire payer un prix compris entre 1 F et 1,1 F. Il est clair alors que le monopole naturel devra réagir en modifiant son prix. Par conséquent, nous avons établi que l'équilibre de réglementation précédente n'était pas viable.

---

où $k = \lambda/(1+\lambda)$ et ε_i l'élasticité de la demande de q_i. Autrement dit, la marge prix-coût, $(p_i - C_i)/p_i$, est inversement proportionnelle à l'élasticité-prix de la demande de ce bien. Lorsque $k = 1$, cette condition se ramène à celle habituelle d'un monopole discriminant. Lorsque $k = 0$, cette condition se ramène à celle de la concurrence.

[20] Un monopole naturel est soutenable (Baumol, Bailey et Willig, 1977 ; Sharkey, 1982) si, étant donné une fonction de coût C et une demande définie D, il existe un prix p et une production $Q = D(p)$ tels que $pQ = C(Q)$ et $p^*Q^* < C(Q^*)$ pour tout $p^* < p$ et tout $Q^* \leq D(p^*)$. Une condition légèrement modifiée s'applique lorsque Q est un vecteur de quantités.

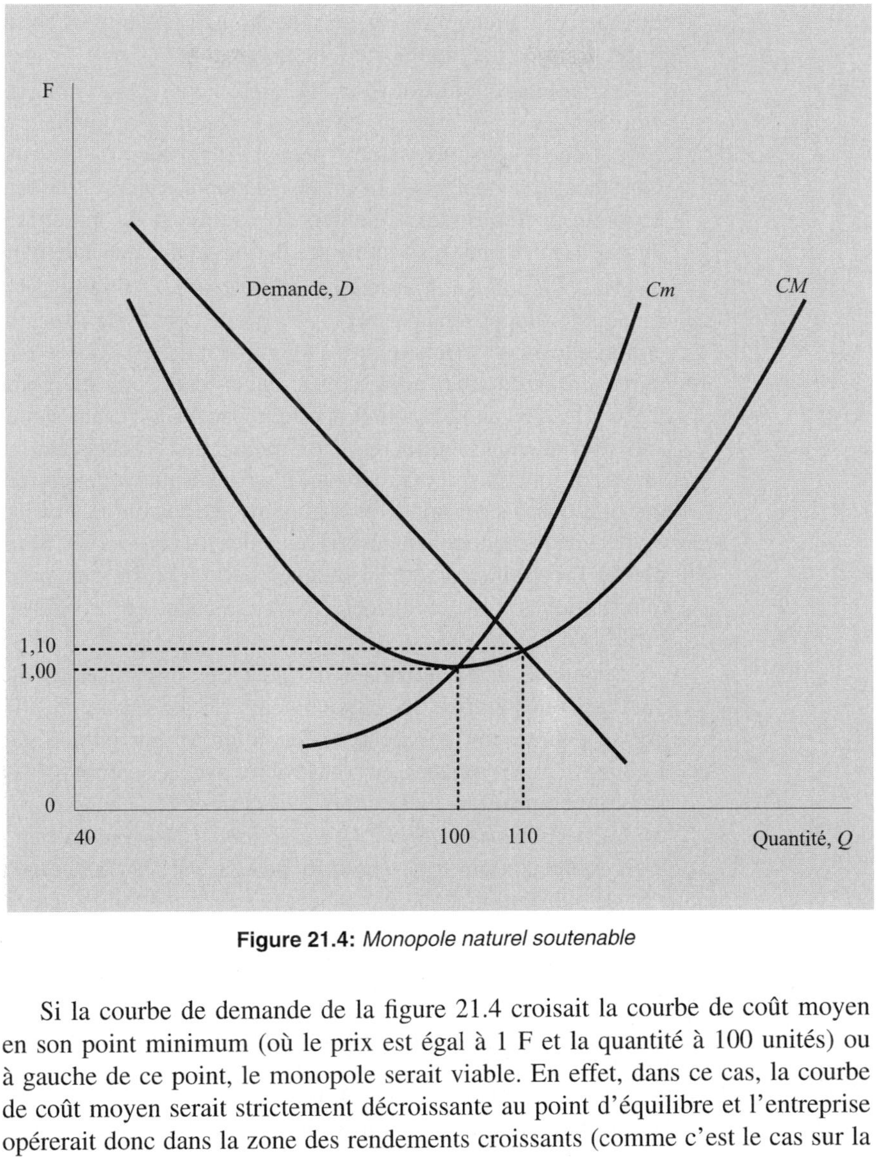

Figure 21.4: *Monopole naturel soutenable*

Si la courbe de demande de la figure 21.4 croisait la courbe de coût moyen en son point minimum (où le prix est égal à 1 F et la quantité à 100 unités) ou à gauche de ce point, le monopole serait viable. En effet, dans ce cas, la courbe de coût moyen serait strictement décroissante au point d'équilibre et l'entreprise opérerait donc dans la zone des rendements croissants (comme c'est le cas sur la figure 21.3).

Il est difficile de déterminer les conditions nécessaires et suffisantes de la viabilité d'un monopole naturel qui fabrique plusieurs produits.[21] On admet cependant qu'en général le monopole est soutenable s'il applique une politique de prix non

[21] Voir, par exemple, Baumol, Bailey et Willig (1977). Le problème est encore plus difficile lorsqu'il y a plusieurs entreprises, quoique certains progrès récents aient été accomplis en ce qui concerne le problème de la viabilité des oligopoles (Braeutigam, 1984).

linéaire (voir le chapitre 12), qu'il peut réagir rapidement en cas d'entrée et que les coûts d'entrée irrécupérables sont élevés.

L'administration peut résoudre le problème de la viabilité en interdisant toute entrée. Mais on se prive par avance de l'entrée éventuelle d'entreprises plus efficientes que le monopole naturel, lequel peut devenir inefficient s'il est trop protégé. Il est théoriquement possible que des monopoles naturels ne soient pas viables, mais les preuves empiriques actuellement réunies sur les marchés réglementés ne sont pas suffisantes pour justifier l'interdiction de l'entrée à de nouvelles entreprises.

Mais l'administration elle-même peut être à l'origine de la non-viabilité d'un monopole. Supposons par exemple qu'elle décide de fixer un prix élevé pour les communications téléphoniques à longue distance et utiliser les recettes supplémentaires ainsi recueillies pour subventionner le bas prix des communications locales (c'était le type de tarification appliqué par AT&T avant son démantellement). Le subventionnement indirect des communications locales par les communications à longue distance au prix élevé risque d'attirer de nouvelles entreprises sur ce créneau, qui pratiqueront un prix plus bas même si elles ont des coûts de production plus élevés que le monopole naturel (Faulbauer, 1975). De fait, avant le démantellement d'AT&T, certaines entreprises étaient entrées sur le marché des communications téléphoniques à longue distance et pratiquaient un prix plus bas qu'AT&T (voir l'exemple 5.7).

Depuis le démantellement d'AT&T, les commissions de réglementation de 35 États ont autorisé divers opérateurs de télécommunication sur longues distances à entrer sur le marché des communications inter-étatiques (qui représente 13,3 milliards de dollars), en concurrence avec les compagnies qui ont le monopole des communications locales (les *Bell Operating Companies*). Or, des organismes comme la *California Public Utilities Commission* ont fixé un tarif très élevé pour les communications inter-étatiques passant par les *Bell* comme la Pacific Telesis, afin de subventionner le bas prix des communications locales. De ce fait, alors qu'un appel de 5 minutes entre San Francisco et New York coûte 1,25 $, un appel inter-étatique de 5 minutes entre San Francisco et San José (45 miles), passant par la Pacific Telesis, coûte 1,34 $. Par conséquent, lorsque des entreprises non réglementées ont été autorisées à concurrencer les *Bell* sur le marché des communications inter-étatiques, elles ont cassé les prix et ont réussi à s'emparer d'une part importante du marché (300 millions de dollars sur 2,2 milliards en 1991). C'est la raison pour laquelle Pacific Telesis a réclamé de toute urgence la permission de réviser ses tarifs inter-étatiques à la baisse de 30% et d'augmenter les frais fixes d'abonnement des ménages de 60% et ceux des entreprises de 30%.[22]

Alors qu'il étudiait le système de tarification des centraux téléphoniques de Nouvelle-Angleterre, Palmer (1992) a découvert que les recettes procurées par les services aux entreprises servaient à subventionner les services aux ménages dans 54% des cas. La subvention mensuelle moyenne payée par les professionnels

---

[22] Hof, Robert D. « Local Toll Calls : Bracing for a Free-for-All ». *Business Week* 5 octobre 1992 : p. 130.

abonnés était au minimum de 6,41 $ pour les ménages abonnés des banlieues résidentielles et de 2,2 $ pour l'ensemble des ménages abonnés.

Si l'administration souhaite maintenir le système du subventionnement croisé, elle doit alors limiter l'entrée.[(23)] Ainsi, lorsque l'industrie américaine du téléphone fut ouverte à la concurrence dans les années 1980, le système du subventionnement croisé fut progressivement abandonné. Naturellement, lorsqu'un monopole dont les prix et les profits sont réglementés est également protégé de la concurrence, il n'est guère incité à réduire ses prix et à produire dans des conditions efficientes.

C. Réglementation des prix avec un délai

Il est parfois difficile d'inciter une entreprise dont les prix sont réglementés à produire dans des conditions efficientes (la réduction de leurs coûts n'est pas récompensée puisque leurs prix sont alors automatiquement ajustés en baisse). Certains économistes ont donc proposé d'introduire un certain délai entre deux révisions de prix, afin de permettre aux monopoles de réaliser des gains à court terme lorsqu'ils réduisent leurs coûts (Baumol, 1967 ; Williamson, 1971 ; Bailey, 1973 ; Wendel, 1976). C'est ainsi que l'on peut peut-être expliquer que dans les années 1960, les délais entre deux révisions des tarifs des companies d'électricité américaines étaient particulièrement longs (Joskow, 1974)

Il n'est cependant pas évident de déterminer l'intervalle optimal séparant deux révisions de prix. Il faut en effet choisir entre la minimisation du coût à long terme (et donc un allongement de l'intervalle) et un prix aussi bas que possible à tout moment (et donc un raccourcissement de l'intervalle). Si l'on privilégie trop l'objectif de minimisation du prix à tout moment, on risque de supprimer toute incitation des entreprise à réduire les coûts et donc, à long terme, de faire payer un prix plus élevé aux consommateurs.

Dans les périodes d'accroissement rapide des coûts de production, comme ce fut le cas pour les coûts de l'énergie dans les années 1970, l'introduction d'un délai optimal entre deux révisions n'à guère de sens. En effet, dans ce cas, plus on retarde les augmentations de prix, plus on risque de faire perdre de l'argent aux entreprises dont les prix sont réglementés. D'autre part, si l'administration attend trop longtemps avant de réviser les prix, elle risque de concéder des augmentations très importantes afin de compenser les pertes subies, de sorte qu'on aura des prix trop bas pendant un temps et des prix trop élevés ensuite.

Il est fréquent que les organismes de réglementation interviennent à chaud, sous la pression des entreprises concernées, ou des consommateurs (Joskow, 1974). Entre 1963 et 1967, alors que les prix du pétrole étaient à la baisse et que les améliorations technologiques réduisaient les coûts des compagnies d'électricité, il n'y eut que 17 révisions officielles de prix. Autrement dit, le rythme de baisse des prix fut assez lent. Au contraire, durant la période d'inflation rapide 1973–77, il y eut 119 révisions

---

[23] Pour un éventail des opinions sur cette question, voir les commentaires de Baumol (1981, p. 361–4) et de Panzar (1981, p. 365–9) dans Baseman (1981), ainsi que Brock et Sheinkman (1983).

(Braeutigam et Quirk, 1984). Cette asymétrie frappante doit cependant être modulée par le fait qu'au cours des années 1960, les compagnies d'électricité ont plusieurs fois baissé d'elles-mêmes leurs tarifs. Selon Fitzpatrick (1987), qui a utilisé un modèle statistique pour comprendre les motivations du comportement « altruiste » des compagnies d'électricité, celles-ci auraient en fait baissé spontanément leurs tarifs dans le but d'éviter que les consommateurs ne s'organisent en association de défense pour faire pression sur les commissions et n'obtiennent des baisses encore plus importantes.

L'une des variantes de la réglementation des prix consiste à fixer un prix maximum valable plusieurs années (« prix plafond »). Durant cette période, comme le prix ne peut pas être modifié, les entreprises ont intérêt à réduire au maximum leurs coûts pour dégager des profits (*Symposium on Price Cap Regulation*, 1989).

D. La réglementation des prix ne garantit pas la baisse des prix

Bien que la baisse de prix soit désirable, il est peu probable que la réglementation des prix y ait contribué. L'exemple des tarifs de l'électricité confirme ce point de vue (Stigler et Friedland, 1962). Aujourd'hui, beaucoup d'États américains se sont dotés de commissions qui réglementent les prix fixés par les compagnies d'électricité (6 États avant 1917, 29 États entre 1910 et 1920 et 39 États vers 1937). Grâce à ces données chronologiques, on a pu établir si la mise en place des commissions de réglementation a eu pour effet de réduire les prix.

Le prix moyen par kilowatt-heure (KWH) était de 1,88 cents dans les États réglementés et de 3,20 cents dans les États non réglementés en 1917, soit moins élevés de 41%. Mais cette comparaison est peu significative, car cette différence existait déjà avant la réglementation ne soit mise en place.

Stigler et Friedland ont tenté d'isoler les effets de la réglementation des effets des modifications du taux de population urbaine, du revenu par tête et de la part de l'électricité obtenue par voie hydroélectrique. Leurs données, qui portent sur les années 1912, 1922, 1932 et 1937, révèlent que lorsqu'on isole l'effet des différents facteurs, la réglemention n'a eu un effet statistiquement significatif sur la baisse des tarifs de l'électicité qu'en 1937, où elle a entraîné une baisse de 9,7%.

La baisse des prix est-elle atténuée par la redistribution entre les différents groupes de consommateurs (voir l'exemple 21.2) ? Une analyse statistique distinguant les différents groupes, portant sur des données de 1952, a montré que la réglementation n'a réduit significativement ni les tarifs payés par les ménages, ni ceux payés par les entreprises. Par contre, en 1937, la réglementation a eu pour effet de réduire le prix des tarifs payés par les entreprises et les commerces de 8,8%, mais pas ceux payés par les ménages. Il semble donc que la réglementation ait eu un effet bénéfique pour les usagers industriels, mais aux dépens des ménages.

La réglementation des prix de l'électricité ne semble pas avoir fait baisser les prix au cours des premières décennies durant lesquelles elle a été mise en place, avec l'exception possible de 1937 en ce qui concerne les tarifs payés par les usagers industriels. Il est également possible que les États non réglementés aient maintenus leur prix bas afin d'éviter d'être réglementés.

Si la réglementation fait baisser les prix, elle doit aussi réduire la rentabilité des monopoles. De même, si les commissions n'ajustent que lentement les tarifs, ceux-ci devraient augmenter moins vite que les coûts, réduisant ainsi la rentabilité. Il est donc possible de tester indirectement les effets de la réglementation sur les prix en comparant le prix des actions des compagnies d'électricité des États réglementés et des États non réglementés. L'analyse statistique ainsi effectuée, en tenant compte de l'effet exercé par la croissance des ventes sur le prix des actions, n'a pas révélé de différences statistiquement significatives dues à la réglementation.(24)

L'analyse de Stigler et Friedland a été critiquée sur le plan méthodologique. Cependant, les études menées ultérieurement n'ont pas pu établir que la réglementation contribuait à faire baisser les prix de l'électricité au cours des premières périodes de sa mise en place. Certaines études sur les tarifs de l'électricité portant sur des périodes plus récentes ont en revanche décelé que d'autres formes de réglementation, comme celle des taux de rendement, avaient un effet statistiquement significatif. C'est cette forme de réglementation des prix, indirecte et sous-optimale, mais très répandue, que nous allons maintenant étudier.

21.2.4 Réglementation des taux de rendement

N'allez pas vous imaginer que je suis mécontent
du système américain. – Al Capone

Aux États-Unis, les commissions de réglementation utilisent généralement les taux de rendement (TDR) comme variable de réglementation. Plutôt que de contrôler directement les prix, les commissions imposent une limite au taux de rendement des entreprises d'intérêt collectif, comme les compagnies d'électricité et de gaz. La réglementation des taux de rendement peut avoir des effets positifs pour les consommateurs. Par contre, elle n'encourage pas les entreprises à être efficientes. L'une des inefficiences que cette forme de réglementation engendre est la tendance au surinvestissement (effet d'*effet d'Averch-Johnson*, voir Averch et Johnson, 1962).(25)

Les effets de la réglementation des taux de rendement peuvent être analysés dans le cadre d'un modèle de monopole qui utilise du capital (K) et du travail (L) pour produire de l'électricité.(26) Lorsqu'il n'est pas réglementé, le monopole utilise le capital et le travail de façon à produire l'électricité avec la plus grande

[24] Schwert (1984) critique cependant cette approche car elle ne tient pas compte du risque.

[25] Selon Pint (1992), le surinvestissement est encore plus probable lorsque la réglementation porte directement sur le prix, lorsque l'évolution des coûts est incertaine et lorsque les révisions tarifaires se font avec retard.

[26] Voir l'annexe A à ce chapitre pour une analyse mathématique (ainsi que Takayama, 1969). L'analyse graphique qui suit s'inspire de Zajac (1970), ainsi que de Baumol et Klevorick (1970). Cependant notre graphique illustre le cas d'un monopole naturel, alors que leurs graphiques illustrent implicitement le cas d'une fonction de production à rendements décroissants.

efficience possible. Autrement dit, l'entreprise recrute des employés jusqu'à ce que le dernier franc dépensé en salaire augmente exactement d'un franc la recette totale (un raisonnement similaire s'applique au capital). L'entreprise choisit son niveau de production en choisissant les quantités de capital et de travail qui maximisent son profit de monopole.[27]

Un entreprise dont le taux de rendement est réglementé n'agit pas de la même façon. Le taux de rendement (TDR) se définit généralement comme le rapport du profit de l'entreprise (ici : recettes moins salaires et dépréciation du capital), π, au stock de capital en valeur, soit $p_k K$:

$$TDR = \frac{pQ - wl - uK}{p_k K}, \tag{21.2}$$

où w représente le salaire que l'entreprise paie pour utiliser une unité de travail et où u est le coût d'usage du capital (c'est-à-dire le coût d'utilisation ou de location du capital pour une période, voir le chapitre 3). Enfin, p_k est le prix d'acquisition d'une unité de capital, et K et L représentent respectivement les quantités de capital et de travail utilisées dans la production.[28]

L'une des raisons de l'emploi du TDR est qu'il facilite les comparaisons des profits entre des entreprises de tailles différentes. Par exemple, une grande entreprise peut avoir un profit plus élevé qu'une petite entreprise, mais avoir le même taux de rendement si les deux entreprises ont un profit par mètre carré identique.

D'après la définition (21.2), un TDR nul correspond à un taux de profit normal ou concurrentiel (c'est-à-dire un profit économique qui n'est pas inhabituellement élevé). En général, les monopoles non réglementés ont des TDR plus élevés que les entreprises concurrentielles. Beaucoup de commissions de réglementation limitent le TDR des monopoles à ce qu'elles appellent un *taux de rendement équitable*, qui n'est jamais clairement défini. Dans certains cas, le TDR est fixé par référence à la moyenne des TDR observées dans les secteurs non réglementés de l'économie.[29] Le tableau 21.2 montre quels étaient les taux de rendement dans quelques industries américaines réglementées vers la fin des années 1970, avant le récent mouvement de déréglementation.

Un monopole peut réduire son TDR soit en diminuant son profit, soit en augmentant la quantité de capital utilisée, soit les deux. De plus, si le TDR défini dans l'équation (21.2) est positif, l'entreprise gagne davantage en augmentant son

---

[27] La relation entre la production et les facteur de production, capital et travail, est décrite par une fonction de production : $Q = F(K, L)$. Le profit est une fonction de la production et donc, du capital et du travail : $\pi(Q) = \pi[f(K, L)]$. En louant L_m unités de travail et K_m unités de capital, le monopole obtient un profit maximum, soit $\pi_m[f(L_m, K_m)]$.

[28] Certains économistes définissent alternativement le TDR en remplaçant u dans l'équation (21.2) par le taux de dépréciation du capital (voir le tableau 21.2, par exemple).

[29] Selon Joskow (1973, 1974), cette description du mode de fixation du TDR par les commissions est caricaturale.

Tableau 21.2: *Taux de rendement (en %) dans les industries réglementées, 1974–1977*

Industrie	En % de la valeur comptable des actifs[a]	En % de la valeur de marché[b]
Électricité	8,3	5,8
Transport du gaz	9,7	5,7
Gaz	10,9	6,1
Téléphone	8,7	5,8
Transports ferroviaires	6,0	4,2
Transports aériens	5,0	3,7
Transports routiers de marchandises	7,9	6,1
Taux de rendement du marché	5,8	
Industries non réglementées		6,6

[a] Le taux de rendement en % de la valeur comptable est égal au rapport de la moyenne pondérée de la valeur comptable des profits non distribués plus les dividendes et les intérêts payés à la valeur comptable des actifs (et multipliés par cent).
[b] Le taux de rendement en % de la valeur de marché est égal au rapport de la moyenne pondérée de tous les intérêt payés, plus les dividendes et l'appréciation des prix à la valeur de l'ensemble des titres (actions et obligations) de cette industrie.

SOURCE : Paul W. MacAvoy (1979), tableau 2.13 et annexe C.

capital car le taux de rendement est supérieur au niveau concurrentiel. C'est la raison pour laquelle, comme l'ont souligné Averch et Johnson (1962), une entreprise réglementée qui veut maximiser son profit doit employer un ratio capital/travail supérieur au ratio optimal en l'absence de réglementation (elle est donc incitée à produire de façon inefficiente, car son coût de production serait moindre si elle utilisait le ratio capital/travail optimal en l'absence de réglementation). En principe, une entreprise utilise le capital et le travail dans des proportions qui minimisent sont coût de production. Mais, dans le cas présent, le capital a une valeur plus grande pour l'entreprise, car plus elle utilise de capital, plus — toutes choses égale par ailleurs — elle réduit son TDR (voir l'équation 21.2), de sorte qu'elle peut augmenter son profit tout en maintenant le TDR au niveau exigé. Nous allons maintenant illustrer ce processus d'accumulation excessive du capital par un exemple numérique.

Exemple

Supposons qu'une entreprise, la Compagnie d'Électricité du Peuple, produise de l'électricité au moyen de capital et de travail. La courbe de demande inverse d'électricité est donnée par :

$$p(Q) = 100 - Q, \tag{21.3}$$

où p est le prix de l'électricité et Q la quantité vendue.

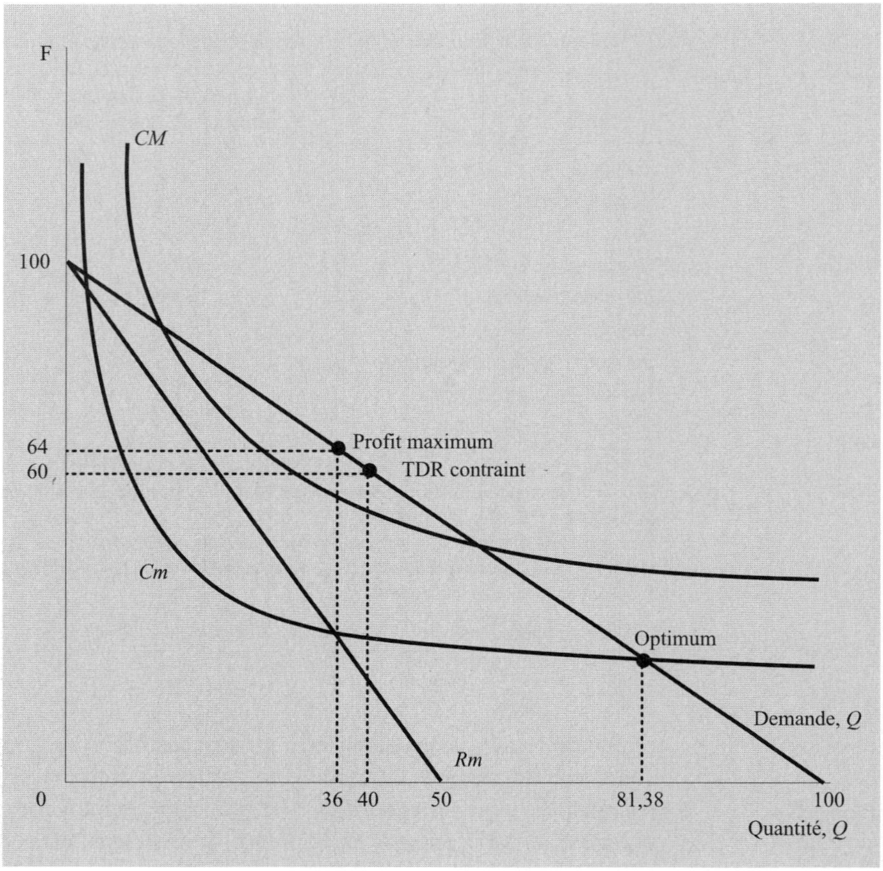

Figure 21.5: *Réglementation du taux de rendement*

Supposons également que le salaire, w, ainsi que le coût d'usage du capital, u, soient égaux à 168 F.[30]

La quantité d'électricité produite est une fonction des quantités de travail et de capital utilisées :

$$Q = f(K, L) = LK. \tag{21.4}$$

Cette fonction de production est à rendements d'échelle croissants. En effet, si l'on double à la fois les quantités de travail et de capital utilisées, la production

[30] Le coût d'usage du capital se définit ainsi (voir le chapitre 3) :

$$u = \left(r + \delta - \frac{\dot{p}_k}{p_k}\right) p_k,$$

où r est le taux d'intérêt, δ le taux de dépréciation du capital (taux d'usure du capital), $\dot{p}_k$ la variation du prix du capital (dérivée par rapport au temps) et $\dot{p}_k/p_k$ le pourcentage de variation du prix du capital au cours de la période.

Tableau 21.3: *Réglementation du taux de rendement (TDR)*

Capital K	Travail L	Production Q	Prix p	Profit π	$\frac{\text{Capital}}{\text{Travail}}$ K/L	Taux de rendement *TDR*	Surplus des consommateurs *SC*	Bien-être *BE*
5	4	20	80	88	1,25	1,05%	200,0	288,0
5	5	25	75	195	1,00	2,32	312,5	507,5
5	6	30	70	252	0,83	3,00	450,0	702,0
5	7	35	65	259	0,71	3,08	612,5	871,5
5	8	40	60	216	0,62	2,57	800,0	1 016,0
5	9	45	55	123	0,56	1,46	1 012,5	1 135,5
6	4	24	76	144	1,50	1,43	288,0	432,0
6	5	30	70	252	1,20	2,50	450,0	702,0
6	**6**	**36**	**64**	**288**	**1,00**	**2,86**	**648,0**	**936,0**
6	7	42	58	252	0,86	2,50	882,0	1 134,0
6	8	48	52	144	0,75	1,43	1 152,0	1 296,0
6	9	54	46	−36	0,67		1 458,0	1 422,0
7	4	28	72	168	1,75	1,43	382,0	560,0
7	5	35	65	259	1,40	2,20	612,5	871,5
7	6	42	58	252	1,17	2,14	882,0	1 134,0
7	7	49	51	147	1,00	1,25	1 200,5	1 347,5
7	8	56	44	−56	0,87		1568,0	1512,0
7	9	63	37	−357	0,78		1 984,5	1 327,5
8	4	32	68	160	2,00	1,19	512,0	672,0
8	**5**	**40**	**60**	**216**	**1,60**	**1,61**	**800,0**	**1 016,0**
8	6	48	52	144	1,33	1,07	1 152,0	1 296,0
8	7	56	44	−56	0,87		1 568,0	1 512,0
8	8	64	36	−384	1,00		2 048,0	1 664,0
8	9	72	28	−840	0,89		1 592,0	1 752,0
9	4	36	64	120	2,25	0,79	648,0	768,0
9	5	45	55	123	1,80	0,81	1 012,5	1 135,5
9	6	54	46	−36	1,50		1 458,0	1 422,0
9	7	63	37	−357	1,29		1 984,5	1 627,5
9	8	72	28	−840	1,12		2 592,0	1 752,0
9	9	81	19	−1 485	1,00		3 280,5	1 795,5
9,02	**9,02**	**81,38**	**18,62**	**−1 515,4**	**1,00**		**3 311,4**	**1 796,5**
10	10	100	0	−3 360				

NOTES : Le TDR n'est pas indiqué lorsqu'il est négatif.
$w = u = 168$.
Le bien-être est égal au surplus des consommateurs plus le profit du monopole. les coûts administratifs sont supposés nuls.

quadruple au lieu de doubler : $(2L)(2K) = 4LK = 4Q$. Cette entreprise est donc un monopole naturel, dont les courbes de coût moyen et marginal décroissantes sont illustrées par la figure 21.5.

Le tableau 21.3 montre quelles sont les quantités qui peuvent être produites en fonction des diverses valeurs de K et de L. Si le monopole n'est pas réglementé, il maximise son profit en utilisant 6 unités de travail et 6 unités de capital. La production est alors égale à 36 et le profit à 288 F.

Comme nous avons supposé que le salaire était égal au coût d'une unité de travail et que la production est symétrique en K et L, la façon la plus économique de produire est d'utiliser le capital et le travail dans les mêmes proportions. Donc, le ratio du capital au travail est égal à 1 ($K/L = 1$). Par exemple, pour le niveau de production qui maximise le profit, soit 36, l'entreprise utilise 6 unités de capital et 6 unités de travail. Le coût total correspondant est $wL + uK = (168 \times 6) + (168 \times 6) = 2\,016$ F. Mais si, par exemple, les 36 unités d'électricité étaient produites en utilisant 4 unités de travail et 9 unités de capital, le coût total serait égal à $(168 \times 4) + (168 \times 9) = 2\,184$ F, ce qui représente un coût supérieur de 8,33% (voir le tableau 21.3).

Remarquons que les quantités de capital et de travail qui maximisent le profit ne maximisent pas le TDR (voir le tabelau 21.3). En effet, lorsque $K = 6$, $L = 6$, $K/L = 1$ et le TDR est égal à 2,86%. Par contre, lorsque $K = 5$ et $L = 7$, le TDR est égal à 3,08%, ce qui est plus élevé que précédemment. Et pourtant, dans ce dernier cas, le profit est seulement égal à 259 F.

Si la commission fixe le TDR équitable à 1,61%, le monopole va essayer de maximiser son profit sous la contrainte d'un TDR inférieur ou égal à 1,61%. Il doit donc réduire π ou augmenter K, ou encore agir sur ces deux variables.

Le monopole peut satisfaire la contrainte du TDR en augmentant le stock de capital à $K = 8$ et en réduisant le travail utilisé à $L = 5$. Dans ce cas, la production augmente de 36 à 40 unités, soit de 11,1%. Pour écouler cette production supplémentaire, le monopole doit diminuer son prix de 7% ce qui fait baisser le profit à 216 F, c'est-à-dire de 33%. Ainsi, en réduisant le profit et en augmentant le stock de capital, le monopole parvient à faire baisser le taux de rendement de 56% et à satisfaire la contrainte imposée par la commission de réglementation.

Mais l'entreprise ainsi réglementée ne produit pas de façon efficiente puisque son ratio capital/travail est égal à 1,6 au lieu de 1. Le coût total pour produire 40 unités en utilisant $L = 5$ et $K = 8$ est égal à 2 184 F. Or, cela ne coûterait que 2 125 F (soit 2,8% de moins) pour produire ces 40 F unités en utilisant seulement 6,32 unités de chaque facteur.

Comme nous l'avions prévu, l'entreprise s'adapte à la réglementation du TDR en investissant à l'excès. Comme le prix est inférieur, les consommateurs sont gagnants. Leur surplus augmente de 23% et le bien-être global (c'est-à-dire le surplus des consommateurs plus le profit, moins les coûts administratifs [nuls dans notre exemple]) augmente de 8,5%.

A. Analyse graphique

La figure 21.5 fait apparaître trois équilibres, qui correspondent aux trois lignes du tableau 21.3 où les chiffres sont en gras. L'équilibre de maximisation du profit en l'absence de réglementation ($Q = 36$) est déterminé par l'égalisation de la recette marginale au coût marginal : $Rm = Cm$. L'équilibre avec TDR réglementé permet d'obtenir davantage de production ($Q = 40$), ce qui est mieux pour les consommateurs. La solution de maximisation du bien-être ($Q = 81,38$) est obtenue en égalisant le prix au coût marginal. La façon la moins coûteuse de produire 81,38 unités est d'utiliser 9,02 unités de chaque facteur. Cette solution garantit l'efficience de la production et de la consommation, mais elle implique une subvention égale à 1 514,40 pour couvrir le coût de production de l'entreprise car le prix est supérieur au coût moyen (voir le tableau 21.3 et la la figure 21.5).

Ainsi, dans cet exemple, la meilleure réglementation possible permet d'obtenir une production double (81,38) de celle obtenue par la réglementation du TDR (40). Le TDR réglementé peut-il être choisi de façon à atteindre un niveau de production proche de celui obtenu par la réglementation optimale ? Non, sauf si l'on admet la fixation d'un TDR négatif. En effet, comme l'indique le tableau 21.3 et la figure 21.5, lorsque le bien-être est maximum, le profit et le TDR sont négatifs.

Malgré son inefficience, la réglementation du TDR permet tout de même d'augmenter le bien-être si la perte d'efficience productive est compensée par le gain d'une production plus élevée et un prix plus bas.[31] La réglementation optimale du prix permet de le réduire directement, sans créer d'inefficiences de production et est donc préférable en théorie. Mais, comme nous l'avons déjà indiqué, la réglementation optimale est souvent difficile, qu'il s'agisse de celle du prix ou du TDR. Or, toute erreur dans le choix du prix ou du TDR a des effets négatifs.

B. Insuffisance de l'investissement des entreprises

Selon certains économistes, la réglementation du TDR peut inciter les entreprises à investir trop peu, plutôt que trop. Par exemple, lorsque les entreprises maximisent le chiffre d'affaires, plutôt que les profits, le modèle d'Averch-Johnson prévoit que l'investissement sera insuffisant (Bailey, 1973, chapitre 5).

La prise en compte de facteurs dynamiques rend également le sous-investissement plus probable. Selon Gilbert et Newberry (1988), les entreprises ont tendance à investir trop peu par crainte qu'un durcissement de la réglementation (en faveur des consommateurs) ne conduise à une « expropriation » de certains éléments de leur capital irrécupérable. Dechert (1984) a montré qu'un monopole naturel réglementé qui ajuste lentement sa production (parce que les coûts d'ajustement augmentent avec la vitesse d'ajustement) n'investit trop que pour un certain intervalle de valeur du TDR et peut également investir trop peu pour d'autres valeurs du TDR.

C. Études empiriques

Trois études empiriques concernant le début des années 1970 ont établi que la réglementation du TDR avait des effets assez importants sur la production d'électricité (Courville, 1974 ; Petersen, 1975 ; Spann, 1974). Courville (1974), par exemple, a trouvé que la réglementation du TDR entraînait un excès d'investissement d'environ 12%. Les fondements méthodologiques de ces études ont cependant été mis en question (McKay, 1977).

---

[31] Klevorick (1971), Bailey et Coleman (1971), ainsi que Sheshinski (1971) ont étudié comment fixer le TDR de façon à maximiser le bien-être social.

D'autres études n'ont pas pu établir que la réglementation du TDR engendrait un excès d'investissement (Smithon, 1978) et certaines ont même trouvé des indications qu'elle entraînait une insuffisance d'investissement (Baron et Taggart, 1977). En résumé, les résultats empiriques concernant l'effet de la réglementation du TDR sur l'investissement sont indéterminés. Le seul point qui semble clairement établi est que la réglementation du TDR engendre des inefficiences.

21.2.5 Effets de la réglementation sur la qualité des biens

Nous étions là, avec un pied sur du savon et l'autre dans le caniveau – Attribué au Commandant Pursey de la police militaire.

Même si le contrôle des prix et des taux de rendement permet de réduire les prix, il peut également engendrer des problèmes fâcheux. Par exemple, il peut altérer la qualité des biens produits ou réduire leur diversité, ce qui restreint l'éventail de choix des consommateurs (Archibald, 1964 ; Stigler, 1968 ; White, 1972 ; exemple 21.7). Par conséquent, tant que des moyens plus sophistiqués que la réglementation du prix ou du TDR n'auront pas été mis au point, la réglementation obligera la société à effectuer un choix entre deux possibilités aussi peu attractives l'une que l'autre : un prix élevé pour une qualité élevée et un prix bas pour une qualité basse.

Pour illustrer notre raisonnement, supposons (comme le fait White, 1972) que la qualité soit un deuxième bien. Par exemple, si le premier bien est un service de transport aérien, le second bien peut être le repas servis en vol ou le film projeté pendant le voyage. Dans ce cas, un consommateur pourra préférer voyager sur les avions d'une certaine compagnie parce que, toutes choses égales par ailleurs, on y mange mieux. Dans le cas particulier de notre exemple, le repas ne peut pas être consommé indépendemment de l'achat d'un billet (donc du voyage lui-même).

Le prix pratiqué et les restrictions à l'entrée de nouvelles compagnies sur le marché ont une incidence sur le goût ou l'importance des repas servis (ou d'autres indicateurs de qualité).[32] Supposons tout d'abord que les transports aériens ne soient pas réglementés et que le trajet et les repas puissent être achetés séparément. Le nombre de billets demandés, Q_V et la quantité de repas demandés par voyageur et par repas, Q_R, sont des fonctions du prix du voyage, P_V, ainsi que du prix du repas, P_R :

$$Q_V = Q_V(p_V, p_R), \tag{21.5}$$

$$Q_R = Q_R(p_v, p_R). \tag{21.6}$$

Le nombre total de repas demandé est égal à $Q_R Q_V$. Supposons, de plus, que le coût moyen et le coût marginal de production d'un trajet, comme ceux d'un repas, m_V et m_R, soient constants (et donc égaux au coût moyen).

---

[32] White (1972) a montré que l'on pouvait obtenir les mêmes conclusions en raisonnant sur le confort des salles d'attente ou la qualité de la projection des films pendant le trajet.

EXEMPLE 21.7

Réglementation et qualité des produits : l'exemple des médicaments

En 1962, le Congrès vota le Kefauver-Harris Amendment pour compléter *Food, Drug, and Cosmetic Act*, qui concerne notamment la réglementation de l'industrie pharmaceutique. Cet amendement a été voté en partie pour empêcher que des médicaments d'une efficacité douteuse ne soient mis en vente à des prix trop élevés et afin d'éviter que d'autres tragédies comme celle de 1961–62 causée par la thalidomine, ne se produisent (la thalidomine avait été interdite par le *Food and Drug Administration* [FDA] mais était tout de même distribuée à titre expérimental, notamment en Europe, où elle entraîna la naissance de bébés déformés).

Les deux éléments fondamentaux introduits par l'amendement concernent l'obligation de prouver l'efficacité des nouveaux médicaments et l'adoption d'un protocole précis de tests expérimentaux. Désormais, les entreprises pharmaceutiques doivent prouver que leurs médicaments ont bien les effets qui sont annoncés sur la notice. Tant que le FDA n'a pas déterminé si un médicament est sûr et efficace, celui-ci ne peut pas être commercialisé. Cette règle a été récemment assouplie pour certains médicaments expérimentaux.

La loi réglemente également la façon dont les produits doivent être testés. L'entreprise qui produit le médicament doit soumettre un protocole de test au FDA, ainsi que l'information dont elle dispose sur les test pré-cliniques. Si le FDA estime que la procédure de test est trop risquée ou inefficace, il peut interdire la production du médicament.

L'intention des législateurs était de permettre au FDA de bloquer la sortie de médicaments inefficaces ou dangereux, de protéger les consommateurs et d'interdire les tests expérimentaux mettant en danger la vie humaine.

Il est difficile de mettre en question des intentions aussi louables. Mais on peut cependant se demander si cette réglementation a permis aux consommateurs de bénéficier d'un plus grand nombre de médicaments efficaces. Si la réduction de moitié du nombre de médicaments nouveaux qu'a entraîné l'application de la loi à été compensée par des médicaments plus sûrs et plus efficaces, les consommateurs ont été gagnants.

La réglementation a pour effet direct d'éliminer certains médiaments et d'augmenter le coût de commercialisation de tous les médicaments. De ce fait, les petites entreprises ont subi un dommage dispropotionné par rapport aux grandes, car elles ne pouvaient pas supporter aussi facilement que les grandes les coûts fixes imposés par la nouvelle réglementation. Les tests sont beaucoup plus coûteux qu'avant et le délai de commercialisation des médicaments a augmenté. L'incitation à développer de nouveaux médicaments s'est réduite, en particulier s'il s'agit de médicaments à risque. En 1960–61, le rapport entre le nombre de nouveaux médicaments américains et le nombre de nouveaux médicaments anglais était égal à 1,13. Pour la période 1966–71, ce rapport s'établit à 0,52.

La loi est-elle bénéfique ou néfaste pour les consommateurs ? S'il n'y a que les médicaments inutiles ou dangereux qui sont rétirés du marchés, la réduction est bénéfique. Par contre, si certains médicaments potentiellement utiles ne sont plus développés, la réduction est néfaste. Peltzman (1973) a calculé que jusqu'en 1970, la perte de surplus des consommateurs due à la réduction de l'innovation était d'environ 300 à 400 millions de dollars par an. Selon ses calculs, la réduction aurait engendré au minimum une perte annuelle de 100 à 150 millions de dollars. À cette perte s'ajoute environ 50 millions de dollars par an du fait de l'atténuation de la concurrence sur les prix. Cette atténuation fut elle-même causée par l'insuffisance de l'innovation.
→

EXEMPLE 21.7 Réglementation et qualité des produits. . . (suite)

Enfin, l'application des dispositions de la loi a coûté près de 15 millions de dollars en coûts administratifs supplémentaires pour le FDA. L'effet net de l'amendement sur les consommateurs serait équivalent à un impôt de 5 à 10% sur les 5 milliards de dépenses annuelles en médicaments.

Même si ces chiffres ne tiennent pas suffisamment compte des bénéfices liés à la disparition des catastrophes comme celle causée par la thalidomine, la réglementation semble avoir nuit aux consommateurs alors qu'elle était censée les aider.

Depuis novembre 1988, en partie sous la pression des malades du SIDA, le FDA a annoncé que les citoyens américains pouvaient commander à l'étranger des médicaments à usage personnel, même si ces médicaments n'étaient pas approuvés par le FDA. La seule exception porte sur 40 médicaments considérés par le FDA comme illégaux ou dangereux. Un médecin agréé américain doit cependant approuver le traitement. Une association de consommateurs a fait remarquer que cette autorisation violait l'amendement de 1962. Quoi qu'il en soit, si cette politique est poursuivie, il se peut qu'elle réduise certains des coûts mis en évidence par l'étude de Pelzman.

En 1991, le FDA a modifié la procédure d'approbation des médicaments anticancéreux afin de supprimer plusieurs couches de bureaucratie qui retardaient la sortie de ces médicaments, ce qui a eu pour effet de réduire des 2/3 le délai de commercialisation des médicaments (de 12 ans à 4 ans). Le FDA a également levé les restrictions sur la distribution expérimentale de médicaments anti-sida.

SOURCE : Peltzman (1973) ; Grady, denise et Doug M. Podolsky, « FDA Allows Mail-Order of Foreign Drugs », *San Francisco Chronicle* 29 novembre 1988 : B5 ; Gladwell, Malcom. « FDA Streamlining Cancer Drug Approval Process », *Washington Post*, 4 juin 1991 : A21 ; Thomas (1990). Voir aussi Grabowski et Vernon (1979).

S'il y a beaucoup de compagnies aériennes, l'industrie est concurrentielle et les prix de base d'un voyage et d'un repas sont égaux à leur coût marginal respectifs : $p_V = m_V$ et $p_R = m_R$. Par contre, si chacune de ces deux activités (transport aérien et restauration en vol) est monopolisée, les prix seront probablement supérieurs aux coûts marginaux : $p_V > m_V$ et $p_R > m_R$.

L'industrie concurrentielle offre spontanément un large éventail de choix. Des voyages comprenant un, deux voire trois repas sont proposés à des prix croissants (on peut également imaginer qu'un seul repas est proposé, mais en trois options). Comme nous l'avons vu au chapitre 12 lors de l'étude de la vente liée en package, l'éventail de choix offert par un monopole est différent de l'éventail de choix offert pour une entreprise en concurrence.

Si la commission de réglementation interdit l'entrée de nouvelles entreprises et fixe un prix unique, p_V^*, quelle que soit la qualité du transport, la demande de billets ne dépend plus que du prix fixé et de la quantité de repas (par passager) :

$$Q_T = Q_T(p_T^*, Q_M) \tag{21.7}$$

Comme les entreprises ne peuvent plus jouer sur le prix, elles ne peuvent augmenter leur part de marché qu'en améliorant la qualité du trajet. Par exemple, si l'offre d'un repas supplémentaire augmente leur profit, elles seront incitées à accroître le nombre de repas offerts jusqu'à ce que le profit supplémentaire par passager soit nul. Cela implique donc une égalité entre la recette nette par passager, $p_V^* - m_V$ et le coût de fourniture du nombre de repas correspondant, $Q_R m_R$.

Par conséquent, lorsque les compagnies aériennes sont réglementées, elles augmentent la qualité de leur voyage tant qu'elles peuvent attirer avec profit la clientèle de leur concurrentes. Cette concurrence finit par annuler les profits car le coût marginal des repas est constant. Comme le prix du billet est fixé à p_V^* par la commission, toutes les compagnies choisissent le même niveau de qualité : $Q_M = \left(p_V^* - m_V\right)/m_R$. Donc, à l'inverse de ce qui se passe en l'absence de réglementation, la réglementation engendre une uniformisation de la qualité des voyages offerts par les différentes compagnies en concurrence sur une même destination.

À prix réglementé identique, un monopole réglementé offre un niveau de qualité par passager moindre qu'une industrie concurrentielle réglementée. En effet, lorsque l'industrie est concurrentielle, chaque compagnie agit comme si elle pouvait augmenter indéfiniment le nombre de repas et donc le nombre de clients, car la demande qui s'adresse à elle est infiniment élastique (courbe de demande horizontale). En revanche, le monopole est conscient que la courbe de demande du marché est décroissante et que l'élévation du nombre de repas augmente de façon limitée le nombre de sièges. Par conséquent, la réglementation du prix réduit moins la qualité lorsque l'industrie est concurrentielle, car les entreprises sont davantage incitées que le monopole à accroître le nombre de repas offerts.(33)

Les cinq principaux résultats de cette analyse sont les suivants. Premièrement, la réglementation d'une industrie concurrentielle permet d'avoir une qualité de transport plus importante que celle d'un monopole réglementé. Deuxièmement, le nombre de places offertes par une industrie concurrentielle réglementée est plus important que dans le cas d'un monopole. Troisièmement, plus le prix réglementé, p_V^*, est élevé, plus la qualité fournie par l'industrie concurrentielle est élevée,

---

[33] Le profit d'une compagnie dont le prix est réglementé et qui n'a pas le droit de faire payer les repas s'écrit :

$$\pi = \left(p_V^* - m_V\right) Q_V - m_R Q_R Q_V.$$

L'entreprise détermine le nombre optimal de repas offerts en annulant la dérivée de π par rapport à Q_R :

$$\frac{d\pi}{dQ_R} = \left(p_V^* - m_V\right) \frac{\partial Q_V}{\partial Q_R} - m_R Q_R \frac{\partial Q_V}{\partial Q_R} - m_R Q_V = 0.$$

Réagençons les termes afin d'obtenir le nombre de repas qui maximise le profit :

$$Q_R = \frac{p_V^* - m_V}{m_R} - Q_V \frac{\partial Q_V}{\partial Q_R}.$$

Cette expression est valable pour une industrie réglementée, qu'elle soit concurrentielle ou monopolisée. Cependant, lorsque l'industrie est concurrentielle, on a $\partial Q_/ \partial Q_R = \infty$. En revanche, si l'industrie est un monopole, $\partial Q_/ \partial Q_R$ a une valeur finie. Par conséquent, toutes choses égales par ailleurs, QS_R est plus grand dans le cas d'entreprises concurrentielles réglementées que dans le cas d'un monopole réglementé.

EXEMPLE 21.8 Le contrôle des loyers aux États-Unis

La réglementation peut réduire l'efficience des marchés concurrentiels. Dans de nombreux pays, notamment dans les grandes villes, les loyers sont réglementés. Comme la réglementation fixe des loyers inférieurs au niveau concurrentiel, la demande de logements est en permanence supérieure à l'offre. Le contrôle des loyers a pour effet de redistribuer les revenus des propriétaires aux locataires. Il décourage également l'incitation à construire de nouveaux logements destinés à être loués et exacerbe la pénurie de logements à long terme. D'autre part, les propriétaires entretiennent moins bien leurs logements, lesquels se détériorent à un rythme plus rapide.

Le contrôle des loyers est très répandu dans le monde. Dans les grandes villes, comme Mexico, New York, Berkeley et San Francisco, les loyers sont contrôlés. Aux États-Unis, les loyers sont contrôlés dans près de 200 villes, dont 50 villes californiennes.

Selon une étude effectuée par Olsen (1972), en 1968, les locataires bénéficiant d'un loyer contrôlé dépensaient 4,4% de moins que les locataires des zones non contrôlées. En revanche, ils dépensaient 9,9% de plus dans l'achat d'autres biens et services. Leur revenu réel était en moyenne plus élevé de 3,4%. Les familles pauvres bénéficiaient davantage de ce système que les familles riches. Enfin, le coût du contrôle des loyers pour les propriétaires était égal au double du bénéfice qu'en tiraient les locataires.

Epple (1987) a tenté de déterminer le profil des locataires bénéficiant des loyers contrôlés, à partir de données concernant le New Jersey portant sur la période 1973–76. Il a établi que, toutes choses égales par ailleurs, les bénéficiaires de loyers contrôlés étaient généralement les ménages pour qui les coûts associés à un départ du lieu d'habitation étaient plus faibles. D'autre part, ceux qui travaillent à l'extérieur de leur lieu de résidence sont plus fréquemment locataires que ceux qui travaillent sur leur lieu de résidence.

Selon Epple, plus le taux de croissance de la population est élevé, plus la probabilité d'un contrôle des loyers augmente. D'autre part, l'ancienneté des ménages sur leur lieu d'habitation augmente leur probabilité de trouver un appartement à loyer contrôlé par rapport à ceux nouvellement arrivés. Enfin, là où le contrôle des loyers est établi depuis longtemps et la capacité des propriétaires à réduire l'offre plus limitée, les bénéficiaires du contrôle des loyers en tirent un maximum d'avantages.

SOURCE : Olsen (1972) ; Epple (1987) et Tessler, Ray. « Rent Control Wins Decision in Hight Court », *San Francisco Chronicle » 25 février 1988 : p. 1.*

car le rendement d'une clientèle plus importante augmente. Quatrièmement, la réglementation d'une industie concurrentielle a un effet négatif sur la diversité des services offerts par les transporteurs. La réglementation d'un monopole peut avoir un effet négatif ou positif selon que la réduction de qualité est compensée ou non par un prix plus bas. Cinquièmement, dans une industrie concurrentielle réglementée, l'augmentation du prix ne se répercute pas sur les profits, car les entreprises augmentent la qualité du service par le jeu de la concurrence jusqu'à ce que tous les profits soient dissipés.[34]

[34] Plusieurs auteurs ont soutenu que les entreprises réglementées sont souvent fortement incitées à fournir des produits de haute qualité, en particulier s'ils sont produits avec des techniques intensives en capital. Voir Schmalensee (1979, p. 33), Kahn (1970, 21–6), Spence (1975). Voir Crew et Kleindorfer (1978) et Telson (1975) sur le thème du choix d'un niveau de qualité excessif par les entreprises publiques. Voir

21.3 Réglementation des industries concurrentielles

Les gouvernements réglementent souvent les industries concurrentielles, ce qui a pour effet de réduire le bien-être. Ce résultat paradoxal est dû à une réglementation inadéquate, à des erreurs de gestion ou à la manipulation des législateurs ou des administrations par les groupes de pression.

Dans les chapitres précédents, nous avons étudié plusieurs exemples de réglementations qui avaient pour but de rendre les marchés plus concurrentiels. Aux États-Unis, de nombreus métiers — agents immobiliers, électriciens, avocats (exemple 21.3) et médecins (exemple 5.2) — ont obtenu du gouvernement qu'il instaure des barrières à l'entrée de leurs professions, qu'il réglemente les prix et qu'il limite par divers moyens les effets de la concurrence sur leur activité. L'organisation des marchés agricoles (annexe A au chapitre 11) permet aux agriculteurs d'agir collectivement afin de réduire leurs récoltes et de discriminer par le prix. Dans certaines industries, la publicité des prix est interdite (exemple 15.4). L'interdiction de la publicité renforce le pouvoir de monopole des entreprises et leur permet de pratiquer des prix plus élevés. L'exemple 21.8 illustre la façon dont le contrôle des loyers peut engendrer des inefficiences et redistribuer le revenu. Dans cette section, nous allons étudier deux formes d'intervention qui nuisent aux consommateurs et réduisent l'efficience : la restriction du nombre d'entreprises d'une industrie et la réglementation des marchés agricoles (soutien des prix et contrôle des quantités produites).

21.3.1 Réglementation de l'accès aux marchés

Toute honnête homme devrait avoir honte de ceux qui le gouvernent. – H.L. Mencken

Dans beaucoup d'industries, l'entrée est limitée par les autorités publiques. Aux États-Unis, l'accès à de nombreuses professions nécessite l'obtention d'une licence. Ce sont généralement les professionnels de la branche qui définissent les conditions d'accès (voir l'exemple 21.3). Si ces conditions sont difficiles (examens complexes ou arbitraires), le taux d'échec peut être important. Ainsi, dans 18 États, les vendeurs d'automobiles ne peuvent s'intaller qu'après avoir obtenu un agrément (Oliver, 1988). De même, les concurrents de l'*U.S. Postal Service* ne sont pas autorisés à délivrer du courrier dans les boîtes aux lettres individuelles des ménages. Il existe également diverses restrictions à l'entrée d'activités telles que les transports aériens, les taxis, les services de santé et la production de biens et services d'intérêt collectif. Dans cette section, nous étudierons le contrôle exercé par le gouvernement (américain) sur la délivrance des licences d'exercice (ou droit d'exercer une activité dans une industrie).[35]

---

aussi Panzar (1979) sur la réglementation des marchés de concurrence monopolistique.

[35] Le terme « restriction à l'entrée » nous paraît préférable à celui de « barrière à l'entrée » car nous avons défini une « barrière à l'entrée durable » (voir le chapitre 4) comme un avantage que possède

En restreignant l'accès à une activité, le gouvernement peut créer une rareté artificielle et augmenter le prix payé par les consommateurs. L'augmentation du prix entraîne une redistribution du revenu au détriment des consommateurs et en faveur des entreprises de l'industrie concernée. En définitive, le gouvernement crée un droit de propriété — droit d'exercer une activité — et attribue ce droit à un petit nombre d'individus chanceux.

Au départ, le gouvernement a souvent donné gratuitement les premières licences aux entreprises déjà présentes sur le marché (on dit qu'il les a *chouchoutées*). Par contre, les nouvelles entreprises n'ont pas le droit d'exercer leur activité sans licence. Lorsque le nombre de licence attribuables a été distribué, le seul moyen pour une entreprise d'obtenir une licence est de la racheter à une autre entreprise qui souhaite quitter le secteur. Dans ce cas, le nombre d'entreprise du marché demeure constant.

Lorsque le titulaire d'une licence la vend, il calcule son prix en effectuant la somme actualisée des profits futurs anticipés. Par conséquent, l'investissement effectué par une nouvelle entreprise pour acquérir la licence ne lui permettra pas de faire des profits anormaux, à moins que les prix n'augmentent plus que prévu. Ce ne sont donc que les entreprises qui ont obtenu gratuitement les premières licences qui bénéficient réellement du système.

Il est probable que le lobbying exercé par les entreprises est à l'origine de la restriction du nombre des licences attribuées. Ce lobbying est qualifié de *recherche de rente* par les économistes. La recherche de rente consiste à consacrer des ressources à l'obtention d'un monopole (et des profits associés) créé par le gouvernement. Cette activité est rentable tant que les ressources dépensées en lobbying restent inférieures aux rentes recherchées, c'est-à-dire tant que le coût marginal du lobbying reste inférieur au gain marginal anticipé.[(36)]

Il y a de nombreux exemples de la limitation des entrées par l'attribution de licences par le gouvernement. En Californie, par exemple, la loi avait autorisé une seule entreprise de pisciculture à s'installer dans une certaine région. Ce monopole permit à l'entreprise de dégager un taux de rendement de 1 200% dès la première année. D'autres lois, qui suscitèrent de nombreuses oppositions, avaient pour objectif le monopole de la distribution en gros de la bière (voir les exemples 13.5 et 21.9). Dans certains États, il faut avoir une licence pour vendre de l'alcool et la restriction du nombre de ces licences a fait monter leur prix à plus de 100 000 $ l'unité.

L'un des exemples les plus fameux de restrictions à l'entrée d'une profession est celui des taxis. Aux États-Unis, dans beaucoup de villes, le nombre de licences

---

une entreprise sur les autres et qui lui permet d'obtenir des profits à long terme. Or, lorsque le gouvernement limite l'entrée à une activité en fisant par exemple payer un certificat de licence, il augmente le coût d'entrée pour *toutes* les entreprises, ce qui ne correspond pas à notre définition d'une barrière durable.

[36] Pittman (1988) a montré que la recherche de rente était plus fréquente dans les industries concentrées.

EXEMPLE 21.9 Échec au monopole de la brasserie

La législature de Californie avait voté à une écrasante majorité un projet de loi donnant un monopole aux distributeurs de bière. Ce projet voulait imposer aux brasseurs de passer par un seul distributeur pour chaque zone, alors que 90% de la distribution était déjà sous leur contrôle. Il semble qu'ils aient voulu empêcher que les détaillants n'achètent directement la bière auprès des brasseurs et ne bénéficient ainsi gratuitement de l'effort promotionnel organisé par les grossistes sous contrat d'exclusivité.

Les associations de consommateurs, les grosses chaînes de supermarché et le procureur général de Californie étaient opposés au vote de la loi. Les magazines *Common cause* et *Consumer Union* la qualifièrent de « mesure catégorielle de l'année ». En Indiana, dans le New Jersey et à New York, où des lois identiques avaient été adoptées, le prix de la bière avait augmenté de 10% à 20%, ce qui faisait une augmentation de 25 à 50 cents par pack de six cannettes.

Pourquoi, dans ces conditions, le vote en faveur du projet fut-il si massivement adopté ? Sans qu'on puisse l'affirmer avec certitude, il semble que les distributeurs aient été très généreux au cours de la campagne électorale précédente, que ce soit avec les républicains ou les démocrates. Sur les 120 membres de l'Assemblée et du Sénat de l'État de Californie, 116 auraient bénéficié d'une aide dont le montant global aurait atteint 530 000 $. Quoiqu'il en soit, le gouverneur de Californie opposa son veto à la loi.

SOURCE : Wiegang, Steve. « Beer Distributors'Monopoly Bill OKd »,
San Francisco Chronicle, 28 août 1987 : A10 et « Veto the Beer Bill »,
San Francisco Examiner, 30 août 1987 : A-18.

de taxi est limité. Pour atténuer les effets anticoncurrentiels de cette mesure, les tarifs sont réglementés. En général, le droit d'exercer se matérialise par des petits médaillons, dont le nombre est strictement limité. Lorsque la municipalité ne crée pas de nouvelles licences, le seul moyen d'exercer l'activité est donc d'en acheter une à quelqu'un qui veut cesser d'exercer. Comme nous l'avons expliqué plus haut, les vendeurs fixent généralement le prix en effectuant la somme actualisée des profits futurs anticipés. Dans les années 1980, un médaillon coûtait 100 000 $ à New York, 140 000 $ à Boston, mais guère plus qu'une tournée générale à Washington, D.C. (Oliver, 1988).

Il y a quelques décennies, le prix de marché d'un médaillon à Chicago était égal à 15 000 $ et il y en avait exactement 2 739. La rente totale était donc égale à 41 085 000 $ (Kitch, Isaacson et Kaspar, 1971). Ces chiffres traduisent l'importance de la perte infligée aux consommateurs, à moins qu'ils ne soient compensés par quelque bénéfice caché.

Afin de compenser au moins partiellement les effets négatifs de cette restiction à l'entrée, d'autres réglementations ont été mise en place, comme le contrôle du prix des courses et les normes de sécurité à respecter par les propriétaires d'un taxi.

Le pouvoir de monopole des taxis est aussi limité par la crainte de la suppression du médaillon. Imaginons, par exemple, qu'un voyageur arrrive de nuit dans une ville inconnue et qu'il n'ait pas d'autre moyen de parcourir une longue distance que de prendre l'unique taxi qui stationne à la gare. Le propriétaire du taxi peut exiger une somme exorbitante pour faire la course et le voyageur être pratiquement contraint d'accepter. Le voyageur peut néanmoins se plaindre ensuite auprès des autorités locales de la façon dont il a été traité. À terme, le chauffeur du taxi risque de se voir retirer son médaillon s'il existe une réglementation officielle sur les tarifs.

La plupart des justifications du système des médaillons ne parviennent pas à expliquer pourquoi le nombre de médaillons est à ce point limité qu'un seul d'entre eux se négocie parfois à plusieurs milliers de dollars. L'une des justifications qui est invoquée est qu'il s'agit d'une activité aléatoire, un chauffeur n'étant jamais certain du nombre de courses qu'il fera dans la journée (ou dans la nuit) et que la liberté d'entrer entraînerait à coup sûr, de même que dans le cas des pêcheries, un nombre excessif de taxis (Gallick et Sisk, 1984, chapitre 4). Il est cependant difficile de croire, étant donné le prix élevé des médaillons, que la plupart des villes attribuent le nombre optimal de licences. En fait, l'objectif essentiel des ces médaillons est de capter le revenu des chauffeurs qui pourraient pénéter sur le marché s'il n'était pas réglementé, pour le redistribuer aux titulaires de médaillons. Il n'y a guère que la théorie des groupes de pression qui puisse expliquer la raison d'un tel transfert : les propriétaires de médaillons forment un puissant lobby qui protège efficacement ses intérêts.

Il existe une explication d'après laquelle le mode de réglementation dépend en partie des motivations des individus chargés de l'appliquer (Eckert, 1973). En général, la réglementation des taxis dépend soit d'un organisme municipal, soit d'une commission indépendante. Selon la théorie d'Eckert, les organismes municipaux sont gérés par des bureaucrates qui imposent des réglementations dans l'unique but de justifier leur salaire élevé et l'importance du personnel qu'ils dirigent. Inversement, les commissions indépendantes sont composées de personnes qui ont d'autres activités et qui ne peuvent consacrer qu'une partie de leur temps aux activités de la commission. De ce fait, elles répugnent généralement à gérer une bureaucratie lourde et un personnel nombreux. De plus, comme les membres d'une commission ne siègent que pour une durée limitée, ils n'ont aucun intérêt à préparer une place confortable à leurs successeurs.

Ainsi, pour ne pas perdre de temps, les membres des commissions préfèrent traiter avec un nombre limité d'interlocuteurs. C'est la raison pour laquelle ils ont tendance à diviser les marchés en territoires exclusifs (monopoles locaux), alors que les administrations classiques sont au contraires friandes de réglementations kafkaïennes. Sur les 6 villes étudiées par Eckert dont l'industrie des taxis était gérée par des commissions, 5 (83,3%) avaient divisé le marché en territoires exclusifs, alors que sur les 27 villes gérées par une administration classique, seulement 5 (18,5%) avaient divisé le marché en territoires exclusifs.

Il est clair néanmoins que ce système favorise les propriétaires de médaillons au détriment des conducteurs qui souhaiteraient entrer dans la profession. Mais ce transfert n'est rien à côté de ceux opérés par la réglementation des marchés agricoles.

21.3.2 Réglementation des marchés agricoles : soutien des prix et contrôle des quantités

Les programmes de soutien à l'agriculture pèsent très lourd dans le budget des États-Unis. Leurs bénéfices ne vont pas à ceux qui en auraient le plus besoin. Ils génèrent d'énormes surplus et sont à l'origine de graves conflits avec nos partenaires commerciaux car ils déséquilibrent durablement le fonctionnement des marchés internationaux. Les programmes fédéraux ont tellement perturbé les mécanismes du marché qu'il en résulte de sérieux problèmes à long terme. Certains programmes ont imposé des pertes importantes aux consommateurs. S'il existe des surplus agricoles structurels au niveau mondial c'est largement à cause du soutien des prix et du subventionnement massif organisés par les États-Unis et la plupart des autres pays développés. – Economic Report of The President, 1987

La plupart des manuels de microéconomie citent les marchés agricoles comme des exemples — peut-être les uniques exemples — de marchés de concurrence parfaite. En effet, ne s'agit-il pas de marchés où interviennent par définition un grand nombre de petits offreurs ? Malheureusement, dans la plupart des pays du monde, les gouvernements interviennent sur ces marchés, réduisent leur efficacité et les éloignent de l'équilibre concurrentiel.

Pourquoi les gouvernement s'engagent-ils dans des politiques qui engendrent l'inefficience et nuisent aux consommateurs ? L'une des explications couramment avancée est que le gouvernement souhaite transférer du revenu au secteur agricole mais qu'il ne veut pas le faire ouvertement sous forme d'aides directes. Par conséquent, pour effectuer ce transfert de revenu, il a recours au contrôle des prix et au soutien des quantités.

A. Soutien des prix

Durant la Grande Dépression, les agriculteurs américains furent durement touchés. Pour y faire face, on créa le *Federal Farm Board* en 1929. Cet organisme avait pour but d'acheter et de vendre les productions agricoles afin de garantir « l'organisation des marchés agricoles ».[37] L'objectif était d'assurer une *parité* des prix et des revenus entre l'agriculture et les autres secteurs, en prenant la période 1910–14 comme référence. On employa le **soutien des prix** : lorsque les prix baissaient trop, l'organisme se portait acquéreur afin d'empêcher que les prix ne descendent au-dessous d'un certain niveau appelé *seuil de soutien*. Mais, à force d'acheter, des stocks énormes furent constitués et les fonds à la disposition de l'organisme d'intervention finirent par s'épuiser.

[37] Les défenseurs de la politique agricole la justifient habituellement par son effet stabilisateur sur les prix. Des prix élevés permettraient une plus grande stabilité (moins de fluctuations d'une année sur l'autre). Ils pensent qu'en éliminant ainsi l'incertitude, on augmente le bien-être des agriculteurs. Mais ils n'expliquent pas pourquoi les marchés agricoles auraient davantage besoin d'être stabilisés que les autres marchés, ni pourquoi cette stabilisation doit être assurée par l'intervention publique. Comme nous ne le savons pas non plus, nous n'en discuterons pas davantage.

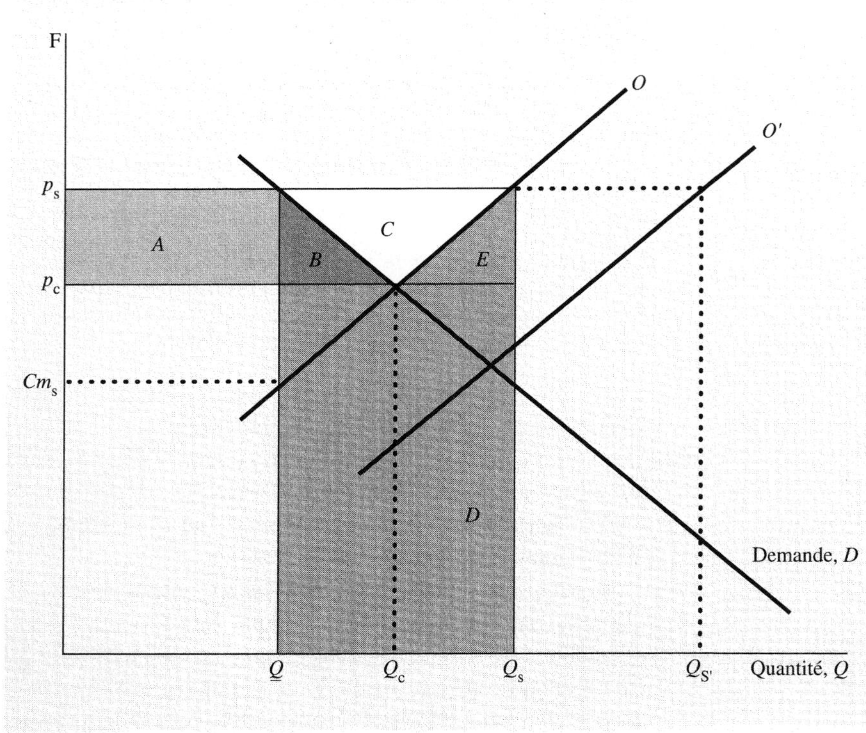

Figure 21.6: *Soutien des prix*

La figure 21.6 illustre les effets du soutien des prix. Le soutien des prix permet aux agriculteurs de produire davantage qu'ils ne l'auraient fait sur un marché concurrentiel.[38] L'équilibre concurrentiel est déterminé par l'intersection de la courbe de demande, D, avec la courbe d'offre, O. Le prix d'équilibre concurrentiel est p_c et la quantité concurrentielle, Q_c. Si le gouvernement garantit un prix de soutien supérieur au prix concurrentiel, $p_s > p_c$, la demande des consommateurs n'absorbera que la quantité $\underline{Q}$ et le reste de la récolte, $Q_s - \underline{Q}$, sera acheté par le gouvernement et stocké, sans qu'il soit possible d'écouler l'excédent sur le marché national tant que le prix reste égal à p_s.

[38] Au cours de la majeure partie de l'histoire américaine de la réglementation des prix agricoles, le soutien des prix ne fut pas explicite. Un organisme, le *Commodity Credit Corporation* (CCC) était chargé de prêter de l'argent aux agriculteurs qui mettaient uniquement leur récolte future en gage. Lorsque l'agriculteur ne pouvait pas rembourser le prêt, seule la récolte était saisie, mais pas les autres actifs si la récolte ne suffisait pas à couvrir le prêt. De plus, lorsque les prix agricoles tombaient au-dessous du prix implicite auquel la récolte était évaluée, l'agriculteur pouvait se mettre en défaut de paiement, la récolte étant saisie par le CCC pour solde de tout compte. Cette technique de financement est donc équivalente à un soutien formel des prix.

Il s'agit d'une formule particulièrement inefficiente de transfert de revenu aux agriculteurs. En effet, elle coûte beaucoup plus cher aux consommateurs et aux contribuables qu'elle ne rapporte aux agriculteurs. Grâce au soutien des prix, le revenu des agriculteurs a augmenté de $A + B + C + E$ (figure 21.6). Cette surface représente le gain supplémentaire lié à l'augmentation de la production (qui est égale à Q_s au lieu de Q_c) vendue à un prix plus élevée (p_s au lieu de p_c). La surface E représente le coût de de production des unités supplémentaires (surface située sous la courbe d'offre globale, de Q_c à Q_s) et doit donc être déduite pour connaître le gain net des agriculteurs (celui-ci est égal à $A + B + C$), mais ajoutée dans le bilan social. À ce prix plus élevé, le surplus des consommateurs baisse de $A + B$. D'autre part, le gouvernement paie $p_s(Q_s - \underline{Q})$ pour racheter la récolte supplémentaire ce qui correspond à $B + C + D + E$, plus les coûts de stockage (en supposant qu'il ne peut pas vendre la récolte à l'étranger, par exemple). La perte sociale nette est donc égale à $B + D$, plus les coûts de stockage des excédents : perte des consommateurs $(A + B)$ + dépense du gouvernement $(B + C + D + E$ + coûts de stockage) − gain (brut) des agriculteurs $(A + B + C + E)$.

Le soutien des prix engendre 3 distorsions. Premièrement, il provoque un excès de production. Les agriculteurs produisent Q_s au lieu de la quantité concurrentielle, Q_c. Ils produisent donc beaucoup trop, car au prix p_s, les consommateurs ne veulent consommer que $\underline{Q}$. Deuxièmement, le soutien des prix engendre une inefficience de consommation, car les consommateurs paient les $\underline{Q}$ unités au prix p_s. Or, le coût marginal de production de ces unités est égal à $C\underline{m_s}$. Par conséquent $p_s > Cm_s$. Troisièmement, le gouvernement doit payer pour stocker les excédents, car ceux-ci ne sont pas consommés. Si le gouvernement parvient à revendre les excédents avant qu'ils ne pourrissent, il peut récupérer une partie des coûts, voire réaliser un bénéfice.

Le progrès technique ne fait qu'augmenter le coût d'un programme de soutien des prix.(39) En effet, le progrès technique (meilleurs engrais, tracteurs plus performants, nouvelles semences) entraîne un déplacement vers la droite de la courbe d'offre en O' (voir la figure 21.6). Si le programme de soutien des prix demeure identique, le gouvernement doit alors acheter une quantité encore plus grande ($Q'_s - \underline{Q}$ au lieu de $Q_s - \underline{Q}$). Les consommateurs ne gagnent rien car ils continuent à payer le prix p_s. De plus, toutes choses égales par ailleurs, le soutien des prix induit un progrès technique plus rapide, car le rendement de la recherche est plus important que sur un marché concurrentiel (voir le chapitre 17). De fait, l'agriculture possède l'un des rythmes de progrès technique les plus élevés de toute l'économie américaine. Enfin, une baisse de la demande, comme ce fut le cas pour le beurre, accroît les quantités stockées.

---

[39] Le volet agricole du New Deal mis au point par le Président Franklin D. Roosevelt était conçu pour maintenir la parité des revenus des agriculteurs avec les revenus du reste de la nation. L'objectif était de rétablir le prix relatif des produits agricoles par rapport aux autres produits au niveau atteint avant la première guerre mondiale. Or, du fait des progrès de productivité réalisés dans l'agriculture alors que la demande restait stagnante, la réalisation de cet objectif a nécessité des sommes considérables.

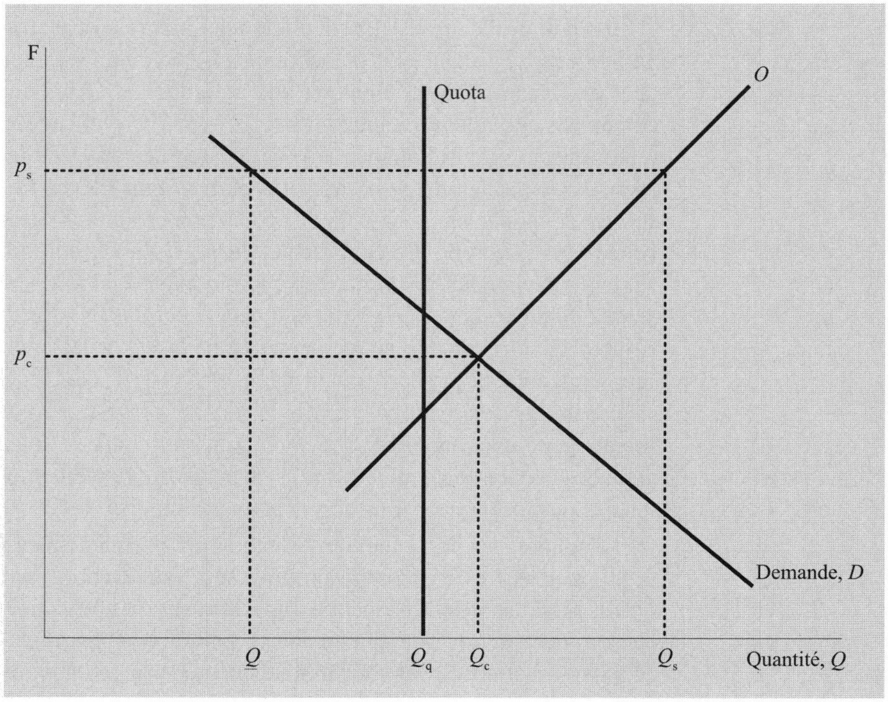

Figure 21.7: *Soutien des prix et contrôle des quantités*

B. Contrôle des quantités produites

Afin de limiter l'augmentation des stocks résultant du soutien des prix, les agriculteurs furent payés pour réduire leur production. De plus, les quotas furent également utilisés pour limiter l'érosion des sols (Johnson, 1973 et *Economic Report of the President*, 1987, chapitre 5). En d'autres termes, pour résoudre les problèmes engendrés par une première forme de réglementation — accumulation d'énormes stocks de nourriture — on a ajouté une nouvelle réglementation.

La figure 21.7 illustre les effets du contrôle des quantités. Nous avons supposé (arbitrairement) que la quantité était limitée à Q_q. Les consommateurs achètent toujours la quantité $\underline{Q}$ au prix p_s, mais le gouvernement n'achète plus que $Q_q - \underline{Q}$, au lieu de $Q_s - \underline{Q}$ au prix p_s. Il achète donc moins de nourriture et les stocks augmentent moins vite.

Plutôt que de restreindre la production elle-même, le gouvernement restreint les surfaces cultivées.[40] Sans doute est-ce parce qu'il est plus simple de limiter les sur-

---

[40] Le programme de soutien à l'agriculture américaine a été restructuré en 1973. Le gouvernement intervient maintenant par des aides directes aux agriculteurs (les fameux *Deficiency Payments* lorsque le prix du marché devient inférieur au prix de soutien (désormais baptisé prix de référence). Par conséquent, les consommateurs paient désormais le prix du marché et le gouvernement paie la

faces étant donné que les fluctuations métérologiques sont difficilement prévisibles. Cependant, la fixation d'un quota de surface cultivée complique l'analyse. En effet, rien n'empêche les agriculteurs d'augmenter la production par hectare en utilisant davantage d'engrais et autres facteurs de production. Autrement dit, ils peuvent recourir à des techniques plus intensives en capital, travail ou engrais, à la façon de certains agriculteurs japonais qui ne possèdent que de très petites surfaces. De ce fait, la réduction des surfaces cultivées n'entraîne pas nécessairement une réduction proportionnelle de la production.

Alors que la fixation d'un quota de production permet d'améliorer l'efficacité du soutien des prix, la limitation des surfaces cultivées ajoute deux nouvelles distorsions à celles précédemment analysées dans le cas de l'emploi exclusif du soutien des prix. Premièrement, l'inefficience de la production est accrue par le fait que les agriculteurs utilisent trop peu de terre et trop d'engrais et autres facteurs de production, ce qui fait que le coût de la production est supérieur à ce qu'il serait si les bonnes proportions de facteurs étaient utilisées. Deuxièmement, la limitation des surfaces ne touche pas de la même façon tous les agriculteurs, ce qui fait que le coût marginal de production varie d'une exploitation à l'autre.

C. Coût des programmes américains de soutien à l'agriculture

Actuellement, les programmes de soutien à l'agriculture sont conçus de façon à réduire les sommes dépensées par le gouvernement de trois façons. Premièrement, les agriculteurs qui veulent participer au programme doivent geler une partie de leurs terres. Deuxièmement, le gouvernement peut maintenant vendre ses stock sur le marché même si les prix deviennent inférieurs aux seuils de référence. Troisièmement, les aides ont été notablement réduites pour certains produits (mais pas pour tous). Malgré cela, les dépenses fédérales pour l'agriculture sont passées de 2,8 milliards de dollars en 1980 à 17,7 milliards en 1985, 25,9 milliards en 1986, pour finalement se stabiliser à 6,5 milliards en 1990 et 10,1 milliards en 1991.

La sévère récession de l'agriculture américaine au milieu des années 1980 a mis de nombreuses exploitations en difficulté financière et même au bord de la faillite (en particulier les exploitations familiales, dont les recettes sont comprises entre 40 000 et 250 000 $ par an et qui représentent le quart des exploitations américaines). Dans bien des cas, le gouvernement s'est substitué aux banques pour consentir des prêts et l'offre de produit agricoles a été soutenue à un niveau artificiellement élevé pour éviter la fermeture d'exploitations. De plus, lorsque certaines exploitations ont fait faillite (généralement les plus fragiles), le gouvernement a dû renoncer au

---

différence entre le prix de soutien et le prix du marché, mais uniquement pour la quantité vendue. De ce fait, le gouvernement n'a plus à constituer de stocks (sauf si la production vendue sur le marché est inférieure au quota). Ainsi, si les agriculteurs vendent Q_c au prix p_c, le gouvernement leur verse une aide égale à $(p_s - p_c)Q_c$. Suivant le niveau auquel p_s est fixé, le coût de cette nouvelle politique est supérieur, égal ou inférieur à l'ancienne. En revanche, comme le prix de référence ne couvre plus que la quantité vendue sur le marché, les agriculteurs n'ont plus un profit assuré mais sont simplement protégé contre les pertes importantes.

Tableau 21.4

Gains et pertes annuelles de bien-être liées aux programmes de soutien dans le cadre du Food Security Act de 1985, 1985–88 (milliards de $)

Produit	Perte des consommateurs	Perte des producteurs	Coût pour les contribuables[a]	Perte nette
Blé	0,24–0,30	2,62–3,22	3,67–4,27	0,69–1,95
Maïs	0,68–0,76	7,23–7,62	7,30–8,10	0,36–1,63
Coton	0,19–0,21	1,20–1,46	1,40–1,60	0,12–0,61
Cacahuettes	0,36–0,40	0,29–0,35	0[b]	0,01–0,11
Produits laitiers	1,80–2,90	1,50–2,20	1,13–1,72	0,73–3,12
Sucre I[c]	1,90–2,40	1,50–1,70	0[b]	0,20–0,90
Sucre II[c]	1,35–1,55	1,15–1,25	0[b]	0,10–0,40
Tabac	0,20–0,22	0,34–0,38	0[b]	(0,12)–(0,18)[d]

[a] Y compris les dépenses du *Commodity Credit Corporation* (déductions faites des coûts).

[b] Ces programmes ont un coût net nul pour le gouvernement.

[c] Le cas I suppose que les politiques des États-Unis n'ont pas d'effet sur le prix mondial du sucre. Le cas II tient compte de l'effet des politiques des États-Unis en ce qu'elles réduisent le prix mondial du sucre. La valeur globale des rentes liées au quota d'importations est égale à 250 millions de dollars.

[d] Le programme concernant le tabac a un effet net positif sur le bien-être national car les producteurs nationaux prélèvent une partie du surplus des consommateurs étrangers.

SOURCE : Rausser (1992), d'après des données non publiées de l'*U.S. Department of Agriculture.*

remboursement des sommes prêtées. Selon une estimation concernant 1987, les prêts non remboursés accordés par le *Farm Credit System* (FCC) s'élevaient à 7,1 milliards de dollars. Par ailleurs, 55,2% de l'ensemble des prêts consentis au secteur agricole sont subventionnés par le gouvernement fédéral.

Les États-Unis limitent également les importations agricoles par des quotas et des droits de douane, afin de protéger leurs agriculteurs, ce qui a pour effet d'augmenter le prix payé par les consommateurs. Par exemple, à cause des quotas qui limitent les importations de sucre, le prix du sucre aux États-Unis est trois à quatre fois plus élevé que sur le marché mondial. Le prix du sucre avait atteint un niveau si élevé qu'il était devenu rentable de produire du fructose à partir du maïs (un substitut coûteux au sucre) et d'extraire le sucre de certains produits manufacturés importés comme les gâteaux et les crêpes. Sans doute est-ce la raison pour laquelle les importations de produits manufacturés sucrés furent elle-mêmes contingentées en 1985.

Le tableau 21.4 illustre les gains et les pertes annuelles liés aux programmes de soutien de l'agriculture dans le cadre du *Food Security Act* de 1985, ainsi qu'aux restrictions commerciales, pour quelques productions majeures. Chaque année, la somme des pertes estimées des consommateurs et du coût supporté par les contribuables excède les gains des producteurs de plusieurs milliards de dollars. Par exemple, en ce qui concerne le lait, la perte des consommateurs est estimée entre 1,8 à 2,9 milliards de dollars et le coût payé par les contribuables est estimé entre 1,3 à 1,72 milliards de dollars. La somme des deux est supérieure de 0,7 à 3,1 milliards de dollars au gain estimé des producteurs, soit 1,5 à 2,2 milliards de dollars. Ainsi, les pertes sont-elles largement supérieures aux sommes transférées aux producteurs.

En théorie, la politique agricole américaine a pour but de garantir un niveau de vie décent aux familles d'agriculteurs pauvres. Mais en fait, depuis le début, ce sont les grosses exploitations qui ont le plus bénéficié du système. Pour y remédier, le système actuel impose une limite maximale aux sommes qu'une exploitation peut recevoir, ce qui incite au démembrement (même si c'est simplement sur le papier). En fait, malgré cette limite, les grosses exploitations reçoivent toujours une part disproportionnée de l'aide. Par exemple, en 1988, 57,6% des sommes versées l'ont été à des exploitations dont le chiffre d'affaires dépassait 100 000 $ par an et qui ne représente que 14,7% de l'ensemble des exploitations.

D. Coût des programmes d'aide à l'agriculture dans les autres pays

D'autres pays emploient également le soutien des prix et la protection douanière pour maintenir les prix domestiques à un niveau élevé.(41) Par exemple, la Communauté Européenne (CE) soutient le prix du blé, du maïs, des produits laitiers, du bétail et du sucre. Elle verse aussi des aides directes pour les oléagineux. Elle a instauré des quotas de production pour le sucre. Elle soutient également les exportations de blé, de maïs, de produits laitiers et de bétail. Enfin, elle applique divers droits de douane et quotas aux importations. Le coût de la politique agricole commune est a peu près équivalent au coût de la politique agricole américaine. Ainsi, pour 1986, le coût direct des subventions de la CEE a été estimé à 23 milliards de dollars. On a également calculé qu'en 1984, le coût du transfert des contribuables et des consommateurs aux agriculteurs avait atteint 40 milliards de dollars et aurait encore augmenté depuis (*Economic Report of the President*, 1987, p. 164–5).

Une étude effectuée par la Banque Mondiale a établi que pour l'année 1980, si tous les pays industrialisés du monde avaient cessé de subventionner et de protéger leurs agricultures, les contribuables et les consommateurs de ces pays auraient économisé 100 milliards de dollars cette année-là, alors que les revenus des agriculteurs auraient seulement baissé de la moitié de cette somme.(42)

---

41 Voir Roberts et Trapido (1991), par exemple, pour un examen des politiques agricoles des six plus grands pays d'amérique latine.

42 Cité dans *Economic report of the President*, 1987.

21.4 Bilan de la déréglementation aux États-Unis

Si tu veux avoir l'esprit en paix, ignore les règles et les règlements. – George Ade

La déréglementation s'impose sur les marchés où la réglementation a fait la preuve qu'elle était plus nuisible que bénéfique. Aux États-Unis, ces trois dernières décennies — et plus particulièrement les présidences de M. Carter et de M. Reagan — ont connu un vaste mouvement de déréglementation (voir le tableau 21.5) qui a touché un grand nombre d'industries de premier plan.[43] Des industries comme les transports aériens, les transports routiers inter-étatiques, les chemins de fer, les banques et les organismes financiers (liberté des taux d'intérêt), la télévision et les communications téléphoniques, ont été partiellement ou complètement déréglementées. Malheureusement, l'agriculture n'a pratiquement pas été déréglementée. D'autres pays ont également entrepris une déréglementation à grande échelle. Par exemple, alors que le Royaume-Uni autorisait l'entrée des entreprises de télévision câblées dans l'industrie du téléphone, les États-Unis autorisaient l'entrée des compagnies de téléphone sur le marché de la télévision câblée.[44]

Aux États-Unis, à chaque fois qu'il est question de déréglementer une industrie, on voit s'opposer de chauds partisans et de virulents opposants, dans une vigoureuse foire d'empoigne. En général, les partisans de la déréglementation comptent beaucoup d'économistes (mais pas tous), certains transfuges de l'ancien système de réglementation et quelques associations de consommateurs. Parmi les opposants, il y a quelques économistes, la plupart des responsables de l'ancien système, quelques associations de consommateurs, les entreprises réglementées et les syndicats qui représentent les salariés de ces entreprises.

Les partisans de la déréglemention veulent supprimer toutes les règles qui empêchent la libre fixation des prix et l'entrée de nouvelles entreprises sur le marché. Ils soutiennent que la déréglementation augmente l'efficience et réduit les prix. Ils font valoir deux sortes de gains d'efficience liés à la suppression des distorsions créées par la réglementation des prix. Le premier gain est obtenu quand on laisse le marché fixer les prix relatifs plutôt que de confier ce soin à l'adminstration. Par

---

[43] Mais en même temps, beaucoup de nouvelles réglementations ont été instituées. Ainsi, durant l'administration Carter, le nombre de pages du *Federal Register* qui recence toutes les réglementations existantes, a presque doublé, passant de 45 000 à près de 90 000. Sous l'administration Reagan, le nombre de pages est tombé à 55 000. Cependant, au cours des 3 premières années de l'administration Bush, le nombre de réglementations a augmenté de 35% au point d'être plus élevé de 10% que durant l'administration Carter (Brookes, Warren T. « Too many Laws Have Led to Too Many Lawyers », *San Francisco Chronicle*, 27 août 1991 :C3). C'est sous l'administration Bush, en 1992, que le marché de la télévision par câble fut réglementé. Reagan, en 1981 et Bush, en 1992, ont institué des moratoires sur les nouvelles réglementations fédérales.

[44] « Now You're Talking » *The Economist*, 25 juillt 1992 : p. 69–70. Pour une analyse détaillée des effets de la déréglementation de l'industrie du téléphone, voir Cole (1991), Crandall (1991) et MacAvoy (1992).

exemple, beaucoup d'entreprises de transport et de téléphone réglementées fixaient des tarifs qui subventionnaient indirectement les utilisateurs des zones rurales. Au contraire, la déréglementation, en fixant les prix réels, entraîne une augmentation de l'usage urbain des téléphones et des transports et une diminution de l'usage rural de ces services, ce qui accroît l'efficience. Mais, même s'il est possible que la société bénéficie globalement de la déréglementation, il est clair que certains groupes de consommateurs y perdent.

Le second gain mis en avant par les partisans de la déréglementation est qu'elle réduit globalement les prix. Dans beaucoup d'industries, les prix réglementés sont fixés bien au-dessus de leurs coûts marginaux respectifs. Or, comme les services correspondants ne sont pas réglementés, la concurrence des entreprises se fait sur la qualité ou la fréquence du service, ce qui augmente le coût de production jusqu'au niveau du prix réglementé, plutôt que d'entraîner une baisse du prix jusqu'au niveau du coût. De plus, même si les prix réglementés sont fixés en tenant compte du coût de production, les entreprises ne sont pas incitées à réduire leurs coûts. Enfin, comme l'entrée de nouvelles entreprises sur le marché est restreinte, la déréglementation ne peut que réduire les prix du fait de la concurrence exercée par les nouvelles entreprises désormais libres de pénétrer sur le marché. Les partisans de la déréglementation sont persuadés que celle-ci réduira les prix (au prix d'une qualité plus moyenne) et augmentera le nombre d'entreprises.

Les opposants font valoir que les industries réglementées ont une structure d'oligopole et que la déréglementation aurait pour effet d'exclure les petites entreprises du marché au profit des grosses qui s'entendraient pour fixer des prix élevés. D'autre part, sans réglementation, la qualité des produits et des services baisserait. Les opposants soulignent également que les petites communautés seraient lésées par la déréglementation, car celle-ci mettrait fin aux subventions indirectes qui leur permettaient d'être desservies (en transport, téléphone, etc.).

Dans la plupart des cas, les déréglementations ont eu lieu lentement, en plusieurs années, mais cela n'a pas empêché la création d'inefficiences et de situations inéquitables. Par exemple, le *natural Gas Policy Act* de 1978, a eu pour effet de créer deux prix pour le gaz : un prix pour le gaz des gisements nouvellement mis en exploitation et un prix pour le gaz des « vieux » gisements (qui demeuraient sous l'ancienne réglementation).

Dans certaines industries, la déréglementation partielle a causé de sérieux problèmes. Cela a été le cas dans les services bancaires financiers lorsqu'en 1980, de nombreuses réglementations furent supprimées et où, simultanément, l'assurance des comptes bancaires, fut doublée. Ces comptes étaient assurés conjointement par trois entités fédérales : la *Federal Deposit Insurance Corporation* (FDIC), la *Federal Savings and Loan Insurance Corporation* (FSLIC) et le *National Credit Union Share Insurance Fund* (NCUSIF). Du fait de la concurrence, les gestionnaires des banques et autres organismes financiers (*Saving and Loans*) ne prirent pas la précaution de répercuter les frais d'assurances sur les primes payées par les emprunteurs, dont le risque d'insolvabilité était variable (White, 1988). De ce

Tableau 21.5: *Chronologie des principales décisions de déréglementation*

1968	La Cour Suprême autorise l'utilisation de matériel autre que celui d'AT&T pour se connecter au système de communications téléphoniques de Bell.
1969	MCI obtient l'autorisation de connecter son réseau de communication à longue distance aux systèmes de téléphonie locale.
1970	Les taux d'intérêt des dépôts égaux ou supérieurs à 100 000 $ sont déréglementés.
1972	La *Federal Communications Commission* ouvre le marché des satellites à la concurrence.
1975	La *Securities and Exchange Commission* supprime le prélèvement des droits de courtage fixes sur les transactions boursières.
	La vente des billets de chemin de fer et de bus par des agences de voyages est autorisée.
1976	Le *Railroad Revitalization and Regulatory Reform Act* de 1976 déréglemente partiellement les transports ferroviaires et rend la fixation des tarifs plus proche des coûts.
1977	La déréglementation du fret aérien donne aux companies une plus grande latitude dans la fixation de leurs tarifs.
1978	Le Congrès déréglemente en partie l'industrie du gaz.
	L'*Occupational Safety and Health Administration* supprime 928 règles « arbitraires ».
	Suppression du *Civil Aeronautics Board*, ce qui élimine du même coup le contrôle des prix et de l'entrée de nouvelles entreprises dans l'industrie aéronautique.
	L'*Environmental Protection Agency* autorise la création d'un marché limité de la pollution.
1980	La *Federal Communications Commission* supprime la plupart des réglementations fédérales concernant la télévision câblée et l'équipement utilisé.
	Le *Motor Carrier Act* élimine les barrières à l'entrée de nouvelles entreprises et autorise la fixation des tarifs avec seulement une supervision minimale de l'*Interstate Commerce Commission.*
	La loi sur les institutions de dépôt supprime les plafonds de taux d'intérêt et autorise les organismes financiers à proposer des comptes courants (avec chéquiers) rémunérés.
	Le *Staggers Rail Act* autorise les compagnies de chemin de fer à fixer leurs tarifs librement et à négocier des contrats avec les affréteurs.
1981	Le président Reagan décide de déréglementer la fixation des prix du pétrole et de supprimer les quotas de production.
	La *Federal Communications Commission* supprime un grand nombre de réglementations radiophoniques.
1982	Une nouvelle réglementation des transports par bus autorise les compagnies de bus assurant les transports entre villes à modifier leurs trajets et à fixer leurs tarifs.
	Le *Garn-St. Germain Act* autorise les organismes financiers à augmenter leurs prêts commerciaux et privés et supprime le différentiel de taux d'intérêt existant entre les banques et les organismes financiers.
1984	Dans le cadre d'un accord passé à la suite d'un procès antitrust, AT&T consent à démanteler son réseau de compagnies locales.
	Les compagnies maritimes océaniques sont autorisées à diminuer leurs tarifs et à fixer la qualité de leurs services.
1990	Le *Clean Air Act* autorise la création d'un marché libre dans la lutte contre la pollution.
1992	L'*Energy Act* supprime la plupart des restrictions qui pesaient sur les producteurs d'énergie indépendants et les autorise à vendre l'énergie au prix du marché.

SOURCES : Weidenbaum (1987) ; Lee, Baumel et Harris (1987) ; divers journaux.

fait, les assureurs fédéraux étaient placés dans une situation asymétrique : ils ne bénéficiaient pas des gains parfois importants des banques, mais devaient prendre en charge les risques en cas de défaillance des emprunteurs. De plus, les règles comptables employées dans le secteur bancaire et financier — qui avaient été élaborées à l'époque de la réglementation — donnaient une idée complètement fausse de la valeur de marché des actifs détenus par ces organismes. De ce fait, alors qu'en 1982, la dette nette de l'ensemble des *Savings and Loans* était déjà estimée à plus de 100 milliards de dollars (White, 1991, p. 77), les autorités fédérales ne fermèrent qu'un très petit nombre de ces établissements. Mais l'endettement de ces organismes financiers est également dû à d'autres facteurs, tels que les variations mal anticipées des taux d'intérêt (White, 1991). Finalement, ce fut la baisse brutale des actifs immobiliers dans les années 1980 qui obligea à déclarer brusquement l'insolvabilité d'un grand nombre de ces caisses d'épargne. D'après des chiffres du *Federl Home Loan Bank Board*, 520 caisses d'épargne furent déclarées en faillite en 1987, 434 en 1988, alors qu'il n'y en avait eu que 83 en 1980. Ainsi, en 1981 et 1987, le nombre de faillite a-t-il été multiplié par cinq.

Quelques industries majeures connurent une déréglementation assez rapide et très importante. Bien que cela ne soit pas encore établi de façon définitive, plusieurs études ont déjà montré que la déréglementation de ces industries a globalement accru leur efficience. Pour finir, nous allons étudier de façon plus détaillée trois industries qui ont été touchées par le mouvement de déréglementation : les transports aériens, les transports routiers de marchandises et les transports ferroviaires.

21.4.1 Transports Aériens

Le congrès américain a institué la *Civil Aeronautics Adminstration* en 1938. Celle-ci allait devenir plus tard le *Civil Aeronautics Board* (CAB). Avant la déréglementation, la CAB contrôlait le marché des transports aériens inter-étatiques, c'est-à-dire notamment la fixation des tarifs, les destinations, les accords entre compagnies et l'entrée de nouvelles compagnies sur le marché. La CAB accordait également des subventions destinées à promouvoir le transport aérien. Cependant, vers la fin des années 1970, la CAB commença à déréglementer le marché en autorisant l'entrée sur un petit nombre de destinations, à toute compagnie aérienne certifiée. Plusieurs compagnies aériennes de premier plan poursuivirent alors la CAB en justice pour avoir outrepassé le mandat que lui avait confié le Congrès en autorisant une trop grande concurrence par rapport à ce qui était prévu par le *Airlines Deregulation Act* de 1978 (Borenstein, 1992).

Beaucoup d'économistes pensaient alors que la CAB maintenait les prix bien au-dessus de leurs niveaux concurrentiels. En effet, au début des années 1970, les compagnies aériennes non réglementées qui assuraient les vols à l'intérieur de la Californie pratiquaient des tarifs inférieurs de 40% sur des vols comparables, sans doute en partie grâce à un taux de remplissage plus élevé (Breyer, 1992).

Les partisans de la déréglementation soutenaient que celle-ci ferait baisser les prix et que le marché des transports aériens était un marché contestable. Autrement dit, bien qu'à un moment donné, il y ait peu d'avions en concurrence sur une ligne déterminée, le fait que des avions assurant d'autres lignes puissent facilement être réaffectés à une destination différente, crée une pression concurrentielle. Seule l'interdiction d'entrer sur le marché empêche, selon eux, cette concurrence de se manifester. Il fallait donc faciliter l'entrée en déréglementant. Ils pensaient également que des compagnies déréglementées offriraient un meilleur éventail de qualité et seraient plus attentives aux désirs changeants du public.

Alfred Kahn, que M. Carter avait nommé président de la CAB, était l'un des experts économiques qui vantaient le plus les bienfaits de la déréglementation. Lorsque les premières compagnies aériennes furent déréglementées, il déclara : « J'ai davantage foi dans la cupidité que dans la réglementation ».[45]

Les principales compagnies aériennes et les syndicats étaient opposés à la déréglementation.[46] Ils craignaient des retombées économiques négatives. Certains opposants attiraient l'attention sur le risque d'un accroissement de l'insécurité du fait de la déréglementation. Malgré les objections, le président Carter signa le *Airlines Deregulation Act* en 1978, qui dessaisissait la CAB du pouvoir de fixer les prix et les destinations et le rendait aux compagnies. La CAB facilita la déréglementation en accordant systématiquement le droit de pénétrer sur le marché aux nouvelles compagnies certifiées. La CAB devait disparaître en 1984.

Cependant, afin d'apaiser l'une des craintes majeures liées à la déréglementation, la desserte des destinations secondaires fut garantie pendant 10 ans. L'*Essential Air Service Program*, qui avait pour objectif d'assurer en 10 ans une « transition ordonnée » vers un marché complètement déréglementé, dépensa 71 millions de dollars pour subventionner 202 destinations secondaires à l'intérieur des États-Unis, au cours de la première année. En 1987, il n'y avait plus que 102 destinations subventionnées pour un coût total de 21 millions de dollars.[47]

La déréglementation des transports aériens a eu plusieurs conséquences notables. D'abord, les tarifs ont baissé, le nombre de passagers a augmenté et les profits ont diminué. Le congestionnement du traffic a provoqué le développement d'aéroports servant de plaques tournantes entre plusieurs destinations. La productivité a augmenté et un large éventail de qualité est maintenant offert aux voyageurs.

---

[45] *New York Times*, 7 octobre 1980.

[46] Selon Spiller (1983), qui se fonde sur l'extrapolation de données portant sur la période réglementée, il était prévisible que certaines compagnies déjà en place, au même titre que des compagnies qui allaient pouvoir entrer sur le marché, profiteraient de la déréglementation, tandis que d'autres y perdraient. Ceci expliquerait que toutes les compagnies aériennes n'étaient pas hostiles à la déréglementation.

[47] Anderson, Jack. « The Hight Cost of Air Travel », *San Francisco Chronicle*, 1 décembre 1987 : A23. Selon une étude du *Department of Transportation* (DOT), sans les subventions, 70 destinations sur 102 n'auraient plus été assurées. Cependant, sur ces 70 destinations, 43 étaient empruntées par moins de 5 passagers par jour et 33 étaient situées à moins de 75 miles par autoroutes d'aéroports qui assuraient des vols réguliers non subventionnés. En 1987, le Congrès vota le renouvellement des subventions pour 10 ans. Voir aussi, du même auteur, « Subsidy Cuts Threaten Rural Air Service », *San Francisco Chronicle*, 4 janvier 1989 : A10. Pour l'année fiscale 1989, le Congrès vota un budget de 25 millions de dollars pour ce programme, soit 6,6 millions de dollars de moins que la somme nécessaire pour maintenir le niveau antérieur. Le DOT annonca alors qu'il allait supprimer 56 destinations sur 39 États, mais qu'Hawaï et l'Alaska ne seraient pas touchés étant donné que l'avion est souvent le seul moyen de déplacement dans ces États.

Enfin, le niveau de sécurité n'a pas baissé. Selon Morrison et Winston (1986), le bénéfice annuel de la déréglementation a été d'environ 6 milliards de dollars (de 1977).(48)

En termes réels, les tarifs baissèrent en moyenne de 20% entre 1980 et 1989. On nota cependant une augmentation vers la fin des années 1980. Le nombre de passagers-miles transportés par les compagnies américaines fit plus que doubler entre la fin des années 1970 et 1990.(49)

La baisse durable des prix entraîna une réduction des profits des compagnies aériennes. Du fait de la guerre des prix que se livraient les compagnies, les taux de rendement étaient très bas, voire négatifs, au début des années 1990. Plusieurs compagnies firent faillite (Braniff, Midway, Pan Am, Eastern) et d'autres continuèrent à fonctionner sous tutelle (America West, Continental et TWA).

De vastes réseaux de plaques tournantes furent développés par les compagnies, parfois au moyen de fusions (Brueckner et Spiller, 1991). De nouvelles compagnies entrèrent sur le marché, compensant ainsi les faillites et au moins 24 fusions. En fait, le marché devint plus concentré, en particulier sur les destinations longues et peu fréquentées. La part de marché des 4 plus grosses entreprises était égal à 56,2% en 1977, à 64,8% en 1987 et à 61,5% en 1990 (Borenstein, 1992). Le marché américain des transports aériens est donc beaucoup plus concentré qu'il ne l'était avant la déréglementation. Une étude effectuées sur les 100 plus gros aéroports révèle cependant qu'en 1989, l'indice IHH était inférieur à sa valeur de la fin des années 1970.(50) Si la concentration a augmenté dans les aéroports desservant plusieurs destinations, celle des aéroports ne desservant qu'une seule destination a diminué. De ce fait, au niveau global, la concentration moyenne a baissé.(51) Ce résultat corrobore celui de Morrison et Winston (1990), d'après lequel le nombre de concurrents sur une ligne particulière a augmenté d'environ 30% entre 1978 et 1988. Inversement, Bailey et Williams (1988) ont établi que sur certains marchés locaux, une ou quelques compagnies ont un quasi-monopole. Selon Bailey, Graham et Kaplan (1985), ainsi que Hurdle *et al.* (1989), les aéroports desservant seulement une destination ne sont généralement pas parfaitement contestables (le prix est supérieur au coût marginal) et la concentration du marché a engendré des tarifs plus élevés pour certaines destinations.

L'effet positif de la déréglementation sur l'efficience a également contribué à faire baisser les tarifs (Sickles *et al.*, 1986). Une comparaison entre les compagnies

---

[48] Voir aussi Kahn (1988), Meyer *et al.* (1987a, b), ainsi que Moore (1986).

[49] Koretz, Gene, « Why Booking Air Travel Isn't Lifting Airlines », *Business Week*, 12 octobre 1992, p. 24.

[50] Borenstein (1989, 1990) et Berry (1990) ont établi que le prix moyen augmentait avec le taux de concentration au niveau des aéroports. Bamberger et Carlton (1993) ont montré que le prix moyen augmentait avec le nombre d'avions qu'une compagnie affectait à une destination donnée. Call et Keeler (1985) ainsi que Moore (1986) ont montré que l'arrivée de nouvelles entreprises avait réduit les prix.

[51] Selon une tabulation en fonction de l'origine des passagers (voir Bamberger et Carlton, 1993).

aériennes américaines et celles d'autres pays a montré que la déréglementation avait notablement accru l'efficience (Caves *et al.*, 1987). Depuis la déréglementation, le taux de croissance de l'efficience productive des compagnies aériennes américaines est au moins aussi élevé qu'au cours de la période précédente, alors que celui des autres pays a chuté de près de 40%. Si l'on admet que les États-Unis auraient suivi la même tendance que les autres pays en l'absence de déréglementation, on doit conclure que celle-ci a eu pour effet de réduire de 10% les coûts unitaires (pour l'année 1983, ce qui représente une économie de 4 milliards de dollars).

Selon Bailey et Williams (1988), les compagnies aériennes offrent maintenant un éventail complet d'options, aussi bien en termes de qualité que de prix. En particulier, contrairement à ce qui passait avant la déréglementation, il est maintenant possible d'obtenir des tarifs très bas et une qualité médiocre. Par ailleurs, pour les tarifs plus élevés, la qualité offerte est meilleure qu'avant (Moore, 1986). Cependant, la qualité globale des services a baissé (délais d'attente allongés, trajets plus longs, augmentation du nombre de bagages perdus). Une bonne partie de ces problèmes provient de l'encombrement des aéroports et de la réduction du nombre des contrôleurs aériens, ainsi que de l'inertie du Congrès et du *Department of Transport* (Moose et Savage, 1987). Non seulement le prix et la qualité varient plus depuis la déréglementation, mais la discrimination par le prix a augmenté (Borenstein et Rose, 1989).

Il y a en effet un plus grand nombre de tarifs et ceux-ci varient plus souvent. Durant la période de réglementation, l'éventail des tarifs était plus réduit et ceux-ci changeaient moins fréquemment. Il y a quelques années, l'entreprise Airline Tariff Publishing (qui appartient en commun à différentes compagnies aériennes) dont l'activité est d'imprimer les billets, considérait que 25 000 changements de tarifs par jour représentait un chiffre important. En 1988, on atteignait fréquemment 40 000 à 60 000 changements par jour et parfois 600 000 changement par week-end. La compagnie United effectue à elle seule près de 30 000 changements par jour.[52]

Malgré la congestion du traffic, en particulier dans les aéroports desservant plusieurs destinations, ainsi que l'insuffisance de contrôleurs aériens et d'inspecteurs de la *Federal Aviation Administration* (FAA), la tendance à long terme de l'amélioration de la sécurité aérienne s'est poursuivie depuis la déréglementation.[53] Au cours de la période 1972–78, il y eut 2,35 accidents par 100 000 heures de vols, alors qu'au cours de la période 1979–86, il y en eut 1,73 (Weidenbaum, 1987). Cependant, selon une étude statistique effectuée par Rose (1989), si l'on isole l'effet d'autres facteurs, la faible rentabilité est corrélée avec un nombre plus élevé d'incidents et d'accidents, en particulier en ce qui concerne les petites companies. Il se peut donc que depuis la déréglementation, le niveau de sécurité soit

[52] Hamilton, Martha M. « Airline Pricing : Highly Complex, Hotly Competitive », *Washington Post*, 20 novembre 1988, H1, H16.

[53] Bien que le nombre de vols ait significativement augmenté depuis la déréglementation, le nombre d'inspecteurs de la FAA n' a augmenté que de deux (cité dans Lapham, Lewis, H., Michael Pollan et Eric Etheridge. 1987. *The Harper Index Book.* New York : Henry Holt and Company).

devenu plus variable d'une compagnie à l'autre, selon la rentablité. D'après une étude de Kanafaani et Keeler (1989), il n'y aucune différence dans le niveau de sécurité des anciennes compagnies et des nouvelles. Enfin, l'étude de McKenzie et Womer (1991) révèle qu'il y a même eu une légère amélioration de la sécurité à bord des avions depuis la déréglementation.

Globalement, les consommateurs ont largement bénéficié de la déréglementation aérienne. Ils voyagent plus, à des prix plus bas, dans des conditions de sécurité probablement identiques à celles de la période réglementée.

Depuis le début des années 1990, des négociations sont en cours sur l'éventualité d'une déréglementation internationale des transports aériens.(54) En ce qui concerne la Communauté Européenne, la déréglementation aérienne est commencée depuis le 1 avril 1997. Les États-Unis ont tenté d'obtenir du Royaume-Uni qu'il lève certaines des restrictions les plus sévères à la concurrence aérienne internationale, en échange de la fusion British Airways/ US Air. Il existe aussi un accord réciproque d'accès illimité entre les États-Unis et les Pays-Bas. Enfin, des négociations de libéralisation sont en cours entre les États-Unis et le Canada, mais il est prévu de protéger temporairement certains marchés clés. D'autres pays, comme la France, sont en revanche favorables à la signature d'un nouveau traité prévoyant une plus grande réglementation. L'Allemagne propose également de renforcer certaines limites à la concurrence et le Japon souhaite protéger son marché intérieur de la concurrence américaine croissante.

21.4.2 Transports terrestres

L'*Interstate Commerce Commission* (ICC) est un organisme indépendant du gouvernement américain, créé par une loi de 1887, afin de réglementer les transports terrestres. Sa compétence a été progressivement élargie et porte aujourd'hui sur les industries suivantes : chemins de fer, transports routiers de marchandises, transports par bus, fret routier, transport de l'eau, pipelines pétroliers, courtage de marchandises, transports express, télégraphe avec et sans fil, téléphone et communications par câbles.

Le *Transportation Act* de 1920 a donné à l'ICC le pouvoir de fixer les tarifs afin d'assurer « un rendement équitable à l'infrastructure ferroviaire du pays ». La réglementation des prix par l'ICC a permis une unification de la tarification et a mis fin aux guerres de prix. L'ICC a également le pouvoir d'approuver ou de bloquer les fusions. L'un de ses objectifs était d'ailleurs de favoriser la création d'un petit nombre d'entreprises intégrées. Le *Motor Carrier Act* de 1935 donna à l'ICC le pouvoir de réglementer les prix et l'entrée de nouvelles entreprises dans les industries de transports routiers de marchandises et de voyageurs. Le prix de la licence nécessaire pour ouvrir une entreprise était assez élevé, ce qui révèle

---

54 Rothman, Andrea, Seth Payne et Paula Dwyer, « One World, One Giant Airline Market ? » *Business Week*, 5 octobre 1992, p. 56–7.

que l'entrée dans ces deux secteurs était assez fortement restreinte. En fait, les transporteurs conservaient le pouvoir de fixation des tarifs en concertation, mais ceux-ci devaient être approuvés par l'ICC (Moses et Savage, 1987). De ce fait, la concurrence portait surtout sur la qualité. Le mouvement de déréglementation des transports terrestres fut amorcé vers la fin des années 1970 par le *Motor Carrier Act* de 1980 (transports de marchandises) et le *Staggers Act* (chemins de fer).

A. Transports routiers

Aux États-Unis, la déréglementation des transports routiers a facilité l'entrée de nouvelles entreprises sur le marché, amélioré l'efficience et les conditions de sécurité, réduit la rémunération des salariés syndiqués et réduit les tarifs pratiqués par les transproteurs. Selon Keeler (1989), la déréglementation a permis aux entreprises les plus efficientes de croître et d'atteindre la taille optimale, alors qu'auparavant leur part de marché était limitée par les réglementations. Les entreprises efficientes ont maintenant atteint la taille optimale et bénéficient pleinement des économies d'échelle. Les plus grosses entreprises (celles qui contrôlent individuellement plus de 5% du marché) représentaient 20,8% du marché en 1984, contre seulement 11,6 en 1980, avant la déréglementation. Selon Keeler, la déréglementation a immédiatement eu pour effet de réduire les tarifs et le mouvement n'a fait que s'amplifier par la suite, sans doute à mesure que de nouvelles entreprises pénétraient sur le marché et que les entreprises installées devenaient plus efficientes. En définitive, les tarifs ont baissé de 22% par rapport à leurs niveaux présumés si la réglementation s'était poursuivie.

D'après Boyer (1987), il n'y a pas d'indications statistiques significatives d'une baisse des tarifs réels de transport de marchandises. En revanche, d'après son étude, la déréglementation a eu un effet sur les parts de fret assurées par les différents types de transporteurs (rail, transporteurs routiers, véhicules à louer, etc.). Il a établi par exemple, que durant les 5 premières années de la déréglementation, les transports par véhicules loués ont gagné 5,1% de part de marché et les routiers privés ont perdu 7,1% (Boyer, 1987, P. 412–4). En revanche, selon l'étude de Ying et Keeler (1991), la déréglementation aurait fait baisser les tarifs de 22% (à la date de 1983).

L'étude de Rose (1987) a montré qu'avant la déréglementation, les syndicats de routiers parvenaient à s'approprier 75% de la rente (profit supplémentaire par rapport au niveau normal) de cette industrie, contrairement aux routiers non syndiqués. La déréglementation a entraîné une réduction importante de la rémunération des routiers syndiqués. Avant la déréglementation, ils gagnaient environ 50% de plus que les routiers non syndiqués. Cette différence chuta à moins de 30%, ce qui implique une perte globale comprise entre 950 millions et 1,6 milliard de dollars. La rémunération individuelle des routiers a chuté d'environ 10% à 20% par rapport à une situation où l'écart de 50% aurait été maintenu. Les salaires des routiers non syndiqués ou n'appartenant pas au secteur anciennement réglementé auraient été beaucoup moins touchés par la déréglementation. Globalement, alors qu'entre 1970 et 1980 les salaires réels des routiers ont augmenté de 0,5% par an, ils ont diminué de 3% par an entre 1980 et 1985 (Moses et Savage, 1987).

Depuis la déréglementation, la sécurité des transports routiers a augmenté. Si l'on tient compte des changements qualitatifs ayant affecté les produits transportés, l'indice du nombre d'accidents a baissé, passant de 100 en 1978 à 69 en 1985. L'indice du nombre des voitures impliquées dans les accidents de camions a également baissé de 21% entre 1978 et 1985. Ces réductions sont d'autant plus notables que les nouvelles entreprises ont enregistré un taux d'accident supérieur à la moyenne. Ainsi, en 1985, le taux d'accident par million de miles des nouvelles entreprises était égal à 0,246, alors que celui des entreprises installées avant 1980–81 était de 0,167.

La déréglementation au niveau fédéral fut relayée au niveau des États.(55) Par exemple, avant 1990, il fallait payer 123 $ pour expédier une tonne de fret de Reno à San Francisco, mais 136 $ (11% de plus) pour lui faire traverser un pont d'Oakland à San Francisco. En 1990, la *California Public Utilities Commission* relaxa son contrôle des tarif et autorisa une baisse de 10%. Malgré tout, 20 États maintiennent encore des contrôles. D'après une étude préparée par l'*U.S. Department of Transportation*, ces contrôles représentent encore un coût de 3 à 8 milliards de dollars par an. Une proposition de loi fédérale devait éliminer ces réglementations.

B. Chemins de fer

La déréglementation des chemins de fer américains commença avec le *Railroad Revitalization and Regulatory Reform Act* de 1976 (loi des quatre « R ») qui invitait à une concurrence plus vigoureuse et à pratiquer des tarifs plus proches des coûts. Le *Staggers Rail Act* de 1980 renforca la déréglementation du rail en redonnant aux compagnies la liberté des tarifs. Sur le plan administratif comme sur le plan législatif, les compagnies obtinrent la liberté de baisser les tarifs et même de les augmenter, sauf dans le cas d'une compagnie en position dominante. L'ICC conservait cependant le droit de fixer les tarifs des transports de marchandises là où la concurrence des transports routiers ne s'exercait pas. La concurrence des transports routiers est en effet à prendre en compte pour déterminer si une compagnie ferroviaire est en position dominante sur le marché (Boyer, 1987).

Lee, Baumel et Harris (1987) ont établi que la déréglementation avait entraîné une baisse statistiquement significative du coût de transport de la tonne par mile pour les grosses charges (dites de « classe I ») : 18% durant les années du 4R et 23% durant les 4 premières années du *Staggers Act*.(56) En 1990, les tarifs des transports de marchandises de toutes sortes (sauf les produits primaires forestiers) avaient baissé de 34% par rapport à leurs niveaux de 1980 (Friedlaender *et al.*, 1992).

---

[55] Mrshall, Jonathan. « Truckers at the Mercy of State Laws », *San Francisco Chronicle*, 18 avril 1992 : B1.

[56] Voir Boyer (1987) pour un avis différent.

Comme plus du tiers des coûts totaux de l'industrie ferroviaire sont fixes (en tenant compte de l'infrastructure), il est fréquent d'y rencontrer des monopoles naturels (Willig et Baumol, 1987, p. 29). Par conséquent, si les prix avaient été fixés au niveau du coût marginal pendant la période de déréglementation, les compagnies auraient subi des pertes. Selon Willig et Baumol (1987, p. 30–1), l'ICC :

> a sapé la concurrence par des règles protectionnistes, gelé l'industrie du rail dans des structures dépassées et inefficientes, nuit à la prise de décision privée et, ironiquement, virtuellement empêché cette industrie d'être financièrement viable. [· · ·] La commission a protégé des formes concurrentes de transport de la concurrence du rail en fixant des planchers tarifaires en hausse constante. [· · ·] Il était en général interdit de renoncer à fournir des services même lorsque les prévisions de demande démontraient qu'ils n'étaient pas rentables.

Une grande partie des gains de la déréglementation proviennent vraisemblablement de la croissance des entreprises efficientes, de l'abandon des lignes non rentables et de la disparition du subventionnement croisé. Les études ont montré que les effets de la déréglementation sur l'efficience productive pouvaient parfois être modestes et parfois très importants. Par exemple, alors que Boyer (1987) a estimé que les gains étaient au maximum de 93 millions de dollars, Barnekov et Kleit (1988) ont estimé que la déréglementation avait créé des gains de plusieurs milliard de dollars. Stansell et Hollas (1988) ont également noté une chute significative des coûts dans cette industrie depuis la déréglementation. Selon Lee, Baumel et Harris (1987), les frais généraux ont baissé de 17% par tonne durant les années du 4R et de 29% durant les 4 premières années du Staggers Act. Selon McFarland (1989), le taux de croissance annuel de la productivité du travail est de 0,9% depuis la déréglementation. La déréglementation a également eu des effets importants sur les modes de transport (Boyer, 1987). La part du traffic ferroviaire a diminué de 5,2% au profit des transports routiers durant les 4 premières années de la déréglermentation. Après 10 ans de déréglementation, le nombre de chemins de fer de classe I a baissé de 37 à 14, l'emploi dans les chemins de fer a baissé de 52% et les transports rail/route combinés ont baissé de 29% (Friedlaender *et al.*, 1992).

La principale crainte concernant la déréglementation des chemins de fer était que certaines entreprises pratiquent des prix de monopole, au moins sur certains marchés. Bien que le *Staggers Rail Act* de 1980 n'autorise qu'une augmentation « raisonnable » des tarifs sur les marchés peu concurrentiels, il est vraisemblable que certaines entreprises en ont profité pour fixer des tarifs de monopole (dans le cas d'un monopole naturel, un prix de monopole n'implique pas forcément un profit supérieur à la moyenne du marché). Selon une étude de l'*Interior Department*, les tarifs pratiqués par une compagnie desservant la plupart des mines de charbon du Montana et du Wyoming étaient monopolistiques. La compagnie en question nia cependant l'accusation. Mais lorsque certains concurrents effectuent un transport occasionnel sur cette ligne, ils pratiquent un tarif inférieur de 20%.[57]

Une façon de tester si les compagnies de chemin de fer font des profits de monopole consiste à comparer les q de Tobin de différentes industries (McFarland, 1987 ; comme nous l'avons vu au chapitre 9, le ratio de Tobin est égal au rapport de la valeur de marché d'une entreprise au coût de remplacement de ces actifs). Les résultats de ce test indiquent que les compagnies ferroviaires ne font pas de profits supérieurs à la normale et même que leur q de Tobin est inférieur à celui des autres entreprises non financières. Par ailleurs, selon Friedlaender *et al.* (1992), les taux de rendement sont demeurés bas durant la première décennie de la déréglementation.

En résumé, la déréglementation a profondément transformé les industries de transports ferroviaires et routiers. Elle a permis d'éliminer de nombreux défauts de la période précédente, d'améliorer l'efficience et de réduire les prix.

Résumé

Combien faut-il d'économistes pour visser une ampoule ?
L'économiste : *Aucun, le marché le fera.*
Le syndicaliste : *Aucun, l'administration le fera.*

1. La réglementation optimale, lorsqu'elle est possible, peut éliminer les inefficiences du marché et augmenter le bien-être. Mais, du fait de la limitation de l'information, de l'incertitude, de la viabilité intrinsèque des entreprises et des limites humaines et institutionnelles, les administrations qui réglementent font souvent plus de mal que de bien, quand elles ne sont pas manipulées par des groupes d'intérêt. Il est difficile de trouver un exemple concret de réglementation optimale. Par contre, il existe de nombreux marchés où la réglementation, bien que sous optimale, permet d'accroître l'efficience ou le bien-être.
2. Les réglementations qui convertissent des marchés concurrentiels et efficients en monopoles inefficients sont particulièrement préoccupantes. Dans certains cas extrêmes, la réglementation aboutit à redistribuer le revenu des consommateurs à certains groupes d'intérêt qui ont réussi à se faire entendre des législateurs ou de l'administration. Dans ces cas extrêmes, dont l'agriculture est un bon exemple, les pertes sociales sont énormes.
3. Aux États-Unis, le mouvement récent de déréglementation représente une tentative pour éliminer les réglementations les plus néfastes et « laisser le marché fonctionner ». Ces dernières années, les législateurs et l'administration ont éliminé ou réduit les réglementations sur plusieurs marchés. De ce fait, dans la plupart des cas, les consommateurs ont pu bénéficer, en moyenne, d'une baisse des prix et d'une augmentation de la production. Beaucoup de subventions croisées ont été supprimées, l'entrée de nouvelles entreprises sur les marchés a été facilitée et l'efficience productive a augmenté.

[57] Welles, Chris, Seth Payne, France Seghers et Tom Ichinowski. « Is Deregulation Working ? »

Termes clés	
Contrôle des prix	Prix de Ramsey
Mise aux enchères des franchises	Soutien des prix
Monopole contestable	Théorie des groupes d'intérêt

Questions

Q.21.1 Quels sont les principaux arguments favorables et contraires aux réglementations.

Q.21.2 Quels ont été les effets principaux des déréglementations dans les pays où il y en a eu ?

Q.21.3 Quels types d'inefficience la mise aux enchères des franchises résout-elle mieux que la réglementation classique ? Dans quel cas la réglementation classique réussit-elle mieux ?

Q.21.4 Suggérez une méthode qui permettrait d'empêcher les groupes de pression d'influencer les législateurs ou l'administration. Est-elle réaliste ?

Q.21.5 À quoi reconnaît-on un monopole naturel ? Quels arguments feriez-vous valoir pour faire apparaître La Poste ou l'EDF comme des monopoles naturels ?

Problèmes [58]

P.21.1 Revenez à la figure 21.3 afin de montrer que le bien-être, défini comme le surplus des consommateurs plus le profit du monopole, est plus élevé en $\underline{p} = p^* =$ coût marginal qu'en $\underline{p} = p_a =$ coût moyen, même s'il est nécessaire de subventionner le monopole. *Suggestion* : En p_a, le profit est nul, de sorte que $(p_a - p^*)Q^* =$ coût fixe $= A + B$, parce que $p^* =$ coût moyen variable. L'augmentation de bien-être apparaît sur la figure sous forme d'un triangle.

P.21.2 Revenez à la figure 21.1 ou à la figure 21.2 et montrez les effets d'une réglementation du prix de monopole à un niveau strictement compris entre p_m et p_c.

P.21.3 Comment feriez-vous apparaître l'effet d'une limitation des surfaces cultivées sur la courbe de la figure 21.7 ?

P.21.4 Laquelle de ces deux politiques agricoles serait la plus coûteuse pour le gouvernement (contribuables) ? (a) Un programme de soutien du prix à p_s ($> p_c$, le prix concurrentiel) accompagné d'un quota égal au niveau de production concurrentiel, Q_c. (b) Un programme de prix de référence où les agriculteurs vendent Q_c sur le marché et où le gouvernement leur accorde une subvention égale à $(p_s - p_c)Q_c$. (*Note* : L'élasticité de la demande de la plupart des produits agricoles est pratiquement nulle.)

[58] Les solutions des problèmes impairs sont données en fin de livre.

P.21.5 Proposez une politique agricole qui n'entraîne pas les inefficiences du soutien des prix ou des quotas et qui transfère cependant un revenu équivalent aux agriculteurs. Expliquez clairement tous les aspects de la politique proposée.

P.21.6 Il y a quelques années, MCI a commencé à concurrencer les téléphones Bell en offrant des tarifs plus intéressants pour les communications téléphoniques à longue distance. Alors qu'une bonne partie du grand public pensait que Bell était un monopole naturel, MCI a démontré qu'il était possible de soutenir la concurrence avec Bell tout en couvrant ses coûts. L'entrée de MCI sur le marché réservé de Bell devait-elle être autorisée (comme ce fut le cas) ou non ? Expliquez votre réponse (au début, MCI ne desservait que quelques régions. D'autre part, alors que la tarification de MCI était libre, celle de Bell était encore réglementée).

P.21.7 Dans le cadre de la réglementation du taux de rendement, une entreprise dont le taux de rendement est supérieur à celui fixé par l'administration, doit rembourser ses clients. En revanche, si le taux de rendement est inférieur au taux fixé, l'entreprise doit assumer elle-même les pertes éventuelles. En quoi cette asymétrie affecte-t-elle l'incitation à innover ? La réglementation du taux de rendement est-elle appropriée dans le cas d'industrie qui connaissent de fréquents bouleversements technologiques ?

P.21.8 Faites une simulation numérique des effets de la réglementation du taux de rendement (à l'instar du tableau 21.3) en supposant que la fonction de production est du type Léontief : $Q = \min(L, K)$ et où le coût du travail est le même que celui du capital. (Cette fonction de production implique qu'une production efficiente nécessite l'utilisation de quantités égales de travail et de capital. Autrement dit, il faut unité de chaque facteur pour produire une unité de production, deux unités de chaque facteur pour produire deux unités de production, etc.). Quel est l'effet de la réglementation du taux de rendement sur la production, les profits, le surplus des consommateurs et le ratio capital/travail ? *Note* : Vous pouvez répondre à cette question sans vous rapporter aux données numériques que vous venez de calculer.

Lectures complémentaires

Ce chapitre n'a fait qu'effleurer l'économie de la réglementation. Le manuel de Asch et Seneca (1985), ainsi que celui de Viscusi, Vernon et Harrington (1992) pourront être consultés avec profit par les étudiants et complétés par la lecture du manuel de Spulber (1989) qui est d'un niveau de difficulté plus grand. Pour un aperçu non technique des études empiriques, voir MacAvoy (1979). L'article de Joskow et Rose (1989) est une bonne analyse des effets de la réglementation économique. Pour les politiques de réglementation, voir Noll (1989). Laffont et Tirole (1993) proposent une analyse théorique approfondie des mécanismes incitatifs en économie réglementée.

Pour des études de cas, lire Weiss et Strickland (1982). Voir également Caves et Roberts (1974), Phillips (1975), Weiss et Klass (1981) et Fromm (1981). Pour des études de cas concernant le Canada, voir Ontario Economic Council (1978).

Le monopole naturel est expliqué à la fois de façon technique et non technique par Schmalensee (1979) et Sharkey (1982). Waterson (1987) donne un aperçu d'ensemble des développements récents. Braeutigam (1989) analyse la réglementation du monopole naturel. Enfin, voir Baumol, Panzar et Willig (1982) sur la contestabilité des monopoles naturels.

Bibliographie

ARCHIBALD, G.C. 1964. « Profit-Maximizing and Non-Price Competition ». *Economica* 31 : 13–22.

ASCH, Peter et Rosalind SENECA. 1985. *Government and the Marketplace*, New York : Dryden.

AVERCH, Harvey et LELAND L. Johnson. 1962. « Behavior of the Firm Under Regulatory Constraint ». *Amercian Economic Review* 52 : 1052–69.

BAILEY, Elizabeth E. 1973. *Economic Theory of Regulatory Constraint*. Lexington, Mass. : D.C. Heath.

BAILEY, Elizabeth E. et John C. PANZAR. 1981. « The Contestability of Airline Markets During the Transition to Deregulation ». *Law and Contemporary Problems* 44 : 125–46.

BAILEY, Elizabeth E., David R. GRAHAM et Daniel P. KAPLAN. 1985. *Deregulating the Airlines*. Cambridge, Mass. : MIT Press.

BAILEY, Elizabeth E. et Jeffrey R. WILLIAMS. 1988. « Sources of Economic Rent in the Deregulated Airline Industry ». *Journal of Law and Economics* 31 :173–202.

BAILEY, Elizabeth E. et Roger D. COLEMAN. 1971. « The Effect of Lagged Regulation in an Averch–Johnson Model ». *The Bell Journal of Economics* 2 :278–92.

BAMBERGER, Gustavo E. et Dennis W. CARLTON. 1993. « Airline Networks and Fares ». *University of Chicago Graduate School of Business*.

BARNEKOV, Christopher C. et Andrew N. KLEIT. 1988. « The Costs of Railroad Regulation : A Further Analysis ». Bureau of Economics Working Paper No. 164. Washington, D.C. : Federal Trade Commission.

BARON, David P. et Robert A. TAGGART. 1977. « A Model of Regulation under Uncertainty and a Test of Regulatory Bias ». *The Bell Journal of Economics* 8 :151–67.

BARON, David P. et Roger B. MYERSON. 1982. « Regulating a Monopolist with Unknown Costs ». *Econometrica* 50 :911–30.

BASEMAN, Kenneth C. 1981. « Open Entry and Cross-Subsidization in Regulated Markets », in Gary FROMM, éd., *Studies in Public Regulation. Cambridge*, Mass. : MIT Press.

BAUMOL, William J. 1967. « Reasonable Rules for Rate Regulation : Plausible Policies for an Imperfect World », in Almarin PHILLIPS et Oliver E. WILLIAMSON, éds, *Prices : Issues in Theory, Practice, and Public Policy*. Philadelphia : University of Pennsylvania Press.

BAUMOL, William J. 1981. « Comments », in Gary FROMM, éd., *Studies in Public Regulation*. Cambridge, Mass. : MIT Press, 361–4.

BAUMOL, William J. et David F. BRADFORD. 1970. « Optimal Departures from Marginal Cost Pricing ». *American Economic Review* 60 :265–83.

BAUMOL, William J. et Alvin K. KLEVORICK. 1970. « Input Choices and Rate-of-Return Regulation : An Overview of the Discussion ». *The Bell Journal of Economics* 1 :162-90.

BAUMOL, William J., Elizabeth E. BAILEY et Robert D. WILLIG. 1977. « Invisible Hand Theorems on the Sustainability of Prices in a Multiproduct Monopoly » *American Economic Review* 67 : 350–65.

BAUMOL, William J., John C. PANZAR et Robert D. WILLIG. 1982. *Contestable Markets and the Theory of Industrial Structure*. New York : Harcourt Brace, Jovanovich.

BECKER, Gary S. 1983. « A Theory of Competition Among Pressure Groups for Political Influence ». *Quarterly Journal of Economics* 98 :371–400.

BERRY, Steven T. 1990. « Airport Presence as Product Differentiation ». *American Economic Review* 80 :394–9.

BORENSTEIN, Severin. 1989. « Hubs and High Fares : Airport Dominance and Market Power in the U.S. Airline Industry ». *Rand Journal of Economics* 20 :344–65.

BORENSTEIN, Severin. 1990. « Airline Mergers, Airport Dominance, and Market Power ». *American Economic Review* 80 :400–4.

BORENSTEIN, Severin. 1992. « The Evolution of U.S. Airline Competition ». *Journal of Economic Perspectives* 6 :45–73.

BORENSTEIN, Severin et Nancy L. ROSE. 1989. « Price Discrimination in the U.S. Airline Industry ». MIT working paper.

BOYER, Kenneth D. 1987. « The Costs of Price Regulation : Lessons from Railroad Deregulation ». *The Rand Journal of Economics* 18 :408–16.

BRAEUTIGAM, Ronald R. 1984. « Socially Optimal Pricing with Rivalry and Economies of Scale ». *The Rand Journal of Economics* 15 :127–34.

BRAEUTIGAM, Ronald R. 1989. « Optimal Policies for Natural Monopolies », in Richard SCHMALENSEE et Robert WILLIG, éds, *Handbook of Industrial Organization*. New York : Elsevier Science Publishing Company,Inc.

BRAEUTIGAM, Ronald R. et James QUIRK. 1984. « Demand Uncertainty and the Regulated Firm ». *International Economic Review* 25 :45–60.

BREYER, Stephen. 1982. *Regulation and Its Reform*. Cambridge, Mass. : Harvard University Press.

BROCK, William A. et Jose A. SHEINKMAN, 1983. « Free Entry and the Sustainability of Natural Monopoly : Bertrand Revisited by Cournot », in David S. EVANS, éd., *Breaking Up Bell*. New York : Elsevier Science Publishing Co., Inc.

BRUECKNER, Jan K, et Pablo T. SPILLER 1991. « Competition and Mergers in Airline Networks ». *International Journal of Industrial Organization* 9 :323–42.

CALL, Gregory D. et Theodore E. KEELER. 1985. « Airline Deregulation, Fares, and Market Behavior : Some Empirical Evidence », in Andrew F. DAUGHETY, éd., *Analytical Studies in Transport Economics*. New York : Cambridge University Press.

CAVES, Richard E. et Marc J. ROBERTS. 1974. *Regulating the Product : Quality and Variety*. Cambridge, Mass. : Ballinger Publishing Company.

CAVES, Douglas W., Laurits R. CHRISTENSEN, Michael W. TRETHEWAY, et Robert J. WINDLE. 1987. « An Assessment of the Efficiency Effects of U.S. Airline Deregulation via an International Comparison », in Elizabeth E. BAILEY, éd., *Public Regulation : New Perspectives on Institutions and Policies*. Cambridge, Mass. : MIT Press.

CHADWICK, E. 1859. « Results of Different Principles of Legislation and Administration in Europe ; of Competition for the Field, as Compared with Competition within the Field, of Service ». *Journal of the Royal Statistical Society* Series A, 22 :381–420.

COASE, Ronald H. 1946. « The Marginal Cost Controversy. » *Economica* 14 :150–4.

COLE, Barry F. 1991. *After the Breakup : Assessing the New Post-A T& T Divestiture Era*. New York : Columbia University Press.

COURVILLE, Leon. 1974. « Regulation and Efficiency in the Electric Utility Industry ». *The Bell Journal of Economics* 5 :53–74.

CRANDALL, Robert W. 1991. *After the Breakup : U.S. Telecommunications in a More Competitive Era*. Washington, D.C. : Brookings Institution.

CREW, Michael A. et Paul R. KLEINDORFER. 1978. « Reliability and Public Utility Pricing. » *American Economic Review* 68 :31–40.

DEALESSI, Louis. 1974. « An Economic Analysis of Government Ownership and Regulation : Theory and Evidence from the Electric Power Industry ». *Public Choice* 19 :1–42.

DECHERT, W. Davis. 1984. « Has the Averch-Johnson Effect Been Theoretically Justified ? » *Journal of Economic Dynamics and Control* 8 :1–17.

DEMSETZ, Harold. 1968. « Why Regulate Utilities ? » *Journal of Law and Economics* 11 :55–65.

DOUGLAS, George W. et James C. MILLER III. 1974. *Economic Regulation of Domestic Air Transport : Theory and Policy*. Washington, D.C. : Brookings Institution.

Economic Report of the President. 1987. Washington, D.C. : U.S. Government Printing Office, Ch. 5.

ECKERT, Ross D. 1973. « On the Incentives of Regulators : The Case of Taxicabs ». *Public Choice* 14 :83–100.

ECKERT, Ross D. 1981. « The Life Cycle of Regulatory Commissioners ». *Journal of Law and Economics* 24 :113–20.

ELLINGSEN, Tore. 1991. « Strategic Buyers and the Social Cost of Monopoly ». *American Economic Review* 81 :648–57.

EPPLE, Dennis. 1987. « Rent Control with Reputation : Theory and Evidence ». Working Paper, Graduate School of Industrial Administration, Pittsburgh : Carnegie Mellon University.

EVANS, David S. et James J. HECKMAN. 1982a. « Natural Monopoly », in David S. EVANS, éd., *Breaking Up Bell*. New York : Elsevier Science Publishing Co., Inc.

EVANS, David S. et James J. HECKMAN. 1982b. « Multiproduct Cost-Function Estimates and Natural Monopoly Tests for the Bell System », in David S. EVANS, éd., *Breaking Up Bell*. New York : Elsevier Science Publishing Co., Inc.

FAULHABER, Gerald R. 1975. « Cross-Subsidization : Pricing in Public Enterprises ». *American Economic Review* 65 :966–77.

FELDSTEIN, Martin. 1972a. « Distributional Equity and the Optimal Structure of Public Prices ». *American Economic Review* 62 :32–6.

FELDSTEIN, Martin. 1972b. « Equity and Efficiency in Public Pricing ». *Quarterly Journal of Economics* 86 :175–87.

FITZPATRICK, Mary E. 1987. « A Test of Passive Regulation Using An Endogenous Switching Regression ». Economic Analysis Group Discussion Paper 87–5. Washington, D.C. : Antitrust Division, U.S. Department of Justice.

FRIEDLAENDER, Ann F. 1992. « Coal Rates and Revenue Adequacy in a Quasi-Regulated Rail Industry ». *Rand Journal of Economics* 23 :376–94.

FRIEDLAENDER, Ann F., Ernst R. BERNDT et Gerard MCCULLOUGH. 1992. « Governance Structure, Managerial Characteristics, and Firm Performance in the Deregulated Rail Industry ». *Brookings Papers on Economic Activity* :95–169.

FROMM, Gary. 1981. *Studies in Public Regulation*. Cambridge, Mass. : MIT Press.

FUSS, Melvyn A. et Leonard WAVERMAN. 1981. « Regulation and the Multiproduct Firm : The Case of Telecommunications in Canada », in Gary FROMM, éd., *Studies in Public Regulation*. Cambridge, Mass. : MIT Press.

GALLICK, Edward C. et David E. SISK. 1984. « Specialized Assets and Taxi Regulation : An Inquiry into the Possible Efficiency Motivation of Regulation ». Bureau of Economics Working Paper no. 119. Washington, D. C. : Federal Trade Commission.

GERWIG, Robert W. 1962. « Natural Gas Production : A Study of Costs of Regulation ». *Journal of Law and Economics* 5 :69–92.

GILBERT, Richard J. et David M. NEWBERY. 1988. « Regulation Games ». Department of Economics Working Paper no. 8879. University of California, Berkeley.

GRABOWSKI, Henry et John VERNON. 1979. « Substitution Laws and Innovation in the Pharmaceutical Industry (Regulation and Innovation) ». *Law and Contemporary Problems* 43 :43–66.

GREENFIELD, Victoria A. et David MOORE. 1992. *Auctioning Radio Spectrum Licenses*. Washington, D.C. : Congressional Budget Office.

HAUSMAN, William J. et John L. NEUFELD. 1984. « Time-of-Day Pricing in the U.S. Electric Power Industry at the Turn of the Century ». *The Rand Journal of Economics* 15 :116–26.

HURDLE, Gloria J., Richard L. JOHNSON, Andrew S. JOSKOW, Gregory J. WERDEN et Michael A. WILLIAMS. 1989. « Concentration, Potential Entry, and Performance in the Airline Industry ». *Journal of Industrial Economics* 38 :119–39.

JAFFE, Adam B. et David M. KANTER. 1990. « Market Power of Local Cable Television Franchises : Evidence from the Effects of Deregulation. Rand Journal of Economics ». 21 :226–34.

JOHNSON, D. Gale. 1973. *Farm Commodity Programs*. Washington, D.C. : American Enterprise Institute.

JOSKOW, Paul L. 1973. « Pricing Decisions of Regulated Firms : A Behavioral Approach ». *The Bell Journal of Economics* 4 :118–40.

JOSKOW, Paul L. 1974. « Inflation and Environmental Concern : Structural Change in the Process of Public Utility Price Regulation ». *Journal of Law and Economics* 17 :291–328.

JOSKOW, Paul L. et Roger C. NOLL. 1981. « Regulation in Theory and Practice : An Overview », in Gary FROMM, éd., *Studies in Public Regulation*. Cambridge, Mass. : MIT Press.

JOSKOW, Paul L. et Nancy L. ROSE. 1989. « The Effects of Economic Regulation », in Richard SCHMALENSEE and Robert D. WILLIG, éds, *Handbook of Industrial Organization*. New York : Elsevier Science Publishers, Inc.

KAHN, Alfred E. 1970. *The Economics of Regulation*. Vol. 1. New York : John Wiley and Sons, Inc.

KAHN, Alfred E. 1975. *The Economics of Regulation*. Vol. 2. New York : John Wiley and Sons, Inc.

KAHN, Alfred E. 1988. « Surprises of Airline Deregulation ». *American Economic Review* 78 :316–21.

KANAFANI, A. et Theodore E. KEELER. 1989. « New Entrants and Safety », in Leon N. MOSES and Ian SAVAGE, éds, *Transportation Safety in an Age of Deregulation*. Oxford : Oxford University Press.

KEELER, Theodore E. 1989. « Deregulation and Scale Economies in the U.S. Trucking Industry : An Econometric Extension of the Survivor Principle ». *Journal of Law and Economics* 32 : 229–55.

KITCH, Edmund W., Marc ISAACSON et Daniel KASPAR. 1971. « The Regulation of Taxicabs in Chicago ». *Journal of Law and Economics* 14 :285–350.

KLEVORICK, Alvin K. 1971. « The 'Optimal' Fair Rate of Return ». *The Bell Journal of Economics* 2 :122–53.

LAFFONT, Jean-Jacques et Jean TIROLE. 1993. *A Theory of Incentives in Procurement and Regulation*. Cambridge, Mass. : MIT Press.

LEE, Dwight R. 1978. « Price Controls, Binding Constraints, and Intertemporal Economic Decision Making ». *Journal of Political Economy* 86 : 293–301.

LEE, Tenpao, C. Phillip BAUMEL et Patricia HARRIS. 1987. « Market Structure, Conduct, and Performance of the Class I Railroad Industry », 1971–1984. *Transportation Journal* 26 : 54–66.

MACAVOY, Paul W. 1979. *The Regulated Industries and the Economy*. New York : W.W. Norton.

MACAVOY, Paul W. 1992. « Deregulation by Means of Antitrust Divestiture : How Well Has It Worked in the Telephone Industry ? » Regulation 15 :88–92.

MCFARLAND, Henry. 1987. « Did Railroad Deregulation Lead to Monopoly Pricing ? An Application of Q ». *Journal of Business* 60 : 385–400.

MCFARLAND, Henry. 1989. « The Effect of U.S. Railroad Deregulation on Shipper, Labor, and Capital. » Economic Analysis Group Discussion Paper EAG 89–4. Washington, D.C. : Antitrust Division, U.S. Department of Justice.

MCKAY, D.J. 1977. « Two Essays on the Economics of Electricity Supply ». Ph.D. diss. Pasadena, Calif. : California Institute of Technology.

MCKENZIE, Richard B. et Norman Keith WOMER. 1991. « The Impact of the Airline Deregulation Process on Air-Travel Safety ». Washington University Center for the Study of American Business Working Paper 143.

MEYER, John R., Clinton J. OSTER, Jr. et John S. STRONG. 1987a. « Airline Financial Performance Since Deregulation », in John R. MEYER et Clinton V. OSTER, Jr., éds, *Deregulation and the Future of Intercity Passenger Travel*. Cambridge, Mass. : MIT Press.

MEYER, John R., Clinton J. OSTER, Jr. et John S. STRONG. 1987b. « The Effect on Travelers : Fares and Service », in John R. MEYER et Clinton V. OSTER, Jr., éds, *Deregulation and the Future of Intercity Passenger Travel*. Cambridge, Mass. : MIT Press.

MOORE, Thomas Gale. 1986. « U.S. Airline Deregulation : Its Effect on Passengers, Capital, and Labor ». *Journal of Law and Economics* 29 :1–28.

MORRISON, Steven A. et Clifford WINSTON. 1986. it The Economic Effects of Airline Deregulation. Washington, D.C. : Brookings Institution.

MORRISON, Steven A. et Clifford WINSTON. 1990. « The Dynamics of Airline Pricing and Competition », *American Economic Review* 80 : 389–93.

Moses, Leon N. et Ian Savage. 1987. « Transportation Deregulation and Safety : Summary Report on a Conference ». *Transportation Deregulation and Safety*. Evanston, Ill. : Northwestern University Transportation Center.

Noll, Roger G. 1989. « Economic Perspectives on the Politics of Regulation », in Richard Schmalensee et Robert Willig, éds, *Handbook of Industrial Organization*. New York : Elsevier Science Publishing Company, Inc.

Oliver, Daniel. 1988. *Competition Deserves More Than Lip Service* St. Louis : Center for the Study of American Business, Washington University.

Ontario economic council. 1978. *Government Regulation : Issues and Alternatives*. Toronto : Ontario Economic Council.

Organization for economic cooperation and development. 1985. *Competition Policy and the Professions*. Paris : OECD.

Olsen, Edgar 0. 1972. « An Econometric Analysis of Rent Control ». *Journal of Political Economy* 80 :1081–100.

Oster, Sharon M. et John M. Quigley. 1977. « Regulatory Barriers to the Diffusion of Innovation : Some Evidence from Building Codes ». *The Bell Journal of Economics* 8 :361–77.

Palmer, Karen. 1992. « A Test for Cross Subsidies in Local Telephone Rates : Do Business Customers Subsidize Residential Customers ? » *Rand Journal of Economics* 23 :415–31.

Panzar, John C. 1979. « Equilibrium and Welfare in Unregulated Airline Markets ». *American Economic Review* 69 :92–5.

Panzar, John C. 1981. « Comments », in Gary Fromm, éd., *Studies in Public Regulation*. Cambridge, Mass. : MIT Press, 365–9.

Panzar, John C. et Robert D. Willig. 1977. « Free Entry and the Sustainability of Natural Monopoly ». *The Bell Journal of Economics* 8 :1–22.

Pashigian, B. Peter. 1976. « Consequences and Causes of Public Ownership of Urban Transit Facilities ». *Journal of Political Economy* 84 : 1239–60.

Peltzman, Sam. 1971. « Pricing in Public Enterprises : Electric Utilities in the United States ». *Journal of Law and Economics* 14 :109–48.

Peltzman, Sam. 1973. « An Evaluation of Consumer Protection Legislation : The 1962 Drug Amendments ». *Journal of Political Economy* 81 : 1049–91.

Peltzman, Sam. 1976. « Toward a More General Theory of Regulation ». *Journal of Law and Economics* 19 :211–40.

Petersen, H. Craig. 1975. « An Empirical Test of Regulatory Effects ». *The Bell Journal of Economics* 6 :111–26.

Phillips, Almarin, éd. 1975. *Promoting Competition in Regulated Markets*. Washington, D.C. : The Brookings Institution.

Pint, Ellen M. 1992. « Price-Cap versus Rate-of-Return Regulation in a Stochastic-Cost Model ». *Rand Journal of Economics* 23 :564–78.

Pittman, Russell. 1988. « Rent-Seeking and Market Structure : Comment ». Public Choice 58 :173–85.

Posner, Richard. 1971. « Taxation by Regulation ». *The Bell Journal of Economics* 2 :22–50.

POSNER, Richard. 1972. « The Appropriate Scope of Regulation in the Cable Television Industry ». *The Bell Journal of Economics* 3 :98–129.

POSNER, Richard. 1974. « Theories of Economic Regulation ». *The Bell Journal of Economics* 5 :335–58.

PRAGER, Robin A. 1990. « Firm Behavior in Franchise Monopoly Markets ». it Rand Journal of Economics 21 :211–25.

RAMSEY, Frank P. 1927. « A Contribution to the Theory of Taxation ». *Economic Journal* 37 :47–61.

RAUSSER, Gordon C. 1992. « Predatory Versus Productive Government : The Case of U.S. Agricultural Policies ». *Journal of Economic Perspectives* 6 :133–57.

RIORDAN, Michael H. 1984. « On Delegating Price Authority to a Regulated Firm ». *The Rand Journal of Economics* 15 :108–15.

RIORDAN, Michael H. et David E. M. SAPPINGTON. 1987. « Awarding Monopoly Franchises ». *American Economic Review* 77 :375–87.

ROBERTS, Donna et Paul TRAPIDO. 1991. *Government Intervention in Latin American Agriculture*, 1982-87. Washington, D.C. : U.S. Department of Agriculture.

ROSE, Nancy L. 1987. « Labor Rent Sharing and Regulation : Evidence from the Trucking Industry ». *Journal of Political Economy* 95 :1146–78.

ROSE, Nancy L. 1989. « The Financial Influences on Airline Safety ». in Leon N. MOSES et Ian SAVAGE, éds, *Safety Performance under Deregulation*. Oxford : Oxford University Press.

RUBINOVITZ, Robert N. 1993. « Market Power and Price Increases for Basic Cable Service Since Deregulation ». *Rand Journal of Economics* 24 : 1–18.

SCHMALENSEE, Richard. 1977. « Comparative Static Properties of Regulated Airline Oligopolies ». *The Bell Journal of Economics* 8 :565–76.

SCHMALENSEE, Richard. 1979. *The Control of Natural Monopolies*. Lexington, Mass. : Lexington Books.

SCHWERT, G. William. 1981. « Using Financial Data to Measure Effects of Regulation ». *Journal of Law and Economics* 24 :121–58.

SHARKEY, William W. 1982. *The Theory of Natural Monopoly*. New York : Cambridge University Press.

SHESHINSKI, Eytan. 1971. « Welfare Aspects of a Regulatory Constraint : Note ». *American Economic Review* 61 :175–8.

SHIN, Richard T. et John S. YING. 1992. « Unnatural Monopolies in Local Telephone ». it Rand Journal of Economics 23 :171–83.

SICKLES, Robin C., David GOOD et Richard L. JOHNSON. 1986. « Allocative Distortions and the Regulatory Transition of the U.S. Airline Industry ». *Journal of Econometrics* 33 :143–63.

SMITHSON, Charles W. 1978. « The Degree of Regulation and the Monopoly Firm : Further Empirical Evidence ». *Southern Economic Journal* 44 : 568–80.

SPANN, Robert M. 1974. « Rate-of-Return Regulation and Efficiency in Production : An Empirical Test of the Averch-Johnson Thesis ». *The Bell Journal of Economics* 5 :38–52.

SPENCE, A. Michael. 1975. « Monopoly, Quality, and Regulation ». *The Bell Journal of Economics* 6 :407–14.

SPILLER, Pablo T. 1983. « The Differential Impact of Airline Regulation on Individual Firms and Markets : An Empirical Analysis ». *Journal of Law and Economics* 26 :655–89.

SPILLER, Pablo T. 1988. « Politicians, Interest Groups, and Regulators : A Multiple-Principals Agency Theory of Regulation (or 'Let Them Be Bribed') ». Bureau of Economic and Business Research Faculty Working Paper no. 1436. Urbana-Champaign : University of Illinois.

SPULBER, Daniel F. 1989. *Regulation and Markets*. Cambridge, Mass. : MIT Press.

STANSELL, Stanley R. et Daniel R. HOLLAS. 1988. « An Examination of the Economic Efficiency of Class I Railroads : A Profit Function Analysis ». *Review of Industrial Organization* 3 :93–117.

STEVENS, Barbara J. 1978. « Scale, Market Structure, and the Cost of Refuse Collection ». *Review of Economics and Statistics* 60 :438–48.

STIGLER, George J. 1968. « Price and Non-Price Competition ». *Journal of Political Economy* 76 : 149–54.

STIGLER, George J. 1971. « The Theory of Economic Regulation ». *The Bell Journal of Economics* 2 :3-21.

STIGLER, George J. et Claire FRIEDLAND. 1962. « What Can Regulators Regulate ? The Case of Electricity ». *Journal of Law and Economics* 5 :1-16.

SYMPOSIUM ON PRICE CAP REGULATION. 1989. *Rand Journal of Economics* 20 :369-472.

TAKAYAMA, Akira. 1969. « Behavior of the Firm Under Regulatory Constraint ». *American Economic Review* 59 :255-60.

TELSER, Lester. 1969. « On the Regulation of Industry : A Note ». *Journal of Political Economy* 77 :937-52.

TELSON, Michael L. 1975. « The Economics of Alternative Levels of Reliability for Electric Power Generation Systems ». *The Bell Journal of Economics* 6 :679-94.

THOMAS, Lacey Glenn. 1990. « Regulation and Firm Size : FDA Impacts On Innovation ». *Rand Journal of Economics* 21 :497-517.

VISCUSI, W. Kip, John M. VERNON et Joseph E. HARRINGTON, Jr. 1992. *Economics of Regulation and Antitrust*. Lexington, Mass. : D.C. Heath and Company.

WATERSON, Michael. 1987. « Recent Developments in the Theory of Natural Monopoly ». *Journal of Economic Surveys* 1 :59-80.

WEIDENBAUM, Murray, 1987. *The Benefits of Deregulation*. Contemporary Issues Series 25, Center for the Study of American Business, St. Louis : Washington University.

WEISS, Leonard W. 1981a. « Introduction : The Regulatory Reform Movement », in Leonard W. WEISS et Michael W. KLASS, éds, *Case Studies in Regulation : Revolution and Reform*. Boston : Little, Brown and Company.

WEISS, Leonard W. 1981b. « State Regulation of Public Utilities and Marginal-Cost Pricing in Leonard W. WEISS et Michael W. KLASS, éds, *Case Studies in Regulation : Revolution and Reform*. Boston : Little, Brown and Company.

WEISS, Leonard W. et Michael W. KLASS, éds 1981. *Case Studies in Regulation : Revolution and Reform*. Boston : Little, Brown and Company.

WEISS, Leonard W. et Allyn D. STRICKLAND. 1982.*Regulation : A Case Approach*. New York : McGraw-Hill.

WENDEL, Jeanne. 1976. « Firm-Regulator Interaction with Respect to Firm Cost Reduction Activities ». *The Bell Journal of Economics* 7 :631-40.

WHITE, Lawrence J. 1972. « Quality Variation When Prices are Regulated ». *Bell Journal of Economics* 3 :425-36.

WHITE, Lawrence J. 1988. « Litan's What Should Banks Do ? : A Review Essay ». *Rand Journal of Economics* 19 :305-15.

WHITE, Lawrence J. 1991. *The S&L Debacle-Public Policy Lessons for Bank and Thrift Regulation*. Oxford : Oxford University Press.

WILLIAMSON, Oliver E. 1967. « The Economics of Defense Contracting : Incentives and Performance ». R.N. MCKEAN, éd., *Issues in Defense Economics*. New York : Columbia University Press.

WILLIAMSON, Oliver E. 1971. « Administrative Controls and Regulatory Behavior », in H.M. TREBLING, éd., *Essays on Public Utility Pricing and Regulation*. Institute of Public Utilities, East Lansing, Mich. :Michigan State University.

WILLIAMSON, Oliver E. 1975. *Markets and Hierarchies : Analysis and Antitrust Implications*. New York : The Free Press.

WILLIAMSON, Oliver E. 1976. « Franchise Bidding for Natural Monopolies–In General and with Respect to CATV ». *The Bell Journal of Economics* 7 :73-104.

WILLIAMSON, Oliver E. 1985. *The Economic Institutions of Capitalism*. New York : The Free Press.

WILLIG, Robert D. et William J. BAUMOL. 1987. « Railroad Deregulation : Using Competition as a Guide ». Regulation 11 :28-35.

YING, John S. et Theodore E. KEELER. 1991. « Pricing in a Deregulated Environment : The Motor Carrier Experience ». *Rand Journal of Economics* 22 :264-73.

ZAJAC, E.E. 1970. « A Geometric Treatment of Averch-Johnson's Behavior of the Firm Model ». *American Economic Review* 60 : 117-25.

ZUPAN, Mark A. 1989. « Cable Franchise Renewals : Do Incumbent Firms Behave Opportunistically ? » *Rand Journal of Economics* 20 :473-82.

Annexe A au chapitre 21

L'effet d'Averch-Johnson

L'excès d'investissement engendré par la réglementation du taux de rendement, ou effet d'Averch-Johnson, peut être mis en évidence au moyen d'un modèle mathématique. La présentation qui suit s'inspire de Takayama (1969). Soit la fonction de production d'un monopole :

$$Q = f(K, L), \tag{21A.1}$$

où Q est la production, L les unités de travail et K le stock de capital. Le profit s'écrit :

$$\begin{aligned} \pi &= p(Q)Q - wL - uK \\ &= R(L, K) - wL - uK, \end{aligned} \tag{21A.1}$$

où $p(Q)$ est la courbe de demande inverse, w le taux de salaire, u le coût d'usage du cpital et $R(L, K)$ la fonction de recette totale $R(L, K) = p(Q(F(L, K)))f(L, K)$.

Supposons que l'administration décide que le taux de rendement équitable doit être inférieur ou égal à v. Donc :

$$\frac{\pi}{p_k K} = \frac{R(L, K) - wL - uK}{p_k K} \leq v. \tag{21A.3}$$

Cette contrainte peut être reformulée ainsi :

$$\frac{R(L, K) - wL}{p_k K} \leq v + \frac{u}{p_k} \equiv s. \tag{21A.4}$$

Autrement dit, cette forme de réglementation nécessite que les recettes restantes après paiement des salaires par unité de capital ne peuvent pas dépasser s, où s est le coût du capital divisé par p_k, plus le taux de rendement équitable. Si v était inférieur à 0, l'entreprise ne produirait rien. Nous supposons donc dans ce qui suit que $v > 0$, de sorte que $s > u/p_k$. (1)

L'entreprise réglementée a pour objectif de maximiser son profit (équation [21A.2]) sous contrainte d'un taux de rendement défini par l'équation (21A.4). L'optimum de l'entreprise est déterminé par le point-selle du Lagrangien suivant :

$$R(L, K) - wL - uK - \lambda[R(L, K) - wL - sp_k K], \tag{21A.5}$$

[1] Il n'est cependant pas nécessaire que v soit positif. Si $v = 0$, $\pi = 0$ et donc l'entreprise couvre ses coûts puisque le coût d'usage du capital est déjà inclus dans le taux de rendement normal du capital. Si $v = 0$, la solution ressemble au prix de Ramsey (égalité du prix au coût moyen).

où λ est le multiplicateur de Lagrange. Le terme entre crochets se déduit de l'équation (21A.4) en multipliant tous ses termes par K et en la réagençant.

Si L et K, dans l'équation (21A.5), sont positifs au point-selle et que la contrainte est active, les conditions de Kuhn-Tucker impliquent alors :[2]

$$R_L = w, \tag{21A.6}$$

$$R_k = u - \left(\frac{sp_k - u}{1 - \lambda}\right)\lambda, \tag{21A.7}$$

$$R - wL - sp_k K = 0, \tag{21A.8}$$

$$\lambda > 0, \tag{21A.9}$$

Ces conditions déterminent les valeurs de L, K et λ. L'équation (21A.6) indique que la valeur du produit marginal du capital est égal au coût du capital augmenté d'un facteur d'ajustement qui dépend du taux de rendement équitable ($v = s - up_k$) et du multiplicateur de Lagrange. L'équation (21A.8) n'est que l'équation (21A.4) reformulée.

Si la contrainte est inactive ($\lambda = 0$), les équations (21A.6) et (21A.7) correspondent aux conditions habituelles de la maximisation d'un monopole non réglementé :

$$R_L = w \tag{21A.6'}$$

$$R_K = u. \tag{21A.7'}$$

Autrement dit, la valeur du produit marginal du travail est égale au salaire et la valeur du produit marginal du capital est égale au coût d'usage par unité du capital. Le TDR non réglementé est alors :

$$s_0 = \frac{R_0 - wL_0}{K_0} \tag{21A.10}$$

Pour que la contrainte d'un TDR maximal importe, s_0 doit être supérieur à s, qui est supérieur à u/p_k par définition.

Takayama (1969) montre que L et K sont des fonctions continues de s. Dérivons l'équation (21A.8) par rapport à s :

$$\frac{dL}{ds}(R_L - w) + \frac{dK}{ds}(R_K - sp_k) = p_k K. \tag{21A.11}$$

Évaluons cette équation en $s = s_0$ (le taux de rendement résultant de la maximisation du profit sans contrainte de TDR) et remplaçons R_L et R_K par leurs expressions des équations (21A.6) et (21A.7). Nous obtenons alors,

$$\frac{dK}{ds} = \frac{p_k K_0}{u - s_0 p_k} < 0, \tag{21A.12}$$

car $s_0 > u/p_k$. Donc, l'introduction d'une contrainte de taux de rendement active (c'est-à-dire qui réduit s par rapport à s_0) augmente le capital : tel est, en substance, l'effet d'Averch-Johnson.

---

[2] Voir Takayama (1969) pour l'ensemble complet des conditions, lorsque L ou K peuvent être nuls et que la contrainte peut être inactive ($\lambda = 0$).

Glossaire

Actif spécifique ou **spécialisé** : produit spécialisé ou adapté à un besoin particulier, mais sans valeur en dehors de l'usage auquel il est destiné.

Action d'exclusion : action menée par une entreprise pour éliminer ses rivales ou leur nuire et créer ou maintenir un pouvoir de monopole.

Ajustement du marché : processus de réalisation de l'équilibre entre les quantités offertes et demandées.

Aléa de moralité : aléa auquel s'expose un vendeur qui offre une garantie qui couvre des risques pouvant être délibérément accrus par le consommateur. Par exemple, un individu dont la maison est assurée contre l'incendie peut être exagérément imprudent ou même mettre sciemment le feu à sa maison pour encaisser la prime.

Amortissement : imputation du coût d'une machine sur plusieurs périodes. Voir aussi : *Dépréciation.*

Analyse statique : analyse de modèles où les interactions se résolvent en une seule période.

Anticipations myopes : se dit, par abus de langage, des anticipations qui identifient le futur au présent (exemple : une entreprise qui anticipe systématiquement que ses profits futurs seront égaux à ses profits actuels).

Avantage du pionnier : avantage de la première entreprise qui pénètre sur un marché. Par exemple, comme elle n'a pas de concurrentes, ses coûts de marketing sont plus faibles.

Barrière à l'entrée : tout ce qui empêche une entreprise de pénétrer sans délais sur un marché. Voir aussi : *Barrière à l'entrée durable.*

Barrière à l'entrée durable : coût qu'une nouvelle entreprise doit supporter en arrivant sur le marché, alors que les entreprises installées n'ont plus (ou pas eu) à le supporter.

Bien dont les qualités se révèlent à l'expérience : bien dont le consommateur ne peut pas évaluer les caractéristiques avant de l'acheter (sauf s'il peut l'essayer, comme c'est parfois le cas pour les voitures).

Bien dont les qualités se révèlent à l'observation : bien dont le consommateur peut évaluer les caractéristiques avant de l'acheter.

Bien durable : bien dont la durée de vie est supérieure à la période de référence (généralement l'année).

Biens hétérogènes ou **différenciés** : biens subjectivement ou objectivement différents aux yeux des consommateurs.

Biens homogènes ou **indifférenciés** : biens subjectivement ou objectivement identiques aux yeux des consommateurs.

Bien public ou **collectif** : se dit d'un bien qui une fois mis à la disposition d'une seule personne, peut être mis à la disposition d'un grand nombre d'autres personnes sans coûts supplémentaires.

Brevet : droit exclusif d'exploiter un produit, un processus, une substance ou un schéma nouveaux et utiles.

Capital : tout actif (machine, immeuble, réputation, etc.) qui fournit un service pendant plusieurs périodes.

Cartel : entreprises qui s'entendent explicitement pour coordonner leur activité, généralement dans le but de maximiser leurs profits joints. Voir aussi : *oligopole coopératif.*

Certification : assurance qu'un produit particulier répond à certaines normes.

Chantage aux actions : achat d'actions dans le but de les revendre cher aux propriétaires de l'entreprises en les menaçant d'une prise de contrôle en cas de refus.

Chevalier blanc : prise de contrôle amicale d'une entreprise par un allié puissant, dans le but de la protéger d'une OPA hostile. Dans ce cas, la direction de l'entreprise a plus de chances de rester en place que si l'OPA hostile réussit.

Clause du client le plus favorisé : clause d'un contrat de vente au terme de laquelle le vendeur s'engage à rembourser la différence de prix payé par l'acheteur si ce dernier trouve un prix plus intéressant ailleurs (pour le même produit).

Collusion tacite : activité coordonnée des entreprises d'un oligopole, sans qu'il y ait d'accord explicite entre elles. Voir aussi : *Mimétisme conscient.*

Comportement stratégique : en théorie des jeux, ensemble des actions d'une entreprise qui influencent son environnement et qui sont destinées à augmenter son profit.

Comportement stratégique coopératif : actions qui facilitent la coordination d'entreprises en limitant les comportements concurrentiels.

Comportement stratégique non coopératif : actions d'une entreprise qui essaie d'améliorer sa situation par rapport à celle des autres, voire à leur détriment.

Concentration : un marché est concentré si un petit nombre d'entreprises y réalise un grosse partie des ventes totales.

Concurrence : structure de marché caractérisée par la confrontation de nombreux acheteurs et vendeurs potentiels qui peuvent entrer et sortir librement du marché.

Concurrence monopolistique : structure de marché caractérisée par l'existence d'un grand nombre de petites entreprises ayant un pouvoir de marché, sans qu'aucune ne puisse réaliser un profit à long terme.

Concurrence parfaite : structure de marché caractérisée par l'homogénéité et la divisibilité parfaite du produit fabriqué par les entreprises, l'absence de barrières à l'entrée ou à la sortie, l'information parfaite des entreprises et des consommateurs, l'absence de coûts de transaction ainsi que d'externalités et la fixation du prix par le marché (ni les consommateurs, ni les producteurs n'ont un pouvoir de marché).

Condition d'entrée : condition d'après laquelle les entreprises entrent sur le marché lorsque le profit est positif et en sortent lorsqu'il devient négatif.

Conduite : en économie industrielle, comportement des entreprises.

Conjecture du Coase : hypothèse d'après laquelle un monopole qui vend un bien durable a moins de pouvoir de marché qu'un monopole qui le loue (dans certains cas, le monopole qui vend un bien durable n'a même aucun pouvoir de marché).

Contestable : un marché est contestable si l'entrée et la sortie sont libres.

Contrainte d'auto-sélection : en cas de discrimination par le prix, choix des prix de telle façon qu'aucun consommateur d'un groupe donné ne préfère la formule proposée aux consommateurs d'un autre groupe (autrement dit, c'est l'entreprise qui détermine à quel groupe appartient le consommateur et non le consommateur qui choisit son groupe).

Contribution : aux États-Unis, lors d'un procès antitrust, indemnités payées par des tiers également impliqués dans l'affaire, mais non condamnés.

Contrôle des prix : limites imposées par le gouvernement aux prix fixés par les entreprises. Voir aussi : *Soutien des prix.*

Contrôle du prix de détail : fixation par l'entreprise du prix pratiqué par les distributeurs de son produit.

Copyright : droit exclusif accordé à un créateur de produire, publier ou vendre une œuvre artistique, dramatique, littéraire ou musicale.

Courbe d'offre de l'entreprise : quantité qu'une entreprise concurrentielle désire offrir à chaque prix (partie de la courbe de coût marginal située au-dessus du minimum de la courbe de coût moyen).

Courbe d'offre de l'industrie : somme horizontale des courbes d'offre des entreprises individuelles.

Course aux brevets : concurrence entre plusieurs entreprises afin d'être la première à faire une découverte et à la breveter.

Court terme : période suffisamment courte pour que la quantité de certains facteurs de production ne puisse pas être modifiée sans que cela comporte des coûts (autres que ceux liés au volume des facteurs utilisés).

Coût d'opportunité : valeur de l'usage alternatif le plus productif d'une ressource.

Coût de remplacement (d'un actif) : somme nécessaire au remplacement d'un actif (machine, etc.).

Coût de transaction : dépenses autres que le prix du produit, liées à l'achat et à la vente du produit sur le marché.

Coût du capital : somme (actualisée) des loyers que la location d'un capital permet d'obtenir.

Coût fixe moyen (CFM) : coût fixe divisé par la production $(CFM = F/q)$.

Coût irrécupérable : portion du coût fixe que l'entreprise ne peut pas recouvrir si elle arrête de produire (contrairement au coût fixe évitable).

Coût marginal : coût de la production d'une unité supplémentaire.

Coût marginal privé : coût marginal qui n'inclut pas le prix des externalités positives ou négatives.

Coût marginal social : coût marginal privé augmenté du prix des externalités positives ou négatives.

Coût moyen ou **coût moyen total** $(CM$ ou $CMT)$: coût total, divisé par la production $(CMT = CT(q)/q)$.

Coût total : somme du coût fixe et du coût variable.

Coût variable moyen (CVM) : coût variable divisé par la production $(CV(q)/q)$.

Coût d'ajustement : dépenses liées à la modification de la combinaison et de la quantité des facteurs utilisés dans la production.

Coût évitable : dépenses, incluant les coûts fixes, qui cessent d'être supportées dès que l'entreprise cesse de fonctionner. Les coûts évitables s'opposent aux coûts irrécupérables en ce que ces derniers doivent être intégralement assumés par l'entreprise, qu'elle fonctionne ou non.

Coût fixe : dépenses qui ne varient pas avec le niveau de la production.

Définition du marché : produits et aire géographique à prendre en compte pour déterminer empiriquement l'importance de la concurrence qui intervient dans la formation du prix d'un produit.

Demande résiduelle : courbe de demande adressée à une entreprise particulière. Elle est égale, pour tout prix, à la demande du marché moins la quantité offerte par les autres entreprises.

Dépense marginale : pour un monopsone, coût d'achat d'une unité supplémentaire.

Dépréciation : déclin de la valeur d'un actif au cours d'une période (généralement l'année). Voir aussi : *Amortissement.*

Déséconomies d'échelle : coût moyen croissant avec la production. Voir aussi : *Rendements d'échelle décroissants.*

Différenciation factice d'un produit : lorsque les consommateurs croient que des produits ont des qualités différentes alors qu'ils ont des propriétés physiques identiques (par exemple, certains médicaments vendus sans ordonnance ou certaines lessives).

Dilemme du prisonnier : en théorie des jeux, jeu dans lequel les stratégies non coopératives dominantes émergent spontanément, mais rapportent un gain inférieur aux stratégies coopératives.

Discrimination par la qualité : moyen détourné de discrimination par le prix par lequel l'entreprise offre une gamme de produits aux qualités différentes à des prix différents.

Discrimination par le prix : politique de prix non uniforme où l'entreprise fixe un prix différent pour chaque catégorie de consommateurs, voir pour chaque consommateur, ou fait payer un prix par unité différent en fonction de la quantité achetée.

Discrimination par le prix de degré 1 ou **discrimination par le prix parfaite** : discrimination par le prix où l'entreprise fait payer à chaque consommateur le prix qu'il est prêt à payer pour posséder une unité du produit.

Discrimination par le prix de degré 2 : discrimination par le prix où l'entreprise fait payer un prix différent à différentes catégories de consommateurs (exemple : réduction de prix pour les militaires, les femmes enceintes, les invalides, les chômeurs, les étudiants, les retraités, etc.).

Discrimination par le prix de degré 3 : discrimination par le prix telle que l'entreprise fait payer un prix par unité différent, par exemple en fonction de la quantité achetée, à chaque catégorie de consommateurs.

Dispersion des prix : prix différents pratiqués par différents magasins pour un même produit.

Distribution exclusive : contrat qui oblige un distributeur à ne vendre qu'une marque déterminée d'un produit.

Division fonctionnelle : division d'une entreprise par fonctions (recherche, production, marketing, etc.).

Droit de propriété : droit exclusif d'utiliser un actif.

Dumping discriminatoire : variante de discrimination par le prix consistant à pratiquer un prix à l'exportation inférieur au prix national, mais non inférieur au coût de production.

Dumping prédateur : entreprise qui pratique un prix à l'exportation inférieur à son coût de production.

Dumping réciproque : variante de dumping discriminatoire où deux entreprises de nationalités différentes pratiquent chacune du dumping sur le marché national de l'autre.

Enchères anglaises : système d'enchères où le prix annoncé est d'abord très bas et où les suivants vont en augmentant, jusqu'à ce qu'aucun acheteur n'enchérisse plus sur la dernière offre.

Enchères hollandaises : mécanisme d'enchères où le prix annoncé est d'abord très élevé, puis baisse progressivement, jusqu'à ce qu'un enchérisseur décide d'acheter.

Entreprise : organisation qui transforme les facteurs de production (ressources achetées) en biens et services (produits qui se vendent sur le marché).

Entreprise dominante : entreprise ayant le pouvoir de fixer les prix, mais qui doit partager son marché avec une frange de petites entreprises concurrentielles.

Entreprises en aval : dans un processus de production vertical, entreprises dont l'activité concerne les derniers stades de la production et de la distribution.

Entreprises en amont : dans un processus de production vertical, entreprises dont l'activité concerne les premiers stades de la production.

Environnement du marché : tous les facteurs qui influencent les variables caractéristiques d'un marché (prix, quantité, profit, bien-être), parmi lesquelles on peut citer : perception du produit par les consommateurs, conjectures que les entreprises forment concernant la stratégies de leurs concurrentes actuelles et potentielles, technologie de production de chaque entreprise, coût de production et rapidité d'entrée des nouveaux concurrents sur le marché.

Espace des caractéristiques : Espace où chaque axe indique la quantité d'une caractéristique ou d'un attribut. Chaque marque et chaque produit préféré du consommateur peuvent être positionnés dans cet espace en fonction de leurs caractéristiques.

Expérience par la pratique : expérience acquise au cours du processus de production (découverte de façons plus efficientes de produire) qui augmente avec la quantité produite, de sorte que le coût décroit à mesure que la quantité augmente.

Externalité : bien ou « mal » dont le prix n'est pas fixé par le marché.

Externalité négative : action d'un agent économique qui nuit à d'autres agents économiques, de façon intentionnelle ou non, mais dont le prix n'est pas supporté par l'agent agissant (exemple : bruit, pollution, etc.).

Externalité positive : action d'un agent économique dont l'effet est bénéfique à d'autres agents, sans que ceux-ci aient besoin de révéler qu'ils en bénéficient ou de payer.

Échec du marché : production ou consommation inefficiente, due au fonctionnement incorrect du marché.

Économie industrielle : étude de la structure, conduite et performance des entreprises, ainsi que de leurs interactions.

Économies d'échelle : coût moyen décroissant en fonction de la production. Voir aussi : *Rendement d'échelle croissants.*

Économies de multi-production : lorsque deux activités (ou plus) peuvent être réalisées à un coût moins élevé par une entreprise que par deux (ou plusieurs) entreprises.

Élasticité : une courbe de demande (d'offre) est élastique si une augmentation de 1% du prix réduit (augmente) la quantité demandée (offerte) de plus de 1% (c'est-à-dire que la valeur absolue de l'élasticité de la demande est supérieure à 1).

Élasticité de l'offre : pourcentage de variation de la quantité offerte en réponse à une variation de 1% du prix.

Élasticité de la demande : pourcentage de variation de la quantité demandée en réponse à une variation de 1% du prix.

Élasticité unitaire : une courbe de demande a une élasticité unitaire si une augmentation de 1% du prix réduit la quantité demandée de 1% (c'est-à-dire que la valeur absolue de l'élasticité de la demande est égale à 1).

Élasticité croisée de la demande : pourcentage de variation de la quantité demandée en réaction à une variation de 1% du prix du produit.

Équilibre de Nash : équilibre tel qu'aucune entreprise ne peut augmenter son gain (ou profit) par une stratégie différente de celle qu'elle a choisi, les stratégies des autres entreprises étant données.

Équilibre de Nash parfait : équilibre de Nash tel que les stratégies (menaces) sont crédibles.

Équilibre de sous-jeu parfait : équilibre de Nash où les stratégies des sous-jeux sont des équilibres de Nash.

Équilibre soutenable : équilibre d'un monopole naturel, tel qu'il couvre ses coûts sans induire l'entrée de nouvelles entreprises sur le marché.

Faiseur de prix : entreprise qui a un pouvoir de marché lui permettant de fixer le prix à un niveau supérieur au prix concurrentiel. Voir aussi : *Preneur de prix.*

Fonction de production à facteurs non substituables : se dit d'un processus de production où les facteurs nécessaires à la production doivent être combinés dans une proportion déterminée.

Fonction de production à facteurs substituables : se dit d'un processus de production où les facteurs nécessaires à la production peuvent dans une certaine mesure être combinés dans la proportion désirée.

Fonction de réponse (ou de réaction) optimale : relation mathématique entre la décision la plus rentable d'une entreprise et la décision correspondante de sa rivale.

Forme multidivisionnelle (forme en M) : mode d'organisation de l'entreprise en divisions de produits (A, B, C, etc.) ou de zones géographiques.

Franchise : droit de vendre un produit, ou d'utiliser une marque.

Frange concurrentielle : groupe de petites entreprises opérant sur un marché contrôlé par une entreprise dominante.

Frontière des possibilités de production (FPP) : ensemble des combinaisons de production efficientes associées à des quantités de facteurs et une technologie donnés.

Fusion : mise en commun des actifs de deux ou plusieurs entreprises au sein d'une nouvelle entité.

Fusion conglomérale : fusion d'entreprises dont les activités sont différentes.

Fusion horizontale : fusion d'entreprises appartenant à la même industrie.

Fusion verticale : prise de contrôle d'une entreprise cliente par une entreprise fournisseur ou vice versa.

Gain : en théorie des jeux, résultat obtenu à la fin d'un jeu (profit, utilité, etc.).

Hiérarchie : Mode de contrôle d'une entreprise.

Incidence d'un impôt : effet d'un impôt sur le prix d'équilibre.

Indice de Herfindhal-Hirschman (IHH) : somme des carrés des parts de marché des entreprises d'un marché.

Indice de Lerner ou **marge prix-coût** : indicateur du pouvoir de marché égal au ratio de la différence entre le prix et le coût marginal au prix : $(p - Cm)/p$.

Inélastique : une courbe de demande (d'offre) est inélastique si une augmentation de 1% du prix réduit (augmente) la quantité demandée (offerte) de moins de 1% (c'est-à-dire si l'élasticité est inférieure à 1 en valeur absolue).

Information asymétrique : dans une transaction, se dit d'une information qui est connue de certains agents seulement.

Intégration verticale : entreprise dont l'activité couvre plusieurs stades successifs du processus de production et de commercialisation d'un bien ou d'un service.

Internaliser une externalité : attribuer l'intégralité du coût ou du bénéfice d'une action à celui qui l'entreprend (par exemple, faire supporter le coût réel de la pollution aux entreprises pollueuses, ou permettre aux inventeurs de bénéficier de l'intégralité de leurs inventions).

Jeu : ensemble des stratégies ouvertes aux acteurs d'une situation donnée.

Jeu en information imparfaite : jeu dans lequel une entreprise doit choisir une action sans pouvoir observer l'action simultanée (ou antérieure) de ses rivales.

Joint venture : projet coordonnée par plusieurs entreprises. Par exemple, une joint venture de R&D est un projet financé et géré en commun par plusieurs entreprises.

Joueurs : en théorie des jeux, acteurs des décisions stratégiques d'un jeu (entreprises, par exemple).

Licence : droit accordé au titulaire d'un brevet de l'utiliser.

Lois antitrust : aux États-Unis, lois qui limitent le pouvoir de marché exercé par les entreprises et qui contrôlent le bon fonctionnement de la concurrence.

Long terme : période de temps suffisamment longue pour que la quantité de tous les facteurs de production puisse être modifiée sans coûts (autres que ceux liés au volume utilisé).

Marge prix-coût : indicateur de l'écrat entre le prix et le coût marginal ($[p - Cm]/p$). Voir aussi : *Indice de Lerner.*

Marque : mots, symboles ou autres logos utilisés par une entreprise afin de distinguer ses produits de ceux des autres entreprises.

Mimétisme conscient : activité coordonnée des entreprises d'un oligopole, sans qu'il y ait d'accord explicite entre elles. Voir aussi : *Collusion tacite.*

Mise aux enchères des franchises : l'administration ou un franchiseur vend un droit de monopole ou une franchise au plus offrant.

Modèle de localisation : variante du modèle de concurrence monopolistique où chaque produit est défini par sa localisation géographique ou vectorielle (c'est-à-dire dans un espace à plusieurs dimensions où chaque dimension représente une caractéristique du produit).

Modèle du consommateur représentatif : variante du modèle de concurrence monopolistique dans laquelle un consommateur type (ou représentatif) est censé choisir parmi des marques (ou variétés) qualitativement identiques mais subjectivement substituables. Pour simplifier, l'élasticité de substitution entre deux variétés est supposée constante et identique pour tout couple de variétés (i, j).

Monopole : vendeur unique d'un marché.

Monopole nature : situation d'une entreprise dont le coût de production est toujours inférieur à la somme des coûts de production de deux ou plusieurs entreprises qui produiraient ensemble la même quantité qu'elle.

Monopsone : unique acheteur d'un marché.

Obligations à haut risque : obligations garanties par les actifs de l'entreprise qui les émet, dont le risque de faillite plus élevé que la moyenne est compensé par un rendement élevé.

Obligations conditionnées : restriction, imposée par les détenteurs d'obligations, à l'utilisation des fonds par l'entreprise.

Obsolescence planifiée : réduction volontaire de la durée de vie d'un produit.

Offre à prix conditionné : stratégie de prise de contrôle qui consiste à offrir un prix élevé par action pour un premier lot d'actions, puis un prix plus bas pour les autres actions. L'offre est assortie d'une condition : elle est annulée et les actions rendues à leurs propriétaires si l'offreur n'obtient pas le total d'actions qui lui permet d'accéder au contrôle de l'entreprise. Ce type d'offre peut créer un effet de panique car tous les vendeurs veulent faire partie du premier lot.

Offre Publique d'Achat (OPA) : offre faite directement aux actionnaires d'une entreprise de racheter leurs parts à un prix déterminé.

Oligopole : structure de marché caractérisé par un petit nombre d'entreprises qui ne sont pas menacées par l'arrivée de nouvelles entreprises.

Oligopole coopératif : petit groupe d'entreprises (ou oligopole) qui coordonnent leurs actions de façon à maximiser leurs profits joints (elles agissent comme un cartel).

Oligopole non coopératif : petit nombre d'entreprises agissant indépendamment les unes des autres, mais conscientes de leur interdépendance.

Opportunisme : comportement qui consiste à tirer un parti abusif de circonstances mal définies par un contrat.

Optimum de premier rang : solution qui maximise le bien-être.

Optimum de second rang : meilleur résultat possible lorsque l'optimum de premier rang ne peut pas être atteint.

Parachute doré : larges indemnités versées aux dirigeants d'une entreprise en cas d'OPA hostile.

Passager clandestin : agent économique (entreprise, par exemple) qui bénéficie délibérément des actions des autres sans avoir à payer.

Performance : Bien-être généré par une structure de marché donnée.

Perte sèche : coût social du fonctionnement inefficient d'un marché.

Pilule empoisonnée : offre d'options sur actions à des prix très intéressants aux actionnaires actuels (mais non à ceux qui cherchent à prendre le contrôle) afin que, une fois la prise de contrôle effectuée, ils exercent leurs options et diluent ainsi le pouvoir de l'actionnaire nouvellement majoritaire.

Politique de la terre brulée : vente (à prix bradés) des meilleurs actifs de la société avant une prise de contrôle hostile.

Pouvoir de marché : capacité d'une entreprise à fixer un prix supérieur au coût marginal (et donc supérieur au prix concurrentiel).

Prédation par le prix : réduction provisoire du prix, éventuellement au-dessous du coût de production, destinée à exclure du marché les autres entreprises et à raréfier l'entrée de nouvelles entreprises.

Preneur de prix : entreprise qui n'a pas le pouvoir de marché lui permettant de fixer le prix à un niveau supérieur au coût marginal. Voir aussi : *Faiseur de prix.*

Prévision parfaite : prévision absolument correcte de la valeur future d'une variable économique (prix ou quantité, par exemple).

Prise de contrôle hostile : prise de contrôle d'une entreprise, éventuellement par Offre Publique d'Achat (OPA), malgré l'opposition de l'encadrement ou des propriétaires.

Prix de livraison : prix qui tient compte des différences du coût d'acheminement des produits aux utilisateurs.

Prix administré : prix contrôlé par l'entreprise au lieu d'être fixé par le marché.

Prix de Ramsey : prix qui maximise le bien-être social sous la contrainte d'une égalité entre la recette totale et le coût total.

Prix de transfert : prix utilisé par l'entreprise pour valoriser une transaction interne.

Prix limite : prix (et donc quantité) choisis de façon à ce que la demande non satisfaite soit insuffisante pour permettre à une autre entreprise de pénétrer avec profit sur le marché.

Prix limite en dynamique : prix limite choisi à chaque période.

Prix non linéaire : lorsque la somme dépensée pour l'achat d'un produit n'augmente pas linéairement (proportionnellement) avec la quantité achetée.

Prix non uniforme : prix différent d'un consommateur à l'autre ou prix par unité qui dépend de la quantité achetée par le consommateur.

Prix rigide : prix qui ne varie pas en réponse aux fluctuations de l'offre et de la demande.

Production à la commande : système dans lequel les entreprises attendent d'avoir des commandes fermes avant de produire.

Production efficiente : production maximale lorsque les quantités de facteurs et la technologie sont donnés.

Production en fonction des stocks : système dans lequel les entreprises produisent afin d'alimenter un stock, sans savoir si celui-ci sera écoulé.

Profit normal : profit qu'une ressource permet d'obtenir dans son usage le plus productif.

Propriété commune : ressource pouvant être utilisée par tous gratuitement.

Publicité informative : promotion des caractéristiques objectives d'un produit.

Publicité persuasive : promotion destinée à modifier les préférences des consommateurs à l'égard d'un produit.

q **de Tobin** : ratio de la valeur de marché d'une entreprise (mesuré par la valeur de marché de ses actions, obligations et autres dettes) au coût de remplacement de ses actifs.

Quasi-intégration verticale ou **intégration verticale partielle** : lorsqu'une entreprise possède un actif qui permet à son fournisseur de produire pour elle (par exemple, lorsqu'une entreprise possède la machine qui permet à son fournisseur de fabriquer des pièces détachées pour son compte).

Quasi-rente : différence entre la recette de l'entreprise et la somme minimale nécessaire à son fonctionnement à court terme.

Rachat par effet de levier : rachat d'une entreprise en émettant des fonds gagés sur les actifs de l'entreprise.

Raffinement : en théorie des jeux, sous-ensemble des équilibres possibles qui répondent à certains critères.

Rationalité limitée : capacité limitée des agents économiques à comprendre toutes les éventualités d'une situation future et à décider du meilleur choix possible.

Recette marginale : recette procurée par la production et la vente d'une unité supplémentaire.

Recherche de rente : activité consistant à consacrer des ressources pour obtenir la rente ou le profit associés à une situation de monopole.

Règle de raison : évaluation des effets favorables et contraires à la concurrence d'une action pour déterminer si les circonstances particulières, plutôt que les textes, la rendent illégale.

Règle per se : application d'une loi sans tenir compte des circonstances particulières.

Relation principal–agent : relation économique ou le principal (entreprise ou individu) recourt à un agent (entreprise ou individu) pour exécuter une action dont le principal ne peut pas pleinement vérifier la bonne exécution.

Rendements d'échelle constants : coût moyen indépendant du niveau de la production.

Rendements d'échelle croissants : baisse du coût moyen avec la production. Voir aussi : *Économies d'échelle*.

Rendements d'échelle décroissants : coût moyen croissant avec la production. Voir aussi : *Déséconomies d'échelle*.

Rente : différence entre la somme payée au propriétaire d'une ressource et la somme au-dessous de laquelle il refuserait de la vendre (ou de la louer).

Représentation d'un jeu sous forme extensive : arbre de décision indiquant l'ordre dans lequel les entreprises agissent, la stratégie de chaque entreprise au moment où elle agit et son gain.

Représentation d'un jeu sous forme normale (ou stratégique) : matrice qui montre toutes les stratégies simultanément offertes aux différents joueurs et les gains correspondants aux stratégies simultanément choisies.

Responsabilité limitée : statut d'une entreprise au terme duquel les actionnaires ne sont responsables des dettes de l'entreprise qu'à concurrence de leur apport.

Ressources essentielles : ressources rares dont un concurrent a besoin pour rester sur le marché.

Restrictions verticales : limitations contractuelles concernant le prix ou d'autres variables, imposées en particulier par une entreprise à ses distributeurs et en général par une entreprise fournisseur à une ou plusieurs entreprises clientes.

Royalties : sommes payées pour le droit (ou la licence) de produire ou d'utiliser le produit ou le procédé protégé par un brevet.

Rupture de l'équilibre : lorsque les entreprises ont intérêt à dévier d'un équilibre proposé, ce dernier n'est pas un équilibre.

Sélection adverse : se dit d'une situation dans laquelle certains produits sont principalement achetés par les consommateurs dont les caractéristiques sont les moins désirables et dans laquelle l'entreprise ne peut pas observer ces caractéristiques avant l'achat. C'est le cas, par exemple, des compagnies d'assurances, lorsqu'elles n'ont aucun moyen de sélectionner les individus présentant un certain type de risque.

Seuil (ou prix) de déclenchement : prix défini par les membres d'un cartel, au-dessous duquel chaque entreprise reprend sa liberté d'accroître sa production.

Seuil de fermeture : prix à partir duquel l'entreprise devrait cesser de produire.

Société à responsabilé limitée : entreprises dont le capital est divisé en actions et détenu par des personnes dont la responsabilité aux dettes de l'entreprise est limitée à leur apport.

Sous-jeu : en théorie des jeux, nouveau jeu qui débute à une période t et qui dure jusqu'à la fin du jeu.

Soutien des prix : politique de prix où le gouvernement achète (ou plus rarement, vend) les quantités nécessaires pour que l'équilibre du marché se réalise au prix désiré.

Standard : étalon ou échelle d'évaluation de la qualité d'un produit particulier.

Stratégie : dans la théorie des jeux, plan des actions d'un joueur.

Stratégie dominante : dans un jeu stratégique, stratégie qui rapporte un gain maximum quelle que soit la stratégie choisie par les autres joueurs.

Stratégies crédibles : ensemble des actions d'une entreprise qui vont dans le sens de son intérêt bien compris.

Structure : en économie industrielle, facteurs qui déterminent la compétitivité d'un marché.

Substitution intertemporelle : modification de l'échelonnement de la production ou de la consommation dans le temps.

Super jeu : en théorie des jeux, succession de jeux durant lesquels les joueurs apprennent à connaître et à anticiper leurs stratégies réciproques.

Surplus du consommateur : différence entre le prix que le consommateur est prêt à payer et le prix qu'il paie pour consommer les unités achetées.

Surplus du producteur : somme maximale qui peut être soustraite des recettes d'un producteur sans pour autant qu'il renonce à produire.

Taille minimale optimale (TMO) : taille d'une entreprise qui lui permet de produire la quantité qui minimise le coût moyen à long terme.

Tarification en deux parties : lorsque l'entreprise fait payer un droit ou un forfait fixés (première partie) et ensuite tarifie en fonction de la quantité achetée ou consommée (deuxième partie).

Taux de change : prix d'une monnaie en une autre monnaie. Taux de rendement : gain par franc investi.

Taux de rendement ajusté pour le risque : taux de rendement augmenté d'un pourcentage qui rémunère la prise de risque.

Territoire exclusif : zone géographique dans laquelle un distributeur est le seul autorisé (par le producteur) à commercialiser un produit.

Théorie des groupes d'intérêt : analyse de la manipulation de l'administration ou des législateurs par les entreprises, les consommateurs ou d'autres groupes.

Théorie des jeux : utilisation de modèles formels pour analyser le conflit et la coopération entre joueurs (agents économiques, par exemple).

Triple indemnité : dans les procès antitrust américains, système d'indemnisation destiné à dissuader les entreprises de commettre des infractions, le strict remboursement du préjudice causé n'étant pas jugé suffisamment dissuasif.

Vente liée : lorsqu'un produit ne peut être achetée qu'à la condition qu'un autre produit soit acheté en même temps.

Vente liée de consommables : lorsque les produits nécessaires au fonctionnement d'une machine doivent être achetés auprès de l'entreprise qui fabrique la machine.

Vente liée en package : lorsque deux biens ou plus sont vendus en proportions fixes et ne peuvent être achetés séparément.

Réponses aux problèmes impairs

J'étais fier de pouvoir donner une réponse aussi vite. Je dis que je ne savais pas.
Mark Twain

Chapitre 2

P.2.1 La croissance d'une entreprise engendre à la fois une augmentation et une réduction des problèmes de contrôle. Mais la réduction l'emporte globalement. Par exemple, le coût moyen de contrôle de la qualité baisse avec l'échelle de production lorsque celui-ci s'effectue à partir de la vérification d'un faible pourcentage de la production.

P.2.3 Dans les cas (a), (b) et (c), les coûts de transaction sont élevés et une seule entreprise est donc préférable.

P.2.5 La décision (a) sera probablement prise par le président, car ses conséquences sont difficilement réversibles.

P.2.7 Si l'entreprise B parvient aussi à réduire son coût marginal de 10 F à 5 F, c'est qu'il n'y a pas de barrière à l'entrée durable. L'entreprise B peut cependant être dissuadée d'entrer par la crainte de ne pas rentabiliser ses dépenses de R&D spécialisées.

Chapitre 3

P.3.1 Le coût marginal n'est pas nécessairement nul lorsque tous les coûts sont fixes. Par exemple, lorsqu'une entreprise a une capacité de production limitée et qu'elle produit déjà à pleine capacité, toute unité supplémentaire coûte « infiniment » cher à produire. Par conséquent le coût marginal devient arbitrairement élevé au-delà de la capacité de production de l'entreprise.

P.3.3 Le coût marginal d'une voiture est égal à 70 F. Produire 100 voitures et 200 camions dans la même usine coûte 33 000 F $(10\,000 + [70 \times 100] + [80 \times 200])$. Produire 100 voitures et 200 camions dans deux usines séparées coûte 17 000 F pour les voitures et 26 000 F pour les camions. Ainsi, le fait de les produire conjointement permet d'économiser 10 000 F. L'indicateur d'économies de multi-production est donc égal à 10 000/33 000, soit 0,3.

P.3.5 Si toutes les usines sont situées dans une même région, on peut penser qu'elles ont les mêmes courbes de coût. À l'équilibre, un large éventail de tailles d'entreprises reflète l'existence d'une importante section plate de la courbe de coût moyen. Par contre, si les usines sont situées dans des pays différents, leurs courbes de coût sont vraisemblablement différentes, de même que leur taille optimale.

Chapitre 4

P.4.1 Une taxe de 1 F par unité produite élève les courbes CM et Cm dans les mêmes proportions. La quantité qui minimise le coût moyen reste inchangée. À long terme, lorsque les entreprises en concurrence sont identiques et en nombre arbitrairement élevé, chacune choisit de produire la quantité qui minimise son coût moyen.

P.4.3

a. La courbe d'offre est horizontale en $p = 10$ F. Les courbes d'offre et de demande entrent en intersection en $p = 10$ F et $Q = 990$.
b. Si l'entreprise dont la capacité de production est limitée à 10 entre sur le marché, la courbe d'offre de l'industrie restera inchangée au-delà de ces 10 unités. L'intersection entre l'offre et la demande se fera au même point qu'en (a).
c. L'existence de profits économiques positifs réalisés par certaines entreprises n'est pas incompatible avec l'équilibre à long terme. Ainsi, la nouvelle entreprise de la question (b) réalise un profit de 10 F.
d. Le coût marginal de la dernière unité offerte est égal à 10 F. Si la demande augmente ou diminue, les entreprises dont le coût marginal est égal à 10 F ajustent leur production en conséquence.
e. Le profit de l'entreprise la moins efficiente est nul.
f. Oui, tant qu'il n'y a pas de nouvelles entrées.

P.4.5 S'il n'y a pas de coût fixe, la courbe de coût moyen coïncide avec la courbe de coût variable moyen et le seuil de fermeture correspond au minimum du coût moyen.

Chapitre 5

P.5.1 Le profit du monopole est donné par $(p - 4)(10 - p)$. Lorsque $p = 7$, cette expression est maximale. De plus, lorsque $p = 7$, $Q = 3$. Comme $dQ/dp = -1$, l'élasticité, soit $(dQ/dP)(p/Q)$ est égale à $-3/7$.

P.5.3 On a $Q = 5/p$, $dQ/dp = -5/p^2$. L'élasticité, $(dQ/dp)(p/Q)$, est donc égale à $(-5/p^2)[p/(5/p)] = -1$. La recette totale est égale à pQ, ce qui fait toujours 5. De ce fait, le monopole maximise son profit pour la plus basse valeur du coût total. Cela implique qu'il produise aussi peu que possible, soit une unité, afin de maximiser son profit à 4 F.

P.5.5 En concurrence, les 5 unités sont vendues, de sorte que la courbe d'offre est verticale en $Q = 5$. L'offre est égale à la demande en $Q = 5$, soit $p = 5$. Si le monopole vend moins de 5 unités, son profit baisse parce que sa recette marginale est positive et donc supérieure au coût marginal. Si le monopole vend 5 unités, le prix est égal à 5. Ce sont donc également la quantité et le prix qui maximisent le profit du monopole.

P.5.7 Sur la figure, l'entreprise dominante vend Q_d, alors que le monopole vend Q_m. Comme le monopole peut vendre Q_d, mais qu'il ne le fait pas, c'est que son profit est supérieur en Q_m. Le coût de cette production supplémentaire par le monopole est représenté par la surface située sous la courbe Cm, entre Q_d et Q_m. Ainsi, en produisant Q_m au lieu de Q_d, le profit du monopole est plus élevé de la surface comprise entre la courbe Rm_m et la courbe Cm, de Q_d à Q_m. Pour les premières Q_d unités, le coût du monopole est identique à celui de l'entreprise dominante (par hypothèse) et il obtient un prix supérieur, p_m au lieu de p. Le monopole gagne donc également plus sur les premières Q_d unités, ce qui implique que son profit global est plus élevé.

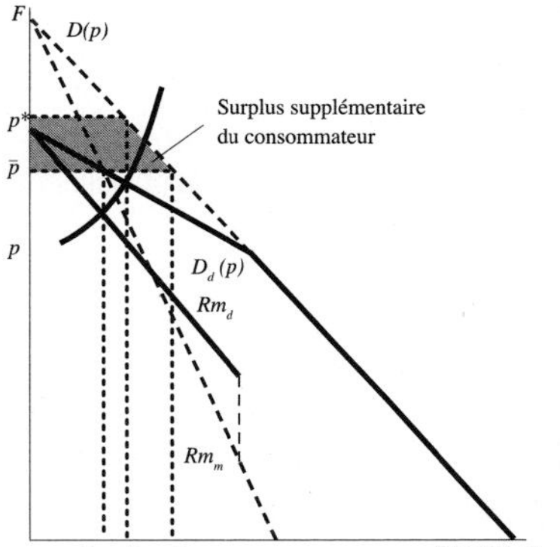

P.5.9 Sur la figure du problème 5.7 ci-avant, lorsque la courbe Cm croise les courbe Rm_d et Rm_m au-dessous du point où elle croise la courbe de recette marginale, l'entreprise dominante produit plus qu'un monopole.

Chapitre 6

P.6.1 Si vous avez postulé l'absence d'entrée, votre graphique doit ressembler à celui de la figure 5.8b, qui représente le cas d'un cartel qui agit comme une entreprise dominante. Si vous avez postulé que l'entrée était libre, votre graphique doit ressembler à celui de la figure 5.10b. Si le coût marginal du cartel est suffisamment bas pour qu'il maximise son profit à un prix inférieur au seuil (prix) de fermeture des entreprises n'appartenant pas au cartel, le cartel parvient à éliminer les entreprises de la frange du marché.

P.6.3 Votre graphique doit montrer qu'à mesure que la courbe de demande devient moins pentue à un point donné (c'est-à-dire à mesure que l'élasticité augmente), la courbe de demande résiduelle du cartel devient également moins pentue. Par conséquent, l'intersection de la courbe Cm avec la courbe Rm résiduelle a lieu à un prix et une quantité moins élevés.

P.6.5 Comme les entreprises de la frange concurrentielle produisent plus que les entreprises du cartel, si une entreprise quitte le cartel pour rejoindre la frange, la production globale augmente, toute choses égales par ailleurs. L'augmentation du nombre j des entreprises de la frange fait baisser la quantité produite par le cartel. On peut faire apparaître ce résultat en dérivant l'équation (6A.11) par rapport à j :

$$\frac{dQ_m}{dj} = \frac{(a - bd)(be + n))}{(be + 2n - j)^2} < 0,$$

car $(a - bd)$ est positif (si ce n'était pas le cas, Q_m serait négatif). La production totale, Q, est égale à la somme de l'offre de la frange, $j(p - d)/e$ (d'après l'équation [6A.4]) et de Q_m (équation [6A.11]). Si, dans l'expression de Q ainsi définie, nous remplaçons p par son expression (équation [6A.4]), puis réarrangeons les termes, nous obtenons :

$$Q = \left(nbe + 2nj - j^2\right)(a - bd)/D,$$

où $D = (be + 2n - j)(be + j)$. Dérivons maintenant Q par rapport à j :

$$\frac{dQ}{dj} = \frac{2(n - j)\left(b^2e^2 + nbe\right)(a - bd)}{D^2} > 0$$

Si la quantité totale baisse, le prix augmente.

Chapitre 7

P.7.1 Une condition suffisante d'identité des équilibres de Cournot et Bertrand est que la courbe de demande du marché soit horizontale (parfaitement élastique). Une autre condition suffisante est que le nombre d'entreprises soit arbitrairement grand, de sorte que l'élasticité à laquelle n'importe laquelle des entreprises est confrontée soit infinie.

P.7.3 Les deux entreprises ont intérêt à coopérer et à fixer le prix le plus élevé. Aucune d'elle n'a intérêt à choisir une autre stratégie.

P.7.5 Le tableau modifié est :

Nombre d'entreprises	*Élasticité* ε	*Indice de Lerner*	*Surplus des consommateurs*	*Bien-être social*	*Perte sèche*
2	-1,0833	0,4615	115,2	230,4	28,8
5	-0,6666	0,3	180	252	7,2
10	-0,5271	0,1884	214,4	257,2	2,0
0	-0,4166	0,048	249,1	259,1	0,1
1000	-0,3903	0,0026	258,7	259,2	0

Notons que pour le calcul de l'indice de Lerner, $1/(n\varepsilon)$, les prix correspondant à la production de 10 entreprises ou plus du tableau 10.3 sont arrondis.

Chapitre 8

P.8.1 Le paiement d'un impôt forfaitaire déplace la courbe de coût moyen vers le haut, mais pas la courbe de coût marginal. Par conséquent, l'impôt n'a pas d'effet sur le monopole à moins d'être suffisamment élevé pour l'obliger à cesser de produire. Ainsi, la quantité qui maximise le profit avant impôt maximise-t-elle également le profit après impôt.

En revanche, l'impôt a un effet sur l'entreprise concurrentielle. Si toutes les entreprises concurrentielles sont identiques et que l'entrée sur le marché est libre, les entreprises qui sont encore sur le marché après l'instauration de l'impôt produisent à un coût moyen minimum plus élevé (à cause de l'impôt), ainsi qu'une quantité plus grande. Comme le prix est plus élevé *du fait de l'impôt*, la quantité consommée diminue. Si les entreprises restantes produisent chacune davantage, c'est qu'il y en a moins qu'avant l'instauration de l'impôt.

L'impôt a également une incidence sur les entreprises d'un marché de concurrence monopolistique. Mais les effets sont complexes et dépendent des formes des courbes de demande et de coût. Le tableau 8.2 indique ce qui se produit lorsque la courbe de demande est linéaire et la courbe de coût de la forme $mq + F$. Par exemple, si $F = 1,60$ F et que l'impôt forfaitaire est égal à 4,80 F, le nombre d'entreprises à l'équilibre baisse de 17 à 8, la production par entreprise double (de 40 à 80) et le prix augmente de 0,32 F à 0,36 F. Pour une approche plus formelle, voir la réponse au problème 8.5.

P.8.3 Le tableau 8.2 indique les résultats de trois équilibres de concurrence monopolistique (pour $F = 6,40$ F, $F = 1,60$ F et $F = 0$ F). Dans le troisième de ces équilibres ($F = 0$ F), le nombre d'entreprises est arbitrairement élevé, le prix est fixé au niveau concurrentiel (0,28 F) et la production est égale à 720 (d'après la courbe de demande, $Q = 1\ 000 - 1\ 000p$). Lorsque $F = 1,60$ F, l'équilibre est caractérisé par un nombre d'entreprises égal à 17, un prix de 0,32 F et une production totale de 680 unités. Si on suppose qu'une entreprise supplémentatire produirait autant que les entreprises existantes (soit 40 unités), la production totale serait alors égale à 720 unités et le prix serait égal au coût marginal, soit 0,28 F. Pour l'équilibre correspondant à $F = 6,40$ F, la production est égale à 640 et le prix à 0,36 F. Si une entreprise supplémentaire entrait sur le marché, la production serait de 720 unités et le prix serait égal au coût moyen. Ainsi, c'est la présence des coûts fixes qui empêche l'équilibre de Cournot d'être efficient. En effet, lorsque les coûts fixes sont positifs, il suffit qu'une entreprise de plus entre sur le marché pour que toutes les entreprises encourent des pertes.

P.8.5 Une innovation qui réduit les coûts fixes a l'effet opposé d'un impôt forfaitaire (voir le problème 7.1). Si l'innovation réduit le coût marginal, la production augmente. L'effet exact dépend des formes des courbes de demande et de coût.

Supposons que la demande du marché soit linéaire, $p = a - bnq$, que n entreprises identiques produisent chacune q unités et que leur courbe de coût soit de la forme $mq + F$. Le profit de chaque entreprise est :

$$\pi_i = (a - bnq)q - mq - F.$$

Si les entreprises ont un comportement de type Cournot, la condition de maximisation du profit de chacune est $Rm = Cm$, soit :

$$a - b(n + 1)q = m.$$

La liberté d'entrée sur le marché implique que les entreprises pénètrent sur la marché jusqu'à ce que le prix soit égal au coût moyen soit $a - bnq = m + F/q$. Cette dernière condition et la précédente permettent d'éliminer m et d'obtenir, après réarrangement des termes : $q = \sqrt{F/b} > 0$. Donc :

$$\frac{dq}{dF} = \frac{1}{2\sqrt{bF}} > 0.$$

Ainsi, à l'équilibre, lorsque F baisse, q baisse aussi, ce qui confirme les résultats du tableau 11.2 et du problème 7.1. Utilisons $q = \sqrt{F/b}$ et la condition de libre entrée :

$$n = \frac{a - m}{\sqrt{bF}} - 1.$$

Dérivons cette expression par rapport à F :

$$\frac{dn}{dF} = \frac{(a - m)}{2F\sqrt{bF}} < 0.$$

Donc, lorsque le progrès technique réduit F, le nombre d'entreprises augmente. La variation de production totale est donnée par :

$$\begin{aligned} \frac{dnq}{dF} &= n\frac{dq}{dF} + q\frac{dn}{dF} \\ &= \frac{2\sqrt{bF} - a + m}{2bF} < 0. \end{aligned}$$

La variation de prix est donnée par $dp/dF = -b(dnq/dF) > 0$. De même, $dn/dm < 0$, $dq/dm = 0$, $dnq/dm < 0$ et $dp/dm = 1$.

Chapitre 9

P.5.1 L'indicateur habituel de la marge prix-coût exclut le coût du capital et les frais publicitaires. Même lorsqu'il tient compte des frais publicitaires, c'est l'ensemble des dépenses qui est pris en compte, plutôt que la partie des dépenses qui correspond à la dépréciation du capital publicitaire (l'effet de la publicité s'étale sur plusieurs périodes). Les résultats des régressions seraient sans doute améliorés si l'on incluait les ratios publicité/production et capital/production en tant que variables explicatives.

Toutefois, cela ne résoudrait pas toutes les difficultés. En effet, ces deux ratios sont endogènes, car déterminés conjointement avec les prix. Il faudrait donc employer une technique d'estimation par équations simultanées. Il n'est pas non plus certain que l'effet de ces ratios soit linéaire, comme le suppose l'équation de régression. Par exemple, si la dépréciation publicitaire est non linéaire, ce qui est vraisemblable, le fait d'inclure le ratio publicité/production dans le membre de droite de l'équation n'aura pas l'effet correctif escompté. De même, si les loyers du capital varient dans le temps, le fait d'inclure le ratio capital/production dans le membre de droite de l'équation n'aura pas non plus l'effet correctif escompté.

P.5.3 Le ratio de concentration domestique, basé sur les seules données nationales, constitue une limite supérieure au vrai ratio de concentration tenant compte des importations. Si les importations d'une industrie augmentent avec le temps, leur effet concurrentiel peut atténuer la corrélation entre le ratio de concentration et la marge prix-coût.

P.5.5 Sur un marché parfaitement concurrentiel, chaque entreprise égalise le prix et le coût marginal, même à court terme. La liberté d'entrée implique que le profit de la dernière entreprise arrivée sur le marché est nul. Les entreprises les plus efficientes réalisent un profit. Sur un marché non concurrentiel (en concurrence monopolistique, par exemple), le prix peut être supérieur au coût marginal, même si l'entrée du marché est libre. En revanche, le profit de la dernière entreprise tend vers 0 à long terme.

Chapitre 10

P.10.1 Les swaps permettent d'économiser des coûts de transport. Si l'entreprise de New York doit expédier son papier en Californie et que celle de Californie doit expédier son papier à New York, les coûts de fret seront beaucoup plus élevés que si chaque entreprise se substitue à l'autre pour effectuer la livraison. Les swaps facilitent aussi les ententes. Supposons par exemple que deux entreprises s'échangent les clients d'une zone géographique déterminée. Cela leur permet notamment de mieux détecter toute tentative ultérieure de l'une d'elles de vendre aux clients de l'autre.

P.10.3 Si toutes les entreprises du marché ont un taux d'endettement élevé et que la faillite rejaillit sur la réputation du responsable de l'entreprise, l'incitation à baisser les prix est réduite. Si l'endettement varie beaucoup d'une entreprise à l'autre et que de nouvelles entreprises peuvent entrer sur le marché, le taux d'endettement n'aura pas d'incidence sur le prix du marché.

P.10.5 D'après la formule, la valeur actualisée d'une perte annuelle de 1 million de $ est de 8,51 millions de $. La valeur actualisée d'un gain de 1 million de $ par an à partir de la vingt-et-unième année est égale à 1,49 $\times \pi_m$ $. Par conséquent, pour que le gain soit supérieur à la perte, il faut que π_m soit supérieur à 5,7 millions de $.

Chapitre 11

P.11.1 Aucun des producteurs de fil d'aluminium ne peut survivre. Le prix du lingot d'aluminium est si élevé que la différence entre le prix du fil et celui du lingot ne permet pas de faire un profit.

P.11.3 Les retraités salissent moins les salles et font moins de bruit que les jeunes. D'autre part, ils ont des préférences plus stables et il est donc plus facile de choisir un film qui fait le plein des sièges. Les retraités sont donc moins coûteux, ce qui peut justifier une réduction à l'entrée.

P.11.5 La courbe de demande forme un rectangle. Elle est horizontale de 0 à 1 unité, pour 10 F, puis tombe de 1 unité à 0. Le surplus du consommateur est égale à l'intégralité de la surface située sous la courbe de demande. Le monopole peut se l'approprier s'il fixe le prix à 10 F. Lorsqu'il y a 2 consommateurs, la consommation n'est pas inefficiente car aucune transaction supplémentaire ne permettrait d'améliorer le bien-être d'au moins un des 2 consommateurs.

Chapitre 12

P.12.1 Supposons que le coupon offre une réduction de 0,10 F et que chaque consommateur obtienne 20 coupons. Un consommateur peut alors obtenir une réduction globale de 2 F (si les coupons sont cumulables) en achetant 1 unité. Or l'objectif de l'entreprise peut être au contraire de vendre 20 unités en offrant 0,10 F de réduction par unité.

P.12.3 La contrainte de budget du consommateur est $Y + X^2 = 100$, soit $Y = 100 - X^2$. L'utilité est égale à $100 - X^2 + 10X$. Donc, la valeur de X qui maximise l'utilité est égale à 5.

P.12.5 Le monopole 1 maximise $p_1(10-2p_1+p_2)$ et le monopole 2 maximise $p_2(10+p_1-2p_2)$. Les deux conditions du premier-ordre sont $10 - 4p_1 + p_2 = 0$ et $10 + p_1 - 4p_2 = 0$. La solution simultanée de ces deux équations donne $p_1 = p_2 = 10/3$. S'il n'y a qu'une seule entreprise qui monopolise les deux produits, elle doit maximiser $p_1(10 - 2p_1 + p_2) + p_2(10 + p_1 - 2p_2)$. Les deux conditions du premier-ordre sont alors $10 - 4p_1 + p_2 = 0$ et $p_1 + 10 + p_1 - 4p_2 = 0$. La résolution donne $p_1 = p_2 = 5$.

Chapitre 13

P.13.1 Le profit d'un franchisé est $\pi = R(q)(1 - \alpha) - C(q)$, ou $R(q)$ représente les recettes (chiffre d'affaires), $C(q)$ le coût et où les royalties sont égales à α multiplié par les recettes. Le franchisé supporte l'intégralité du coût de production, mais ne reçoit qu'une partie des recettes. Par conséquent, il vend une quantité inférieure à l'optimum. En effet, la condition du premier-ordre de la maximisation de son profit est $(1 - \alpha)R'(q) = C'(q)$ au lieu de $R'(Q) = C'(q)$. Si les royalties sont une proportion β du profit, on a : $\pi = [R(q) - C(q)](1 - \beta)$. La même valeur de q maximise le profit, avec ou sans royalties. Avec cette méthode, le franchisé vend donc la quantité optimale. Malgré cela, les franchiseurs préfèrent collecter les royalies en pourcentage des ventes, sans doute parce qu'il est plus difficile d'observer les profits que les ventes. En effet, le franchisé peut plus facilement gonfler son coût de production que dissimuler son chiffre d'affaires (voir aussi la réponse au problème 13.5).

P.13.3 Voir l'exemple 13.3 pour un cas analogue. Si un impôt est instauré sur le profit pur au niveau de la vente au détail, cela incite les entreprise à recourir à l'intégration verticale, même si leur fonction de production est à facteurs non substituables. En effet, une entreprise intégrée peut faire payer un prix très élevée à la division qui s'occupe de la distribution, ce qui lui permettra de payer moins d'impôts. Ses profits sont simplement transférés vers les divisions situées en amont. Par contre, si l'impôt est prélevé à tous les stades du processus de production, l'intégration verticale ne permet plus d'y échapper. Un impôt sur le chiffre d'affaires, même s'il est seulement prélevé au niveau de la vente au détail, n'encouragerait pas autant à l'intégration verticale.

P.13.5 Le franchiseur (Kentucky Fried Chicken) utilise le nombre d'emballages pour vérifier si ses détaillants ne trichent pas sur leur chiffre d'affaires (Gino's) pour éviter de payer l'intégralité des royalties qu'ils lui doivent. Le seul moyen de parer à ce contrôle consiste à vendre le poulet dans des emballages différents, mais le franchiseur peut s'en apercevoir en effectuant des contrôles inopinés. Ce type de méthode facilite le bon déroulement des relations verticales.

Chapitre 14

P.14.1 Si les consommateurs les plus sensibles au prix lisent plus particulièrement certains magasines, les entreprises ont intérêt à n'insérer des coupons de réduction que dans ces magazines-là. Ainsi, il est possible de faire payer moins cher aux consommateurs qui sont sensibles au prix et plus cher aux autres. Pour que cette approche soit praticable, il faut que les reventes entre les deux groupes de consommateurs soient impossibles (ou limitées), que les élasticités-prix des deux sgroupes soient différentes et que les consommateurs du groupe dont l'élasticité-prix est faible ne lisent pas trop ces magazines (ni n'obtiennent les coupons de réduction d'une autre façon).

P.14.3 Beaucoup d'auteurs (dont ceux du présent manuel) acceptent le système des royalties en pourcentage du chiffre d'affaires plutôt qu'en pourcentage du produit. Pourtant, le système des royalties en pourcentage du chiffre d'affaires n'incite pas l'éditeur à vendre suffisamment d'ouvrages puisqu'il paie l'intégralité du coût marginal de production du livre et ne reçoit qu'une partie de la recette marginale $(1 - \alpha)$. De ce fait, les profits des auteurs comme ceux des producteurs, sont moins élevés qu'ils ne devraient l'être si l'éditeur était incité à vendre le nombre optimal d'ouvrages. Si les auteurs acceptent néanmoins la méthode des royalties en pourcentage du chiffre d'affaires, c'est qu'ils craignent que l'éditeur ne gonfle ses coûts. De toute façon, même si l'éditeur est honnête, les coûts ne sont pas faciles à calculer car une bonne partie d'entre eux sont des coûts joints qu'il faut répartir sur un grand nombre d'ouvrages différents. Des conflits similaires surgissent entre les acteurs de cinéma et les producteurs, les acteurs refusant de croire qu'un film qui fait beaucoup d'entrées dans les salles ne dégage aucun profit parce que son coût de production a été trop élevé. Voir aussi la réponse au problème 13.1.

P.14.5 Supposons qu'un consommateur estime le prix pratiqué dans le magasin i à :

$$s_i = p_i + \beta \varepsilon_i,$$

où β est une constante et ε_i une variable aléatoire tirée dans un échantillon de moyenne nulle. Par conséquent, l'anticipation du prix par le consommateur est sans biais : $E(s_i) = p_i + \beta E(\varepsilon_i) = p_i$. Si $\beta = 0$, le consommateur connaît le vrai prix. D'autre part, à mesure que β augmente, l'estimation du consommateur, quoique toujours sans biais, devient de moins en moins correcte. Le consommateur se rend dans le magasin où il pense que le prix est le plus bas. Ainsi, il va dans le magasin 1 de préférence au magasin 2 si $s_1 < s_2$. En appliquant le rasionnement exposé dans l'annexe C du chapitre 11, on peut montrer que la différence entre le prix et le coût marginal augmente avec β. Autrement dit, le pouvoir de marché des magasins est d'autant plus grand que le consommateur a une mauvaise connaissance des prix pratiqués dans chaque magasin.

Chapitre 15

P.15.1 Shapiro (1980)[1] illustre son raisonnement par un exemple avec 2 consommateurs ayant chacun une demande $q(p)$ et un monopole dont le coût marginal de production, m, est constant. Par hypothèse, avant que la publicité ne soit diffusée, seul un consommateur connaît le produit, alors qu'après, les deux connaissent son existence. La publicité ne modifie pas leur goût, mais informe simplement le consommateur ignorant de l'existence du produit. Comme la courbe de demande antérieure à la publicité est $q(p)$, celle qui suit la diffusion de la publicité est $2q(p)$ et s'obtient en effectuant la somme horizontale des demandes des 2 consommateurs. Avant la publicité, le monopole choisit p^* de façon à maximiser $(p - m)q(p)$. Après la publicité, il choisit la même valeur p^* qui maximise $2(p - m)q(p)$, puisque m est constant. À l'équilibre pré-publicitaire (point E de la figure ci-après), la production est égale à $q^* = q(p^*)$. À l'équilibre post-publicitaire (point E' de la figure ci-après), la production est égale à $2q^*$.

Au point E, un seul consommateur achète éventuellement le bien, de sorte que le bien-être est donné par la surface située sous la courbe de demande $q(p)$ entre 0 et q^* et au-dessus de m. La publicité engendre un gain (triangle en gris foncé sur la figure ci-après), qui correspond à l'augmentation du surplus des consommateurs du fait d'une meilleure information du consommateur qui ignorait l'existence du produit. En effet, le nouveau surplus s'obtient maintenant à partir de la surface située sous la courbe $2q(p)$ entre 0 et $2q^*$ et au-dessus de m et fait plus que doubler. Cependant, comme le surplus additionnel ne va pas au monopole, celui-ci a tendance à faire *trop peu* de publicité informative.

[1] Voir la bibliographie du chapitre 15

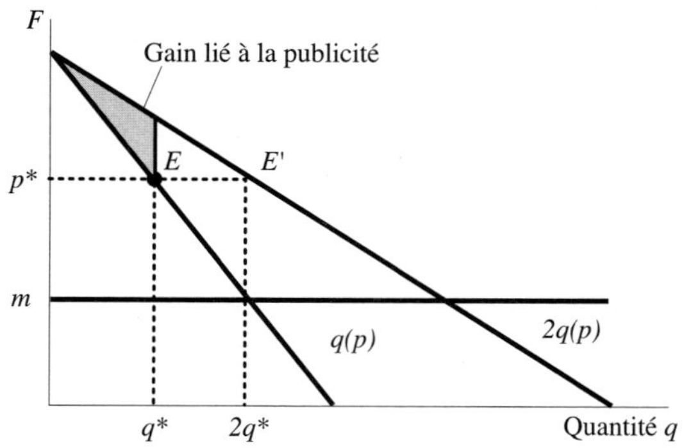

P.15.3 Voir Butters (1977)[2] pour une analyse de ce problème. Si le contenu de la publicité des entreprises porte sur le prix, l'analyse est similaire à celle du modèle des touristes et des autochtones du chapitre 14. Il est possible qu'à l'équilibre certains magasins fassent payer un prix élevé et d'autres un prix bas.

P.15.5 Le problème du monopole est :

$$\begin{aligned}\max_{Q,\alpha} &= = pQ - mQ - \alpha \\ &= (a + \alpha - bQ)Q - mQ - \alpha.\end{aligned}$$

Les deux conditions du premier-ordre sont :

$$\begin{aligned}\frac{\partial \pi}{\partial Q} &= a + \alpha - 2bQ - m = 0 \\ \frac{\partial \pi}{\partial \alpha} &= Q - 1 - 0.\end{aligned}$$

Donc $Q = 1$ et $\alpha = 2b + c - a$.

Chapitre 16

P.16.1 Soit $D(R)$ la demande de services rendus par un tracteur, où R est le prix de location d'un tracteur. Soit ε l'élasticité de la demande de services rendu par un tracteur et $D^*(R) = D(R) - 20$ la demande de services rendus par un tracteur qui s'adresse au monopole (sachant que comme il a déja vendu 20 tracteurs, la demande qui s'adresse à lui ne peut pas être égale à la demande totale). L'élasticité de la demande, ε, est donc :

$$\begin{aligned}\frac{dD^*}{dR}\left(\frac{R}{D}\right) &= \frac{dD}{dR}\left(\frac{R}{D(R) - 20}\right) \\ &= \left(\frac{dD}{dR}\frac{R}{D(R)}\right)\left(\frac{D(R)}{D(R) - 20}\right) \\ &= \varepsilon\left(\frac{D(R)}{D(R) - 20}\right),\end{aligned}$$

[2] Voir la bibliographie du chapitre 15.

car $dD^*/dR = d(D(R) - 20)/dR = dD/dR$. Autrement dit, $\varepsilon^* = \varepsilon(N + O)/N$, où N est le nombre de nouveaux tracteurs, soit $D(R) - 20$ et O le nombre de tracteurs anciens, soit 20. Si l'on suppose que l'élasticité de la demande de services, ε, est constante, lorsque le ratio du nombre de tracteurs anciens aux nouveaux, O/N, augmente, ε^*, l'élasticité de la demande de nouveaux tracteurs, augmente aussi.

P.16.3 Étant donné l'importance des coûts de transaction, la demande de nouveaux tracteurs n'est pas affectée par l'existence d'un stock de tracteurs anciens si les agriculteurs qui ont besoin d'un tracteur ne sont pas les mêmes que ceux qui en possèdent déja un. En revanche, si les agriculteurs qui ont besoin d'un tracteur neuf en possèdent déja un, l'analyse est identique à celle du problème 16.1.

P.16.5 Si beaucoup d'autres entreprises fabriquent des tracteurs étroitement substituables aux 4WD produits par le monopole, l'élasticité de la demande de services rendus par les tracteurs, ε (définie dans la réponse au problème 16.1), est élevée et le monopole à un faible pouvoir de marché : ε^* est élevé.

Chapitre 17

P.17.1 Un impôt sur le chiffre d'affaires réduit le profit d'un monopole sans affecter les coûts de recherche. Comme les bénéfices baissent, mais non les coûts, l'incitation à la recherche est réduite.

P.17.3 Sur la figure 17.1a, un allongement de la durée du brevet n'affecte pas la courbe de coût, mais provoque une élévation de la courbe de bénéfice anticipé, traduisant l'allongement de la durée d'encaissement des rentes de monopole. Par conséquent, les courbes de bénéfice anticipé et de coût se croisent plus à droite (plus grand nombre d'entreprises). En général, le nombre d'entreprises augmente avec la durée des brevets.

P.17.5 Supposons que chaque entreprise qui participe à la course à la R&D supporte un coût fixe (dépenses liées à la création d'un laboratoire de recherche, par exemple). Si le coût marginal d'une recherche additionnelle est constant, alors chaque entreprise doit être située dans la partie décroissante de sa courbe de coût moyen. L'existence de coûts fixes peut inciter le gouvernement à réduire le nombre d'entreprises qui font de la recherche afin qu'une entreprise conduise plusieurs recherches à la fois.

Chapitre 18

P.18.1 Si le boulanger produit 50 baguettes, il peut les vendre 5 F chacune. Comme son coût total est alors de 50 F et sa recette totale de 250 F, il fait un profit de 200 F. S'il produit 100 baguettes, son coût total est de 100 F et sa recette peut varier entre 250 F et 500 F, soit 375 F en moyenne. Son profit est donc en moyenne égal à 275 F, ce qui fait qu'il vaut mieux produire 100 baguettes. Si le prix d'une baguette est égal à 1,50 F et que le boulanger en produit 50, son profit est égal à 25 F. S'il produit 100 baguettes, sa recette varie entre 75 F et 150 F, ce qui fait 112,5 F en moyenne. Avec un coût total, cela représente un profit de 12,50 F en moyenne. Dans ce cas, il vaut mieux produire 50 baguettes. (*Suggestion* : essayez de montrer que la production optimale ne peut prendre que les trois valeurs 0, 50 ou 100, quel que soit le prix.)

P.18.3 Une entreprise concurrentielle choisit de produire la quantité pour laquelle le prix est égal au coût marginal. À mesure que le prix s'élève au-dessus du seuil de fermeture, la marge prix-coût s'accroît.

P.18.5 S'il est coûteux de recourir au système des prix, la variabilité de la demande des consommateurs influence le coût de production et il est normal que des consommateurs ayant une demande différemment variable paient des prix différents. Comme dans ce cas le prix varie avec le coût, il ne s'agit pas de discrimination par le prix.

Chapitre 19

P.19.1 Oui. Le distributeur agréé dans un pays peut très bien trouver rentable de vendre le produit dans d'autres pays que le sien. Il évite ainsi les dépenses de promotion du produit dans son pays (puisqu'il ne vend rien) ainsi qu'à l'étranger (ce sont les autres distributeurs qui paient pour lui). De plus, il court-circuite ceux qui voudraient acheter le produit au détail dans un pays pour le revendre (en gros ou au détail) dans un autre.

P.19.3 Sans taxe $p_1 = p_2 = 5$, $q_1 = q_2 = 10$ et chaque entreprise fait un profit de 50 F. Avec une taxe à l'exportation, les acheteurs paient 7 F, l'entreprise reçoit 4 F (après déduction de la taxe), $q_1 = q_2 = 8$ et chaque entreprise fait un profit de 32 F (après s'être acquitée du montant de la taxe).

P.19.5 À l'équilibre de concurrence, $p = 9$ et $Q = 9$. Si $t = 2$, $Q = 8$, les consommateurs paient 10 F et le vendeur reçoit 8 F. La solution de monopsone est $Q = 6$ et $p = 12$. La même quantité est obtenue avec un droit de douane égal à 6 F.

Chapitre 20

P.20.1 Si un client a signé un contrat de 10 ans avec un fournisseur, cela exclut évidemment les concurrents. Cependant, si le client a fait jouer la concurrence avant de signer le contrat, il a pu obtenir un prix concurrentiel. D'autre part, si l'existence de contrats de 10 ans empêchent les concurrents évincés d'atteindre la taille optimale, cela peut atténuer la concurrence.

P.20.3 On ne peut pas répondre de façon unilatérale. Dans certaines industries, l'entente peut engendrer des gains d'efficience qui l'emportent sur l'effet négatif causé par l'élévation du prix concerté. La tâche d'un organisme chargé d'identifier ces industries risque cependant d'être complexe.

P.20.5 La formule indique que l'élasticité-prix directe du bien i est égale (en valeur absolue) à la somme des les élasticité croisée du bien i par rapport au prix des biens j. Toutes choses égales par ailleurs, si une élasticité croisée est élevée, cela augmente l'élasticité-prix directe et réduit le pouvoir de marché. Selon cette formule, l'élasticité qu'il faut prendre en compte est celle qui relie la quantité du produit A au prix du produit B.

Chapitre 21

P.21.1 Figure 21.3, en $\underline{p}$, le profit est nul, de sorte que $(p_a - p^*)Q_a$ = coût fixe = surface $A + B$. Le surplus des consommateurs (donc le bien-être) correspond à la surface sous la courbe de demande, au-dessus de p_a et entre 0 et Q_a. En $(p - p^*)Q_a$, le bien-être total est égal à $A + C$ moins $(p - a - p^*)Q_a$. Autrement dit, en $\underline{p} = p_a$, le bien-être total est égal aux deux triangles : le triangle qui correspond au surplus du consommateur en $\underline{p} = p_a$ et le triangle situé sous la courbe de demande, au-dessus de p^* et entre Q_a et Q^*. Le bien-être est donc plus élevé en $\underline{p} = p^*$ qu'en $\underline{p} = p_a$.

P.21.3 La limitation des surfaces cultivées incite les agriculteurs à accroître l'utilisation des autres facteurs, comme le travail et les engrais, de sorte que la production ne diminue pas dans la même proportion que les surfaces cultivées. Cette inefficience productive engendre une perte sèche. Elle provoque également un déplacement vers la gauche de la courbe d'offre, mais dans une proportion moins importante que la réduction de la surface cultivée. De ce fait, si le prix de soutient reste constant, le gouvernement achète moins de production excédentaire qu'en l'absence de limitation des surfaces cultivées.

P.21.5 Une solution consiste à verser des aides directes aux agriculteurs. Cela permet d'améliorer le bien-être des agriculteurs à un coût bien moins élevé que les programmes actuels. En particulier, cette solution n'engendre aucune des inefficiences de production et de distribution provoquées par les autres solutions exposées dans ce chapitre.

P.21.7 Du fait de l'asymétrie des rendements, leur réglementation réduit l'incitation à innover. Par exemple, si une entreprise découvre un procédé qui réduit ses coûts de production, son profit augmentera moins que le bénéfice social. Par contre, en cas d'insuccès,c'est l'entreprise qui devra supporter les dépenses de recherche et son profit sera réduit. Dans une industrie où l'innovation se fait à un rythme rapide, le problème peut être tempéré par la lenteur avec laquelle les membres de la commission de réglementation répercutent la variation du coût dans le calcul de la formule du TDR.

Index des procès relatifs à l'économie américaine

Index des noms propres

C

Index des sujets

E

F

Table des matières

Première partie : Concepts de base

Deuxième partie : Structures de marché

Troisième partie :
Autres stratégies et conduites observées en économie industrielle

Quatrième partie : Information et publicité

Cinquième partie : Modèles dynamiques et ajustement du marché

Sixième partie : Les politiques publiques et leurs effets

OUVERTURES ◂▸ ÉCONOMIQUES

ALLEGRET J.-P., LE MERRER P., *Économie de la mondialisation. Opportunités et fractures*

AMELON J.-L., CARDEBAT J.-M., *Les nouveaux défis de l'internationalisation. Quel développement international pour les entreprises après la crise ?*

ANDERSON R. D., SWEENEY J. D., WILLIAMS A. TH., *Statistiques pour l'économie et la gestion.* 3e édition
Traduction de la 5e édition américaine par Cl. Borsenberger

BÉNASSY-QUÉRÉ A., CŒURÉ B., JACQUET P., PISANI-FERRY J., *Politique économique.* 3e édition

BEREND IVAN T., *Histoire économique de l'Europe du XXe siècle*
traduction de la 1re édition anglaise par Amandine Nguyen

BERGSTROM T., VARIAN H., *Exercices de microéconomie - 1. Premier cycle. Notions fondamentales.* 3e édition
traduction de la 5e édition américaine par A. Marciano

BERGSTROM T., VARIAN H., *Exercices de microéconomie - 2. Premier cycle et spécialisation.* 2e édition française
traduction de la 5e édition américaine par J.-M. Baland, S. Labenne et Ph. Van Kerm
avec la collaboration scientifique d'A. Marciano.

BESANKO, DRANOVE, SHANLEY, SCHAEFER, *Principes économiques de stratégie*

BILEK A., HENRIOT A., *Analyse conjoncturelle pour l'entreprise. Observer, comprendre, prévoir*

BISMANS F., *Mathématiques pour l'économie - Volume 1. Fonctions d'une variable réelle*

BOUTILLIER S., PEAUCELLE I., UZUNIDIS D., *L'économie russe depuis 1990*

BURDA M., WYPLOSZ C., *Macroéconomie. À l'échelle européenne.* 5e édition
traduction de la 5e édition anglaise par Stanislas Standaert

BRIEC W., PEYPOCH N., *Microéconomie de la production. La mesure de l'efficacité et de la productivité*

CADORET I., BENJAMIN C., MARTIN F., HERRARD N., TANGUY S., *Économétrie appliquée.* 2e édition
Méthodes, Applications, Corrigés

CAHUC P., ZYLBERBERG A., *Le marché du travail*

CAHUC P., ZYLBERBERG A., *Économie du travail. La formation des salaires et les déterminants du chômage*

CARLTON D. W., PERLOFF J. M., *Économie industrielle*, traduction de la 2e édition américaine par F. Mazerolle.
2e édition

CARTELIER J., *L'économie de Keynes*

CAVES R.E., FRANKEL J. A., JONES R. W., *Commerce international et paiements,*
traduction de la 9e édition américaine par M. Chiroleu-Assouline

CAYATTE J.-L., *Introduction à l'économie de l'incertitude*

COLLECTIF, *Économie sociale. Enjeux conceptuels, insertion par le travail et services de proximité*

COMMISSARIAT GÉNÉRAL DU PLAN, *L'intégration régionale.*
Une nouvelle voie pour l'organisation de l'économie mondiale ?

CORNET B. et TULKENS H. (Éds), *Modélisation et décisions économiques*

CORNUEL D., *Économie immobilière et des politiques du logement*

CÔTÉ D., *Les holdings coopératifs. Évolution ou transformation définitive ?*

CRÉPON B., JACQUEMET N., *Économétrie : méthode et applications*

CUTHBERTSON K., *Économie financière quantitative. Actions, obligations et taux de change,*
traduction de la 1re édition anglaise par C. Puibasset

DARREAU Ph., *Croissance et politique économique*

DE CROMBRUGGHE A., *Choix et décisions économiques. Introduction aux principes de l'économie*

DEFFAINS B., LANGLAIS É., *Analyse économique du droit. Principes, méthodes, résultats*

DEFOURNY J., *Démocratie coopérative et efficacité économique. La performance comparée des SCOP françaises*

DEFOURNY J., DEVELTERE P., FONTENEAU B. (Éds), *L'économie sociale au Nord et au Sud*

DEFOURNY J., MONZON CAMPOS J.L. (Éds), *Économie sociale/The Third Sector. Entre économie capitaliste et économie publique/Cooperative Mutual and Non-profit Organizations*

DE GRAUWE P., *Économie de l'intégration monétaire*, traduction de la 3e édition anglaise par M. Donnay

DE GRAUWE P., *La monnaie internationale. Théories et perspectives*, traduction de la 2e édition anglaise par M.-A. Sénégas

DEISS J., GUGLER PH., *Politique économique et sociale*

DE KERCHOVE A.-M., GEELS TH., VAN STEENBERGHE V., *Questions à choix multiple d'économie politique.* 3e édition

DE MELO J., GRETHER J.-M., *Commerce international. Théories et applications*

DEVELTERE P., *Économie sociale et développement. Les coopératives, mutuelles et associations dans les pays en voie de développement*

DRÈZE J., *Pour l'emploi, la croissance et l'Europe*

DRUMETZ F. • PFISTER C., *Politique monétaire*

DUPRIEZ P., OST C., HAMAIDE C., VAN DROOGENBROECK N., *L'économie en mouvement. Outils d'analyse de la conjoncture.* 2e édition

ESCH L., *Mathématique pour économistes et gestionnaires.* 4e édition

ESSAMA-NSSAH B., *Inégalité, pauvreté et bien-être social. Fondements analytiques et normatifs*

GAZON J., *Politique industrielle et industrie Volume 1. Controverses théoriques. Aspects légaux et méthodologie*

GILLIS M. *et al.*, *Économie du développement*, traduction de la 4e édition américaine par B. Baron-Renault

GOMEZ P.-Y., KORINE HARRY, *L'entreprise dans la démocratie, Une théorie politique du gouvernement des entreprises*

GUJARATI D. N., *Économétrie*, traduction de la 4e édition américaine par B. Bernier

HANSEN J.-P. - PERCEBOIS J., *Énergie. Économie et politiques*

HARRISON A., DALKIRAN E., ELSEY E., *Business international et mondialisation. Vers une nouvelle Europe*

HEERTJE A., PIERETTI P., BARTHÉLEMY PH., *Principes Analyse conjoncturelle pour l'entreprise. Observer, comprendre, prévoir d'économie politique.* 4e édition

HINDRIKS J., *Gestion publique. Théorie et pratique*

HIRSHLEIFER J., GLAZER A., HIRSHLEIFER D., *Microéconomie : théories et applications. Décision, marché, formation des prix et répartition des revenus*

JACQUEMIN A., TULKENS H., MERCIER P., *Fondements d'économie politique.* 3e édition

JACQUEMIN A., PENCH L. R. (Éds), *Pour une compétitivité européenne. Rapports du Groupe Consultatif sur la Compétitivité*

JALLADEAU J., *Introduction à la macroéconomie. Modélisations de base et redéploiements théoriques contemporains.* 2e édition

JALLADEAU J., DORBAIRE P., *Initiation pratique à la macroéconomie. Études de cas, exercices et QCM.* 2e édition

JASKOLD GABSZEWICZ J., *Théorie microéconomique.* 2e édition

JAUMOTTE CH., *Les mécanismes de l'économie*

JONES CH. I., *Théorie de la croissance endogène*, traduction de la 1re édition américaine par F. Mazerolle

JURION B., *Économie politique.* 4e édition

JURION B., LECLERCQ A., *Exercices d'économie politique*

KOHLI U., *Analyse macroéconomique*

KRUGMAN P. R. et OBSTFELD M., *Économie internationale.* 4e édition traduction de la 6e édition américaine par A. Hannequart et F. Leloup

KRUGMAN P., *L'économie auto-organisatrice*, traduction de la 1re édition américaine par F. Leloup. 2e édition

KRUGMAN P., Wells R. *Macroéconomie*, traduction de la 2e édition américaine par L. Baechler

KRUGMAN P., Wells R., *Microéconomie*, traduction de la 2e édition américaine par L. Baechler

LANDAIS B., *Leçons de politique budgétaire*

LANDAIS B., *Leçons de politique monétaire*

LECAILLON J.-D., LE PAGE J.-M., OTTAVJ CHR., *Économie contemporaine. Analyses et diagnostics*. 2e édition

LEHMANN P.-J., *Économie des marchés financiers*

LEMOINE M., MADIÈS P., MADIÈS T., *Les grandes questions d'économie et finance internationales. Décoder l'actualité*. 2e édition

LEROUX A., MARCIANO A., *Traité de philosophie économique*

LESUEUR J.-Y., SABATIER M., *Microéconomie de l'emploi. Théories et applications*

LÖWENTHAL P., *Une économie politique*

MANKIW G. N., *Macroéconomie*, traduction de la 7e édition américaine par Jihad C. El Naboulsi. 5e édition

MANKIW G. N., TAYLOR M. P., *Principes de l'économie*, traduction d'Élise Tosi. 3e édition

MANSFIELD E., *Économie managériale. Théorie et applications*, traduction et adaptation de la 4e édition américaine par B. Jérôme

MASSÉ G., THIBAUT FR., *Intelligence économique. Un guide pour une économie de l'intelligence*

MARCIANO A., *Éthiques de l'économie. Introduction à l'étude des idées économiques*

MILGROM P., ROBERTS J., *Économie, organisation et management*

MONNIER L., THIRY B. (Éds), *Mutations structurelles et intérêt général. Vers quels nouveaux paradigmes pour l'économie publique, sociale et coopérative ?*

MUELLER C. D., FACCHINI F., FOUCAULT M., FRANÇOIS A., MAGNI-BERTON R., MELKI M., *Choix publics. Analyse économique des décisions publiques*

NORRO M., *Économies africaines. Analyse économique de l'Afrique subsaharienne*. 2e édition

PERKINS D. H., RADELET S., LINDAUER D. L., *Économie du développement*. 3e édition

PROMEURO, *L'Euro pour l'Europe. Des monnaies nationales à la monnaie européenne*. 2e édition

RASMUSEN E., *Jeux et information. Introduction à la théorie des jeux*, traduction de la 3e édition anglaise par F. Bismans

SALVATORE D. C., *Économie internationale*, traduction de la de la 9e édition américaine par Fabienne Leloup et Achille Hannequart

SHAPIRO C., VARIAN H. R., *Économie de l'information. Guide stratégique de l'économie des réseaux*, traduction de la 1re édition américaine par F. Mazerolle

SIMON C. P., BLUME L., *Mathématiques pour économistes*, traduction de la 1re édition américaine par G. Dufrenot, O. Ferrier, M. Paul, A. Pirotte, B. Planes et M. Seris

SINN G., SINN H. W., *Démarrage à froid. Une analyse des aspects économiques de l'unification allemande*, traduction de la 3e édition allemande par C. Laurent

STIGLITZ J. E., WALSH C. E., Lafay J.-D., *Principes d'économie moderne*. 3e édition, traduction de la 3e édition américaine par F. Mayer

SZPIRO D., *Économie monétaire et financière*.

VARIAN H., *Introduction à la microéconomie*. 6e édition, traduction de la 7e édition américaine par B. Thiry

VARIAN H., *Analyse microéconomique*, traduction de la 3e édition américaine par J.-M. Hommet. 2e édition

VAN DER LINDEN B. (Éd.), *Chômage. Réduire la fracture*

WICKENS M., *Analyse macroéconomique approfondie. Une approche par l'équilibre général dynamique*

ZÉVI A., MONZÓN CAMPOS J.-L., *Coopératives, marchés, principes coopératifs*